TERMINORUM MUSICAE
INDEX
SEPTEM LINGUIS
REDACTUS

ASSOCIATION INTERNATIONALE
DES BIBLIOTHÈQUES MUSICALES
INTERNATIONAL ASSOCIATION
OF MUSIC LIBRARIES
INTERNATIONALE VEREINIGUNG
DER MUSIKBIBLIOTHEKEN

SOCIÉTÉ INTERNATIONALE
DE MUSICOLOGIE
INTERNATIONAL MUSICOLOGICAL
SOCIETY
INTERNATIONALE GESELLSCHAFT
FÜR MUSIKWISSENSCHAFT

TERMINORUM MUSICAE INDEX SEPTEM LINGUIS REDACTUS

POLYGLOTTES WÖRTERBUCH DER MUSIKALISCHEN TERMINOLOGIE
deutsch, englisch, französisch, italienisch, spanisch, ungarisch, russisch

POLYGLOT DICTIONARY OF MUSICAL TERMS
English, German, French, Italian, Spanish, Hungarian, Russian

DICTIONNAIRE POLYGLOTTE DE LA TERMINOLOGIE MUSICALE
français, allemand, anglais, italien, espagnol, hongrois, russe

DIZIONARIO POLIGLOTTO DELLA TERMINOLOGIA MUSICALE
italiano, tedesco, inglese, francese, spagnolo, ungherese, russo

DICCIONARIO POLIGLOTO DE LA TERMINOLOGÍA MUSICAL
español, alemán, inglés, francés, italiano, húngaro, ruso

HÉTNYELVŰ ZENEI SZÓTÁR
magyar, német, angol, francia, olasz, spanyol, orosz

СЕМИЯЗЫЧНЫЙ СЛОВАРЬ МУЗЫКАЛЬНЫХ ТЕРМИНОВ
русский, немецкий, английский, французский, итальянский, испанский, венгерский

2. Auflage/2nd edition/2ᵉ édition/2ᵃ edizione/2ᵃ. edición/2. kiadás/2-е издание

AKADÉMIAI KIADÓ BUDAPEST
BÄRENREITER KASSEL · BASEL · TOURS · LONDON
1980

INHALTSVERZEICHNIS
CONTENTS
SOMMAIRE
INDICE
ÍNDICE
TARTALOMJEGYZÉK
СОДЕРЖАНИЕ

VORWORT

Mit dem vorliegenden »Polyglotten Wörterbuch der musikalischen Terminologie« (»Terminorum Musicae Index Septem Linguis Redactus«) kommt ein Unternehmen zum Abschluß, das aus vielerlei, hier nicht näher zu erörternden Gründen eine ungewöhnlich lange Vorbereitungszeit in Anspruch genommen hat: Im Zusammenhang mit dem VII. Internationalen musikwissenschaftlichen Kongreß der Internationalen Gesellschaft für Musikwissenschaft (Köln, Juni 1958), vor fast zwei Jahrzehnten also, entstand der Plan, ein polyglottes Wörterbuch (d. h. ein Glossar möglichst ohne Definitionen) in den fünf Sprachen Deutsch, Englisch, Französisch, Italienisch und Spanisch als Vorläufer eines großen umfassenden Wörterbuchs dieser Art in 18 bis 20 Sprachen herauszubringen. Während der Direktoriumssitzung der Internationalen Gesellschaft für Musikwissenschaft Ende April 1959 fiel die Entscheidung, diesen Plan in die Wirklichkeit umzusetzen.

Zur Internationalen Gesellschaft für Musikwissenschaft trat als Mitherausgeber die Internationale Vereinigung der Musikbibliotheken hinzu, und wie bei dem »Répertoire International des Sources Musicales« (RISM) wurde aus Mitgliedern der beiden Gesellschaften eine für das Wörterbuch verantwortliche Commission internationale mixte gegründet, deren Vorsitz Vladimir Fédorov übernahm.

Die Arbeiten an dem Unternehmen hatten längst begonnen, als 1966 die Absicht des Verlages der Ungarischen Akademie der Wissenschaften (Akadémiai Kiadó) Budapest bekannt wurde, ebenfalls ein mehrsprachiges Fachwörterbuch der Musik herauszubringen. Verhandlungen mit dem ungarischen Verlag führten zu der Übereinkunft, zu den ursprünglich vorgesehenen fünf Sprachen zwei weitere, Russisch und Ungarisch, hinzuzufügen und das polyglotte Wörterbuch gemeinsam zu redigieren (Horst Leuchtmann und die Wörterbuch-Redaktion des Verlages in Budapest) und zu veröffentlichen (Akadémiai Kiadó und Bärenreiter-Verlag). Die gemeinsame Arbeit zog sich in mehreren Phasen über ein Jahrzehnt hin und konnte im Frühsommer 1976 mit einer letzten Redaktionssitzung in Budapest abgeschlossen werden.

Dieses »Polyglotte Wörterbuch der musikalischen Terminologie«, Ergebnis einer guten internationalen Zusammenarbeit, ist das erste seiner Art, sieht man von zweisprachigen Einzelveröffentlichungen ab wie z. B. Langenscheidts Fachwörterbuch Musik Englisch—Deutsch/Deutsch—Englisch von Horst Leuchtmann und Philippine Schick (Berlin/München 1964) und das Fachwörterbuch Musik Deutsch—Russisch/Russisch—Deutsch von G. Balter (Moskau/Leipzig 1976). Als Versuch wird dieses Wörterbuch sicher ergänzungsbedürftig sein, nicht zuletzt auch durch die Aufnahme weiterer Sprachen — ein Vorhaben, das vielleicht später, wenn sich dieser erste Versuch bewährt hat, verwirklicht werden kann.

Der Dank der Commission internationale mixte gilt in erster Linie dem Chefredakteur, Herrn Dr. Horst Leuchtmann, München; er hat die Grundschlagwortliste zusammengestellt und ist zugleich verantwortlich für die deutsche Sprache. Das Wörterbuch ist nach einem internationalen Alphabet angelegt; dennoch hat das Deutsche — das sei eingestanden — einen Vorrang: Horst Leuchtmann ist Deutscher und betrieb seine terminologische Sammeltätigkeit in seiner Muttersprache. Es schien daher naheliegend, in deutscher Orthographie all jene Termini aufzuführen, die ursprünglich keiner der hier beteiligten Sprachen angehören oder deren sprachliche Herkunft nicht oder noch nicht abzuklären ist.

Der Dank der Commission internationale mixte gilt aber auch den Übersetzern: John A. Parkinson (Englisch), Nicole Wild (Französisch), Rossana Dalmonte (Italienisch), Daniel Devoto (Spanisch), András Székely (Ungarisch), Gita Balter und Natalja Malina (Russisch). Neben diesen sieben Damen und Herren, die jeweils für ihre Sprache verantwortlich sind, haben dankenswerterweise mitgeholfen: Ian Spink (Sydney/Australien), Eric Gross (Sydney/Australien), Michael Ochs

(Boston/Mass.), Prof. Dr. Paul Brainard (West Newton/Mass.), Bernard Bardet (Choisy-le-Roi/Frankreich), Prof. Dr. Fausto Broussard (Mailand/Italien), Prof. Dr. Miguel Querol (Barcelona/Spanien) und Narcis Bonet (Boulogne-sur-Seine/Frankreich). Weiterhin sei all jenen Experten gedankt, die die Grundschlagwortliste überprüft und weitere Termini aus ihrem Fachbereich beigesteuert haben: Prof. Dr. Kurt Blaukopf, Wien (Musiksoziologie), Mme la Comtesse Geneviève de Chambure † (Instrumentenkunde), Prof. Dr. Carl Dahlhaus, Berlin (Musikästhetik), Peter Keller, Zürich (Musikgeschichte), Prof. Dr. Bruno Nettl, Urbana/Illinois (Musikethnologie) und Prof. Dr. Sir Jack Allan Westrup † (Musiktheorie).

Für die Arbeit an diesem großen Unternehmen, die allen Beteiligten Idealismus und Zeit abgefordert hat, war es nicht immer einfach, Mitarbeiter zu finden. Erfahrungsgemäß wird es nunmehr, da das Wörterbuch der Öffentlichkeit vorliegt, leichter werden, fachkundigen Rat zu erhalten. Die Commission internationale mixte bittet daher alle Benutzer des Wörterbuchs, Korrekturen und Verbesserungen Herrn Dr. Horst Leuchtmann zukommen zu lassen (Anschrift: Markgrafenstraße 50, D-8000 München 82).

Kassel, im Herbst 1977

Für die Commission internationale mixte
Wolfgang Rehm

FOREWORD

The appearance of the "Polyglot Dictionary of Musical Terms" ("Terminorum Musicae Index Septem Linguis Redactus") brings to its conclusion an undertaking that, for various reasons which need not be enlarged upon here, has taken an unusually lengthy time in preparation. The plan to produce a polyglot dictionary (i.e. a glossary, if possible without definitions) in the five languages German, English, French, Italian and Spanish, as the precursor of a large comprehensive dictionary of this kind in 18 to 20 languages, originated in the context of the seventh international musicological congress of the International Musicological Society (Cologne, June, 1958), nearly two decades ago. During the session of the directorial committee of the International Musicological Society at the end of April, 1959, the decision was taken to put this plan into effect.

The International Musicological Society was joined as co-publisher by the International Association of Music Librarians, and, as in the case of the "Répertoire International des Sources Musicales" (RISM), an international mixed commission with responsibility for the dictionary was set up from members of the two societies, with Vladimir Fédorov as chairman.

Work on the undertaking had been in progress for some time when, in 1966, it became known that the publishers to the Hungarian Academy of Sciences (Akadémiai Kiadó) of Budapest were also intending to bring out a multilingual specialist dictionary of music. Negotiations with the Hungarian publishers led to the agreement that two additional languages, Russian and Hungarian, should be added to the five languages originally envisaged, and that the responsibilities should be shared, both for the editorial work (by Horst Leuchtmann and the dictionary editors of the Hungarian publishers) and the actual publication (by Akadémiai Kiadó and Bärenreiter-Verlag). The various stages of the joint project stretched over a decade until in early summer 1976 it was brought to a conclusion with a final editorial session in Budapest.

This "Polyglot Dictionary of Musical Terms", the result of an international co-operative effort, is the first of its kind, apart from individual bilingual publications such as Langenscheidt's German—English/English—German Music Dictionary by Horst Leuchtmann and Philippine Schick (Berlin/Munich 1964) and the German—Russian/Russian—German Music Dictionary by G. Balter (Moscow/Leipzig 1976). Being an experiment, this dictionary will certainly stand in need of amplification, not least through the addition of further languages — a proposition that can perhaps be put into effect later, when this first attempt has proved its value.

The thanks of the International Mixed Commission are due above all to the editor-in-chief, Dr. Horst Leuchtmann of Munich. He has compiled the list of principal terms and has also been responsible for the German language. The dictionary is laid out according to an international alphabet; it must be admitted, however, that German takes precedence. Horst Leuchtmann is German and carried out the task of collecting the musical terms in his mother tongue. It seemed therefore appropriate to tabulate in German spelling all those terms which did not originate in any of the participating languages or of which the linguistic origin was so far uncertain.

The thanks of the International Mixed Commission are also due to the translators: John A. Parkinson (English), Nicole Wild (French), Rossana Dalmonte (Italian), Daniel Devoto (Spanish), András Székely (Hungarian), Gita Balter and Natalya Malina (Russian). Besides these seven ladies and gentlemen, who have been responsible throughout for their own language, the assistance of the following must be acknowledged with thanks: Ian Spink (Sydney, Australia), Eric Gross (Sydney, Australia), Michael Ochs (Boston, Mass.), Prof. Dr. Paul Brainard (West Newton/Mass.), Bernard Bardet (Choisy-le-Roi, France), Prof. Dr. Fausto Broussard (Milan, Italy), Prof. Dr. Miguel Querol (Barcelona, Spain), and Narcis Bonet (Boulogne-sur-Seine, France). In addition, thanks are due to all those experts who have scrutinised the lists of principal terms and contributed additional terms from their special field of study: Prof. Dr. Kurt Blaukopf, Vienna (Sociology of Music), Mme la Comtesse Geneviève de Chambure † (Musical Instruments), Prof. Dr. Carl Dahlhaus, Berlin (Aesthetics of Music), Peter Keller, Zürich (History of Music), Prof. Dr. Bruno Nettl, Urbana, Illinois (Ethno-musicology), and Prof. Sir Jack Allan Westrup † (Theory of Music).

It was not always easy to find collaborators for work on this great undertaking, which has demanded idealism and time from all concerned. Our experience suggests that it will be easier to obtain authoritative advice, now that the dictionary has come before the public. The International Mixed Commission therefore asks all users of the dictionary to communicate all corrections and improvements to Dr. Horst Leuchtmann (address: Markgrafenstrasse 50, D-8000 München 82).

Kassel, Autumn 1977

For the International Mixed Commission
Wolfgang Rehm

PRÉFACE

La présentation de ce «Dictionnaire polyglotte de la terminologie musicale» («Terminorum Musicae Index Septem Linguis Redactus») constitue la phase finale d'une entreprise qui, pour diverses raisons impossibles à expliciter ici, a connu une période préparatoire exceptionnellement longue: Lors du VIIème Congrès International de Musicologie de la Société Internationale de Musicologie (Cologne, juin 1958), il y a donc près de deux décennies, on envisagea de faire paraître un dictionnaire polyglotte (c'est-à-dire un glossaire de préférence sans définitions) dans les cinq langues suivantes: allemand, anglais, français, italien et espagnol, qui ouvrirait la voie à un dictionnaire du même genre de plus grande envergure, en 18 à 20 langues. Lors de la session directoriale de la Société Internationale de Musicologie, fin avril 1959, on décida finalement de transformer ce projet en réalité.

L'Association Internationale des Bibliothèques Musicales se joignit comme éditeur à la Société Internationale de Musicologie et, tout comme pour le «Répertoire International des Sources Musicales» (RISM), les membres des deux associations créèrent une Commission internationale mixte responsable de ce dictionnaire, sous la présidence de Vladimir Fédorov.

Les travaux avaient déjà commencé depuis longtemps lorsqu'en 1966 on apprit que la Maison d'Édition de l'Académie des Sciences de Hongrie (Akadémiai Kiadó) de Budapest envisageait également de faire paraître un dictionnaire de musique en plusieurs langues. Les contacts établis avec l'éditeur hongrois permirent d'arriver à un accord selon lequel deux nouvelles langues venaient s'ajouter aux cinq langues prévues initialement: le russe et le hongrois. Il fut également décidé de rédiger ensemble le dictionnaire polyglotte (Horst Leuchtmann et la rédaction du dictionnaire de l'éditeur de Budapest) et d'en faire une édition commune (Akadémiai Kiadó et Bärenreiter-Verlag). Les travaux ne sont étirés en plusieurs phases sur plus d'une décennie et ont pu être conclus lors d'une ultime session de rédaction à Budapest, au début de l'été 1976.

Ce «Dictionnaire polyglotte de la terminologie musicale», produit d'une bonne collaboration internationale, est le premier de ce genre si l'on laisse de côté les quelques parutions bilingues telles que par exemple le Dictionnaire de musique Langenscheidt anglais-allemand/allemand-anglais de Horst Leuchtmann et Philippine Schick (Berlin/Munich 1964) ou le Dictionnaire de musique allemand-russe/russe-allemand de G. Balter (Moscou/Leipzig 1976). En tant qu'expérience, ce dictionnaire aura sans doute besoin d'être complété, en s'ouvrant éventuellement à d'autres langues — projet qui se réalisera peut-être lorsque cette première tentative aura fait ses preuves.

La Commission internationale mixte remercie en premier lieu le rédacteur en chef, Dr. Horst Leuchtmann, Munich; il a élaboré la liste fondamentale de mots-clés et est en même temps responsable de la langue allemande. Le dictionnaire est établi selon un alphabet international; toutefois l'allemand — il faut bien l'avouer — connaît une certaine prépondérance: Horst Leuchtmann est Allemand et ses travaux ont été effectués dans sa langue maternelle. C'est la raison pour laquelle tous les termes qui originellement n'appartiennent à aucune des langues de ce dictionnaire, ou dont l'origine linguistique n'est pas ou mal connue, sont donnés ici dans l'orthographe allemande.

La Commission internationale mixte remercie également les traducteurs: John A. Parkinson (anglais), Nicole Wild (français), Rossana Dalmonte (italien), Daniel Devoto (espagnol), András Székely (hongrois), Gita Balter et Natalia Malina (russe). Outre ces sept personnes qui sont respectivement responsables de leur langue, nous savons également gré à Ian Spink (Sydney/Australie), Eric Gross (Sydney/Australie), Michael Ochs (Boston/Mass.), Prof. Dr. Paul Brainard (West Newton/Mass.), Bernard Bardet (Choisy-le-Roi/France), Prof. Dr. Fausto Broussard (Milan/

Italie), Prof. Dr. Miguel Querol (Barcelone/Espagne) et Narcis Bonet (Boulogne-sur-Seine/France) pour l'aide précieuse qu'ils ont apportée. Nous exprimons également notre reconnaissance envers les experts qui ont révisé la liste fondamentale de mots-clés et l'ont complétée par des termes propres à leur domaine spécial: Prof. Dr. Kurt Blaukopf, Vienne (sociologie musicale), Madame la Comtesse Geneviève de Chambure † (science instrumentale), Prof. Dr. Carl Dahlhaus, Berlin (esthétique musicale), Peter Keller, Zurich (histoire de la musique), Prof. Dr. Bruno Nettl, Urbana/Illinois (ethnologie musicale) et Prof. Dr. Sir Jack Allan Westrup † (théorie musicale).

Il n'a pas toujours été aisé de trouver des collaborateurs pour un travail d'une telle envergure, qui recquiert, de tous, une grande part d'idéalisme et de temps. L'expérience prouve qu'il sera plus facile, maintenant que le Dictionnaire est soumis au public, d'obtenir des conseils compétents. La Commission internationale mixte prie donc les utilisateurs de ce Dictionnaire de faire part des corrections et améliorations nécessaires au Dr. Horst Leuchtmann (adresse: Markgrafenstraße 50, D-8000 München 82).

Cassel, automne 1977

Pour la Commission internationale mixte
Wolfgang Rehm

PREFAZIONE

Con la stampa del «Dizionario poliglotto dei termini musicali» («Terminorum Musicae Index Septem Linguis Redactus») si conclude una impresa che ha richiesto, per molteplici ragioni, un periodo di lavoro insolitamente lungo. Sono trascorsi oramai due decenni da quando, durante il VII congresso dell'Associazione Internazionale di Musicologia (Colonia 1958), fu avanzata la proposta di pubblicare un dizionario poliglotto (ovvero un glossario senza definizioni) in cinque lingue: tedesco, inglese, francese, italiano e spagnolo, che potesse anche servire, in seguito, come base di partenza per un dizionario di maggiore mole, comprendente dalle 18 alle 20 lingue. Durante la seduta del direttorio dell'Associazione Internazionale di Musicologia, alla fine di aprile del 1959, si decise la realizzazione del piano.

All'Associazione Internazionale di Musicologia si aggiunse come co-editrice l'Unione Internazionale delle Biblioteche Musicali, e così come era già avvenuto per il «Répertoire International des Sources Musicales» (RISM), soci delle due associazioni fondarono una Commission internationale mixte, responsabile per il dizionario, con Vladimir Fédorov alla presidenza.

I lavori erano già in corso da tempo, quando nel 1966 si apprese che la casa editrice dell'Accademia Ungherese per le Scienze (Akadémiai Kiadó) di Budapest, intendeva pubblicare anch'essa un dizionario poliglotto della musica. Trattative con la casa editrice ungherese portarono all'accordo di aggiungere due lingue — il russo e l'ungherese — alle cinque previste, e di redigere assieme il dizionario poliglotto (Horst Leuchtmann e la redazione per il dizionario della casa editrice a Budapest) e pubblicarlo (Akadémiai Kiadó e Bärenreiter-Verlag). Il lavoro collettivo si protrasse con varie fasi per un decennio e si è concluso con l'ultima seduta di redazione a Budapest nella estate del 1976.

Il «Dizionario poliglotto dei termini musicali», risultato di una buona collaborazione internazionale, è il primo del genere, a prescindere da edizioni bilingue quali per es.: Langenscheidts Fachwörterbuch Musik Englisch—Deutsch/Deutsch—Englisch di Horst Leuchtmann e Philippine Schick (Berlino/Monaco 1964) e dal Fachwörterbuch Musik Deutsch—Russisch/Russisch—Deutsch di G. Balter (Mosca/Lipsia 1976). Essendo il dizionario un esperimento, potrà subire alcune aggiunte, e non per ultimo, l'inclusione di altre lingue: un progetto che potrà essere realizzato solo dopo l'affermazione di questo primo.

La Commission internationale mixte ringrazia in primo luogo il redattore capo Dott. Horst Leuchtmann di Monaco: egli ha compilato la lista base delle voci, ed è contemporaneamente anche il responsabile per la lingua tedesca. Il dizionario è concepito secondo un alfabeto internazionale: ugualmente la lingua tedesca, sia concesso, ha la priorità: Horst Leuchtmann è tedesco e ha compilato la raccolta dei termini partendo dalla sua lingua. Di conseguenza riporta in ortografia tedesca tutti quei termini che non appartengono ad una delle lingue qui trattate, oppure la cui origine linguistica non è sicura o non ben chiara.

Il ringraziamento della Commission internationale mixte va anche ai traduttori: John A. Parkinson (inglese), Nicole Wild (francese), Rossana Dalmonte (italiano), Daniel Devoto (spagnolo), András Székely (ungherese), Gita Balter e Natalia Malina (russo). Oltre questi sette collaboratori responsabili per la propria parte, si ringraziano anche per l'aiuto dato: Ian Spink (Sydney/Australia), Eric Gross (Sydney/Australia), Michael Ochs (Boston/Mass.), Prof. Dott. Paul Brainard (West Newton/Mass.), Bernard Bardet (Choisy-le-Roi/Francia), Prof. Dott. Fausto Broussard (Milano/Italia), Prof. Dott. Miguel Querol (Barcellona/Spagna) e Narcis Bonet (Boulogne-sur-Seine/Francia). Siano ringraziati anche tutti gli esperti che hanno controllato e completato le liste della propria materia: Prof. Dott. Kurt Blaukopf, Vienna (sociologia musicale), Mme la Comtesse Geneviève de Chambure † (strumenti musicali), Prof. Dott. Carl Dahlhaus, Berlino (estetica musicale), Peter Keller, Zurigo (storia della musica), Prof. Dott. Bruno Nettl, Urbana/Illinois (etnologia musicale) e Prof. Dott. Sir Jack Allan Westrup † (teoria della musica).

Per lo svolgimento del lavoro, che ha richiesto da tutti idealismo e tempo, non era sempre facile trovare il collaboratore; ora che il dizionario è accessibile al pubblico, sarà più facile ricevere i consigli degli esperti. La Commission internationale mixte prega di comunicare eventuali correzioni o aggiunte al Dott. Horst Leuchtmann (indirizzo: Markgrafenstraße 50, D-8000 München 82).

Kassel, autunno 1977

Per la Commission internationale mixte
Wolfgang Rehm

PREFACIO

Con este «Diccionario polígloto de la terminología musical» (Terminorum Musicae Index Septem Linguis Redactus) llega a su término la ejecución de un proyecto cuya realización exigió — por diversas razones que no hacen al caso — una considerable suma de trabajos preliminares que retrasaron su aparición: hace casi veinte años, durante el séptimo congreso de la Sociedad Internacional de Musicología celebrado en Colonia en junio de 1958, se encaró la redacción de un diccionario polígloto — es decir, un vocabulario, en lo posible sin definiciones —, en cinco lenguas (alemán, inglés, francés, italiano y español), que sería la primera etapa hacia la publicación de un gran diccionario del mismo tipo en dieciocho o veinte lenguas. La decisión de realizar este proyecto se tomó durante la reunión del Directorio de la Sociedad Internacional de Musicología a fines de abril de 1959.

La Asociación Internacional de Bibliotecas Musicales se adhirió, como co-editor, a la Sociedad Internacional de Musicología, y se creó — como para el Répertoire International des Sources Musicales (RISM) — una Comisión Internacional Mixta que incluía miembros de ambos organismos y que tomaba bajo su responsabilidad este diccionario, presidida por Vladimir Fédorov.

En 1966, cuando el trabajo estaba ya muy adelantado, se supo que la Academia de Ciencias de Budapest (Akadémiai Kiadó) había proyectado un diccionario semejante. De acuerdo con el editor húngaro se decidió agregar, a las cinco lenguas previstas inicialmente, otras dos (ruso y húngaro), y emprender conjuntamente tanto la redacción del diccionario polígloto (Horst Leuchtmann y la redacción residente en Budapest) como su edición (Akadémiai Kiadó y Bärenreiter). Las diferentes etapas del trabajo en común cubrieron un decenio, y la redacción sólo pudo finalizarse en la primavera de 1976, durante una última reunión en Budapest.

Este «Diccionario polígloto de la terminología musical», producto de una cordial colaboración internacional, es el primero de su tipo, salvando algunas publicaciones bilingües aisladas, como el diccionario musical inglés-alemán y alemán-inglés de Horst Leuchtmann y Philippine Schick (Berlín-Munich, 1964) o el diccionario musical alemán-ruso y ruso-alemán de G. Balter (Moscú — Leipzig, 1976). En su carácter de primera tentativa, este diccionario deberá seguramente completarse, en particular por la adjunción de otras lenguas: proyecto que quizás pueda iniciarse cuando nuestra publicación haya dado sus primeros frutos.

La Comisión Internacional Mixta quiere hacer presente su agradecimiento al redactor en jefe Horst Leuchtmann, de Munich, que estableció la lista de entradas y asumió la responsabilidad de la parte alemana. La lista sigue un orden alfabético internacional, aunque debe reconocerse que el alemán ha ocupado un lugar importante, ya que el redactor la formuló en su lengua materna; por ello, ha parecido lógico adoptar la grafía alemana para todos los términos procedentes de una lengua distinta de las representadas aquí, y para aquéllos cuya ascendencia lingüística no se ha establecido aún. La Comisión Internacional Mixta agradece también su colaboración a los traductores: John A. Parkinson (inglés), Nicole Wild (francés), Rossana Dalmonte (italiano), Daniel Devoto (español), Székely András (húngaro), Gita Balter y Natalia Malina (ruso), y también la ayuda prestada por Ian Spink (Sidney, Australia), Eric Gross (Sidney, Australia), Michael Ochs (Boston, Mass.), el Profesor Paul Brainard (West Newton, Mass.), Bernard Bardet (Choisy-le-Roi, Francia), el Profesor Fausto Broussard (Milán, Italia), el Profesor Miguel Querol (Barcelona, España) y Narcis Bonet (Boulogne-sur-Seine, Francia). Queremos además testimoniar nuestra gratitud a todos los especialistas que han revisado las diferentes entradas y sugerido algunas adiciones: el Profesor Kurt Blaukopf, de Viena (sociología musical), la Condesa Geneviève de Chambure † (instrumentología), el Profesor Carl Dahlhaus, de Berlín (estética musical), Peter Keller, de Zurich (historia de la música), el Profesor Bruno Nettl, de Urbana, Ill. (etnomusicología) y el Profesor Sir Jack Allan Westrup † (teoría de la música).

Encontrar los colaboradores adecuados para esta empresa, que exigía de cada uno de ellos idealismo y tiempo, no ha sido tarea fácil. Sabemos de antemano que será más factible, ahora que el diccionario sale a la luz, obtener el auxilio de otros especialistas. La Comisión Internacional Mista ruega a todo colaborador eventual enviar sus sugerencias o correcciones al señor Horst Leuchtmann; su dirección es: Markgrafenstrasse 50, D-8000 München 82, Alemania Federal.

Kassel, otoño de 1977.

En nombre de la Comisión Internacional Mixta
Wolfgang Rehm

ELŐSZÓ

A Hétnyelvű zenei szótár (Terminorum Musicae Index Septem Linguis Redactus) megjelenésével egy nagy vállalkozás zárul le. Megjelenését itt nem részletezett okok folytán rendkívül hosszú előkészületi idő előzte meg. A Nemzetközi Zenetudományi Társaság VII. Zenetudományi Kongresszusán (Köln, 1958. június), tehát közel két évtizede, vetődött fel egy többnyelvű, éspedig német, angol, francia, olasz és spanyol szótár (lehetőleg definíciók nélküli szakszógyűjtemény) kiadásának gondolata. Ez a többnyelvű szótár egy 18—20 nyelvet felölelő nagylélegzetű szótár előfutára lehetne. A Nemzetközi Zenetudományi Társaság vezetőségi ülésén, 1959. április végén döntés született e terv megvalósítására.

A Nemzetközi Zenetudományi Társaság e célkitűzéséhez a Zenei Könyvtárak Nemzetközi Egyesülete is csatlakozott, és mint az a Nemzetközi Zenei Források Repertóriuma (Répertoire International des Sources Musicales, RISM) kiadásakor történt, a két társaság tagjaiból a szótár kiadásáért felelős Nemzetközi Vegyesbizottság (Commission internationale mixte) alakult, amelynek elnöki tisztét Vladimir Fédorov vállalta.

A szótár munkálatai már jó ideje folytak, amikor 1966-ban ismeretessé vált, hogy a Magyar Tudományos Akadémia kiadóvállalata (Akadémiai Kiadó, Budapest) szintén egy többnyelvű zenei szakszótár kiadására készül. A magyar kiadóval folytatott tárgyalások arra a megállapodásra vezettek, hogy az eredetileg tervbe vett öt nyelvet két további nyelvvel, a magyarral és az orosszal kiegészítve, a szótárt Horst Leuchtmann és az Akadémiai Kiadó szótárszerkesztősége közösen szerkessze, és a két kiadó (Akadémiai Kiadó és Bärenreiter-Verlag) közösen jelentesse meg. A közös szerkesztés több fázisban egy évtizedig tartott, és 1976 kora nyarán a Budapesten megtartott utolsó szerkesztőségi ülésen sikerült lezárni.

A Hétnyelvű zenei szótár jó nemzetközi együttműködés eredménye és — ha eltekintünk néhány kétnyelvű kiadványtól, mint például Langenscheidt angol—német és német—angol zenei szakszótára Horst Leuchtmann és Philippine Schick szerkesztésében (Berlin/München 1964) és G. Balter német—orosz és orosz—német zenei szakszótára (Moszkva/Lipcse 1976) — a maga nemében az első. Mint első kísérlet, a szótár természetesen kiegészítésekre szorul, nem utolsósorban további nyelvek felvételével. Ez a terv később talán, ha ez az első kísérlet sikeresnek bizonyul, megvalósításra kerülhet.

A Nemzetközi Vegyesbizottság köszönete elsősorban dr. Horst Leuchtmannt (München) illeti; ő állította össze az alapszókincset és egyúttal ő felel a német terminológiáért. A szótár anyaga nemzetközi ábécérendben van megszerkesztve, mégis a német — be kell vallani — elsőbbséget élvez: Horst Leuchtmann német, terminológiai gyűjtését anyanyelvén végezte. Ezért kézenfekvő volt, hogy német alakjukban vegye fel mindazokat a szakkifejezéseket is, amelyek eredetüket tekintve a szótár egyik nyelvéhez sem tartoznak, vagy nyelvi származásuk egyáltalán vagy még nem tisztázódott.

A Nemzetközi Vegyesbizottság köszönetét fejezi ki továbbá az egyes nyelvek felelős munkatársainak is: John A. Parkinson (angol), Nicole Wild (francia), Rossana Dalmonte (olasz), Daniel Devoto (spanyol), Székely András (magyar), Gita Balter és Natalja Malina (orosz). E hét munkatárson kívül, akik saját nyelvük terminológiájáért felelősek, köszönetre és elismerésre méltóan közreműködtek: Ian Spink (Sydney/Ausztrália), Eric Gross (Sydney/Ausztrália), Michael Ochs (Boston/Massachusetts), Prof. Dr. Paul Brainard (West Newton/Massachusetts), Bernard Bardet (Choisy-le-Roi/Franciaország), Prof. Dr. Fausto Broussard (Milánó/Olaszország), Prof. Dr. Miguel Querol (Barcelona/Spanyolország) és Narcis Bonet (Boulogne-sur-Seine/Franciaország). Köszönet illeti továbbá azokat a szakembereket, akik az alapszókincset átnézték, és saját szakterületükről további szakkifejezésekkel gazdagították a szótár anyagát: Prof. Dr. Kurt Blaukopf, Bécs (zeneszociológia), Mme la Comtesse Geneviève de Chambure † (hangszerismerettan), Prof. Dr. Carl Dahlhaus, Berlin (zeneesztétika), Peter Keller, Zürich (zenetörténet), Prof. Dr. Bruno Nettl, Urbana/Illinois (zeneetnológia) és Prof. Dr. Sir Jack Allan Westrup † (zeneelmélet).

E hatalmas, minden résztvevőtől idealizmust és időt igénylő vállalkozáshoz nem volt mindig könnyű munkatársat találni. A tapasztalat szerint most már, hogy a szótár megjelent, könnyebb lesz szakavatott tanácsokat kapni. A Nemzetközi Vegyesbizottság arra kéri a szótár használóit, hogy kiigazításaikat és javításaikat dr. Horst Leuchtmann címére (D-8000 München 82, Markgrafenstraße 50) vagy az Akadémiai Kiadóhoz (1363 Budapest, Pf. 24) juttassák el.

Kassel, 1977 őszén

Nemzetközi Vegyesbizottság
Wolfgang Rehm

ПРЕДИСЛОВИЕ

Предлагаемый читателю семиязычный словарь музыкальных терминов (Terminorum Musicae Index Septem Linguis Redactus) является воплощением в жизнь весьма важного начинания. Появлению словаря предшествовал чрезвычайно длительный — в силу различных причин — период подготовительной работы. Уже на VII. музыковедческом конгрессе Международного музыковедческого общества (Кёльн, июнь 1958 г.), т. е. почти два десятилетия назад высказывалась мысль об издании многоязычного словаря музыкальных терминов (по возможности глоссария без развернутых определений) на пяти языках: немецком, английском, французском, итальянском и испанском. Такой словарь явился бы этапом на пути к созданию большого словаря, вобравшего бы в себя материал 18—20 языков. На сессии руководства Международного музыковедческого общества в конце апреля 1959 года было принято решение о проведении этого замысла в жизнь.

К Международному музыковедческому обществу присоединилась в качестве соиздателя Международная ассоциация музыкальных библиотек, и подобно тому, как это случилось при работе над изданием интернационального свода музыкальных источников (Répertoire International des Sources Musicales, RISM), из членов обоих обществ была образована Международная смешанная комиссия (Commission internationale mixte), ответственная за издание словаря, роль председателя которой взял на себя Владимир Федоров.

Работа над словарем велась уже довольно долгое время, когда стало известно, что издательство Академии Наук Венгрии — издательство «Академия» (Akadémiai Kiadó), Будапешт также намерено выпустить многоязычный словарь музыкальных терминов. Переговоры с венгерским издательством привели к договоренности, согласно которой редактирование словаря, дополненного еще двумя языками — русским и венгерским — берут на себя Хорст Лейхтман и словарная редакция издательства «Академия», а издание словаря будут осуществлять совместно два издательства — «Академия» и издательство Беренрейтер — (Bärenreiter-Verlag). Совместное редактирование проходило в несколько этапов в течение десяти лет и было завершено в начале лета 1976 года, когда в Будапеште состоялось последнее заседание редакционной комиссии.

Семиязычный музыкальный словарь является плодом успешного международного сотрудничества и первым, если не считать нескольких двуязычных словарей — например, Англо-немецкий и Немецко-английский музыкальный словарь Лангеншейдта под редакцией Хорста Лейхтмана и Филиппины Шик (Берлин—Мюнхен, 1964) и Русско-немецкий и Немецко-русский музыкальный словарь Г. Балтера (Москва—Лейпциг, 1976) — изданием такого рода. Являясь первым опытом, он естественно нуждается в дополнениях, не в последнюю очередь в расширении количества включенных языков. Если первый опыт окажется удачным, можно думать об осуществлении дальнейшей работы над словарем.

Международная смешанная комиссия выражает благодарность в первую очередь доктору Хорсту Лейхтману (Мюнхен), который составил основной словник и одновременно отвечает за немецкую терминологию словаря. Словарь построен на основе международного словника, однако — и в этом нужно признаться — немецкоязычные термины находятся до некоторой степени в привилегированном положении. Хорст Лейхтман — немец и собирал терминологию на родном языке. Поэтому само собой разумеется, что специальные термины, восходящие к какому-нибудь из не включенных в словарь языков либо имеющие неизвестное или пока невыясненное происхождение — включались составителем в словник в их немецком варианте.

Международная смешанная комиссия выражает благодарность специалистам, ответственным за отдельные части словаря — это Джон А. Паркинсон (Англия), Николь Вильд

(Франция), Россана Дальмонте (Италия), Даниель Девото (Испания), Андраш Секей (Венгрия), Гита Балтер и Наталья Малина (СССР). Кроме перечисленных сотрудников, ответственных за терминологию на своих языках признательности заслуживают принимавшие участие в работе Ян Спинк (Сидней, Австралия), Эрик Гросс (Сидней, Австралия), Михаэль Окс (Бостон, Массачусетс), проф. д-р Поль Брейнар (Вест Ньютон, Массачусетс), Бернар Барде (Шуази-ле-Руа, Франция), проф. д-р Фаусто Бруссар (Милан, Италия), проф. д-р Мигель Керол (Барселона, Испания) и Нарсис Боне (Булонь-сюр-Сэн, Франция).

Кроме того Международная смешанная комиссия благодарит всех специалистов, которые прочитали словник и дополнили его терминами из своих областей — это проф. д-р Курт Блаукопф, Вена (музыкальная социология), графиня Женевьева де Шамбюр † (инструментоведение), проф. д-р Карл Дальгауз, Берлин (музыкальная эстетика), Петер Келлер, Цюрих (история музыки), проф. д-р Бруно Неттль, Урбана, Иллинойс (музыкальная этнология) и проф. д-р сэр Джек Алан Вестрап † (теория музыки).

Для выполнения поставленной грандиозной задачи, требующей от человека бескорыстной преданности делу и времени, не всегда было легко найти сотрудников. Как показывает опыт, теперь, после выхода словаря в свет, будет легче получить квалифицированную консультацию. Международная смешанная комиссия просит всех читателей направлять все уточнения и поправки на имя д-ра Хорста Лейхтмана (Д-8000 Мюнхен, 82, Маркграфенштрассе 50) — Dr. Horst Leuchtmann (Markgrafenstraße 50, D-8000 München 82), или в издательство Академии Наук Венгрии (1363 Будапешт, п/я 24) — Akadémiai Kiadó (H-1363 Budapest, Pf. 24.).

Кассель, осень 1977 года

От имени Международной смешанной
комиссии
Вольфганг Рем

Allgemeine Hinweise

1.1 Dieses siebensprachige Wörterbuch der musikalischen Terminologie wurde mit Hilfe einer Grundsprache (deutsch) zusammengestellt. Um diese Grundsprache nicht zur Hauptsprache werden zu lassen, wurde ein sogenanntes internationales Alphabet der Hauptstichwörter versucht; d. h. soweit möglich wurden diejenigen Termini der deutschen Fachsprache, die erkennbar oder nach unserem heutigen Wissen aus dem Kreis der hier versammelten Sprachen stammen, diesen Sprachen zurückgegeben, so daß Paradiddle, Akkord, Arpeggio, Gitarre, Cymbal und Balalaika (um nur rasch je ein Beispiel zu geben) mit ihren zugehörigen Zusammensetzungen als englische, französische, italienische, spanische, ungarische und russische Hauptstichwörter figurieren: paradiddle, accord, arpeggio, guitarra, cimbalom, балалайка. Alle Termini, die aus anderen als den hier berücksichtigten Sprachen stammen oder deren Herkunft nicht oder nicht eindeutig zu klären ist, blieben neben den deutschen Termini der Grundsprache vorbehalten. Sicherlich werden terminologische Untersuchungen an der versuchten Zuordnung manches zu ändern und auszusetzen haben. Für den Benutzer ist die Frage der Grundsprache gänzlich unerheblich. Wie im Vorwort ausgeführt, wurde Sorge getragen, das eigenständige Vokabular der beteiligten Sprachen weitgehend zu berücksichtigen.

1.2 Die Termini (zu den russischen vgl. 1.5 und 1.6) sind in ein fortlaufendes Alphabet eingeordnet. Der Buchstabenfolge liegt das lateinische Alphabet mit 26 Buchstaben zugrunde, in dem Sonderbuchstaben, Buchstabenkombinationen oder mit diakritischen Zeichen versehene Buchstaben einzelner Sprachen ihren streng alphabetischen Platz einnehmen. Die besondere alphabetische Buchstabenfolge des Spanischen (c, ch; l, ll; n, ñ) und des Ungarischen (c, cs; d, dz, dzs; g, gy; l, ly; n, ny; s, sz; t, ty; z, zs) bleibt hier also unberücksichtigt; ungeachtet ihres damit ausgedrückten Lautwerts werden diese Doppelkonsonanten als einfache Buchstabenkombinationen im Sinne des lateinischen Alphabets aufgelöst und sind unter c, d, g, l, n, s, t und z zu finden. Das spanische ñ und die deutsche Ligatur ß werden wie n und ss eingeordnet. Entsprechend sind die trematisierten Vokale des Deutschen und Ungarischen ohne Rücksicht auf darübergesetzte Punkte und Striche wie gewöhnliche Vokale behandelt. Selbstverständlich bleiben die orthographischen Besonderheiten der einzelnen Sprachen erhalten. Der Divergenz britischer und amerikanischer Terminologie und Rechtschreibung wird durch Querstrich und Klammern Rechnung getragen: z. B. centre/center, metre/meter, mitre/miter, theatre/theater, colo(u)r, mo(u)ld, twin-jewel(l)ed bedeuten, daß britisches Englisch centre, metre, mitre, theatre, colour, mould, twin-jewelled schreibt, amerikanisches Englisch dagegen center, meter, miter, theater, color, mold und twin-jeweled. Oder time/meter, note/tone zeigen an, daß englischer Gebrauch time und note vorzieht, wo amerikanischer Gebrauch meter und tone kennt. Aus historischen Gründen steht die britische Form vor der amerikanischen. Von Stichwörtern in amerikanischer Schreibung wird auf Stichwörter in britischer Schreibung verwiesen.

1.3 Sämtliche Termini, soweit sie nicht selbst Hauptstichwörter sind, verweisen ohne weitere typographische Auszeichnung auf ein Hauptstichwort, unter dem alle Äquivalente der anderen Sprachen versammelt sind. In allen Fällen, in denen durch orthographische Ähnlichkeiten oder mehrgliedrige Wortfügungen der Verweis optisch in seiner Eindeutigkeit beeinträchtigt erscheinen könnte, wird ein gliedernder, verdeutlichender Doppelpunkt gesetzt zwischen Verweisstichwort und Hauptstichwort, auf das verwiesen wird.

1.4 Hauptstichwörter und Verweisstichwörter stehen in halbfetten Typen; mit Tilde oder geradem Strich begonnene mehrgliedrige Verweisstichwörter und die sechssprachigen Äquivalente unter den Hauptstichwörtern stehen in normaler Type. Die verwendeten Abkürzungen sind kursiv (vgl. aber 2.1); nur die Sprachsiglen sind stets in Normalschrift gesetzt (D E F I S U R).

1.5 Die Stichwörter der einzelnen Sprachen unter ihrem jeweiligen Hauptstichwort nach der streng alphabetischen Reihenfolge der Sprachsiglen: D E F I R S U zu ordnen, wurde vermieden; zum einen, um den Zusammenhang der romanischen Sprachen nicht zu unterbrechen, zum anderen, weil es typographisch übersichtlicher erscheint, die in kyrillischen Typen gesetzten russischen Stichwörter an den Schluß der lateinisch gesetzten zu stellen. Die gewählte Reihenfolge: D E F I S U R erfährt allerdings je nach der Nationalität des Hauptstichworts jeweils eine Umordnung: EDFISUR, FDEISUR, IDEFSUR, SDEFIUR, UDEFISR, RDEFISU.

1.6 Die russischen Termini verlangen auch aus alphabetischen Gründen eine Sonderbehandlung. Weil das kyrillische Alphabet eine andere Buchstabenordnung hat als das lateinische, bleibt keine andere Wahl, als die russischen Termini gesondert nach dem kyrillischen Alphabet zusammenzustellen. In diesem dem russischen Vokabular gewidmeten Teil sind auch die russischen Hauptstichwörter mit ihren sechssprachigen Äquivalenten zu finden. Um jedoch die russischen Hauptstichwörter in das Korpus des Wörterbuches einzubeziehen, erscheinen sie dort in lateinischer Transliteration und lateinischer Alphabetisierung als Verweisstichwörter. Sie verweisen auf die kyrillische Schreibung, unter der sie im russischen Teil als Hauptstichwörter auftreten. Die Transliteration der russischen Wörter geschieht nach dem System der ISO (International Standardization Organization).

1.7 Haben Verweisstichwörter mehrere Bedeutungen, werden die verschiedenen Hauptstichwörter, auf die sie verweisen, durch Semikolon abgetrennt (vgl. 4.2).

afinar *v* S einstimmen; Stimme halten; stimmen; *pfte* intonieren; *ton* treffen

Synonyme eines Hauptstichwortes stehen zusammen, wobei nach Möglichkeit der gängigere, vorzuziehende Terminus an erster Stelle steht und damit die alphabetische Einordnung bestimmt. Das Synonym an zweiter Stelle wird außerdem als Verweisstichwort eingeordnet. Der Verweis auf ein gleichsprachiges Hauptstichwort geschieht mit dem Gleichheitszeichen (=).

Kammerstimme f D *org* = Kammerregister

Proporz *m* D *bl* = Nachtanz

Ebenso verweisen ungebräuchlichere Verweisstichwörter auf gebräuchlichere.

verő U = ütő

födött U = fedett

1.8 Homonyme Verweisstichwörter zweier oder mehrerer Sprachen können in eine Zeile zusammengefaßt werden, wenn ihnen außer den Sprachsiglen weitere Abkürzungen gemeinsam sind oder gemeinsam fehlen.

mezzanella *f* F I S *lt* Großsangsaite

ditanaklasis E U Ditanaklasis

Aber:

brielka E брёлка
brielka *f* I брёлка

1.9 Bei Verweisen auf mehrgliedrige Hauptstichwörter wird das Wortglied, das für die alphabetische Einordnung bestimmend ist, mit Hilfe eines liegendes Pfeils (→) angezeigt, wenn es nicht das erste ist.

acoustic E akustisch
~ bass *org* akustischer → Baß; Harmoniumbaß

coordinazione *f* **tonale** I tonale → Zugehörigkeit

1.10 Die alphabetische Einordnung von Komposita und mehrgliederigen Termini geschieht gewöhnlich nach dem Anfangsbuchstaben des ersten Substantivs. Eine Ausnahme machen die englischen compounds, deren Einordnung grundsätzlich nach dem Anfangsbuchstaben des ersten Wortes vorgenommen wird. Nach lexikalischem Gebrauch bleibt die englische Infinitiv-Präposition to bei der alphabetischen Einordnung unberücksichtigt.

1.11 Bei unmittelbar aufeinanderfolgenden gleichen Stichwörtern einer Sprache repräsentiert die Tilde (~) das gesamte voraufgehende halbfett gedruckte Stichwort, auch wenn es mehrgliedrig ist. Bei Synonymen steht sie nur für das erste Stichwort.

1.12 Hauptstichwörter und Verweisstichwörter bilden in Zusammensetzungen mit nach- und vorgestellten Komplementen (Substantiven, Adjektiven, Verben, Präpositionen) Artikel, in denen das Stichwort durch die Tilde vertreten wird und die Anfangsbuchstaben der Komplemente die alphabetische Anordnung bestimmen. Innerhalb dieser Artikel stehen zuerst Zusammensetzungen mit nachgestelltem Komplement; es folgen Zusammensetzungen mit vorgestelltem Komplement, Zusammensetzungen mit Verben und Komposita mit adjektivischer Funktion. Pluralbildungen eines Stichworts im Singular werden unterschiedslos einbezogen; sie können allerdings nur dann durch eine Tilde (mit angehängtem Pluralsuffix) vertreten werden, wenn die Pluralform durch ein Suffix gebildet wird, das die Singularform des Stichworts nicht weiter verändert (z. B. anse, ~s *pl*, attribution, ~s *pl*, cloche, ~s *pl*; aber battuta — battute, voz — voces, Baß — Bässe).

battuta *f* I Takt
~ a cinque tempi: Fünfertakt
— battute *pl* a due tempi: Zweiertakt
— battute *pl* a quattro tempi: Vierertakt
— battute *pl* a tre tempi: Dreiertakt
~ composta: zusammengesetzter → Takt
~ nove ottavi: Neunachteltakt
~ nove quarti: Neunvierteltakt
~ semplice: einfacher → Takt
— battute *pl* ternarie: Dreiertakt
— di due battute: zweitaktig
— di tre battute: dreitaktig

Abkürzungen und Worterläuterungen

2.1 Die S. 65* aufgestellten Abkürzungen stehen kursiv unmittelbar hinter dem Terminus. Die englischen und ungarischen Stichwörter — soweit bei ersteren nicht Sonderformen für weibliche Substantive gebildet werden — benötigen kein Geschlechtssigle; wohl aber wird hier die Pluralform bezeichnet.

2.2 Grammatikalische Siglen stehen bei Einzelwörtern hinter jedem einzelnen Wort, bei mehrgliedrigen Ausdrücken hinter dem ersten Substantiv oder Verb.

Achtelpause *f* D
E quaver rest, A: eighth-note rest
F demi-soupir *m*
I pausa *f* di croma
S silencio *m*/pausa *f* de corchea
U nyolcadszünet, nyolcad szünetjel
R восьмая пауза *f*

tambourin *m* **de Provence** F
D provenzalische Trommel *f*, Tabor *m*
E tabor
I tamburo *m* di Provenza
S tamboril *m*
U provence-i dob
R провансальский барабан *m*, тамбурин *m*

Nur die Sprachsiglen sind stets in Normalsatz. Sie stehen nach den Stichworten zwischen Geschlechtssigle und eventuellen Abkürzungen und Erläuterungen; bei den Hauptstichwortartikeln gehen sie den einzelnen Äquivalenten voraus.

2.3 Wird ein Verb als Hauptstichwort in den anderen Sprachen als Verb wiedergegeben, entfällt bei diesen das Verb-Sigle.

registrer *v* F *org*
D registrieren
E to register, to select stops
I registrare
S registrar
U regisztrálni
R регистровать

2.4 Entsprechen dem Verb als Hauptstichwort mehrgliedrige Ausdrücke in den anderen Sprachen, steht das grammatikalische Sigle *v* wie üblich nach dem Verb (vgl. 2.2).

jazz *v* E
D Jazzmusik machen *v*, jazzen
F faire *v* de la musique de jazz
I fare *v* musica jazz
S hacer *v* jazz
U dzsessszt játszani *v*
R играть *v* в джазе

corear *v* S
D mit einem Chor begleiten *v*
E to accompany with a chorus
F accompagner *v* d'un chœur
I accompagnare *v* di un coro
U kórussal kísérni *v*
R давать *v* в сопровождении хора

Eine Ausnahme macht, wie ersichtlich, das Englische, soweit das Verb durch die vorgesetzte Partikel to gekennzeichnet ist.

2.5 Alle sonst vorkommenden erläuternden Zusätze stehen kursiv in spitzen Klammern (vgl. 4.9).

Zur Äquivalenz der Stichwörter

3.1 Termini werden mit Termini wiedergegeben, wobei historische und grammatikalische Entsprechungen soweit möglich angestrebt werden. Veraltete und ungebräuchlich gewordene Termini werden meistens nur als Verweisstichwörter behandelt.

3.2 Fremdwörter, die im Bereich der Fachsprache möglich sind, werden durch Anführungsstriche ausgezeichnet.

Liedform *f*, **A-B-A-Form** *f* D
E song form, "lied" form
F forme *f* "Lied"
I forma *f* canzone
S forma *f* "Lied"
U dalforma
R песенная форма *f*

3.3 Wörtliche Übersetzungen zur Verdeutlichung stehen kursiv in Anführungsstrichen.

ének U Gesang
— **históriás ~** ⟨*16. sec*⟩
D (*"historisches Lied", ungarische historische Gesänge geistlichen und weltlichen Inhalts*)
E verse-chronicle
F (*"chanson historique", chansons historiques hongroises de caractère religieux ou profane*)
I (*"canto storico", forma lirica ungherese di contenuto sacro o profano*)
S (*"canción histórica", cantos históricos húngaros religiosos o profanos*)
R (*«историческая песня» — жанр венгерских исторических песнопений духовного и светского содержания*)

3.4 Fehlen äquivalente Termini für ein Hauptstichwort und bleiben wörtliche Übersetzungen unverständlich, werden Kurzdefinitionen gegeben. Sie stehen kursiv in runden Klammern (vgl. auch 3.3).

> **перепляс** *m bl*
> D *(russischer Paar- oder Gruppentanz in der Art eines Wettstreits)*
> E *(Russian dance for pairs or groups in the form of a contest)*
> F *(danse par couples ou en groupes, en forme de compétition)*
> I *(danza russa a coppie o a gruppo in forma di gara)*
> S *(danza de pareja o en grupos, a la manera de una competición)*
> U *(orosz páros- vagy csoporttánc)*

Zum Gebrauch von Satzzeichen

4.1 Synonyme und bedeutungsähnliche Termini als Äquivalente für ein Hauptstichwort werden durch Komma abgetrennt.

> **arrangement** *m* F
> D Arrangement *n*, Bearbeitung *f*, Einrichtung *f*, Überarbeitung *f*, Transkription *f*
> E arrangement, adaptation
> I trascrizione *f*, riduzione *f*
> S arreglo *m*, transcripción *f*, reducción *f*, revisión *f*
> U feldolgozás, átírás, átirat, hangszerelés
> R аранжировка *f*

4.2 Verweist ein Verweisstichwort auf mehrere Hauptstichwörter, werden diese durch Semikolon getrennt.

> **octava** *f* S Oktave; *fis* Oktavstimmung
> ∼ aguda *org* Diskantkoppel; Melodiekoppel; Oberoktavkoppel
>
> **plate** E *arco* Platte; *legni* Deckel; Griff

4.3 Bei mehrgliedrigen Ausdrücken werden Synonyme durch Querstrich (/) getrennt, der ein „oder" ersetzt.

> **accord** *m* F
> ∼ **arpégé/brisé**
> D gebrochener/arpeggierter Akkord *m*
> E broken/arpeggiated chord
> I accordo *m* arpeggiato/spezzato
> S acorde *m* quebrado/arpegiado
> U tört akkord/hangzat
> R разложенный/ломаный аккорд *m*
>
> **Spiegelkanon** *m* D
> E mirror/reversible/invertible canon
> F canon *m* en miroir/réversible
> I canone *m* a specchio
> S canon *m* en espejo/por inversión/per arsin et thesin
> U tükörkánon
> R зеркальный канон *m*

4.4 Trennt der Querstrich Substantive, steht bei gleichbleibenden Genus und Numerus das entsprechende Sigle nur einmal. Fehlt diese Übereinstimmung, werden die Siglen für jedes einzelne Substantiv gesetzt (vgl. jedoch 2.2).

Taktvorzeichen *n*, **Taktvorzeichnung** *f* D
    E time signature
    F indication *f*/signe *m* de la mesure
    I tempo/segno *m*/indicazione *f* di misura
    S signo *m*/indicación *f* de compás
    U ütemjelzés
    R обозначение *n* размера

4.5 Mit Hilfe des Querstrichs werden auch orthographische oder terminologische Differenzen zwischen der britischen und der amerikanischen Fachsprache angezeigt (vgl. 1.2).

4.6 Runde Klammern ( ) dienen zur Anzeige von Buchstaben, Silben oder Wörtern, die gesetzt oder fortgelassen werden können, ohne daß dadurch der Sinn verändert oder beeinträchtigt wird: Sept(imen)akkord, (magnetic) tape, cabeza (sonora).

4.7 Mit Hilfe der runden Klammern werden auch orthographische Differenzen zwischen der britischen und der amerikanischen Fachsprache angezeigt (vgl. 1.2).

4.8 In runden Klammern und Kursivsatz stehen Definitionen für fehlende Äquivalente zum Hauptstichwort (vgl. 3.4).

4.9 Spitze Klammern ⟨ ⟩ dienen zur Anzeige erläuternder Hinweise, die jeweils kursiv gesetzt sind (vgl. 2.5).

    Italian E; ~ **sixth chord** ⟨*on flat submediant*⟩

    Tonikaparallele *f* D
    E submediant ⟨*in major key*⟩, mediant ⟨*in minor key*⟩
    F sus-dominante *f* ⟨*en majeur*⟩, médiante *f* ⟨*en mineur*⟩
    I sopraddominante *f* ⟨*in maggiore*⟩, mediante *f* ⟨*in minore*⟩
    S superdominante *f* ⟨*en mayor*⟩, mediante *f* ⟨*en menor*⟩
    U tonikaparalel
    R параллель *f* тоники

4.10 In eckigen Klammern [ ] stehen Buchstaben, Silben oder Wörter, deren Benutzung dem Terminus eine andere Bedeutung verleiht oder Alternativmöglichkeiten aufzeigt.

    Stimme *f* D
    — **[nicht] gut bei ~ sein** *v*
    E [not] to be in good voice
    F [ne pas] être *v* en bonne voix
    I [non] essere *v* in buone condizioni vocali
    S [no] estar *v* en voz/bien de voz
    U jól van *v* [nincs jól] diszponálva
    R быть *v* [не] в·голосе

    Aufzug *m* D
    — **Oper** *f* **in zwei [drei, vier] Aufzügen**
    E opera in two [three, four] acts
    F opéra *m* en deux [trois, quatre] actes
    I opera *f* in due [tre, quattro] atti
    S ópera *f* en dos [tres, cuatro] actos
    U opera két [három, négy] felvonásban
    R опера *f* в двух [трёх, четырёх] действиях

4.11 Auf Angabe der Aussprache, der Betonung, der Silbentrennung sowie auf Hinweise zur Rektion wurde verzichtet. Wo die Typographie Silbentrennung verlangt, erfolgt diese nach den Regeln der betreffenden Sprache. Bei mit Bindestrich verbundenen Wortfügungen wird so verfahren, daß zur Anzeige der Orthographie der Bindestrich am Anfang der neuen Zeile wiederholt wird.

Horst Leuchtmann

ARRANGEMENT OF THE DICTIONARY AND GUIDE FOR THE USER

General information

1.1 This dictionary of musical terminology in seven languages was compiled with the aid of a basic language (German). So that this basic language would not become the principal language, an attempt was made at a so-called *international alphabet* of key-words; i.e. those technical terms in the German language which obviously or in the light of present-day knowledge originated in the context of the languages here assembled, should as far as possible be given back to those languages, so that (to take a few rapid examples) Paradiddle, Akkord, Arpeggio, Gitarre, Cymbal and Balalaika, with their appropriate derivations, figure as English, French, Italian, Spanish, Hungarian and Russian key-words: paradiddle, accord, arpeggio, guitarra, cimbalom, балалайка. All terms which originate in languages other than those here accounted for, or whose origin is uncertain or cannot positively be identified, are listed as German key-words. Terminological research will assuredly find much to alter and reject with regard to the arrangement attempted here. For those using this dictionary the question of the basic language is quite irrelevant. As detailed in the foreword, we were at pains to take into careful consideration the separate vocabulary of the languages employed.

1.2 The terms are arranged in alphabetical order. (For the Russian see 1.5 and 1.6) The order of letters is based upon the Roman alphabet of 26 letters, and in this separate letters, combinations of letters or letters provided with diacritic marks in particular languages are placed in strictly alphabetical order. The special alphabetical order of letters in Spanish (c, ch; l, ll; n, ñ) and Hungarian (c, cs; d, dz, dzs; g, gy; l, ly; n, ny; s, sz; t, ty; z, zs) is therefore disregarded here; in spite of the phonetic values that they express, these double consonants are treated as separate letters accordingly; they will be found under c, d, g, l, n, s, t and z. The Spanish ñ and the German ligature ß are treated as n and ss. Similarly the vowels requiring a diaeresis in German and Hungarian are treated as ordinary vowels without regard for the dots or accents placed above them. The orthographic peculiarities of the separate languages are, of course, retained. The divergence between British and American terminology and spelling will be shown by means of oblique strokes and brackets, e.g. centre/center, metre/meter, mitre/miter, theatre/theater, colo(u)r, mo(u)ld, twin-jewel(l)ed mean that in English one writes centre, metre, mitre, theatre, colour, mould, twin-jewelled, but in American center, meter, miter, theater, color, mold and twin-jeweled. Alternatively time/meter, note/tone show that the English usage prefers "time" and "note" where it is customary in American to use "meter" and "tone". For historical reasons the English form precedes the American. Reference is made from words in American spelling to words in English spelling.

1.3 All terms, provided that they are not themselves key-words, are cross-referenced without further typographical distinction to a key-word, under which all the equivalents in the other languages are collected. In all cases where, through similarity of spelling or complexity of syntax, the cross-reference might not give a clear and unequivocal visual impression, a colon, to separate and clarify, is inserted between the cross-reference and the key-word to which it refers.

1.4 Key-words and cross-references are in bold type; compound cross-references beginning with a repetition sign or dash and the equivalents in six languages below the key-words are in normal type. The abbreviations employed are in italics (but see 2.1) except that the language symbols (D E F I S U R) are always in roman.

1.5 In placing words in the different languages below their appropriate key-word, we have avoided keeping to the strictly alphabetical order of language symbols D E F I R S U; firstly, in order not to interrupt the continuity of the Romance languages; secondly, since it seemed preferable, for the sake of typographical clarity, to place the Russian words in Cyrillic type at the end of the entry. The order chosen: D E F I S U R is, however, subject to change according to the nationality of the key-word: E D F I S U R, F D E I S U R, I D E F S U R, S D E F I U R, U D E F I S R, R D E F I S U.

1.6　For alphabetical reasons the Russian terms also require special treatment. Since the Cyrillic alphabet has a different order of letters from that of the Roman alphabet, there remains no alternative but to separate the Russian terms and place them together in the order of the Cyrillic alphabet. In the section devoted to the Russian vocabulary will be found the Russian key-words together with their equivalents in six languages. However, in order to include the Russian key-words in the body of the dictionary, they appear there in Roman transliteration and in the Roman alphabetical order in the form of cross-references. These refer to the Cyrillic characters in which they appear as key-words in the Russian part. The transliteration of the Russian words follows that laid down by the ISO (International Standardization Organization).

1.7　Where cross-references have more than one meaning, the different key-words to which they refer are separated by a semicolon. (Cp. 4.2)

> **afinar** *v* S einstimmen; Stimme halten; stimmen; *pfte* intonieren; *ton* treffen

Synonyms of a key-word are placed together; wherever possible the current, preferable term stands first and thereby determines the alphabetical order. The synonym in second place is additionally included as a cross-reference. Reference to a key-word of equal currency is made by means of an equal sign (=).

> **Kammerstimme** *f* D *org* = Kammerregister

> **Proporz** *m* D *bl* = Nachtanz

Similarly reference is made from less usual words to those in general use.

> **verő** U = ütő

> **födött** U = fedett

1.8　Cross-references which are identical in two or more languages can be included in a single line, if, apart from the language symbols, they have other abbreviations, or the lack of them, in common.

> **mezzanella** *f* F I S *lt* Großsangsaite

> **ditanaklasis** E U Ditanaklasis

But:

> **brielka** E брёлка
> **brielka** *f* I брёлка

1.9　In references to terms consisting of more than one word, the constituent word, upon which the alphabetical order depends, is pointed out by means of an arrow (→) in cases where it does not come first.

> **acoustic** E akustisch
> ~ bass *org* akustischer → Baß; Harmonium-baß

> **coordinazione** *f* **tonale** I tonale → Zugehörigkeit

1.10　The alphabetical order of compounds usually depends upon the initial letter of the first noun. An exception is made for English compounds, where an order based principally upon the initial letter of the first word is preferred. Following dictionary usage the English infinitive preposition 'to' is disregarded in the alphabetical order.

1.11　For cross-references in one language in close succession, the repetition sign (~) represents the entire preceding entry printed in bold type, even if it has more than one constituent. In case of synonyms it represents only the first word.

1.12 Key-words and cross-references, in combination with other words preceding or following them (nouns, adjectives, verbs, prepositions) form phrases, in which the key-word is replaced by the repetition sign, and the initial letters of the complementary words determine the alphabetical order. In such phrases combinations in which the complement follows the key-word come first, followed by combinations in which the complement precedes the key-word. Last of all come combinations with verbs and compounds with the function of adjectives. Plural forms of a singular key-word are invariably included; however, they can only be replaced by the repetition sign (with the plural suffix attached) when the plural is formed by a suffix that makes no further change in the singular form of the key-word (for example: anse, ∼s *pl*, attribution, ∼s *pl*, cloche, ∼s *pl*; but: battuta — battute, voz — voces, Baß — Bässe).

battuta *f* I Takt
∼ a cinque tempi: Fünfertakt
— battute *pl* a due tempi: Zweiertakt
— battute *pl* a quattro tempi: Vierertakt
— battute *pl* a tre tempi: Dreiertakt
∼ composta: zusammengesetzter → Takt
∼ nove ottavi: Neunachteltakt
∼ nove quarti: Neunvierteltakt
∼ semplice: einfacher → Takt
— battute *pl* ternarie: Dreiertakt
— di due battute: zweitaktig
— di tre battute: dreitaktig

Abbreviations and explanations of words

2.1 The accepted abbreviations (see p. 65*) are printed in italics immediately after each term. The English and Hungarian words need no indication of gender, except in cases where special feminine forms of nouns are required in English; but plural forms are indicated.
2.2 In the case of single words, the grammatical indications follow each individual word; in phrases they come after the first noun or verb.

Achtelpause *f* D
E quaver rest, A: eighth-note rest
F demi-soupir *m*
I pausa *f* di croma
S silencio *m*/pausa *f* de corchea
U nyolcadszünet, nyolcad szünetjel
R восьмая пауза *f*

tambourin *m* **de Provence** F
D provenzalische Trommel *f*, Tabor *m*
E tabor
I tamburo *m* di Provenza
S tamboril *m*
U provence-i dob
R провансальский барабан *m*, тамбурин *m*

Only the language indications are always printed in roman. They follow the key-words, coming between gender indications and possible abbreviations and explanations; in phrases formed from the key-words they precede the separate equivalents.
2.3 If a verb as key-word is given as a verb in the other languages, the verb indication will not be repeated.

registrer *v* F *org*
D registrieren
E to register, to select stops
I registrare
S registrar
U regisztrálni
R регистровать

2.4 If a verb as a key-word corresponds with set phrases in the other languages, the grammatical symbol *v* is placed as usual after the verb. (Cp. 2.2)

jazz *v* E
    D Jazzmusik machen *v*, jazzen
    F faire *v* de la musique de jazz
    I fare *v* musica jazz
    S hacer *v* jazz
    U dzsesszt játszani *v*
    R играть *v* в джазе

corear *v* S
    D mit einem Chor begleiten *v*
    E to accompany with a chorus
    F accompagner *v* d'un chœur
    I accompagnare *v* di un coro
    U kórussal kísérni *v*
    R давать *v* в сопровождении хора

An exception is made, as shown, in English, where the verb is distinguished by the preceding function word 'to'.

2.5 All other explanatory additions which may occur are printed in italics within angle brackets. (Cp. 4.9)

Key-words and their equivalents

3.1 We have striven to render terms by terms which correspond as closely as possible on historical and grammatical grounds. Obsolete and out-of-date terms are generally treated only as cross-references.

3.2 Foreign words which are admissible in the realm of technical language are distinguished by quotation marks.

Liedform *f*, **A-B-A-Form** *f* D
    E song form, "lied" form
    F forme *f* "Lied"
    I forma *f* canzone
    S forma *f* "Lied"
    U dalforma
    R песенная форма *f*

3.3 Literal translations for explanatory purposes are printed in italics in quotation marks.

ének U Gesang
— **históriás** ~ ⟨16. *sec*⟩
    D *("historisches Lied", ungarische histo-rische Gesänge geistlichen und weltlichen Inhalts)*
    E verse-chronicle
    F *("chanson historique", chansons histo-riques hongroises de caractère religieux ou profane)*
    I *("canto storico", forma lirica ungherese di contenuto sacro o profano)*
    S *("canción histórica", cantos históricos húngaros religiosos o profanos)*
    R *(«историческая песня» — жанр венгер-ских исторических песнопений духов-ного и светского содержания)*

3.4 Where equivalents of a key-word are lacking and literal translations are incomprehensible, brief definitions are given. They are printed in italics in round brackets. (See also 3.3)

перепляс *m bl*
D *(russischer Paar- oder Gruppentanz in der Art eines Wettstreits)*
E *(Russian dance for pairs or groups in the form of a contest)*
F *(danse par couples ou en groupes, en forme de compétition)*
I *(danza russa a coppie o a gruppo in forma di gara)*
S *(danza de pareja o en grupos, a la manera de una competición)*
U *(orosz páros- vagy csoporttánc)*

The use of punctuation marks

4.1 Synonyms or terms of the same meaning serving as equivalents of a key-word are separated by commas.

arrangement *m* F
D Arrangement *n*, Bearbeitung *f*, Einrichtung *f*, Überarbeitung *f*, Transkription *f*
E arrangement, adaptation
I trascrizione *f*, riduzione *f*
S arreglo *m*, transcripción *f*, reducción *f*, revisión *f*
U feldolgozás, átírás, átirat, hangszerelés
R аранжировка *f*

4.2 Where a cross-reference refers to more than one key-word, these are separated by semicolons.

octava *f* S Oktave; *fis* Oktavstimmung
~ aguda *org* Diskantkoppel; Melodiekoppel; Oberoktavkoppel

plate E *arco* Platte; *legni* Deckel; Griff

4.3 Synonymous words in phrases are separated by an oblique stroke (/) which replaces "or".

accord *m* F
~ arpégé/brisé
D gebrochener/arpeggierter Akkord *m*
E broken/arpeggiated chord
I accordo *m* arpeggiato/spezzato
S acorde *m* quebrado/arpegiado
U tört akkord/hangzat
R разложенный/ломаный аккорд *m*

Spiegelkanon *m* D
E mirror/reversible/invertible canon
F canon *m* en miroir/réversible
I canone *m* a specchio
S canon *m* en espejo/por inversión/per arsin et thesin
U tükörkánon
R зеркальный канон *m*

4.4 If the oblique stroke separates nouns where gender and number are the same, the corresponding symbols are given only once. Should they not agree, the symbols are given for each separate noun (but see 2.2).

Taktvorzeichen *n*, **Taktvorzeichnung** *f* D
    E time signature
    F indication *f*/signe *m* de la mesure
    I tempo/segno *m*/indicazione *f* di misura
    S signo *m*/indicación *f* de compás
    U ütemjelzés
    R обозначение *n* размера

4.5 Differences of spelling or terminology between British and American phraseology are also shown by means of the oblique stroke (cp. 1.2).

4.6 Round brackets ( ) are used to indicate letters, syllables or words which can be included or omitted without changing or affecting the meaning: Sept(imen)akkord, (magnetic) tape, cabeza (sonora).

4.7 Differences of spelling between British and American phraseology are also shown by means of round brackets (cp. 1.2).

4.8 Definitions for missing equivalents of the key-word are printed in italics in round brackets (cp. 3.4).

4.9 Angle brackets ⟨ ⟩ are used to denote explanatory indications which appear in italics (cp. 2.5).

    Italian E; ~ **sixth chord** ⟨*on flat submediant*⟩

Tonikaparallele *f* D
    E submediant ⟨*in major key*⟩, mediant ⟨*in minor key*⟩
    F sus-dominante *f* ⟨*en majeur*⟩, médiante *f* ⟨*en mineur*⟩
    I sopraddominante *f* ⟨*in maggiore*⟩, mediante *f* ⟨*in minore*⟩
    S superdominante *f* ⟨*en mayor*⟩, mediante *f* ⟨*en menor*⟩
    U tonikaparalel
    R параллель *f* тоники

4.10 In square brackets [ ] appear letters, syllables or words used to give a different meaning to the term or to suggest alternative possibilities.

Stimme *f* D
— **[nicht] gut bei ~ sein** *v*
    E [not] to be in good voice
    F [ne pas] être *v* en bonne voix
    I [non] essere *v* in buone condizioni vocali
    S [no] estar *v* en voz/bien de voz
    U jól van *v* [nincs jól] diszponálva
    R быть *v* [не] в голосе

Aufzug *m* D
— **Oper** *f* **in zwei [drei, vier] Aufzügen**
    E opera in two [three, four] acts
    F opéra *m* en deux [trois, quatre] actes
    I opera *f* in due [tre, quattro] atti
    S ópera *f* en dos [tres, cuatro] actos
    U opera két [három, négy] felvonásban
    R опера *f* в двух [трёх, четырёх] действиях

4.11 No attempt has been made to show pronunciation, accent, syllabification or to indicate grammatical agreement. Where typographical considerations require the division of syllables, this is done according to the rules of the language in question. Hyphenated expressions are so arranged that, in order to make the orthography clear, the hyphen is repeated at the beginning of the new line.

Horst Leuchtmann
(tr. John A. Parkinson)

PRÉSENTATION DU DICTIONNAIRE ET UTILISATION

Indications générales

1.1 Dans l'élaboration de ce dictionnaire multilingue de terminologie musicale, l'allemand a été utilisé comme langue de base. Mais pour éviter que l'allemand ne devienne la langue principale, on a tenté d'établir un alphabet international des mots-clé; c'est-à-dire qu'autant que possible, on a rendu à leur langue originelle les termes de langue allemande dont on savait de façon immédiate, ou dans l'état actuel de nos connaissances, qu'ils sont issus de ces langues: ainsi, pour donner un exemple rapide, les mots Paradiddle, Akkord, Arpeggio, Gitarre, Cymbal et Balalaika, se trouvent-ils auprès des termes originaux anglais, français, italiens, espagnols, hongrois et russes auxquels ils correspondent: paradiddle, accord, arpeggio, guitarra, cimbalom, балалайка. Pour tous les mots provenant d'autres langues que celles que nous proposons ici, ou bien dont l'origine est inconnue ou douteuse, nous avons pris pour base les termes de langue allemande. Il est bien évident que le classement que nous avons adopté ici est susceptible d'être critiqué et modifié. Mais, pour l'utilisateur, le problème de la langue de base est sans conséquence. Comme nous l'avons dit dans la préface, on a essayé le plus largement possible, de prendre en considération le vocabulaire propre à chacune des sept langues choisies.

1.2 Les mots sont classés par ordre alphabétique (pour le russe, voir 1.5 et 1.6). On a suivi l'alphabet latin de 26 lettres, dans lequel sont inclus, à leur place strictement alphabétique, les caractères particuliers à chaque langue, aussi bien ceux portant un signe diacritique que les combinaisons de lettres. Les formations alphabétiques particulières à l'espagnol (c, ch; l, ll; n, ñ) et au hongrois (c, cs; d, dz, dzs; g, gy; l, ly; n, ny; s, sz; t, ty; z, zs) ne sont donc pas ici prises en considération; sans tenir compte de la sonorité qu'elles traduisent, ces consonnes doubles sont réduites, selon l'alphabet latin, à une simple juxtaposition de lettres. On les cherchera donc à c, d, g, l, n, s, t et z. Le ñ espagnol et le ß allemand sont placés à n et ss. De même, les voyelles allemandes et hongroises avec inflexion sont traitées comme de simples voyelles sans tenir compte des points ou traits placés au-dessus de la lettre. Mais, bien entendu, on a maintenu les particularismes orthographiques de chaque langue. Les divergences terminologiques et orthographiques entre l'anglais et l'américain sont marquées par des barres obliques et des parenthèses: centre/center, metre/meter, mitre/miter, theatre/theater, colo(u)r, mo(u)ld, twin-jewel(l)ed, signifient que l'anglais est écrit: centre, metre, mitre, theatre, colour, mould, twin-jewelled, là, où l'américain devient center, meter, miter, theater, color, mold, twin-jeweled. De même, time/meter, note/tone, montrent que l'usage anglais préfère time et note, là où l'usage américain dit meter et tone. Pour des raisons historiques, la forme anglaise figure avant la forme américaine, et tous les renvois des différents termes sont faits de la forme orthographique américaine à la forme orthographique anglaise.

1.3 Tous les termes, sauf s'ils sont eux-mêmes des mots-clé, renvoient, sans autre signe typographique, à un mot-clé sous lequel on trouvera tous les équivalents dans les autres langues. Chaque fois qu'un renvoi peut paraître équivoque, en raison d'une similitude orthographique ou d'une juxtaposition de plusieurs termes, on a introduit pour plus de clarté, deux points (:) entre le renvoi et le mot-clé auquel il renvoie.

1.4 Les mots-clé et les renvois sont en caractères gras; lorsque les renvois comportent plusieurs mots et commencent par un signe de répétition ou un tiret, ils sont en caractères normaux. Il en est de même pour les équivalences linguistiques placées après les mots-clé. Les abréviations sont en italiques (cf. 2.1); seuls les sigles de langues sont toujours en caractères normaux et en majuscules (D E F I S U R).

1.5 Dans la rubrique des mots-clé, on a évité de classer les mots des différentes langues, selon l'ordre alphabétique strict des sigles de langues: D E F I R S U; d'une part, pour ne pas interrompre la succession des langues romanes, et d'autre part, parce que, du point de vue typographique, il paraît plus clair de placer les mots russes en caractères cyrilliques après les mots en caractères latins. L'ordre choisi: D E F I S U R subit cependant une modification, chaque fois que la langue du mot-clé change: E D F I S U R, F D E I S U R, I D E F S U R, S D E F I U R, U D E F I S R, R D E F I S U.

1.6 C'est aussi pour des raisons alphabétiques qu'il a fallu traiter les termes russes à part. Comme l'alphabet cyrillique classe les lettres différemment de l'alphabet latin, il n'y a pas d'autre possibilité que de classer les termes russes à part, selon l'alphabet cyrillique. Dans cette part du dictionnaire consacrée au vocabulaire russe, les équivalents des six autres langues sont donnés sous chaque mot-clé russe. Pour que ceux-ci figurent tout de même dans le corps du dictionnaire, ils y sont placés en translitération et sous forme de renvois: ils renvoient à la forme cyrillique sous laquelle ils figurent comme mots-clé dans la part russe du dictionnaire. La translitération des termes russes suit la norme du système ISO (International Standardization Organization).

1.7 Lorsqu'un mot a plusieurs significations et renvoie à plusieurs mots-clé, ces derniers sont séparés par un point-virgule (cf. 4.2).

> **afinar** r S einstimmen; Stimme halten; stim-
> men; *pfte* intonieren; *ton* treffen

Les synonymes d'un mot-clé sont placés l'un à côté de l'autre, le terme le plus courant étant, chaque fois que cela est possible, en tête et donc déterminant pour le classement. Les autres synonymes se trouvent à leurs places sous forme de renvoi. Le signe d'égalité (=) sépare le synonyme du mot-clé de la même langue auquel il renvoie.

> **Kammerstimme** *f* D *org* = Kammerregister

> **Proporz** *m* D *bl* = Nachtanz

De même, au niveau des renvois, le terme le moins courant renvoie au plus usité.

> **verő** U = ütő

> **födött** U = fedett

1.8 Les termes homonymes, dans deux ou plusieurs langues, ne figurent qu'une fois comme renvois, à condition que les abréviations ou l'absence d'abréviations autres que les sigles de langues, leur soient communes.

> **mezzanella** *f* F I S *lt* Großsangsaite

> **ditanaklasis** E U Ditanaklasis

Mais:

> **brielka** E брёлка
> **brielka** *f* I брёлка

1.9 Lors d'un renvoi à un mot-clé composé de plusieurs termes, le terme déterminant pour le classement est indiqué par une flèche (→) lorsqu'il n'est pas en tête.

> **acoustic** E akustisch
> ~ bass *org* akustischer → Baß; Harmonium-
> baß

> **coordinazione** *f* tonale I tonale → Zugehörigkeit

1.10 Les mots composés et les expressions sont généralement classés à la première lettre du premier substantif. Seuls les mots composés anglais font exception car ils sont toujours classés au premier mot. Selon l'usage, il n'est pas tenu compte de la préposition infinitive «to», dans le classement alphabétique.

1.11 Lorsque des termes d'une même langue se suivent sous forme de renvois, le signe de répétition (~) représente tout l'ensemble du mot ou de l'expression qui le précède en caractères gras. Dans le cas de synonymes, il ne figure que pour le premier terme.

1.12 Les mots-clé principaux et les renvois constituent avec les compléments qui les précèdent ou qui leur succèdent (substantifs, adjectifs, verbes, prépositions) des articles dans lesquels le mot-clé est remplacé par un tilde, et les lettres initiales des compléments fournissent l'ordre alphabétique. A l'intérieur de chaque article on trouve tout d'abord les combinaisons avec un complément postposé; en second lieu viennent les combinaisons avec un complément préposé; en dernière position viennent enfin les combinaisons avec des verbes ou avec des composés à fonction adjectivale. Les combinaisons avec le pluriel d'un mot-clé sont introduites sans différenciation; le mot n'est cependant remplacé par un tilde (avec le suffixe pluriel) que lorsque le pluriel est constitué d'un suffixe qui ne modifie pas le singulier de ce mot-clé (p. ex. anse, $\sim$s *pl*, attribution, $\sim$s *pl*, cloche, $\sim$s *pl*; mais: battuta — battute, voz — voces, Baß — Bässe).

> **battuta** *f* I Takt
> $\sim$ a cinque tempi: Fünfertakt
> — battute *pl* a due tempi: Zweiertakt
> — battute *pl* a quattro tempi: Vierertakt
> — battute *pl* a tre tempi: Dreiertakt
> $\sim$ composta: zusammengesetzter → Takt
> $\sim$ nove ottavi: Neunachteltakt
> $\sim$ nove quarti: Neunvierteltakt
> $\sim$ semplice: einfacher → Takt
> — battute *pl* ternarie: Dreiertakt
> — di due battute: zweitaktig
> — di tre battute: dreitaktig

Abréviations et définitions

2.1 Les abréviations (voir p. 65*) sont placées, en italique, juste derrière le mot auquel elles se rapportent. Les termes anglais et hongrois n'exigeant aucune indication de genre — sauf dans le cas où les substantifs anglais ont une forme particulière au féminin —, on a donné leur pluriel.

2.2 Les abréviations grammaticales sont indiquées derrière chaque mot et, dans les expressions composées, derrière le premier substantif ou le premier verbe.

> **Achtelpause** *f* D
> E quaver rest, A: eighth-note rest
> F demi-soupir *m*
> I pausa *f* di croma
> S silencio *m*/pausa *f* de corchea
> U nyolcadszünet, nyolcad szünetjel
> R восьмая пауза *f*

> **tambourin** *m* **de Provence** F
> D provenzalische Trommel *f*, Tabor *m*
> E tabor
> I tamburo *m* di Provenza
> S tamboril *m*
> U provence-i dob
> R провансальский барабан *m*, тамбурин *m*

Seuls les sigles de langues sont toujours en caractères normaux, en majuscules. Ils sont placés entre l'abréviation de genre et les éventuelles abréviations ou définitions; dans le cas des mots-clé, ils précèdent les différents équivalents linguistiques.

2.3 Si le mot-clé est un verbe et garde sa forme verbale dans les autres langues, le sigle du verbe n'est pas répété.

> **registrer** *v* F *org*
> D registrieren
> E to register, to select stops
> I registrare
> S registrar
> U regisztrálni
> R регистровать

2.4 Si le mot-clé est un verbe ayant comme équivalents linguistiques des expressions composées, l'abréviation *v* se trouve placée derrière chaque verbe (cf. 2.2).

> **jazz** *v* E
> D Jazzmusik machen *v*, jazzen
> F faire *v* de la musique de jazz
> I fare *v* musica jazz
> S hacer *v* jazz
> U dzsesszt játszani *v*
> R играть *v* в джазе

> **corear** *v* S
> D mit einem Chor begleiten *v*
> E to accompany with a chorus
> F accompagner *v* d'un chœur
> I accompagnare *v* di un coro
> U kórussal kísérni *v*
> R давать *v* в сопровождении хора

Une exception est faite pour l'anglais où la forme verbale est attestée par la particule *to*.

2.5 Toutes les autres adjonctions se trouvent en italiques, entre crochets (cf. 4.9).

Les équivalents linguistiques

3.1 On a choisi comme équivalents des termes, les mots qui sont le plus proches, tant historiquement que grammaticalement. Les termes vieillis ou inusités sont le plus souvent traités comme renvois.

3.2 Les termes scientifiques d'une langue étrangère sont placés entre guillemets.

> **Liedform** *f*, **A-B-A-Form** *f* D
> E song form, "lied" form
> F forme *f* "Lied"
> I forma *f* canzone
> S forma *f* "Lied"
> U dalforma
> R песенная форма *f*

3.3 Lorsqu'il a fallu expliquer un mot par sa traduction littérale, celle-ci est en italique, entre guillemets.

> **ének** U Gesang
> — **históriás** ~ ⟨16. *sec*⟩
> D *("historisches Lied", ungarische histo-*
> *rische Gesänge geistlichen und weltlichen*
> *Inhalts)*
> E verse-chronicle
> F *("chanson historique", chansons histo-*
> *riques hongroises de caractère religieux ou*
> *profane)*
> I *("canto storico", forma lirica ungherese*
> *di contenuto sacro o profano)*
> S *("canción histórica", cantos históricos*
> *húngaros religiosos o profanos)*
> R *(«историческая песня» — жанр венгер-*
> *ских исторических песнопений духов-*
> *ного и светского содержания)*

3.4 Si toute équivalence linguistique et toute traduction littérale sont impossibles, on a donné de courtes définitions qui figurent en italiques et entre parenthèses (cf. 3.3).

> **перепляс** *m* bl
> D *(russischer Paar- oder Gruppentanz in*
> *der Art eines Wettstreits)*
> E *(Russian dance for pairs or groups in the*
> *form of a contest)*

F *(danse par couples ou en groupes, en forme de compétition)*
I *(danza russa a coppie o a gruppo in forma di gara)*
S *(danza de pareja o en grupos, a la manera de una competición)*
U *(orosz páros- vagy csoporttánc)*

Les signes de ponctuation

4.1 Lorsque plusieurs termes synonymes correspondent, dans les différentes langues, au mot-clé, ils sont séparés par une virgule.

arrangement *m* F
D Arrangement *n*, Bearbeitung *f*, Einrichtung *f*, Überarbeitung *f*, Transkription *f*
E arrangement, adaptation
I trascrizione *f*, riduzione *f*
S arreglo *m*, transcripción *f*, reducción *f*, revisión *f*
U feldolgozás, átírás, átirat, hangszerelés
R аранжировка *f*

4.2 Lorsqu'un mot renvoie à plusieurs mots-clé, ceux-ci sont séparés par un point-virgule.

octava *f* S Oktave; *fis* Oktavstimmung
~ aguda *org* Diskantkoppel; Melodiekoppel; Oberoktavkoppel

plate E *arco* Platte; *legni* Deckel; Griff

4.3 Dans les expressions composées, les synonymes sont séparés par une barre oblique (/) qui signifie «ou».

accord *m* F
~ arpégé/brisé
D gebrochener/arpeggierter Akkord *m*
E broken/arpeggiated chord
I accordo *m* arpeggiato/spezzato
S acorde *m* quebrado/arpegiado
U tört akkord/hangzat
R разложенный/ломаный аккорд *m*

Spiegelkanon *m* D
E mirror/reversible/invertible canon
F canon *m* en miroir/réversible
I canone *m* a specchio
S canon *m* en espejo/por inversión/per arsin et thesin
U tükörkánon
R зеркальный канон *m*

4.4 Si la barre oblique sépare des substantifs dont le genre et le nombre sont les mêmes, les abréviations correspondantes ne figurent qu'une fois. Sinon, elles sont répétées pour chaque substantif (cf. 2.2).

Taktvorzeichen *n*, **Taktvorzeichnung** *f* D
E time signature
F indication *f*/signe *m* de la mesure
I tempo/segno *m*/indicazione *f* di misura
S signo *m*/indicación *f* de compás
U ütemjelzés
R обозначение *n* размера

4.5 La barre oblique sert aussi à marquer les différences orthographiques ou terminologiques entre l'anglais et l'américain (cf. 1.2).

4.6 Les parenthèses ( ) servent à indiquer les lettres, syllabes ou mots qui peuvent être supprimés sans entraîner une modification ou altération sémantique: Sept(imen)akkord, (magnetic) tape, cabeza (sonora).

4.7 Les parenthèses servent aussi à marquer les différences orthographiques ou terminologiques entre l'anglais et l'américain (cf. 1.2).

4.8 Les définitions des mots-clé, pour lesquels toute équivalence fait défaut, se trouvent en italiques entre parenthèses (cf. 3.4).

4.9 Les parenthèses ⟨ ⟩ indiquent les notes explicatives, toujours en italiques (cf. 2.5).

Italian E; ∼ sixth chord ⟨*on flat submediant*⟩

Tonikaparallele *f* D
    E submediant ⟨*in major key*⟩, mediant ⟨*in minor key*⟩
    F sus-dominante *f* ⟨*en majeur*⟩, médiante *f* ⟨*en mineur*⟩
    I sopraddominante *f* ⟨*in maggiore*⟩, mediante *f* ⟨*in minore*⟩
    S superdominante *f* ⟨*en mayor*⟩, mediante *f* ⟨*en menor*⟩
    U tonikaparalel
    R параллель *f* тоники

4.10 Les crochets [ ] indiquent les lettres, syllabes ou mots dont l'adjonction confère au terme une signification différente, ou marquent une alternative.

Stimme *f* D
— **[nicht] gut bei ∼ sein** *v*
    E [not] to be in good voice
    F [ne pas] être *v* en bonne voix
    I [non] essere *v* in buone condizioni vocali
    S [no] estar *v* en voz/bien de voz
    U jól van *v* [nincs jól] diszponálva
    R быть *v* [не] в голосе

Aufzug *m* D
— **Oper** *f* **in zwei [drei, vier] Aufzügen**
    E opera in two [three, four] acts
    F opéra *m* en deux [trois, quatre] actes
    I opera *f* in due [tre, quattro] atti
    S ópera *f* en dos [tres, cuatro] actos
    U opera két [három, négy] felvonásban
    R опера *f* в двух [трёх, четырёх] дей-ствиях

4.11 On a renoncé à indiquer la prononciation, l'accentuation, la coupure des syllabes, ainsi que la flexion des différents mots. Lorsque la typographie imposait la coupure, elle a été faite selon les règles de la langue concernée. Afin qu'il n'y ait pas d'équivoque à propos de l'orthographe lors de la coupure d'un mot composé, on a choisi de répéter le trait d'union en début de ligne.

Horst Leuchtmann
(tr. Nicole Wild)

ISTRUZIONI PER L' USO DEL DIZIONARIO

Indicazioni generali

1.1 Il dizionario per i termini musicali, in sette lingue, è stato compilato sulla base della lingua tedesca. Tuttavia, affinché questa non assumesse un ruolo predominante, si sono ordinati i lemmi secondo una sorta di alfabeto internazionale; cioè si è cercato, nei limiti possibili, di riportare nel linguaggio originale quei termini tecnici tedeschi che evidentemente, o in base alle odierne conoscenze, provengono da una delle lingue qui trattate. Così Paradiddle, Akkord, Arpeggio, Gitarre, Cymbal e Balalaika (tanto per fare un esempio) appaiono con le loro rispettive parole composte, quale lemma inglese, francese, italiano, spagnolo, ungherese e russo: paradiddle, accord, arpeggio, guitarra, cimbalom, балалайка. Tutti i termini provenienti da altre lingue non comprese qui, o la cui provenienza non è del tutto chiara, vengono riportati nella versione tedesca. Ricerche terminologiche potranno portare alcuni cambiamenti a questo tentativo di coordinamento, tuttavia il problema della lingua-base rimane pur irrilevante per chi usa il dizionario. Come già detto nella prefazione, si è cercato — per quanto era possibile — di tenere conto del vocabolario originale delle rispettive lingue.

1.2 I termini sono in ordine alfabetico (per il russo cfr. 1.5 e 1.6). L'ordine alfabetico si basa sull'alfabeto latino con 26 lettere; le lettere speciali, combinazioni di lettere, o lettere con segno diacritico delle singole lingue, sono inserite rigorosamente nell'ordine alfabetico. Quindi la specifica succesione alfabetica delle lettere dello spagnolo (c, ch; l, ll; n, ñ) e dell'ungherese (c, cs; d, dz, dzs; g, gy; l, ly; n, ny; s, sz; t, ty; z, zs) — nonostante il valore fonetico — qui non viene presa in considerazione. Queste consonanti doppie vengono interpretate quali semplici combinazioni di lettere nel senso dell'alfabeto latino, e vanno cercate quindi sotto c, d, g, l, n, s, t, z. La lettera spagnola ñ e il logotipo tedesco ß vengono equiparati a n e ss. Similmente vengono trattate le vocali raddolcite tedesche e ungheresi, che — senza tenere conto dei puntini o delle lineette — vengono considerate semplici vocali. Naturalmente vengono mantenute le particolarità ortografiche delle singole lingue..
Le divergenze terminologiche e ortografiche fra l'inglese e l'americano vengono annotate con sbarre oblique o con parentesi. Per es.: centre/center, metre/meter, mitre/miter, theatre/theater, colo(u)r, mo(u)ld, twin-jewel(l)ed significa che è inglese l'ortografia centre, metre, mitre, theatre, colour, mould, twin-jewelled e, di conseguenza è americana center, meter, miter, theater, color, mold e twin-jeweled. Oppure: time/meter, note/tone indicano che l'inglese usa time e note, mentre l'americano preferisce meter e tone. Per considerazioni storiche le forme inglesi precedono quelle americane. Le voci in ortografia americana rimandano a quelle in ortografia inglese.

1.3 Tutti i termini, quando non siano essi stessi lemmi, rimandano (senza ulteriori segni tipografici) ad un lemma, sotto il quale si raggruppano tutti gli equivalenti delle altre lingue. Quando somiglianze ortografiche oppure l'unione di più parole farebbero apparire il rimando poco chiaro, si mettono due punti di divisione fra la voce di rimando e il lemma al quale si viene rimandati.

1.4 Lemmi e rimandi sono stampati in carattere neretto; rimandi di voci composte da più parole inizianti con tilde oppure con trattino e gli equivalenti in sei lingue sotto i lemmi sono stampati in caratteri normali. Le abbreviazioni usate sono in corsivo (cfr. però 2.1); solo le sigle delle varie lingue sono stampate in caratteri normali (D E F I S U R).

1.5 Le voci delle singole lingue sotto i relativi lemmi non sono ordinate alfabeticamente (D E F I R S U) per non interrompere l'unità delle lingue neolatine, e perché è di maggiore chiarezza tipografica porre i caratteri cirillici delle voci russe in chiusura ai caratteri latini. La successione prescelta D E F I S U R subisce tuttavia degli spostamenti a seconda della lingua sotto cui appare un lemma: E D F I S U R, F D E I S U R, I D E F S U R, S D E F I U R, U D E F I S R, R D E F I S U.

1.6 I termini russi richiedono un trattamento particolare anche in relazione all'ordine alfabetico. Dato che l'alfabeto cirillico segue un ordine diverso da quello latino, è stato necessario ordinare i termini russi separatamente, appunto secondo l'alfabeto cirillico: nella parte del vocabolario dedicata al russo, si trovano i lemmi russi con i sei equivalenti delle altre lingue. Però per potere includere i lemmi russi nell'insieme del dizionario, è stato necessario trascriverli indi ordinarli secondo l'ordine alfabetico latino come voci di rimando. Essi rimandano alla scrittura cirillica, usata nella parte per i lemmi. La trascrizione delle parole russe viene eseguita secondo il sistema ISO (International Standardization Organization).

1.7 Se una voce ha più significati, allora i rimandi ai vari lemmi vengono di volta in volta separati da un punto e virgola (cfr. 4.2).

> **afinar** *v* S einstimmen; Stimme halten; stimmen; *pfte* intonieren; *ton* treffen

Sinonimi di un lemma sono messi insieme, ponendo però il più comune — come lemma — al primo posto, che determinerà quindi l'ordine alfabetico. Il secondo sinonimo viene inoltre inserito nell'alfabeto come voce di rimando. Il rimando ad una voce della stessa lingua si effettua col segno di uguale (=).

> **Kammerstimme** *f* D *org* = Kammerregister

> **Proporz** *m* D *bl* = Nachtanz

Nella stessa maniera voci poco usate rimandano a quelle più comuni.

> **verő** U = ütő

> **födött** U = fedett

1.8 Omonimi quali voci di rimando di due o più lingue possono essere messi insieme in una riga, se le eventuali abbreviazioni sono uguali, o ugualmente mancano.

> **mezzanella** *f* F I S *lt* Großsangsaite

> **ditanaklasis** E U Ditanaklasis

Ma:

> **brielka** E брёлка
> **brielka** *f* I брёлка

1.9 Nel rimando a lemmi composti di più parole viene stampata davanti la parola che determinerà l'ordine alfabetico una freccia (→); naturalmente questo avviene quando questa parola non è la prima.

> **acoustic** E akustisch
> ∼ bass *org* akustischer → Baß; Harmonium-baß

> **coordinazione** *f* **tonale** I tonale → Zugehörigkeit

1.10 Le parole composte e le voci con più parole vengono ordinate alfabeticamente col primo sostantivo. Una eccezione fanno i compounds inglesi, il cui ordinamento si basa generalmente sull'inizio della prima parola. Secondo l'uso nei lessici, la preposizione inglese *to* per l'infinito non ha influenza nella sequenza alfabetica.

1.11 Se nella stessa lingua si succedono più voci di rimando, il tilde (∼) sostituisce l'intero lemma stampato in carattere neretto, anche se questo è di più parole. Per i sinonimi sta solo per la prima parola del lemma.

1.12 Se il lemma e la voce di rimando sono preceduti, oppure seguiti da complementi (sostantivi, aggettivi, verbi o preposizioni) formano assieme ad essi un paragrafo nel quale la voce principale viene sostituita dal tilde e l'ordine alfabetico viene stabilito in base alla prima lettera del complemento. All'interno di questi paragrafi si trovano prima composizioni col complemento che segue, poi quelle in cui il complemento precede la voce; all'ultimo posto sono composizioni con verbi ed espressioni composte con funzione attributiva. Anche la parola al plurale di una voce data al singolare viene sostituita col tilde più il suffisso del plurale, se questo si può formare semplicemente con l'aggiunta di un suffisso, senza cambiare il resto della parola (per esempio: anse, ∼s *pl*, attribution, ∼s *pl*, cloche, ∼s *pl*; ma: battuta — battute; voz — voces; Baß — Bässe).

battuta *f* I Takt
~ a cinque tempi: Fünfertakt
— battute *pl* a due tempi: Zweiertakt
— battute *pl* a quattro tempi: Vierertakt
— battute *pl* a tre tempi: Dreiertakt
~ composta: zusammengesetzter → Takt
~ nove ottavi: Neunachteltakt
~ nove quarti: Neunvierteltakt
~ semplice: einfacher → Takt
— battute *pl* ternarie: Dreiertakt
— di due battute: zweitaktig
— di tre battute: dreitaktig

Abbreviazioni

2.1 Le abbreviazioni elencate a pag. 65* sono in corsivo e seguono immediatamente il termine a cui si riferiscono. Le voci inglesi e ungheresi — se non hanno, queste prime, una forma speciale per il femminile — non richiedono l'indicazione di genere, ma eventualmente solo quella del numero plurale.

2.2 Ogni parola è seguita dall'indicazione grammaticale, nelle espressioni composte di più parole si trova dopo il primo sostantivo, oppure il primo verbo.

Achtelpause *f* D
E quaver rest, A: eighth-note rest
F demi-soupir *m*
I pausa *f* di croma
S silencio *m*/pausa *f* de corchea
U nyolcadszünet, nyolcad szünetĵel
R восьмая пауза *f*

tambourin *m* **de Provence** F
D provenzalische Trommel *f*, Tabor *m*
E tabor
I tamburo *m* di Provenza
S tamboril *m*
U provence-i dob
R провансальский барабан *m*, тамбурин *m*

Solo le sigle delle lingue (nazionalità) sono in caratteri normali: sono poste dopo i lemmi tra il genere grammaticale e le eventuali abbreviazioni e spiegazioni. Le sei sigle rimanenti precedono le voci.

2.3 Se un verbo si trova come lemma, allora nelle altre lingue, dove appare anche quale verbo, si tralascia l'indicazione della categoria grammaticale.

registrer *v* F *org*
D registrieren
E to register, to select stops
I registrare
S registrar
U regisztrálni
R регистровать

2.4 Se corrispondo in altre lingue al verbo-lemma espressioni di più parole, l'indicazione grammaticale *v* si trova, come sempre, subito dopo il verbo (cfr. 2.2).

jazz *v* E
D Jazzmusik machen *v*, jazzen
F faire *v* de la musique de jazz
I fare *v* musica jazz
S hacer *v* jazz
U dzsesszt játszani *v*
R играть *v* в джазе

corear *v* S
D mit einem Chor begleiten *v*
E to accompany with a chorus
F accompagner *v* d'un chœur
I accompagnare *v* di un coro
U kórussal kísérni *v*
R давать *v* в сопровождении хора

Una eccezione si ha coi verbi inglesi se questi sono caratterizzati dalla particella *to*.
2.5 Eventuali altre indicazioni si trovano in corsivo tra parentesi uncinate (cfr. 4.9).

Equivalenza dei termini

3.1 A termini corrispondono termini: si è cercato di scegliere quei termini che storicamente e grammaticalmente sono più vicini al lemma. Termini antiquati o in disuso vengono dati di solito solo quali voci di rimando.

3.2 Parole straniere, possibili nell'ambito del linguaggio professionale, vengono racchiuse fra virgolette.

Liedform *f*, **A-B-A-Form** *f* D
E song form, "lied" form
F forme *f* "Lied"
I forma *f* canzone
S forma *f* "Lied"
U dalforma
R песенная форма *f*

3.3 Traduzioni letterali per spiegare un termine, si trovano in corsivo tra virgolette.

ének U Gesang
— **históriás ~** ⟨16. *sec*⟩
D *("historisches Lied", ungarische histo-*
rische Gesänge geistlichen und weltlichen
Inhalts)
E verse-chronicle
F *("chanson historique", chansons histo-*
riques hongroises de caractère religieux ou
profane)
I *("canto storico", forma lirica ungherese*
di contenuto sacro o profano)
S *("canción histórica", cantos históricos*
húngaros religiosos o profanos)
R *(«историческая песня» — жанр венгер-*
ских исторических песнопений духов-
ного и светского содержания)

3.4 Se manca un termine equivalente al lemma, e se dovesse riuscire poco chiara una traduzione letterale, allora viene data una breve spiegazione in corsivo tra parentesi tonde (cfr. anche 3.3).

перепляс *m bl*
D *(russischer Paar- oder Gruppentanz in*
der Art eines Wettstreits)
E *(Russian dance for pairs or groups in the*
form of a contest)
F *(danse par couples ou en groupes, en*
forme de compétition)
I *(danza russa a coppie o a gruppo in*
forma di gara)
S *(danza de pareja o en grupos, a la manera*
de una competición)
U *(orosz páros- vagy csoporttánc)*

Uso dell'interpunzione

4.1 Sinonimi delle singole voci vengono separati da una virgola.

> **arrangement** *m* F
> D Arrangement *n*, Bearbeitung *f*, Einrich-
> tung *f*, Überarbeitung *f*, Transkription *f*
> E arrangement, adaptation
> I trascrizione *f*, riduzione *f*
> S arreglo *m*, transcripción *f*, reducción *f*,
> revisión *f*
> U feldolgozás, átírás, átirat, hangszerelés
> R аранжировка *f*

4.2 Se una voce di rimando si riferisce a più lemmi, questi vengono separati da un punto e virgola.

> **octava** *f* S Oktave; *fis* Oktavstimmung
> ∼ aguda *org* Diskantkoppel; Melodiekoppel;
> Oberoktavkoppel

> **plate** E *arco* Platte; *legni* Deckel; Griff

4.3 In espressioni formate da più parole, i sinonimi vengono divisi da una sbarra obliqua (/), che prende il significato di un «oppure».

> **accord** *m* F
> ∼ **arpégé/brisé**
> D gebrochener/arpeggierter Akkord *m*
> E broken/arpeggiated chord
> I accordo *m* arpeggiato/spezzato
> S acorde *m* quebrado/arpegiado
> U tört akkord/hangzat
> R разложенный/ломаный аккорд *m*

> **Spiegelkanon** *m* D
> E mirror/reversible/invertible canon
> F canon *m* en miroir/réversible
> I canone *m* a specchio
> S canon *m* en espejo/por inversión/per
> arsin et thesin
> U tükörkánon
> R зеркальный канон *m*

4.4 Se la sbarra obliqua separa dei sostantivi di uguale genere e numero, l'indicazione grammaticale si trova solo una volta: altrimenti viene ripetuta (cfr. anche 2.2).

> **Taktvorzeichen** *n*, **Taktvorzeichnung** *f* D
> E time signature
> F indication *f*/signe *m* de la mesure
> I tempo/segno *m*/indicazione *f* di misura
> S signo *m*/indicación *f* de compás
> U ütemjelzés
> R обозначение *n* размера

4.5 Con l'aiuto della sbarra obliqua vengono indicate anche differenze ortografiche o terminologiche tra l'inglese e l'americano (cfr. 1.2).

4.6 Parentesi tonde ( ) servono per indicare lettere, sillabe o parole, che possono essere aggiunte o soppresse, senza modificare il senso: Sept(imen)akkord, (magnetic) tape, cabeza (sonora).

4.7 Con l'aiuto delle parentesi tonde vengono anche indicate differenze ortografiche tra l'inglese e l'americano (cfr. 1.2).

4.8 In corsivo e tra parentesi tonde vengono date le definizioni per le mancanti parole, equivalenti ad un lemma (cfr. 3.4).

4.9 Parentesi uncinate ⟨ ⟩ racchiudono aggiunte stampate in corsivo (cfr. 2.5).

> Italian E; ~ **sixth chord** ⟨*on flat submediant*⟩

> **Tonikaparallele** *f* D
> E submediant ⟨*in major key*⟩, mediant ⟨*in minor key*⟩
> F sus-dominante *f* ⟨*en majeur*⟩, médiante *f* ⟨*en mineur*⟩
> I sopraddominante *f* ⟨*in maggiore*⟩, mediante *f* ⟨*in minore*⟩
> S superdominante *f* ⟨*en mayor*⟩, mediante *f* ⟨*en menor*⟩
> U tonikaparalel
> R параллель *f* тоники

4.10 Tra parentesi quadre [ ] si trovano lettere, sillabe o parole il cui uso modifica il significato del termine, oppure ne indica una alternativa.

> **Stimme** *f* D
> — **[nicht] gut bei ~ sein** *v*
> E [not] to be in good voice
> F [ne pas] être *v* en bonne voix
> I [non] essere *v* in buone condizioni vocali
> S [no] estar *v* en voz/bien de voz
> U jól van *v* [nincs jól] diszponálva
> R быть *v* [не] в голосе

> **Aufzug** *m* D
> — **Oper** *f* **in zwei [drei, vier] Aufzügen**
> E opera in two [three, four] acts
> F opéra *m* en deux [trois, quatre] actes
> I opera *f* in due [tre, quattro] atti
> S ópera *f* en dos [tres, cuatro] actos
> U opera két [három, négy] felvonásban
> R опера *f* в двух [трёх, четырёх] действиях

4.11 La pronuncia, l'accento e la suddivisione delle sillabe, come la concordanza grammaticale, non sono state indicate. Allorché la composizione tipografica ha richiesto una separazione delle sillabe, si sono seguite le regole delle rispettive lingue. Per indicare meglio l'ortografia delle parole unite con un trattino, si è andato a capo ripetendo il trattino nella nuova riga.

Horst Leuchtmann
(tr. Vittoria Dürr-Bortolotti)

Indicaciones generales

1.1 Este diccionario de términos musicales en siete lenguas ha utilizado el alemán como lengua básica. Pero para evitar que éste se convirtiera en la lengua principal, se ha tratado de establecer una lista alfabética internacional de entradas; es decir que, en la medida de lo posible, se han tomado en su lengua originaria los términos alemanes cuyo origen extranjero es cierto: sirvan de ejemplo las palabras Paradiddle, Akkord, Arpeggio, Gitarre, Cymbal y Balalaika, entrados por las voces originarias inglesa, francesa, italiana, española, húngara y rusa que corresponden: paradiddle, accord, arpeggio, guitarra, cimbalom, балалайка. Para todos los demás términos (ya provengan de lenguas que no sean las indicadas, ya sean de origen desconocido o dudoso) se ha tomado como base la forma alemana. Es evidente que este criterio puede ser modificado por investigaciones ulteriores, pero la cuestión del lenguaje básico carece de importancia para la consulta del diccionario. Como reza el Prefacio, se ha tratado de presentar de la manera más amplia posible el vocabulario propio de cada una de las siete lenguas escogidas.

1.2 Las entradas van dispuestas por orden alfabético (véase para el ruso los apartados 1.5 y 1.6), según el alfabeto latino de 26 letras, que rige también las formas particulares de algunas letras, sus combinaciones y los signos diacríticos. Las consonantes propias del español (c, ch; l, ll; n, ñ) y del húngaro (c, cs; d, dz, dzs; g, gy; l, ly; n, ny; s, sz; t, ty; z, zs) no se toman en consideración; y sin tener en cuenta las sonoridades que expresan, se reducen, según el alfabeto latino general, a una sucesión de letras simples: se encuentran, pues, en las letras c, d, g, l, n, s, t y z. La ñ española y la ß alemana se colocan en la n y la s. Idénticamente, las vocales alemanas y húngaras provistas de signos diacríticos se tratan como la vocal simple correspondiente, sin tener en cuenta los puntos o tildes que las acompañan. Pero, como es lógico, se han respetado las particularidades ortográficas propias de cada lengua.

Las diferencias gráficas o semánticas entre el inglés de Gran Bretaña y el de los Estados Unidos se indican por medio de barras oblicuas y de paréntesis: centre/center, metre/meter, mitre/miter, theatre/theater, colo(u)r, mo(u)ld, twin-jewel(l)ed, significan que en Inglaterra se escribe centre, metre, mitre, theatre, colour, mould, twin-jewelled, mientras que en Estados Unidos, por el contrario, se prefiere center, meter, miter, theater, color, mold y twin-jeweled. Del mismo modo time/meter, note/tone, muestran que el uso inglés da la preferencia a time y a note, mientras los americanos del Norte emplean meter y tone. Por razones históricas, la forma inglesa ocupa el primer lugar, pero todas las remisiones de los otros términos se hacen a las dos formas o a las dos grafías, inglesa y norteamericana.

1.3 Todos los términos — salvo el caso de que sean entradas principales — remiten, sin indicación tipográfica alguna, a una entrada principal que reúne los equivalentes de las otras seis lenguas. En los casos en que una semejanza ortográfica o la complejidad de la expresión pueden inducir a error, se han introducido dos puntos (:) entre la remisión y la entrada principal a la que ésta expide.

1.4 Las entradas principales y las remisiones van en negrita; cuando las remisiones comprenden varias palabras y por tanto comienzan por un signo de repetición o un guión, van en letra redonda, al igual que las voces equivalentes en las seis lenguas que siguen a una entrada principal. Las abreviaturas van en bastardilla (cf. sin embargo 2.1); solamente las siglas de las lenguas empleadas van en mayúsculas de tipo romano: D[eutsch = alemán], E[nglish = inglés], F[rançais = francés], I[taliano], S[= español], U[= húngaro], R[= ruso].

1.5 En cada una de las palabras principales, las equivalencias siguen un orden no alfabético (por lo que respecta a las siglas de las lenguas respectivas: en lugar de la sucesión D E F I R S U, para no interrumpir la serie de lenguas románicas, colocando al final las palabras rusas en caracteres cirílicos). Pero este orden (D E F I S U R) se modifica cada vez que la lengua de la entrada principal toma el primer lugar: E[= inglés] D F I S U R, F [=francés] D E I S U R, I[= italiano] D E F S U R, S[= español] D E F I U R, U[= húngaro] D E F I S R, R[= ruso] D E F I S U.

1.6 Por las mismas razones alfabéticas los términos rusos han debido ordenarse separadamente, ya que el alfabeto cirílico impone un orden diferente que el alfabeto latino. En la parte del diccionario dedicada al vocabulario ruso, los equivalentes de las otras seis lenguas siguen a cada entrada principal en ruso; pero para que éstas figuren igualmente en el cuerpo total del diccionario, se las ha transliterado y colocado como remisiones que expiden a la grafía cirílica de la parte en ruso. La transliteración adopta las normas del sistema ISO (International Standardization Organization).

1.7 Si una voz tiene varios significados y remite a varias entradas principales, éstas van separadas por punto y coma (cf. 4.2):

afinar *v* S einstimmen; Stimme halten; stimmen; *pfte* intonieren; *ton* treffen

Los sinónimos de una entrada principal se colocan uno detrás de otro, el más usual en primer término — siempre que sea posible —, designándolo así como fundamental para la alfabetización. Los otros sinónimos también se ordenan alfabéticamente como remisiones. El signo igual (=) separa el sinónimo de la entrada principal de igual lengua a la que reexpide:

Kammerstimme *f* D *org* = Kammerregister

Proporz *m* D *bl* = Nachtanz

El mismo signo igual sirve para remitir del término menos usual al más corriente, entre los sinónimos de una lengua:

verő U = ütő

födött U = fedett

1.8 Los términos homónimos, en dos o más lenguas, figuran una sola vez como remisiones, siempre que las abreviaturas o la ausencia de abreviaturas (sin contar, naturalmente, las siglas de las lenguas respectivas) sean comunes. Así,

mezzanella *f* F I S *lt* Großsangsaite

ditanaklasis E U Ditanaklasis

Pero:

brielka E брёлка
brielka *f* I брёлка

1.9 Cuando en una remisión a una entrada principal formada por varias palabras el término que determina la alfabetización no es el primero, se lo señala con una flecha:

acoustic E akustisch
~ bass *org* akustischer → Baß; Harmoniumbaß

coordinazione *f* **tonale** I tonale → Zugehörigkeit

1.10 Las palabras compuestas y las expresiones formadas por varios términos se alfabetizan por la primera letra del primer sustantivo; se exceptúan las palabras inglesas compuestas, que se alfabetizan siempre por la primera voz. De acuerdo con el uso general, no se toma en cuenta para la alfabetización la proposición *to* de los infinitivos ingleses.

1.11 Cuando las remisiones de una misma lengua se siguen inmediatamente, se reemplazan por un signo de repetición (~) que representa la voz o la expresión en negrita que lo preceden. En el caso de los sinónimos, el signo figura solamente para el primer término.

1.12 Las entradas y las remisiones forman, junto con las palabras que las siguen o preceden (sean éstas sustantivos, adjetivos, verbos o preposiciones), expresiones diversas en las que el término principal va reemplazado por el signo de repetición (~) y que se clasifican por el orden alfabético de las voces agregadas. Van a la cabeza las expresiones en que estas voces preceden al término principal; vienen después aquéllas en las que lo siguen; por último, figuran las expersiones verbales y las que encierran el término principal en función adjetiva. Las expresiones en las que el término principal se emplea en plural no se tratan separadamente, pero el signo de repetición sólo se utiliza cuando este plural se forma mediante un sufijo, sin modificar la grafía del término (por ejemplo: anse, -s *pl.*; attribution, -s *pl.*; cloche, -s *pl.* PERO: battuta — battute; voz — voces; Bass — Bässe).

battuta *f* I Takt
~ a cinque tempi: Fünfertakt
— battute *pl* a due tempi: Zweiertakt
— battute *pl* a quattro tempi: Vierertakt
— battute *pl* a tre tempi: Dreiertakt
~ composta: zusammengesetzter → Takt
~ nove ottavi: Neunachteltakt
~ nove quarti: Neunvierteltakt
~ semplice: einfacher → Takt
— battute *pl* ternarie: Dreiertakt
— di due battute: zweitaktig
— di tre battute: dreitaktig

Abreviaturas y definiciones

2.1 Las abreviaturas (véase p. 65*) en bastardilla, se colocan inmediatamente detrás de la palabra a la cual se refieren. Los términos ingleses y húngaros no llevan indicación de género — salvo cuando los sustantivos ingleses poseen una forma femenina particular —; se indican sus plurales.

2.2 Las abreviaturas gramaticales se señalan detrás de cada voz y, en las expresiones compuestas, detrás del primer sustantivo o el primer verbo:

Achtelpause *f* D
E quaver rest, A: eighth-note rest
F demi-soupir *m*
I pausa *f* di croma
S silencio *m*/pausa *f* de corchea
U nyolcadszünet, nyolcad szünetjel
R восьмая пауза *f*

tambourin *m* **de Provence** F
D provenzalische Trommel *f*, Tabor *m*
E tabor
I tamburo *m* di Provenza
S tamboril *m*
U provence-i dob
R провансальский барабан *m*, тамбурин *m*

Solamente las siglas de las siete lenguas van siempre en mayúsculas de tipo romano. Se colocan entre la abreviatura del género (o de la función gramatical) y las eventuales abreviaturas y definiciones; en las equivalencias de una entrada principal preceden a cada una de éstas.

2.3 Si la entrada principal es un verbo y guarda su condición en las otras lenguas, la sigla *v* (verbo) no se repite:

registrer *v* F *org*
D registrieren
E to register, to select stops
I registrare
S registrar
U regisztrálni
R регистровать

2.4 Si la **entrada** principal es un verbo que tiene como equivalentes expresiones compuestas, la abreviatura *v* se encuentra detrás de cada verbo (cf. 2.2):

> **jazz** *v* E
> D Jazzmusik machen *v*, jazzen
> F faire *v* de la musique de jazz
> I fare *v* musica jazz
> S hacer *v* jazz
> U dzsesszt játszani *v*
> R играть *v* в джазе

> **corear** *v* S
> D mit einem Chor begleiten *v*
> E to accompany with a chorus
> F accompagner *v* d'un chœur
> I accompagnare *v* di un coro
> U kórussal kísérni *v*
> R давать *v* в сопровождении хора

Se exceptúa el inglés, donde el infinitivo está caracterizado por la partícula *to*.
2.5 Todas las otras adiciones se imprimen en bastardilla y van entre corchetes.

Los equivalentes de las entradas principales

3.1 Se han elegido como equivalentes de los términos las voces más corrientes, tanto histórica como lingüísticamente. Las formas obsoletas o inusitadas se han relegado generalmente a las remisiones.
3.2 Los términos propios a una lengua extranjera van entre comillas:

> **Liedform** *f*, **A-B-A-Form** *f* D
> E song form, "lied" form
> F forme *f* "Lied"
> I forma *f* canzone
> S forma *f* "Lied"
> U dalforma
> R песенная форма *f*

3.3 Cuando una entrada principal carece de equivalente y ha sido necesario explicarla por una traducción, ésta va en bastardilla entre paréntesis.

> **ének** U Gesang
> — **históriás** ~ ⟨16. *sec*⟩
> D (*"historisches Lied", ungarische histo-rische Gesänge geistlichen und weltlichen Inhalts*)
> E verse-chronicle
> F (*"chanson historique", chansons histo-riques hongroises de caractère religieux ou profane*)
> I (*"canto storico", forma lirica ungherese di contenuto sacro o profano*)
> S (*"canción histórica", cantos históricos húngaros religiosos o profanos*)
> R (*«историческая песня» — жанр венгер-ских исторических песнопений духов-ного и светского содержания*)

3.4 Cuando toda equivalencia y toda traducción literal son imposibles o ininteligibles, se ha dado una corta definición en bastardilla y entre paréntesis (cf. 3.3).

перепляс *m bl*
- D *(russischer Paar- oder Gruppentanz in der Art eines Wettstreits)*
- E *(Russian dance for pairs or groups in the form of a contest)*
- F *(danse par couples ou en groupes, en forme de compétition)*
- I *(danza russa a coppie o a gruppo in forma di gara)*
- S *(danza de pareja o en grupos, a la manera de una competición)*
- U *(orosz páros- vagy csoporttánc)*

Empleo de los signos de puntuación

4.1 Los términos que, en cada lengua, son sinónimos o similares a la entrada principal van separados por una coma.

arrangement *m* F
- D Arrangement *n*, Bearbeitung *f*, Einrichtung *f*, Überarbeitung *f*, Transkription *f*
- E arrangement, adaptation
- I trascrizione *f*, riduzione *f*
- S arreglo *m*, transcripción *f*, reducción *f*, revisión *f*
- U feldolgozás, átírás, átirat, hangszerelés
- R аранжировка *f*

4.2 Cuando un término remite a varias entradas principales, éstas van separadas por punto y coma:

octava *f* S Oktave; *fis* Oktavstimmung
~ aguda *org* Diskantkoppel; Melodiekoppel; Oberoktavkoppel

plate E *arco* Platte; *legni* Deckel; Griff

4.3 En las expresiones compuestas, los sinónimos se separan por una barra oblicua (/) que significa «o».

accord *m* F
~ arpégé/brisé
- D gebrochener/arpeggierter Akkord *m*
- E broken/arpeggiated chord
- I accordo *m* arpeggiato/spezzato
- S acorde *m* quebrado/arpegiado
- U tört akkord/hangzat
- R разложенный/ломаный аккорд *m*

Spiegelkanon *m* D
- E mirror/reversible/invertible canon
- F canon *m* en miroir/réversible
- I canone *m* a specchio
- S canon *m* en espejo/por inversión/per arsin et thesin
- U tükörkánon
- R зеркальный канон *m*

4.4 Si la barra oblicua separa sustantivos cuyo género y número son los mismos, las abreviaturas correspondientes figuran una sola vez. En el caso contrario, acompañan a cada sustantivo (cf. 2.2).

Taktvorzeichen *n*, **Taktvorzeichnung** *f* D
E time signature
F indication *f*/signe *m* de la mesure
I tempo/segno *m*/indicazione *f* di misura
S signo *m*/indicación *f* de compás
U ütemjelzés
R обозначение *n* размера

4.5 La barra oblicua sirve también para indicar las diferencias entre el inglés de Gran Bretaña y el de Estados Unidos (cf. 1.2).

4.6 Los paréntesis ( ) indican las letras, sílabas o voces cuya desaparición no provoca cambio de sentido: Sept(imen)akkord, (magnetic) tape, cabeza (sonora).

4.7 Los paréntesis caracterizan además las diferencias de grafía entre el inglés de Gran Bretaña y el de Estados Unidos (cf. 1.2).

4.8 Los paréntesis indican también que la definición en bastardilla que encierran reemplaza una equivalencia exacta de la entrada principal (cf. 3.4).

4.9 Los corchetes ⟨ ⟩ encierran las notas explicativas, impresas en bastardilla (cf. 2.5).

Italian E; ~ **sixth chord** ⟨*on flat submediant*⟩

Tonikaparallele *f* D
E submediant ⟨*in major key*⟩, mediant ⟨*in minor key*⟩
F sus-dominante *f* ⟨*en majeur*⟩, médiante *f* ⟨*en mineur*⟩
I sopraddominante *f* ⟨*in maggiore*⟩, mediante *f* ⟨*in minore*⟩
S superdominante *f* ⟨*en mayor*⟩, mediante *f* ⟨*en menor*⟩
U tonikaparalel
R параллель *f* тоники

4.10 Los corchetes [ ] encierran las letras, sílabas o palabras cuyo empleo da a la voz un sentido diferente o implica una alternativa.

Stimme *f* D
— **[nicht] gut bei ~ sein** *v*
E [not] to be in good voice
F [ne pas] être *v* en bonne voix
I [non] essere *v* in buone condizioni vocali
S [no] estar *v* en voz/bien de voz
U jól van *v* [nincs jól] diszponálva
R быть *v* [не] в голосе

Aufzug *m* D
— **Oper** *f* **in zwei [drei, vier] Aufzügen**
E opera in two [three, four] acts
F opéra *m* en deux [trois, quatre] actes
I opera *f* in due [tre, quattro] atti
S ópera *f* en dos [tres, cuatro] actos
U opera két [három, négy] felvonásban
R опера *f* в двух [трёх, четырёх] дей-
ствиях

4.11 Se ha renunciado a indicar la pronunciación, la acentuación, el silabeo y el régimen de las voces. Los cortes impuestos por la composición tipográfica siguen las reglas propias de cada lengua, y a fin de que no subsistan dudas acerca de la ortografía de una palabra compuesta colocada al final de una línea, se ha repetido el guión al comienzo de la línea siguiente cuando su empleo es obligatorio y no producto del azar tipográfico.

Horst Leuchtmann
(tr. Daniel Devoto)

A SZÓTÁR RENDSZERE ÉS HASZNÁLATA

Általános tudnivalók

1.1 A zenei terminológia e hétnyelvű szótórának szerkesztési alapnyelve a német. Azért, hogy ez az alapnyelv ne váljék kitüntetett vezérnyelvvé, a szótár címszavait nemzetközi ábécébe soroltuk úgy, hogy a német zenei szaknyelv minden olyan műszavát és szakkifejezését, amely nyilvánvalóan vagy legalábbis jelenlegi ismereteink szerint a szótár valamelyik nyelvéből származik, lehetőleg az illető nyelven vettük fel címszónak. Így például a Paradiddle, Akkord, Arpeggio, Gitarre, Cymbal és Balalaika eredetileg német címszavak összetételeikkel együtt angol, francia, olasz, spanyol, magyar és orosz címszavak lettek; tehát paradiddle, accord, arpeggio, guitarra, cimbalom, балалайка. Azokat a kifejezéseket, amelyek a szótárba fel nem vett egyéb nyelvekből származnak vagy eredetük homályos, német címszóként tartottuk meg. A tüzetes terminológiai elemzés minden bizonnyal fog találni javítanivalót ezen a rendszeren, a szótár használójának azonban az alapnyelv kérdése teljesen érdektelen. Amint az Előszó is utal rá, nagy gondot fordítottunk az egyes nyelvek saját zenei szókincsének alapos feldolgozására.

1.2 A szavakat és kifejezéseket egyetlen folyamatos betűrendbe soroltuk (az oroszt illetően vö. 1.5 és 1.6). A betűrend alapja a 26 betűs latin ábécé; az egyes nyelvek különleges betűi — több jegyű betűk, diakritikus jellel ellátott, ékezetes betűk — szoros ábécé szerinti helyükön találhatók. A spanyol és a magyar nyelv sajátos ábécérendjét (c, ch; l, ll; n, ñ; illetve c, cs; d, dz, dzs; g, gy; l, ly; n, ny; s, sz; t, ty; z, zs) nem vettük figyelembe; e két- és három-jegyű betűk hangértéküktől függetlenül a latin ábécé szerint feloldva találhatók meg a c, d, g, l, n, s, t, z betűkön belül. A spanyol ñ és a német ß mint n, illetve ss van besorolva. Ugyanígy a német és a magyar nyelv páros ékezettel ellátott megánhangzóit úgy kezeltük, mintha nem lenne rajtuk ékezet. Az egyes nyelvek helyesírási sajátosságait a szótár természetesen figyelembe veszi. A brit és az amerikai terminológia és írásmód eltéréseit virgula vagy kerek zárójel segítségével jelöltük. Így például a centre/center, metre/meter, mitre/miter, theatre/theater, colo(u)r, mo(u)ld, twin-jewel(l)ed azt jelzi, hogy a brit angolság a centre, metre, mitre, theatre, colour, mould, twin-jevelled alakokat használja, míg az amerikai a center, meter, miter, theater, color, mold és twin-jeweled alakokat. Ugyanígy például time/meter, note/tone arra utal, hogy a brit angol inkább a time és a note, míg az amerikai a meter, illetve tone szavakat használja. Történeti okokból a brit változat megelőzi az amerikait. Az amerikaiasan írt címszavakról a brit alakú címszóra utaltunk.

1.3 A szótárban feldolgozott szakkifejezéseket mint hétnyelvű címszavakat és utaló címszavakat rendeztük el. Hétnyelvű címszón értjük azt a címszót, amely alatt megfelelőit a többi nyelven megadjuk. Utaló címszók azok, amelyek saját ábécérendi helyükről erre a hétnyelvű címszóra utalnak. Mind a hétnyelvű, mind az utaló címszavakat a könnyebb használhatóság céljából nyelvenként szócikkekben csoportosítottuk. Az utalásokban az első kifejezés végét az ott álló tilde vagy dőlt betűs rövidítés vagy kettőspont jelzi.

1.4 A hétnyelvű címszók és az utaló címszók félkövér betűkből vannak szedve; az egynyelvű szócikkeken belül a tildével vagy gondolatjellel kezdődő több tagú utaló címszavak, valamint a hétnyelvű címszóban az ekvivalensek hat nyelven világos, álló szedésben olvashatók. A rövidítések általában dőlt betűsek (vö. 2.1), csak a nyelveket jelölik álló nagybetűk (D E F I S U R).

1.5 Az egyes nyelvek sorrendjeként — nevük német kezdőbetűje alapján — D E F I R S U adódik. Ettől azonban két okból eltérünk. Egyrészt, hogy a rokon román nyelvek egymást kövessék, másrészt a cirillbetűs orosz ekvivalenseket a jobb áttekinthetőség érdekében jobbnak látszott a cikk végére tenni. Az így kialakított D E F I S U R sorrend a hétnyelvű címszavakban a kezdő nyelvnek megfelelően módosul, azaz E D F I S U R, F D E I S U R, I D E F S U R, S D E F I U R, U D E F I S R, R D E F I S U lesz.

1.6 Az orosz nyelvű szóanyag alfabetikus okokból is külön elbánást igényel. Mivel a cirillábécé sorrendje eltér a latinétól, nem maradt más megoldás, mint az orosz címszavakat a latin betűsöktől elkülönítve, a cirillábécé sorrendjében összegyűjtve külön közölni. Azért, hogy a sajátos orosz kezdésű hétnyelvű címszavak a szótár törzsanyagában is szerepeljenek, ott latin betűs átírásban ábécé szerinti helyükön utaló címszóként besoroltuk őket. Az orosz szavak átírása az ISO (International Standardization Organization) rendszerét követi.

1.7 Ha egy utaló címszó több jelentésű, s így több hétnyelvű címszóra utal, ezeket pontosvessző választja el egymástól (vö. 4.2).

afinar *v* S einsti mmen; Stimme halten; stimmen; *pfte* intonieren; *ton* treffen

A hétnyelvű címszó mellett megadtuk esetleges szinonimáit. Lehetőleg a használatosabb, ajánlott kifejezés alatt adtuk meg az idegen nyelvű megfelelőket. A szinonimákat természetesen saját helyükön utaló címszóként is felvettük. Azonos nyelvű címszóra egyenlőségjellel (=) utal a szótár.

Kammerstimme *f* D *org* = Kammerregister

Proporz *m* D *bl* = Nachtanz

Ugyanígy utalunk a ritkább, kevésbé használt címszóról a gyakoribbra.

verő U = ütő

födött U = fedett

1.8 Két vagy több nyelvben azonos alakú és jelentésű címszavak, ha ugyanazok a szakrövidítések érvényesek rájuk, illetve nincs külön minősítésük, össze vannak vonva.

mezzanella *f* F I S *lt* Großsangsaite

ditanaklasis E U Ditanaklasis

Ha azonban bármelyikük valamilyen eltérő kiegészítő adatot kap, külön címszó marad.

brielka E брёлка
brielka *f* I брёлка

1.9 Utaló címszavakban, ha a kifejezés, amelyre utaltunk, két vagy több szóból áll, nyíl jelöli azt a szót, amely alatt a hétnyelvű szócikket keresni kell, amennyiben a 7 nem az első.

acoustic E akustisch
~ bass *org* akustischer → Baß; Harmoniumbaß

coordinazione *f* tonale I tonale → Zugehörigkeit

1.10 A több szavas kifejezéseket általában az első főnév alatt soroltuk be. Kivételt képeznek az angol szókapcsolatok, amelyeket az első szóhoz ábécéztünk, ha ez nem prepozíció. Az általános szótári hagyományoknak megfelelően nem vettük figyelembe az ábécé szempontjából az angol főnévi igenevet jelölő „to" szócskát.

1.11 Az egynyelvű szócikkekben a címszó megismétlése helyett tildét (~) használtunk. A több szavas hétnyelvű címszavakban a tilde az egész kifejezést helyettesíti. A szinonimák közül a tilde mindig csak az első címszóra vonatkozik.

1.12 Az egynyelvű szócikkekben a nyelvek különféle szerkezetét figyelmen kívül hagyva egységesen jártunk el. A címszó után először azokat a kifejezéseket vettük, ahol a bővítmény a címszó után áll (tehát a tildével kezdődő kifejezéseket), s csak ezek után azokat, ahol a bővítmény elöl áll. Ezeket a szókapcsolatokat gondolatjellel vezettük be. A két egységet egymáson belül szoros ábécébe raktuk úgy, hogy a kifejezés minden szavát külön elemnek tekintettük. Nem voltunk tekintettel a címszó esetleges többes számú alakjára, vagyis úgy kezeltük, mintha egyes számban állna, még akkor is, ha helyesírási okokból teljesen ki kellett írni (például: anse, ∼s *pl*, attribution, ∼s *pl*, cloche, ∼s *pl*; de: battutta — battute, voz — voces, Baß — Bässe).

battuta *f* I Takt
∼ a cinque tempi: Fünfertakt
— battute *pl* a due tempi: Zweiertakt
— battute *pl* a quattro tempi: Vierertakt
— battute *pl* a tre tempi: Dreiertakt
∼ composta: zusammengesetzter → Takt
∼ nove ottavi: Neunachteltakt
∼ nove quarti: Neunvierteltakt
∼ semplice: einfacher → Takt
— battute *pl* ternarie: Dreiertakt
— di due battute: zweitaktig
— di tre battute: dreitaktig

Rövidítések és magyarázatok

2.1 A rövidítések (l. 65* o.) dőlt betűs szedéssel közvetlenül a kifejezés után állnak. Minthogy a magyar és az angol főneveknek nincsen nemük, ezeknél csak a többes számot jelöltük. Kivételt képeznek a kétalakú angol szavak, amelyeknél a természetes nemet feltüntettük.

2.2 Minden önálló szó után nyelvtani rövidítést adtunk; több szavas kifejezésekben csak az első főnév, illetve az ige kapott nyelvtani szerelést.

Achtelpause *f* D
E quaver rest, A: eighth-note rest
F demi-soupir *m*
I pausa *f* di croma
S silencio *m*/pausa *f* de corchea
U nyolcadszünet, nyolcad szünetjel
R восьмая пауза *f*

tambourin *m* **de Provence** F
D provenzalische Trommel *f*, Tabor *m*
E tabor
I tamburo *m* di Provenza
S tamboril *m*
U provence-i dob
R провансальский барабан *m*, тамбурин *m*

A nyelveket jelölő álló szedésű nagybetűk a címszó mellett álló nyelvtani rövidítés után, a szóra vonatkozó egyéb rövidítés előtt állnak, a hétnyelvű címszavakban a megfelelések előtt, a sor elején.

2.3 Az igei címszó ugyancsak igei ekvivalenseinél elmarad a *v* rövidítés.

registrer *v* F *org*
D registrieren
E to register, to select stops
I registrare
S registrar
U regisztrálni
R регистровать

2.4 Ha egy igei címszónak a többi nyelveken több szóból álló kifejezés felel meg, akkor a *v* rövidítést a kifejezés igei eleménél kitettük (vö. 2.2).

jazz *v* E
D Jazzmusik machen *v*, jazzen
F faire *v* de la musique de jazz
I fare *v* musica jazz
S hacer *v* jazz
U dzsesszt játszani *v*
R играть *v* в джазе

corear *v* S
D mit einem Chor begleiten *v*
E to accompany with a chorus
F accompagner *v* d'un chœur
I accompagnare *v* di un coro
U kórussal kísérni *v*
R давать *v* в сопровождении хора

Kivétel ez alól az angol, ahol a *to* az igét felismerhetővé teszi.

2.5 Minden egyéb kiegészítő magyarázat dőlt betűs szedéssel, csúcsos zárójelben áll (vö. 4.9).

Az ekvivalencia

3.1 A hétnyelvű címszavaknál különös figyelmet fordítottunk arra, hogy a szakkifejezéseket a történelmi és nyelvtani megfelelést is lehetőleg figyelembe véve a többi nyelv szakkifejezésével adjuk vissza. Az elavult vagy elavulóban levő kifejezéseket általában utaló címszóként vettük fel.

3.2 Azokat az idegen szavakat, amelyek a szaknyelvben használhatók, a szótár idézőjelben hozza.

Liedform *f*, **A-B-A-Form** *f* D
E song form, "lied" form
F forme *f* "Lied"
I forma *f* canzone
S forma *f* "Lied"
U dalforma
R песенная форма *f*

3.3 Szó szerint lefordított kifejezéseket idézőjel és dőlt betűs szedés, valamint zárójelben levő magyarázószöveg különböztet meg az igazi ekvivalenstől.

ének U Gesang
— **históriás** ~ ⟨16. *sec*⟩
D *("historisches Lied", ungarische histo-rische Gesänge geistlichen und weltlichen Inhalts)*
E verse-chronicle
F *("chanson historique", chansons histo-riques hongroises de caractère religieux ou profane)*
I *("canto storico", forma lirica ungherese di contenuto sacro o profano)*
S *("canción histórica", cantos históricos húngaros religiosos o profanos)*
R *(«историческая песня» — жанр венгер-ских исторических песнопений духов-ного и светского содержания)*

3.4 Ha egy címszónak nincs másik nyelvű megfelelője, a szó szerinti fordítás pedig érthetetlen volna, kerek zárójelben, dőlt betűs rövid értelmezést ad a szótár (vö. 3.3).

перепляс *m bl*
D *(russischer Paar- oder Gruppentanz in der Art eines Wettstreits)*
E *(Russian dance for pairs or groups in the form of a contest)*
F *(danse par couples ou en groupes, en forme de compétition)*
I *(danza russa a coppie o a gruppo in forma di gara)*
S *(danza de pareja o en grupos, a la manera de una competición)*
U *(orosz páros- vagy csoporttánc)*

Írásjelek használata

4.1 Ha a címszónak a másik nyelvben több azonos vagy rokon értelmű kifejezés (szinonima) felel meg, ezeket vessző választja el egymástól.

> **arrangement** *m* F
> D Arrangement *n*, Bearbeitung *f*, Einrich-
> tung *f*, Überarbeitung *f*, Transkription *f*
> E arrangement, adaptation
> I trascrizione *f*, riduzione *f*
> S arreglo *m*, transcripción *f*, reducción *f*,
> revisión *f*
> U feldolgozás, átírás, átirat, hangszerelés
> R аранжировка *f*

4.2 Ha egy utaló címszó több hétnyelvű címszóra utal, ezeket pontosvessző választja el.

> **octava** *f* S Oktave; *fis* Oktavstimmung
> ⌐ aguda *org* Diskantkoppel; Melodiekoppel;
> Oberoktavkoppel
>
> **plate** E *arco* Platte; *legni* Deckel; Griff

4.3 Több szóból álló kifejezések egymással helyettesíthető elemei közé virgulát (/) tettünk „vagy" értelemben.

> **accord** *m* F
> ~ **arpégé/brisé**
> D gebrochener/arpeggierter Akkord *m*
> E broken/arpeggiated chord
> I accordo *m* arpeggiato/spezzato
> S acorde *m* quebrado/arpegiado
> U tört akkord/hangzat
> R разложенный/ломаный аккорд *m*
>
> **Spiegelkanon** *m* D
> E mirror/reversible/invertible canon
> F canon *m* en miroir/réversible
> I canone *m* a specchio
> S canon *m* en espejo/por inversión/per
> arsin et thesin
> U tükörkánon
> R зеркальный канон *m*

4.4 Ha a virgula főneveket kapcsol össze vagylagosan, akkor a nyelvtani nem és szám egyezése esetén a rövidítés csak egyszer szerepel; különböző nem, illetve szám esetében viszont mindegyik főnév után feltüntettük (de vö. 2.2).

> **Taktvorzeichen** *n*, **Taktvorzeichnung** *f* D
> E time signature
> F indication *f*/signe *m* de la mesure
> I tempo/segno *m*/indicazione *f* di misura
> S signo *m*/indicación *f* de compás
> U ütemjelzés
> R обозначение *n* размера

4.5 Virgula a brit és az amerikai terminológiai vagy helyesírási változatokat is jelzi (vö. 1.2).
4.6 Kerek zárójel ( ) jelzi az értelem megváltozása nélkül elhagyható betűket, szótagokat vagy szavakat: Sept(imen)akkord, (magnetic) tape, cabeza (sonora).
4.7 A kerek zárójel a brit és az amerikai szaknyelv helyesírási eltéréseit is jelezheti (vö. 1.2).
4.8 Kerek zárójelben állnak dőlt betűs szedéssel a címszó hiányzó idegen nyelvű megfelelői helyett adott rövid értelmezések (vö. 3.4).
4.9 Csúcsos zárójelben ⟨ ⟩ állnak a dőlt betűvel szedett magyarázatok (vö. 2.5).

Italian E; ~ sixth chord ⟨*on flat submediant*⟩

Tonikaparallele *f* D
   E submediant ⟨*in major key*⟩, mediant
     ⟨*in minor key*⟩
   F sus-dominante *f* ⟨*en majeur*⟩, médiante
     f ⟨*en mineur*⟩
   I sopraddominante *f* ⟨*in maggiore*⟩, medi-
     ante *f* ⟨*in minore*⟩
   S superdominante *f* ⟨*en mayor*⟩, mediante
     f ⟨*en menor*⟩
   U tonikaparalel
   R параллель *f* тоники

4.10 Szögletes zárójelben [ ] olyan szótagok vagy szavak állnak, amelyek elhagyása, illetve alternatív használata a kifejezés értelmét megváltoztatja.

Stimme *f* D
— [nicht] gut bei ~ sein *v*
   E [not] to be in good voice
   F [ne pas] être *v* en bonne voix
   I [non] essere *v* in buone condizioni vocali
   S [no] estar *v* en voz/bien de voz
   U jól van *v* [nincs jól] diszponálva
   R быть *v* [не] в голосе

Aufzug *m* D
— Oper *f* in zwei [drei, vier] Aufzügen
   E opera in two [three, four] acts
   F opéra *m* en deux [trois, quatre] actes
   I opera *f* in due [tre, quattro] atti
   S ópera *f* en dos [tres, cuatro] actos
   U opera két [három, négy] felvonásban
   R опера *f* в двух [трёх, четырёх] дей-
     ствиях

4.11 A kiejtés, a hangsúly, az elválasztás, valamint a vonzatok megadásáról lemondtunk. Ahol azonban a nyomdai szedés egy szó elválasztását tette szükségessé, az illető nyelv szabályait követtük. A kötőjeles szóösszetételeknél a kötőjelet az eredeti szókép megóvása végett a második sor elején megismételtük.

Horst Leuchtmann
(ford.: Végh Béla)

ПОСТРОЕНИЕ СЛОВАРЯ И ПРАВИЛА ПОЛЬЗОВАНИЯ

Общие сведения

1.1 Семиязычный словарь музыкальной терминологии был составлен на базе одного языка, взятого за основу (немецкого). Однако для того, чтобы этот основной язык не превратился в главный, была сделана попытка создать так называемый интернациональный словник заглавных слов. Здесь имеется в виду то, что специальные термины немецкого языка, ведущие свое начало от слов других представленных здесь языков, как бы вновь возводятся к своему первоисточнику. В качестве примера приведем такие термины как «парадидл», «аккорд», «арпеджио», «гитара», «цимбалы» и «балалайка», которые вместе с относящимися к ним сложными терминами и словосочетаниями приводятся под словом языка-источника: paradiddle как английский термин, accord — как французский, arpeggio — итальянский, guitarra — испанский, cimbalom — венгерский и балалайка — русский. Все термины, которые происходят из не включенных в словарь языков или же термины неясного происхождения причисляются наряду с исконно немецкими терминами к основному языку. При более строгой проверке предложенных терминов, по всей вероятности, пришлось бы кое-что изменить и кое с чем не согласиться. Однако для читателя не представляется существенным какой язык считать основным, поскольку главное внимание было обращено на то, чтобы возможно шире представить специальную терминологию каждого языка.

1.2 Термины включены в словарь в едином алфавитном порядке, что касается русских терминов, то они вынесены в отдельный список («Русская часть» — ср. тж. 1.5 и 1.6) В основе лежит латинский алфавит с 26 буквами, при этом комбинации букв, а также буквы, снабженные диакритическими знаками отдельных языков, занимают место в строго определенном порядке. Так испанские c, ch; l, ll; n, ñ и венгерские c, cs; d, dz, dzs; g, gy; l, ly; n, ny; s, sz; t, ty; z, zs вне зависимости от их места в национальном алфавите рассматриваются как простые комбинации букв латинского алфавита, и располагаются при буквах c, d, g, l, n, s, t и z. Испанское ñ и немецкая лигатура ß соответственно рассматриваются как n и ss. При расположении по алфавиту также не принимаются во внимание различные знаки над гласными в немецком и венгерском языках; соответствующие буквы приравниваются к обычным гласным. Это касается лишь алфавитного расположения слов, однако само собой разумеется, что при написании сохраняются все особенности орфографии отдельных языков. Различие британской и американской орфографии и терминологии отмечается косой чертой или скобками, например centre/center, metre/meter, mitre/miter, theatre/theater, colo(u)r, mo(u)ld, twin-jewel(l)ed. Это означает, что британским вариантом является первое (centre и т. п.), американским — второе слово (center и т. д.), британская орфография требует правописания colour, mould, twin-jewelled, американская — color, mold, twin-jeweled. Аналогично этому случаю типа time/meter или note/tone указывают на то, что в английском употребляется первое слово, в то время как для американского характерно второе. По историческим причинам английская форма предшествует американской. При заглавных словах с американским правописанием делается ссылка на британский вариант.

1.3 При всех терминах, не являющихся заглавными словами, дается отсылка к статье основного заглавного слова, под которым приводятся все эквиваленты других языков. Если в латинской статье выражения не разделяются пометой или тильдой, то для большей ясности между заглавным выражением и выражением или словом, на которое делается ссылка, ставится двоеточие.

1.4 Основные заглавные слова и заглавные слова отсылочных статей даются полужирным шрифтом. Если ссылка состоит из нескольких слов и начинается тильдой или прямой чертой, то она дается светлым шрифтом, также как и эквиваленты шести языков, стоящие под заглавным словом. Пометы приводятся курсивом (однако ср. 2.1); только буквы, обозначающие языки, набираются прямым шрифтом: D E F I S U R, начальные буквы немецкого названия языков, означающие соответственно — немецкий, английский, французский, итальянский, испанский, венгерский и русский языки.

1.5 От строго алфавитного порядка букв, обозначающих тот или иной язык D E F I R S U пришлось отказаться, во-первых, потому, что казалось целесообразным не нарушать взаимосвязи романских языков, и, во-вторых, в целях большей наглядности, представлялось правильным объединить языки латинского алфавита и лишь после них поставить русские эквиваленты, набираемые кириллицей. В то же время избранный основной порядок следования языков D E F I S U R претерпевает соответствующие изменения в зависимости от того, слово какого языка является заглавным в каждом конкретном случае, к которому относится заглавное слово: E D F I S U R, F D E I S U R, I D E F S U R, S D E F I U R, U D E F I S R, R D E F I S U.

1.6 Необходимость выделения русских терминов вызвана также и тем, что буквы кириллицы следуют друг за другом в ином порядке, чем в латинском алфавите. Поэтому перечень русских слов дается отдельно после всей части словаря с латинским алфавитом. В этой русской части словаря находятся также и все русские заглавные слова с эквивалентами на шести остальных языках. В то же время русские заглавные слова включены и в латинский раздел, где они приводятся в латинской транслитерации по правилам латинского алфавита с соответствующими ссылками. Ссылки указывают на те же слова, набранные кириллицей и фигурирующие в русской части словаря в качестве заглавных слов. Транслитерация русских слов проводится по системе ISO (International Standardization Organization = Интернациональная организация стандартизации).

1.7 В тех случаях, когда ссылка делается на несколько заглавных слов, то заглавные слова, на которые она указывает, разделяются точкой с запятой (ср. 4.2):

afinar *v* S einstimmen; Stimme halten; stimmen; *pfte* intonieren; *ton* treffen

В случае наличия нескольких выражений для одного понятия, они приводятся в с е вместе, причем на первом месте стоит более употребительный термин, что и определяет место соответствующей статьи в словаре. Кроме того, синоним дается на своем месте по алфавиту с отсылкой на заглавное слово. Ссылка на заглавное слово того же языка отмечается знаком равенства (=):

Kammerstimme *f* D *org* = Kammerregister

Proporz *m* D *bl* = Nachtanz

Аналогично этому с менее употребительного слова делается отсылка к более употребительному:

verő U = ütő

födött U = fedett

1.8 Омонимы нескольких языков могут быть объединены в одной строке, если они имеют одинаковые грамматические, специальные и т. д. пометы или вообще не имеют таковых:

mezzanella *f* F I S *lt* Großsangsaite

ditanaklasis *m* F I S Ditanaklasis

Однако объединение невозможно в случае

brielka E брёлка
brielka *f* I брёлка

(наличие грамматической пометы рода при одном из слов и отсутствие ее при другом).

1.9 При ссылках на сложные термины, состоящие из нескольких слов, в случае, когда ведущее слово не является первым словом словосочетания, оно выделяется горизонтальной стрелкой (→):

acoustic E akustisch

$\sim$ bass *org* akustischer $\rightarrow$ Baß; Harmoniumbaß

coordinazione *f* **tonale** I tonale $\rightarrow$ Zugehörigkeit

1.10 Алфавитное расположение словосочетаний и сложных терминов производится обычно по первой букве первого входящего в их состав существительного. Исключение составляют английские compounds, место которых определяется по первой букве первого входящего в них слова. В соответствии с английской лексикографической традицией английское to в форме инфинитива при определении алфавитного места выражения не принимается во внимание.

1.11 Повторяющиеся заглавные слова внутри одной статьи заменяются тильдой и в том случае, если они представляют собой сложный термин. В случае наличия синонимов тильда заменяет только заглавное слово.

1.12 В словарных статьях, содержащих сочетания заглавного слова с существительными, прилагательными, глаголами, предлогами принят следующий единый порядок расположения выражений. Вначале приводятся сочетания, в которых первым компонентом является заглавное слово, т. е. сочетания, начинающиеся с тильды, и только после них даются сочетания, где заглавное слово — не первый компонент. Эти выражения вводятся знаком тире. Выражения внутри каждой группы располагаются в строго алфавитном порядке, при этом каждое (в том числе и служебное) слово словосочетания считается отдельной единицей при алфавитном расположении. Не учитывалось возможное употребление заглавного слова в форме множественного числа, такие формы приравнивались к формам единственного числа даже в тех случаях, когда они не могут быть заменены тильдой (напр. anse, ∼s *pl*, attribution, ∼s *pl*, cloche, ∼s *pl*; но: battuta — battute, voz — voces, Baß — Bässe):

battuta *f* I Takt

$\sim$ a cinque tempi: Fünfertakt

— battute *pl* a due tempi: Zweiertakt

— battute *pl* a quattro tempi: Vierertakt

— battute *pl* a tre tempi: Dreiertakt

$\sim$ composta: zusammengesetzter $\rightarrow$ Takt

$\sim$ nove ottavi: Neunachteltakt

$\sim$ nove quarti: Neunvierteltakt

$\sim$ semplice: einfacher $\rightarrow$ Takt

— battute *pl* ternarie: Dreiertakt

— di due battute: zweitaktig

— di tre battute: dreitaktig

Пометы и пояснения

2.1 Грамматические пометы, приводимые на стр. 65*, набираются курсивом и ставятся непосредственно после термина. Английские и венгерские заглавные слова не имеют обозначения рода — кроме отдельных английских слов, представляющих собой специальную форму существительных женского рода; помета множественного числа дается во всех случаях.

2.2 При единичных словах грамматические пометы стоят после слова, при терминах, состоящих из нескольких слов — после первого существительного или глагола (ср. 2.4):

Achtelpause *f* D

E quaver rest, A: eighth-note rest

F demi-soupir *m*

I pausa *f* di croma

S silencio *m*/pausa *f* de corchea

U nyolcadszünet, nyolcad szünetjel

R восьмая пауза *f*

tambourin *m* **de Provence** F

D provenzalische Trommel *f*, Tabor *m*

E tabor

I tamburo *m* di Provenza

S tamboril *m*

U provence-i dob

R провансальский барабан *m*, тамбурин *m*

Из всех помет только обозначения языка набираются светлым прямым шрифтом. Они ставятся сразу после заглавного слова, между пометой рода и возможными другими пояснениями; в статьях основных заглавных слов обозначения языка стоят перед эквивалентами.

2.3 Если в качестве основного заглавного слова выступает глагол, то помета глагола ставится только один раз после заглавного слова в эквивалентах же она опускается:

> **registrer** *v* F *org*
> D registrieren
> E to register, to select stops
> I registrare
> S registrar
> U regisztrálni
> R регистровать

2.4 Если глаголу в качестве основного заглавного слова соответствуют глагольные сочетания, состоящие из нескольких слов, то грамматическая помета стоит, как обычно, после глагола (ср. 2.2):

> **jazz** *v* E
> D Jazzmusik machen *v*, jazzen
> F faire *v* de la musique de jazz
> I fare *v* musica jazz
> S hacer *v* jazz
> U dzsesszt játszani *v*
> R играть *v* в джазе

> **corear** *v* S
> D mit einem Chor begleiten *v*
> E to accompany with a chorus
> F accompagner *v* d'un chœur
> I accompagnare *v* di un coro
> U kórussal kisérni *v*
> R давать *v* в сопровождении хора

Как видно из примера исключение составляет английский, где в эквивалентах глагол характеризуется элементом to.

2.5 Все дополнительные пояснения набираются курсивом и приводятся в угловых скобках (ср. 4.9).

Об эквивалентах заглавных слов

3.1 Все термины переводятся, как правило, терминами, при этом, по мере возможности, подыскивается историческое и грамматическое соответствие. Устаревшие термины, как и термины, вышедшие из употребления, вынесены большей частью в ссылочные статьи.

3.2 Иностранные слова, употребление которых в виде специальных терминов представляется возможным, берутся в кавычки:

> **Liedform** *f*, **A-B-A-Form** *f* D
> E song form, "lied" form
> F forme *f* "Lied"
> I forma *f* canzone
> S forma *f* "Lied"
> U dalforma
> R песенная форма *f*

3.3 Дословные переводы, поясняющие термин, набираются курсивом и даются в кавычках:

> **ének** U Gesang
> — **históriás** ~ ⟨16. sec⟩
> D *("historisches Lied", ungarische historische Gesänge geistlichen und weltlichen Inhalts)*

> E verse-chronicle
> F *("chanson historique", chansons histo-*
> *riques hongroises de caractère religieux ou*
> *profane)*
> I *("canto storico", forma lirica ungherese*
> *di contenuto sacro o profano)*
> S *("canción histórica", cantos históricos*
> *húngaros religiosos o profanos)*
> R *(«историческая песня» — жанр венгер-*
> *ских исторических песнопений духов-*
> *ного и светского содержания)*

3.4 В тех случаях, когда для заглавного слова нет эквивалентного термина, а буквальный перевод не дает достаточно ясного представления о значении термина, в круглых скобках приводится его краткое пояснение, набираемое курсивом (ср. также 3.3):

> **перепляс** *m bl*
> D *(russischer Paar- oder Gruppentanz in*
> *der Art eines Wettstreits)*
> E *(Russian dance for pairs or groups in the*
> *form of a contest)*
> F *(danse par couples ou en groupes, en*
> *forme de compétition)*
> I *(danza russa a coppie o a gruppo in*
> *forma di gara)*
> S *(danza de pareja o en grupos, a la manera*
> *de una competición)*
> U *(orosz páros- vagy csoporttánc)*

Знаки препинания

4.1 Синонимы и возможные варианты перевода заглавного слова, разделяются запятой:

> **arrangement** *m* F
> D Arrangement *n*, Bearbeitung *f*, Einrich-
> tung *f*, Überarbeitung *f*, Transkription *f*
> E arrangement, adaptation
> I trascrizione *f*, riduzione *f*
> S arreglo *m*, transcripción *f*, reducción *f*,
> revisión *f*
> U feldolgozás, átírás, átirat, hangszerelés
> R аранжировка *f*

4.2 В том случае, когда ссылка относится к нескольким заглавным словам, последние разделяются точкой с запятой:

> **octava** *f* S Oktave; *fis* Oktavstimmung
> ~ aguda *org* Diskantkoppel; Melodiekoppel;
> Oberoktavkoppel
>
> **plate** E *arco* Platte; *legni* Deckel; Griff

4.3 Если термин представляет собой словосочетание, то синонимы его отдельных компонен-
тов разделяются косой чертой (/), заменяющей союз «или»:

> **accord** *m* F
> **~ arpégé/brisé**
> D gebrochener/arpeggierter Akkord *m*
> E broken/arpeggiated chord
> I accordo *m* arpeggiato/spezzato
> S acorde *m* quebrado/arpegiado
> U tört akkord/hangzat
> R разложенный/ломаный аккорд *m*

Spiegelkanon *m* D
    E mirror/reversible/invertible canon
    F canon *m* en miroir/réversible
    I canone *m* a specchio
    S canon *m* en espejo/por inversión/per
      arsin et thesin
    U tükörkánon
    R зеркальный канон *m*

4.4 Если косая черта разделяет имена существительные, то, при совпадении их рода и числа, соответствующая помета дается только один раз после последнего синонима. В том случае, если род и число существительных-синонимов не совпадает, соответствующими пометами снабжается каждое слово (ср. также 2.2):

Taktvorzeichen *n*, **Taktvorzeichnung** *f* D
    E time signature
    F indication *f*/signe *m* de la mesure
    I tempo/segno *m*/indicazione *f* di misura
    S signo *m*/indicación *f* de compás
    U ütemjelzés
    R обозначение *n* размера

4.5 Косая черта применяется также при подаче британского и американского вариантов термина (ср. 1.2).

4.6 В круглых скобках приводятся буква, слог или слово, которые можно опустить без того, чтобы смысл термина потерпел изменение: Sept(imen)akkord, (magnetic) tape, cabeza (sonora).

4.7 При помощи круглых скобок обозначаются также различия в орфографии британской и американской терминологии (ср. 1.2).

4.8 В круглых скобках стоят также набранные курсивом объяснения термина при отсутствии эквивалента (ср. 3.4).

4.9 Угловые скобки ⟨ ⟩ применяются для кратких дополнительных пояснений, после эквивалента, также набираемых курсивом (ср. 2.5):

Italian E; ~ **sixth chord** ⟨*on flat submediant*⟩

Tonikaparallele *f* D
    E submediant ⟨*in major key*⟩, mediant
      ⟨*in minor key*⟩
    F sus-dominante *f* ⟨*en majeur*⟩, médiante
      f ⟨*en mineur*⟩
    I sopraddominante *f* ⟨*in maggiore*⟩, medi-
      ante *f* ⟨*in minore*⟩
    S superdominante *f* ⟨*en mayor*⟩, mediante
      f ⟨*en menor*⟩
    U tonikaparalel
    R параллель *f* тоники

4.10 В квадратных скобках [ ] стоят буквы, слоги или слова, придающие термину иное значение:

Stimme *f* D
— **[nicht] gut bei ~ sein** *v*
    E [not] to be in good voice
    F [ne pas] être *v* en bonne voix
    I [non] essere *v* in buone condizioni vocali
    S [no] estar *v* en voz/bien de voz
    U jól van *v* [nincs jól] diszponálva
    R быть *v* [не] в голосе

Aufzug *m* D
— **Oper** *f* **in zwei [drei, vier] Aufzügen**
    E opera in two [three, four] acts

F opéra *m* en deux [trois, quatre] actes
I opera *f* in due [tre, quattro] atti
S ópera *f* en dos [tres, cuatro] actos
U opera két [három, négy] felvonásban
R опера *f* в двух [трёх, четырёх] дей-
ствиях

4.11 Указание на произношение, место ударения, и возможное деление на слоги в словаре отсутствуют, при глаголах пришлось также отказаться и от указаний на управления. Там, где в тексте необходимо слогоделение, это производится согласно правилам переноса в том или ином языке. При переносе слов, соединенных дефисом, последний повторяется в начале следующей строки.

Хорст Лейхтман
(пер. Гита Балтер)

ABKÜRZUNGEN
ABBREVIATIONS
ABRÉVIATIONS
ABBREVIAZIONI
ABREVIATURAS
RÖVIDÍTÉSEK
СОКРАЩЕНИЯ

	DEUTSCH	ENGLISH	FRANÇAIS
D	deutsch	German	allemand
E	englisch	English	anglais
A	amerikanisch	American English	américain
F	französisch	French	français
I	italienisch	Italian	italien
S	spanisch	Spanish	espagnol
U	ungarisch	Hungarian	hongrois
R	russisch	Russian	russe
ac	Akustik	acoustics	acoustique
acc	Akkord	chord	accord
ancia	Rohrblatt, Rohrblattinstrumente	reed, reed instruments	anche, instruments à anche
ancia d.	doppeltes Rohrblatt, Instrumente mit doppeltem Rohrblatt	double reed, double reed instruments	anche double, instruments à anche double
archi	Streichinstrumente	bowed string instruments	cordes
arco	Bogen	bow	archet
arm	Harmonium	harmonium	harmonium
arpa	Harfe	harp	harpe
bc	Generalbaß	thorough-bass	basse continue
bl	Tanz	dance	danse
camp	Glocke	bell	cloche
canna	Orgelpfeife	organ pipe	tuyau d'orgue
canna ancia	Zungenpfeife	reed pipe	tuyau à anche
canna anima	Lippenpfeife	flue pipe	tuyau à bouche
canna d. l.	Holzlippenfeife	flue pipe (wood)	tuyau à bouche en bois
canna d. m.	Metall-Lippenpfeife	flue pipe (metal)	tuyau à bouche en métal
canto	Gesang	singing	chant
cb	Kontrabaß	double bass	contrebasse
cemb	Cembalo	harpsichord	clavecin
cl	Klarinette	clarinet	clarinette
cor	Horn	horn	cor
corda	Saite, Saiteninstrumente	string, string instruments	corde, instruments à cordes
costr	Instrumentenbau	instrument making	facture
cp	Kontrapunkt	counterpoint	contrepoint
dir	Dirigieren	conducting	direction
dod	Zwölftonmusik	twelve-note music	musique dodécaphonique
e.g. [exempli gratia]	zum Beispiel	for instance	par exemple
f	weiblich	feminine	féminin
fag	Fagott	bassoon	basson
fam	umgangssprachlich	colloquial	familièrement
fiati	Blasinstrumente	wind instruments	instruments à vent
fis	Akkordeon	accordion	accordéon
fl	Flöte	flute	flûte
fl. d.	Blockflöte	recorder	flûte droite
fuga	Fuge	fugue	fugue
gram	Grammophon	gramophone	gramophone

ITALIANO	ESPAÑOL	MAGYAR	РУССКИЙ
tedesco	alemán	német	немецкий
inglese	inglés	angol	английский
americano	inglés de Estados Unidos	amerikai angol	американский
francese	francés	francia	французский
italiano	italiano	olasz	итальянский
spagnolo	español	spanyol	испанский
ungherese	húngaro	magyar	венгерский
russo	ruso	orosz	русский
acustica	acústica	akusztika	акустика
accordo	acorde	akkord	аккорд
ancia, strumenti ad ancia	lengüeta, instrumentos de lengüeta	nádnyelv, nádnyelves hangszerek	трость, тростеаые инструменты
ancia doppia, strumenti ad ancia doppia	lengüeta doble, instrumentos de lengüeta doble	kettős nádnyelv, hangszerek kettős nádnyelvvel	двойная трость, инструменты с двойной тростью
strumenti ad arco	cuerdas	vonós hangszerek	смычковые (струнные) инструменты
arco	arco	vonó	смычок
armonio	armonio	harmónium	фисгармония
arpa	arpa	hárfa	арфа
basso continuo	bajo continuo	basso continuo, generálbasszus	генерал-бас
ballo	danza	tánc	танец
campana	campana	harang	колокол
canna d'organo	tubo de órgano	orgonasíp	органная труба
canna ad ancia	tubo de lengüeta	nyelvsíp	язычковая труба
canna ad anima	tubo labiado	ajaksíp	лабиальная труба
canna ad anima di legno	tubo labiado de madera	fa ajaksíp	деревянная лабиальная труба
canna ad anima di metallo	tubo labiado de metal	fém ajaksíp	металлическая лабиальная труба
canto	canto	ének	пение
contrabbasso	contrabajo	nagybőgő, kontrabasszus	контрабас
clavicembalo	clavecín	csembaló	клавесин
clarinetto	clarinete	klarinét	кларнет
corno	corno	kürt	валторна
corda, strumenti a corda	cuerda, instrumentos de cuerda	húr, húros hangszerek	струна, струнные инструменты
costruzione	fabricación de instrumentos	hangszerkészítés	изготовление музыкальных инструментов
contrappunto	contrapunto	ellenpont, kontrapont	контрапункт
direzione	dirección de orquesta	vezénylés	дирижирование
dodecafonia	dodecafonía	dodekafónia	додекафония
per esempio	por ejemplo	például	например
femminile	femenino	nőnemű	женский род
fagotto	fagot	fagott	фагот
familiarmente	familiar	familiáris	разговорный
strumenti a fiato	vientos	fúvós hangszerek	духовые инструменты
fisarmonica	acordeón	harmonika	аккордеон
flauto	flauta	fuvola	флейта
flauto diritto	flauta de pico	egyenes fuvola	блокфлейта
fuga	fuga	fúga	фуга
grammofono	gramófono	lemezjátszó	граммофон

	DEUTSCH	ENGLISH	FRANÇAIS
greg	gregorianisch	Gregorian	grégorien
legni	Holzblasinstrumente	woodwind instruments	bois
lt	Laute	lute	luth
m	männlich	masculine	masculin
magn	Magnetophon	tape recorder	magnétophone
mil	militärisch	military	militaire
n	sächlich	neuter	neutre
obs	veraltet	obsolete	obsolète
or	Ohr	ear	oreille
org	Orgel	organ	orgue
orn	Verzierung	ornaments	ornement
ottoni	Blechblasinstrumente	brass instruments	cuivres
perc	Schlaginstrumente	percussion instruments	instruments à percussion
pfte	Flügel und Pianino	gran piano and upright piano	piano (à queue et droit)
pl	Mehrzahl	plural	pluriel
pn	nur: Pianino	only: upright piano	seulement: piano droit
pop	volkstümlich	popular	populaire
prescr	Spielanweisung	direction for playing	indication
rad	Rundfunk	radio	radio
sec	Jahrhundert	century	siècle
str	Instrument	instrument	instrument
tamb	Trommel	drum	tambour
tasto	Taste, Tasteninstrumente	key, keyboard instruments	touche, instruments à clavier
teat	Theater	theatre	théâtre
timp	Pauke	kettledrum	timbale
ton	Ton	tone	ton
trb	Trompete	trumpet	trompette
trbne	Posaune	trombone	trombone
v	Verb	verb	verbe
vc	Violoncello	violoncello	violoncelle
vl	Violine	violin	violon
=	siehe	see	voir

ITALIANO	ESPAÑOL	MAGYAR	РУССКИЙ
gregoriano	gregoriano	gregorián	григорианский
strumenti a fiato di legno	maderas	fafúvós hangszerek	деревянные духовые иструменты
liuto	laúd	lant	лютня
maschile	masculino	hímnemű	мужской род
magnetofono	magnetofón	magnetofon	магнитофон
militare	militar	katonai	военный
neutro	neutro	semleges nemű	средний род
obsoleto	anticuado	elavult	устаревший
orecchio	oído	fül	ухо
organo	órgano	orgona	орган
ornamento	adornos	díszítés, ékítés	мелизмы
strumenti a fiato di ottone	cobres	rézfúvós hangszerek	медные духовые инструменты
strumenti a percussione	percusión	ütőhangszerek	ударные инструменты
pianoforte e pianino	piano (de cola y vertical)	zongora és pianínó	рояль и пианино
plurale	plural	többes szám	множественное число
solamente: pianino	piano vertical exclusivamente	csak: pianínó	только: пианино
popolare	popular	népies	популярный
prescrizioni	indicaciones	előadási utasítás	указание способа исполнения
radio	radiotelefonía	rádió	радио
secolo	siglo	évszázad	век
strumento	instrumento	hangszer	инструмент
tamburo	tambor	dob	барабан
tasto, strumenti a tastiera	tecla, instrumentos de tecla	billentyű, billentyűs hangszerek	клавиша, клавишные инструменты
teatro	teatro	színház	театр
timpano	timbal	üstdob	литавры
tono	tono	hang	тон
tromba	trompeta	trombita	труба
trombone	trombón	harsona, pozaun	тромбон
verbo	verbo	ige	глагол
violoncello	violonchelo	gordonka	виолончель
violino	violín	hegedű	скрипка
vedi	véase	lásd	смотри

TERMINORUM MUSICAE
INDEX
SEPTEM LINGUIS
REDACTUS

A

a *n* D *ton*
    E A (natural)
    F la *m*
    I la *m*
    S la *m*
    U a
    R ля *n*

A E *ton* a
~ double-flat *ton* ases
~ double-sharp *ton* aisis
~ flat *ton* as
~ major: A-Dur
~ minor: a-Moll
~ natural *ton* a
~ sharp *ton* ais

a U *ton* a
— párizsi ~ Pariser → Kammerton

A-B-A-Form *f* D = Liedform

abaissement *m* F *ton* Erniedrigung

abaisser *v* F absteigen; *corda, tasto* niederdrücken

abajamiento *m* S *tasto* Spieltiefe

abandonadamente S *prescr* abbandonatamente

abandonar *v* S *tasto* loslassen; *ton* verlassen

abandonner *v* F *ton* verlassen

abanera *f* I *bl* habanera

abarcar *v* S; ~ una décima *tasto* eine Dezime → greifen

abattant *m* F; ~ du couvercle *pfte* Vorderdeckel

abbandonare *v* I *tasto* loslassen; *ton* verlassen

abbandonatamente I *prescr*
    D abbandonatamente, mit Hingebung, hingebungsvoll
    E abbandonatamente, "*with abandon*"
    F abbandonatamente, "*avec abandon*"
    S abbandonatamente, abandonadamente, "*con abandono*"
    U abbandonatamente, "*túláradó érzéssel*"
    R abbandonatamente, «*с увлечением*»

abbandono *m* I; con ~ = abbandonatamente

abbassamento *m* I Absprache; Fall
~ del suono prodotto dal bemolle *ton* Erniedrigung
~ dell'accordatura: ravalement

~ di una terza: Terzfall
~ di voce/suono: Absprache

abbassare *v* I *corda*
    D tiefer stimmen *v* ⟨*bei einem Saiteninstrument eine Saite*⟩
    E to tune down
    F baisser
    S bajar
    U lehangolni
    R спустить *v* струну
~ *corda, tasto* niederdrücken; *ton* erniedrigen
~ l'intonazione/l'accordatura: herabstimmen

abbassarsi *v* I absteigen

abbellimento *m* I Verzierung
— abbellimenti *pl orn* Blumen; Manieren
— abbellimenti *pl* vocali *orn* Singmanieren

abbellire *v* I verzieren; kolorieren

abbellito I verziert

abbonamento *m* I abonnement

abbozzare *v* I entwerfen

abbozzo *m* I Entwurf

abbracciare *v* I; ~ una decima *tasto* eine Dezime → greifen

abbrechen *v* D
    E to stop, to break off
    F arrêter
    I fermare, troncare
    S interrumpir
    U megszakítani
    R оборвать, смолкнуть

abbreviate *v* E verkürzen

abbreviation E Abkürzung; Verkürzung

Abbreviatur *f* D = Abkürzung

abbreviatúra U Verkürzung

abbreviazione *f* I Abkürzung; Streichung; Verkürzung

a-b-c-dieren *v* D
    E (*to use pitch letters instead of solmization syllables*)
    F (*solfier selon le système de solmisation utilisant les lettres alphabétiques*)
    I (*solfeggiare secondo il sistema tedesco, usando le lettere alfabetiche*)
    S (*solfear dando a cada nota la letra correspondiente en el sistema germánico, en*

    lugar de las sílabas de la solmisación latina)
U *(ábécés hangneveket használni szolmizációs szótagok helyett)*
R *(сольфеджировать, применяя буквенные обозначения нот)*

abdämpfen *v* D mettere la → sordina
— **gleich/schnell** ∼ *perc*
  E to choke/muffle/damp at once
  F étouffer *v* instantanément
  I velare/coprire *v* immediatamente
  S amortiguar/apagar *v* inmediatamente
  U azonnal/gyorsan megszüntetni/elfojtani *v*
  R быстро приглушать *v*
— **nicht** ∼ *presc, perc* = klingen lassen

Abdämpfung *f* D ⟨*Clavichord*⟩
  E damper (plate)
  F étouffoir *m*
  I smorzatore *m*
  S apagador *m*
  U tompítás, tompító(filc)
  R демпфер *m*

abdominal breathing E Bauchatmung

Abendlied *n* D
  E evening song
  F chant *m* du soir
  I canzone *f* della sera, notturno *m*
  S canción *f* crepuscular/de la tarde
  U esti dal
  R вечерняя песня *f*

Abendmusik *f* D ⟨17—18. sec⟩
  E *(evening church concert)*
  F "Abendmusik" *f* ⟨*concert spirituel du soir*⟩
  I *(concerti sacri serali)*
  S *(conciertos sacros vespertinos)*
  U "Abendmusik" ⟨*esti templomi hangverseny*⟩
  R *(вечерние церковные концерты)*

abertura *f* S; ∼ acústica: Schalloch

abgeleitet D
  E derived
  F dérivé
  I derivato
  S derivado
  U levezetett, származék-
  R производный

Abgesang *m* D
  E *(latter portion of a song in a Bar-form)*
  F *(troisième partie dans la forme Bar)*
  I *(terza strofa della Barform)*
  S *(tercera parte de la Barform)*
  U *(a Bar-forma harmadik, záró része)*
  R *(заключительная строфа трехстрофной песенной структуры Barform)*

abgesetzt D *prescr, archi* détaché
abgestimmt D
  E of definite pitch, pitched, tuned
  F accordé
  I accordato
  S afinado
  U (össze)hangolt
  R настроенный

abgestoßen D *prescr* staccato
— **sehr** ∼ *prescr* staccatissimo
Abhebestange *f* D *pfte*
  E damper lift rod
  F barre *f* des étouffoirs
  I sbarra *f* solleva smorzi
  S barra *f* del apagador/de la sordina
  U kiváltórúd
  R демпферная штанга *f*

Abhörkammer *f* D *rad*
  E monitor(ing) room/booth
  F cabine *f* de contrôle/d'écoute
  I camera *f* d'ascolto
  S cabina *f* de control
  U lehallgatófülke
  R кабина *f* для прослушивания

abierto S weitgriffig
abilità *f* I Fertigkeit
abklingen *v* D *ac*
  E to decay, to attenuate
  F s'évanouir
  I smorzarsi
  S desvanecerse, apagarse
  U elhalkulni, lecsengeni
  R затухать

Abklingvorgang *m* D
  E fade-out
  F fondu *m*
  I annullamento *m* graduale (del suono)
  S apagamiento *m* gradual del sonido
  U lecsengési/kicsengési folyamat
  R процесс *m* затухания (колебаний)

Abkürzung *f*, **Abbreviatur** *f* D
  E abbreviation
  F abréviation *f*
  I abbreviazione *f*
  S abreviatura *f*
  U rövidítés
  R аббревиатура *f*, сокращение *n*

Ablaufform *f* D = Reihenform
ableiten *v* D
  E to derive
  F dériver
  I derivare
  S derivar
  U levezetni, származtatni
  R выводить, производить

Ableitung *f* D
  E derivation
  F dérivation *f*
  I derivazione *f*
  S derivación *f*
  U levezetés, származtatás
  R выведение *n*

abnehmend D *prescr* diminuendo
Abnickschraube *f* D *pfte*
  E drop/repetition screw
  F vis *f* de réglage du double échappement
  I vite *f* per secondo scappamento, vite *f* regolatrice scatto
  S tornillo *m* regulador del doble escape
  U beállítócsavar
  R репетиционный винт *m*

abombado S *corda* bauchig
abombamiento *m* S *corda* Wölbung
Abonnement *n* D abonnement
abonnement *m* F
  D Abonnement *n*
  E subscription
  I abbonamento *m*
  S abono *m*, suscripción *f*
  U bérlet
  R абонемент *m*
abono *m* S abonnement
Abplatten *n* D ⟨*der Saitenumspinnung*⟩ *pfte*
  E swaging, swedging
  F encordage *m*
  I appiattimento *m*
  S entorchado *m*
  U lecsiszolás
  R сплющивание *n* ⟨*обвивки струны*⟩
ábra U; Chladni-féle ∼ Klangfigur
ábrándos U träumerisch
abrazadera *f* S *ancia* Garnkugel; *legni* Brille; *ottoni* Zwinge
ábrázolni *v* U wiedergeben
abréger *v* F verkürzen
abreviación *f* S Verkürzung
abreviar *v* S verkürzen
abréviation *f* F Abkürzung; Verkürzung
abreviatura *f* S Abkürzung; Verkürzung
abrir *v* S *canna ancia* aufwerfen
Abschlag *m*, **Abschlagsbewegung** *f* D *dir*
  E cut-off (gesture/movement), downbeat
  F geste *m* conclusif/terminal
  I gesto *m* di chiusura
  S movimiento/gesto *m* de cortar/terminar
  U leütés, leintés
  R снятие *n* звука, жест *m* окончания
Abschluß *m* D = Schluß; Schlußgruppe
∼ ⟨*Koda*⟩ coda
∼, Abschlußbewegung *f* *dir*
  E cut-off (gesture/movement)
  F geste *m* conclusif
  I gesto *m* di chiusa
  S gesto/movimiento *m* conclusivo
  U leintés
  R окончание *n*, жест *m* окончания
abschreiben *v* D ⟨*kopieren*⟩
  E to copy
  F copier
  I copiare
  S copiar
  U lemásolni, leírni
  R переписывать
∼ ⟨*plagiieren*⟩
  E to plagiarize
  F plagier
  I plagiare
  S plagiar
  U plagizálni, *fam* lopni
  R совершать *v* плагиат
abschwellen *v* D
  E to decrease
  F diminuer
  I diminuire

  S disminuir
  U (hangerőt) csökkenteni
  R стихать
Abschwellen *n* D decrescendo
absetzen, intabulieren *v* D
  E to transcribe/put into tablature, to intabulate
  F mettre *v* en tablature, transcrire
  I intavolare, trascrivere *v* in intavolatura
  S poner/transcribir *v* en tablatura
  U tabulatúrába foglalni/átírni *v*, intavolálni
  R сделать *v* табулатурное переложение
∼ ⟨*Phrasierung*⟩
  E to separate, to articulate
  F articuler, détacher
  I articolare
  S separar, articular
  U elválasztani, artikulálni
  R расчленять, разделять ⟨*фразировка*⟩
absolute E; ∼ music: absolute → Musik
  ∼ pitch: absolutes → Gehör; absolute → Tonhöhe
absorbant F schalldämpfend
Absorptionsfaktor *m* D; akustischer ∼
  E coefficient of absorption
  F coefficient *m* d'absorption acoustique
  I coefficiente *m* specifico di assorbimento acustico
  S coeficiente *m* de absorción acústica
  U akusztikus elnyelési tényező
  R коэффициент *m* звукопоглощения/поглощения звука
Abspielgeräusch *n* D *gram*
  E surface noise
  F bruit *m* de surface
  I fruscio *m* provocato dalla puntina
  S rascadura *f* de la aguja, ruido *m* de la púa
  U túzörej, lemezzörej
  R шум *m* от иглы и канавки
Absprache *f* D
  E decay (of speech/tone), fading
  F affaiblissement *m* (de la voix/du son), diminution *f*
  I abbassamento *m* (di voce/suono)
  S disminución *f*, debilitamiento *m* (de la voz/del sonido)
  U (szó/hang) elhalás(a)
  R спад *m*, затухание *n*
Abstand *m* D ⟨*Imitation*⟩
  E distance
  F distance *f*
  I distanza *f*
  S distancia *f*
  U távolság
  R расстояние *n*
absteigen *v* D
  E to descend
  F descendre, abaisser
  I discendere, abbassarsi
  S descender, bajar
  U ereszkedni
  R нисходить

absteigend D
  E descending
  F en descendant
  I discendente
  S descendente
  U ereszkedő
  R нисходящий
Absteller *m* D *org*
  E cancellation button/piston
  F annulateur *m*
  I annullatore *m*
  S anulador *m* de registros
  U kikapcsoló
  R аннулятор *m*
Abstieg *m* D
  E descent
  F descente *f*
  I discesa *f*
  S bajada *f*, descenso *m*
  U ereszkedés
  R нисхождение *n*, спад *m*
· **abstoßen** *v* D
  E to detach, to play staccato
  F détacher
  I staccare
  S tocar *v* staccato, destacar
  U elválasztani, elválasztgatni
  R играть *v* деташе
Abstrakte *f* D *org*
  E tracker
  F vergette *f*
  I tirante *m*
  S varilla *f*
  U absztrakt, húzóléc
  R абстракт *m*
Abstraktendraht *m* D *org*
  E tap wire
  F fil *m* de tirage, esse *m*
  I attacco *m* al tasto, filo *m* tirante del tasto
  S alambre *m* de unión
  U húzórúd
  R *(проволочный крюк, за который зацепляется абстракт)*
Abstrich *m* D *archi*
  E downbow
  F tiré *m*
  I arcata *f* in giù
  S "in giù", tiré *m*, arco *m* hacia abajo
  U vonóhúzás lefelé
  R движение *n* смычка вниз
abstufen *v* D
  E to shade, to graduate
  F nuancer
  I graduare
  S matizar
  U árnyalni
  R оттенять
Abstufung *f* D
  E shading, gradation
  F nuance *f*, graduation *f*
  I graduazione *f*
  S graduación *f*, matiz *m*

  U árnyalás
  R оттенки *m pl*
absztrakt U *org* Abstrakte
abtaktig D
  E (on the) downbeat
  F frappé
  I in battere
  S sobre el tiempo fuerte
  U súlyos ütemrésszel kezdődő
  R без затакта
Abtaktigkeit *f* D
  E *(phrasing from the downbeat, emphasis on the downbeat)*
  F *(phrasé qui commence sur le temps fort)*
  I *(fraseggio che inizia col battere)*
  S *(fraseo que se inicia sobre el tiempo fuerte)*
  U *(súlyos ütemrészen való kezdés)*
  R отсутствие *n* затактности
abtasten *v* D
  E to scan
  F lire, explorer
  I sfiorare
  S rozar, rayar
  U kiolvasni, letapogatni
  R считывать *v* (фонограмму), воспроизводить *v* (звукозапись)
Abtastung *f* D
  E scanning
  F tracé *m*
  I l'atto *m* dello sfiorare
  S *(acción de rozar/rayar)*
  U kiolvasás, letapogatás
  R считывание *n* (фонограммы), воспроизведение *n* (звукозаписи)
abwärts D
  E downward, descending
  F en descendant
  I in giù, discendente
  S descendiendo
  U lefelé
  R вниз, в нисходящем движении
Abwärtssprung *m* D
  E downward leap
  F saut *m* descendant, chute *f*
  I salto *m* discendente
  S salto *m* descendente
  U ugrás lefelé
  R скачок *m* вниз
abwechseln *v*, **alternieren** *v* D
  E to alternate
  F alterner, changer
  I alternare
  S alternar, cambiar
  U váltakozni
  R чередоваться*v*
abwechselnd D
  E alternating
  F en alternant, en changeant
  I alternando
  S alternando, cambiando
  U váltakozva, felváltva
  R чередуясь, попеременно
Abzug *m* D *org* = Abstrakte

academia *f* S Musikschule
∼ de danza: Tanzschule
academy E; ∼ of music: Musikhochschule
a cappella I → cappella
acariciador S *prescr* accarezzevole
acariciando S *prescr* carezzando; lusingando
acariciante S *prescr* carezzando
acathistus E акафист
acatisto *m* I акафист
academia *f* I; ∼ musicale: Musikhochschule
accarezzevole, accarezzevolmente I *prescr*
    D accarezzevole, accarezzevolmente, (ein-) schmeichelnd, liebkosend
    E accarezzevole, accarezzevolmente, "*caressing(ly)*"
    F accarezzevole, accarezzevolmente, caressant
    S accarezzevole, accarezzevolmente, acariciador, "*de manera acariciante*"
    U accarezzevole, accarezzevolmente, "*behízelgően*"
    R accarezzevole, accarezzevolmente, «*ласково*», «*вкрадчиво*»
accelerando I *prescr*
    D accelerando, beschleunigend, eilend, vorwärtsdrängend
    E accelerando, "*accelerating*", "*growing faster*"
    F accelerando, "*en accélérant*"
    S accelerando, acelerando
    U accelerando, "*gyorsítva*"
    R accelerando, ускоряя
accélérant F; en ∼ *prescr* affrettando
accelerato I *prescr*
    D accelerato, beschleunigt
    E accelerato, "*accelerated*", "*faster*"
    F accelerato, accéléré
    S accelerato, acelerado
    U accelerato, "*gyorsulva*"
    R accelerato, ускоренно
accéléré F *prescr* accelerato
Accent *m* D *orn* accent
∼ fallend *orn* appoggiatura discendente
∼ steigend *orn* appoggiatura ascendente
accent E Akzent
∼ coupler *org* Akzentkoppel
∼ mark: Akzentzeichen
∼ neume: Akzentneume
∼ sign: Akzentzeichen
accent *v* E betonen
accent *m* F Akzent; Akzentneume; Betonung; Schwerpunkt
∼s *pl* Akzentzeichen
∼ *orn* ⟨18. sec⟩
    D Accent *m*
    E appoggiatura
    I accento *m*
    S apoyatura *f*
    U előke
    R (*вид форшлага*)
∼ de hauteur: Tonhöhenakzent
∼ principal: Hauptakzent
∼ secondaire: Nebenakzent

— sans ∼ unbetont
accentare *v* I betonen
accentato I betont
— non ∼ unbetont
accented E betont
∼ beat: guter → Taktteil
∼ passing note/tone: betonter → Durchgangston
accento *m* I Akzent; Betonung; Schwerpunkt; *orn* accent
∼ d'altezza: Tonhöhenakzent
∼ della battuta: Taktbetonung
∼ principale: Hauptakzent
∼ secondario: Nebenakzent
accentualist E *greg* Akzentualist
accentualista *m* I *greg* Akzentualist
accentuation E Betonung
∼ sign: Akzentzeichen
accentuation *f* F Betonung
∼ du temps: Taktbetonung
accentuazione *f* I Betonung
accentué F betont
— non ∼ unbetont
accentuer *v* F betonen
acceso I *prescr*
    D acceso, feurig, eifrig
    E acceso, "*fiery*"
    F acceso, "*avec feu*"
    S acceso, "*encendido*"
    U acceso, "*felhevülten*", "*lángolva*"
    R acceso, с огнём, пылко
accesorios *m pl* S *teat* Versatzstücke
∼ de batería *perc* Kleinschlagzeug
accessoires *m pl* F *org* Spielhilfen; *teat* Requisiten; Versatzstücke
∼ de batterie *perc* Kleinschlagzeug
accessori *m pl* I *org* Spielhilfen
accessories *pl* E → accessory
accessorista *m* I *teat* Requisitenmeister
accessory E; accessories *pl org* Spielhilfen
∼ stop *org* bouton d'appel en façade
∼ stops *pl org* registres mécaniques; Spielhilfen
Acciaccatura *f* D *orn* acciaccatura
acciaccatura *f* I *orn*
    D Acciaccatura *f*, Quetschung *f*
    E acciaccatura, crushed note
    F acciaccatura *f*, appogiature *f* brève/écrasée
    S acciaccatura *f*, apoyatura *f* breve
    U "*acciaccatura*"
    R аччиакатура *f*
∼ doppia/tripla *orn* Schleifer
accident *m* F Versetzungszeichen
accidental E Versetzungszeichen
accidente *m* I Versetzungszeichen
— accidenti *pl* in chiave: Tonartvorzeichnung
accidente *m* S Versetzungszeichen
∼ de precaución: Erinnerungszeichen
∼s *pl* en clave: Tonartvorzeichnung
acción *f* S *pfte* Mechanik; *teat* Handlung
∼ bajo las cuerdas *pfte* aufwärtsschlagende → Mechanik
∼ de doble escape *pfte* Repetitionsmechanik
∼ de marcar el compás: Taktschlagen

~ de octavar: Überblasen
~ de pinchar el fieltro del martillo *pfte* Stich
~ doble *arpa* Doppelpedalmechanik
~ secundaria *teat* Nebenhandlung
~ sobre las cuerdas *pfte* abwärtsschlagende → Mechanik
— doble ~ *org* Doppelwirkung
accionar *v* S *pfte* fangen
accolade *f* F
    D Akkolade *f*, Klammer *f*
    E brace, bracket, accolade
    I graffa *f*, accollatura *f*
    S corchete *m*, llave *f*
    U akkolád, klammer
    R аккола́да *f*
accollatura *f* I accolade
accompagnamento *m* I Begleitung
~ strumentale: Instrumentalbegleitung
accompagnare *v* I begleiten
~ di un coro: corear
~ per terze/a intervalli di terza: austerzen
accompagnateur *m* F Begleiter
accompagnato I; ~ da... *pfte* am → Flügel
~ di un coro: coreado
accompagnato U recitativo accompagnato
accompagnatore *m* I Begleiter
accompagné F; ~ d'un chœur: coreado
~ par... *pfte* am → Flügel
accompagnement *m* F Begleitung
~ instrumental: Instrumentalbegleitung
accompagner *v* F begleiten
~ d'un chœur: corear
~ en tierces: austerzen
accompanied E; ~ by... *pfte* am → Flügel
~ by a chorus: coreado
~ recitative: recitativo accompagnato
accompaniment E Begleitung
~ strings *pl* Begleitsaiten
accompanist E Begleiter
accompany *v* E begleiten
~ in thirds: austerzen
~ with a chorus: corear
accompanying E; ~ figure: Begleitungs-figur
~ instrument: Begleitinstrument
~ music: Begleitmusik
accoppiamento *m* I *org* Koppel
~ a doppia ottava *fis* Doppeloktavstimmung
~ a forchetta *org* Gabelkoppel
~ collettivo/generale *org* Kollektivkoppel
~ dei manuali *org* Manualkoppel
~ della pedaliera *org* Pedalkoppel
~ di subottava *org* Unteroktavkoppel
accoppiare *v* I *org* koppeln
accoppiato I *org* gekoppelt
accorciamento *m* I Verkürzung
accord *m* F
    D Akkord *m*
    E chord
    I accordo *m*
    S acorde *m*
    U akkord, hangzat
    R акко́рд *m*

~ ⟨*d'un instrument*⟩ Stimmung
~ à l'état fondamental *acc* Grundstellung
~ à l'ouvert *corda* = ~ sur les cordes à vide
~ appogiaturé
    D Vorschlagsakkord *m*
    E appoggiatura chord
    I accordo *m* formato da appoggiature simultanee
    S *(apoyaturas simultáneas que forman un acorde)*
    U előlegezett akkord, előlegezés
    R форшлаг *m* в виде аккорда
~ arpégé/brisé
    D gebrochener/arpeggierter Akkord *m*
    E broken/arpeggiated chord
    I accordo *m* arpeggiato/spezzato
    S acorde *m* quebrado/arpegiado
    U tört akkord/hangzat
    R разложенный/ломаный аккорд *m*
~ augmenté, ~ de quinte augmentée
    D übermäßiger Akkord/Dreiklang *m*
    E augmented triad
    I accordo *m* di quinta eccedente, triade *f* eccedente
    S acorde *m* de quinta aumentada
    U bővített akkord/hármas(hangzat)
    R увеличенное трезвучие *n*
~ brisé = ~ arpégé
~ commun à deux tonalités = ~ pivot
~ de cinq sons: Fünfklang
~ de dominante
    D Dominantakkord *m*
    E dominant chord
    I accordo *m* di dominante
    S acorde *m* de dominante
    U dominánsakkord
    R доминантовый аккорд *m*
~ de dominante de neuvième majeure = ~ de neuvième majeure
~ de dominante de neuvième mineure = ~ de neuvième mineure
~ de neuvième
    D Non(en)akkord *m*
    E chord of the ninth, ninth chord
    I accordo *m* di nona
    S acorde *m* de novena
    U nónakkord
    R нонаккорд *m*
~ de neuvième incomplet
    D unvollständiger Non(en)akkord *m*
    E incomplete ninth chord
    I accordo *m* di nona incompleto
    S acorde *m* de novena incompleto
    U hiányos nónakkord
    R неполный нонаккорд *m*
~ de neuvième majeure, ~ de dominante de neuvième majeure
    D Non(en)akkord *m* mit großer Non(e)
    E dominant major ninth chord
    I accordo *m* di nona (con nona) maggiore
    S acorde *m* de novena mayor
    U nónakkord nagy nónával
    R большой нонаккорд *m*

~ **de neuvième mineure,** ~ **de dominante de neuvième mineure**
D Non(en)akkord *m* mit kleiner Non(e)
E dominant minor ninth chord
I accordo *m* di nona (con nona) minore
S acorde *m* de novena menor
U nónakkord kis nónával
R малый нонаккорд *m*

~ **de passage**
D Durchgangsakkord *m*
E passing chord
I accordo *m* di passaggio
S acorde *m* de pasaje/paso
U átmenő akkord
R проходящий аккорд *m*

~ de quatre sons: Vierklang
~ de quinte augmentée = ~ augmenté
~ de quinte diminuée = ~ diminué

~ **de quinte et sixte**
D Quintsextakkord *m*
E six-five chord, first inversion of the seventh chord
I accordo *m* di quinta e sesta, primo rivolto *m* dell'accordo di settima
S acorde *m* de quinta y sexta, primera inversión *f* del acorde de séptima
U kvintszextakkord, quintszextakkord
R квинтсекстаккорд *m*

~ **de résolution**
D Auflösungsakkord *m*
E chord of resolution
I accordo *m* risolutivo
S acorde *m* resolutivo
U feloldó akkord, feloldás
R аккорд *m* разрешения

~ **de seconde/triton**
D Sekundakkord *m*
E third inversion of the seventh chord, four-two chord
I accordo *m* di seconda e quarta, terzo rivolto *m* dell'accordo di settima
S acorde *m* de segunda, tercera inversión *f* del acorde de séptima
U szekund(akkord), szekundhangzat
R секундаккорд *m*

~ **de septième**
D Sept(imen)akkord *m*
E seventh chord, chord of the seventh
I accordo *m* di settima
S acorde *m* de séptima
U szeptimakkord, hetedhangzat
R септаккорд *m*

~ **de septième altéré**
D alterierter Sept(imen)akkord *m*
E altered chord of the seventh
I accordo *m* di settima alterato
S acorde *m* de séptima alterado
U módosított/alterált szeptimakkord
R альтерированный септаккорд *m*

~ **de septième avec quinte augmentée**
D Sept(imen)akkord *m* mit hochalterierter Quint(e)
E seventh chord with raised fifth

I accordo *m* di settima con alterazione ascendente della quinta
S acorde *m* de séptima con quinta aumentada
U szeptimakkord bővített kvinttel/quinttel
R доминантсептаккорд *m* с повышенной квинтой

~ **de septième avec tierce mineure**
D Sept(imen)akkord *m* mit kleiner Terz
E secondary seventh chord with minor third
I accordo *m* di settima di seconda specie
S acorde *m* de séptima de segunda especie
U szeptimakkord kis terccel, moll akkord kis szeptimmel
R малый минорный септаккорд *m*

~ **de septième de dominante**
D Dominantsept(imen)akkord *m*
E dominant seventh chord
I accordo *m* di settima di dominante
S acorde *m* de séptima de dominante/ de séptima de primera especie
U dominánsszeptim(akkord)
R доминантсептаккорд *m*

~ **de septième de quatrième espèce** = ~ de septième majeure
~ **de septième diminuée**
D verminderter Sept(imen)akkord *m*
E diminished seventh chord
I accordo *m* di settima diminuita/di settima di quinta specie
S acorde *m* de séptima disminuída/diminuta
U szűkített szeptimakkord
R уменьшённый септаккорд *m*

~ **de septième majeure,** ~ **de septième de quatrième espèce**
D Sept(imen)akkord *m* mit großer Sept, großer Sept(imen)akkord *m*
E secondary seventh chord with major seventh
I accordo *m* di settima di quarta specie
S acorde *m* de séptima de cuarta especie/ de séptima mayor
U szeptimakkord nagy szeptimmel
R большой/мажорный септаккорд *m*

~ **de septième mineure avec quinte diminuée**
D Sept(imen)akkord *m* mit tiefalterierter Quint(e)
E seventh chord with flattened fifth
I accordo *m* di settima con alterazione discendente della quinta
S acorde *m* de séptima con quinta disminuída/diminuta
U szeptimakkord szűkített kvinttel/quinttel
R доминантсептаккорд *m* с пониженной квинтой

~ **de septième sensible**
D kleiner Sept(imen)akkord *m*
E leading seventh chord, seventh chord on the leading note
I accordo *m* di settima di terza specie

S acorde *m* de séptima de sensible
U *(szűkített akkord kis szeptimmel)*
R малый септаккорд *m* с уменьшённым трезвучием
~ de sixte
D Sextakkord *m*
E chord of the sixth, sixth chord
I accordo *m* di (terza e) sesta
S acorde *m* de sexta (y tercera)
U szextakkord
R секстаккорд *m*
~ de sixte et quarte
D Quartsextakkord *m*
E six-four chord
I accordo *m* di quarta e sesta
S acorde *m* de sexta-cuarta/sexta y cuarta/ cuarta y sexta
U kvartszextakkord, quartszextakkord
R квартсекстаккорд *m*
~ de sixte et quarte cadentiel
D Vorhaltsquartsextakkord *m*
E cadential six-four chord
I accordo *m* di quarta e sesta cadenzale, ritardo *m* di quarta e sesta
S acorde *m* de cuarta y sexta cadencial
U zárlati/kadenciális kvartszextakkord/ quartszextakkord
R кадансовый квартсекстаккорд *m*
~ de sixte et quarte de passage
D Durchgangsquartsextakkord *m*
E passing six-four chord
I accordo *m* di quarta e sesta di passaggio
S acorde *m* de sexta y cuarta de pasaje
U átmenő kvartszextakkord/quartszextakkord
R проходящий квартсекстаккорд *m*
~ de sixte napolitaine
D neapolitanischer Sextakkord *m*
E Neapolitan sixth chord
I accordo *m* di sesta napoletana, sesta *f* napoletana
S acorde *m* de sexta napolitana
U nápolyi szextakkord
R неаполитанский секстаккорд *m*
~ de sixte sensible
D Terzquartakkord *m*
E four-three chord ⟨*second inversion of the seventh chord*⟩
I accordo *m* di terza, quarta e sesta ⟨*secondo rivolto dell'accordo di settima*⟩
S acorde *m* de cuarta y tercera ⟨*segunda inversión del acorde de séptima*⟩
U terckvart(akkord), tercquart(akkord)
R терцквартаккорд *m*
~ de triton = ~ de seconde
~ de trois sons: Dreiklang
~ de trois sons sur les degrés secondaires: Nebendreiklang
~ diminué, ~ de quinte diminuée
D verminderter Akkord/Dreiklang *m*
E diminished triad
I accordo *m* di quinta diminuita, triade *f* diminuita

S acorde *m* de quinta disminuída/diminuta
U szűkített akkord/hármas(hangzat)
R уменьшённое трезвучие *n*
~ final *pfte* Fertigstimmen
~ fondamental = ~ parfait de trois sons
~ incomplet, ~ privé de la tierce
D leerer Dreiklang *m*
E open triad
I triade *f* "vuota"/incompleta/priva della terza
S acorde *m* incompleto/sin tercera
U üres hármashangzat, hármashangzat terc nélkül
R трезвучие *n* без терции
~ majeur avec quinte diminuée
D hartverminderter Dreiklang *m*
E major triad with diminished fifth
I triade *f* maggiore con quinta diminuita
S acorde *m* de quinta disminuída/diminuta con tercera mayor
U hármashangzat nagy terccel és szűkített kvinttel/quinttel
R мажорное трезвучие *n* с пониженной квинтой
~ majeur sur la médiante: Dominante der Tonikaparallele
~ majeur sur le septième degré baissé: Dominante der Tonikaparallele
~ majeur sur le sixième degré: Dominante der Subdominantparallele
~ majeur sur le troisième degré: Dominante der Subdominantparallele
~ mineur sur la dominante: Molldominante
~ mystique ⟨Skrjabin⟩
D mystischer Akkord *m*
E mystic chord
I accordo *m* mistico per quarte sovrapposte
S acorde *m* místico
U misztikus akkord
R прометеевский аккорд *m*
~ par quartes (superposées)
D Quartenakkord *m*
E fourth chord, chord (made up) of fourths
I accordo *m* per quarte
S acorde *m* por cuartas
U kvartakkord, quartakkord
R квартовый аккорд *m*
~ par quintes (superposées)
D Quintenakkord *m*
E chord (made up) of fifths
I accordo *m* per quinte
S acorde *m* por quintas
U kvintakkord, quintakkord
R квинтовый аккорд *m* (из двух квинт)
~ parfait: Dreiklang
~ parfait de trois sons, ~ fondamental
D Grundakkord *m*, Grunddreiklang *m*, Stammakkord *m*
E basic triad, common chord
I triade *f* fondamentale
S acorde *m* perfecto
U alapakkord, alaphármashangzat
R тоническое трезвучие *n*

~ **parfait majeur**
D Durdreiklang *m*, Durakkord *m*
E major triad/chord
I accordo *m* perfetto maggiore, triade *f* maggiore
S acorde *m* perfecto mayor
U dúr akkord/hármas(hangzat)
R мажорное трезвучие *n*
~ **parfait mineur**
D Molldreiklang *m*, Mollakkord *m*
E minor triad/chord
I accordo *m* perfetto minore, triade *f* minore
S acorde *m* perfecto menor
U moll akkord/hármas(hangzat)
R минорное трезвучие *n*
~ parfait sur le septième degré: Molldominantparallele
~ parfait sur les notes tonales: Hauptdreiklang
~ **pivot, ~ commun à deux tonalités**
D Umdeutungsakkord *m*
E pivot chord
I accordo *m* comune alle **due** tonalità
S acorde *m* equívoco/eje, **acorde** *m* común a dos o más tonalidades
U átértelmezett akkord/hangzat
R посредствующий/общий аккорд *m*
~ **plaqué**
D gleichzeitig angeschlagener Akkord *m*
E chord struck simultaneously and held
I accordo *m* sovrapposto
S accord *m* plaqué
U egyszerre megszólaltatott/megütött akkord
R аккорд *m*, взятый в одновременности
~ privé de la tierce = ~ incomplet
~ **substitué**
D stellvertretender Akkord *m*
E substitute chord
I accordo *m* sostituito
S acorde *m* sustituíble/sustituído
U helyettesítő akkord/hangzat
R функциональный заместитель *m*
~ sur le deuxième/second degré: Dominantseptimenakkord ohne Grundton zur Tonikaparallele
~ sur le septième degré: Dominantseptimenakkord ohne Grundton
~ **sur les cordes à vide, ~ à l'ouvert** *corda*
D *(auf leeren Saiten gespielter Akkord)*
E *(chord on the open strings)*
I accordo *m* a corde vuote
S acorde *m* al aire
U *(üres húrokon játszott akkord)*
R аккорд *m* на открытых струнах
~ **tenu**
D gehaltener Akkord *m*
E sustained chord
I accordo *m* tenuto
S acorde *m* sostenido
U tartott akkord
R выдержанный аккорд *m*

— changer *v* l'~ umstimmen
— donner *v* à un ~ une valeur équivoque *acc* umdeuten
— **en ~s**
D akkordisch
E chordal
I accordale
S acórdico
U akkordikus
R аккордовый
— garder *v* l'~ Stimmung halten
accordabile I stimmbar
— l'essere *m* ~ Stimmbarkeit
— non ~ unstimmbar
accordable F stimmbar
accordage *m* **préliminaire** F *pfte* Vorstimmen
accordale I en → accords
accordare *v* I einstimmen; stimmen
accordato I abgestimmt
accordatore *m* I Stimmer; Klavierstimmer; *canna ancia* Stimmkrücke
~ (di precisione) *vl* Feinstimmer
~ flessibile *canna d. l.* biegbares → Stimmblech
~ girevole *canna d. l.* drehbarer → Stimmschieber
~ (in testa) *canna* Stimmplatte
accordatura *f* I Stimmung; *timp* Stimmvorrichtung
~ a squarcio *canna* Kreisschnitt
~ giusta: reine → Stimmung
~ in ottava *fis* Oktavstimmung
~ in tondo *canna* Kreisschnitt
~ parigina: Pariser → Stimmung
— cambiare *v* l'~ umstimmen
— mantenere *v* l'~ Stimmung halten
— prima *v* *pfte* Vorstimmen
accordé F abgestimmt
accordeon E Akkordeon
accordéon *m* F Akkordeon; Handharmonika; Ziehharmonika
~ à boutons: Knopfgriff-Akkordeon
~ à clavier: Piano-Akkordeon
accorder *v* F einstimmen; stimmen
— s'~ stimmen
accordeur *m* F Stimmer
~ de piano: Klavierstimmer
accordion E Akkordeon; Handharmonika; Ziehharmonika
accordo *m* I accord
~ a corde vuote *corda* accord sur les cordes à vide
~ arpeggiato: accord arpégé
~ comune alle due tonalità: accord pivot
~ d'assieme: Zusammenklang
~ del secondo grado: Dominantseptimenakkord ohne Grundton zur Tonikaparallele
~ del settimo grado: Dominantseptimenakkord ohne Grundton
~ di cinque suoni: Fünfklang
~ di dominante: accord de dominante
~ di nona: accord de neuvième
~ di nona (con nona) maggiore: accord de neuvième majeure

~ di nona (con nona) minore: accord de neuvième mineure

~ di nona incompleto: accord de neuvième incomplet

~ di passaggio: accord de passage

~ di quarta e sesta: accord de sixte et quarte

~ di quarta e sesta cadenzale: accord de sixte et quarte cadentiel

~ di quarta e sesta di passaggio: accord de sixte et quarte de passage

~ di quattro suoni: Vierklang

~ di quinta diminuita: accord diminué

~ di quinta e sesta: accord de quinte et sixte

~ di quinta eccedente: accord augmenté

~ di seconda e quarta: accord de seconde

~ di sesta: accord de sixte

~ di sesta napoletana: accord de sixte napolitaine

~ di settima: accord de septième

~ di settima alterato: accord de septième altéré

~ di settima con alterazione ascendente della quinta: accord de septième avec quinte augmentée

~ di settima con alterazione discendente della quinta: accord de septième avec quinte diminuée

~ di settima di dominante: accord de septième de dominante

~ di settima di quarta specie: accord de septième majeure

~ di settima di seconda specie: accord de septième avec tierce mineure

~ di settima di terza specie: accord de septième sensible

~ di settima diminuita/di quinta specie: accord de septième diminuée

~ di terza e sesta: accord de sixte

~ di terza, quarta e sesta: accord de sixte sensible

~ di tre suoni: Dreiklang

~ formato da appoggiature simultanee: accord mystique

~ maggiore sul settimo grado bemollizzato: Dominante der Tonikaparallele

~ maggiore sulla mediante: Dominante der Tonikaparallele

~ mistico per quarte sovrapposte: accord mystique

~ per quarte: accord par quartes

~ per quinte: accord par quintes

~ perfetto maggiore: accord parfait majeur

~ perfetto minore: accord parfait mineur

~ risolutivo: accord de résolution

~ secondario di settima: Nebenseptakkord

~ sostituito: accord substitué

~ sovrapposto: accord plaqué

~ spezzato: accord arpégé

~ tenuto: accord tenu

— ad accordi pieni: vollgriffig

accordoir m F pfte Reinstimmer; Stimmeisen

~ conique org Stimmhorn

accouplé F org gekoppelt

accouplement m F org Akzentkoppel; Koppel

~ à fourchettes org Gabelkoppel

~ à la quinte org Quintentransmission

~ au grave org Baßkoppel

~ d'octave fis Diskantkombinationsregister; org Diskantkoppel

~ des aigus avec double octave fis Schieberegister mit Doppelschaltung

~ général org Kollektivkoppel

~ manuel org Manualkoppel

accoupler v F org koppeln

accrescere v I vergrößern

aceleradamente S prescr celere

acelerado S prescr accelerato

acelerando S prescr accelerando

acélhúr U Stahlsaite

acélütő U perc Stahlschlegel

acélverő U perc Stahlschlegel

acento m S Akzent; Akzentneume; Betonung; Schwerpunkt

~s pl Akzentzeichen

~ de la altura: Tonhöhenakzent

~ del tiempo: Taktbetonung

~ principal: Hauptakzent

~ secundario: Nebenakzent

— sin ~ unbetont

acentuación f S Betonung

acentuado S betont

— no ~ unbetont

acentuar v S betonen

acerbity E Härte

acercarse v S ton erreichen

Achtelnote f D

  E quaver, A: eighth note

  F croche f

  I croma f, ottavo m

  S corchea f, croma f

  U nyolcadhang, nyolcad hangjegy, nyolcadkotta

  R восьмая нота f, восьмая f

Achtelpause f D

  E quaver rest, A: eighth-note rest

  F demi-soupir m

  I pausa f di croma

  S silencio m/pausa f de corchea

  U nyolcadszünet, nyolcad szünetjel

  R восьмая пауза f

Achtfuß m D org

  E eight-foot

  F huit-pieds m

  I otto piedi m pl

  S registro m de ocho pies, ocho pies m (pl)

  U nyolclábas regiszter/játék

  R восьмифутовый регистр m

acodado S canna gekröpft

acompañado S; ~ por ... pfte am → Flügel

acompañamiento m S Begleitung

~ instrumental: Instrumentalbegleitung

acompañante m+f S Begleiter

acompañar v S begleiten; mitsingen; mittanzen

~ en terceras: austerzen

acoplado S org gekoppelt

acoplador *m* S *org* Koppel
~ acentuado *org* Akzentkoppel
~ agudo de doble octava *fis* Schieberegister mit Doppelschaltung
~ general/colectivo *org* Kollektivkoppel
acoplamiento *m* S; ~ a la quinta *org* Quintentransmission
~ colectivo *org* Kollektivkoppel
~ de los agudos con doble octava *fis* Schieberegister mit Doppelschaltung
~ en horquilla *org* Gabelkoppel
~ general *org* Kollektivkoppel
~ manual *org* Manualkoppel
acoplar *v* S *org* koppeln
acordar *v* S einstimmen; stimmen
acorde *m* S accord
~ al aire *corda* accord sur les cordes à vide
~ arpegiado: accord arpégé
~ común a dos o más tonalidades: accord pivot
~ de cinco sonidos: Fünfklang
~ de cuarta y sexta: accord de sixte et quarte
~ de cuarta y sexta cadencial: accord de sixte et quarte cadentiel
~ de cuarta y tercera: accord de sixte sensible
~ de cuatro sonidos: Vierklang
~ de dominante: accord de dominante
~ de dominante de la superdominante: Dominante der Tonikaparallele
~ de dominante del sexto grado: Dominante der Tonikaparallele
~ de novena: accord de neuvième
~ de novena incompleto: accord de neuvième incomplet
~ de novena mayor: accord de neuvième majeure
~ de novena menor: accord de neuvième mineure
~ de pasaje/paso: accord de passage
~ de quinta aumentada: accord augmenté
~ de quinta disminuída/diminuta: accord diminué
~ de quinta disminuída/diminuta con tercera mayor: accord majeur avec quinte diminuée
~ de quinta y sexta: accord de quinte et sixte
~ de segunda: accord de seconde
~ de segundo grado: Dominantseptimenakkord ohne Grundton zur Tonikaparallele
~ de séptima: accord de septième
~ de séptima alterado: accord de septième altéré
~ de séptima con quinta aumentada: accord de septième avec quinte augmentée
~ de séptima con quinta disminuída/diminuta: accord de septième avec quinte diminuée
~ de séptima de cuarta especie: accord de septième majeure
~ de séptima de dominante: accord de septième de dominante
~ de séptima de primera especie: accord de septième de dominante

~ de séptima de segunda especie: accord de septième avec tierce mineure
~ de séptima de sensible: accord de septième sensible
~ de séptima disminuída/diminuta: accord de septième diminuée
~ de séptima mayor: accord de septième majeure
~ de séptima por analogía: Nebenseptakkord
~ de séptimo grado: Dominantseptimenakkord ohne Grundton
~ de sexta napolitana: accord de sixte napolitaine
~ de sexta-cuarta/sexta y cuarta: accord de sixte et quarte
~ de sexta y cuarta de pasaje: accord de sixte et quarte de passage
~ de sexta (y tercera): accord de sixte
~ equivoco/eje: accord pivot
~ incompleto: accord incomplet
~ mayor de sexto grado: Dominante der Subdominantparallele
~ mayor de tercer grado: Dominante der Subdominantparallele
~ menor sobre la dominante: Molldominante
~ mistico: accord mystique
~ perfecto: Dreiklang; accord parfait de trois sons
~ perfecto mayor: accord parfait majeur
~ perfecto mayor sobre la sensible bajada: Molldominantparallele
~ perfecto menor: accord parfait mineur
~ perfecto sobre cualquiera de los grados secundarios: Nebendreiklang
~ por cuartas: accord par quartes
~ por quintas: accord par quintes
~ principal: Hauptdreiklang
~ quebrado: accord arpégé
~ resolutivo: accord de résolution
~ sin tercera: accord incomplet
~ sostenido: accord tenu
~ sustituible/sustituido: accord substitué
— con ~s macizos: vollgriffig
— considerar *v* equivoco un ~ *acc* umdeuten
— relativo al ~ perfecto: Dreiklangs-
acordeón *m* S Akkordeon; Handharmonika; Ziehharmonika
~ con botones: Knopfgriff-Akkordeon
acórdico S en → accords
acoustic E akustisch
~ bass *org* akustischer → Baß; Harmoniumbaß
~ duct *or* Gehörgang
~ nerve: Hörnerv
~ pick-up *gram* Schalldose
~ radiating element: Schallabstrahler
~ shell: Schallmuschel
~ vault: Schallgewölbe
acoustical E; ~ absorption coefficient/factor: Schallabsorptionsfaktor
acoustics E Akustik
~ *pl* of buildings/halls: Raumakustik
acoustique F akustisch

acoustique *f* F Akustik
~ ambiante/d'un local: Raumakustik
~ d'une salle: Raumklang
acquietandosi I
  D acquietandosi, ruhig
  E acquietandosi, *"quietening down"*
  F acquietandosi, tranquille
  S acquietandosi, calmándose
  U acquietandosi, nyugodtan
  R acquietandosi, спокойно
act E Aufzug
~ curtain *teat* Aktvorhang
~ drop *teat* Zwischenaktvorhang
~ tune ⟨17. *sec*⟩
  D Zwischenaktmusik *f*
  F entr'acte *m*, intermède *m*
  I interludio *m*
  S intermedio *m*
  U közzene, felvonásközi zene
  R *(музыка, исполняемая в антракте)*
— opera in two [three, four] ~s: Oper in zwei [drei, vier] → Aufzügen
acte *m* F Aufzug
— opéra *m* en deux [trois, quatre] ~s: Oper in zwei [drei, vier] → Aufzügen
acteur *m* F Darsteller; Schauspieler
action E *fiati, pfte* Mechanik; *org* Spieleinrichtung; *tasto* Anschlag; *teat* Handlung
~ bolt *pfte* Mechanikbolzenschraube
~ bolt nut *pfte* Mechanikbolzenmutter
~ frame tubes *pl pfte* Mechaniktuben
~ hanger *pfte* Mechanikanhänger; Mechanikträger
~ hanger screw *pfte* Befestigungsschraube für Mechanikgestell
~ noise: Anschlagsgeräusch
~ rail *pfte* Mechanikbalken
~ regulation *pfte* Mechanikregulierung
~ standard *pfte* Mechanikanhänger
~ standard bolt *pfte* Mechanikbolzenmutter
action *f* F *teat* Handlung
~ d'octavier: Überblasen
~ de battre la mesure: Taktschlagen
~ de piquer le feutre du marteau *pfte* Stich
~ double *org* Doppelwirkung
~ secondaire *teat* Nebenhandlung
acto *m* S Aufzug
— ópera en dos [tres, cuatro] ~s: Oper in zwei [drei, vier] → Aufzügen
actor E Darsteller; Schauspieler
actor *m* S Darsteller; Schauspieler
~ principal: Hauptdarsteller
— primer ~ premier → rôle masculin
actress E Darstellerin; Schauspielerin
actrice *f* F Darstellerin; Schauspielerin
actriz *f* S Darstellerin; Schauspielerin
~ principal: Hauptdarstellerin
— primera ~ premier → rôle féminin
actual pitch E notierte → Klanghöhe
~ notation: Klangnotation
acuità *f* uditiva I Hörschärfe
acuité *f* auditive F Hörschärfe
acuity of hearing E Hörschärfe

acunando S cullando
acustica *f* I Akustik
~ ambientale: Raumakustik; Raumklang
acústica *f* S Akustik
~ de un local: Raumakustik
~ de una sala: Raumklang
acustico I akustisch
— eccessivamente ~ überakustisch
— non ~ unterakustisch
acústico S akustisch
acuto I durchdringend; hoch
— mi ~ hoch E
Adagietto *m* D adagietto
adagietto I *prescr*
  D adagietto ⟨*schneller als adagio*⟩
  E adagietto ⟨*faster than adagio*⟩
  F adagietto ⟨*plus rapide qu'adagio*⟩
  S adagietto ⟨*adagieto, algo más movido que el adagio*⟩
  U adagietto, lassacskán
  R adagietto ⟨*быстрее чем адажио*⟩
adagietto *m* I
  D Adagietto *n* ⟨*kurzes, kleines Adagio*⟩
  E adagietto ⟨*short adagio movement*⟩
  F adagietto *m* ⟨*adagio court, petit adagio*⟩
  S adagietto *m* ⟨*adagieto, pequeño adagio*⟩
  U adagietto ⟨*kis, rövid adagio*⟩
  R adagietto ⟨*небольшое адажио*⟩
Adagio *n* D adagio
adagio I *prescr*
  D adagio, langsam, gemächlich
  E adagio, *"slow(ly)"*
  F adagio, lent
  S adagio
  U adagio, lassan
  R adagio, адажио, ададжо, медленно
adagio *m* I
  D Adagio *n*
  E adagio
  F adagio *m*
  S adagio *m*
  U adagio
  R адажио *n*
adagissimo I *prescr*
  D adagissimo, sehr langsam
  E adagissimo, *"very slow(ly)"*
  F adagissimo, *"très lent"*
  S adagissimo, *"muy adagio"*
  U adagissimo, nagyon/igen lassan
  R adagissimo, очень медленно
adapt *v* E arranger
adaptación *f* del texto S Textverteilung
adaptador *m* S Arrangeur; Bearbeiter
adaptar *v* S arranger; bearbeiten
adaptateur *m* F Arrangeur; Bearbeiter
adaptation E arrangement
adaptation *f* F; ~ du texte: Textbehandlung; Textverteilung
~ pour piano: Klavierauszug
— nouvelle ~ scénique: Neuinszenierung
adapter *v* F bearbeiten
adás U *rad* Sendung
adattare *v* I arranger

added sixth E sixte ajoutée
addensare v I anschwellen
addestramento m **dell'orecchio** I Gehörübung
addolorato I prescr
    D addolorato, betrübt, trauernd
    E addolorato, "afflicted", "sorrowful", "sadly"
    F addolorato, triste
    S addolorato, dolorido
    U addolorato, bánatosan
    R addolorato, скорбно, печально
adedura f S Fingersatz
Ader f D vl = Einlage
aderezos m pl S teat Requisiten
adiacente I benachbart
adiafono m I Adiaphon
adiáfono m S Adiaphon
Adiaphon n D
    E adiaphonon, adiaphone, dulcitone
    F adiaphone m
    I adiafono m
    S adiáfono m
    U adiaphon
    R адиафон m
adiaphon U Adiaphon
adiaphone E Adiaphon
adiaphone m F Adiaphon
adiaphonon E Adiaphon
adiastematico I undiastematisch; linienlos
adiastemático S undiastematisch
adiastématique F undiastematisch
adirato I prescr
    D adirato, zornig, erregt
    E adirato, "irate"
    F adirato, avec colère
    S adirato, airado
    U adirato, "haragosan", "felbőszülten"
    R adirato, гневно
adjacent E benachbart
~ **parts/voices** pl benachbarte → Stimmen
ad libitum D → libitum
admission ticket E Eintrittskarte
adni v U senden
adornado S verziert
adornar v S figurieren; kolorieren; verzieren
adorno m S Drehnote; Verzierung; Verzierungszeichen
~ s pl orn Manieren
adottság U; zenei ~ musikalische → Begabung
adufe m S perc = pandero
A-Dur n D
    E A major
    F la m majeur
    I la m maggiore
    S la m mayor
    U A-dúr
    R ля n мажор
A-dúr U A-Dur
aedas m pl S Aöden
aèdes m pl F Aöden
aedi m pl I Aöden
aedos m pl S Aöden
Aeolian E äolisch

~ **harp:** Äolsharfe
~ **piano:** Äolsklavier
~ **pianoforte:** Harmoniumklavier
aeolina f I Physharmonika
aeolodicon E Äolodikon
aeolodicon m I Äolodikon
aequal F S org Äqual
aequale U Äquale
aeroducto m S fl. d. Kernspalt; Luftkanal
aerofon U Ärophon
aerofono m I Ärophon
aerófono m S Ärophon
aeroforo m I Ärophon
aerophone E Ärophon
aérophone m F Ärophon
aerophonic instrument E Ärophon
aesthetic(al) E ästhetisch
aesthetics E Ästhetik
~ **of music:** Musikästhetik
aetherophone E Ätherophon
afable S prescr affabile
afanoso S prescr affannato
afectado S prescr affettato
afecto m S Affekt
afectuosamente S affettuoso
afectuoso S affettuoso
affabile I prescr
    D affabile, liebenswürdig
    E affabile, "affable", "pleasing"
    F affabile, affable
    S affabile, afabie
    U affabile, "nyájas(an)"
    R affabile, ласково, приветливо
affabilità f I; con ~ prescr = affabile
affable F prescr affabile
affaiblissement m F; ~ (de la voix/du son): Absprache
~ **progressif des vibrations:** Ausschwingungsvorgang
affannato I prescr
    D affannato, ängstlich, unruhig, wehmütig
    E affannato, "distressed", "in a distressful manner"
    F affannato, angoissé, inquiet
    S affannato, afanoso
    U affannato, "nyugtalanul"
    R affannato, тревожно, беспокойно
affannoso I prescr
    D affannoso, bekümmert
    E affannoso, "anxious", "distressed", "sorrowful"
    F affannoso, douloureux
    S affannoso, "penoso", "con afán"
    U affannoso, "fájdalommal telve"
    R affannoso, «озабоченно»
affecté F prescr affettato
affection E Affekt
affection F; avec ~ prescr affettato
affectueusement F affettuoso
affectueux F affettuoso
Affekt m D
    E emotion, affection

F éthos *m*, émotion *f*, passion *f*, ferveur *f*
I affetto *m*
S affetto *m*, afecto *m*
U érzelem, affektus
R аффект *m*
Affektenlehre *f* D
  E doctrine of emotional expression
  F théorie *f* de l'expression des émotions
  I teoria *f* degli affetti
  S teoría *f* de los affetti/afectos, teoría *f* del ethos
  U érzelemelmélet, affektuselmélet
  R теория *f* аффектов
affektus U Affekt
affektuselmélet U Affektenlehre
affermer *v* F bestätigen
affettato, affettatamente I *prescr*
  D affettato, affettatamente, geziert
  E affettato, affettatamente, *"affected"*, *"mannered"*, *"affectedly"*
  F affettato, affettatamente, affecté, avec affection
  S affettato, affettatamente, afectado
  U affettato, affettatamente, *"kényeskedve"*, *"mesterkélten"*, *"szenvelgően"*
  R affettato, affettatamente, «манерно»
affetto *m* I Affekt
— con ∼ = affettuoso
affetto *m* S Affekt
affettuosamente I = affettuoso
affettuosità *f* I; con ∼ = affettuoso
affettuoso, affettuosamente I
  D affettuoso, affettuosamente, herzlich
  E affettuoso, affettuosamente, *"affection-ate"*, *"warm"*, *"affectionately"*
  F affettuoso, affettuosamente, affectueux, affectueusement
  S affettuoso, affettuosamente, afectuoso, afectuosamente
  U affettuoso, affettuosamente, érzelmesen
  R affettuoso, томно, страстно
affezione *f* I; con ∼ = affettuoso
affiatarsi *v* I sich → einsingen
affiche *f* F Spielplan
affiche *m* S Spielplan
affine I verwandt
affinità *f* I Verwandtschaft
∼ tonale: tonale → Verwandtschaft
affligé F *prescr* afflitto
afflitto I *prescr*
  D afflitto, betrübt, wehmütig, niederge-schlagen
  E afflitto, *"afflicted"*, *"down-hearted"*
  F afflitto, affligé, triste
  S afflitto, afligido, aflicto
  U afflitto, *"szomorúan"*, *"bánatosan"*
  R afflitto, грустно, печально
afflizione *f* I; con ∼ *prescr* = afflitto
affrettando I *prescr*
  D affrettando, eilend
  E affrettando, *"hurriedly"*, *"hurrying"*
  F affrettando, en accélérant
  S affrettando, apresurando

U affrettando, gyorsítva
R affrettando, ускоряя, торопясь
affrettato, affrettatamente I *prescr*
  D affrettato, affrettatamente, rasch, eilig, hastig
  E affrettato, affrettatamente, *"quickly"*, *"in haste"*, *"hurriedly"*
  F affrettato, affrettatamente, avec hâte, rapide, précipité
  S affrettato, affrettatamente, apresurado, presuroso, con prisa
  U affrettato, affrettatamente, *"sietősen"*, *"gyorsan"*, *"sietve"*
  R affrettato, affrettatamente, ускоренно, торопливо
aficionada *f* **a la música** S Musikliebhaberin
aficionado *m* S dilettante
∼ a la música: Musikliebhaber
∼ a los conciertos: Konzertbesucher
— propio/relativo al ∼ dilettantesco
afín S verwandt
afinabilidad *f* S Stimmbarkeit
afinable S stimmbar
afinación *f* S Stimmung
∼ preliminar *pfte* Vorstimmen
— cambiar *v* la ∼ umstimmen
— mantener *v* la ∼ Stimmung halten
afinado S abgestimmt
afinador *m* S Klavierstimmer; Stimmer; *org* Stimmhorn; *pfte* Reinstimmer
afinar *v* S einstimmen; Stimme halten; stim-men; *pfte* intonieren; *ton* treffen
afinarse *v* S; que puede ∼ stimmbar
afinidad *f* S Verwandtschaft
∼ tonal: tonale → Verwandtschaft
afirmar *v* S bestätigen
aflicto S *prescr* afflitto
afligido S *prescr* afflitto
aflojar *v* S arco, *timp* lockern
A-Flöte *f* D = Liebesflöte
afonia *f* I Aphonie
afonía *f* S Aphonie
afónia U Aphonie
afono I schalltot; tonlos
áfono S tonlos
African drum E Tumba
after-dance E Nachtanz
again E ancora
agence *f* **de concert(s)** F Konzertagentur
agencia *f* **de concierto(s)** S Konzertagentur
agent *m* F; ∼ de concerts: Konzertvermittler
∼ de modulation: Modulationsmittel
∼ de théâtre *teat* Bühnenvermittler
agente *m* I; ∼ di concerti: Konzertvermittler
∼ teatrale *teat* Bühnenvermittler
agente *m* S Konzertvermittler
∼ de modulación: Modulationsmittel
∼ de teatro *teat* Bühnenvermittler
agenzia *f* **concertistica/di concerti** I Konzert-agentur
agevole I *prescr*
  D agevole, leicht
  E agevole, *"easy"*, *"unconstrained"*

F agevole, léger, facile, agile
S agevole, fácil, cómodo
U agevole, könnyedén
R agevole, легко, непринуждённо
agevolezza _f_ I; con ∼ _prescr_ = agevole
aggradevole I
    D aggradevole, angenehm, gefällig
    E aggradevole, _"agreeable"_
    F aggradevole, agréable
    S aggradevole, de manera agradable, agradablemente
    U aggradevole, kellemesen
    R aggradevole, приятно, привлекательно
aggraffa _f_ I _pfte_ Agraffe
aggrandissement _m_ F Erweiterung
agiato, agiatamente I _prescr_
    D agiato, agiatamente, bequem, gemächlich
    E agiato, agiatamente, _"comfortable"_, _"sedate"_, _"comfortably"_, _"sedately"_
    F agiato, agiatamente, aisé, avec aisance
    S agiato, agiatamente, cómodo, cómodamente
    U agiato, agiatamente, kényelmesen
    R agiato, agiatamente, неторопливо, безмятежно
ágil S _prescr_ agile
agile F _prescr_ agevole; agile
agile, agilmente I _prescr_
    D agile, agilmente, behende, gewandt, beweglich
    E agile, agilmente, _"nimble"_, _"agile"_, _"nimbly"_
    F agile, agilmente, agile, avec agilité
    S agile, agilmente, ágil, ágilmente
    U agile, agilmente, _"fürgén"_, _"elevenen"_
    R agile, agilmente, легко, бегло
agilidad _f_ S Fingerfertigkeit; Geläufigkeit
agilità _f_ I Geläufigkeit
∼ delle dita: Fingerfertigkeit
— con ∼ _prescr_ = agile
agilité _f_ F Fingerfertigkeit
— avec ∼ _prescr_ agile
agilmente I _prescr_ = agile
ágilmente S _prescr_ agile
agitado S _prescr_ agitato; concitato
agitare _v_ I schütteln; rasseln
agitato I _prescr_
    D agitato, bewegt
    E agitato, _"agitated"_
    F agitato, agité
    S agitato, agitato
    U agitato, izgatottan, mozgalmasan
    R agitato, взволнованно
agitazione _f_ I; con ∼ _prescr_ = agitato
agité F mosso; _prescr_ agitato; commosso; irrequieto
agiter _v_ F rasseln; schütteln
ago _m_ **per accordare** I _pfte_ Intoniernadel
agogic E agogisch
agogica _f_ I Agogik
agógica _f_ S Agogik
agogico I agogisch

agógico S agogisch
agogics E Agogik
Agogik _f_ D
    E agogics
    F agogique _f_
    I agogica _f_
    S agógica _f_
    U agogika
    R агогика _f_
agogika U Agogik
agogikus U agogisch
agogique F agogisch
agogique _f_ F Agogik
agogisch D
    E agogic
    F agogique
    I agogico
    S agógico
    U agogikus
    R агогический
agradable S; de manera ∼ aggradevole
agradablemente S aggradevole
agráf U _pfte_ Agraffe; _cemb, pfte_ Steg
agrafe _f_ F _pfte_ Agraffe
Agraffe _f_ D _pfte_
    E agraffe, stud
    F agrafe _f_
    I aggraffa _f_
    S tope _m_
    U agráf
    R аграф _m_
agraffe E _pfte_ Agraffe
agréable F aggradevole; _prescr_ gradevole; gradito; piacevole
agrément _m_ F Verzierung
agrupación _f_ **de las voces** S Stimmgruppierung
agudeza _f_ **auditiva** S Hörschärfe
agudo S durchdringend; hoch
aguja _f_ S _gram_ Nadel
∼ **grabadora** _gram_ Schneidestichel
agujero _m_ S _legni_ Fingerloch; Griffloch
∼ **armónico** _archi_ F-Loch
∼ s _pl_ **de las clavijas** _pfte_ Wirbellöcher der Platte
áhítattal U _prescr_ andächtig
Aida-trombita U Aidatrompete
Aidatrompete _f_ D
    E Aida trumpet
    F trompette _f_ d'Aïda
    I tromba _f_ dell'Aida
    S trompeta _f_ egipcia/de Aída
    U Aida-trombita
    R египетская труба _f_
Aida trumpet E Aidatrompete
aigu F durchdringend; hoch
aiguille _f_ F _gram_ Nadel
∼ **pour piquer le feutre** _pfte_ Intoniernadel
aimable F _prescr_ amabile
air E Lied; Liedchen; Luft
∼ **chamber** _org_ Windkasten
∼ **column:** Luftsäule
∼ **compression/condensation:** Luftverdichtung
∼ **pipe** _camp_ Windpfeife
∼ **pressure:** Luftdruck

$\sim$ rarefaction/rarefication: Luftverdünnung
air *m* F aria; Liedchen; Luft; Weise
$\sim$ à devise: aria con prolepsi
$\sim$ à métaphores: aria metaforica
$\sim$ à vocalises/avec coloratura/pour coloratura: aria di coloratura
$\sim$ d'opéra: aria d'opera
$\sim$ de bravoure: aria di bravura
$\sim$ de concert: aria concertante
$\sim$ de cour: Hoflied
$\sim$ parlando/en style parlé: aria parlante
$\sim$ populaire: Volksweise
airado S *prescr* adirato
air-borne sound E Luftschall
air-duct E *org* Kondukt
aire *f* F; $\sim$ d'audibilité: Hörbereich
$\sim$ d'audibilité normale: Hörfeld
aire *m* S Luft; Liedchen
$\sim$ de corte: Hoflied
— al $\sim$ *prescr*, *str* vuota
air-passage E *fl. d.* Kernspalt
ais *n* D *ton*
   E A sharp
   F la *m* dièse
   I la *m* diesis
   S la *m* sostenido
   U aisz
   R ля-диез *m*
aisance *f* F; avec $\sim$ *prescr* agiato
aisé F *prescr* agiato; comodo
aisis *n* D *ton*
   E A double-sharp
   F la *m* double dièse
   I la *m* doppio diesis
   S la *m* doble sostenido
   U aiszisz
   R ля-дубль-диез *m*
aislador S schalldämpfend
aisladores *m pl* S *pfte* Isolierschalen
aisz U *ton* ais
aiszisz U *ton* aisis
ajak U *canna* Labium
— alsó $\sim$ *canna d.m.* Unterlabium
— felső $\sim$ *canna* Oberlabium
ajakfelvágás U *canna, fl. d.* Aufschnitt; Schneide
ajakfeszültség U Lippenspannung
ajakjáték U *canna* Labialwerk; *org* Labialregister
ajakregiszter U *fis* registre adhérant au menton; *org* Labialregister
ajakrolni U *canna* Intonierrolle
ajaksíp U *canna* Lippenpfeife
ajustador *m* S *costr*, *pfte* Aufschläger
ajuste *m* S *tamb* Saitenschraube
$\sim$ de la afinación *pfte* Fertigstimmen
$\sim$ del teclado: Klaviaturregulierung
ajusteur *m* F *costr*, *pfte* Aufschläger
akafist R → акафист
akasztóhorog U *tamb* Anhängehaken
akasztószög U *tasto* Anhängestift
Akathistos *m* D акафист
akathistos *m* F акафист

akathisztosz U акафист
akatistos *m* S акафист
akcentkopula U *org* Akzentkoppel
akcentuálni *v* U betonen
akcentus U Akzent
akcentusjel U Akzentzeichen
akcentusneuma U Akzentneume
akcidens U Versetzungszeichen
akkolád U accolade
Akkolade *f* D accolade
Akkompagnato-Rezitativ *n* D recitativo accompagnato
Akkord *m* D accord
— arpeggierter $\sim$ accord arpégé
— gebrochener $\sim$ arpeggio; accord arpégé
— gehaltener $\sim$ accord tenu
— gleichzeitig angeschlagener $\sim$ accord plaqué
— mystischer $\sim$ accord mystique
— stellvertretender $\sim$ accord substitué
— übermäßiger $\sim$ accord augmenté
— verminderter $\sim$ accord diminué
akkord U accord
— átértelmezett $\sim$ accord pivot
— átmenő $\sim$ accord de passage
— bővített $\sim$ accord augmenté
— dúr $\sim$ accord parfait majeur
— egyszerre megszólaltatott/megütött $\sim$ accord plaqué
— előlegezett $\sim$ accord appogiaturé
— feloldó $\sim$ accord de résolution
— helyettesítő $\sim$ accord substitué
— misztikus $\sim$ accord mystique
— moll $\sim$ accord parfait mineur
— moll $\sim$ kis szeptimmel: accord de septième avec tierce mineure
— szűkített $\sim$ accord diminué
— tartott $\sim$ accord tenu
— tört $\sim$ accord arpégé; arpeggio
Akkordbestimmung *f* D
   E harmonic analysis
   F analyse *f* d'accords
   I analisi *f* dell'accordo
   S análisis *m* del acorde
   U akkordmeghatározás
   R определение *n* аккордов, гармонический анализ *m*
Akkordbrechung *f* D arpeggio
akkordcitera U Akkordzither
Akkordeon *n* D
   E accordeon, accordion
   F accordéon *m*
   I fisarmonica *f*
   S acordeón *m*
   U harmonika
   R аккордеон *m*
Akkordfolge *f* D
   E chord succession
   F succession *f* d'accords
   I successione *f* di accordi
   S secuencia *f* armónica
   U harmóniamenet, akkordmenet
   R последовательность *f* аккордов

Akkordfortschreitung *f* D
E chord/harmonic progression
F progression *f* harmonique
I successione/progressione *f* armonica, progressione *f* accordale
S progresión *f* armónica
U akkordmenet
R аккордовая последовательность *f*

Akkordgrundton *m*, **Grundton** *m* D
E root (of a chord)
F son *m* fondamental d'un accord
I suono *m*/nota *f* fondamentale
S sonido *m* fundamental del acorde, nota *f* fundamental, fundamental *f*
U akkord alaphangja
R основной тон *m* (аккорда), прима *f*

akkordhang U Akkordtöne

akkordhangszerek *pl* U Akkordinstrumente

akkordikus U en → accords

Akkordinstrumente *n pl* D
E chordal instruments *pl*
F instruments *m pl* polyphoniques
I strumenti *m pl* polifonici
S instrumentos *m pl* polifónicos
U akkordhangszerek *pl*
R инструменты *m pl*, могущие вести сопровождение

akkordisch D en → accords

akkordkötés U Akkordverbindung

akkordmeghatározás U Akkordbestimmung

akkordmenet U Akkordfolge; Akkordfortschreitung

Akkordtöne *m pl* D
E notes/tones *pl* of the chord
F notes *f pl* constitutives de l'accord
I note *f pl*/suoni *m pl* dell'accordo
S notas *f pl* constitutivas del acorde
U akkordhang
R аккордовые звуки *m pl*

Akkordverbindung *f* D
E connection/linking of chords
F enchaînement *m* des accords
I collegamento *m* di accordi
S encadenamiento/enlace *m* de los acordes
U harmóniakötés, akkordkötés
R соединение *n* аккордов

Akkordziffer *f* D = Klangstufe

Akkordzither *f* D
E autoharp
F cithare *f* d'amateur
I autoarpa *f*
S auto-arpa *f*
U akkordcitera
R аккордовая цитра *f*

AKM D ⟨*Staatlich Genehmigte Gesellschaft der Autoren, Komponisten und Musikverleger in Österreich*⟩
E (*Austrian Performing Right Society*)
F (*Société des auteurs, compositeurs et éditeurs en Autriche*)
I (*Società austriaca degli Autori ed Editori*)
S (*Sociedad austríaca de Autores, Compositores y Editores*)

U (*osztrák szerzői jogvédő egyesület*)
R (*общество по охране авторских прав в Австрии*)

Akt *m* D = Aufzug

Aktionsgabel *f* D *arpa* = Gabel

Aktvorhang *m* D *teat*
E act curtain
F rideau *m* d'avant-scène/de manœuvre
I siparietto *m*
S telón *m* de boca
U (felvonásvégi) függöny
R интермедийный занавес *m*

Akustik *f* D
E acoustics
F acoustique *f*
I acustica *f*
S acústica *f*
U akusztika, hangtan
R акустика *f*

akustisch D
E acoustic
F acoustique
I acustico
S acústico
U akusztikai, akusztikus
R акустический

akusztika U Akustik

akusztikai, akusztikus U akustisch

akyn R → акын

Akzent *m* D
E accent
F accent *m*
I accento *m*
S acento *m*
U akcentus, hangsúly
R ударение *n*, акцент *m*

Akzentkoppel *f* D *org*
E accent coupler
F accouplement *m*
I effetto *m* fonocromico
S acoplador *m* acentuado, efecto *m* fonocrómico
U akcentkopula
R акценткоппель *f*

Akzentneume *f* D
E accent neume
F accent *m*
I neuma *m* accento
S acento *m*
U akcentusneuma
R «акцентная невма» *f*

Akzentualist *m* D *greg*
E accentualist
F (*partisan de la thèse selon laquelle les valeurs des notes du chant grégorien dépendent de l'accent*)
I accentualista *m*
S (*partidario de la doctrina acentual en el gregoriano*)
U (*azon tézis híve, mely szerint a gregorián éneklésben a hang hosszát a hangsúly szabja meg*)
R (*сторонник направления, согласно ко-*

торому продолжительность звука в григорианском хорале определяется акцентом)
akzentuieren *v* D = betonen
Akzentverschiebung *f*, **Betonungsverschiebung** *f* D
  E shift of accent, change of beat
  F déplacement *m* d'accent
  I spostamento *m* d'accento, distribuzione *f* degli accenti
  S cambio/desplazamiento *m* de acento
  U hangsúlyeltol(ód)ás
  R смещение *n* акцента
Akzentzeichen *n* D
  E accentuation sign, accent sign/mark
  F signe *m* d'accentuation, accents *m pl*
  I segno *m* di accentuazione
  S signo *m* de acentuación, acentos *m pl*
  U hangsúlyjel, akcentusjel
  R знак *m* акцента/ударения
ál- U Schein-
aláfestőzene U Stimmungsmusik
alak U Gestalt
— kotta ~ja: Notenform
alakítás U Gestaltung
alakzat U Figur; Gestalt
alala *f* F alalá
alalá *m* S
  D *(spanisches Volkslied)*
  E *(Spanish folk-song)*
  F alala *f* *(chanson espagnole)*
  I *(canzone popolare spagnola)*
  U *(spanyol népdal)*
  R *(тип испанской народной песни)*
alambre *m* S; ~ de entorchar: Umspinndraht
~ de la tetilla *org* Spielfeder
~ de unión *org* Abstraktendraht
~ del apagador *pfte* Dämpferdraht
alapakkord U accord parfait de trois sons
alapbasszus U basse fondamentale; *fis* Grundbaß
alapérték U Zählzeit
alapforma U *dod* Grundgestalt
alaphang U Baßton; Grundton; *camp* Dezime; Hauptton
— akkord ~ja: Akkordgrundton
— hangköz ~ja: Intervallgrundton
alaphangnem U Grundtonart
alaphangsor U *org* Grundstimme
alaphármashangzat U accord parfait de trois sons
alaphelyzet U *acc* Grundstellung
alaplap U *org* Fundamentaltafel
alapoktáv U grundlegende → Oktave
alapsor U *dod* Ausgangsreihe
alapszerkezet U Ursatz
alaptéma U Ausgangsthema
alapvonal U Urlinie
— dallam ~a: Urlinie
alapzaj U *gram*, *magn* Laufgeräusch
alargando S *prescr* allargando
alátenni *v* U untersetzen; *pfte* übersetzen
alátétel U; hüvelykujj ~e *tasto* Daumenuntersatz

alba E aube
alba I *(nota)*
  D weiß
  E white
  F blanche
  S blanca
  U fehér, alba
  R белая *(нота)*
alba *f* I S aube
álbelépés U *fuga* Scheineinsatz
alberino *m* **porta-bobina** I *magn* Wickeldorn
Alberti-Bässe *m pl* D bassi Albertini
Alberti basses *pl* E bassi Albertini
Alberti-basszusok *pl* U bassi Albertini
albisifón *m* S Albisiphon
Albisiphon *n* D
  E albisiphone
  F *(flûte en ut en métal, accordée à l'octave inférieure de la grande flûte)*
  I *(flauto basso in metallo, in do, un'ottava sotto il flauto normale)*
  S albisifón *m*
  U albisiphon
  R альбизифон *m*
albisiphon U Albisiphon
albisiphone E Albisiphon
alborada *f* S aube
Albumblatt *n* D
  E album leaf
  F feuille *f* d'album
  I foglio *m* d'album
  S hoja *f* de álbum
  U albumlap
  R страница *f* из альбома
albumlap U Albumblatt
album leaf E Albumblatt
alcance *m* S; ~ del sonido: Tonbereich
— al ~ del oído: in → Hörweite
— fuera del ~ del oído: außer → Hörweite
alcím U Untertitel
áldozás U Kommunion
alea *f* I Aleatorik
aleación *f* **para tubos** S canna Orgelmetall
aleatoria *f* S Aleatorik
aleatória U Aleatorik
Aleatorik *f* D
  E aleatory composition, indeterminancy, random structure
  F musique *f* aléatoire/stochastique
  I alea *f*
  S música *f* aleatoria, aleatoria *f*
  U aleatorika, aleatória
  R алеаторика *f*
aleatorika U Aleatorik
aleatory E; ~ composition: Aleatorik
~ music: aleatorische → Musik
alegre S *prescr* allegro; giocoso; gioioso; lieto
alegremente S *prescr* allegro; lieto
alegreto S *prescr* allegretto
alegrísimo S *prescr* allegrissimo
alegro *m* S allegro
aleman(d)a *f* S *bl* deutscher → Tanz
alerte F *prescr* disinvolto

aletta *f* I *fag* Flügel
— alette *pl* della vite *tamb* Schraubenflügel
Alexander-orgona U Melodium-Orgel
al fine I → fine
alfombra *f* S *teat* Bühnenteppich
alfresco music E Freiluftmusik
alhang U; harmonikus ~ Unterton
alícuota *m* S Oberton
~s *pl org* Aliquotstimmen
aliento *m* S Atem
— tomar *v* ~ Luft holen
alig U appena
alimentación *f* S *org* Winderzeugung
alimentation *f* F *org* Winderzeugung
alimentazione *f* I *org* Winderzeugung
álimitáció U Scheinimitation
aliquot E; ~ string: Resonanzsaite
~ stringing *pfte* Aliquotbesaitung
Aliquotbesaitung *f* D *pfte*
E aliquot stringing
F encordage *m* sympathique
I armatura *f* di corde di risonanza
S encordado *m* simpático
U aliquothúrozás, rezonáns húrozás
R аликвотные струны *f pl*
Aliquoten *f pl* D *org* = Aliquotstimmen
Aliquotflügel *m* D
E grand piano with aliquot strings
F piano *m* à queue système aliquot, piano
m avec cordes sympathiques/à cordes
harmoniques
I pianoforte *m* ad armonici
S piano *m* de cola con encordado simpático
U aliquothúrozású zongora
R фортепьяно *n* с аликвотными струнами
aliquothangok *pl* U *org* Aliquotstimmen
aliquothúr U Resonanzsaite
aliquothúrozás U *pfte* Aliquotbesaitung
aliquotjáték U *org* Aliquotstimmen
aliquotok *pl* U Aliquotstimmen
Aliquot-Saite *f* D = Resonanzsaite
Aliquotstimmen *f pl*, **Aliquoten** *f pl* D *org*
E mutation stops *pl*
F jeux *m pl* aliquotes/de mutations simples
I file *f pl* del ripieno, registri *m pl* di mutazione
S registros *m pl* de alícuotas, alícuotas
m pl
U aliquothangok *pl*, aliquotjáték, aliquotok *pl*
R аликвотные регистры *m pl*, аликвоты
m pl
alkotás U Schaffen
alkotni *v* U schaffen
alkotó U schöpferisch
alkotó- U Schaffens-
alkotókorszak U Schaffensperiode
alkotótevékenység U Schaffen
all E tutti
alla I; ~ marcia *etc.* → marcia *etc.*
alla breve *m* F S Allabrevetakt
Allabrevetakt *m* D
E alla breve time

F alla breve *m*
I tempo *m* alla breve/a cappella
S (compas *m*) alla breve
U alla breve ütem
R такт *m* alla breve
allant F *prescr* andante
— un peu ~ *prescr* andantino
állapot U; berezgett ~ *ac* eingeschwungener →
Zustand
allargamento *m* I Erweiterung
allargando I *prescr*
D allargando, breiter werdend
E allargando, "*becoming broader*", "*broad-
ening out*"
F allargando, en élargissant
S allargando, alargando
U allargando, meglassulva, elszélesedve
R allargando, расширяя, замедляя
allargare *v* I erweitern
állathangeffektusok *pl* U Tierstimmeneffekte
alle D tutti
allegramente I *prescr* = allegro
allègre F *prescr* allegro
allegretto I *prescr*
D allegretto, ein wenig lebhaft
E allegretto, "*somewhat cheerful*", "*some-
what lively*"
F allegretto, un peu animé/gai
S allegretto, alegreto
U allegretto, kicsit élénken/vidáman/fris-
sen
R allegretto, аллегретто
allegrezza *f* I; con ~ = allegro
allegrissimo I *prescr*
D allegrissimo, sehr schnell
E allegrissimo, "*very fast*"
F allegrissimo, très vif
S allegrissimo, alegrísimo
U allegrissimo, igen élénken/vidáman/fris-
sen
R allegrissimo, очень быстро
Allegro *n* D allegro
allegro, allegramente I *prescr*
D allegro, allegramente, munter, lebhaft
E allegro, allegramente, "*cheerful*", "*cheer-
fully*", "*lively*", "*quick*", "*fast*"
F allegro, allegramente, gai, allègre, vif,
animé
S allegro, allegramente, alegre, alegre-
mente
U allegro, allegramente, élénken, vidáman,
frissen
R allegro, allegramente, аллегро, быстро
allegro *m* I
D Allegro *n*
E allegro
F allegro *m*
S allegro *m*, alegro *m*
U allegro
R аллегро *n*
allein D solo
allemande *f* F *bl* deutscher → Tanz
— à l'~ alla → tedesca

allemande U *bl* deutscher → Tanz
allentando, allentamente I *prescr*
  D allentando, allentamente, nachlassend, langsamer werdend
  E allentando, allentamente, *"at a slower speed"*, *"holding back"*
  F allentando, allentamente, avec retenue, plus lentement
  S allentando, allentamente, retardadamente
  U allentando, allentamente, lassítva, ellanyhulva
  R allentando, allentamente, замедляя
allentare *v* I entspannen; *arco, timp* lockern
allentato I
  D allentato, verzögert, langsamer
  E allentato, *"delayed"*, *"slower"*
  F allentato, ralenti, hésitant
  S allentato, retardado
  U allentato, *"lassúbbodva"*
  R allentato, задерживая, замедляя
  ~ ⟨*battitoia*⟩ tiefgespannt
aller *m* F; ~ en: Wendung nach
allestimento *m* I; fare *v* un nuovo ~ neuinszenieren
  — nuovo ~ scenico: Neuinszenierung
allieva *f* **di musica** I Musikschülerin
allievo *m* **di musica** I Musikschüler
all-interval E; ~ row/series : Allintervallreihe
Allintervallreihe *f* D *dod*
  E all-interval row/series
  F *(série qui contient tous les intervalles)*
  I *(serie formata da tutti gli intervalli)*
  S *(serie que contiene todos los intervalos)*
  U *(sor, amelyben valamennyi hangköz előfordul)*
  R всеинтервальная серия *f*
állítócsavar U *pfte* Gabelschraube; Ösenschraube; *timp* Schraubenmutter
  ~ a billentyűzetkerethez *pfte* Stellschraube für Klaviaturrahmen
  ~ az ütközőléchez *pfte* Stellschraube für Klaviaturpralleiste
allmählich D *prescr* poco a poco
álltartó U *vl* Kinnhalter
állvány U Pult; Ständer; *org* Balgstuhl; *timp* Ständer
alma *f* S *archi* Stimmstock; *canna d. l., canna d. m.* Kern
almacén *m* **de música** S Musikalienhandlung
álmodozó U träumerisch
almohadilla *f* S *cemb* Polster
  ~ de la palanca inferior del apagador *pfte* Tangentenpolster
  ~ de la tecla *pfte* Tastenpolster
Alp(en)horn *n* D
  E Alpine horn, Alphorn
  F cor *m* des Alpes
  I corno *m* delle Alpi
  S alp(en)horn *m*, cor *m* des Alpes, cuerno *m* alpino
  U havasi kürt
  R альпийский рожок *m*

Alphorner *m*, **Alphornbläser** *m* D
  E Alpine horn player
  F joueur/sonneur *m* de cor des Alpes
  I suonatore *m* di corno delle Alpi
  S tañedor/tocador *m* de alphorn
  U havasi kürtös
  R исполнитель *m* на альпийском рожке
Alpine horn E Alpenhorn
  ~ player: Alphorner
álpolifónia U Scheinpolyphonie
alquilar *v* S leihen
alsóajaklap U *canna d. l.* Vorschlag
alsólap U *org* Unterplatte
alsószár U *pfte* Hebeglied
alsószárrugó U *pfte* Hebegliedfeder
alsószárvilla U *pfte* Hebegliedkapsel
alsóterczárlat U Unterterzklausel
Alt *m* D
  E alto, contralto
  F alto *m*, contralto *m*
  I contralto *m*
  S contralto *m*
  U alt
  R альт *m*, контральто *n*
— seriöser ~ *teat*
  E dramatic contralto
  F contralto *m* dramatique, mezzo-soprano *m*
  I contralto *m*
  S contralto *f* dramática, mezzo-soprano *f*
  U mezzoszoprán
  R драматическое контральто *n*
alt U Alt; Altistin
— lírai ~ *teat* Spielalt
Altarschellen *f pl* D
  E handbells *pl*
  F clochettes *f pl*, sonnettes *f pl* d'autel
  I campanelli *m pl* (a mano)
  S campanillas *f pl* de altar
  U oltárcsengő, misecsengő
  R *(вид колокольчиков)*
altavoz *m* S Lautsprecher
  ~ de caja *rad* Lautsprecherbox
  ~ para (los) graves: Tieftonlautsprecher
  — doble ~ Doppellautsprecher
Altblockflöte *f* D
  E treble recorder, A: alto recorder
  F flûte *f* douce alto/à bec alto
  I flauto *m* dolce/a becco contralto
  S alto *m* de flauta de pico, flauta *f* de pico contralto
  U altfurulya, altblockflöte
  R альтовая блокфлейта
altblockflöte U Altblockflöte
alténekesnő U Altistin
alter *v* E alterieren
alteráció U Alterierung
alteración *f* S Alterierung; Versetzungszeichen; *ton* Erhöhung
  ~ ascendente: Hochalterierung
  ~ de precaución: Erinnerungszeichen
alterado S alteriert
alterálni *v* U alterieren

alterált U alteriert
alterar *v* S alterieren
~ mediante sostenidos: erhöhen
alterare *v* I alterieren
~ con diesis: erhöhen
Alteration *f* D = Alterierung
alteration E Alterierung
altération *f* F Alterierung; Versetzungszeichen
~ ascendente: Hochalterierung
~ de précaution: Erinnerungszeichen
alterato I alteriert
alterazione *f* I Alterierung; Versetzungszeichen
~ ascendente: Hochalterierung
— alterazioni *pl* constanti/fisse/in chiave: Tonartvorzeichnung
~ di precauzione: Erinnerungszeichen
altéré F alteriert
altered E alteriert
~ chord of the seventh: accord de septième altéré
altérer *v* F alterieren
alterieren *v* D
    E to alter
    F altérer
    I alterare
    S alterar
    U alterálni
    R альтерировать
alteriert D
    E altered
    F altéré
    I alterato
    S alterado
    U alterált
    R альтерированный
Alterierung *f*, Alteration *f* D
    E alteration
    F altération *f*
    I alterazione *f*
    S alteración *f*
    U alteráció
    R альтерация *f*
alternando I S abwechselnd
alternant F; en ~ abwechselnd
alternar *v* S abwechseln
alternare *v* I abwechseln
alternate *v* E abwechseln
alternating E abwechselnd
~ note: Drehnote
~ note/tone: Wechselton
alternative scoring E variable → Besetzung
alterner *v* F abwechseln
alternieren *v* D = abwechseln
altezza *f* I Höhe
~ assoluta: absolute → Tonhöhe
~ del suono: Tonhöhe
~ reale: notierte → Klanghöhe
Altflöte *f* D
    E alto/bass flute
    F flûte *f* alto/basse/grave en sol
    I flauto *m* contralto
    S flauta *f* baja/contralto/en sol

    U altfuvola
    R альтовая флейта *f*
altfurulya U Altblockflöte
altfuvola U Altflöte
Altgeige *f* D *obs*=Viola
Althorn *n* D
    E tenor horn, A: alto horn
    F bugle *m* alto
    I flicorno *m* contralto
    S bugle *m* contralto
    U altkürt, altszárnykürt, altszaxkürt
    R альторн *m*
altista U Altistin
altiste *m* F Bratscher
Altistin *f* D
    E alto (singer), contralto
    F alto *f*, contralto *f*
    I contralto *m*
    S contralto *f*
    U alt(énekesnő), altista
    R певица-контральто *f*
altklarinét U clarinette alto
Altklarinette *f* D clarinette alto
Altkornett *n* D
    E tenor horn, A: alto horn
    F saxhorn *m* alto
    I flicorno *m* contralto
    S corneta *f* contralto
    U altkornett
    R корнет *m* в тоне ми-бемоль
altkornett U Altkornett
altkulcs U Altschlüssel
altkürt U Althorn; Oktavwaldhorn
alto E Alt; Altistin
~ clarinet: clarinette alto
~ clef: Altschlüssel
~ flute: Altflöte
~ horn: Althorn; Altkornett
~ recorder: Altblockflöte
~ saxophone/*pop* sax: saxophone alto
~ saxophonist: saxophoniste alto
~ singer: Altistin
alto *m* F Alt; viola
alto *f* F Altistin
alto I, S hoch
alto *m* S; ~ de flauta de pico: Altblockflöte
altoparlante *m* I Lautsprecher
~ dei bassi: Tieftonlautsprecher
~ doppio: Doppellautsprecher
altoparlante *m* S Lautsprecher
~ de caja *rad* Lautsprecherbox
~ doble: Doppellautsprecher
~ para/de graves: Tieftonlautsprecher
Altsaxophon *n* D saxophone alto
Altsaxophonist *m* D saxophoniste alto
Altschlüssel *m* D
    E alto clef
    F clef *f* d'ut troisième ligne
    I chiave *f* di contralto
    S clave *f* de contralto/de do en tercera línea
    U altkulcs, brácsakulcs
    R альтовый ключ *m*

altszárnykürt U Althorn
altszaxkürt U Althorn
altszaxofon U saxophone alto
altszaxofonista U saxophoniste alto
altszaxofonos U saxophoniste alto
Alt-Tuba *f* D = Wagner-Tuba
altura *f* S Höhe; Tonhöhe
~ absoluta: absolute → Tonhöhe
~ de la caja *pfte* Dammtiefe
~ de París: Pariser → Stimmung
~ definida: bestimmte → Tonhöhe
~ indeterminada: unbestimmte → Tonhöhe
~ real: notierte → Klanghöhe
Altviole *f* D *obs* = Viola
alumna *f* de música S Musikschülerin
alumno *m* de música S Musikschüler
always E sempre
alzar *m* S *dir* Aufschlag; Auftakt
alzare *v* I erhöhen
~ l'intonazione/l'accordatura: heraufstimmen
álzárlat U Trugschluß
amabile I *prescr*
   D amabile, lieblich
   E amabile, *"amiable"*
   F amabile, aimable
   S amabile, amable
   U amabile, *"kedvesen"*, *"gyengéden"*
   R amabile, «приятно»
amable S *prescr* amabile
amalgama *f* S; ~ de sonidos: Tonverschmelzung
~ de timbres: Mixturklänge
amalgamare *v* I *str* mischen
amalgamation of sound E Tonverschmelzung
amalgami *m pl* timbrici I Mixturklänge
amanerado S maniéré
amante *m+f* I; ~ della musica: Musikliebhaber
amante *m+f* S; ~ de la música: Musikliebhaber
amareggiato I *prescr*
   D amareggiato, *"verbittert"*, traurig
   E amareggiato, *"embittered"*
   F amareggiato, triste
   S amareggiato, amargado
   U amareggiato, *"elkeseredve"*, *"elszomorodva"*
   R amareggiato, печально, с горечью
amargado S *prescr* amareggiato
amargo S *presc* amaro
amargura *f* S; con ~ *prescr* amaro
amaro I *prescr*
   D amaro, bitter, schmerzlich
   E amaro, *"bitter"*, *"painful"*
   F amaro, amer, douloureux
   S amaro, amargo, con amargura
   U amaro, *"keserüen"*, *"fájdalmasan"*
   R amaro, горько, с болью
amateur E dilettante
amateur *m* F dilettante
~ de musique: Musikliebhaber
— d'~ dilettantesco
amateur *m* S dilettante

~ de música: Musikliebhaber
amateurish E dilettantesco
amateurism E dilettantismo
amateurisme *m* F dilettantismo
amateurismo *m* S dilettantismo
amatőr U dilettante; dilettantesco
amatőrizmus U dilettantismo
amatőrség U dilettantismo
ambigu F umdeutbar; *acc* mehrdeutig
ambigüedad *f* S Umdeutbarkeit; *acc* Mehrdeutigkeit
ambiguità *f* I Umdeutbarkeit; *acc* Mehrdeutigkeit
ambiguïté *f* F Umdeutbarkeit; *acc* Mehrdeutigkeit
ambiguity E Umdeutbarkeit; *acc* Mehrdeutigkeit
ambiguo I S umdeutbar; *acc* mehrdeutig
ambiguous E umdeutbar; *acc* mehrdeutig
ambito *m* I Raum; Umfang
~ sonoro: Tonbereich
— nell'~ di un'ottava: im → Oktavraum
ámbito *m* S Raum; Umfang
~ de audibilidad: Hörbereich
ambitus E Umfang
ambitus *m* F Raum; Umfang
— dans l'~ d'un octave: im → Oktavraum
ambitus *m* S Umfang
ambitus U Raum; Stimmumfang; Umfang
Amboß *m* D *or*
   E anvil
   F enclume *f*
   I incudine *f*
   S yunque *m*
   U üllő
   R наковальня *f*
Ambrosian chant E ambrosianischer → Kirchengesang
âme *f* F *archi* Stimmstock
"Amen" cadence E plagale → Kadenz
amener *m* F *bl* ⟨17. *sec*⟩
   D (*französischer Tanz*)
   E (*French dance*)
   I passeggiata *f* ⟨*danza francese*⟩
   S (*baile francés*)
   U (*francia tánc*)
   R (*французский танец*)
amer F *prescr* amaro
American organ E Harmonium; Melodium-Orgel; Saugwindharmonium
a-Moll *n* D
   E A minor
   F la *m* mineur
   I la *m* minore
   S la *m* menor
   U a-moll
   R ля *n* минор
a-moll U a-Moll
amoroso I *prescr*
   D amoroso, liebevoll
   E amoroso, *"tenderly"*
   F amoroso, avec tendresse, tendrement
   S amoroso

U amoroso, bensőségesen, *"bensőséggel"*
R amoroso, любовно, нежно
amortiguador *m* S *canna d. l.* Spund; *pfte*
Dämpfer
amortiguamiento *m* S *ac* Dämpfung
amortiguando S; ∼ el sonido: schalltötend
amortiguar *v* S *archi, fiati, perc* dämpfen
∼ inmediatamente *perc* gleich/schnell → abdämpfen
amortissant le son F schalltötend
amortissement *m* **du son** F *ac* Dämpfung
Amourflöte *f* D = Liebesflöte
ampiezza *f* I Amplitude
∼ dell'impulso: Impulsbreite
ampio I *ton* rund
ampleur *f* F; avec ∼ *prescr* largo
ampliación *f* S Erweiterung
amplificación *f* S *canto* Verstärkung
∼ del sonido: Schallverstärkung
amplificador *m* S Verstärker
∼ microfónico: Mikrophonverstärker
amplificar *v* S *canto* verstärken
amplificateur *m* F Verstärker
∼ du microphone: Mikrophonverstärker
amplification E *canto* Verstärkung
amplification *f* F *canto* Verstärkung
∼ du son: Schallverstärkung
amplificatore *m* I Verstärker
∼ del microfono: Mikrophonverstärker
amplificazione sonora *f* I Schallverstärkung
amplifier E Verstärker
amplify *v* E *canto* verstärken
amplio S *ton* rund
amplitud *f* S Amplitude; Impulsbreite
— máxima ∼ Elongation
Amplitude *f* D
E amplitude
F amplitude *f*
I ampiezza *f*, estensione *f*
S amplitud *f*
U amplitúdó
R амплитуда *f*
amplitude E Amplitude
amplitude *f* F Amplitude; Impulsbreite
amplitúdó U Amplitude
amusia E Amusie
amusia *f* I S Amusie
amusical S unmusikalisch
amusicale I unmusikalisch
Amusie *f* D
E amusia
F amusie *f*
I amusia *f*
S amusia *f*
U *(zenei érzék hiánya)*
R патологическая немузыкальность *f*
amusie *f* F Amusie
anacrouse *f* F Auftakt
∼ générale: Generalauftakt
anacroustique F auftaktig
anacrusa *f* S Auftakt
∼ general: Generalauftakt
anacrusi *f* I Auftakt

anacrusico I auftaktig
anacrúsico S auftaktig
anacrusis E Auftakt
anacrustic E auftaktig
añafil *m* S busine
Anakrusis *f* D = Auftakt
analisi *f* I Analyse
∼ dell'accordo: Akkordbestimmung
∼ del suono: Klanganalyse
análisis *m* S Analyse
∼ de la melodia: Melodielehre
∼ del acorde: Akkordbestimmung
∼ del sonido: Klanganalyse
analizador *m* S; ∼ de frecuencia: Frequenzanalysator
∼ de sonido: Schallanalysator
analizálni *v* U analysieren
analizar *v* S analysieren
analizátor U Schallanalysator
analízis U Analyse
analizzare *v* I analysieren
analizzatore *m* I; ∼ del suono: Schallanalysator
∼ di frequenza: Frequenzanalysator
Analyse *f* D
E analysis
F analyse *f*
I analisi *f*
S análisis *m*
U elemzés, analízis
R анализ *m*
analyse *v* E analysieren
analyse *f* F Analyse
∼ d'accords: Akkordbestimmung
∼ du son: Klanganalyse
∼ mélodique: Melodielehre
analyser *v* F analysieren
analyseur *m* F; ∼ de fréquence: Frequenzanalysator
∼ du son: Schallanalysator
analysieren *v* D
E to analyse, A: to analyze
F analyser
I analizzare
S analizar
U elemezni, analizálni
R анализировать
analysis E Analyse
∼ of sound: Klanganalyse
analyze *v* E analysieren
Ananeanes *f* D ανεναйка
Anapaest *m* D
E anapaest, A: anapest
F anapeste *m*
I anapesto *m*
S anapesto *m*
U anapesztus
R анапест *m*
anap(a)est E Anapaest
anapeste *m* F Anapaest
anapesto *m* I S Anapaest
anapesztus U Anapaest
anatomy E Aufbau

Anblasemechanismus *m* D *org*
  E blowing action, blower
  F soufflerie *f*
  I apparato *m* di manticeria
  S mecanismo *m* de los fuelles
  U fújtató(mű)
  R воздухонагнетательный механизм *m*
anblasen *v* D; **stark** ~ *ottoni*
  E to blow strongly, to force the tone
  F cuivrer *v* les sons
  I sforzare *v* la nota, produrre *v* un suono metallico
  S producir *v* un sonido metálico
  U erősen megfújni *v*
  R играть *v* громко
anche *f* F Rohrblatt; *canna ancia* Zunge
~s *pl org* Schnarrwerk
~ battente: aufschlagendes → Rohrblatt; *arm* Gegenschlagzunge; *canna ancia* aufschlagende → Zunge
~ double: doppeltes → Rohrblatt
~ dure: hartes → Rohrblatt
~ libre: durchschwingendes → Rohrblatt; *arm* Durchschlagzunge; Zunge
~ molle: weiches → Rohrblatt
— à ~ simple *fis* einchörig
ancho *m* **del surco** S *gram* Rillenbreite
ancia *f* I Rohrblatt; *arm, canna ancia, fl, ottoni* Zunge; *fis* Stimme
~ battente: aufschlagendes → Rohrblatt; *arm* Gegenschlagzunge; *canna ancia* aufschlagende → Zunge
~ doppia: doppeltes → Rohrblatt
~ eterofona: weiches → Rohrblatt
~ idiofona: hartes → Rohrblatt
~ libera: durchschwingendes → Rohrblatt; *arm* Durchschlagzunge
ancora I
  D wieder, noch
  E again
  F à nouveau, encore
  S de nuevo, otra vez
  U ismét, újból
  R снова, ещё
~ una volta → volta
andächtig D *prescr* devoto
andalogva U *prescr* andantino
Andamento *n* D *fuga* andamento
andamento *m* I *fuga*
  D "Andamento" *n*, Zwischenspiel *n*
  E fugal episode
  F "andamento" *m*, divertissement *m*
  S "andamento" *m*, divertimiento *m*
  U divertimento
  R интермедия *f*
~ ⟨*fuga, soggetto*⟩
  D "Andamento" *n*
  E *(lengthy fugal subject)*
  F "andamento" *m*
  S "andamento" *m*
  U *(hosszabb fúgatéma)*
  R *(тема фуги большой величины)*
~ armonico: harmonisches → Gefälle

~ per gradi: Stufengang
Andante *n* D andante
andante I *prescr*
  D andante, gehend
  E andante, *"walking"*, *"at a walking pace"*
  F andante, allant
  S andante
  U andante, lépésben
  R andante, анданте, с умеренной скоростью
andante *m* I
  D Andante *n*
  E andante
  F andante *m*
  S andante *m*
  U andante
  R анданте *n*
Andantino *n* D andantino
andantino I *prescr*
  D andantino, ein wenig gehend
  E andantino ⟨*diminutive of andante*⟩
  F andantino, un peu allant
  S andantino
  U andantino, lassacskán, andalogva
  R andantino, андантино
andantino *m* I
  D Andantino *n*
  E andantino
  F andantino *m*
  S andantino *m*
  U andantino
  R андантино *n*
andare *v* I; ~ **fuori tempo**: herauskommen
anechoic chamber E schalltoter → Raum
anello *m* I *camp* Zapfen; *cl* Blattschraube; *legni* Brille
~ automatico *trb* beweglicher → Ring
~ automatico a... *trb* Schnellwechsel auf...
~ dell'occhio *arco* Augenring
~ del pollice *ottoni* Daumenring
~ del sol *legni* G-Brille
~ del suono *camp* Schlag
anemocorde *m* I Harmoniumklavier
anemocord(i)o *m* S Harmoniumklavier
anemometro *m* I *org* Windmesser; Windwaage
anemómetro *m* S *org* Windmesser
Anenaika *f* D аненайка
anenaiki E аненайка
anenajka U аненайка
Anfang *m* D; von ~ da capo
Anfangs-, Eingangs-, Eröffnungs- D
  E initial
  F initial
  I iniziale
  S inicial
  U kezdő
  R начальный, исходный
Anfangsimitation *f* D
  E initial imitation
  F imitation *f* initiale
  I imitazione *f* iniziale
  S imitación *f* inicial

U kezdő/bevezető rész imitációja
R начальная имит; ция *f*
Anfangstonart *f*, **Ausgangstonart** *f* D
  E initial/opening key
  F tonalité *f* initiale
  I tonalità *f* iniziale
  S tonalidad *f* inicial
  U kezdő/kiinduló/eredeti hangnem
  R начальная/исходная тональность *f*
anfiteatro *m* S *teat* Rang
— primer ∼ *teat* erster → Rang
— segundo ∼ *teat* zweiter → Rang
Anforderung *f* D; **technische** ∼**en** *pl*
  E technical demands *pl*
  F difficultés/exigences *f pl* techniques
  I esigenze/difficoltà *f pl* tecniche
  S dificultades/exigencias *f pl* técnicas
  U technikai követelmények *pl*
  R технические требования *n pl*
angeben *v* D → Ton angeben; → Takt angeben
Angelica *f* D angélique
angelica E angélique
angelica *f* I angélique
angélica *f* S angélique; *org* Engelstimme
angelika U angélique
Angélique *f* D angélique
angélique *f* F ⟨17—18. sec⟩
  D Angelica *f*, Angélique *f*
  E angelica
  I angelica *f*
  S angélica *f*
  U angelika
  R (*вид лютни-теорбы*)
angenehm D aggradevole; *prescr* gradevole; gradito
angklung E Gitterrassel
angklung *m* I Gitterrassel
Anglaise *f* D *bl* anglaise
anglaise *f* F *bl*
  D Anglaise *f*
  E (*English dance*)
  I inglese *f*
  S inglesa *f*
  U anglaise
  R англез *m*
angle E *org* Winkel
Anglican chant E
  D anglikanischer Gesang *m* ⟨*Cantica- und Psalmverse in einfachem vierstimmigen Satz zum Gebrauch im anglikanischen Gottesdienst*⟩
  F (*ensemble de mélodies simples — psaumes et cantiques — harmonisées à quatre voix, en usage dans l'Eglise anglicane*)
  I (*cantici e salmi, a quattro voci in uso nella chiesa inglese*)
  S (*conjunto de melodías simples — salmos y cánticos — armonizadas a cuatro voces, en uso en la iglesia anglicana*)
  U (*egyszerü négyszólamú canticumok és zsoltárversek az anglikán istentiszteletben*)
  R (*песногения и псалмы в простом че-*

тырёхголосном изложении, предназначенные для англиканского богослужения)
angoisse *f* F; avec ∼ *prescr* angosciosamente
angoissé F *prescr* affannato
angolkürt U Englischhorn; *org* cor anglais
∼ 2. oboára vált *prescr* Englischhorn nimmt Oboe 2
∼ 8' arm cor anglais 8'
angolo *m* I *vl* Ecke
angosciosamente I *prescr*
  D angosciosamente, ängstlich
  E angosciosamente, "*anguished*"
  F angosciosamente, avec angoisse
  S angosciosamente, angustiosamente, angustiadamente, con angustia
  U angosciosamente, "*szorongással*", "*szorongva*"
  R angosciosamente, тревожно
Angriff *m* D *arpa*
  E touch, attack
  F toucher *m*, attaque *f*
  I attacco *m*
  S ataque *m*
  U angriff
  R туше *n*
angriff U *arpa* Angriff
ängstlich D *prescr* affannato; angosciosamente
angstvoll D *prescr* pauroso
angular harp E Winkelharfe
angustia *f* S; con ∼ *prescr* angosciosamente
angustiadamente S *prescr* angosciosamente
angustiosamente S *prescr* angosciosamente
Anhängehaken *m* D *tamb*
  E hitch hook
  F crochet *m* du pontet
  I gancio *m* della tracolla
  S gancho/aro *m* de suspensión
  U akasztóhorog
  R крючок *m*
Anhängelänge *f* D *corda, pfte*
  E hitching length
  F partie *f* vibrante de la corde
  I parte *f* vibrante della corda
  S porción *f* vibrante de la cuerda
  U a húr rezgő része
  R резонирующая часть *f* струны
Anhängestift *m* D *tasto*
  E hitch pin
  F pointe *f* d'accroche
  I punta *f* di aggancio delle corde, caviglia *f*
  S perno *m*, pivote *m*, balancin *m*
  U akasztószög
  R колок *m*, штифт *m*
Anhängestock *m* D *pfte*
  E pinning-table
  F sommier *m* d'accroche
  I somiere *m*
  S som(m)ier *m*
  U stég
  R пластина *f* для прикрепления струн
anhemitonic E anhemitonisch

~ pentatonic scale: anhemitonische → Pentatonik

anhemitónico S anhemitonisch
anhemitonikus U anhemitonisch
anhemitonisch D
    E anhemitonic
    F sans demi-ton
    I senza semitoni
    S anhemitónico
    U félhang nélküli, anhemitonikus
    R ангемитонный, бесполутоновый
anillo *m* S Glockenzapfen; *camp* Zapfen; *legni* Brille; *ottoni* Zwinge
~ de plectro: Zitherring
~ del pulgar *ottoni* Daumenring
~ del sol *legni* G-Brille
~ movible *trb* beweglicher → Ring
anima *f* I *archi* Stimmstock; *canna* Kern
~ della testa del martello *pfte* Hammerkern
~ metallica *corda* Kerndraht
animado S *prescr* animato
animal E; ~ sound effects *pl* Tierstimmeneffekte
animando(si) I *prescr*
    D animando(si), (sich) belebend
    E animando(si), *"becoming animated"*
    F animando(si), en animant
    S animando(si), animando
    U animando(si), *"felélénkülve"*
    R animando(si), «оживляясь»
animant F; en ~ *prescr* animando(si); stringendo
animato I *prescr*
    D animato, belebt
    E animato, *"animated"*
    F animato, animé
    S animato, animado
    U animato, élénken
    R animato, оживлённо
animazione *f* I; con ~ = animato
animé F mosso; *prescr* allegro; animato; animoso; concitato
— un peu ~ *prescr* allegretto
animoso I *prescr*
    D animoso, beherzt
    E animoso, *"bold"*, *"spirited"*
    F animoso, animé, hardi
    S animoso, atrevido
    U animoso, bátran, merészen
    R animoso, оживлённо, с воодушевлением
anklang *m* javanais F Gitterrassel
anklung U Gitterrassel
Anlage *f* D; formale ~
    E formal design/structure
    F structure *f* formelle, schéma *m* formel
    I schema *m*/struttura *f* formale
    S esquema *m*/estructura *f* formal
    U formai felépítés
    R формальное построение *n*, формальная структура *f*
Anläuten *n* D
    E ringing-up
    F sonnerie *f* de cloches

    I scampanio *m*
    S repique *m* de campanas
    U beharangozás
    R звон *m* колоколов
Anmut *f* D
    E grace
    F grâce *f*, élégance *f*
    I grazia *f*
    S gracia *f*, elegancia *f*, garbo *m*
    U kecsesség, báj
    R грация *f*, прелесть *f*, привлекательность *f*
anmutig D *prescr* grazioso; leggiardo
anneau *m* F *camp* Öhr; *legni* Brille
~ automatique *trb* beweglicher → Ring
~ de cithare: Zitherring
~ de fixation du battant *camp* Hängeeisen
~ de l'œil *arco* Augenring
~ du pouce *ottoni* Daumenring
~ du sol *legni* G-Brille
~ mobile *legni* Brillenklappe
~ pour tenir l'instrument *fag* Handhalter
année *f* F; ~ liturgique/ecclésiastique: Kirchenjahr
annerire *v* I schwärzen
anno *m* liturgico I Kirchenjahr
annulateur *m* F *org* Absteller
annulation *f* F Auflösung
annuler *v* F auflösen; *magn* löschen
annullamento *m* I Auflösung
~ graduale (del suono): Abklingvorgang
annullare *v* I auflösen; *magn* löschen
annullatore *m* I *org* Absteller; Auslöser
annyira U; de nem ~ ma non → tanto
año *m* litúrgico S Kirchenjahr
anotar *v* S notieren
anreißen *v* D *corda*
    E to pluck
    F pincer
    I strappare
    S tirar, arrancar
    U (meg)pendíteni
    R ударять *v* по струнам
ansa *f* S Glockenzapfen; *camp* Hängeeisen; Zapfen
Ansatz *m* D *fiati* embouchure
— langsamer ~ *str* = langsame → Ansprache
— schneller ~ *str* = schnelle → Ansprache
ansatz U *fiati* embouchure
Ansatzrohr *n* D *canto*
    E vocal cavity
    F gorge *f*
    I *(cavità anteriore dell'apparato fonatorio)*
    S garganta *f*
    U *(száj- és orrüreg)*
    R надставная труба *f*
Anschlag *m* D *tasto*
    E touch, action
    F frappe *f*, toucher *m*, attaque *f*
    I tocco *m*
    S pulsación *f*, toque *m*, ataque *m*
    U billentés, járás
    R туше *n*

~ ⟨*Pianist*⟩
  E touch
  F toucher *m*
  I tocco *m*
  S pulsación *f*, ataque *m*, toucher *m*, tocco
     m
  U billentés, *fam* anschlag
  R удар *m*
~ *orn* ⟨18. *sec*⟩
  E double appoggiatura
  F appogiature *f* double
  I appoggiatura doppia *f*
  S doble apoyatura *f*
  U kettős előke
  R двойной форшлаг *m*
anschlagen *v* D *tasto*
  E to strike, to attack
  F frapper, toucher, attaquer
  I percuotere, toccare
  S pulsar, tocar
  U megütni, lenyomni
  R ударять
~ *corda*
  E to strike, to attack, to beat, to hammer
  F frapper, toucher, attaquer
  I battere, percuotere, toccare *v* le corde
  S pulsar, tocar
  U megütni
  R ударять
Anschläger *m* D *costr, pfte*
  E fly-finisher
  F monteur *m*
  I spingitore *m*
  S armador *m* ⟨*obrero encargado de en-
     samblar las diferentes partes*⟩
  U kiütő
  R мастер-механик *m*
Anschlagsgeräusch *n* D
  E action noise
  F bruit *m* d'attaque
  I rumore *m* d'attacco del suono
  S ruido *m* percutiente
  U megütési zaj
  R шум/призвук *m* (при извлечении звука)
Anschlagspunkt *m* D *corda*
  E striking point, point of attack
  F attaque *f*, point *m* d'attaque
  I punto *m* d'attacco
  S ataque *m*, punto/lugar *m* de ataque
  U ütéspont
  R точка *f* соприкосновения
anschwellen *v* D ⟨*Lautstärke*⟩
  E to grow louder
  F augmenter
  I ispessire, addensare ⟨*il suono*⟩
  S aumentar
  U erősödni
  R нарастать, усиливаться
anse *f* F *camp* Zapfen
~s *pl* Glockenzapfen; *camp* Haube
ansola *f* I *camp* Hängeeisen
anspielen *v* D *ton*
  E to attack

  F attaquer
  I attaccare
  S atacar
  U megszólaltatni
  R взять (звук)
~ ⟨*Stück*⟩
  E to attack, to begin
  F attaquer
  I attaccare
  S atacar, comenzar/empezar *v* a tocar
  U elkezdeni
  R заиграть
Ansprache *f* D *str*
  E speech, response
  F émission *f*
  I emissione *f*
  S emisión *f*
  U megszólaltatás, (hang)indítás
  R атака *f*
— **langsame ~, langsamer Ansatz** *m str*
  E slow speech
  F émission/attaque *f* lente
  I emissione *f* lenta, attacco *m* lento
  S emisión *f* lenta, ataque *m* lento
  U lassú (hang)indítás
  R медленная/мягкая атака *f*
— **leichte ~** *str*
  E ease of response
  F émission *f* facile
  I facilità *f* di emissione
  S emisión *f* fácil
  U könnyű (hang)indítás
  R лёгкая атака *f*
— **schnelle ~, schneller Ansatz** *m str*
  E prompt speech
  F émission/attaque *f* rapide
  I emissione *f* pronta, attacco *m* rapido
  S emisión *f* rápida, ataque *m* rápido
  U gyors (hang)indítás
  R быстрая/твёрдая атака *f*
— **sichere ~** *str*
  E firm speech
  F émission *f* ferme
  I emissione *f* ferma/forte/sicura/netta
  S emisión *f* firme
  U biztos (hang)indítás
  R уверенная атака *f*
ansprechen *v* D *str*
  E to speak
  F parler, sonner
  I emettere, suonare
  S sonar
  U megszólalni
  R звучать, отвечать
ansteigen *v* D
  E to ascend, to rise
  F monter
  I salire, ascendere
  S ascender, subir
  U fokozódni
  R восходить
ansteigend D
  E ascending, rising

F ascendant
I ascendente
S elevado, ascendente
U fokozódva
R восходящий
anstimmen v D ⟨Lied⟩
E to strike up, to begin
F entonner
I intonare
S entonar
U (el)kezdeni, rázenditeni
R запевать
Anstoß m D fiati
E attack
F attaque f
I attacco m
S ataque m
U megütés
R атака f
anstreichen v D corda
E to bow
F donner v un coup d'archet
I sfregare
S dar v una arqueada, dar v un golpe de
arco
U meghúzni, megszólaltatni
R взять v звук смычком
Anstrich m D archi = Aufstrich
answer E fuga Antwort
answer v E fuga beantworten
antecedent E Dux; Proposta
antécédent m F Dux; Proposta
antecedente m I Dux; Proposta; Vordersatz
antecedente m S Dux; Proposta
ante-escena f S teat Vorbühne
antes S; como ∼ come prima; come sopra
— cuanto ∼ tosto
anthem E = full anthem
Anthologie f D
E anthology
F anthologie f
I antologia f
S antología f
U antológia
R антология f, хрестоматия f
anthologie f F Anthologie; Auswahl; Sammelwerk
anthology E Anthologie; Sammelwerk
anticipáció U Vorausnahme; Vorimitation
anticipación f S Vorausnahme
anticipálni v U vorausnehmen
anticipált U vorausnehmend
anticipant F vorausnehmend
anticipar v S vorausnehmen
anticipare v I vorausnehmen
anticiparse v S vorausnehmen
anticipate v E vorausnehmen
anticipating E vorausnehmend
anticipation E Vorausnahme
anticipation f F Vorausnahme
anticipatorio I S vorausnehmend
anticipatory E vorausnehmend
∼ imitation: Vorimitation

anticipazione f I Vorausnahme
anticiper v F vorausnehmen
anti-concussion E; ∼ bellows pl org Ausgleichsbalg
∼ valve org Ausgleichsventil
antienne f F Antiphon
antifon U Antiphonie
antifona f I Antiphon
antífona f S Antiphon
antifóna U Antiphon
antifonale m I Antiphonale
antifonálé U Antiphonale
antifonario m I S Antiphonale; Antiphonar
antifonárium U Antiphonar
antifonia f I Antiphonie
antifonía f S Antiphonie; Wechselgesang
antifónia U Antiphonie
antikvárium U; zenei ∼ Musikantiquariat
Antiphon f D
E antiphon
F antienne f
I antifona f
S antífona f
U antifóna
R антифон m
antiphon E Antiphon
antiphonaire m F Antiphonar
antiphonal E Antiphonale; Antiphonar
∼ psalmody: antiphonale → Psalmodie
∼ singing: Wechselgesang
Antiphonale n D
E antiphonal, antiphoner, A: antiphonary
F antiphonale m
I antifonale m, antifonario m
S antifonario m
U antifonálé
R антифонарий m
antiphonale m F Antiphonale
Antiphonar n D
E antiphonal, antiphoner, A: antiphonary
F antiphonaire m
I antifonario m
S antifonario m
U antifonárium
R антифонарий m
antiphonary E Antiphonale; Antiphonar
antiphoner E Antiphonale; Antiphonar
Antiphonie f D
E antiphony
F antiphonie f
I antifonia f
S antifonía f
U antifónia, antifon
R антифония f
antiphonie f F Antiphonie; Wechselgesang
antiphony E Antiphonie
antiquarian music dealer E Musikantiquariat
antiquariato m di musica I Musikantiquariat
antique cymbals pl E Cymbeln antik
anti-resonance E Gegenresonanz
anti-résonance f F Gegenresonanz
antirisonanza f I Gegenresonanz
antirresonancia f S Gegenresonanz

antisonoro S schalldicht; schalltot
Antizipation f D = Vorausnahme
antizipieren v D = vorausnehmen
antizipierend D = vorausnehmend
antologia f I Anthologie; Sammelwerk
antología f S Anthologie; Auswahl; Sammelwerk
antológia U Anthologie
Antönen n D obs = Ansprache
Antwort f D fuga
  E answer
  F réponse f
  I risposta f
  S respuesta f
  U válasz
  R риспоста f, ответ m, спутник m
— **reale** ~ fuga
  E real answer
  F réponse f réelle
  I risposta f reale
  S respuesta f real
  U reális válasz
  R реальный ответ m
— **tonale** ~ fuga
  E tonal answer
  F réponse f tonale
  I risposta f tonale
  S respuesta f tonal
  U tonális válasz
  R тональный ответ m
anulador m de registros S org Absteller
anular v S auflösen; magn löschen
anvil E or Amboß
anyag U; bérelhető/bérelt ~ Leihmaterial
— tematikus ~ thematisches → Material
anziehen v D ⟨Bogenhaare⟩
  E to tighten
  F tendre
  I tendere
  S tender, estirar
  U felhúzni, megfeszíteni
  R натянуть
Aöden m pl D
  E (Homeric bards)
  F aèdes m pl
  I aedi m pl
  S aedos m pl, aedas m pl
  U aoidoszok pl
  R аэды m pl
aoidoszok pl U Aöden
Äolikon n D = Äolodikon
äolisch D
  E Aeolian
  F éolien
  I eolio
  S eólico, eolio
  U eol
  R эолийский
Äol(od)ikon n D
  E aeolodicon
  F élodicon f
  I aeolodicon m
  S eolodicón m

  U eolodikon
  R эол(од)икон m, элодикон m
Äolsharfe f, **Geisterharfe** f, **Wetterharfe** f, **Windharfe** f D
  E Aeolian harp
  F harpe f éolienne
  I arpa f eolia
  S arpa f eólica/eolia
  U eolhárfa
  R эолова арфа f
Äolsklavier n D
  E Aeolian piano
  F piano m éolien/mélodieux, mélodium m
  I pianoforte m eolio
  S piano/clavicímbalo m eólico/eolio
  U (orgonaszerű billentyűs hangszer)
  R (клавишный музыкальный инструмент типа органа)
apagador m S Abdämpfung; cemb, pfte Dämpfer
apagamiento m S; ~ gradual del sonido: Abklingvorgang
apagar v S perc dämpfen
  ~ inmediatamente perc gleich → abdämpfen
apagarse v S ac abklingen
aparato m S; ~ acústico: Hörgerät
  ~ crítico: kritischer → Apparat
  ~ de ajuste estereofónico rad Stereo-Steuergerät
  ~ para leer microfilms: Mikrofilmlesegerät
  ~ registrador de sonido: Schallaufnahmegerät
  ~ reproductor del sonido: Schallwiedergabegerät
aparecer v S herauskommen
apasionado S prescr appassionato
apenas S appena
aperiodico I prescr ⟨pizzicato, glissato⟩
  D mit beliebigem Rhythmus
  E indeterminate, optional rhythm
  F à volonté, ad libitum
  S ad libitum
  U szabadon
  R ad libitum
apertura f I ancia Mundspalt; fl. d. Aufschnitt
  ~ d'intonazione canna Stimmschlitz
  ~ di scarico org Auslaßöffnung
aperture E ancia Mundspalt
apex E Höhepunkt
Apfelregal n D org
  E apple regal
  F Apfelregal m, régale f à pomme
  I regale m a forma di mela
  S apfelregal m
  U "Apfelregal"
  R апфельрегаль m
apfelregal m S org Apfelregal
aphone F tonlos
aphonia E Aphonie
Aphonie f D
  E aphonia, loss of voice
  F aphonie f, perte f de la voix
  I afonia f
  S afonía f, pérdida f de la voz

U afónia, hang elvesztése
R афония f, потеря f голоса
aphonie f F Aphonie
apice m I Höhepunkt
aplacado S prescr pacato
aplaudir v S Beifall klatschen
aplauso m S Beifall
apocrifi m pl I apokryphe → Werke
apocryphes f pl F apokryphe → Werke
apollonium m I Lyraflügel
aporrear v S fam, pfte klimpern
apoyar v S canto stützen
apoyatura f S orn accent; appoggiatura
~ breve orn acciaccatura; Schleifer
~ breve/corta orn appoggiatura breve
~ de pasaje orn appoggiatura di passaggio
~ doble orn appoggiatura doppia; Anschlag
~ inferior orn appoggiatura ascendente
~ larga orn appoggiatura lunga
~ superior orn appoggiatura discendente
apoyo m S ottoni Stütze
~ de la respiración canto appoggio
~ de los macillos del pedal celeste pfte Stoßzungenprallhaken
Apparat m D; **kritischer** ~
   E critical notes pl/commentary
   F documentation f/appareil m critique
   I apparato m critico
   S aparato m crítico, documentación f
      crítica, notas f pl críticas
   U kritikai jegyzetek pl/apparátus
   R научный аппарат m (книги)
apparato m I; ~ critico: kritischer → Apparat;
   kritischer → Bericht
~ di manticeria org Anblasemechanismus
— apparati pl imitanti voci animali: Tierstimmeneffekte
apparátus U; kritikai ~ kritischer → Apparat
apparecchio m I; ~ acustico: Hörgerät
~ di registrazione: Schallaufnahmegerät
~ di regolazione stereofonica rad Stereo-
   -Steuergerät
~ di riproduzione sonora: Schallwiedergabegerät
appareil m F; ~ à vent teat Windmaschine
~ acoustique: Hörgerät
~ critique: kritischer → Apparat
~ d'enregistrement sonore: Schallaufnahmegerät
~ de prothèse auditive: Hörgerät
~ de réglage stéréophonique rad Stereo-Steuergerät
~ de reproduction sonore: Schallwiedergabegerät
apparent polyphony E Scheinpolyphonie
apparire v I herauskommen
appassionato I prescr
   D appassionato, leidenschaftlich
   E appassionato, "passionate(ly)"
   F appassionato, passionné
   S appassionato, apasionado
   U appassionato, szenvedélyes(en)
   R appassionato, страстно

appear v E auftreten
~ on stage teat auftreten
appearance E; make v one's ~ débuter
appeau m F Vogelpfeife
appel m F chiamata; mil Signal
appena I
   D kaum
   E scarcely, hardly
   F à peine
   S apenas
   U alig
   R едва, еле-еле
appesantire v I; ~ con piombo tasto ausbleien
appiattimento m I pfte Abplatten
applaud v E Beifall klatschen
applaudir v F Beifall klatschen
applaudire v I Beifall klatschen
applaudissement m F Beifall
Applaus m D = Beifall
applause E Beifall
applauso m I Beifall
applicare v I; ~ le corde: besaiten
Applikatur f D = Fingersatz
appoggia-mano m I fag Handhalter
appoggiare v I canto stützen
appoggiatura E orn accent
~ chord: accord appoggiaturé
~ from above orn appoggiatura discendente
~ from below orn appoggiatura ascendente
appoggiatura f I orn
   D Vorschlag m
   E appoggiatura
   F appogiature f
   S apoyatura f
   U előke
   R форшлаг m
~ **ascendente** orn
   D Vorschlag m von unten, ⟨18. sec⟩
      Accent m steigend
   E appoggiatura from below
   F appogiature f inférieure/ascendante
   S apoyatura f inferior
   U alulról inditott/kezdett előke
   R восходящий форшлаг m
~ **breve** orn
   D kurzer Vorschlag m
   E short appoggiatura
   F appogiature f brève
   S apoyatura f corta/breve
   U rövid előke
   R короткий форшлаг m
~ **di passaggio** orn
   D durchgehender Vorschlag m
   E passing appoggiatura
   F appogiature f de passage
   S apoyatura f de pasaje
   U átfutó előke
   R форшлаг m в виде проходящей ноты
~ **discendente** orn
   D Vorschlag m von oben, ⟨18. sec⟩ Accent
      m fallend
   E appoggiatura from above
   F appogiature f supérieure/descendante

S apoyatura *f* superior
U felülről indított/kezdett előke
R нисходящий форшлаг *m*
~ **doppia** *orn*
 D doppelter Vorschlag *m*
 E double appoggiatura
 F appogiature *f* double
 S apoyatura *f* doble, doble apoyatura *f*
 U kettős előke
 R двойной форшлаг *m*
~ **lunga** *orn*
 D langer Vorschlag *m*
 E long appoggiatura
 F appogiature *f* longue
 S apoyatura *f* larga
 U hosszú előke
 R долгий форшлаг *m*
— doppia ~ *orn* Anschlag
appoggiature *f* F *orn* = appogiature
Appoggio *n* D *canto* appoggio
appoggio *m* I *canto*
 D "Appoggio" *n*, Atemstütze *f*
 E "appoggio", voice/breath support
 F appui *m* (du souffle)
 S apoyo/control *m* de la respiración
 U appoggio, támasz
 R опора *f* дыхания
~ *ottoni* Rand
~ per il dito *ottoni* Fingerstütze
~ per il pollice *arco* Daumenleder
appoggiature *f* F *orn* appoggiatura
~ ascendente *orn* appoggiatura ascendente
~ brève *orn* appoggiatura breve; acciaccatura
~ de passage *orn* appoggiatura di passaggio
~ descendante *orn* appoggiatura discendente
~ double *orn* Anschlag; appoggiatura doppia
~ écrasée *orn* acciaccatura
~ inférieure *orn* appoggiatura ascendente
~ longue *orn* appoggiatura lunga
~ supérieure *orn* appoggiatura discendente
appreciation of music E Musikverständnis
apprendere *v* I; ~ sotto la guida di un maestro:
 korrepetieren
apprendistato *m* I; ~ per costruttori di strumenti musicali: Musikinstrumentenbauschule
approach *v* E *ton* erreichen
approcher *v* F *ton* erreichen
approfondire *v* I; ~ la parte: sich → einsingen
approvisionnement *m* du vent F *org* Winderzeugung
appui *m* F *canto* appoggio; *ottoni* Stütze
~ du souffle *canto* appoggio
~ pour le doigt *ottoni* Fingerstütze
appuyé F betont
appuyer *v* F *canto* stützen
aprender *m* **de memoria** S Auswendiglernen
apresurado S *prescr* affrettato
apresurando S *prescr* affrettando
apretar *v* S *corda, tasto* niederdrücken
aprókották *pl* U Stichnoten
apron (stage) E *teat* Vorbühne

aprovisionamiento *m* **de aire** S *org* Winderzeugung
aproximarse *v* S *ton* erreichen
Apsidenchöre *m pl* D
 E (*apse choirs, separate alternating choirs in*
  polychoral compositions)
 F (*chœurs qui se tiennent dans les absides,*
  dans l'exécution à plusieurs chœurs)
 I (*nella polifonia policorale, cori disposti*
  negli absidi)
 S (*coros colocados en los ábsides, en la*
  ejecución a varios coros)
 U (*többkórusos stílusban az apszisban elhe-*
  lyezett kórusok)
 R (*раздельно поставленные хоры в много-*
  хорной духовной композиции на про-
  тивоположных хорах в церкви)
apuntador *m* S souffleur
apuntadora *f* S souffleuse
apuntar *v* S souffler
Äqual *n* D *org*
 E diapason, principal 8'
 F aequal ⟨*terme ancien pour un registre de*
  8 pieds⟩
 I (*registro di 8 piedi*)
 S aequal ⟨*nombre alemán de un registro de*
  8 pies⟩
 U 8' principál
 R экваль *m*
Äquale *n* D
 E equale
 F (*composition pour voix égales*)
 I eguale *m*
 S (*composición para voces iguales*)
 U aequale ⟨*egyenű karra v. azonos fajtájú*
  hangszerekre irt zenemű⟩
 R (*композиция, написанная для однород-*
  ных голосов хора или инструментов
  оркестра)
Äqualist *m* D *greg*
 E equalist
 F (*partisan de la thèse selon laquelle toutes*
  les notes du chant grégorien sont égales)
 I equalista *m*
 S (*partidario del principio de la duración*
  igual de las notas en el gregoriano)
 U (*azon tézis hive, mely szerint a gregorián*
  éneklésben minden hang egyenlő hosszú)
 R (*сторонник направления, согласно ко-*
  торому все звуки григорианского хорала
  равны по длительности)
Aquitanian neume E Punktneume
arabesca *f* I S arabesque
arabesco *m* S arabesque
Arabeske *f* D arabesque
arabesque *f* F
 D Arabeske *f*
 E "arabesque"
 I arabesca *f*
 S arabesco *m*, arabesca *f*
 U arabeszk
 R арабеска *f*
arabeszk U arabesque

Arabian drum E arabische → Trommel
Arabic drum E Darabuka
arandela *f* S; ~ de fieltro *pfte* Filzscheibe
~ de la campana *ottoni* Kranz
Arbeit *f* D; **durchbrochene** ~ ⟨*Wiener Klassik*⟩
E *(fragmentation of themes)*
F *(fragmentation thématique)*
I *(frammentazione tematica)*
S *(fragmentación temática)*
U áttört munka
R мотивная/«ломаная» разработка *f*
— **thematische** ~
E thematic work
F travail *m* thématique
I lavoro *m* tematico, elaborazione *f* tematica
S trabajo *m* temático
U tematikus munka
R тематическая работа *f*
Arbeitsbalg *m* D *org*
E feeder
F soufflet *m* principal, soufflets *m pl*
d'orgue, pompe *f*
I mantice *m* alimentatore
S fuelle *m* principal
U főfúvó
R основной/рабочий мех *m*
Arbeitsgalerie *f* D *teat*
E fly gallery
F passerelle *f* de service
I passerella *f* di servizio
S pasarela *f* de servicio
U híd
R колосники *m pl*
Arbeitslied *n* D
E work song
F chanson *f* de travail
I canto *m* di lavoro
S canto *m*/canción *f* de trabajo
U munkadal
R трудовая песня *f*
arc *m* F; ~ à bouche: Mundbogen
~ en terre: Erdbogen
~ musical: Mundbogen
~ sonore: Musikbogen
arca *f* S; ~ de eco *org* Fernwerk
arcada *f* S *arco* Bogenführung; Bogenstrich;
archi Strich; Strichart
~ hacia abajo *vc* Herstrich
~ hacia arriba *archi* Aufstrich; Gegenstrich
arcata *f* I *arco* Bogenführung; Bogenstrich
~ in giù *archi* Abstrich
~ in su *archi* Aufstrich
arch E *corda* Wölbung
arched E; ~ harp: Bogenharfe
~ viall: Klaviergambe
archet *m* F *arco* Bogen
~ courbe/convexe *arco* Rundbogen
~ paume en bas *archi* Obergriff
— à ~ Streich-
— à contre ~ contr'arco
archetto *m* I *arco* Bogen
archi *m pl* I → arco

archilaúd *m* S Erzlaute
archiluth *m* F Erzlaute
arching E; ~ of the soundboard *pfte* Resonanzbodenwölbung
archlute E chitarrone; Erzlaute
arcicetra *f* I Baßcister
arciliuto *m* I Erzlaute
arco *m* I *arco* Bogen
— **archi** *pl*
D Streicher *m pl*
E strings *pl*
F cordes *f pl*
S cuerdas *f pl*, arcos *m pl*
U vonósok *pl*
R струнная группа *f* оркестра, струнные
m pl
~ a bocca: Mundbogen
~ convesso *arco* Rundbogen
~ in giù *vc* Herstrich
~ in su *vc* Hinstrich
~ musicale/sonoro: Musikbogen
~ terrestre: Erdbogen
— d'~ Streich-
arco *m* S *arco* Bogen
~s *pl* archi; Streichinstrumente
~ abajo *vc* Herstrich
~ curvado *arco* Rundbogen
~ de boca: Mundbogen
~ de suelo: Erdbogen
~ del proscenio *org* Proszenium
~ hacia abajo *archi* Abstrich
~ (hacia) arriba *archi* Aufstrich; Gegenstrich;
vc Hinstrich
~ musical: Erdbogen; Musikbogen
~ Rossini *archi* Obergriff
~ saltado *arco* Springbogen
~ tomado con la palma hacia abajo *archi*
Obergriff
— de ~ Streich-
ardent F con → fuoco
ardido S *prescr* ardito
ardito, arditamente I *prescr*
D ardito, arditamente, keck, kühn
E ardito, arditamente, *"bold(ly)"*
F ardito, arditamente, hardi, audacieux,
avec audace
S ardito, arditamente, ardido, atrevido,
con atrevimiento, con osadía
U ardito, arditamente, *"merészen"*
R ardito, arditamente, смело, дерзко
área *f* **de audibilidad** S Hörfeld
argument *m* F Opernführer
argumento *m* S Opernführer
aria E aria
— da capo ~ aria da capo
aria *f* I Luft
~ ⟨*opera*⟩
D Arie *f*
E aria
F air *m*, aria *f*
S aria *f*
U ária
R ария *f*

~ ⟨canzone⟩ Lied; Liedchen
~ **con prolepsi**
  D Devisenarie *f*
  E *(a da capo aria where the principal theme is announced by the orchestra)*
  F air *m* à devise
  S air *m* à devise
  U devizaária
  R *(оперная ария эпохи барокко, начинавшаяся небольшим мелодическим отрывком по типу эпиграфа или мотто)*
~ **concertante**
  D Konzertarie *f*
  E concert(ante) aria
  F air *m* de concert
  S aria *m* concertante/de concierto
  U koncertária
  R концертная ария *f*
~ **d'opera**
  D Opernarie *f*
  E operatic aria
  F air *m* d'opéra
  S aria *f* de ópera
  U operaária
  R оперная ария *f*
~ **da capo**
  D Dacapo-Arie *f*
  E da capo aria
  F aria *f* da capo
  S aria *f* da capo
  U da capo ária
  R ария *f* да капо
~ **di bravura**
  D Bravourarie *f*
  E bravura aria
  F air *m* de bravoure
  S aria *f* de bravura
  U bravúrária
  R бравурная ария *f*
~ **di coloratura**
  D Koloraturarie *f*
  E coloratura aria
  F air *m* avec/pour coloratura, air *m* à vocalises
  S aria *f* de coloratura
  U koloratúrária
  R колоратурная ария *f*
~ **di spolvero**
  D *(effektvolle Arie)*
  E *(showy aria, vocal display-piece)*
  F *(air à fioritures/à effets)*
  S *(aria de efecto, caballo de batalla)*
  U *(effektusária)*
  R *(эффектная ария)*
~ **metaforica**
  D Vergleichsarie *f*
  E metaphor/parable aria
  F air *m* à métaphores
  S *(aria cuyo texto se basa en comparaciones metafóricas)*
  U metaforaária
  R *(ария, начинающаяся с метафоры)*

~ **parlante**
  D Parlando-Arie
  E patter song
  F air *m* parlando/en style parlé
  S aria *f* de estilo parlante
  U parlandóária
  R *(ария, исполняющаяся говорком, по типу parlando)*
~ pastorale: Kuhreigen
aria *f* S aria
~ de bravura: aria di bravura
~ de coloratura: aria di coloratura
~ de concierto: aria concertante
~ de estilo parlante: aria parlante
~ de ópera: aria d'opera
ária U aria
— da capo ~ aria da capo
Arie *f* D aria
arieta *f* S arietta
Arietta *f* D arietta
arietta *f* I
  D Arietta *f*, Ariette *f*
  E arietta
  F ariette *f*
  S arieta *f*
  U arietta
  R ариетта *f*
Ariette *f* D arietta
ariette *f* F arietta
aritenoides *m* S Gießbeckenknorpel
Arm *m* D *pn*
  E check, A: arm
  F bras *m*
  I braccio *m*, bracciolo *m*
  S brazo *m*
  U lezena
  R боковая стенка *f* клавиатуры
arm E Querjoch; *pn* Arm
~ viol *obs* = viola
armador *m* S *costr*, *pfte* Anschläger
armadura *f* S Tonartvorzeichnung
armatura *f* I Kulissenrahmen; Saitenbezug
~ di corde di risonanza *pfte* Aliquotbesaitung
~ in ghisa *pfte* Vollpanzerplatte
armature *f* F Tonartvorzeichnung
armazón *m* S; ~ del campanario: Glockenstube
~ del fuelle *org* Balgstuhl
~ metálica *pfte* Vollpanzerplatte
Armeemarsch *m* D = Militärmarsch
Armgeige *f* D *obs* = Viola
armonia *f* I Harmonie; Harmonik
~ delle sfere: Sphärenmusik
~ eterea *org* Harmonia aetheria; Echomixtur
~ per quarte/quartale: Quartenharmonik
armonía *f* S Harmonie; Harmonielehre; Harmonik; Zusammenklang
~ etérea *org* Harmonia aetheria
~ de las esferas: Sphärenmusik
~ por cuartas: Quartenharmonik
armonica *f* I; ~ a bicchieri: Glasschalenspiel
~ a bocca: Mundharmonika
~ a cristalli rotanti: Glasharmonika
armónica *f* S; ~ (de boca): Mundharmonika

$\sim$ de copas: Glasharfe; Glasharmonika; Glasschalenspiel
armonico I harmonisch
armonico *m* I Oberton
$\sim$ inferiore: Unterton
— armonici *pl* soggettivi: Ohr-Obertöne
armónico S harmonisch; klangvoll
armónico *m* S Oberton
$\sim$s *pl* artificiales *archi* künstliche $\rightarrow$ Flageolett-Töne
$\sim$s auriculares/auditivos: Ohr-Obertöne
$\sim$s *pl* impares: ungerade $\rightarrow$ Obertöne
$\sim$ inferior: Unterton
$\sim$s *pl* naturales *archi* natürliche $\rightarrow$ Flageolett-Töne
$\sim$s *pl* pares: gerade $\rightarrow$ Obertöne
armonio *m* I Harmonium
$\sim$ a pressione d'aria: Druckwindharmonium
$\sim$ ad aspirazione d'aria: Saugwindharmonium
armonio *m* S Harmonium
$\sim$ con fuelle aspirante: Saugwindharmonium
$\sim$ con manchas: Druckwindharmonium
$\sim$ de aire comprimido: Druckwindharmonium
$\sim$ de bomba aspirante: Saugwindharmonium
armonioso I klangvoll
armonioso S harmonisch
armonización *f* S Harmonisierung
armonizar *v* S harmonisieren; *org* intonieren
armonizzare *v* I harmonisieren
armonizzatore *m* I *org* Intonateur
armonizzazione *f* I Harmonisierung
armure *f* **de la clef** F Tonartvorzeichnung
army march E Militärmarsch
árnyalás U Abstufung; Modulation
árnyalni *v* U abstufen
aro *m* S Glockenzapfen; *camp* Zapfen; *corda* Zarge; *org* Faltenbrett
$\sim$ de la campana *ottoni* Kranz
$\sim$ de suspensión *tamb* Anhängehaken
$\sim$ de tensar *perc* Spannreifen
$\sim$ del badajo *camp* Öhr
$\sim$ del ojo *arco* Augenring
$\sim$ del tambor: Trommelreifen
$\sim$ del timbal *timp* Oberreifen
$\sim$ interior/envuelto/oculto *tamb* Unterreifen
$\sim$ tensador *perc* Spannreifen
árok U; zenekari $\sim$ *teat* Orchesterraum
Ärophon *n* D
  E aerophone, aerophonic instrument
  F aérophone *m*
  I aeroforo *m*, aerofono *m*
  S aerófono *m*
  U aerofon (hangszer)
  R аэрофон *m*
arpa *f* I Harfe
$\sim$ a clavicembalo: Klavierharfe
$\sim$ a cornice: Dreiecksharfe; Rahmenharfe
$\sim$ a doppio movimento: Doppelpedalharfe
$\sim$ a nottolini: Hakenharfe
$\sim$ a pedali: Pedalharfe
$\sim$ angolare: Winkelharfe
$\sim$ arcuata: Bogenharfe
$\sim$ chitarra: arpa-guitarra

$\sim$ cromatica: chromatische $\rightarrow$ Harfe
$\sim$ di vetro: Glasharfe
$\sim$ doppia: Doppelharfe
$\sim$ eolia: Äolsharfe
$\sim$ liuto: Harfenlaute
$\sim$ tiorba: Harfentheorbe
$\sim$ triangolare: Dreiecksharfe
— cambiare *v* in re maggiore *prescr* wechseln in D-Dur $\rightarrow$ Harfe
— preparare *v* fa diesis minore *prescr* in fis-Moll vorbereiten $\rightarrow$ Harfe
arpa *f* S Harfe
$\sim$ angular: Winkelharfe
$\sim$ con pedal de doble movimiento/acción: Doppelpedalharfe
$\sim$ cromática: Hakenharfe; chromatische $\rightarrow$ Harfe
$\sim$ cromática con horquillas: Hakenharfe
$\sim$ de arco: Bogenharfe
$\sim$ de marco: Dreiecksharfe; Rahmenharfe
$\sim$ de pedal doble: Doppelpedalharfe
$\sim$ de pedal simple: Pedalharfe
$\sim$ doble: Doppelharfe
$\sim$ eólica/eolia: Äolsharfe
— pasar *v* a re mayor *prescr* wechseln in D-Dur $\rightarrow$ Harfe
— preparar *v* el fa sostenido menor *prescr* in fis-Moll vorbereiten $\rightarrow$ Harfe
arpa-cítara *f* S Harfenzither
arpa-clavecín *m* S Klavierharfe
arpa-guitarra *f* S
  D Gitarrenharfe *f*, Harfengitarre *f*
  E harp guitar
  F harpe-guitare *f*
  I arpa *f* chitarra
  U (*XIX. századi pengetőhangszer*)
  R арфа-гитара *f*
arpa-laúd *f* S Harfenlaute
arpaneta *f* S Spitzharfe
arpanetta *f* I Spitzharfe
arpanette *f* F Spitzharfe
arpa-tiorba *f* S Harfentheorbe
arpégé F arpeggiato; *prescr* arpeggiando
arpège *m* F arpeggio
arpéger *v* F *acc* arpeggiare
arpeggiálni *v* U *acc* arpeggiare
arpeggiando, arpeggiato, arpeggio I *prescr*
  D arpeggiando, arpeggiato, arpeggio, arpeggiert, arpeggierend, gebrochen
  E arpeggiando, arpeggiato, arpeggio, "*spreading the notes of the chord*", broken
  F arpeggiando, arpeggiato, arpeggio, arpégé
  S arpeggiando, arpeggiato, arpeggio, arpegiando, arpegiado, arpegio
  U arpeggiando, arpeggiato, arpeggio, (az akkordokat) törve
  R arpeggiando, arpeggiato, arpeggio, арпеджировано
arpeggiare *v* I *acc*
  D arpeggieren, brechen
  E to arpeggiate, to spread/break (a chord)
  F arpéger, briser

S arpegiar
U törni, arpeggiálni
R арпеджировать
arpeggiate *v* E *acc* arpeggiare
arpeggiated E arpeggiato
~ chord: accord arpégé
arpeggiato I
    D arpeggiert
    E arpeggiated
    F arpégé
    S arpegiado
    U arpeggio, törve
    R арпеджировано, по типу арпеджо
~ *prescr* = arpeggiando
arpeggieren *v* D *acc* arpeggiare
arpeggierend D *prescr* arpeggiando
arpeggiert D arpeggiato; *prescr* arpeggiando
Arpeggio *n* D arpeggio
arpeggio I *prescr* = arpeggiando
arpeggio *m* I
    D Arpeggio *n*, Akkordbrechung *f*, gebrochener Akkord *m*
    E arpeggio, breaking of chords, broken chord
    F arpège *m*
    S arpegio *m*
    U arpeggio, tört akkord
    R арпедж(и)о *n*, разложенный аккорд *m*
arpeggio U arpeggiato; arpeggio; *prescr* arpeggiando
Arpeggione *m* D arpeggione
arpeggione *m* I
    D Arpeggione *m*
    E arpeggione
    F "arpeggione" *m*, guitare-violoncelle *f*
    S arpeggione *m*
    U arpeggione
    R арпедж(и)оне *n*
arpegiado S arpeggiato; *prescr* arpeggiando
arpegiando S *prescr* arpeggiando
arpegiar *v* S *acc* arpeggiare
arpegio *m* S arpeggio
arpicordio *m* S arpicordo
Arpicordo *n* D arpicordo
arpicordo *m* I
    D Arpicordo *n*
    E harpsichord
    F "arpicordo" *m*
    S arpicordio *m*
    U "arpicordo"
    R *(клавишный инструмент типа спинета)*
arpilegno *m* I *obs* = xilófono
arpista *m+f* I S Harfenist
arqueada *f* S *arco* Bogenstrich
— dar *v* una ~ *corda* anstreichen
arrancar *v* S *corda* anreißen
arrange *v* E arranger; bearbeiten
~ for instruments: instrumentieren
Arrangement *n* D arrangement
arrangement E arrangement
~ of an orchestra: Orchesteranordnung

arrangement *m* F
    D Arrangement *n*, Bearbeitung *f*, Einrichtung *f*, Überarbeitung *f*, Transkription *f*
    E arrangement, adaptation
    I trascrizione *f*, riduzione *f*
    S arreglo *m*, transcripción *f*, reducción *f*, revisión *f*
    U feldolgozás, átírás, átirat, hangszerelés
    R аранжировка *f*
~ pour piano: Klavierauszug
arranger E Arrangeur; Bearbeiter
arranger *v* F
    D arrangieren, einrichten, überarbeiten, bearbeiten
    E to arrange, to adapt
    I trascrivere, ridurre, adattare
    S arreglar, transcribir, adaptar
    U feldolgozni, átírni, hangszerelni
    R аранжировать
Arrangeur *m* D
    E arranger
    F adaptateur *m*, transcripteur *m*
    I trascrittore *m*, riduttore *m*
    S adaptador *m*
    U feldolgozó, hangszerelő
    R аранжировщик *m*
arrangieren *v* D arranger
arrastre *m* S portamento
arreglar *v* S arranger; bearbeiten; überarbeiten
arreglo *m* S arrangement; Überarbeitung
~ para piano: Klavierauszug
arresto *m* I Stillstand
arrêt *m* F Stillstand
arrêter *v* F abbrechen
arriba S aufwärts
— hacia ~ aufwärts; aufwärtsgehend
arrière-plan *m* F *teat* Bühnenhintergrund
arsi *f* I Arsis
Arsis *f*, **Hebung** *f* D
    E arsis
    F arsis *f*
    I arsi *f*
    S arsis *f*
    U arszisz, arzis
    R арсис *m*
arsis E Arsis
arsis *f* F S Arsis
arszisz U Arsis
art E Kunst
~ dance: Kunsttanz
~ music: Kunstmusik
~ of dancing: Tanzkunst
~ of music: Tonkunst
~ of singing: Gesangskunst
~ song: Kunstlied
art *m* F Kunst
~ chorégraphique: Tanzkunst
~ de la danse: Tanzkunst
~ des sons: Tonkunst
~ du chant: Gesangskunst
~ vocal: Gesangskunst
arte *f* I Kunst

∼ dei suoni: Tonkunst
∼ del canto: Gesangskunst
∼ della danza: Tanzkunst
arte *m + f* S Kunst
∼ de la composición: Kompositionslehre
∼ de la danza: Tanzkunst
∼ de los sonidos: Tonkunst
∼ del canto: Gesangskunst
∼ vocal: Gesangskunst
articolare *v* I absetzen
articolato I *prescr*
    D artikuliert, exakt
    E (well) articulated
    F articulé
    S articulado
    U (jól) artikulált
    R articolato, отчётливо
articolazione *f* I Phrasierung
∼ tripla *fl* Tripelzunge
articulación *f* S Lauterzeugung; Phrasierung; *fl, ottoni* Zunge
— doble ∼ *arm* doppelter → Tastenfall; *legni* Doppelzunge
— triple ∼ *fiati* Flatterzunge; *fl* Tripelzunge
articulado S *prescr* articolato
articular *v* S absetzen; granire le note
articulate *v* E absetzen; granire le note
articulated E *prescr* articolato
articulation *f* F Phrasierung; *fl, ottoni* Zunge
∼ double *fiati* Flatterzunge
— double ∼ *arm* doppelter → Tastenfall; *legni* Doppelzunge
— triple ∼ *fl* Tripelzunge
articulé F *prescr* articolato
articuler *v* F absetzen
artifice *m* F Kunstgriff
∼ s *pl* Künste
∼ s *pl* contrapuntiques: kontrapunktische → Künste
artifici *m pl* I → artificio
artificial E künstlich
∼ harmonics *pl archi* künstliche → Flageolett-Töne
artificial S künstlich
artificiale I künstlich
artificiel F künstlich
artificieux F künstlich
artificio *m* I Kunstgriff
— artifici *pl* Künste
— artifici *pl* contrappuntistici: kontrapunktische → Künste
artificio *m* S Kunstgriff
∼ s *pl* Künste
∼ s *pl* contrapuntísticos: kontrapunktische → Künste
artificioso I S künstlich
artifizio *m* I = artificio
artikulálni *v* U absetzen; granire le note
artikulált U; (jól) ∼ *prescr* articolato
artikuliert D *prescr* articolato
ARTISJUS U ⟨*Szerzői Jogvédő Hivatal*⟩
    D *(ungarisches Büro zur Wahrung der Urheberrechte)*

    E *(Hungarian bureau for copyright protection)*
    F *(bureau hongrois pour la protection des droits d'auteur)*
    I *(ufficio ungherese per la protezione dei diritti d'autore)*
    S *(oficio húngaro por la protección de los derechos de autor)*
    R *(венгерское управление по охране авторских прав)*
artist E Künstler
artista *m+f* I Künstler
∼ del coro: Chorsänger
artista *m+f* S Künstler
∼ invitado *teat* Gast
artiste *m+f* F Künstler
∼ en représentation *teat* Gast
artistic E künstlerisch
∼ device: Kunstgriff
∼ director: régisseur; *teat* Intendant
∼ director/adviser: künstlerischer → Leiter
artistico I künstlerisch
artístico S künstlerisch
artistique F künstlerisch
arytenoid cartilage E Gießbeckenknorpel
arzis U Arsis
as *n* D *ton*
    E A flat
    F la *m* bémol
    I la *m* bemolle
    S la *m* bemol
    U asz
    R ля-бемоль *m*
asbestos curtain E *teat* eiserner → Vorhang
ascend *v* E ansteigen
ascendant F ansteigend; aufwärtsgehend
ascendendo I aufwärtsgehend
ascendente I S ansteigend
ascender *v* S ansteigen
ascendere *v* I ansteigen
ascending E ansteigend; aufwärtsgehend
∼ turn *orn* Doppelschlag von unten
ascoltare *v* I hören; zuhören
ascoltatore *m* I Hörer; Zuhörer
ascoltatrice *f* I Hörerin; Zuhörerin
ascolto *m* I Hören
ases *n* D *ton*
    E A double-flat
    F la *m* double bémol
    I la *m* doppio bemolle
    S la *m* doble bemól
    U aszasz
    R ля-дубль-бемоль *m*
asiento *m* S *ancia, cl* Bahn
asistente *m* S assistant de régie
aspetto *m* I = pausa
aspiración *f* S Einatmung
aspirador *m* S *org* Fangventil
aspirar *v* S einatmen
aspirated attack E *canto* gehauchter → Einsatz
aspiratore *m* I Schöpfbalg; *org* Fangventil
aspirer *v* F Luft holen
asprezza *f* I Härte

assai I
  D sehr
  E very
  F beaucoup, très
  S bastante
  U nagyon
  R очень
asse *m* I; ∼ della meccanica *pfte* Mechanik-
  achsen
  ∼ dello smorzo *pfte* Dämpferachse
assicella *f* **d'intonazione** I *canna* Stimmplatte
assistant *m* **de régie** F
  D Regieassistent *m*
  E assistant producer/director
  I assistente *m* alla regia
  S director *m* auxiliar, asistente *m*, sub-
    director *m*, "assistant *m* de régie"
  U segédrendező
  R помощник *m* режиссёра
assistant producer/director E assistant de régie
assistente *m* I; ∼ alla regia: assistant de régie
assisting pianist E *pfte* am → Flügel
associazione *f* I; ∼ corale: Gesang(s)verein
  ∼ corale maschile: Männergesang(s)verein
assolo *m* I = solo
assorbente I schalltötend; schallweich
asta *f* I; ∼ della ripetizione *pfte* Schere
  ∼ dello smorzo *pfte* Dämpferdraht
  ∼ di sostegno del coperchio *pfte* Deckelstütze
Ästhetik *f* D
  E aesthetics, A: esthetics
  F esthétique *f*
  I estetica *f*
  S estética *f*
  U esztétika
  R эстетика *f*
ästhetisch D
  E aesthetic(al), A: esthetic(al)
  F esthétique
  I estetico
  S estético
  U esztétikai
  R эстетический
astuccio *m* I étui
ašug R →ашуг
asymmetrical E; ∼ phrase-construction/phrase-
  -building: unsymmetrischer → Periodenbau
asz U *ton* as
aszasz U *ton* ases
asztalzongora U Tafelklavier
atabal *m* S Pauke
atabalero *m* S Pauker
ataca (en seguida) S *prescr* attacca (subito)
atacar *v* S einsetzen; anspielen
— hacer *v* ∼ Einsatzzeichen geben
atambor *m* S *obs* = tambor
ataque *m* S Anschlag; Einsatz; Tastengefühl;
  arpa Angriff; *corda* Anschlagspunkt; *fiati*
  Anstoß; *tasto* Spielart
  ∼ brusco *canto* harter → Einsatz
  ∼ con golpe de glotis *canto* harter → Einsatz
  ∼s *pl* con golpe de lengua *fl, ottoni* Zungenstöße

  ∼ lento *str* langsame → Ansprache
  ∼ rápido *str* scnnelle → Ansprache
  ∼ suave *canto* weicher → Einsatz
  ∼ susurrado *canto* gehauchter → Einsatz
átcsapni *v* U umschlagen; *org* überschlagen
átdolgozás U Überarbeitung
átdolgozni *v* U bearbeiten; überarbeiten
átdolgozó U Bearbeiter
Atem *m* D
  E breath
  F souffle *m*, respiration *f*
  I fiato *m*, soffio *m*, respiro *m*
  S aliento *m*, respiración *f*, fiato *m*
  U lélegzet(vétel), légzés
  R дыхание *n*
— **tonloser** ∼
  E unphonated/unvoiced breath
  F respiration *f* silencieuse
  I respirazione *f* silenziosa
  S respiración *f* silenciosa
  U zaj nélküli belégzés
  R бесшумное дыхание
atematico I athematisch
atemático S athematisch
atematikus U athematisch
Atembehandlung *f* D
  E breath control
  F contrôle *m* du souffle
  I tecnica *f* della respirazione
  S control *m* de la respiración
  U légzéstechnika
  R управление *n* дыханием
Atempause *f* D
  E pause for breath, A: breath pause
  F suspension *f* de respiration
  I respiro *m*
  S respiración *f*, suspensión *f* de la respira-
  ción
  U lélegzetvételi szünet
  R люфтпауза *f*
Atemstütze *f* D *canto* appoggio
Atemzeichen *n* D
  E breath mark
  F signes *m pl*/indications *f pl* de respira-
  tion, virgules *f pl*
  I segno *m* di respirazione, respiro *m*
  S comas *f pl*, indicaciones *f pl* de respira-
  ción
  U lélegzet(vétel) jele, cezúrajel
  R знак *m* для дыхания
átérni *v* U *tasto* greifen
átértelmezés U *acc* Umdeutung
átértelmezhető U umdeutbar
átértelmezhetőség U Umdeutbarkeit
átértelmezni *v* U *acc* umdeuten
átfedni *v* U überschneiden
átfogni *v* U; decimát ∼ *tasto* eine Dezime →
  greifen
átfújni *v* U überblasen
átfúvás U Überblasen
áthangolni *v* U umstimmen
áthangszerelni *v* U uminstrumentieren
átható U durchdringend

áthelyezni *v* U *org* verführen
athematic E athematisch
athématique F athematisch
athematisch D
  E athematic
  F athématique
  I atematico
  S atemático
  U atematikus, téma nélküli
  R без темы
Ätherophon *n* D
  E aetherophone
  F Théréminovox *m*
  I eterofono *m*
  S eterófono *m*
  U éterhangszer, theremin
  R терменвокс *m*
átírás U arrangement
átírat U arrangement; Übertragung
átírható U übertragbar
átírni *v* U arranger; überspielen; übertragen
átjátszani *v* U überspielen
átkomponált U durchkomponiert
átkötés U Bindung
átkötni *v* U binden
átlapolni *v* U überschneiden
átmásolni *v* U überspielen
atmen *v* D
  E to breathe
  F respirer
  I respirare
  S respirar
  U lélegezni
  R дышать
átmenet U Durchgang; Mutation; Übergang
átmenni *v* U mutieren
— c-ről ciszre ~ *prescr, timp* C nach Cis umstimmen → Pauke
átmenőhang U Durchgangston
— hangsúlyos ~ betonter → Durchgangston
— hangsúlytalan ~ unbetonter → Durchgangston
Atmung *f* D
  E breathing
  F respiration *f*
  I respirazione *f*
  S respiración *f*
  U légzés, lélegzetvétel
  R дыхание *n*
átnézés U Revision
átnézni *v* U revidieren
atonal D
  E atonal
  F atonal
  I atonale
  S atonal
  U atonális
  R атональный
atonal F S atonal; nichttonal
atonale I atonal
atonalidad *f* S Atonalität
atonális U atonal
atonalità *f* I Atonalität

atonalitás U Atonalität
Atonalität *f* D
  E atonality
  F atonalité *f*
  I atonalità *f*
  S atonalidad *f*
  U atonalitás
  R атональность *f*
atonalité *f* F Atonalität
atonality E Atonalität
atone F tonlos
atrevido S *prescr* animoso; ardito
atrevimiento *m* S; con ~ *prescr* ardito
atribución *f* S Zuschreibung
— atribuciones *pl* zugeschriebene → Werke
— atribuciones *pl* dudosas/inciertas: zweifelhafte → Werke
— falsas atribuciones *pl* falsch zugeschriebene
  → Werke
atril *m* S Lesepult; Notenpult; Pult; *teat* Bühnenpult
~ de coro: Lettner
~ portátil *ottoni* Notenhalter
— primer [segundo] ~ Erstes [Zweites]
  Pult
attacca (subito) I *prescr*
  D attacca, sofort, ohne Unterbrechung
  E attacca, *"proceed immediately"*, *"without
    interruption"*
  F attacca, aussitôt, sans interruption
  S attacca, ataca, ataca en seguida
  U attacca, folytatva, megállás/szünet nél-
    kül
  R attacca, атака
attaccare *v* I anspielen; einsetzen; *ton* anspielen
attacco *m* I Einsatz; *arpa* Angriff; *fiati* Anstoß
~ al tasto *org* Abstraktendraht
~ aspro/duro *canto* harter Einsatz
— attacchi *pl* delle note con un colpo di lingua
  fl, ottoni Zungenstöße
~ dolce *canto* weicher → Einsatz
~ lento *str* langsame → Ansprache
~ morbido *canto* weicher → Einsatz
~ rapido *str* schnelle → Ansprache
~ sul fiato (alitato) *canto* gehauchter → Einsatz
— avere *v* un transitorio d'~ sensibile *canna*
  spucken
— dare *v* l'~ Einsatzzeichen geben
attache *f* de la mèche F *arco* Kästchen
attached console E *org* angebauter → Spieltisch
attack E *arpa* Angriff; *canto* Einsatz; *fiati*
  Anstoß
~ with the tongue *fl, ottoni* Zungenstöße
attack *v* E anspielen; *corda, tasto* anschlagen
attaque *f* F Einsatz; *arpa* Angriff; *corda*
  Anschlagspunkt; *fiati* Anstoß; *tasto* Anschlag; Spielart
~ avec un coup de glotte *canto* harter →
  Einsatz
~ dure *canto* harter → Einsatz

$\sim$ lente *str* langsame → Ansprache
$\sim$ murmurée *canto* gehauchter → Einsatz
$\sim$ rapide *str* schnelle → Ansprache
$\sim$ sur le souffle *canto* gehauchter → Einsatz
attaquer *v* F anspielen; einsetzen; *corda, tasto* anschlagen
atteindre *v* F *ton* erreichen
$\sim$ une dixième *tasto* eine Dezime → greifen
attenuate *v* E *ac* abklingen
attenuation E *ac* Dämpfung
áttétel U *org* Transmission
atto *m* I Aufzug
$\sim$ dello sfiorare: Abtastung
— opera in due [tre, quattro] atti: Oper in zwei [drei, vier] → Aufzügen
attore *m* I Darsteller; Schauspieler
— essere *v* $\sim$ di cartello *teat* interpréter le → rôle principal
— primo $\sim$ Hauptdarsteller; *teat* premier → rôle masculin
attrape *f* F *pfte* Fanger
attraper *v* F *pfte* fangen
attrezzi *m pl* I *teat* Requisiten
attrezzista *m* I *teat* Requisitenmeister
attributed works *pl* E zugeschriebene → Werke
attribution E Zuschreibung
attribution *f* F Zuschreibung
$\sim$ s *pl* zugeschriebene → Werke
$\sim$ s *pl* fausses: falsch zugeschriebene → Werke
$\sim$ s *pl* incertaines: zweifelhafte → Werke
attribuzione *f* I Zuschreibung
attrice *f* I Darstellerin; Schauspielerin
— prima $\sim$ Hauptdarstellerin; *teat* premier → rôle féminin
átugrani *v* U überspringen
átváltani *v* U mutieren
átváltozás U Wandlung
átvenni *v* U entlehnen
átvétel U Entlehnung
átvezetés U Überleitung
aubade U aube
aube *f* F
    D Tagelied *n*
    E alba
    I alba *f*
    S alba *f*, alborada *f*
    U aubade, "*hajnali szerenád*"
    R *(тип утренней серенады у трубадуров и труверов)*
audace *f* F; avec $\sim$ *prescr* ardito
audace I *prescr*
    D audace, beherzt, kühn
    E audace, "*audacious*", "*bold*"
    F audace, audacieux
    S audace, audaz
    U audace, "*merészen*"
    R audace, смело
audacieux F *prescr* ardito; audace
audaz S *prescr* audace
au-dessus F aufwärts
— comme $\sim$ *prescr* come sopra
audibilidad *f* S Hörempfindung
audible E hörbar

$\sim$ fifths *pl* Hörquinten
audible F S hörbar
audición *f* S Hören; Hörvermögen; Vorsingen; Vorspiel
$\sim$ coloreada: Farbenhören
— pasar *v* una $\sim$ vorsingen
— primera $\sim$ première; Uraufführung
audience E Publikum; Zuhörer
audímetro *m* S Geräuschmesser
audio-control engineer E *rad* Tonmeister
audio-frequency E Tonfrequenz
audio-frequenza *f* I Tonfrequenz
audiometer E Geräuschmesser
audiomètre *m* F Geräuschmesser
auditeur *m* F Hörer; Zuhörer
audition E Vorsingen; Vorspiel
— have *v* an $\sim$ vorsingen; vorspielen
audition *f* F Hören; Vorsingen; Vorspiel
$\sim$ colorée: Farbenhören
— première $\sim$ Uraufführung
auditionner *v* F; se faire $\sim$ vorsingen; vorspielen
auditory E; $\sim$ canal *or* Gehörgang
$\sim$ centre: Hörzentrum
$\sim$ defect: Gehörfehler
$\sim$ meatus *or* Gehörgang
$\sim$ nerve: Hörnerv
$\sim$ ossicles *pl or* Gehörknöchelchen
$\sim$ sensation area: Hörfeld
auditrice *f* F Hörerin; Zuhörerin
audizione *f* I Vorsingen; Vorspiel
— fare *v* un' $\sim$ vorspielen
— fare *v* un' $\sim$ di canto: vorsingen
Aufbau *m* D
    E structure, construction, anatomy, texture, form
    F structure *f*, construction *f*, formation *f*
    I struttura *f*, costruzione *f*, formazione *f*
    S construcción *f*, estructura *f*, formación *f*
    U felépítés, struktúra
    R структура *f*, построение *n*
Auffassung *f* D
    E interpretation
    F interprétation *f*
    I interpretazione *f*, lettura *f*
    S interpretación *f*
    U felfogás
    R толкование *n*, трактовка *f*, интерпретация *f*
Auffassungsdissonanz *f* D ⟨*Riemann*⟩
    E "*conceptual dissonance*"
    F "*dissonance conceptuelle*"
    I "*dissonanza concettuale*"
    S "*disonancia conceptual/virtual*"
    U "*látszatdisszonancia*"
    R *(созвучие акустически консонирующее, но в общем контексте воспринимающееся в качестве диссонанса)*
aufführen *v* D
    E to perform, to present, to produce
    F (re)présenter, exécuter, produire
    I rappresentare
    S ejecutar, representar

U előadni
R исполнить, поставить

Aufführung *f*, **Darbietung** *f* D
  E performance, production, presentation
  F représentation *f*, exécution *f*, production *f*
  I rappresentazione *f*, esecuzione *f*
  S ejecución *f*, representación *f*
  U előadás
  R исполнение *n*, постановка *f*, представление *n*

Aufführungspraxis *f* D
  E performing practice
  F pratique *f* de l'exécution
  I prassi *f* d'esecuzione
  S práctica *f*. de la ejecución
  U előadási gyakorlat
  R практика *f* исполнительства

Aufführungsrecht *n* D
  E performing right
  F droits *m pl* de représentation/d'exécution
  I diritti *m pl* di esecuzione
  S derechos *m pl* de ejecución
  U előadási jog
  R право *n* исполнения
  ~e *pl* →AUSTRO-MECHANA; AWA; GEMA

aufgeregt D eccitante; *prescr* commosso

Aufhaltungen *f pl* D ⟨18. *sec*⟩
  E suspensions *pl*
  F retards *m pl*
  I ritardi *m pl*
  S retardos *m pl*
  U késleltetések *pl*
  R *(вид мелизмов)*

Auflage *f* D
  E issue, edition
  F tirage *m*, édition *f*
  I edizione *f*
  S tirada *f*, edición *f*
  U kiadás
  R издание *n*, тираж *m*

Auflagedruck *m* D *gram*
  E needle/stylus pressure
  F effort *m*/pression *f* du style
  I pressione *f* della puntina
  S presión *f* de la púa
  U tűnyomás
  R давление *n* тонарма

auflösen *v* D ⟨*Dissonanz*⟩
  E to resolve
  F résoudre
  I risolvere
  S resolver
  U feloldani
  R разрешить ⟨*диссонанс*⟩
  ~ ⟨*Vorzeichen*⟩
  E to cancel
  F annuler
  I annullare
  S anular
  U feloldani
  R отменить ⟨*знак альтерации*⟩

  ~ ⟨*Vorhalt*⟩
  E to resolve
  F résoudre
  I risolvere
  S resolver
  U feloldani
  R разрешить ⟨*задержание*⟩

Auflösung *f* D ⟨*Dissonanz*⟩
  E resolution
  F résolution *f*
  I risoluzione *f*
  S resolución *f*
  U feloldás
  R разрешение *n* ⟨*диссонанса*⟩
  ~ ⟨*Vorzeichen*⟩
  E cancellation
  F annulation *f*, suppression *f*
  I annullamento *m*, soppressione *f*
  S supresión *f* de un accidente
  U feloldás
  R отказ *m* ⟨*от альтерации*⟩
  ~ **der Tonalität**
  E disintegration of tonality
  F désintégration *f* de la tonalité
  I disintegrazione *f* della tonalità
  S desintegración *f* de la tonalidad
  U tonalitás felbomlása
  R растворение *n* тональности

Auflösungsakkord *m* D accord de résolution

Auflösungszeichen *n* D
  E natural (sign)
  F bécarre *m*, naturel *m*
  I (doppio) bequadro *m*
  S becuadro *m*
  U feloldójel
  R бекар *m*, знак *m* отказа от альтерации

Aufnahme *f* D *gram*, *magn*
  E recording
  F enregistrement *m*
  I registrazione *f*, incisione *f*
  S grabación *f*
  U felvétel
  R запись *f*, грамзапись *f*
  ~ **machen** *v gram*, *magn*
  E to make a recording, to record
  F enregistrer
  I effettuare *v* una registrazione
  S grabar, hacer/realizar *v* una grabación
  U felvételt készíteni/csinálni *v*
  R записывать

Aufnahmetonkopf *m* D *magn*
  E recording head
  F tête *f* d'enregistrement
  I testina *f* di registrazione
  S botón *m* de registración, cabeza *f* grabadora
  U felvevőfej
  R магнитная головка *f*

Aufnahmezeit *f* D *gram*, *magn*
  E recording time
  F durée *f* de l'enregistrement
  I tempo *m* di registrazione

S tiempo *m* de grabación, duración *f* de la grabación
U felvételi idő
R продолжительность *f* записи

aufnehmen *v* D ⟨*Mikrophon*⟩
E to pick up, to record
F enregistrer
I registrare
S registrar, grabar
U felvenni
R записывать *v* по трансляции

Aufsatz *m*, **Becher** *m*, **Schallbecher** *m*, **Schallstück** *m* D *canna ancia*
E bell, shank, resonator
F pavillon *m*, résonateur *m*, corps *m* de résonance
I padiglione *m*, risonatore *m*, spoletta *f*
S campana *f*, pabellón *m*
U (hang)tölcsér, kürtő, korpusz
R раструб *m*

Aufsatzbogen *m* D *cor*
E crook
F corps *m* de rechange
I ritorto *m*
S tonillo *m*, tono *m*, cuerpo *m* de recambio
U toldalékcső
R надставка *f*

Aufschlag *m* D *dir*
E up-beat
F levé *m*
I tempo *m* debole, levare *m*
S alzar *m*, levantar *m*, tiempo *m* débil
U felütés
R взмах *m* руки дирижёра

Aufschläger *m* D *costr, pfte*
E fitter-up, A: case-maker
F mécanicien *m*, ajusteur *m*
I ebanista *m*
S ensamblador *m*, ajustador *m*
U zongoraszekrény-készítő
R мастер-механик *m* ⟨*монтировщик*⟩

aufschneiden *v* D *canna anima*
E to cut up
F tailler
I tagliare *v* la bocca (della canna)
S cortar
U felvágni
R делать *v* разрез

Aufschnitt *m* D *canna anima*
E mouth, cut-up
F bouche *f*, entaille *f*
I bocca *f*
S boca *f*, entaille *f*
U (ajak)felvágás, (síp)száj
R ротик *m* трубы

~ *canna ancia* ⟨*der Kehle*⟩
E orifice
F orifice *m*
I orifizio *m*
S orificio *m*
U (ajak)felvágás
R вырез *m*, полость *f*

~ *fl. d.*
E mouth, cut-up, slit
F bouche *f*, lumière *f*, ouverture *f*, biseau *m*, sifflée *f*
I apertura *f*, fessura *f*
S boca *f*, luz *f*
U ajakfelvágás, lábium
R *(деталь мундштучной части)*

aufstellen *v* D ⟨*Thema*⟩
E to state
F exposer
I esporre
S exponer
U bemutatni, exponálni
R излагать

~ *canna*
E to plant
F placer, disposer
I installare, innestare, collocare
S plantar, poner
U felállítani
R размещать *v* (в определённом порядке)

Aufstellung *f* D exposition

Aufstrich *m*, **Anstrich** *m* D *archi*
E upbow
F poussé *m*
I arcata *f* in su
S arcada *f*/arco *m* (hacia) arriba
U vonóhúzás felfelé
R движение *n* смычка вверх

Auftakt *m*, **Anakrusis** *f* D
E up-beat, off-beat, anacrusis
F anacrouse *f*
I anacrusi *f*
S anacrusa *f*
U ütemelőző, auftakt, felütés
R затакт *m*

~ *dir*
E up-beat
F levé *m*, geste *m* préparatoire
I tempo *m* in levare
S alzar *m*, levantar *m*
U felütés, beintés
R ауфтакт *m*

auftakt U Auftakt

auftaktig D
E up-beat, off-beat, anacrustic
F anacroustique
I anacrusico
S anacrúsico
U felütéses, csonka ütemrésszel kezdődő
R затактный

auftreten *v* D ⟨*Thema*⟩
E to appear, to make an entry
F entrer, se présenter
I entrare, presentarsi
S entrar, presentarse
U belépni
R вступать, проводиться

~ *teat*
E to appear on stage
F entrer *v* en scène
I entrare, comparire

8

S entrar *v* en escena
U színre lépni *v*
R выступать
Auftritt *m* D ⟨*des Spielers*⟩
E entrance, entry
F entrée *f*
I entrata *f*
S entrada *f*
U jelenés
R выступление *n*, выход *m* (на сцену)
aufwärts D
E upwards
F en haut, au-dessus
I in su
S (hacia) arriba
U felfelé
R вверх
aufwärtsgehend D
E ascending, upwards
F ascendant
I ascendendo, salendo, all'insù
S subiendo, hacia arriba
U felfelé menő, emelkedő
R восходящий
Aufwärtssprung *m* D
E upward leap
F saut *m* ascendant
I salto *m* ascendente
S salto *m* ascendente
U ugrás felfelé
R скачок *m* вверх
aufwerfen *v* D *canna ancia* ⟨*Zunge*⟩
E to curve
F courber
I curvare
S abrir, curvar
U felhajtani
R гартовать
Aufwurf *m*; ~ **der Zunge** D *canna ancia*
E curve of the tongue
F courbure *f* de l'anche
I curvatura *f* dell'ancia
S curva *f* de la lengüeta
U nyelv felhajtása
R изгиб *m* язычка
aufziehen *v* D ⟨*Trommelfell*⟩
E to mount
F tendre
I montare
S tender
U megfeszíteni, meghúzni, felhúzni
R натягивать
Aufzug *m*, **Akt** *m* D
E act
F acte *m*
I atto *m*
S acto *m*, jornada *f*
U felvonás
R действие *n*, акт *m*
— **Oper** *f* **in zwei [drei, vier] Aufzügen**
E opera in two [three, four] acts
F opéra *m* en deux [trois, quatre] actes
I opera *f* in due [tre, quattro] atti

S ópera *f* en dos [tres, cuatro] actos
U opera két [három, négy] felvonásban
R опера *f* в двух [трёх, четырёх] действиях
Auge *n* D *arco*
E eye
F œil *m*
I occhio *m*
S ojo *m*
U szem
R глазок *m*
Augenmusik *f* D
E eye-music ⟨*music for the eye rather than the ear*⟩
F musique *f* oculaire
I musica *f* visiva
S música *f* para la vista
U *(szemnek való zene)*
R *(нотное изображение, направленное на зрительное восприятие)*
Augenring *m* D *arco*
E ring, eye-ring
F anneau/cercle *m* de l'œil
I anello/cerchio *m* dell'occhio
S aro *m* del ojo
U (szem)gyűrű
R кольцо *n* глазка
augment *v* E vergrößern
augmentáció U Vergrößerung
augmentálni *v* U vergrößern
augmenter F; en ~ *prescr* aumentando
Augmentation *f* D = Vergrößerung
augmentation E Vergrößerung
augmentation *f* F Vergrößerung
augmenté F übermäßig
augmented E übermäßig
~ fifth: übermäßige → Quinte
~ fourth: übermäßige → Quarte
~ interval: übermäßiges → Intervall
~ octave: übermäßige → Oktave
~ orchestra: verstärktes → Orchester
~ second: übermäßige → Sekunde
~ seventh: übermäßige → Septime
~ sixth: übermäßige → Sexte
~ third: übermäßige → Terz
~ triad: accord augmenté
~ unison: übermäßige → Prim
augmenter *v* F anschwellen; steigern; vergrößern
aulo *m* I Aulos
Aulos *m* D
E aulos
F aulos *m*
I aulo *m*
S aulos *m*
U aulosz
R авлос *m*
aulos E Aulos
aulos *m* F S Aulos
aulosz U Aulos
aumentación *f* S Vergrößerung
aumentado S übermäßig
~ al doble: doppelt → übermäßig

— dos veces ∼ doppelt → übermäßig

aumentando I *prescr*
D aumentando, lauter werdend
E aumentando, *"increasing"*, *"becoming louder"*
F aumentando, en augmentant
S aumentando
U aumentando, *"erősödve"*
R aumentando, усиливая

aumentar *v* S anschwellen; steigern; vergrößern

aumentare *v* I steigern; vergrößern

aumentato I übermäßig

aumentazione *f* I Vergrößerung

aumento *m* S Steigerung; Vergrößerung

auparavant F; comme ∼ come prima

Aura *f* D *obs* = Mundharmonika

aural E; ∼ exercise: Gehörübung
∼ harmonics *pl* Ohr-Obertöne
∼ nerve: Hörnerv
∼ perception: Hörempfindung
∼ practice: Gehörübung
∼ test: Gehörprüfung
∼ training: Gehörbildung

auricle E Ohrmuschel

auricule *f* F Ohrmuschel

aurresku *m* S *bl*
D *(baskischer Tanz, auch Bezeichnung für eine Reihe von Tänzen zu Ehren der Frauen)*
E *(Basque dance, also denoting a sequence of dances in honour of women)*
F *(danse traditionnelle basque; un cycle de danses en hommage à la femme)*
I *(danza basca e anche denominazione di un insieme di danze in onore delle donne)*
U *(baszk tánc és táncciklus asszonyok tiszteletére)*
R *(баскский танец, также обозначение ряда танцев в честь женщины)*

ausatmen *v* D
E to exhale, to breathe out
F expirer
I espirare
S espirar, exhalar, echar *v* el aliento
U kilélegezni
R выдыхать

Ausatmung *f* D
E exhalation, breathing-out
F expiration *f*
I espirazione *f*
S espiración *f*, exhalación *f*
U kilégzés
R выдох *m*

ausbleien *v* D *tasto*
E to load, A: to lead
F égaliser *v* avec les plombs
I appesantire *v* con piombo, contrappesare *v* il tasto
S colocar *v* los contrapesos de plomo
U (le)ólmozni
R свинцовать ⟨клавиатуру⟩

Ausdruck *m* D
E expression

F expression *f*
I espressione *f*
S expresión *f*
U kifejezés
R выражение *n*, выразительность *f*

ausdrücken *v* D
E to express
F exprimer
I esprimere
S expresar
U kifejezni
R выражать

Ausdrucksmittel *n* D
E expressive device, means of expression
F moyen *m* expressif/d'expression
I mezzo *m* espressivo/d'espressione
S medio *m* expresivo/de expresión
U kifejezési eszköz
R средство *n* выразительности

ausdrucksvoll D *prescr* espressivo

ausführen *v* D
E to perform, to execute
F exécuter, représenter
I eseguire, rappresentare
S ejecutar, representar
U előadni, eljátszani
R исполнять
∼ *org*
E to convey
F canaliser, conduire, transmettre
I incanalare, convogliare
S conducir, canalizar, transmitir
U elvezetni
R направлять, изготовлять

Ausführender *m*, **Ausführende** *f* D
E performer, executant
F exécutant *m*, exécutante *f*
I esecutore *m*, esecutrice *f*
S ejecutante *m* + *f*
U előadó(művész)
R исполнитель *m*, исполнительница *f*

Ausführung *f* D
E performance, execution
F exécution *f*, représentation *f*
I esecuzione *f*, rappresentazione *f*
S ejecución *f*, representación *f*
U előadás, tolmácsolás
R исполнение *n*

Ausgabe *f* D
E edition
F édition *f*
I edizione *f*
S edición *f*
U kiadás
R издание *n*
— endgültige ∼
E definitive edition
F édition *f* définitive
I edizione *f* definitiva
S edición *f* definitiva
U végleges kiadás
R окончательное издание *n*

— **historische ~**
E historical edition
F édition f historique
I edizione f storica
S edición f histórica
U történeti kiadás
R издание n, соответствующее оригиналу рукописи
— **kritische ~**
E critical edition
F édition f critique
I edizione f critica
S edición f crítica
U kritikai kiadás
R издание n с комментариями, расшифровкой и т. п.
— **praktische ~**
E practical edition
F édition f pratique
I edizione f pratica
S edición f de estudio
U gyakorlati kiadás
R учебное издание n
— **transponierte ~**
E transposition, transposed edition
F transposition f
I edizione f trasportata
S edición f transportada
U transzponált kiadás
R издание n в транспорте
— **wissenschaftliche ~**
E scholarly edition
F édition f scientifique
I edizione f scientifica
S edición f científica
U tudományos kiadás
R научное издание n
Ausgangsreihe f D dod
E initial row/series
F série f originale
I serie f originale
S serie f original
U alapsor
R основной/исходный ряд m
Ausgangsthema n D
E opening theme
F thème m principal
I tema m iniziale/fondamentale
S tema m fundamental/principal
U alaptéma
R начальная тема f
Ausgangston m D
E initial/original tone/note
F ton m initial
I suono m/nota f originale
S tono m/nota f inicial
U kezdőhang, kiindulóhang
R начальный звук m
Ausgangstonart f D = Anfangstonart
ausgelassen D prescr impetuoso
Ausgleichsbalg m, **Kanalreiter** m, **Regulierbalg** m, **Stoßfänger** m D org
E anti-concussion bellows pl

F réservoir m anti-secousse
I mantice m stabilizzatore
S fuelle m de compensación
U kiegyenlítőfúvó
R регулировочный мех m
Ausgleichsventil n D org
E anti-concussion valve
F soupape f de compensation
I valvola f anti-scatto
S válvula f de compensación
U kiegyenlítőszelep
R клапан-регулятор m
~ ottoni
E compensation piston
F piston m de compensation
I pistone m di compensazione
S válvula f de compensación
U kiegyenlítőszelep
R компенсационный вентиль m
Ausgleichsvorgänge m pl D ac
E transient phenomena pl
F phénomènes m pl transitoires
I fenomeni m pl dei transienti
S fenómenos m pl transitorios
U kiegyenlítődés
R (совокупность акустических процессов возникновения и прекращения колебаний)
aushalten v D ton
E to sustain
F prolonger, soutenir
I mantenere, sostenere
S sostener, mantener
U kitartani
R выдерживать
Aushaltungszeichen n D obs = Fermate
Ausklang m D = Schluß
ausklingen lassen D prescr, perc = klingen lassen
Auslaßöffnung f D org
E exhaust hole
F soupape f de décharge
I apertura f di scarico
S orificio m de escape
U kiereszőnyílás
R отверстие n (в виндладе) для стока избыточного воздуха
Auslaßventil n, **Sicherheitsventil** n D org
E safety/exhaust valve
F soupape f de décharge
I valvola f di sicurezza/scarico
S válvula f de seguridad/escape
U kiereszőszelep, biztosítószelep
R предохранительный клапан m
Auslöser m D org
E cancel piston
F échappement m
I annullatore m
S escape m
U kiváltó
R ауслёзер m
~ pfte
E escapement lever, set-off lever, hopper

F échappement *m*
I scappamento *m*
S escape *m*
U kioldó
R отключающее устройство *n* (шпилера)

Auslöserpuppe *f* D *pfte*
E escapement button, set-off button, let--off dowel, A: regulating button
F bouton *m* d'échappement/(de réglage) de l'échappement
I bottone *m* di legno guarnito per scappamento, bottoncino *m*
S botón *m* regulador del escape
U szabályozóhenger, szabályozócsavar
R ауслезерная пупка *f*, ауслёзер *m*

Auslöserpuppenleiste *f* D *pfte*
E escapement/let-off rail, A: regulating rail
F barre *f* (de réglage) de l'échappement
I sbarra *f* viti dello scappamento
S riel *m* del escape
U kiváltást szabályozó léc
R ауслезерный лейстик *m*

Auslöserpuppenschraube *f* D *pfte*
E regulating screw
F vis *f* de réglage, vis *f* du bouton d'échappement
I vite *f* ad occhiello per scappamento
S tornillo *m* del botón regulador del escape
U hengercsavar, szabályozógomb-csavar
R ауслезерный винт *m*

ausschlagen *v* D *dir*
E to beat (out the) time
F battre/frapper *v* la mesure
I battere *v* a vuoto
S marcar *v* el compás
U kiütni
R отбивать *v* ритм

Ausschnitt *m*, **Auszug** *m* D
E excerpt
F extrait *m*
I estratto *m*
S extracto *m*
U részlet
R отрывок *m*, фрагмент *m*

ausschreiben *v* D *orn*
E to write out in full
F écrire *v* en toutes notes
I scrivere *v* per intero
S desarrollar, escribir *v* enteramente los adornos
U kiírni
R выписывать

ausschwingen *v* D *corda*
E to die out/away
F cesser *v* de vibrer, mourir
I disperdere, sfumare
S morir, desvanecerse
U kirezegni, kicsengeni
R прекращать *v* колебаться, постепенно затухать *v*

Ausschwingungsvorgang *m* D
E decay (of speech/tone)

F affaiblissement *m* progressif des vibrations
I progressivo indebolimento *m* delle vibrazioni
S debilitamiento *m* progresivo de las vibraciones
U kirezgés(i folyamat)
R процесс *m* затухания колебаний

Ausschwingzeit *f* D
E decay time
F temps *m* d'affaiblissement progressif (des vibrations)
I tempo *m* del progressivo indebolimento delle vibrazioni
S tiempo *m* de debilitamiento progresivo (de las vibraciones)
U lecsengési idő
R время *n* затухания (колебаний)

Außenstimme *f* D
E outer part
F partie *f* extrême
I parte *f* estrema
S voz/parte *f* extrema
U szélső szólam
R крайние голоса *m pl*

außermusikalisch D
E extra-musical
F extra-musical
I extra-musicale
S extramusical
U zenén kívüli
R внемузыкальный

aussetzen *v* D *bc*
E to realize, to realise
F réaliser
I realizzare
S realizar
U kidolgozni
R выписывать

Aussetzung *f* D *bc*
E realization, realisation
F réalisation *f*
I realizzazione *f*
S realización *f*
U kidolgozás, realizálás
R выписывание *n*

aussitôt F fra → poco; subito; tosto; *prescr* attacca

Ausstattungsstück *n* D *teat*
E revue
F revue *f* à grand spectacle
I rivista *f*
S revista *f*
U revü
R ревю *n*, пышная постановка *f*

Aussteuerungsanzeige *f* D *magn*
E recording level indicator, level meter
F indicateur *m* de niveau
I indicatore *m* del livello di registrazione
S indicador *m* del nivel
U kivezérlésmérő
R индикатор *m* уровня записи

Aussteuerungsregler m D *magn*
 E recording level control
 F réglage m de niveau
 I comando m del livello di registrazione
 S control m del nivel
 U kivezérlésszabályozó
 R регулятор m уровня записи
ausstreifen v D *lt* = durchstreichen
Ausstrompneumatik f D *org*
 E exhaust-pneumatic action
 F transmission f pneumatique tubulaire
 I pneumatica f a scarico
 S sistema m de neumática expelente
 U kieresztőpneumatika
 R система f стока воздуха
austerzen v D
 E to accompany in thirds
 F accompagner v en tierces, doubler v à la tierce
 I accompagnare v per terze/a intervalli di terza
 S acompañar v en terceras
 U (ki)tercelni, terckísérettel ellátni v
 R сопровождать v терциями
AUSTRO-MECHANA D ⟨*Gesellschaft zur Verwaltung und Auswertung Mechanisch-Musikalischer Urheberrechte G. m. b. H. Wien*⟩
 E (*Austrian Performing Right Society for Music*)
 F (*Société des auteurs, composieurs et éditeurs de musique en Autriche*)
 I (*Società austriaca degli Autori ed Editori di musica*)
 S (*Sociedad austríaca de Autores, Compositores y Editores de música*)
 U (*osztrák zenei szerzői jogvédő egyesület*)
 R (*общество прав на музыкальное исполнение в Австрии*)
Auswahl f D
 E selection, choice
 F choix m, sélection f, anthologie f
 I scelta f, raccolta f, selezione f
 S selección f, antología f
 U válogatás, szemelvények pl
 R сборник m избранных произведений, избранные произведения n pl
auswählen v D
 E to select
 F choisir, sélectionner
 I scegliere, selezionare
 S seleccionar, escoger
 U kiválasztani, válogatni
 R составлять, подбирать (из литературы)
Ausweichung f D ⟨*Modulation*⟩
 E temporary modulation
 F modulation f passagère
 I modulazione f passeggera/transitoria
 S modulación f pasajera/transitoria
 U kitérés
 R отклонение n
auswendig D
 E by heart, from memory
 F par cœur, de mémoire

 I a memoria
 S de memoria/coro
 U kívülről, emlékezetből
 R на память, наизусть
Auswendiglernen n D
 E learning by heart, memorizing
 F mémorisation f
 I imparare m a memoria
 S memorización f, aprender m de memoria
 U megtanulás kívülről, memorizálás
 R заучивание n наизусть
Auswendigspielen n D
 E playing by heart/from memory
 F mémorisation f
 I suonare m a memoria
 S memorización f, tocar m de memoria
 U játék kívülről/emlékezetből
 R игра f наизусть
Auszierung f D = Verzierung
auszischen v D
 E to hiss off
 F siffler
 I fischiare
 S silbar
 U lepisszegni, kifütyülni
 R ошикать, освистать
Auszug m D = Ausschnitt
 ~ *obs, trbne* = Zug
autentico I authentisch
auténtico S authentisch
autentikus U authentisch
auteur m F Textverfasser
 ~ du texte: Textdichter
authentic E authentisch
 ~ cadence: authentische → Kadenz
authentique F authentisch
authentisch D
 E authentic
 F authentique
 I autentico
 S auténtico
 U autentikus
 R автентический
author E Textverfasser
 ~ of the words/lyrics: Textdichter
auto m S
 D (*Bezeichnung für szenische Darstellungen, meist geistlichen Inhalts*)
 E (*morality, mystery play*)
 F (*représentation scénique, généralement religieuse*)
 I (*rappresentazione scenica, solitamente di contenuto religioso*)
 U (*vallásos tartalmú színpadi előadás*)
 R (*обозначение представлений духовного содержания*)
 ~ sacramental: Moralität
autoarpa f I Akkordzither
auto-arpa f S Akkordzither
autochanger E automatischer → Schallplattenwechsler
autófono m S Idiophon
autoharp E Akkordzither

automatic E; ～ action *org* automatische Spieleinrichtung
～ record changer: automatischer → Schallplattenwechsler
～ tape splice *magn* automatische → Klebepresse
～ track change-over *magn* automatischer → Spurumschalter
auto phone E Idiophon
auto phonic instrument E Idiophon
autor *m* S; ～ de la letra: Textdichter
～ del texto: Texter; Textverfasser
aut ore *m* **del testo** I Textverfasser
Autorenrechte D → AKM; AUSTRO-MECHANA; AWA; GEMA
auxiliary E; ～ fingering *legni* Hilfsgriff
～ note: Nebennote
～ note/tone: Wechselton
avanscena *f* I *teat* Vorderbühne
avant-scène *f* F *teat* Vorbühne
avec F con
avvertire *v* I; si avverte un suono: ein Ton (er)klingt → klingen; erklingen
avvicinare *v* I *ton* erreichen
avviso *m* **teatrale** I Spielplan
AWA D ⟨*Anstalt zur Wahrung der Aufführungsrechte auf dem Gebiet der Musik, DDR*⟩
  E *(bureau for copyright protection for music, GDR)*
  F *(bureau pour la protection des droits d'auteur de musique, RDA)*
  I *(ufficio per la protezione dei diritti d'autore di musica, RDT)*
  S *(oficio por la protección de los derechos de autor de música, RDA)*
  U *(a zenei szerzői jogvédő hivatal az NDK-ban)*
  R *(организация по охране авторских прав в области музыки в ГДР)*
axe *m* F; ～s *pl pfte* Mechanikachsen
～ de l'étouffoir *pfte* Dämpferachse
～ de la fourche supportant le levier de la répétition *pfte* Scherenkapselachse
～ du grand levier *pfte* Hebegliedachse
～ du marteau *pfte* Hammerachse
～ du ressort de la répétition *pfte* Scherenfederachse
ayre E ⟨17. *sec*⟩
  D *(Lied für mehrere oder für eine Stimme mit Instrumentalbegleitung)*
  F *(composition strophique pour plusieurs voix ou pour une voix avec accompagnement instrumental)*
  I *(canzone a più voci, o a una voce con accompagnamento strumentale)*
  S *(canción para varias voces o para una voz con acompañamiento instrumental)*
  U *(egy vagy több hangra és hangszerkíséretre irott dal)*
  R *(песенный вокальный жанр для одного или нескольких голосов с инструментальным сопровождением)*
azione *f* I; ～ secondaria *teat* Nebenhandlung
— doppia ～ *org* Doppelwirkung
azonnal U subito; tosto

B

B *n* D ⟨♭⟩
    E flat
    F bémol *m*
    I bemolle *m*
    S bemol *m*
    U bé
    R бемоль *m*

b *n* D ton
    E B flat
    F si *m* bémol
    I si *m* bemolle
    S si *m* bemol
    U b
    R си-бемоль *m*

B E *ton* h
~ double-flat *ton* heses
~ double-sharp *ton* hisis
~ flat *ton* b
~ flat major: B-Dur
~ flat minor: b-Moll
~ major: H-Dur
~ minor: h-Moll
~ natural *ton* h
~ sharp *ton* his

baby grand E pianoforte a mezza coda; pianoforte a un quarto di coda

baccalaureus U; a zenetudományok ~a: bachelor of music

baccelliere *m* **in musica** I bachelor of music

bacchanalian song E Trinklied

bacchetta *f* I Taktstock; *arco* Stange; *perc* Schlegel
~ a doppio uso *perc* combination drumstick
~ con l'estremità di gomma *perc* Gummischlegel
~ con l'estremità di gomma dura *perc* Hartgummischlegel
~ con l'estremità ricoperta di pelle dura *perc* Hartlederschlegel
~ con l'estremità ricoperta di spugna *perc* Schwammschlegel
~ con testa ricoperta di fibra *perc* Rohrstäbchen mit Kopf aus Kapok
~ d'acciaio *perc* Stahlschlegel
— bacchette *pl* da percuotere: claves

— bacchette *pl* da tamburo: Trommelschlegel
~ del pedale *pfte* Pedalstange
~ del pedale tonale *pfte* Tonhaltungsstange
~ di canna/bambù *perc* Rohrschlegel
~ di cotone *perc* Baumwollschlegel
~ di cuoio *perc* Lederschlegel
~ di feltro *perc* Filzschlegel
~ di feltro duro *perc* Schlegel mit hartem Filz
~ di ferro *perc* Metallschlegel
~ di lana *perc* Wollschlegel
~ di legno *perc* Holzschlegel
~ di metallo *perc* Metallschlegel
~ di pelle greggia *perc* Naturlederschlegel
~ di velluto *perc* Plüschschlegel
~ dura *perc* dicker → Schlegel
~ imbottita *perc* wattierter → Schlegel
~ leggiera *perc* leichter → Schlegel
~ metallica: Metallraspel
~ normale *perc* gewöhnlicher → Schlegel
~ per cimbalom: cimbalomütő
~ per piatti *perc* Beckenschlegel
— bacchette *pl* per timpani: Paukenschlegel
~ per xilofono: Xylophonschlegel
~ per vibrafono: Vibraphonschlegel
~ pesante *perc* schwerer → Schlegel
— con due bacchette *prescr, perc* mit zwei → Schlegeln
— suonare *v.* seguendo la ~ *fam, dir* nach dem → Stock spielen

bacchinelli *m pl* I *obs* = piatto

bachelor of music E
    D "*Baccalaureus der Musik*" ⟨*englischer akademischer Grad*⟩
    F licencié *m* en musique ⟨*grade universitaire anglais*⟩
    I baccelliere *m* in musica ⟨*grado accademico inglese*⟩
    S licenciado *m* en música ⟨*grado académico inglés*⟩
    U a zenetudományok baccalaureusa ⟨*angol egyetemi fokozat*⟩
    R «бакалавр *m* музыки» ⟨*академическое звание в Англии*⟩

back E *corda* Boden
~ in two parts *corda* geteilter → Boden

back-bore E *ottoni* Stengelbohrung
back-check E *pfte* Fanger
~ block *pfte* Fangerbäckchen
~ felt *pfte* Fangerfilz
~ leather *pfte* Fangerleder
~ wire *pfte* Fangerdraht
backcloth E *teat* Bühnenleinwand; Prospekt
back-drop E *teat* Bühnenleinwand; Bühnenhintergrund; Prospekt
backfall E *org* tirant de registre; große → Wippe
~ frame *org* Wippenscheide
Background *m* D background
background E ⟨*jazz*⟩
   D Background *m*
   F "background" *m*
   I sottofondo *m*, base *f*, "background" *m*
   S *(acompañamiento de fondo para los solistas)*
   U background
   R ритмо-гармонический фон *m*
~ *teat* Bühnenhintergrund
~ music: Hintergrundmusik
~ noise: Geräuschkulisse
— in the ~ *teat* im → Hintergrund
back-plate E *arco* Zwickelblech
back-rail felt E *pfte* Rahmenpolster
backstage E *teat* Bühnenhintergrund; hinter der → Bühne
back-stop E *pfte* Gegenfanger
backstring length E *pfte* Saitenanhang
back-top E *pfte* Hinterdeckel
badajo *m* S Glockenhammer; *camp* Klöppel
badana *f* S *perc* Schlagfell
Badeorchester *n* D *obs* = Kurorchester
badinant F; en ~ *prescr* scherzando
baffle E Dämpfer
baffle *m* F S Dämpfer
baffo *m* I *canna* Bart
~ a scatola *canna* Kastenbart
~ con freno *canna* Intonierrolle
~ di legno *canna* Streichbart
~ laterale con freno armonico/a lastra *canna* Seitenbart mit Rollbart
~ portafreno *canna* Vorderbart
~ rotondo *canna* Seitenbart
bagatela *f* S bagatelle
bagatell U bagatelle
bagatella *f* I bagatelle
Bagatelle *f* D bagatelle
bagatelle *f* F
   D Bagatelle *f*
   E bagatelle
   I bagatella *f*
   S bagatela *f*
   U bagatell
   R багатель *f*
bagpipe E Dudelsack
bagpiper E Dudelsackpfeifer
baguette *f* F Taktstock; *arco* Stange; *perc* Schlegel
~ à usage double: combination drumstick
~ (avec extrémité) en caoutchouc *perc* Gummischlegel

~ (avec extrémité) en feutre *perc* Filzschlegel
~ avec tête recouverte de fibre *perc* Rohrstäbchen mit Kopf aus Kapok
~ combinée: combination drumstick
~ d'éponge *perc* Schwammschlegel
~ de bois *perc* Holzschlegel
~ de caoutchouc dur *perc* Hartgummischlegel
~ de coton *perc* Baumwollschlegel
~ de cuir *perc* Lederschlegel
~ de cuir dur *perc* Hartlederschlegel
~ de cymbales *perc* Beckenschlegel
~ de laine *perc* Wollschlegel
~s *pl* de percussion entrechoquées: claves
~ de tambour: Trommelschlegel
~ de timbales: Paukenschlegel
~ de triangle *perc* Triangelschlegel
~ de vibraphone: Vibraphonschlegel
~ de xylophone: Xylophonschlegel
~ double *perc* doppelter → Schlegel
~ en acier *perc* Stahlschlegel
~ en bois *perc* Holzschlegel
~ en cuir naturel/non tanné *perc* Naturlederschlegel
~ en fer *perc* Metallschlegel
~ en feutre dur *perc* Schlegel mit hartem Filz
~ en jonc *perc* Rohrschlegel
~ en peluche *perc* Plüschschlegel
~ légère *perc* leichter → Schlegel
~ lourde *perc* schwerer → Schlegel
~ métallique *perc* Metallschlegel
~ ordinaire *perc* gewöhnlicher → Schlegel
~ rembourrée de ouate/coton *perc* wattierter → Schlegel
~ servant à frapper le triangle: Stäbchen
~ usuelle *perc* gewöhnlicher → Schlegel
— avec deux ~s *prescr*, *perc* mit zwei → Schlegeln
— grosse ~ *perc* dicker → Schlegel
— suivre *v* la ~ *fam*, *dir* nach dem → Stock spielen
Bahn *f* D ancia
   E table, lay
   F table *f*
   I tavola *f*, paletta *f*
   S asiento *m*, tabla *f*
   U nyelv ⟨*a nád kifaragott része*⟩
   R пасть *f*, перо *n*
~, **Schubplatte** *f* *arco*
   E underslide
   F coulisse *f*
   I "coulisse" *f*
   S corredera *f*
   U sín
   R металлическая подкладка *f* для колодочки
~ *cl*
   E table
   F table *f*
   I tavola *f*, piano *m*
   S asiento *m*, tabla *f*
   U nyelv
   R канал *m*
bailable S ballabile; tänzerisch

bailable *m* S *bl* ballabile
bailador *m* S
D Flamenco-Tänzer *m*
E flamenco dancer
F danseur *m* de flamenco
I danzante *m* di flamenco
U flamencótáncos
R *(танцор, исполняющий фламенко)*
bailar *v* S tanzen
~ con: mittanzen
bailar *m* **en puntas** S Spitzentanz
bailarín *m* S Tänzer
~ solista: ballerino
— primer ~ solista: primo → ballerino
bailarina *f* S Ballettmädchen; Tänzerin
~ solista: ballerina
— primera ~ solista: prima → ballerina
baile *m* S ballet; Tanz; *bl* ballabile
~ de salón/sociedad: Gesellschaftstanz
bailete *m* S ballet
baisser *v* F erniedrigen; *corda* abbassare; *corda, tasto* niederdrücken
~ l'accord: herabstimmen
báj U Anmut
baja *f* S *bl* basse → danse
bajada *f* S Abstieg
~ por efecto de un bemol *ton* Erniedrigung
bajan R → баян
bajar *v* S absteigen; erniedrigen; zu tief → singen; *corda* abbassare; *corda, tasto* niederdrücken
~ de do sostenido a do natural *prescr, timp* Cis nach C zurückstimmen → Pauke
~ la afinación: herabstimmen
~ la tecla *tasto* greifen
bajo S tief; zu → tief
bajo *m* S Baß; Bassist; Tiefe; *fis* Grundbaß; *lt* Großbrummer
~ abaritonado: Baß-Bariton
~ acústico: Harmoniumbaß; *org* akustischer → Baß
~ cifrado: bezifferter → Baß
~ cómico: basso buffo
~ continuo: basso continuo
~ de Alberti: bassi Albertini
~ de cítara de mango: Baßcister
~ de citola: Baßcister
~ de flauta *org* Flötbaß
~ de flauta de pico: Baßblockflöte
~ de gamba *org* Gambenbaß
~ de Murky: murky bass
~ de tuba: Baßtuba; Harmoniebaß
~ estrófico: Strophenbaß
~ fundamental: basse fondamentale
~ imperial: Kaiserbaß
~ mayor *org* Majorbaß; Untersatz
~ obstinado: basso ostinato
~ profundo *obs, canto* basse-contre
bajón *m* S
D *(alte Form des Fagotts, das bis vor kurzem noch in der Kirche benutzt wurde)*
E *(early type of bassoon, used until recently in church)*

F bajón *m* ⟨*ancienne forme du basson utilisée il y a encore peu de temps dans les églises*⟩
I *(antica forma di fagotto usata fino a poco tempo fa in chiesa)*
U *(a fagott régi formája, melyet még nemrég is használtak egyházi zenében)*
R *(старинная форма фагота, до недавнего времени ещё применявшаяся в церкви)*
~ ⟨*kortholt*⟩ Kortholt
balada *f* S ballade
~ popular: népballada
balai *m* **de jazz** F Jazzbesen
balalaica *f* I S балалайка
Balalaika *f* D балалайка
balalaika E балалайка
balalaïka *f* F балалайка
balalaika *f* S балалайка
balalajka U балалайка
balançant F; en ~ cullando
balance E; ~ hammer head *pfte* Gegenfanger
~ rail *pfte* Waagebalken
~ rail bearing *pfte* Filzscheibe
~ rail pin *pfte* Waagebalkenstift
~ rail stud *pfte* Stellschraube für Klaviaturrahmen
~ weight *trbne* Balancer
balance *f* **pneumatique** F *org* Windwaage
Balancer *m* D *trbne*
E balance weight
F balancier *m*, contrepoids *m*
I contrappeso *m*
S contrapeso *m*
U ellensúly, balansz
R грузило *n*
balancier E *pfte* Schere
~ centerpin *pfte* Scherenkapselachse
~ covering *pfte* Scherenleder
~ hook *pfte* Repetierschenkelsperrhaken
~ regulating button *pfte* Repetierschenkelpuppe
balancier *m* F *org* große → Wippe; *pfte* Hebeglied; Waagebalken; *trbne* Balancer
~ pneumatique *org* Windmesser
balancín *m* S *pfte* Hebeglied; Waagebalken; *tasto* Anhängestift
balansz U *trbne* Balancer
balanza *f* **neumática** S *org* Windwaage
balcon *m* F *teat* Rang
— deuxième ~ *teat* zweiter → Rang
— premier ~ *teat* erster → Rang
balcón *m* S *teat* Rang
balconata *f* I *teat* Rang
balcony E *teat* Galerie; Rang
bald D *fra* → poco; quanto prima; tosto
balerina U ballerina
balett U ballet
balettmester U maître de ballet
balettmesternő U maîtresse de ballet
balettopera U opéra-ballet
balettszvit U suite de ballet
balett-táncosnő U Ballettmädchen

Balg *m* D *org*
  E bellows *pl*
  F soufflet *m*
  I mantice *m*
  S fuelle *m*
  U fújtató(mű)
  R мех *m*
Balgklavis *f*, **Hebel** *m* D *org*
  E lever, bellows handle
  F levier *m* de soufflet
  I leva *f*
  S palanca *f*
  U emelő
  R гебель *m*
Balgplatte *f* D *org*
  E bellows board
  F table/plaque *f* du soufflet
  I piatto *m* del mantice
  S tapa *f* del fuelle
  U fúvólap
  R стенка *f* меха
Balgschwanz *m* D *org*
  E lug
  F levier *m* du soufflet
  I leva *f* del mantice
  S palanca *f* del fuelle
  U fújtatófarok
  R штанга *f* на мехах
Balgstuhl *m* D *org*
  E supports *pl* for bellows
  F charpente *f*, bâti *m*, châssis *m* des soufflets
  I impianto *m* del mantice
  S armazón *m* del fuelle
  U (fúvó)állvány
  R опорная стойка *f* мехов
Balgverschluß *m* D *fis*
  E bellows strap
  F courroie *f* du soufflet
  I cinghia *f* del soffietto, serra-mantice *m*
  S correa *f* del fuelle
  U légszekrényzár
  R запор/стержень *m*, запирающий мехи
Balken *m*, **Balkenverbindung** *f* D = Notenbalken
balkézváltó U *fis* Baßregister
ballabile I
  D tänzerisch
  E dance-like
  F apte à être dansé, dansant
  S bailable
  U eltáncolható, táncra alkalmas
  R танцевальный
ballabile *m* I *bl*
  D Tanzstück *n*, Tanzeinlage *f*
  E dance movement/number
  F "ballabile" *m*
  S bailable *m*, baile *m*, ballet *m*
  U tánc(darab), táncbetét
  R баллябиль *m*, баллабиле *n*, танцеваль-
      ная пьеса *f*
ballad E ballade
 ~ **opera** ⟨18. *sec*⟩
  D *(Oper mit gesprochenen Dialogen, unter Verwendung von Volksweisen, Musik*

und Handlung oftmals satirisch und paro-dierend)
  F *(forme dramatique anglaise avec alternance de dialogues parlés et de parties chantées utilisant des airs populaires, et des thèmes souvent satiriques)*
  I *(opera inglese di carattere satirico e carica-turale, con dialoghi parlati e utilizzante melodie popolari)*
  S *(ópera inglesa con diálogos hablados y partes cantadas sobre melodías conocidas, a menudo satírica)*
  U *(angol drámai forma, beszélt dialógusok és énekelt részek váltakozó használatával, népdalok felhasználásával; zene és tarta-lom gyakran szatirikus és parodizáló)*
  R балладная опера *f* ⟨*опера с разговорным диалогом на злободневные темы; текст и музыка часто сатирические и паро-дийные*⟩
ballada U ballade
balladaénekes U Balladensänger
Ballade *f* D ballade
ballade *f* F
  D Ballade *f*
  E ballad(e)
  I ballata *f*
  S balada *f*
  U ballada
  R баллада *f*
 ~ populaire: népballada
Balladensänger *m* D
  E ballad-singer
  F chanteur *m* de ballades
  I cantore *m* di ballate
  S cantor *m* de baladas
  U balladaénekes
  R певец-сказитель *m*
ballad-singer E Balladensänger; Straßensänger
ballare *v* I tanzen
 ~ insieme: mittanzen
ballata *f* I ballade
 ~ popolare: népballada
ballerina *f* I
  D Solotänzerin *f*
  E solo dancer
  F danseuse *f*, étoile *f*, ballerine *f*
  S bailarina *f* solista, étoile *f*
  U szólótáncosnő, balerina
  R солистка *f* балета, балерина *f*
 ~ ⟨*danzatrice*⟩ Tänzerin
 ~ di clachette: Steptänzerin
 ~ di corpo di ballo *bl* figurante
 ~ di fila: Ballettmädchen
 ~ di step-dance/tip-tap: Steptänzerin
— **prima** ~
  D erste Solotänzerin *f*
  E prima ballerina, principal dancer
  F première danseuse *f*
  S primera bailarina *f* solista
  U első szólótáncosnő, prímabalerina
  R первая солистка *f* балета, прима-бале-
      рина *f*

ballerine *f* F ballerina; Ballettmädchen; Tänzerin
ballerino *m* I
D Solotänzer *m*
E solo dancer
F danseur *m*, étoile *f*
S bailarín *m* solista
U szólótáncos
R солист *m* балета
~ ⟨*danzatore*⟩ Tänzer
~ di corpo ballo *bl* figurant
~ di clachette/step-dance/tip-tap: Steptänzer
— **primo** ~
D erster Solotänzer *m*
E premier danseur, principal male dancer
F premier danseur *m*
S primer bailarín *m* solista
U első (szóló)táncos
R первый солист *m* балета
ballet E ballet
~ dancer: Ballettmädchen; *bl* figurant
~ master: maître de ballet
~ mistress: maîtresse de ballet
~ suite: suite de ballet
ballet *m* F
D Ballett *n*
E ballet
I balletto *m*, ballo *m*
S ballet *m*, baile(te) *m*
U balett, táncjáték
R балет *m*
ballet *m* S ballet; *bl* ballabile
Ballett *n* D ballet
Ballettmädchen *n* D
E ballet dancer
F ballerine *f*, danseuse *f*
I ballerina *f* di fila
S bailarina *f*
U (balett-)táncosnő
R балерина *f*
Ballettmeister *m* D maître de ballet
Ballettmeisterin *f* D maîtresse de ballet
balletto *m* I ballet
Ballett-Oper *f* D opéra-ballet
Ballettsuite *f* D suite de ballet
ballo *m* I ballet; Tanz
~ della seggiola: Stuhlpolonaise
ballonchio *m* I *bl*
D (*italienischer Tanz*)
E (*Italian dance*)
F ballonchio *m*
S ballonchio *m*
U (*olasz tánc*)
R (*итальянский танец*)
ballroom E Tanzsaal
~ dance: Gesellschaftstanz
ball-shaped valve E *org* Kugelventil
bálterem U Tanzsaal
balzato I *prescr, corda*
D (*Art pizzicato*)
E (*form of pizzicato*)
F balzato
S balzato

U balzato
R (*ро∂ пиццикато*)
bamboo E; ~ brasilene: Bambusschüttelrohr
~ flute: Bambusflöte
~ scraper: Bambusraspel; reco-reco
~ shaker: Bambusschüttelrohr
bambou *m* **brésilien** F Bambusschüttelrohr
bambú *m* **brasileño** S Bambusschüttelrohr
Bambusflöte *f* D
E bamboo flute
F flûte *f* de bambou
I flauto *m* di bambù
S flauta *f* de bambú
U bambuszfuvola
R бамбуковая флейта *f*
Bambusraspel *f* D
E bamboo scraper
F reco-reco *m*, rapeur *m* en bambou
I reco-reco *m*
S reco-reco *m*, raspador *m* de bambú
U bambuszguiro
R реко-реко *m*
Bambusschüttelrohr *n* D
E bamboo brasilene/shaker
F bambou *m* brésilien, batteur *m* de bambou brésilien
I tubo *m* sonoro di bambù
S bambú *m* brasileño, shaker *m* de bambú
U bambusztubó
R бамбуковая/бразильская погремушка *f*
bambuszfuvola U Bambusflöte
bambuszguiro U Bambusraspel
bambusztubó U Bambusschüttelrohr
bánatosan U *prescr* addolorato
banc *m* **d'orgue** F Orgelbank
banco *m* **de fundidor** S *canna* Gießbank
bancone *m* I *pfte* Damm
band E *mil* Musikzug; *obs* bande
~ piece: Harmoniestück
~ room *teat* Orchesterzimmer
Banda *f* D *obs* bande
banda *f* I Blasorchester; *mil* Musikzug; *obs* bande
~ a una traccia/pista *magn* Einspurband
~ militare: Militärkapelle
banda *f* S Blasorchester; *mil* Musikzug; *obs* bande
~ de cuatro pistas *magn* Vierspurband
~ de doble pista *magn* Doppelspurband
~ de larga duración: Langspieltonband
~ de paso universal: Normaltonband
~ de pista normal *magn* Vollspurtonband
~ de refuerzo *magn* Vorspannband
~ de una pista *magn* Einspurband; Vollspurtonband
~ magnetofónica: Tonband
~ militar: Militärkapelle
banda U *obs* bande
— magyar ~ = parasztbanda
Bandaufnahme *f* D
E tape recording
F enregistrement *m* sur bande
I incisione *f* su nastro

S grabación *f* sobre cinta
U hang(szalag)felvétel, magnetofonfelvétel
R запись *f* на плёнку
Bändchen *n* D *pfte*
E bridle tape/strap
F lanière *f*
I bretella *f*, tirantino *m*, nastrino *m*
S tirilla *f*
U (visszarántó)szalag
R бентик *m*
Bändchendraht *m* D *pfte*
E bridle/tape wire
F lanière *f* métallique, queue *f* de cochon
I ferro *m* della bretella, gancio *m* del nastrino
S tirilla *f* metálica
U szalagtartó, visszarántószalag-drót
R проволока/пряжка *f* для бентика
bande *f* F *obs*
D Orchester *n*, Kapelle *f*, Banda *f*
E band
I banda *f*
S banda *f*, orquesta *f*
U zenekar, banda
R оркестр *m*, капелла *f*, ансамбль *m*
~ ⟨*magnétique*⟩ Tonband
~ à double piste *magn* Doppelspurband
~ à piste normale *magn* Vollspurtonband
~ à quatre pistes *magn* Vierspurband
~ à une piste *magn* Einspurband; Vollspurtonband
~ de longue durée: Langspieltonband
~ de renfort *magn* Vorspannband
~ normale/standard: Normaltonband
— enregistrer *v* sur ~ auf → Tonband nehmen
bandfrei D = bundfrei
bandista *m* I Militärmusiker
— bandiste *pl mil* Spielleute
bandman E = bandsman
bandmaster E *mil* Musikmeister
Bandmusik *f* D music for tape
Bandola *f* D bandola
bandola *f* S
D Bandola *f*
E bandola
F bandola *f*
I bandola *f*
U bandola
R бандола *f*
Bandoneon *n*, **Bandonion** *n* D
E bandonion, bandoneon
F bandonéon *m*
I bandonion *m*, bandoneon *m*
S bandoneón *m*
U bandoneon
R бандонеон *m*, бандонион *m*
bandoneon E U Bandoneon
bandonéon *m* F Bandoneon
bandoneon *m* I Bandoneon
bandoneón *m* S Bandoneon
Bandonion *n* D = Bandoneon
bandonion E Bandoneon
bandonion *m* I Bandoneon

bandoura E бандура
bandoura *f* F бандура
bandoura-player E бандурист
bandouriste *m* F бандурист
band(s)man E Militärmusiker
— band(s)men's epaulette *fam* Schwalbennester
bandstand E Musikpavillon
Bandura *f* D бандура
bandura *f* I S бандура
bandura U бандура
bandurajátékos U бандурист
Bandura-Spieler *m* D бандурист
bandurist R →бандурист
bangio *m* I Banjo
~ mandolino: Mandolinbanjo
~ tenore: Tenorbanjo
bangio-ukulele *m* I Banjo-Ukulele
Banjo *n* D
E banjo
F banjo *m*
I banjo *m*, bangio *m*
S banjo *m*
U bendzsó
R банджо *n*
banjo E Banjo
banjo *m* F Banjo
~ ténor: Tenorbanjo
banjo *m* I = bangio
banjo *m* S Banjo
~ tenor: Tenorbanjo
banjo-mandolina *m* S Mandolinbanjo
banjo-mandolin(e) E Mandolinbanjo
banjo-mandoline *m* F Mandolinbanjo
Banjo-Ukulele *f* D
E banjo-ukulele
F banjo-ukulélé *m*
I bangio-ukulele *m*
S banjo-ukulele *m*
U bendzsó-ukulele
R банджо-укулеля *n*
banjo-ukulele E Banjo-Ukulele
banjo-ukulélé *m* F Banjo-Ukulele
banjo-ukulele *m* S Banjo-Ukulele
Bank *f* D *org*
E groove/off-note block
F pièce *f* gravée
I panca *f*
S *(conjunto de tubos que no dependen del fuelle principal)*
U pad
R дополнительная стойка *f* ⟨*для труб, не поместившихся на основной виндладе*⟩
Bänkelsänger *m* D
E itinerant ballad singer, wandering minstrel
F chanteur *m* ambulant/de rue/de foire
I cantambanco *m*, cantore *m* ambulante
S cantor *m* ambulante
U utcai énekes, vándorénekes
R бродячий сказитель *m* баллад
banqueta *f* S Klavierstuhl
~ del órgano: Orgelbank

banquette *f* F Klavierstuhl
baptême *m* d'une cloche F Glockenweihe
baqueta *f* S *perc* Schlegel; Trommelschlegel
~ con cabeza recubierta de fibra *perc* Rohrstäbchen mit Kopf aus Kapok
~ corriente *perc* gewöhnlicher → Schlegel
~ de acero *perc* Stahlschlegel
~ de algodón *perc* Baumwollschlegel
~ de algodón en rama *perc* wattierter → Schlegel
~ de caña *perc* Rohrschlegel
~ de caucho *perc* Gummischlegel
~ de cuero *perc* Lederschlegel
~ de cuero crudo *perc* Naturlederschlegel
~ de cuero duro *perc* Hartlederschlegel
~ de dos cabezas *perc* zweiköpfiger → Schlegel
~ de esponja *perc* Schwammschlegel
~ de felpa *perc* Plüschschlegel
~ de fieltro *perc* Filzschlegel
~ de fieltro duro *perc* Schlegel mit hartem Filz
~ de goma *perc* Gummischlegel
~ de goma dura *perc* Hartgummischlegel
~ de lana *perc* Wollschlegel
~ de los platillos *perc* Beckenschlegel
~ de madera *perc* Holzschlegel
~ de metal *perc* Metallschlegel
~ de roten *perc* Rohrschlegel
~ de timbal: Paukenschlegel
~ de triángulo *perc* Triangelschlegel
~ de xilofón: Xylophonschlegel
~ del vibráfono: Vibraphonschlegel
~ doble *perc* doppelter → Schlegel
~ gruesa *perc* dicker → Schlegel
~ ligera/liviana *perc* leichter → Schlegel
~ pesada *perc* schwerer → Schlegel
~ rellena de guata *perc* wattierter → Schlegel
~ usual *perc* gewöhnlicher → Schlegel
— doble ~ Doppelschlegel
Bar *m*, Barform *f* D
    E *(medieval German verse form)*
    F *(forme strophique allemande médiévale)*
    I *(forma strofica medievale tedesca)*
    S *(forma estrófica alemana medieval)*
    U Bar-forma
    R *(средневековая немецкая форма со структурой AAB)*
bar E Takt; *lt* Innensteg; *org* Kanzellenschied; *pfte* Spreize
~ number: Taktzahl
~ rest: Taktpause
bar *v* E Taktstriche ziehen
barázda U *gram* Rille
— üres ~ *gram* leere → Rille
barázdaszélesség U *gram* Rillenbreite
barba *f* I *canna* Bart; Seitenbart
~ transversale *canna anima* Querbart
barba *f* S *canna* Bart
~ lateral *canna* Seitenbart
barbada *f* S *vl* Kinnhalter
barber-shop singing E
    D *(mehrstimmiges Singen von Volksliedern oder Schlagern mit improvisierter, sentimentaler Harmonik)*

    F *(exécution de chants populaires en improvisant un accompagnement vocal simple et sentimental)*
    I *(modo di cantare a più voci melodie popolari o canzonette con armónie improvvisate, di carattere sentimentale)*
    S *(ejecución de canciones populares o folklóricas, improvisando un acompañamiento vocal simple y sentimentaloide)*
    U *(népdalok vagy slágerek több szólamú éneklése, rögtönzött, szentimentális harmóniákkal)*
    R *(многоголосное импровизированное пение народных песен и шлягеров с параллельным ведением голосов)*
barcarola *f* I, S barcaruola
Barcarole *f* D barcaruola
barcarole E barcaruola
barcarolle *f* F barcaruola
barcar(u)ola *f* I
    D Barcarole *f*, Gondellied *n*
    E barcarole, gondola song
    F barcarolle *f*, chant *m* de barcarolle
    S barcarola *f*, canción *f* de gondolero
    U barkarola
    R баркарола *f*
bard E Barde
bárd U Barde
Barde *m* D
    E bard
    F barde *m*
    I bardo *m*
    S bardo *m*
    U bárd
    R бард *m*
barde *m* F Barde
bardo *m* I Barde
~ scandinavo: Skalde
bardo *m* S Barde
~ escandinavo: Skalde
Barform *f* D = Bar
Bar-forma U Bar
baril *m* F *cl* Birne; *fl. d.* Wulst
barillet *m* F = baril
barilotto *m* I *cl* Birne; *fl. d.* Wulst
Bariolage *f* D *archi* bariolage
bariolage *m* F *archi*
    D Bariolage *f*
    E bariolage
    I *(termine francese che indica un procedimento della tecnica violinistica)*
    S bariolage *m*
    U bariolázs
    R бариолаж *m*
bariolázs U *archi* bariolage
Bariton *m* D
    E baritone
    F baryton *m*, bariton *m*
    I baritono *m*
    S barítono *m*
    U bariton
    R баритон *m*
bariton *m* F Bariton

bariton U Bariton
baritone E Bariton; Tenorhorn; *fiati* Baryton;
ottoni kleiner → Baß
~ clef: Baritonschlüssel
~ oboe: Bariton-Oboe; Bassettoboe
~ saxophone: saxophone baryton
baritoneggiare *v* I
    D *(wie ein Bariton singen, mit Bariton-*
      färbung singen)
    E *(to sing like a baritone)*
    F *(chanter comme un bariton)*
    S *(cantar como un baritono)*
    U *(baritonszerüen énekelni)*
    R *(петь как баритон)*
baritonkulcs U Baritonschlüssel
baritono *m* I Bariton
barítono *m* S Bariton; *archi* Baryton; *ottoni*
kleiner → Baß
~ imperial: Kaiserbaryton
baritonoboa U Bariton-Oboe
Bariton-Oboe *f* D
    E baritone oboe
    F hautbois *m* baryton
    I oboe *m* baritono
    S óboe *m* barítono
    U baritonoboa
    R баритоновый гобой *m*, геккельфон *m*
Baritonsaxophon *n* D saxophone baryton
Baritonschlüssel *m* D
    E baritone clef
    F clef *f* de fa troisième ligne
    I chiave *f* di baritono
    S clave *f* de barítono/de fa en tercera línea
    U baritonkulcs
    R баритоновый ключ *m*
baritonszaxkürt U Euphonium
baritonszaxofon U saxophone baryton
barkarola U barcaruola
Barker-emeltyű U *org* Barker-Hebel
Barker-Hebel *m* D *org*
    E Barker lever
    F machine *f* Barker, levier *m* pneumatique/
      de Barker
    I leva *f* pneumatica/di Barker
    S palanca *f* de Barker
    U Barker-emeltyű
    R пневматический рычаг *m* Баркера
Barker lever E *org* Barker-Hebel
bar-line E Taktstrich
— draw *v* ~s: Taktstriche ziehen
barniz *m* de los violines S Geigenlack
barocco *m* I baroque
Barock *n+m* D baroque
barokk U baroque
baroque *m* F
    D Barock *n+m*
    E baroque
    I barocco *m*
    S barroco *m*
    U barokk
    R барокко *n*
Baroxyton *n* D
    E baroxytone

    F baroxyton *m*
    I baroxyton *m*
    S baroxyton *m*
    U baroxyton
    R бароксихон *m*
baroxyton *m* F I S Baroxyton
baroxyton U Baroxyton
baroxytone E Baroxyton
barra *f* I *lt* Innensteg
~ centrale della meccanica *pfte* Mechanikbalken
~ di riposo dei martelli *pfte* Hammerleiste
barra *f* S Notenbalken; *corda* Baßbalken; *lt*
Innensteg; *pfte* Damm; Spreize
~ armónica *archi* Stimmbalken
~ central transmisora del mecanismo *pfte*
Mechanikbalken
~ de compás: Taktstrich
~ de descanso del martillo *pfte* Hammerleiste
~ de la efe *vl* Querstrich
~ de paro del apagador guarnecida de fieltro
pfte Dämpferpralleiste
~ de refuerzo *pfte* Raste; *vl* Brustfutter
~ de separación de los canales/de las ranuras *org* Kanzellenschied
~ del apagador/de la sordina *pfte* Abhebestange
~ frontal del teclado que lleva la cerradura
pfte Schloßleiste
~ metálica: Metallblock
~ transversal: Querjoch
— colocar *v* la ~ *corda* barrer
— colocar *v* las ~s de compás: Taktstriche
ziehen
— doble ~ Doppelstrich
— unido por medio de la ~ mit einem →
Querbalken verbunden
barrage *m* F *org* Kanzellenschied; *pfte* Damm
Raste
barre *f* F *archi* Stimmbalken; *corda* E
capotasto; *lt* Innensteg; *pfte* Spr...
~ centrale de la mécanique *pfte* Mechanikbalken
~ d'arrêt de l'étouffoir *pfte* Schutzleiste
~ d'arrêt de l'étouffoir avec garniture de
feutre *pfte* Dämpferpralleiste
~ d'arrêt des touches *pfte* Klaviaturpralleiste
~ de l'étouffoir *pfte* Dämpferlade
~ de mesure: Taktstrich
~ (de réglage) de l'échappement *pfte* Auslöserpuppenleiste
~ de renfort *pfte* Raste
~ de repos des marteaux *pfte* Hammerleiste
~ de repos du marteau *pfte* Hammerklotz
~ des étouffoirs *pfte* Abhebestange
~ externe du plateau *pfte* Stuhlrahmenleiste
~ frontale du clavier portant la serrure *pfte*
Schloßleiste
~ transversale: Notenbalken
— double ~ Doppelstrich
— relié avec une ~ transversale: mit einem
→ Querbalken verbunden

— tracer/mettre *v* les ~s de mesure: Taktstriche ziehen
barrel E Stiftwalze; *cl* Birne
~ drum: Röhrentrommel
barrel-organ E Drehklavier; Drehorgel
— grind *v* a ~ *fam* orgeln
barrer *v* F *corda*
  D Baßbalken einsetzen *v*
  E to fit the bass-bar
  I collocare *v* la catena (nel violino)
  S colocar *v* la barra
  U gerendát behelyezni *v*
  R вставлять *v* пружину
barretta *f* **di chiusura** I *pfte* Schloßleiste
barrette *f* F *ottoni* Quersteg
barrilete *m* S *cl* Birne; *fl. d.* Wulst
barroco *m* S baroque
barsch D *prescr* brusco
Bart *m* D *canna*
  E ear
  F oreille *f*
  I baffo *m*, barba *f*, orecchia *f*
  S oreja *f*, barba *f*
  U szakáll
  R бородка *f*
Baryton *m* D *archi*
  E baryton(e)
  F basse-taille *f*, baryton *m*
  I viola *f* di bordone/fagotto
  S barítono *m*
  U baryton
  R баритон *m*
~ *fiati*
  E euphonium, tenor tuba, A: baritone
  F euphonium *m*
  I eufonio *m*, flicorno *m* basso
  S euphonium *m*
  U tenorkürt, eufónium
  R баритон *m*
baryton E *archi* Baryton
baryton *m* F Bariton; *archi* Baryton
~ **impérial**: Kaiserbaryton
baryton U *archi* Baryton; *ottoni* kleiner → Baß
baryton-basse *m* F Baß-Bariton
barytone E *archi* Baryton
bas F tief
— trop ~ zu → tief
bas-dessus *m* F *obs, canto*
  D *(mittlere Frauenstimme, Mezzosopran
    oder Alt)*
  E alto, contralto
  I *(voce femminile mediana: mezzosoprano
    o contralto)*
  S mezzo *m*
  U *(középfekvésű női hang, mezzoszoprán vagy
    alt)*
  R *(низкий женский голос, меццо-сопрано
    или контральто)*
base *f* F S Klavierrast
base *f* I background
~ **della testa** *arco* Form
basic E; ~ **series/set** *dod* Grundgestalt
~ **triad**: accord parfait de trois sons

basilar membrane E *or* Basilarorgan
Basilarorgan *n* D *or*
  E basilar membrane
  F membrane *f* basilaire
  I membrana *f* basilare
  S membrana *f* basilar
  U membrana basilaris
  R membrana basilaris, базилярная мем-
    брана *f*
basket rattle E Korbrassel
bas-oktavist R → бас-октавист
Baß *m* D
  E bass
  F basse *f*
  I basso *m*
  S bajo *m*
  U basszus
  R бас *m*
~ *org*
  E bass
  F basse *f*
  I basso *m*
  S bajo *m*
  U basszus
  R бас *m*
— **akustischer** ~ *org*
  E acoustic bass
  F basse *f* acoustique
  I basso *m* acustico
  S bajo *m* acústico
  U akusztikus basszus
  R *(педальный регистр, создающий иллю-
    зию звучания регистра 32' не будучи
    равным ему реально [квинтбас 10 2/3])*
— Albertische Bässe *pl* bassi Albertini
— **bezifferter** ~
  E figured bass
  F basse *f* chiffrée
  I basso *m* cifrato
  S bajo *m* cifrado
  U számozott basszus
  R цифрованный бас *m*
— **großer** ~ *ottoni*
  E (bass) tuba
  F tuba *m* basse
  I tuba *f* bassa
  S tuba *f* baja
  U basszustuba
  R туба-бас *f*
— **kleiner** ~ *ottoni*
  E euphonium, A: baritone
  F euphonion *m*, euphonium *m*, saxhorn
    tuba *m*
  I eufonio *m*
  S barítono *m*, euphonium *m*
  U baryton, eufónium
  R баритон *m*
— **mit dem** ~ *prescr* col basso
bass E Baß; contrabbasso; Harmoniebaß; Tiefe;
  It Großbrummer
~ **baritone**: Baß-Bariton
~ **cittern**: Baßcister
~ **clarinet**: clarinette basse

~ clef: Baßschlüssel
~ cornett: Baßzink
~ coupler *fis* Baßregister; *org* Baßkoppel
~ course: Bomhart; *lt* Baßchor
~ drum: Baßtrommel; große → Trommel; tamburo basso
~ drum pedal *tamb* Fußmaschine
~ flugelhorn; Baßflügelhorn
~ flute: Altflöte; *org* Flötbaß
~ horn: Baßhorn
~ instrument: Baßinstrument
~ joint *fag* Mittelrohr
~ loudspeaker: Tieftonlautsprecher
~ note *fis* Grundbaß
~ pinning-table *pfte* Baßanhängestock
~ player: contrabbassista
~ recorder: Baßblockflöte
~ register *fis* Baßregister
~ shawm: Baßpommer
~ singer: Bassist
~ strings *pl pfte* Baßbezug
~ trombone: Baßposaune
~ trumpet: Baßtrompete
~ tuba: Baßtuba; Harmoniebaß; *ottoni* großer → Baß
~ wind chest *org* Baßlade
~ xylophone: Baßxylophon
Baßanhängestock *m* D *pfte*
  E bass pinning-table
  F sommier *m* d'accroche des (cordes) graves
  I piastra *f* delle punte per le corde gravi
  S *(extremo de la lira opuesto al clavijero, correspondiente a las cuerdas graves)*
  U basszushúrstég
  R рамные басовые штифты *m pl*, пластина *f* для прикрепления басовых струн
Baßbalken *m* D *corda*
  E bass-bar
  F barre *f*
  I catena *f*
  S cadena *f*, barra *f*
  U gerenda
  R пружина *f*, басбалкен *m*
~ einsetzen *v corda* barrer
bass-bar E *corda* Baßbalken
— fit *v* the ~ *corda* barrer
Baß-Bariton *m* D
  E bass baritone
  F baryton-basse *m*
  I basso-baritono *m*
  S bajo *m* abaritonado
  U basszbariton
  R баритональный бас *m*
Baßbezug *m* D *pfte*
  E bass strings *pl*
  F cordes *f pl* graves
  I corde *f pl* dei bassi
  S cuerdas *f pl* graves
  U basszusfonat
  R набор *m* басовых струн
Baßblockflöte *f* D
  E bass recorder
  F flûte *f* à bec basse

  I flauto *m* dolce basso/a becco basso
  S bajo *m* de flauta de pico, flauta *f* de pico baja
  U basszusfurulya, basszusblockflöte
  R басовая блокфлейта *f*
Baß-Buffo *m* D basso buffo
Baßchor *m* D *lt*
  E bass course, diapason
  F bourdon *m*
  I bordone *m*, corda *f* grave a suono fisso al di fuori del manico
  S bordones *m pl*, cuerdas *f pl* simpáticas
  U basszus húrok *pl*
  R басовые струны *f pl*
Baßcister *f* D
  E bass cittern
  F cistre *m* basse
  I arcicetra *f*, ceterone *m*
  S bajo *m* de cítara de mango, bajo *m* de cítola
  U basszuscisztola, basszusszisztra
  R басовая цистра *f*
Bässe *m pl* D → Baß
basse *f* F Baß; Bassist; Tiefe; *fis* Grundbaß; *lt* Großbrummer
~ à pistons: Euphonium
~ acoustique: Harmoniumbaß; *org* akustischer → Baß
~ bouffe: basso buffo
~ chanteur: Bassist
~ chiffrée: bezifferter → Baß
~ continue: basso continuo
~ contrainte: basso ostinato
~ d'Alberti: bassi Albertini
~ d'harmonie: Harmoniebaß
~ de cornet à bouquin: Baßzink
~ de Flandres: Bumbaß
~ de gambe *org* Gambenbaß
~ de musette: dudabasszus
~ **de musette** *org*
  D Musettenbaß *m*
  E basse de musette, drone bass
  I basso *m* di cornamusa
  S bordón/roncón *m* de gaita
  U musette-basszus
  R бас-мюзетт *m*
~ de principal *org* Prinzipalbaß
~ en si bémol: Euphonium
~ **fondamentale**
  D Grundbaß *m*, Fundamentalbaß *m*
  E fundamental bass
  I basso *m* fondamentale
  S bajo *m* fundamental
  U fundamentális basszus, alapbasszus
  R *(последовательность основных [воображаемых] тонов гармонии ⟨Рамо⟩)*
~ impériale: Kaiserbaß
~ Murky: murky bass
~ obstinée: basso ostinato
~ ouverte *org* Offenbaß
~ strophique: Strophenbaß
— avec la ~ *prescr* col basso
basse-contre *m* F Bassist

~ *obs, canto*
D *(sehr tiefe Baßstimme)*
E basso profundo, deep bass
I basso *m* profondo
S bajo *m* profundo
U basso profondo, mély basszus
R глубокий бас *m*, бас *m* профундо
basse danse E U *bl* basse → danse
basset E; ~ horn: Bassetthorn
~ oboe: Bassettoboe
basse-taille *f* F *archi* Baryton
bassethorn U *org* Bassetthorn
Bassetthorn *n*, **Bassettklarinette** *f* D
  E basset horn, "corno di bassetto"
  F cor *m* de basset
  I corno *m* di bassetto
  S corno *m* di bassetto
  U basszetkürt
  R бассетгорн *m*
~, **Baßhorn** *n org*
  E basset horn, "corno di bassetto"
  F cor *m* de basset(te)
  I corno *m* di bassetto
  S corno *m* di bassetto
  U hassz(et)kürt, "corno di bassetto", bassethorn
  R корно ди бассетто *n*, бассетгорн *m*
Bassettoboe *f* D
  E baritone/basset oboe
  F hautbois *m* baryton
  I basso *m* di musetta
  S óboe *m* barítono, heckelphon *m*
  U basszetoboa
  R *(разновидность гобоя низкого регистра)*
Baßflügelhorn *n* D
  E bass flugelhorn
  F bugle *m* basse
  I flicorno *m* basso
  S fiscorno *m* bajo
  U basszusszaxkürt, basszusszárnykürt
  R *(разновидность флюгельгорна низкой тесситуры)*
Baßgeige *f* D *pop* = Violoncello; Kontrabaß
Baßhorn *n* D
  E bass horn
  F bass-horn *m*, cor *m* grave
  I corno *m* basso
  S trompa *f* grave
  U basszuskürt
  R басгорн *m*
~ *org* = Bassetthorn
bass-horn *m* F Baßhorn
bassi *m pl* I → basso
bassin *m* F *ottoni* Kessel
Baßinstrument *n* D
  E bass instrument
  F instrument *m* de tessiture grave
  I strumento *m* basso, strumento *m* di tessitura grave
  S instrumento *m* grave
  U basszushangszer
  R басовый инструмент *m*

Bassist *m* D
  E bass singer
  F basse *f* (chanteur), basse-contre *m*
  I basso *m*
  S bajo *m*
  U basszista
  R бас *m* ⟨певец⟩
Baßklarinette *f* D clarinette basse
Baßkoppel *f* D *org*
  E bass coupler
  F accouplement *m* au grave
  I subottava *f*, quarta mano *f*
  S octava *f* grave
  U basszuskopula
  R педальная копула *f*
Baßlade *f* D *org*
  E bass wind chest
  F sommier *m* de pédale
  I somiere *m* della basseria
  S fuelle *m* de los bajos
  U pedálláda
  R бас-лада *f*, педальная виндлада *f*
Basso *m* D; ~ continuo: basso continuo
~ ostinato: basso ostinato
basso I tief
basso *m* I Baß; Bassist; Tiefe; *fis* Grundbaß; *lt* Großbrummer
~ acustico: Harmoniumbaß; *org* akustischer → Baß
~ ad occhiali: Brillenbaß
— **bassi** *pl* **Albertini**
  D Albertische Bässe, Alberti-Bässe *m pl*
  E Alberti basses *pl*
  F basse *f* d'Alberti
  S bajo *m* de Alberti
  U Alberti-basszusok *pl*
  R альбертиевы басы *m pl*
~ aperto *org* Offenbaß
~ **buffo**
  D Baß-Buffo *m*
  E buffo bass
  F basse *f* bouffe
  S bajo *m* cómico
  U buffobasszus, "basso buffo"
  R бас-буфф(о) *m*
~ cifrato: bezifferter → Baß
~ **continuo**
  D Basso *m* continuo, Generalbaß *m*
  E basso continuo, thorough-bass
  F basse *f* continue
  S bajo *m* continuo
  U basso continuo, generálbasszus, kontinuó basszus
  R бассо континуо *m*, генерал-бас *m*
~ continuo numerato: Generalbaßbezifferung
~ d'ottava *org* Offenbaß
~ di cornamusa *org* basse de musette
~ di Fiandra: Bumbaß
~ di gamba *org* Gambenbaß
~ di Murky: murky bass
~ di musetta: Bassettoboe; dudabasszus
~ fondamentale: basse fondamentale
~ imperiale: Kaiserbaß

~ **ostinato**
D Basso *m* ostinato
E basso ostinato
F basso *m* ostinato, basse *f* obstinée/contrainte
S basso *m* ostinato, bajo *m* obstinado
U ostinato/osztinátó (basszus)
R basso ostinato, остинатный бас *m*
~ **profondo** *obs, canto* basse-contre
~ **strofico:** Strophenbaß
— **col ~ prescr**
D col basso, mit dem Baß
E col basso, *"with the bass"*
F col basso, avec la basse
S col basso, *"con el bajo"*
U col basso, a basszussal
R col basso, с басом
basso-baritono *m* I Baß-Bariton
basson *m* F fagottista; fagotto
~ **d'amour:** fagotto d'amore
~ **quinte:** fagottino
basson d'amour E U fagotto d'amore
bassoniste *m* F fagottista
bassoon E fagotto
~ **fiddle:** Fagottgeige
~ **player:** fagottista
bassoonist E fagottista
Baßpommer *m* D
E bombard, bass shawm
F bombarde *f*
I bombardo *m*
S bombarda *f*
U basszuspommer
R басовая бомбарда *f*
Baßposaune *f* D
E bass trombone
F trombone *m* basse
I trombone *m* basso
S trombón *m* bajo
U basszusharsona, basszuspozaun
R бас-тромбон *m*
Baßregister *n* D *fis*
E bass register/coupler
F registre *m* des basses
I registro *m* basso
S registro *m* de bajos
U balkézváltó
R басовый регистр *m*
Baßröhre *f* D *fag* = Mittelrohr
Baßschlüssel *m* D
E bass clef
F clef *f* de fa quatrième ligne
I chiave *f* di basso
S clave *f* de bajo/de fa en cuarta línea
U basszuskulcs
R басовый ключ *m*
Baßton *m* D
E fundamental note/tone
F note *f* fondamentale, son *m* fondamental
I nota *f*/suono *m* fondamentale
S nota *f* fundamental
U alaphang, fundamentális hang
R бас *m*, басовый тон *m*

Baßtrommel *f* D
E bass drum
F grosse caisse *f*
I gran cassa *f*
S bombo *m*
U nagydob
R большой барабан *m*
~ **mil** tamburo basso
Baßtrompete *f* D
E bass trumpet
F trompette *f* basse
I tromba *f* bassa
S trompeta/tuba *f* baja
U basszustrombita
R басовая труба *f*
Baßtuba *f* D
E bass tuba
F tuba *m* basse, contrebasse *f* à pistons
I tuba *f* bassa
S bajo *m* de tuba
U basszustuba
R туба-бас *f*
Baßxylophon *n* D
E bass xylophone
F xylophone *m* basse
I xilofono *m* basso
S xilofón *m* bajo
U basszusxilofon
R басовый ксилофон *m*
basszbariton U Baß-Bariton
basszetkürt U Bassetthorn
basszetoboa U Bassettoboe
Baßzink *m* D
E bass/great cornett
F basse *f* de cornet à bouquin
I cornone *m*, serpentone *m*
S corneta *f* baja
U basszuscink
R *(старинный вид корнета)*
basszista U Bassist
basszkürt U *org* Bassetthorn
basszus U Baß
— **akusztikus** ~ Harmoniumbaß; *org* akusztischer → Baß
— **fundamentális** ~ basse fondamentale
— **mély** ~ *obs, canto* basse-contre
— **nyitott** ~ *org* Offenbaß
— **ostinato/osztinátó** ~ basso ostinato
— **strófikus/szakaszos** ~ Strophenbaß
— **számozott** ~ bezifferter → Baß
— **a ~sal** *prescr* col basso
basszusblockflöte U Baßblockflöte
basszuscink U Baßzink
basszuscisztola U Baßcister
basszusfonat U *pfte* Baßbezug
basszusfurulya U Baßblockflöte
basszushangszer U Baßinstrument
basszusharsona U Baßposaune
basszushúr U *lt* Bomhart
basszushúrstég U *pfte* Baßanhängestock
basszusklarinét U clarinette basse
basszuskopula U *org* Baßkoppel
basszuskulcs U Baßschlüssel

9*

basszuskürt U Baßhorn
basszuslant U; kettős nyakú ~ Erzlaute
basszuspommer U Baßpommer
basszuspozaun U Baßposaune
basszusszámozás U Generalbaßbezifferung
basszusszárnykürt U Baßflügelhorn
basszusszaxkürt U Baßflügelhorn; Bombardon
basszusszisztra U Baßcister
basszustrombita U Baßtrompete
basszustuba U Baßtuba; *ottoni* großer → Baß
basszusxilofon U Baßxylophon
bastante S assai
bastidor *m* S Kulisse; *org* Rahmen; *teat* Schiebewand
~ de las teclas *pfte* Klaviaturrahmen
— entre ~es *teat* hinter der → Bühne;
   hinter der → Szene
bastone *m* di sostegno I *pfte* Deckelstütze
bastuba *f* S Harmoniebaß
batacchio *m* I *camp* = battaglio
batería *f* S Schlaginstrumentengruppe; Schlagzeug; Rhythmus-Instrumente; rhythm section; *jazz* trap
~ *jazz perc, jazz* set-up
baterista *m* S Schlagzeugspieler
bâti *m* F *org* Balgstuhl
batido *m* S Schlag
— sin ~s: schwebungsfrei
batidor *m* S Stäbchen; *corda* Griffbrett
— sobre el ~ *prescr, archi* flautato; *prescr,
   corda* am → Griffbrett
batiente *m* S Glockenhammer; Stäbchen; *camp*
   Klöppel
batimiento *m* S Schwebung
— sin ~ schwebungsfrei
batintín *m* S Gong
baton E Taktstock
~ technique *dir* Schlagtechnik
bâton *m* F Doppeltaktpause
bátran U *prescr* animoso
battaglio *m* I Glockenhammer; *camp* Klöppel
battant *m* F *camp* Klöppel
battement *m* F Schlag; Schwebung
~ croisé *perc* Kreuzschlag
— sans ~ schwebungsfrei
battente *m* I Glockenhammer; Stäbchen; *camp*
   Klöppel; *perc* Schlegel
~ da triangolo *perc* Triangelschlegel
~ doppio *perc* doppelter → Schlegel; zweiköpfiger → Schlegel
~ pedale *tamb* Fußschlegel
batter E; ~ head *perc* Schlagfell
battere *m* I; ~ a braccia incrociate *perc* Kreuzschlag
~ il tempo: Taktschlagen
— in ~ abtaktig
battere *v* I *corda* anschlagen
~ a vuoto *dir* ausschlagen
~ incrociando *perc* überkreuz → schlagen
~ normalmente *prescr, perc* gewöhnlich →
   schlagen
batteria *f* I Schlagzeug-Garnitur; *jazz* trap; *orn*
   batterie

~ *jazz jazz, perc* set-up
— piccola ~ *perc* Kleinschlagzeug
Batterie *f* D *orn* batterie
batterie *f* F Schlaginstrumentengruppe; Schlagzeug; Rhythmus-Instrumente; rhythm section
~ *orn*
   D Batterie *f*
   E battery
   I batteria *f*
   S batterie *f*
   U *(arpeggiószerűen megszólaltatott díszítés)*
   R арпеджированный аккорд *m*, взятый
      стаккато
~ de jazz *jazz* trap
~ de tambour: Trommelsignal
batterista *m* I Schlagzeugspieler
battery E *orn* batterie
batteur *m* F Schlagzeugspieler; Schüttelrohr;
   Stampfidiophon
~ de bambou brésilien: Bambusschüttelrohr
battimento *m* I Schwebung
— senza battimenti: schwebungsfrei
battito *m* I Schlag
battitoia *f* I *perc* Schlagfell
battre *v* F; ~ la mesure *dir* ausschlagen
~ le tambour *perc* Wirbel schlagen
battuta *f* I Takt
~ a cinque tempi: Fünfertakt
— battute *pl* a due tempi: Zweiertakt
— battute *pl* a quattro tempi: Vierertakt
— battute *pl* a tre tempi: Dreiertakt
~ composta: zusammengesetzter → Takt
~ nove ottavi: Neunachteltakt
~ nove quarti: Neunvierteltakt
~ semplice: einfacher → Takt
— battute *pl* ternarie: Dreiertakt
— di due battute: zweitaktig
— di tre battute: dreitaktig
Batuque *f* D *bl*
   E *(Brazilian dance)*
   F "batuque" *f*
   I *(danza brasiliana)*
   S batuque *f*
   U *(brazil tánc)*
   R *(бразильский танец)*
batuque *f* F S *bl* Batuque
batuta *f* S Taktstock
— seguir *v* la ~ *fam, dir* nach dem → Stock
   spielen
-bau *m* D ⟨*z. B. Klavierbau, Orgelbau etc.*⟩
   E making, building, construction
   F construction *f*, facture *f*
   I fabbricazione *f*, costruzione *f*
   S fabricación *f*, construcción *f*
   U -építés
   R изготовление ⟨*фортепьяно, органа и
      m. n.*⟩
Bauch *m* D *archi* = Unterbügel
Bauchatmung *f* D
   E abdominal/costal breathing
   F respiration *f* abdominale
   I respirazione *f* addominale

S respiración *f* abdominal
U haslégzés
R брюшное дыхание *n*
bauchig D *corda*
  E convex-backed, vaulted, round-back
  F convexe, bombé
  I a fondo convesso
  S abombado, panzudo
  U hasas
  R выпуклый
bauen *v* D *str*
  E to make, to build
  F fabriquer, construire
  I costruire, fabbricare
  S construir, fabricar
  U építeni, készíteni
  R изготовлять
-bauer *m* D 〈*Instrumentenbauer, -macher*〉
  E maker, builder, manufacturer
  F facteur *m*
  I costruttore *m*, fabbricante *m*
  S fabricante *m*
  U -építő, -készítő, -gyártó
  R мастер *m* 〈*по изготовлению инстру-*
    ментов〉
Bauernflöte *f* D *org*
  E rustic flute, "bauernflöte"
  F flûte *f* champêtre
  I flauto *m* rustico, zufolo *m*
  S flauta *f* rústica/campestre, "Bauern-
    flöte" *f*
  U "Bauernflöte", parasztfuvola
  R бауэрнфлёте *f*
Bauerntanz *m* D
  E peasant dance
  F danse *f* champêtre/paysanne/villageoise/
    rustique
  I danza *f* rustica
  S danza *f* rústica/campesina/de aldeanos
  U paraszttánc
  R крестьянская пляска *f*
-baumeister *m* D
  E master builder
  F maître *m* facteur
  I costruttore *m*, fabbricante *m*
  S maestro violero *m*
  U -építő/-készítő mester
  R мастер *m* 〈*фортепьянный, органный*〉
Baumwollschlegel *m* D *perc*
  E cotton stick
  F baguette *f* de coton
  I bacchetta *f* di cotone
  S baqueta *f* de algodón
  U gyapotütő
  R колотушка *f*, обтянутая мягкой фла-
    нелью
bautizo *m* **de una campana** S Glockenweihe
bay leaf E *canna* Spitzlabium
bdenie R; vsenoščnoe ~ всенощная
B-Dur *n* D
  E B flat major
  F si *m* bémol majeur
  I si *m* bemolle maggiore

S si *m* bemol mayor
U B-dúr
R си-бемоль *m* мажор
B-dúr U B-Dur
bé U: B; Erniedrigungszeichen
  — kettős ~ Doppel-B
beaded gourd E Kürbisrassel
beak E *fiati* Schnabel
  ~ flute: Schnabelflöte
beaked flute E Schnabelflöte
beállítócsavar U *pfte* Abnickschraube
beam E Glockenbalken; Notenbalken
  ~ rail *pfte* Mechanikbalken
beamed together E mit einem → Querbalken
  verbunden
beantworten *v* D *fuga*
  E to answer
  F répondre
  I rispondere
  S responder
  U válaszolni
  R дать *v* ответ (к теме фуги)
bear *v* E führen
bearbeiten *v*, **umarbeiten** *v* D
  E to arrange, to edit
  F adapter, arranger, transcrire, réduire
  I trascrivere, elaborare, ridurre
  S transcribir, reducir, adaptar, revisar,
    arreglar
  U feldolgozni, átdolgozni
  R обработать
Bearbeiter *m* D
  E arranger
  F adaptateur *m*, transcripteur *m*
  I trascrittore *m*, elaboratore *m*, riduttore *m*
  S transcriptor *m*, adaptador *m*
  U feldolgozó, átdolgozó
  R аранжировщик *m*
Bearbeitung *f* D arrangement
beard E *canna* Intonierrolle; *canna anima*
  Querbart
bearer E *org* Damm; Dammstück
bearing down E *pfte* Stegdruck
beat E Schlag; Schwebung; Zählzeit; *perc*
  Vorschlag
  ~ frequency: Schwebungsfrequenz
  — follow *v* the ~ *fam, dir* nach dem → Stock
    spielen
  — give *v* the ~ Takt angeben
  — mark *v* the ~ taktieren
beat *v* E *corda* anschlagen
  ~ (out the) time *dir* ausschlagen
-beat E -taktig
beat-conscious E taktfest
beater E Stäbchen; *perc* Schlegel
beating E; ~ reed: aufschlagendes → Rohrblatt
  ~ time: Taktschlagen
  ~ tongue *canna ancia* aufschlagende → Zunge
beaucoup F assai
beauté *f* F; ~ du son: Klangschönheit
  ~ sonore: Klangschönheit
beauty of sound E Klangschönheit
bebé U *ton* heses

bebisación *f* S Bebisation; Bobisation
Bebisation *f* D
  E bebization
  F bébisation *f*
  I bebizzazione *f*
  S bebisación *f*
  U bebizáció
  R *(разновидность сольмизации)*
bébisation *f* F Bebisation; Bobisation
bebizáció U Bebisation
bebization E Bebisation
bebizzazione *f* I Bebisation
Bebung *f* D ⟨*Klavichord*⟩
  E vibrato, bebung
  F "Bebung" *f*, vibrato *m*
  I vibrato *m*
  S *(efecto de vibrato que puede obtenerse en el clavicordio haciendo oscilar el dedo después del ataque)*
  U hangrezegtetés
  R вибрато *n*
bec *m* F *fiati* Schnabel
  ∼ de flûte à bec: Blockflötenschnabel
  ∼ de la clarinette: Klarinettenschnabel
  ∼ (de plume) *cemb* Kiel
bécarre *m* F Auflösungszeichen
becco *m* I *canna ancia* Kehle; *canna, fl. d.* Schneide; *fiati* Schnabel
  ∼ del flauto diritto: Blockflötenschnabel
Becher *m* D *canna ancia* = Aufsatz
  ∼ *legni*
  E bell
  F pavillon *m*
  I campana *f*, padiglione *m*
  S pabellón *m*, campana *f*
  U tölcsér
  R раструб *m*
Becken *n* D
  E cymbals *pl*
  F cymbales *f pl*
  I piatto *m*
  S platillos *m pl*, címbalos *m pl*
  U cintányér, réztányér
  R тарелки *f pl*
  ∼ **am Riemen hängend**
  E suspended cymbals *pl*
  F cymbales *f pl* suspendues par une courroie
  I piatto *m* sostenuto dalla sua correggia
  S platillos *m pl* colgados de la correa
  U szíjon lógó cintányér
  R подвесная тарелка *f*
  ∼ **auf den/am Rand** *prescr*
  E cymbals *pl* at the rim
  F cymbales *f pl* au bord/sur le bord
  I piatto *m* all'orlo/al bordo/sul bordo/sull'orlo
  S platillos *m pl* en/sobre el borde
  U cintányér a peremén/szélén
  R по краю тарелки
  ∼ **auf die Kuppel/in der Mitte** *prescr*
  E cymbals *pl* at/in the centre/center, cymbals *pl* on the dome

  F cymbales *f pl* au centre/milieu, cymbales *f pl* sur la bosse
  I piatto *m* al centro
  S platillos *m pl* en la bóveda, platillos *m pl* en/al medio
  U cintányér a közepén/kupolán
  R по чашке/посредине/в центре тарелки
  ∼ **freihängend/schwingend**
  E suspended cymbals *pl*
  F cymbales *f pl* suspendues
  I piatto *m* sospeso
  S platillos *m pl* suspendidos
  U szabadon függő/rezgő cintányér
  R подвесная тарелка *f*
  ∼ **gewöhnlich** *prescr*
  E cymbals *pl* clashed
  F cymbales *f pl* frappées normalement
  I piatto *m* percosso normalmente
  S platillos *m pl* normales
  U cintányér a szokott módon
  R тарелки *f pl* обычным способом
  ∼ **in der Luft** *prescr*
  E cymbals *pl* in the air/let ring/undamped
  F cymbales *f pl* en l'air
  I piatto *m* in aria
  S platillos *m pl* al aire
  U cintányér a levegőben
  R тарелки *f pl* в воздухе
  ∼ in der Mitte *prescr* = ∼ auf die Kuppel
  ∼ **leicht berühren** *prescr*
  E cymbals *pl* lightly rubbed
  F cymbales *f pl* frottées légèrement
  I piatto *m* strofinato leggermente
  S platillos *m pl* frotados ligeramente
  U cintányér halkan/könnyedén érintve
  R легко ударять тарелку
  ∼ schwingend = ∼ freihängend
  — **chinesisches** ∼
  E Chinese cymbals *pl*/crash
  F cymbales *f pl* chinoises
  I piatto *m* cinese
  S platillos *m pl* chinescos
  U kínai cintányér/réztányér
  R китайские тарелки *f pl*
  — **türkisches** ∼
  E Turkish cymbals *pl*/crash
  F cymbales *f pl* turques
  I piatto *m* turco
  S platillos *m pl* turcos
  U török cintányér/réztányér
  R турецкие тарелки *f pl*
Beckenhalter *m* D
  E cymbal-holder
  F support *m* des cymbales
  I reggipiatto *m*
  S soporte *m* de los platillos
  U cintányértartó
  R подставка *f* для тарелок
Beckenschläger *m* D
  E cymbal player
  F cymbalier *m*, cymbaliste *m*
  I piattista *m*
  S cimbalero *m*

U cintányéros, cintányérjátékos
R играющий *m* на тарелках
Beckenschlegel *m* D *perc*
  E cymbal stick
  F baguette *f* de cymbales
  I bacchetta *f* per piatti
  S baqueta *f* de los platillos
  U cintányérütő
  R колотушка *f* для тарелок
Beckenständer *m* D
  E cymbal stand
  F support *m* des cymbales
  I supporto *m* piatto da terra
  S soporte *m* de los platillos
  U cintányérállvány
  R подставка *f* для тарелок
becuadro *m* S Auflösungszeichen
bedächtig D *prescr* deliberatamente
bedeckt D ⟨*Pauke*⟩
  E muffled
  F sourd, couvert
  I coperto, sordo
  S cubierto
  U fedett, tompított
  R покрытый
bedon *m* F ⟨15—17. *sec*⟩
  D (*französische Trommel*)
  E (*French drum*)
  I (*specie di gran cassa francese*)
  S (*membranófono francés*)
  U (*francia nagydob*)
  R (*старинный вид французского бара-бана*)
bedrohlich D minacciosamente
beénekelni *v* U sich → einsingen
beeresztőpneumatika U *org* Einstrompneumatik
beeresztőszelep U *org* Saugventil; Ventil
Befestigungsschraube *f* **für Mechanikgestell** D *pfte*
  E action hanger screw
  F vis *f* de fixation du châssis/de suspension de la mécanique
  I vite *f* per la spalletta della meccanica
  S tornillo *m* de fijación de la armazón del mecanismo
  U rögzítőcsavar (a mechanikaállványhoz)
  R винт *m* крепления механики/кронштейна
beffroi *m* F Glockenstuhl
befilzen *v* D *pfte*
  E to felt
  F garnir *v* de feutre
  I feltrare
  S colocar *v* los fieltros
  U filcezni
  R обивать *v* фильцем
befonás U *ancia* Garnbewicklung; *corda* Umspinnung
befonni *v* U *corda* umspinnen
befonódrót U Umspinndraht
befont U *corda* umsponnen
— egyszer ∼ *corda* einfach → umsponnen
— kétszeresen ∼ *corda* doppelt → umsponnen

befújónyílás U *ancia* Mundspalt
befutószalag U *magn* Vorspannband
befúvórés U *ancia* Mundspalt
Begabung *f* D; **musikalische** ∼
  E musical talent
  F talent/don *m* musical
  I talento *m* musicale
  S talento *m*, musicalidad *f*, dones *m pl* musicales
  U zenei tehetség/adottság
  R музыкальная одарённость *f*
begin *v* E anspielen; anstimmen
begleiten *v* D
  E to accompany
  F accompagner
  I accompagnare
  S acompañar
  U kísérni
  R сопровождать, аккомпанировать
— mit einem Chor ∼ corear
Begleiter *m* D
  E accompanist
  F accompagnateur *m*
  I accompagnatore *m*
  S acompañante *m+f*
  U kísérő
  R аккомпаниатор *m*, концертмейстер *m*
begleitet D; mit einem Chor ∼ coreado
Begleitfigur *f* D = Begleitungsfigur
Begleitinstrument *n* D
  E accompanying instrument
  F instrument *m* accompagnateur
  I strumento *m* da/per accompagnamento
  S instrumento *m* acompañante
  U kísérőhangszer
  R сопровождающий инструмент *m*
Begleitmusik *f* D
  E accompanying music
  F musique *f* d'accompagnement
  I musica *f* d'accompagnamento
  S música *f* de acompañamiento
  U kísérőzene
  R музыка *f*, служащая сопровождением
Begleitsaiten *f pl* D ⟨*Zither*⟩
  E accompaniment strings *pl*
  F cordes *f pl* d'accompagnement
  I corde *f pl* d'accompagnamento
  S cuerdas *f pl* de acompañamiento
  U kísérőhúrok *pl*, vendéghúrok *pl*
  R струны *f pl* для аккомпанемента
Begleitung *f* D
  E accompaniment
  F accompagnement *m*
  I accompagnamento *m*
  S acompañamiento *m*
  U kíséret
  R аккомпанемент *m*, сопровождение *n*
Begleit(ungs)figur *f* D
  E accompanying figure, figure of accompaniment
  F figure/formule *f* d'accompagnement
  I figura/formula *f* d'accompagnamento
  S figura/fórmula *f* de acompañamiento

U kísérő figura
R фигура *f* сопровождения
Beguine *f* D *bl* béguine
beguine E U *bl* béguine
béguine *f* F *bl*
   D Beguine *f*
   E beguine
   I beguine *f*
   S beguine *m*
   U beguine
   R *(танец латиноамериканского проис-хождения)*
beguine *f* I *bl* béguine
beguine *m* S *bl* béguine
behandeln *v* D
   E to treat
   F traiter
   I trattare
   S tratar, manejar
   U kezelni
   R трактовать
Behandlung *f* D
   E treatment
   F traitement *m*
   I trattamento *m*
   S tratamiento *m*
   U feldolgozás
   R трактовка *f*
behangolni *v* U einstimmen
beharangozás U Anläuten
behende D *prescr* agile
beherzt D *prescr* animoso; audace
Beifall *m* D
   E applause
   F applaudissement *m*
   I applauso
   S aplauso *m*
   U taps, tetszés, siker
   R аплодисменты *m pl*, успех *m*
~ **klatschen** *v*
   E to applaud
   F applaudir
   I applaudire
   S aplaudir
   U tapsolni, tetszést nyilvánítani *v*
   R аплодировать
Bein *n* D *pfte*
   E leg
   F pied *m*
   I gamba *f*, piede *m*
   S pata *f*
   U láb
   R ножка *f*
Beinchen *n* D *arco* = Schraubenkopf
beinteni *v* U Einsatzzeichen geben
beintés U Einsatzzeichen; *dir* Auftakt
Beißer *m* D *obs* = Mordent
Beiton *m* D *obs* = Oberton
bejátszani *v* U *str* einspielen
béka U *arco* Frosch
bekezdés U Incipit
bekielen *v* D *cemb*
   E to quill

F garnir *v* de becs
I *(fornire di plettri i salterelli del clavi-cembalo)*
S *(colocar las púas, implantar los plectros)*
U *(ékkel ellát)*
R *(укреплять стерженьки)*
bekümmert D *prescr* affannoso
Belcanto *m* D bel canto
bel canto *m* I
   D Belcanto *m*
   E bel canto
   F bel canto *m*
   S bel canto *m*
   U bel canto
   R бельканто *n*
belebend D; (sich) ~ *prescr* animando
belebt D *prescr* animato
beledern *v* D
   E to cover with leather
   F garnir *v* de cuir
   I rivestire *v* di cuoio/pelle
   S poner *v* los cueros
   U bőrözni
   R обивать/покрывать *v* кожей
belegt D *canto* = gedeckt
belé(le)gzés U Einatmung
— zaj nélküli ~ tonloser → Atem
belélegezni *v* U einatmen
belépés U Einsatz
belépni *v* U auftreten; einsetzen
belépőjegy U Eintrittskarte
bélés U; billentyűvezetőszög ~e *pfte* Führungs-stiftgarnierung
Beleuchtung *f* D *teat*
   E lighting
   F éclairage *m*
   I illuminazione *f*
   S iluminación *f*
   U világítás
   R освещение *n*
Beleuchtungsbrücke *f* D *teat*
   E catwalk
   F pont *m* d'éclairage
   I ponte *m* delle luci
   S pasarela *f*
   U (világító)híd
   R мостик *m* для осветителя
belfry E Glockenturm
bélhúr U Darmsaite
Belieben *n* D; nach ~ *prescr* libero
bélière *f* F *camp* Hängeeisen; Schraube
bell E Glocke; Schelle; *canna* Kegeldeckung; *canna ancia* Aufsatz; *fiati* Schallbecher; *legni* Becher; *ottoni* Schallstück
~ cage: Glockenstuhl
~ caster: Glockengießer
~ casting: Glockenguß
~ chamber: Glockenstube
~ diapason *org* Trichterprinzipal
~ down *prescr*, *fiati* natürlich
~ edge reinforcement *ottoni* Kranz
~ founder: Glockengießer
~ founding: Glockenguß

~ foundry: Glockengießerei
~ frame: Glockenstuhl
~ gamba *org* Trichtergambe
~ gudgeon: Glockenzapfen
~ hammer: Glockenhammer
~ in the air *prescr, fiati* Stürze hoch
~ joint *ottoni* Schallstück
~ loft: Glockenstube
~ maker: Glockengießer
~ metal: Glockengut
~ mo(u)ld: Glockenmodell
~ rope: Glockenseil
~ shapes *pl* Schallbecherformen
~ stop *org* Glockenzug
~ stroke: Glockenschlag
~ tower: Glockenturm
~ tree: Schellenbaum
— raise the ~ *prescr, fiati* Stürze hoch
— ring *v* a ~ Glocke läuten
— strike *v* a ~ Glocke schlagen
belleza *f* **de sonido** S Klangschönheit
bellezza *f* **del suono** I Klangschönheit
bell-gamba E Glockengambe
bell-gamba *f* F S Glockengambe
belljoint E *trbne* Korpus
bellows *pl* E *org* Balg
~ board *org* Balgplatte
~ handle *org* Balgklavis
~ strap *fis* Balgverschluß
bellows-treader E Kalkant
belly E *vl* Decke
~ soundboard *pfte* Resonanzboden
bemenetválasztó U *magn* Eingangswähler
bémol *m* F: B; Erniedrigungszeichen
-- double ~ Doppel-B
bemol *m* S: B; Erniedrigungszeichen
— doble ~ Doppel-B
bemolle *m* I: B; Erniedrigungszeichen
-- doppio ~ Doppel-B
bemollizzare *v* I erniedrigen
bemutatás U exposition
bemutatkozás U début
bemutatkozni *v* U débuter
bemutatni *v* U aufstellen
bemutató U première
benachbart D ⟨*Stimmen*⟩
     E adjacent, neighbo(u)ring
     F voisin
     I adiacente, vicino
     S vecino, contiguo, cercano
     U szomszédos
     R смежный, соседний
bend E *org* Kröpfung
bendable tuning cover E *canna d. l.* biegbares →
     Stimmblech
bendición *f* **de una campana** S Glockenweihe
bendzsó U Banjo
bendzsó-ukulele U Banjo-Ukulele
bene I
     D gut
     E well
     F bien
     S bien

     U jól
     R хорошо
Benedicite *m* F Tischgebet
benedicite *m* I Tischgebet
benedícite *m* S Tischgebet
bénédiction *f* **d'une cloche** F Glockenweihe
benedizione *f* **di una campana** I Glockenweihe
beneficio *m* S Wohltätigkeitskonzert
benefit concert E Wohltätigkeitskonzert
Benefizkonzert *n* D = Wohltätigkeitskonzert
beneplacito *m* I; a ~ = ad → libitum
bensőségesen U innig; *prescr* amoroso; fervido
benzineshordó U steel drum
Benzinfaß *n* D steel drum
bequadro *m* I; (doppio) ~ Auflösungszeichen
bequem D *prescr* agiato
beragadni *v* U *org* heulen
berakás U *vl* Einlage
berçant F; en ~ cullando
berceuse *f* F Wiegenlied
Bereifung *f*, **Gegenzarge** *f*, **Reifchen** *n* D *vl*
     E lining
     F contre-éclisse *f*
     I controfascia *f*
     S contra-aro *m*
     U léc
     R обручик *m*
bérelni *v* U leihen
berendezés U; hangvisszaadó ~ Schallwieder-
     gabegerät
berezgés U Einschwingungsvorgang
Bergamasca *f* D *bl* bergamasca
bergamasca *f* I *bl*
     D Bergamasca *f*, Bergamaskertanz *m*
     E bergamasque dance, bergomask
     F bergamasque *f*
     S bergamasca *f*
     U bergamasca, bergemasca
     R бергамаска *f*
Bergamaskertanz *m* D *bl* bergamasca
bergamasque *f* F *bl* bergamasca
bergamasque dance E *bl* bergamasca
bergemasca U *bl* bergamasca
bergerette *f*, **bergerie** *f* F ⟨18. *sec*⟩
     D *(pastorale Ariette)*
     E *(pastoral arietta)*
     I bergerette *f*
     S *(arieta pastoral)*
     U pásztordal
     R бержеретта *f*
bergomask E *bl* bergamasca
Bericht *m* D; **kritischer ~**
     E editorial notes *pl*, critical report
     F compte *m* rendu critique, notes *f pl*
     critiques
     I apparato *m* critico, note *f pl* critiche
     S relación/nota *f* crítica, informe *m* crítico
     U kritikai jegyzetek *pl*
     R критические заметки *f pl*
bérlet U abonnement
Berliner-Schrift *f* D *gram*
     E lateral cut
     F enregistrement *m* latéral

I registrazione *f* laterale
S registración *f* lateral
U Berliner-féle írás
R поперечная запись *f*
Berufsmusiker *m* D
E professional musician
F musicien *m* professionnel
I musicista *m* di professione
S músico *m* de profesión, profesional *m* + *f*
U hivatásos zenész
R профессиональный музыкант *m*
beruhigend D *prescr* calmando
besaiten *v* D
E to string
F encorder
I applicare *v* le corde
S encordar
U (fel)húrozni
R натягивать *v* струны
Besaitung *f* D; **gerad(saitig)e** ~ *pfte*
E parallel/straight stringing
F cordes *f pl* parallèles
I corde *f pl* parallele
S encordado *m* paralelo
R прямое натяжение *n* струн
beschleunigend D *prescr* accelerando
beschleunigt D *prescr* accelerato
Besen *m*, **Stahlbesen** *m* D
E wire/steel brush(es *pl*)
F brosses *f pl*
I spazzola *f*
S escobilla *f*, cepillo *m*
U söprű
R метёлка *f*
besetzen *v* D ⟨*Orchester*⟩
E to score
F instrumenter
I strumentare
S instrumentar, orquestar
U összeállítani
R давать *v* в каком-либо составе
~ *teat*
E to cast
F distribuer
I distribuire (le parti)
S distribuir, hacer *v* el reparto
U (szerepeket) kiosztani
R распределять *v* роли
Besetzung *f* D ⟨*Orchester*⟩
E instrumentation, scoring, setting
F instrumentation *f*, distribution *f*
I organico *m* strumentale
S composición *f* del conjunto instrumental, instrumentación *f*, plantilla *f* instrumental
U összeállítás
R состав *m*
~ *teat*
E cast
F distribution *f*
I complesso *m* degli interpreti di una rappresentazione, distribuzione *f* delle parti

S reparto *m*/distribución *f* de papeles
U szereposztás
R распределение *n* ролей, состав *m* исполнителей
— **variable** ~
E alternative scoring
F instrumentation *f* variable
I strumentazione *f* variabile
S instrumentación/orquestación *f* variable/facultativa
U változtatható összeállítás
R непостоянный состав *m*
besponnen D *corda*
E covered, overspun, gimped
F filé
I rivestito, ricoperto
S entorchado
U bevont
R обвитый
bestätigen *v* D ⟨*Tonart*⟩
E to establish
F établir, affermer
I stabilire
S afirmar
U megállapítani
R закрепить
Bestellnummer *f* D = Verlagsnummer
bestimmt D *prescr* deciso
— **sehr** ~ *prescr* decisissimo
beszabályozás U *pfte* Regulierung
beszabályozni *v* U *pfte* regulieren
beszéddallam U Sprachmelodie
betanítani *v* U concertare; korrepetieren
betanítás U Korrepetition
betlejka R → бетлейка
betoldani *v* U einschieben
betoldás U Einschiebung
betonen, akzentuieren *v* D
E to accent, to stress
F accentuer, marquer
I accentare
S acentuar, marcar, destacar
U hangsúlyozni, akcentuálni
R акцентировать, подчеркнуть
betont D
E accented, stressed
F accentué, appuyé
I accentato
S acentuado, marcado, destacado
U hangsúlyos
R акцентированный, выделенный
Betonung *f* D
E accentuation, stress, emphasis
F accentuation *f*, accent *m*
I accentuazione *f*, accento *m*, enfasi *f*
S acentuación *f*, acento *m*
U hangsúly(ozás)
R ударение *n*, акцент *m*
Betonungsverschiebung *f* D = Akzentverschiebung
betrübt D *prescr* addolorato; afflitto
betűjelzet U Sigel
betűkotta U Tonbuchstabe

betűkottaírás U Buchstabennotation; Tonsilbenschrift
— Boethius-féle ~ Boethianische → Buchstabennotation
betűtípus U Type
beugrani v U *teat* ersetzen
bevágás U Einsatz; Einschnitt
bevezetés U Einleitung; Introduktion
bevezetni v U einleiten
bevezető U intrada
bevont U *corda* besponnen
beweglich D *prescr* agile
bewegt D *prescr* agitato; commosso; mosso
Bewegung f D
  E motion, movement
  F mouvement m
  I moto m, movimento m
  S movimiento m
  U mozgás
  R движение n
— **fließende** ~
  E flowing movement
  F mouvement m fluide
  I movimento m scorrevole
  S movimiento m fluido
  U folyamatos mozgás
  R плавное движение n
— **gerade** ~
  E similar motion
  F mouvement m direct/parallèle/semblable
  I moto m retto/simile
  S movimiento m directo/paralelo
  U egyenes/párhuzamos mozgás
  R прямое движение n
— **rhythmische** ~
  E rhythmic motion
  F mouvement m rythmique
  I movimento m ritmico
  S movimiento m rítmico
  U ritmikus mozgás
  R ритмическое движение n
Bewegungsschrift f, **Tanzschrift** f D *bl*
  E movement/dance notation
  F notation f chorégraphique
  I notazione f coreografica
  S notación f coreográfica
  U táncírás
  R хореографическая запись f, запись f танца
Bewicklung f D *arco*
  E wrapping, lapping
  F filet m, garniture f
  I legatura f
  S redecilla f
  U fonás, ezüst
  R обмотка f трости
Bezeichnung f D
  E mark, indication
  F signe m, indication f
  I segno m
  S señal f, marca f, indicación f
  U jelölés, jelzés
  R обозначение n, указание n, знак m

beziffern v D *bc*
  E to figure
  F chiffrer
  I cifrare, numerare
  S cifrar
  U számozni
  R цифровать
Bezifferung f D *bc*
  E figuring, A: figuration
  F chiffrage m
  I cifratura f
  S cifrado m
  U számozás
  R цифровка f
Bezug m D *vl* = Bogenhaare; Saitenbezug
Bezugsfrequenz f D ⟨*bei elektrischen Stimmgeräten*⟩
  E reference frequency
  F rapport m de fréquence
  I frequenza f di riferimento
  S relación f de frecuencia
  U viszonyítási frekvencia
  R эталонная частота f
biauricular S binaural
Bibelregal n D *org*
  E bible regal/organ, book regal/organ
  F Bible régale f
  I (*minuscolo regale che si poteva ridurre alla forma di un'ampia bibbia*)
  S regalía f, realejo m, órgano m de regalía
  U kisregál
  R бибельрегаль m
bible E; ~ organ *org* Bibelregal
  ~ regal *org* Bibelregal
bibliavers U Versikel
biblioteca f **musical** S Musikbibliothek
biblioteca f **musicale** I Musikbibliothek
bibliothèque f **musicale** F Musikbibliothek
bicchieri m pl **musicali** Glasschalenspiel
bichord E *corda* zweichörig
Bicinium n D
  E bicinium
  F bicinium m
  I bicinium m
  S bicínium m
  U bicínium
  R бициниум m
bicinium E Bicinium
bicinium m F I Bicinium
bicínium m S Bicinium
bicínium U Bicinium
biela f **de la repetición** S *pfte* Schere
bien F S bene
bientôt F quanto prima
bietta f I *arco* Schlußkeil
bifar(r)a f F *org* piffaro
bifra f F *org* piffaro
big E; ~ **band** *jazz*
  D big band f
  F big band m
  I big band m
  S big band m

U big band
R *(джазовый ансамбль, в котором каждая партия мелодической группы исполняется несколькими инструменталистами)*
~ discant guitar: guitarro
biglietto *m* I
~ d'ingresso: Eintrittskarte
~ in omaggio: Freikarte
bilancia *f* I *cemb* Zunge
~ pneumatica *org* Windwaage; Windmesser
bilanciere *m* I *pfte* Hebeglied
bilancino *m* del telaio I *pfte* Waagebalken
bilichi *m pl* I Glockenzapfen
biline *f* S былина
bille U = regiszterbille
billentés U Anschlag; Tastengefühl; *tasto* Anschlag
billentésmélység U *tasto* Spieltiefe
billentyű U *tasto; fiati* Druckplättchen; *legni* Klappe; *ottoni* Fingertaste
— automatikus víztelenítő ~ *fag* automatische → Entwässerung
— fehér ~ tasto bianco
— fekete ~ tasto nero
— gyűrűs ~ *legni* Brillenklappe
— kettős ~ *legni* Doppelgriffklappe
— nyitott ~ *legni* offene → Klappe
— tört ~ *org* tasto spezzato
— vízkieresztő ~ *ottoni* Wasserklappe
— zárt ~ *legni* geschlossene → Klappe
billentyűellenállás U *pfte* Spielschwere
billentyűelrendezés U *legni* Klappenanordnung
billentyűfedő U *legni* Deckel; *pfte* Tastenklappe
billentyűjárat U *org* tocco
billentyűmechanika U *legni* Klappenmechanik
billentyűnyomás U; kettős ~ *arm* doppelter → Tastenfall
billentyűnyugpárna U *pfte* Rahmenpolster
billentyűpárna U *legni* Klappenpolster
billentyűpárnatartó U *legni* Klappenlöffel
billentyűszár U *legni* Klappenstiel
billentyűtengely U *legni* Klappenstengel
billentyűzet U Klaviatur
— hajlított ~ Bogenklaviatur
billentyűzetkeret U *pfte* Klaviaturrahmen
billentyűzetráma U *pfte* Klaviaturrahmen
billentyűzetszabályozás U Klaviaturregulierung
billet *m* F; ~ d'entrée: Eintrittskarte
~ de faveur: Freikarte
~ de location: Eintrittskarte
billete *m* S Eintrittskarte
~ de favor: Freikarte
bimmeln *v* D
E to tinkle
F tinter, faire *v* tinter
I tintinnare
S repicar, tintinear
U csengeni, csilingelni
R звонить, бренчать
binaire F zweiteilig
binarie *f pl* I Zweiertakt
binario I S zweiteilig

binary E zweiteilig
~ form: zweiteilige → Form
binaural D
E binaural
F binauriculaire
I binaurale
S bi(n)auricular
U binaurális
R бинауральный
binaurale I binaural
binaurális U binaural
binauriculaire F binaural
binauricular S binaural
Bindebogen *m* D = Haltebogen; Legatobogen
Bindeklappe *f* D *legni*
E slur
F ligature *f*
I legatura *f*
S ligadura *f*
U összekötőklapni
R клапан *m*
binden *v* D ⟨*Noten gleicher Tonhöhe*⟩
E to tie
F tenir, lier
I legare, tenere
S ligar
U (át)kötni
R лиговать, слиговывать
~ ⟨*legato*⟩
E to slur
F lier
I legare
S ligar
U (össze)kötni
R связывать
binding E *ancia* Garnkugel
Bindung *f* D ⟨*bei Noten gleicher Tonhöhe*⟩
E tie
F tenue *f*, liaison *f*
I legatura *f*
S ligadura *f*
U (át)kötés, (kötő)ív
R лига *f*
~ ⟨*legato*⟩
E slur
F liaison *f*
I legatura *f*
S ligadura *f*
U (kötő)ív, ligatúra
R легато *n*
biniou *m* F
D *(bretonischer Dudelsack mit drei Bordunpfeifen)*
E *(Breton bagpipe with three drones)*
I *(cornamusa bretone con tre canne di bordone)*
S *(cornamusa bretona con tres bordones)*
U *(breton duda három bordósíppal)*
R *(бретонская волынка с тремя бурдонными трубками)*
bipartito I S zweiteilig
bírálat U critique
bírálni *v* U rezensieren

bíráló U critique
bird E; ∼ organ: Vogelorgel
∼ pipe: Vogelpfeife
∼ stop *org* Nachtigallenzug
birdcage action E *pn* Oberdämpfermechanik
birimbao *m* S Maultrommel
Birne *f* D *cl*
  E socket, barrel
  F baril *m*, barillet *m*
  I barilotto *m*
  S barrilete *m*
  U hordó
  R бочонок *m*
∼ *canna ancia* = Kopf
birnenförmig D ⟨*Schallbecher*⟩
  E pear-shaped, bulb-shaped
  F en forme de poire, piriforme
  I a forma di pera, piriforme
  S piriforme, en forma de pera
  U körte alakú
  R грушевидный
bis *m* F bis; Zugabe
— crier *v* ∼ chiedere il → bis
bis *m* I Zugabe
∼!, da capo!
  D da capo!
  E encore!
  F bis!
  S bis!
  U hogy volt!, újra!
  R бис!
— **chiedere** *v* **il ∼**
  D da capo rufen *v*
  E to call for an encore
  F crier *v* bis
  S pedir *v* un bis
  U újrázni
  R вызывать *v* на бис
bis *m* S bis; Zugabe
— pedir *v* un ∼ chiedere il → bis
bisbigliando I *prescr, arpa*
  D bisbigliando, flüsternd
  E bisbigliando, "*whispering*"
  F bisbigliando, chuchotant
  S bisbigliando, murmurando
  U bisbigliando, "*suttogva*"
  R bisbigliando, «в характере шёпота»
bischero *m* I *corda* Wirbel
∼ del liuto: Lautenwirbel
∼ di sicurezza *corda* Patentwirbel
biscroma *f* I Zweiunddreißigstelnote
biseau *m* F *canna* Kern; *fl. d.* Aufschnitt; Schneidekante
bisel *m* S *canna* Kern; *fl. d.* Schneidekante
bit E; ∼ player: Komparse
bitematico I zweithemig
bitemático S zweithemig
bitestuale I zweitextig
bitextual E zweitextig
bithematic E zweithemig
bithématique F zweithemig
bitonal D
  E bitonal

  F bitonal
  I bitonale
  S bitonal
  U bitonális
  R битональный
bitonale I bitonal
bitonalidad *f* S Bitonalität
bitonális U bitonal
bitonalità *f* I Bitonalität
bitonalitás U Bitonalität
Bitonalität *f* D
  E bitonality
  F bitonalité *f*
  I bitonalità *f*
  S bitonalidad *f*
  U bitonalitás
  R битональность *f*
bitonalité *f* F Bitonalität
bitonality E Bitonalität
bitter D *prescr* amaro
biztosítószelep U *org* Auslaßventil
b-kisfuvola U Trommelflöte
Black-bottom *m* D *bl* black-bottom
black-bottom E *bl*
  D Black-bottom *m*
  F black-bottom *m*
  I *(danza in tempo pari in voga in America negli anni 20)*
  S black-bottom *m*
  U black-bottom
  R блек-ботм *m*
blacken *v* E colorire; schwärzen
black key E tasto nero
bladder E; ∼ and string: Bumbaß
∼ pipe: Platerspiel
blagovest R → благовест
blanca S alba
blanca *f* S halbe → Note
blanche F alba
blanche *f* F halbe → Note
blando S schallweich
blank E; ∼ groove *gram* leere → Rille
∼ noise: weißes → Rauschen
Blankbezug *m* D *pfte*
  E plain wire strings *pl*
  F cordes *f pl* simples non filées
  I corde *f pl* nude del centro e degli acuti
  S cuerdas *f pl* simples, no entorchadas
  U nem fonott húrok *pl*
  R необвитые струны *f pl*
Blas- D
  E wind
  F à vent
  I a fiato
  S de viento
  U fúvós(-)
  R духовой
blasen *v* D
  E to blow, to play, to sound
  F souffler, sonner
  I soffiare, suonare
  S soplar, tocar

U fújni
R трубить, играть *v* (на духовом инстру-
менте)
Bläser *m* D
E wind player
F joueur *m* d'un instrument à vent
I suonatore *m* di strumento a fiato
S tañedor *m* de instrumentos de viento
U fúvós
R духовик *m*
~ *pl*
E wind players *pl*, the wind (section)
F les vents *m pl*
I fiati *m pl*
S los vientos *m pl*
U fúvósok *pl*
R духовые *m pl*
Bläserkonzert *n* D concerto per strumenti a
fiato
Bläserquintett *n* D quintetto per fiati
Blasidiophon *n* D
E blown idiophone, A: wind idiophone
F idiophone *m* à vent
I idiofono *m* a fiato
S idiófono *m* de viento
U fúvós idiofon hangszer
R духовой идиофон *m*
Blasinstrument *n* D
E wind instrument
F instrument *m* à vent, vent *m*
I strumento *m* a fiato
S instrumento *m* de viento
U fúvós hangszer
R духовой инструмент *m*
Blasmusik *f* D = Harmoniemusik
Blasorchester *n* D
E wind band, orchestra of wind instruments
F orchestre *m* d'instruments à vent
I orchestra *f* di strumenti a fiato, banda *f*
S orquesta *f* de vientos, banda *f*
U fúvószenekar
R духовой оркестр *m*
Blasquinte *f* D
E blown fifth
F Blasquinte *f* ⟨quinte de 678 *cents*⟩
I (quinta di 678 *cents*)
S (quinta de 678 *cents*)
U fúvóskvint
R обертон *m* квинты, полученный путём
передувания
Blatt *n* D = Rohrblatt
— **vom ~ singen** *v*
E to sing at sight, to sight-sing
F chanter *v* à vue, déchiffrer
I cantare *v* a prima vista
S leer/cantar *v* a primera vista, repentizar
U lapról énekelni *v*, blattolni
R петь *v* с листа
— **vom ~ spielen** *v*
E to play at sight, to sight-read
F jouer *v* à vue, déchiffrer
I suonare *v* a prima vista
S leer/tocar *v* a primera vista, repentizar

U lapról játszani *v*, blattolni
R играть *v* с листа
Blättchen *n* D *arco* = Zäpfchen
blattolni *v* U vom → Blatt singen; vom → Blatt
spielen
Blattschraube *f* D *cl* ⟨Saxophon⟩
E ligature
F ligature *f*
I legatura *f*, anello *m*
S ligadura *f*
U nádszorító (csavar)
R винт *m* для зажима трости
Blattspiel *n* D
E sight-reading, playing at sight
F lecture *f* à vue
I suonare *m* a prima vista
S lectura *f* a primera vista, repentización *f*
U lapról olvasás/játék, prima vista játék
R игра *f* с листа
bleating E Bockstriller
Blech *n* D; **das ~**
E brass
F cuivres *m pl*
I ottoni *m pl*
S metales *m pl*, cobres *m pl*
U rézfúvósok *pl*
R медь *f*, медные *m pl*, медные духовые
m pl
Blechbläser *m* D
E brass player
F cuivre *m*
I suonatore *m* di strumento a fiato di ottone
S tañedor *m* de instrumento de cobre/
metal
U rézfúvós
R исполнитель *m* на медном духовом
инструменте
Blechblasinstrument *n* D
E brass wind instrument
F instrument *m* à vent de cuivre
I strumento *m* a fiato di ottone
S instrumento *m* de metal/cobre, cobre *m*
U rézfúvós (hangszer)
R медный духовой инструмент *m*
Blechmusik *f* D
E music for brass (band)
F musique *f* pour cuivres
I musica *f* per strumenti di ottone
S música *f* para instrumentos de cobre/
metal, música *f* para cobres/metales
U (réz)fúvószene
R духовая музыка *f*
Blei *n*, **Bleistöpsel** *m* D *tasto*
E lead weight
F plomb *m*
I piombo *m*, piombino *m* per tastiera
S contrapeso *m*, plomo *m*
U ólom(betét)
R свинец *m*, свинцовка *f*
blend *v* E *str* mischen
blind E; ~ channel *org* blinde → Kanzelle
~ groove *org* blinde → Kanzelle
bloc *m* F; ~ de bois: Holzblock

$\sim$ de clavier *pfte* Klaviaturbacken
$\sim$ de soutien de l'attrape *pfte* Fangerbäckchen
$\sim$ métallique: Metallblock
— Temple $\sim$ Tempelblock
bloc *m* S; $\sim$ de teclado *pfte* Klaviaturbacken
blocchetto *m* I Holzblock; Holzröhrentrommel
$\sim$ appoggia-martelli *pfte* Hammerklotz
block E *canna ancia* Kopf; *canna d. l.* Kern
$\sim$ flute *org* Blockflöte
$\sim$ valve *org* Rückschlagventil
block *m* I; $\sim$ cinese/$\sim$s *pl* cinesi: Tempelblock
Blockflöte *f* D
  E recorder
  F flûte *f* à bec, flûte *f* douce/droite
  I flauto *m* dolce/diritto/a becco
  S flauta *f* recta/dulce/de pico
  U egyenes fuvola, blockflöte
  R блокфлейта *f*
$\sim$ *org*
  E block flute, flauto dolce
  F flûte *f* douce
  I flauto *m* dolce
  S flauta *f* recta/de pico,
  U "blockflöte", cölöpflóta
  R блокфлёте *f*
blockflöte U Blockflöte
Blockflötenschnabel *m* D
  E recorder mouthpiece
  F bec *m* de flûte à bec
  I becco *m* del flauto diritto
  S pico *m*/embocadura *f* de flauta recta/ dulce, embocadura *f* de flauta de pico
  U egyenes fuvola csőre, blockflöte csőre
  R наконечник *m*/мундштучная часть *f* блокфлейты, клюв *m*
Blockwerk *n* D *org*
  E full organ
  F plein-jeu *m*
  I blockwerk *m* ⟨*ripieno a file inseparabili prima dell'invenzione dei registri*⟩
  S lleno *m*
  U teljes mű
  R блокверк *m*
blokk U Holzblock
blow E; $\sim$ hole *fl* Mundloch
blow *v* E blasen
$\sim$ strongly *ottoni* stark → anblasen
blower E Kalkant; *org* Anblasemechanismus; Gebläse
blowing action E *org* Anblasemechanismus; Gebläse; Schöpfwerk
blown E; $\sim$ fifth: Blasquinte
$\sim$ idiophone: Blasidiophon
— coarsely $\sim$ *cl* grob → geblasen
blue notes E
  D *(Terz und Septime, die im Blues alternierend groß und klein oder absichtlich unrein genommen werden)*
  F *(troisième et septième degrés de la gamme alternant entre le mode majeur et mineur ou faux à dessein)*
  I *(terzo e settimo grado della scala, adoperati nei blues alternativamente tanto*

maggiori quanto minori o anche con intonazione neutra)
  S *(tercero y séptimo grados de la escala, alternativa o simultáneamente mayores y menores, o entonados sin justeza absoluta)*
  U *(terc és szeptimhangok, melyeket a blues-stílusban váltakozva nagy vagy kicsi változatban vagy tudatosan nem tisztán intonálnak)*
  R *(III и VII ступени блюза, колеблются между большим и малым интервалом с легким отклонением от темперации)*
blues E
  D *(melancholisches Lied der nordamerikanischen Neger)*
  F *(chanson mélancolique des noirs nord-américains)*
  I *(canto malinconico dei negri nordamericani)*
  S *(canción melancólica de los negros norte--americanos)*
  U blues
  R блюз *m*
bluette *f* F
  D *(kleiner, auch musikalischer, Sketch)*
  E *(satirical or humorous sketch, with music)*
  I operetta *f* ⟨*breve spettacolo musicale*⟩
  S *(breve cuadro escénico con música)*
  U bluette
  R *(короткая музыкально-драматическая пьеса типа скетча)*
Blumen *f pl* D *orn*
  E fioriture *pl*, vocal ornamentations *pl*
  F fioritures *f pl*
  I abbellimenti *m pl* vocali
  S fiorituras *f pl*, floreos *m pl*
  U fioritura
  R *(«цветы», средневековое название мелизмов)*
blunder *v* E danebengreifen
b-Moll *n* D
  E B flat minor
  F si *m* bémol mineur
  I si *m* bemolle minore
  S si *m* bemol menor
  U b-moll
  R си-бемоль *m* минор
b-moll U b-Moll
board zither E Brettzither
bobina *f* **del nastro** I Tonbandspule
bobine *f* F; $\sim$ d'enroulement *magn* Wickeldorn
$\sim$ du ruban: Tonbandspule
Bobisation *f* D
  E bobisation
  F bobisation *f*, bébisation *f*
  I bobisazione *f*
  S bebisación *f*
  U bobizáció
  R бобизация *f* ⟨*разновидность сольмизации*⟩
bobisation E Bobisation
bobisation *f* F Bobisation

bobisazione *f* I Bobisation
bobizáció U Bobisation
boca *f* S Mund; *canna anima, fl. d.* Aufschnitt
~ cerrada *prescr* bocca chiusa
~ de la escena *teat* Bühnenöffnung
— a ~ cerrada *prescr* bocca chiusa
bocal E *fag* das → S
bocal *m* F Mundstück; Windkapsel; *fag* das
 → S; *trb* Mundrohr
bocal *m* S Windkapsel; *fag* das → S; *trb*
 Mundrohr
~ con el pico *fl. d.* Kopfstück mit Schnabel
bocca *f* I Mund; *canna anima* Aufschnitt
~ **chiusa** *prescr*
 D mit geschlossenem Mund
 E mouth closed
 F bouche fermée
 S boca cerrada, a boca cerrada, bocca
  chiusa
 U bocca chiusa, csukott/zárt szájjal
 R с закрытым ртом
boccascena *m* I *teat* Bühnenöffnung
bocchino *m* I *fiati* Mundstück; Schnabel; *fl. d.*
 Kopfstück mit Schnabel
~ a forma di imbuto *ottoni* Trichtermund-
 stück
~ a forma di tazza *ottoni* Kesselmundstück
~ del clarinetto: Klarinettenschnabel
~ (del cromorno): Mundstück
boccia *f* I *camp* Klöppelballen
boccola *f* I *fl* Mundlochplatte
~ Reform *fl* Reformmundlochplatte
bocina *f* S busine; *org* buccina
Bockstriller *m* D
 E bleating
 F chevrotement *m*
 I *(nota ribattuta velocissimamente)*
 S temblequeo *m*, trémolo/vibrato *m* exce-
  sivo
 U kecsketrilla
 R тремоляция *f*
Boden *m* D *corda*
 E back
 F fond *m*
 I fondo *m*
 S parte *f* posterior, fondo *m*
 U hát
 R нижняя дека *f*, дно *n*
— **ganzer** ~ *corda*
 E one-piece back
 F fond *m* en une seule pièce
 I fondo *m* in un pezzo
 S fondo *m* de una sola pieza
 U egész hát
 R нижняя дека *f* из одного куска
— **geteilter** ~ *corda*
 E back in two parts
 F fond *m* en deux pièces
 I fondo *m* in due pezzi
 S fondo *m* formado por dos pedazos
 U osztott hát
 R нижняя дека *f* из двух кусков
Bodenzapfen *m* D *vl* = Nase

body E *canna* Pfeifenkörper; *org* Gehäuse;
 str Korpus; *tamb* Zarge
bodzafurulya U Holunderflöte
bodzasíp U Holunderflöte
Boethian notation E Boethianische → Buch-
 stabennotation
Bogen *m* D *arco*
 E bow
 F archet *m*
 I arco *m*, archetto *m*
 S arco *m*
 U vonó
 R смычок *m*
~ *fag* = Stiefel
~ *ottoni* = Stimmbogen
Bogenflügel *m* D = Bogenklavier
Bogenführung *f* D *arco*
 E bowing
 F coup *m* d'archet
 I arcata *f*
 S golpe *m* de arco, arcada *f*
 U vonóvezetés
 R ведение *n* смычка, штрихи *m pl*
Bogenhaare *n pl* D
 E hairs *pl* of the bow
 F crins *m pl* de l'archet
 I crini *m pl* dell'arco
 S crines *f pl* cerdas del arco
 U vonó szőre
 R волос *m* на смычке
Bogenharfe *f* D
 E arched/bow harp
 F harpe *f* à archet
 I arpa *f* arcuata
 S arpa *f* de arco
 U íjhárfa
 R дуговая арфа *f*
Bogeninstrument *n* D *obs* = Streichinstru-
 ment
Bogenklaviatur *f* D
 E concave/Clutsam keyboard
 F clavier *m* concave
 I tastiera *f* concava
 S teclado *m* recurvado
 U Clutsam-billentyűzet, hajlított billentyű-
  zet
 R «дугообразная клавиатура» *f*
Bogenklavier *n*, **Bogenflügel** *m*, **Geigenwerk** *n*,
 Harmonichord *n* D
 E piano-violin
 F clavecin *m* à archet (mécanique), piano-
  -violon *m*, piano *m* à archet
 I cembalo *m* ad arco
 S clavecín *m* de arco, piano-violín *m*
 U vonós zongora
 R смычковый клавир *m*
Bogenlaute *f*, **Streichlaute** *f* D
 E bow(ed) lute
 F luth *m* à archet
 I liuto *m* ad arco
 S laúd *m* de arco
 U vonós lant
 R смычковая лютня *f*

Bogenstange *f* D; mit der ∼ *prescr, vl* col →
  legno (dell'arco)
Bogenstrich *m* D *arco*
  E stroke of the bow
  F coup *m* d'archet
  I arcata *f*
  S arcada *f*, arqueada *f*
  U vonóhúzás
  R штрихи *m pl*
— mit verkehrtem ∼ contr'arco
Bogenwechsel *m* D *arco*
  E change of bow
  F changement *m* d'archet
  I cambio *m* d'arco
  S cambio *m* de arco
  U vonóváltás
  R смена *f* смычка
bőgő U contrabbasso
— pengetett ∼ Schlagbaß
bogoglasnik R → богогласник
bőgős U contrabbassista
Bohrung *f* D
  E bore
  F perce *f*, forage *m*
  I foro *m*, buco *m*
  S perforación *f*
  U furat
  R канал *m*
— **konische** ∼
  E conical bore
  F perce *f* conique
  I foro *m* conico
  S perforación *f* cónica
  U kónikus/kúpos furat
  R конический канал *m*
— **zylindrische** ∼
  E cylindrical bore
  F perce *f* cylindrique
  I foro *m* cilindrico
  S perforación *f* cilíndrica
  U hengeres/cilindrikus furat
  R цилиндрический канал *m*
bois *m* F; avec le ∼ de l'archet *prescr, vl* con
  → legno (dell'arco)
— le ∼ das → Holz
boîte *f* F; ∼ à musique: Spieldose
  ∼ de soupape *org* Ventilkasten
  ∼ expressive du récit *org* Schwellkasten
bola *f* S *camp* Klöppelballen
bölcsődal U Wiegenlied
Bolero *m* D *bl* bolero
boléro *m* F *bl* bolero
bolero *m* S *bl*
  D Bolero *m*
  E bolero
  F boléro *m*
  I bolero *m*
  U boleró
  R болеро *n*
boleró U *bl* bolero
boleto *m* S Eintrittskarte
bolgarskij raspev R болгарский → распев
boltozat U; hangvető ∼ Schallgewölbe

bomba *f* S Schöpfbalg; *ottoni* Stimmbogen
bombard E Baßpommer
bombard U *org* bombarde
bombarda *f* I Bomhart; *org* bombarde
bombarda *f* S Baßpommer; Bomhart; *org*
  bombarde
Bombarde *f* D *org* bombarde
bombarde E *org* bombarde
bombarde *f* F Baßpommer; Bomhart
 ∼ *org*
  D Bombarde *f*
  E bombarde
  I bombarda *f*
  S bombarda
  U bombard
  R бомбарде *f*
bombarde *m* I Euphonium
bombardo *m* I Baßpommer
Bombardon *n* D ⟨*Baßtuba*⟩
  E bombardon
  F bombardon *m*
  I bombardone *m*
  S bombardone *m*, bombardón *m*
  U bombardon, basszusszaxkürt
  R басовая туба *f*, туба-бас *f*
∼ *lt, corda* = Bomhart
bombardon E Bombardon; Bomhart
bombardon *m* F Bombardon
bombardón *m* S Bombardon
bombardon U Bombardon
bombardone *m* I S Bombardon
Bombart *m* D = Bomhart
bombé F *corda* bauchig; *str* gewölbt
bombo *m* S Baßtrommel; große → Trommel
Bomhart *m*, **Bombart** *m*, **Pommer** *m* D
  E bombardon
  F bombarde *f*
  I bombarda *f*
  S bombarda *f*
  U pommer, bomhart
  R бомбарда *f*
∼ *lt*
  E bass course
  F bourdon *m*
  I bordone *m*
  S bordón *m*
  U basszushúr, bordóhúr
  R басовые струны *f pl*
bomhart U Bomhart
Bonang *n* D
  E bonang
  F bonang *m*
  I *(serie di 10—12 gong su telaio orizzon-*
   tale)
  S bonang *m*
  U bonang
  R бонанг *m*
bonang E U Bonang
bonang *m* F S Bonang
bone-flute E Knochenflöte
bone-pipe E Knochenflöte
bone-whistle E Knochenpfeife
bongo *m* I S Bongo-Trommel

10

bongó U Bongo-Trommel
bongo drum E Bongo-Trommel
Bongo-Trommel ƒ D
    E bongo drum
    F tambour *m* Bongo
    I bongo *m*
    S bongo *m*
    U bongó
    R бонги *pl*
bonnet *m* F *fiati* Schallbecher
boogie-woogie E
    D *(Spielart der Jazzmusik mit ostinatem*
      Laufbaß)
    F *(forme de jazz caractérisée par un dessin*
      obstinato à la basse)
    I *(stile della musica jazz, caratterizzato delle*
      figurazioni ostinate del basso)
    S *(forma de jazz caracterizada por un dibujo*
      obstinado en el bajo)
    U *(dzsesszjátékstílus osztinátó basszussal)*
    R буги-вуги *n* ⟨*стиль джаза с характер-*
      ной остинатной фигурой в басу⟩
book-organ E *org* Bibelregal
book-regal E *org* Bibelregal
boot E *canna ancia* Fuß
boquilla ƒ S *fiati* embouchure; Mundstück
∼ cónica *ottoni* Trichtermundstück
∼ en forma de copa/taza *ottoni* Kesselmundstück
∼ en forma de embudo *ottoni* Trichtermundstück
bőr U *arco* Daumenleder; *perc* Fell
— a ∼ szélén *prescr, perc* am → Rand des
  Felles
— műanyag ∼ *perc* Plastikfell
— természetes ∼ *perc* Naturfell
Bord *m* D *camp* = Schärfe
bord *m* F *archi, ottoni, perc* Rand
∼ de la cloche *camp* Schlag
∼ recourbé vers le haut *ottoni* französischer →
  Rand
∼ renforcé avec un cercle de fil de fer *ottoni*
  Mainzer → Rand
∼ supérieur *camp* oberer → Glockenrand
— sur le ∼ *prescr, perc* am → Rand des Felles
borda U *lt* Span
bordal U Trinklied
borde *m* S *archi, ottoni, perc* Rand; *camp*
  Schärfe; *fl. d.* Schneidekante
∼ curvado hacia arriba *ottoni* französischer
  → Rand
∼ reforzado con alambre *ottoni* Mainzer →
  Rand
∼ superior *camp* oberer → Glockenrand
— sobre/en el ∼ *prescr, perc* am → Rand des
  Felles
bordo *m* I *camp* Schärfe; *ottoni* Kranz; *perc*
  Rand
— al ∼ *prescr, perc* am → Rand des Felles
— presso il ∼ *prescr, perc* am → Rand des
  Felles
bordó U Summpfeifen
bordóhúr U Bordunsaite; *lt* Bomhart

bordón *m* S Bordun; Bordunsaite; *lt* Bomhart;
  tamb Schnarrsaite
— bordones *pl lt* Baßchor
— bordones *pl* al aire *lt* Freisaiten
∼ de eco *org* Stillgedeckt
∼ de gaita *org* basse de musette
— bordones *pl* de la gaita: Summpfeifen
∼ 8' *org* gedeckt → Prinzipal
∼ 16' *org* Subbaß
∼ de 16 pies *org* bourdon 16'
— con los bordones *prescr, tamb* mit →
  Schnarrsaiten
— retirar *v* los bordones *prescr, tamb* ohne
  → Schnarrsaiten
bordone *m* I Bordun; *lt* Baßchor; Bomhart;
  Mittelbrummer
— bordoni *pl* Summpfeifen; *lt* Freisaiten
∼ d'eco *org* Stillgedeckt
∼ 8' *org* gedeckt → Prinzipal
∼ 16' *org* bourdon 16'
— falso ∼ faux-bourdon
— secondo lo stile/la tecnica del falso ∼ à la
  manière d'un → faux-bourdon
bordoniera ƒ I *tamb* Schnarrsaite
bordósípok *pl* U Summpfeifen
Bordun *m* D ⟨*ausgehaltener Ton*⟩
    E bourdon
    F bourdon *m*
    I bordone *m*
    S bordón *m*
    U burdonhang, burdonáló hang
    R бурдон *m*
∼, **Brummbaß** *m org*
    E bourdon
    F bourdon *m*
    I bordone *m*
    S bordón *m*
    U bourdon, burdon
    R бурдон *m*
∼ ⟨*mitschwingende Saite*⟩ = Bordunsaite
∼e *pl* ⟨*Dudelsack*⟩ = Summpfeifen
Bordunsaite ƒ, **Bordun** *m* D
    E drone string
    F corde ƒ hors manche/hors de la touche
    I corda ƒ di bordone
    S bordón *m*
    U bordóhúr
    R бурдонная струна ƒ
bore E Bohrung; *org, fiati* Mensur; *ottoni*
  Kesselbohrung
boree E *bl* bourrée
bőrhenger U *pfte* Hammerrolle
bőrhurok U *tamb* Trommelschleife
borítólapcím U Umschlagtitel
bőrözés U *arco* Daumenleder
bőrözni *v* U beledern
borrar *v* S *magn* löschen
borrow *v* E entlehnen
borrowing E Entlehnung
∼ pipes *pl org* Doublettensystem
borsetta ƒ I *org* Pulpete
bosquejo *m* S; ∼ del montaje escénico: scenario
bosse ƒ F Kuppel

boszorkánytánc U Hexentanz
bot U; tamburmajor ∼ja *mil* canne de tambour--major
botfuvola U Schnabelflöte; Stockflöte
bothegedű U Stockgeige
botola *f* I *teat* Versenkungsschieber
botoló U *bl*
   D *(ungarischer Volkstanz für Männer)*
   E *(Hungarian folkdance for men)*
   F *(danse populaire hongroise pour hommes)*
   I *(danza popolare ungherese per uomini)*
   S *(danza masculina popular húngara)*
   R *(венгерский мужской народный танец)*
botón *m* S arpa, *lt* Patrone; *arco* Schraubenkopf; *corda, fis* Knopf; *fis, org* Druckknopf; *ottoni* Fingerknopf
— botones *pl fiati* Druckplättchen; *org* Registerknöpfe
∼ de anulación *magn* Löschkopf
∼ de llamada *org* bouton d'appel en façade
∼ de mezcla *magn* Tricktaste
∼ de registración *magn* Aufnahmetonkopf
∼ de regrabación *magn* Tricktaste
∼ de supresión *magn* Löschkopf
∼ del pistón *trb* Ventilknopf
∼ del registro de la melodía *fis* Diskantregistertaste
∼ para borrar *magn* Löschkopf
∼ regulador de la biela de repetición *pfte* Repetierschenkelpuppe
∼ regulador del escape *pfte* Auslöserpuppe; Stoßzungenpuppe
botteghino *m* I Theaterkasse
bottom E; ∼ door *pn* Unterrahmen
∼ board *org* Unterplatte; *pn* Unterrahmen
∼ joint *cl* Unterstück
∼ part: Unterstimme
bottom-rail E *pn* Sockelleiste
bottoncino *m* I *pfte* Auslöserpuppe
bottone *m* I *arco* Schraubenkopf; *corda, fis* Knopf; *ottoni* Fingerknopf
— bottoni *pl* dei registri *org* Registerknöpfe
∼ del pistone *trb* Ventilknopf
∼ di legno guarnito per scappamento *pfte* Auslöserpuppe
∼ regolabile per l'asta della ripetizione *pfte* Repetierschenkelpuppe
∼ regolabile per lo spingitore *pfte* Stoßzungenpuppe
bouche *f* F Mund; *camp* Schärfe; *canna anima, fl. d.* Aufschnitt
∼ fermée *prescr* bocca chiusa
∼s *pl* fermées: Summstimmen
bouché F *canna* gedeckt; *cor* gestopft
∼ à cheminée *canna* rohrgedeckt
boucher *v* F *canna* decken; *cor* stopfen
boucle *f* F *corda* Öse; Schlinge; *pfte* Ring
bouclette *f* F *corda* Öse
boudoir grand E pianoforte a coda intera; pianoforte a tre quarti di coda
bouffonists *pl* E Buffonisten
boule *f* de frappe F *camp* Klöppelballen

bouncing bow E *arco* Springbogen
bouquiniste *m* de musique F Musikantiquariat
Bourdon *m* D; ∼ 16' *org* bourdon 16'
bourdon E Bordun
∼ 16 ft. *org* bourdon 16'
bourdon *m* F Bordun; *lt* Baßchor; Bomhart
∼s *pl* Freisaiten; Summpfeifen
∼ d'écho *org* Stillgedeckt
∼ 8' *org* gedeckt → Prinzipal
∼ 16' *org*
   D Bourdon *m* 16'
   E bourdon 16 ft.
   I bordone *m* 16'
   S bordón *m* de 16 pies, violón *m*, tapado *m*
   U burdon 16'
   R бурдон *m* 16'
bourdon U *org* Bordun
bourdonner *v* F brummen
Bourrée *f* D *bl* bourrée
bourrée *f* F *bl*
   D Bourrée *f*
   E bourrée, boree
   I bourrée *f*
   S bourrée *f*
   U bourrée
   R бурре *n*
bourrelet *m* F Hammerrolle
boursette *f* F S *org* Pulpete
boutade *f* F ⟨18. sec⟩
   D *(kleines instrumentales Tanz- oder Phantasiestück)*
   E *(dance or instrumental piece in improvised or capricious style)*
   I *(breve danza strumentale o fantasia)*
   S *(pequeña pieza instrumental o de danza)*
   U *(hangszeres tánc vagy fantázia)*
   R бутада *f*
bouton *m* F arpa, *lt* Patrone; *arco* Schraubenkopf; *corda, fis* Knopf
∼ d'appel en façade *org*
   D blinder Registerzug *m*
   E accessory stop
   I registro *m* finto
   S botón *m* de llamada
   U üres regiszterhúzó/regiszterbille
   R декоративная/немая рукоятка регистра
∼ d'échappement *pfte* Auslöserpuppe
∼ de la volute *vl* Ohr der Schnecke
∼ de mixage *magn* Tricktaste
∼s *pl* de registres *org* Registerknöpfe
∼ de registre de la partie chantante *fis* Diskantregistertaste
∼ de réglage *pfte* Ösenschraube
∼ de réglage de l'échappement *pfte* Auslöserpuppe; Stoßzungenpuppe
∼ de réglage du balancier *pfte* Repetierschenkelpuppe
∼ du piston *trb* Ventilknopf
∼ du registre *org*
   D Registertaste *f*

E stop key/tab
I tasto *m* del registro
S registro *m* botón
U regiszterbille(ntyű)
R клавиша *f* регистра
~ du registre aigu *fis* Diskantregistertaste
~ piston *ottoni* Fingerknopf
~s *pl* pistons *fiati* Druckplättchen
~ poussoir *fis, org* Druckknopf
bouton-piston *m* F = bouton piston
bóveda acústica *f* S Schallgewölbe
bővíteni *v* U erweitern; vergrößern
bővítés U Einschiebung; Erweiterung; Vergrößerung
bővített U übermäßig
— kétszer(esen) ~ doppelt → übermäßig
bow E *archi* Strich; *arco* Bogen
~ harp: Bogenharfe
~ lute: Bogenlaute
~ zither: Streichzither
bow *v* E streichen; *corda* anstreichen
bowed E Streich-
~ idiophone: Streichidiophon
~ lute: Bogenlaute
~ string(ed) instruments *pl* Streichinstrumente
bowing E *archi* Strich; Strichart; *arco* Bogenführung
~ rehearsal: Strichprobe
box E *teat* loge
~ office: Theaterkasse
~ pallet *org* Kastenventil
~ scene/set *teat* Zimmerdekoration
box-bellows *pl* E *org* Kastenbalg
box-type beard E *canna* Kastenbart
boys' choir E Knabenchor
boys' chorus E Knabenchor
braccio *m* I *pn* Arm
~ del pick-up/rivelatore *gram* Tonarm
~ dello smorzo *pfte* Dämpferarm
~ porta-smorzo *pfte* Dämpferarm
bracciolo *m* I *pn* Arm
brace E accolade
bracing bar E *pn* Plattenstrebe
bracket E accolade
~ screw *timp* Schraubenmutter
brácsa U viola
brácsakulcs U Altschlüssel
brácsás U Bratscher
brailleur *m* F *pop* cane
branche *f* F; ~s *pl* de genouillère *org* Scheren
— grande ~ *fag* Mittelrohr
— petite ~ *fag* Flügel
Brande *f* D *obs* = Bransle
brando *m* I *bl* bransle
Brandstempel *m* D *vl*
E trade mark
F marque *f* de fabrique
I marca *f* di fabbrica, etichetta *f*
S etiqueta *f*, marca *f* de fábrica
U cédula, mesterjegy
R (фабричная) марка *f*

branle E U *bl* bransle
branle *m* F *bl* = bransle
branle *m* I S *bl* bransle
brano *m* I *bl* Stück
~ da concerto: Konzertstück
~ pianistico: Klavierstück
Bransle *f* D *bl* bransle
bran(s)le *m* F *bl*
D Bransle *f*
E bran(s)le
I branle *m*, brando *m*
S branle *m*
U branle
R бранль *m*
bras *m* F *pn* Arm
~ d'abrégé *org* Zugärmchen
~ de l'étouffoir *pfte* Dämpferarm
~ de lecture/du pick-up *gram* Tonarm
brass E das → Blech
~ machine *corda* Messingmechanik
~ player: Blechbläser
~ regal *org* Messingregal
~ wind instrument: Blechblasinstrument
Bratsche *f* D viola
Bratscher *m* D
E violist, viola-player
F altiste *m*
I violista *m*
S viola *m*, violista *m*
U brácsás
R альтист *m*
Brautlied *n*, **Epithalamium** *n* D
E bridal song, epithalamium
F chanson *f* de noce, épithalame *m*
I canto *m* nuziale, epitalamio *m*
S canto *m* nupcial, epitalamio *m*
U nászdal, epithalamium
R свадебная песня *f*
Bravour *f* D bravura
Bravourarie *f* D aria di bravura
bravoure *f* F bravura
bravúr U bravura
bravura E bravura
~ aria: aria di bravura
bravura *f* I
D Bravour *f*
E bravura
F bravoure *f*
S bravura *f*
U bravúr
R бравурность *f*
bravúrária U aria di bravura
brawl E *obs* = branle
brazo *m* S Glockenbalken; *pn* Arm
~s *pl* de molinete *org* Zugärmchen
~ del apagador *pfte* Dämpferarm
~s *pl* del clavijero *vl* Wirbelkastenbacken
~ del pick-up *gram* Tonarm
break E Übergang
~ ⟨*jazz*⟩
D (*kurze Soloimprovisation in der Jazzmusik*)
F (*courte cadence improvisée, dans le jazz*)

I *(nella musica jazz una breve cadenza solistica, solitamente improvvisata)*
S *(corta improvisación de un solista de jazz)*
U *(rövid szólórögtönzés a dzsesszben)*
R брейк *m* ⟨*короткая сольная импровизация в джазе*⟩
break *v* E; ∼ a chord *acc* arpeggiare
∼ in *str* einspielen
∼ off: abbrechen
breaking E; ∼ of chords: arpeggio
∼ of voice: Stimmbruch
— be *v* at the ∼ stage: im → Stimmbruch sein
breast E *archi* Brust
∼ patch *vl* Brustfutter
breath E Atem
∼ control: Atembehandlung
∼ mark: Atemzeichen
∼ pause: Atempause
∼ support *canto* appoggio
breathe *v* E atmen
∼ in: einatmen; Luft holen
∼ out: ausatmen
breathing E Atmung
∼ pause *canto* Luftpause
breathing-in E Einatmung
breathing-out E Ausatmung
breathy E *canto, fiati* hauchig
brechen *v* D *acc* arpeggiare
breeches part E *teat* Hosenrolle
breit D *prescr* largo
— ein wenig ∼ *prescr* larghetto
— sehr ∼ *prescr* larghissimo
breiter werdend D *prescr* allargando
Breitmacher *m* D *arco* = Schlußkeil
brëlka R → брёлка
bretella *f* I *pfte* Bändchen
bretelle *f* F Tragschnur
Brettzither *f* D
E board zither
F cythare/cithare *f* de table
I cetra *f* da tavolo
S cítara *f* de tabla
U laposcitera
R *(цитра с резонатором в виде доски)*
breve E Brevis
∼ rest: Doppeltaktpause
brève *f* F Brevis
breve *f* I S Brevis
Brevis *f*, **Doppeltaktnote** *f* D
E breve, A: double whole note
F brève *f*, carrée *f*, brevis *f*
I breve *f*
S breve *f*, cuadrada *f*
U brevis
R бревис *f*
brevis *f* F Brevis
brevis U Brevis
Brevispause *f* D = Doppeltaktpause
bridal E; ∼ march: Hochzeitsmarsch
∼ song: Brautlied
bridge E Rückführung; *archi, cemb* Steg; *pfte* Steg; Klangsteg; *teat* Versenkungstisch
∼ (passage): Überleitung

∼ slits *pl archi* Stegkerben
— back of the/below the/behind the ∼ *archi* hinter dem → Steg
— close to the ∼ *archi* am → Steg
— on/near the ∼ *archi* am → Steg
bridle-strap E *pfte* Bändchen
bridle-tape E *pfte* Bändchen
bridle-wire E *pfte* Bändchendraht
brielka E брёлка
brielka *f* I брёлка
brillant F brillante
brillante I
D brillante, glänzend
E brillante, *"brilliant"*
F brillante, brillant
S brillante
U brillante, *"sziporkázva"*
R brillante, блестяще
Brille *f* D *legni*
E ring key, brille
F anneau *m*
I anello *m*
S anillo *m*, abrazadera *f*
U gyűrű
R очки *pl*
brille E *legni* Brille; Brillenklappe
Brillenbaß *m* D
E *"spectacle bass"*
F *(sorte de basse d'Alberti écrite en abrégé)*
I basso *m* ad occhiali
S *(especie de bajo de Alberti que se escribe abreviadamente)*
U occhiali
R *(шутливое обозначение басов, тремолирующих восьмыми или шестнадцатыми нотами)*
Brillenklappe *f*, **Ringklappe** *f*, **Ring** *m* D *legni*
E ring key, brille
F anneau *m* mobile
I chiave *f* ad anello
S llave *f* anular
U gyűrűs billentyű
R *(маленький клапан, участвующий в извлечении тона фа-диез)*
brilliance E Glanz
brillo *m* S Glanz
brincar *v* S hopsen
brindisi *m* I Trinklied
bring out *v* E hervorheben
brio *m* F; avec ∼ *prescr* brioso
brio *m* I *fam* Schmiß
— con ∼ = brioso
— con ∼ *fam* schmissig
brío *m* S *fam* Schmiß
— con ∼ *fam* schmissig; *prescr* brioso
brioso, briosamente, con brio I *prescr*
D brioso, briosamente, con brio, lebhaft, voll Feuer
E brioso, briosamente, con brio, *"lively"*, *"fiery"*
F brioso, briosamente, con brio, avec brio
S brioso, briosamente, con brio, con brío
U brioso, briosamente, con brio, tüzesen

R brioso, briosamente, con brio, живо, с огнём
briser *v* F *acc* arpeggiare
BRITICO E ⟨*The British Copyright Protection Co. Ltd.*⟩
    D *(englische Verwertungsgesellschaft für Autorenrechte)*
    F *(Société britannique des auteurs, compositeurs et éditeurs)*
    I *(Società Inglese degli Autori ed Editori)*
    S *(Sociedad Inglese de Autores, Compositores y Editores)*
    U *(brit szerzői jogvédő egyesület)*
    R *(британское общество по охране авторских прав)*
Brjolka *f* D брёлка
brjolka U брёлка
broadcast E *rad* Sendung
∼ opera: Funkoper
broadcast *v* E *rad* senden
broche *f* F *pfte* Mechanikbolzenschraube
broderie *f* F Drehnote; Verzierung
∼s *pl orn* Singmanieren
broderie *f* S Drehnote
broken E *prescr* arpeggiando
∼ chord: accord arpégé; arpeggio
∼ consort ⟨16—17. *sec*⟩
    D *(Ensemble aus verschiedenartigen Instrumenten)*
    F *(ensemble d'instruments de familles différentes)*
    I *(complesso costituito da strumenti di tipo differente)*
    S *(conjunto de instrumentos de clases diferentes)*
    U *(kamaraegyüttes különféle hangszertípusokból)*
    R *(ансамбль из инструментов смешанного состава)*
∼ octave *tasto* gebrochene → Oktave
bronce *m* S Glockengut
brontolare *v* I brummen
bronze *m* de cloche F Glockengut
brosse *f* F; ∼s *pl* Besen
∼ de jazz: Jazzbesen
brouter *v* F *gram* rumpeln
bruit *m* F Geräusch; *gram, magn* Laufgeräusch
∼ blanc: weißes → Rauschen
∼ d'attaque: Anschlagsgeräusch
∼ de fond: Geräuschkulisse
∼ de surface *gram* Abspielgeräusch
∼s *pl* mécaniques: Nebengeräusch
∼ rose : rosa → Rauschen
— faire *v* un ∼ de crécelle: rasseln
bruitage *m* F Effektinstrumente; Geräuschkulisse
Brummbaß *m* D *org* = Bordun
brummen *v*, **summen** *v* D
    E to hum, to buzz
    F bourdonner, fredonner
    I canticchiare (a labbra chiuse), brontolare
    S zumbar, cantar *v* a boca cerrada

    U zümmögni
    R петь *v* с закрытым ртом
Brummhorn *n* D *org* = Krummhorn
Brummkreisel *m* D
    E humming top
    F toupie *f* bourdonnante
    I trottola *f*
    S trompo *m* zumbador
    U búgócsiga, búgattyú
    R звучащий волчок *m*
Brummtopf *m* D = Reibtrommel
brunitoio *m* I *org* Rundstahl
brusco, bruscamente I *prescr*
    D brusco, bruscamente, barsch, heftig
    E brusco, bruscamente, "*rude*", "*brusque(ly)*"
    F brusco, bruscamente, brusque, brusquement
    S brusco, bruscamente
    U brusco, bruscamente, "*nyers(en)*", "*éles(en)*"
    R brusco, bruscamente, грубо, «*резко*»
Brust *f* D *archi*
    E breast
    F table *f* d'harmonie
    I petto *m*
    S parte *f* delantera, tabla *f* armónica/de armonía
    U has
    R свод *m*
∼ *vl* = Oberbügel
Brustatmung *f* D
    E chest breathing
    F respiration *f* thoracique
    I respirazione *f* toracica
    S respiración *f* torácica
    U mellkasi légzés
    R грудное дыхание *n*
Brustfutter *n* D *vl*
    E breast patch
    F pièce *f* de renforcement
    I rinforzo *m* del petto
    S (barra/pieza *f* de) refuerzo *m*
    U fedőlapbélés
    R подушка *f*
Brustregister *n* D *canto*
    E chest register
    F registre *m* de poitrine
    I registro *m* di petto
    S registro *m* de pecho
    U mellregiszter
    R грудной регистр *m*
Bruststimme *f* D *canto*
    E chest voice
    F voix *f* de poitrine
    I voce *f* di petto
    S voz *f* de pecho
    U mellhang
    R грудной голос *m*
Brustwerk *n* D *org*
    E *(special group of smaller pipes placed in the front of the organ, between the large pedal pipes)*

F pectoral *m*
I *(complesso di canne ad anima poste normalmente nella parte centrale dell'organo)*
S pectoral *m*
U mellmű, felsőmű
R бруствepк *m*
bruyant F *prescr* strepitoso
B-Tonart *f* D
    E flat key
    F *(tonalité avec bémols à la clef)*
    I tonalità *f* con bemolli
    S tonalidad *f*/tono *m* con bemoles, tonalidad *f* bemolada, tono *m* bemolado
    U bés hangnem
    R бемольная тональность *f*
bubboli *m pl* I Schellengeläute
buca *f* **del suggeritore** I trou du souffleur
Buccina *f* D *org* buccina
buccina E *org* buccina; *obs, org* trombone
buccina *f* I busine
~ *org*
    D Buccina *f*, Posaune *f*
    E buccina
    F buccine *f*
    S buccina *f*, bocina *f*
    U buccina
    R букцина *f*, позауне *m*
buccina U *org* buccina; busine
buccine *f* F *org* buccina
Büchse *f* D *canna ancia* = Kopf
Buchstabennotation *f*, **Buchstabenschrift** *f* D
    E letter notation
    F notation *f* alphabétique
    I notazione *f* alfabetica
    S notación *f* alfabética
    U betűkottaírás
    R буквенная нотация *f*
— **Boethianische** ~
    E Boethian notation
    F notation *f* de Boèce
    I notazione *f* boeziana
    S notación *f* de Boecio
    U Boethius-féle betűkottaírás
    R буквенная система *f* нотации Боэция
buco *m* I Bohrung; *legni* Fingerloch; Griffloch
— buchi *pl* coperti: verdeckte → Fingerlöcher
— mezzo ~ *fl. d.* Halbdeckung
buffet *m* F *org* Gehäuse
Buffo *m* D buffo
buffo E buffo
~ bass: basso buffo
buffo *m* I
    D Buffo *m*
    E buffo
    F buffo *m*
    S bufo *m*
    U buffo
    R буфф *m*, буффо *n*
buffobasszus U basso buffo
buffonisták *pl* U Buffonisten
Buffonisten *m pl* D ⟨18. *sec*⟩
    E bouffonists *pl*

F partisans *m pl* des Bouffons
I Buffonisti *m pl*
S partidarios *m pl* de los "bouffons"
U buffonisták *pl*
R буффоны *m pl*
Buffonisti *m pl* I Buffonisten
bufo *m* S buffo
búgás U *camp* Summtöne; Unteroktav
búgattyú U Brummkreisel; Schwirrholz
Bügel *m* D *ottoni* = Stimmbogen
Bügelhorn *n* D
    E flugelhorn, saxhorn
    F flicorne *m*
    I flicorno *m*
    S flicorno *m*, fiscorno *m*
    U szaxkürt, szárnykürt
    R бюгельгорн *m*
bugle E Jagdhorn; Signalhorn
~ call: Hornsignal
bugle *m* F Signalhorn
~ à clefs: Klappenhorn
~ à clefs chromatiques: chromatisches →
    Klappenhorn
~ à pistons: Flügelhorn
~ alto: Althorn
~ basse: Baßflügelhorn
~ ténor: Tenorhorn
— grand ~ Flügelhorn
bugle *m* S Signalhorn
~ contralto: Althorn
~ cromático: chromatisches → Klappenhorn
~ de llaves: Klappenhorn
~ de pistón *ottoni* Ventilsignalhorn
bugler E *mil* Hornist
búgócsiga U Brummkreisel
Bühne *f* D *teat*
    E stage
    F scène *f*
    I scena *f*, palcoscenico *m*
    S escena *f*, escenario *m*, tablado *m*
    U színpad
    R сцена *f*, подмостки *pl*
— **ein Stück auf die** ~ **bringen** *v teat*
    E to stage a work
    F porter *v* une œuvre à la scène, mettre *v* en scène
    I mettere *v* in scena un lavoro
    S poner *v* en escena/escenificar *v* una obra
    U darabot színre hozni *v*
    R ставить *v* пьесу
— **hinter der** ~ *teat*
    E behind the scenes, backstage, offstage
    F derrière la scène
    I dietro la scena
    S entre bastidores
    U a színfalak mögött
    R за сценой
— **vorn auf der** ~ *teat*
    E on the front of the stage, downstage
    F devant la scène, in prima
    I in prima, alla ribalta
    S en primer plano

U elöl a színpadon
R на авансцене
Bühnenanweisung f D *teat*
E stage direction
F indications f pl scéniques
I didascalia f
S indicaciones f pl escénicas
U színpadi utasítás
R сценическая ремарка f
Bühnenbeleuchtung f D *teat*
E stage lighting
F éclairage m scénique
I illuminazione f scenica
S iluminación f, luminotécnica f
U színpadi világítás
R освещение n сцены
Bühnenbild n D *teat*
E scenery, décor, design
F décor m
I scenario m, scena f
S decorado m, escenografía f
U szín, színpadi kép
R декорация f, эскиз m декорации
Bühnenbildner m D *teat*
E stage designer
F décorateur m
I scenografo m
S escenógrafo m
U díszlettervező
R художник-декоратор m
Bühnenboden m D *teat*
E stage floor
F plancher m de scène
I tavolato m
S entarimado m, tablado m, escenario m, tablas f pl
U színpad (padlója)
R пол m на сцене, сцена f
Bühneneingang m D *teat*
E stage door
F entrée f de scène
I ingresso m al palcoscenico
S entrada f al escenario
U színpadbejárat
R вход m на сцену
Bühnenfassung f D *teat*
E stage version
F version f scénique/de scène
I versione f scenica
S versión f escénica
U színpadi változat
R сценическая версия/редакция f
Bühnenhintergrund m, **Hintergrund** m D *teat*
E backstage, background, back-drop
F arrière-plan m, lointain m
I sfondo m
S foro m
U háttér
R фон m/глубина f сцены
Bühnenleinwand f D *teat*
E backcloth, back-drop
F toile f de fond
I sipario m secondario

S telón m secundario, telón m de fondo
U függesztett díszlet, háttérfüggöny
R задник m
Bühnenmaler m D *teat*
E scene painter
F décorateur m exécutant, peintre m de décors
I scenotecnico m, decoratore m
S escenógrafo m, pintor m de decorados
U díszletfestő
R художник-декоратор m, театральный художник m
Bühnenmeister m D *teat*
E stage manager/director
F directeur m de scène
I direttore m di scena
S director m de escena
U színpadmester
R постановщик m, заведующий m постановочной частью
Bühnenmusik f D *teat* ⟨*für die Bühne*⟩
E incidental/theatre music
F musique f de scène
I musica f di scena
S música f de escena
U kísérőzene
R театральная музыка f
~ *teat* ⟨*auf der Bühne*⟩
E music on stage
F musique f sur scène
I musica f sulla scena
S música f en escena
U színpadi zene
R музыка f, исполняемая на сцене
Bühnenöffnung f D *teat*
E proscenium-opening
F cadre m de scène
I boccascena m
S boca f de la escena
U színpadnyílás
R зеркало n
Bühnenprobe f D *teat*
E stage rehearsal
F répétition f technique
I prova f di scena
S ensayo m, prueba f
U színpadi próba
R сценическая репетиция f
Bühnenpult n D *teat* ⟨*bei Schauorchestern*⟩
E stage music stand, desk (for stage bands)
F pupitre m
I palco m per l'orchestra
S atril m, pupitre m
U színpadi kottatartó
R пюпитр m
Bühnenrechte n pl D *teat*
E stage rights pl, A: production rights pl
F droits m pl de représentation
I diritti m pl di produzione/rappresentazione
S derechos m pl de representación
U színpadi (előadási) jogok pl
R право n на исполнение

Bühnenteppich *m* D *teat*
  E stage cloth
  F tapis *m* de scène
  I tappeto *m*
  S alfombra *f*
  U szőnyeg
  R ковёр *m* для сцены
Bühnenvermittler *m* D *teat*
  E theatrical agent
  F agent *m* de théâtre
  I agente *m* teatrale
  S agente *m* de teatro
  U (színházi) ügynök
  R антрепренёр *m*, импресарио *m*
build *v* E *str* bauen
builder E -bauer
building E -bau
build-up E Faktur
  ～ process: Einschwingungsvorgang
buisine E busine
bújtató U *tamb* Trommelschleife
bulb-shaped E birnenförmig
bull roarer E Schwirrholz
Bumbaß *m* D
  E bladder and string
  F basse *f* de Flandres
  I basso *m* di Fiandra
  S roncón *m* de gaita
  U (*egyhúros koldushangszer*)
  R (*старинный однострунный смычко-
    вый инструмент*)
Bund *m* D *corda*
  E fret
  F sillet *m*, frette *f*, ligature *f*
  I tasto *m*
  S traste *m*
  U érintő, *fam* bund
  R лад *m*
— **mit Bünden versehen** *corda*
  E fretted, furnished with frets
  F avec sillets, garni de frettes
  I tastato
  S con trastes
  U érintőkkel ellátott
  R снабжённый ладами
bund U *fam*, *corda* Bund
bundfrei D ⟨Clavichord⟩
  E unfretted
  F indépendant, sans sillets
  I libero, sciolto
  S sin trastes
  U külön húrozatú
  R свободный
burden E refrain
burdon U *org* Bordun
  ～ 16' *org* bourdon 16'
burdonhang U Bordun

bureau *m* **de location** F Theaterkasse
burin *m* F *gram* Schneidestichel
burlesca *f* I
  D Burleske *f*
  E burlesque
  F burlesque *f*
  S burlesca *f*
  U burleszk
  R бурлеска *f*
Burleske *f* D burlesca
burlesque E burlesca
burlesque *f* F burlesca
burleszk U burlesca
burnisher E *org* Rundstahl
burnishing block E *org* Streicheisen
burr *v* E *fag*, *cl* krähen
bush E *org* Pulpete
bushing cloth E *pfte* Kasimir
Busine *f* D busine
busine *f* F
  D Busine *f*
  E buysine, buisine, buzine
  I buccina *f*
  S bocina *f*, añafil *m*
  U buccina
  R (*средневековый тромбон*)
busker E Straßenmusikant; Straßensänger
Bußpsalm *m* D
  E penitential psalm
  F psaume *m* de pénitence
  I salmo *m* penitenziale
  S salmo *m* penitencial
  U vezeklőzsoltár
  R псалом *m* покаяния
butt E *fag* Stiefel
  ～ *perc*
  D (*das dicke Ende des Trommelstocks*)
  F extrémité *f* de la baguette
  I (*estremità della bacchetta*)
  S punta *f*/extremo *m* de la baqueta/del
    palillo
  U (*a dobverő vastagabb vége*)
  R (*наконечник барабанной палочки*)
  ～ flange *pfte* Nußkapsel
  ～ spring *pfte* Nußfeder
butt-check E *pfte* Gegenfanger
button E *archi* Zäpfchen; *arco* Schraubenkopf;
    fis, *org* Druckknopf
  ～ (key) accordion: Knopfgriff-Akkordeon
buysine E busine
buzine E busine
buzz *v* E brummen; *canna* spucken; *fag*, *cl*
    krähen
bylina R →былина
Byline *f* D былина
byline E былина
byline *f* F S былина
bytovoj romans R бытовой → романс

C

c *n* D *ton*
  E C (natural)
  F ut *m*, do *m*
  I do *m*
  S do *m*, ut *m*
  U c
  R до *n*
C *n* D *obs, vl* = Mittelbügel
C E *ton* c
  ~ clef: C-Schlüssel
  ~ double-flat *ton* ceses
  ~ double-sharp *ton* cisis
  ~ flat *ton* ces
  ~ major: C-Dur
  ~ minor: c-Moll
  ~ natural *ton* c
  ~ sharp *ton* cis
C *f* S *vl* Mittelbügel
c U c
  — hangzó ~ Klang-C
cabaca E *perc* Cabaza
Cabaletta *f* D cabaletta
cabaletta *f* I
  D Cabaletta *f*
  E cabaletta
  F cabaletta *f*, cabalette *f*
  S cabaletta *f*
  U cabaletta
  R кабалетта *f*
cabalette *f* F cabaletta
caballete *m* S *cemb, pfte* Steg; *timp* Ständer
cabasa E *perc* Cabaza
cabasa *f* I Kürbisraspel; Kürbisrassel; *perc* Cabaza
Cabaza *f* D *perc*
  E cabasa, cabaca, chequeré
  F calebasse *f*
  I cabasa *f*
  S calabaza *f*
  U cabaza
  R кабаца *f*
cabaza E Kürbisrassel
cabaza U Kürbisrassel; *perc* Cabaza
cabeza *f* S *canna ancia, vl* Kopf
  ~ borradora *magn* Löschkopf

  ~ de enrosque *magn* Wickeldorn
  ~ de las notas: Notenkopf
  ~ de plástico *perc* Plastikfell
  ~ del apagador *pfte* Dämpferkopf; Dämpfer-
    puppe
  ~ del martillo *pfte* Hammerkern
  ~ del pick-up *gram* Tonkopf
  ~ del tornillo de fijación del mecanismo *pfte*
    Mechanikbolzenmutter
  ~ fonocaptora *gram* Tonkopf
  ~ grabadora *magn* Aufnahmetonkopf
  ~ magnética *magn* Magnetkopf
  ~ (sonora) *magn* Tonkopf
cabina *f* **de control** S *rad* Abhörkammer
cabine *f* F; ~ de contrôle/d'écoute *rad* Abhörkammer
cabinet E; ~ organ: Melodium-Orgel
  ~ piano: Giraffenklavier
cabrette *f* F
  D *(Dudelsack der Auvergne)*
  E *(bagpipe from the Auvergne)*
  I cabrette *f*
  S *(cornamusa de Auvernia)*
  U *(auvergne-i duda)*
  R *(волынка из Оверни)*
caccavella *f* I Reibtrommel
Caccia *f* D caccia
caccia *f* I
  D Caccia *f*
  E caccia
  F caccia *f*
  S caccia *f*, caza *f*
  U caccia
  R качча *f*
  ~ ⟨"*chasse*"⟩ chasse
cachet *m* F S Gage
cachoucha *f* F *bl* cachucha
Cachucha *f* D *bl* cachucha
cachucha *f* S *bl*
  D Cachucha *f*
  E cachucha
  F cachucha *f*, cachoucha *f*
  I *(danza spagnola)*
  U *(spanyol tánc)*
  R качуча *f*

cacofonia *f* I Kakophonie
cacofonía *f* S Kakophonie
cacofonico I kakophonisch
cacofónico S kakophonisch
cacophonic E kakophonisch
cacophonie *f* F Kakophonie
cacophonique F kakophonisch
cacophony E Kakophonie
cadena *f* S Kette; *corda* Baßbalken
cadence E Endung; Kadenz; Klausel; Schluß
cadence *v* E kadenzieren
cadence *f* F Endung; Kadenz; Schluß
~ à la tierce inférieure: Unterterzklausel
~ authentique: authentische → Kadenz
~ avec double sensible: Doppelleittonkadenz
~ complète: vollständige → Kadenz
~ de Landino: Landinoklausel
~ épisodique: Zwischenkadenz
~ évitée: Trugschluß
~ fermée: geschlossene → Kadenz
~ finale: Ganzschluß; geschlossene → Kadenz; Schlußkadenz
~ interrompue: aufgehaltene → Kadenz; Trugschluß
~ mixte: vollständige → Kadenz
~ ouverte: offene → Kadenz
~ parfaite: Ganzschluß; authentische → Kadenz; vollständige → Kadenz
~ partielle: einseitige → Kadenz
~ phrygienne: phrygischer → Schluß
~ plagale: plagale → Kadenz
~ suspendue: Halbschluß; aufgehaltene → Kadenz
— double ~ Nachschlag
— faire *v* une ~ kadenzieren
cadencia *f* S Endung; Kadenz; Schluß
~ a la tercera inferior: Unterterzklausel
~ con doble sensible: Doppelleittonkadenz
~ de Landino: Landinoklausel
~ episódica: Zwischenkadenz
~ evitada: Trugschluß
~ femenina: weibliche → Endung
~ final: geschlossene → Kadenz; Schlußkadenz; Ganzschluß
~ frigia: phrygischer → Schluß
~ intercalar: Zwischenkadenz
~ interrumpida: aufgehaltene → Kadenz; Trugschluß
~ masculina: männliche → Endung
~ mixta: vollständige → Kadenz
~ parcial: einseitige → Kadenz
~ perfecta: authentische → Kadenz; vollständige → Kadenz; Ganzschluß
~ plagal: plagale → Kadenz
~ rota: aufgehaltene → Kadenz
~ suspendida: Halbschluß; aufgehaltene → Kadenz; offene → Kadenz
— ejecutar *v* una ~ kadenzieren
— hacer *v* la ~ kadenzieren
cadencial S kadenzierend; Kadenz-
cadencing E kadenzierend
cadential E kadenzierend; Kadenz-

~ formula: Kadenzformel
~ idiom: Kadenzwendung
~ six-four chord: accord de sixte et quarte cadentiel
cadentiel F kadenzierend; Kadenz-
cadenza E Kadenz
cadenza *f* I Endung; Kadenz; Schluß
~ alla terza inferiore: Unterterzklausel
~ autentica: authentische → Kadenz
~ d'inganno: Trugschluß
~ di Landino: Landinoklausel
~ evitata: Trugschluß
~ femminile: weibliche → Endung
~ finale: geschlossene → Kadenz; Schlußkadenz
~ frigia: phrygischer → Schluß
~ imperfetta: Halbschluß
~ intermedia: Zwischenkadenz
~ landiniana: Landinoklausel
~ maschile: männliche → Endung
~ mista: vollständige → Kadenz
~ modale perfetta: Doppelleittonkadenz
~ perfetta: Ganzschluß; authentische → Kadenz
~ piana: weibliche → Endung
~ plagale: plagale → Kadenz
~ sospesa: Halbkadenz; aufgehaltene → Kadenz; offene → Kadenz
~ tronca: männliche → Endung
cadenzale I kadenzierend; Kadenz-
cadenzante I kadenzierend
cadenzare *v* I kadenzieren
cadereta *f* S *org* Unterwerk
cadre *m* F Trommelreifen; *org* Rahmen
~ de piano *pfte* Vollpanzerplatte
~ de scène *teat* Bühnenöffnung
~ du clavier *pfte* Klaviaturrahmen
~ métallique/en fonte *pfte* Vollpanzerplatte
Caecilianismus *m* D
   E Cecilian movement
   F mouvement *m* de Sainte Cécile
   I movimento *m* ceciliano
   S movimiento *m* ceciliano
   U Cecilia-mozgalom
   R цецилийское движение *n*, цецилианизм *m*
caesura E Einschnitt; Zäsur
cage *f* du clocher F Glockenstube
cahier *m* F Lage
caída *f* S Fall
caisse *f* F *pfte* Gehäuse
~ chinoise: Holzblock
~ claire: Leinentrommel; Marschtrommel; kleine → Trommel
~ de résonance *arpa* Resonanzboden; Schallkasten; *str* Korpus
~ du piano à queue: Flügelgehäuse
~ du piano droit: Klaviergehäuse
~ harmonique *ac* Tonkammer
~ roulante: Landknechtstrommel; Wirbeltrommel
~ sourde: Landsknechtstrommel
— grosse ~ Baßtrommel; große → Trommel

caja *f* S *camp* Hals; *org* Gehäuse; Rahmen;
 pfte Gehäuse; *tamb* Zarge
∼ armónica *ac* Tonkammer
∼ china: Holzblock
∼ de arenilla: Sandrassel
∼ de eco *org* Fernwerk
∼ de música: Spieldose
∼ de resonancia *arpa* Resonanzboden; Schallkasten; *str* Korpus
∼ de sopapas/ventillas *org* Ventilkasten
∼ del piano de cola: Flügelgehäuse
∼ del piano vertical: Klaviergehäuse
∼ expresiva *org* Schwellkasten
∼ militar: kleine → Trommel
calabaza *f* S *perc* Cabaza
∼ raspada: Kürbisraspel
calante I zu → tief
calar *v* S zu tief → singen; zu tief → spielen
∼ la afinación: herabstimmen
calare *v* I zu tief → singen
Calata *f* D *bl* calata
calata *f* I *bl* ⟨15—16. *sec*⟩
 D Calata *f*
 E calata
 F calata *f*
 S calata *f*
 U calata
 R калата *f*
calcante *m* I Kalkant
caldaia *f* I *timp* Kessel
caldero *m* S *timp* Kessel
calderón *m* S fermata; Orgelpunkt
calebasse *f* F *perc* Cabaza
∼ râpée: Kürbisraspel
calentar *v* **el instrumento** S *str* einspielen
calentarse *v* S sich → einsingen
calibrador *m* S Saitenmesser
calibration frequency E Eichfrequenz
calibre *m* S Saitenmesser
call E *mil* Signal
calmando I *prescr*
 D calmando, beruhigend
 E calmando, "*calming*"
 F calmando, en calmant
 S calmando, calmándose
 U calmando, megnyugtatva
 R calmando, успокаивая
calmándose S acquietandosi; *prescr* calmando
calmant F; en ∼ *prescr* calmando
calme F *prescr* pacato
calor *m* S; con ∼ con → calore
calore *m* I; con ∼
 D con calore, mit Wärme, warm
 E con calore, "*warmly*"
 F con calore, avec chaleur
 S con calore, con calor
 U con calore, hévvel
 R con calore, тепло, с жаром
calota *f* S *org* Deckung
∼ cónica doble *canna* Doppelkegeldeckung
∼ cónica regulable *canna* Kegeldeckung
∼ movible/móvil *canna* beweglicher → Hut
∼ segmentada *canna* Segmentdeckung

calotte *f* F *canna* Hut; *org* Deckung
∼ mobile *canna* beweglicher → Hut
∼ partielle *canna* Segmentdeckung
cámara *f* S; ∼ antiecos: schalltoter → Raum
∼ de aire *canna d.l.* Windkammer; *org* Windkasten
∼ de eco: Echokammer
∼ de resonancia/reverberación: Hallraum
∼ del campanario: Glockenstube
∼ sorda: schalltoter → Raum
camarín *m* S *teat* Künstlerzimmer
cambia I → cambiare
cambiadischi *m* **automatico** I automatischer →
 Schallplattenwechsler
cambiador *m* S; ∼ automático de discos:
 automatischer → Schallplattenwechsler
∼ automático de pista *magn* automatischer
 → Spurumschalter
cambiamento *m* I; ∼ di fase: Phasenverschiebung
∼ di posizione *corda*, *trbne* Lagenwechsel
∼ di tempo: Taktwechsel
cambiando S abwechselnd
cambiar *v* S abwechseln; mutieren
∼ la posición *corda* démancher
cambiare *v* I; ∼ il do diesis in do naturale
 prescr, *timp* Cis nach C zurückstimmen →
 Pauke
∼ il do diesis in fa diesis acuto *prescr*, *timp*
 Cis nach Fis hoch → Pauke
∼ il do in do diesis *prescr*, *timp* C nach Cis
 umstimmen → Pauke
∼ il la in mi grave *prescr*, *timp* A nach E tief
 → Pauke
∼ in re maggiore *prescr* wechseln in D-Dur
 → Harfe
∼ la propria voce: im → Stimmbruch sein
— cambia in la *prescr* prendre la → clarinette
 en la
cambiata E U nota cambiata
cambiata *f* F nota cambiata
cambiatraccia *m* **automatico** I *magn* automatischer → Spurumschalter
cambio *m* I; ∼ d'arco *arco* Bogenwechsel
∼ di tonalità: Tonartwechsel
cambio *m* S; ∼ de acento: Akzentverschiebung
∼ de arco *arco* Bogenwechsel
∼ de color de la melodía: Klangfarbenmelodie
∼ de compás: Taktwechsel
∼ de dedo: Fingerwechsel
∼ de fase: Phasenverschiebung
∼ de posición *corda*, *trbne* Lagenwechsel
∼ de tiempo: Taktwechsel
∼ de tono: Rückung; Tonartwechsel
∼ de voz: Übergang; Stimmbruch
camera *f* I; ∼ afona: schalltoter → Raum
∼ d'aria *canna d.l.* Windkammer; *fl.d.* Kernspalt
∼ d'ascolto *rad* Abhörkammer
∼ d'eco: Echokammer
∼ riverberante/di riverberazione: Hallraum
cameratura *f* I *cl* Höhlung
camerino *m* I S *teat* Künstlerzimmer

camicia *f* I *canna* Stimmring
campana E *org* Glöckchen
campana *f* I Glocke; *fiati* Schallbecher; *legni*
Becher; *ottoni* Schallstück
— campane *pl org* Glöckchen; Glockenzug
~ funebre: Totenglocke
— campane *pl* indiane: Elefantenglocken
— campane *pl* tubolari: Röhrenspiel; Röhrenglocken
— colpire *v* una ~ Glocke schlagen
— piccole campane *pl* Schalenglöckchen
— percuotere *v* una ~ Glocke schlagen
campana *f* S Glocke; *canna* Pfeifenaufsatz;
canna ancia Aufsatz; *fiati* Schallbecher;
legni Becher; *ottoni* Schallstück
~ cónica *canna* konischer → Pfeifenaufsatz
~ de afinación *canna* Stimmplatte
~ de mano: Handglocke
— sonar *v* las ~s (con batiente exterior):
Glocke schlagen
— tocar *v* las ~s: läuten
campanaccio *m* I Kuhglocke; Metallblock
campanada *f* S Glockenschlag
campanario *m* S Glockenturm
campane U Elefantenglocken
campanella *f* I Handglocke; *org* Glockenspiel
— campanelle *pl* Schalenglöckchen
— campanelle *pl* a calotta: Glöckchen
campanelli *m pl* I Glockenspiel; Stabspiel
~ (a mano): Altarschellen
~ a tastiera: Klaviaturglockenspiel
campanero *m* S Glockenspieler
campanil *m* S Glockenturm
campanile *m* I Glockenturm
campanilla *f* S Glöckchen; Handglocke; Zäpfchen
~s *pl* Schalenglöckchen
~s *pl* de altar: Altarschellen
~s *pl* indias: Elefantenglocken
campanologia *f* I Campanologie
campanología *f* S Campanologie
campanológia U Campanologie
Campanologie *f* D
E campanology
F campanologie *f*
I campanologia *f*
S campanología *f*
U campanológia
R наука *f* о колоколах
campanologie *f* F Campanologie
campanólogo *m* S Glockenspiel; Röhrenglocken; Röhrenspiel
campanology E Campanologie
campo *m* I; ~ di frequenza: Frequenzumfang
~ di udibilità: Hörbereich
— in ~ aperto: linienlos
campo *m* S; ~ de audibilidad: Hörweite
~ de percepción auditiva: Hörbereich
caña *f* S Rohrblatt; *canna ancia* Zunge
canal *m* F *canna ancia* Kehle; *fl. d.* Luftkanal;
org Windkanal; *ottoni* Stengelbohrung
~ coudé/articulé *org* gebrochener → Kanal
~ pour l'air *fl. d.* Kernspalt

canal *m* S Kanal; *canna ancia* Kehle; *fl. d.*
Kernspalt; Luftkanal; *org* Windkanal;
ottoni Stengelbohrung
~es *pl org* Gitterwerk
~ acodado/articulado *org* gebrochener → Kanal
~ ciego *org* blinde → Kanzelle
~ empalmado *org* gebrochener → Kanal
~ principal (de aire) *org* Hauptwindkanal
— de un solo ~ einkanalig
— de varios ~es: mehrkanalig
canale *m* I Kanal; *arm* Kanzelle; *canna ancia*
Kehle; *fl. d.* Luftkanal; *org* Windkanal;
Kanzelle
~ cieco *org* blinde → Kanzelle
~ per registro *org* Registerkanzelle
~ principale *org* Hauptwindkanal
— a un ~ einkanalig
— a più canali: mehrkanalig
canaliser *v* F *org* ausführen
canalizar *v* S *org* ausführen
Cancan *m* D *bl* cancan
can-can E *bl* cancan
cancan *m* F *bl* ⟨19. sec⟩
D Cancan *m*
E can-can
I can-can *m*
S cancán *m*
U kánkán
R канкан *m*
can-can *m* I *bl* cancan
cancán *m* S *bl* cancan
cancel E; ~ piston *org* Auslöser
cancel *v* E auflösen
cancellare *v* I *magn* löschen
cancellation E Auflösung
~ button/piston *org* Absteller
canción *f* S Gesang; Lied
~ báquica: Trinklied
~ coral: Chorlied
~ coreada: Rundgesang
~ crepuscular: Abendlied
~ culta: Kunstlied
~ de carnaval: Karnevalslied
~ de cuna: Wiegenlied
~ de éxito: Schlager
~ de goliardo: Goliardenlied
~ de gondolero: barcaruola
~ de guerra: Kriegslied
~ de la tarde: Abendlied
~ de mayo: Mailied
~ de moda: Schlager
~ de Pascua: Osterlied
~ de primavera: Frühlingslied
~ de sobremesa: Rundgesang
~ de taberna: Trinklied
~ de trabajo: Arbeitslied
~ en boga: Schlager
~ en el estilo popular: volkstümliches → Lied
~ estrófica: Strophenlied
~ estudiantil: Studentenlied
~ folklórica: Volksweise
~ gitana: Zigeunerlied

~ goliárdica: Goliardenlied
~ infantil: Kinderlied
~ pastoral: Hirtenlied
~ popular: Volksweise
~ sin palabras: Lied ohne Worte
~ soldadesca: Soldatenlied
~ tradicional: Volksweise
~ tzigana: Zigeunerlied
— a la manera de una ~ liedhaft
cancioncilla *f* S Liedchen
cancionero *m* S chansonnier; Gesangbuch; Liederbuch
candilejas *f pl* S Rampenlicht
cane E; ~ clarinet: Stockklarinette
~ flute: Stockflöte
~ violin: Stockgeige
cane *m* I *pop*
  D *(schlechter Sänger oder Schauspieler)*
  E *(bad singer or "ham" actor)*
  F brailleur *m*
  S *(mal cantante o mal actor)*
  U ripacs
  R *(плохой певец или артист)*
cane-stick E *perc* Rohrschlegel
~ with fibre head *perc* Rohrstäbchen mit Kopf aus Kapok
canister E *canna* konischer → Pfeifenaufsatz; Röhrchen
canister-stopped E *canna* rohrgedeckt
canna *f* I *org* Pfeife
~ a bassa pressione *canna* schwindsüchtige → Pfeife
~ ad ancia *canna* Zungenpfeife
~ ad anima *canna* Lippenpfeife
— canne *pl* ad anima *canna* Labialwerk
— canne *pl* ambitonali *org* Doublettensystem
~ aperta *canna* offene → Pfeife
~ chiusa (all'accordatura) *canna* eingeriebene → Pfeife
~ d'organo: Orgelpfeife
— canne *pl* dell'organo *canna* Pfeifenwerk
~ di facciata *org* blinde → Pfeife; Prospektpfeife
~ di prospetto *org* Prospektpfeife
~ labiale *canna* Lippenpfeife
— canne *pl* labiali *canna* Labialwerk
~ pipata *canna* gekröpfte → Pfeife
~ svasata *canna* aufgeriebene → Pfeife
~ tappata *canna* gedeckte → Pfeife
canne *f* **de tambour-major** F *mil*
  D Tambourstab *m*
  E drum major's baton
  I mazza *f* del tamburo maggiore
  S maza *f* de tambor
  U tamburmajor botja
  R палочка *f* военного капельмейстера
canne-flûte *f* F Stockflöte
cannello *m* **raccorciato** I *ancia d.* Schrumpfhülse
cannetta *f* **con perno** I *legni* Drehklappe
canne-violon *f* F Stockgeige
caño *m* S *org* Kondukt
~ de órgano *org* Pfeife; Orgelpfeife

— medio ~ *org* Regal
canon E Kanon; *camp* Haube
~ at the distance of one bar/measure: Kanon in einem Takt Abstand
~ at the lower fifth: Kanon in der Unterquinte
~ at the unison: Kanon im Einklang
~ at the upper fifth: Kanon in der Oberquinte
~ by augmentation: Vergrößerungskanon
~ by diminution: Verkleinerungskanon
~ by inversion: Umkehrungskanon
~ cancrizans: Krebskanon
— lead *v* in ~ kanonisch führen
— treat *v* in ~ kanonisch behandeln
canon *m* F Kanon
~ à distance d'une mesure: Kanon in einem Takt Abstand
~ à l'écrevisse: Krebskanon
~ à l'unisson: Kanon im Einklang
~ à la quinte inférieure: Kanon in der Unterquinte
~ à la quinte (supérieure): Kanon in der Oberquinte
~ circulaire: Zirkelkanon
~ d'harmonie: Gruppenkanon
~ de mensuration/proportion: Proportionskanon
~ double: Doppelkanon
~ en éventail: Fächerkanon
~ en miroir: Spiegelkanon
~ énigmatique: Rätselkanon
~ libre: freier → Kanon
~ par augmentation: Vergrößerungskanon
~ par diminution: Verkleinerungskanon
~ par mouvement contraire: Umkehrungskanon
~ perpétuel: unendlicher → Kanon; Zirkelkanon
~ renversé: Umkehrungskanon
~ rétrograde: Krebskanon
~ réversible: Spiegelkanon
~ strict: strenger → Kanon
— conduire *v* en ~ kanonisch behandeln
— double ~ Doppelkanon
— en ~ kanonisch
— traiter *v* en ~ kanonisch behandeln; kanonisch führen
canon *m* S Kanon
~ a la distancia de un compás: Kanon in einem Takt Abstand
~ a la quinta inferior: Kanon in der Unterquinte
~ a la quinta (superior): Kanon in der Oberquinte
~ al unísono: Kanon im Einklang
~ cancrizante: Krebskanon
~ circular: Zirkelkanon
~ de armonía: Gruppenkanon
~ doble: Doppelkanon
~ en abanico: Fächerkanon
~ en espejo: Spiegelkanon
~ enigmático: Rätselkanon

~ infinito: Zirkelkanon; unendlicher → Kanon

~ invertido: Umkehrungskanon

~ libre: freier → Kanon

~ per arsin et thesin: Spiegelkanon

~ perpetuo: Zirkelkanon; unendlicher → Kanon

~ por aumentación: Vergrößerungskanon

~ por disminución: Verkleinerungskanon

~ por inversión: Spiegelkanon

~ por movimiento contrario: Umkehrungskanon

~ proporcional: Proportionskanon

~ recte et retro: Krebskanon

~ rectus et inversus: Krebskanon

~ retrógrado: Krebskanon

~ riguroso: strenger → Kanon

— doble ~ Doppelkanon

— tratar v en ~ kanonisch behandeln; kanonisch führen

cañón m S Windkapsel

~ (del cromorno): Mundstück

canon U; ~ perpetuus: unendlicher → Kanon

canone m I Kanon

~ a distanza di una battuta: Kanon in einem Takt Abstand

~ a gruppi: Gruppenkanon

~ a specchio: Spiegelkanon

~ a ventaglio: Fächerkanon

~ all'unisono: Kanon im Einklang

~ alla quinta inferiore: Kanon in der Unterquinte

~ alla quinta superiore: Kanon in der Oberquinte

~ circolare: Zirkelkanon

~ doppio: Doppelkanon

~ enigmatico: Rätselkanon

~ infinito: unendlicher → Kanon

~ libero: freier → Kanon

~ per aumentazione: Vergrößerungskanon

~ per diminuzione: Verkleinerungskanon

~ per moto contrario: Umkehrungskanon

~ perpetuo: unendlicher → Kanon

~ proporzionale: Proportionskanon

~ retrogrado: Krebskanon

~ stretto/rigoroso: strenger → Kanon

— a ~ kanonisch

-- trattare v a ~ kanonisch behandeln; kanonisch führen

canone U; ~ per moto contrario: Umkehrungskanon

canonic E kanonisch

canonical hours pl E Stundenoffizien

canonically E; treat v ~ kanonisch behandeln

canonicamente I; trattare v ~ kanonisch behandeln

canonico I kanonisch

— trattare v in forma canonica: kanonisch behandeln

canónico S kanonisch

canonique F kanonisch

cantabile I liedhaft

~ prescr

    D cantabile, gesanglich, gesangvoll

E cantabile, *"singing"*, *"song-like"*, *"melodiously"*

F cantabile, bien chantant, *"mélodieusement"*

S cantabile, cantable, melodioso

U cantabile, dallamosan, éneklően

R cantabile, кантабиле, певуче

cantable S sanglich; *prescr* cantabile

cantada f S cantata

cantambanco m I Bänkelsänger

cantando I *prescr*

    D cantando, singend

    E cantando, *"singing"*

    F cantando, chantant

    S cantando

    U cantando, énekelve

    R cantando, певуче

cantante m + f I Sänger

~ ambulante: Straßensänger

~ d'inni: Hymnensänger

~ d'opera

    D Opernsänger m, Opernsängerin f

    E opera singer

    F chanteur m/chanteuse f d'opéra

    S cantante m+f de ópera

    U operaénekes(nő)

    R оперный певец m, оперная певица f

~ da concerto

    D Konzertsänger m, Konzertsängerin f

    E concert singer

    F chanteur m/chanteuse f donnant des récitals

    S cantante m +f de concierto

    U hangversenyénekes(nő)

    R концертный певец m, концертная певица f

~ di canzonette: Schlagersänger

~ f di coloratura

    D Koloratursängerin f

    E coloratura singer

    F coloratura f, soprano f coloratu....

    S soprano f coloratura

    U koloratúr-énekesnő, koloratúrszoprán

    R колоратурная певица f

~ di coplas: coplero

~ di musica leggiera: Schlagersänger

cantante m + f S Sänger

~ callejero: Straßensänger

~ de canciones de moda: Schlagersänger

~ de concierto: cantante da concerto; *canto* concertista

~ de coro: Chorsänger

~ de ópera: cantante d'opera

~ popular: Volkssänger

cantar v S singen

~ a boca cerrada: brummen

~ a primera vista: vom → Blatt singen

~ a tono: rein → singen

~ afinadamente: rein → singen

~ ante alguien: vorsingen

~ bajo: zu tief → singen

~ con: mitsingen

~ demasiado alto: zu hoch → singen

~ desafinando: unrein → singen
~ fuera de tono: unrein → singen
~ justo: Stimme halten; rein → singen
~ no afinadamente: unrein → singen
— no ~ justo: unrein → singen
cantar *m* S; ~ hablando: Sprechgesang
cantare *v* I singen
~ a prima vista: vom → Blatt singen
~ calando: zu tief → singen
~ fuori tono: unrein → singen
~ in tono: rein → singen
~ insieme: mitsingen
~ prima degli altri: vorsingen
~ stonatamente: unrein → singen
~ troppo alto rispetto al tono: zu hoch → singen
~ troppo basso rispetto al tono: zu tief → singen
cantarellare *v* I trällern
cantastorie *m* I Straßensänger
cantata *f* I
   D Kantate *f*
   E cantata
   F cantate *f*
   S cantata *f*, cantada *j*
   U kantáta
   R кантата *f*
~ corale: Chorkantate
~ **da camera**
   D Kammerkantate *f*
   E chamber cantata
   F cantate *f* de chambre
   S cantata *f* de cámara/da camera
   U kamarakantáta
   R камерная кантата *f*
~ **da chiesa**
   D Kirchenkantate *f*
   E church cantata
   F cantate *f* d'église
   S cantata *f* de iglesia/da chiesa
   U egyházi kantáta
   R церковная кантата *f*
~ **profana**
   D weltliche Kantate *f*
   E secular cantata
   F cantate *f* profane
   S cantata *f* profana/humana
   U világi kantáta
   R светская кантата *f*
~ **sacra**
   D geistliche Kantate *f*
   E sacred cantata
   F cantate *f* sacrée
   S cantata *f* religiosa/espiritual/sagrada
   U egyházi kantáta
   R духовная кантата *f*
~ **su corale**
   D Choralkantate *f*
   E chorale cantata
   F cantate *f* sur choral, cantate-choral *f*
   S cantata *f* sobre coral
   U korálkantáta
   R хоральная кантата *f*

cantata *f* S cantata
~ con coros: Chorkantate
~ de cámara: cantata da camera
~ de iglesia: cantata da chiesa
~ espiritual: cantata sacra
~ profana/humana: cantata profana
~ religiosa/sagrada: cantata sacra
~ sobre coral: cantata su corale
cantate *f* F cantata
~ chorale: Chorkantate
~ d'église: cantata da chiesa
~ de chambre: cantata da camera
~ profane: cantata profana
~ sacrée: cantata sacra
~ sur choral: cantata su corale
cantate-choral *f* F cantata su corale
cantatrice *f* F Sängerin
cantatriz *f* S Darstellerin; Sängerin
cante *m* S Gesang
~ **flamenco**
   D Flamenco *m*
   E flamenco
   F flamenco *m*
   I cante *m* flamenco –
   U flamenco
   R фламенко *n*
~ **jondo/hondo**
   D *(Gesamtbezeichnung für den modernen andalusischen Volksgesang)*
   E *(designation of modern Andalusian folk singing)*
   F *(terme désignant l'ensemble des chants populaires andalous modernes)*
   I *(canto popolare andaluso)*
   U *(a modern andalúz népzene gyűjtőneve)*
   R хондо *n*, песня *f* хондо
canterellare *v* I trällern
canterino *m* I *pop* = cantante
canticchiare *v* I trällern
~ (a labbra chiuse): brummen
canticle E Canticum
cantico *m* I Canticum
cántico *m* S Canticum; Kirchenlied
~ popular religioso: geistliches → Volkslied
Canticum *n* D
   E canticle
   F cantique *m*
   I cantico *m*
   S cántico *m*
   U canticum
   R кантикум *m*
canticum U Canticum
Cantigas *f pl* D cantigas
cantigas *f pl* S
   D Cantigas *f pl*
   E cantigas *pl*
   F cantigas *f pl*
   I cantigas *f pl*
   U cantigas *pl*
   R кантигас *f pl*
cantilación *f* S Kantillation
cantilation *f* F Kantillation

cantilena *f* I
  D Kantilene *f*
  E cantilena
  F cantilène *f*
  S cantilena *f*
  U kantiléna
  R кантилена *f*
cantilena *f* S cantilena; Liedchen
cantilène *f* F cantilena; Liedchen
cantillation E Kantillation
cantillazione *f* I Kantillation
cantino *m* I *lt* Sangsaite
cantino *m* S *vl* E-Saite
cantional E Kantionale
~ setting: Kantionalsatz
cantionale E Kantionale
cantique *m* F Canticum; Kirchenlied
~ populaire: geistliches → Volkslied
canto *m* I Gesang; *lt* Sangsaite
~ ambrosiano: ambrosianischer → Kirchengesang
~ antifonico: Wechselgesang
~ bacchico: Trinklied
~ carnevalesco/carnascialesco: Karnevalslied
~ con ritornello: Rundgesang
~ corale: Chorgesang
— canti *pl* da morto: Exequien
~ dei fedeli: Gemeindelied; Gemeindegesang
— canti *pl* dei flagellanti: Geißlerlieder
~ del pastore: Hirtenlied
~ delle comunità: Gemeindelied; Gemeindegesang
~ di guerra: Kriegslied
~ di lavoro: Arbeitslied
~ di primavera: Frühlingslied
~ di soldati: Soldatenlied
~ fermo: Cantus firmus
~ fermo "migrante": durch die Stimmen wandernder → Cantus firmus
~ fermo ornato: ausgezierter → Cantus firmus
~ funebre: Grabgesang; Klagelied
~ gallicano: gallikanischer → Kirchengesang
~ goliardico: Goliardenlied; Studentenlied
~ gregoriano: Gregorianischer → Choral
~ innodico: Hymnengesang
~ militare: Soldatenlied
~ mozarabico: mozarabischer → Kirchengesang
~ nuziale: Brautlied
~ pasquale: Osterlied
~ profano: tono humano
~ sacro: Kirchenlied; Kirchengesang
~ salmodico псальма
— studiare *v* ~ Gesang studieren
canto *m* S Gesang
~ ambrosiano: ambrosianischer → Kirchengesang
~ antifonal/alternado: Wechselgesang
~ bélico: Kriegslied
~ carnavalesco: Karnevalslied
~ común: Gemeindegesang; Gemeindelied
~ coral: Chorgesang; Chorlied
~ dado: Cantus firmus

~ dado alternado: durch die Stimmen wandernder → Cantus firmus
~ dado figurado: ausgezierter → Cantus firmus
~ de alabanza: Lobgesang
~s *pl* de flagelantes: Geißlerlieder
~ de goliardos: Goliardenlied
~ de iglesia: Kirchengesang
~ de la congregación: Gemeindegesang; Gemeindelied
~ de la sibila
  D *(liturgisches Drama über die Prophetie der Sibylle Erithrea)*
  E *(liturgical drama on the prophecy of the Sibylla Erithrea)*
  F *(drame liturgique sur la prophétie de la sibylle Erythrée)*
  I *(dramma liturgico sulle profezie della Sibilla Eritrea)*
  U *(liturgikus dráma az erüthreai Szibilla jóslatairól)*
  R *(литургическая драма о пророчестве сибиллы Эритреи)*
~ de los fieles: Gemeindegesang; Gemeindelied
~ de los himnos: Hymnengesang
~ de soldados: Soldatenlied
~ de trabajo: Arbeitslied
~ eclesiástico: Kirchengesang
~ folklórico: Volkslied
~ funeral/fúnebre/funerario: Grabgesang; Klagelied
~ galicano: gallikanischer → Kirchengesang
~ gitano: Zigeunerlied
~ gregoriano: Gregorianischer → Choral
~ guerrero: Kriegslied
~ llano: Gregorianischer → Choral
~ mozárabe: mozarabischer → Kirchengesang
~ nupcial: Brautlied
~ para coro: Chorlied
~ pascual: Osterlied
~ pastoral: Hirtenlied
~ popular: Volkslied
~ religioso: Kirchengesang
— estudiar *v* ~ Gesang studieren
canto-parlato *m* I Sprechgesang
cantor *m* S Darsteller
~ ambulante: Bänkelsänger
~ callejero: Straßensänger
~ de baladas: Balladensänger
~ de himnos: Hymnensänger
~ popular: Volkssänger
cantoral *m* S; ~ (armonizado a cuatro voces): Kantionale
cantore *m* I; ~ ambulante: Bänkelsänger
~ di ballate: Balladensänger
~ popolare: Volkssänger
cantoría *f* S Kantorei; maîtrise
cantoris E
  D *(in der anglikanischen Kirche der Halbchor auf der nördlichen Seite des Kirchenchors)*
  F *(dans l'église anglicane le demi-chœur qui se tient au nord)*

I *(nella chiesa anglicana denominazione del semicoro situato nel lato settentrionale della cattedrale riservato ai cantori)*
S *(hemicoro de la iglesia anglicana, situado del lado septentrional)*
U *(templomkórus északi oldalán elhelyezkedő félkórus az anglikán templomban)*
R *(в англиканском богослужении полухорие, находящееся на северной стороне)*
canturrear *v* S trällern
Cantus firmus *m* D
  E cantus firmus
  F cantus *m* firmus
  I canto *m* fermo
  S cantus *m* firmus, canto *m* dado
  U cantus firmus
  R cantus firmus, кантус фирмус *m*
— **ausgezierter ~**
  E decorated cantus firmus
  F cantus *m* firmus orné/figuré
  I canto *m* fermo ornato
  S canto *m* dado/cantus *m* firmus figurado
  U díszített cantus firmus
  R орнаментированный cantus firmus
— **durch die Stimmen wandernder ~**
  E migrant cantus firmus
  F chant *m* donné circulant à travers les voix, chant *m* donné alterné
  I canto *m* fermo "migrante"
  S canto *m* dado alternado
  U vándorló cantus firmus
  R блуждающий cantus firmus
cantus *m* firmus F Cantus firmus
~ orné/figuré: ausgezierter → Cantus firmus
cantus *m* firmus S Cantus firmus
~ figurado: ausgezierter → Cantus firmus
cantus firmus U Cantus firmus
— díszített ~ ausgezierter → Cantus firmus
— vándorló ~ durch die Stimmen wandernder → Cantus firmus
cañutería *f* S canna Pfeifenwerk
canzona E canzone
canzona *f* I = canzone
canzona *f* S canzone
~ para orquesta: canzone per orchestra
canzone *f* F canzone
~ pour orchestre: canzone per orchestra
canzone *f*, **canzona** *f* I
  D Kanzone *f*
  E canzona
  F canzone *f*, canzona *f*
  S canzona *f*
  U canzone
  R канцона *f*
~ ⟨*"lied"*⟩ Lied
~ corale: Chorlied
~ della primavera: Frühlingslied
~ della sera: Abendlied
~ di corte: Hoflied
~ gitana: Zigeunerlied
~ guerresca: Kriegslied
~ infantile: Kinderlied

~ **per orchestra**
  D Orchesterkanzone *f*
  E orchestral canzona
  F canzone *f* pour orchestre
  S canzona *f* para orquesta
  U zenekari canzone
  R канцона *f* для оркестра
~ popolare: Volkslied
~ popolare religiosa: geistliches → Volkslied
~ senza parole: Lied ohne Worte
~ strofica: Strophenlied
canzone U canzone
—zenekari ~ canzone per orchestra
canzonet E canzonetta
canzoneta *f* S canzonetta; chansonnette
canzonetta *f* I
  D Kanzonette *f*
  E canzonetta, canzonet
  F canzonette *f*
  S canzonetta *f*, canzoneta *f*
  U canzonetta
  R канцонетта *f*
~ ⟨*fuori Italia*⟩ chansonnette; Liedchen; Schlager
~ moderna: Schlager
canzonette *f* F canzonetta; Liedchen
canzoniere *m* I chansonnier; Liederbuch
cap E *canna* Hut; Stimmplatte; *canna d. l.* Vorschlag; *org* Deckung
~ and slot *canna* Volldeckung mit Seitenschlitz
~ types *canna* Deckungsformen
~ with lower pierced holes *canna* Volldeckung mit Seitenlöchern unten
~ with turning cover *canna* Deckung durch Drehdeckel
~ with upper pierced holes *canna* Volldeckung mit Seitenlöchern oben
capa *f* S *camp* Wolm
capability E; ~ of being tuned: Stimmbarkeit
capable E; ~ of vibrating: schwingungsfähig
capable F; ~ de vibrer: schwingungsfähig
capacidad *f* S; ~ de afinar: Stimmbarkeit
~ de discernimiento de la altura: Tonhöhenunterscheidungsvermögen
~ de percepción de la altura relativa del sonido: Tonunterscheidungsvermögen
~ vocal *canto* Material
capacità *f* I *canto* Material
~ di percepire la differente altezza dei suoni: Tonhöhenunterscheidungsvermögen
~ di percettibilità dell'altezza relativa dei suoni: Tonunterscheidungsvermögen
capacité *f* F; ~ d'accord: Stimmbarkeit
~ de discernement des aigus: Tonhöhenunterscheidungsvermögen
~ de perception de la hauteur relative des sons: Tonunterscheidungsvermögen
~s *pl* vocales *canto* Material
capaz S; ~ de resonancia: resonanzfähig
capilla *f* S Kantorei; Kapelle
~ de corte: Hofkapelle
capital (letter) E Majuskel

capo *m* I → da capo
capocchia *f* I Notenkopf
capodastre *m* F *corda* capotasto
capolavoro *m* I Kunstwerk
Capotasto *m* D *corda* capotasto
capotasto *m* I *corda*
    D Capotasto *m*, Kapodaster *m*, Saiten-
    fessel *f*
    E capotasto
    F barre *f*, capodastre *m*, sillet *m*
    S cejuela *f*, capotasto *m*, cejilla *f*
    U capotasto, kapodaszter
    R передвижной лад *m*, укорачивающий
    струны
~ *cemb*, *pfte* Steg; *lt* Stimmklotz; *vc* Daumen-
-Aufsatz; *vl* Sattel; Obersattel
capped reed instrument E Windkapselinstrument
cappella *f* I Kapelle
~ di corte: Hofkapelle
—a ~
    D a cappella
    E a cappella
    F a cappella
    S a cappella
    U a cappella
    R a cappella, а капелла
cappello *m* cinese I Schellenbaum
cappio *m* I *corda* Öse; Schlinge
Capriccio *n* D capriccio
capriccio *m* I
    D Capriccio *n*
    E caprice, capriccio
    F caprice *m*
    S capricho *m*
    U capriccio
    R капричч(и)о *n*
capriccioso, capricciosamente I *prescr*
    D capriccioso, capricciosamente, launen-
    haft
    E capriccioso, capricciosamente, *"capri-*
    cious(ly)"
    F capriccioso, capricciosamente, capri-
    cieux, capricieusement
    S capriccioso, capricciosamente, caprichoso,
    caprichosamente
    U capriccioso, capricciosamente, *"szeszé-*
    lyesen"
    R capriccioso, capricciosamente, капризно,
    прихотливо
caprice E capriccio
caprice *m* F capriccio
capricho *m* S capriccio
caprichosamente S *prescr* capriccioso
caprichoso S *prescr* capriccioso
capricieusement F *prescr* capriccioso
capricieux F *prescr* capriccioso
capstan screw E *pfte* Pilote; Pilotenschraube
capsula *f* I Windkapsel
capsule *f* F Mundstück; Windkapsel
cara *f* S *arco* Form; *perc* Fell
~ anterior *perc* Schlagfell
~ (inferior) con bordones *tamb* Saitenfell

~ superior en la que se bate *perc* Schlagfell
caracol *m* S *vl* Schnecke
caracola *f* S Muschelhorn
carácter *m* S Type
~ de una pieza: Stimmung
— caracteres *pl* movibles: bewegliche → Type
~ tonal: Tonartcharakter
caractère *m* F Stimmung; Type
~ mobile: bewegliche → Type
~s *pl* romains: Romanos-Buchstaben
característica *f* S Kennmelodie; Merkmal
~ de frecuencia: Frequenzgang
~ de la estación emisora *rad* Pausenzeichen
~ del estilo: Stilmerkmal
~ sonora: Klangcharakter
caractéristique *f* F Merkmal
~ de fréquence: Frequenzgang
~ sonore: Klangcharakter
caramillo *m* S Hirtenpfeife; Schalmei; *org*
Panflöte
carattere *m* I Type
~ maiuscolo: Majuskel
~ minuscolo: Minuskel
~ mobile: bewegliche → Type
~ tonale: Tonartcharakter
caratteristica *f* I Merkmal
~ di frequenza: Frequenzgang
~ sonora: Klangcharakter
card E; ~ holder *ottoni* Notenhalter
cardboard mute E *fiati* Kartondämpfer
cardenillo *m* S *camp* Gußhaut
cardine *m* I; ~ della forca leva ripetizione *pfte*
Scherenkapselachse
caressant F *prescr* accarezzevole; carezzando
— en ~ *prescr* lusingando
carezzando I *prescr*
    D carezzando, kosend, schmeichelnd
    E carezzando, *"caressing"*, *"flattering"*
    F carezzando, ·caressant
    S carezzando, acariciando, acariciante
    U carezzando *"behízelgõen"*, *"kedveskedve"*,
    "kedvesen"
    R carezzando, ласково, нежно
cariglione *m* I Flötenuhr; Spieldose; Spieluhr;
Turmglockenspiel
carillon E Glockenspiel; Stabspiel; Turmglockenspiel; *org* Glockenspiel; Glockenzug;
Glöckleinton
~ player: Glockenspieler
— like a ~ glockenspielartig
carillon *m* F Flötenuhr; Glockenspiel; Stabspiel; Turmglockenspiel; *org* Glöckchen;
Glockenspiel; Glockenzug; Glöckleinton
~ à clavier: Klaviaturglockenspiel
~ de cloches: Geläute
~ de huit cloches: Geläute von acht Glocken
— comme un ~ glockenspielartig
carillon *m* I Glockenspiel; Stabspiel; Turmglockenspiel; *org* Glöckleinton
~ a tastiera: Klaviaturglockenspiel
carillón *m* S Glockenspiel; Stabspiel; Turmglockenspiel; *org* Glöckchen; Glockenspiel;
Glockenzug; Glöckleinton

~ de teclado: Klaviaturglockenspiel
— a manera de ~ glockenspielartig
— como un ~ glockenspielartig
carillonero *m* S Glockenspieler
carillonist E Glockenspieler
carillonner *v* F läuten
carillonneur E Glockenspieler
carillonneur *m* F Glockenspieler
Carioca *f* D *bl*
  E carioca
  F carioca *f*
  I carioca *f*
  S carioca *f*
  U karióka
  R кариока *f*
carioca *f* F I S *bl* Carioca
carnival song E Karnevalslied
carola *f* I Rundtanz
~ *bl*
  D *(italienischer Tanz)*
  E *(Italian dance)*
  F carole *f*
  S carola *f*
  U *(olasz tánc)*
  R карола *f*
carolar *v* S *obs* carolare
carolare *v* I
  D *(eine Carola tanzen)*
  E *(perform a carola)*
  F *(danser une carole)*
  S *(bailar la carola)*, *obs* carolar
  U *(carolát táncolni)*
  R танцевать *v* каролу
carole *f* F *bl* carola
carraca *f* S Ratsche
carrée *f* F Brevis
carrete *m* de cinta S Tonbandspule
carril *m* de la cinta S *magn* Tonbandführung
carrucola *f* I *camp* Seilscheibe
carry *v* E führen; tragen
carta *f* I; ~ da musica: Notenpapier
~ vetrata: Sandblock
cartel *m* S Spielplan
— ser *v* de ~ *teat* interpréter le → rôle principal
— tener *v* ~ *teat* interpréter le → rôle principal
cartilage *m* F; ~ aryténoïde: Gießbeckenknorpel
~ cricoïde: Ringknorpel
cartilagine *f* I; ~ aritenoide: Gießbeckenknorpel
~ cricoide: Ringknorpel
cartridge E *gram* Schalldose
casa *f* I; ~ editrice di musica: Musikverlag
casa *f* S; ~ de música: Musikalienhandlung
~ editora de música: Musikverlag
casación *f* S Kassation
cascabel *m* S Schelle
~es *pl* Schellengeläute
cascabeleo *m* S Schellengeläute
cáscaras *f pl* de coco S Kokosschalen
case E étui; *pfte*, *org* Gehäuse; *trbne* Scheide
~ depth *pfte* Dammtiefe
case-maker E *costr*, *pfte* Aufschläger

casimir *m* F S *pfte* Kasimir
casquete *m* S *canna* Hut; *legni* Deckel
~ con sombrero articulado *canna* Ringdeckung mit Klappdeckel
~ perforado *canna* Ringdeckung
cassa *f* I *org*, *pfte* Gehäuse
~ armonica *ac* Tonkammer; *arpa* Schallkasten; *str* Korpus
~ del mantice *org* Unterplatte
~ del pianoforte: Klaviergehäuse
~ del pianoforte a coda: Flügelgehäuse
~ di risonanza *arpa* Resonanzboden; Schallkasten
~ espressiva *org* Schwellkasten
~ rullante: Landsknechtstrommel; Wirbeltrommel
— gran ~ Baßtrommel; große → Trommel
cassation E Kassation
cassation *f* F Kassation
cassazione *f* I Kassation
cassazione U Kassation
cassetta *f* I étui; *vl* Wirbelkasten
cassettina *f* I Holzblock; Holzröhrentrommel
cast E *teat* Besetzung
cast *v* E *canna* gießen; *teat* besetzen
~ bells: Glocken gießen
cast *m* I; ~ operistico: Operntruppe
castagnetta *f* I
  D Kastagnette *f*
  E castanet
  F castagnette *f*
  S castañuela *f*
  U kasztanyetta
  R кастаньеты *f pl*
— **castagnette** *pl* con manico
  D Stielkastagnetten *f pl*
  E handle castanets *pl*
  F castagnettes *f pl* à manches
  S castañuelas *f pl* con mango/sobre palillo
  U nyeles kasztanyetta
  R оркестровые кастаньеты *f pl*
— **castagnette** *pl* di metallo
  D Metallkastagnetten *f pl*, Gabelbecken *f pl*
  E metal castanets *pl*
  F castagnettes *f pl* de métal
  S castañuelas *f pl* de metal
  U fémkasztanyetta
  R металлические кастаньеты *f pl*
— **castagnette** *pl* spagnole ⟨*castagnette senza manico*⟩
  D Tanzkastagnetten *f pl*
  E hand castanets *pl*
  F castagnettes *f pl* espagnoles
  S castañuelas *f pl*
  U (tánchoz használt) kasztanyetta
  R обычные кастаньеты *f pl*
castagnette *f* F castagnetta
~s *pl* à manches: castagnette con manico → castagnetta
~s *pl* de métal: castagnette di metallo → castagnetta
~s *pl* espagnoles: castagnette spagnole → castagnetta

castanet E castagnetta
castañuela *f* S castagnetta
~s *pl* castagnette spagnole → castagnetta
~s *pl* con mango: castagnette con manico → castagnetta
~s *pl* de metal: castagnette di metallo → castagnetta
~s *pl* sobre palillo: castagnette con manico → castagnetta
caster E Rolle
~ cups *pl pfte* Isolierschalen
casting bench E *canna* Gießbank
cast-iron frame E *pfte* Vollpanzerplatte
castor E Rolle
castrado *m* S Kastrat
castrat *m* F Kastrat
castrato E Kastrat
castrato *m* I Kastrat
častuška R → частушка
catalectic E katalektisch
cataléctico S katalektisch
catalectique F katalektisch
catalettico I katalektisch
catalogo *m* I; ~ Köchel: Köchel-Verzeichnis
~ tematico: thematischer → Katalog
catálogo *m* S; ~ de Köchel: Köchel-Verzeichnis
~ temático: thematischer → Katalog
catalogue *m* F; ~ Köchel: Köchel-Verzeichnis
~ thématique: thematischer → Katalog
catch E ⟨15—18. sec⟩
D *(drei- oder mehrstimmiger Kanon oder Rundgesang mit oftmals heiterem Text)*
F *(canon à trois ou plusieurs voix, souvent sur un texte amusant)*
I *(canone a tre o più voci, spesso su testo comico)*
S *(canon para tres o más voces, a menudo sobre un texto alegre)*
U *(három- vagy többszólamú kánon, gyakran vidám szöveggel)*
R *(трёх- или многоголосный канон или хороводная песнь, часто с шутливым текстом)*
catch *v* E *pfte* fangen
catégorie *f* **des voix** F Stimmgattung
catena *f* I *archi* Stimmbalken; *corda* Baßbalken
— catene *pl* Ketten
~ di trilli: Kettentriller
— collocare *v* la ~ (nel violino) *corda* barrer
catenacciatura *f* I *org* Welle
catenaccio *m* I *org* Zugärmchen
caterwauling E Katzenmusik
catgut string E Darmsaite
cathedral choir E Domchor
catwalk E Stimmgang; *teat* Beleuchtungsbrücke
cautionary accidental E Erinnerungszeichen
cavalletto *m* I *lt* Querriegel; *pfte* Hebeglied; *tamb, timp* Ständer
cavallo *m* I Pferdegetrappel
cavatina *f* I
D Kavatine *f*

E cavatina
F cavatine *f*
S cavatina *f*
U cavatina, kavatina
R каватина *f*
cavatine *f* F cavatina
caviglia *f* I *corda* Wirbel; *pfte* Stimmnagel; *tasto* Anhängestift
— a caviglie anteriori: vorderstimmig
— a caviglie laterali: seitenstimmig
— a caviglie posteriori: hinterstimmig
cavigliera *f* I *vl* Wirbelkasten
cavità *f* **della testa** I Kopfhöhle
caza *f* S caccia; chasse
C-Dur *n* D
E C major
F ut/do *m* majeur
I do *m* maggiore
S do *m* mayor
U C-dúr
R до *n* мажор
C-dúr U C-Dur
Cecília-mozgalom U Caecilianismus
Cecilian movement E Caecilianismus
cédant F; en ~ *prescr* cedendo
cedendo I *prescr*
D cedendo, nachgebend
E cedendo, "yielding", "holding back"
F cedendo, en cédant
S cedendo, cediendo
U cedendo, "engedve"
R cedendo, ослабевая, замедляя
cediendo S *prescr* cedendo
cedra *f* S Cister
cédula U *vl* Brandstempel
ceinture *f* **externe** F *pfte* Zarge
ceja *f* S *vl* Sattel; Obersattel
cejilla *f* S *corda* capotasto; *vl* Obersattel; Sattel
cejuela *f* S *corda* capotasto; *vl* Obersattel
celebrar *v* S Messe lesen
celere, celermente I *prescr*
D celere, celermente, schnell, geschwind
E celere, celermente, "swift(ly)", "quick(ly)"
F celere, celermente, vite, rapide, avec rapidité
S celere, celermente, célere, aceleradamente, rápido, rápidamente, con celeridad
U celere, celermente, "gyorsan"
R celere, celermente, скоро, быстро
célere S *prescr* celere
celeridad *f* S; con ~ *prescr* celere
celerità *f* I; con ~ = celere
celermente I *prescr* = celere
Celesta *f* D celesta
~ *org*
E voix céleste
F célesta *m*
I voce *f* celesta/bianca/angelica
S celesta *f*
U cseleszta, celesta
R челеста *f*
célesta *m* F celesta; *org* Celesta

celesta *f* I
    D Celesta *f*
    E celesta
    F célesta *m*
    S celesta *f*
    U cseleszta, celesta
    R челеста *f*
celesta *f* S celesta; *org* Celesta
celesta U celesta; *org* Celesta
céleste E *pfte* Moderatorpedal
céleste *f* F *pfte* Harfenzug; Moderatorpedal; Verschiebung
— avec ∼ *pfte* ad una → corda
célhangnem U Zieltonart
cella *f* **campanaria** I Glockenstube
Cellist *m* D cellista
cellist E cellista
cellista *m* + *f* I
    D Cellist *m*, Cellistin *f*
    E cellist
    F violoncelliste *m* + *f*
    S violoncelista *m* + *f*
    U gordonkás, csellista
    R виолончелист *m*, виолончелистка *f*
Cellistin *f* D cellista
Cello *n* D violoncello
cello E violoncello
cello *m* S *org* violoncello
cello U *org* violoncello
cellula *f* **auditiva** I *or* Hörzelle
cellule *f* **auditive** F *or* Hörzelle
celosía *f* S *org* jalousie
célula *f* **auditiva** S *or* Hörzelle
Cembalist *m* D clavicembalista
Cembalistin *f* D clavicembalista
Cembalo *n* D clavicembalo
cembalo E clavicembalo
cembalo *m* I = clavicembalo
∼ ad arco: Bogenklavier
∼ ungherese: cimbalom
Cembalomechanik *f* D *pfte*
    E harpsichord action
    F mécanique *f* de clavecin
    I meccanica *f* del clavicembalo
    S mecanismo *m* del clavicémbalo/clavecín
    U csembalómechanika
    R механика *f* клавесина
Cembaloregister *n* D *pfte*
    E harpsichord stop/register
    F registre *m* de clavecin
    I registro *m* di clavicembalo
    S registro *m* de clavicémbalo
    U csembalóregiszter
    R (*особое устройство в старинных фортепьяно, создающее клавесинную звучность*)
cencerrada *f* S Katzenmusik
cencerreo *m* S Geklimper
cencerro *m* S Kuhglocke
cennamella *f* I Schalmei
center A = centre
centoventottesimo *m* I Hundertachtundzwanzigstelnote

centre E Kuppel
∼ horizon *teat* Kuppelhorizont
∼ pedal *pfte* Mittelpedal
— in the ∼ of the drum head *prescr, perc* in der → Mitte des Felles
— on the ∼ *prescr, perc* in der → Mitte
centre *m* F; ∼ auditif: Hörzentrum
∼ de l'étouffoir *pfte* Dämpferachse
∼ du grand levier *pfte* Hebegliedachse
∼ du marteau *pfte* Hammerachse
∼ tonal: tonales → Zentrum
— au ∼ (de la peau) *prescr, perc* in der → Mitte (des Felles)
centrepins *pl* E *pfte* Mechanikachsen
centro *m* I; ∼ tonale: tonales → Zentrum
∼ uditivo: Hörzentrum
— al ∼ (della pelle) *prescr, perc* in der → Mitte (des Felles)
centro *m* S; ∼ auditivo: Hörzentrum
∼ de la palanca *pfte* Hebegliedachse
∼ de la voluta: Ohr der Schnecke
∼ del balancín *pfte* Hebegliedachse
∼ tonal: tonales → Zentrum
— en el ∼ (del parche) *prescr, perc* in der → Mitte (des Felles)
centrum U; tonális ∼ tonales → Zentrum
cepillo *m* S Besen; Rute
ceppo *m* I *camp* Joch
∼ ad arco *camp* gekröpftes → Joch
∼ diritto *camp* gerades → Joch
cercano S benachbart
cerchietto *m* I; ∼ terminale della effe *archi* F-Lochklappe
cerchio *m* I Trommelreifen; *perc* Spannreifen; *timp* Oberreifen
∼ dell'occhio *arco* Augenring
∼ della pelle *tamb* Unterreifen
cercle *m* F; ∼ d'enroulage *tamb* Unterreifen
∼ de l'œil *arco* Augenring
∼ en bois *perc* Spannreifen
∼ intérieur *tamb* Unterreifen
∼ supérieur de la timbale *timp* Oberreifen
cerco *m* **superior** S *camp* oberer → Glockenrand
ceremonial motet E Staatsmotette
cerrar *v* S *canna* decken
cerveau *m* F *camp* Glockenplatte; Haube
cervelas *m* F S Rankett
ces *n* D *ton*
    E C flat
    F ut/do *m* bémol
    I do *m* bemolle
    S do *m* bemol
    U cesz
    R до-бемоль *m*
ceses *n* D *ton*
    E C double-flat
    F ut/do *m* double bémol
    I do *m* doppio bemolle
    S do *m* doble bemol
    U ceszesz
    R до-дубль-бемоль *m*
cessation E Stillstand
cesura *f* I S Einschnitt; Zäsur

césure *f* F Einschnitt; Zäsur
cesz U *ton* ces
ceszesz U *ton* ceses
ceterone *m* I Baßcister
cetra *f* I Cister; *pfte* Lyra
~ a percussione: Schlagzither
~ a sette piroli: Harfenzither
~ ad arco: Streichzither
~ chitarra: cítara guitarra
~ da concerto
    D Konzertzither *f*
    E concert zither
    F cithare *f* de concert
    S cítara *f* de concierto
    U koncertcitera
    R концертная цитра *f*
~ da tavolo: Brettzither; Schlagzither; Zither
~ della Turingia: Waldzither
~ tubolare: Röhrenzither
~ turingia: Waldzither
cevnica R → цевница
cezúra U Zäsur
cezúrajel U Atemzeichen
c-fogás U Griff-C
cha-cha E *bl* cha-cha-cha
Cha-cha-cha *m* D *bl* cha-cha-cha
cha-cha-cha *m* F I *bl* cha-cha-cha
cha-cha-cha *f* S *bl*
    D Cha-cha-cha *m*
    E cha-cha
    F cha-cha-cha *m*
    I cha-cha-cha *m*
    U csa-csa-csa
    R ча-ча-ча *n*
chacona *f* S chaconne
Chaconne *f* D chaconne
chaconne *f* F
    D Chaconne *f*
    E chaconne
    I ciaccona *f*
    S chacona *f*
    U chaconne
    R чакона *f*
chain E; ~s *pl* Ketten
~ form: Reihenform
~ of trills: Kettentriller
chaîne *f* F Kanal; Ketten
~ de trilles: Kettentriller
— à plusieurs ~s: mehrkanalig
— à une ~ einkanalig
chaise *f* F; ~ de piano: Klavierstuhl
~s *pl* musicales: Stuhlpolonaise
chaleur *f* F; avec ~ con → calore
chalumeau E *org* Schalmei
chalumeau *m* F Hirtenpfeife; Schalmei
chalumeau *m* I *org* Schalmei
chamade E *org* spanische → Trompete
chamade *f* F chiamata; *org* spanische → Trompete
chamade *f* I *org* spanische → Trompete
chamber E; ~ cantata: cantata da camera
~ concert: concerto da camera
~ music: Kammermusik

~ opera: opera da camera
~ orchestra: Kammerorchester
~ pitch: Kammerton
~ sonata: sonata da camera
chambre *f* F; ~ d'air *canna d. l.* Windkammer
~ d'écho: Echokammer
~ réverbérante: Hallraum
~ sourde: schalltoter → Raum
champ *m* **auditif normal** F Hörfeld
chance music E aleatorische → Musik
change E Rückung
~ of beat: Akzentverschiebung
~ of bow *arco* Bogenwechsel
~ of finger: Fingerwechsel
~ of key: Tonartwechsel
~ of metre/meter: Taktwechsel
~ of position *corda, trbne* Lagenwechsel
~ of time: Taktwechsel
~ of voice: Stimmbruch
change *v* E; ~ C sharp to C natural *prescr, timp*
    Cis nach C zurückstimmen → Pauke
~ one's voice: im → Stimmbruch sein
~ to D major *prescr, arpa* wechseln in D-Dur
    → Harfe
~ to flute *prescr* nimmt große Flöte → nehmen
changeant F; en ~ abwechselnd
changement *m* F; ~ d'archet *arco* Bogenwechsel
~ de mesure: Taktwechsel
~ de position *corda, trbne* Lagenwechsel
~ de temps: Taktwechsel
~ de ton: Tonartwechsel
changer *v* F abwechseln; mutieren
~ en ré majeur *prescr, arpa* wechseln in D-Dur
    → Harfe
change-ringing E
    D *(englische Praxis des sukzessiven Läutens der einzelnen Kirchenglocken nach Permutationsreihen)*
    F *(pratique anglaise de sonneries de cloches, avec plusieurs combinaisons possibles)*
    I *(metodo inglese di suonare le campane delle chiese secondo una serie di permutazioni)*
    S *(práctica inglesa de repique que varía el orden de las diferentes campanas)*
    U *(angol gyakorlat az egyes templomi harangok permutációs sorok szerinti megszólaltatására)*
    R *(в англиканской церкви звон в несколько колоколов поочередно с различными возможными комбинациями)*
changeur *m* F; ~ automatique de piste *magn* automatischer → Spurumschalter
~ de disque automatique: automatischer → Schallplattenwechsler
changing E; ~ note: nota cambiata
~ note/tone: Wechselton
channel E Kanal; *arm, org* Kanzelle; *org* Windkanal
~ stopper *org* Kanzellenspund
chanson *f* F Lied
~ à boire: Trinklied

~ à la mode: Schlager
~ à succès: Schlager
~ bacchique: Trinklied
~ **courtoise**
   D *(Hoflied der Troubadours und Trouvères)*
   E *(courtly song of the troubadours and trouvères)*
   I *(canzone di corte dei trovatori e trovieri)*
   S *(canción trovadoresca)*
   U *(trubadúrok és trouvère-ek udvari dala)*
   R *(шансон куртуазной лирики труба-дуров и труверов)*
~ d'étudiant: Studentenlied
~ de carnaval: Karnevalslied
~s *pl* de flagellants: Geißlerlieder
~ de Goliard: Goliardenlied
~ de mai: Mailied
~ de noce: Brautlied
~ de soldat: Soldatenlied
~ de travail: Arbeitslied
~ enfantine: Kinderlied
~ folklorique: Volkslied
~ laudative: Lobgesang
~ populaire: Volkslied
~ populaire religieuse: geistliches → Volkslied
~ pour chœur: Chorlied
~ sans parole: Lied ohne Worte
~ savante: Kunstlied
~ strophique: Strophenlied
— à la manière d'une ~ liedhaft
Chansonette *f* D chansonnette
chansonnette *f* F
   D Chansonette *f*
   E chansonnette
   I canzonetta *f*
   S chanzoneta *f*, canzoneta *f*
   U dalocska, kis sanzon, sanszonett
   R шансонетка *f*
Chansonnier *m* D chansonnier
chansonnier *m* F
   D Chansonnier *m*, Liederhandschrift *f*
   E chansonnier, song-book
   I canzoniere *m*
   S cancionero *m*
   U *(francia világi dalok gyüjteménye)*
   R шансонье *m*
~ ⟨recueil de mélodies⟩ Liederbuch
chant E Kirchengesang; Kirchenlied
— in ~ choraliter
chant *m* F Gesang
~ ambrosien: ambrosianischer → Kirchengesang
~ antiphonal: Wechselgesang
~ choral: Chorgesang; Chorlied
~ communautaire: Gemeindegesang; Gemeindelied
~ composé dans le style d'une chanson populaire: volkstümliches → Lied
~ d'église: Kirchengesang
~ de barcarolle: barcaruola
~ de congrégation: Gemeindegesang; Gemeindelied
~ de guerre: Kriegslied

~ de lamentation: Klagelied
~ de Pâques: Osterlied
~ de printemps: Frühlingslied
~ des fidèles: Gemeindegesang; Gemeindelied
~ donné alterné: durch die Stimmen wandernder → Cantus firmus
~ donné circulant à travers les voix: durch die Stimmen wandernder → Cantus firmus
~ du soir: Abendlied
~ ecclésiastique: Kirchengesang
~ funèbre: Grabgesang; Klagelied
~ gallican: gallikanischer → Kirchengesang
~ gitan: Zigeunerlied
~ grégorien: Gregorianischer → Choral
~ mozarabe: mozarabischer → Kirchengesang
~ pascal: Osterlied
~ profane: tono humano
~ sacré: Kirchengesang
~ sans parole: Lied ohne Worte
~ tzigane: Zigeunerlied
— étudier *v* le ~ Gesang studieren
chantant F *prescr* cantando
— bien ~ *prescr* cantabile
chanter E Schalmei
chanter *v* F singen
~ à vue: vom → Blatt singen
~ avec: mitsingen
~ devant quelqu'un: vorsingen
~ faux: unrein → singen
~ juste: rein → singen; *ton* treffen
~ trop bas: zu tief → singen
~ trop haut: zu hoch → singen
chanterelle *f* F *lt* Sangsaite; *vl* E-Saite
chanteur *m* F Darsteller; Sänger
~ ambulant: Bänkelsänger; Straßensänger
~ d'opéra: cantante d'opera
~ de ballades: Balladensänger
~ de chansons à la mode: Schlagersänger
~ de coplas: coplero
~ de foire: Bänkelsänger
~ de musique légère: Schlagersänger
~ de rue: Bänkelsänger; Straßensänger
~ donnant des récitals: cantante da concerto; *canto* concertista
~ populaire: Volkssänger
chanteuse *f* F Darstellerin; Sängerin
~ d'opéra: cantante d'opera
~ de chansons à la mode: Schlagersängerin
~ de musique légère: Schlagersängerin
~ donnant des récitals: cantante da concerto; *canto* concertista
chanzoneta *f* S chansonnette
chapa *f* **frontal** S *org* Zierleiste über der Klaviatur
chape *f* F *org* Pfeifenstock
~ fer et cuir *camp* Riemen
chapeau *m* **chinois** F Schellenbaum
chapel E Kapelle
chapelle *f* F Kapelle
~ de cour: Hofkapelle
chapucería *f* S pasticcio
character E; ~ **of the key**: Tonartcharakter
~ **piece**: Charakterstück

characteristic E Merkmal
~ feature: Stilmerkmal
Charakterstück *n* D
  E character piece
  F pièce *f* de caractère
  I pezzo *m* caratteristico/di carattere
  S pieza *f* característica/de carácter
  U jellemdarab, karakterdarab
  R характеристическая пьеса *f*
charanga *f* S *mil* Musikzug
charity concert E Wohltätigkeitskonzert
charivari E Katzenmusik
charivari *m* F Katzenmusik
charleston *m* I Charlestonmaschine
Charlestonmaschine *f* D
  E hi-hat pedal
  F hi-hat pédal *m*
  I charleston *m*
  S pedal *m* del bombo de jazz
  U "hi-hat", *fam* "lábcsin"
  R чарльстон *m*, педальная тарелка *f*
charmant F *prescr* piacevole
charpente *f* F *org* Balgstuhl
~ du clocher: Glockenstuhl
charreteras *f pl* S *fam* Schwalbennester
chase board E *pfte* Tastenbäckchen
Chasse *f* D chasse
chasse *f* F
  D Chasse *f*
  E "chasse"
  I caccia *f*, "chasse" *f*
  S caza *f*, "caccia" *f*
  U chasse
  R шасс *m*
châssis *m* F *org* Rahmen; *tasto* Führungsleiste
~ d'abrégé *org* Wellenbrett
~ des équerres *org* Winkelscheide
~ des soufflets *org* Balgstuhl
chato S *str* flach
chauffer *v* F; se ~ sich → einsingen
check E *pn* Arm
~ head *pfte* Fanger
check *v* E *pfte* fangen
chef *m* F; ~ accessoiriste *teat* Requisitenmeister
~ d'orchestre: Dirigent; Kapellmeister
~ d'orchestre d'opéra: direttore d'opera lirica
~ d'orchestre en représentation: Gastdirigent
~ d'orchestre invité: Gastdirigent
~ de chœur: Chordirigent; Chorleiter; Chorregent
~ de chœur d'église: Kantor
~ de fanfare *mil* Musikmeister
~ de pupitre: Konzertmeister
~ du magasin des accessoires *teat* Requisitenmeister
chef-d'œuvre *m* F Kunstwerk
cheironomic E; ~ sign: Handzeichen
~ sign notation: Handzeichennotation
cheiroplast E Handleiter
chelo *m* S violoncello
cheminée *f* F *canna* Röhrchen
chequeré E *perc* Cabaza
chest E; ~ breathing: Brustatmung

~ **of viols**
  D *(alte Sammelbezeichnung für die Instrumente der Violenfamilie)*
  F *(nom donné à une famille complète de violes)*
  I *(complesso di strumenti appartenenti alla famiglia della viola)*
  S *(juego completo de violas)*
  U *(a violacsalád hangszereinek régi gyüjtőneve)*
  R *(старинное обозначение инструментов семейства виол)*
~ register *canto* Brustregister
~ voice *canto* Bruststimme
chevalet *m* F *archi, cemb* Steg; *pfte* Steg; Klangsteg
— contre le ~ *archi* am → Steg
— derrière le ~ *archi* hinter dem → Steg
chevauchement *m* **des phrases** F Phrasenverschränkung
cheville *f* F *corda* Wirbel; *pfte* Stimmnagel
~ à vis *vl* Feinstimmer
~ antérieure *corda* vorderständiger → Wirbel
~ de luth: Lautenwirbel
~ de sécurité *corda* Patentwirbel
~ frontale *corda* vorderständiger → Wirbel
~ latérale *corda* Seitenwirbel
~ postérieure *corda* rückständiger → Wirbel
— à ~s frontales: vorderstimmig
— à ~s latérales: seitenstimmig
— à ~s postérieures: hinterstimmig
chevillier *m* F *vl* Wirbelkasten
~ à disque *corda* Wirbelplatte
chevrette *f* F
  D *(kleiner Schäfer-Dudelsack, noch heute in der Auvergne gebräuchlich)*
  E *(small shepherd's bagpipe still used in the Auvergne)*
  I *(piccola zampogna ancor oggi in uso fra i pastori dell'Auvergne)*
  S *(gaita pequeña usada hoy en Auvernia)*
  U *(ma már csak Auvergne-ben használt kis pásztorduda)*
  R *(небольшая пастушья волынка, до сих пор употребляемая в Оверни)*
chevrotement *m* F Bockstriller
chevroter *v* F *canto* wackeln
chiamare *v* **in scena** I Stichwort geben
Chiamata *f* D chiamata
chiamata *f* I
  D Chiamata *f*
  E chiamata, hunting-call
  F chiamata *f*, chamade *f*, appel *m*
  S toque *m*, llamada *f*
  U hívójel ⟨vadászé⟩
  R *(сигнал сбора к охоте или после охоты)*
~ *teat* Stichwort
chiaramente I *prescr* = chiaro
chiarentana *f* I *bl*
  D *(italienischer Tanz)*
  E chiarenzana
  F chiarentana *f*
  S *(danza italiana)*

U *(olasz tánc)*
R кьярантана *f*, кьяренцана *f*
chiarenzana E *bl* chiarentana
chiarina *f* I Clarinregister; *org* clairon
~ 4' *arm* clairon 4'
chiaro I deutlich
~, **chiaramente** *prescr*
  D chiaro, chiaramente, deutlich
  E chiaro, chiaramente, *"clear(ly)"*
  F chiaro, chiaramente, clair, distinctement
  S chiaro, chiaramente, claro, claramente
  U chiaro, chiaramente, *"tisztán"*, *"tagoltan"*
  R chiaro, chiaramente, ясно, прозрачно
chiave *f* I Schlüssel; *fl* Stimmkork; *legni* Klappe
~ ad anello *legni* Brillenklappe
~ aperta *legni* offene → Klappe
~ chiusa *legni* geschlossene → Klappe
~ del pollice *legni* Daumenklappe
~ **del trillo** *legni*
  D Trillerklappe *f*
  E trill/shake key
  F clef *f* du/pour trille
  S llave *f* del trino
  U trillabillentyű, trillaklapni
  R трельный клапан *m*
~ dell'acqua *ottoni* Wasserklappe
~ di baritono: Baritonschlüssel
~ di basso: Baßschlüssel
~ di basso profondo: Subbaßschlüssel
~ di comodità *legni* Doppelgriffklappe
~ di contralto: Altschlüssel
~ di do: C-Schlüssel
~ di fa: F-Schlüssel
~ di fa sulla quinta linea: Subbaßschlüssel
~ di mezzosoprano: Mezzosopranschlüssel
~ di scolo *ottoni* Wasserklappe
~ di sol: G-Schlüssel
~ di soprano: Sopranschlüssel; Diskantschlüssel
~ di violino: Violinschlüssel
~ di violino francese: französischer → Violinschlüssel
~ per accordare *pfte* Stimmeisen
~ per l'accordatura *timp* Schraubenschlüssel
chiavetta *f* I
  D Chiavette *f*
  E chiavette
  F chiavette *f*
  S chiavetta *f*
  U chiavetta
  R *(ключик-приём, перенесения ключей из их обычного местоположения в нотации XV—XVI вв.)*
Chiavette *f* D chiavetta
chiavette E chiavetta
chiavette *f* F chiavetta
chief wind receiver E *org* Hauptwindkanal
chiesa *f* I Kirche
chiff *v* E *canna* spucken
chiffrage *m* F *bc* Bezifferung; Ziffer
~ de la basse continue: Generalbaßbezifferung

chiffrer *v* F *bc* beziffern
chiflete *m* S *org* Sifflöte
chifonie *f* F Drehleier
child prodigy E Wunderkind
children's and women's voices E voces blancas
  → voz
children's choir/chorus E Kinderchor
children's song E Kinderlied
chime *v* E läuten
chime-bells *pl* E Glockenspiel
chimenea *f* S *canna* Röhrchen
chimes *pl* E *org* Glockenspiel; Röhrenglocken
chimney flute E *org* Rohrflöte
chinesco *m* S Schellenbaum
Chinese E; ~ block: Tempelblock
~ crash: chinesisches → Becken
~ crescent: Schellenbaum
~ cymbals *pl* chinesisches → Becken
~ wood-block: Holzblock
chin-rest E *vl* Kinnhalter
chiocciola *f* I *vl* Schnecke
chip E; ~ tuner *pfte* Zwickstimmer
chipper E *pfte* Zwickstimmer
chirimía *f* S Schalmei
chironomic E; ~ sign: Handzeichen
~ sign notation: Handzeichennotation
chiroplast E Handleiter
chiroplaste *m* F Handleiter
Chitarra *f* D; ~ battente: chitarra battente
chitarra *f* I guitarra
~ a pianoforte: guitarra de teclado
~ **battente**
  D Chitarra *f* battente
  E *(wire-strung plectrum guitar)*
  F *(guitare en bateau, guitare à la capucine)*
  S chitarra *f* battente, guitarra *f* toscana
  U *(gitárszerű pengetőhangszer)*
  R *(щипковый инструмент типа гитары)*
~ battente ⟨*jazz*⟩ guitarra de jazz
~ elettrica: guitarra eléctrica
~ hawayana: guitarra hawaiana
~ incavata: guitarra con escotaduras
~ jazz: guitarra de jazz
— gran ~ soprano: guitarro
— piccola ~ guitarrico
— piccola ~ soprano: guitarrillo
chitarra-mandolino *f* I guitarra-mandolina
chitarrista *m+f* I guitarrista
Chitarrone *m* D chitarrone
chitarrone *m* I
  D Chitarrone *m*, romanische/römische Theorbe *f*
  E chitarrone, archlute
  F chitarrone *m*, cithare *f* basse, théorbe *m*
  S chitarrone *m*, guitarrón *m*
  U chitarrone
  R китарроне *n*
chiudere *v* I *cor* stopfen
chiusa *f* I Schluß
~ del trillo: Nachschlag
chiuso I *canna* gedeckt; *cor* gestopft
~ a camino *canna* rohrgedeckt
chocalho E chocolo

chocallo *m* I chocolo
Chocolo *m* D chocolo
chocolo *m* S
  D Sonor-Tuba *f*, Chocolo *m*
  E chocolo, chocalho
  F chocolo *m*
  I tubo *m* sonoro, chocallo *m*
  U tubó
  R чоколо *m* ⟨*бразильская погремушка*⟩
chœur *m* F Chor; Saitenchor
~ d'église: Kirchenchor
~ d'enfants: Kinderchor; Knabenchor
~ d'hommes: Männerchor
~ d'opéra: Opernchor
~ de cathédrale: Domchor
~ de femmes: Frauenchor
~ de garçons: Knabenchor
~ de radio: Rundfunkchor
~ de solistes: Favoritchor
~ de trombones: Posaunenchor
~ mixte: gemischter → Chor
~ parlé: Sprechchor
~ scolaire: Schulchor
— à double ~ doppelchörig
— à plusieurs ~s: mehrchörig
— chanter *v* en ~ im → Chor singen
— demi ~ Halbchor
— double ~ Doppelchor
— en ~ chorweise
— **grand** ~ *org*
  D volles Werk *n*
  E full organ
  I tutti *m*
  S tutti *m*, lleno *m*
  U teljes mű, tutti
  R органное тутти *n*
— pour ~ Chor-
choice E Auswahl
~ of clefs: Schlüsselwahl
choir E Chor; Kapelle
~ concert: Chorkonzert
~ director: Chorleiter
~ of solo singers: Favoritchor
~ organ: Chororgel; Positiv; Rückpositiv; *org*
  Unterwerk
~ pitch: Chorton; Orgelton
~ school: Chorschule; maîtrise; Sängerschule
~ singer: Chorsänger
— in ~s: chorweise
— sing *v* in a ~ im → Chor singen
choir-book E Chorbuch
~ arrangement/order: Chorbuchanordnung
choirboy E Chorknabe
choir-gallery E Empore
choirmaster E Chordirigent; Chorleiter; Chorregent; Kapellmeister
choisir *v* F auswählen
choix *m* F Auswahl
choke *v* E *perc* dämpfen
~ at once *perc* gleich/schnell → abdämpfen
chopsticks *pl* E Hackwalzer
choque *m* S Reibung

Chor *m* D
  E choir, chorus
  F chœur *m*
  I coro *m*
  S coro *m*
  U énekkar, kórus
  R хор *m*, капелла *f*
~ ⟨*als Komposition*⟩
  E chorus
  F chœur *m*
  I coro *m*
  S coro *m*
  U kórus(mű), karmű
  R хор *m*, хоровое произведение *n*
~ *corda*
  E course, set of strings
  F chœur *m*, ordre *m*, rang *m*
  I muta *f*, serie *f* di corde
  S orden *m*
  U húrkészlet
  R хор *m*
~ *org*
  E chorus
  F positif *m*
  I fila *f* di canne
  S positivo *m*
  U játék
  R хор *m* труб
— **gemischter** ~
  E mixed chorus/choir
  F chœur *m* mixte
  I coro *m* misto
  S coro *m* mixto
  U vegyes kar
  R смешанный хор *m*
— **im** ~ **singen** *v*
  E to sing in a choir/chorus
  F chanter *v* en chœur
  I cantare *v* in coro
  S cantar *v* en coro
  U kórusban/énekkarban énekelni *v*
  R петь *v* хором/в хоре
Chor- D
  E choral
  F choral, pour chœur
  I corale
  S coral, para/del coro
  U kar-, kórus-
  R хоровой
Choral *m* D ⟨*evangelisch*⟩
  E chorale, hymn
  F choral *m*
  I corale *m*
  S coral *m* protestante
  U korál
  R хорал *m*
~, **Gregorianischer** ~
  E Gregorian chant, plainsong, plainchant
  F chant *m* grégorien, plain-chant *m*
  I canto *m* gregoriano
  S canto *m* gregoriano/llano
  U gregorián korál(is)/ének
  R григорианский хорал *m*

choral E chorisch; Chor-
~ bass *org* Choralbaß
~ cantata: Chorkantate
~ concert: Chorkonzert
~ conducting: Chordirigieren
~ conductor: Chordirigent
~ director: Chorleiter
~ edition: Chorpartitur
~ fantasia: Chorfantasie
~ fugue: Chorfuge
~ leaflet: Chorblatt
~ music: Chormusik
~ recitation: Chorrezitation
~ recitative: Chorrezitativ
~ score: Chorpartitur
~ singing: Chorgesang
~ society: Gesang(s)verein
~ song: Chorlied
~ speaking: Chorrezitation; Sprechchor
~ symphony: Chorsymphonie
~ work: Chorwerk
choral F chorisch; Chor-
choral *m* F Choral; Kirchenlied
~ à variations: Choralvariation
~ pour orgue: Orgelchoral
~ varié: Choralpartita; Choralvariation
Choralbaß *m* D *org*
  E choral bass
  F Choralbass *m*
  I *(registro aperto al pedale di misura larga)*
  S contras *m* en octava
  U korálbasszus
  R хоралбас *m*
Choralbass *m* F S *org* Choralbaß
Choralbearbeitung *f* D
  E chorale arrangement/setting
  F *(composition sur choral)*
  I *(elaborazione di un corale, composizione su un corale)*
  S *(composición construída sobre un coral)*
  U korálfeldolgozás
  R хоральная обработка *f*
Choraldialekt *m* D
  E *(local variant of plainchant)*
  F *(variante régionale du chant grégorien)*
  I *(variante regionale del canto gregoriano)*
  S *(forma regional del canto gregoriano)*
  U koráldialektus ⟨koráldallam helyi változata⟩
  R *(местный вариант григорианского пения)*
chorale E Choral; Kirchenlied
~ arrangement: Choralbearbeitung
~ book: Kantionale
~ cantata: cantata su corale
~ fantasia: Choralfantasie
~ fugue: Choralfuge
~ partita: Choralpartita
~ prelude: Choralvorspiel
~ setting: Choralbearbeitung
~ variation: Choralvariation
chorale *f* **de femmes** F Frauenchor

Choralfantasie *f* D
  E chorale fantasia
  F fantaisie *f* sur choral
  I fantasia *f* su un corale
  S fantasía *f* sobre coral
  U korálfantázia
  R хоральная фантазия *f*
Choralfuge *f* D
  E chorale fugue, fugue on a chorale
  F fugue *f* sur choral
  I fuga *f* su un corale
  S fuga *f* sobre coral
  U korálfúga
  R хоральная фуга *f*
choralist E Chorsänger
choraliter D
  E chorally, in chant/plainsong, choraliter
  F dans le style choral, à la manière chorale
  I coralmente
  S en estilo coral, coral
  U gregoriánkorálisszerűen, korálstílusban
  R в стиле григорианского пения
Choralkantate *f* D cantata su corale
chorally E choraliter
Choralmesse *f* D
  E plainsong mass
  F *(messe grégorienne avec quelques parties polyphoniques)*
  I *(messa gregoriana con parti polifoniche)*
  S *(misa gregoriana con partes polifónicas incidentales)*
  U korálmise
  R *(месса в стиле григорианского пения с отдельными полифоническими разделами)*
Choralnotation *f* D
  E plainsong notation
  F notation *f* grégorienne/du plain-chant
  I notazione *f* quadrata
  S notación *f* gregoriana
  U korális hangjegyírás
  R *(средневековая нотация, не указывавшая ритмического достоинства нот)*
Choralnote *f* D
  E plainsong note
  F note *f* carrée de plain-chant
  I nota *f* quadrata
  S nota *f* cuadrada
  U korálhangjegy, korálkotta
  R *(нота средневековой нотации без ритмического достоинства)*
Choralpartita *f* D
  E chorale partita
  F partita *f* sur choral, choral *m* varié
  I partita *f* su corale
  S partita *f* sobre coral
  U korálpartita
  R хоральная партита *f*
Choralpassion *f* D
  E plainsong/dramatic passion
  F *(Passion récitée en grégorien avec quelques parties polyphoniques)*

I *(Passione gregoriana con qualche parte polifonica)*
S *(tipo de Pasión en tono recitativo, gregoriano, con polifonía incidental)*
U korálpassió
R *(Страсти на основе григорианского пения с полифоническими разделами)*

Choralrhythmus *m* D
E plainsong rhythm
F rythme *m* grégorien/de plain-chant
I ritmo *m* gregoriano
S ritmo *m* de canto llano
U korálritmus
R *(ритм григорианского хорала, ровными длительностями)*

Choralvariation *f* D
E chorale variation
F choral *m* varié/à variations
I corale *m* variato
S variaciones *f pl* sobre coral, coral *m* variado
U korálvariáció
R вариации *f pl* на хорал

Choralvorspiel *n* D
E chorale prelude
F prélude *m* de choral, prélude-choral *m*
I preludio *m* a corale
S preludio *m* sobre coral
U korálelőjáték
R хоральная прелюдия *f*

Chorbaß *m* D *org*
E double diapason
F chorbass *m*
I principale *m* basso
S contras *m*
U principálbasszus
R хорбас *m*

Chorblatt *n* D
E choral leaflet
F partie *f* chorale
I parte *f* corale
S parte *f* coral
U kóruslap ⟨*külön lapon megjelenő kórusmű*⟩
R *(издание хорового сочинения отдельным листом)*

Chorbuch *n* D
E choir-book
F livre *m* de chœur
I libro *m* corale
S libro *m* de coro
U kóruskönyv
R *(издание хорового сочинения, в котором партии расположены не по типу партитуры, а выписаны самостоятельно одна за другой)*

Chorbuchanordnung *f* D
E choir-book arrangement/order
F *(disposition des parties séparées sur le livre de chœur)*
I *(disposizione a parti separate, nelle due facciate a fronte di un libro aperto)*
S *(disposición de las partes corales separadas en los libros de coro)*

U kóruskönyvbeosztás
R *(расположение голосов не по типу партитуры, но каждого голоса самостоятельно)*

chord E accord; Zusammenklang
∼ (made up) of fifths: accord par quintes
∼ (made up) of fourths: accord par quartes
∼ of five notes/tones: Fünfklang
∼ of four notes/tones: Vierklang
∼ of resolution: accord de résolution
∼ of the dominant seventh without the root: Dominantseptakkord ohne Grundton
∼ of the dominant seventh without the root in the relative major key: Dominantseptakkord ohne Grundton zur Tonikaparallele
∼ of the ninth: accord de neuvième
∼ of the seventh: accord de septième
∼ of the sixth: accord de sixte
∼ progression: Akkordfortschreitung
∼ struck simultaneously and held: accord plaqué
∼ succession: Akkordfolge

-chord E *corda* -chörig

chordal E en → accords
∼ instruments *pl* Akkordinstrumente

Chordirigent *m* D
E choral conductor, choirmaster
F chef *m* de chœur
I direttore *m* del/di coro
S director *m* del coro, maestro *m* de coro
U karvezető, kórusvezető
R хормейстер *m*, хоровой дирижёр *m*

Chordirigieren *n* D
E choral conducting
F direction *f* chorale
I direzione *f* di coro
S dirección *f* coral/de coros
U karvezetés
R дирижирование *n* хором

chordofon U Chordophon

Chordophon *n* D
E chordophone, chordophonic instrument
F cordophone *m*
I cordofono *m*
S cordófono *m*, instrumento *m* de cuerdas
U chordofon, húros hangszer
R хордофон *m*

chordophone E Chordophon

chordophonic instrument E Chordophon

Chorea *f* D
E chorea
F chorée *f*
I corea *f*
S corea *f*
U chorea
R *(танцевальная песнь/пьеса)*

chorea E U Chorea

chorée *f* F Chorea

chorégraphe *m* F Choreograph

chorégraphie *f* F Choreographie

Choreisen *n* D *pfte*
E string spacer

F guide *f* des cordes
I utensile *m* per centrare le corde
S guía *f* de las cuerdas
U korvas
R инструмент *m* для натягивания струн
Choreograph *m* D
E choreographer
F chorégraphe *m*
I coreografo *m*
S coreógrafo *m*
U koreográfus
R хореограф *m*
choreographer E Choreograph
Choreographie *f* D
E choreography
F chorégraphie *f*
I coreografia *f*
S coreografía *f*
U koreográfia
R хореография *f*
choreography E Choreographie
Chorfantasie *f* D
E choral fantasia
F fantaisie *f* chorale/pour chœur
I fantasia *f* corale
S fantasía *f* coral
U karfantázia, kórusfantázia
R фантазия *f* для хора
Chorfuge *f* D
E choral fugue
F fugue *f* chorale
I fuga *f* corale
S fuga *f* coral
U kórusfúga, karfúga
R хоровая фуга *f*
Chorgesang *m* D
E choral singing
F chant *m* choral
I canto *m* corale
S canto *m* coral
U karének(lés)
R хоровое пение *n*
Chorholz *n* D *vl* = Obersattel
-chörig D *corda*
E -chord, with . . . sets of strings, with . . . courses
F à . . . cordes
I a . . . corde
S de . . . órdenes
U -húros, . . . húrcsoportos
R снабжённый . . . струнами
~ *fis*
E . . . set(s) of reeds
F à . . . jeu(x) d'anches
I a . . . file
S de . . . juego(s) de lengüetas
U . . . sípsoros
R с . . . рядами голосов
chorisch D
E choral
F choral
I corale
S coral

U kar-
R хоровой
Chorist *m* D = Chorsänger
choriste *m*+*f* F Chorsänger
chorister E Chorsänger
Choristfagott *n* D *obs* = Serpent
Choristin *f* D = Chorsängerin
Chorkantate *f* D
E choral cantata
F cantate *f* chorale
I cantata *f* corale
S cantata *f* con coros
U kóruskantáta, karkantáta
R хоровая кантата *f*
Chorknabe *m* D
E choirboy
F enfant *m* de chœur
I fanciullo *m* del coro
S niño *m* de coro, escolán *m*, infantillo *m*
U karénekes fiú
R мальчик *m* в хоре
Chorkonzert *n* D
E choral/choir concert
F concert *m* choral
I concerto *m* corale
S concierto *m* coral
U énekkari hangverseny
R концерт *m* хоровой музыки
Chorlaute *f* D
E lute with several courses (of strings)
F luth *m* avec chœur de cordes, luth *m* à cordes multiples
I liuto *m* a coro/con corde doppie
S laúd *m* con cuerdas dobles/múltiples, laúd *m* con órdenes dobles
U többszörösen húrozott lant
R лютня *f* с несколькими хорами (струн)
Chorleiter *m* D
E choir director, choirmaster, A: choral director
F chef *m* de chœur
I direttore *m* del/di coro
S maestro/director *m* de coro
U karvezető, kórusvezető
R хормейстер *m*
Chorlied *n* D
E choral song
F chant *m* choral, chanson *f* pour chœur
I canzone *f*/Lied *m* corale
S canción *f*/canto *m* coral, canto *m* para coro
U kardal
R хоровая песня *f*
Chormaß *n* D *org* ⟨=8'⟩
E 8 foot, 8'
F huit-pieds *m*, 8'
I 8 piedi *m pl*, 8'
S 8 pies *m pl*, 8'
U nyolcláb, 8'
R восьмифутовая мензура *f*, 8'
Chormusik *f* D
E choral music
F musique *f* chorale

I musica *f* corale/per coro
S música *f* coral/para coro
U kóruszene
R хоровая музыка *f*
Chororgel *f* D
E choir organ
F orgue *m* de chœur, positif *m*
I organo *m* corale/del coro
S órgano *m* del coro, positivo *m*
U karorgona
R *(расположенный на хорах небольшой орган для сопровождения хоровому пению в западных церквах)*
Chorpartitur *f*, **Singpartitur** *f* D
E vocal score ⟨*choruses only*⟩, choral score/edition, close score
F partition *f* chorale/de chant seul/vocale
I partitura *f* vocale/corale
S partitura *f* coral
U kóruspartitúra, karpartitúra
R хоровая партитура *f*
Chorpult *n* D
E lectern
F lutrin *m*
I leggio *m*
S facistol *m*
U énekeskönyvpolc, kottatartó, kottapult
R пюпитр *m*
Chorregent *m* D
E choirmaster
F chef *m* de chœur
I maestro *m* del coro
S maestro/director *m* del coro
U kórusvezető, karvezető
R хоровой дирижёр *m*, хормейстер *m*, регент *m*
Chorrezitation *f* D
E choral speaking/recitation
F récitation *f* chorale
I declamazione *f* corale
S recitación *f* coral
U kórusrecitáció, karrecitáció
R хоровая декламация *f*
Chorrezitativ *n* D
E choral recitative
F récitatif *m* choral/pour chœur
I recitativo *m* corale
S recitativo *m* coral
U kórusrecitativo, karrecitativo
R хоровой речитатив *m*
Chorsänger *m*, **Chorsängerin** *f* D
E chorister, choir singer, member of a choir, choralist, A: chorus singer
F choriste *m+f*
I artista *m+f* del coro, corista *m+f*
S corista *m+f*, cantante *m+f* de coro
U karénekes
R хорист *m*, хористка *f*
Chorschule *f* D
E choir school
F maîtrise *f*
I scuola *f* di coro
S escuela *f* coral, escolanía *f*

U kariskola
R хоровое училище *n*, хоровая школа *f*
Chorsymphonie *f* D
E choral symphony
F symphonie *f* avec chœur
I sinfonia *f* corale
S sinfonía *f* coral/con coros
U kórusszimfónia
R симфония *f* с хором
Chorton *m* D
E choir/organ pitch
F diapason/ton *m* du chœur
I diapason *m* in uso per il coro
S diapasón *m* del coro
U Chorton, karhang
R тон *m* настройки хора
Chorus *m* D *jazz* chorus
chorus E Chor; refrain
∼ *jazz*
D Chorus *m*
F chorus *m*
I chorus *m*
S chorus *m*
U kórus, chorus
R корус *m*, квадрат *m* ⟨*мелодия, лежащая в основе коллективной импровизации*⟩
∼ singer: Chorsänger
— in ∼es: chorweise
— sing *v* in a ∼ im → Chor singen
Chorvikar *m* D
E vicar choral, lay clerk/vicar
F *(dans l'Eglise anglicane, un chantre d'une cathédrale)*
I *(carica musicale nelle cattedrali inglesi)*
S *(en la iglesia anglicana, cantor de una catedral)*
U "*kórusvikárius*"
R *(помощник регента в англиканском церковном хоре)*
chorweise D
E in choirs/choruses
F en chœur
I in coro
S en/a coro
U karban, kórusban, kórusszerüen
R по типу хора, хором
Chorwerk *n* D
E choral work, work for choir
F œuvre *f* chorale
I opera *f* corale
S obra *f* coral
U kórusmű, karmű
R хоровое произведение *n*
chotis *m* S *bl* écossaise; Schottischer
chromatic E chromatisch
∼ harp: chromatische → Harfe
∼ horn: chromatisches → Klappenhorn
∼ modulation: chromatische → Modulation
chromaticism E Chromatik
Chromatik *f* D
E chromaticism
F chromatisme *m*
I cromatismo *m*

S cromatismo *m*
U kromatika
R хроматизм *m*, хроматика *f*
chromatique F chromatisch
chromatisch D
  E chromatic
  F chromatique
  I cromatico
  S cromático
  U kromatikus
  R хроматический
chromatisme *m* F Chromatik
Chrotta *f* D
  E cr(o)wth, crowd
  F chrotta *f*, crouth *m*, crwth *m*
  I crotta *f*
  S rota *f*
  U crotta
  R крота *f*
chrotta *f* F Chrotta
chuchotant F *prescr, arpa* bisbigliando
church E Kirche
  ~ cadence: plagale → Kadenz
  ~ cantata: cantata da chiesa
  ~ choir: Kirchenchor; maîtrise
  ~ concert: concerto da chiesa
  ~ mode: Kirchenton
  ~ music: Kirchenmusik
  ~ sonata: sonata da chiesa
  ~ year: Kirchenjahr
chute *f* F Abwärtssprung; Fall
  ~ d'une tierce: Terzfall
ciaccona *f* I chaconne
ciarda *f* I csárdás
ciclo *m* I Kreis; Zyklus
  ~ delle quarte: Quartenzirkel
  ~ delle quinte: Quintenzirkel
  ~ di liriche/"lieder": Liederkreis
ciclo *m* S Kreis; Zyklus
  ~ de canciones: Liederkreis
  ~ de (las) cuartas: Quartenzirkel
  ~ de melodías: Liederkreis
  ~ de quintas: Quintenzirkel
ciclorama *m* I *teat* Horizont
ciclorama *m* S *teat* Horizont; Rundhorizont
cicogna *f* I Glockenbalken
cielo *m* I S *teat* Kuppelhorizont
cierre *m* **del secreto** S *org* Windkastenspund
cifonia *f* S Drehleier
cifra *f* I *bc* Ziffer
cifra *f* S Tabulatur; *bc* Ziffer
cifrado *m* S *bc* Bezifferung; Ziffer
  ~ del bajo continuo: Generalbaßbezifferung
cifrar *v* S *bc* beziffern
cifrare *v* I *bc* beziffern
cifratura *f* I *bc* Bezifferung
  ~ del basso continuo: Generalbaßbezifferung
cigánybanda, cigányzenekar U
  D Zigeunerkapelle *f*, Zigeunerbanda *f*
  E gipsy band
  F orchestre *m* tzigane
  I orchestra *f* zigana

S orquesta *f* tzigana
R цыганский ансамбль *m*
cigánydal U Zigeunerlied
cigányhangsor U Zigeunertonleiter
cigányosan U alla → zingara
cigányskála U Zigeunertonleiter
cigányzene U Zigeunermusik
cigányzenekar U = cigánybanda
ciklus U Zyklus
cilinderventil U Drehventil
  — hengeres ~ Wechsel
cilíndrico S *canna* zylindrisch
cilindrikus U *canna* zylindrisch
cilindro *m* I Walze; Stiftwalze
  ~ a sistema rotativo *ottoni* Drehventil
  ~ del martello *pfte* Hammerrolle
  ~ rotativo: Wechsel; *ottoni* Drehventil
  — a ~ *canna* zylindrisch
cilindro *m* S Walze; *ottoni* Ventil; *trb* Ventilbogen
  ~ rotatorio: Wechsel
  — primer [segundo, tercer] ~ *trb* erster [zweiter, dritter] → Ventilbogen
cimbalero *m* S Beckenschläger; Schellenbaum; *org* Zimbelstern
cimbalillo *m* S; ~s *pl* digitales: Fingercymbeln
cimbalino *m* I; cimbalini *pl* Fingercymbeln
cimbalo *m* I *org* Zimbel
  —— cimbali *pl* Cymbeln antik
  — cimbali *pl* da concerto: Konzertbecken
cimbalom E cimbalom
  ~ beater: cimbalomütő
  ~ stick: cimbalomütő
cimbalom U
  D Cymbal *n*, Hackbrett *n*
  E cimbalom
  F cymbalum *m*
  I cimbalom *m*, cembalo *m* ungherese
  S cimbalón *m*, cimbalum *m*, zimbalón *m*
  R цимбалы *pl*
cimbalomütő, cimbalomverő U
  D Cymbal-Schlegel *m*
  E cimbalom stick/beater
  F marteau *m* du cymbalum
  I bacchetta *f* per cimbalom
  S martinete *m* del cimbalón
  R палочки/колотушки *f pl* цимбал
cimbalón *m* S cimbalom
címbalos *m pl* S Becken; *org* Zimbel
  ~ antiguos: Cymbeln antik
  ~ de concierto: Konzertbecken
  ~ sobre palillos: Nietenbecken
cimbalum *m* S cimbalom
Cimbasso *n* D *ottoni* cimbasso
cimbasso *m* I *ottoni*
  D Cimbasso *n*
  E cimbasso
  F cimbasso *m*
  S cimbasso *m*
  U *(mélybasszus rézfúvós hangszer)*
  R басовый вентильный тромбон *m*
cimes *f pl* **mélodiques** F Melodiespitzen
címlap U Titelblatt

címszerep U *teat* rôle-titre
cincogni *v* U *fam* fiedeln
cinema organ E Kino-Orgel
cinetico I motorisch
cinético S motorisch
cinfonía *f* S Drehleier
cinghia *f* I; ~ del soffietto *fis* Balgverschluß
~ di cuoio *camp* Riemen
cink U Zink
— csendes ~ stiller → Zink
— egyenes ~ gerader → Zink
— görbe ~ krummer → Zink
cinkjátékos U Zinkenbläser
cinnabar letters *pl* E киноварные →пометы
cinquillo *m* S Quintole
cinta *f* I; ~ esterna *pfte* Zarge
cinta *f* S; ~ de cuatro pistas *magn* Vierspurband
~ de doble pista *magn* Doppelspurband
~ de empalmar *magn* Klebeband
~ de larga duración: Langspieltonband
~ de paso universal: Normaltonband
~ de una pista *magn* Einspurband
~ magnetofónica: Tonband
~ normal: Normaltonband
— grabar/registrar *v* en ~ auf → Tonband nehmen
cintányér U Becken
~ a levegőben *prescr* Becken in der Luft
~ a peremén/szélén *prescr* Becken auf den Rand
~ a szokott módon *prescr* Becken gewöhnlich
~ halkan/könnyen érintve *prescr* Becken leicht berühren
— kínai ~ chinesisches → Becken
— szabadon függő/rezgő ~ Becken freihängend
— szegecselt/nittelt ~ Nietenbecken
— szíjon lógó ~ Becken am Riemen hängend
— török ~ türkisches → Becken
cintányérállvány U Beckenständer
cintányérjátékos U Beckenschläger
cintányéros U Beckenschläger
cintányértartó U Beckenhalter
cintányérütő U *perc* Beckenschlegel
cintura *f* S *ancia* taille; *vl* mittlere → Korpusbreite
cinturón *m* de **campanillas** S Schellenband
cipher E *org* Heuler
cipher *v* E *org* heulen
circle E Kreis; *teat* Rang
~ canon: Zirkelkanon
~ of fifths: Quintenzirkel
~ of fourths: Quartenzirkel
circolo *m* I; ~ delle quarte: Quartenzirkel
~ delle quinte: Quintenzirkel
circular pallet E *org* Scheibenventil
cis *n* D *ton*
  E C sharp
  F ut/do *m* dièse
  I do *m* diesis
  S do *m* sostenido
  U cisz
  R до-диез *m*

cisis *n* D *ton*
  E C double-sharp
  F ut/do *m* double dièse
  I do *m* doppio diesis
  S do *m* doble sostenido
  U ciszisz
  R до-дубль-диез *m*
Cister *f* D
  E cittern, *obs* cither, citole
  F cistre *m*
  I cetra *f*
  S cistro *m*, cedra *f*, cítola *f*
  U cisztra, ciszter
  R цистра *f*, цитоля *f*
cister *m* I Pandora
cistre *m* F Cister
~ basse: Baßcister
cistro *m* S Cister
cisz U *ton* cis
ciszisz U *ton* cisis
ciszter U Cister
cisztra U Cister
cita *f* S Zitat
citar *v* S zitieren
citara *f* I Kithara
cítara *f* S Kithara; Zither
~ de arco: Streichzither
~ de concierto: cetra da concerto
~ de suelo: Erdzither
~ de tabla: Brettzither
~ de tubo: Röhrenzither
~ de Turingia: Waldzither
~ **guitarra**
  D Gitarrzither *f*
  E guitar-zither
  F guitare-cithare *f*, cithare *f* guitare
  I cetra *f* chitarra, citara-guitarra *f*
  U gitárcitera
  R цитра-гитара *f*
~ punteada: Schlagzither
~ tubular: Röhrenzither
cítara-arpa *f* S Harfenzither
citara-guitarra *f* I cítara guitarra
citare *v* I zitieren
citaredo *m* S Kitharist
citarista *m* S Kitharist
citation *f* F Zitat
citazione *f* I Zitat
citer *v* F zitieren
citera U Zither
— csöves ~ Röhrenzither
— gyűrűs ~ Schlagzither
— türingiai/harzi ~ Waldzither
— vonós ~ Streichzither
citerapengető U; gyűrű formájú ~ Zitherring
cithara E Kithara
cithare *f* F Kithara; Schlagzither; Zither
~ à archet: Streichzither
~ basse: chitarrone
~ d'amateur: Akkordzither
~ de concert: cetra da concerto
~ de table: Brettzither
~ de Thuringe: Waldzither

∼ en terre: Erdzither
∼ guitare: cítara guitarra
∼ tubulaire: Röhrenzither
citharède *m* F Kitharist
cithariste *m* F Kitharist
Cither *f* D = Cister; *obs* Zither
cither E *obs* Cister
cítola *f* S Cister
citole E *obs* Cister
cittern E Cister
C-kulcs U C-Schlüssel
clachette *f pl* I Steptanz
clair F deutlich; *prescr* chiaro
Clairon *n* D *org* clairon
∼ 4' *arm* clairon 4'
clairon *m* F *org*
    D Clairon *n*
    E clarion
    I chiarina *f*, clairon *m*
    S clarín *m*, clairon *m*
    U clairon
    R клерон *m*
∼ à pistons *ottoni* Ventilsignalhorn
∼ 4' *arm*
    D Clairon *m* 4'
    E clarion bass
    I chiarina *f* 4', clairon *m* 4'
    S clarín *m*, clarión *m*
    U clairon 4'
    R клерон *m* 4'
clapper E Rassel; *camp* Klöppel
∼ ball *camp* Klöppelballen
∼ joint *camp* Öhr
clapper-flight E *camp* Klöppelflucht
claque-bois *m* F *obs*=xylophone
claquettes *f pl* F Steptanz
— faire *v* des ∼ steppen
clarabel flute E *org* Offenflöte
clarabella E *org* Claribella; Dulzflöte; Hohl-
    flöte; Offenflöte
clarabella *f* F *org* Claribella; Dulzflöte; Hohl-
    flöte; Offenflöte
clarabella *f* I *org* Claribella; Dulzflöte
clarabella *f* S *org* Claribella; Dulzflöte; Offenflöte
claramente S *prescr* chiaro
claribel flute E *org* Claribella; Hohlflöte
Claribella *f* D *org*
    E clarabella, claribel flute
    F clarabella *f*
    I clarabella *f*
    S clarabella *f*
    U claribella
    R кларибелла *f*
claribella U *org* Claribella
Clarin *m* D; ∼ **blasen** *v trb*
    E to play in the clarino register
    F *(donner les harmoniques aigus sur la trom-*
    pette)
    I *(suonare la tromba nel registro acuto)*
    S *(dar los armónicos agudos en la trompeta)*
    U clarinót játszani *v* ⟨*magas trombita-*
    szólamot⟩
    R играть *v* кларичо

clarín *m* S clarino; Clarinregister *arm* clairon
    4'; *org* clairon
∼ de pistón *ottoni* Ventilsignalhorn
clarine *f* F Clarinregister
clarinet E clarinette
∼ mouthpiece: Klarinettenschnabel
— to take A ∼ *prescr* prendre la → clarinette
    en la
clarinete *m* S clarinette; clarinettiste
∼ bajo: clarinette basse
∼ contrabajo: clarinette contrebasse
∼ contralto: clarinette alto
∼ d'amore: clarinette d'amour
∼ transpositor *org* Kombinationsklarinette
∼ 16' *arm* clarinette 16'
— tomar *v* el ∼ en la *prescr* prendre la →
    clarinette en la
clarinete-bastón *m* S Stockklarinette
clarinetist E clarinettiste
clarinetista *m + f* S clarinettiste
clarinet-peg E Klarinettenkegel
clarinet-stand E Klarinettenkegel
Clarinette *f* D *org* clarinette
∼ 16' *arm* clarinette 16'
clarinette *f* F
    D Klarinette *f*
    E clarinet
    I clarinetto *m*
    S clarinete *m*
    U klarinét
    R кларнет *m*
∼ org
    D Clarinette *f*
    E clarinet
    I clarinetto *m*
    S clarinete *m*
    U klarinét
    R кларинетте *m*
∼ acoustique composée *org* Kombinations-
    klarinette
∼ alto
    D Altklarinette *f*
    E alto/tenor clarinet
    I clarinetto *m* contralto
    S clarinete *m* contralto
    U altklarinét
    R альтовый кларнет *m*
∼ basse
    D Baßklarinette *f*
    E bass clarinet
    I clarinetto *m* basso
    S clarinete *m* bajo
    U basszusklarinét
    R бас-кларнет *m*
∼ contrebasse
    D Kontrabaßklarinette *f*
    E double bass clarinet, contrabass clarinet
    I clarinetto *m* contrabbasso
    S clarinete *m* contrabajo
    U kontrabasszus klarinét
    R контрабас-кларнет *m*
∼ d'amour
    D Liebesklarinette *f*

E clarinette d'amour
I clarinetto *m* d'amore
S clarinete *m* d'amore
U clarinetto d'amore
R *(«кларнет д'амур», кларнет с яйце-образным раструбом)*
~ multiphonique *org* Kombinationsklarinette
~ **16' arm**
   D Clarinette *f* 16'
   E double diapason treble
   I clarinetto *m* 16'
   S clarinete *m* 16'
   U klarinét, clarinette 16'
   R 16' кларнет *m*
— **prendre** *v* **la ~ en la** *prescr*
   D Klarinette in A nehmen *v*
   E to take A clarinet
   I prendere *v* il clarinetto in la, cambia in la
   S tomar *v* el clarinete en la
   U válts A klarinétra, A klarinétra váltani *v*
   R взять *v* кларнет in A
clarinette-canne *f* F Stockklarinette
clarinettist E clarinettiste
clarinettista *m+f* I clarinettiste
clarinettiste *m+f* F
   D Klarinettist *m*, Klarinettistin *f*
   E clarinettist, A: clarinetist
   I clarinettista *m+f*
   S clarinete *m*, clarinetista *m+f*
   U klarinétos
   R кларнетист *m*, кларнетистка *f*
clarinetto *m* I clarinette
~ a doppia tonalità *org* Kombinationsklarinette
~ basso: clarinette basse
~ combinato *org* Kombinationsklarinette
~ contrabbasso: clarinette contrebasse
~ contralto: clarinette alto
~ d'amore: clarinette d'amour
~ 16' *arm* clarinette 16'
— prendere *v* il ~ in la *prescr* prendre la →
   clarinette en la
Clarino *n* D clarino
clarino E clarino
~ register: Clarinregister
— to play in the ~ register *trb* Clarin blasen
clarino *m* I
   D Clarino *n*
   E clarino
   F clarino *m*
   S clarín *m*
   U clarino
   R труба-кларино *f*
~ ⟨*chiarina*⟩ Clarinregister
clarino U clarino; Clarinregister
— clarinót játszani *v trb* Clarin blasen
clarinoregiszter U Clarinregister
Clarinregister *n* D
   E clarino register
   F clarine *f*
   I chiarina *f*, clarino *m*
   S clarín *m*
   U clarino(regiszter)
   R кларин *m*

clarion E *org* clairon
~ bass *arm* clairon 4'
~ mixture *org* Zungenmixtur
clarión *m*. S *arm* clairon 4'
claro S deutlich; *prescr* chiaro
clase *f* S; ~ colectiva: Gruppenunterricht;
   Klassenunterricht
~ superior: Meisterklasse
clash E Reibung
clash *v* E reiben
clashed E; ~ idiophone/autophone: Gegenschlagidiophon
clasicismo *m* S Klassik
~ vienés: Wiener → Klassik
clásico S klassisch
clásico *m* S Klassiker
~s *pl* vieneses: Wiener → Klassiker
class E; ~ lesson: Klassenunterricht
~ music teacher: Schulmusiker
~ teaching: Klassenunterricht
classe *f* F; ~ supérieure: Meisterklasse
classe *f* I; ~ di perfezionamento: Meisterklasse
classic E Klassiker
classical E klassisch
~ composer: Klassiker
~ music: ernste → Musik
classicism E Klassik
classicisme *m* F Klassik
~ viennois: Wiener → Klassik
classicismo *m* I Klassik
~ viennese: Wiener → Klassik
classicist E Klassiker
classico I klassisch
classico *m* I Klassiker
— classici *pl* viennesi: Wiener → Klassiker
classique F klassisch
classique *m* F Klassiker
~s *pl* viennois: Wiener → Klassiker
clausola *f* I Klausel
~ sostituta: Ersatzklausel
clausula E Klausel
cláusula *f* S Klausel
~ sustitutiva: Ersatzklausel
clausule *f* F Klausel
~ alternative: Ersatzklausel
~ en déchant: Diskantklausel
clave *f* S Schlüssel
~ con pedalero: Pedalklavier
~ de bajo: Baßschlüssel
~ de bajo profundo: Subbaßschlüssel
~ de barítono: Baritonschlüssel
~ de contralto: Altschlüssel
~ de do: C-Schlüssel
~ de do en primera línea: Diskantschlüssel;
   Sopranschlüssel
~ de do en segunda línea: Mezzosopranschlüssel
~ de do en tercera línea: Altschlüssel
~ de fa: F-Schlüssel
~ de fa cuarta línea: Baßschlüssel
~ de fa en quinta línea: Subbaßschlüssel
~ de fa en tercera línea: Baritonschlüssel
~ de mezzo(soprano): Mezzosopranschlüssel

12*

~ de sol: G-Schlüssel
~ de sol en primera línea: französischer →
Violinschlüssel
~ de sol (en segunda línea): Violinschlüssel
~ de soprano: Sopranschlüssel; Diskantschlüssel
~ de violín: Violinschlüssel
clavecin *m* F clavicembalo
~ à archet: Klaviergambe
~ à archet (mécanique): Bogenklavier
~ oculaire: Farbenklavier
clavecín *m* S clavicembalo
~ de arco: Bogenklavier; Klaviergambe
~ ocular: Farbenklavier
clavecinista *m* + *f* S clavicembalista; Clavierist
claveciniste *m* + *f* F clavicembalista; Clavierist
claveciterio *m* S Claviziterium
claves *f pl* S
    D Holzstäbe *m pl*, Klangstäbe *m pl*,
      Klanghölzer *n pl*, Rumbastäbe *m pl*,
      Rumbahölzer *n pl*, Gegenschlagstäbchen
      n pl, Schlagstäbe *m pl*
    E claves *pl*, Cuban/concussion sticks *pl*
    F claves *f pl*, baguettes *f pl* de percussion
      entrechoquées
    I claves *f pl*, bacchette *f pl*/legnetti *m pl*
      da percuotere
    U claves *pl*
    R клавес *m*
clavicembalista *m* + *f* I
    D Cembalist *m*, Cembalistin *f*
    E harpsichordist
    F claveciniste *m* + *f*
    S clavicembalista *m* + *f*, clavecinista *m* + *f*
    U csembalista
    R клавесинист *m*, клавесинистка *f*
~ ⟨*clavicordo*⟩ Clavierist
Clavicembalo *n* D clavicembalo
clavicembalo *m* I
    D Cembalo *n*, Clavicembalo *n*
    E harpsichord, cembalo
    F clavecin *m*
    S clavicémbalo *m*, clavecín *m*, clavicímbalo *m*
    U csembaló, clavicembalo
    R клавесин *m*, чембало *n*
~ ⟨*clavicordo*⟩ clavier
~ ad arco: Klaviergambe
~ liuto: Lautenclavizimbel
clavicémbalo *m* S clavicembalo; clavier
— laúd ~ Lautenclavizimbel
clavicembalo U clavicembalo
— bélhúros ~ Lautenclavizimbel
Clavichord *n*, **Klavichord** *n* D
    E clavichord
    F clavicorde *m*
    I clavicordo *m*
    S clavicordio *m*
    U clavichord
    R клавикорд *m*
— **bundfreies** ~
    E unfretted clavichord
    F clavicorde *m* non lié

    I clavicordo *m* libero/sciolto
    S clavicordio *m* sin trastes
    U külön húrozatos clavichord
    R свободный клавикорд *m*
— **gebundenes** ~
    E fretted clavichord
    F clavicorde *m* lié
    I clavicordo *m* legato
    S clavicordio *m* con trastes
    U kötött clavichord
    R связанный клавикорд *m*
clavichord E Clavichord
~ action: Clavichordmechanik
clavichord U Clavichord
— kötött ~ gebundenes → Clavichord
— külön húrozatos ~ bundfreies → Clavichord
Clavichordmechanik *f* D
    E clavichord action
    F mécanique *f* du clavicorde
    I meccanica *f* del clavicordo
    S mecanismo *m* del clavicordio
    U clavichordmechanika
    R механика *f* клавикорда
clavichordmechanika U Clavichordmechanik
clavicilindro *m* I S Clavizylinder
clavicímbalo *m* S clavicembalo
~ eólico/eolio: Äolsklavier
claviciterio *m* I Claviziterium
Clavicor *n* D clavicor
clavicor *m* F
    D Clavicor *n*
    E clavicor
    I clavicorno *m*, corno *m* a chiavi
    S clavicorno *m*
    U clavicor
    R клавикор *m*
clavicorde *m* F Clavichord
~ lié: gebundenes → Clavichord
~ non lié: bundfreies → Clavichord
clavicordio *m* S Clavichord; clavier
~ con trastes: gebundenes → Clavichord
~ sin trastes: bundfreies → Clavichord
clavicordista *m* + *f* S Clavierist
clavicordo *m* I Clavichord; clavier
~ legato: gebundenes → Clavichord
~ libero/sciolto: bundfreies → Clavichord
clavicorno *m* I S clavicor
clavicylinder E Clavizylinder
clavicylindre *m* F Clavizylinder
clavicytherium E U Claviziterium
clavicytherium *m* F Claviziterium
Clavier *n* D clavier
clavier *m* F Klaviatur
~ ⟨18. *sec*⟩
    D Clavier *n*
    E stringed keyboard instrument
    I clavicordo *m*, clavicembalo *m*
    S clavicordio *m*, clavicémbalo *m*, instrumento *m* de cuerdas con teclado
    U billentyűs húros hangszer
    R клавир *m*
~ central *org* Mittelklavier
~ concave: Bogenklaviatur

~ d'accord *org* Stimmklaviatur
~ d'écho *org* Fernwerk
~ de pédalier: Pedalklaviatur
~ des bombardes *org* Oberwerk
~ du positif *org* Unterklavier
~ inférieur *org* Unterklavier
~ intermédiaire *org* Mittelklavier
~ supérieur *org* Oberklavier
— à deux ~s manuels: zweimanualig
— à un (seul) ~ manuel: einmanualig
Clavierist *m* D ⟨*bis 1800 Cembalo- und Klavichordspieler*⟩
　　E keyboard player
　　F claveciniste *m*, joueur *m* de clavicorde
　　I clavicembalista *m* + *f*, suonatore *m* di clavicordo
　　S clavicordista *m* + *f*, clavecinista *m* + *f*, tañedor *m* de clavicordio/clavicémbalo, tañedor *m* de instrumentos de tecla y cuerdas
　　U csembalista
　　R *(исполнитель на старинных клавишных инструментах)*
clavi-harp E Klavierharfe
clavija *f* S *corda* Wirbel; *pfte* Stimmnagel; *timp* Schraubenschlüssel
~ de laúd: Lautenwirbel
~ de seguridad *corda* Patentwirbel
~ frontal *corda* vorderständiger → Wirbel
~ lateral *corda* Seitenwirbel
~ posterior *corda* rückständiger → Wirbel
clavijero *m* S *pfte* Stimmstock; Wirbelstock; *vl* Wirbelkasten
~ de disco *corda* Wirbelplatte
— de ~ frontal: vorderstimmig
— de ~ lateral: seitenstimmig
— de ~ posterior: hinterstimmig
Claviziterium *n* D
　　E clavicytherium
　　F clavicytherium *m*
　　I claviciterio *m*
　　S claveciterio *m*
　　U clavicytherium
　　R клавицитериум *m*
Clavizylinder *m* D
　　E clavicylinder
　　F clavicylindre *m*
　　I clavicilindro *m*
　　S clavicilindro *m*
　　U üvegzongora
　　R *(сконструированный Хладни клавишный инструмент)*
clé *f* F = clef
clear E deutlich
~ flute *org* Hellflöte
clef E Schlüssel
~ combination: Schlüsselwahl
~ on the first line: französischer → Violinschlüssel
clef *f* F Schlüssel; *fl* Stimmkork; *legni* Griff; Heber; Klappe
~ à tringle *legni* Drehklappe
~ à vis *timp* Schraubenschlüssel

~ d'accord *timp* Schraubenschlüssel; Stimmvorrichtung
~ d'eau *ottoni* Wasserklappe
~ d'octave *cl* Duodezklappe; *legni* Oktavklappe
~ d'ut: C-Schlüssel
~ d'ut première ligne: Diskantschlüssel; Sopranschlüssel
~ d'ut seconde ligne: Mezzosopranschlüssel
~ d'ut troisième ligne: Altschlüssel
~ de basse profonde: Subbaßschlüssel
~ de fa: F-Schlüssel
~ de fa cinquième ligne: Subbaßschlüssel
~ de fa quatrième ligne: Baßschlüssel
~ de fa troisième ligne: Baritonschlüssel
~ de sol: G-Schlüssel; Violinschlüssel
~ de sol deuxième ligne: Violinschlüssel
~ de sol première ligne: französischer → Violinschlüssel
~ du pouce *legni* Daumenklappe
~ du trille *legni* chiave del trillo
~ fermée *legni* geschlossene → Klappe
~ française de violon: französischer → Violinschlüssel
~ ouverte *legni* offene → Klappe
~ pour l'accord *pfte* Stimmeisen
~ pour trille *legni* chiave del trillo
— appartenant à la ~ leitereigen
— double ~ *legni* Doppelgriffklappe
— double ~ d'octave *cl* duodezimierende → Doppelklappe
— étranger à la ~ leiterfremd
— n'appartenant pas à la ~ leiterfremd
climat *m* F Stimmung
climax E Höhepunkt
clímax *m* S Höhepunkt
~ *pl* melódicos: Melodiespitzen
cloche *f* F Glocke
~s *pl* de l'Inde: Elefantenglocken
~ de vache: Kuhglocke
~s *pl* tubulaires: Röhrenglocken
clocher *m* F Glockenturm
clochette *f* F Handglocke
~s *pl* Altarschellen; Glöckchen; Schalenglöckchen
clog box E Holzblock
close E Schluß
~ imitation: enge → Imitation
~ position *acc* enge → Lage
~ roll *perc* dichter → Wirbel
~ score: Chorpartitur
closed E; ~ key *legni* geschlossene → Klappe
~ shallot *canna ancia* deutsche → Kehle
closely E; ~ related key: benachbarte → Tonart
closing E; ~ group: Schlußgruppe
~ key: Zieltonart
cluster *m* F note cluster
Clutsam-billentyűzet U Bogenklaviatur
Clutsam keyboard E Bogenklaviatur
c-Moll *n* D
　　E C minor
　　F ut/do *m* mineur

I do *m* minore
S do *m* menor
U c-moll
R до *n* минор
c-moll U c-Moll
coach E Korrepetitor; Solorepetitor
~ horn: Posthorn
coach *v* E korrepetieren
coaching E Korrepetition
cobla *f* S
　D *(katalanische Tanzkapelle)*
　E *(popular dance-band of Catalonia)*
　F "cobla" *f*
　I *(orchestra da ballo catalana)*
　U *(katalán tánczenekar)*
　R кобля *f*
cobre *m* S Blechblasinstrument
~s *pl* das → Blech
cobza *f* F S koboz
coconut shells *pl* E Kokosschalen; Pferdegetrappel
coda *f* I
　D Koda *f*, Abschluß *m*
　E coda
　F coda *f*
　S coda *f*
　U kóda
　R кода *f*
~ del tasto *tasto* Hinterteil des Tastenbelages
~ della chiave *legni* Klappenstengel
codetta E Epilog
codetta *f* I Notenfahne; Schlußgruppe
codetta U *fuga* Zwischenspiel
codex E Kodex
codex *m* F Kodex
codice *m* I Kodex
códice *m* S Kodex
codificación *f* S Kodifizierung
codificar *v* S kodifizieren
codificare *v* I kodifizieren
codification E Kodifizierung
codification *f* F Kodifizierung
codificazione *f* I Kodifizierung
codifier *v* F kodifizieren
codify *v* E kodifizieren
codo *m* S *canna* Kropf; *canna, org* Kröpfung;
org Winkel
~ doble *canna* Doppelkropf
~ recurvado *canna* Rundkropf
~ simple *canna* einfacher → Kropf
— doble ~ recurvado *canna* Doppelrundkropf
codorniz *m* S Wachtelpfeife
coefficient E; ~ of absorption: akustischer →
Absorptionsfaktor; Schallabsorptionsfaktor
coefficient *m* F; ~ d'absorption acoustique:
akustischer → Absorptionsfaktor; Schallabsorptionsfaktor
~ de distorsion non linéaire: Klirrfaktor
coefficiente *m* I; ~ di assorbimento acustico/
sonoro: Schallabsorptionsfaktor
~ di distorsione non lineare: Klirrfaktor
~ specifico di assorbimento acustico: akustischer → Absorptionsfaktor

coeficiente *m* S; ~ de absorción acústica:
akustischer → Absorptionsfaktor; Schallabsorptionsfaktor
~ de distorsión no linear: Klirrfaktor
cœur *m* F; par ~ auswendig
coger S *prescr* nehmen
— coge la flauta *prescr* nimmt große Flöte
→ nehmen
coil E *pfte* Ring
coin *m* F *arco* Schlußkeil; Unterkeil; *canna*
ancia Keil; *org* Kernsetzer; *vl* Ecke
~ pour l'accord *pfte* Stimmkeil
cojín *m* de la llave S *legni* Klappenpolster
col I → con
cola *f* S *tasto* Hinterteil des Tastenbelages
— gran ~ pianoforte a coda intera; pianoforte
da concerto
colachon *m* F colascione
colachón *m* S colascione
Colascione *m* D colascione
colascione *m* I
　D Colascione *m*
　E colascione
　F colachon *m*
　S colachón *m*
　U *(hosszú nyakú lant)*
　R *(лютня с длинной шейкой)*
colección *f* S Sammlung; Sammelwerk
~ de impresos: Sammeldruck
~ de instrumentos musicales: Musikinstrumentensammlung
~ de manuscritos: Sammelhandschrift
~ impresa: Sammeldruck
~ manuscrita: Sammelhandschrift
colère *m* F; avec ~ con → collera; *prescr*
adirato
colérico S con → collera
colín *m* S pianoforte a un quarto di coda
Colinde *f pl* D kolinda
colla I con
collaborazione *f* I; ~ pianistica di... *pfte*
am → Flügel
collar E *org* Pulpete
collection E Sammlung; Sammeldruck; Sammelwerk
~ of musical instruments: Musikinstrumentensammlung
collection *f* F Sammlung
~ d'imprimés: Sammeldruck
~ d'instruments de musique: Musikinstrumentensammlung
~ de manuscrits: Sammelhandschrift
~ imprimée: Sammeldruck
collegamento *m* I Verbindung
~ di accordi: Akkordverbindung
~ di suoni: Klangverbindung
collegare *v* I verbinden
college of music E Musikhochschule
Collegium musicum *n* D
　E *(musical society, especially in a univer-
sity)*, A: collegium musicum
　F Collegium Musicum *m*
　I collegium musicum *m*

S collegium musicum *m*
U collegium musicum
R коллегиум музикум *m*
coller *v* F *magn* kleben
collera *f* I; con ~
   D con collera, zornig
   E con collera, *"angrily"*
   F con collera, avec colère
   S con collera, encolerizado, colérico
   U con collera, dühösen, haragosan
   R con collera, гневно
collezione *f* I Sammeldruck
collier *m* **de grelots** F Schellenband
collo *m* I *ancia* Schulter
collocare *v* I *canna* aufstellen
colocación *f* **del texto** S Textunterlegung
colocar *v* S; ~ los contrapesos de plomo *tasto*
   ausbleien
~ los fieltros *pfte* befilzen
colofonia *f* I S Kolophonium
colombettes *f pl* F Glockenzapfen; *camp* Haube
colonna *f* I; ~ d'aria: Luftsäule
~ frontale *arpa* Vorderstange
colonne *f* F; ~ d'air: Luftsäule
~ frontale *arpa* Vorderstange
colonnetta *f* I *legni* Kugel
colonnina *f* **portacrivello** I *org* Säule
cölöpflóta U *org* Blockflöte
colophane *f* F Kolophonium
color A = colour
color *m* F colorazione
color *m* S colorazione
~ armónico: Klangfarbe
coloración *f* S colorazione
coloration E colorazione
coloration *f* F colorazione
coloratura E coloratura
~ aria: aria di coloratura
~ singer: cantante di coloratura
~ soprano: Koloratursopran
coloratura *f* F coloratura; cantante di coloratura
coloratura *f* I
   D Koloratur *f*
   E coloratura
   F coloratura *f*, colorature *f*
   S coloratura *f*, gorgito *m*
   U koloratúra
   R колоратура *f*
coloratura-soubrette E Koloratursoubrette
colorature *f* F coloratura
colorazione *f* I
   D Kolorierung *f*
   E coloration
   F coloration *f*, color *m*
   S coloración *f*, color *m*
   U díszítés, kolorálás
   R орнаментирование *n*, фигурирование *n*
colore *m* I; ~ del suono: Klangfarbe; Tonfarbe
colorear *v* S colorire; schwärzen
colorer *v* F colorire; *canto* gorgheggiare
colorire *v* I
   D kolorieren, schwärzen

E to colo(u)r, to blacken
F colorer, noircir
S colorear
U kolorálni
R *(в мензуральной музыке давать различную окраску нотных знаков)*
colo(u)r E; ~ hearing: Farbenhören
~ music: Farbenmusik
~ organ: Farbenklavier
— without ~ *cl* hohlklingend
colo(u)r *v* E colorire; kolorieren
colo(u)red noise E farbiges → Rauschen
colpire *v* I *pfte* fangen
colpo *m* I *perc* Schlag
~ d'arco *archi* Strich; Strichart
~ del battaglio: Glockenschlag
~ di bacchetta *perc* Vorschlag
~ di tamburo: Trommelschlag
~ doppio *perc* Doppelschlag
~ preceduto da acciaccatura *perc* flam
~ singolo *perc* einfacher → Schlag
— doppio ~ di lingua *legni* Doppelzunge
— triplo ~ di lingua *fl* Tripelzunge
coltello *m* **per accordare** I *org* Intoniermesser
columna *f* S; ~ de aire: Luftsäule
~ frontal *arpa* Vorderstange
coma *f* S Komma
~s *pl* Atemzeichen
~ didímica: didymisches → Komma
~ ditónica: ditonisches → Komma
~ pitagórica: pythagoreisches → Komma
~ sintónica: syntonisches → Komma
comando *m* I; ~ del livello di registrazione
   magn Aussteuerungsregler
~ delle gelosie della cassa espressiva *org*
   Schwellkastenbetätigung
combinación *f* S Kombination
~ ajustable *org* Setzerkombination
~ de claves: Schlüsselwahl
~ fija *org* Setzerkombination
~ libre *org* freie → Kombination
~ sonora: Klangverbindung
combinaison *f* F Kombination
~ ajustable *org* Setzerkombination
~ appelée par le pied *org* Kollektivtritt
~ de neumes: zusammengesetzte → Neume
~ des clefs: Schlüsselwahl
~ libre *org* freie → Kombination
~ sonore: Klangverbindung
combination E Kombination
~ clarinet *org* Kombinationsklarinette
~ **drumstick** *perc*
   D Kombinations-Trommelstock *m*
   F baguette *f* combinée/à usage double
   I bacchetta *f* a doppio uso
   S palillo *m* de combinación
   U kombinált dobverő
   R комбинированная барабанная палочка *f*
~ fingering *legni* Kombinationsgriff
~ pedal *org* Kombinationstritt; Kollektivtritt
~ tone: Kombinationston
combinazione *f* I Kombination
~ aggiustabile *org* Setzerkombination

~ di chiavi: Schlüsselwahl
~ libera *org* freie → Kombination
~ sonora: Klangverbindung
Combo *f* D *jazz* combo
combo E *jazz*
    D Combo *f*
    F combo *m*
    I combo *m*
    S combo *m*
    U combo
    R комбо *n*
combs *pl* E *arpa* Kämme; Stimmdeckel
come I; ~ **al solito**
    D come al solito, wie gewöhnlich
    E come al solito, *"as usual"*
    F come al solito, comme d'habitude
    S come al solito, como de costumbre
    U come al solito, *"mint rendesen"*
    R come al solito, как обычно
~ **prima**
    D come prima, wie zuvor
    E come prima, *"as before"*
    F come prima, comme auparavant
    S come prima, como antes, come sopra
    U come prima, mint előbb
    R come prima, как выше
~ **sopra** *prescr*
    D come sopra, wie oben
    E come sopra, *"as above"*
    F come sopra, comme au-dessus
    S come sopra, *"ut supra"*, como antes
    U come sopra, *"mint fent"*
    R come sopra, как выше
~ **stà** *prescr*
    D come stà ⟨*ohne Verzierung*⟩
    E come stà ⟨*as it stands, without additions*⟩
    F come stà ⟨*comme c'est écrit*⟩
    S come stà ⟨*tal como está escrito*⟩
    U come stà ⟨*díszítés nélkül*⟩
    R come stà ⟨*без орнаментирования*⟩
comedia *f* S Komödie
~ madrigalesca: madrigale drammatico
comédie *f* F Komödie
~ madrigalesque: madrigale drammatico
comédien *m* F Schauspieler
comédienne *f* F Schauspielerin
comedy E Komödie
comenzar *v* S; ~ a tocar *ton* anspielen
comerciante *m* S; ~ en instrumentos musicales: Musikinstrumentenhändler
comercio *m* S; ~ de instrumentos musicales: Musikinstrumentenhandel
Comes *m*, **Gefährte** *m* D *fuga*
    E comes, consequent
    F réponse *f*, conséquent *m*
    I comes *m*, conseguente *m*, risposta *f*
    S comes, *m*, consecuente *m*, respuesta *f*
    U comes
    R риспоста *f*, спутник *m*, ответ *m*
comes E risposta; *fuga* Comes
comes *m* F risposta
comes *m* I *fuga* Comes
comes *m* S risposta; *fuga* Comes

comic opera E opera comica
comma E Komma
~ of Didymus: didymisches → Komma
~ of Pythagoras: pythagoreisches → Komma
comma *m* F Komma
~ didymique: didymisches → Komma
~ ditonique: ditonisches → Komma
~ pythagoricien: pythagoreisches → Komma
~ syntonique: syntonisches → Komma
comma *m* I Komma
~ di Didimo: didymisches → Komma
~ ditonico: ditonisches → Komma
~ pitagorico: pythagoreisches → Komma
~ sintonico: syntonisches → Komma
commedia *f* I Komödie
commemorative publication E Festschrift
commencement *m* F; depuis le ~ da capo
commerce *m* F; ~ d'instruments de musique: Musikinstrumentenhandel
commercio *m* I; ~ di strumenti musicali: Musikinstrumentenhandel
commodément F *prescr* comodo
common E; ~ chord: accord parfait de trois sons; Dreiklang
~ flute ⟨18. *sec*⟩ = recorder
~ note: gemeinsamer → Ton
~ of the Saints: Commune Sanctorum
~ time: Vierertakt; Viervierteltakt
~ tone: gemeinsamer → Ton
commosso I *prescr*
    D commosso, bewegt, aufgeregt, ergriffen
    E commosso, *"excited"*, *"moved"*
    F commosso, agité, ému
    S commosso, conmovido
    U commosso, *"megrendültén"*, *"megindultan"*
    R commosso, взволнованно
commozione *f* I; con ~ = commosso
Commun *m* F; ~ des saints: Commune Sanctorum
communauté *f* F Gemeinde
Commune Sanctorum *n* D
    E Common of the Saints
    F Commun *m* des saints
    I Commune sanctorum
    S Común *m* de los Santos
    U Commune sanctorum
    R (*один из сборников литургических текстов и песнопений католической церкви*)
Communio *f* D
    E Communion
    F communion *f*
    I communio(ne) *f*
    S comunión *f*
    U communio
    R (*одно из антифонных песнопений католической литургии*)
communio *f* I Communio
communio U Communio
Communion E Communio; Kommunion
communion *f* F Communio; Kommunion
communione *f* I Communio

cómodamente S *prescr* agiato
comodo I *prescr*
   D comodo, gemächlich
   E comodo, *"leisurely"*, *"comfortable"*
   F comodo, commodément, aisé
   S comodo, cómodo
   U comodo, *"kényelmesen"*
   R comodo, непринуждённо, не спеша
cómodo S *prescr* agevole; agiato; comodo
compañía *f* de ópera S Operntruppe
comparative musicology E vergleichende →
   Musikwissenschaft
comparire *v* I *teat* auftreten
comparsa *m+f* I S Komparse; Statist
compás *m* S Takt; tempo
~ alla breve: Allabrevetakt
~ binario: gerader → Takt; Zweiertakt
~ compuesto: zusammengesetzter → Takt
— compases *pl* compuestos: zusammengesetzte
   → Taktarten
~ de cinco por cuatro: Fünfvierteltakt
~ de cinco por ocho: Fünfachteltakt
~ de cinco tiempos: Fünfertakt
~ de cuatro por cuatro: Viervierteltakt
~ de cuatro por dos: Vierhalbetakt
~ de cuatro por ocho: Vierachteltakt
~ de cuatro tiempos: Vierertakt
~ de doce por ocho: Zwölfachteltakt
~ de dos por cuatro: Zweivierteltakt
~ de dos por dos: Zweihalbetakt
~ de dos tiempos: Zweiertakt
~ de nueve por cuatro: Neunvierteltakt
~ de nueve por ocho: Neunachteltakt
~ de seis por cuatro: Sechsvierteltakt
~ de seis por ocho: Sechsachteltakt
~ de tres por cuatro: Dreivierteltakt
~ de tres por dos: Dreihalbetakt
~ de tres por ocho: Dreiachteltakt
~ de tres por uno: Dreiganzetakt
~ de tres tiempos: ungerader → Takt; dreizeitiger → Takt; Dreiertakt
~ de zortziko: Fünfachteltakt
~ simple: einfacher → Takt
~ ternario: ungerader → Takt; dreizeitiger
   → Takt; Dreiertakt
— llevar *v* el ~ Takt schlagen
— en ~ de: im → Takt zu
— marcar *v* el ~ Takt angeben; Takt schlagen;
   taktieren, *dir* ausschlagen
compasillo *m* S Viervierteltakt
~ binario: Zweihalbetakt
compass E Raum; Umfang
— within the ~ of an octave: im → Oktavraum
compensating E; ~ piston *ottoni* Kompensationsventil
~ valve *ottoni* Ersatzventil
compensation piston E *ottoni* Ausgleichsventil
competición *f* musical S Musikwettbewerb
compétition *f* musicale F Musikwettbewerb
compianto *m* I complainte
compieta *f* I Completorium

compilación *f* S Sammelwerk
compilador *m* S Kompilator
compilateur *m* F Kompilator
compilatore *m* I Kompilator
compilazione *f* I; ~ del programma/dei pro-
   grammi: Programmgestaltung
compiler E Kompilator
complaint E complainte
complainte *f* F
   D *(strophisches Klagelied)*
   E lament, complaint
   I compianto *m*
   S *(canción estrófica de contenido luctuoso
   o patético)*
   U sirám, siralmas ének
   R *(строфическая песня печального характера)*
complementary E; ~ interval: Komplementärintervall
~ rhythm: Komplementärrhythmus
complesso *m* I ensemble
~ degli interpreti di una rappresentazione
   teat Besetzung
~ jazz: jazz band
~ musicale del locale: Hauskapelle
complet F *acc* vollständig
completas *f pl* S Completorium
complete E *acc* vollständig
~ cadence: vollständige → Kadenz
completo I S *acc* vollständig
Completorium *n*, Komplet *f* D
   E compline
   F complies *f pl*
   I compieta *f*
   S completas *f pl*
   U completorium
   R *(антифон вечерней службы в католической литургии)*
completorium U Completorium
complies *f pl* F Completorium
complimentary E; ~ ticket: Freikarte
compline E Completorium
componer *v* S komponieren
comporre *v* I komponieren
compose *v* E komponieren
composé F zusammengesetzt
composer E Komponist
composer *v* F komponieren; vertonen
composición *f* S Komposition; Satz; Tonsatz
~ del conjunto instrumental: Besetzung
~ para banda: Harmoniestück
~ para órgano: Orgelsatz; Orgelwerk
~ vocal: Vokalsatz
~ vocal artística: Kunstlied
— propio de la ~ kompositorisch
— relativo a la ~ kompositorisch
compositeur *m* F Komponist
~ d'hymnes: Hymnenkomponist
~ d'opéra: operista
~ de chansons: Schlagerkomponist
~ de cour: Hofkomponist
~ de musique de jazz: jazz composer
~ de musique légère: Schlagerkomponist

~ pour virginale: virginal composer
~ pré-classique: Vorklassiker
composition E Komposition; Tonsatz; Vertonung
~ for brass band: Harmoniestück
composition f F Komposition; Satz; Tonsatz
~ pour harmonie: Harmoniestück
~ pour orgue: Orgelsatz; Orgelwerk
~ vocale: Vokalsatz
— relatif à la ~ kompositorisch
compositional E kompositorisch
compositivo I kompositorisch
compositor m S Komponist
~ de canciones: Schlagerkomponist
~ de himnos: Hymnenkomponist
~ de jazz: jazz composer
~ de la corte: Hofkomponist
~ de música ligera: Schlagerkomponist
~ de óperas: operista
~ dodecafónico: Zwölftonkomponist
~ por el virginal: virginal composer
~ preclásico: Vorklassiker
compositora f S Komponistin
compositore m I Komponist
~ d'inni: Hymnenkomponist
~ del preclassicismo: Vorklassiker
~ di canzonette: Schlagerkomponist
~ di corte: Hofkomponist
~ di musica jazz: jazz composer
~ dodecafonico: Zwölftonkomponist
~ per il virginale: virginal composer
compositrice f I Komponistin
composizione f I Komposition; Kompositionslehre; Satz
~ musicale: Tonsatz; Vertonung
~ organistica: Orgelsatz
~ per organo: Orgelwerk
~ per strumenti a fiato: Harmoniestück
~ strumentale: Instrumentalsatz
~ teatrale: Theaterstück
~ vocale: Vokalsatz
composto I zusammengesetzt
compound E zusammengesetzt
~ interval: zusammengesetztes → Intervall
~ meter/metre = ~ time
~ neume: zusammengesetzte → Neume
~ stops pl org repetierende → Stimmen
~ **time/meter/metre** ⟨6/4, 6/8; 9/4, 9/8; 12/8⟩
D (Taktarten mit dreizeitigen Taktteilen)
F (mesures composées)
I (tempo composto)
S (compases compuestos)
U (összetett ütemnemek)
R сложный размер m
~ time ⟨double, triple⟩ zusammengesetzter
→ Takt; zusammengesetzte → Taktarten
compréhension f **musicale** F Musikverständnis
comprensión f **musical** S Musikverständnis
comprensione f **della musica** I Musikverständnis
compresión f **del aire** S Luftverdichtung
compressed score E particella
compression f **de l'air** F Luftverdichtung

comprimari m pl I teat
D (die Sänger der wichtigen Nebenpartien in der Oper)
E supporting rôles pl
F rôles m pl secondaires
S papeles m pl secundarios
U mellékszereplők pl
R (важнейшие из второстепенных персонажей в опере)
compter v F zählen
compte m **rendu critique** F kritischer → Bericht
compuesto S zusammengesetzt
Común m **de los Santos** S Commune Sanctorum
comunidad f S Gemeinde
comunión f S Communio; Kommunion
comunione f I Kommunion
con, col, colla I
D mit
E with
F avec
S con, con el, con la
U -val, -vel; -an, -en
R c
concave keyboard E Bogenklaviatur
concavidad f S; ~ de los platillos/cimbalos: Kuppel
conceive v E entwerfen
concert E concerto
~ agency: Konzertagentur
~ agent: Konzertvermittler
~ aria: aria concertante
~ artist str concertista
~ cymbals pl Konzertbecken
~ drum: tambour de musique
~ étude: Konzertetüde
~ grand (piano): pianoforte da concerto; pianoforte a coda intera
~ guide: Konzertführer
~ hall: Konzertsaal
~ notation: Klangnotation
~ overture: ouverture de concert
~ pianist: concertista di pianoforte
~ piece: Konzertstück
~ pitch: Kammerton
~ promoter: Konzertvermittler
~ promotion agency: Konzertagentur
~ promotion agent: Konzertvermittler
~ season: Konzertsaison
~ singer: cantante da concerto; canto concertista
~ study: Konzertetüde
~ tour: tournée de concert
~ version: Konzertfassung
~ zither: cetra da concerto
— give v a ~ konzertieren
concert m F concerto
~ à bénéfice: Wohltätigkeitskonzert
~ avec soliste: concerto solistico
~ choral: Chorkonzert
~ d'élèves: concerto di studenti
~ d'orgue: concerto d'organo
~ dans une église: concerto da chiesa

$\sim$ de chambre: concerto da camera
$\sim$ de musique religieuse/sacrée: concerto sacro
$\sim$ privé: Hauskonzert
$\sim$ spirituel: concerto sacro
$\sim$ symphonique: concerto sinfonico
— donner *v* des $\sim$s: konzertieren
concertador *m* S concertatore
concertant F concertante
concertante E concertante
$\sim$ aria: aria concertante
$\sim$ style: konzertierender → Stil
concertante I
    D konzertant, konzertierend
    E concertante
    F concertant
    S concertante
    U koncertáló
    R концертный
concertar *v* S concertare; korrepetieren
concertare *v* I
    D einstudieren
    E to rehearse
    F *(faire travailler un chœur/orchestre)*
    S "concertare", concertar
    U betanítani
    R репетировать
concertatore *m* I
    D *(Kapellmeister der die Proben leitet)*
    E deputy conductor
    F *(chef d'orchestre pour les répétitions)*
    S concertador *m*, maestro *m* concertador
    U *(próbát vezető karmester)*
    R дирижёр/хормейстер *m*, руководящий репетициями
concertgoer E Konzertbesucher
concertina E Konzertina
concertina *f* F I Konzertina
concertina *f* S Handharmonika; Konzertina
concertino *m* S Konzertmeister
concertista *m* + *f* I *canto*
    D Konzertsänger *m*, Konzertsängerin *f*
    E concert singer
    F chanteur *m*/chanteuse *f* donnant des récitals
    S cantante *m* + *f* de concierto
    U hangversenyénekes(nő)
    R концертный певец *m*, концертная певица *f*
$\sim$ *str*
    D Konzertsolist *m*, Konzertsolistin *f*
    E concert artist, solo performer
    F concertiste *m* + *f*, soliste *m* + *f* de concert
    S concertista *m* + *f*, solista *m* + *f*
    U koncertszólista
    R концертант *m*, концертантка *f*
$\sim$ **di pianoforte**
    D Konzertpianist *m*, Konzertpianistin *f*
    E concert pianist
    F pianiste *m* + *f* concertiste
    S concertista *m* + *f* de piano
    U zongoraművész(nő) *⟨hangversenyző⟩*
    R концертирующий пианист *m*

concertista *m* + *f* S *str* concertista
$\sim$ de piano: concertista di pianoforte
concertiste *m* + *f* F *str* concertista
concertmaster E Konzertmeister
concerto E concerto
$\sim$ for orchestra: concerto sinfonico
$\sim$ for strings: concerto per strumenti ad arco
concerto *m* F concerto
$\sim$ pour cordes: concerto per strumenti ad arco
$\sim$ pour instruments à vent: concerto per strumenti a fiato
$\sim$ pour orchestre: concerto sinfonico
$\sim$ pour orgue: concerto d'organo
$\sim$ pour piano: concerto per pianoforte
$\sim$ pour violon: concerto per violino
— double $\sim$ doppio → concerto
— quadruple $\sim$ concerto con quattro strumenti solisti
concerto *m* I *⟨composizione⟩*
    D Konzert *n*
    E concerto
    F concerto *m*
    S concierto *m*
    U verseny(mű), koncert, concerto
    R концерт *m*
$\sim$ *⟨esecuzione⟩*
    D Konzert *n*
    E concert, recital
    F concert *m*, récital *m*
    S concierto *m*, recital *m*
    U hangverseny, koncert
    R концерт *m*
$\sim$ all'aperto in luoghi di villeggiatura: Promenadenkonzert
$\sim$ **con quattro strumenti solisti**
    D Quadrupelkonzert *f*
    E quadruple concerto
    F quadruple concerto *m*
    S cuádruple concierto *m*
    U négyesverseny
    R концерт *m* для четырёх солирующих инструментов
$\sim$ corale: Chorkonzert
$\sim$ **d'organo**
    D Orgelkonzert *n*
    E organ concert/recital
    F récital/concert *m* d'orgue
    S concierto/recital *m* de órgano
    U orgonahangverseny
    R органный концерт *m*
$\sim$ **d'organo** *⟨composizione⟩*
    D Orgelkonzert *n*
    E organ concerto
    F concerto *m* pour orgue
    S concierto *m* de/para órgano
    U orgonaverseny
    R концерт *m* для органа
$\sim$ **da camera**
    D Kammerkonzert *n*
    E chamber concert
    F concert *m* de chambre
    S concierto *m* de cámara

U kamarazene-hangverseny
R камерный концерт *m*
~ da chiesa
D Kirchenkonzert *n*
E church concert
F concert *m* dans une église
S concierto *m* en una iglesia
U templomi hangverseny
R церковный концерт *m*
~ di beneficenza: Wohltätigkeitskonzert
~ di canzoni/"lieder": Liederabend
~ di studenti
D Schülerkonzert *n*
E students' concert
F concert *m* d'élèves
S concierto *m* de alumnos
U növendékhangverseny
R ученический концерт *m*
~ domestico: Hauskonzert
~ per beneficenza: Wohltätigkeitskonzert
~ per pianoforte
D Klavierkonzert *n*
E piano concerto
F concerto *m* pour piano
S concierto *m* para piano
U zongoraverseny
R концерт *m* для фортепьяно
~ per strumenti a fiato
D Bläserkonzert *n*
E concerto for wind instruments
F concerto *m* pour instruments à vent
S concierto *m* para vientos/instrumentos de viento
U fúvósverseny
R концерт *m* для духовых инструментов
~ per strumenti ad arco
D Streicherkonzert *n*
E concerto for strings
F concerto *m* pour cordes
S concierto *m* para arcos/cuerdas
U versenymű vonósokra, vonószenekari verseny
R концерт *m* для струнных инструментов
~ per violino
D Violinkonzert *n*
E violin concerto
F concerto *m* pour violon
S concierto *m* para/de violín
U hegedűverseny
R концерт *m* для скрипки
~ pianistico: Klavierabend
~ privato: Hauskonzert
~ sacro
D geistliches Konzert *n*
E sacred concert
F concert *m* de musique religieuse/sacrée, concert *m* spirituel
S concierto *m* espiritual/sacro/de música religiosa
U egyházi hangverseny
R концерт *m* духовной музыки
~ sinfonico
D Symphoniekonzert *n*

E symphony concert
F concert *m* symphonique
S concierto *m* sinfónico
U zenekari hangverseny
R симфонический концерт *m*
~ sinfonico ⟨*composizione*⟩
D Orchesterkonzert *n*
E concerto for orchestra
F concerto *m* pour orchestre
S concierto *m* para orquesta
U versenymű (zenekarra), concerto
R концерт *m* для оркестра
~ solistico
D Solokonzert *n*
E solo concert
F concert *m* avec soliste
S concierto *m* para solista
U szólókoncert
R сольный концерт *m*
— dare *v* un ~ konzertieren
— **doppio ~**
D Doppelkonzert *n*
E double concerto
F double concerto *m*
S doble concierto *m*
U kettősverseny
R двойной концерт *m*
concerto U concerto sinfonico
concerto-sinfonia *m* I
D Konzertsinfonie *f*
E symphony-concerto, sinfonia concertante
F symphonie *f* concertante
S sinfonía *f* concertante
U sinfonia concertante
R концертная симфония *f*, симфония-концерт *f*
concert-promenade *m* F Promenadenkonzert
con ch E; ~ trumpet: Muschelhorn
concha *f* S Schallmuschel
~ del apuntador: trou du souffleur
~ marina: Muschelhorn
conchiglia *f* I Schallmuschel
concierto *m* S concerto
~ a beneficio: Wohltätigkeitskonzert
~ al aire libre: Promenadenkonzert
~ coral: Chorkonzert
~ de alumnos: concerto di studenti
~ de beneficencia: Wohltätigkeitskonzert
~ de cámara: concerto da camera
~ de música religiosa: concerto sacro
~ de órgano: concerto d'organo
~ de piano: Klavierabend
~ de violín: concerto per violino
~ en una iglesia: concerto da chiesa
~ espiritual: concerto sacro
~ para arcos/cuerdas: concerto per strumenti ad arco
~ para instrumentos de viento: concerto per strumenti a fiato
~ para órgano: concerto d'organo
~ para orquesta: concerto sinfonico
~ para piano: concerto per pianoforte
~ para solista: concerto solistico

$\sim$ para vientos: concerto per strumenti a fiato
$\sim$ para violín: concerto per violino
$\sim$ privado: Hauskonzert
$\sim$ sacro: concerto sacro
$\sim$ sinfónico: concerto sinfonico
— cuádruple $\sim$ concerto con quattro strumenti solisti
— dar v $\sim$s: konzertieren
— doble $\sim$ doppio $\rightarrow$ concerto
concitato I *prescr*
  D concitato, erregt
  E concitato, *"stirred"*, *"excited"*
  F concitato, excité, animé
  S concitato, agitado, excitado
  U concitato, izgatottan, felindultan
  R concitato, взволнованно, возбуждённо
conclusion E Schlußgruppe
conclusion f F Schluß; Schlußgruppe
conclusión f S Schluß; Schlußgruppe; Schlußsatz
conclusione f I Schluß; Schlußgruppe
concordance E Konkordanz
concordance f F Konkordanz
concordancia f S Konkordanz
concorso m **musicale** I Musikwettbewerb
concours m **de musique** F Musikwettbewerb
concurrente m S; $\sim$ a los concertos: Konzertbesucher
concurso m **musical** S Musikwettbewerb
concurso-oposición m S Musikwettbewerb
concussion E; $\sim$ bellows *pl org* Stoßbalg
$\sim$ idiophone: Gegenschlagidiophon
$\sim$ sticks *pl* claves
condensación f S; $\sim$ del aire: Luftverdichtung
condensation f F; $\sim$ de l'air: Luftverdichtung
condensazione f I; $\sim$ dell'aria: Luftverdichtung
condizione f I; [non] essere v in buone condizioni vocali: [nicht] gut bei $\rightarrow$ Stimme sein
condotta f I; $\sim$ a due voci: Zweistimmigkeit
$\sim$ delle parti/linee: Linienführung
$\sim$ delle voci/parti: Stimmführung
condotto m I *org* Kondukt
$\sim$ d'aria ripiegato *org* gebrochener $\rightarrow$ Kanal
$\sim$ dell'aria *org* Windkanal
$\sim$ principale *org* Hauptwindkanal
$\sim$ uditivo *or* Gehörgang
conducción f S *org* Kondukt
$\sim$ de las voces/partes: Stimmführung
conducir v S führen; *org* ausführen
conduct v E dirigieren
conducting E; $\sim$ score: Dirigierpartitur
$\sim$ technique *dir* Schlagtechnik
— pertaining to $\sim$ technique: schlagtechnisch
conduction f **du son** F Schall-Leitfähigkeit
conductividad f **del sonido** S Schall-Leitfähigkeit
conducto m S *org* Kondukt
$\sim$ auditivo *or* Gehörgang
$\sim$ principal (de aire) *org* Hauptwindkanal
conductor E Dirigent; Kapellmeister
$\sim$'s score: Dirigierpartitur
conduire v F führen; *org* ausführen
conduit m F; $\sim$ auditif *or* Gehörgang

$\sim$ d'air *fl. d.* Kernspalt
conduite f F; $\sim$ de la voix: Stimmführung
$\sim$ des parties/voix: Stimmführung
condurre v I führen
conduttività f **sonora** I Schall-Leitfähigkeit
cone E; $\sim$ flute: Trichterflöte
cône m F; $\sim$ de feutre avec trous pour la résonance *fag* Filzkegel mit Resonanzlöchern
coned-in pipe E *canna* eingeriebene $\rightarrow$ Pfeife
coned-out pipe E *canna* aufgeriebene $\rightarrow$ Pfeife
cone-valve chest E *org* Kegellade
configuración f S Gestalt
configuration E Gestalt
configurazione f I Gestalt
confondre v F; se $\sim$ überschneiden
confundirse v S überschneiden
conga f I Conga-Trommel
conga m S Conga-Trommel
conga(dob) U Conga-Trommel
conga drum E Conga-Trommel
Conga-Trommel f D
  E conga drum
  F tambour m Conga
  I conga f
  S conga m
  U conga(dob), konga
  R конга f
congegno m I; $\sim$ della terza pompa mobile *trb* verstellbarer dritter $\rightarrow$ Ventilzug
congiungere v I *magn* kleben
congregación f S Gemeinde
congregation E Gemeinde
congrégation f F Gemeinde
congregational E; $\sim$ hymn: Gemeindelied
$\sim$ singing: Gemeindegesang
congregazione f I Gemeinde
conical E *canna* kegelförmig
$\sim$ bore: konische $\rightarrow$ Bohrung
$\sim$ flute: Trichterflöte
conico I *canna* kegelförmig
cónico S *canna* kegelförmig
$\sim$ invertido *canna* kegelförmig nach unten zugespitzt
conique F *canna* kegelförmig
conjunct E *ton* schrittweise
conjunto m S ensemble
$\sim$ de los caños *canna* Pfeifenwerk
$\sim$ de los juegos de lengüeta *org* Schnarrwerk
$\sim$ de los tubos *canna* Pfeifenwerk
$\sim$ de los (tubos) labiados *canna* Labialwerk
$\sim$ de registros flautados *org* Flötenwerk
conmovido S *prescr* commosso
connaisseur m F Kenner
connect v E verbinden
connecting passage E Überleitung
connection E Verbindung
$\sim$ of chords: Akkordverbindung
connoisseur E Kenner
cono m I; $\sim$ del clarinetto: Klarinettenkegel
$\sim$ di feltro con buchi per la risonanza *fag* Filzkegel mit Resonanzlöchern
$\sim$ per accordare *org* Stimmhorn

— a ~ rovesciato *canna* kegelförmig nach unten zugespitzt
cono *m* S *ottoni* Zapfen
~ de fieltro con agujeros para la resonancia *fag* Filzkegel mit Resonanzlöchern
conocedor *m* S Kenner
conoscitore *m* I Kenner
conque-trompette *f* F Muschelhorn
consacrazione *f* I Wandlung
consagración *f* S Wandlung
consecration E Wandlung
consécration *f* F Wandlung
consecuente *m* S *fuga* Comes; risposta
consecutiva *f* S Parallele
consecutive E parallel
~s *pl* Parallele
~ fifths *pl* parallele → Quinten; Quintparallele
~ octaves *pl* Oktavparallele
consecutivo I S parallel
conseguente *m* I *fuga* Comes
consequent E *fuga* Comes; risposta
conséquent *m* F *fuga* Comes; risposta
conservación *f* del sonido S Schallspeicherung
conservation *f* du son F Schallspeicherung
conservation of sound E Schallspeicherung
conservatoire E Konservatorium; Musikhochschule
~ bore *legni* Konservatoriumsbohrung
~ (key) system: Konservatoriumsgrifflage
conservatoire *m* F Konservatorium; Musikhochschule; Musikschule
~ de danse: Tanzschule
Conservatoire-rendszer U Konservatoriumsgrifflage; *legni* Konservatoriumsbohrung
conservatorio *m* I S Konservatorium; Musikschule; Musikhochschule
conservatory E Konservatorium; Musikhochschule; Musikschule
conservazione *f* del suono I Schallspeicherung
consola *f* S *arpa* Mechanikbogen; Saitenträger; Stimmdeckel; *org* Spieltisch; *pn* Konsole
~ fija *org* angebauter → Spieltisch
~ independiente/separada *org* freistehender → Spieltisch
consolador S *prescr* consolante
consolant F *prescr* consolante
consolante I *prescr*
    D consolante, tröstend
    E consolante, "*consoling*"
    F consolante, consolant
    S consolante, consolador
    U consolante, "*vigasztalva*"
    R consolante, «*утешая*»
console E *org* Spieltisch
console *f* F *arpa* Mechanikbogen; Saitenträger; Stimmdeckel; *org* Spieltisch; *pn* Konsole
~ fixe/en fenêtre *org* angebauter → Spieltisch
~ mobile/séparée *org* freistehender → Spieltisch
consolle *f* I *org* Spieltisch
~ a finestra *org* angebauter → Spieltisch
~ indipendente *org* freistehender → Spieltisch

consonance E Konsonanz
— be *v* in ~ konsonieren
— form *v* a ~ konsonieren
— forming a ~ konsonant
consonance *f* F Konkordanz; Konsonanz; Zusammenklang
— en ~ konsonant
— être *v* en ~ konsonieren
— produire *v* des ~s: konsonieren
consonancia *f* S Konkordanz; Konsonanz; Zusammenklang
consonant E F konsonant
consonante I S konsonant
consonanza *f* I Konkordanz; Konsonanz
— essere *v* in ~ konsonieren
— produrre *v* ~ konsonieren
consonar *v* S konsonieren
— que consuena: konsonant
consort E ⟨16—17. *sec*⟩
    D (*Kammermusikensemble*)
    F (*ensemble instrumental de musique de chambre*)
    I (*complesso strumentale da camera*)
    S (*conjunto de instrumentistas de cámara*)
    U consort
    R (*инструментальный камерный ансамбль*)
construcción *f* S Aufbau; -bau
~ de melodías: Melodiebildung
~ lineal/horizontal: Linienführung
~ por terceras: Terzaufbau
construction E Aufbau; -bau
construction *f* F Aufbau; -bau; Gewebe
~ d'orgue: Orgelbau
~ de mélodies: Melodiebildung
~ en/par tierces: Terzaufbau
~ linéaire/horizontale: Linienführung
construir *v* S *str* bauen
construire *v* F *str* bauen
contact microphone E Körperschallmikrophon
contador *m* S *org* Windmesser
contar *v* S zählen
contare *v* I zählen
contenido *m* S Inhalt
~ armónico: Obertongehalt
contents *pl* E Inhalt
contenu *m* F Inhalt
~ harmonique: Obertongehalt
contenuto *m* I Inhalt
~ di armonici: Obertongehalt; Teiltonaufbau
contiguo S benachbart
continental fingering E
    D (*der heute allgemein übliche Fingersatz, bei dem die Finger vom Daumen bis zum kleinen Finger mit den Ziffern 1 bis 5 bezeichnet werden*)
    F (*terme désignant le doigté avec la numérotation 1 à 5 en partant du pouce*)
    I (*diteggiatura generalmente in uso indicata, dal pollice al mignolo, con le cifre 1—5*)
    S (*tipo general de digitación en que los dedos se numeran de 1 a 5 a partir del pulgar*)

U *(ma általánosan használt ujjrend, melyben az ujjakat a hüvelyktől a kisujj felé
egytől ötig számozzák)*
R *(общепринятая аппликатура с обо-
значением пальцев цифрами от одного
до пяти)*
continuation E Fortspinnung
continuazione *f* I Folge
continuo E; ~ figuring: Generalbaßbezifferung
~ instrument: Generalbaßinstrument
continuous E; ~ imitation: Durchimitation
~ tone: Dauerton
contra S; ~ mi: hoch E
contra-aro *m* S *vl* Bereifung
contrabajista *m* S contrabbassista
contrabajo *m* S contrabbassista; contrabbasso;
org Kontrabaß
~ punteado: Schlagbaß
contrabass E contrabbasso; *org* Kontrabaß
~ clarinet: clarinette contrebasse
~ clef: Subbaßschlüssel
~ player: contrabbassista
~ trombone: Kontrabaßposaune
contrabassoon E contrafagotto
contrabbassista *m* I
D Kontrabassist *m*
E double bass player, A: (contra)bass
player
F contrebassiste *m*
S contrabajo *m*, contrabajista *m*
U (nagy)bőgős
R контрабасист *m*
contrabbasso *m*, **violone** *m* I
D Kontrabaß *m*
E double bass, A: contrabass, (string) bass
F contrebasse *f*
S contrabajo *m*
U (nagy)bőgő, gordon, kontrabasszus
R контрабас *m*
~ *org* Kontrabaß
~ a pizzico: Schlagbaß
contracanto *m* S Gegenmelodie; Gegenstimme
contract E engagement
contradanza *f* S Kontertanz
contraddanza *f* I Kontertanz
contrafactum E Kontrafaktur
contrafactum *m* F I S Kontrafaktur
contrafacture *f* F Kontrafaktur
contrafagot *m* S contrafagotto
contrafagotto *m* I
D Kontrafagott *n*
E double bassoon, A: contrabassoon
F contrebasson *m*
S contrafagot *m*
U kontrafagott
R контрафагот *m*
contralto E Alt; Altistin
contralto *m* F Alt; Altistin
~ dramatique *teat* seriöser → Alt
contralto *m* I Alt; Altistin; *teat* seriöser → Alt
contralto *m* + *f* S Alt, Altistin
~ dramática *teat* seriöser → Alt
~ lirica *teat* Spielalt

contraoctava *f* S; doble ~ Subkontra-Oktave
contraoctave E Kontra-Oktave
contrapás *m* S *bl*
D *(katalanischer Volkstanz)*
E *(Catalan folk-dance)*
F contrapás *m*
I *(danza popolare catalana)*
U *(katalán néptánc)*
R *(каталонский народный танец)*
contrapeso *m* S *tasto* Blei; *trbne* Balancer
~ del martillo *pfte* Gegenfanger
contraplacado S *corda* gesperrt
contrappesare *v* I; ~ il tasto *tasto* ausbleien
contrappeso *m* I *trbne* Balancer
contrappuntare *v* I kontrapunktieren
contrappuntistico I kontrapunktisch
contrappunto *m* I Kontrapunkt
~ fiorito: blühender → Kontrapunkt
~ semplice [doppio, triplo]: einfacher [dop-
pelter, dreifacher] → Kontrapunkt
contrapunctus floridus U blühender → Kontrapunkt
contrapuntal E kontrapunktisch
~ devices *pl* kontrapunktische → Künste
contrapuntar *v* S kontrapunktieren
contrapuntique F kontrapunktisch
contrapuntístico S kontrapunktisch
contrapunto *m* S Kontrapunkt
~ florido: blühender → Kontrapunkt
~ simple [doble, triple]: einfacher [doppelter,
dreifacher] → Kontrapunkt
contr'arco I
D contr'arco, mit verkehrtem Bogenstrich
E contr'arco, *"with reversed bowing"*
F contr'arco, à contre archet
S contr'arco, *"con el arco invertido"*
U contr'arco, fordított vonással
R contr'arco, перевёрнутым смычком
contrarco *m* I *archi* Gegenstrich
contrarritmo *m* S Gegenrhythmus
contrary motion E Gegenbewegung
contras *m* S *org* Chorbaß; Offenbaß
~ en octava *org* Choralbaß
contrassoggetto *m* I = controsoggetto
contrasujeto *m* S *fuga* Gegensatz; Gegenthema
~ continuo *fuga* beibehaltener → Gegensatz
contratar *v* S engager
contratema *m* S Gegenmelodie; Gegenthema
Contratenor *m* D
E countertenor
F contraténor *m*
I contratenor *m*
S contratenor *m*
U kontratenor
R контратенор *m*
contraténor *m* F Contratenor; falsettista; *lt*
Kleinbrummer
contratenor *m* I Contratenor
contratenor *m* S Contratenor; falsettista; *lt*
Kleinbrummer
contratiempo *m* S contrattempo
contrato *m* S engagement

contrattempo *m* I
   D *(Betonung des schlechten Taktteils durch*
      Pause auf gutem Taktteil)
   E syncopation
   F contre-temps *m*
   S contratiempo *m*
   U *(súlytalan ütemrész kiemelése a súlyos*
      ütemrészre eső szünet által)
   R синкопа *f*
contratto *m* I engagement
contre F; ~ mi: hoch E
contre-attrape *f* F *pfte* Gegenfanger
contrebasse *f* F contrabbasso; *org* Kontrabaß
~ à pistons: Baßtuba; Kontrabaßtuba
~ jouée sans archet: Schlagbaß
contrebassiste *m* F contrabbassista
contrebasson *m* F contrafagotto
contre-chant *m* F Gegenmelodie; Gegenstimme
contredanse E Kontertanz
contredanse *f* F Kontertanz
contre-éclisse *f* F *vl* Bereifung
contreplaqué F *corda* gesperrt
contrepoids *m* F *trbne* Balancer
contrepoint *m* F Kontrapunkt
~ fleuri: blühender → Kontrapunkt
~ simple [double, triple]: einfacher [doppelter,
   dreifacher] → Kontrapunkt
— traiter *v* en ~ kontrapunktieren
contrepointer *v* F kontrapunktieren
contre-rythme *m* F Gegenrhythmus
contre-sujet *m* F Gegenthema; *fuga* Gegensatz
~ continu *fuga* beibehaltener → Gegensatz
contre-temps *m* F contrattempo
contre-thème *m* F Gegenmelodie
controcanto *m* I Gegenmelodie; Gegenstimme
controfascia *f* I *vl* Bereifung
control *m* S; ~ de la respiración: Atembehandlung; *canto* appoggio
~ de la tonalidad *rad, magn* Klangregler
~ de sonido *magn* Tonsteuerung
~ de volumen *rad, magn* Lautstärkeregler
~ del nivel *magn* Aussteuerungsregler
~ del sonido *rad, magn* Klangregler
contrôle *m* F; ~ du son *magn* Tonsteuerung
~ du souffle: Atembehandlung
controllo *m* I; ~ automatico di frequenza:
   Präsenz
~ del livello del suono *magn* Tonsteuerung
controsoggetto *m* I *fuga* Gegensatz
~ obbligato *fuga* beibehaltener → Gegensatz
controtema *m* I Gegenmelodie; Gegenstimme;
   Gegenthema
convessità *f* I *corda* Wölbung
convesso I *str* gewölbt
convex E; ~ bow *arco* Rundbogen
convex-backed E *corda* bauchig
convexe F *corda* bauchig
convexo S *str* gewölbt
convey *v* E *org* ausführen
conveyance E *org* Kondukt
convogliare *v* I *org* ausführen
coordinación *f* tonal S tonale → Zugehörigkeit
coordination *f* tonale F tonale → Zugehörigkeit

coordinazione *f* tonale I tonale → Zugehörigkeit
copa *f* S *ottoni* Kessel
coperchio *m* I Klavierdeckel; *canna* Hut;
   Pfeifenaufsatz; Stimmplatte
~ anteriore *pfte* Vorderdeckel
~ con foro *canna* Ringdeckung
~ con foro laterale *canna* Seitenlochdeckung
~ conico *canna* konischer → Pfeifenaufsatz
~ conico girevole con fori laterali *canna*
   Deckung durch Drehdeckel
~ dei fori *legni* Fingerlochdeckel
~ dei tasti/della tastiera *pfte* Tastenklappe
~ mobile *canna* beweglicher → Hut; Klappdeckel; Ringdeckung mit Klappdeckel
~ mobile con fori laterali *canna* Klappdeckel
   mit Seitenlöchern
~ parziale *canna* Segmentdeckung
~ posteriore *pfte* Hinterdeckel
~ superiore: Flügeldeckel
coperta *f* I *org* Pfeifenstock
coperto I bedeckt
copertura *f* I Trommelfellüberzug; *str* Überzug
~ d'avorio *tasto* Elfenbeinbelag
~ di filo *ancia* Garnbewicklung
copiar *v* S abschreiben
copiare *v* I abschreiben
Copiatur *f* D *obs* = Abschrift
copier *v* F abschreiben
copione *m* I Drehbuch
copista *m* I S Kopist
copiste *m* F Kopist
copla *f* S
   D *(improvisiertes Lied)*
   E *(improvised song)*
   F *(chant improvisé)*
   I *(canzone improvvisata)*
   U *(improvizált dal)*
   R *(импровизированная песня)*
copláénekes U coplero
Copla-Sänger *m* D coplero
coplero *m* S
   D Copla-Sänger *m*
   E singer of coplas
   F chanteur *m* de coplas
   I cantante *m* di coplas
   U copláénekes
   R *(певец, исполняющий песни copla)*
copólogo *m* S Glasharfe; Glasharmonika; Glasschalenspiel
coppia *f* I couplet
coppo *m* I *camp* Haube; Glockenplatte
copri-ancia *m* I Windkapsel
copricorde *m* F I Schoner
coprifuoco *m* I *mil* Zapfenstreich
coprire *v* I *perc* dämpfen
~ immediatamente *perc* gleich/schnell → abdämpfen
copy *v* E abschreiben
copyist E Kopist
copyright E
   D Urheberrecht *n*
   F copyright *m*, droits *m pl* d'auteur
   I diritto *m* d'autore

S derechos *m pl* de autor, copyright *m*
U szerzői jog
R авторское право *n*
~ period: Schutzfrist
~ **protection**
D Urheberrechtsschutz *m*
F protection *f* des droits d'auteur
I protezione *f* dei diritti d'autore, legge *f* sui diritti d'autore
S protección *f* de los derechos de autor, protección *f* de la propiedad artística/ intelectual
U szerzői jogvédelem
R охрана *f* авторских прав
Copyright Protection E → BRITICO; P.R.S.
Copyright-Datum *n* D
E date of copyright
F date *f* de copyright
I data *f* di copyright
S fecha *f* del copyright
U copyright éve
R дата *f* первой публикации
coquille *f* F *vl* Schnecke
Cor *n* D; ~ anglais *org* cor anglais
~ anglais 8' *arm* cor anglais 8'
cor E; ~ anglais: Englischhorn
~ anglais takes oboe 2 *prescr* Englischhorn nimmt Oboe 2
cor *m* F Horn; *org* French horn; Horn
~ à cylindres: Ventilhorn
~ à pistons: Ventilhorn; *ottoni* Ventilsignalhorn
~ alto: Oktavwaldhorn
~ ancien percé de trous *legni* Grifflochhorn
~ anglais: Englischhorn
~ **anglais** *org*
D Cor *n* anglais
E cor anglais
I corno *m* inglese
S corno *m* inglés
U angolkürt
R английский рожок *m*
~ **anglais 8'** *arm*
D Cor *n* anglais 8'
E diapason bass
I corno *m* inglese 8'
S corno *m* inglés 8', cor *m* anglais 8'
U angolkürt 8'
R восьмифутовый английский рожок *m*
~ chromatique: chromatisches → Klappenhorn
~ chromatique à pistons: Ventilhorn
~ d'harmonie: Waldhorn
~ de basset: Bassetthorn
~ de bassette *org* Bassetthorn
~ de chamois *org* Gemshorn
~ de chasse: Jagdhorn; Waldhorn
~ de chasse simple: Naturwaldhorn
~ de nuit *org* Nachthorn
~ de postillon: Posthorn
~ de vache: Stierhorn
~ des Alpes: Alpenhorn
~ double: Doppelhorn

~ grave: Baßhorn
~ naturel: Naturhorn; Waldhorn
~ russe: russisches → Horn
~ simple: Naturhorn
— le ~ anglais prend le second hautbois *prescr* Englischhorn nimmt Oboe 2
cor *m* I; ~ alto: Oktavwaldhorn
cor *m* S *org* Horn
coral S chorisch; choraliter; Chor
coral *m* S; ~ para órgano: Orgelchoral
~ protestante: Choral
~ variado: Choralvariation
corale I chorisch; Chor
corale *m* I Choral
~ espressivo *org* Oberwerk
~ per organo: Orgelchoral
~ variato: Choralvariation
coralmente I choraliter
corchea *f* S Achtelnote
corchete *m* S accolade
~ de la válvula *org* Leitleiste der Feder
cord E *tamb* Leine
~ action *ottoni* Schnurenmechanik
corda *f* F *greg* Tenor
corda *f* I Saite; Glockenseil; *tamb* Leine
~ con cappio/occhiello finale *corda* Saite mit Schlinge
~ con pallina finale *corda* Saite mit Kugel
~ d'acciaio: Stahlsaite
— corde *pl* d'accompagnamento: Begleitsaiten
— corde *pl* dei bassi *pfte* Baßbezug
~ del liuto: Lautensaite
~ del tamburo: Trommelleine
~ della melodia: Melodiesaite
~ di bordone: Bordunsaite
~ di budello: Darmsaite
~ di metallo: Metallsaite
~ di mi *vl* E-Saite
~ di minugia: Darmsaite; *tamb* Schnarrsaite
~ di risonanza: Resonanzsaite
~ grave a suono fisso al di fuori del manico *lt* Baßchor
— corde *pl* incrociate *pfte* Kreuzbesaitung
~ melodica: Melodiesaite
— corde *pl* nude del centro e degli acuti *pfte* Blankbezug
— corde *pl* parallele *pfte* geradsaitige → Besaitung
~ reggicordiera *archi* Henkelsaite
~ simpatica: Resonanzsaite
~ vibrante per simpatia: Resonanzsaite
— corde *pl* vibranti a vuoto *lt* Freisaiten
— corde *pl* vocali: Stimmbänder
~ vuota: leere → Saite
— a ... corde *corda* -chörig
— a corde incrociate *pfte* kreuzsaitig
— a corde parallele *pfte* geradsaitig
— a doppie corde *corda* doppelchörig
— a due corde *corda* zweichörig
— a più corde *corda* mehrchörig
— a tre corde *corda* dreichörig
— **(ad) una ~** *prescr, pfte*
D (ad) una corda, mit Verschiebung

E (ad) una corda, soft pedal, shifting
F (ad) una corda, avec pédale sourdine, avec céleste
S (ad) una corda, con pedal suave, con sordina
U una corda, bal pedállal
R una corda, с левой педалью
— con corde *prescr, tamb* mit → Schnarrsaiten
— di molte corde: vielsaitig
— doppia ~ *archi* Doppelgriff
— senza corde *prescr, tamb* ohne → Schnarrsaiten
— una ~ = ad una ~
cordal *m* S *corda* Saitenhalter
~ frontal *lt* Querriegel
corde *f* F Saite; *tamb* Leine
~ s *pl archi* → arco; Streichinstrumente
~ à vide: leere → Saite
~ avec nœud coulant *corda* Saite mit Schlinge
~ avec nœud final *corda* Saite mit Kugel
~ s *pl* d'accompagnement: Begleitsaiten
~ d'acier: Stahlsaite
~ d'attache *archi* Henkelsaite
~ de boyau: Darmsaite
~ de la cloche: Glockenseil
~ de la mélodie: Melodiesaite
~ de luth: Lautensaite
~ de résonance: Resonanzsaite
~ du mi *vl* E-Saite
~ du tambour: Trommelleine
~ s *pl* graves *pfte* Baßbezug
~ harmonique: Resonanzsaite
~ hors de la touche: Bordunsaite
~ hors manche: Bordunsaite
~ mélodique: Melodiesaite
~ métallique: Metallsaite; Stahlsaite
~ métallique de piano: Klavierdraht
~ s *pl* parallèles *pfte* geradsaitige → Besaitung
~ s *pl* simples non filées *pfte* Blankbezug
~ sympathique: Resonanzsaite
~ s *pl* vocales: Stimmbänder
— à ... ~ s *corda* -chörig
— à ~ s croisées *pfte* kreuzsaitig
— à ~ s doubles *corda* doppelchörig; zweichörig
— à deux ~ s *corda* doppelchörig; zweichörig
— à double ~ *corda* zweichörig
— à la manière des ~ s *ton* streicherartig
— à plusieurs ~ s: vielsaitig; *corda* mehrchörig
— à triple ~ *corda* dreichörig
— doubles ~ s *archi* Doppelgriff
— en ~ s croisées *pfte* kreuzsaitig
— en ~ s parallèles/droites *pfte* geradsaitig
— grosse ~ du milieu *lt* Großsangsaite
cordier *m* F *corda* Saitenhalter
~ frontal *lt* Querriegel
cordiera *f* I *corda* Saitenhalter
cordofono *m* I Chordophon
cordófono *m* S Chordophon; Saiteninstrument
cordomètre *m* F Saitenmesser
cordómetro *m* S Saitenmesser
cordón *m* S Tragschnur

cordophone *m* F Chordophon
core E; ~ wire *corda* Kerndraht
corea *f* I S Chorea
coreado S
  D mit einem Chor begleitet
  E accompanied by a chorus
  F accompagné d'un chœur
  I accompagnato di un coro
  U kórussal kísért, kóruskísérettel
  R в сопровождении хора
corear *v* S
  D mit einem Chor begleiten *v*
  E to accompany with a chorus
  F accompagner *v* d'un chœur
  I accompagnare *v* di un coro
  U kórussal kísérni *v*
  R давать *v* в сопровождении хора
coreografia *f* I Choreographie
coreografía *f* S Choreographie; Tanzkunst
coreografo *m* I Choreograph
coreógrafo *m* S Choreograph
coretto *m* I Favoritchor
corista *m* I Stimmgabel
~ a fiato: Stimmpfeife
corista *m + f* I S Chorsänger
cornamusa *f* I S Dudelsack
cornement *m* F *org* Heuler
cornemuse *f* F Dudelsack
cornemuseur *m* F *obs* = joueur de cornemuse
corner E *vl* Ecke
~ block *vl* Eckklötzchen
corner *v* F *org* heulen
cornet E cornet à piston
~ player: cornettiste
cornet *m* F
  D Kornett *n*
  E cornet
  I cornetta *f*
  S corneta *f*
  U kornett
  R корнет *m*
~ *org*
  D Kornett *n*, Zink *m*
  E cornet, cornopean, zink(e), zinck, serpent
  I cornetto *m*
  S cornetín *m*, corneta *f*
  U cornet, "Zink"
  R корнет *m*, корнетт *m*, цинк *m*
~ à bouquin: Zink
~ à bouquin droit: gerader → Zink
~ à bouquin recourbé: krummer → Zink
~ **à piston**
  D Piston *m*
  E cornet
  I cornetta *f* a pistoni
  S cornetín *m*
  U piszton
  R корнет-а-пистон *m*
~ acoustique: Hörrohr
~ muet: stiller → Zink
corneta *f* S cornet; Schalltrichter; Zink; Zinkenbläser
~ antigua horadada *legni* Grifflochhorn

~ baja: Baßzink
~ contralto: Altkornett
~ curva: krummer → Zink
~ de eco *org* Echomixtur
~ de postillón: Posthorn
~ muda: stiller → Zink
~ recta: gerader → Zink
cornetín *m* S cornet à piston; *org* cornet
~ en mi bemol: cornettino
~ pequeño: cornettino piccolo
cornetista *m* S cornettiste; Zinkenbläser
cornett E Zink
~ player: Zinkenbläser
cornetta *f* I cornet; Korbrassel
~ a chiavi: Klappenhorn
~ a pistoni: cornet à piston
~ da postiglione: Posthorn
cornette *f* F *legni* Grifflochhorn
cornettino *m* I
     D Kornettino *n*
     E E-flat cornet, soprano, cornettino
     F cornettino *m*
     S cornetín *m* en mi bemol
     U cornettino
     R корнет *m* в тоне ми-бемоль
~ **piccolo**
     D Pikkolo *n*
     E piccolo cornet
     F piccolo *m*
     S cornetín *m* pequeño
     U piccolokornett
     R корнет *m* пикколо, корнеттино *n*
cornettist E Zinkenbläser
cornettista *m* I cornettiste
cornettiste *m* F
     D Kornettist *m*
     E cornet player
     I cornettista *m*
     S cornetista *m*
     U kornettista
     R корнетист *m*
~ ⟨*joueur de cornet à bouquin*⟩ Zinkenbläser
cornetto *m* I Zink; *org* cornet; *vl* Ecke
~ acustico: Hörrohr
~ curvo: krummer → Zink
~ diritto: gerader → Zink
~ muto: stiller → Zink
cornice *f* I; ~ esterna del porta-tastiera *pfte* Stuhlrahmenleiste
cornisa *f* S *teat* soffitto; Versatzstücke
cornista *m* I Hornist
cornista *m* S Hornist
corniste *m* F Hornist
corno E; ~ dolce *org* lieblich → Horn
corno *m* F; ~ dolce *org* lieblich → Horn
corno *m* I Horn
~ a chiavi: clavicor
~ a macchina: Ventilhorn
~ a pistoni: Ventilhorn; *ottoni* Ventilsignalhorn
~ alto: Oktavwaldhorn
~ basso: Baßhorn
~ con fori *legni* Grifflochhorn
~ con ritorti: Inventionshorn

~ cromatico: chromatisches → Klappenhorn; Ventilhorn; *ottoni* Ventilsignalhorn
~ da caccia: Jagdhorn; Signalhorn; Waldhorn
~ da nebbia: Nebelhorn
~ delle Alpi: Alpenhorn
~ di bassetto: Bassetthorn
~ di camoscio *org* Gemshorn
~ di notte *org* Nachthorn
~ di toro: Stierhorn
~ dolce *org* lieblich → Horn
~ doppio: Doppelhorn
~ francese *org* French horn
~ inglese: Englischhorn; *org* cor anglais
~ inglese 8' *arm* cor anglais 8'
~ naturale: Naturhorn; Naturwaldhorn; Waldhorn
~ russo: russisches → Horn
— il ~ inglese prende l'oboe II *prescr* Englischhorn nimmt Oboe 2
corno *m* S Horn; Hornist; *org* French horn
~ cromático: Doppelhorn
~ de gamo *org* Gemshorn
~ de noche *org* Nachthorn
~ de pistón *ottoni* Ventilsignalhorn
~ de pistones: Ventilhorn
~ di bassetto: Bassetthorn
~ di caccia *org* Horn
~ dolce *org* lieblich → Horn
~ inglés: Englischhorn; *org* cor anglais
~ inglés 8' *arm* cor anglais 8'
— el ~ inglés toma el segundo óboe *prescr* Englischhorn nimmt Oboe 2
cornone *m* I Baßzink
cornopean E *org* cornet
coro *m* I Chor; Saitenchor
~ a bocca chiusa: Summstimmen
~ d'opera: Opernchor
~ del duomo: Domchor
~ della radio: Rundfunkchor
~ di chiesa: Kirchenchor
~ di fanciulli: Knabenchor; Kinderchor
~ di tromboni: Posaunenchor
~ favorito: Favoritchor
~ femminile: Frauenchor
~ maschile: Männerchor
~ misto: gemischter → Chor
~ parlato: Sprechchor
~ scolastico: Schulchor
— a doppio ~ doppelchörig
— doppio ~ Doppelchor
— cantare *v* in ~ im →Chor singen
— in ~ chorweise
coro *m* S Chor; Saitenbezug; Saitenchor
~ catedralicio: Domchor
~ de catedral: Domchor
~ de colegiales: Schulchor
~ de hombres: Männerchor
~ de (la) iglesia: Kirchenchor
~ de la radio: Rundfunkchor
~ de las escuelas: Schulchor
~ de niños: Kinderchor; Knabenchor
~ de ópera: Opernchor
~ de radio: Rundfunkchor

~ de solistas: Favoritchor
~ de trombones: Posaunenchor
~ escolar: Schulchor
~ femenino: Frauenchor
~ hablado: Sprechchor
~ infantil: Kinderchor; Knabenchor
~ masculino: Männerchor
~ mixto: gemischter → Chor
— a ~ chorweise
— a doble ~ doppelchörig
— a varios ~s: mehrchörig
— cantar v en ~ im → Chor singen
— de ~ auswendig
— del ~ Chor-
— doble ~ Doppelchor
— en ~ chorweise
— para ~ Chor-
corona f I = fermata
corona f S camp Glockenplatte; Haube
~ de la campana ottoni Kranz
~ del martillo pfte Hammerscheitel
corpo m I ancia Hülse; str Korpus; tamb Zarge
~ d'organo in cassa espressiva org Schwellwerk
~ dell'organo corrispondente al pedale org Pedalwerk
~ della campana trbne Korpus
~ della canna canna Pfeifenkörper
~ di legno pieno: Vollholzkorpus
— grande ~ fag Mittelrohr
corps m F ancia Hülse; str, trbne Korpus
~ de la main droite cl Unterstück
~ de la main gauche cl Oberstück
~ de rechange cor Aufsatzbogen; ottoni Stimmbogen
~ de résonance canna ancia Aufsatz
~ du milieu fag Mittelrohr; fl. d. Mittelstück
~ du tuyau canna Pfeifenkörper
~ inférieur cl Unterstück; fl. d. Trommel
~ solide: Vollholzkorpus
~ supérieur cl Oberstück
~ supérieur avec bec fl. d. Kopfstück mit Schnabel
— grand ~ fag Mittelrohr
— petit ~ fag Flügel
— second ~ fl. d. Mittelstück
— troisième ~ fl. d. Fußstück
correa f del fuelle S fis Balgverschluß
corredera f S arco Bahn; fag, trbne Stimmzug; org Schleife
~ de afinación canna Stimmring
correlación f S; ~ entre el sonido y la palabra: Wort-Ton-Beziehung
correlation E; ~ of notes and words: Wort-Ton-Beziehung
corrélation f F; ~ entre son et parole: Wort-Ton-Beziehung
~ entre texte et musique: Wort-Ton-Beziehung
correlazione f I; ~ parola-suono: Wort-Ton-Beziehung
correspondance f enharmonique F enharmonische → Entsprechung
correttore m di tonalità I rad, magn Klangregler

corrido m S
  D (mexikanisches Volkslied)
  E (Mexican folk-song)
  F corrido m
  I (canto popolare messicano)
  U corrido ⟨mexikói népdal⟩
  R (жанр мексиканской народной песни)
corsa f I; ~ a vuoto del tasto tasto Leergang
~ del tasto tasto Spieltiefe
cortar v S streichen; canna anima aufschneiden
corte f I Hof
corte f S Hof
— propio de la ~ höfisch
corte m S Einschnitt; Sprung; Streichung; Strich; ancia taille
~ de afinación canna Kreisschnitt
~ de la efe archi F-Lochquerkerbe
cortesano S höfisch
cortese I höfisch
cortigianesco I höfisch
cortina f S; ~ a la italiana teat Raffvorhang
~ corredera teat Raffvorhang
~ del aire org Luftband
Corti's organ E or Cortisches → Organ
Cossack dance E bl казачок
costado m S pfte Zarge; pn Seite
costal breathing E Bauchatmung
costilla f S lt Span
costruire v I str bauen
costruttore m I -bauer; -baumeister
~ di chitarre: guitarrero
~ di pianoforti: Klavierbauer; Klavierbaumeister
~ di strumenti musicali: Musikinstrumentenmacher
costruzione f I Aufbau; Gewebe; -bau
~ di melodie: Melodiebildung
~ di pianoforti: Klavierbau
~ di strumenti musicali: Musikinstrumentenbau
~ di un organo: Orgelbau
~ per terze: Terzaufbau
~ polifonica: polyphones → Gewebe
costumbre f S; como de ~ come al solito; prescr, fiati natürlich
costume E costume
~ rehearsal teat Kostümprobe
costume m F
  D Kostüm n
  E costume
  I costume m
  S vestido m, disfraz m, traje m
  U kosztüm, jelmez
  R костюм m
cotage m F Plattennummer
côte f F lt Span
côté m F pn Seite; pfte Zarge
~ poil: Haarseite
cotillion E bl cotillon
Cotillon m D bl cotillon
cotillon m F bl
  D Cotillon m, Kotillon m
  E cotillon, cotillion

I cotillon *m*
S cotillón *m*
U cotillon
R котильон *m*
cotillón *m* S *bl* cotillon
cotton stick E *perc* Baumwollschlegel
couac *m* F; faire *v* des ~s *fag, cl* krähen
coucou *m* F Kuckuckspfeife
coude *m* F *canna* Kropf; Kröpfung; *org* Kröpfung
~ arrondi double *canna* Doppelrundkropf
~ arrondi simple *canna* Rundkropf
~ double *canna* Doppelkropf
~ simple *canna* einfacher → Kropf
coudé F *canna* gekröpft
couder *v* F *canna* kröpfen
coulade *f* F ⟨17. sec⟩ *orn*
   D *(Gesangsverzierung)*
   E *(vocal ornament)*
   I *(abbellimento vocale)*
   S coulade *f*
   U *(énekdíszítés)*
   R *(мелизмы, применявшиеся во Франции в пении)*
coulant F; en ~ *prescr* scorrevole
coulé *m* F S *orn* Schleifer
couler *v* F *canna* gießen; *ton* verschleifen
couleur *f* F; ~ harmonique/sonore: Klangfarbe
coulisse *f* F *arco* Bahn; *cor* Vertiefungsbogen; *fag* Stimmzug; *teat* Schiebewand; *trbne* Scheide; Stimmzug; Zug
~s *pl* Kulisse
~ d'accord *canna* Stimmring
~ du premier [deuxième, troisième] piston *trb* erster [zweiter, dritter] → Ventilbogen
— dans les ~s: hinter der → Szene
coulisse *f* I *arco* Bahn; *trbne* Scheide
coulisse *f* S *canna d. i.* Stimmschieber
count *v* E zählen
counter E; ~ part/voice: Gegenstimme
counter-bowing E *archi* Gegenstrich
counter-hoop E Trommelreifen; *perc* Spannreifen; *timp* Oberreifen
counter-melody E Gegenmelodie; Gegenstimme
counterpoint E Gegenstimme; Kontrapunkt
— simple [double, triple] ~ einfacher [doppelter, dreifacher] → Kontrapunkt
— write/perform *v* in ~ kontrapunktieren
counter-rhythm E Gegenrhythmus
countersubject E Gegenthema; *fuga* Gegensatz
countertenor E Contratenor; falsettista; *lt* Kleinbrummer
countertheme E Gegenthema
country dance E *bl*
   D "country dance"
   F country dance *f*
   I country dance *f*
   S country dance *f*
   U country dance
   R *(английский салонный танец)*
~ ⟨contredanse⟩ Kontertanz
coup *m* F *perc* Schlag

~ croisé *perc* Kreuzschlag
~ d'archet *arco* Bogenführung; Bogenstrich; *archi* Strich; Strichart
~ de baguette: Trommelschlag; *perc* Vorschlag
~ de battant: Glockenschlag
~ de glotte *canto* harter → Einsatz
~ de langue *fl, ottoni* Zunge
~s *pl* de langue *fl, ottoni* Zungenstöße
~ double *perc* Doppelschlag
~ simple *perc* einfacher → Schlag
— donner *v* un ~ d'archet *corda* anstreichen
— triple ~ de langue *fl* Tripelzunge
coupe *f* F Einschnitt
couper *v* F streichen
couple *v* E *org* koppeln
coupled E *org* gekoppelt
coupler E *org* Koppel
~ slide in the sounding board *fis* Registerschieber in den Resonanzböden
Couplet *n* D couplet
couplet *m* F ⟨rondo⟩
   D Couplet *n*, Zwischensatz *m*
   E episode
   I episodio *m*, coppia *f*
   S cuplé *m*
   U közjáték, epizód
   R куплет *m*, эпизод *m*
coupole *f* **d'horizon** F *teat* Kuppelhorizont
coupure *f* F Sprung; Streichung; Strich
cour *f* F Hof
— de ~ höfisch
courbe *f* F; ~ de l'échancrure *vl* Mittelbügel
~ de la table d'harmonie *pfte* Resonanzbodenwölbung
~ de résonance/réverbération: Nachhallkurve
~ du C *vl* Mittelbügel
~ inférieure *vl* Unterbügel
~ supérieure *vl* Oberbügel
courber *v* F *canna ancia* aufwerfen
courbure *f* F *corda* Wölbung
~ de l'anche *canna ancia* Aufwurf der Zunge
courcaillet *m* F Wachtelpfeife
couronne *f* F *camp* Haube; *ottoni* Kranz
~ du marteau *pfte* Hammerscheitel
courroie *f* **du soufflet** F *fis* Balgverschluß
cours *m* F Gruppenunterricht; Klassenunterricht
course E Saitenchor; *corda* Chor
— with ... ~s *corda* -chörig
— with multiple ~s *corda* mehrchörig
— with three ~s *corda* dreichörig
— with two ~s *corda* zweichörig
course *f* F *tasto* Leergang
court E Hof
~ composer: Hofkomponist
~ dance: Hoftanz
~ music: Hofmusik
~ music director: Hofkapellmeister
~ orchestra: Hofkapelle
~ organist: Hoforganist
~ song: Hoflied

courtaud *m* F Kortholt
courtly E höfisch
coussin *m* F *vl* Schulterstütze
~ de feutre de l'étouffoir *pfte* Dämpferbüschel
coussinet *m* F *cemb* Polster
couteau *m* F *org* Intoniermesser
coutil *m* F *canna* Gießleinwand
couvercle *m* F Flügeldeckel, Klavierdeckel;
  Schalldecke; Trommelfellüberzug; Hinterdeckel
~ d'accord avec plaque métallique articulée
  canna Ringdeckung mit Klappdeckel
~ d'accord percé latéralement *canna* Seitenlochdeckung
~ d'accord perforé *canna* Ringdeckung
~ du clavier *pfte* Tastenklappe
~ conique avec trous latéraux *canna* Deckung
  durch Drehdeckel
couvert F bedeckt; *canto* gedeckt
couvrir *v* F überschneiden; *canto* decken
cover E Schalldecke; *corda* Umspinnung;
  str Überzug
~ title: Umschlagtitel
cover *v* E *canto* decken; *corda* umspinnen
~ with leather: beledern
covered E *corda* besponnen; umsponnen
~ finger-holes *pl legni* verdeckte Fingerlöcher
  → Fingerloch
~ length *pfte* Spinnlänge
covino *m* I *archi* Zäpfchen
cow E; ~ bell: Kuhglocke
~ horn: Stierhorn
C-partitúra U Einheitsschlüsselpartitur
crab E Krebs
~ canon: Krebskanon
~ fugue: Krebsfuge
crab-wise E krebsgängig
cracher *v* F *canna* spucken
cracoviak *m* F *bl* Krakowiak
cracoviana *f* I S *bl* Krakowiak
cracovienne *f* F *bl* Krakowiak
cradle song E Wiegenlied
craintif F *prescr* pauroso
cran *m* F *arpa* Rast
~ de l'F *vl* Querstrich
~ de soutien du couvercle *pfte* Rosette
crapaud *m* F pianoforte a un quarto di coda
creación *f* S Schaffen; Uraufführung
— primera ~ première
creador S schöpferisch; Schaffens-
crear *v* S schaffen
creare *v* I schaffen
create *v* E schaffen
créateur F schöpferisch; Schaffens-
creation E Schaffen
création *f* F Schaffen; Uraufführung
creative E schöpferisch; Schaffens-
~ period: Schaffensperiode
creativo I S schöpferisch; Schaffens-
crécelle *f* F Rassel; Ratsche
Credo *n* D ⟨Messe⟩
  E Credo
  F Credo *m*

I Credo *m*
S Credo *m*
U Credo
R кредо *n*
~ ⟨Glaubensbekenntnis⟩
  E Creed
  F Credo *m*
  I credo *m*
  S credo *m*
  U Hiszekegy
  R кредо *n*
credo *m* I S Credo
Creed E Credo
créer *v* F schaffen
Crescendo *n* D crescendo
crescendo E crescendo
~ roller *org* Rollschweller
crescendo *m* F crescendo; Steigerung; *org*
  Progressionsschweller
crescendo I *prescr*
  D crescendo, lauter werdend
  E crescendo, *"becoming louder"*
  F crescendo, *"en augmentant l'intensité"*
  S crescendo, *"creciendo (en intensidad)"*
  U crescendo, erősödve, erősítve
  R crescendo, крешендо, усиливая
crescendo *m* I
  D Crescendo *n*
  E crescendo
  F crescendo *m*
  S crescendo *m*
  U crescendo
  R *"crescendo" n*
~ ⟨intensificazione⟩ Steigerung
~ rotativo *org* Rollschweller
crescendo *m* S crescendo; Steigerung; *org*
  Progressionsschweller
crescendo U crescendo; *org* Progressionsschweller
crescendohenger U *org* Rollschweller
Crescendowalze *f* D *org* = Rollschweller
Crescendozug *m* D *org* = Rollschweller
crescent E Schellenbaum
crescere *v* I steigern; zu hoch → spielen;
  zu hoch → singen
crest E Wellenberg
cricoid cartilage E Ringknorpel
cricoides *m* S Ringknorpel
crines *f pl* S; ~ cerdas del arco: Bogenhaare
crini *m pl* I; ~ dell'arco: Bogenhaare
crins *m pl* F; ~ de l'archet: Bogenhaare
critic E critique
critica *f* I critique
~ musicale: Musikkritik
~ teatrale: critique théâtrale
crítica *f* S critique
~ musical: Musikkritik
~ teatral: critique théâtrale
critical E; ~ commentary: kritischer → Apparat
~ edition: kritische → Ausgabe
~ notes *pl* kritischer → Apparat
~ report: kritischer → Bericht

criticar *v* S rezensieren
criticare *v* I rezensieren
criticism E critique
criticize *v* E rezensieren
critico *m* I critique
∼ musicale: Musikkritiker
∼ teatrale: critique de théâtre
crítico *m* S critique
∼ musical: Musikkritiker
∼ teatral: critique de théâtre
critique *f* F
    D Kritik *f*
    E criticism, critique
    I critica *f*
    S crítica *f*
    U kritika, bírálat
    R критика *f*
∼ musicale: Musikkritik
∼ **théâtrale**
    D Theaterkritik *f*
    E theatre/drama criticism
    I critica *f* teatrale
    S crítica *f* teatral
    U színikritika
    R театральная критика *f*
critique *m* F
    D Kritiker *m*, Kritikerin *f*, Rezensent *m*, Rezensentin *f*
    E critic
    I critico *m*, critica *f*
    S crítico *m*, reseñador *m*
    U kritikus, bíráló
    R критик *m*
∼ **de théâtre**
    D Theaterkritiker *m*
    E theatre critic
    I critico *m* teatrale
    S crítico *m* teatral
    U színikritikus
    R театральный критик *m*
∼ musical: Musikkritiker
critiquer *v* F rezensieren
crivello *m* I; ∼ portacanne *org* Pfeifenbank
croche *f* F Achtelnote
— double. ∼ Sechzehntelnote
— quadruple ∼ Vierundsechzigstelnote
— quintuple ∼ Hundertachtundzwanzigstelnote
— triple ∼ Zweiunddreißigstelnote
crochet *m* F *arpa* Haken; *org* Intonierhaken
∼ de la barre de repos du marteau *pfte* Hammerleistenhaken
∼ de la note: Notenfahne
∼ du balancier *pfte* Repetierschenkelsperrhaken
∼ du pontet *tamb* Anhängehaken
∼ pour le doigt *ottoni* Fingerstütze
∼ pour tenir l'instrument *fag* Handhalter
croisement *m* F; ∼ des cordes *pfte* Kreuzbesaitung
∼ des mains *tasto* Handkreuzung
∼ des parties: Stimmkreuzung
∼ des voix: Stimmkreuzung; Stimmtausch

croiser *v* F kreuzen; *perc* überkreuz → schlagen; *pfte* übergreifen
croma *f* I S Achtelnote
cromatico I chromatisch
cromático S chromatisch
cromatismo *m* I S Chromatik
cromorne E *org* Krummhorn
cromorne E F Krummhorn
cromorno *m* I S Krummhorn
crook E *cor* Aufsatzbogen; *fag* das → S; *ottoni* Stimmbogen
croon *v* E *jazz*
    D *(eine bestimmte Weise, mit gedämpfter und belegter Stimme ins Mikrophon zu singen)*
    F *(dans le jazz, façon étouffée et sentimentale de chanter dans le micro)*
    I *(nella musica jazz, maniera di cantare sottovoce e con suono velato nel microfono)*
    S *(tipo de canto sentimental, susurrado ante el micrófono, de algunos cantantes de jazz)*
    U *(mikrofonba éneklés fojtott, fedett hangon)*
    R *(определённый способ пения в микрофон глухим и хрипловатым голосом)*
cross *v* E kreuzen
∼ (the hands) *pfte* übergreifen
cross-bar E Notenbalken; Querjoch; *pn* Plattenstrebe
cross-beat E *perc* Kreuzschlag
cross-beat *v* E *perc* überkreuz → schlagen
crossblock E *pfte* Damm
cross-fingering E *legni* Gabelgriff; Kombinationsgriff
cross-flute E Querflöte
crossing E; ∼ of hands *tasto* Handkreuzung
∼ of voices/parts: Stimmkreuzung
cross-related E querständig
cross-relation E Querstand
cross-rhythm E Gegenrhythmus
cross-stay E *ottoni* Quersteg; Stütze
cross-stringing E *pfte* Kreuzbesaitung
cross-strung E *pfte* kreuzsaitig
crotales *pl* E Fingercymbeln
crotales *f pl* F Fingercymbeln
crotales *pl* U Cymbeln antik
crotchet E Viertelnote; *arpa* Haken
∼ rest: Viertelpause
crotta *f* I Chrotta
crotta U Chrotta
croûte *f* F *camp* Gußhaut
crouth *m* F Chrotta
crow *v* E *fag*, *cl* krähen
crowd E Chrotta
crown E *camp* Glockenplatte
crowth E Chrotta
cruce *m* S; ∼ de manos *tasto* Handkreuzung
∼ de voces/partes: Stimmkreuzung
crumhorn E Krummhorn
crushed note E *orn* acciaccatura
cruzamiento *m* S; ∼ de voces/partes: Stimmkreuzung
cruzar *v* S kreuzen; *pfte* übergreifen
crwth E Chrotta

csa-csa-csa U *bl* cha-cha-cha
csak U soltanto
Csakan *m* D csákány
csákány U
    D Czakan *m*, Csakan *m* ⟨*der Blockflöte ähnliches ungarisches Instrument*⟩
    E *(Hungarian instrument similar to the recorder)*
    F *(instrument hongrois analogue à la flûte à bec)*
    I *(strumento ungherese simile al flauto dolce)*
    S *(instrumento húngaro semejante a la flauta dulce)*
    R *(венгерский народный инструмент типа блокфлейты)*
csalogány(regiszter) U *org* Nachtigallenzug
csap U Glockenzapfen; *fiati* Zapfen
Csardas *m* D *bl* csárdás
csárdás U *bl*
    D Czardas *m*, Csardas *m*
    E czardas
    F czardas *f*
    I czardas *f*, ciarda *f*
    S czardas *f*
    R чардаш *m*
csasztuska U частушка
csatorna U Kanal
csattogtató U Pritsche
csavar U *arco* Spannungsschraube; *camp* Schraube
— alsószártartó/emelőkartartó ∼ *pfte* Hebegliedkapselschraube
— húrfeszítő ∼ *tamb* Saitenschraube
— kalapácstengelytok-rögzítő ∼ *pfte* Hammerkapselschraube
— lökőnyelvszabályozó ∼ *pfte* Stoßzungenschraube
— nádszorító ∼ *cl* Blattschraube
— szerkezeterősítő ∼ *pfte* Mechanikbolzenschraube
— ütközőlécrögzítő ∼ *pfte* Schutzleistenschraube
csavaranya U *timp* Schraubenmutter
∼ az ütközőléchez *pfte* Stellschraubenmutter für Klaviaturpralleiste
— szerkezeterősítő ∼ *pfte* Mechanikbolzenmutter
csavarfej U *arco* Schraubenkopf
csavarszárny U *tamb* Schraubenflügel
C-Schlüssel *m* D
    E C clef
    F clef *f* d'ut
    I chiave *f* di do
    S clave *f* de do
    U C-kulcs
    R ключ *m* «до»
cselekmény U *teat* Handlung
cseleszta U celesta; *org* Celesta
csellista U cellista
cselló U violoncello
csembalista U clavicembalista; Clavierist
csembaló U clavicembalo

csembalómechanika U *pfte* Cembalomechanik
csembalóregiszter U *pfte* Cembaloregister
csendesfedett U *org* Stillgedeckt
csengeni *v* U bimmeln
csengettyű U Schalenglöckchen; Schelle
csengő U Schalenglöckchen; Schelle
csere U; enharmonikus ∼ enharmonische → Verwechslung
csiga U *vl* Schnecke
csilingelni *v* U bimmeln
csillapítani *v* U *perc* dämpfen
csillapítás U *ac* Dämpfung
csimpolya U *pop* = duda
csípőtámasz U *fag* Hüftstütze
csizma U canna ancía, *fag* Fuß
cső U *ottoni* Stimmbogen
— kónikus ∼ *ottoni* Stengelbohrung
csodagyermek U Wunderkind
csőharang U Röhrenglocken; Röhrenspiel
csökkenni *v* U nachlassen
csökkenő erővel U *prescr* decrescendo
csökkenteni *v* U; (hangerőt) ∼ abschwellen
csomópont U; (rezgési) ∼ Schwingungsknoten
csomóvonal U; Chladni-féle ∼ak: Klanglinien
csont U *arco* Platte
csontfuvola U Knochenflöte
csontsíp U Knochenpfeife
csőpneumatika U *org* Röhrenpneumatik
csoportkánon U Gruppenkanon
csőr U; blockflőte/egyenes fuvola ∼e: Blockflötenschnabel
csőrfuvola U Schnabelflöte
csörgetni *v* U rasseln
csörgő U Rassel; Schelle
csörgődob U *perc* Schellentrommel
csőtoldat U *ottoni* Stimmbogen
— mozgatható harmadik ∼ *trb* verstellbarer dritter → Ventilzug
csövecske U canna Röhrchen
csúcs U *arco* Spitze
— a ∼nál *prescr*, *vl* (an der) → Spitze
csúcsflóta U *org* Spitzflöte
csúcsoshárfa U Spitzharfe
csúcspont U Höhepunkt
csupán U soltanto
csűrdöngölő U *bl*
    D *(ungarischer Volkstanz)*
    E *(Hungarian folk-dance)*
    F *(danse populaire hongroise)*
    I *(danza popolare ungherese)*
    S *(danza popular húngara)*
    R *(венгерский народный танец)*
csúszás U *prescr* portamento
csúszka U *org* Schleife
csúszkaalapdeszka U *org* Fundamentaltafel
csúszkaláda U *org* Schleiflade
csúszkavájat U *org* Einschnitt
csúszva U *prescr* glissando
cuadern(ill)o *m* S Lage
cuadrada *f* S Doppeltaktnote
cuadrangular S canna vierkantig
cuadratura *f* S viertaktige → Periode
cuadrilla *f* S quadrille

cuadro m **de posiciones** S *legni* Grifftabelle
cuarta f S Quarte
~ aumentada: übermäßige → Quarte
~ disminuída/diminuta: verminderte → Quarte
~ justa: reine → Quarte
cuarteto m S quartetto
~ con piano: quartetto con pianoforte
~ de cuerda(s): quartetto d'archi
~ vocal: quartetto vocale
cuartifusa f S Hundertachtundzwanzigstelnote
cuarto m S; ~ de aderezos *teat* Requisitenkammer
~ de tono: Viertelton
cuatrillo m S Quartole
Cuban sticks pl E claves
cubierta f S Schalldecke; Trommelfellüberzug; *pfte* Hinterdeckel; Vorderdeckel
~ de calota giratoria *canna* Deckung durch Drehdeckel
~ de marfil *tasto* Elfenbeinbelag; Vorderteil des Tastenbelages
~ parcial *canna* Segmentdeckung
cubierto S bedeckt; *canto* gedeckt
cubreteclado m S *pfte* Tastenklappe
cubrir v S *canto* decken
cucchiaio m I; ~ azione smorzo *pfte* Dämpferlöffel
cuchara f **del apagador** S *pfte* Dämpferlöffel
cuckoo E Kuckuckspfeife
~ feeder *org* Doppelschöpfbalg
cuc(lill)o m S Kuckuckspfeife
cucú m S Kuckuckspfeife
cuculo m I Kuckuckspfeife
cue E Einsatz; Einsatzzeichen; Stichwort
~ notes pl Stichnoten
~ give v the ~ Einsatzzeichen geben; Stichwort geben
cue v E; ~ in: Einsatzzeichen geben; Stichwort geben
cueca f S *bl*
  D (*argentinischer Tanz*)
  E (*Argentinian dance*)
  F cueca f
  I (*danza argentina*)
  U (*argentin tánc*)
  R (*аргентинский танец*)
cuello m S *corda* Hals
~ con clavijas *arpa* Mechanikbogen
~ contraplacado *corda* gesperrter → Hals
— doble ~ *corda* Doppelhals
cuenco m S Kuppel
cuerda f S Saite; Rezitationston; *greg* Tenor
~s pl archi → arco, Saitensatz; Streichinstrumente
~ al aire: leere → Saite
~ alícuota: Resonanzsaite
~ con bola en el extremo *corda* Saite mit Kugel
~ con lazo corredizo *corda* Saite mit Schlinge
~ con núcleo metálico *corda* Kerndraht
~ con nudo en el extremo *corda* Saite mit Kugel

~s pl de acompañamiento: Begleitsaiten
~ de alambre: Stahlsaite
~ de campana: Glockenseil
~ de laúd: Lautensaite
~ de metal: Metallsaite
~ de mi *vl* E-Saite
~ de resonancia: Resonanzsaite
~ de tripa: Darmsaite
~s pl graves *pfte* Baßbezug
~ melódica: Melodiesaite
~ metálica: Klavierdraht; Metallsaite; Stahlsaite
~s pl para tensar los parches: Trommelleine
~ simpática: Resonanzsaite
~s pl simpáticas *lt* Baßchor
~s pl simples, no entorchadas *pfte* Blankbezug
~s pl vocales: Stimmbänder
~ de ~s cruzadas *pfte* kreuzsaitig
~ de ~s múltiples *corda* mehrchörig
~ de muchas ~s: vielsaitig
~ doble ~ *archi* Doppelgriff
~ semejante a la ~ *ton* streicherartig
cuerno m S Stierhorn
~ alpino: Alpenhorn
~ de caza: Jagdhorn; *org* Waldhorn
~ ruso de caza: russisches → Horn
cuero m S *perc* Schlagfell
~ del escape *pfte* Fangerleder
cuerpo m S *ancia* Hülse; *tamb* Zarge; *trbne* Korpus
~ central *fag* Mittelrohr; *fl. d.* Mittelstück
~ de la mano derecha *cl* Unterstück
~ de la mano izquierda *fag* Flügel
~ de recambio *cor* Aufsatzbogen
~ (de resonancia) *str* Korpus
~ (del tubo) *canna* Pfeifenkörper
~ inferior *cl* Unterstück; *fl. d.* Trommel
~ macizo: Vollholzkorpus
~ superior *cl* Oberstück; *fag* Flügel
~ gran *fag* Mittelrohr
cúg U *fam, trb* Ventilbogen; *fam, trbne* Zug
~ elsö [második, harmadik] *fam, trb* erster [zweiter, dritter] → Ventilbogen
cúgtrombita U *fam* Zugtrompete
cuiller f F *pfte* Stoßzungenprallhaken
~ de l'étouffoir *pfte* Dämpferlöffel
cuivre m F Blechbläser
~s pl das → Blech
cuivrer v F; ~ les sons *ottoni* stark → anblasen; schmettern
culasse f F *fag* Stiefel
culata f S *fag* Stiefel
cullando I
  D cullando, wiegend
  E cullando, "rocking"
  F cullando, en balançant, en berçant
  S cullando, "meciendo", "acunando"
  U cullando, ringatva
  R cullando, покачиваясь
culminating point E Höhepunkt
culto m S Gottesdienst

cuña *f* S *arco* Schlußkeil; Unterkeil; *canna ancia* Keil
~ de afinación *pfte* Stimmkeil
~ de la matriz *gram* matrice
cuneo *m* I Staccatokeil; *arco* Schlußkeil; *canna ancia* Keil
~ per l'accordatura *pfte* Stimmkeil
cunetta *f* I; ~ del sostegno del coperchio *pfte* Rosette
cup E *legni* Deckel; *ottoni* Kessel
cuplé *m* S couplet
cupo I düster
cupola *f* I Kuppel
cupped mouthpiece E *ottoni* Kesselmundstück
cúpula *f* S *teat* Kuppelhorizont
Currende *f* D = Kurrende
curso *m* S Klassenunterricht
~ colectivo: Gruppenunterricht
~ superior: Meisterklasse
curtail E Kortholt
curtailed note tone E *orn* verkürzter → Ton
curtain E Vorhang
~ (down)! Vorhang zu!
~ music: Zwischenaktmusik
~ (up)! Vorhang auf!
curtall E Kortholt
curva *f* I; ~ della meccanica *arpa* Mechanikbogen
~ di riverberazione: Nachhallkurve
curva *f* S; ~ central *vl* Mittelbügel
~ de la lengüeta *canna ancia* Aufwurf der Zunge
~ de la tabla de armonía *pfte* Resonanzbodenwölbung
~ de reverberación/resonancia: Nachhallkurve
~ inferior *vl* Unterbügel
~ superior *vl* Oberbügel
curvar *v* S *canna ancia* aufwerfen
curvare *v* I *canna ancia* aufwerfen
curvatura *f* I *corda* Wölbung
~ dell'ancia *canna ancia* Aufwurf der Zunge
~ della tavola armonica *pfte* Resonanzbodenwölbung
curvature of the soundboard E *pfte* Resonanzbodenwölbung
curve E; ~ of the tongue *canna ancia* Aufwurf der Zunge
curve *v* E *canna ancia* aufwerfen
curved E; ~ bow *arco* Rundbogen
~ cornett: krummer → Zink
~ headstock *camp* gekröpftes → Joch
~ mouthpiece: geschweifte → Spielseite
cuscinetto *m* I *cemb* Polster; *legni* Deckel; Klappenpolster
~ del cavalletto *pfte* Hebegliedsattelfilz
~ del tasto *pfte* Tastenpolster
~ della sbarra dello smorzo *pfte* Tangentenpolster
~ ferma-spingitore *pfte* Stoßzungenprallpolster
cuscino *m* i; ~ della sbarra del bilancino *pfte* Filzscheibe
cushion E *cemb* Polster

custodia *f* I étui; Windkapsel
Custos *m* D = Kustos
custos E U Kustos
custos *m* F S Kustos
cut E Einschnitt; Sprung; Streichung; Strich
~ version: gekürzte → Fassung
cut *v* E streichen
~ up *canna anima* aufschneiden
cut-away E eingebuchtet
~ guitar: guitarra con escotaduras
cut-off E; ~ (gesture/movement) *dir* Abschlag; Abschluß
cutting-up knife E *org* Intoniermesser
cut-up E *canna anima, fl. d.* Aufschnitt
cuvette *f* F *arpa* Fuß
cvikli U *arco* Zwickel
cycle E Kreis; Zyklus; *ac* Periode
~ s *pl* per second: Perioden pro Sekunde
cycle *m* F Kreis; Zyklus
~ de mélodies: Liederkreis
~ des quartes: Quartenzirkel
~ des quintes: Quintenzirkel
cyclorama E; ~ dome *teat* Kuppelhorizont
~ horizon *teat* Rundhorizont
cyclorama *m* F *teat* Rundhorizont
cylinder E Stiftwalze
cylindre *m* F Stiftwalze; Walze; *ottoni* Ventil; *trb* Ventilbogen
~ à rotation *ottoni* Drehventil
~ rotatif: Wechsel
cylindrical E *canna ancia* zylindrisch
~ bore: zylindrische → Bohrung
cylindrique F *canna ancia* zylindrisch
Cymbal *n* D cimbalom
cymbal E *org* Zimbel
~ s *pl* Becken
~ s *pl* at the rim *prescr* Becken auf den Rand
~ s *pl* clashed *prescr* Becken gewöhnlich
~ s *pl* in the air *prescr* Becken in der Luft
~ s *pl* in the centre/center *prescr* Becken auf die Kuppel
~ s *pl* let ring *prescr* Becken in der Luft
~ s *pl* lightly rubbed *prescr* Becken leicht berühren
~ s *pl* on the dome *prescr* Becken auf die Kuppel
~ player: Beckenschläger
~ stand: Beckenständer
~ star *org* Zimbelstern
~ stick *perc* Beckenschlegel
~ s *pl* undamped *prescr* Becken in der Luft
cymbales *f pl* F Becken; *org* Zimbel
~ antiques: Cymbeln antik
~ au bord *prescr* Becken auf den Rand
~ au milieu *prescr* Becken auf die Kuppel
~ chinoises: chinesisches → Becken
~ de concert: Konzertbecken
~ digitales: Fingercymbeln
~ en l'air *prescr* Becken in der Luft
~ frappées normalement *prescr* Becken gewöhnlich
~ frottées légèrement *prescr* Becken leicht berühren

~ militaires: Marschbecken
~ sur la bosse *prescr* Becken auf die Kuppel
~ sur le bord *prescr* Becken auf den Rand
~ sur tiges: Nietenbecken
~ suspendues: Becken freihängend
~ suspendues par une courroie: Becken am Riemen hängend
~ turques: türkisches → Becken
cymbal-holder E Beckenhalter
cymbalier *m* F Beckenschläger
cymbaliste *m* F Beckenschläger
Cymbal-Schlegel *m* D cimbalomütő
cymbalum *m* F cimbalom

Cymbeln *f pl* **antik** D
  E antique cymbals *pl*
  F cymbales *f pl* antiques
  I cimbali *m pl*
  S cimbalos *m pl* antiguos, cymbales *f pl* antiques
  U "cymbales antiques", krotál, crotales *pl*
  R древние цимбалы *pl*
cymbelstern E *org* Zimbelstern
cythare *f* **de table** F Brettzither
Czakan *m* D csákány
Czardas *m* D *bl* csárdás
czardas E *bl* csárdás
czardas *f* F I S *bl* csárdás

D

d *n* D *ton*
   E D (natural)
   F ré *m*
   I re *m*
   S re *m*
   U d
   R pe *n*
D E *ton* d
∼ double-flat *ton* deses
∼ double-sharp *ton* disis
∼ flat *ton* des
∼ major: D-Dur
∼ minor: d-Moll
∼ natural *ton* d
∼ sharp *ton* dis
"da capo" D; ∼ rufen *v* chiedere il → bis
da capo I
   D da capo, von Anfang
   E da capo, *"from the beginning"*
   F da capo, depuis le commencement
   S da capo, *"desde el comienzo"*
   U da capo, a kezdettől, elölről
   R da capo, с начала
Dacapo-Arie *f* D aria da capo
Dach *n* D *obs, vl* = Decke
Dachschweller *m* D *org*
   E nag's head swell
   F *(boîte expressive primitive dont les persiennes s'ouvraient et se fermaient de façon verticale)*
   I *(espressione a coperchio)*
   S *(cabeza de caja, primitiva caja expresiva del órgano cuya persiana subía o bajaba según el volumen requerido)*
   U tetőredöny
   R дахшвеллер *m*
dáctilo *m* S Daktylos
dactyl E Daktylos
dactyle *m* F Daktylos
dado *m* I; ∼ di sostegno per la lista ferma tastiera *pfte* Stellschraubenmutter für Klaviaturpralleiste
∼ per fianchetto meccanico *pfte* Mechanikbolzenmutter
daf R → дэф

daily hours *pl* E Stundengottesdienst
dajna R → дайна
daktilus U Daktylos
Daktylos *m* D
   E dactyl
   F dactyle *m*
   I dattilo *m*
   S dáctilo *m*
   U daktilus
   R дактиль *m*
dal U Gesang; Lied
∼ szöveg nélkül: Lied ohne Worte
— esti ∼ Abendlied
— farsangi ∼ Karnevalslied
— harci ∼ Kriegslied
— májusi ∼ Mailied
— népies ∼ volkstümliches → Lied
— refrénes ∼ Rundgesang
— strófikus ∼ Strophenlied
— tavaszi ∼ Frühlingslied
— udvari ∼ Hoflied
— világi ∼ tono humano
dalárda U Gesang(s)verein; Männergesang(s)-verein
dalciklus U Liederkreis
dalegylet U Gesang(s)verein; Männergesang(s)-verein
dalest U Liederabend
dalforma U Liedform
daljáték U Singspiel
dallam U Melodie; Weise
∼hoz tartozó: emmelisch
∼on kívüli: ekmelisch
— népi ∼ Volksweise
dallam- U melodisch
dallamcsúcsok *pl* U Melodiespitzen
dallamfordulat U melodische → Wendung
dallamhangszer U Melodie-Instrument
dallamhúr U Melodiesaite; *It* Sangsaite
dallamképzés U Melodiebildung
dallamkiadás U Melodieausgabe
dallammenet U melodische → Fortschreitung
dallamos U melodisch; melodiös
dallamosan U *prescr* cantabile
dallamtan U Melodielehre

dallamvonal U melodische → Linie
dalmotetta U Liedmotette
dalmű U *obs*
  D *(ungarische Bezeichnung für die Oper)*
  E *(Hungarian title for opera)*
  F *(terme hongrois pour désigner l'opéra)*
  I *(denominazione ungherese per melo-dramma)*
  S *(nombre húngaro de la ópera)*
  R *(венгерское обозначение оперы)*
dalnok U Rhapsode
dalocska U chansonnette; Liedchen
daloskönyv U Liederbuch
dalszerű(en) U liedhaft
dalszövegíró U Textdichter; Texter
Damm *m* D *pfte*
  E crossblock
  F barrage *m*
  I bancone *m*
  S barra *f*
  U gát
  R *(часть рояля, к которой прикреплена механика)*
~ *org*
  E bearer
  F faux-registre *m*
  I falsa stecca *f*
  S molinete *m*
  U gát
  R дамм *m*
Dammstück *n* D *org*
  E bearer
  F faux-registre *m*
  I falsa stecca *f*
  S soporte *m*
  U gátdarab
  R даммштюк *m*
Dammtiefe *f* D *pfte*
  E case depth
  F *(distance entre le côté intérieur de la barre de dièse et le fond du plateau)*
  I profondità *f* del bancone
  S altura/profundidad *f* de la caja
  U gátmélység, gátmagasság
  R *(расстояние между задней стенкой корпуса рояля и вынимающейся перед-ней частью)*
damp *v* E *perc, pfte* dämpfen
~ at once *perc* gleich/schnell → abdämpfen
— do not ~ *prescr, perc* klingen lassen
damper E Abdämpfung; *cemb, perc, pfte* Dämpfer
~ block *pfte* Dämpferpuppe
~ body *pfte* Dämpferarm
~ check rail *pfte* Dämpferpralleiste
~ drum *pfte* Dämpferpuppe
~ felts *pl pfte* Dämpferbüschel
~ head *pfte* Dämpferkopf
~ lever *pfte* Dämpferarm
~ lever centre pin *pfte* Dämpferachse
~ lever flange *pfte* Dämpferkapsel
~ lever wire *pfte* Dämpferdraht
~ lever wire flange *pfte* Stecherkapsel

~ lever wire flange screw *pfte* Stecherschraube
~ lift rod *pfte* Abhebestange
~ pedal *pfte* Fortepedal
~ plate: Abdämpfung; sordina
~ rail *tasto* Führungsleiste
~ spoon *pfte* Dämpferlöffel
~ spring *pfte* Dämpferfeder
~ stem *pfte* Dämpferarm
~ stem flange *pfte* Dämpferkapsel
~ stem wire *pfte* Dämpferdraht
~ stop rail *pfte* Schutzleiste
~ stop rail screw *pfte* Schutzleistenschraube
~ wire *pfte* Dämpferdraht
dämpfen *v* D *archi*
  E to mute
  F étouffer, mettre *v* la sourdine
  I mettere *v* la sordina
  S poner *v* la sordina, amortiguar
  U szordinálni, szordínót/hangfogót fel-tenni *v*
  R надеть *v* сурдину
~ *fiati*
  E to mute
  F étouffer, mettre *v* la sourdine
  I mettere *v* la sordina
  S poner *v* la sordina, amortiguar
  U tompítani, *fam* demfelni
  R глушить, вставить *v* сурдину
~ *pfte*
  E to damp
  F étouffer, mettre *v* la sourdine
  I mettere *v* la sordina
  S poner *v* la sordina
  U tompítani
  R глушить, приглушать
~ *perc*
  E to muffle, to choke, to damp
  F étouffer
  I velare, coprire
  S amortiguar, apagar
  U tompítani, *fam* demfelni
  R приглушать
Dämpfer *m* D *cemb*
  E damper
  F étouffoir *m*
  I smorzatore *m*
  S apagador *m*, sordina *f*
  U (hang)tompító, *fam* demfer
  R демпфер *m*
~ *fiati*
  E mute
  F sourdine *f*
  I sordina *f*
  S sordina *f*
  U hangfogó, szordínó, *fam* demfer
  R сурдина *f*
~ *perc*
  E damper, muffle
  F sourdine *f*
  I sordina *f*
  S sordina *f*
  U szordínó, hangtompító, *fam* demfer
  R глушитель *m*

~ pfte
E damper
F étouffoir m
I smorzo m, smorzatoio m, smorzatore m
S amortiguador m, apagador m
U tompító
R демпфер m, демпферная колодка f
~ vl sordina
~ ⟨Lautsprecher⟩
E baffle
F baffle m
I sordina f
S baffle m, pantalla f acústica
U hangtompító
R глушитель m
~ ab/weg fiati
E mute(s) off/cut
F ôter/enlever v la sourdine
I togliere v la sordina
S retirar v la sordina
U hangfogó(ka)t/szordinó(ka)t le
R снять v сурдину
~ absetzen fiati
E to remove mute(s), to take off mute(s)
F ôter/enlever v la sourdine
I togliere v la sordina
S retirar v la sordina
U hangfogó(ka)t/szordinó(ka)t levenni v
R снять v сурдину
— (allmählich) ~ aufsetzen fiati
E (gradually) muted, to put on mute (gradually)
F mettre v la sourdine (progressivement)
I mettere v (gradualmente) la sordina
S poner v la sordina (poco a poco)
U hangfogó(ka)t/szordinó(ka)t (fokozatosan) fel
R (постепенно) вставляя сурдину
— gerader ~ trb
E straight mute
F sourdine f droite
I sordina f diritta/ordinaria
S sordina f recta
U éles demfer
R обыкновенная сурдина f
— keinen/ohne ~ fiati
E without/no mute
F sans sourdine
I senza sordina
S sin sordina
U szordínó/fam demfer nélkül
R без сурдины
— mit ~ fiati, archi, perc
E muted
F étouffé, avec sourdine
I con sordina
S con sordina
U szordínóval, hangfogóval, fam demferrel
R с сурдиной
Dämpferachse f, Tangentenachse f D pfte
E damper lever centre pin, A: underlever flange center pin
F centre/axe m de l'étouffoir

I asse f/perno m dello smorzo
S eje m del apagador
U tompítócsapágytok tengelye
R ось f/штифт m демпферного капсюля
Dämpferarm m, Tangentenunterteil n D pfte
E damper lever/body/stem
F bras m/lame f de l'étouffoir
I braccio m/lista f porta-smorzo, braccio m dello smorzo
S brazo m del apagador
U tompítóalsótag
R демпферный рычаг m, демпфергальтер m
Dämpferbüschel m D pfte
E damper felts pl
F garniture f/coussin m de feutre de l'étouffoir
I feltri m pl dello smorzo
S fieltro m del apagador
U tompítónemez
R демпферная подушка f
Dämpferdraht m, Stecherdraht m D pfte
E damper lever wire, damper (stem) wire
F tige f de l'étouffoir
I ferro m della testa dello smorzo, filo m sostegno smorzatoio, asta f dello smorzo
S alambre m del apagador
U tompítódrót
R стержень m демпфера, демпферная проволока f
Dämpferfeder f D pfte
E damper spring
F ressort m de l'étouffoir
I molla f dello smorzo
S resorte m del apagador
U tompítórugó
R демпферная пружина f
Dämpferkapsel f, Tangentenkapsel f D pfte
E damper stem flange, damper lever flange, A: (under)lever flange
F fourche f de l'étouffoir
I forcola f dello smorzo
S horquilla f del apagador
U tompítócsapágytok, tompítókapszli
R демпферный капсюль m
Dämpferkopf m D pfte
E damper head
F tête f de l'étouffoir
I testa f dello smorzo
S cabeza f del apagador
U tompítófej
R демпферная головка f
Dämpferlade f D pfte
E underlever frame
F barre f de l'étouffoir
I sbarra f dello smorzo
S palanca f inferior del apagador
U tompítóhordozó
R контрклавиатура f
Dämpferladenfeder f D pfte
E underlever frame spring
F ressort m à spirale du levier inférieur de l'étouffoir

I molla *f* a spirale della sbarra dello smorzo
S resorte *m* de la palanca inferior del apagador
U tompítóhordozó rugója
R пружина *f* демпферного механизма

Dämpferlöffel *m* D *pfte*
E damper spoon
F cuiller *f* de l'étouffoir
I cucchiaio *m* azione smorzo
S cuchara *f* del apagador
U (hangfogó)kanál
R демпферная ложка *f*

Dämpferpralleiste *f* D *pfte*
E damper check rail, A: spring rail
F barre *f* d'arrêt de l'étouffoir avec garniture de feutre
I sbarra *f* arresta smorzo guarnita di feltro
S barra *f* de paro del apagador guarnecida de fieltro
U tompító ütközőléce
R демпферный лейстик *m*

Dämpferpuppe *f* D *pfte*
E damper block/drum
F tête *f* de l'étouffoir
I testa *f* dello smorzo/smorzatoio/smorzatore
S cabeza *f* del apagador
U tompítófej, *fam* puppe
R демпферная пупка *f*

Dämpfung *f* D *ac*
E attenuation, decay
F amortissement *m* du son
I smorzarsi *m* del suono
S ensordecimiento *m*, amortiguamiento *m*
U csillapítás
R приглушение *n* звука

dance E Tanz
~ band: Tanzkapelle; Tanzorchester
~ conservatory: Tanzschule
~ movement: Tanzsatz; *bl* ballabile
~ music: Tanzmusik
~ notation: Bewegungsschrift
~ number *bl* ballabile
~ orchestra: Tanzkapelle; Tanzorchester
~ step: Tanzschritt
Dance E; ~ of Death: Totentanz
dance *v* E tanzen
~ with: mittanzen
dance-like E tänzerisch; ballabile
dancer E Tänzer; Tänzerin
dancing E tänzerisch
~ lesson: Tanzstunde
~ master: Tanzlehrer
~ school: Tanzschule
danebengreifen *v* D
E to blunder, to fumble, to miss a note
F jouer *v* faux/à côté
I suonare *v* note false, *pop* steccare
S tocar *v* sucio, errar *v* la nota, hacer/tocar/dar *v* notas falsas
U melléfogni, melléütni
R брать *v* фальшивые ноты, ошибаться
dansant F ballabile; tänzerisch

danse *f* F Tanz
~ à figures: Figurentanz
~ artistique: Kunsttanz
~ aux flambeaux: Fackeltanz
~ champêtre: Bauerntanz
~ d'épée: Schwerttanz
~ de cour: Hoftanz
~ de haïdouks: hajdútánc
~ de société/salon: Gesellschaftstanz
~ des morts: Totentanz
~ des sorcières: Hexentanz
~ folklorique: Volkstanz
~ macabre: Totentanz
~ par couples: Paartanz
~ paysanne: Bauerntanz
~ populaire: Volkstanz
~ rustique: Bauerntanz
~ sautée: Springtanz
~ sur pointes: Spitzentanz
~ villageoise: Bauerntanz
— basse ~ ⟨15—16. *sec*⟩ D *(französischer Hoftanz)*
E "basse danse"
I bassa danza *f*
S "basse danse" *f*, baja *f*
U basse danse
R басданс *m*
dansé F; apte à être ~ ballabile
danser *v* F tanzen
~ avec: mittanzen
danseur *m* F; ~ de ballet: Tänzer
~ de claquettes: Steptänzer
~ de flamenco: bailador
~ étoile: ballerino
— premier ~ primo → ballerino
danseuse *f* F ballerina; Ballettmädchen
~ de ballet: Tänzerin
~ de claquettes: Steptänzerin
— première ~ prima → ballerina
danza *f* I Tanz
~ a coppie: Paartanz
~ d'arte: Kunsttanz
~ da sala da ballo: Gesellschaftstanz
~ degli haiduchi: hajdútánc
~ dei morti: Totentanz
~ della spada: Schwerttanz
~ delle fiaccole: Fackeltanz
~ delle streghe: Hexentanz
~ di corte: Hoftanz
~ figurata: Figurentanz
~ in tondo: Rundtanz; Reigen
~ popolare: Volkstanz
~ rustica: Bauerntanz
~ saltata: Springtanz
~ sulle punte: Spitzentanz
— bassa ~ basse → danse
— di ~ tänzerisch
danza *f* S Tanz
~ artística: Kunsttanz
~ campesina: Bauerntanz
~ cortesana: Hoftanz
~ de aldeanos: Bauerntanz
~ de antorchas: Fackeltanz

~ de espadas: Schwerttanz
~ de jeduques: hajdútánc
~ de la muerte: Totentanz
~ de las brujas: Hexentanz
~ de pareja: Paartanz
~ en redondo: Rundtanz; Reigen
~ figurada: Figurentanz
~ folklórica: Volkstanz
~ macabra: Totentanz
~ popular: Volkstanz
~ rústica: Bauerntanz
~ saltada: Springtanz
danzante *m* I; ~ di flamenco: bailador
danzante *m* S Tänzer
danzar *v* S tanzen
danzare *v* I tanzen; hopsen
~ lo step/le clachette/il tip-tap: steppen
danzarín *m* S Tänzer
danzarina *f* S Tänzerin
danzatore *m* I Tänzer
danzatrice *f* I Tänzerin
dap R → дэф
dar *v* S; ~ notas falsas: danebengreifen
darab U Stück
— alkalmi ~ Gelegenheitsstück
— bevezető ~ intrada
— együttesre írt ~ morceau d' → ensemble
— énekhangra írt ~ Gesangsstück
— fúvószenekarra írt ~ Harmoniestück
— hangszeres ~ Handstück
Darabuka *f* D
E darabuka, Arabic drum
F darbukka *m*
I darabukke *m*
S darbuka *f*
U dar(a)bukka
R дарабука *f*
darabuka E Darabuka
darabukka U Darabuka
darabukke *m* I Darabuka
Darbietung *f* D = Aufführung; Interpretation; Vortrag
darbucca E arabische → Trommel
darbuka *f* S Darabuka
darbukka *m* F Darabuka
darbukka U Darabuka
Darmsaite *f* D
E (cat)gut string
F corde *f* de boyau
I corda *f* di minugia/budello
S cuerda *f* de tripa
U bélhúr
R жильная струна *f*
Darsteller *m*, **Darstellerin** *f* D
E actor *m*, actress *f*, singer
F interprète *m* + *f*, chanteur *m*, chanteuse *f*, acteur *m*, actrice *f*
I attore *m*, attrice *f*
S intérprete *m*+*f*, actor *m*, actriz *f*, cantor *m*, cantatriz *f*
U előadóművész(nő)
R исполнитель *m*, исполнительница *f*

Daseian notation E Dasian-Notation
dash E Staccatokeil
Dasian-Notation *f* D
E Daseian notation
F notation *f* dasienne
I notazione *f* dasiana
S notación *f* daciana
U daseia hangjegyírás
R дазианская нотация *f*
dastan R → дастан
data *f* I; ~ di copyright: Copyright-Datum
~ di pubblicazione: Erscheinungsdatum
date E; ~ of copyright: Copyright-Datum
~ of publication: Erscheinungsdatum
date *f* F; ~ de copyright: Copyright-Datum
~ d'édition: Erscheinungsdatum
dattilo *m* I Daktylos
Dauer *f* D = Tondauer
Dauerton *m* D
E continuous tone
F son *m* continu
I suono *m* continuo
S sonido *m* continuo
U kitartott hang
R выдержанный звук *m*
Daumen-Aufsatz *m* D *vc*
E thumb position
F position *f* du pouce
I capotasto *m*
S posición *f* del pulgar
U hüvelykfekvés
R ставка *f*
Daumenhalter *m* D *fl*
E thumb support
F support *m* du pouce
I supporto *m* del pollice
S soporte *m* del pulgar
U hüvelyk(ujj)támasz
R поддержка *f* для большого пальца
Daumenklappe *f* D *legni*
E thumb-key
F clef *f* du pouce
I chiave *f* del pollice
S llave *m* del pulgar
U hüvelykbillentyű
R клапан *m* для большого пальца
Daumenleder *n* D *arco*
E thumb-grip
F garniture *f* en cuir
I appoggio *m* per il pollice ⟨*parte in pelle della legatura*⟩
S empuñadura *f*
U bőr(özés)
R кожица *f* для большого пальца
Daumenloch *n* D *legni*
E thumb hole
F trou *m* du pouce
I foro *m* del pollice
S orificio *m* del pulgar
U hüvelyklyuk
R октавное отверстие *n*
Daumenring *m* D *ottoni*
E thumb-hold

F anneau *m* du pouce
I anello *m* del pollice
S anillo *m* del pulgar
U hüvelykujjtartó gyűrű
R кнопка *f* для большого пальца
Daumenuntersatz *m* D *tasto*
E putting (the thumb) under
F passage *m* du pouce
I passaggio *m* del pollice
S pasaje *m* del pulgar
U hüvelykujj alátétele
R подкладывание *n* большого пальца
D-Dur *n* D
E D major
F ré *m* majeur
I re *m* maggiore
S re *m* mayor
U D-dúr
R pe *n* мажор
D-dúr U D-Dur
dead E echofrei; schalltot; unterakustisch
~ interval: totes → Intervall
~ march: Trauermarsch
~ room: schalltoter → Raum
débil S matt; *prescr* debole
debilitamiento *m* S; ~ (de la voz/del sonido): Absprache
~ progresivo de las vibraciones: Ausschwingungsvorgang
debole I matt
~ *prescr*
D debole, schwach
E debole, *"weak"*
F debole, faible
S debole, débil
U debole, *"gyenge"*
R debole, «*слабо*»
debole S *prescr* debole
— più ~ più → debolmente
debolmente I; **più ~, svanendo**
D più debolmente, schwächer, verlöschend
E più debolmente, *"weaker"*, *"fainter"*
F più debolmente, plus faiblement
S più debolmente, svanendo, più debole, desvaneciéndose
U più debolmente, gyengébben, halkabban
R più debolmente, слабее, тише
Debut *n* D début
debut E début
— make *v* one's ~ débuter
début *m* F
D Debut *n*
E debut, first appearance
I esordio *m*, debutto *m*
S debut *m*, presentación *f*
U bemutatkozás, első fellépés, début
R дебют *m*
debut *m* S début
debütálni *v* U débuter
debutar *v* S débuter
débuter *v* F
D debütieren
E to make one's debut/first appearance

I esordire, debuttare
S debutar, presentarse
U bemutatkozni, először fellépni, debütálni
R дебютировать
debütieren *v* D débuter
debuttare *v* I débuter
debutto *m* I début
décalage *m* **de phase** F Phasenunterschied
décaler *v* F nachhinken
decani E
D *(in der anglikanischen Kirche der Halbchor auf der südlichen Seite des Kirchenchors)*
F *(dans l'église anglicane le demi-chœur qui se tient au sud)*
I *(nella chiesa anglicana denominazione del semicoro situato nel lato meridionale della cattedrale)*
S *(hemicoro de la iglesia anglicana, situado del lado meridional)*
U *(a templomkórus déli oldalán elhelyezkedő félkórus az anglikán templomban)*
R *(в англиканской церкви полухорие, находящееся на южной стороне)*
decay E *ac* Dämpfung
~ (of speech/tone): Absprache; Ausschwingungsvorgang
~ time: Ausschwingzeit
decay *v* E *ac* abklingen
deceptive E Schein-
~ cadence: Trugschluß
~ imitation: Scheinimitation
déchant *m* F Diskant
déchiffrer *v* F vom → Blatt singen; vom → Blatt spielen
decibel E U Dezibel
décibel *m* F Dezibel
dccibel *m* I S Dezibel
décidé F *prescr* deciso
— très ~ *prescr* decisissimo
decididamente S *prescr* deciso
decididísimo S *prescr* decisissimo
decidido S *prescr* deciso
— muy ~ *prescr* decisissimo
decima *f* I Dezime
décima *f* S Dezime
decima U Dezime
— szeptimás ~ *org* Septimadecima
decimanona *f* 1 1/3' I *org* Quinteineindrittelfuß
decimaquinta *f* I *org* doublette
decimasettima *f* I *org* Septimadecima
decimina *f* I Dezimole
decimino *m* I Dezett
decimola U Dezimole
decisamente I *prescr* → deciso
decisissimo I *prescr*
D decisissimo, sehr bestimmt
E decisissimo, *"very decisive"*
F decisissimo, très décidé
S decisissimo, decididísimo, muy decidido
U decisissimo, *"nagyon határozottan"*, *"a leghatározottabban"*
R decisissimo, очень решительно

deciso, decisamente I *prescr*
  D deciso, decisamente, entschieden, bestimmt
  E deciso, decisamente, *"resolute(ly)"*, *"decisive(ly)"*
  F deciso, decisamente, décidé, avec résolution
  S deciso, decisamente, decidido, decididamente
  U deciso, decisamente, határozottan
  R deciso, decisamente, решительно, определённо

Decke *f* D *vl*
  E table, belly
  F table *f* (d'harmonie)
  I tavola *f* armonica
  S tapa *f*, tabla *f* de armonía
  U tető, has
  R верхняя дека/крышка *f*

Deckel *m* D *canna* = Hut; *pfte* = Flügeldeckel; Klavierdeckel
~ *legni* ⟨*Klappe*⟩
  E plate, cup
  F plateau *m*
  I cuscinetto *m*
  S taza *f*, casquete *m*
  U (billentyű)fedő
  R подушечка *f*, прикрывающая звуковое отверстие

Deckelstütze *f* D *pfte*
  E propstick, lid stay
  F support *m* du couvercle
  I stanga *f* del coperchio, asta *f* di sostegno del coperchio, bastone *m* di sostegno
  S soporte *m*, puntero *m*
  U tetőkitámasztó (rúd), kitámasztórúd
  R палка-подпорка *f*

decken *v* D *canto*
  E to cover
  F couvrir
  I scurire
  S cubrir
  U fedni
  R прикрывать *v* звук
~ *canna*
  E to stop
  F fermer, boucher
  I tappare
  S cerrar, tapar
  U fedni
  R прикрывать

Deckung *f* D *org*
  E cap
  F calotte *f*
  I tuba *f*
  S calota *f*, sombrero *m*
  U fedés
  R покрытие *n*
~ durch **Drehdeckel** *canna*
  E cap with turning cover
  F couvercle *m* conique avec trous latéraux
  I coperchio *m* conico girevole con fori laterali

  S cubierta *f* de calota giratoria
  U fedés csavarófedővel
  R покрытие *n* с полукруглой крышечкой

Deckungsformen *f pl* D *canna*
  E types *pl* of resonator tuners, cap types *pl*
  F formes *f pl* des résonateurs, types *m pl* de tuyaux bouchés
  I forme *f pl* delle sommità
  S formas *f pl* de chimeneas/calotas/tapadillos
  U fedélformák
  R формы *f pl* покрытий

declaim *v* E deklamieren

declamación *f* S Deklamation; Rezitation
~ melismática *greg* melismatische → Deklamation
~ silábica *greg* syllabische → Deklamation

declamador *m* S Vortragskünstler

declamar *v* S deklamieren; rezitieren

declamare *v* I deklamieren; rezitieren

déclamateur *m* F Vortragskünstler

declamation E Deklamation

déclamation *f* F Deklamation; Rezitation
~ mélismatique *greg* melismatische → Deklamation
~ syllabique *greg* syllabische → Deklamation

declamato *m* I Deklamationsstil

declamatory style E Deklamationsstil

declamazione *f* I Deklamation
~ corale: Chorrezitation
~ melismatica *greg* melismatische → Deklamation
~ sillabica *greg* syllabische → Deklamation

déclamer *v* F deklamieren; rezitieren

décomposer *v* F zergliedern; *dir* unterteilen

décor E *teat* Bühnenbild; Dekoration

décor *m* F *teat* Bühnenbild; Dekoration; Versatzstücke
~ d'intérieur *teat* Zimmerdekoration
~ sonore: Geräuschkulisse

decoración *f* S Verzierung

decorado S verziert

decorado *m* S *teat* Bühnenbild; Dekoration

decorar *v* S verzieren

decorate *v* E umspielen; verzieren

decorated E verziert
~ cantus firmus: ausgezierter → Cantus firmus

décorateur *m* F *teat* Bühnenbildner
~ exécutant *teat* Bühnenmaler

decoratore *m* I *teat* Bühnenmaler

décoré F verziert

découpe *f* de l'ouïe F *archi* F-Lochquerkerbe

decrease *v* E abschwellen

Decrescendo *m* D decrescendo

decrescendo I *prescr*
  D decrescendo, leiser werdend
  E decrescendo, *"becoming softer"*
  F decrescendo, *"en diminuant"*
  S decrescendo, diminuendo, disminuyendo
  U decrescendo, elhalkulva, csökkenő erővel
  R decrescendo, декрешендо, постепенно ослабляя

decrescendo *m* I
    D Decrescendo *m*, Abschwellen *n*
    E decrescendo
    F decrescendo *m*
    S decrescendo *m*
    U decrescendo
    R декрешендо
decuplet E Dezimole
dedeo *m* S Griffnotation
dedication of a bell E Glockenweihe
dedo *m* S Finger
dédoublement *m* F *org* Doublettensystem
deep E tief
  ∼ bass *obs*, *canto* basse-contre
défaut *m* **de l'ouïe** F Gehörfehler
defecto *m* **auditivo** S Gehörfehler
Deff *m* D дэф
deff E дэф
deff *m* F S дэф
deficient E; ∼ in harmonics: obertonarm
definite pitch E bestimmte → Tonhöhe
  — of ∼ abgestimmt
definitive edition E endgültige → Ausgabe
dégagé F *prescr* sciolto
degré *m* F Stufe; *ton* Schritt
  ∼s *pl* naturels: Stammstufen
  — deuxième/second ∼ Dominantseptakkord
    ohne Grundton zur Tonikaparallele
  — par ∼s conjoints *ton* schrittweise
  — septième ∼ Dominantseptakkord ohne
    Grundton
degree E Stufe
  ∼ of consonance: Klangverschmelzung
  ∼s progression: Stufengang
dejar *v* S *tasto* loslassen; *ton* verlassen
deklamáció U Deklamation
  — melizmatikus ∼ *greg* melismatische →
    Deklamation
  — szillabikus ∼ *greg* syllabische → Deklama-
    tion
deklamálni *v* U deklamieren
Deklamation *f* D
    E declamation
    F déclamation *f*
    I declamazione *f*
    S declamación *f*, recitación *f*
    U deklamáció, szavalás
    R декламация *f*
  — **melismatische** ∼ *greg*
    E melismatic declamation
    F déclamation *f* mélismatique
    I declamazione *f* melismatica
    S declamación/recitación *f* melismática
    U melizmatikus deklamáció
    R мелизматическое декламационное пе-
    ние *n*
  — **syllabische** ∼ *greg*
    E syllabic declamation
    F déclamation *f* syllabique
    I declamazione *f* sillabica
    S declamación/recitación *f* silábica
    U szillabikus deklamáció
    R силлабическое декламационное пение *n*

Deklamationsstil *m* D
    E declamatory style
    F style *m* déclamatoire
    I stile *m* declamatorio, declamato *m*
    S estilo *m* declamatorio
    U deklamáló stílus
    R декламационный стиль *m*
deklamieren *v* D
    E to declaim
    F déclamer
    I declamare
    S declamar, recitar
    U deklamálni, szavalni
    R декламировать
dekoráció U *teat* Dekoration
Dekoration *f* D *teat*
    E setting, décor, scenery
    F décor *m*
    I scene *f pl*, scenografia *f*
    S decorado *m*
    U dekoráció, díszlet
    R декорация *f*
Dekorationsprobe *f* D *teat*
    E scenery rehearsal
    F répétition *f* avec les décors
    I prova *f* delle scene
    S ensayo *m* con/de decorados
    U díszletes próba
    R репетиция *f* при декорациях
delayed cadence E aufgehaltene → Kadenz
delgado S dünn
deliberatamente I *prescr*
    D deliberatamente, bedächtig
    E deliberatamente, "*steady*", "*unhurried*"
    F deliberatamente, "*régulier*", "*sans hâte*"
    S deliberatamente, "*regular*", "*sin prisa*"
    U deliberatamente, "*megfontoltan*"
    R deliberatamente, размеренно, спокойно
delicadamente S *prescr* delicato
delicadísimo S *prescr* delicatissimo
delicado S delicato
délicat F *prescr* delicato
delicatamente I *prescr* = delicato
délicatement F; le plus ∼ possible *prescr* delicatissimo
délicatesse *f* F; avec ∼ *prescr* delicato
delicatezza *f* I; con ∼ = delicato
delicatissimo I *prescr*
    D delicatissimo, möglichst zart
    E delicatissimo, "*as delicately as possible*"
    F delicatissimo, le plus délicatement pos-
    sible
    S delicatissimo, delicadísimo
    U delicatissimo, "*nagyon finoman*"
    R delicatissimo, «с наибольшей нежнос-
    тью»
delicato, delicatamente I *prescr*
    D delicato, delicatamente, zart
    E delicato, delicatamente, "*delicate(ly)*"
    F delicato, delicatamente, délicat, avec
    délicatesse
    S delicato, delicatamente, delicado, deli-
    cadamente

U delicato, delicatamente, *"finoman"*,
"gyöngéden"
R delicato, delicatamente, изящно, «утон-
чённо»
délié F frei
démancher *v* F *corda*
  D demanchieren
  E to shift (the position)
  I smanicare
  S démancher, cambiar *v* la posición
  U (fekvést) váltani
  R менять *v* позицию
demanchieren *v* D *corda* démancher
demandé F; ∼ par le texte: wortgezeugt
demasiado S troppo
 — no ∼ ma non → tanto
demestvennoe penie R демественное → пение
demfelni *v* U *fam, fiati, perc* dämpfen
demfelve U *fam, fiati, archi, perc* gedämpft
demfer U *fam, cemb, fiati, perc* Dämpfer
 ∼ nélkül *fiati* keinen → Dämpfer
 ∼rel *fiati, archi, perc* mit → Dämpfer
 — egyenes ∼ *fiati* Spitzdämpfer
 — éles ∼ *trb* gerader → Dämpfer
 — hus-hus ∼ *trb* Husch-Dämpfer
 — kettős ∼ *fiati* Doppeldämpfer; *trb* Doppelkegel-Dämpfer
 — puhakarton ∼ *fiati* weicher → Kartondämpfer
 — wau-wau ∼ *trb* Wau-wau-Dämpfer
demi-bouché F *canna* halbgedeckt
demi-cadence *f* F Halbkadenz; Halbschluß
demi-jeu *m* F *org* = registre incomplet
 ∼x *pl org* halbierte → Stimmen
demi-obturation *f* F *fl. d.* Halbdeckung
demi-pause *f* F halbe → Pause
demi-période *f* F Halbsatz
demisemiquaver E Zweiunddreißigstelnote
 ∼ rest: Zweiunddreißigstelpause
demi-soupir *m* F Achtelpause
demi-ton *m* F Halbton
 ∼ chromatique ascendant: übermäßige →
   Prim
 ∼ chromatique descendant: verminderte →
   Prim
 — grand ∼ großer → Halbton
 — petit ∼ kleiner → Halbton
 — sans ∼ anhemitonisch
dempfer U = demfer
Denkmäler *n pl* D; **musikalische** ∼
  E monumenta *pl*, historical editions *pl*
  F monuments *m pl* musicaux
  I monumenti *m pl* musicali, edizioni *f pl*
   storiche
  S monumentos *m pl*, ediciones *f pl* monumentales
  U zenei emlékek *pl*, történeti kiadások *pl*
  R музыкальные памятники *m pl*
denominazioni *f pl* **delle note** I Notennamen
densidad *f* **acústica** S Schalldichte
densità *f* **sonora** I Schalldichte
densité *f* **d'énergie sonore** F Schalldichte
dent *f* F Zahn; *org* Kernstich

 — faire *v* des ∼s *org* Kernstiche machen
dentar *v* S *org* Kernstiche machen
dente *m* I Zahn; *org* Kernstich
 — incidere *v* denti *org* Kernstiche machen
déphasage *m* F Phasenverschiebung
déplacement *m* **d'accent** F Akzentverschiebung
deposito *m* **attrezzi** I *teat* Requisitenkammer
depósito *m* S *org* Magazinbalg
depress *v* E *corda, tasto* niederdrücken
depth of touch E *tasto* Spieltiefe
deputy conductor E concertatore
derechos *m pl* S; ∼ de autor: copyright; Tantiemen; → S.G.A.E.
 ∼ de ejecución: Aufführungsrecht
 ∼ de representación *teat* Bühnenrechte
derivación *f* S Ableitung; *dod* abgeleitete →
  Reihe
derivado S abgeleitet
derivar *v* S ableiten
derivare *v* I ableiten
derivation E Ableitung
dérivation *f* F Ableitung
derivato I abgeleitet
derivazione *f* I Ableitung
derive *v* E ableiten
dérivé F abgeleitet
derived E abgeleitet
 ∼ row/series *dod* abgeleitete → Reihe
dériver *v* F ableiten
des *n* D *ton*
  E D flat
  F ré *m* bémol
  I re *m* bemolle
  S re *m* bemol
  U desz
  R ре-бемоль *m*
désaccord *m* F Verstimmung
désaccordé F verstimmt
désaccorder *v* F verstimmen
desafinación *f* S Verstimmung
desafinado S verstimmt
desafinar *v* S verstimmen; unrein → singen
desagüe *m* S *fag, ottoni* Wasserausguß
 ∼ automático de la boquilla *fag* automatische → Entwässerung
desarrollar *v* S durchführen; *orn* ausschreiben
desarrollo *m* S Durchführung; Fortspinnung
 ∼ temático: Durchführung
descanso *m* **del martillo** S *pfte* Hammerklotz
descant E Diskant
 ∼ recorder: Sopranblockflöte
descantillar *v* S *org* Kernstiche machen
descend *v* E absteigen
descendant F; en ∼ absteigend; abwärts
descendente S absteigend
descender *v* S absteigen
descendiendo S abwärts
descending E absteigend; abwärts
descendre *v* F absteigen
 ∼ du do dièse au do naturel *prescr, timp*
  Cis nach C zurückstimmen → Pauke
descenso *m* S Abstieg; Fall; *ton* Erniedrigung
 ∼ de la tecla *tasto* Spieltiefe

$\sim$ de tercera: Terzfall
descent E Abstieg
descente *f* F Abstieg
$\sim$ d'une tierce: Terzfall
descomponer *v* S *dir* unterteilen
desentonar *v* S *canto* detonieren
deses *n* D *ton*
   E D double-flat
   F ré *m* double bémol
   I re *m* doppio bemolle
   S re *m* doble bemol
   U deszesz
   R ре-дубль-бемоль *m*
desesperación *f* S; con $\sim$ *prescr* disperato
desesperadamente S *prescr* disperato
desesperado S *prescr* disperato
désespéré F *prescr* disperato
désespoir *m* F; avec $\sim$ *prescr* disperato
design E Form; *teat* Bühnenbild
désignation *f* F; $\sim$ des degrés: Stufenbezeichnung
  $\sim$ des notes par lettres ou syllabes: Tonbezeichnung
designazione *f* I; $\sim$ delle note con lettere o sillabe: Tonbezeichnung
desintegración *f* de la tonalidad S Auflösung
der Tonalität
désintégration *f* de la tonalité F Auflösung der
Tonalität
desk E Pult; *pfte* Notenpult
  $\sim$ (for stage bands) *teat* Bühnenpult
desplazamiento *m* de acento S Akzentverschiebung
desplazar *v* S *org* verführen
dessous *m* F *teat* Versenkung
dessus *m* F Diskant; Höhe
destacado S betont; *prescr, archi* détaché
destacar *v* S abstoßen; betonen; granire le
note
destreza *f* S Fertigkeit
desvanecerse *v* S *ac* abklingen; *corda* ausschwingen
desvaneciéndose S più → debolmente
desz U *ton* des
deszesz U *ton* deses
deszka U; összehajló $\sim$ *org* Faltenbrett
— tengelytartó $\sim$ *org* Wellenbrett
deszkaburok U *org* Falte
— befelé hajló $\sim$ *org* einwärtsgehende → Falte
— kifelé hajló $\sim$ *org* auswärtsgehende → Falte
detach *v* E abstoßen
détaché F *prescr* staccato
 $\sim$ *prescr, archi*
   D détaché, abgesetzt
   E détaché
   I staccato, spiccato
   S destacado
   U détaché
   R деташе
— très $\sim$ *prescr* staccatissimo
detached E *prescr* staccato
$\sim$ console *org* freistehender → Spieltisch
détacher *v* F absetzen; abstoßen; granire le note

detectable E; $\sim$ pitch interval discrimination:
Tonunterscheidungsvermögen
detención *f* S Stillstand
détendre *v* F entspannen; nachlassen; *arco,
timp* lockern
détente *f* F Entspannung
detonieren *v* D *canto*
   E to waver in pitch, to sing off pitch
   F détonner
   I stonare
   S desentonar
   U disztonálni
   R детонировать
détonner *v* F unrein, → singen; *canto* detonieren
dettato *m* musicale I Musikdiktat
deutlich D
   E clear, distinct
   F distinct, clair
   I chiaro, distinto
   S claro, distinto
   U világos, tiszta
   R отчётливый
$\sim$ *prescr* chiaro
deux fois F a due volte → volta
develop *v* E durchführen
development E Durchführung
  $\sim$ section: Durchführungsteil
  $\sim$ technique: Durchführungstechnik
développement *m* F Durchführung; Fortspinnung
  $\sim$ de l'oreille: Gehörbildung
  $\sim$ thématique: Durchführung
développer *v* F durchführen
devices *pl* E Künste
Devisenarie *f* D aria con prolepsi
devizaária U aria con prolepsi
devotamente I *prescr* = devoto
devoto, devotamente I *prescr*
   D devoto, devotamente, andächtig
   E devoto, devotamente, "*devout(ly)*"
   F devoto, devotamente, pieusement
   S devoto, devotamente
   U devoto, devotamente, "*áhítatosan*", áhí-
tattal
   R devoto, devotamente, «*благоговейно*»
devozione *f* I; con $\sim$ = devoto
dextérité *f* F Fertigkeit
dexterity E Fertigkeit; Fingerfertigkeit
Dezett *n* D
   E *(work for ten players)*
   F dixtuor *m*
   I decimino *m*
   S *(composición para diez ejecutantes)*
   U *(tíz játékosra írt mű)*
   R децимет *m*
Dezibel *n* D
   E decibel
   F décibel *m*
   I decibel *m*
   S decibel *m*
   U decibel
   R децибел *m*

Dezime *f* D
  E tenth
  F dixième *f*
  I decima *f*
  S décima *f*
  U decima
  R децима *f*
~ *camp*
  E nominal tone
  F son *m* nominal
  I decima *f*
  S son *m* nominal
  U alaphang, meghatározott hang(magasság)
  R децима *f* ⟨*как один из обертонов колокола*⟩
Dezimole *f* D
  E decuplet
  F dixtuolet *m*
  I decimina *f*
  S diecillo *m*
  U decimola
  R децимоль *f*
diadalének U Päan
diafon U *org* Diaphon
diafonia *f* I Diaphonie
diafonía *f* S Diaphonie
diafónia U Diaphonie
diafragma *m* S *gram* Schalldose
diaframma *m* I *gram* Schalldose
Diagonalbalg *m* D *org*
  E hinged bellows *pl*
  F soufflet *m* à éclisses
  I mantice *m* diagonale
  S fuelle *m* diagonal
  U diagonálfúvó
  R диагональный мех *m*
diagonal bellows *pl* E *org* Keilbalg
diagonálfúvó U *org* Diagonalbalg
diagram E; ~ notation: Diagramm-Notation
Diagramm-Notation *f* D
  E diagram notation
  F notation *f* diagrammatique
  I notazione *f* per diagrammi
  S notación *f* diagramática
  U diagramnotáció
  R графическая нотация *f*
diagramnotáció U Diagramm-Notation
diákdal U Studentenlied
Dialog *m* D
  E dialogue
  F dialogue *m*
  I dialogo *m*
  S diálogo *m*
  U dialógus
  R диалог *m*
dialogo *m* I Dialog
diálogo *m* S Dialog
dialogue E Dialog
dialogue *m* F Dialog
dialógus U Dialog
diamètre *m* F *camp* Schärfe
diana *f* I S *mil* réveii

diapason E *lt* Baßchor; *org* Äqual; Prinzipal
  ~ bass *arm* cor anglais 8'
  ~ treble *arm* flûte 8'
diapason *m* F Stimmton; Tonhöhe; *org, fiati* Mensur
  ~ à bouche: Stimmpfeife
  ~ à branches: Stimmgabel
  ~ de chambre: Kammerton
  ~ du chœur: Chorton; Orgelton
  ~ étroit *org, fiati* enge → Mensur
  ~ large *org, fiati* weite → Mensur
  ~ normal: Normalton; *org* Normalmensur
  ~ parisien: Pariser → Kammerton; Pariser → Stimmung
  ~ standard: Normalton
  — à ~ large *org, fiati* weitmensuriert
  — de ~ étroit *org, fiati* engmensuriert
diapason *m* I Normalton; Stimmton; Stimmgabel
  ~ a fiato: Stimmpfeife
  ~ d'organo: Orgelton
  ~ da camera: Kammerton; Pariser → Kammerton
  ~ in uso per il coro: Chorton
  ~ moderno/parigino: Pariser → Kammerton
diapasón *m* S Stimmton; Tonhöhe
  ~ de boca: Stimmpfeife
  ~ de cámara: Kammerton
  ~ de horquilla: Stimmgabel
  ~ de París: Pariser → Kammerton; Pariser → Stimmung
  ~ del coro: Chorton
  ~ del órgano: Orgelton
  ~ normal: Normalton; *org* Normalmensur
diapasonisch D *obs* = coll' → ottava
Diaphon *n* D *org*
  E diaphone
  F diaphone *m*
  I diaphon *m*
  S diaphon *m*
  U diafon, diaphon
  R диафон *m*
diaphon *m* I S *org* Diaphon
diaphone E *org* Diaphon
diaphone *m* F *org* Diaphon
Diaphonie *f* D
  E diaphony
  F diaphonie *f*
  I diafonia *f*
  S diafonia *f*
  U diafónia
  R диафония *f*
diaphonie *f* F Diaphonie
diaphony E Diaphonie
diaphragm(atic) breathing E Zwerchfellatmung
diaphragme *m* F *gram* Schalldose
diastematía *f* S Diastematik
diastematic E diastematisch
  ~ notation: Diastematik
diastematico I diastematisch
diastemático S diastematisch
diastématie *f* F Diastematik
Diastematik *f* D
  E diastematic notation

F diastématie *f*
I diastemazia *f*
S diastematía *f*, notación *f* diastemática
U diasztematika
R *(графическое изображение звуковысот-
но-интервальных соотношений)*
diastématique F diastematisch
diastematisch D
E diastematic, heighted, intervallic
F diastématique
I diastematico
S diastemático
U diasztematikus
R *(указывающий звуковысотно-интер-
вальные соотношения)*
diastemazia *f* I Diastematik
diasztematika U Diastematik
diasztematikus U diastematisch
— nem ~ undiastematisch
diatónia U Diatonik
diatonic E diatonisch
~ modulation: diatonische → Modulation
diatonicism E Diatonik
diatonico I diatonisch
diatónico S diatonisch
Diatonik *f* D
E diatonicism
F diatonisme *m*
I diatonismo *m*, genere *m* diatonico
S diatonismo *m*
U diatónia
R диатоника *f*
diatonikus U diatonisch
diatonique F diatonisch
diatonisch D
E diatonic
F diatonique
I diatonico
S diatónico
U diatonikus
R диатонический
diatonisme *m* F Diatonik
diatonismo *m* I S Diatonik
Dichtung *f* D; symphonische ~ poema sinfonico
dicitore *m* I; fine ~ Vortragskünstler
dicitura *f* **dei registri** I *org* Registerplättchen
dicséret U; hajnali ~ Matutin
dictado *m* **musical** S Musikdiktat
dictée *f* **musicale** F Musikdiktat
didactic work E Lehrwerk
didascalia *f* I *teat* Bühnenanweisung
Didymic comma E didymisches → Komma
die *v* E; ~ away/out *corda* ausschwingen
diecillo *m* S Dezimole
diecisetena *f* S *org* Septimadecima
diente *m* S Zahn; *org* Kernstich
dièse *m* F Erhöhungszeichen; Kreuz
— double ~ Doppelkreuz
diesis *m* I Kreuz; Erhöhungszeichen
— doppio ~ Doppelkreuz

diferencia *f* S ⟨16. sec⟩
D *(besondere spanische Form der Variation
für Orgel und Laute)*
E *(Spanish type of variations for organ or
lute)*
F diferencia *f* ⟨forme particulière de la
variation espagnole pour orgue ou luth⟩
I diferencia *f* ⟨forma di variazione spagnola per organo e liuto⟩
U *(az orgona- és lantvariáció jellegzetes spanyol formája)*
R *(особая испанская форма вариаций для
органа и лютни)*
~ greg Differenz
~ de fase: Phasenunterschied
difetto *m* **uditivo** I Gehörfehler
difference E *greg* Differenz
~ tone: Differenzton
différence *f* F *greg* Differenz
~ de phase: Phasenunterschied
differenciahang U Differenzton
differentia *f* I *greg* Differenz
Differenz *f* D *greg*
E difference, ending
F différence *f*
I differenza *f*, differentia *f*
S diferencia *f*
U végződés
R *(различные формулы перехода от конца
псалма к антифону)*
differenza *f* I *greg* Differenz
~ di fase: Phasenunterschied
Differenzton *m* D
E difference tone
F son *m* différentiel
I suono *m* differenziale
S sonido *m* diferencial
U differenciahang, különbségi hang
R комбинационный тон *m* разности
difficoltà *f pl* **tecniche** I technische → Anforde-
rungen
difficultés *f pl* **techniques** F technische →
Anforderungen
diffusibilità *f* I *ac* Diffusität
diffusion E *ac* Diffusität
diffusion *f* F *ac* Diffusität
Diffusität *f* D *ac*
E diffusion
F diffusion *f*
I diffusibilità *f*
S difusibilidad *f*
U diffuzitás
R диффузия *f*
diffusore *m* **a tromba** I Schalltrichter
diffuzitás U *ac* Diffusität
dificultades *f pl* **técnicas** S technische → Anforderungen
difonía *f* S Zweistimmigkeit
difusibilidad *f* S *ac* Diffusität
digit E Finger
digitación *f* S Fingersatz; Griffnotation; *pfte*
Fingertechnik
~ auxiliar *legni* Hilfsgriff

~ cruzada/en horquilla *legni* Gabelgriff;
Kombinationsgriff
digitado *m* S Fingersatz
~s *pl legni* Grifftabelle
digital E tasto; *ottoni* Fingertaste
digitar *v* S Fingersatz machen
dignità *f* I; con ~
D con dignità, würdig
E con dignità, "with dignity"
F con dignità, avec dignité
S con dignità, "digno"
U con dignità, méltósággal
R con dignità, с достоинством, гордо
dignité *f* F; avec ~ con → dignità
dignity E; with ~ con → dignità
digno S con → dignità
díj U; fellépti ~ Gage
— fellépti ~at fizetni *v* honorieren
diletante *m* S dilettante
diletantismo *m* S dilettantismo
dilettáns U dilettante; dilettantesco
Dilettant *m* D dilettante
dilettante *m* F dilettante
— de ~ dilettantesco
dilettante *m* I
D Dilettant *m*, Liebhaber *m*
E amateur, dilettante
F dilettante *m*, amateur *m*
S dilettante *m*, aficionado *m*, amateur *m*
U műkedvelő, amatőr, dilettáns
R дилетант *m*, любитель *m*
dilettantesco I
D dilettantisch
E amateurish, dilettantish
F de dilettante, d'amateur
S propio/relativo al aficionado
U műkedvelő, amatőr, dilettáns
R дилетантский, любительский
dilettantisch D dilettantesco
dilettantish E dilettantesco
dilettantism E dilettantismo
dilettantisme *m* F dilettantismo
dilettantismo *m* I
D Dilettantismus *m*
E dilettantism, amateurism
F amateurisme *m*, dilettantisme *m*
S diletantismo *m*, amateurismo *m*
U amatőrizmus, amatőrség, dilettantizmus
R дилетантство *n*, дилетантизм *m*
Dilettantismus *m* D dilettantismo
dilettantizmus U dilettantismo
diminish *v* E verkleinern
diminished E vermindert
~ fifth: verminderte → Quinte
~ fourth: verminderte → Quarte
~ interval: vermindertes → Intervall
~ octave: verminderte → Oktave
~ second: verminderte → Sekunde
~ seventh: verminderte → Septime
~ seventh chord: accord de septième diminuée
~ sixth: verminderte → Sexte
~ third: verminderte → Terz

~ triad: accord diminué
~ unison: verminderte → Prim
diminuálni *v* U verkleinern; *canto* gorgheggiare
diminuant F; en ~ le son *prescr* mancando
diminúció U Verkleinerung; *orn* verkürzter → Ton
diminué F vermindert
diminuendo I *prescr*
D diminuendo, leiser werdend, abnehmend, nachlassend
E diminuendo, *"becoming softer"*, *"decreasing"*
F diminuendo, *"en diminuant"*
S diminuendo, disminuyendo
U diminuendo, elhalkulva
R diminuendo, диминуэндо, постепенно ослабляя
diminuer *v* F abschwellen; nachlassen; verkleinern; verkürzen; *canto* gorgheggiare
diminuieren *v* D = verkleinern; verzieren
~ *canto* gorgheggiare
diminuire *v* I abschwellen; verkleinern
diminuito I vermindert
— più che ~ doppelt → vermindert
Diminution *f* D = Verkleinerung; Verzierung
diminution E Verkleinerung; Verkürzung
diminution *f* F Absprache; Verkleinerung; Verkürzung
diminuto S vermindert
diminuzione *f* I Verkleinerung
dinamica *f* I Dynamik
~ a contrasti netti/a blocchi: Terrassendynamik
dinámica *f* S Dynamik
~ de eco: Echodynamik
~ en contrastes marcados: Terrassendynamik
~ en terrazas: Terrassendynamik
dinamico I dynamisch
dinámico S dynamisch
dinamika U Dynamik
— természetes ~
D *(vom Melodieverlauf abhängige Dynamik)*
E *(dynamics dependent upon the course of a melody)*
F *(dynamique dépendant du déroulement mélodique)*
I *(dinamica dipendente dall'andamento melodico)*
S *(dinámica que depende del movimiento melódico)*
R *(динамика, находящаяся в зависимости от течения мелодии)*
dinamikus U dynamisch
di nuovo I = ancora una → volta
dió U *pfte* Hammernuß
diókapszli U *pfte* Nußkapsel
diórugó U *pfte* Nußfeder
diphonie *f* F Zweistimmigkeit
dirección *f* S; ~ coral/de coros: Chordirigieren
~ escénica: régie
— bajo la ~ de ... unter der → Leitung von...
direct E Kustos
direct *v* E diriger la → régie

directeur *m* F; ~ artistique: künstlerischer →
Leiter; *teat* Intendant
~ de l'opéra: direttore d'opera
~ de la musique de la cour: Hofkapellmeister
~ de scène *teat* Bühnenmeister
direction E; ~ for performance: Spielanweisung
— under the ~ of... unter der → Leitung
von...
direction *f* F Taktschlagen
~ chorale: Chordirigieren
— sous la ~ de... unter der → Leitung von...
directly E; ~ struck idiophone: unmittelbar geschlagenes → Idiophon
director E; ~ of a church choir: Kantor
director *m* S; ~ artístico *teat* Intendant; künstlerischer → Leiter
~ auxiliar: assistant de régie
~ de banda *mil* Musikmeister
~ de capilla: Kapellmeister
~ de coro: Chorleiter
~ de coro de iglesia: Kantor
~ de escena: régisseur; *teat* Bühnenmeister;
Inspizient
~ de la capilla de la corte: Hofkapellmeister
~ de ópera: direttore d'opera
~ de orquesta: Dirigent; Kapellmeister
~ de orquesta de ópera: direttore d'opera
lirica
~ del coro: Chordirigent; Chorregent
~ invitado: Gastdirigent
Direktion *f* D *obs* = Leitung
Direktionspartitur *f* D = Dirigierpartitur
Direktor *m* D *obs* = Dirigent
Direktsendung *f* D live broadcast
direttore *m* I; ~ artistico: künstlerischer →
Leiter
~ d'opera
   D Operndirektor *m*
   E opera director
   F directeur *m* de l'opéra
   S director *m* de ópera
   U operaigazgató
   R директор *m* оперного театра
~ d'opera lirica
   D Operndirigent *m*
   E opera conductor
   F chef *m* d'orchestre d'opéra
   S director *m* de orquesta de ópera
   U operakarmester
   R оперный дирижёр *m*
~ d'orchestra: Dirigent; Kapellmeister
~ del coro: Chordirigent; Chorleiter
~ del coro da chiesa: Kantor
~ della musica di corte: Hofkapellmeister
~ di coro: Chordirigent; Chorleiter
~ di scena *teat* Bühnenmeister; Inspizient
~ ospite: Gastdirigent
direzione *f* I; ~ di coro: Chordirigieren
— sotto la ~ di... unter der → Leitung von...
dirge E Grabgesang; Klagelied
dirigálni *v* U dirigieren
dirigens U Dirigent

Dirigent *m* D
   E conductor
   F chef *m* d'orchestre
   I direttore *m* d'orchestra
   S director *m* de orquesta
   U karmester, dirigens
   R дирижёр *m*
Dirigentenstab *m* D = Taktstock
diriger *v* F dirigieren
dirigere *v* I dirigieren
dirigere *m* I Taktschlagen
dirigieren *v* D
   E to conduct
   F diriger
   I dirigere
   S dirigir
   U vezényelni, dirigálni
   R дирижировать
Dirigierpartitur *f*, Direktionspartitur *f* D
   E conducting/full/conductor's score
   F partition *f* de direction, grande partition *f*
   I partitura *f* per il direttore
   S partitura *f* directorial/de director
   U nagypartitúra
   R партитура *f* дирижёра
Dirigiertechnik *f* D = Schlagtechnik
dirigiertechnisch D = schlagtechnisch
dirigir *v* S dirigieren
dirigir *m* S Taktschlagen
diritto I gerade
diritto *m* I; ~ d'autore: copyright; → S.I.A.E.;
S.E.D.R.I.M.
— diritti *pl* d'autore: Tantiemen
— diritti *pl* di esecuzione: Aufführungsrecht
— diritti *pl* di produzione/rappresentazione
teat Bühnenrechte
dis *n* D *ton*
   E D sharp
   F ré *m* dièse
   I re *m* diesis
   S re *m* sostenido
   U disz
   R ре-диез *m*
disaccordo *m* I Diskordanz
disarmonia *f* I Diskordanz
disc E Schallplatte
discant E; ~ clausula: Diskantklausel
~ mass: Diskantmesse
discante *m* S Diskant
discanto *m* I S Diskant
discantus *m* F Diskant
discendente I absteigend; abwärts
discendere *v* I absteigen
discesa *f* I Abstieg
disco *m* I Schallplatte; Spielplatte
~ microsolco: Langspielplatte
~ vibratorio: Ventilscheibe
disco *m* S Schallplatte
~ de 45 revoluciones por minuto: single disc
~ de larga duración: Langspielplatte
~ vibratorio: Ventilscheibe
discografia *f* I Diskographie
discografía *f* S Diskographie

discographie *f* F Diskographie
discography E Diskographie
discord(ance) E Diskordanz
discordance *f* F Diskordanz
discordancia *f* S Diskordanz
diseur *m* F Vortragskünstler
Diseuse *f* D diseuse
diseuse *f* F
     D Diseuse *f*
     E diseuse
     I presentatrice *f*
     S presentadora *f*
     U dizőz
     R шансонетка *f* ⟨певица⟩
disfraz *m* S costume
disintegration of tonality E Auflösung der Tona-
     lität
disintegrazione *f* **della tonalità** I Auflösung der
     Tonalität
disinvolto I ungebunden
   ~ *prescr*
     D disinvolto, ungezwungen
     E disinvolto, *"easy-going"*
     F disinvolto, alerte
     S disinvolto, *"desenvuelto"*
     U disinvolto, *"fesztelenül"*
     R disinvolto, непринуждённо, просто
disis *n* D *ton*
     E D double-sharp
     F ré *m* double dièse
     I re *m* doppio diesis
     S re *m* doble sostenido
     U diszisz
     R ре-дубль-диез *m*
Diskant *m* D
     E descant, treble
     F déchant *m*, discantus *m*, dessus *m*
     I discanto *m*
     S discante *m*, discanto *m*
     U diszkant
     R дискант *m*
diškant R → дишкант
Diskantanhängestock *m* D *pfte*
     E treble pinning-table
     F sommier *m* d'accroche des cordes aiguës/
     des dessus
     I piastra *f* delle punte per le corde acute
     S *(extremo de la lira opuesto al clavijero,*
     correspondiente a las cuerdas agudas)
     U diszkanthúrstég
     R рамные дискантовые штифты *m pl*
Diskantgitarre *f* D; große ~ guitarro
— kleine ~ guitarrillo
Diskantjalousie *f* D *fis*
     E treble shutter mute
     F expression *f* de la partie aiguë, jalousie *f*
     I metafono *m* degli acuti, persiana *f*,
     griglia *f*, lamina *f* perforata
     S expresión *f* del registro agudo
     U diszkantredőny
     R дискантовые жалюзи *pl*
— **unsichtbare** ~ *fis*
     E invisible treble shutter mute

     F expression *f* interne de la partie aiguë,
     jalousie *f* invisible
     I lamina *f* metallica interna
     S persiana *f* de agudos interna
     U láthatatlan diszkantredőny
     R скрытые дискантовые жалюзи *pl*
Diskantklausel *f* D ⟨*Organum*⟩
     E discant clausula
     F clausule *f* en déchant
     I *(clausola con cantus firmus nella voce*
     superiore)
     S *(cláusula con el cantus firmus en la voz*
     superior)
     U diszkantklauzula, diszkantzárlat
     R *(в органуме мелодическая концовка*
     верхнего голоса)
Diskantkombinationsregister *n* D *fis*
     E treble push coupler, treble combination
     switch
     F forte *m*, accouplement *m* d'octave
     I piccolo *m*
     S forte *m*
     U diszkantkombinációs regiszter
     R дискантовые групповые регистры *m pl*
Diskantkoppel *f* D *org*
     E octave coupler
     F octaves aiguës *f pl*, accouplement *m*
     d'octave
     I superottava *f*, terza mano *f*
     S octava *f* aguda
     U diszkantkopula
     R дискантовая копула *f*
Diskantlade *f* D *org*
     E treble half of a divided wind chest
     F sommier *m* de la partie aiguë, sommier
     m des dessus
     I somiere *m* dei soprani
     S *(parte que en un fuelle dividido corres-*
     ponde a los agudos)
     U diszkantszélláda
     R дискантладе *f*
Diskantmesse *f* D
     E discant/treble mass
     F messe *f* en déchant
     I messa-discanto *f*
     S misa *f* en discanto
     U diszkantmise
     R *(месса в средневековом стиле дискан-*
     та)
Diskantposaune *f* D
     E soprano trombone
     F trombone *m* soprano
     I trombone *m* soprano
     S trombón *m* soprano
     U szopránharsona
     R сопрановый тромбон *m*
Diskantregister *n* D *fis*
     E treble coupler
     F registre *m* de la partie chantante
     I piccolo *m*
     S registro *m* de la melodía
     U diszkantregiszter
     R верхний регистр *m*

Diskantregistertaste *f* D *fis*
E treble switch
F bouton *m* de registre aigu/de la partie chantante
I tasto *m* del piccolo
S botón *m* del registro de la melodía
U diszkantregiszter-billentyű
R клавиша *f* верхнего регистра
Diskantschlüssel *m* D
E soprano clef
F clef *f* d'ut première ligne
I chiave *f* di soprano
S clave *f* de soprano/de do en primera línea
U szoprankulcs
R сопрановый ключ *m*
Diskantstil *m* D
E style dominated by the treble, A: treble-dominated style
F *(style dans lequel prédomine la partie supérieure)*
I *(stile in cui predomina la linea melodica superiore)*
S *(estilo en que predomina la parte superior)*
U diszkantstílus
R стиль *m* дисканта
Diskographie *f* D
E discography
F discographie *f*
I discografia *f*
S discografia *f*
U lemezkatalógus, diszkográfia
R дискография *f*
Diskordanz *f* D
E discord, discordance
F dissonance *f*, discordance *f*
I disarmonia *f*, disaccordo *m*
S discordancia *f*, disonancia *f*
U rossz hangzás, disszonancia
R дискорданс *m*
dislocare *v* I *org* verführen
dismal E düster
disminución *f* S Absprache; Entspannung; Verkleinerung; Verkürzung
disminuído S vermindert
disminuir *v* S abschwellen; nachlassen; verkleinern; verkürzen
disminuyendo S *prescr* decrescendo; diminuendo
disonancia *f* S Diskordanz; Dissonanz; Reibung
— producir *v* una ∼ reiben
disonante S dissonant
disonar *v* S dissonieren; reiben
disperato, disperatamente I *prescr*
D disperato, disperatamente, verzweifelt
E disperato, disperatamente, *"desperate(ly)"*
F disperato, disperatamente, désespéré, avec désespoir
S disperato, disperatamente, desesperado, desesperadamente, con desesperación
U disperato, disperatamente, *"kétségbeesve"*, *"reményvesztetten"*
R disperato, disperatamente, безнадёжно, с отчаянием

disperdere *v* I *corda* ausschwingen
displace *v* E *org* verführen
display pipe E *org* Prospektpfeife
disposer *v* F *canna* aufstellen
disposición *f* S *acc* Lage; *org* Disposition
∼ abierta *acc* weite → Lage
∼ de la orquesta: Orchesteranordnung
∼ de las llaves *legni* Klappenanordnung
∼ de los instrumentos en la partitura: Partituranordnung
∼ del texto: Textverteilung; Textunterlegung
∼ estrecha *acc* enge → Lage
dispositif *m* F; ∼ d'accord *canna* Stimmvorrichtung
∼ pour coller *magn* Klebeschiene
∼ pour l'écho *ottoni* Echomaschine
Disposition *f* D *org*
E specification
F disposition *f*
I disposizione *f*
S disposición *f*
U diszpozíció
R диспозиция *f*
∼ *camp* = Geläute
disposition *f* F *org* Disposition
∼ de l'orchestre: Orchesteranordnung
∼ des clefs *legni* Klappenanordnung
∼ des instruments sur la partition: Partituranordnung
∼ des paroles: Textunterlegung
∼ du texte: Textunterlegung; Textverteilung
dispositivo *m* I; ∼ d'accordatura *canna* Stimmvorrichtung
∼ di giuntaggio *magn* Klebeschiene
∼ che produce effetti d'eco *ottoni* Echomaschine
dispositivo *m* S; ∼ de afinación *canna* Stimmvorrichtung
∼ para el eco *ottoni* Echomaschine
∼ para empalmar *magn* Klebeschiene
disposizione *f* I Stimmung; *org* Disposition
∼ del testo: Textverteilung
∼ dell'orchestra: Orchesteranordnung
∼ delle chiavi *legni* Klappenanordnung
∼ delle parole: Textunterlegung
∼ organistica: Orgelsatz
∼ vocale: Vokalsatz
disque *m* F Schallplatte
∼ de longue durée: Langspielplatte
∼ de 45 tours *gram* single disc
∼ microsillon: Langspielplatte
∼ vibratoire: Ventilscheibe
dissect *v* E zergliedern
dissection E Zergliederung
dissonance E Dissonanz; Reibung
— make *v* a ∼ dissonieren
dissonance *f* F Diskordanz; Dissonanz; Reibung
— être *v* en/faire *v* une ∼ dissonieren
— être *v* en/produire *v* une ∼ reiben
dissonant D
E dissonant
F dissonant

I dissonante
S disonante
U disszonáns
R диссонирующий, диссонантный
dissonante I dissonant
— essere *v* ~ dissonieren
Dissonanz *f* D
  E dissonance
  F dissonance *f*
  I dissonanza *f*
  S disonancia *f*
  U disszonancia
  R диссонанс *m*
dissonanza *f* I Dissonanz; Reibung
~ non preparata: freier → Vorhalt
~ ritardata: Vorhaltsdissonanz
— produrre *v* una ~ dissonieren
Dissonanzbehandlung *f* D
  E treatment of dissonance
  F traitement *m* de la dissonance
  I trattamento *m* della dissonanza
  S tratamiento *m* de la disonancia
  U disszonanciakezelés
  R трактовка *f* диссонанса
dissonieren *v* D
  E to make a dissonance
  F être *v* en dissonance, faire *v* une dissonance
  I essere *v* dissonante, produrre *v* una dissonanza
  S disonar
  U disszonálni, ütközni
  R диссонировать
disszonálni *v* U dissonieren
disszonancia U Diskordanz; Dissonanz
— késleltetési ~ Vorhaltsdissonanz
disszonanciakezelés U Dissonanzbehandlung
disszonáns U dissonant
distance E Abstand
distance *f* F Abstand
~ maximum d'audibilité: Hörweite
— à ~ maximum d'audibilité: in → Hörweite
— en dehors de la ~ maximum d'audibilité: außer → Hörweite
distancia *f* S Abstand
distanza *f* I Abstand
~ di un tono intero: Ganztonschritt
distender *v* S entspannen; *arco, timp* lockern
distendere *v* I entspannen
distensión *f* S Entspannung
distensione *f* I Entspannung
distinct E F deutlich
distinctement F *prescr* chiaro
distinto I S deutlich
distorsion *f* F; sans ~ klirrfrei
distorsión *f* S; libre de ~ klirrfrei
distorsione *f* I; senza ~ distorsioni: klirrfrei
distorted notes *pl* E Klirrtöne
distortion-free E klirrfrei
distorto I; non ~ klirrfrei
distribución *f* **de papeles** S *teat* Besetzung
distribuer *v* F *teat* besetzen
distribuir *v* S *teat* besetzen

distribuire *v* **(le parti)** I *teat* besetzen
distribution *f* F Besetzung
distribuzione *f* I; ~ degli accenti: Akzentverschiebung
~ dei solchi *gram* Füllschrift
~ delle parti *teat* Besetzung
disz U *ton* dis
diszisz U *ton* disis
díszíteni *v* U figurieren; kolorieren; verzieren; *canto* gorgheggiare
díszítés U colorazione; Verzierung
díszített U verziert
díszítőjel U Verzierungszeichen
diszkant U Diskant
diszkanthúrstég U *pfte* Diskantanhängestock
diszkantklauzula U Diskantklausel
diszkantkopula U *org* Diskantkoppel
diszkantmise U Diskantmesse
diszkantredőny U *fis* Diskantjalousie
— láthatatlan ~ *fis* unsichtbare → Diskantjalousie
diszkantregiszter U *fis* Diskantregister
diszkantregiszter-billentyű U *fis* Diskantregistertaste
diszkantstílus U Diskantstil
diszkantszélláda U *org* Diskantlade
diszkantviola U viola soprano
diszkantzárlat U Diskantklausel
diszkográfia U Diskographie
díszléc a billentyűzet felett U *org* Zierleiste über der Klaviatur
díszlet U Kulisse; *teat* Dekoration
— függesztett ~ *teat* Bühnenleinwand
díszletező (munkás) U Kulissenschieber
díszletfestő U *teat* Bühnenmaler
díszlettervező U *teat* Bühnenbildner
díszlettologató U Kulissenschieber
diszponálva U; jól van [nincs jól] ~ [nicht] gut bei → Stimme sein
diszpozíció U *org* Disposition
— zenekari ~ Orchesteranordnung
díszsíp U *org* blinde → Pfeife
disztonálni *v* U *canto* detonieren
dital harp E Harfenlaute
Ditanaklasis *f* D
  E ditanaklasis
  F ditanaklasis *m*
  I ditanaklasis *m*
  S ditanaklasis *m*
  U ditanaklasis
  R *(название самого раннего пианино)*
ditanaklasis E U Ditanaklasis
ditanaklasis *m* F I S Ditanaklasis
diteggiare *v* I Fingersatz machen
diteggiatura *f* I Fingersatz
~ del Conservatorio: Konservatoriumsgrifflage
~ incrociata/combinata *legni* Kombinationsgriff
ditirambo *m* I Trinklied
dito *m* I Finger
diton *m* F Ditonus
ditone E Ditonus
ditonic comma E ditonisches → Komma

ditono *m* I S Ditonus
Ditonus *m* D
  E ditone, major third
  F diton *m*, tierce *f* majeure
  I ditono *m*, terza *f* maggiore
  S ditono *m*, tercera *f* mayor
  U nagy terc
  R дитон *m*
ditty E Liedchen
Divertimento *n* D divertimento
divertimento *m* I
  D Divertimento *n*
  E divertimento
  F divertissement *m*, divertimento *m*
  S divertimiento *m*, divertimento *m*
  U divertimento
  R дивертисмент *m*
~ *fuga* Zwischenspiel
divertimento U divertimento; *fuga* andamento;
  Zwischenspiel
divertimiento *m* S divertimento; *fuga* andamento; Zwischenspiel
divertissement *m* F divertimento; *fuga* andamento; Zwischenspiel
divide *v* E; ~ up: zergliedern
divided E divisi
~ stops *pl org* halbierte → Stimmen
~ wind chest *org* geteilte → Windlade
divided-beat pattern E *dir* unterteilte → Schlagfiguren
divididos S divisi
dividir *v* S zergliedern
Divine E; ~ Office: Stundengottesdienst
~ Service: Gottesdienst
divisé F divisi
diviser *v* F zergliedern
divisi I
  D divisi, geteilt
  E divisi, divided
  F divisi, divisé
  S divisi, divididos
  U divisi, (fel)osztva
  R дивизи
division E; ~ of words: Worttrennung
division *f* F Zergliederung
división *f* S Zergliederung
divisione *f* I; ~ delle parole: Worttrennung
Dixieland *m* D *jazz* dixieland
dixieland E *jazz*
  D Dixieland *m*
  F dixieland *m*
  I dixieland *m*
  S dixieland *m*
  U dixieland
  R диксиленд *m*
dixième *f* F Dezime
dixtuolet *m* F Dezimole
dixtuor *m* F Dezett
dizőz U diseuse
d'jak R → дьяк
— gosudarevy pevčie ~i государевы певчие
  → дьяки
— pevčij ~ певчий → дьяк

d-Moll *n* D
  E D minor
  F ré *m* mineur
  I re *m* minore
  S re *m* menor
  U d-moll
  R ре *n* минор
d-moll U d-Moll
do *m* F *ton* c
~ bémol *ton* ces
~ dièse *ton* cis
~ double bémol *ton* ceses
~ double dièse *ton* cisis
~ majeur: C-Dur
~ mineur: c-Moll
~ réel: Klang-C
do *m* I *ton* c
~ bemolle *ton* ces
~ centrale: eingestrichenes c
~ diesis *ton* cis
~ doppio bemolle *ton* ceses
~ doppio diesis *ton* cisis
~ maggiore: C-Dur
~ minore: c-Moll
~ mobile: movable doh
~ reale: Klang-C
~ 1: eingestrichenes c
do *m* S *ton* c
~ bemol *ton* ces
~ doble bemol *ton* ceses
~ doble sostenido *ton* cisis
~ central: eingestrichenes c
~ mayor: C-Dur
~ medio: eingestrichenes c
~ menor: c-Moll
~ real: Klang-C
~ sostenido *ton* cis
~ 3: eingestrichenes c
dob U Trommel
— arab ~ arabische → Trommel
— baszk ~ *perc* Schellentrommel
— brazil ~ pandereta brasileña
— cső alakú ~ Röhrentrommel
— egy oldalán bőrözött ~ Einfelltromme
— homokóra formájú ~ Sanduhrtrommel
— indián ~ indianische → Trommel
— kötéllel hangolt ~ Leinentrommel
— parádés ~ Paradetrommel
— provence-i ~ tambourin de Provence
— török ~ türkische → Trommel
dobállvány U Trommelständer
dobbőr U *perc* Fell
— felső ~ *perc* Schlagfell
— húros ~ *tamb* Saitenfell
— műanyag ~ *perc* Plastikfell
dobfelszerelés U Schlagzeug-Garnitur
dobhártya U *or* Trommelfell
dobhuzat U Trommelfellüberzug
dobjelzés U Trommelsignal
dobkeret U Trommelreifen
doblado S doppelt
doblar *v* en codo S *canna* kröpfen
doble S doppelt; Doppel-

dobogó U Podium
dobolás U Trommelschlag
dobolni v U trommeln
— üstdobon ∼ pauken
dobos U Trommler
doboz U; hangszedő ∼ Tonabnehmer
dobpergés U Trommelwirbel
— nyilt ∼ *perc* offener → Wirbel
— sűrű ∼ *perc* dichter → Wirbel
dobszerelés U Schlagzeug-Garnitur
dobtakaró U Trommelfellüberzug
dobtető U Trommelfellüberzug
dobüreg U *or* Paukenhöhle
dobverés U Trommelschlag
dobverő U Trommelschlegel
— fa ∼ *perc* Holzschlegel
— kettős ∼ Doppelschlegel
— kombinált ∼ *perc* combination drumstick
Docke f D *cemb* = Springer
Dockenklavier n D *obs* = Cembalo
docteur *m* **en musique** F doctor of music
doctor E; ∼ **of music**
     D Doktor *m* der Musik ⟨*englischer akade-mischer Grad*⟩
     F docteur *m* en musique ⟨*grade universi-taire anglais*⟩
     I dottore *m* in musica ⟨*grado accademico inglese*⟩
     S doctor *m* en música ⟨*grado académico inglés*⟩
     U a zenetudományok doktora ⟨*angol egye-temi fokozat*⟩
     R «*доктор музыки*» ⟨*академическое звание в Англии*⟩
doctor *m* **en música** S doctor of music
doctrine E; ∼ **of emotional expression:** Affek-tenlehre
documentación f **crítica** S kritischer → Apparat
documentation f **critique** F kritischer → Apparat
dodecafonia f I Zwölftonmusik
dodecafonía f S Zwölftonmusik
dodecafonico I dodekaphonisch
dodecafónico S dodekaphonisch
dodecafonista *m* S Zwölftonkomponist
dodecaphonic E dodekaphonisch
∼ music: Zwölftonmusik
dodécaphonie f F Zwölftonmusik
dodécaphonique F dodekaphonisch
dodecaphonist E Zwölftonkomponist
dodécaphoniste *m* F Zwölftonkomponist
dodecaphony E Zwölftontechnik
dodekafon U dodekaphonisch
dodekafónia U Zwölftonmusik; Zwölftontech-nik
Dodekaphonie f D = Zwölftontechnik; Zwölf-tonmusik
dodekaphonisch D
     E dodecaphonic
     F dodécaphonique
     I dodecafonico
     S dodecafónico
     U dodekafon, tizenkét fokú
     R додекафонический, додекафонный

dodicesima f I Duodezime
doglia f I; con ∼ = dolente
doigt *m* F Finger
doigté *m* F Fingersatz
∼s *pl legni* Grifftabelle
∼ auxiliaire *legni* Hilfsgriff
∼ fourchu *legni* Gabelgriff; Kombinationsgriff
doigter v F Fingersatz machen
Doira f D дойра
doira E дойра
doira f I дойра
Doktor *m* D; ∼ der Musik: doctor of music
doktor U; a zenetudományok ∼a: doctor of music
dolca *m* F *org* Dolce
Dolcan *m* D *org*
     E dolcan
     F dolcian *m*, dolcan *m*, douçaine f
     I dolziana f, dulciana f
     S dulciana f
     U dolcan
     R долькан *m*
dolcan E U *org* Dolcan
dolcan *m* F *org* Dolcan
Dolce *m* D *org*
     E dolce
     F dolca *m*, dolce *m*
     I dolce *m*
     S dolce *m*
     U dolce
     R дольче f
dolce E U *org* Dolce
dolce *m* F *org* Dolce
dolce, dolcemente I *prescr*
     D dolce, dolcemente, sanft
     E dolce, dolcemente, "*gentle*", "*gently*", "*sweet(ly)*"
     F dolce, dolcemente, doux, avec douceur
     S dolce, dolcemente, dulce, dulcemente
     U dolce, dolcemente, lágyan, finoman
     R dolce, dolcemente, мягко, нежно
∼ *ton* weich
dolce *m* I *org* Dolce
dolce *m* S *org* Dolce
dolcemente I *prescr* = dolce
Dolcesuono *m* D *obs* = Dulcian
dolcezza f I; con ∼ = dolce
Dolcian *m* D *obs* = Dulcian
dolcian E Dulcian
dolcian *m* F *org* Dolcan
dolent F *prescr* dolente
dolente I *prescr*
     D dolente, sanft klagend
     E dolente, "*doleful*"
     F dolente, triste, dolent
     S dolente, doliente
     U dolente, panaszosan, fájdalmasan
     R dolente, жалобно, печально
doliente S *prescr* dolente
dolore *m* I; con ∼ = doloroso
dolorido S *prescr* addolorato
doloroso I *prescr*
     D doloroso, schmerzlich

E doloroso, *"sad"*, *"painful"*
F doloroso, douloureux
S doloroso
U doloroso, fájdalmasan
R doloroso, печально, горестно

dolziana *f* I Dulcian; *org* Dolcan
domború U *str* gewölbt
domborulat U *corda* Wölbung
Dombra *f* D домбра
dombra E U домбра
dombra *f* F I S домбра
Domchor *m* D
  E cathedral choir
  F chœur *m* de cathédrale
  I coro *m* del duomo
  S coro *m* de catedral/catedralicio
  U székesegyház/dóm kórusa
  R хор *m* соборных певчих
dome E Kuppel
~ horizon *teat* Kuppelhorizont
domestic music E Hausmusik
domináns U Dominante; dominantisch
— felső ~ Oberdominante
— szubdominánsparalel ~a: Dominante der Subdominantparallele
— tonikaparalel ~a: Dominante der Tonikaparallele
dominánsakkord U accord de dominante
dominánsparalel U Dominantparallele
dominánsszeptim(akkord) U accord de septième de dominante
— alaphang nélküli ~ Dominantseptakkord ohne Grundton
— alaphang nélküli ~ a tonikaparalel felé: Dominantseptakkord ohne Grundton zur Tonikaparallele
dominant E dominantisch; Dominante; Oberdominante
~ chord: accord de dominante
~ major ninth chord: accord de neuvième majeure
~ minor ninth chord: accord de neuvième mineure
~ of the dominant: Wechseldominante
~ of the mediant: Dominante der Tonikaparallele
~ of the submediant: Dominante der Subdominantparallele
~ of the supertonic: Dominante der Subdominantparallele
~ seventh chord: accord de septième de dominante
Dominantakkord *m* D accord de dominante
Dominante *f* D
  E dominant
  F dominante *f*
  I dominante *f*
  S dominante *f*
  U domináns
  R доминанта *f*
~ der Subdominantparallele
  E dominant of the supertonic ⟨*in major*⟩, dominant of the submediant ⟨*in minor*⟩

F accord *m* majeur sur le sixième degré ⟨*en majeur*⟩, accord *m* majeur sur le troisième degré ⟨*en mineur*⟩
I triade *f* maggiore di soppraddominante ⟨*in maggiore*⟩, triade *f* maggiore di mediante ⟨*in minore*⟩
S acorde *m* mayor de sexto grado ⟨*en mayor*⟩, acorde *m* mayor de tercer grado ⟨*en menor*⟩
U szubdominánsparalel dominánsa
R доминанта *f* параллели субдоминанты
~ der Tonikaparallele
  E major mediant chord ⟨*in major*⟩, dominant of the mediant ⟨*in minor*⟩
  F accord *m* majeur sur la médiante ⟨*en majeur*⟩, accord *m* majeur sur le septième degré baissé ⟨*en mineur*⟩
  I accordo *m* maggiore sulla mediante ⟨*in maggiore*⟩, accordo *m* maggiore sul settimo grado bemollizzato ⟨*in minore*⟩
  S acorde *m* de dominante de la superdominante ⟨*en mayor*⟩, acorde *m* de dominante del sexto grado ⟨*en menor*⟩
  U tonikaparalel dominánsa
  R доминанта *f* тонической параллели
dominante *f* F Dominante
~ de la dominante: Wechseldominante
~ de passage: Zwischendominante
— de ~ dominantisch
dominante I dominantisch
dominante *f* I Dominante
~ della dominante: Wechseldominante
~ secondaria: Zwischendominante
dominante *f* S Dominante
~ de la dominante: Wechseldominante
~ de pasaje/paso: Zwischendominante
— de ~ dominantisch
dominantisch D
  E dominant
  F de dominante
  I dominante
  S de dominante
  U domináns
  R доминантовый
Dominantparallele *f* D
  E mediant
  F médiante *f*
  I mediante *f*
  S mediante *f*
  U dominánsparalel
  R параллель *f* доминанты
Dominantsept(imen)akkord *m* D accord de septième de dominante
~ ohne Grundton
  E seventh degree, leading note/tone, chord of the dominant seventh without the root
  F (accord *m* sur le) septième degré *m*, sensible *f*
  I (accordo *m* del) settimo grado *m*, (triade *f* di) sensibile *f*
  S (acorde *m* de) séptimo grado *m*, sensible *f*
  U alaphang nélküli dominánsszeptimakkord
  R трезвучие *n* VII ступени

~ **ohne Grundton zur Tonikaparallele**
E second degree, chord of the dominant seventh without the root in the relative major key
F (accord *m* sur le) second/deuxième degré *m*, sus-tonique *m*
I (accordo *m* del) secondo grado *m*, sopratonica *f*
S (acorde *m* de) segundo grado *m*
U alaphang nélküli dominánsszeptimakkord a tonikaparalel felé
R трезвучие *n* II ступени в миноре
dominating tonality E vorherrschende → Tonalität
dominio *m* S Meisterschaft
domino *m* F *org* Kipptaste
~s *pl org* Registerplättchen
dominó *m* S *org* Kipptaste
Domra *f* D домра
domra E U домра
domra *f* F I S домра
don *m* **musical** F musikalische → Begabung
dones *m pl* **musicales** S musikalische → Begabung
donner *v* **le ton** F Ton angeben
Donnermaschine *f* D *teat*
E thunder machine
F machine *f* pour le tonnerre
I macchina *f* per il tuono
S máquina *f* de truenos
U vihargép
R ластра *f*
Doppel- D
E double
F double
I doppio
S doble
U kettős-
R двойной, дубль-
Doppel-B *n* D ⟨*Vorzeichen*⟩
E double flat
F double bémol *m*
I doppio bemolle *m*
S doble bemol *m*
U kettős bé
R дубль-бемоль *m*
Doppelbälge *m pl* D *org*
E double bellows *pl*
F double soufflet *m*
I mantici *m pl* doppi
S fuelle *m* doble, doble fuelle *m*
U kettős fúvó
R двойные/парные мехи *m pl*
Doppelchor *m* D
E double choir, A: double chorus
F double chœur *m*
I doppio coro *m*
S doble coro *m*
U kettős kar
R двойной хор *m*
doppelchörig D
E for double choir/chorus
F à double chœur

I a doppio coro
S a doble coro
U kettős karra (írt), kétkórusos
R для двойного хора
~ *corda*
E double-string
F à deux cordes, à cordes doubles
I a doppie corde
S de doble orden
U kettős húrozatú
R с парными струнами
Doppeldämpfer D *fiati*
E double mute
F double sourdine *f*
I doppia sordina *f*
S doble sordina *f*
U kettős hangfogó/*fam* demfer
R двойная сурдина *f*
Doppeldeckung *f* D *org* = Doppelkegeldeckung
Doppeldruckverfahren *n* D
E double-impression printing
F tirage *m* en double impression
I stampa *f* a impressione doppia
S impresión *f* en tiro y sobretiro
U kettős nyomású nyomtatás
R (*в истории нотопечатанья способ печатать сначала нотный стан, а затем ноты — XV в.*)
Doppelflöte *f* D
E double pipe/flute/flageolet
F flûte *f* double
I flauto *m* doppio
S doble flauta *f*, flauta *f* doble
U kettős fuvola
R двуствольная флейта *f*
Doppelflügel *m* D
E double keyboard grand piano
F vis-à-vis *m*, piano *m* à double clavier
I pianoforte *m* con due tastiere che si fronteggiano
S piano *m* de cola con dos teclados opuestos
U vis-à-vis
R (*рояль с двумя клавиатурами друг против друга для фортепьянного дуэта*)
Doppelfuge *f* D
E double fugue
F double fugue *f*
I fuga *f* doppia
S doble fuga *f*, fuga *f* doble
U kettős/dupla fúga
R двойная фуга *f*
Doppelgriff *m* D *archi*
E double stop
F doubles cordes *f pl*
I doppia corda *f*
S doble cuerda *f*
U kettősfogás
R двойные ноты *f pl* на струнных инструментах
Doppelgriffklappe *f* D *legni*
E double-plate key
F double clef *f*

I raddoppia *f*, chiave *f* di comodità
S doble llave *f*
U kettős billentyű
R клапан *m* с двумя чашечками

Doppelhals *m* D *corda*
E double neck
F double manche *m*
I doppio manico *m*
S doble mango/cuello *m*, mástil *m* doble
U kettős nyak
R дополнительный гриф *m*

Doppelhalslaute *f* D
E double-necked lute
F luth *m* à deux manches
I liuto *m* a doppio manico
S laúd *m* de doble mango/cuello
U kettős nyakú lant
R лютня *f* с дополнительным грифом

Doppelharfe *f* D
E double harp
F harpe *f* double
I arpa *f* doppia
S arpa *f* doble
U kettős hárfa
R двойная арфа *f*

Doppelhorn *n* D
E double horn
F cor *m* double
I corno *m* doppio
S doble trompa *f*, corno *m* cromático, trompa *f* cromática
U kettős kürt
R двойной рог *m*

Doppelkanon *m* D
E double canon
F canon *m* double, double canon *m*
I canone *m* doppio
S doble canon *m*, canon *m* doble
U kettős kánon
R двойной канон *m*

Doppelkegel-Dämpfer *m* D *trb*
E double mute
F sourdine *f* à double cône
I sordina *f* a doppio cono
S sordina *f* de doble cono
U kettős demfer
R двойная сурдина *f*

Doppel(kegel)deckung *f* D *canna*
E double bell
F résonateur *m* à double cône
I sommità *f* a doppio cono
S calota *f* cónica doble
U kettős kúpos fedél
R двойное (конусообразное) покрытие *n*

Doppelklappe *f* D; **duodezimierende** ~ *cl*
E double twelfth key
F double clef *f* d'octave
I doppio portavoce *m*, portavoce *m* automatico
S llave *f* de doble octava
U kettős oktávbillentyű/duodecimabillentyű
R регистровый клапан *m*

Doppelkonzert *n* D doppio → concerto
Doppelkreuz *n* D ⟨*Vorzeichen*⟩
E double sharp
F double dièse *m*
I doppio diesis *m*
S doble sostenido *m*
U kettős kereszt
R дубль-диез *m*

Doppelkropf *m* D *canna*
E double hood, double mitre/miter
F coude *m* double
I pipa *f*/gomito *m* con angolo
S codo *m* doble
U kétszeres törés
R двухколенчатый изгиб *m*

Doppellautsprecher *m* D
E twin speaker
F double haut-parleur *m*
I altoparlante *m* doppio
S doble altavoz *m*, altoparlante *m* doble
U kettős hangszóró
R сдвоенный громкоговоритель *m*

Doppelleitton *m* D
E double leading-note
F double sensible *f*
I doppia sensibile *f*
S doble sensible *f*
U kettős vezérhang
R двойной вводный тон *m*

Doppelleittonkadenz *f* D
E double leading-note cadence
F cadence *f* avec double sensible
I cadenza *f* modale perfetta
S cadencia *f* con doble sensible
U kettős vezérhangos kadencia
R *(каденция с вводным тоном к первой и к пятой ступеням)*

Doppelloch *n* D *fag* = Stiefel
Doppelnotation *f* D
E letter-and-neume notation
F double notation *f* ⟨*lettre et neume*⟩
I notazione *f* alfabetica e neumatica
S notación *f* doble ⟨*alfabética y neumática*⟩
U kettős kottaírás ⟨*betü és neuma*⟩
R *(сочетание буквенной и невменной нотаций)*

Doppeloktavstimmung *f* D *fis*
E double octave tuning
F double octave *f*
I accoppiamento *m* a doppia ottava
S doble octava *f*
U kettős oktávkopulázás
R двухоктавная настройка *f*

Doppelpedal *n* D *arpa*
E double pedal/action
F pédale *f* à double mouvement
I pedale *m* dell'arpa a doppio movimento
S pedal *m* de doble acción
U kettőspedál
R педальный механизм *m* двойного действия

Doppelpedalharfe *f* D
E double action harp

15

F harpe *f* à double mouvement
I arpa *f* a doppio movimento
S arpa *f* de pedal doble, arpa *f* con pedal de doble movimiento/acción
U kétrekeszes pedálhárfa
R арфа *f* с педальным механизмом двойного действия

Doppelpedalmechanik *f* D *arpa*
E double action
F (mécanisme *m* à) double mouvement *m*
I doppio movimento *m*
S doble mecanismo *m* del pedal, acción *f* doble
U kétrekeszes pedálszerkezet/pedálmechanika
R педальный механизм *m* двойного действия

Doppelpunkt *m* D ⟨*doppelter Verlängerungspunkt*⟩
E double dot
F double point *m*
I punto *m* doppio
S doble puntillo *m*, dos puntillos *m pl*
U dupla pont
R две точки *f pl*

Doppelrundkropf *m* D *canna*
E double-tip mitre/miter, double mitre/ miter at tip of tube
F coude *m* arrondi double
I doppio gomito *m* a più settori
S doble codo *m* recurvado
U csavart törés
R двойной круговой изгиб *m*

Doppelschlag *m* D *orn*
E turn
F double *m*, gruppetto *m*, tour *m* de gosier
I gruppetto *m*
S grupeto *m*
U kettős ékesítés, "doppelschlag"
R группетто *n*

~ *perc*
E double beat
F coup *m* double
I colpo *m* doppio
S golpe *m* doble
U kettős ütés
R двойной удар *m*

~ **von unten** *orn*
E ascending turn
F gruppetto *m* commençant par la note inférieure
I gruppetto *m* rovesciato
S grupeto *m* invertido
U alulról indított "doppelschlag"/kettős ékesítés
R группетто *n*, начинающееся с нижней вспомогательной

doppelschlag U *orn* Doppelschlag; Rolle

Doppelschlegel *m* D
E tampon
F tampon *m*
I mazzuolo *m* doppio, mazza *f* doppia
S doble baqueta *f*

U kettős (dob)verő
R колотушки *f pl*, палочки *f pl*

Doppelschloß *n* D *trbne*
E double lock ⟨*locking device on slides and bell to slides*⟩
F (*parties reliant les coulisses et le pavillon*)
I doppia ritorta *f*
S (*partes que unen el pabellón y las varas*)
U kettős zárszerkezet
R стопорный винт *m*

Doppelschöpfbalg *m* D *org*
E double/cuckoo feeder
F soufflet *m* à double pompe
I soffietto *m* a doppia pompa
S fuelle *m* de doble canal
U dupla/kettős fújtató
R двойные воздухонагнетательные мехи *m pl*

Doppelspur *f*, **Halbspur** *f* D *magn*
E twin-track, half-track, A: two-track
F double piste *f*
I doppia traccia/pista *f*
S doble pista *f*
U kettős sáv, félsáv
R двухдорожечная запись *f*

Doppelspurband *n* D *magn*
E twin-track tape
F bande *f* à double piste
I nastro *m* a doppia traccia/pista
S cinta/banda *f* de doble pista
U kétsávos/duplasávos hangszalag
R лента *f* с двухдорожечной записью

Doppelstrich *m* D
E double bar
F double barre *f*
I doppia stanghetta
S doble barra *f*
U kettős vonal
R двойная черта *f*

doppelt D
E double, doubled
F double
I doppio
S doble, doblado
U kettős, dupla
R двойной, дважды

Doppeltaktnote *f* D = Brevis
Doppeltaktpause *f*, **Brevispause** *f* D
E breve rest, A: double whole-note rest
F bâton *m*, pause *f*/silence *m* de brève
I pausa *f* di breve
S silencio *m*/pausa *f* de breve
U brevis értékű szünet, kétütemes szünet-(jel)
R пауза *f*, равная двум целым нотам

doppelthemig D = zweithemig
Doppeltriller *m* D trillo doppio
Doppelvorschlag *m* D *orn* = doppelter → Vorschlag

Doppelwirkung *f* D *org*
E double action/acting
F action *f* double
I doppia azione

S doble acción *f*
U kettős működés
R двойное/попеременное действие *n* ⟨какого-либо механизма⟩
Doppelzunge *f* D *legni*
E double tonguing
F double articulation *f*
I doppio colpo *m* di lingua
S doble articulación *f*
U kettős/dupla nyelv
R двойной удар *m*
doppio I doppelt; Doppel-
Doppler-Effekt *m* D
E Doppler effect
F effet *m* Doppler
I effetto *m* Doppler
S efecto *m* Doppler
U Doppler-effektus, Doppler-jelenség
R доплеровский эффект *m*, эффект *m* Доплера
Doppler effect E Doppler-Effekt
Doppler-effektus U Doppler-Effekt
Doppler-jelenség U Doppler-Effekt
dór U dorisch
Dorian E dorisch
dorico I dorisch
dórico S dorisch
dorien F dorisch
dorisch D
E Dorian
F dorien
I dorico
S dórico
U dór
R дорийский
dorni U Fußlochdorn
doromb U Maultrommel
dörömbölni *v* U hämmern
dörzs- U Reibe-
dörzsdeszka U Reibbrett
dörzskerék U Streichrad
dörzsölés U Reibung
dörzsölni *v* U reiben
dosdupla *f* I Zwölfachteltakt
dosillo *m* S Duole
dossologia *f* I Doxologie
dot E Punkt
dot *v* E punktieren
dotted E punktiert
dottore *m* **in musica** I doctor of music
dottrina *f* I; ∼ dell'armonia: Harmonielehre
∼ musicale: Musiklehre
Double *m* D double
double E doppelt; Doppel-; double
∼ acting *org* Doppelwirkung
∼ action *arpa* Doppelpedal; Doppelpedalmechanik; *org* Doppelwirkung; *pfte* Stoßmechanik
∼ action harp: Doppelpedalharfe
∼ appoggiatura *orn* appoggiatura doppia; Anschlag
∼ augmented: doppelt → übermäßig
∼ bar: Doppelstrich

∼ bass: contrabbasso
∼ bass clarinet: clarinette contrebasse
∼ bass player: contrabbassista
∼ bassoon: contrafagotto
∼ beat *perc* Doppelschlag
∼ bell *canna* Doppelkegeldeckung
∼ bellows *pl org* Doppelbälge
∼ canon: Doppelkanon
∼ choir/chorus: Doppelchor
∼ concerto: doppio → concerto
∼ contraoctave: Subkontra-Oktave
∼ diapason *org* Chorbaß
∼ diapason open *org* Prinzipalbaß
∼ diapason treble *arm* clarinette 16'
∼ dot: Doppelpunkt
∼ escapement action *pfte* Repetitionsmechanik
∼ expression *arm* geteilte → Expression
∼ feeder *org* Doppelschöpfbalg
∼ flageolet: Doppelflöte
∼ flat: Doppel-B
∼ flute: Doppelflöte
∼ fugue: Doppelfuge
∼ harp: Doppelharfe
∼ hood *canna* Doppelkropf
∼ horn: Doppelhorn
∼ joint *fag* Stiefel
∼ keyboard grand piano: Doppelflügel
∼ leading-note: Doppelleitton
∼ leading-note cadence: Doppelleittonkadenz
∼ lock *trbne* Doppelschloß
∼ mitre/miter *canna* Doppelkropf
∼ mitre/miter at tip of the tube *canna* Doppelrundkropf
∼ mute *fiati* Doppeldämpfer; *trb* Doppelkegel-Dämpfer
∼ neck *corda* Doppelhals
∼ octave tuning *fis* Doppeloktavstimmung
∼ paradiddle *perc*
D Zweier-Paradiddle *m*
F paradiddle *m* double
I paradiddle *m* doppio
S paradiddle *m* doble
U kétszeres paradiddle
R двойной парадидл *m*
∼ pedal *arpa* Doppelpedal
∼ pipe: Doppelflöte
∼ reed: doppeltes → Rohrblatt
∼ sharp: Doppelkreuz
∼ stop *archi* Doppelgriff
∼ tonguing *legni* Doppelzunge
∼ touch *arm* doppelter → Tastenfall
∼ trill: trillo doppio
∼ twelfth key *cl* duodezimierende → Doppelklappe
∼ whole note: Brevis
∼ whole-note rest: Doppeltaktpause
— for ∼ choir: doppelchörig
double *v* E verdoppeln
double F doppelt; Doppel-
double *m* F
D Double *m*
E double

I *(forma di variazione ornamentale fre-*
quente nelle suites di danze)
S double *m*
U double
R дубль *m*
~ *orn* Doppelschlag
double-action pedal E *arpa* doppelte → Pedalrückung
double-banked E zweimanualig
double-bass E; ~ saxhorn: Kontrabaßtuba
~ trombone: Kontrabaßposaune
~ valve trombone: Kontrabaßventilposaune
doubled E doppelt
double-dotted E doppelt → punktiert
double-headed stick E *perc* zweiköpfiger →
Schlegel
double-impression printing E Doppeldruckverfahren
double-manual E zweimanualig
doublement *m* F Verdopplung
double-necked lute E Doppelhalslaute
double-plate key E *legni* Doppelgriffklappe
doubler *v* F verdoppeln; *teat* ersetzen
~ à la tierce: austerzen
double-reed instruments *pl* E Instrumente mit
doppeltem Rohrblatt
double-spun E *corda* doppelt → umsponnen
double-string E *corda* doppelchörig
double-stylus pick-up E *gram* Tonabnehmer
mit zwei Saphiren
double-tip mitre/miter E *canna* Doppelrundkropf
double-top mitre/miter E *canna* Rundkropf
Doublette *f* D *org* doublette
doublette *f* F *org*
D Doublette *f*, Superoktave *f*
E doublette, fifteenth, superoctave
I principalino *m* da 2', quintadecima *f*,
decimaquinta *f*
S quincena *f*, quintadécima *f*
U dublett, szuperoktáv
R дублет *m*
Doublettensystem *n* D *org*
E borrowing pipes *pl*, extension system
F emprunt *m*, dédoublement *m*
I valvole *f pl* semitonali, canne *f pl*
ambitonali
S sistema *m* de extensión
U kétsoros sípok rendszere
R дублирующая система *f*
doubling E Verdopplung
doublure *f* F *teat* Ersatzspieler
doubly E; ~ augmented: doppelt → übermäßig
~ diminished: doppelt → vermindert
doubtful works *pl* E zweifelhafte → Werke
douçaine *f* F *org* Dolcan
doucement F *prescr* soave
douceur *f* F; avec ~ *prescr* dolce
douloureux F *prescr* affannoso; amaro; doloroso
doux F *prescr* dolce; piano; soave; *ton* weich
— assez ~ *prescr* mezzopiano
— très ~ *prescr* pianissimo

douzième *f* F Duodezime
downbeat E *dir* Abschlag
— (on the) ~ abtaktig
down-bow E *archi* Abstrich; *vc* Herstrich
downstage E *teat* vorn auf der → Bühne
down-striking action E *pfte* abwärtsschlagende
→ Mechanik
downward E abwärts
doxología *f* S Doxologie
doxológia U Doxologie
Doxologie *f* D
E doxology
F doxologie *f*
I dossologia *f*
S doxología *f*
U doxológia
R доксология *f*, славословие *n*
doxologie *f* F Doxologie
doxology E Doxologie
draft E Entwurf
draft *v* E entwerfen
drag E *perc*
D doppelter Vorschlag *m*
F "drag" *m*
I gruppetto *m* di due note
S doble golpe *m*
U kétszeres előke
R двойной форшлаг *m*
drag *v* E schleppen
— do not ~ nicht → schleppen
dragging E schleppend
Drahtgeige *f* D = Nagelgeige
Drahtharfe *f* D = Spitzharfe
Drama *n* D
E drama
F drame *m*
I dramma *m*
S drama *m*
U dráma
R драма *f*
— liturgisches ~ ⟨*Mittelalter*⟩
E liturgical drama
F drame *m* liturgique
I dramma *m* liturgico, mistero *m*
S drama *m* litúrgico
U liturgikus dráma
R литургическая драма *f*
drama E Drama; Schauspiel
~ criticism: critique théâtrale
drama *m* S Drama; Schauspiel
~ litúrgico: liturgisches → Drama
~ musical: Musikdrama
dráma U Drama
— liturgikus ~ liturgisches → Drama
dramatic E; ~ coloratura soprano: dramatischer → Koloratursopran
~ contralto: seriöser → Alt
~ passion: Choralpassion
~ soprano: dramatischer → Sopran; Zwischenfach
drame *m* F Drama; Schauspiel
~ liturgique: liturgisches → Drama
~ musical/lyrique: Musikdrama

dramma *m* I Drama; Schauspiel
∼ liturgico: liturgisches → Drama
∼ musicale: Musikdrama
drammatico-musicale I musikdramatisch
drängend D *prescr* stringendo
draw E Zug
drawing-room grand E pianoforte a coda intera
draw-knobs *pl* E *org* Registerknöpfe
draw-stop E; ∼s *pl org* Registerknöpfe
∼ rod *org* Schubstange
dream E; as if in a ∼ träumerisch
dreamily E träumerisch
Drehbrett *n*, **Drehschablone** *f* D *camp*
  E gauge, strickle/mo(u)lding board
  F moule *m*
  I traversa *f*
  S molde *m*
  U forgósablon
  R подвижной шаблон *m*
Drehbuch *n* D ⟨*Film*⟩
  E scenario
  F scénario *m*
  I copione *m*, sceneggiatura *f*
  S guión *m* de un film
  U forgatókönyv
  R сценарий *m*
Drehbühne *f* D
  E revolving stage
  F scène *f* tournante
  I palcoscenico *m* girevole
  S escenario *m* giratorio, plataforma *f* giratoria
  U forgószínpad
  R вращающаяся сцена *f*
Drehdeckel *m* D *canna* → Deckung durch Drehdeckel
Dreher *m* D *bl*
  E (*Austrian round-dance*)
  F (*danse populaire d'Autriche*)
  I (*danza austriaca*)
  S (*danza austriaca*)
  U ("*forgo*" *osztrák tánc*)
  R (*австрийский танец типа лендлера*)
Drehklappe *f* D *legni*
  E key on rod
  F clef *f* à tringle
  I cannetta *f* con perno, profilato *m* contro-punte
  S llave *m* giratoria
  U rúdbillentyű
  R клапан *m* с рычажком
Drehklavier *n* D
  E street piano, barrel-organ
  F piano *m* mécanique
  I pianoforte *m* a cilindro
  S piano *m* mecánico
  U zongoraverkli
  R шарманка *f*
Drehleier *f*, **Leier** *f*, **Radleier** *f*, **Schlüssel-fiedel** *f* D
  E hurdy-gurdy
  F chifonie *f*, vielle *f* à roue
  I ghironda *f*

  S viela *f* de rueda, gaita *f* zamorana, cifo-nia *f*, cinfonía *f*, organistrum *m*, lira *f* de rueda
  U nyenyere, tekerő(lant)
  R колёсная лира *f*
Drehnote *f* D
  E alternating/returning note
  F broderie *f*
  I nota *f* di volta
  S broderie *f*, adorno *m*
  U váltóhang
  R вспомогательная нота *f*
Drehorgel *f*, **Leierkasten** *m* D
  E barrel-organ, street-organ
  F orgue *m* de Barbarie
  I organo *m* di Barberia, organetto *m*
  S organillo *m*, manubrio *m*
  U kintorna, verkli, síplada
  R шарманка *f*
Drehorgelspieler *m* D
  E organ grinder
  F joueur *m* d'orgue de Barbarie
  I suonatore *m* di organetto
  S organillero *m*
  U kintornás
  R шарманщик *m*
Drehschablone *f* D *camp* = Drehbrett
Drehscheibenmechanismus *m* D *arpa*
  E fork-mechanism
  F mécanisme *m* de système à fourchette
  I meccanismo *m* delle rotelle
  S sistema *m* de horquillas del arpa
  U villamozgató mechanizmus
  R система *f* поворотных дисков
Drehventil *n*, **Zylinderventil** *n* D *ottoni*
  E rotary valve
  F cylindre *m* à rotation
  I cilindro *m* (a sistema) rotativo
  S válvula *f* giratoria/rotativa/rotatoria, pistón *m* cilíndrico/giratorio
  U forgóventil, cilinderventil
  R вентиль *m* с двигающимся поршнем
Dreiachteltakt *m* D
  E three-eight time/A: meter
  F mesure *f* à trois-huit
  I tempo *m*/misura *f* a tre ottavi, tripola
  S compás *m* de tres por ocho
  U háromnyolcados ütem
  R размер *m* на три восьмых
dreichörig D *corda*
  E trichord, with three courses
  F à triple corde
  I a tre corde
  S de triple orden
  U három húrcsoportos, háromhúros
  R с утроенными струнами
∼ *fis*
  E with three sets of reeds
  F à trois jeux d'anches
  I a tre file
  S de tres juegos de lengüetas
  U három sípsoros
  R с тремя рядами голосов

Dreiecksharfe _f_ D
E triangular harp
F harpe _f_ à cadre triangulaire
I arpa _f_ triangolare/a cornice
S arpa _f_ de marco
U háromszög alakú hárfa
R угловая арфа _f_
Dreier-Paradiddle _m_ D _perc_ triple paradiddle
Dreierschlagfigur _f_ D _dir_
E three-beat pattern
F schéma _m_ désignant trois battements par mesure
I schema _m_ dei movimenti per il tempo ternario
S esquema _m_ de tres golpes por compás
U hármas ütem (vezénylésének) mozdulata
R трёхдольная сетка _f_
Dreiertakt _m_ D
E triple/ternary time/A: meter
F mesure _f_ à trois temps
I misure/battute _f pl_ ternarie/a tre tempi, tempo _m_ ternario
S compás _m_ ternario/de tres tiempos
U hármas ütem
R трёхдольный размер _m_
Dreiganzetakt _m_ D
E triple time/A: meter ⟨_three semibreves to a bar_⟩
F mesure _f_ à trois-un
I tripola _f_ maggiore
S compás _m_ de tres por uno
U háromegyedes ütem
R размер _m_ на три целых
dreigestrichen D ⟨_Oktave_⟩
E three-line, thrice-accented
F _(dans la cinquième octave, indication: trois barres au dessus du nom des notes)_
(nell'ottava contrassegnata dall'esponente 3)
S _(la octava quinta, indicada con tres líneas encima del nombre de las notas)_
U háromvonalas, háromvonásos
R третьей октавы
Dreihalbetakt _m_ D
E three-two time/A: meter
F mesure _f_ à trois-deux
I misura _f_ di tre mezzi, tempo _m_ tre metà, tripola _f_ minore
S compás _m_ de tres por dos
U háromkettedes ütem
R размер _m_ на три вторых
Dreiklang _m_ D
E triad, common chord
F triade _f_, accord _m_ parfait/de trois sons
I triade _f_, accordo _m_ di tre suoni
S tríada _f_, acorde _m_ perfecto
U hármashangzat
R трезвучие _n_
— hartverminderter ∼ accord majeur avec quinte diminuée
— leerer ∼ accord incomplet
— übermäßiger ∼ accord augmenté
— verminderter ∼ accord diminué

Dreiklangs- D
E triadic
F de trois sons, propre à la triade, de triade
I di triade
S propio de la tríada, relativo al acorde perfecto, de tríada
U hármashangzat-
R касающийся трезвучия
dreisätzig D
E in three movements
F à trois mouvements
I di tre tempi
S en tres movimientos
U háromtételes
R трёхчастный
dreistimmig D
E three-part, for three parts
F à trois voix/parties
I a tre voci/parti
S a tres partes/voces
U háromszólamú
R трёхголосный
Dreistimmigkeit _f_ D
E three-part/three-voice texture
F écriture _f_ à trois voix/parties
I scrittura _f_ a tre voci/parti
S textura/escritura _f_ a tres partes/voces
U háromszólamúság
R трёхголосие _n_
dreitaktig D
E three-beat
F à trois temps
I di tre battute
S de/a tres tiempos
U háromütemű
R трёхтактный
dreiteilig D
E in three parts/sections, ternary
F en trois parties, ternaire
I di tre parti, tripartito, ternario
S en tres partes, tripartito, ternario
U háromrészes
R трёхчастный
Dreiviertelgeige _f_ D
E three-quarter fiddle, three-quarter-size violin
F violon _m_ trois-quart
I violino _m_ di tre quarti, piccolo violino _m_ per bambini
S violín _m_ de tres cuartos
U háromnegyedes hegedű
R скрипка _f_ трехчетвёртного размера
Dreivierteltakt _m_ D
E three-four time/A: meter
F mesure _f_ à trois-quatre
I tempo _m_/misura _f_ (in) tre quarti, tripola _f_ piccola
S compás _m_ de tres por cuatro
U háromnegyedes ütem
R размер _m_ на три четверти
dreizeilig D ⟨_Strophe_⟩
E three-line
F de trois vers

I di tre versi
S trístico
U háromsoros
R трёхстрочный

dreizeitig D
E ternary, triple
F ternaire, à trois temps
I ternario
S ternario, en tres tiempos
U háromértékű
R трёхдольный

dress E; ~ circle *teat* erster → Rang
~ rehearsal *teat* Hauptprobe

drinking song E Trinklied

Drittelton *m* D
E third of a tone
F tiers *m* de ton
I terzo *m* di tono, terzo suono *m*
S tercio *m* de tono
U harmadhang
R треть *f* тона

droit F gerade

droits *m pl* F; ~ d'auteur: copyright; Tantiemen; → MECHANLIZENZ; SABAM; S.A.C.E.M.; S.D.R.M.; SUISA
~ d'exécution: Aufführungsrecht
~ de représentation: Aufführungsrecht; *teat* Bühnenrechte

drone E; ~s *pl* Summpfeifen
~ bass *org* basse de musette
~ string: Bordunsaite

drop E Fall
~ action *pn* Untertastenmechanik
~ curtain *teat* Zwischenaktvorhang
~ of a third: Terzfall
~ screw *pfte* Abnickschraube
~ screw cloth: Scherenleder

drót U; első [második, harmadik] ~ *ancia* erste [zweite, dritte] → Zwinge

Druck *m* D
E print, edition
F impression *f*, édition *f*
I stampa *f*, pubblicazione *f*, edizione *f*
S impresión *f*, edición *f*, tirada *f*
U nyomás, nyomtatás
R печатание *n*, издание *n*

~ *fis*
E pressure
F pression *f*
I pressione *f*
S presión *f*
U nyomás
R сжим *m* меха

~ **machen** *v pfte*
E to lay the touch, to make touch depth
F égaliser *v* les touches
I regolare *v* la corsa dei tasti
S igualar *v* las teclas
U drukkot szabályozni *v*
R (*регулировать глубину хода клавиши*)

Drückel *m* D *canna ancia* = Stimmkrücke

drucken *v* D
E to print

F imprimer
I stampare
S imprimir
U nyomni, nyomtatni
R печатать

Druck(filz)scheibe *f* D *pfte*
E front pin/rail punching
F mouche *f*
I rosetta *f* di feltro per ferma tasto
S redondel *m* de fieltro ⟨*debajo de la tecla*⟩
U drukkfilclemez ⟨*a billentyű alatt*⟩
R друкшайба *f*

Druckknopf *m* D *fis, org*
E (push) button, press stud
F bouton *m* poussoir
I pistoncino *m*
S botón *m*
U (nyomó)gomb
R кнопка-пистон *f*

Druckplättchen *n* D *fiati*
E touch piece, fingerplate, finger button, finger-tip
F boutons *m pl* pistons
I tasti *m pl*
S botones *m pl*, pistones *m pl*
U billentyű, gomb, klapni
R кнопка *f* клапана

Druckscheibe *f* D *pfte* = Druckfilzscheibe
Druckventil *n* D = Pumpventil
Druckwindharmonium *n* D
E harmonium with pressure bellows
F harmonium *m* à air refoulé/à vent comprimé
I armonio *m* a pressione d'aria
S armonio *m* con manchas/de aire comprimido
U nyomólégrendszerű harmónium
R фисгармония *f* с воздухонагнетающим устройством

drukk U *pfte* Stegdruck
~ot szabályozni *pfte* Druck machen
drukkfilc U *pfte* Rahmenpolster
drukkfilclemez U *pfte* Druckfilzscheibe
drum E Trommel
~s *pl* and fifes *pl mil* Spielleute
~ cable: Trommelleine
~ call: Trommelsignal
~ in the shape of an hour-glass: Sanduhrtrommel
~ major *mil* tambour-major
~ major's baton *mil* canne de tambour-major
~ roll: Trommelwirbel
~ rope: Trommelleine
~ stand: Trommelständer
— beat *v* the ~ trommeln
drum *v* E pauken; trommeln
drumbeat E Trommelschlag
drum-head E *perc* Fell
drum-headcover E Trommelfellüberzug
drummer E Schlagzeugspieler; Trommler
drum-roll E Paukenwirbel
drumstick E Trommelschlegel
dry E matt; *fiati* trocken

dublett U *org* doublette
dübörögni *v* U *gram* rumpeln
duda U Dudelsack
dudabasszus U
    D "basse de musette", Musettenbaß *m*
    E "basse de musette"
    F basse *m* de musette
    I basso *m* di musetta
    S "basse de musette"
    R бурдонный бас *m*
dudás U Dudelsackpfeifer
Dudelsack *m*, **Sackpfeife** *f*, **Schäferpfeife** *f* D
    E bagpipe
    F cornemuse *f*
    I cornamusa *f*, piva *f*
    S cornamusa *f*, gaita *f*
    U duda
    R волынка *f*
Dudelsackpfeifer *m* D
    E bagpiper
    F joueur *m* de cornemuse
    I suonatore *m* di cornamusa, zampo-
    gnaro *m*
    S gaitero *m*
    U dudás
    R волынщик *m*
dudka E дудка
dudka-player E дудошник
dúdolni *v* U trällern
dudošnik R → дудошник
Duduk *m* D дудук
duduk E дудук
duduk *m* F S дудук
dudùk *m* I дудук
duet E duetto; duo
dueto *m* S duetto; duo
Duett *n* D duetto
duett U duetto; duo
duetto *m* I
    D Duett *n*
    E duet
    F duetto *m*
    S dúo *m*, dueto *m*
    U duett, kettős
    R дуэт *m*
dugó U *canna d. l.* Spund
dühösen U con → collera
duhovnye stihi R духовные → стихи
duina *f* I Duole
dulce S *prescr* dolce; *ton* weich
dulcema *f* S Hackbrett
dulcemente S *prescr* dolce
Dulcian *m* D
    E dolcian, dulcian
    F dulcian *f*
    I dolziana *f*
    S dulcián *m*
    U dulcián
    R дульциан *m*
dulcian E Dulcian
dulcian *f* F Dulcian
dulcián *m* S Dulcian
dulcián U Dulcian

Dulciana *f* D *org*
    E dulciana
    F dulciane *f*
    I dulciana *f*
    S dulciana *f*
    U dulciána
    R дульциана *f*
dulciana E *org* Dulciana
  ~ mixture *org* Echomixtur
dulciana *f* I S *org* Dolcan; Dulciana
dulciána U *org* Dulciana
dulciane *f* F *org* Dulciana
dulcimer E Hackbrett
dulcitone E Adiaphon
dull (in tone) E *camp* kurzatmig
dulzaina *f* S Schalmei
Dulzflöte *f* D *org*
    E clarabella, suabe/suave flute
    F flûte *f* douce, clarabella *f*
    I clarabella *f*, flauto *m* dolce
    S flauta *f* dulce/suave, clarabella *f*
    U Dulzflöte
    R дульцфлёте *f*
duma R → дума
dumb show E Pantomime
Dumka *f* D думка
dumka E U думка
dumka *f* F I S думка
dummy pipe *org* blinde → Pfeife
dunántúli U; ~ szeptim → szeptim
  ~ terc → terc
dünn D ⟨*Stimme, Klang*⟩
    E thin, reedy, stringy
    F fin
    I esile, sottile
    S delgado
    U vékony
    R тонкий, слабый
  ~ *prescr* gracile
Duo *n* D duo
duo *m* F duo
  ~ pianistique: duo pianistico
duo *m* I
    D Duo *n*
    E duet
    F duo *m*
    S dúo *m*, dueto *m*
    U duó, kettős, duett
    R дуо *n*, дуэт *m*
  ~ **pianistico**
    D Klavierduo *n*
    E piano duet
    F duo *m* pianistique
    S dúo *m* pianístico
    U zongorakettős
    R фортепьянный дуэт *m*
dúo *m* S duetto; duo
  ~ pianístico: duo pianistico
duó U duo
duodecima E *org* Quintzweizweidrittelfuß
duodecima *f* I; ~ 2 2/3' *org* Quintzweizweidrittelfuß
duodécima *f* S Duodezime

duodecima U Duodezime
duodecimabillentyű U *cl* Duodezklappe
— kettős ~ *cl* duodezimierende → Doppel-
klappe
Duodezime *f* D
  E twelfth
  F douzième *f*
  I dodicesima *f*
  S duodécima *f*
  U duodecima
  R дуодецима *f*
Duodezklappe *f* D *cl*
  E speaker key
  F clef *f* d'octave
  I portavoce *m*
  S portavoz *m*, llave *f* de Denner
  U oktávbillentyű, duodecimabillentyű
  R регистровый клапан *m*
duola U Duole
Duole *f* D
  E duplet
  F duolet *m*
  I duina *f*
  S dosillo *m*
  U duola
  R дуоль *f*
duolet *m* F Duole
dupla U doppelt
duple E; ~ time/meter: Zweiertakt; gerader →
Takt
duplet E Duole
duplicar *v* S verdoppeln
duplicate *v* E verdoppeln
duplication E Verdopplung
Dur *n*, **Durgeschlecht** *n* D
  E major (mode)
  F majeur *m*, mode *m* majeur
  I maggiore *m*, modo *m* maggiore
  S mayor *m*, modo *m* mayor
  U dúr (hangnem)
  R мажор *m*, мажорное наклонение *n*,
    мажорный лад *m*
— in ~
  E in (the) major (mode)
  F en majeur, dans le mode majeur
  I in maggiore, in modo maggiore
  S en mayor, en modo mayor
  U dúrban
  R в мажоре, мажорный
dur F schallhart; vollgriffig
dúr U Dur
~ban: in → Dur
duración *f* S Tondauer; *gram, magn* Laufzeit
~ de la grabación *gram, magn* Aufnahmezeit
~ de la resonancia: Nachhallzeit
Durakkord *m* D accord parfait majeur
durata *f* I Tondauer; *gram, magn* Laufzeit
duration E Tondauer; *gram, magn* Laufzeit
durchdringend D
  E penetrating, shrill
  F pénétrant, aigu
  I penetrante, acuto, squillante
  S penetrante, punzante, agudo

  U áthato, éles
  R пронизывающий
durchführen *v* D
  E to develop, to elaborate
  F développer
  I eseguire, sviluppare
  S desarrollar
  U kidolgozni
  R разработать, провести ⟨тему⟩
Durchführung *f*, **Themendurchführung** *f*, **The-
menverarbeitung** *f* D ⟨*Sonate*⟩
  E (thematic) development/elaboration
  F développement *m* (thématique)
  I sviluppo *m*, svolgimento *m*, elaborazione
    f tematica
  S desarrollo *m* (temático), elaboración *f*
    (temática)
  U (téma)feldolgozás, (téma)kidolgozás, fel-
    dolgozási/kidolgozási szakasz
  R разработка *f* (тем)
~ *fuga*
  E exposition
  F exposition *f*
  I esposizione *f*
  S exposición *f*
  U expozíció
  R экспозиция *f*
Durchführungstechnik *f* D
  E development technique
  F technique *f* du développement
  I tecnica *f* dello sviluppo
  S técnica *f* de desarrollo
  U kidolgozási/feldolgozási mód/technika
  R разработочная техника *f*, техника *f* раз-
    работки
Durchführungsteil *m* D
  E development section
  F partie *f* du développement
  I parte/sezione *f* di sviluppo
  S sección *f* del desarrollo
  U feldolgozás(i rész)
  R разработочная часть *f*, разработка *f*
Durchgang *m* D
  E transition
  F passage *m*, transition *f*
  I passaggio *m*
  S pasaje *m*, transición *f*
  U átmenet
  R проход *m*
Durchgangsakkord *m* D accord de passage
Durchgangsquartsextakkord *m* D accord de
sixte et quarte de passage
Durchgangston *m* D
  E passing note/tone, passing-note
  F note *f* de passage
  I nota *f* di passaggio
  S nota *f* de paso, tono *m* de pasaje
  U átmenőhang
  R проходящий звук *m*
— betonter ~
  E accented passing note/tone
  F note *f* de passage accentuée
  I nota *f* di passaggio accentata

S nota *f* de paso acentuada
U hangsúlyos átmenőhang
R акцентированный проходящий звук *m*
— unbetonter ~
E unaccented passing note/tone
F note *f* de passage non accentuée
I nota *f* di passaggio non accentata
S nota *f* de paso inacentuada/no acentuada
U hangsúlytalan átmenőhang
R неакцентированный проходящий звук *m*
Durchimitation *f* D
E continuous imitation, fully developed imitation, A: through-imitation, pervading imitation
F imitation *f* continue
I imitazione *f* continua/ininterrotta
S imitación *f* continua
U végigimitálás, imitálás végig
R имитация *f*, проводимая последовательно
durchimitieren *v* D
E to imitate continuously
F imiter *v* de façon continue
I imitare *v* ininterrottamente
S imitar *v* ininterrumpidamente
U végigimitálni
R последовательно проводить *v* имитацию
durchkomponiert D ⟨*Lied*⟩
E through-composed, set throughout
F de forme non strophique, de forme ouverte
I a forma aperta
S de melodía no estrófica
U átkomponált
R сквозной, «дурхкомпонированный»
Durchschlagzunge *f* D *arm*
E free reed
F anche *f* libre
I ancia *f* libera
S lengüeta *f* libre
U átcsapó/szabad nyelv
R проходящий/проскакивающий/свободный язычок *m*
durchstreichen, ausstreifen *v* D *lt*
E to rake
F gratter
I strappare
S rasguear
U (*hüvelykujjat végighúzni a húrokon*)
R (*провести по струнам в виде общего глиссандо*)
Durchstreichen *n*, **Ausstreifen** *n* D *lt*
E raking stroke
F (*faire sonner toutes les cordes cn même temps*)
I strappata *f*
S rasgueado *m*, toque *m* rasgueado
U (*hüvelykujj végighúzása a húrokon*)
R (*общее глиссандо по всем струнам*)
Durdreiklang *m* D accord parfait majeur
durée *f* F Tondauer; *gram, magn* Laufzeit
~ de l'enregistrement *gram, magn* Aufnahmezeit

~ du droit d'auteur: Schutzfrist
dureté *f* F Härte
dureza *f* S Härte
durezza *f* I Härte
Durgeschlecht *n* D = Dur
duro S schallhart; vollgriffig
Durtonart *f* D
E major key
F tonalité *f* majeure
I tono *m*/tonalità *f* maggiore
S tono *m* mayor
U dúr hangnem
R мажорный лад *m*
düster D
E gloomy, dismal
F sombre, triste
I tetro, cupo, oscuro, funebre
S sombrío, triste
U komor, sötét
R тёмный, мрачный
~ *prescr* lugubre
düvő U
D (*charakteristischer Begleitungsrhythmus der ungarischen Dorf- und Zigeunermusik, bei dem die schwache Zählzeit betont wird*)
E (*the characteristic accompanying rhythm of Hungarian folk and gipsy music, with the accent on the weak beats*)
F (*rythme d'accompagnement caractéristique de la musique villageoise hongroise et tzigane, dans lequel le temps faible est accentué*)
I (*caratteristico ritmo di accompagnamento della musica popolare ungherese e zigana con accento sul tempo debole*)
S (*ritmo de acompañamiento característico de la música húngara aldeana y tzigana, en el que se acentúa el tiempo débil*)
R (*характерный ритм сопровождения венгерской сельской и цыганской музыки с подчёркиванием слабых долей такта*)
Dux *m* D
E antecedent, dux
F sujet *m*, antécédent *m*
I antecedente *m*, soggetto *m*
S dux *m*, tema *m*, antecedente *m*
U dux
R вождь *m*
dux E Dux; Proposta
dux *m* S Dux
dux U Dux
dvoznamenniki R → двознаменники
dynamic E dynamisch
~ mark: dynamisches → Zeichen
~ sign: dynamisches → Zeichen
dynamics E Dynamik
Dynamik *f* D
E dynamics
F dynamique
I dinamica *f*
S dinámica *f*

U dinamika
R динамика *f*
dynamique F dynamisch
dynamique *f* F Dynamik
~ avec contrastes nets/marqués: Terrassen-
dynamik
~ d'écho: Echodynamik
dynamisch D
  E dynamic
  F dynamique
  I dinamico
  S dinámico
  U dinamikus
  R динамический

dzsessz U jazz
~t játszani *v* jazz
dzsesszegyüttes U jazz band
dzsesszgitár U guitarra de jazz
dzsesszkomponista U jazz composer
dzsesszpozaun U jazz trombone
dzsesszritmus U jazz rhythm
dzsesszsíp U Stempelflöte
dzsessztrombita U jazz trumpet
dzsessztrombón U jazz trombone
dzsesszzenekar U jazz band
dzsesszzenész U jazz musician
dzsigg U jig

E

e *n* D *ton*
   E E (natural)
   F mi *m*
   I mi *m*
   S mi *m*
   U e
   R ми *n*
E E *ton* e
~ double-flat *ton* eses
~ double-sharp *ton* eisis
~ flat *ton* es
~ major: E-Dur
~ minor: e-Moll
~ natural *ton* e
~ sharp *ton* eis
e U *ton* e
ear E Ohr; Gehör; *canna* Bart; Seitenbart
~ and beard *canna* Kastenbart
~ flap/lobe: Ohrläppchen
~ on wooden pipe *canna* Streichbart
~ test: Gehörprüfung
~ training: Gehörbildung
~ trumpet: Hörrohr
~ with harmonic bridge *canna* Seitenbart mit Rollbart
— by ~ nach dem → Gehör
— have *v* a good ~ gutes → Gehör haben
eardrum E *or* Trommelfell
early edition E Frühdruck
earshot E Hörweite
— out of ~ außer → Hörweite
— within ~ in → Hörweite
ease of response E *str* leichte → Ansprache
Easter carol E Osterlied
ebanista *m* I *costr, pfte* Aufschläger
ébauche *f* **d'une composition** F Entwurf
ébaucher *v* F entwerfen
ébresztő U *mil* réveil
eccedente I übermäßig
— più che ~ doppelt → übermäßig
eccessivo I
   D eccessivo, übermäßig, übertrieben
   E eccessivo, *"exceedingly"*, *"exaggerated"*
   F eccessivo, excessif
   S eccessivo, *"excesivo"*

   U eccessivo, *"szertelenül"*
   R eccessivo, преувеличивая, преувеличенно
eccitante I
   D eccitante, aufgeregt
   E eccitante, *"excited"*
   F eccitante, excité
   S eccitante, *"excitante"*
   U eccitante, *"izgatottan"*
   R eccitante, взволнованно
ecclesiastical E; ~ mode: Kirchenton
~ year: Kirchenjahr
ecfonetico I ekphonetisch
ecfonético S ekphonetisch
échancré F eingebuchtet
échange *m* F; ~ des parties/voix: Stimmtausch
échappement *m* F *org* Auslöser; *pfte* Auslöser; Stoßzunge
— double ~ *pfte* Repetitionsmechanik
echar *v* **el aliento** S ausatmen
échelette *f* F
   D *(historisches Xylophon)*
   E "échelette"
   I *(antico xilofono francese)*
   S échelette *f*, esquiletas *f pl*
   U "échelette" ⟨*régi xilofon*⟩
   R *(старинный вид ксилофона)*
échelle *f* F Tonleiter
Echo *n* D
   E echo
   F écho *m*
   I eco *m*
   S eco *m*
   U echó, visszhang
   R эхо *n*
echo E Echo; Nachklingen
~ attachment *ottoni* Echomaschine
~ bourdon *org* Stillgedeckt
~ effect: Halleffekt
~ effects *pl* Echodynamik
~ instrument: Echoinstrument
~ mixture *org* Echomixtur
~ organ *org* Fernwerk
~ tone *fiati* Echoton

echo *v* E nachklingen
écho *m* F Echo; Nachklingen
— produire *v* un ~ nachklingen
— sans ~ echofrei
echó U Echo
echo-chamber E Echokammer
echódinamika U Echodynamik
Echodynamik *f* D
   E echo effects *pl*
   F dynamique *f* d'écho
   I effetti *m pl* d'eco
   S dinámica *f* de eco
   U echódinamika
   R динамика *f* эхо
echofrei D
   E free of echo, dead
   F mort, sans écho
   I senza eco
   S sin eco, sordo
   U visszhangmentes, visszaverődésmentes
   R с отсутствием реверберации, безэховый
echóhang U *fiati* Echoton
echoing E Nachklingen
Echoinstrument *n* D
   E echo instrument
   F *(instrument produisant des effets d'écho)*
   I *(strumento che produce effetti d'eco)*
   S *(instrumento produciendo un efecto de eco)*
   U visszhangszerkezet
   R искусственный ревербератор *m*
Echokammer *f* D
   E echo-chamber
   F chambre *f* d'écho
   I camera *f* d'eco
   S cámara *f* de eco
   U zengőkamra, visszhangkamra
   R эхо-камера *f*
Echomaschine *f* D *ottoni*
   E echo attachment
   F dispositif *m* pour l'écho
   I dispositivo *m* che produce effetti d'eco
   S dispositivo *m* para el eco
   U visszhangkészülék
   R приспособление *n* для эффекта эхо
Echomixtur *f* D *org*
   E dulciana/echo mixture
   F mixture *f* d'écho
   I armonia *f* eterea, mistura *f* d'eco
   S mixturas *f pl*/corneta *f* de eco
   U echómixtúra
   R эхо-микстур *f*
echómixtúra U *org* Echomixtur
echómű U *org* Fernwerk
Echoton *m* D *fiati*
   E echo tone
   F son *m* en écho, effet *m* d'écho
   I suono *m* ad eco, effetto *m* d'eco
   S efecto *m* de eco
   U echóhang
   R эффект *m* эхо
Echowerk *n* D *org* = Fernwerk
Ecke *f* D *vl*
   E corner

F coin *m*
I angolo *m*, cornetto *m*, punta *f*
S esquina *f*, esquinero *m*
U sarok
R уголок *m*
Eckklötzchen *n* D *vl*
   E corner block
   F tasseau *m* du coin
   I zocchetti *m pl* degli angoli, tasselli *m pl* angolari
   S tacos *m pl*, zoquetes *m pl*
   U saroktőke
   R угловой клёц *m*, угловые стойки *f pl*
Ecksatz *m* D
   E outer movement
   F mouvement *m* extrême
   I movimento *m* esterno
   S movimiento *m* externo
   U saroktétel
   R крайние части *f pl*
Eckstöckchen *n* D *vl* = Eckklötzchen
éclairage *m* F *teat* Beleuchtung
~ scénique *teat* Bühnenbeleuchtung
éclat *m* F Glanz
éclisse *f* F *corda, pfte* Zarge; *org* Faltenbrett
ecmelic E ekmelisch
ecmelico I ekmelisch
eco *m* I Echo
— senza ~ echofrei
eco *m* S Echo; Nachklingen
— con ~s: überakustisch
— producir *v* ~ nachklingen
— sin ~ echofrei
école *f* F; ~ de danse: Tanzschule
~ de facture instrumentale: Musikinstrumentenbauschule
~ de musique: Musikschule
~ de piano: Klavierschule
~ de violon: Violinschule
~ supérieure de musique: Musikhochschule
Ecossaise *f* D *bl* écossaise
écossaise *f* F *bl*
   D Schottisch(er) *m*, Ecossaise *f*
   E écossaise
   I scozzese *f*
   S chotis *m*, escocesa *f*
   U écossaise
   R экоссез *m*
~ ⟨*danse allemande*⟩ Schottischer
— à l'~ alla → scozzese
écossaise U *bl* écossaise; Schottischer
écouter *v* F hören; zuhören
écouvillon *m* F *legni* Wischer
ecphonetic E ekphonetisch
~ sign: Lektionszeichen
écran *m* F; ~ pour les orchestres de plein air: Schallmuschel
écrevisse *f* F Krebs
écrire *v* F; ~ en toutes notes *orn* ausschreiben
écriture *f* F Satz
~ à cinq voix/parties: Fünfstimmigkeit
~ à deux voix/parties: Zweistimmigkeit

~ à deux [trois, quatre, plusieurs] voix/ parties: zwei-[drei,- vier-, mehr]stimmiger → Satz

~ à quatre voix/parties: Vierstimmigkeit

~ à six voix/parties: Sechsstimmigkeit

~ à trois voix/parties: Dreistimmigkeit

~ en profondeur *gram* Tiefenschrift

~ instrumentale: Instrumentalsatz

~ pianistique: Klaviersatz

écrivain *m* **musical** F Musikschriftsteller

écrou *m* F; ~ de la vis de fixation de la barre d'arrêt des touches *pfte* Stellschraubenmutter für Klaviaturpralleiste

Ecurie *f* F; **musique de l'~**
D *(die dem Obersten Stallmeister unterstellte Hofmusik)*
E *(court music under the direction of the Master of the Horse)*
I *(musica delle scuderie di corte)*
S música *f* de la caballería
U *(a királyi istállómester által biztositott udvari zene)*
R *(придворная музыка, находившаяся в ведении главного штальмейстера)*

écusson *m* F *canna d. m.* aufgeworfene Labien → Labium

edge E *archi, perc* Rand; *canna* Schneide; *fl. d.* Schneide; Schneidekante

— at the ~ *prescr, perc* am → Rand des Felles

— near the ~ of the skin *prescr, perc* am → Rand des Felles

edge-tone E *canna, fl. d.* Schneidenton

edición *f* S Ausgabe; Auflage; Druck

~ científica: wissenschaftliche → Ausgabe

~ con cambio de título: Titelausgabe

~ crítica: kritische → Ausgabe

~ de estudio: praktische → Ausgabe

~ de la versión primitiva/original: Urtextausgabe

~ definitiva: endgültige → Ausgabe

~ histórica: historische → Ausgabe

— ediciones *pl* monumentales: musikalische → Denkmäler

~ original: Originalausgabe

~ para canto solo: Melodieausgabe

~ princeps/príncipe: Erstausgabe

~ transportada: transponierte → Ausgabe

— nueva ~ Neudruck

— primera ~ Erstausgabe; Erstdruck

Edison-írás U *gram* Tiefenschrift

Edison-Schrift *f* D *gram* = Tiefenschrift

edit *v* E bearbeiten

édité *v* F; être ~ herauskommen

éditeur *m* F Verleger

~ de musique: Musikverleger

edition E Auflage; Ausgabe; Druck

~ of the original text: Urtextausgabe

édition *f* F Auflage; Ausgabe; Druck

~ à la colle: Titelausgabe

~ ancienne: Frühdruck

~ critique: kritische → Ausgabe

~ de la version primitive/originale: Urtextausgabe

~ définitive: endgültige → Ausgabe

~ historique: historische → Ausgabe

~ originale: Erstausgabe; Originalausgabe

~ parmi les premières: Frühdruck

~ pour chant seul: Melodieausgabe

~ pratique: praktische → Ausgabe

~ princeps: Erstausgabe

~ scientifique: wissenschaftliche → Ausgabe

— première ~ Erstausgabe

Editionsnummer *f* D = Verlagsnummer

edito I; essere ~ herauskommen

editor *m* S Verleger

~ de música: Musikverleger

editora *f* **musical** S Musikverlag

editore *m* I Verleger

~ di musica: Musikverleger

editorial *f* **de música** S Musikverlag

editorial notes *pl* E kritischer → Bericht

edizione *f* I Auflage; Ausgabe; Druck

~ critica: kritische → Ausgabe

~ definitiva: endgültige → Ausgabe

~ della versione originale: Urtextausgabe

~ originale: Originalausgabe

~ pratica: praktische → Ausgabe

~ scientifica: wissenschaftliche → Ausgabe

~ staccata/speciale: Einzelausgabe

~ storica: historische → Ausgabe

— edizioni *pl* storiche: musikalische → Denkmäler

~ trasportata: transponierte → Ausgabe

— nuova ~ Neudruck

— prima ~ Erstausgabe; Erstdruck

educación *f* S; ~ de la voz: Stimmbildung

~ del oído: Gehörbildung

~ musical: Musikerziehung

éducation *f* F; ~ de la voix: Stimmbildung

~ de l'oreille: Gehörbildung

~ musicale: Musikerziehung

educational E pädagogisch

~ music: Unterrichtsmusik

education(al)ist E Pädagoge

educator E Pädagoge

educazione *f* I; ~ dell'orecchio: Gehörbildung

~ musicale: Musikerziehung

E-Dur *n* D
E E major
F mi *m* majeur
I mi *m* maggiore
S mi *m* mayor
U E-dúr
R ми *n* мажор

E-dúr U E-Dur

efe *f* S *archi* F-Loch

efecto *m* S; ~ conclusivo: Schlußwirkung

~ de eco: Halleffekt; *fiati* Echoton

~ Doppler: Doppler-Effekt

~ fonocrómico *org* Akzentkoppel

~ sonoro: Klangeffekt

~s *pl* (sonoros): Effektinstrumente

effacer *v* F *magn* löschen

effe *f* I *archi* F-Loch

effect E; ~ instruments *pl* Effektinstrumente

~ of finality: Schlußwirkung

effective sound pressure E Schalldichte
Effektinstrumente n pl D
  E effect instruments pl, sound effects pl
  F effets m pl spéciaux, bruitage m
  I strumenti m pl che producono determi-
    nati effeti
  S efectos m pl (sonoros)
  U effektushangszerek
  R инструменты m pl к случаю
effektushangszerek pl U Effektinstrumente
effet m F; ∼ conclusif: Schlußwirkung
  ∼s pl d'animaux: Tierstimmeneffekte
  ∼ d'écho: Halleffekt; fiati Echoton
  ∼ de style: Kunstgriff
  ∼ Doppler: Doppler-Effekt
  ∼ sonore: Klangeffekt
  ∼s pl spéciaux: Effektinstrumente
effetto m I; ∼ conclusivo: Schlußwirkung
  ∼ d'eco fiati Echoton
  — effetti pl d'eco: Echodynamik
  ∼ Doppler: Doppler-Effekt
  ∼ fonocromico org Akzentkoppel
  — effetti pl imitativi org Imitatoren
  ∼ sonoro: Klangeffekt
effort m du style F gram Auflagedruck
E-flat cornet E cornettino
égaliser v F pfte intonieren
  ∼ avec les plombs tasto ausbleien
  ∼ les touches pfte Druck machen; tasto
    geradelegen
egészhang U Ganzton; ganze → Note
  — kis ∼ kleiner → Ganzton
  — nagy ∼ großer → Ganzton
egészhang- U Ganzton-
egészhanglépés U Ganztonschritt
egészhangú U Ganzton-
egészkotta U ganze → Note
egészszünet U ganze → Pause
église f F Kirche
eguale m I Äquale
egycsatornás U einkanalig
egyenes U gerade
  ∼be rakni v tasto geradelegen
egyenesadás U live broadcast
egyenirányítani v U gleichrichten
egyenirányító U Gleichrichter
egyenletes(en) U gleichmäßig
egyhangú U eintönig
egyhangúság U Eintönigkeit
egyházi U geistlich
egyházközség U Gemeinde
egymanuálos U einmanualig
egymás után U hintereinander
egysávos U magn Einspur-
egyszer U; még ∼ prescr ancora una → volta
egyszerre U prescr insieme
egyszerűen U prescr semplice
egyszólamú U einstimmig
egyszólamúság U Einstimmigkeit
egytémájú U monothematisch
egytémájúság U Einthemigkeit
egytételes U einsätzig

együtt U tutti; prescr insieme; prescr, corda
  uniti
együttes U ensemble; Kapelle
együttrezegni U mitschwingen
együttrezgés U Mitschwingen
együttrezgő U mitklingend
egyveleg U pasticcio; pot-pourri; Quodlibet
egyvonalas U eingestrichen
  ∼ c: eingestrichenes c
egyvonásos U = egyvonalas
e-húr U vl E-Saite
Eichfrequenz f D
  E calibration/standard frequency
  F fréquence f standard
  I frequenza f standard
  S frecuencia f standard
  U hitelesítő frekvencia
  R эталонная частота f
eifrig D prescr acceso
Eigenton m D
  E sympathetic/proper tone, eigentone, res-
    onant frequency
  F vibration f sympathique, fréquence f
    de résonance
  I suono m simpatico
  S tono m simpático, frecuencia f resonante/
    de resonancia
  U rezonanciafrekvencia
  R характерный звук m, специфическое
    звучание n
eigentone E Eigenton
eight E; ∼ note: Achtelnote
eight-bar phrase E achttaktige → Periode
eight-foot E org Achtfuß
eighth-note E; ∼ rest: Achtelpause
eilend D accelerando; affrettando
eilig D prescr affrcttato
einatmen v D
  E to inhale, to breathe in
  F respirer, inspirer
  I inspirare
  S inspirar, inhalar, aspirar
  U belélegezni
  R вдыхать
Einatmung f D
  E inhalation, breathing in
  F inspiration f
  I inspirazione f
  S inspiración f, inhalación f, aspiración f
  U belé(le)gzés
  R вдох m
einchörig D fis
  E single-reed
  F à anche simple
  I a una fila
  S de lengüeta simple
  U egy sípsoros
  R с одним рядом голосов
Eineinsiebtelfuß m D org
  E septième
  F septième f, un pied m 1/7, septième
    1' 1/7
  I 1 1/7 di piede

S registro *m* de 1 1/7 pies
U 1 1/7', egy egész egy heted láb
R септима *f* 1 1/7'
einfach D *prescr* semplice
Einfall *m*, **Eingebung** *f*, **Inspiration** D *f*
  E inspiration
  F inspiration *f*
  I inspirazione *f*
  S inspiración *f*
  U ötlet, inspiráció
  R выдумка *f*, вдохновение *n*
Einfelltrommel *f* D
  E single-headed/one-head drum, A: single-
    -skin drum
  F tambour *m* à une seule peau
  I tamburo *m* a una pelle
  S tambor *m* monofásico/de un solo parche/
    de una sola cara
  U egy oldalán bőrözött dob
  R односторонний/однокожный барабан *m*
einführen *v* D *ton*
  E to introduce
  F introduire
  I introdurre
  S introducir
  U indítani
  R вводить
Eingangs- D = Anfangs-
Eingangswähler *m* D *magn*
  E input selector
  F sélecteur *m* d'enregistrement
  I tasto *m* d'avviamento
  S selector *m* de grabación
  U bemenetválasztó
  R входной селектор *m*
eingebuchtet D ⟨*Korpus*⟩
  E cut away, A: waisted
  F échancré
  I incavato
  S escotado, con escotaduras
  U kivájt
  R изогнутый
Eingebung *f* D = Einfall
eingestrichen D ⟨*Oktave*⟩
  E one-line, once-accented
  F *(désigne la troisième octave)*
  I *(nell'ottava centrale, nell'ottava contras-*
    segnata dall'esponente 1, do 1 — si 1)
  S *(en la octava central)*
  U egyvonalas, egyvonásos
  R первой октавы
~es c *n*
  E one-line C, once-accented C, middle C
  F ut *m* 3, ut *m* central
  I do *m* 1, do *m* centrale
  S do *m* medio/central, do *m* 3
  U egyvonalas/egyvonásos c
  R «до» *n* первой октавы
Einhängestift *m* D *tasto* = Anhängestift
Einheits(schlüssel)partitur *f* D
  E score in C, score without transposition
  F partition *f* avec notation en sons réels
  I partitura *f* con notazione in suoni reali

S partitura *f* en do/escrita en sonidos reales-
U egységes (előjegyzésű) partitúra, C-par
  titúra
R партитура *f* в общеупотребительных
  ключах и без транспорта
einkanalig D ⟨*Lautsprecher*⟩
  E monaural, one-channel
  F à une chaîne, monaural
  I monoaurale, a un canale
  S de un solo canal
  U egycsatornás, monaurális, mono-
  R одноканальный
Einklang *m* D unisono
— im ~ unisono
Einklangs- D
  E in unison, unisonal
  F à l'unisson
  I all'unisono
  S al/en unísono
  U unisono
  R унисонный
Einlage *f*, **Ader** *f*, **Flödel** *m* D *vl*
  E purfling
  F filet *m* d'ornement
  I filetto *m*
  S filete *m* (de adorno)
  U berakás, vessző
  R ус *m*
einleiten *v* D
  E to introduce
  F introduire
  I introdurre
  S introducir
  U bevezetni
  R вводить
Einleitung *f* D
  E introduction
  F introduction *f*
  I introduzione *f*
  S introducción *f*
  U bevezetés
  R вступление *n*
einmanualig D
  E one-manual
  F à un (seul) clavier manuel
  I a un manuale
  S de un manual
  U egymanuálos
  R одномануальный
einrichten *v* D arranger
Einrichtung *f* D arrangement
Einsatz *m* D
  E entry, cue
  F entrée *f*, attaque *f*
  I entrata *f*, attacco *m*
  S entrada *f*, ataque *m*
  U belépés, bevágás
  R вступление *n*
~ *canto*
  E attack
  F entrée *f*, attaque *f*
  I attacco *m*
  S entrada *m*, ataque *m*

U belépés, (hang)indítás, einsatz
R атака *f*
~ geben = Einsatzzeichen geben
— **gehauchter** ~ *canto*
  E aspirated attack
  F attaque *f* murmurée/sur le souffle
  I attacco *m* sul fiato (alitato)
  S ataque *m* susurrado
  U lehelt (hang)indítás/einsatz
  R мягкая атака *f*
— **harter** ~, **Glottisschlag** *m canto*
  E glottal attack/stop
  F attaque *f* dure/avec un coup de glotte, coup *m* de glotte
  I attacco *m* duro/aspro
  S ataque *m* brusco/con golpe de glotis, golpe *m* de glotis
  U kemény (hang)indítás/einsatz
  R твёрдая/резкая атака *f*
— **weicher** ~ *canto*
  E soft attack
  F entrée *f* molle/douce
  I attacco *m* dolce/morbido
  S ataque *m* suave
  U lágy (hang)indítás/einsatz
  R мягкая атака *f*
einsatz U *canto* Einsatz
~ot adni *v* Einsatzzeichen geben
— kemény ~ *canto* harter → Einsatz
— lágy ~ *canto* weicher → Einsatz
— lehelt ~ *canto* gehauchter → Einsatz
Einsatzbogen *m* D *ottoni* = Stimmbogen
einsätzig D
  E in one movement, one-movement
  F à un mouvement
  I a uno tempo
  S en uno movimiento
  U egytételes
  R одночастный
Einsatzzeichen *n* D
  E cue
  F signes *m pl* d'entrée
  I segno *m* d'attacco
  S signo *m*/señal *f* de entrada
  U beintés
  R знак *m* вступления
~ **geben** *v*
  E to give the entry/cue, to cue in
  F donner *v* le signal d'attaque/d'entrée/de départ
  I dare *v* l'attacco/il segno d'attacco
  S dar *v* la (señal de) entrada, hacer *v* atacar
  U beinteni, einsatzot adni
  R дать *v* вступление
Einschaltbogen *m* D *ottoni* = Stimmbogen
einschieben *v* D
  E to interpolate, to insert
  F insérer, introduire, interpoler
  I interpolare, inserire
  S interpolar, insertar
  U betoldani
  R вставлять

Einschiebung *f* D
  E interpolation, insertion
  F insertion *f*, interpolation *f*
  I interpolazione *f*, inserzione *f*
  S interpolación *f*
  U bővítés, betoldás
  R вставка *f*
einschmeichelnd D *prescr* accarezzevole
Einschnitt *m* D
  E caesura, cut
  F césure *f*, coupe *f*, incise *f*
  I cesura *f*
  S corte *m*, cesura *f*, inciso *m*
  U bevágás
  R цезура *f*
~ *org*
  E scoring
  F gravure *f*, rainure *f*
  I tacche *f pl* per scappamento, scarichi *m pl* d'aria
  S entalladura *f*, ranura *f*, incisión *f*
  U csúszkavájat
  R сквозное отверстие *n*
Einschwingungsvorgang *m* D
  E transient phenomenon, build-up process
  F production *f* de sons transitoires, processus *m* de stabilisation du son
  I transitorio *m* d'attacco
  S producción *f* de sonidos transitorios ⟨*previos al sonido exacto deseado*⟩
  U berezgés(i folyamat)
  R процесс *m* возникновения колебания
Einser-Paradiddle *m* D single paradiddle
einsetzen *v* D
  E to enter, to strike up
  F entrer, attaquer
  I entrare, attaccare, iniziare
  S entrar, iniciar, atacar
  U belépni
  R вступить
einsingen *v* D; **sich** ~
  E to warm up, to practise/practice (singing)
  F s'exercer *v* à chanter, se chauffer
  I affiatarsi, approfondire *v* la parte
  S prepararse, ejercitarse (canturreando), calentarse
  U beénekelni
  R распеться, спеться
einspielen *v* D *gram*
  E to record, to make a recording
  F enregistrer
  I registrare
  S grabar
  U felvenni, felvételt készíteni *v*
  R записывать
~ *str*
  E to break/play in
  F s'exercer
  I suonare *v* su un nuovo strumento
  S calentar *v* el instrumento
  U bejátszani
  R обыгрывать

Einspur- D *magn*
E one-track
F à une piste
I a una traccia/pista
S de una pista
U egysávos
R с однодорожечной записью

Einspurband *f* D *magn*
E one-track tape
F bande *f* à une piste
I banda *f* a una traccia/pista
S banda/cinta *f* de una pista
U egysávos hangszalag
R лента *f* с однодорожечной записью

Einsteckbogen *m* D *cor*
E tuning slide
F pompe *f* générale
I pompa *f* generale
S tonillo *m*
U hangolóív
R крон *m*

einstimmen *v* D
E to tune (up)
F accorder
I accordare
S acordar, afinar
U behangolni
R настраивать, выравнивать *v* звук

einstimmig D
E monophonic, one-part, for one part
F à une partie, à une seule voix, à l'unis-
son, monodique
I a una voce, all'unisono, monodico
S monódico, a una voz, al unísono
U egyszólamú
R одноголосный

Einstimmigkeit *f* D
E monophony, A: monomelody
F monodie *f*
I monodia *f*, monofonia, *f*
S monodía *f*, monofonía *f*
U egyszólamúság
R одноголосие *n*

Einstrompneumatik *f* D *org*
E pressure-pneumatic action
F pneumatique *f* à air aspirant
I pneumatica *f* di carico
S sistema *m* neumático aspirante
U beeresztőpneumatika
R воздухонагнетательная система *f*

einstudieren *v* D concertare
einthemig D = monothematisch
Einthemigkeit *f* D
E monothematicism
F monothématisme *m*
I monotematismo *m*
S monotematismo *m*
U egytémájúság, monotematika
R монотематизм *m*

Eintonflöte *f* D = Pfeife
Eintonhorn *n* D = russisches → Horn
eintönig D ⟨*langweilig*⟩
E monotonous

F monotone
I monotono
S monótono
U egyhangú, monoton
R монотонный, однообразный

~ ⟨*auf einem Ton rezitierend*⟩
E monotonic, in a monotone
F monotone, monotonal, monotonique
I di una sola nota
S monotonal, monotónico
U egy hangon recitáló
R рецитирующий на одном звуке

Eintönigkeit *f* D
E monotony
F monotonie *f*
I monotonia *f*
S monotonía *f*
U egyhangúság
R монотонность *f*

~ ⟨*auf einem Ton rezitierend*⟩
E monotone
F monotonie *f*
I persistenza *f* su un solo suono
S monotonalidad *f*, insistencia *f* sobre una
cuerda de recitación
U egy hangon recitálás
R речитация *f* на одном звуке

Eintoninstrument *n* D
E fixed-pitch instrument, A: instrument
with a single tone
F instrument *m* monodique/à un seul son/
à hauteur fixe
I strumento *m* unitono
S instrumento *m* monotónico/monotonal/
de un solo sonido
U egy megadott hangot adó hangszer
R инструмент *m*, издающий один звук

Eintrittskarte *f* D
E (admission) ticket
F billet *m* d'entrée/de location
I biglietto *m* d'ingresso
S entrada *f*, billete *m*, boleto *m*, localidad *f*
U belépőjegy
R входной билет *m*

Einzelausgabe *f* D
E single edition, off-print
F tirage *m* à part
I edizione *f* staccata/speciale
S separata *f*, tirada *f* aparte
U különlenyomat, szeparátum
R отдельное издание *n*

Einzelstimme *f* D
E separate/extra part
F partie *f* séparée
I parte *f* staccata
S particella *f*, partichela *f*, parte *f*
U egyes szólam
R партия *f*

~ canto
E separate voice, individual part
F partie/voix *f* soliste
I parte/voce *f* solista
S voz/parte *f* solista

U szólórész, szólószólam
R партия *f* солиста
Einzelunterricht *m* D
 E individual instruction/teaching/lesson
 F leçons *f pl* particulières
 I lezioni *f pl* private
 S lecciones *f pl* particulares
 U egyéni tanítás/oktatás
 R индивидуальные занятия *n pl*
eis *n* D *ton*
 E E sharp
 F mi *m* dièse
 I mi *m* diesis
 S mi *m* sostenido
 U eisz
 R ми-диез *m*
Eisenschlegel *m* D *perc* = Metallschlegel
Eisenvioline *f* D = Nagelgeige
eisis *n* D *ton*
 E E double-sharp
 F mi *m* double dièse
 I mi *m* doppio diesis
 S mi *m* doble sostenido
 U eiszisz
 R ми-дубль-диез *m*
Eisteddfod E
 D *(walisisches Kunstfest mit Wettbewerben)*
 F *(nom des assemblées et fêtes musicales des bardes gallois)*
 I *(festival annuale dei bardi, con gare poetiche e musicali)*
 S *(reunión periódica de los bardos, con contiendas poéticomusicales)*
 U *(walesi müvészeti ünnepély, versenyekkel)*
 R *(валлийский художественный фестиваль с конкурсом)*
eisz U *ton* eis
eiszisz U *ton* eisis
eje *m* S; ∼ de la horquilla de soporte de la biela de repetición *pfte* Scherenkapselachse
∼ del apagador *pfte* Dämpferachse
∼ del muelle de la repetición *pfte* Scherenfederachse
ejecución *f* S Aufführung; Ausführung
∼ al órgano: Orgelspiel
ejecutable S spielbar
ejecutante *m + f* S Ausführender; Musikant; ausübender → Musiker; Spieler
∼ de instrumento de madera: Holzbläser
∼ del ripieno: ripienista
ejecutar *v* S aufführen; ausführen
ejercicio *m* S Übung; Übungsstück
∼s *pl* de digitación: Fingerübungen
∼s *pl* para el estudio de los intervalos: Treffübungen
∼s *pl* para los dedos: Fingerübungen
∼ vocal: Gesangsübung
ejercitación *f* **del oído** S Gehörübung
ejercitar *v* S üben
ejercitarse *v* S *str* üben
∼ (canturreando): sich → einsingen
éjjelizene U Ständchen
— éjjelizenét adni *v* ein → Ständchen bringen

16*

éjkürt U *org* Nachthorn
ék U *arco* Unterkeil; *canna ancia* Keil; *cemb* Kiel
— (felső) ∼ *arco* Oberkeil
ékesíteni *v* U verzieren
ékesítés U Verzierung
∼ek *pl orn* Manieren
— alulról indított kettős ∼ *orn* Doppelschlag von unten
— kettős ∼ *orn* Doppelschlag; Rolle
ékesített U verziert
ekfonético S ekphonetisch
ekfonetikus U ekphonetisch
ékfúvó U *org* Keilbalg
ékfúvó-szívószelep U *org* Fangventil
ekmelisch D
 E ecmelic
 F *(relatif aux harmoniques partiels non utilisés dans notre système tonal)*
 I ecmelico
 S *(relativo a los armónicos superiores no usados en nuestro sistema tonal)*
 U dallamon kívüli ⟨hangrendszerünkbe csak temperáltan átkerülő természetes felhang⟩
 R *(принадлежащий к обертонам, не входящим в европейские музыкальные системы)*
ekphonétique F ekphonetisch
ekphonetisch D
 E ecphonetic
 F ekphonétique
 I ecfonetico
 S ekfonético, ecfonético
 U ekfonetikus
 R экфонетический
él U *arco* Kamm
— ajakfelvágás ∼e *fl. d.* Schneidekante
elaboración *f* **temática** S Durchführung
elaborare *v* I bearbeiten
elaborate *v* E durchführen
elaboration of a motif/motive E Motivverarbeitung
elaboratore *m* I Bearbeiter
elaborazione *f* I Fortspinnung
∼ motivica: Motivverarbeitung
∼ tematica: Durchführung; thematische → Arbeit
élan *m* F Mannheimer → Rakete; *fam* Schmiß
— avec ∼ *fam* schmissig
élargir *v* F erweitern
élargissant F; en ∼ *prescr* allargando
élargissement *m* F Erweiterung
elastico I schwingungsfähig
elcincogni *v* U *fam* fiedeln
electric guitar E guitarra eléctrica
electrical tuning device E Stimmgerät
electro-acoustical instruments *pl* E elektro-akustische →_Instrumente
electrófono *m* S Elektrophon
electronic music E elektronische → Musik
electrophone E Elektrophon
électrophone *m* F Elektrophon; *gram* Tonabnehmer

electrophonic instrument E Elektrophon
electro-pneumatic action E *org* elektropneumatische → Spieleinrichtung
elefántcsont borítás U *tasto* Elfenbeinbelag
~ elülső része *tasto* Vorderteil des Tastenbelages
Elefantenglocken *f pl* D
   E Indian bells *pl*
   F cloches *f pl* de l'Inde
   I campane *f pl* indiane
   S campanillas *f pl* indias
   U campane
   R индийские колокольчики *m pl*
élégance *f* F Anmut
elegancia *f* S Anmut
elegy E Klagelied
elektrofon (hangszer) U Elektrophon
Elektrophon *n* D
   E electrophone, electrophonic instrument
   F électrophone *m*
   I elettrofono *m*, strumento *m* elettrofono
   S electrófono *m*, instrumento *m* eléctrico
   U elektrofon (hangszer)
   R электронный музыкальный инструмент *m*
Elementarlehre *f* D; musikalische ~ solfeggio
elemento *m* I; ~ di irradiazione sonora: Schallabstrahler
elemezni *v* U analysieren
elemzés U Analyse
elengedni *v* U *tasto* loslassen; *ton* verlassen
élénken U *prescr* allegro; animato; vivace
— igen ~ *prescr* allegrissimo
— kicsit ~ *prescr* allegretto
elérni *v* U *ton* erreichen
éles U durchdringend
élesség U; hallás ~e: Hörschärfe
élet U; zenei ~ Musikleben
elettrofono *m* I Elektrophon
elevación *f* S; ~ por efecto de un sostenido *ton* Erhöhung
elevado S ansteigend
elevatezza *f* I Erhabenheit
élève *m + f* en musique F Musikschüler
eleventh E Undezime
Elfenbeinbelag *m* D *tasto*
   E ivory head/tail
   F plaque *f* d'ivoire
   I estremità/copertura *f* d'avorio
   S cubierta *f* de marfil
   U elefántcsont borítás
   R пластинки *f pl* из слоновой кости
elfojtani *v* U *perc* gleich → abdämpfen
elhalás U; (szó/hang) ~(a): Absprache
elhalkulni *v* U *ac* abklingen
elhalkulva U *prescr* decrescendo; diminuendo
elhalóan U *prescr* smorzando
elhangolás U Verstimmung
elhangolni *v* U verstimmen
elhangolt U verstimmt
elhelyezni *v* U *org* verführen
elicon *m* I Helikon
elipse *f* fónica S *corda* Schallellipse

eljátszani *v* U ausführen
elkezdeni *v* U anspielen; anstimmen
ellanyhulva U *prescr* allentando
ellendallam U Gegenmelodie
ellenfúga U Gegenfuge
ellenmozgás U Gegenbewegung
~ (vonóval) *archi* Gegenstrich
ellenpont U Kontrapunkt
— egyszerű [kettős, hármas] ~ einfacher [doppelter, dreifacher] → Kontrapunkt
— virágos ~ blühender → Kontrapunkt
ellenpontfajták *pl* U Kontrapunktgattungen
ellenpontos U kontrapunktisch
ellenpontozni *v* U kontrapunktieren
ellenrezonancia U Gegenresonanz
ellenritmus U Gegenrhythmus
ellensúly U *trbne* Balancer
ellenszólam U Gegenstimme
ellentéma U Gegenmelodie; Gegenthema; *fuga* Gegensatz
— állandó ~ *fuga* beibehaltener → Gegensatz
ellig D *obs, org*
   E *(two-feet)*
   F *(de deux pieds)*
   I *(di due piedi)*
   S *(de dos pies)*
   U *(kétlábas)*
   R *(устаревшее название двухфутового регистра)*
ellipse *f* phonique F *corda* Schallellipse
ellisse *f* fonica I *corda* Schallellipse
elméleti U theoretisch
el nem hagyható U obbligato
előadás U Aufführung; Ausführung; Interpretation; Vortrag; Wiedergabe
— bemutató ~ première
— első ~ Uraufführung
előadás U live broadcast
előadni *v* U aufführen; ausführen; zu → Gehör bringen; interpretieren; wiedergeben
előadó U Ausführender
előadóművész U Ausführender; Darsteller; Interpret; ausübender → Musikèr; Spieler; Vortragskünstler
előbb U; mint ~ come prima
előcsarnok U *teat* foyer
elocutionist E Vortragskünstler
élodicon *f* F Äolodikon
előénekelni *v* U vorsingen
előfüggöny U *teat* Raffvorhang
előhangolás U *pfte* Vorstimmen
éloigné F entfernt
előimitáció U Vorimitation
előjáték U Praeludium; Vorspiel
előjátszani *v* U vorspielen
előjegyzés U Tonartvorzeichnung
előjel U Zeichen
előke U *orn* appoggiatura; accent
— alulról indított/kezdett ~ *orn* appoggiatura ascendente
— átfutó ~ *orn* appoggiatura di passaggio
— egyszeres ~ *perc* flam

— felülről indított/kezdett ~ *orn* appoggiatura discendente
— háromszoros ~ *perc* ruff
— hosszú ~ *orn* appoggiatura lunga
— kétszeres ~ *perc* drag
— kettős ~ *orn* appoggiatura doppia; Anschlag
— rövid ~ *orn* appoggiatura breve
előkészíteni *v* U vorbereiten
— fisz-molban ~ *prescr, arpa* in fis-Moll vorbereiten → Harfe
előkészítés U Vorbereitung
előkészítetlen U unvorbereitet
előkészített U vorbereitet
előléc U *pfte* Vorderdeckel
előlegezés U accord appogiaturé; Vorausnahme
előlegezett U vorausnehmend
előlegezni *v* U vorausnehmen
elölről U da → capo
elongáció U Elongation
Elongation *f* D
   E elongation
   F longueur *f*
   I elongazione *f*
   S máxima amplitud *f*
   U elongáció
   R отклонение *n*
elongation E Elongation
elongazione *f* I Elongation
előszakáll U *canna* Vorderbart
előszínpad U *teat* Vorbühne
előtag U Vordersatz
előtér U; színpad előtere *teat* Vorbühne
— színpadi ~ *teat* Vorderbühne
elrendezés U; zenekari ~ Orchesteranordnung
elsőhegedű U Primgeige
elsőhegedűs U Primgeiger
elszélesedve U *prescr* allargando
eltalálni *v* U *ton* treffen
eltáncolható U ballabile
eltolt U verschoben
elválasztani *v* U absetzen; abstoßen
elválasztgatni *v* U abstoßen
elvezetni *v* U *org* ausführen
embarc *m* du battant F *camp* Klöppelflucht
embellish *v* E figurieren; kolorieren; verzieren
embellished E verziert
embellishment E Verzierung
embocadura *f* S Spielseite; *canna* Fußloch; *fiati* embouchure; Mundstück; Schnabel; *fl* Mundloch; *fl. d.* Kopfstück mit Schnabel
~ curva: geschweifte → Spielseite
~ de disco *fl* Mundlochplatte
~ de flauta de pico: Blockflötenschnabel
~ de flauta recta/dulce: Blockflötenschnabel
~ del clarinete: Klarinettenschnabel
~ Reform *fl* Reformmundlochplatte
Embouchure *f* D *fiati* embouchure
embouchure E *fiati* embouchure; *fl* Mundloch
embouchure *f* F *fiati*
   D Embouchure *f*, Ansatz *m*
   E embouchure, lip
   I imboccatura *f*

S embocadura *f*, boquilla *f*
U fúvóka, ansatz
R амбушюр *m*
~ *fiati* ⟨*pièce*⟩ Mundstück; ⟨*Mundharmonika*⟩ Spielseite; *canna* Fußloch; *fl* Mundloch; *fl. d.* Kopfstück mit Schnabel
~ conique *ottoni* Trichtermundstück
~ courbe: geschweifte → Spielseite
~ en disque *fl* Mundlochplatte
~ en forme d'entonnoir *ottoni* Trichtermundstück
~ en forme de coupe *ottoni* Kesselmundstück
~ Réforme *fl* Reformmundlochplatte
embrollo *m* S imbroglio
emelés U *ton* Erhöhung
— negyedhangos ~ monesis
emelkedő U aufwärtsgehend
emelni *v* U erhöhen
emelő U *org* Balgklavis
emelőkar U *pfte* Hebeglied
emelőkar-nyeregfilc U *pfte* Hebegliedsattelfilz
emelőkarrugó U *pfte* Hebegliedfeder
emelőkarvilla U *pfte* Hebegliedkapsel
emelvény U Podium
emettere *v* I *str* ansprechen
émettre *v* F *rad* senden
emfázis U enfasi
emiolia *f* I Hemiole
emisión *f* S *rad* Sendung; *str* Ansprache
~ de un sonido: Lauterzeugung
~ fácil *str* leichte → Ansprache
~ firme *str* sichere → Ansprache
~ lenta *str* langsame → Ansprache
~ rápida *str* schnelle → Ansprache
émission *f* F *rad* Sendung; *str* Ansprache
~ d'un son: Lauterzeugung
~ facile *str* leichte → Ansprache
~ ferme *str* sichere → Ansprache
~ lente *str* langsame → Ansprache
~ rapide *str* schnelle → Ansprache
emissione *f* I *str* Ansprache
~ di onde sonore: Schallabstrahlung
~ ferma/forte *str* sichere → Ansprache
~ lenta *str* langsame → Ansprache
~ netta *str* sichere → Ansprache
~ pronta *str* schnelle → Ansprache
~ sicura *str* sichere → Ansprache
— facilità di ~ leichte → Ansprache
emitir *v* S *rad* senden
emlék U; zenei ~ek *pl* musikalische → Denkmäler
emlékezetből U auswendig
emlékeztetőjel U Erinnerungszeichen
emlékkönyv U Festschrift
emmelic E emmelisch
emmelico I emmelisch
emmelisch D
   E emmelic
   F *(relatif aux harmoniques supérieurs utilisés dans notre système tonal)*
   I emmelico
   S *(relativo a los armónicos superiores usados en nuestro sistema tonal)*

U dallamhoz tartozó ⟨*a természetes fel-hangsornak a temperált rendszerbe illő hangjai*⟩

R ⟨*принадлежащий к обертонам, входящим в европейские музыкальные системы*⟩

e-Moll *n* D

E E minor

F mi *m* mineur

I mi *m* minore

S mi *m* menor

U e-moll

R ми *n* минор

e-moll U e-Moll

emotion E Affekt

émotion *f* F Affekt

empalmadora *f* **automática** S *magn* automatische → Klebepresse

empalmar *v* S *magn* kleben

empezar *v* S; ∼ a tocar *ton* anspielen

emphase *f* F enfasi

— avec ∼ *prescr* enfatico

emphasis E enfasi; Betonung

emphatique F *prescr* enfatico

emploi *m* **thématique** F Motivverarbeitung

Empore *f* D

E choir-gallery, organ-loft

F tribune *f*

I tribuna *f* di una chiesa

S tribuna *f*

U (orgona)karzat

R хоры *m pl* ⟨*в церкви*⟩, эмпора *f*

empresario *m* S Konzertvermittler

emprunt *m* F Entlehnung; Doublettensystem

— faire *v* un ∼ entlehnen

empty string E *prescr*, *str* vuota

empuñadura *f* S *arco* Daumenleder

ému F *prescr* commosso

E-Musik *f* D = ernste → Musik

enarmonia *f* I Enharmonik

enarmonia *f* S Enharmonik; enharmonische → Entsprechung; enharmonische → Verwechslung

enarmonico I enharmonisch

enarmónico S enharmonisch

encabalgamiento *m* **de las frases** S Phrasenverschränkung

encadenamiento *m* **de los acordes** S Akkordverbindung

enchaînement *m* **des accords** F Akkordverbindung

enclosed-reed instrument E Windkapselinstrument

enclume *f* F *or* Amboß

encolerizado S con → collera

encordado *m* S; ∼ cruzado *pfte* Kreuzbesaitung

∼ paralelo *pfte* geradsaitige → Besaitung

∼ simpático *pfte* Aliquotbesaitung

— de ∼ cruzado *pfte* kreuzsaitig

— de ∼ paralelo/recto *pfte* geradsaitig

encordage *m* F *pfte* Abplatten

∼ sympathique *pfte* Aliquotbesaitung

encordar *v* S besaiten

encordatura *f* S *corda* Garnitur

encorder *v* F besaiten

encore E Zugabe

∼! bis!

— to call for an ∼ chiedere il → bis

encore F ancora

∼ une fois *prescr* ancora una → volta

encore *m* F Zugabe

end E fine; Schluß

end-blown flute E Längsflöte

Ende *n* D fine

— bis zum ∼ al → fine

endecha *f* S Klagelied

ending E *greg* Differenz

endless canon E unendlicher → Kanon

endolinfa *f* I S *or* Labyrinthwasser

endolymph E *or* Labyrinthwasser

endolymphe *f* F *or* Labyrinthwasser

end-pin E *corda* Knopf; *vc* Stachel

∼ block *vl* Unterklotz

Endung *f* D

E cadence, phrase ending

F terminaison *f*, cadence *f*

I cadenza *f*

S terminación *f*, cadencia *f*

U végződés, zárlat

R окончание *n* (фразы), каденция *f*

— **männliche** ∼

E masculine cadence

F terminaison *f* masculine

I cadenza *f* tronca/maschile

S cadencia *f* masculina

U hímnemű zárlat

R окончание *n* на сильной доле

— **weibliche** ∼

E feminine cadence

F terminaison *f* féminine

I cadenza *f* piana/femminile

S cadencia *f* femenina

U nőnemű zárlat

R слабое/женское окончание *n*

ének U Gesang

— ambrozián ∼ ambrosianischer → Kirchengesang

— dicsőítő ∼ Lobgesang

— egyházi ∼ Kirchengesang

— gallikán ∼ gallikanischer → Kirchengesang

— gregorián ∼ Gregorianischer → Choral

— gyülekezeti ∼ Gemeindegesang; Gemeindelied

— halotti ∼ Grabgesang

— históriás ∼ ⟨16. *sec*⟩

D ("*historisches Lied*", *ungarische historische Gesänge geistlichen und weltlichen Inhalts*)

E verse-chronicle

F ("*chanson historique*", *chansons historiques hongroises de caractère religieux ou profane*)

I ("*canto storico*", *forma lirica ungherese di contenuto sacro o profano*)

S ("*canción histórica*", *cantos históricos húngaros religiosos o profanos*)

R (*«историческая песня — жанр венгер-
ских исторических песнопений духовного и светского содержания)*
— húsvéti ~ Osterlied
— mozarab ~ mozarabischer → Kirchengesang
— siralmas ~ complainte
— temetési ~ Grabgesang
— templomi ~ Kirchenlied
— világi ~ tono humano
énekbeli U sanglich
énekbeszéd U Sprechgesang
~ben *prescr, canto* mezzo cantato
énekbetét U Vokalsatz
énekelni *v* U singen
— tanulni *v* Gesang studieren
— együtt ~ mitsingen
— félhangosan/fél hangerővel ~ mit halber →
Stimme singen
— hamisan ~ unrein → singen
— lapról ~ vom → Blatt singen
— nem tisztán ~ unrein → singen
— teljes hangerővel ~ mit voller → Stimme
singen
— tisztán ~ rein → singen
— (túl) magasan ~ zu hoch → singen
— (túl) mélyen ~ zu tief → singen
énekelve U *prescr* cantando
énekes U Sänger
— népi ~ Volkssänger
— utcai ~ Bänkelsänger; Straßensänger
énekeskönyv U Gesangbuch; Hymnar; Liederbuch
— egyházi ~ Gesangbuch
énekeskönyvpolc U Chorpult
énekesnő U Sängerin
énekgyakorlat U Gesangsübung
énekhang U *canto* Stimme
énekiskola U Sängerschule
— egyházi ~ maîtrise
énekkar U Chor; Kapelle
~ban énekelni *v* im → Chor singen
— iskolai ~ Schulchor
— templomi ~ Kirchenchor
— udvari ~ Kantorei
énekkvartett U quartetto vocale
éneklés U; antifonális ~ Wechselgesang
— gyülekezeti ~ Gemeindegesang
éneklően U *prescr* cantabile
éneklőfűrész U singende → Säge
énekművészet U Gesangskunst
énekoktatás U Gesangsunterricht
énekóra U Gesangsstunde
énekpartitúra U Gesangspartitur
énekszerű U sanglich
— nem ~ unsanglich
énekszerűtlen U unsanglich
énektanár U Gesangslehrer
énektanítás U Gesangsunterricht
énektechnika U Gesangstechnik; Stimmtechnik
energia *f* I; ~ sonora: Schallenergie
— con ~ = energico
energía *f* del sonido S Schallenergie

enérgicamente S *prescr* energico
energico, energicamente I *prescr*
D energico, energicamente, kräftig
E energico, energicamente, *"energetic-
al(ly)"*, *"vigorous(ly)"*
F energico, energicamente, énergique, avec
énergie
S energico, energicamente, enérgico, enérgicamente
U energico, energicamente, határozottan,
erőteljesen, erélyesen
R energico, energicamente, энергично
enérgico S *prescr* energico
énergie *f* F; ~ acoustique: Schallenergie
— avec ~ *prescr* energico
énergique F *prescr* energico
enfant *m* F; ~ de chœur: Chorknabe
~ prodige: Wunderkind
enfasi *f* I
D Nachdruck *m*
E emphasis
F emphase *f*
S énfasis *m*
U emfázis, (érzelmi) nyomaték
R подчёркивание *n*
~ ⟨*accentuazione*⟩ Betonung; Schwerpunkt
— con ~ = enfatico
énfasis *m* S enfasi
enfáticamente S *prescr* enfatico
enfatico, enfaticamente I *prescr*
D enfatico, enfaticamente, nachdrücklich
E enfatico, enfaticamente, *"emphatically"*
F enfatico, enfaticamente, emphatique,
avec emphase
S enfatico, enfaticamente, enfático, enfáti-
camente
U enfatico, enfaticamente, nyomatékkal
R enfatico, enfaticamente, настойчиво
enfático S *prescr* enfatico
enfoncement *m* de la touche F *tasto* Spieltiefe
enfourchement *m* F *org* Wippenscheide
engage *v* E engager
Engagement *n* D engagement
engagement *m* F
D Engagement *n*, Verpflichtung *f*
E engagement, contract
I scrittura *f*, contratto *m*
S contrato *m*
U szerződés
R ангажемент *m*, приглашение *n*
engager *v* F
D engagieren, verpflichten
E to engage
I scritturare
S contratar
U szerződtetni
R ангажировать, приглашать
engagieren *v* D engager
enganchar *v* S *magn* kleben
enganche *m* al pedalero S *org* Pedalkoppel
Engelstimme *f* D *org*
E vox angelica
F vox angelica *f*

I voce *f* angelica
S vox *f* angelica, angélica *f*
U "Engelstimme"
R энгельштимме *m*
Engelstrompete *f* D = Aidatrompete
engendré F; ~ par le texte: wortgezeugt
Engführung *f* D *fuga*
E stretto
F strette *f*
I stretto *m*
S stretto *m*, stretta *f*, estrecho *m*
U tématorlasztás, szűkmenet, stretta
R стретта *f*
Englischhorn *n* D
E cor anglais, A: English horn
F cor *m* anglais
I corno *m* inglese
S corno *m* inglés
U angolkürt
R английский рожок *m*
~ **nimmt Oboe 2** *prescr*
E cor anglais takes oboe 2, A: English horn takes oboe 2
F le cor *m* anglais prend le second hautbois
I il corno *m* inglese prende l'oboe II
S el corno *m* inglés toma el segundo óboe
U angolkürt 2. oboára vált
R английский рожок заменить вторым гобоем
English E; ~ action *pfte* englische → Mechanik
~ **fingering** *obs*
D *(heute nicht mehr gebräuchliche englische Abart des Fingersatzes, bei der Daumen mit dem Zeichen x bezeichnet wird, während Zeige- bis kleiner Finger von 1 bis 4 gezählt werden)*
F *(forme anglaise, maintenant hors d'usage, désignant le doigté par un x pour le pouce, et la numérotation 1 à 4 pour les doigts suivants)*
I *(diteggiatura inglese non più in uso, in cui il pollice veniva indicato con x e le altre dita, partendo dall'indice, con 1—4)*
S *(digitación inglesa anticuada que indicaba el pulgar por x, y numeraba los otros dedos de 1 a 4 a partir del índice)*
U *(az ujjrend ma már nem használatos, angol válfaja, melyben a hüvelykujjat x-szel, a többit a mutatóujjtól a kisujjig egytől négyig számozzák)*
R *(старинная английская аппликатура, в которой большой палец обозначался буквой x, а остальные пальцы цифрами 1—4)*
~ flute *obs* = recorder
~ horn: Englischhorn
~ horn takes oboe 2 *prescr* Englischhorn nimmt Oboe 2
~ shallot *canna ancia* englische → Kehle
engmensuriert D *org, fiati*
E narrow scale/bore
F de diapason étroit, de perce étroite

I di misura stretta
S de medida estrecha
U szűk menzúrájú/méretű
R узкомензурный
engrave *v* E stechen
engraver E Stecher
engraving E Stich
enharmónia U Enharmonik
enharmonic E enharmonisch
~ change: enharmonische → Verwechslung
~ equivalent: enharmonische → Entsprechung
~ modulation: enharmonische → Modulation
enharmonie *f* F Enharmonik
Enharmonik *f* D
E *(use of enharmonic notes/tones)*
F enharmonie *f*
I enarmonia *f*
S enarmonía *f*
U enharmónia
R энгармонизм *m*
enharmonikus U enharmonisch
enharmonique F enharmonisch
enharmonisch D
E enharmonic
F enharmonique
I enarmonico
S enarmónico
U enharmonikus
R энгармонический, энгармоничный
enigma *m* S Notationsrätsel
enigmatic E; ~ canon: Rätselkanon
~ notation: Notationsrätsel
énigme *f musicale* F Notationsrätsel
enlace *m* S; ~ de los acordes: Akkordverbindung
ennegrecer *v* S schwärzen
enregistrement *m* F Schallaufzeichnung; *gram, magn* Aufnahme
~ Edison *gram* Tiefenschrift
~ en profondeur *gram* Tiefenschrift
~ latéral *gram* Berliner-Schrift; Seitenschrift
~ original: Mitschnitt
~ sur bande: Bandaufnahme
enregistrer *v* F aufnehmen; *gram* einspielen; *gram, magn* Aufnahme machen
~ en direct *gram, magn* mitschneiden
ensalada *f* S ⟨15—16. *sec*⟩
D *(spanische Form des Quodlibet)*
E *(Spanish type of quodlibet)*
F ensalada *f* ⟨forme espagnole du quodlibet⟩
I ensalada *f* ⟨forma spagnola del quodlibet⟩
U *(a quodlibet spanyol formája)*
R *(испанская разновидность кводлибета)*
~ ⟨francesa⟩ fricassée; ⟨generalmente⟩ Quodlibet
ensamblador *m* S *costr, pfte* Aufschläger
ensayar *v* S proben
ensayo *m* S Korrepetition; Probe; *teat* Bühnenprobe
~ al/con piano *teat* Klavierprobe
~ con/de decorados *teat* Dekorationsprobe
~ de las cuerdas: Streicherprobe
~ de los instrumentos de arco: Strichprobe

~ de los vientos *fiati* Satzprobe
~ del grupo (de instrumentos) de viento *fiati* Satzprobe
~ general: Generalprobe; *teat* Hauptprobe
enseignement *m* F Unterricht
~ collectif: Gruppenunterricht; Klassenunterricht
~ de la musique: Musiklehre
~ du chant: Gesangsunterricht
~ du piano: Klavierunterricht
Ensemble *n* D ensemble
ensemble F *prescr* insieme; *prescr, corda* uniti
ensemble *m* F
   D Ensemble *n*
   E ensemble
   I complesso *m*, gruppo *m* vocale/strumentale
   S ensemble *m*, conjunto *m*
   U együttes
   R ансамбль *m*
~ des jeux de pédale *org* Pedalwerk
— **morceau** *m*/**pièce** *f* **d'~**
   D Ensemblestück *n*
   E ensemble piece
   I pezzo *m* d'insieme
   S trozo *m* de conjunto
   U együttesre írt darab
   R пьеса *f* для ансамбля
ensemble piece E morceau d' → ensemble
Ensemblestück *n* D morceau d' → ensemble
enseñanza *f* S Unterricht
~ colectiva: Gruppenunterricht; Klassenunterricht
~ del canto: Gesangsunterricht
~ del piano: Klavierunterricht
~ musical: Musiklehre
~ privada: Privatunterricht
ensordecimiento *m* S *ac* Dämpfung
entabladura *f* S = tablatura
entaille *f* F *canna* Kreisschnitt; Stimmschlitz; *canna anima* Aufschnitt
~s *pl* du chevalet *archi* Stegkerben
~ en fenêtre *canna* Stimmausschnitt
~ rectangulaire pour l'accord *canna* Stimmlappen
— faire *v* des ~s *org* Kernstiche machen
entalladura *f* S *arco* Kästchen; *org* Einschnitt
entarimado *m* S *teat* Bühnenboden
entendido *m* S Kenner
entendre *v* F hören
— faire *v* ~ zu → Gehör bringen
enter *v* E einsetzen
entfernt D ⟨*Tonart*⟩
   E remote
   F éloigné, lointain
   I lontano
   S lejano
   U távoli
   R далёкого родства
entidad *f* **musical** S Musikgesellschaft
Entladungsventil *n* D *org*
   E waste pallet
   F soupape *f* d'échappement

   I (*valvola che consente la fuoruscita dell'aria superflua*)
   S válvula *f* de escape
   U kieresztőszelep
   R выпускной клапан *m*, эвакуант *m*
entlehnen *v* D
   E to borrow
   F faire *v* un emprunt
   I prendere *v* a prestito
   S prestar, hacer *v* un préstamo
   U átvenni
   R заимствовать
Entlehnung *f* D
   E borrowing
   F emprunt *m*
   I prestito *m*
   S préstamo *m*
   U átvétel
   R заимствование *n*
entonación *f* S Intonation; Sprachmelodie; Tongebung
~ justa: reine → Stimmung
entonadera *f* S *obs* = mecanismo de los fuelles
entonador *m* S *org* Intonateur
entonar *v* S anstimmen; *greg* intonieren; *org* tönen
~ con justeza *ton* treffen
entonner *v* F anstimmen; *greg* intonieren; *org* tönen
entorchado S *corda* besponnen; umsponnen
entorchado *m* S *corda* Umspinnung; *pfte* Abplatten
— de ~ simple *corda* einfach → umsponnen
— de doble ~ *corda* doppelt → umsponnen
entorchar *v* S *corda* umspinnen
entr'acte E Zwischenaktmusik
entr'acte *m* F act tune
entracte *m* F *teat* Pause
entrada *f* S Auftritt; Einsatz; Eintrittskarte; intrada; *canto* Stichwort; *canto* Einsatz
~ al escenario *teat* Bühneneingang
~ de favor: Freikarte
— dar *v* la ~ Einsatzzeichen geben; Stichwort geben
— falsa ~ *fuga* Scheineinsatz
entraîner *v* F korrepetieren
entrance E Auftritt
entrar *v* S auftreten; einsetzen
~ en escena *teat* auftreten
entrare *v* I auftreten; einsetzen
entrata *f* I Auftritt; Einsatz
— finta ~ *fuga* Scheineinsatz
entreacto *m* S *teat* Pause
entrecruzado *m* **de cuerdas** S *pfte* Kreuzbesaitung
entrée *f* F Auftritt; Einsatz; intrada; *canto* Einsatz
~ de scène *teat* Bühneneingang
~ molle/douce *canto* weicher → Einsatz
— fausse ~ *fuga* Scheineinsatz
entremés *m* S entremets
entremets *m* F
   D (*musikalische oder tänzerische Tafelunterhaltung*)

E *(entertainment performed between the courses of a banquet)*
I *(musica o danza conviviale)*
S entremés *m*
U *(lakoma fogásai között előadott zene vagy balett)*
R *(застольная музыка или танцы аналогичного назначения)*

entrer *v* F auftreten; einsetzen
~ en scène *teat* auftreten

entry E Auftritt; Einsatz
— give *v* the ~ Einsatzzeichen geben
— make *v* an ~ auftreten

entschieden D *prescr* deciso

entspannen *v* D
E to relax
F détendre
I allentare, distendere
S relajar, distender
U lazítani
R разряжать

Entspannung *f* D
E relaxation
F détente *f*
I distensione *f*
S relajamiento *m*, disminución *f*, distensión *f*
U lazítás
R разряжение *n*

Entsprechung *f* D; **enharmonische** ~
E enharmonic equivalent
F correspondance/équivalence *f* enharmonique
I equivalente *m* enarmonico
S equivalencia *f* enarmónica, enarmonía *f*
U enharmonikus megfelelés
R энгармоническое равенство *n*

Entwässerung *f* D; **automatische** ~ ⟨am Abguß⟩ *fag*
E self-acting drain-pipe on the butt
F vidange *f* automatique de l'embouchure
I pompetta *f*
S desagüe *m* automático de la boquilla
U automatikus víztelenítő billentyű
R автоматический водоотвод *m*

entwerfen *v* D
E to conceive, to draft, to sketch
F ébaucher, esquisser
I abbozzare, progettare
S esbozar
U felvázolni, vázlatot készíteni *v*
R набрасывать

Entwurf *m* D
E draft, sketch
F ébauche *f* d'une composition, projet *m*, esquisse *f*
I abbozzo *m*, schizzo *m*, progetto *m*
S esbozo *m*, proyecto *m*
U vázlat, tervezet
R набросок *m*

enunciation E exposition

enunciazione *f* I exposition

enyvezett U *corda* gesperrt

eol U äolisch; natürliches → Moll

eolhárfa U Äolsharfe

eólico S äolisch

éolien F äolisch

eolifono *m* I *teat* Windmaschine

eolio I S äolisch

eolodicón *m* S Äolodikon

eolodikon U Äolodikon

épaisseur *f* F *camp* Wandungsstärke; *canna* Wandstärke

épaule *f* F *ancia* Schulter

épaulette *f* F; ~s *pl* des musiciens de fanfare *fam* Schwalbennester

epekedve U languido

éperons *m pl* F Sporen

epiglotis *f* S Kehlkopfdeckel

épiglotte *f* F Kehlkopfdeckel

epiglottide *f* I Kehlkopfdeckel

epiglottis E Kehlkopfdeckel

Epilog *m* D
E epilogue, codetta
F épilogue *m*
I epilogo *m*
S epílogo *m*
U epilógus
R эпилог *m*, дополнение *n*, заключительная партия *f*

epilogo *m* I Epilog; Nachspiel

epílogo *m* S Epilog

epilogue E Epilog; Nachspiel

épilogue *m* F Epilog; Nachspiel

epilógus U Epilog

épinette *f* F Spinett

Episode *f* D
E episode
F épisode *m*
I episodio *m*
S episodio *m*
U epizód
R эпизод *m*

episode E Episode; couplet; *fuga* Zwischenspiel

épisode *m* F Episode; *fuga* Zwischenspiel; *teat* Nebenhandlung

episodical form E Rondoform

episodio *m* I Episode; couplet; *fuga* Zwischenspiel

episodio *m* S Episode; *fuga* Zwischenspiel

Epistel *f* D
E epistle
F épître *f*
I epistola *f*
S epístola *f*
U episztola
R *(отрывок из апостольского послания, одно из чтений римской мессы)*

epistle E Epistel

epistola *f* I Epistel

epístola *f* S Epistel

episztola U Epistel

epitalamio *m* I S Brautlied

építeni *v* U *str* bauen

-építés U -bau

épithalame *m* F Brautlied

Epithalamium *n* D = Brautlied
epithalamium E U Brautlied
-építő U -bauer
épître *f* F Epistel
epizód U Episode; couplet
epoca *f* I; ∼ del basso continuo: Generalbaßzeitalter
época *f* S; ∼ del bajo continuo: Generalbaßzeitalter
époque *f* F; ∼ de la basse continue: Generalbaßzeitalter
eptacordio *m* S Heptatonik
eptatonal S heptatonisch
eptatonale I heptatonisch
eptatonico I heptatonisch
eptatónico S heptatonisch
equal E gleichmäßig
∼ temperament: gleichschwebende → Stimmung; gleichschwebende → Temperatur
∼ voices *pl* gleiche → Stimmen
equale E Äquale
equalist E *greg* Äqualist
equalista *m* I *greg* Äqualist
équerre *f* **de renvoi** F *org* Winkel
équipement *m* **de la batterie** F Schlagzeug-Garnitur
equipo *m* **de percusión** S Schlagzeug-Garnitur
équivalence *f* **enharmonique** F enharmonische → Entsprechung
equivalencia *f* **enarmónica** S enharmonische → Entsprechung
equivalente *m* **enarmonico** I enharmonische → Entsprechung
equívoco S *acc* mehrdeutig
equivoco *m* S *acc* Umdeutung
équivoque F *acc* mehrdeutig
équivoque *f* F *acc* Umdeutung
erase *v* E *magn* löschen
eraser head E *magn* Löschkopf
Erdbogen *m* D
E ground-bow
F arc *m* en terre
I arco *m* terrestre
S arco *m* musical/de suelo
U *(primitív hangszer: földbe ásott gödör, pálca és hozzáerősített húr szolgáltat hangot)*
R *(примитивный смычковый инструмент: вбитые в землю гвозди, по которым водят смычком)*
Erdzither *f* D
E ground zither
F cithare *f* en terre
I salterio *m* di terra
S cítara *f* de suelo
U "földicitera"
R *(примитивный струнный инструмент, натянутые на земле струны)*
erélyesen U *prescr* energico
ereszkedés U Abstieg
ereszkedni *v* U absteigen
ereszkedő U absteigend
ergriffen D *prescr* commosso

erhaben D
E sublime
F sublime
I sublime
S sublime
U fennkölt
R возвышенный
Erhabenheit *f* D
E sublimity
F sublimité *f*
I elevatezza *f*, sublimità *f*, superiorità *f*
S sublimidad *f*
U fennköltség
R возвышенность *f*, благородство *n*
erhöhen *v* D
E to raise, to sharpen, A: to sharp
F hausser
I alzare, alterare *v* con diesis
S alterar *v* mediante sostenidos
U (fel)emelni
R повышать
Erhöhung *f* D *ton*
E raising/sharpening (of a note), A: sharping (of a tone)
F hausse *f*
I innalzamento *m* del suono prodotto dal diesis
S elevación *f* (por efecto de un sostenido), alteración *f*
U (fel)emelés
R повышение *n*
Erhöhungszeichen *n* D
E sharp (sign)
F dièse *m*
I diesis *m*
S sostenido *m*
U kereszt
R знак *m* повышения
Erinnerungsmotiv *n* D ⟨*Wagner*⟩
E reminder, reminiscence theme
F leitmotiv *m*, motif *m* conducteur
I Erinnerungsmotiv ⟨*motivo che richiama una situazione drammatico-musicale precedente*⟩
S leitmotiv *m*, motivo *m* conductor
U emlékeztető motívum, vezérmotívum
R мотив-напоминание *m*
Erinnerungszeichen *n* D
E cautionary accidental, reminder (sign)
F (signe *m* d')altération *f* de précaution
I alterazione *f* di precauzione
S alteración *f*/accidente *m* de precaución
U emlékeztetőjel
R знак *m* для памяти, памятка *f*
érintő U *corda* Bund; *tasto* Tangente
∼**kkel ellátott** *corda* mit Bünden versehen → Bund
erkély U *teat* Rang
— első emeleti ∼ *teat* erster → Rang
— második emeleti ∼ *teat* zweiter → Rang
erklingen *v* D
E to sound
F sonner, vibrer

I suonare, risonare, vibrare
S sonar, resonar, vibrar
U felhangzani, megszólalni
R прозвучать, звучать
— **ein Instrument erklingt**
E an instrument sounds
F un instrument sonne
I si sente suonare uno strumento
S suena un instrumento
U egy hangszer megszólal
R инструмент звучит
— **ein Ton erklingt**
E a note/tone is sounded
F un son vibre
I si sente una nota, si avverte un suono
S suena una nota
U egy hang felhangzik/megszólal
R тон звучит
ermeneutica f I Hermeneutik
erniedrigen v D
E to lower, to flatten, A: to flat
F baisser
I bemollizzare, abbassare
S bajar
U leszállítani
R понижать
Erniedrigung f D ton
E lowering/flattening (of a note), A: flatting (of a tone)
F abaissement m
I abbassamento m del suono prodotto dal bemolle
S descenso m, bajada f (por efecto de un bemol)
U leszállítás
R понижение n
Erniedrigungszeichen n D
E flat (sign)
F bémol m
I bemolle m
S bemol m
U leszállítójel, bé
R знак m понижения
ernst D prescr grave; serioso
Eröffnungs- D = Anfangs-
erőltetni v U forcer
erősen U; nagyon/igen ~ prescr fortissimo
erősíteni v U canto verstärken
erősítés U Stützstimme; canto Verstärkung
erősítő U Verstärker
erősítve U prescr crescendo
erősödni v U anschwellen
erősödve U prescr crescendo
erőteljesen U prescr energico; forte
errar v la nota S danebengreifen
erregt D prescr adirato; concitato
Erregungsstelle f D corda
E point of attack
F point m d'attaque
I punto m d'attacco
S punto m de ataque
U megszólaltatási hely
R место n возбуждения струны

erreichen v D ton
E to approach, to reach
F se rapprocher, approcher, atteindre
I avvicinare, raggiungere
S aproximarse, acercarse
U megközelíteni, elérni
R достигать
Ersatzklausel f D ⟨Organum⟩
E substitute clausula
F clausule f alternative
I clausola f sostituta
S cláusula f sustitutiva
U helyettesítő klauzula
R (вид концовки/клаузулы — в органуме)
Ersatzspieler m, **Ersatzspielerin** f D teat
E understudy
F doublure f
I sostituto m, sostituta f
S sustituto m, sustituta f
U beugró szereplő
R заменяющий актёр m, заменяющая актриса f
Ersatzventil n D ottoni
E compensating valve
F piston m de compensation
I pistone m di compensazione
S pistón m de compensación
U korrigáló ventil
R дополнительный компенсационный вентиль m
Erscheinungsdatum n D
E date of publication
F date f d'édition
I data f di pubblicazione
S fecha f de aparición/edición/publicación
U megjelenés ideje
R дата f публикации
ersetzen v D teat
E to substitute
F remplacer, doubler
I sostituire
S sustituir, reemplazar
U helyettesíteni, beugrani
R заменять
Erstaufführung f D première
Erstausgabe f D
E first edition
F première édition f, édition f princeps/originale
I prima edizione f
S primera edición f, edición f princeps/príncipe
U első kiadás
R первое издание n
Erstdruck m D
E first printing
F première impression f
I prima edizione f
S primera edición f
U első kiadás
R первое издание n
ersterbend D prescr morendo; smorzando
érudit m en **musique** F Musikwissenschaftler

erweitern *v* D
  E to expand, to extend
  F élargir
  I allargare
  S extender, expandir
  U bővíteni
  R расширять, увеличивать
Erweiterung *f* D
  E expansion, extension
  F élargissement *m*, aggrandissement *m*
  I allargamento *m*
  S extensión *f*, ampliación *f*, expansión *f*
  U bővítés
  R расширение *n*
érzék U; zenei ∼ Musikverständnis
érzékenység U; hallás ∼e: Hörschärfe
érzelem U Affekt
érzelemelmélet D Affektenlehre
érzelmesen U affettuoso
érzéssel U gefühlvoll
Erzlaute *f* D
  E archlute
  F archiluth *m*
  I arciliuto *m*
  S archilaúd *m*
  U kettős nyakú basszuslant
  R большая/басовая лютня *f*
es *n* D *ton*
  E E flat
  F mi *m* bémol
  I mi *m* bemolle
  S mi *m* bemol
  U esz
  R ми-бемоль *m*
esacordo *m* I Hexachord
∼ duro: Hexachordum durum
∼ molle: Hexachordum molle
∼ naturale: Hexachordum naturale
E-Saite *f* D *vl*
  E E-string
  F chanterelle *f*, corde *f* du mi
  I cantino *m*, corda *f* di mi
  S cuerda *f* de mi, prima *f*
  U e-húr
  R струна *f* ми
esame *m* **uditivo** I Gehörprüfung
esatto, esattamente I *prescr* = giusto
esbozar *v* S entwerfen
esbozo *m* S Entwurf
escala *f* S Tonleiter
∼ de quintas: Quintenzirkel
∼ defectiva: gapped scale
∼ natural: Normaltonleiter
∼ pentatónica: Fünftonleiter
∼ por tonos: Ganztonleiter
∼ rápida: Lauf
— ajeno a la ∼ leiterfremd
— con ∼ sobreencordada *pfte* kreuzsaitig
— en forma de ∼ tonleiterartig
— extraño a la ∼ leiterfremd
— propio de la ∼ leitereigen
— relativo a la ∼ leitereigen
escaldo *m* S Skalde

escandir *v* S skandieren
escansión *f* S Skandierung
escape *m* S *org* Auslöser; *pfte* Auslöser; Stoßzunge
escapement E; ∼ button *pfte* Auslöserpuppe
∼ lever *pfte* Auslöser; Schere
∼ rail *pfte* Auslöserpuppenleiste
∼ tongue *pfte* Prellzunge
escena *f* S Szenenbild; *teat* Bühne; Szene
— detrás de la ∼ hinter der → Szene
— poner *v* en ∼ inszenieren
— poner *v* en ∼ una obra *teat* ein Stück auf
  die → Bühne bringen
escenario *m* S *teat* Bühne; Bühnenboden
∼ de ópera: scena di opera
∼ giratorio: Drehbühne; Schiebebühne
∼ lateral: Seitenbühne
∼ móvil: Schiebebühne
∼ secundario: Seitenbühne
∼ transformable *teat* Verwandlungsszene
escénico S szenisch
escenificar *v* S; ∼ una obra *teat* ein Stück auf
  die → Bühne bringen
escenografía *f* S *teat* Bühnenbild
escenógrafo *m* S *teat* Bühnenbildner; Bühnenmaler
eschallot E *canna ancia* Kehle
escobilla *f* S Besen; Jazzbesen; Rute; *legni*
  Wischer
escocesa *f* S *bl* écossaise; Schottischer
escoger *v* S auswählen
escolán *m* S Chorknabe
escolanía *f* S Chorschule; maîtrise; Sängerschule; Kinderchor; Knabenchor
escotado S eingebuchtet
escotadura *f* S *fiati* Schnabel; *vl* Mittelbügel
— con ∼s: eingebuchtet
escotillón *m* S *teat* Versenkungsschieber
escribir *v* S; ∼ enteramente los adornos *orn*
  ausschreiben
∼ música: notieren
escritura *f* S Satz
∼ a cinco partes/voces: Fünfstimmigkeit
∼ a cuatro partes/voces: Vierstimmigkeit
∼ a dos partes/voces: Zweistimmigkeit
∼ a dos [tres, cuatro, muchas] partes/voces:
  zwei- [drei-, vier-, mehr]stimmiger → Satz
∼ a seis partes/voces: Sechsstimmigkeit
∼ a tres partes/voces: Dreistimmigkeit
∼ en sonidos reales: Klangnotation
∼ instrumental: Instrumentalsatz
∼ pianística: Klaviersatz
escucha *m* + *f* S Hörer; Zuhörer
escuchar *v* S hören; zuhören
escuela *f* S; ∼ coral: Chorschule
∼ de baile/danza: Tanzschule
∼ de canto: Sängerschule
∼ de música: Musikschule
∼ de piano: Klavierschule
∼ de violín: Violinschule
∼ superior de música: Musikhochschule
escuela-taller *f* S; ∼ para construir instrumentos: Musikinstrumentenbauschule

escupir *v* S *canna* spucken
ese *f* S *archi* F-Loch
esecutore *m* I Ausführender; ausübender →
    Musiker
esecutrice *f* I Ausführende
esecuzione *f* I Aufführung; Ausführung
  — fare *v* un'~ fuori sede: gastieren
  — prima ~ première; Uraufführung
eseguibile I spielbar
eseguire *v* I ausführen; durchführen
  ~ con portamento *ton* verschleifen
esequie *f pl* I Exequien
esercitare *v* I üben
esercitarsi *v* I *str* üben
esercizio *m* I Übung; Übungsstück
  ~ dell'orecchio: Gehörübung
  — esercizi *pl* di dita: Fingerübungen
  — esercizi *pl* per lo studio degli intervalli:
    Treffübungen
  ~ vocale: Gesangsübung
eses *n* D *ton*
  E E double-flat
  F mi *m* double bémol
  I mi *m* doppio bemolle
  S mi *m* doble bemol
  U eszesz
  R ми-дубль-бемоль *m*
esférico S *canna ancia* kugelförmig
esigenze *f pl* I; ~ tecniche: technische →
  Anforderungen
esile I dünn
esordio *m* I début
esordire *v* I débuter
espacio *m* S Zwischenraum
espagnole F; à la manière ~ alˡa → spagnuola
espalda *f* S *ancia* Schulter
espátula *f* S *org* Intonierspachtel
espèce *f* F *cp* Gattung
  ~s *pl* d'octaves: Oktavgattungen
  ~s *pl* de contrepoint: Kontrapunktgattungen
  ~ de mesure: Taktart
especie *f* S *cp* Gattung
  ~ de compás: Taktart
  ~s *pl* de contrapunto: Kontrapunktgattungen
  ~s *pl* de octavas: Oktavgattungen
espectáculo *m* S Schauspiel
espectro *m* **sonoro** S Schallspektrum
espesor *m* S *canna* Wandstärke; Wandungsstärke
espièglement F schalkhaft
espineta *f* S Spinett
espiración *f* S Ausatmung
espirar *v* S ausatmen
espirare *v* I ausatmen
espirazione *f* I Ausatmung
espiritual S geistlich
espondeo *m* S Spondaeus
esporre *v* I aufstellen
esposizione *f* I exposition; *fuga* Durchführung
  ~ di fuga: Fugenexposition
espressione *f* I Ausdruck; *arm* Expression;
  canna Stimmausschnitt
  ~ separata *arm* geteilte → Expression

  — con ~ = espressivo
espressivo I *prescr*
  D espressivo, ausdrucksvoll
  E espressivo, *"expressive(ly)"*
  F espressivo, avec expression
  S espressivo, expresivo
  U espressivo, kifejezően, kifejezésteljesen
  R espressivo, выразительно
esprimere *v* I ausdrücken
espringale *f* I Springtanz
espuelas *f pl* S Sporen
esquema *m* S; ~ de tres golpes por compás *dir*
  Dreierschlagfigur
  ~ formal: formale → Anlage
  ~ que designa dos golpes por compás *dir*
    Zweierschlagfigur
esquiletas *f pl* S échelette
esquina *f* S *vl* Ecke
esquinero *m* S *vl* Ecke
esquisse *f* F Entwurf
esquisser *v* F entwerfen
essai *m* **audiométrique** F Gehörprüfung
esse *m* F *org* Abstraktendraht
esse *f* I *fag* das → S
essential note E Hauptnote
estabilidad *f* S; ~ de las vibraciones *ac* eingeschwungener → Zustand
establish *v* E bestätigen
estado *m* S; ~ definitivo de las vibraciones *ac*
  eingeschwungener → Zustand
estampida *f* S *bl* estampie
Estampie *f* D *bl* estampie
estampie *f* F *bl*
  D Estampie *f*
  E estampie
  I istampita *f*
  S estampida *f*
  U estampie
  R эстампида *f*
estancia *f* S stanza
estensione *f* I Amplitude; Raum; Umfang
  ~ sonora: Tonbereich
  ~ vocale *canto* Stimmumfang
estereofonía *f* S Stereophonie
estereofónico S stereophonisch
estetica *f* I Ästhetik
  ~ musicale: Musikästhetik
estética *f* S Ästhetik
  ~ musical/de la música: Musikästhetik
estetico I ästhetisch
estético S ästhetisch
esthetic(al) E ästhetisch
esthetics E Ästhetik
  ~ of music: Musikästhetik
esthétique F ästhetisch
esthétique *f* F Ästhetik
  ~ musicale: Musikästhetik
estilete *m* S *gram* Schneidestichel
estilístico S satztechnisch; stilistisch
estilo *m* S Satz; Stil
  ~ concertante: konzertierender → Stil
  ~ declamatorio: Deklamationsstil
  ~ galante: galanter → Stil

~ libre: freier → Satz
~ nota contra nota: Note-gegen-Note-Satz
~ palestriniano: Palestrinastil
~ severo/riguroso: strenger → Satz; strenger → Stil
— conforme/ajustado al ~ stilgerecht
— en ~ coral: choraliter
— en ~ de motete: motettisch
— en ~ libre: mit freiem → Vortrag
— en ~ recitativo: rezitativisch
— fiel al ~ stilgerecht
— tratar *v* en ~ fugado: fugieren
estinguendo I = mancando
estirar *v* S anziehen; *tamb, timp* spannen
estratto *m* I Ausschnitt
estrecho *m* S stretta; *fuga* Engführung
estremità *f* I;~ d'avorio *tasto* Elfenbeinbelag
~ del battaglio *camp* Klöppelflucht
estreno *m* S Uraufführung
— primer ~ première
estribillo *m* S rechant; refrain
estribo *m* S *or* Steigbügel
E-string E *vl* E-Saite
~ adjuster *vl* Feinstimmer
estrofa *f* S Strophe
— de varias ~s: mehrstrophig
estrófico S strophisch
estructura *f* S Aufbau; Faktur; Struktur; Tonsatz
~ armónica: Teiltonaufbau
~ formal: formale → Anlage
~ fundamental: Ursatz
~ sonora: Klangstruktur
estructural S strukturell
estuche *m* S étui
estudiante *m* + *f* de música S Musikstudent
estudiar *v* S *str* üben
estudio *m* S étude; Gesangsübung; Handstück; Übungsstück
~ de concierto: Konzertetüde
~ de la composición: Kompositionslehre
~ de la instrumentación/orquestación: Instrumentationslehre
~ de la melodía: Melodielehre
~ de las figuras musicales: Figurenlehre
~ de las formas musicales: musikalische → Formenlehre
~ de las funciones: Funktionslehre
esz U *ton* es
eszesz U *ton* eses
eszköz U; kifejezési ~ Ausdrucksmittel
— modulációs ~ Modulationsmittel
— művészi ~ Kunstgriff
esztam U
  D *(charakteristische Begleitungsart, bei der die starken und schwachen Zählzeiten auf verschiedene Instrumente verteilt werden)*
  E *(characteristic style of accompaniment, in which the strong and weak beats are divided between different instruments)*
  F *(accompagnement caractéristique dans lequel les temps forts et faibles sont répartis entre les différents instruments)*

  I *(caratteristico accompagnamento nel quale i tempi forti e quelli deboli vengono suddivisi fra vari strumenti)*
  S *(acompañamiento característico en el que los tiempos fuertes y débiles se distribuyen entre los diferentes instrumentos)*
  R *(характерный вид сопровождения, при котором звуки на сильных и слабых долях такта распределяются между различными инструментами)*
esztétika U Ästhetik
esztétikai U ästhetisch
établir *v* F bestätigen
établissement *m* d'un **programme** F Programmgestaltung
éteindre *v* F; en laissant ~ le son *prescr* smorzando
étendu F weitgriffig
étendue *f* F Raum; Umfang
~ de fréquence: Frequenzumfang
éterhangszer U Ätherophon
eterofonia *f* I Heterophonie
eterofonico I heterophon
eterofono *m* I Ätherophon
eterófono *m* S Ätherophon
ethno-musicologie *f* F Musikethnologie
ethnomusicology E Musikethnologie
éthos *m* F Affekt; Tonartcharakter
ethos *m* S Tonartcharakter
etichetta *f* I *vl* Brandstempel
etiqueta *f* S *vl* Brandstempel
etnologia *f* **musicale** I Musikethnologie
etnomusicología *f* S Musikethnologie
étoffe *f* F Naturguß
étoile *f* F ballerina
étouffé F *camp* kurzatmig; *cor* gestopft; *fiati, archi, perc* mit → Dämpfer; gedämpft
— comme ~ *fiati* wie → gedämpft
étouffer *v* F *archi, fiati, perc, pfte* däm ́ ́
~ instantanément *perc* gleich → ab
~ le son: mettere la ~ sordina
~ les sons *cor* stopfen
étouffoir *m* F Abdämpfung; *cemb, pfte* Dämpfer
étrier *m* F *or* Steigbügel
etűd U étude; Handstück; Übungsstück
— hangszeres ~ leçon
Etüde *f* D étude
etude E étude; Handstück
étude *f* F
  D Etüde *f*
  E etude, study
  I studio *m*
  S estudio *m*
  U etűd, gyakorlat
  R этюд *m*
~ ⟨18. *sec*⟩ Handstück; ⟨*exercice*⟩ Übungsstück
~ de concert: Konzertetüde
~ de l'instrumentation/de l'orchestration: Instrumentationslehre
~ de la composition: Kompositionslehre
~ de la liturgie: Liturgik
~ de la mélodie: Melodielehre

~ des figures musicales: Figurenlehre
~ des fonctions: Funktionslehre
~ des formes musicales: musikalische → Formenlehre
étudiant *m* **en musique** F Musikstudent
étudiante *f* **en musique** F Musikstudentin
étudier *v* F *str* üben
Etui *n* D étui
étui *m* F
  D Etui *n*, Kasten *m*
  E case
  I cassetta *f*, astuccio *m*, custodia *f*
  S estuche *m*
  U tok
  R футляр *m*
eufon U Euphon
eufonia *f* I Wohlklang
eufonía *f* S Wohlklang
— con ~ Wohlklangs-
eufonico I wohlklingend; Wohlklangs-
eufónico S wohlklingend; Wohlklangs-
eufonio *m* I Euphon; Euphonium; *fiati* Baryton;
  ottoni kleiner → Baß
~ imperiale: Kaiserbaryton
eufonio *m* S Euphon
eufónium U Euphonium; *fiati* Baryton; *ottoni*
  kleiner → Baß
eunuch flute E Mirliton
Euphon *n* D
  E euphon(e)
  F euphone *m*
  I eufonio *m*
  S eufonio *m*, euphon *m*
  U eufon
  R «эуфон» *m* ⟨стеклянная гармоника⟩
euphon *m* S Euphon
euphon(e) E Euphon
euphone *m* F Euphon
euphonie *f* F Wohlklang
euphonion *m* F *ottoni* kleiner → Baß
euphonious E wohlklingend; Wohlklangs-
euphonique F wohlklingend; Wohlklangs-
Euphonium *n* D
  E euphonium, tenor tuba
  F euphonium *m*, tuba *m* ténor, basse *f* à
    pistons/en si bémol
  I eufonio *m*, flicorno *m* basso, bombarde
    m
  S euphonium *m*, tuba *m* tenor
  U eufónium, baritonszaxkürt
  R эвфониум *m*
euphonium E Euphonium; *fiati* Baryton;
  ottoni kleiner → Baß
euphonium *m* F Euphonium; *fiati* Baryton;
  ottoni kleiner → Baß
~ impérial: Kaiserbaryton
euphony E Wohlklang
eurhythmics E Eurhythmie
Eurhythmie *f* D
  E eurhythmics
  F eurythmie *f*
  I euritmia *f*
  S euritmia *f*

  U euritmia
  R эвритмия *f*
euritmia *f* I S Eurhythmie
euritmia U Eurhythmie
eurythmie *f* F Eurhythmie
Eustachian tube E *or* Eustachische → Röhre
Eustach-kürt U *or* Eustachische → Röhre
év; copyright ~e: Copyright-Datum
— egyházi ~ Kirchenjahr
evacuant E *org* Evakuant
évacuant *m* F *org* Evakuant
évacuation *f* **d'eau** F *fag, ottoni* Wasserausguß
évad U; színházi ~ *teat* Spielzeit
Evakuant *m* D *org*
  E exhaust-valve, exhaust-pallet, evacuant
  F évacuant *m*
  I valvola *f* di sfiatamento
  S válvula *f* de escape
  U evakuant
  R эвакуант *m*, выпускной клапан *m*
evakuant U *org* Evakuant
Evangelio *m* S Evangelium
Evangelist *m* D ⟨*Passion*⟩
  E evangelist
  F évangéliste *m*
  I evangelista *m*
  S evangelista *m*
  U evangélista
  R евангелист *m*
evangelist E Evangelist
evangelista *m* I S Evangelist
evangélista U Evangelist
évangéliste *m* F Evangelist
Evangelium *n* D
  E gospel
  F Evangile *m*
  I Vangelo *m*
  S Evangelio *m*
  U evangélium
  R евангелие *n*
evangélium U Evangelium
Evangile *m* F Evangelium
évanouir *v* F; s'~ abklingen
even E gleichmäßig
~ **harmonics** *pl* gerade → Obertöne
evening song E Abendlied
évent *m* F *camp* Windpfeife
exact F *prescr* giusto
exactamente S *prescr* giusto
exacto S *prescr* giusto
exakt D *prescr* articolato
examen *m* **del oído** S Gehörprüfung
excerpt E Ausschnitt
excesivo S überzählig
excessif F eccessivo
exchange of parts E Stimmtausch
excitado S *prescr* concitato
excité F eccitante; *prescr* concitato
executant E Ausführender; Spieler
exécutant *m* F Ausführender; ausübender →
  Musiker; Spieler
exécutante *f* F Ausführende; Spielerin
execute *v* E ausführen

exécuter *v* F aufführen; ausführen
execution E Ausführung
exécution *f* F Aufführung; Ausführung
exequias *f pl* S Exequien
Exequien *f pl* D
 E exequies *pl*, music for the funeral service
 F obsèques *f pl*
 I esequie *f pl*, canti *m pl* da morto
 S exequias *f pl*
 U gyászzene
 R заупокойная литургия *f*
exequies *pl* E Exequien
exercer *v* F üben
— s'∼ *str* einspielen
— s'∼ à chanter: sich → einsingen
exercice *m* F Übung; Übungsstück
∼ d'oreille: Gehörübung
∼s *pl* pour l'étude des intervalles: Treffübungen
∼s *pl* pour les doigts: Fingerübungen
∼ vocal: Gesangsübung
exercise E
 D (*Kompositionsaufgabe zur Erlangung des Titels doctor of music*)
 F (*composition exigée pour obtenir le grade de docteur en musique*)
 I (*tesi di composizione per ottenere il titolo di dottore in musica*)
 S (*ejercicio de composición para la obtención del doctorado en música*)
 U (*zeneszerzési feladat a "doctor of music" cím elnyeréséhez*)
 R (*задание по композиции для достижения звания доктора музыки*)
∼ ⟨*practice*⟩ Übung; ⟨*study*⟩ Übungsstück
exercise *v* E üben
exhalación *f* S Ausatmung
exhalar *v* S ausatmen
exhalation E Ausatmung
exhale *v* E ausatmen
exhaust E; ∼ hole *org* Auslaßöffnung
∼ valve *org* Auslaßventil
exhauster E Schöpfbalg
exhaust-pallet E *org* Evakuant
exhaust-pneumatic action E *org* Ausstrompneumatik
exhaust-valve E *org* Evakuant
exigences *f pl* techniques F technische → Anforderungen
exigencias *f pl* técnicas S technische → Anforderungen
expand *v* E erweitern
expandir *v* S erweitern
expansion E Erweiterung
expansión *f* S Erweiterung
expiration *f* F Ausatmung
expirer *v* F ausatmen
explorer *v* F abtasten
exponální *v* U aufstellen
exponer *v* S aufstellen
exposer *v* F aufstellen
exposición *f* S exposition; *fuga* Durchführung
∼ de la fuga: Fugenexposition

Exposition *f* D exposition
exposition E *fuga* Durchführung
exposition *f* F ⟨*sonate*⟩
 D Expósition *f*, Themenaufstellung *f*, Aufstellung *f*
 E exposition, statement, enunciation
 I esposizione *f*, enunciazione *f*
 S exposición *f*
 U expozíció, (téma)bemutatás
 R экспозиция *f*, изложение *n* тем
∼ *fuga* Durchführung
∼ de fugue: Fugenexposition
·expozíció U exposition; *fuga* Durchführung
expresar *v* S ausdrücken
expresión *f* S Ausdruck; *arm* Expression; *canna* Stimmausschnitt
∼ del registro agudo *fis* Diskantjalousie
— doble ∼ *arm* geteilte → Expression
expresivo S *prescr* espressivo
expresivo *m* S *org* Schwellwerk
express *v* E ausdrücken
Expression *f* D *arm*
 E expression
 F expression *f*
 I espressione *f*
 S expresión *f*
 U expression
 R экспрессион *m*
∼ *org* = Stimmausschnitt
— geteilte ∼ *arm*
 E double expression
 F double expression *f*
 I espressione *f* separata
 S doble expresión *f*
 U osztott/kettős expression
 R экспрессион *m*, разделённый на бас и дискант
expression E Ausdruck; *arm* Expression
∼ mark: Vortragszeichen
expression *f* F Ausdruck; *arm* Expression; *canna* Stimmausschnitt
∼ de la partie aiguë *fis* Diskantjalousie
∼ interne de la partie aiguë *fis* unsichtbare → Diskantjalousie
— avec ∼ *prescr* espressivo
— double ∼ *arm* geteilte → Expression
expression U *arm* Expression
— osztott/kettős ∼ *arm* geteilte → Expression
expressive device E Ausdrucksmittel
exprimer *v* F ausdrücken
extemporieren *v* D improvvisare
extend *v* E erweitern
extended E; ∼ position *acc* weite → Lage
∼ play tape: Langspieltonband
extender *v* S erweitern
extension E Erweiterung
∼ organ: Multiplexorgel
∼ system *org* Doublettensystem
extensión *f* S Erweiterung; Raum; Umfang; Zug
∼ de frecuencia: Frequenzumfang
∼ del intervalo: Intervallgröße
extenso S weitgriffig

extra E Statist
~ part: Einzelstimme
extracto *m* S Ausschnitt
~ para piano: Klavierauszug
extrait *m* F Ausschnitt
extra-musical E F außermusikalisch
extramusical S außermusikalisch
extra-musicale I außermusikalisch
extremidad *f* S; ~ batiente del mazo *camp* Klöppelballen
~ de la efe *archi* F-Lochklappe
~ frontal de la punta *arco* Kamm

~ inferior del vientre de la onda: Wellental
~ superior del vientre de la onda: Wellenberg
extrémité *f* F; ~ de l'ouïe *archi* F-Lochklappe
~ de la baguette *perc* butt
~ du battant *camp* Klöppelflucht
extremo *m* S; ~ de la baqueta *perc* butt
~ del badajo *camp* Klöppelflucht
~ del palillo *perc* butt
eye E *arco* Auge; *corda* Öse
eye-music E Augenmusik
eye-ring E *arco* Augenring
ezüst U *arco* Bewicklung

F

f *n* D *ton*
   E F (natural)
   F fa *m*
   I fa *m*
   S fa *m*
   U f
   R фа *n*
F E *ton* f
  ~ double-flat *ton* feses
  ~ double-sharp *ton* fisis
  ~ flat *ton* fes
  ~ major: F-Dur
  ~ minor: f-Moll
  ~ natural *ton* f
  ~ sharp *ton* fis
F *m* F *archi* F-Loch
fa *m* F *ton* f
  ~ bémol *ton* fes
  ~ dièse *ton* fis
  ~ double bémol *ton* feses
  ~ double dièse *ton* fisis
  ~ majeur: F-Dur
  ~ mineur: f-Moll
fa *m* I *ton* f
  ~ bemolle *ton* fes
  ~ diesis *ton* fis
  ~ doppio bemolle *ton* feses
  ~ doppio diesis *ton* fisis
  ~ maggiore: F-Dur
  ~ minore: f-Moll
fa *m* S *ton* f
  ~ bemol *ton* fes
  ~ doble bemol *ton* feses
  ~ doble sostenido *ton* fisis
  ~ mayor: F-Dur
  ~ menor: f-Moll
  ~ sostenido *ton* fis
fa U das → Holz
fabbricante *m* I -bauer; -baumeister
  ~ di pianoforti: Klavierfabrikant
fabbricare *v* I *str* bauen
fabbricazione *f* I -bau
fabordón *m* S faux-bourdon
  — a la manera de un ~, en ~ à la manière
    d'un → faux-bourdon

fabric E Gewebe
fabricación *f* S -bau
  ~ de instrumentos musicales: Musikinstru-
    mentenbau
  ~ de órganos: Orgelbau
  ~ de pianos: Klavierbau
  ~ industrial de instrumentos musicales: Musik-
    instrumentenindustrie
fabricant *m* F; ~ de piano: Klavierfabrikant
fabricante *m* S -bauer
  ~ de pianos: Klavierbauer; Klavierbaumei-
    ster; Klavierfabrikant
fabricar *v* S *str* bauen
fabrication *f* F; ~ industrielle d'instruments
  de musique: Musikinstrumentenindustrie
fabriquer *v* F *str* bauen
façade *f* de l'orgue F Orgelprospekt
facciata *f* I Orgelprospekt
  ~ inferiore *pn* Unterrahmen
  ~ superiore *pn* Oberrahmen
face E *arco* Form
face *f* F *arco* Form
~s *pl* plates *org* Prospektfeld
face-board E *org* Windkastenspund
  ~ bolt *org* Riegel
fachada *f* S *org* Prospektfeld
  ~ del órgano: Orgelprospekt
Fächerkanon *m* D
    E spiral canon
    F canon *m* en éventail
    I canone *m* a ventaglio
    S canon *m* en abanico
    U legyezőkánon
    R *(бесконечный канон, который посред-*
    ством модуляции каждый раз прихо-
    дит на ступень выше)
fácil S *prescr* agevole; facile
facile F *prescr* agevole; facile
facile, facilmente I *prescr*
    D facile, facilmente, leicht
    E facile, facilmente, *"easy"*, *"easily"*
    F facile, facilmente, facile, facilement
    S facile, facilmente, fácil, fácilmente
    U facile, facilmente, könnyedén
    R facile, facilmente, легко

facilement F *prescr* facile
facilità *f* I; con ∼ = facile
facilmente I *prescr* = facile
fácilmente S *prescr* facile
facistol *m* S Chorpult; Lesepult; Lettner
Fackeltanz *m* D
  E torch dance
  F danse *f* aux flambeaux
  I danza *f* delle fiaccole
  S danza *f* de antorchas
  U fáklyatánc
  R факельное шествие *n*, факельная пляска *f*
facoltà *f* uditiva I Hörvermögen
façon *f* F; d'une ∼ égale/uniforme/equale: gleichmäßig
facteur *m* F -bauer
∼ d'absorption acoustique: Schallabsorptionsfaktor
∼ d'instruments de musique: Musikinstrumentenmacher
∼ d'orgue: Orgelbauer
∼ de guitare: guitarrero
∼ de piano: Klavierbauer
factor E; ∼ of absorption: Schallabsorptionsfaktor
factor *m* S; ∼ de absorción acústica: Schallabsorptionsfaktor
facture *f* F -bau
∼ du piano: Klavierbau
∼ instrumentale: Musikinstrumentenbau
facultad *f* auditiva S Hörvermögen
faculté *f* auditive F Hörvermögen
fade-out E Abklingvorgang
fading E Absprache
fadob U Holzblock; Schlitztrommel
— hengeres ∼ Holzröhrentrommel
fafúvók U das → Holz
fafúvós U Holzbläser
fagot(e) *m* S fagotto; fagottista
∼ de amor: fagotto d'amore
∼ tenor: fagottino
fagotista *m* S fagottista
Fagott *n* D fagotto
fagott U fagotto
Fagottgeige *f* D
  E bassoon fiddle ⟨*small bass viol with sympathetic strings*⟩
  F Fagottgeige *f* ⟨*petite viola bastarda*⟩
  I viola *f* fagotto/da spalla
  S fagottgeige *f* ⟨*pequeño bajo de viola con cuerdas simpáticas*⟩
  U ⟨*viola és gordonka között álló vonós hangszer*⟩
  R ⟨*смычковый инструмент, занимающий место между альтом и виолончелью*⟩
fagottino *m* I
  D Tenorfagott *n*
  E tenoroon
  F basson *m* quinte
  S fagot *m* tenor
  U kvintfagott
  R теноровый фагот *m*

Fagottist *m* D fagottista
fagottista *m* I
  D Fagottist *m*
  E bassoonist, bassoon player
  F basson *m*, bassoniste *m*
  S fagot *m*, fagotista *m*
  U fagottista, fagottjátékos
  R фаготист *m*
fagottjátékos U fagottista
fagotto *m* I
  D Fagott *n*
  E bassoon
  F basson *m*
  S fagot(e) *m*
  U fagott
  R фагот *m*
∼ d'amore
  D Liebesfagott *n*
  E basson d'amour
  F basson *m* d'amour
  S fagot *m* de amor
  U "basson d'amour"
  R ⟨*фагот XVIII в. с грушевидным раструбом*⟩
∼ terzino: tarot
Fähnchen *n* D = Notenfahne
Fahne *f* D = Notenfahne
faible F *prescr* debole
faiblement F; plus ∼ più → debolmente
faithful E; ∼ to the original: werkgetreu
fájdalmasan U *prescr* dolente; doloroso
fájdalomküszöb U Schmerzschwelle
fajta U *cp* Gattung
fakalapács U Holzhammer
fáklyatánc U Fackeltanz
Faktur *f* D
  E structure, build-up
  F structure *f*
  I struttura *f*
  S estructura *f*
  U faktúra
  R фактура *f*
faktúra U Faktur
fal U *pfte* Zarge
— kulcsszekrény ∼a *vl* Wirbelkastenbacken
falda *f* S *camp* Untersatz
Fall *m* D
  E drop
  F chute *f*, saut *m* en descendant
  I abbassamento *m*
  S salto *m*, descenso *m*, caída *f*
  U ugrás lefelé
  R спад *m*, нисходящий ход *m*, скачок *m* вниз
fall E *pfte* Tastenklappe
fallar *v* S *fag*, *cl* krähen
fall-board E *pfte* Tastenklappe
false E; ∼ entry *fuga* Scheineinsatz
∼ relation: Querstand
— in ∼ relation: querständig
falsete *m* S falsetto
— cantar *v* en ∼ cantare in → falsetto
falsetista *m* S falsettista

Falsett _n_ D falsetto
— im ~ singen _v_ cantare in → falsetto
falsettieren _v_ D cantare in → falsetto
Falsettist _m_ D falsettista
falsettist E falsettista
falsettista _m_ I
    D Falsettist _m_
    E falsettist, countertenor, falsetto singer,
      male alto
    F fausset _m_, contraténor _m_
    S falsetista _m_, contratenor _m_
    U falzettista
    R тенор _m_, поющий фальцетом
falsetto E falsetto
~ singer: falsettista
~ voice: falsetto
— sing _v_ ~ cantare in → falsetto
falsetto _m_ I
    D Falsett _n_, Falsettstimme _f_, Fistelstimme
      _f_
    E falsetto (voice)
    F fausset _m_, voix _f_ de fausset
    S falsete _m_, voz _f_ de falsete
    U falzett, fejhang
    R фальцет _m_
— cantare _v_ in ~
    D im Falsett singen _v_, falsettieren
    E to sing falsetto
    F chanter _v_ en voix de fausset
    S cantar _v_ en falsete
    U fejhangon énekelni _v_, falzettezni
    R петь _v_ фальцетом
Falsettstimme _f_ D falsetto
falso S Schein-
falta _f_ **de oído** S Gehörfehler
Falte _f_ D _org_ ⟨_Balg_⟩
    E fold
    F pli _m_
    I piega _f_
    S pliegue _m_
    U deszkaburok
    R складка _f_
— **auswärtsgehende** ~ _org_ ⟨_Balg_⟩
    E outward-hinged fold
    F pli _m_ sortant
    I piega _f_ con l'angolo verso l'esterno
    S pliegue _m_ hacia afuera
    U kifelé hajló deszkaburok
    R складки _f pl_ мехов, выступающие наружу
— **einwärtsgehende** ~ _org_ ⟨_Balg_⟩
    E inward-hinged fold
    F pli _m_ rentrant
    I piega _f_ con l'angolo verso l'interno
    S pliegue _m_ hacia adentro
    U befelé hajló deszkaburok
    R складки _f pl_ мехов, направленные внутрь
Faltenbrett _n_ D _org_ ⟨_Balg_⟩
    E rib
    F éclisse _f_
    I stecca _f_
    S aro _m_

    U összehajló deszka
    R дощатые складки _f pl_ меха
falvastagság U _canna_ Wandstärke
falzett U falsetto
falzettezni _v_ U cantare in → falsetto
falzettista U falsettista
famiglia _f_ I; ~ degli archi _org_ Streicherchor
familia _f_ **de las gambas** S _org_ Streicherchor
famille _f_ **des gambes** F _org_ Streicherchor
fan E Ventilator
fanciullo _m_ I; ~ del coro: Chorknabe
~ prodigio: Wunderkind
Fancy _f_ D fancy
fancy E
    D "Fancy" _f_
    F fancy _f_
    I fantasia _f_
    S fancy _f_
    U (_a fantázia angol formája_)
    R (_форма фантазии в Англии_)
Fandango _m_ D _bl_ fandango
fandango _m_ S _bl_
    D Fandango _m_
    E fandango
    F fandango _m_
    I fandango _m_
    U fandangó
    R фанданго _n_
fandangó U _bl_ fandango
fanfár U fanfare; Tusch; _mil_ Signal
fanfara _f_ I fanfare; Tusch
Fanfare _f_ D fanfare
fanfare E fanfare; Tusch; _mil_ Signal
~ player: musicien de → fanfare
fanfare _f_ F
    D Fanfare _f_
    E fanfare, flourish
    I fanfara _f_
    S fanfarria _f_, fanfarra _f_
    U fanfár
    R фанфара _f_
~ ⟨_sonnerie_⟩ Tusch; _mil_ Musikzug; Signal
— **musicien** _m_ **de** ~
    D Fanfarenbläser _m_
    E fanfare player, trumpeter
    I suonatore _m_ di fanfara/banda
    S músico _m_ de fanfarria
    U harsonás, fanfáros
    R фанфарист _m_
Fanfarenbläser _m_ D musicien de → fanfare
fanfáros U musicien de → fanfare
fanfarra _f_ S fanfare; Tusch; _mil_ Musikzug
fanfarria _f_ S fanfare
fangen _v_ D _pfte_ ⟨_Hammer_⟩
    E to check, to catch
    F attraper
    I urtare, colpire
    S accionar
    U visszafogni
    R (_возвращать молоточек на фенгер после его удара по струне_)
Fanger _m_ D _pfte_
    E back-check, check head

F attrape *f*
I paramartello *m*
S pieza *f* donde cae el martillo
U ütköző, *fam* fanger
R фенгер *m*
fanger U *fam, pfte* Fanger; Gegenfanger
Fangerbäckchen *n* D *pfte*
  E back-check block
  F bloc *m* de soutien de l'attrape
  I sostegno *m* del paramartello
  S vástago *m* del reposo del doble escape
  U ütközőtömb
  R фенгерная щёчка *f*
fangerbőr U *fam, pfte* Fangerleder
Fangerdraht *m* D *pfte*
  E back-check wire
  F tige *f* de l'attrape
  I ferro *m* per paramartello
  S varilla *f* del escape
  U ütköződrót, *fam* fangerdrót
  R проволока *f* фенгера
fangerdrót U *fam, pfte* Fangerdraht
fangerfilc U *fam, pfte* Fangerfilz
Fangerfilz *m* D *pfte*
  E back-check felt
  F garniture *f* en feutre de l'attrape
  I feltro *m* del paramartello
  S fieltro *m* del escape
  U ütközőfilc, *fam* fangerfilc
  R замша *f* для оклейки фенгера
Fangerleder *n* D *pfte*
  E back-check leather
  F garniture *f* en cuir de l'attrape
  I pelle *f* del paramartello
  S cuero *m* del escape
  U ütközőbőr, *fam* fangerbőr
  R фенгерная подушка *f*
Fangventil *n* D *org*
  E sucker
  F soupape *f* de soufflet d'orgue
  I aspiratore *m*
  S aspirador *m*
  U ékfúvó-szívószelep
  R всасывающий клапан *m* воздухонагне-
    тательного меха
fantaisie *f* F fantasia
 ~ chorale/pour chœur: Chorfantasie
 ~ sur choral: Choralfantasie
fantaisiste *m* F Vortragskünstler
fantasia *f* I
  D Fantasie *f*
  E fantasia, fantasy
  F fantaisie *f*
  S fantasía *f*
  U fantázia
  R фантазия *f*
 ~ ⟨*forma inglese*⟩ fancy
 ~ chorale: Chorfantasie
 ~ su un corale: Choralfantasie
fantasía *f* S fantasia
 ~ coral: Chorfantasie
 ~ sobre coral: Choralfantasie
Fantasie *f* D fantasia

Fantasie-Instrumente *n pl* D *obs* = Effektinstru-
  mente
fantasieren *v* D improvvisare
fantasy E fantasia
fantázia U fantasia
farandola *f* I *bl* farandole
Farandole *f* D *bl* farandole
farandole *f* F *bl*
  D Farandole *f*
  E farandole
  I farandola *f*
  S farándula *f*
  U farandole
  R фарандола *f*
farándula *f* S *bl* farandole
Farbenhören *n* D
  E colo(u)r hearing
  F audition *f* colorée
  I *(unione psicologica suono-colore)*
  S audición *f* coloreada
  U színhallás
  R синопсия *f*, цветной слух *m*
Farbenklavier *n* D
  E colo(u)r organ
  F clavecin *m* oculaire, orgue *m* de couleur
  I tastiera *f* a colori
  S órgano *m* de colores, clavecín *m* ocular
  U színzongora
  R («*глазной клавесин*», описан в 1930 г.)
Farbenmusik *f* D
  E colo(u)r music ⟨*synthesis of colour and
    music*⟩
  F musique *f* à couleur sonore
  I musica *f* unita a proiezioni di colori
  S música *f* coloreada
  U színképzene
  R цветомузыка *f*
Farce *f* D farce
farce *f* F
  D Farce *f*
  E farce
  I farsa *f*, farcitura *f*
  S farsa *f*
  U farce
  R фарс *m*
farcitura *f* I farce
farfalla *f* I *tamb* Schraubenflügel
faringe *f* I S Rachenhöhle
farruca *f* S *bl*
  D *(andalusischer Tanz)*
  E *(Andalusian dance)*
  F *(danse andalouse)*
  I *(danza andalusa)*
  U *(andalúz tánc)*
  R *(андалусский танец)*
farsa *f* I S farce
fascia *f* I *corda, pfte, tamb* Zarge
fascietta *f* I *cl* Ligaturklammer
fase *f* I S Phase
Fasola *n* D fasola
fasola E
  D "Fasola" *n*
  F "fasola" *m*

I   sistema *m* "fa-so-la"
S   "fasola" *m*
U   *(angol—amerikai szolmizációs rendszer)*
R   *(англо-американская система слоговых*
    обозначений звуков XVII—XVIII вв.)
Fäßchen *n* D *cl* = Birne
Fassung *f* D
    E   version
    F   version *f*
    I   versione *f*
    S   versión *f*
    U   változat, verzió
    R   редакция *f*, версия *f*
— **gekürzte ~, Kurzfassung** *f*
    E   shortened/cut version
    F   version *f* réduite
    I   versione *f* ridotta
    S   versión *f* reducida/acortada, reducción *f*
    U   rövidített változat
    R   сокращённая редакция *f*
fattore *m* I; ~ di assorbimento acustico/sonoro:
    Schallabsorptionsfaktor
fátyolos U *canto* gedeckt; verschleiert
fausset *m* F falsettista; falsetto
fauteuils *m pl* **d'orchestre** F *teat* Parkett
faux F Schein-
Fauxbourdon *m* D faux-bourdon
fauxbourdon E U faux-bourdon
faux-bourdon *m* F
    D   Fauxbourdon *m*
    E   fauxbourdon
    I   falso bordone *m*
    S   fabordón *m*
    U   "fauxbourdon"
    R   фобурдон *m*
— **à la manière d'un ~**
    D   fauxbourdonartig
    E   fauxbourdon-like
    I   secondo lo stile/la tecnica del falso bor-
        done
    S   en fabordón, a la manera de un fabor-
        dón
    U   fauxbourdonszerű
    R   по типу фобурдона
fauxbourdonartig D à la manière d'un → faux-
    -bourdon
fauxbourdon-like E à la manière d'un → faux-
    -bourdon
fauxbourdonszerű U à la manière d'un → faux-
    -bourdon
faux-registre *m* F *org* Damm; Dammstück
faux-sommier *m* F *org* Pfeifenbank
faverő U *perc* Holzschlegel
Favoritchor *m* D ⟨17. *sec*⟩
    E   choir of solo singers
    F   chœur *m* de solistes
    I   coro *m* favorito, coretto *m*
    S   coro *m* de solistas
    U   szólóénekesekből álló kórus
    R   ансамбль *m* певцов-солистов
faz *f* S; ~ interna (de la piel): Fleischseite
fázis U Phase
fáziseltolódás U Phasenverschiebung

fáziskülönbség U Phasenunterschied
F-clef E F-Schlüssel
F-Dur *n* D
    E   F major
    F   fa *m* majeur
    I   fa *m* maggiore
    S   fa *m* mayor
    U   F-dúr
    R   фа *n* мажор
F-dúr U F-Dur
feature E Merkmal
fecha *f* S; ~ de aparición/edición/publicación:
    Erscheinungsdatum
~ del copyright: Copyright-Datum
fedél U; gyűrűs ~ *canna* Ringdeckung
— kettős kúpos ~ *canna* Doppelkegeldeckung
— kúpos ~ *canna* Kegeldeckung
— lapos ~ *canna* Klappdeckel
— lapos ~ oldalnyílásokkal/oldallyukakkal
    canna Klappdeckel mit Seitenlöchern
— oldallyukas ~ *canna* Seitenlochdeckung
— teljes ~ alsó oldallyukakkal *canna* Voll-
    deckung mit Seitenlöchern unten
— teljes ~ felső oldallyukakkal *canna* Voll-
    deckung mit Seitenlöchern oben
— teljes ~ oldalréssel/oldalsliccel *canna* Voll-
    deckung mit Seitenschlitz
— tölcséres ~ *canna* Kegeldeckung
fedele I; ~ all'originale: werkgetreu
— stilisticamente ~ stilgerecht
fedélformák *pl* U *canna* Deckungsformen
fedeltà *f* **all'originale** I Werktreue
Federklavier *n* D *obs* = Cembalo
fedés U *org* Deckung
~ csavarófedővel *canna* Deckung durch Dreh-
    deckel
fedett U bedeckt; *canna*, *canto* gedeckt
— csöves ~ *canna* rohrgedeckt
fedni *v* U *canna*, *canto* decken
fedő U Schalldecke; Spielplatte; *legni* Deckel
fedőlapbélés U *vl* Brustfutter
fedőlapvédő U Schlagbrett
fee E Gage; Honorar
feeder E *org* Arbeitsbalg; Schöpfbalg
~ **bellows** *pl org* Schöpfbalg
fehér U alba
feierlich D
    E   solemnly
    F   d'une manière solennelle
    I   festoso, solenne
    S   solemne
    U   ünnepélyes(en)
    R   торжественно
fein D *prescr* leggiadro
Feinstimmer *m* D *vl*
    E   string tuner, (E-)string adjuster
    F   cheville *f* à vis
    I   accordatore *m* (di precisione)
    S   tornillo *m* de afinación
    U   finomhangoló, fix
    R   машинки *f pl* для настройки
Feinstimm-Saitenhalter *m* D *vl*
    E   tuner-tailpiece

F tendeur *m*
I tiracorde *m*
S tensor *m*
U finombeállítóval egybeépített húrtartó
R подгрифник *m* с машинками
feinte *f* F *obs* = touche dièse
fej U Notenkopf; *canna ancia, vl* Kopf;
   fiati Schnabel; *magn* Tonkopf
∼ a csőrrel *fl. d.* Kopfstück mit Schnabel
fejhang U falsetto; *canto* Kopfstimme; Kopfton; Kopfregister
∼on énekelni *v* cantare in → falsetto
fejhangregiszter U *canto* Kopfregister
fejlesztés U Fortspinnung
fejmotívum U Kopfmotiv
fejrész a csőrrel U *fl. d.* Kopfstück mit Schnabel
fejüregek *pl* U Kopfhöhle
feketíteni *v* U schwärzen
féktelenül U *prescr* furioso
fekvés U Stimmlage; *acc, corda, trbne* Lage
— első [második, harmadik, negyedik] ∼
   corda, trbne erste [zweite, dritte, vierte]
   → Lage
— kevert ∼ *acc* gemischte → Lage
— magas ∼ hohe → Stimmlage
— mély ∼ tiefe → Stimmlage
— szűk ∼ *acc* enge → Lage
— tág ∼ *acc* weite → Lage
— vegyes ∼ *acc* gemischte → Lage
fekvésmegjelölés U Stimmlagenbezeichnung
fekvésű U; tág ∼ weitgriffig
fekvésváltás U *corda, trbne* Lagenwechsel
felállítani *v* U *canna* aufstellen
felállítás U; zenekari ∼ Orchesteranordnung
felbomlás U; tonalitás ∼a: Auflösung der
   Tonalität
Feldflöte *f*, **Feldpfeife** *f* D *org*
   E feldflöte, tibia sylvestris
   F Feldflöte *f*, flûte *f* rustique 2'
   I flautino *f* militare 2', flauto *m* rustico,
      ottavino *m*
   S feldflöte *f*, flauta *f* rústica
   U "Feldflöte" *f*
   R фельдфлёте *f*
feldflöte E *org* Feldflöte
feldflöte *f* S *org* Feldflöte
feldolgozás U arrangement; Behandlung;
   Durchführung; Durchführungsteil
— motivikus ∼ Motivverarbeitung
feldolgozni *v* U arranger; bearbeiten
— fúgaszerűen ∼ fugieren
— zenekarra ∼ instrumentieren
feldolgozó U Arrangeur; Bearbeiter
Feldpfeife *f* D *org* = Feldflöte
feldtrompete U *org* Militärtrompete
Feldtrompeter *m* D
   E field trumpeter
   F trompette *m* militaire
   I trombettiere *m* militare
   S trompeta *m* militar
   U tábori trombitás
   R военный трубач *m*

félelmetesen U unheimlich
felemelés U *ton* Erhöhung
felemelni *v* U erhöhen
felépítés U Aufbau
— formai ∼ formale → Anlage
félfedés U *fl. d.* Halbdeckung
félfedett U *canna* halbgedeckt
félfekvés U *corda* mezza → manica
felfelé U aufwärts
∼ menő aufwärtsgehend
felfogás U Auffassung
felfogóléc U *pfte* Hammerklotz
felfogólécnemez U *pfte* Hammerklotzpolster
felhajtani *v* U *canna ancia* aufwerfen
felhajtás U; nyelv ∼a *canna ancia* Aufwurf der
   Zunge
felhang U Oberton; Teilton; *camp* Nebenton
— fonikus ∼ phonischer → Oberton
—. páratlan ∼ok *pl* ungerade → Obertöne
— páros ∼ok *pl* gerade → Obertöne
— szubjektív ∼ok *pl* Ohr-Obertöne
félhang U Halbton; halbe → Note
∼ nélküli: anhemitonisch
— kis ∼ kleiner → Halbton
— nagy ∼ großer → Halbton
félhang- U Halbton-
félhangbillentyű U tasto del diesis
— osztott ∼k *pl org* doppelte Halbtöne →
   Halbton
felhangelhangolás U Obertonverstimmung
felhanggazdag U obertonhaltig
felhangképzés U Obertonbildung
félhangköz U; kis ∼ kleiner → Halbton
— nagy ∼ großer → Halbton
félhanglépés U Halbtonschritt
felhangolás U *pfte* Fertigstimmen
felhangolni *v* U heraufstimmen
— c-t ciszre ∼ *prescr, timp* C nach Cis umstimmen → Pauke
felhangos U hemitonisch
felhangregiszterek *pl* U *org* Füllstimme
felhangsor U Obertonreihe
— természetes ∼ Naturklang; Naturtonreihe
felhangszegény U grundtönig; obertonarm
felhangtartalom U Obertongehalt
félhangtávolság U Halbtonschritt
felhangzani *v* U erklingen
— egy hang felhangzik: ein Ton erklingt →
   erklingen
félhold U Schellenbaum
felhúrozni *v* U besaiten
felhúzni *v* U anziehen; aufziehen; *fiati* hinaufziehen
felindultan U *prescr* concitato
félkórus U Halbchor
félkotta U halbe → Note
Fell *n*, **Paukenfell** *n*, **Trommelfell** *n* D *perc*
   E (drum-)head, skin, vellum
   F peau *f*
   I pelle *f*, membrana *f*
   S cara *f*, parche *m*, piel *f*, membrana *f*
   U (dob)bőr
   R кожа *f*, перепонка *f*

fellépés U; első ~ début
fellépni *v* U; először ~ débuter
feloldani *v* U auflösen
feloldás U accord de résolution; Auflösung
feloldójel U Auflösungszeichen
felosztva U divisi
félperiódus U Halbsatz
felrakott U; szélesen ~ weitgriffig
félsáv U *magn* Doppelspur
felsőlap U *org* Oberplatte
felsőmű U *org* Brustwerk; Oberwerk
félszünet U halbe → Pause
felt E Filz
~ cone with resonance-holes *fag* Filzkegel mit Resonanzlöchern
~ stick *perc* Filzschlegel
felt *v* E *pfte* befilzen
féltompító U Halbdämpfer
feltrare *v* I *pfte* befilzen
féltrilla U mezzo → trillo
feltro *m* I Filz; *cemb* Polster; *pfte* Kasimir
~ del blocchetto appoggia-martelli *pfte* Hammerklotzpolster
~ del cavalletto *pfte* Hebegliedsattelfilz
~ del paramartello *pfte* Fangerfilz
— feltri *pl* dello smorzo *pfte* Dämpferbüschel
~ dello spingitore *pfte* Stoßzungenprallpolster
~ ferma pedale *pfte* Pedalfilz
~ per il dosso della tastiera *pfte* Rahmenpolster
~ superiore del martelletto *pfte* Hammeroberfilz
felújítani *v* U neuinszenieren
felújítás U Neuinszenierung
felület U; homlokzati ~ *org* Prospektfeld
felülvizsgálás U Revision
felülvizsgálni *v* U revidieren
felütés U Auftakt; *dir* Aufschlag; Auftakt; *perc* Vorschlag
felütéses U auftaktig
felvágás U *canna ancia, canna anima* Aufschnitt
— kerek ~ *canna* Kreisschnitt
felvágni *v* U *canna anima* aufschneiden
felváltva U abwechselnd
felvázolni *v* U entwerfen
felvenni *v* U aufnehmen; *gram* einspielen
felvétel U *gram, magn* Aufnahme
~t készíteni *v gram* einspielen
~t készíteni/csinálni *v gram, magn* Aufnahme machen
— élő/nyilvános ~ Mitschnitt
— élő ~t készíteni *v gram, magn* mitschneiden
— multiplex ~ multiple recording
felvevőfej U *magn* Aufnahmetonkopf
felvonás U Aufzug
— opera két [három, négy] ~ban: Oper in zwei [drei, vier] → Aufzügen
félzárlat U Halbkadenz; Halbschluß
female lead E *teat* premier → rôle féminin
fémbetét U *arco* Zwickelblech
fémcsörgő U Metallraspel
fémdemfer U *fam, fiati* Metalldämpfer

fémhúr U Metallsaite
feminine cadence E weibliche → Endung
fémkasztanyetta U castagnette di metallo → castagnetta
fémlap U; hangolt ~ok *pl* Metallblock
fémtömb U Metallblock
fémtompító U *fiati* Metalldämpfer
fémütő U *perc* Metallschlegel
fémverő U *perc* Metallschlegel
fender E *canna anima* Unterbart
fenék U *pfte* Resonanzboden
fenestra E *or* inneres → Fenster
fenestra ovalis U *or* inneres → Fenster
fenêtre *f* F Schallöffnung; *or* inneres → Fenster
~ à glissière pour l'accord *canna d. l.* drehbarer → Stimmschieber
fennkölt U erhaben
fennköltség U Erhabenheit
fenomeni *m pl* dei transienti I Ausgleichsvorgänge
fenómenos *m pl* transitorios S Ausgleichsvorgänge
Fenster *n* D; inneres ~ *or*
  E fenestra
  F fenêtre *f*
  I finestra *f* ovale
  S ventana *f* del oído
  U fenestra ovalis
  R окно *n* внутреннего уха
fény U Glanz
fényezővas U *org* Rundstahl
fényhang U Lichtton
fényszóró U Scheinwerfer
fer *m* F *org* Kernstein
~ à étendre *org* Streicheisen
~s *pl* d'abrégé *org* Zugärmchen
férfifőszerep U *teat* premier → rôle masculin
férfikar U Männerchor
férfiszoprán U sopranista
fermamente I *prescr* = fermo
fermare *v* I abbrechen
fermata *f*, corona *f* I
  D Fermate *f*
  E pause, A: fermata, hold
  F point *m* d'orgue, pause
  S fermata *f*, calderón *m*
  U korona, fermáta
  R фермата *f*
fermáta U fermata
Fermate *f* D fermata
fermer *v* F *canna* decken
fermo, fermamente I *prescr*
  D fermo, fermamente, fest
  E fermo, fermamente, "*firm(ly)*"
  F fermo, fermamente, "*ferme*", "*fermement*"
  S fermo, fermamente, firme, firmemente
  U fermo, fermamente, "*határozottan*", "*erélyesen*"
  R fermo, fermamente, «крепко», «твёрдо»
fermoir *m* de laye F *org* Riegel
Fernflöte *f* D *org*
  E fernflöte, flauto lontano

F flûte *f* d'écho
I flauto *m* lontano/in eco
S flauta *f* lejana, fernflöte *f*
U "Fernflöte"
R фepнфлёте *f*
fernflöte E *org* Fernflöte
fernflöte *f* S *org* Fernflöte
Fernsehoper *f* D
  E television opera
  F opéra *m* télévisé/pour télévision
  I opera *f* televisiva
  S ópera *f* de/en televisión/para la televisión/
    televisada
  U televíziós opera, tévéopera
  R телевизионная опера *f*
Fernwerk *n*, **Echowerk** *n* D *org*
  E echo organ
  F clavier *m* d'écho
  I organo *m* eco
  S teclado *m* de ecos, arca/caja *f* de eco
  U távmű, echómű
  R фернверк *m*, эховерк *m*
feroce I *prescr*
  D feroce, wild
  E feroce, "*wild*", "*ferocious*"
  F feroce, "*sauvage*", "*féroce*"
  S feroce, feroz
  U feroce, hevesen, vadul
  R feroce, «дико», «неистово»
feroz S *prescr* feroce
ferro *m* I; ferri *pl* a trapezio *org* Scheren
  ~ della bretella *pfte* Bändchendraht
  ~ della testa dello smorzo *pfte* Dämpferdraht
  ~ per paramartello *pfte* Fangerdraht
  ~ solleva-sbarra martelli *pfte* Hammerleisten-
    haken
ferrule E *arco* Froschring; *ottoni* Zwinge
ferrule *f* F *arco* Froschring; *ottoni* Zwinge
Fertigkeit *f* D
  E dexterity
  F dextérité *f*
  I abilità *f*, tecnica *f*
  S destreza *f*
  U technikai készség, ügyesség
  R техника *f*
Fertigstimmen *n* D *pfte*
  E final tuning
  F mise *f* au point, accord *m* final
  I mettere *m* a punto l'intonazione
  S ajuste *m* de la afinación, repaso *m*
  U végső hangolás, felhangolás
  R чистовая настройка *f*
ferveur *f* F Affekt
  — avec ~ *prescr* fervido
fervido I *prescr*
  D fervido, inbrünstig
  E fervido, "*fervently*"
  F fervido, avec ferveur
  S fervido, con fervor, férvido, ferviente
  U fervido, bensőségesen
  R fervido, пламенно, пылко
férvido S *prescr* fervido
ferviente S *prescr* fervido

fervor *m* S; con ~ *prescr* fervido
fervore *m* I; con ~ = fervido
fes *n* D *ton*
  E F flat
  F fa *m* bémol
  I fa *m* bemolle
  S fa *m* bemol
  U fesz
  R фа-бемоль *m*
feses *n* D *ton*
  E F double-flat
  F fa *m* double bémol
  I fa *m* doppio bemolle
  S fa *m* doble bemol
  U feszesz
  R фа-дубль-бемоль *m*
fessura *f* I *canna* Kernspalte; *fl. d.* Aufschnitt
fest D *prescr* fermo
festival *m* F; ~ de musique: Musikfestspiel
festival *m* I; ~ musicale: Musikfestspiel
festival *m* S; ~ musical/de música: Musikfest-
  spiel
festivo, festoso I
  D festivo, festoso, festlich, freudig
  E festivo, festoso, "*festive*"
  F festivo, festoso, joyeux
  S festivo, festoso
  U festivo, festoso, ünnepélyesen
  R festivo, festoso, празднично, весело
festivo S festivo; *prescr* gioioso
festlich D festivo
festői U malend
festoso I = festivo
  ~ ⟨*solenne*⟩ feierlich
Festschrift *f* D
  E commemorative publication, A: Fest-
    schrift
  F hommage *m*, mélanges *m pl*
  I scritti *m pl* in onore, omaggio *m*
  S homenaje *m*, mélanges *m pl*, miscelánea *f*
  U emlékkönyv
  R юбилейный сборник *m*, юбилейное из-
    дание *n*
fesz U *ton* fes
feszes U straff
feszesz U *ton* feses
feszíteni *v* U *tamb* schränken; *tamb, timp* spannen
feszítés U Spannung
feszített U; csavarokkal ~ *tamb* mit Schrauben
  geschränkt -» schränken
  — lazán ~ tiefgespannt
  — zsinórral ~ *tamb* mit Trommelleine ge-
    schränkt → schränken
feszítőcsavar U *arco* Spannungsschraube
feszítőkeret U *perc* Spannreifen
feszítőráma U *tamb* Unterreifen
fesztivál U; zenei ~ Musikfestspiel
feszültség U Spannung
  — harmóniai ~ Klanganspannung
feu *m* F; avec ~ *prescr* focoso
  ~x *pl* de la rampe: Rampenlicht
Feuer *m* D; mit ~ con → fuoco

— voll ~ *prescr* brioso
feuille *f* **d'album** F Albumblatt
feurig D con → fuoco; *prescr* acceso; focoso
feutre *m* F Filz
~ de l'échappement *pfte* Stoßzungenprallpolster
~ de la pédale *pfte* Pedalfilz
~ du grand levier *pfte* Hebegliedsattelfilz
f-hole E *archi* F-loch
~ notch *archi* F-Lochquerkerbe; *vl* Querstrich
fiancata *f* I *pn* Seite
fianchetto *m* I *pfte* Mechanikanhänger
fianco *m* I *pn* Seite
fiato *m* I Atem
— fiati *pl* Bläser
— a ~ Blas-
— prender *v* ~ Luft holen
fiato *m* S Atem
fiber E = fibre
Fiberdämpfer *m* D *fiati*
   E fibre/fiber mute
   F sourdine *f* en fibre
   I sordina *f* di fibra
   S sordina *f* de fibra
   U fiber hangfogó, fiberdemfer
   R фибровая сурдина *f*
fiberdemfer U *fiati* Fiberdämpfer
fibre mute E *fiati* Fiberdämpfer
fiddle E Fiedel
fiddle *v* E *fam* fiedeln
Fidel *f* D = Fiedel
fidèle F intervallgetreu
~ à l'original: werkgetreu
fidelidad *f* **al original** S Werktreue
fidélité *f* **à l'original** F Werktreue
fidelity to the original E Werktreue
fideln *v* D *fam* = fiedeln
fídula *f* S Fiedel
fidula U Fiedel
Fi(e)del *f* D
   E fiddle, vielle
   F vièle *f*, vielle *f*, violon *m* rustique
   I viella *f*
   S violín *m* rústico, fídula *f*
   U fidula
   R фидель *f*, деревенская скрипка *f*
fi(e)deln *v* D *fam*
   E to fiddle
   F racler *v* du violon
   I suonare *v* il violino alla maniera popolare
   S rascar
   U (el)cincogni
   R пиликать
fiel S; ~ al original: werkgetreu
~ (en relación con los intervalos): intervallgetreu
field E; ~ drum: Paradetrommel
~ trumpeter: Feldtrompeter
fieltro *m* S Filz
~ del apagador *pfte* Dämpferbüschel
~ del balancín *pfte* Hebegliedsattelfilz
~ del escape *pfte* Fangerfilz; Stoßzungenprallpolster

~ del pedal *pfte* Pedalfilz
~ para el descanso de la parte posterior de la
   tecla *pfte* Rahmenpolster
fier F *prescr* fiero
fieramente I *prescr* = fiero
fierce(ly) E *prescr* fiero
fièrement F *prescr* fiero
fiero, fieramente I *prescr*
   D fiero, fieramente, stolz
   E fiero, fieramente, "*proud(ly)*", "*fierce-
   (ly)*"
   F fiero, fieramente, fier, fièrement
   S fiero, fieramente, orgulloso, orgullosamente
   U fiero, fieramente, "*büszkén*"
   R fiero, fieramente, гордо
fife E Pfeife; Querpfeife; Trommelflöte
fifer E Pfeifer
Fifre *m* D; ~ 4' *arm* fifre 4'
fifre *m* F Pfeifer; Querpfeife; Trommelflöte
~ **4'** *arm*
   D Fifre *m* 4'
   E principal treble
   I fifre *m*
   S fifre *m* 4', pífano *m*
   U fifre 4'
   R фиффара *f* 4'
fifre *m* I *arm* fifre 4'
fifteenth E *org* doublette
fifth E Quinte
~ above: Oberquinte
~ below: Unterquinte
~ relationship: Quintverwandschaft
figle *m* S Ophikleide
Figur *f* D
   E figure
   F figure *f*
   I figura *f*
   S figura *f*
   U figura, alakzat
   R фигура *f*
~ ⟨*rhetorisch-musikalisch*⟩
   E figura, figure of speech
   F figure *f*
   I figura *f*
   S figura *f*
   U motívum, figura
   R (музыкально-риторическая) фигура *f*
figura E Figur
figura *f* I Figur
~ d'accompagnamento: Begleitungsfigur
— figure *pl* di Chladni: Klangfigur
~ ritmica *perc* Vorschlag
— figure *pl* sonore: Klangfigur
figura *f* S Figur
~ de acompañamiento: Begleitungsfigur
~s *pl* sonoras/nodales/de Chladni: Klangfigur
figura U Figur
~ ⟨*verbunkos*⟩
   D (*rascher Trio- oder Kodateil des Verbunkos*)
   E (*fast trio or coda section of the verbunkos*)
   F (*trio rapide ou coda du verbunkos*)

I (trio o coda, velocissimo, nel verbunkos)
S (trio rápido o parte codal del verbunkos)
R (быстрое трио или кода в музыке стиля вербункош)
figuráció U Figuration
figuración f S Figuration
figurado S figuriert; verziert
figural E figuriert
~ music: Figuralmusik
Figuralmusik f D
   E figural music
   F musique f figurée
   I musica f figurata
   S música f figurada
   U figurális zene
   R музыка f, записанная в мензуральной нотации
figurálni U figurieren
figurált U figuriert
Figurant m D bl figurant
figurant m, **figurante** f F Komparse, Komparsin; Statist, Statistin
~ bl
   D Figurant m, Figurantin f
   E ballet dancer
   I ballerino m/ballerina f di corpo ballo, tramagnino m
   S figurante m, figuranta f
   U kartáncos(nő), kórista(lány)
   R статист m/статистка f (балета)
figuranta f S bl figurante
figurante f F → figurant
figurante m+f I Komparse
figurante m+f S Statist; bl figurant
Figurantin f D bl figurante
figurar v S figurieren
figurare v I figurieren
figurate E figuriert
Figuration f, **Figurierung** f D
   E figuration
   F figuration f
   I figurazione f
   S figuración f
   U figuráció
   R фигурация f
figuration E Figuration; bc Bezifferung
figuration f F Figuration
figurato I figuriert; verziert
figurazione f I Figuration
figure E Figur; bc Ziffer
~ dance: Figurentanz
~ of accompaniment: Begleitungsfigur
~ of speech: Figur
figure v E figurieren; bc beziffern
figure f F Figur; Gestalt
~ d'accompagnement: Begleitungsfigur
~ des notes: Notenform
~ nodale: Klangfigur
figuré F figuriert; verziert
figured bass E bezifferter → Baß
~ period: Generalbaßzeitalter
Figurenlehre f D ⟨rhetorisch-musikalisch⟩
   E study of figures

F étude f des figures musicales
I studio m delle figure retorico-musicali
S estudio m de las figuras musicales
U (zenei motívumok retorikai elemzése)
R учение n о музыкально-риторических фигурах
Figurentanz m D
   E figure dance
   F danse f à figures
   I danza f figurata
   S danza f figurada
   U figurális tánc
   R танец m с фигурами
figurer v F figurieren
figurieren v D
   E to figure, to embellish
   F figurer, orner
   I figurare
   S figurar, adornar
   U figurálni, díszíteni
   R фигурировать, орнаментировать
figuriert D
   E figurate, figural
   F figuré
   I figurato
   S figurado
   U figurált
   R фигурированный
Figurierung f D = Figuration
figuring E bc Bezifferung
fil m F Garn
~ de tirage org Abstraktendraht
~ guipé: Umspinndraht
fila f I; ~ di canne org Chor
— a ... file fis -chörig
— a due file fis zweichörig
— a tre file fis dreichörig
— a una ~ fis einchörig
filage m F corda Umspinnung
filar v S canto scemar di → voce
filarmonico I philharmonisch
filarmónico S philharmonisch
filc U Filz
filcalátét U pfte Filzscheibe
filcezni v U pfte befilzen
filcszordínó rezonancialyukakkal U fag Filzkegel mit Resonanzlöchern
filé F corda besponnen; umsponnen
~ double corda doppelt → umsponnen
~ simple corda einfach → umsponnen
filer v F corda umspinnen
~ un son canto scemar di → voce
filet m F arco Bewicklung
~ d'ornement vl Einlage
filete f S; ~ de adorno vl Einlage
filetto m I vl Einlage
filharmóniai U philharmonisch
filharmonikus U philharmonisch
filigrana f I S Wasserzeichen
filigrane m F Wasserzeichen
filling-in part E Füllstimme
film E; ~ music: Filmmusik

film *m* F; ∼ parlant/sonore: Tonfilm
film *m* I S; ∼ sonoro: Tonfilm
Filmmusik *f* D
    E film music
    F musique *f* de film
    I musica *f* per film
    S música *f* de film/película
    U filmzene
    R киномузыка *f*
filmzene U Filmmusik
filo *m* I Garn
∼ armonico: Klavierdraht
∼ da rivestimento: Umspinndraht
— file *pl* del ripieno *org* Aliquotstimmen
∼ sostegno smorzatoio *pfte* Dämpferdraht
∼ tirante del tasto *org* Abstraktendraht
filo S *fl. d.* Schneidekante
filtre *m* F; ∼ de grognement *gram* Rumpelfilter
∼ des aigus: Oktavfilter
filtro *m* I; ∼ antifruscio/antironzio *gram* Rumpelfilter
∼ d'ottava: Oktavfilter
filtro *m* S; ∼ de agudos: Oktavfilter
∼ de ruido/ronquidos *gram* Rumpelfilter
fílung U; alsó ∼ *pn* Unterrahmen
— felső ∼ *pn* Oberrahmen
Filz *m* D
    E felt
    F feutre *m*
    I feltro *m*
    S fieltro *m*
    U filc
    R фильц *m*
Filzkegel *m* **mit Resonanzlöchern** D *fag*
    E felt cone with resonance-holes
    F cône *m* de feutre avec trous pour la résonance
    I cono *m* di feltro con buchi per la risonanza
    S cono *m* de fieltro con agujeros para la resonancia
    U filcszordínó (rezonancialyukakkal)
    R конусообразная сурдина *f* из фильца с резонаторными отверстиями
Filzscheibe *f* D *pfte*
    E balance rail bearing
    F rondelle *f* de feutre du balancier
    I rondella/rosetta *f* di feltro, cuscino *m* della sbarra del bilancino
    S roseta *f*/redondel *m*/arandela *f* de fieltro
    U filcalátét, nemezalátét, ringfilc
    R флейка *f*, фильцшайба *f*
Filzschlegel *m* D *perc*
    E felt stick
    F baguette *f* (avec extrémité) en feutre
    I bacchetta *f* di feltro
    S baqueta *f* de fieltro
    U nemezütő, nemezverő
    R колотушка *f* с набалдашником из фильца
fin F dünn

fin *f* F fine
— à la ∼ al → fine
fin *m* S Finale; fine
— al ∼ al → fine
final E Finalis
∼ cadence: geschlossene → Kadenz: Schlußkadenz
∼ key: Schlußtonart; Zieltonart
∼ movement: Schlußsatz
∼ rehearsal: Generalprobe
∼ tuning *pfte* Fertigstimmen
final *m* S finale; Schluß; Schlußsatz
Finale *n* D finale
finale *m* I
    D Finale *n*
    E finale
    F finale *m*
    S final *m*, fin *m*
    U finálé
    R финал *m*
finale *f* I Finalis
finálé U finale
Finalis *f* D
    E final
    F note *f* finale
    I finale *f*, nota *f* finale
    S nota *f* final
    U záróhang, finális
    R финалис *m*
finális U Finalis
Finalsatz *m* D = Schlußsatz
fine E; ∼ tuner *pfte* Reinstimmer
fine *f* I
    D Schluß *m*, Ende *n*
    E end
    F fin *f*
    S fin *m*
    U vég
    R конец *m*
— **al** ∼
    D al fine, bis zum Ende
    E al fine, *"to the end"*
    F al fine, à la fin
    S al fine, al fin, de vuelta al fin, vuelta hasta el fin
    U al fine, a végéig, végig
    R al fine, до конца
finestra *f* I *canna* Stimmausschnitt
∼ d'intonazione *canna* Stimmschlitz
∼ ovale *or* inneres Fenster
Finger *m* D
    E finger, digit
    F doigt *m*
    I dito *m*
    S dedo *m*
    U ujj
    R палец *m*
finger E Finger
∼ action *pfte* Fingertechnik
∼ button *fiati* Druckplättchen; *ottoni* Fingerknopf
∼ drill: Fingerübungen
∼ exercises *pl* Fingerübungen

$\sim$ key *ottoni* Fingertaste
$\sim$ notation: Griffnotation; Tabulatur
finger *v* E Fingersatz machen
fingerboard E *corda* Griffbrett
— on/at the $\sim$ *prescr, corda* am → Griffbrett
finger-button E *fiati* Druckplättchen; *ottoni* Fingerknopf
finger-cymbals *pl* E Fingercymbeln
Fingercymbeln *f pl* D
  E finger-cymbals *pl*, crotales *pl*
  F cymbales *f pl* digitales, crotales *f pl*
  I cimbalini *m pl*
  S cimbalillos *m pl* digitales
  U *(ujjakon tartott réztányérocskák)*
  R напальчиковые тарелки *f pl*
Fingerfertigkeit *f* D
  E dexterity, velocity
  F souplesse *f*, agilité *f*, vélocité
  I agilità *f* delle dita
  S agilidad *f*, soltura *f*
  U ujjtechnika, kézügyesség
  R пальцевое мастерство *n*
finger-hole E *legni* Fingerloch; Griffloch
$\sim$ plate *legni* Fingerlochdeckel
finger-hook E *ottoni* Fingerstütze
fingering E Fingersatz
$\sim$ chart *legni* Grifftabelle
Fingerknopf *m* D *ottoni* ⟨*Ventil*⟩
  E finger-button
  F bouton-piston *m*
  I bottone *m*, tasto *m*
  S pistón *m*, botón *m*
  U nyomógomb
  R кнопка *f*, клапан *m*
Fingerloch *n* D *legni*
  E finger-hole
  F trou *m*
  I buco *m*, foro *m*
  S agujero *m*, orificio *m*
  U (hang)lyuk
  R отверстие *n*
— **verdeckte Fingerlöcher** *pl legni*
  E covered finger-holes *pl*
  F trous *m pl* bouchés
  I fori/buchi *m pl* coperti
  S orificios *m pl* obturados/tapados
  U takart/fedett lyukak *pl*
  R закрытые боковые отверстия *n pl*
Fingerlochdeckel *m* D *legni*
  E finger-hole plate
  F plateau *m*
  I coperchio *m* dei fori
  S pala *f* de las llaves
  U (hang)lyukfedő
  R чашечка *f*
fingerplate E *fiati* Druckplättchen
Fingersatz *m*, **Applikatur** *f* D
  E fingering
  F doigté *m*
  I diteggiatura *f*
  S digitación *f*, digitado *m*, adedura *f*
  U ujjrend
  R аппликатура *f*, пальцы *m pl*

$\sim$ **machen** *v*, **mit** $\sim$ **versehen** *v*
  E to finger
  F doigter
  I diteggiare
  S digitar
  U ujjrendet készíteni *v*, ujjrenddel ellátni *v*
  R расставлять *v* аппликатуру/пальцы
Fingersetzung *f* D *obs* = Fingersatz
Fingerstütze *f* D *ottoni*
  E finger-hook
  F appui/crochet *m* pour le doigt
  I appoggio/gancio *m* per il dito
  S gancho *m* para el dedo
  U ujjtartó
  R опора *f* для пальца, кронштейн *m*
Fingertaste *f* D *ottoni*
  E digital, (finger) key
  F touche *f* manuelle
  I tasto *m*
  S manivela *f*
  U billentyű
  R клапан *m*
Fingertechnik *f* D *pfte*
  E finger action
  F technique *f* des doigts
  I tecnica *f* di dita
  S digitación *f*, técnica *f* de la digitación
  U (ujj)technika
  R пальцевая техника *f*
finger-tip E *fiati* Druckplättchen; *trb* Ventilknopf
Fingerübungen *f pl* D
  E finger exercises/drill
  F exercises *m pl* pour les doigts, technique *f*
  I esercizi *m pl* di dita
  S ejercicios *m pl* de digitación/para los dedos
  U ujjgyakorlat
  R пальцевые упражнения *n pl*
Fingerwechsel *m* D
  E change of finger
  F substitution *f* de doigt
  I sostituzione *f* di dita
  S cambio *m*/sustitución *f* de dedo
  U ujjváltás
  R смена *f* пальцев
finoman U *prescr* dolce
finombeállító U *vl* Feinstimmer
finomhangoló U *vl* Feinstimmer
$\sim$ . . .-ra *trb* Schnellwechsel auf . . .
fiorire *v* I verzieren
fiorito I verziert
fioritura U *orn* Blumen
fiorituras *f pl* S *orn* Blumen
fioriture *pl* E *orn* Blumen
fioritures *f pl* F *canto* gorgia; *orn* Blumen
firm speech E *str* sichere → Ansprache
firme(mente) S *prescr* fermo
first E; $\sim$ appearance: début
$\sim$ desk: Erstes → Pult
$\sim$ edition: Erstausgabe
$\sim$ inversion of the seventh chord: accord de quinte et sixte

~ night: première
~ performance: première; Uraufführung
~ phrase: Vordersatz
~ printing: Erstdruck
~ violin: Primgeige; Primgeiger
fis *n* D *ton*
  E F sharp
  F fa *m* dièse
  I fa *m* diesis
  S fa *m* sostenido
  U fisz
  R фа-диез *m*
fisarmonica *f* I Akkordeon; Handharmonika; Physharmonika; Ziehharmonika; *pop* Quetsche
~ a bottoni: Knopfgriff-Akkordeon
fisarmónica *f* S Physharmonika
fischiare *v* I auszischen; pfeifen
fischietto *m* I Pfeife; Signalpfeife
~ di Galton: Galton whistle
fiscorno *m* S Bügelhorn; Flügelhorn
~ bajo: Baßflügelhorn
~ tenor/barítono: Tenorhorn
fisiologia *f* **del suono** I Tonphysiologie
fisiología *f* **de la audición** S Tonphysiologie
fisis *n* D *ton*
  E F double-sharp
  F fa *m* double dièse
  I fa *m* doppio diesis
  S fa *m* doble sostenido
  U fiszisz
  R фа-дубль-диез *m*
fissa-anima *m* I *org* Kernsetzer
fissa-lingua *m* I *org* Kernsetzer
Fistelstimme *f* D falsetto
fisz U *ton* fis
fiszisz U *ton* fisis
fita R →фита
fitter-up E *costr, pfte* Aufschläger
fittings *pl* E *corda* Garnitur
fiú U; karénekes ~ Chorknabe
fiúkar U Knabenchor
fiúkórus U Knabenchor
Five E ; "The ~" «Могучая кучка»
five-eight time E Fünfachteltakt
five-four time E Fünfvierteltakt
five-note scale E Fünftonleiter
five-part texture E Fünfstimmigkeit
five-tone scale E Fünftonleiter
five-voice texture E Fünfstimmigkeit
fix U *vl* Feinstimmer
fixed-pitch instrument E Eintoninstrument
fizetni *v* U; fellépti díjat/honoráriumot ~ honorieren
F-kulcs U F-Schlüssel
flach D *str*
  E flat ⟨*with flat back and table*⟩, flat-bodied
  F plat
  I piatto ⟨*con fondo/corpo piatto*⟩
  S chato
  U lapos ⟨*lapos testű*⟩
  R плоский

Flachflöte *f* D *org*
  E flachflöte
  F "Flachflöte" ⟨*jeu de 8', 4', 2' ou 1' de forme conique, avec la bouche haute, de sonorité plate*⟩
  I flauto *m* conico/piatto
  S "Flachflöte", flauta *f* cónica
  U "Flachflöte"
  R флахфлёте *f*
flachflöte E *org* Flachflöte
Flachmandoline *f* D
  E flat-back mandolin(e)
  F mandoline *f* à fond plat, mandoline *f* à dos plat
  I mandolino *m* (a fondo) piatto
  S mandolina *f* de fondo plano/chato
  U lapos hátú mandolin
  R плоская мандолина *n*
flag E Notenfahne
flagellánsénekek *pl* U Geißlerlieder
flagellant songs *pl* E Geißlerlieder
Flageol *n* D flajol
flageol *m* F = flajol
flageolet *m* F
  D Flageolett *n*
  E flageolet, flauto piccolo
  I flagioletto *m*, piffero *m*
  S flageolet *m*, flauta *f* dulce/de pico
  U "flageolet", szopraninó-blockflöte
  R флажолет *m*
~ *archi* Flageolett-Töne
~ *org*
  D Flageolett *n*
  E flageolet
  I flagioletto *m*
  S flageolet *m*
  U "Flageolett"
  R флажолет *m*
~ 4' *arm*
  D Flageolett *n* 4'
  E principal treble
  I flagioletto *m*
  S flageolet *m*
  U Flageolett 4'
  R флажолет *m* 4'
flageolet *m* S flageolet; *arm* flageolet 4'
Flageolett *n* D flageolet
~ 4' *arm* flageolet 4'
flageolett *m* S flajol
Flageolett-Töne *m pl* D *archi*
  E harmonic, harmonics *pl*
  F flageolet *m*
  I suoni *m pl* flautati
  S sonidos *m pl* del flautín
  U üveghang
  R флажолеты *m pl*
— künstliche ~ *archi*
  E artificial harmonics *pl*
  F sons *m pl* harmoniques artificiels
  I suoni *m pl* armonici artificiali
  S armónicos *m pl* artificiales
  U mesterséges üveghang
  R искусственные флажолеты *m pl*

— **natürliche** ~ *archi*
E natural harmonics *pl*
F sons *m pl* harmoniques naturels
I suoni *m pl* armonici naturali
S armónicos *m pl* naturales
U természetes üveghang
R натуральные флажолеты *m pl*
Flageolettzeichen *n* D *archi*
E harmonic sign
F signes *m pl* indiquant les harmoniques
I segno *m* per i suoni flautati
S signos *m pl* que indican la producción de armónicos
U üveghangjel(zés)
R обозначение *n* флажолета
flagioletto *m* I flageolet; flajol; *arm* flageolet 4'
Flagol *n* D flajol
Flajol *n* D flajol
flajol *m*, **flageol** *m* F
D Flag(e)ol *n*, "Flajol" *n*
E *(French flageolet)*
I flagioletto *m*
S flageolett *m*
U "flajol" ⟨*régi fuvola*⟩
R флажолет *m*
flam E *perc*
D einfacher Vorschlag *m*
F "flam" *m*
I colpo *m* preceduto da acciaccatura
S "flam" *m*
U egyszeres előke
R простой форшлаг *m*
Flamenco *m* D cante flamenco
flamenco E cante flamenco
~ dancer: bailador
flamenco *m* F cante flamenco
flamenco U cante flamenco
flamencótáncos U bailador
Flamenco-Tänzer *m* D bailador
Flammenorgel *f* D
E pyrophone
F pyrophone *m*
I pirofono *m*
S pyrophone *m*, pirófono *m*
U lángorgona, pyrofon
R пирофон *m*
flancs *m pl* F *camp* Flanke
Flanke *f* D *camp*
E waist
F flancs *m pl*
I *(punto d'unione fra le parti superiore e inferiore)*
S panza *f*
U *(harangtest középső része)*
R ребро *n* колокола
flat E: B; Erniedrigungszeichen; Kulisse; tief; zu → tief; *org* Prospektfeld; *str* flach; *teat* Schiebewand
~ key: B-Tonart
~ sign: Erniedrigungszeichen
flat *v* E erniedrigen
flat-back mandolin(e) E Flachmandoline
flat-bodied E *str* flach

Flatsche *f* D = Mirliton
Flatté *m* D *orn* flatté
flatté *m* F *orn*
D Flatté *m*
E mordent
I *(abbellimento)*
S floreo *m*
U flatté
R *(тип мордента)*
flatten *v* E erniedrigen
flattening E; ~ (of a note) *ton* Erniedrigung
flatterie *f* F; avec ~ *prescr* lusingando
Flatterzunge *f* D *fiati*
E flutter-tonguing
F articulation *f* double, trémolo *m*
I frullato *m*
S frullato *m*, triple articulación *f*, hecha *f* con la lengua
U "Flatterzunge", pergő nyelv
R frullato
flatting of a tone A *ton* Erniedrigung
flauta *f* S Flöte; große → Flöte
~ alemana *obs* = flauta traversa
~ armónica: *org* Harmonieflöte
~ baja: Altflöte; *org* Flötbaß
~ campestre *org* Bauernflöte
~ clara *org* Hellflöte
~ con escotadura: Kerbflöte; schnabellose → Flöte
~ cónica: Trichterflöte; *org* Flachflöte
~ contralto: Altflöte
~ de bambú: Bambusflöte
~ de campana: Trichterflöte
~ de chimenea *org* Rohrflöte
~ de concierto *org* flauto da concerto
~ de émbolo: Stempelflöte
~ de hueso: Knochenflöte
~ de orquesta *org* flauto da concerto
~ de Pan: Panflöte
~ de pico: Blockflöte; flageolet; Schnabelflöte; *org* Blockflöte; Spitzflöte
~ de pico baja: Baßblockflöte
~ de pico contralto: Altblockflöte
~ de pico sopranino: Sopraninoblockflöte
~ de pico soprano: Sopranblockflöte
~ de pico tenor: Tenorblockflöte
~ de pistón: Stempelflöte
~ de punta *org* Spindelflöte; Spitzflöte
~ de 8' *arm* flûte 8'
~ doble: Doppelflöte
~ dulce: Blockflöte; flageolet; *org* Dulzflöte; Soavial; Zartflöte
~ en bisel *org* Spindelflöte
~ en sol: Altflöte
~ globular: Gefäßflöte
~ hueca: Holunderflöte; *org* Hohlflöte
~ lejana *org* Fernflöte
~ nasal: Nasenflöte
~ normal: große → Flöte
~ pánica *org* Panflöte
~ pastoral: Hirtenpfeife
~ piramidal *org* Spindelflöte
~ recta: Blockflöte; Längsflöte; *org* Blockflöte

~ rústica *org* Bauernflöte; Feldflöte
~ silvestre *org* Waldflöte
~ suave *org* Dulzflöte
~ suiza *org* Schweizerflöte; Schweizerpfeife
~ tercera/tercerola: Terzflöte
~ travesera: Querflöte; *org* flûte traversière
~ vienesa *org* Wienerflöte
— doble ~ Doppelflöte
— tocar *v* la ~ Flöte spielen
— tomar *v* la ~ *prescr* große → Flöte vorbereiten
flauta-bastón *f* S Stockflöte
flautado S *ton* flötenartig
flautado *m* S *org* Flötenstimme
~ cónico *org* Trichterprinzipal
flautado-gamba *f* S *org* Geigenprinzipal
flautando E *prescr, archi* flautato
flautato I *ton* flötenartig
~ *prescr, archi*
 D flautato, auf dem Griffbrett
 E flautato, flautando
 F sur la touche
 I sulla tastiera
 S sobre el batidor
 U flautato
 R flautato, наподобие флейты
flautilla *f* S Mirliton
flautín *m* S Pikkoloflöte; Pikkolospieler; *org* piffaro
~ 1' *org* piccolo
Flautino *n* D *org* flautino
flautino E *org* flautino
flautino *m* I *org*
 D Flautino *n*
 E flautino
 F flautino *m*
 S flautino *m*
 U flautino
 R флаутино *n*
~ militare 2' *org* Feldflöte
flautist E Flötist
flautista *m+f* I S Flötist
flauto E *org* Flöte
~ dolce *org* Zartflöte
~ lontano *org* Fernflöte
~ piccolo: flageolet
~ traverso *org* flûte traversière
flauto *m* I Flöte; große → Flöte; *org* Flöte; Schwegel
~ a bastone: Stockflöte
~ a becco: Blockflöte; Schnabelflöte
~ a becco basso: Baßblockflöte
~ a becco contralto: Altblockflöte
~ a becco sopranino: Sopraninoblockflöte
~ a becco soprano: Sopranblockflöte
~ a becco tenore: Tenorblockflöte
~ a camino *org* Rohrflöte
~ a cuspide *org* Spindelflöte; Spitzflöte
~ a tacca: Kerbflöte
~ a tiro: Stempelflöte
~ aperto *org* Hohlflöte; Offenflöte
~ armonico *org* Harmonieflöte
~ basso: Flötbaß

~ cavo: Holunderflöte
~ chiaro *org* Hellflöte
~ conico: Trichterflöte; *org* Flachflöte; Spindelflöte; Spitzflöte
~ contralto: Altflöte
~ d'osso: Knochenflöte
~ **da concerto** *org*
 D Konzertflöte *f*
 E orchestral flute
 F flûte *f* de concert, grosse flûte *f*
 S flauta *f* de concierto/orquesta
 U koncertfuvola
 R концертфлёте *n*
~ da jazz: Stempelflöte
~ di bambù: Bambusflöte
~ di Pan: Panflöte
~ diritto: Blockflöte; Längsflöte; Schnabelflöte
~ diritto a boccoletta: schnabellose → Flöte
~ dolce: Blockflöte; *org* Blockflöte; Dulzflöte; Soavial; Zartflöte
~ dolce basso: Baßblockflöte
~ dolce contralto: Altblockflöte
~ dolce sopranino: Sopraninoblockflöte
~ dolce soprano: Sopranblockflöte
~ dolce tenore: Tenorblockflöte
~ doppio: Doppelflöte
~ fusato *org* Spindelflöte
~ globulare: Gefäßflöte
~ in eco *org* Fernflöte
~ lontano *org* Fernflöte
~ nasale: Nasenflöte
~ pastorale: Hirtenpfeife
~ piatto *org* Flachflöte
~ piccolo: Pikkoloflöte
~ piccolo in la bemolle: Trommelflöte
~ rustico *org* Bauernflöte; Feldflöte
~ silvano *org* Waldflöte
~ svizzero *org* Schweizerflöte; Schweizerpfeife
~ tedesco: Holunderflöte
~ terzino: Terzflöte
~ traverso: Querflöte; *org* flûte traversière
~ verticale: Längsflöte
~ viennese *org* Wienerflöte
~ 8' *arm* flûte 8'
— prendere *v* il ~ *prescr* große → Flöte vorbereiten
— suonare *v* il ~ Flöte spielen
flauto U *org* Flöte
flébil S *prescr* flebile
flebile I *prescr*
 D flebile, klagend, kläglich
 E flebile, "*mournful*", "*plaintive*"
 F flebile, plaintif, triste
 S flebile, flébil, lloroso
 U flebile, panaszosan
 R flebile, жалобно
Fleischseite *f* D ⟨*Pergament, Schlagfell*⟩
 E flesh side
 F partie *f* intérieure (de la peau)
 I parte *f* interna (della pelle)
 S faz *f* interna (de la piel)

U húsoldal
R мездровая сторона *f* кожи
flejtščik R → флейтщик
flesh E; ~ hoop *tamb* Unterreifen
~ side: Fleischseite
Flexaton *n* D
    E flexatone
    F flexaton *m*
    I flexaton *m*
    S flexaton *m*
    U flexaton
    R флексатон *m*
flexaton *m* F I S Flexaton
flexaton U Flexaton
flexatone E Flexaton
Flickoper *f* D pasticcio
flicorno *m* F Bügelhorn
flicorno *m* I Bügelhorn; Flügelhorn; saxhorn
~ basso: Baßflügelhorn; Euphonium; *fiati* Baryton
~ contrabbasso: sousaphone
~ contralto: Althorn; Altkornett
~ tenore: Tenorhorn
flicorno *m* S Bügelhorn
Fliegenfußneume *f* D = Metzer → Neume
Fliegenfußnotation *f* D
    E Messine notation
    F notation *f* de Metz/Lorraine
    I notazione *f* metense/messina/di Metz
    S notación *f* de Metz
    U légylábírás, légylábneuma-kottaírás
    R *(вид невменной нотации)*
flies *pl* E *teat* soffitto
fließend D *prescr* scorrevole
fliscorno *m* S Flügelhorn
floating frame E *org* Rahmen
F-Loch *n* D *archi*
    E f-hole, sound hole
    F ouïe *f*, F *m*, S *m*
    I effe *f*
    S efe *f*, oído *m*, agujero *m* armónico, ese *f*
    U f-lyuk
    R эф *m*, (звуковое) резонаторное отверстие *n*
F-Lochklappe *f* D *archi*
    E wing of the f-hole
    F extrémité *f* de l'ouïe
    I cerchietto *m* terminale, paletta *f* della effe
    S extremidad *f* de la efe
    U *(f-lyuk kiszélesedő vége)*
    R выемка *f* эфа
F-Lochquerkerbe *f* D *archi*
    E f-hole notch
    F découpe *f* de l'ouïe
    I intaccatura *f*, taglio *m*/tacca *f* della effe
    S corte *m* de la efe
    U f-lyuk keresztvágása
    R зарубки *f pl* эфов
Flödel *m* D *vl* = Einlage
florear *v* S kolorieren; *canto* gorgheggiare
floreo *m* S flatté
~s *pl canto* gorgia; *orn* Blumen

~ vocales *orn* Singmanieren
— hacer *v* ~ kolorieren
florid E verziert
~ counterpoint: blühender → Kontrapunkt
florido I S verziert
florituras *f pl* S *canto* gorgia
flóta U; erdei ~ *org* Waldflöte
flótamű U *org* Flötenwerk
Flötbaß *m* D *org*
    E bass flute
    F flûte *f* basse
    I flauto *m* basso
    S bajo *m* de flauta, flauta *f* baja
    U "Flötbaß"
    R флётбас *m*
Flöte *f* D
    E flute
    F flûte *f*
    I flauto *m*
    S flauta *f*
    U fuvola
    R флейта *f*
~ *org*
    E flauto, flute
    F flûte *f*
    I flauto *m*
    S flauta *f*
    U fuvola, flauto
    R флёте *f*
~ spielen *v*
    E to play (the) flute
    F jouer *v* de la flûte
    I suonare *v* il flauto
    S tocar *v* la flauta
    U fuvolán játszani *v*, fuvolázni
    R играть *v* на флейте
— große ~
    E flute
    F (grande) flûte *f*
    I flauto *m*
    S flauta *f* (normal)
    U nagyfuvola
    R большая флейта *f*
— große ~ vorbereiten *prescr*
    E to take flute
    F prendre *v* la flûte
    I prendere *v* il flauto
    S tomar *v* la flauta
    U nagyfuvolát előkészíteni *v*
    R подготовить *v* большую флейту
— kleine ~ = Pikkoloflöte
— schnabellose ~
    E rim-blown flute
    F flûte *f* sans biseau/bec
    I flauto *m* diritto a boccoletta
    S flauta *f* con escotadura
    U csőr nélküli fuvola
    R флейта *f* без наконечника
flötenartig D *ton*
    E fluty
    F flûté
    I flautato
    S flautado

U fuvolaszerű
R флейтовый
Flötenschwebung *f* D *org* = Unda maris
Flötenstimme *f* D *org*
  E flute (stop)
  F jeu *m* de flûte
  I registro *m* di flauto
  S flautado *m*
  U fuvolajátékok *pl*
  R флейтовый регистр *m*
Flötenuhr *f*, **Flötenwerk** *n*, **Laufwerk** *n* D
  E musical clock
  F pendule *f* à jeu de flûtes, carillon *m*,
    pendule *f* à carillon
  I organetto *m* automatico, cariglione *m*
  S reloj *m* de flautas/carillón/música
  U *(flótaműves mechanizmus)*
  R куранты/часы *pl* с музыкальным ме-
    ханизмом
Flötenwerk *n* D = Flötenuhr
~ *org*
  E flute-work, flute stops *pl*
  F jeux *m pl* de flûtes
  I registro *m* di flauti
  S conjunto *m* de registros flautados
  U flótamű
  R *(в больших органах группа флейтовых
    регистров)*
Flötist *m*, **Flötistin** *f* D
  E flautist, A: flutist
  F flûtiste *m+f*
  I flautista *m+f*
  S flautista *m+f*
  U fuvolás, fuvolajátékos
  R флейтист *m*, флейтистка *f*
flott D mosso
flourish E fanfare; Tusch
flowing movement E fließende → Bewegung
Flucht *f* D *camp* = Klöppelflucht
fluctuación *f* S; ~ armónica: harmonisches →
  Gefälle
~ del movimiento: Temposchwankungen
— fluctuaciones *pl* en el tiempo: Tempo-
  schwankungen
fluctuation *f* F; ~ s *pl* de tempo/du mouvement:
  Temposchwankungen
~ harmonique: harmonisches → Gefälle
fluctuations *pl* E; ~ in tempo/of time:
  Temposchwankungen
flue E *canna* Kernspalte
~ pipe *canna* Lippenpfeife
~ pipes *pl canna* Labialwerk
~ stop *org* Labialregister
flue-pipe E *canna* Lippenpfeife
~ s *pl canna* Labialwerk
Flügel *m* D
  E grand (piano)
  F piano *m* à queue
  I pianoforte *m* a coda
  S piano *m* de cola
  U (hangverseny)zongora
  R рояль *m*
~ *canna* = Bart

~, **Flügelröhre** *f*, **Oberstück** *n fag*
  E wing, tenor joint
  F petit corps *m*, petite branche/pièce
  I tubo *m* piccolo, aletta *f*
  S pieza *f*/cuerpo *m*/parte *f* superior, cuerpo
    m de la mano izquierda
  U felső rész
  R малое колено *n*
— am ~ ⟨*in Programmen*⟩
  E accompanied by . . . , A: assisting pian-
    ist . . . , . . . at the piano
  F au piano . . . , accompagné par . . .
  I al pianoforte . . . , collaborazione pia-
    nistica di . . . , accompagnato da . . .
  S al piano . . . , acompañado por . . .
  U zongorán kísér . . . , a zongoránál . . .
  R у рояля ⟨*в программе*⟩
Flügeldeckel *m* D
  E lid, (grand) top
  F couvercle *m*
  I coperchio *m* superiore
  S tapa *f* (del piano de cola)
  U zongoratető
  R крышка *f* рояля
Flügelgehäuse *n* D
  E grand piano case
  F caisse *f* du piano à queue
  I cassa *f* del pianoforte a coda
  S caja *f* del piano de cola
  U zongoraszekrény
  R корпус *m* рояля
Flügelharfe *f* D = Spitzharfe
Flügelhorn *n* D
  E flugelhorn
  F bugle *m* à pistons, grand bugle *m*
  I flicorno *m*
  S Flügelhorn *m*, f(l)iscorno *m*
  U szárnykürt
  R флюгельгорн *m*
flugelhorn E Bügelhorn; Flügelhorn
Flügelmechanik *f* D
  E grand piano action
  F mécanique *f* du piano à queue
  I meccanica *f* del pianoforte a coda
  S mecanismo *m* del piano de cola
  U zongoramechanika
  R рояльная механика *f*, механизм *m*
    рояля
Flügelröhre *f* D *fag* = Flügel
Flügelwand *f* D *pfte* = Zarge
fluide F *prescr* scorrevole
fluktuáció U; harmóniai ~ harmonisches →
  Gefälle
flüssig D *prescr* scorrevole
flüsternd D *prescr*, *arpa* bisbigliando
flute E Flöte; große → Flöte
~ (stop) *org* Flötenstimme
~ stops *pl org* Flötenwerk
— E♭ ~ Terzflöte
— play *v* (the) ~ Flöte spielen
— take *v* ~ *prescr* große → Flöte vorbereiten
flûte *f* F Flöte; große → Flöte; Tibia

~ à bec: Blockflöte; Schnabelflöte
~ à bec alto: Altblockflöte
~ à bec basse: Baßblockflöte
~ à bec sopranino: Sopranblockflöte; Sopraninoblockflöte
~ à bec ténor: Tenorblockflöte
~ à cheminée *org* Rohrflöte
~ à coulisse: Stempelflöte
~ à fuseau *org* Spindelflöte; Spitzflöte
~ à pavillon: Trichterflöte
~ allemande *obs* = flûte traversière
~ alto: Altflöte
~ basse: Altflöte; *org* Flötbaß
~ champêtre *org* Bauernflöte
~ claire *org* Hellflöte
~ creuse: Holunderflöte; *org* Hohlflöte
~ d'écho *org* Fernflöte
~ de bambou: Bambusflöte
~ de concert *org* flauto da concerto
~ de Pan: Panflöte
~ double: Doppelflöte
~ douce: Blockflöte; *org* Dulzflöte; Zartflöte
~ douce alto: Altblockflöte
~ douce ténor: Tenorblockflöte
~ droite: Blockflöte; Längsflöte; Schnabelflöte
~ en mi: Terzflöte
~ en os: Knochenflöte
~ globulaire: Gefäßflöte
~ grave en sol: Altflöte
~ harmonique *org* Harmonieflöte
~ lotine: Stempelflöte
~ nasale: Nasenflöte
~ ouverte *org* Hellflöte; Offenflöte
~ piccolo: Pikkoloflöte
~ pyramidale *org* Spindelflöte
~ rustique 2' *org* Feldflöte
~ sans biseau/bec: schnabellose → Flöte
~ suave *org* Soavial
~ suisse *org* Schweizerflöte; Schweizerpfeife
~ taillée: Kerbflöte
~ tierce: Terzflöte
~ traversière: Querflöte
~ **traversière** *org*
    D Traversflöte *f*
    E flauto traverso, traversflöte
    I flauto *m* traverso
    S flauta *f* travesera
    U harántfuvola, "Traversflöte"
    R флют *f* траверсир, траверсфлёте *f*
~ viennoise *org* Wienerflöte
~ **8' arm**
    D flute 8'
    E diapason treble
    I flauto *m* 8'
    S flauta *f* de 8'
    U fuvola 8'
    R регистр *m* 8'
— grande ~ große → Flöte
— grosse ~ *org* flauto da concerto
— jouer *v* de la ~ Flöte spielen
— petite ~ Pikkoloflöte
— prendre *v* la ~ *prescr* große → Flöte vorbereiten

flûté F *ton* flötenartig
flute-work E *org* Flötenwerk
flutist E Flötist
flûtiste *m+f* F Flötist
flutter-tonguing E *fiati* Flatterzunge
fluttuazioni *pl* **di tempo** I Temposchwankungen
fluty E *ton* flötenartig
fly E *pfte* Stoßzunge
~ **gallery** *teat* Arbeitsgalerie
~ **spring** *pfte* Stoßzungenfeder
fly-finisher E *costr, pfte* Anschläger
fly-foot neume E Metzer → Neume
fly off *v* E umschlagen; *org* überschlagen
f-lyuk U *archi* F-Loch
~ **bevágása** *vl* Querstrich
~ **keresztvágása** *archi* F-Lochquerkerbe
f-Moll *n* D
    E F minor
    F fa *m* mineur
    I fa *m* minore
    S fa *m* menor
    U f-moll
    R фа *n* минор
f-moll U f-Moll
F-Oboe *f* D *obs* = Englischhorn
focoso I *prescr*
    D focoso, feurig
    E focoso, *"fiery"*
    F focoso, avec fougue, avec feu
    S focoso, fogoso, con fuego
    U focoso, tüzesen, hevesen
    R focoso, пылко, горячо, с огнём
főcsatorna U *org* Hauptwindkanal
foderato I *vl* gefüttert
fodero *m* I *str* Überzug
födött U = fedett
főfújtató U *org* Hauptbalg
főfúvó U *org* Arbeitsbalg
fog E; ~ **horn**: Nebelhorn
fog U Zahn
fogás U *legni* Griff
— művészi ~ Kunstgriff
fogásírás U Griffnotation
fogástáblázat U *legni* Grifftabelle
foglio *m* **d'album** I Albumblatt
fogni *v* U *corda* greifen
— decimát ~ *tasto* eine Dezime → greifen
fogólap U *corda* Griffbrett
— a ~nál/~on *prescr, corda* am → Griffbrett
fogoso S *prescr* focoso
főhang U Hauptnote
főhangnem U Haupttonart
főhangsúly U Hauptakzent
főhármashangzat U Hauptdreiklang
főiskola U; zeneművészeti ~ Musikhochschule
fojtani *v* U mettere la → sordina; *cor* stopfen
fojtott U *cor* gestopft
fojtva U *fiati, archi, perc* gedämpft
fok U Stufe
fokjelzés U Stufenbezeichnung
fokozás U Steigerung; *canto* Verstärkung
fokozni *v* U steigern
fokozódni *v* U ansteigen

fokozódva U ansteigend
-fokú U -tönig
fold E *org* Falte
földicitera U Erdzither
földszint U *teat* Parkett
fölétenni *v* U *pfte* übersetzen
Folge *f* D ⟨*Progression*⟩
   E sequence, progression
   F séquence *f*, progression *f*
   I seguito *m*, continuazione *f*
   S secuencia *f*, progresión *f*, serie *f*
   U szekvencia
   R последовательность *f*
Folia *f* D *bl* folía
folia *f* F *bl* folía
folía *f* S *bl*
   D Folia *f*
   E folie, follia
   F folie *f*, folia *f*
   I follia *f*
   U fólia
   R фолия *f*
fólia U *bl* folía
foliar *v* S foliieren
foliate *v* E foliieren
folie E *bl* folía
folie *f* F *bl* folía
foliieren *v* D
   E to foliate
   F folioter
   I numerare *v* i fogli di un libro
   S foliar
   U meglapszámozni
   R нумеровать *v* листы
folioter *v* F foliieren
folk E Volks-
  ∼ ballad: népballada
  ∼ instruments *pl* Volksinstrumente
folk-dance E Volkstanz
folk-like song E volkstümliches → Lied
folklórico S Volks-
folklorique F Volks-
folk-music E Volksmusik
folk-singer E Volkssänger
folk-song E Volkslied
folk-tune E Volksweise
follia E *bl* folía
follia *f* I *bl* folía
foltozott U *vl* gefüttert
folyamat U; berezgési ∼ Einschwingungsvorgang
  — kicsengési/lecsengési ∼ Abklingvorgang
  — kirezgési ∼ Ausschwingungsvorgang
folyamatosan U *prescr* senza → interruzione
folyóirat U; zenei ∼ Musikzeitschrift
folytatva U *prescr* attacca
főmű U *org* Hauptwerk
fon U Phon
fonal U Garn
fonás U *arco* Bewicklung; *corda* Umspinnung
fonazione *f* I Lauterzeugung
fonction *f* F Funktion
fonctionalité *f* F Funktionalität

fonctionnel F Funktions-
fond *m* F *corda* Boden
  ∼s *pl org* Füllstimme; Grundstimme
  ∼ en deux pièces *corda* geteilter → Boden
  ∼ en une seule pièce *corda* ganzer → Boden
  — au ∼ de la scène *teat* im → Hintergrund
fondale *m* **circolare** I *teat* Rundhorizont
fondamental F grundtönig
fondamentale *f* F Grundton
  ∼s *pl ottoni* Pedaltöne
fondamentale *f* I Grundton
  ∼ di un intervallo: Intervallgrundton
fondere *v* I *canna* gießen; *str* mischen
  ∼ le campane: Glocken gießen
fonderia *f* **di campane** I Glockengießerei
fonderie *f* **de cloches** F Glockengießerei
fondeur *m* **de cloches** F Glockengießer
fonditore *m* **di campane** I Glockengießer
fondo *m* I *corda* Boden; *pn* Sockelleiste
  ∼ in due pezzi *corda* geteilter → Boden
  ∼ in un pezzo *corda* ganzer → Boden
  — a ∼ convesso *corda* bauchig
  — in ∼ alla scena *teat* im → Hintergrund
fondo *m* S *corda* Boden; *org* Füllstimme
  ∼s *pl org* Grundstimme
  ∼ de una sola pieza *corda* ganzer → Boden
  ∼ formado por dos pedazos *corda* geteilter → Boden
fondole *m* I *teat* Prospekt
fondre *v* F *canna* gießen; *str* mischen
  ∼ des cloches: Glocken gießen
fondu *m* F Abklingvorgang
fonni *v* U *corda* umspinnen
fonógrafo *m* S Schallplattenspieler
fonómetro *m* S Geräuschmesser
font U *corda* umspinnen
  — egyszer ∼ *corda* einfach → umsponnen
  — kétszeresen ∼ *corda* doppelt → umsponnen
fonte *f* F; ∼ de la cloche: Glockenguß
fonte *f* I Quelle
  ∼ sonora: Schallquelle
foot E *org* Fuß; *timp* Ständer
  ∼ joint *fl. d.* Fußstück
  ∼ of the pipe *canna ancia* Pfeifenfuß
  — 8 ∼ *org* Chormaß
  — 16 ∼ *org* Unterchormaß
foot-beater E *tamb* Fußschlegel
foothole E *canna* Fußloch
footlights *pl* E Rampenlicht
főpróba U Generalprobe; *teat* Hauptprobe
forage *m* F Bohrung
forca *f* I; ∼ della leva di sotto *pfte* Hebegliedkapsel
force E; ∼ bearing *pfte* Stegdruck
  ∼ of tone: Tonstärke
force *v* E forcer
  ∼ the tone *ottoni* stark → anblasen
forcer *v* F
   D forcieren
   E to force, to push (the sound)
   I forzare, rinforzare
   S forzar

U erőltetni, forszírozni
R форсировать ⟨звук⟩
forchetta *f* I *arpa* Gabel; *legni* Gabelgriff
forcieren *v* D forcer
forcola *f* I; ~ del braccio dello smorzo *pfte*
Stecherkapsel
~ del cavalletto *pfte* Hebegliedkapsel
~ del martello *pfte* Hammerkapsel
~ della noce *pfte* Nußkapsel
~ dello smorzo *pfte* Dämpferkapsel
~ dello spingitore *pfte* Stoßzungenkapsel
~ supporto asta della ripetizione *pfte* Scherenkapsel
forderfront U *fam, pfte* Stuhlrahmenleiste
fordítás U Umkehrung
fordíts U *prescr* volti
fordulat U Wendung
~ ... felé: Wendung nach
foreign notes/tones *pl* E harmoniefremde →
Töne
forestage E *teat* Vorbühne
forgatókönyv U Drehbuch
forgósablon U *camp* Drehbrett
forgószínpad U Drehbühne
forgóventil U *ottoni* Drehventil
fork E *arpa* Gabel
~ fingering *legni* Gabelgriff
~ screw *pfte* Gabelschraube
forked set-off stay E *pfte* Gabelschraube
fork-mechanism E *arpa* Drehscheibenmecha-
nismus
Forlana *f* D *bl* forlana
forlana *f* I *bl*
D Forlana *f*, Friauler *m*
E forlana, furlana
F forlane *f*
S forlana *f*, furlana *f*
U forlana
R форлана *f*
forlane *f* F *bl* forlana
Form *f* D
E form, design, shape
F forme *f*
I forma *f*
S forma *f*
U forma
R форма *f*
~, Vorderteil *m arco*
E face
F face *f*
I base *f* della testa
S cara *f*
U forma
R передняя часть *f* головки
— **dreiteilige** ~
E ternary form, song form
F forme *f* ternaire
I forma *f* ternaria
S forma *f* ternaria
U háromrészes forma
R трёхчастная форма *f*
— **zweiteilige** ~
E binary form

F forme *f* binaire
I forma *f* binaria
S forma *f* binaria
U kétrészes forma
R двухчастная форма *f*
form E Aufbau; Form
~s *pl* of hoods and mitres/miters *canna* Kropfformen
forma *f* I Form; Gestalt; Glockenmodell
— forme *pl* a pipe *canna* Kropfformen
~ binaria: zweiteilige → Form
~ canzone: Liedform
~ con riprese/ritornelli: Wiederholungsform
— forme *pl* del padiglione: Schallbecherformen
~ della vibrazione: Schwingungsform
~ delle campane: Glockenform
— forme *pl* delle canne *canna* Pfeifenformen
~ delle note: Notenform
— forme *pl* delle sommità *canna* Deckungsformen
— forme *pl* di canne pipate *canna* Kropfformen
~ di rondò: Rondoform
~ seriale: Reihenform
~ sonata: Sonatenform
~ ternaria: dreiteilige → Form
— a ~ aperta: durchkomponiert
— a ~ di imbuto: trichterförmig
— a ~ di pera: birnenförmig
— trattare *v* in ~ di fuga: fugieren
forma *f* S Form; Gestalt
~ binaria: zweiteilige → Form
~ con repeticiones: Wiederholungsform
~s *pl* de campana/pabellón: Schallbecherformen
~s *pl* de calotas/chimeneas |*canna* Deckungs-
formen
~s *pl* de codos *canna* Kropfformen
~ de las notas: Notenform
~s *pl* de los tubos *canna* Pfeifenformen
~s *pl* de marcar el compás *dir* Schlagfigur
~ de marcar el compás a un tiempo/a uno *dir*
ganztaktige → Schlagfigur
~s *pl* de marcar el compás subdividiéndolo
dir unterteilte → Schlagfiguren
~s *pl* de tapadillos *canna* Deckungsformen
~s *pl* de tubos acodados *canna* Kropfformen
~ de vibración: Schwingungsform
~ "Lied": Liedform
~ musical: musikalische → Formenlehre
~ rondó: Rondoform
~ serial: Reihenform
~ sonata: Sonatenform
~ ternaria: dreiteilige → Form
— en ~ de embudo: trichterförmig
— en ~ de pera: birnenförmig
forma U Form; Gestalt; *arco* Form
— háromrészes ~ dreiteilige → Form
— ismétléses ~ Wiederholungsform
— kétrészes ~ zweiteilige → Form
— kotta formája: Notenform
formación *f* S Aufbau
~ de los armónicos: Obertonbildung

∼ de melodías: Melodiebildung
∼ de períodos asimétricos: unsymmetrischer →
   Periodenbau
∼ de períodos simétricos: symmetrischer →
   Periodenbau
∼ de vocales: Vokalbildung
∼ del período: Periodenbau
formal E; ∼ design: formale → Anlage
∼ structure: formale → Anlage
formálás U Gestaltung
formáns U Formant
formánsrégió U Formantregion
Formant *m* D
   E formant
   F formant *m*
   I formante *f*
   S formant *m*
   U formáns
   R форманта *f*
formant E Formant
∼ region: Formantregion
formant *m* F S Formant
formante *f* I Formant
Formantregion *f* D
   E formant region
   F région *f* du formant
   I regione *f* del formante
   S región *f* formante
   U formánsrégió
   R область *f* формант
forma-sonata *f* I Sonatenform
Format *n* D
   E format
   F format *m*
   I formato *m*
   S formato *m*
   U formátum
   R формат *m*, размер *m*
format E Format
format *m* F Format
formatan U; zenei ∼ musikalische → Formenlehre
formation E; ∼ of melodies: Melodiebildung
formation *f* F Aufbau
∼ de l'oreille: Gehörbildung
∼ de mélodies: Melodiebildung
∼ des harmoniques: Obertonbildung
∼ des périodes: Periodenbau
∼ des périodes asymétriques: unsymmetrischer → Periodenbau
∼ des périodes symétriques: symmetrischer →
   Periodenbau
∼ des voyelles: Vokalbildung
formato *m* I S Format
formátum U Format
formazione *f* I Aufbau
∼ dei suoni armonici: Obertonbildung
∼ della voce: Stimmbildung
∼ delle vocali: Vokalbildung
forme *f* F Form; Gestalt
∼ à reprise/ritournelle: Wiederholungsform
∼ binaire: zweiteilige → Form
∼s *pl* de coudes *canna* Kropfformen

∼ de note: Notenform
∼s *pl* de pavillons: Schallbecherformen
∼ de vibration: Schwingungsform
∼s *pl* des résonateurs *canna* Deckungsformen
∼s *pl* des tuyaux *canna* Pfeifenformen
∼ directe de la série *dod* Grundgestalt
∼ "Lied": Liedform
∼ originelle de la série *dod* Grundgestalt
∼ rondo: Rondoform
∼ sérielle: Reihenform
∼ sonate: Sonatenform
∼ ternaire: dreiteilige → Form
— de ∼ conique *canna* kegelförmig
— de ∼ conique renversée *canna* kegelförmig
   nach unten zugespitzt
— de ∼ non strophique: durchkomponiert
— de ∼ ouverte: durchkomponiert
— de ∼ pyramidale *canna* pyramidenförmig
— de ∼ pyramidale inversée *canna* umgekehrt
   → pyramidenförmig
— de ∼ sphérique *canna ancia* kugelförmig
— en ∼ d'entonnoir: trichterförmig
— en ∼ de poire: birnenförmig
Formel *f* D
   E formula
   F formule *f*
   I formula *f*
   S fórmula *f*
   U formula
   R формула *f*
— Taylorsche ∼
   E Taylor's formula
   F formule *f* de Taylor
   I formula *f* di Taylor
   S fórmula *f* de Taylor
   U Taylor-formula
   R формула *f* Тэйлора
Formenlehre *f* D; musikalische ∼
   E study of musical forms
   F morphologie *f* musicale, étude *f* des for-
   mes musicales
   I studio *m* delle forme musicali
   S forma *f* musical, estudio *m* de las formas
   musicales
   U zenei formatan
   R учение *n* о музыкальной форме
formula E Formel
formula *f* I Formel
∼ cadenzale: Kadenzformel; Kadenzwendung
∼ d'accompagnamento: Begleitungsfigur
∼ di Taylor: Taylorsche → Formel
fórmula *f* S Formel
∼ cadencial: Kadenzformel; Kadenzwendung
∼ de acompañamiento: Begleitungsfigur
∼ de Taylor: Taylorsche → Formel
∼ del afinador: grundlegende → Oktave
formula U Formel
— zárlati ∼ Kadenzformel; Kadenzwendung
formule *f* F Formel
∼ cadentielle: Kadenzformel; Kadenzwendung
∼ d'accompagnement: Begleitungsfigur
∼ de Taylor: Taylorsche → Formel

foro *m* I Bohrung; *legni* Fingerloch; Griffloch;
ottoni Kesselbohrung
~ cilindrico: zylindrische → Bohrung
~ conico: konische → Bohrung
— fori *pl* coperti *legni* verdeckte Fingerlöcher
→ Fingerloch
~ del piede *canna* Fußloch
~ del pollice *legni* Daumenloch
~ della chiave *legni* Klappenloch
~ di entrata dell'aria *canna* Fußloch
~ di risonanza: Schalloch
— fori *pl* per le caviglie *pfte* Wirbellöcher (der
Platte)
~ per ottavizzare/quinteggiare *legni* Überblasloch
~ posteriore *ottoni* Stengelbohrung
foro *m* S *teat* Bühnenhintergrund
— en el ~ *teat* im → Hintergrund
forrás U Quelle
forszírozni *v* U forcer
fort F *prescr* forte
— assez ~ *prescr* mezzoforte
— très ~ *prescr* fortissimo
forte *m* F *fis* Diskantkombinationsregister;
Generalregister
forte I *prescr*
D forte, laut, kräftig
E forte, *"loud"*, *"strong"*
F forte, fort, à haute voix
S forte, fuerte
U forte, hangosan, erőteljesen
R forte, форте, громко
forte *m* S Diskantkombinationsregister
Fortepedal *n* D *pfte*
E damper/sustaining/loud pedal
F pédale *f* forte/de résonance
I pedale *m* di risonanza/del forte
S pedal *m* fuerte/de resonancia
U fortepedál
R правая педаль *f*
fortepedál U *pfte* Fortepedal
Fortezug *m* D *obs*, *pfte* = Fortepedal
fortísimo S *prescr* fortissimo
fortissimo I *prescr*
D fortissimo, sehr laut
E fortissimo, *"very loud"*
F fortissimo, très fort
S fortissimo, fortísimo, fuertísimo
U fortissimo, nagyon/igen erősen/hango-
san
R fortissimo, фортиссимо, очень гром-
ко
fortschreiten *v* D
E to progress
F procéder *v* par progressions
I procedere *v* in progressione
S progresar
U haladni
R следовать, идти
Fortschreitung *f* D
E progression
F progression *f*, marche *f* d'harmonie
I progressione *f*

S progresión *f*
U menet
R последование *n*, последовательность *f*
— melodische ~
E melodic progression
F progression *f* mélodique
I progressione *f* melodica
S progresión *f* melódica
U dallammenet
R мелодическая последовательность *f*
Fortspinnung *f* D
E continuation
F développement *m*
I elaborazione *f*, sviluppo *m*
S desarrollo *m*
U fejlesztés
R развёртывание *n*, развитие *n*
Fortspinnungstechnik *f* D
E technique of continuation
F technique *f* du développement
I tecnica *f* dello sviluppo
S técnica *f* del desarrollo
U fejlesztéses technika
R техника *f* (мелодического) развёртыва-
ния
forza *f* I Tonstärke
forzando I *prescr* = sforzando
forzar *v* S forcer
forzare *v* I forcer
forzato I *prescr* = sforzando
foso *m* S *teat* Versenkung
~ de la orquesta *teat* Orchesterraum
fossa *f* dell'orchestra I *teat* Orchesterraum
fosse *f* d'orchestre F *teat* Orchesterraum
főszerep U *teat* rôle principal
~et játszani *v teat* interpréter le → rôle principal
— a ~ben ... *teat* dans le → rôle principal
— női ~ *teat* premier → rôle féminin
főszereplő U; férfi ~ Hauptdarsteller
— női ~ Hauptdarstellerin
főszólam U Hauptstimme
— a ~ot kísérve *prescr* colla → parte
főtéma U Hauptthema
fouet *m* F Peitsche; Pritsche; Rute
fougue *f* F; avec ~ *prescr* focoso
foundation stop E *org* Grundstimme
four E; for ~ hands: vierhändig
four-bar period E viertaktige → Periode
fourche *f* F; ~ de fixation *pfte* Gabelschraube
~ de l'échappement *pfte* Stoßzungenkapsel
~ de l'étouffoir *pfte* Dämpferkapsel
~ de la noix du marteau *pfte* Nußkapsel
~ du bras de l'étouffoir *pfte* Stecherkapsel
~ du grand levier *pfte* Hebegliedkapsel
~ du marteau *pfte* Hammerkapsel
~ supportant le levier de la répétition *pfte*
Scherenkapsel
fourchette *f* F *arpa* Gabel; Kämme
four-eight E; ~ time/meter Vierachteltakt
four-four E; ~ time/meter: Vierertakt; Viervierteltakt

four-hand(ed) E vierhändig
four-line octave E viergestrichene → Oktave
fourniture *f* F *org* Großmixtur
four-part E vierstimmig
～ texture: Vierstimmigkeit
four-sided E *canna* vierkantig
fourth E Quarte
～ chord: accord par quartes
four-three chord E accord de sixte sensible
four-times E; ～ accented octave: vierge-strichene → Oktave
four-track tape E *magn* Vierspurband
four-two E; ～ chord: accord de seconde
～ time: Vierhalbetakt
four-voice texture E Vierstimmigkeit
fox *m* I *bl* fox-trot
～ lento *bl* slow fox-trot
fox *m* S; ～ lento *bl* slow fox-trot
fox-trot E *bl*
    D Foxtrott *m*
    F fox-trot *m*
    I fox-trott *m*, fox *m*
    S fox-trot *m*, foxtrot *m*
    U foxtrott
    R фокстрот *m*
fox-trot *m* F S *bl* fox-trot
foxtrot *m* S *bl* fox-trot
Foxtrott *m* D *bl* fox-trot
fox-trott *m* I *bl* fox-trot
foxtrott U *bl* fox-trot
Foyer *n* D *teat* foyer
foyer *m* F *teat*
    D Foyer *n*
    E lobby, foyer
    I ridotto *m*
    S foyer *m*, salón *m* de descanso
    U előcsarnok
    R фойе *n*
～ de l'orchestre *teat* Orchesterzimmer
～ des artistes *teat* Künstlerzimmer
főzeneigazgató U Generalmusikdirektor
F-Posaune *f* D = Baßposaune
fra I; ～ → poco
fraccionar *v* S zergliedern
fragmentación *f* S Zergliederung
～ melódica: melodische → Zergliederung
fragmentar *v* S zergliedern
fragmentation *f* F Zergliederung
～ mélodique: melodische → Zergliederung
fragmenter *v* F zergliedern
fraichement F *prescr* fresco
frame E *org* Rahmen
～ drum: Rahmentrommel
～ harp: Rahmenharfe
～ rattle: Gitterrassel
frammento *m* **d'imitazione** I Imitationsab-schnitt
franciakürt U *org* French horn
frappe *f* F *tasto* Anschlag
frappé F abtaktig
frapper *v* F *corda, tasto* anschlagen
～ extérieurement: Glocke schlagen
～ la mesure *dir* ausschlagen

frase *f* I Phrase; Satz
— prima ～ Vordersatz
frase *f* S Phrase; Satz
frasear *v* S phrasieren
fraseggiare *v* I phrasieren
fraseggio *m* I Phrasierung
fraseo *m* S Phrasierung
Frauenchor *m* D
    E women's/ladies choir, women's chorus
    F chœur *m* de femmes, chorale *f* de femmes
    I coro *m* femminile
    S coro *m* femenino
    U női kar
    R женский хор *m*
Frauenstimme *f* D → Kinder- und Frauen-stimme
frazírozás U Phrasierung
frazírozni *v* U phrasieren
frázis U Phrase
frázisátfedés U Phrasenverschränkung
frázisív U Phrasierungsbogen
frázisjel U Phrasierungszeichen
frázisösszekapcsol(ód)ás U Phrasenverschrän-kung
frecuencia *f* S Frequenz
～ auditiva: Tonfrequenz
～ de oscilación: Schwebungsfrequenz
～ de resonancia: Eigenton
～ de vibraciones: Schwingungszahl
～ resonante: Eigenton
～ standard: Eichfrequenz
fredonner *v* F brummen; trällern
free E frei
～ canon: freier → Kanon
～ combination *org* freie → Kombination
～ from distortion: klirrfrei
～ imitation: freie → Imitation
～ of beats: schwebungsfrei
～ of echo: echofrei
～ reed *arm* Durchschlagzunge
～ style: freier → Satz
— in ～ style: mit freiem → Vortrag
freedom E *canto* licenza
freely vibrating reed E durchschwingendes → Rohrblatt
frei D
    E free
    F libre, délié, léger
    I libero
    S libre
    U szabad, kötetlen
    R свободный
～ *prescr* libero; sciolto
Freikarte *f* D
    E complimentary ticket
    F billet *m* de faveur, invitation *f*
    I biglietto *m* in omaggio
    S pase/billete *m*/entrada *f* de favor, invi-tación *f*
    U szabadjegy, tiszteletjegy
    R пропуск *m*
Freiluftmusik *f* D
    E open-air/alfresco music

F musique *f* de plein air
I musica *f* all'aperto
S música *f* al aire libre
U szabadtéri zene
R музыка *f* на открытом всздухе

frein *m* F *canna d. l.* Vorschlag
~ harmonique *canna* Rollbart; Streichbart; *org* Klangzügel
~ harmonique avec oreilles latérales *canna* Streichbart mit Seitenbart
~ harmonique sans oreille latérale *canna* Streichbart ohne Seitenbart
~ placé au-dessus de la lèvre inférieure *canna anima* Querbart

frein harmonique E *org* Klangzügel

Freisaiten *f pl* D *lt*
E unstopped bass courses *pl*
F bourdons *m pl*
I corde *f pl* vibranti a vuoto, bordoni *m pl*
S bordones *m pl* al aire
U *(nem a fogólap fölött futó mély lanthúrok)*
R свободные струны *f pl*

freistimmig D
E *(freely contrapuntal, not strictly adhering to a given number of parts)*
F *(avec un nombre de voix non déterminé)*
I *(per un numero di voci non determinato)*
S *(de un número no fijado de voces)*
U szabad szólamszámú
R со свободным количеством голосов

frekvencia U Frequenz
— hitelesítő ~ Eichfrequenz
— lebegési ~ Schwebungsfrequenz
— viszonyítási ~ Bezugsfrequenz

frekvenciaanalizátor U Frequenzanalysator; Schallanalysator

frekvenciamenet U Frequenzgang

frekvenciatartomány U Frequenzumfang

French E; ~ feeder *org* Parallelbalg
~ G-clef: französischer → Violinschlüssel
~ **horn** *org*
D Frenchhorn *n*
F cor *m*
I corno *m* francese
S corno *m*, trompa *f*
U (francia)kürt
R френчгорн *m*
~ leaf *canna* Rundlabium
~ pitch: Pariser → Stimmung
~ shallot *canna ancia* französische → Kehle
~ **sixth chord** E ⟨*on flat submediant*⟩
D *(Dominantseptakkord zur Dominante, mit tiefalterierter Quint als Baßton)*
F *(accord de septième sur la sus-tonique avec quinte altérée — baissée — à la basse et tierce majeure)*
I sesta *f* francese ⟨*terza maggiore, quarta eccedente, sesta eccedente*⟩
S *(acorde de séptima sobre la supertónica con quinta alterada descendente como base, y tercera mayor)*
U *(váltódominàns szeptim(akkord) lefelé módosított quinttel a basszusban)*

R *(терцквартаккорд двойной доминанты с пониженной квинтой, увеличенный терцквартаккорд)*
~ **sixth chord** ⟨*on flat supertonic*⟩
D *(Dominantseptakkord mit tiefalterierter Quint als Baßton)*
F *(accord ae septième de dominante avec quinte altérée — baissée — à la basse)*
I sesta *f* francese ⟨*settima di dominante con la quinta abbassata al basso; terza maggiore, quarta eccedente, sesta eccedente*⟩
S *(acorde de séptima de dominante con quinta alterada — descendente — en el bajo)*
U *(domimánsszeptimakkord lefelé alterált kvinttel a basszusban)*
R *(доминантовый терцквартаккорд с пониженной квинтой)*
~ **violin clef:** französischer → Violinschlüssel

Frenchhorn *n* D *org* French horn

frenetico I
D frenetico, rasend
E frenetico, "*madly*"
F frenetico, frénétique
S frenetico, frenético
U frenetico, "*féktelenül*"
R frenetico, неистово

frenético S frenetico

frénétique F frenetico

freno *m* I; ~ a lastra *canna* Rollbart
~ armonico *canna* Rollbart; *org* Klangzügel
~ armonico con baffi laterali *canna* Streichbart mit Seitenbart
~ armonico senza baffi laterali *canna* Streichbart ohne Seitenbart

freno *m* S *canna* Kastenbart
~ armónico *canna* Rollbart; Streichbart; *org* Klangzügel
~ armónico con barba lateral *canna* Streichbart mit Seitenbart
~ armónico sin barba lateral *canna* Streichbart ohne Seitenbart
~ colocado bajo el labio inferior *canna anima* Querbart

fréquence *f* F Frequenz
~ acoustique: Tonfrequenz
~ de résonance: Eigenton
~ de vibrations: Schwingungszahl
~ des battements: Schwebungsfrequenz
~ standard: Eichfrequenz

frequency E Frequenz
~ of vibrations: Schwingungszahl
~ range: Frequenzumfang
~ response: Frequenzgang

frequentatore *m* di concerti I Konzertbesucher

Frequenz *f* D
E frequency
F fréquence *f*
I frequenza *f*
S frecuencia *f*
U frekvencia
R частота *f*

frequenza *f* I Frequenz; Schwingungszahl
~ d'oscillazione: Schwebungsfrequenz
~ di riferimento: Bezugsfrequenz
~ standard: Eichfrequenz
~ udibile: Tonfrequenz
— bassa ~ Tonfrequenz
Frequenzanalysator *m* D
  E harmonic analyser, A: harmonic ana-
    lyzer
  F analyseur *m* de fréquence
  I analizzatore *m* di frequenza
  S analizador *m* de frecuencia
  U frekvenciaanalizátor
  R анализатор *m* частот
Frequenzgang *m* D ⟨*Mikrophon*⟩
  E frequency response
  F caractéristique *f* de fréquence
  I caratteristica *f* di frequenza
  S característica *f* de frecuencia
  U frekvenciamenet
  R частотная характеристика *f*
Frequenzumfang *m* D
  E frequency range
  F étendue *f* de fréquence
  I campo *m* di frequenza
  S extensión *f* de frecuencia
  U frekvenciatartomány
  R диапазон *m* частот
fresco, frescamente I *prescr*
  D fresco, frescamente, frisch
  E fresco, frescamente, "*fresh(ly)*"
  F fresco, frescamente, fraichement
  S fresco, frescamente, "*con frescura*"
  U fresco, frescamente, frissen
  R fresco, frescamente, свежо
fret E *corda* Bund
fretboard E *corda* Griffbrett
fretta *f* I; con ~ = affrettato
frette *f* F *corda* Bund
— garni de ~s *corda* mit Bünden versehen
  → Bund
fretted E gebunden; *corda* mit Bünden versehen → Bund
~ clavichord: gebundenes → Clavichord
~ string: Melodiesaite
freudig D festivo
Friauler *m* D *bl* forlana
Fricassée *f* D fricassée
fricassée *f* F ⟨16. *sec*⟩
  D "Fricassée" *f*
  E quodlibet
  I quodlibet *m*
  S ensalada *f*
  U fricassée
  R (*французская разновидность кводли-
    бета*)
fricción *f* S Reibung
— de ~ Reibe-
friction E Reibung; Reibe-
~ board: Reibbrett
~ drum: Reibtrommel
~ idiophones/instruments *pl* Friktionsinstrumente

~ wheel: Streichrad
friction *f* F Reibung
— de ~ Reibe-
friedlich D *prescr* pacato; placido
frig U phrygisch
frigio I S pnrygisch
Friktionsinstrumente *n pl* D
  E friction instruments *pl*, A: friction idio-
    phones *pl*
  F instruments *m pl* à friction
  I strumenti *m pl* a sfregamento
  S idiófonos *m pl* frotados
  U frikciós hangszerek *pl*
  R фрикционные инструменты *m pl*
frisch D *prescr* fresco; vivo
frise *f* F *pfte* soffitto; *teat* Versatzstücke
friss U
  D (*der zweite, schnelle Teil des ungarischen
    Czardas*)
  E (*second, fast part of the Hungarian czar-
    das*)
  F (*seconde partie, rapide, du czardas hon-
    grois*)
  I (*la seconda parte, rapida, del czardas
    ungherese*)
  S (*segunda parte, rápida, del czardas hún-
    garo*)
  R фришка *f*
frissen U *prescr* allegro; fresco
— igen ~ *prescr* allegrissimo
— kicsit ~ *prescr* allegretto
frizione *f* I Reibung
frog E *arco* Frosch
— at the ~ *prescr*, *vl* am → Frosch
fröhlich D *prescr* gioioso; lieto
front E *tasto* Vorderteil des Tastenbelages
~ page: Titelblatt
~ part of the stage *teat* Vorderbühne
~ peg *corda* vorderständiger → Wirbel
~ pillar *arpa* Vorderstange
~ pin punching *pfte* Druckfilzscheibe
~ pipe *org* Prospektpfeife
~ rail pin *pfte* Tastenführungsstift
~ rail punching *pfte* Druckfilzscheibe
~ set *org* Praestant
~ top *pfte* Vorderdeckel
~ wind-chest *org* Prospektlade
frontal E; ~ handstop *cemb* Frontzug
~ string-holder *lt* Querriegel
frontale *m* I *tasto* Stirnplatte
frontalino *m* I *tasto* Stirnplatte
frontespizio *m* I Titelblatt
fronton *m* **de la touche** F *tasto* Stirnplatte
Frontplatte *f* D *tasto* = Stirnplatte
front-tuned E vorderstimmig
Frontzug *m* D *cemb*
  E frontal handstop
  F registre *m* manuel frontal
  I registro *m* manuale anteriore
  S registro *m* manual frontal
  U kézi regiszterhúzó
  R регистровый переключатель *m* на па-
    нели над мануалом

Frosch *m* D *arco*
  E frog
  F hausse *f*
  I tallone *m*
  S talón *m*
  U kápa, béka
  R колодочка *f* (смычок)
— **am** ~ *prescr, vl*
  E at the frog
  F à la hausse
  I al tallone
  S al talón
  U (a) kápánál
  R у колодочки
Froschring *m* D *arco*
  E ferrule
  F ferrule *f*
  I veretta *f*
  S remate *m*
  U karika, gyűrű
  R напёрсток *m*
frotar *v* S reiben
frote *m* S Reibung
frottement *m* F Reibung
frotter *v* F reiben
Frottola *f* D frottola
frottola *f* I ⟨15—16. *sec*⟩
  D Frottola *f*
  E frottola
  F frottola *f*, frottole *f*
  S fróttola *f*
  U frottola
  R фроттола *f*
fróttola *f* S frottola
frottole *f* F frottola
Frühdruck *m* D
  E early edition
  F édition *f* ancienne/parmi les premières
  I incunabolo *m*
  S impresión *f* primitiva
  U régi kiadvány, ősnyomtatvány
  R старое издание *n*
Frühlingslied *n* D
  E spring song
  F chant *m* de printemps
  I canto *m* di primavera, canzone *f* della primavera
  S canción *f* de primavera
  U tavaszi dal
  R весенняя песня *f*
frullare *v* I *fag, cl* krähen
frullato *m* I *fiati* Flatterzunge
frullato *m* S *fiati* Flatterzunge
fruscio *m* I; ~ provocato dalla puntina *gram* Abspielgeräusch
— far *v* ~ *gram* rumpeln
frusta *f* I Peitsche
~ di carta: Pritsche
F-Schlüssel *m* D
  E F-clef
  F clef *f* de fa
  I chiave *f* di fa
  S clave *f* de fa

  U F-kulcs
  R ключ *m* фа
fuego *m* S; con ~ con → fuoco; *prescr* focoso
fuelle *m* S *org* Balg; Pneumatikbalg; *pop* Quetsche
~s *pl org* Gebläse
~ a motor *org* Zugbalg
~ amortiguador *org* Stoßbalg
~ de cilindro *org* Kastenbalg
~ de compensación *org* Ausgleichsbalg
~ de doble canal *org* Doppelschöpfbalg
~ de linterna *org* Parallelbalg
~ de los bajos *org* Baßlade
~ de relevo *org* relais
~ diagonal *org* Diagonalbalg
~ doble *org* Doppelbälge
~ en cuña *org* Keilbalg
~ esférico *org* Kugelventil
~s *pl* mecánicos *org* Zugbalg
~ principal *org* Arbeitsbalg; Hauptbalg
~ regulador *org* Regulierbalg
— doble ~ *org* Doppelbälge
fuente *f* S Quelle
~ sonora/de sonido: Schallquelle
fuerte S *prescr* forte
fuertísimo S *prescr* fortissimo
fuga *f* I Fuge
~ a quattro soggetti: Quadrupelfuge
~ a specchio: Spiegelfuge
~ alla quinta: Quintfuge
~ cancrizzante: Krebsfuge
~ corale: Chorfuge
~ doppia: Doppelfuge
~ per moto contrario: Gegenfuge
~ quadrupla: Quadrupelfuge
~ retrograda: Krebsfuge
~ su un corale: Choralfuge
~ tripla: Tripelfuge
— di ~ Fugen-
fuga *f* S Fuge
~ a la quinta: Quintfuge
~ cancrizante: Krebsfuge
~ con permutación de las voces: Permutationsfuge
~ coral: Chorfuge
~ cuádruple: Quadrupelfuge
~ doble: Doppelfuge
~ en espejo: Spiegelfuge
~ por movimiento contrario: Gegenfuge
~ retrógrada: Krebsfuge
~ sobre coral: Choralfuge
~ triple: Tripelfuge
— cuádruple ~ Quadrupelfuge
— de ~ Fugen-
— doble ~ Doppelfuge
— pequeña ~ fughetta
— triple ~ Tripelfuge
fúga U Fuge
— dupla ~ Doppelfuge
— hármas ~ Tripelfuge
— kettős ~ Doppelfuge
— permutációs ~ Permutationsfuge
— tripla ~ Tripelfuge

fúga- U Fugen-
fugado *m* S fugato
fúgaexpozíció U Fugenexposition
fugal E Fugen-
~ answer: risposta
~ episode *fuga* andamento
~ exposition: Fugenexposition
Fugara *f* D *org*
  E fugara
  F fugara *m*
  I fugara *f*
  S fugara *f*
  U fugara
  R фугара *f*, виолфлёте *f*
fugara E U *org* Fugara
fugara *m* F *org* Fugara
fugara *f* I S *org* Fugara
Fugato *n* D fugato *m*
fugato *m* I
  D Fugato *n*
  E fugato
  F fugato *m*
  S fugado *m*, fugato *m*
  U fugato
  R фугато *n*
Fuge *f* D
  E fugue
  F fugue *f*
  I fuga *f*
  S fuga *f*
  U fúga
  R фуга *f*
Fugen- D
  E fugal
  F de fugue
  I di fuga
  S de fuga
  U fúga-
  R относящийся к фуге
Fugenexposition *f* D
  E fugal exposition
  F exposition *f* de fugue
  I esposizione *f* di fuga
  S exposición *f* de la fuga
  U fúgaexpozíció
  R экспозиция *f* фуги
fugetta U fughetta
függesztőtárcsa U *camp* Haube
függesztővas U *camp* Hängeeisen
függődíszlet U; hátsó ~ *teat* Prospekt
függöny U Vorhang
~ (fel)l Vorhang aufl
~ (le)l/összel Vorhang zul
— felvonásközi ~ *teat* Zwischenaktvorhang
— (felvonásvégi) ~ *teat* Aktvorhang
Fughetta *f* D fughetta
fughetta *f* I
  D Fughetta *f*, Fughette *f*
  E fughetta
  F fughetta *f*, fughette *f*
  S fughetta *f*, pequeña fuga *f*
  U fugetta
  R фугетта *f*

Fughette *f* D fughetta
fughette *f* F fughetta
fugieren *v* D
  E to treat fugally
  F traiter *v* en style fugué
  I trattare *v* in forma di fuga
  S tratar *v* en estilo fugado
  U fúgaszerűen feldolgozni *v*
  R фугировать
fugue E Fuge
~ at the fifth: Quintfuge
~ by contrary motion: Gegenfuge
~ in retrograde motion: Krebsfuge
~ on a chorale: Choralfuge
fugue *f* F Fuge
~ à l'écrevisse: Krebsfuge
~ à la quinte: Quintfuge
~ avec permutation des voix: Permutationsfuge
~ chorale: Chorfuge
~ en miroir: Spiegelfuge
~ par mouvement contraire: Gegenfuge
~ sur choral: Choralfuge
— de ~ Fugen-
— double ~ Doppelfuge
— quadruple ~ Quadrupelfuge
— triple ~ Tripelfuge
fuguing tune E ⟨18. sec⟩
  D *(amerikanisches Kirchenlied im homo-*
  phonen Satz mit einfacher Anfangsimita-
  tion)
  F *(chant ecclésiastique américain, homo-*
  phone avec imitations initiales très sim-
  ples)
  I *(canto sacro americano, omofono ma con*
  semplici imitazioni all'inizio)
  S *(canción eclesiástica norteamericana, ho-*
  mófona pero con imitaciones de tipo fu-
  gado)
  U *(amerikai egyházi ének homofón letétben,*
  egyszerű kezdeti imitációval)
  R *(американская церковная песнь в го-*
  мофонном складе с простой начальной
  имитацией)
führen *v* D ⟨*Stimme führt Melodie*⟩
  E to bear, to carry
  F conduire
  I guidare, condurre
  S llevar, conducir
  U vezetni, vinni
  R вести
Führungsleiste *f*, **Rechenstab** *m* D *tasto*
  E damper rail
  F châssis *m*, guide *m* de l'étouffoir
  I guida *f* dello smorzatore/smorzo
  S guía *f* del apagador
  U vezetőléc, tompítóvezető léc
  R направляющая планка *f*
Führungsstiftgarnierung *f* D *pfte*
  E key bushing
  F mortaise *f*
  I guarnizione *f* della punta ovale guida
  tasto

S guarnición *f*
U billentyűvezetőszög bélése
R выклейка *f* переднего капсюля (донышка)
Führungston *m* D ⟨*Hindemith*⟩
E guide tone
F ton *m* conducteur
I "suono *m* guida"
S tono *m* conductor
U vezetőhang
R ведущий тон *m*
fújni *v* U blasen
fújtató U Schöpfbalg; *org* Anblasemechanismus; Balg; Gebläse; Schöpfbalg
— dupla/kettős ~ *org* Doppelschöpfbalg
fújtatófarok U *org* Balgschwanz
fújtatómű U *org* Anblasemechanismus; Balg
fújtatószerkezet U *org* Schöpfwerk
fül U Gehör; Ohr; *camp* Haube; Öhr; Zapfen
~ után: nach dem → Gehör
— belső ~ inneres → Ohr
— külső ~ äußeres → Ohr
fülcimpa U Ohrläppchen
fulcrum E *pfte* Waagebalken
fülhallgató U Hörgerät
fülkagyló U Ohrmuschel
fülke U *org* niche
full E; ~ **anthem**
D *(Chorkomposition mit oder ohne Instrumentalbegleitung auf englischen Text für den anglikanischen Gottesdienst)*
F *(composition chorale avec ou sans accompagnement instrumental sur des textes anglais, de l'Eglise anglicane)*
I *(composizione vocale sul testo inglese della chiesa anglicana con o senza accompagnamento strumentale)*
S *(composición coral sobre texto inglés, con o sin acompañamiento instrumental, de la Iglesia anglicana)*
U *(angol szövegű, hangszerkíséretes vagy hangszerkíséret nélküli kóruskompozíció anglikán istentisztelethez)*
R антєм *m* ⟨*хоровєе произведение с сопровождением или а капелла на английский библейский текст в англиканском богослужении*⟩
~ close: Ganzschluß; authentische → Kadenz
~ iron frame/plate *pfte* Vollpanzerplatte
~ of feeling: gefühlvoll
~ orchestra: großes → Orchester
~ organ *arm* grand jeu; tutti; *org* Blockwerk; grand → chœur; Hauptwerk; tutti
~ score: Dirigierpartitur
~ track tape *magn* Vollspurtonband
— with ~ texture: vollgriffig
full-plate E; ~ machine head *corda* Ganzplattenmechanik
Füllschrift *f* D *gram*
E grouping
F répartition *f* des sillons
I ripartizione/distribuzione *f* dei solchi
S repartición *f* del surco

U *(változó előtolású vágás)*
R заполнение *n* звукозаписью
full-score order E Partituranordnung
Füllstimme *f* D
E filling-in part
F voix *f*/parties *f pl* de remplissage
I voce/parte *f* di ripieno
S ripieno *m*, relleno *m*, voz *f* de relleno
U töltőszólam, kísérőszólam
R дублирующий голос *m*, усиливающий звучность
~ *org*
E secondary stop
F ripieno *m*, fonds *m pl*
I ripieno *m*
S ripieno *m*, fondo *m*
U felhangregiszterek *pl*
R аликвотные регистры *m pl*
fully E; ~ developed imitation: Durchimitation
fumble *v* E danebengreifen
función *f* S Funktion
funcional S Funktions-
funcionalidad *f* S Funktionalität
function E Funktion
functional E Funktions-
~ harmony: Funktionslehre
~ music: Gebrauchsmusik
~ theory: Funktionstheorie
functionalism E Funktionalität
funda *f* S Schoner; *str* Überzug
fundamental E grundtönig; Grundton
~s *pl ottoni* Pedaltöne
~ bass: basse fondamentale
~ note: Baßton; Grundton
~ position *acc* Grundstellung
~ structure: Ursatz
~ tone: Baßton; Grundton
fundamental S grundtönig
fundamental *f* S Grundton; Akkordgrundton
Fundamentalbaß *m* D basse fondamentale
Fundament(al)tafel *f*, **Sieb** *n* D *org*
E table
F table *f*
I tavola *f*
S tabla *f*
U alaplap, csúszkaalapdeszka
R фундаменттафель *f*
fundería *f* de campanas S Glockengießerei
fundición *f* de campanas S Glockenguß
fundidor *m* de campanas S Glockengießer
fundir *v* S *canna* Glocken gießen; *str* mischen
~ campanas: Glocken gießen
fundirse *v* S überschneiden
fune *f* I Glockenseil
funebre I düster
funeral E; ~ bell: Totenglocke
~ march: Trauermarsch
~ music: Trauermusik
~ song: Grabgesang
Fünfachteltakt *m* D
E five-eight time/A: meter
F mesure *f* à cinq-huit
I tempo *m*/misura *f* cinque ottavi

S compás *m* de cinco por ocho, compás *m* de zortziko
U ötnyolcados ütem
R размер *m* на пять восьмых
Fünfertakt *m* D
E quintuple time, A: quintuple meter
F mesure *f* à cinq temps
I misura/battuta *f* a cinque tempi, quinario *m*
S compás *m* de cinco tiempos
U ötös ütem
R пятидольный размер *m*
Fünfklang *m* D
E chord of five notes/tones
F accord *m* de cinq sons
I accordo *m* di cinque suoni
S acorde *m* de cinco sonidos
U ötöshangzat
R пятизвучие *n*
Fünfstimmigkeit *f* D
E five-part/five-voice texture
F écriture *f* à cinq voix/parties
I scrittura *f* a cinque voci/parti
S escritura/textura *f* a cinco partes/voces
U ötszólamúság
R пятиголосие *n*
Fünftonleiter *f* D
E pentatonic scale, five-note scale, A: five-tone scale
F gamme *f* pentatonique
I scala *f* pentafonica/pentatonica
S gama/escala *f* pentatónica
U ötfokú hangsor
R пятиступенный/пентатонный звукоряд *m*
Fünfvierteltakt *m* D
E five-four time/A: meter
F mesure *f* à cinq-quatre
I tempo *m*/misura *f* cinque quarti
S compás *m* de cinco por cuatro
U ötnegyedes ütem
R размер *m* на пять четвертей
Funkbearbeitung *f* D
E version for radio/broadcast(ing), radio version
F version *f* radiophonique
I versione *f* radiofonica
S versión *f* radiofónica
U rádióváltozat
R аранжировка *f* для радио
funkció U Funktion
funkcióelmélet U Funktionstheorie
funkciójelzés U Funktionsbezeichnung
funkcionális U Funktions-
funkcionalitás U Funktionalität
Funkoper *f* D
E radio/broadcast opera
F opéra *f* radiophonique
I opera *f* radiofonica
S ópera *f* radiofónica
U rádióopera
R радио-опера *f*

Funktion *f* D
E function
F fonction *f*
I funzione *f*
S función *f*
U funkció
R функция *f*
Funktionalität *f* D
E functionalism
F fonctionalité *f*
I funzionalità *f*
S funcionalidad *f*
U funkcionalitás
R функциональность *f*
Funktions- D
E functional
F fonctionnel
I funzionale
S funcional
U funkcionális
R функциональный
Funktionsbezeichnung *f* D
E indication of harmonic function
F indication *f* de la fonction harmonique
I indicazione *f* della funzione armonica
S indicación *f* de la función armónica
U funkciójelzés
R функциональные обозначения *n pl*
Funktionslehre *f* D
E functional harmony
F étude *f* des fonctions
I studio *m* delle funzioni tonali
S estudio *m* de las funciones
U funkciók tana
R учение *n* о гармонических функциях
Funktionstheorie *f* D
E functional theory
F théorie *f* des fonctions
I teoria *f* delle funzioni tonali
S teoría *f* de las funciones
U funkcióelmélet
R функциональная теория *f*
funnel-shaped E trichterförmig
~ mouthpiece *ottoni* Trichtermundstück
funzionale I Funktions-
funzionalità *f* I Funktionalität
funzione *f* I Funktion
fuoco *m* I; **con ~**
D con fuoco, mit Feuer, feurig
E con fuoco, "*fiery*"
F con fuoco, ardent
S con fuoco, con fuego
U con fuoco, hévvel, tüzesen, tűzzel
R con fuoco, с огнём
furat U Bohrung; *ottoni* Kesselbohrung
— cilindrikus/hengeres ~ zylindrische → Bohrung
— kónikus/kúpos ~ konische → Bohrung
— szár ~a *ottoni* Stengelbohrung
fűrészfogjel U Sägezahnschwingung
fűrészfogrezgés U Sägezahnschwingung
Furiant *m* D *bl*
E furiant

F furiant *m*
I furiant *m*
S furiant *f*
U furiant
R фуриант *m*
furiant E U *bl* Furiant
furiant *m* F I S *bl* Furiant
furieusement F *prescr* furioso
furieux F *prescr* furioso
furioso, furiosamente I *prescr*
  D furioso, furiosamente, wütend
  E furioso, furiosamente, *"furious(ly)"*
  F furioso, furiosamente, furieux, furieuse-
    ment
  S furioso, furiosamente
  U furioso, furiosamente, tombolva, fékte-
    lenül
  R furioso, furiosamente, яростно
fürjsíp U Wachtelpfeife
furlana E *bl* forlana
furlana *f* S *bl* forlana
furnished E; ~ with frets *corda* mit Bünden
  versehen → Bund
furniture E *org* Großmixtur
furore *m* I; con ~ = furioso
furugl(y)a U *pop* = furulya
furulya U
  D *(Flöte der ungarischen Volksmusik mit*
    sechs Tonlöchern, in Dur oder mixolydi-
    scher Tonleiter)
  E *(six-holed flute used in Hungarian folk-*
    music, in major or Mixolydian scale)
  F *(flûte populaire hongroise à six trous,*
    en majeur ou en mixolydien)
  I *(flauto popolare ungherese a sei fori,*
    in scala maggiore o misolidia)
  S *(flauta popular húngara con seis agu-*
    jeros que da el modo mayor o el mixolidio)
  R *(народная венгерская флейта с шестью*
    звуковыми отверстиями и мажор-
    ным или миксолидийским звукорядом)
fusa *f* S Zweiunddreißigstelnote
fusion *f* F; ~ des arts: Gesamtkunstwerk
~ des sons: Tonverschmelzung
fusión *f* S; ~ de las artes: Gesamtkunstwerk
~ de los sonidos: Klangverschmelzung
~ de sonidos: Tonverschmelzung
fusione *f* I; ~ della campana: Glockenguß
~ di suoni: Tonverschmelzung
~ sonora: Klangverschmelzung
Fuß *m* D *arpa*
  E pedestal
  F cuvette *f*, socle *m*
  I zoccolo *m*
  S pedestal *m*, zócalo *m*
  U láb
  R колонка *f*
~ *canna* = Pfeifenfuß
~, **Stiefel** *m canna ancia*
  E boot, socket
  F pied *m*
  I piede *m*, scarpa *f*
  S pie *m*, parte *f* inferior del tubo

U (síp)láb, csizma
R ножка *f* трубы, сапожок *m*
~ *org*
  E foot
  F pied *m*
  I piede *m*
  S pie *m*
  U láb
  R футовость *f*
~ *pn*
  E toe, A: toe-block
  F pied *m*
  I piedino *m*, piede *m*, zoccolo *m*
  S patas *f pl*, zócalo *m*
  U láb
  R ножка *f*
~ *obs, vc* = Stachel
Fußdrücker *m* D *org*
  E toe-piston
  F piston *m*
  I pistone *m*
  S pistón *m*
  U lábemeltyű
  R пистоны *m pl*, нажимаемые ногой
Fußklavier *n* D *obs* = Pedalklaviatur
Fußloch *n* D *canna*
  E windhole, foothole
  F ouverture *f* du pied du tuyau, embou-
    chure *f*
  I foro *m* del piede/di entrata dell'aria
  S embocadura *f*
  U láblyuk
  R отверстие *n* в нижнем конце трубы
Fußlochdorn *m* D
  E *(chisel for tapping up the footholes of the*
    pipes)
  F *(outil pour agrandir le pied du tuyau)*
  I spina *f*
  S *(aparato para ensanchar la base de los*
    tubos)
  U *fam* dorni
  R расширитель *m*
Fußmaschine *f* D *tamb*
  E bass drum pedal
  F pédale *f* de la grosse caisse
  I pedale *m* della gran cassa
  S pedal *m* del bombo
  U lábgép
  R педаль *f* (большого барабана)
Fußschlegel *f* D *tamb*
  E foot-beater
  F percuteur *m* à pédale
  I battente *m* pedale
  S percutor *m* a pedal
  U lábgép
  R педаль *f*
Fußstück *n* D *fl. d.*
  E lower/foot joint
  F patte *f*, troisième corps *m*
  I pezzo *m* inferiore
  S parte *f* inferior, pata *f*
  U láb(rész)
  R раструб *m* ⟨нижняя часть корпуса⟩

Fußtonzahl *f* D *org*
E *(measurement, in feet, of an organ register)*
F *(indication du nombre de pieds)*
I *(misura di una canna in piedi)*
S *(indicación del número de pies)*
U lábszámozás
R *(цифровое обозначение высоты орган-
ной трубы в футах, соответствующее
звуковысотному расположению произ-
водимого ею тона)*
fusta *f* S Pritsche
fustán *m* S *canna* Gießleinwand
fustian E *canna* Gießleinwand
fût *m* F *tamb* Zarge; *timp* Kessel
futam U Lauf; passage
fütyülni *v* U pfeifen
fütyülő U Pfeife
fúvó U *org* Magazinbalg
— kettős ∼ *org* Doppelbälge
— lökésgátló/lökéscsillapító ∼ *org* Stoßbalg
— motoros ∼ *org* Zugbalg
— nyomásszabályozó ∼ *org* Regulierbalg
— párhuzamosan kapcsolt ∼k *pl org* Parallelbalg
— pneumatika ∼ja *org* Pneumatikbalg
fúvóállvány U *org* Balgstuhl
fúvócső U *trb* Mundrohr
fúvócsőgyűrű U *ottoni* Zwinge
fúvóka U *fiati* embouchure; Mundstück;
Schnabel
— tölcséres ∼ *ottoni* Kesselmundstück; Trichtermundstück

fuvola U Flöte; Querflöte *arm* flute 8'; *org*
Flöte
— fuvolán játszani *v* Flöte spielen
— bécsi ∼ *org* Wienerflöte
— csőr nélküli ∼ schnabellose → Flöte
— csöves ∼ *org* Rohrflöte
— egyenes ∼ Blockflöte; Längsflöte
— kettős ∼ Doppelflöte
— nyitott ∼ *org* Offenflöte
— perembevágásos ∼ Kerbflöte
— tölcséres ∼ Trichterflöte
— vájt ∼ *org* Hohlflöte
fuvolajátékok U *org* Flötenstimme
fuvolajátékos U Flötist
fúvólap U *org* Balgplatte
fuvolás U Flötist
fuvolaszerű U *ton* flötenartig
fuvolázni *v* U Flöte spielen
fúvónyílás U *cl* Höhlung
fúvórés U *cl* Höhlung
fúvórész U Spielseite
— ívelt ∼ geschweifte → Spielseite
fúvós U Bläser
∼ok *pl* Bläser
fúvós(-) U Blas-
fúvóshangverseny U concerto per strumenti a
fiato
fúvóskvint U Blasquinte
fúvósötös U quintetto per fiati
fúvószene U Harmoniemusik; Blechmusik
fúvószenekar U Blasorchester

G

g *n* D *ton*
  E G (natural)
  F sol *m*
  I sol *m*
  S sol *m*
  U g
  R соль *n*
G E *ton* g
~ double-flat *ton* geses
~ double-sharp *ton* gisis
~ flat *ton* ges
~ major: G-Dur
~ minor: g-Moll
~ natural *ton* g
~ sharp *ton* gis
Gabel *f* D *arpa*
  E fork
  F fourchette *f*
  I uncino *m*, forchetta *f*
  S horquilla *f*
  U villa
  R вильчатая рама *f*
Gabelbecken *f pl* D castagnette di metallo →
  castagnetta
Gabelgriff *m* D *legni*
  E fork fingering, cross-fingering
  F doigté *m* fourchu
  I forchetta *f*
  S digitación *f* cruzada/en horquilla
  U villásfogás, *fam* gábli
  R вилочная хватка *f*
Gabelkoppel *f* D *org*
  E ram coupler
  F accouplement *m* à fourchettes
  I accoppiamento *m* a forchetta
  S acoplamiento *m* en horquilla
  U villáskopula
  R габелькоппель *f*
Gabelschraube *f* D *pfte*
  E forked set-off stay, fork screw, A:
    regulating rail-prop
  F fourche *f* de fixation
  I vite *f* a forchetta/ad occhiello per sbar-
    ra bottoncini scappamenti
  S tornillo *m* de horquilla

  U villáscsavar, állítócsavar
  R (*металлическая вилка для крепления*
    ауслезерного лейстика)
gábli U *fam, legni* Gabelgriff
Gage *f* D
  E fee
  F cachet *m*, honoraires *m pl*
  I onorario *m*
  S honorarios *m pl*, cachet *m*
  U fellépti díj, gázsi
  R жалование *n*
gagliarda *f* I *bl* gaillarde
gagliarda U *bl* gaillarde
gai F *prescr* allegro; gioioso; lieto
— un peu ~ *prescr* allegretto
gaiement F *prescr* lieto
gaillard E *bl* gaillarde
Gaillarde *f* D *bl* gaillarde
gaillarde *f* F *bl*
  D Gaillarde *f*
  E galliard
  I gagliarda *f*
  S gallarda *f*
  U gagliarda
  R гальярда *f*
gaita *f* S Dudelsack
~ zamorana: Drehleier
gaitero *m* S Dudelsackpfeifer; Schalmeispieler
gaitillas *f pl* S
  D (*Instrumentalstücke, die einen Dudelsack*
    nachahmen)
  E (*instrumental pieces imitating the sound*
    of a bagpipe)
  F (*compositions instrumentales imitant la*
    cornemuse)
  I (*composizioni strumentali che imitano la*
    cornamusa)
  U (*dudahangot utánzó hangszeres darabok*)
  R (*инструментальные пьесы, имитиру-*
    ющие звук волынки)
galant E; ~ style: galanter → Stil
galanterie *f pl* I galanteries
Galanterien *f pl* D galanteries
galanteries *f pl* F ⟨18. *sec*⟩
  D Galanterien *f pl*

E *(short instrumental pieces in the style galant)*
I galanterie *f pl ⟨brani in stile galante⟩*
S *(composiciones instrumentales en estilo galante)*
U *(rövid, hangszeres darabok, gáláns stílusban)*
R *(небольшие пьесы в галантном стиле)*
galería *f* S *teat* Galerie; Rang
∼ alta *teat* zweiter → Rang
— primera ∼ *teat* erster → Rang
— segunda ∼ *teat* zweiter → Rang
Galerie *f* D *teat*
   E gallery, A: balcony
   F galerie *f*
   I galleria *f*
   S galeria *f*, paraíso *m*
   U karzat
   R галерея *f*
galerie *f* F *teat* Galerie; Rang
— deuxième ∼ *teat* zweiter → Rang
— première ∼ *teat* erster → Rang
gallarda *f* S *bl* gaillarde
galleria *f* I *teat* Galerie; Rang
— prima ∼ *teat* erster → Rang
— seconda ∼ *teat* zweiter → Rang
gallery E *teat* Galerie; Olymp
galliard E *bl* gaillarde
Gallican chant E gallikanischer → Kirchengesang
gallinero *m* S *teat* Olymp
gallo *m* S; hacer *v* un ∼ *fag, cl* krähen
galop *m* F *bl*
   D Galopp *m*
   E galop
   I galop *m*
   S galop *m*
   U galopp
   R галоп *m*
Galopp *m* D *bl* galop
galopp U *bl* galop
Galoubet *m* D galoubet
galoubet *m* F
   D Galoubet *m*
   E galoubet *⟨pipe, as in "pipe and tabor"⟩*
   I *(piffero provenzale)*
   S *(pequeña flauta de pico, equivalente al catalán flabiol y al chistu vasco)*
   U galoubet
   R *(провансальская флейта с наконечником)*
∼ *org* Schwegel
Galtonpfeife *f* D Galton whistle
Galton-síp U Galton whistle
Galton whistle E
   D Galtonpfeife *f*
   F sifflet *m* de Galton
   I fischietto *m* di Galton
   S silbato *m* de Galton
   U Galton-síp
   R свисток *m* Гальтона
gama *f* S; ∼ anhemitónica: Ganztonleiter
∼ pentatónica: Fünftonleiter

∼ por tonos enteros: Ganztonleiter
gamba E *org* viola da gamba
∼ bass *org* Gambenbaß
∼ player: Gambenspieler
gamba *f* I *pfte* Bein; *pn* Konsole
∼ campana *org* Trichtergambe
— gambe *pl* per tamburo muto/per tom-tom: Tom-Tom-Standfüße
gamba *f* S *org* viola da gamba
∼s *pl org* Geigenregister; streichende → Stimmen
gamba U viola da gamba
— harang alakú ∼ Glockengambe
— tölcséres ∼ *org* Trichtergambe
gambajátékos U Gambenspieler
Gambe *f* D viola da gamba
gambe *f* F *org* Geigenprinzipal; viola da gamba
∼ conique *org* Trichtergambe
Gambenbaß *m* D *org*
   E gamba bass
   F basse *f* de gambe
   I basso *m* di gamba
   S bajo *m* de gamba
   U "Gambenbaß"
   R гамбенбас *m*
Gambenspieler *m*, **Gambenspielerin** *f*, **Gambist** *m* D
   E gambist, violist, gamba player
   F gambiste *m + f*
   I gambista *m + f*
   S gambista *m + f*, tocador *m*/tocadora *f* de gamba, tañedor *m*/tañedora *f* de gamba
   U gambajátékos, "viola da gamba"-játékos
   R гамбист *m*, гамбистка *f*
gambero *m* I Krebs
Gambist *m* D = Gambenspieler
gambist E Gambenspieler
gambista *m + f* I S Gambenspieler
gambiste *m + f* F Gambenspieler
gambo *m* I *fiati* Zapfen
∼ della nota: Notenhals
Gamelan *n* D Gamelang
gamelan E Gamelang
gamelan *m* F I Gamelang
gamelán U Gamelang
Gamelan(g) *n* D
   E gamelan
   F gamelan *m*
   I gamelan(g) *m*
   S gamelang *m*
   U gamelán
   R гамелан *m*
gamelang *m* S I Gamelang
gamme *f* F Tonleiter
∼ anhémitonique: Ganztonleiter
∼ défective: gapped scale
∼ gitane: Zigeunertonleiter
∼ naturelle: Normaltonleiter
∼ par tons: Ganztonleiter
∼ pentatonique: Fünftonleiter; Pentatonik
∼ pentatonique avec demi-tons: hemitonische → Pentatonik

∿ pentatonique sans demi-tons: anhemitonische → Pentatonik
— appartenant à la ∿ leitereigen
— en ∿s: tonleiterartig
— étranger à la ∿ leiterfremd
— n'appartenant pas à la ∿ leiterfremd
— sous forme de ∿ s: tonleiterartig
gamut E Umfang
ganascia f I vl Wirbelkastenbacken
∿ rinforzata corda gesperrter → Hals
gancho m S Notenfahne; fiati Zapfen
∿s pl org Zugrute
∿ de afinación org Intonierhaken
∿ de la barra de descanso del martillo pfte Hammerleistenhaken
∿ de la biela de repetición pfte Repetierschenkelsperrhaken
∿ de suspensión tamb Anhängehaken
∿ para el dedo ottoni Fingerstütze
∿ para sostener el instrumento fag Handhalter
gancio m I org Intonierhaken
∿ del nastrino pfte Bändchendraht
∿ della tracolla tamb Anhängehaken
∿ per il dito ottoni Fingerstütze
∿ per il pedale tonale pfte Tonhaltungsbäckchen
Ganzinstrument n D
E whole-tube instrument
F (nom donné aux instruments à vent qui font entendre le son fondamental)
I (strumenti di ottone in grado di produrre il suono fondamentale)
S (nombre dado a los instrumentos a viento que dejan oír su nota fundamental)
U (azon rézfúvós hangszerek neve, melyeken az alaphang is megszólaltatható)
R (духовой инструмент производящий основной тон)
Ganzplattenmechanik f D corda
E full-plate machine head
F (mécanique de tension des cordes sur le cadre métallique)
I (meccanica tendi-corde metallica)
S (mecanismo tensor de las cuerdas montado sobre una placa de metal)
U (közös fémlapra épített hangolókulcsrendszer)
R (механика, вмонтированная в цельную металлическую пластину)
Ganzschluß m D
E perfect cadence, full close
F cadence f parfaite/finale
I cadenza f perfetta
S cadencia f perfecta/final
U teljes zárlat, tökéletes egész zárlat
R полный каданс m, полная каденция f
Ganzton m D
E (whole) tone
F ton m entier
I tono m (intero)
S tono m (entero)
U egészhang
R целый тон m

— **großer** ∿
E major tone, greater whole tone
F ton m majeur, grand ton m
I tono m grande/maggiore
S tono m grande/mayor
U nagy egészhang
R большой целый тон m
— **kleiner** ∿
E minor/lesser tone, smaller whole tone
F ton m mineur, petit ton m
I tono m piccolo/minore
S tono m pequeño/menor
U kis egészhang
R малый целый тон m
Ganzton- D
E whole-tone
F de ton
I di tono
S de tono
U egészhangú, egészhang-
R целотонный
Ganztonleiter f D
E whole-tone scale
F gamme f anhémitonique/par tons
I scala f esatonale/per toni interi
S gama f anhemitónica/por tonos enteros, escala f por tonos
U egészhangú skála
R целотонная гамма f
Ganztonschritt m D
E whole-tone step
F ton m entier
I tono m, distanza f di un tono intero
S intervalo m de tono entero
U egészhanglépés
R шаг m на целый тон
Ganztontriller m D trillo di tono
gapped scale E
D (Tonleiter, die neben Sekundschritten auch eine oder mehrere Sprünge enthält, z. B. Fünftonleiter)
F gamme f défective
I (scala che non impiega intervalli esclusivamente congiunti, ma ricorre anche all'uso di intervalli disgiunti, ad es. la scala pentatonica)
S escala f defectiva
U (hangsor, mely a másodlépéseken kívül egy vagy több ugrást is tartalmaz, pl. ötfokú hangsor)
R (звукоряд, основанный не только на секундовом движении, но включающий и скачки, напр. пентатонный звукоряд)
garat U Rachenhöhle
garbo m S Anmut
garganta f S Kehle; Rachen; canto Ansatzrohr; cl Höhlung
∿ abierta/a la francesa canna ancia französische → Kehle
∿ cerrada/a la alemana canna ancia deutsche → Kehle
∿ inglesa canna ancia englische → Kehle

Garn *n* D
  E thread
  F fil *m*
  I filo *m*
  S hilo *m*, hebra *f*
  U fonal
  R нитка *f*

Garnbewicklung *f* D *ancia*
  E lapping
  F ligature *f*
  I copertura *f* di filo
  S ligadura *f*
  U befonás
  R обматывание *n* ниткой

garnir *v* F; ~ de becs *cemb* bekielen
~ de cuir: beledern
~ de feutre *pfte* befilzen

Garnitur *f* D *corda*
  E fittings *pl*
  F garniture *f*
  I guarnizione *f*
  S guarnición *f*, encordatura *f*
  U (húr)készlet, (húr)garnitúra
  R аккорд *m* (струн)

garnitúra U *corda* Garnitur

garniture *f* F *arco* Bewicklung; *cemb* Polster; *corda* Garnitur
~ de cuir du levier de la répétition *pfte* Scherenleder
~ de cuir du petit levier *pfte* Scherenleder
~ de feutre de l'étouffoir *pfte* Dämpferbüschel
~ de la barre de repos du marteau *pfte* Hammerklotzpolster
~ de la touche *pfte* Tastenpolster
~ du cadre du clavier *pfte* Rahmenpolster
~ du levier oblique *pfte* Tangentenpolster
~ en cuir *arco* Daumenleder
~ en cuir de l'attrape *pfte* Fangerleder
~ en feutre de l'attrape *pfte* Fangerfilz
~ externe du marteau *pfte* Hammeroberfilz
~ interne du marteau *pfte* Hammerunterfilz

Garnkugel *f* D *ancia*
  E binding
  F ligature *f*
  I legatura *f*
  S abrazadera *f*, ligadura *f*
  U kötés
  R ниточная обмотка *f*

Garnschlegel *m* D *perc*
  E yarn mallet
  F (baguette mailloche recouverte de fil)
  I (bacchetta con la sommità ricoperta di filo o di lana)
  S (mazo recubierto de hilo)
  U (fonallal bevont verő/ütő)
  R колотушка *f*, обтянутая пряжей

garrapatea *f* S Hundertachtundzwanzigstelnote

Gassenhauer *m* D
  E (popular song for open-air performance in the 16th cent.; modern meaning: vulgar street song)

  F (au XVIe siècle une chanson de plein air se rapprochant de la villanelle; aujourd'hui: chanson populaire)
  I (canzone popolare affine alla villanella, 16 sec; oggi: canzonetta, brano di musica leggera)
  S (en el siglo XVI, canción de tipo popular para ejecutar al aire libre; hoy designa una canción callejera)
  U (villanellaszerü, népszerü dal szabadtéri elöadásra a XVI. sz.-ban; ma: utcai nóta)
  R (уличная песенка; в XVI—XVII вв. городская народная песня)

Gast *m* D *teat*
  E guest (artist)
  F artiste *m* en représentation, invité *m*
  I ospite *m*
  S artista *m* invitado, invitado *m* especial
  U vendég(művész)
  R гастролирующий *m*, гастролирующий артист *m*

— **als ~**
  E as a guest (artist)
  F comme invité
  I come ospite
  S invitado *m*, en condición de invitado
  U vendégként, mint vendég
  R с участием

Gastdirigent *m* D
  E guest conductor
  F chef *m* d'orchestre invité/en représentation
  I direttore *m* ospite
  S director *m* invitado
  U vendégkarmester
  R гастролирующий дирижёр *m*

gastieren *v* D
  E to make a guest appearance, A: to guest
  F être *v* invité/en représentation
  I fare *v* un'esecuzione fuori sede, presso un'altra istituzione
  S ser *v* invitado
  U vendégszerepelni
  R гастролировать

gát U *org, pfte* Damm
gátdarab U *org* Dammstück
gathering E Lage
gátmagasság U *pfte* Dammtiefe
gátmélység U *pfte* Dammtiefe

Gattung *f* D *cp*
  E species
  F espèce *f*
  I specie *f*
  S especie *f*
  U fajta
  R разряд *m*
~ 〈Musikgattung〉
  E genre
  F genre *m*
  I genere *m*
  S género *m*
  U műfaj
  R жанр *m*

~ = Oktavgattung
gauge E *camp* Drehbrett
Gaumen *m* D
  E palate
  F palais *m*
  I palato *m*
  S paladar *m*
  U szájpadlás
  R нёбо *n*
Gaumenlaut *m* D
  E palatal tone
  F son *m* palatal
  I suono *m* palatale
  S sonido *m* palatal
  U palatális hang
  R нёбный звук *m*
Gaumensegel *n* D
  E soft palate
  F voile *m* du palais
  I palato *m* molle, velo *m* pendulo
  S velo *m* del paladar
  U ínyvitorla
  R нёбная занавеска *f*
gaumig D
  E palatal
  F palatal
  I palatale
  S palatal
  U palatális
  R нёбный
gavota *f* S *bl* gavotte
gavotta *f* I *bl* gavotte
Gavotte *f* D *bl* gavotte
gavotte *f* F *bl*
  D Gavotte *f*
  E gavotte
  I gavotta *f*
  S gavota *f*
  U gavotte
  R гавот *m*
gazdag U; felhangokban ~ obertonhaltig
gázsi U Gage
G-Brille *f* D *legni*
  E G-ring
  F anneau *m* du sol
  I anello *m* del sol
  S anillo *m* del sol
  U G-gyűrű
  R «очки» *m pl* при извлечении тона соль
G-clef E G-Schlüssel; Violinschlüssel
G-Dur *n* D
  E G major
  F sol *m* majeur
  I sol *m* maggiore
  S sol *m* mayor
  U G-dúr
  R соль *n* мажор
G-dúr U G-Dur
Gebläse *n* D *org*
  E blower, blowing action
  F soufflerie *f*
  I mantici *m pl*
  S fuelles *m pl*, manchas *f pl*, soufflerie *f*

  U fújtató
  R система *f* мехов
geblasen D; **grob** ~ *cl*
  E coarsely blown
  F soufflé grossièrement
  I suonato rozzamente
  S soplando con rudeza
  U durván megfújva
  R извлекая звук грубо/резко
Gebrauchsmusik *f* D
  E functional/utility music, "Gebrauchs-musik"
  F "Gebrauchsmusik" 〈*terme allemand dé-signant une musique écrite pour un usage domestique, pédagogique, pour des ama-teurs*〉
  I musica *f* di consumo
  S música *f* de consumo
  U "Gebrauchsmusik"
  R бытовая/прикладная музыка *f*
gebrochen D *prescr* arpeggiando
gebunden D 〈*Klavichord*〉
  E fretted
  F lié
  I legato
  S ligado
  U kötött
  R связанный
~ *prescr* legato; portamento
gedämpft D *fiati, archi, perc*
  E muted, with mutes
  F étouffé, avec sourdine
  I con sordina
  S con sordina
  U tompítva, fojtva, szordinálva, *fam* dem-felve
  R с сурдиной, приглушённо
— **wie** ~ *fiati*
  E as if muted
  F comme étouffé
  I come se ci fosse la sordina
  S como con sordina
  U mint tompítva/szordinálva
  R приглушённо
gedämpft regal E *org* gedämpft → Regal
gedeckt D *canna*
  E stopped, gedeckt
  F bouché
  I chiuso, tappato
  S tapado
  U fedett
  R закрытый
~, **belegt** *canto*
  E muffled
  F couvert, voilé
  I scurito, scuro
  S velado, cubierto
  U fátyolos, fedett
  R глухой, прикрытый
Gedeckt 32' F *org* Untersatz
Gefährte *m* D *fuga* = Comes
Gefälle *n* D; **harmonisches** ~ 〈*Hindemith*〉
  E harmonic fluctuation

F fluctuation *f* harmonique
I andamento *m* armonico
S fluctuación *f* armónica
U harmóniai fluktuáció
R гармонический рельеф *m*

gefällig D aggradevole; *prescr* gradevole; piacevole

Gefäßflöte *f* D
E globular flute
F flûte *f* globulaire
I flauto *m* globulare
S flauta *f* globular
U *(okarínaszerü fuvola)*
R *(окариновидный инструмент)*

gefühlvoll D
E full of feeling
F avec beaucoup de sentiment
I con molto sentimento
S sentido, con molto sentimento
U érzéssel
R с чувством

gefüttert D *vl*
E lined, patched
F réparé, retouché
I foderato, riparato all'**interno**
S reparado, retocado
U foltozott, javított
R с футером

gége U Kehle
gégefedő U Kehlkopfdeckel
gégefő U Kehlkopf

Gegenbewegung *f* D
E contrary motion
F mouvement *m* contraire
I moto *m* contrario
S movimiento *m* contrario
U ellenmozgás
R противоположное движение *n*, противдвижение *n*

Gegenfanger *m* D *pfte*
E butt-check, balance hammer head, back--stop
F contre-attrape *f*
I nasetto *m*
S contrapeso *m* del martillo
U visszafogó, *fam* fanger
R контрфенгер *m*

Gegenfuge *f* D
E fugue by contrary motion
F fugue *f* par mouvement contraire
I fuga *f* per moto contrario
S fuga *f* por movimiento contrario
U ellenfuga
R фуга *f* в противдвижении

Gegenmelodie *f* D
E counter-melody
F contre-chant *m*, contre-thème *m*
I controcanto *m*, controtema *m*
S contracanto *m*, contratema *m*
U ellentéma, ellendallam
R контрапунктирующая мелодия *f*

Gegenresonanz *f* D
E anti-resonance

F anti-résonance *f*, résonance *f* parallèle
I antirisonanza *f*
S antirresonancia *f*
U ellenrezonancia
R антирезонанс *m*

Gegenrhythmus *m* D
E counter-rhythm, cross-rhythm
F contre-rythme *m*
I ritmo *m* contrastante
S contrarritmo *m*, cross-rhythm *m*
U ellenritmus
R «перекрёстная ритмика» *f*

Gegensatz *m*, **Kontrasubjekt** *m* D *fuga*
E countersubject
F contre-sujet *m*
I controsoggetto *m*. contrassoggetto *m*
S contrasujeto *m*
U ellentéma, kontraszubjektum
R противосложение *n*

— **beibehaltener** ~ *fuga*
E regular countersubject
F contre-sujet *m* continu
I controsoggetto/contrassoggetto *m* obbligato
S contrasujeto *m* continuo
U állandó kontraszubjektum/ellentéma
R удержанное противосложение *n*

Gegenschlagidiophon *n* D
E concussion idiophone, clashed/struck autophone/idiophone
F idiophone *m* entrechoqué
I idiofono *m* a urto/percussione
S idiófono *m* de entrechoque/concusión
U összeütéssel megszólaltatott idiofon (hangszer)
R идиофоны *m pl*, ударяемые друг о друга

Gegenschlagstäbchen *n pl* D claves

Gegenschlagzunge *f* D *arm*
E striking reed
F anche *f* battante
I ancia *f* battente
S lengüeta *f* batiente
U átcsapó nyelv
R двойной язычок *m*

Gegenstimme *f* D
E counter voice/part melody, counter-point
F contre-chant *m*
I controtema *m*, controcanto *m*
S contracanto *m*
U ellenszólam
R контрапунктирующий голос *m*

Gegenstrich *m* D *archi*
E counter-bowing
F poussé *m*
I contrarco *m*
S arcada *f*/arco *m* hacia arriba, poussé *m*
U ellenmozgás ⟨vonóval⟩
R противоположное движение *n* смычка

Gegenthema *n* D
E countertheme, countersubject
F contre-sujet *m*

I controtema *m*
S contratema *m*, contrasujeto *m*
U ellentéma
R противосложение *n*

Gegenzarge *f* D *vl* = Bereifung
gehalten D *prescr* sostenuto
gehaucht D mormorando
Gehäuse *n* D *org*
  E body, case
  F buffet *m*
  I cassa *f*
  S caja *f*
  U ház, szekrény
  R корпус *m*

~, Kasten *m pfte*
  E case
  F caisse *f*
  I cassa *f*
  S caja *f*
  U szekrény
  R корпус *m*

geheimnisvoll D misterioso
gehend D *prescr* andante
— ein wenig ~ *prescr* andantino
Gehör *n* D
  E hearing, ear
  F oreille *f*
  I udito *m*
  S oído *m*, oreja *f*
  U hallás, fül
  R слух *m*

— absolutes ~
  E (sense of) absolute/perfect pitch
  F oreille *f* absolue
  I orecchio *m* assoluto
  S oído *m* absoluto
  U abszolút hallás
  R абсолютный слух *m*

— gutes ~ haben *v*
  E to have a good ear
  F avoir *v* une bonne oreille
  I avere *v* buon orecchio
  S tener *v* (buen) oído
  U jó hallása van *v*
  R обладать *v* хорошим слухом

— nach dem ~
  E by ear
  F d'oreille
  I a orecchio
  S de oído
  U hallás/fül után
  R по слуху

— relatives ~
  E (sense of) relative pitch
  F oreille *f* relative
  I orecchio *m* relativo
  S oído *m* relativo
  U relatív hallás
  R относительный слух *m*

— zu ~ bringen *v*
  E to sing, to play, to perform
  F faire *v* entendre
  I far *v* sentire

  S hacer *v* oír, *fam* llevar *v* a oídos (de alguien)
  U megszólaltatni, előadni
  R исполнить

Gehörbildung *f* D
  E ear/aural training
  F éducation/formation *f*/développement *m* de l'oreille
  I educazione *f* dell'orecchio
  S educación *f* del oído
  U hallásképzés
  R развитие *n* слуха

Gehörfehler *m* D
  E auditory/hearing defect
  F défaut *m* de l'ouïe, imperfection *f* auditive
  I difetto *m*/imperfezione *f* uditiva
  S defecto *m* auditivo, falta *f* de oído
  U halláshiba
  R дефект *m* слуха

Gehörgang *m* D *or*
  E acoustic duct, auditory meatus/canal
  F conduit *m* auditif
  I condotto *m* uditivo
  S conducto *m* auditivo
  U hallójárat
  R слуховой канал *m*

Gehörknöchelchen *n pl* D *or*
  E (auditory) ossicles *pl*
  F osselets *m pl* de l'ouïe
  I ossicini *m pl* (dell'orecchio)
  S huesecillos *m pl* del oído
  U hallócsontocskák *pl*
  R слуховые косточки *f pl*

Gehörnerv *m* D = Hörnerv
Gehörprüfung *f* D
  E aural/ear test
  F test *m* auditif, essai *m* audiométrique
  I esame *m* uditivo, prova *f* dell'orecchio
  S test *m* auditivo, examen *m* del oído
  U hallásvizsgálat
  R проверка *f* слуха

Gehörübung *f* D
  E aural exercise/practice
  F exercice *m* d'oreille
  I addestramento/esercizio *m* dell'orecchio
  S ejercitación *f* del oído
  U hallásgyakorlat, hallásfejlesztő gyakorlat
  R упражнения *n pl* по развитию слуха

Geige *f* D violino
~ spielen *v*
  E to play the violin
  F jouer *v* du violon
  I suonare *v* il violino
  S tocar *v* el violín
  U hegedűn játszani *v*, hegedülni
  R играть *v* на скрипке

— polnische ~ ⟨17. *sec*⟩ = Viola
Geigenbau *m* D
  E violin making
  F lutherie *f*
  I liuteria *f*
  S violería *f*

Geigenbauer *m* D
 E violin maker
 F luthier *m*
 I liutaio *m*
 S violero *m*, luthier *m*
 U hegedűkészitö
 R скрипичный мастер *m*
Geigenharz *n* D *obs* = Kolophonium
Geigenlack *m* D
 E violin varnish
 F vernis *m* de violon
 I vernice *f* del violino
 S barniz *m* de los violines
 U hegedűlakk
 R лак *m* для скрипки
Geigenprinzipal *m* D *org*
 E violin diapason
 F violon-principal *m*, gambe *f*, Geigen-
 prinzipal *m*, principal *m* de violon
 I violino *m* principale
 S flautado-gamba *f*
 U hegedűprincipál
 R гайгенпринципал *m*
Geigenregal *n* D *org*
 E geigenregal, violin regal
 F Geigenregal *m*
 I regale *m* di violino
 S regalía *f*
 U "Geigenregal"
 R гайгенрегаль *m*, гайгенд-регаль *m*
Geigenregister *n* D *org*
 E viol flue stops *pl*
 F jeu *m* de gambe
 I registro *m* violeggiante/gambato
 S gambas *f pl*, mordentes *m pl*
 U "Geigenregister"
 R гайгенрегистр *m*
Geigenschwebung *f* D *org*
 E viole céleste, viol celeste
 F viola *f* céleste
 I viola *f* celeste
 S voz *f* celeste
 U "Geigenschwebung"·
 R гайгеншвебунг *m*
Geigenstimme *f* D
 E violin part
 F partie *f* de violon
 I parte *f* del violino
 S parte *f* de violín
 U hegedűszólam
 R партия *f* скрипки
Geigenwerk *n* D = Bogenklavier
Geiger *m* D violinista
Geigerin *f* D violinista
geigerisch D violinistico
Geißlerlieder *n pl* D
 E flagellant songs *pl*
 F chansons *f pl* de flagellants
 I canti *m pl* dei flagellanti
 S cantos *m pl* de flagelantes
 U flagellánsénekek *pl*

 R *(песни бичевавших себя пилигримов*
 XIII – XIV вв.)
Geisterharfe *f* D = Äolsharfe
geistlich D
 E spiritual, sacred
 F spirituel
 I spirituale
 S espiritual
 U egyházi
 R духовный
Geklimper *n* D
 E strumming
 F tapotage *m*
 I strimpellio *m*
 S cencerreo *m*, zangarreo *m*
 U kalimpálás
 R бренчание *n*
gekoppelt D *org*
 E coupled
 F accouplé
 I accoppiato
 S acoplado
 U kopulázott
 R скопулированный
gekröpft D *canna*
 E mitred, A: mitered, hooded
 F coudé
 I pipata, a gomito
 S acodado
 U hajlított, tört
 R изогнутый
gelassen D *prescr* tranquillo
Geläufigkeit *f* D
 E velocity
 F vélocité *f*
 I scorrevolezza *f*, agilità *f*
 S velocidad *f*, agilidad *f*
 U könnyedség, gördülékenység
 R беглость *f*
Geläute *n*, **Glockendisposition** *f* D
 E peal of bells
 F carillon *m* de cloches, sonnerie *f*
 I scampanio *m*
 S juego *m* de campanas, repique *m*
 U harangzúgás
 R колокольный звон *m* (нескольких коло-
 колов), перезвон *m*
~ von acht Glocken
 E peal of eight bells
 F carillon *m* de huit cloches
 I scampanio *m* di otto campane
 S juego *m* de ocho campanas
 U nyolc harang zúgása
 R звон *m* восьми колоколов
Gelegenheitsstück *n*, **Gelegenheitswerk** *n* D
 E occasional piece/work
 F pièce/œuvre *f* de circonstance
 I pezzo *m*/opera *f* d'occasione
 S pieza/obra *f* de ocasión/circunstan-
 cias
 U alkalmi mű/darab
 R сочинение к определённому слу-
 чаю

GEMA ƒ D ⟨*Gesellschaft für musikalische Auf-führungs- und mechanische Vervielfälti-gungsrechte*⟩
 E *(German Performing Rights Society for Music)*
 F *(Société des auteurs, compositeurs et édi-teurs de musique d'Allemagne)*
 I *(Società tedesca degli Autori ed Editori di musica)*
 S *(Socieaad alemana de Autores, Composi-tores y Editores de música)*
 U *(a zenei szerzői jogvédő egyesület az NSZK-ban)*
 R *(общество прав на музыкальное испол-нение в ФРГ)*
gemächlich D *prescr* adagio; agiato; comodo
gemäßigt D *prescr* moderato
Gemeinde ƒ D
 E congregation
 F congrégation ƒ, communauté ƒ, paroisse ƒ
 I congregazione ƒ
 S congregación ƒ, comunidad ƒ
 U gyülekezet, egyházközség
 R община ƒ
Gemeindegesang m D
 E congregational singing
 F chant m des fidèles/de congrégation/ communautaire
 I canto m delle comunità/dei fedeli
 S canto m común/de la congregación/de los fieles
 U gyülekezeti ének(lés)
 R *(церковное пение общины)*
Gemeindelied n D
 E congregational hymn
 F chant m des fidèles/de congrégation/ communautaire
 I canto m delle comunità/dei fedeli
 S canto m común/de la congregación/de los fieles
 U gyülekezeti ének
 R *(церковная песня, поющаяся общиной на родном языке)*
gemendo I *prescr*
 D gemendo, klagend
 E gemendo, "*lamenting*"
 F gemendo, plaintif, triste
 S gemendo, "*gimiendo*", "*gimiente*"
 U gemendo, panaszosan
 R gemendo, жалуясь, скорбя
gemessen D *prescr* sostenuto
Gemshorn n D *org*
 E Gemshorn
 F Gemshorn m, cor m de chamois
 I corno m di camoscio
 S corno m de gamo
 U "Gemshorn"
 R ремсгорн m
genau D *prescr* giusto
generación ƒ S; ∼ del sonido: Tonerzeugung
 — la nueva ∼ Nachwuchs
generadòr m S; ∼ de sonidos sinusoidales: Impulsgenerator; Sinustonerzeuger

general E; ∼ crescendo *org* Progressionsschwel-ler
 ∼ pause/rest: Generalpause
Generalauftakt m D ⟨*Riemann*⟩
 E prevailing upbeat
 F anacrouse ƒ générale
 I "levare" m generale
 S anacrusa ƒ general
 U "generalauftakt"
 R генеральный затакт m
Generalbaß m D basso continuo
Generalbaßbezifferung ƒ D
 E continuo figuring
 F chiffrage m de la basse continue
 I numerazione/cifratura ƒ del basso conti-nuo, basso m continuo numerato
 S cifrado m del bajo continuo
 U basszusszámozás
 R цифровка ƒ генерал-баса
Generalbaßinstrument n D
 E continuo instrument
 F instrument m jouant la partie de basse continue
 I strumento m di fondamento/per il basso continuo
 S instrumento m encargado del bajo conti-nuo
 U generálbasszus-hangszer
 R *(инструмент, на котором исполнялся генерал-бас)*
Generalbaßspiel n D
 E realization of a figured bass
 F réalisation ƒ d'une basse chiffrée
 I realizzazione ƒ di un basso numerato
 S realización ƒ del bajo cifrado
 U generálbasszus-játék
 R исполнение n генерал-баса
Generalbaßzeitalter n D
 E thorough/figured bass period
 F période/époque ƒ de la basse continue
 I epoca ƒ del basso continuo
 S período m/época ƒ del bajo continuo
 U generálbasszus kora
 R эпоха ƒ генерал-баса
generálbasszus U basso continuo
generálbasszus-hangszer U Generalbaßinstru-ment
generálbasszus-játék U Generalbaßspiel
Generalmusikdirektor m D
 E *(municipal musical director; title)*
 F "directeur général de musique" ⟨*titre*⟩
 I "*direttore generale della musica*" ⟨*titolo*⟩
 S "*director general de la música*" ⟨*título*⟩
 U főzeneigazgató
 R «*главный музыкдиректор*» ⟨*звание*⟩
Generalpause ƒ D
 E general pause/rest, rest for the whole orchestra
 F silence m général, pause ƒ générale
 I pausa ƒ generale
 S pausa ƒ general
 U generálpauza
 R генеральная пауза ƒ

generálpauza U Generalpause
Generalprobe *f* D
  E final rehearsal
  F répétition *f* générale
  I prova *f* generale
  S ensayo *m* general
  U főpróba
  R генеральная репетиция *f*
Generalregister *n* D *fis*
  E master coupler
  F forte *m*
  I mastro *m*
  S tutti *m*
  U tuttiváltó
  R главный регистр *m*, регистр *m* Tutti
generated by the words E wortgezeugt
générateur *m* F; ∼ de sons sinusoïdaux: Impulsgenerator; Sinustonerzeuger
génération *f* F; la nouvelle ∼ Nachwuchs
generato dalla parola I wortgezeugt
generatore *m* I; ∼ di impulsi: Impulsgenerator
∼ di suoni sinusoidali: Sinustonerzeuger
generazione *f* I; la nuova ∼ (di musicisti): Nachwuchs
genere *m* I Gattung
∼ di voce: Stimmgattung
∼ diatonico: Diatonik
género *m* S Gattung
∼ **chico**
  D *(Gattungsbezeichnung für kleine Zarzuelas)*
  E *(denomination for the genre of small zarzuelas)*
  F *(désignation pour le genre de petites zarzuelas)*
  I *(denominazione per il genere di piccole zarzuelas)*
  U *(kisebb zarzuelák gyüjtőneve)*
  R *(обозначение жанра небольших сарсуэл)*
∼s *pl* de voz: Stimmgattung
genouillère *f* F *arm* Kniedrücker
genre E Gattung
genre *m* F Gattung
gépmester U *teat* Maschinenmeister
gépzongora U mechanisches → Klavier; Pianola
gerade D ⟨*Schallbecher*⟩
  E straight
  F droit
  I diritto
  S recto
  U egyenes
  R прямой
geradelegen *v* D *tasto*
  E to level the keys
  F égaliser *v* les touches
  I livellare *v* i tasti
  S igualar/nivelar *v* las teclas
  U egyenesbe rakni *v*, *fam* grádlégolni
  R поправлять *v* клавиши
geradsaitig D *pfte*
  E parallel/straight strung
  F en cordes parallèles/droites

  I a corde parallele
  S de encordado paralelo/recto
  U egyenes húrozású
  R прямострунный
Geräusch *n* D
  E noise
  F bruit *m*
  I rumore *m*
  S ruido *m*
  U zaj, zörej
  R шум *m*
Geräuschkulisse *f* D
  E background noise
  F bruitage *m*, bruit *m* de fond, décor *m* sonore
  I sfondo *m* di musica/rumore
  S bruitage *m*, ruido *m*/música *f* de fondo
  U hangkulissza
  R шумовая кулиса *f*
Geräuschmesser *m* D
  E sound-level indicator, sonometer, phonometer, audiometer
  F phonomètre *m*, audiomètre *m*
  I sonometro *m*
  S audímetro *m*, fonómetro *m*
  U zajszintmérő
  R шумомер *m*
gerenda U Notenbalken; *archi* Stimmbalken; *corda* Baßbalken
— gerendát behelyezni *v corda* barrer
— gerendával összekötve: mit einem → Querbalken verbunden
German E; ∼ action *pfte* deutsche → Mechanik
∼ flute *obs* = transverse flute
∼ polka *bl* Schottischer
∼ **sixth chord** E ⟨*on flat submediant*⟩
  D *(Dominantnonakkord ohne Grundton zur Dominante, mit tiefalterierter Quint als Baßton)*
  F *(accord de neuvième sur la sus-tonique, sans fondamentale, avec quinte altérée — baissée — à la basse)*
  I sesta *f* tedesca ⟨*nona di dominante, senza fondamentale, con terza maggiore, quinta giusta, sesta eccedente*⟩
  S *(acorde de novena menor sobre la supertónica, sin fundamental y con quinta alterada descendente como base)*
  U *(a dominánsra irányuló alaphang nélküli (szeptim)nónakkord lefelé módosított kvinttel)*
  R *(вводный квинтсекстаккорд к доминанте с пониженной терцией, увеличенный квинтсекстаккорд)*
∼ **sixth chord** ⟨*on flat supertonic*⟩
  D *(Dominantnonakkord ohne Grundton mit tiefalterierter Quint als Baßton)*
  F *(accord de neuvième mineure sans fondamentale, avec quinte altérée — baissée — à la basse)*
  I sesta *f* tedesca ⟨*nona di dominante senza fondamentale, con terza maggiore, quinta giusta, sesta eccedente*⟩

S *(acorde de novena menor sin fundamental con quinta alterada — descendente — como base)*

U *(alaphang nélküli dominâns (szeptim-) nónakkord lefelé módositott kvinttel a basszusban)*

R *(квинтсекстаккорд седьмой ступени с пониженной терцией)*

ges *n* D *ton*
E G flat
F sol *m* bémol
I sol *m* bemolle
S sol *m* bemol
U gesz
R соль-бемоль *m*

Gesamtkunstwerk *n* D ⟨*Wagner*⟩
E *(work uniting all the arts)*
F fusion *f* des arts, œuvre *m* de synthèse
I opera *f* d'arte totale
S fusión *f* de las artes, obra *f* de arte to-tal
U "Gesamtkunstwerk"
R синтетическое художественное произ-ведение *n*

Gesang *m* D
E singing, song
F chant *m*
I canto *m*
S canto *m*, canción *f*, cante *m*
U ének, dal
R пение *n*

~ **studieren** *v*
E to study singing, A: to study voice
F étudier *v* le chant
I studiare *v* canto
S estudiar *v* canto
U énekelni tanulni *v*
R учиться *v* пению
— ambrosianischer ~ = ambrosianischer → Kirchengesang
— anglikanischer ~ Anglican chant
— fester ~ *obs* = Cantus firmus
— gallikanischer ~ = gallikanischer → Kirchengesang
— mozarabischer ~ = mozarabischer → Kirchengesang
— weltlicher ~ tono humano

Gesangbuch *n* D
E song/hymn book, hymnal
F livre *m* de cantiques, psautier *m*
I libro *m* di canto
S libro *m* de cantos, cancionero *m*
U (egyházi) énekeskönyv
R сборник *m* духовных песнопений

gesanglich D *prescr* cantabile

Gesangskunst *f* D
E art of singing, vocal art
F art *m* vocal/du chant
I arte *f* del canto
S arte *f* vocal/del canto
U énekművészet
R искусство *n* пения, вокальное искус-ство *n*

Gesangslehrer *m*, **Gesangspädagoge** *m* D
E singing-master, singing/A: voice teacher
F professeur *m* de chant
I maestro/insegnante *m* di canto
S maestro/profesor *m* de canto
U énektanár
R учитель *m* пения

Gesangspartitur *f* D
E vocal score
F partition *f* vocale
I partitura *f* vocale
S partitura *f* vocal/de canto,
U énekpartitúra
R вокальная партитура *f*

Gesangsstück *n* D
E vocal piece
F pièce *f* vocale
I pezzo *m* vocale
S trozo *m*/pieza *f* vocal/de canto
U énekhangra írt mű/darab
R вокальная пьеса *f*

Gesangsstunde *f* D
E singing lesson
F leçon *f* de chant
I lezione *f* di canto
S lección *f* de canto
U énekóra
R урок *m* пения

Gesangstechnik *f* D
E vocal technique
F technique *f* vocale
I tecnica *f* vocale
S técnica *f* vocal/del canto
U énektechnika
R вокальная техника *f*

Gesangsübung *f* D
E vocal study/exercise
F exercice *m* vocal, vocalise *f*
I esercizio *m* vocale
S ejercicio *m* vocal, estudio *m*, vocaliza-ción *f*
U énekgyakorlat
R вокальное упражнение *n*, вокализ *m*

Gesangsunterricht *m* D
E study of singing, voice teaching, singing lessons *pl*
F enseignement *m* du chant
I insegnamento *m* del canto
S enseñanza *f* del canto
U énektanítás, énekoktatás
R обучение *n* пению

Gesang(s)verein *m* D
E choral society
F société *f* chorale
I associazione/società *f* corale
S sociedad *f* coral, orfeón *m*
U dalegylet, dalárda
R певческое общество *n*

gesangvoll D *prescr* cantabile

geschränkt D → schränken

geschwind D *prescr* celere

Gesellschaftslied *n* D ⟨16. *sec*⟩
E *(polyphonic song of the middle class)*

F *(chanson polyphonique de caractère social, de la classe bourgeoise)*
I *(canto polifonico di carattere sociale delle classi borghesi)*
S *(canto alemán polifónico de las clases burguesas)*
U társasének
R *(светская многоголосная песня бюргерских кругов)*

Gesellschaftstanz *m* D
E ballroom dance
F danse *f* de société/salon
I danza *f* da sala da ballo
S baile *m* de salón/sociedad
U társasági tánc
R салонный/бальный танец *m*

geses *n* D *ton*
E G double-flat
F sol *m* double bémol
I sol *m* doppio bemolle
S sol *m* doble bemol
U geszesz
R соль-дубль-бемоль *m*

gesperrt D *corda* ⟨*Hals*⟩
E spliced, laminated
F contreplaqué
I rinforzato
S contraplacado, contreplaqué
U ragasztott, enyvezett
R вставной ⟨*о шейке*⟩

Gestalt *f* D
E shape, configuration, gestalt
F forme *f*, figure *f*
I forma *f*, configurazione *f*
S configuración *f*, forma *f*
U alak(zat), forma
R образ *m*

gestalt E Gestalt

Gestaltung *f* D
E interpretation, shaping
F interprétation *f*
I interpretazione *f*
S interpretación *f*
U alakítás, (meg)formálás
R трактовка *f*

geste *m* F; ∼ conclusif *dir* Abschlag; Abschluß
∼ préparatoire *dir* Auftakt
∼ terminal *dir* Abschlag

gesto *m* I; ∼ di chiusa *dir* Abschluß
∼ di chiusura *dir* Abschlag

gesto *m* S; ∼ conclusivo *dir* Abschluß
∼ de cortar *dir* Abschlag
∼ de terminar *dir* Abschlag

gestopft D *cor*
E stopped
F étouffé, bouché
I chiuso
S tapado
U fojtott
R закрытый

gesz U *ton* ges

geszesz U *ton* geses

geteilt D divisi

getragen D *prescr* sostenuto

Getriebe *n* D *pfte* = Mechanik

gewandt D *prescr* agile

Gewebe *n* D
E fabric, texture, web
F tissu *m*, trame *f*, construction *f*
I tessuto *m*, trama *f*, costruzione *f*
S tejido *m*, trama *f*, textura *f*
U szövedék, textúra
R ткань *f*

— **polyphones** ∼
E polyphonic texture
F tissu *m*/trame *f* polyphonique
I costruzione/trama *f* polifonica, tessuto *m* polifonico
S tejido *m* polifónico, trama *f* polifónica
U polifon textúra
R полифоническая ткань *f*

Gewicht *n* D *canna ancia, org*
E weight
F poids *m*
I peso *m*
S peso *m*
U súly
R груз(ик) *m*

gewöhnlich D; wie ∼ come al solito

gewölbt D *str*
E vaulted, round-back
F voûté, bombé
I convesso
S convexo
U domború
R выпуклый

geziert D *prescr* affettato

gezupft D *prescr, corda* pizzicato

G-gyűrű U *legni* G-Brille

ghiera *f* I *ottoni* Zwinge

ghironda *f* I Drehleier

giambo *m* I Jambus

giccs U Schnulze

Gidshak *f* D гиджак

gidzsak U гиджак

Gießbank *f* D *canna*
E casting bench
F table *f* à couler
I tavola *f* di fusione
S banco *m* de fundidor
U öntőpad
R литейная скамья *f*

Gießbeckenknorpel *m* D
E arytenoid cartilage
F cartilage *m* aryténoïde
I cartilagine *f* aritenoide
S aritenoides *m*
U kannaporc
R черпаловидный хрящ *m*

gießen *v* D *canna*
E to cast
F couler, fondre
I fondere
S fundir
U önteni
R отливать

Gießleinwand *f* D *canna*
  E linen cover, fustian
  F toile *f*, coutil *m*
  I tela *f* per fusione
  S fustán *m*
  U öntővászon
  R полотно *n* для литья
giga *f* I S jig
Gigue *f* D jig
gigue E = jig
gigue *f* F jig
gimp *v* E *corda* umspinnen
gimped E *corda* hesponnen; umsponnen
ginocchiera *f* I *arm* Kniedrücker
giocoso I *prescr*
  D giocoso, spaßhaft
  E giocoso, *"jocular"*
  F giocoso, joyeux
  S giocoso, jocoso, alegre
  U giocoso, játékosan, vidáman
  R giocoso, игриво, шутливо
giogo *m* I *camp* Joch
  ∼ ad arco *camp* gekröpftes → Joch
  ∼ diritto *camp* gerades → Joch
gioioso I *prescr*
  D gioioso, fröhlich, lustig
  E gioioso, *"joyous"*, *"merrily"*
  F gioioso, joyeux, gai
  S gioioso, alegre, festivo
  U gioioso, vidáman, jókedvűen
  R gioioso, радостно, весело
gipsy E; ∼ band: cigánybanda
  ∼ music: Zigeunermusik
  ∼ scale: Zigeunertonleiter; magyar → skála
  ∼ song: Zigeunerlied
gira *f* S; ∼ de conciertos: tournée de concert
  — hacer *v* una ∼ faire une → tournée
giradischi *m* I Schallplattenspieler
Giraffenklavier *n* D
  E cabinet/giraffe piano
  F piano-giraffe *m*
  I *(pianoforte verticale con la parte superiore della cassa armonica di forma asimmetrica)*
  S piano *m* jirafa
  U zsiráf(zongora)
  R жирафовидное фортепьяно *n*
giraffe piano E Giraffenklavier
giro *m* I; ∼ concertistico: tournée de concert
  ∼ melodico: melodische → Wendung
  ∼ verso: Wendung nach
  — fare *v* un ∼ artistico: faire une → tournée
giro *m* S Wendung
  ∼ cadencial: Kadenzwendung
  ∼ melódico: melodische → Wendung
girotondo *m* I *bl* Reigen
gis *n* D *ton*
  E G sharp
  F sol *m* dièse
  I sol *m* diesis
  S sol *m* sostenido
  U gisz
  R соль-диез *m*

gisis *n* D *ton*
  E G double-sharp
  F sol *m* double dièse
  I sol *m* doppio diesis
  S sol *m* doble sostenido
  U giszisz
  R соль-дубль-диез *m*
gisz U *ton* gis
giszisz U *ton* gisis
gitár U guitarra
  — billentyűs ∼ guitarra de teclado
  — elektromos ∼ guitarra eléctrica
  — fémhúros ∼ guitarra de jazz
  — hawaii ∼ guitarra hawaiana
  — kis ∼ guitarrico
gitárcitera U cítara guitarra
gitárjátékos U guitarrista
gitárkészítő U guitarrero
gitáros U guitarrista
Gitarre *f* D guitarra
  ∼ mit eingebuchtetem Korpus: guitarra con escotaduras
  — elektrische ∼ guitarra eléctrica
  — kleine ∼ guitarrico
Gitarrenbauer *m* D guitarrero
Gitarrenharfe *f* D arpa-guitarra
Gitarrenvioloncello *n* D = Arpeggione
Gitarrist *m* D guitarrista
Gitarristin *f* D guitarrista
Gitarrzither *f* D cítara guitarra
Gitterrassel *f* D
  E frame rattle, angklung
  F idiophone *m* glissant, anklang *m* javanais
  I angklung *m*
  S sonaja *f* deslizada
  U anklung
  R яванская погремушка *f*
Gitterwerk *n* D *org*
  E grid
  F grille *j*
  I reticolo *m*
  S canales *m pl*
  U kancellasor
  R решётка *f*
giù I; in ∼ abwärts
giuntatrice *f* **automatica** I *magn* automatische → Klebepresse
giuoco *m* I; gran ∼ *arm* grand jeu
giustamente I *prescr* = giusto
giusto I rein
∼, giustamente I *prescr*
  D giusto, giustamente, genau
  E giusto, giustamente, *"exact"*, *"with exactitude"*
  F giusto, giustamente, précis, exact, avec précision
  S giusto, giustamente, justo, exacto, exactamente
  U giusto, giustamente, pontosan
  R giusto, giustamente, точно
give *v* E; ∼ the pitch: Ton angeben
G-kulcs U G-Schlüssel; Violinschlüssel
  — francia ∼ französischer → Violinschlüssel

Glanz *m* D
  E lustre, brilliance
  F lustre *m*, éclat *m*
  I lustro *m*, splendore *m*
  S brillo *m*
  U fény, ragyogás
  R блеск *m*
glänzend D brillante
glas *m* F Totenglocke
glas R → глас
— glavnye ⁓ у главные →гласы
— pobočnye ⁓ у побочные →гласы
Glasharfe *f* D
  E glass harp
  F harmonica *m* de verres
  I arpa *f* di vetro
  S armónica *f* de copas, copólogo *m*
  U üveghárfa
  R (стеклянный фрикционный инстру-
   мент)
Glasharmonika *f* D
  E glass (h)armonica, musical glasses *pl*
  F harmonica *m* de verres, série *f* de coupes
   de verre frottées
  I armonica *f* a cristalli rotanti
  S armónica *f* de copas, copólogo *m*
  U üvegharmonika
  R стеклянная гармоника *f*
glass E; ⁓ (h)armonica: Glasharmonika
 ⁓ harp: Glasharfe
Glasschalenspiel *n* D
  E musical glasses *pl*
  F harmonica *m* de verres
  I armonica *f* a bicchieri, bicchieri *m pl*
   musicali
  S armónica *f* de copas, copólogo *m*
  U zenélő poharak *pl*
  R стеклянные идиофоны *m pl*
Glaubensbekenntnis *n* D = Credo
glavnye glasy R главные → гласы
glee E ⟨17—19. sec⟩
  D (drei- bis fünfstimmiges Lied, gewöhnlich
   für Männerstimmen)
  F (forme a cappella, de trois à cinq voix,
   pour voix d'hommes)
  I (composizione per coro maschile a tre,
   quattro e cinque voci)
  S (composición para voces masculinas, a
   tres, cuatro o cinco voces)
  U (három – öt szólamú dal, legtöbbször férfi-
   hangokra)
  R (жанр многоголосной английской песни
   от трёх до пяти голосов, обычно для
   мужского вокального ансамбля а капелла)
⁓ club
  D (Gesangverein zur Pflege der glees)
  F (société d'amateurs pour l'exécution des
   glees)
  I (associazione corale destinata alla divul-
   gazione del glee)
  S (sociedad para la ejecución de glees)
  U (dalegylet a glee ápolására)

  R (певческое общество, культивировав-
   шее жанр glee)
gleichmäßig D
  E even, equal
  F d'une façon égale/uniforme/equale
  I uniforme, uniformemente
  S igual, uniforme
  U egyenletes(en)
  R ровный, одинаковый
gleichrichten *v* D
  E to rectify
  F rectifier
  I rettificare
  S rectificar
  U egyenirányítani
  R выпрямлять
Gleichrichter *m* D
  E rectifier
  F rectificateur *m*, redresseur *m*
  I rettificatore *m*
  S rectificador *m*
  U egyenirányító
  R детектор *m*
gleitend D *prescr* glissando
glisando S *prescr* glissando
Glissando *n* D glissando
⁓ mit Pedal *prescr*, *timp* glissando col pe-
  dale
glissando I *prescr*
  D glissando, gleitend
  E glissando, "sliding"
  F glissando, en glissant
  S glissando, glisando, resbalando
  U glissando, csúszva
  R glissando, глиссандо, «скользя»
glissando *m* I
  D Glissando *n*
  E glissando
  F glissando *m*
  S glissando *m*
  U glissando
  R глиссандо *n*
⁓ col pedale *prescr*, *timp*
  D Glissando *n* mit Pedal
  E pedal glissando
  F roulement *m* glissé
  S glissando *m* obtenido con el pedal
  U glissando pedállal
  R педальное глиссандо *n*
glissando *m* S glissande
⁓ obtenido con el pedal *prescr*, *timp* glissando
  col pedale
glissando U glissando
⁓ pedállal *prescr*, *timp* glissando col pedale
glissant F; en ⁓ *prescr* glissando
globular flute E Gefäßflöte
Glöckchen *n* D
  E small bell
  F clochettes *f pl*
  I campanelle *f pl* a calotta
  S campanilla *f*
  U harangocska
  R колокольчик *m*

~ org
　E campana
　F carillon *m*, jeu *m* de cloches
　I campane *f pl*
　S carillón *m*, juego *m* de campanas
　U harangjáték
　R глокхен *m*, карийон *m*

Glocke *f* D
　E bell
　F cloche *f*
　I campana *f*
　S campana *f*
　U harang
　R колокол *m*

~ n *pl ‹im Orchester›* = Röhrenglocken

~ n gießen *v*
　E to cast bells
　F fondre *v* des cloches
　I fondere *v* le campane
　S fundir *v* campanas
　U harangot önteni *v*
　R отливать *v* колокола

~ läuten *v* = läuten

~ schlagen *v*
　E to strike a bell
　F frapper *v* extérieurement
　I percuotere/colpire *v* una campana
　S tocar *v* las campanas, sonar *v* las campanas (con batiente exterior)
　U harangot megütni *v*
　R ударить *v* в колокол

Glockenbalken *m* D
　E beam
　F hune *f*
　I cicogna *f*
　S brazo *m*
　U (harang)váll
　R балка *f* для подвешивания колокола

Glockendisposition *f* D = Geläute

Glockenform *f* D
　E shape, mo(u)ld
　F moule *m*
　I forma *f* modello *m* delle campane
　S molde *m*
　U harangforma
　R форма *f* колокола

Glockengambe *f* D
　E bell-gamba
　F bell-gamba *f*
　I viola *f* (dal corpo a forma di) campana
　S viola *f* de campana, bell-gamba *f*
　U harang alakú gamba
　R *(разновидность гамбы)*

Glockengeläute *n* D = Geläute

Glockengerüst *n* D = Glockenstuhl

Glockengießer *m* D
　E bell founder/caster/maker
　F fondeur *m* de cloches
　I fonditore *m* di campane
　S fundidor *m* de campanas
　U harangöntő
　R мастер *m* по отливке колоколов

Glockengießerei *f* D
　E bell foundry
　F fonderie *f* de cloches
　I fonderia di campane
　S fundería *f* de campanas
　U harangöntöde
　R колокольный завод *m*

Glockenguß *m* D
　E bell founding casting
　F fonte *f* de la cloche
　I fusione *f* della campana
　S fundición *f* de campanas
　U harangöntés
　R отливка *f* колоколов

Glockengut *n*, **Glockenmetall** *n*, **Glockenspeise** *f* D
　E bell metal
　F bronze *m* de cloche
　I metallo *m* per campane, lega *f* di bronzo e piombo
　S metal *m* de campana, bronce *m*
　U harangfém
　R колокольная бронза *f*

Glockenhammer *m* D
　E bell hammer
　F marteau *m*
　I battaglio *m*, martello *m*, battente *m*
　S badajo *m*, martillo *m*, batiente *m*, lengua *f*
　U harangnyelv, harangütő
　R ударник/язык *m* колокола

Glockenkunde *f* D = Campanologie

Glockenmetall *n* D = Glockengut

Glockenmodell *n* D ‹beim Guß›
　E bell mo(u)ld
　F modèle *m*
　I matrice *f*, forma *f*, stampo *m*
　S molde *m*
　U harangminta
　R форма *f* для отливки колокола

Glockenplatte *f* D *camp*
　E crown
　F cerveau *m*
　I coppo *m*, sommo *m*
　S corona *f*
　U platni
　R сковорода *f* колокола

Glockenrand *m* D *camp* = Schärfe

— **oberer** ~
　E shoulder
　F bord *m* supérieur
　I *(punto più alto del profilo)*
　S borde/cerco *m* superior
　U váll
　R плечо *n* колокола

Glockenschlag *m*, **Schlag** *m* D
　E bell stroke
　F coup *m* de battant
　I colpo *m*/percossa *f* del battaglio
　S tañido *m*, campanada *f*
　U harangütés
　R удар *m* колокола

Glockenseil *n*, **Glockenstrang** *m* D
　E bell rope

F corde *f* de la cloche
I fune *f*, corda *f*
S cuerda *f* de campana
U harangkötél
R верёвка *f* колокола
Glockenspeise *f* D = Glockengut
Glockenspiel *n* D
E "glockenspiel", chime-bells *pl*, carillon
F "Glockenspiel" *m*, carillon *m*, jeu *m* de timbres
I campanelli *m pl*, carillon *m*, "Glockenspiel" *m*
S carillón *m*, campanólogo *m*, juego *m* de timbres, Glockenspiel *m*
U harangjáték
R колокольчики *m pl*
~ *org*
E carillon, chimes *pl*
F carillon *m*
I campanella *f*
S carillón *m*
U harangjáték
R глокеншпиль *m*
glockenspiel E Glockenspiel; Stabspiel; *mil* Lyra
– like a ~ glockenspielartig
Glockenspiel *m* F Glockenspiel; Stabspiel; *mil* Lyra
– à la manière du ~ glockenspielartig
Glockenspiel *m* I Glockenspiel
– come un ~ glockenspielartig
glockenspielartig D
E like a "glockenspiel"/carillon
F à la manière du "Glockenspiel", comme un carillon
I come un Glockenspiel
S a manera de carillón, como un carillón
U harangjátékszerű(en)
R по типу колокольчиков
Glockenspieler *m* D
E carillonneur, carillon player, carillonist
F carillonneur *m*
I suonatore *m* di campanelli/carillon
S campanero *m*, carillonero *m*
U harangjátékos
R играющий *m* на колокольчиках
Glockenstrang *m* D = Glockenseil
Glockenstube *f* D
E bell loft/chamber
F cage *f* du clocher
I cella *f* campanaria
S sostén/armazón *m*/cámara *f* del campanario
U harangszoba, haranghág
R помещение *n* для колоколов на колокольне
Glockenstuhl *m*, **Glockengerüst** *n* D
E bell frame/cage
F charpente *f* du clocher, beffroi *m*
I incastellatura *f* delle campane
S marco *m* de campana
U harangláb, harangszék
R балка *f* для подвешивания колоколов

Glockenturm *m* D
E bell tower, belfry
F clocher *m*
I campanile *m*, torre *f* campanaria
S campanario *m*, campanil *m*, torre *f* de las campanas
U harangtorony
R колокольня *f*
Glockenweihe *f* D
E dedication of a bell
F baptême *m*/bénédiction *f* d'une cloche
I benedizione *f* di una campana
S bendición *f*/bautizo *m* de una campana
U harangszentelés, harangavatás
R освящение *n* колокола
Glockenzapfen *m* D
E bell gudgeon
F anses *f pl*, colombettes *f pl*
I bilichi *m pl*
S ansa *f*, aro *m*, anillo *m*
U csap
R *(железная ось, на которой качается колокол)*
Glockenzug *m* D *org*
E bell stop, carillon
F jeu *m* de cloches, carillon *m*
I campane *f pl*
S carillón *m*, juego *m* de campanas
U harangregiszter
R рычаг *m*, включающий регистр глокеншпиль
Glöckleinton *m* D *org*
E carillon
F carillon *m*
I carillon *m*
S carillón *m*
U "Glöckleinton", harangjáték
R карийон *m*
gloomy E düster
glosa *f* S
D *(besondere spanische Form der Variation über ein gegebenes Thema)*
E *(special Spanish form of variation on a given theme)*
F glosa *f* ⟨*forme spéciale de variation sur un thème donné*⟩
I *(forma di variazione simile alla diferencia)*
U *(adott téma feletti variáció spanyol formája)*
R *(испанская форма вариаций на данную тему)*
glotis *f* S Stimmritze
glottal E; ~ attack/stop *canto* harter → Einsatz
glotte *f* F Stimmritze
glottide *f* I Stimmritze
glottis E Stimmritze
Glottisschlag *m* D = harter → Einsatz
g-Moll *n* D
E G minor
F sol *m* mineur
I sol *m* minore
S sol *m* menor
U g-moll
R соль *n* минор

g-moll U g-Moll
go *v* E; ~ over again: überarbeiten
goblet drum E Vasentrommel
gods *pl* E *teat* Olymp
gola *f* I Kehle; Rachen; *ancia* taille; *camp* Obersatz; *canna* Röhrchen; *cl* Höhlung; *pfte* Hohlkehle
~ a lacrima *canna ancia* deutsche → Kehle
~ aperta *canna ancia* französische → Kehle
~ chiusa *canna ancia* deutsche → Kehle
~ francese *canna ancia* französische → Kehle
~ inglese *canna ancia* englische → Kehle
~ tedesca *canna ancia* deutsche → Kehle
golfo *m* **mistico** I *teat* Orchesterraum
Goliard E; ~ song Goliardenlied
goliárddal U Goliardenlied
Goliardenlied *n* D
  E Goliard song
  F chanson *m* de Goliard
  I canto *m* goliardico
  S canción *f* goliárdica/de goliardo, canto *m* de goliardos
  U goliárddal
  R песня *f* голиардов
golovščik R → головщик
golpe *m* S Schlag
~s *pl perc* Vorschlag
~ cruzado *perc* Kreuzschlag
~ de arco *archi* Strich; Strichart; *arco* Bogenführung
~ de glotis *canto* harter → Einsatz
~ doble *perc* Doppelschlag
~ simple *perc* einfacher → Schlag
~ dar *v* un ~ de arco *corda* anstreichen
~ doble ~ *perc* drag
~ triple ~ *perc* ruff
~ triple ~ de lengua *fl* Tripelzunge
golyósszelep U *org* Kugelventil
gomb U *corda* Knopf; *fiati* Druckplättchen; *fis* Knopf; *fis, org* Druckknopf
gömb alakú U *canna ancia* kugelförmig
gomito *m* I *canna* Kropf; Kröpfung; *org* Kröpfung
~ a più settori *canna* Rundkropf
~ con angolo *canna* Doppelkropf
~ semplice *canna* einfacher → Kropf
~ a ~ *canna* gekröpft
~ doppio ~ a più settori *canna* Doppelrundkropf
Gondellied *n* D barcaruola
gondola song E barcaruola
Gong *m* D
  E gong
  F gong *m*
  I gong *m*
  S gong(o) *m*, batintín *m*
  U gong
  R гонг *m*
gong E Gong; Tam-Tam
gong *m* F Gong
gong *m* I Gong
~s *pl* cinesi: chromatisch gestimmtes → Gongspiel

gong *m* S Gong; Tam-Tam
gong U Gong; Tam-Tam
— kromatikusan hangolt ~ chromatisch gestimmtes → Gongspiel
gongjáték U; kromatikusan hangolt ~ chromatisch gestimmtes → Gongspiel
gongo *m* S Gong
Gongspiel *n* D; **chromatisch gestimmtes ~**
  E tuned gong-carillon
  F jeu *m* de gongs
  I gongs *m pl* cinesi
  S juego *m* de gongs
  U kromatikusan hangolt gong(játék)
  R набор *m* хроматически настроенных гонгов
Gopak *m* D *bl* гопак
gopak E U *bl* гопак
gopak *m* F I *bl* гопак
gopák *m* S *bl* гопак
görbe U; utánzengési ~ Nachhallkurve
görbekürt U Krummhorn
gordon U contrabbasso
gordonka U violoncello
— zenekari ~ violoncello d'orchestra
gordonkás U cellista
gördülékenység U Geläufigkeit
gorge *f* F Kehle; Rachen; *camp* Hals; *canto* Ansatzrohr; *cl* Höhlung; *pfte, vl* Hohlkehle
gorgheggiare *v* I *canto*
  D diminuieren, verzieren, kolorieren
  E (to improvise vocal ornamentation)
  F diminuer, orner, "colorer"
  S gorjear, florear, ornar
  U díszíteni, diminuálni
  R (орнаментировать мелодию в пении)
gorgia *f* I *canto*
  D (Bezeichnung für Gesangskoloraturen)
  E "gorgia"
  F fioritures *f pl*
  S floreos *m pl*, florituras *f pl*
  U gorgia
  R пение *n* с импровизированными фиоритурами
gorgito *m* S coloratura
görgő U Rolle; *legni* Walze
gorjear *v* S *canto* gorgheggiare
gosier *m* F *canna* Kropf
gospel E Evangelium
~ song
  D (religiöses Lied der nordamerikanischen Neger)
  F "gospel song" *m*
  I (canto religioso dei negri nord-americani)
  S "gospelsong" *m*
  U (észak-amerikai négerek vallásos éneke)
  R (жанр духовного песнопения северо-американских негров)
gosudarevy pevčie d'jaki R государевы певчие → дьяки
Gothic(-style) notation E gotische → Notenschrift
Gottesdienst *m* D
  E Divine Service, religious service

F service *m* divin/religieux
I servizio *m* divino/religioso
S servicio *m* (divino/religioso), culto *m*, oficio *m*
U istentisztelet
R богослужение *п*
gourd E güiro
∼ guiro: Kürbisraspel
∼ rattle: Kürbisrassel
∼ scraper: Kürbisraspel
gozos *m pl* S
  D *(volkstümliche geistliche Lieder mit Refrain)*
  E *(popular religious songs with a refrain)*
  F *(chants populairs religieux avec refrain)*
  I *(canzoni popolari spirituali con ritornelli)*
  U *(refrénes vallásos népénekek)*
  R *(духовные песни народного характера с рефреном)*
grabación *f* S Schallaufzeichnung; *gram, magn* Aufnahme
∼ directa: Mitschnitt
∼ lateral *gram* Seitenschrift
∼ sobre cinta: Bandaufnahme
∼ vertical *gram* Tiefenschrift
— hacer/realizar *v* una ∼ *gram, magn* Aufnahme machen
grabado *m* S Stich
∼ de música: Notenstich
grabador *m* S Stecher
∼ de música: Notenstecher
grabar *v* S aufnehmen; stechen; *gram* einspielen; *gram, magn* Aufnahme machen
∼ durante una ejecución musical pública *gram, magn* mitschneiden
Grabgesang *m* D
  E dirge, funeral song
  F chant *m* funèbre
  I canto *m* funebre
  S canto *m* funeral/fúnebre/funerario, nenia *f*
  U temetési/halotti ének
  R похоронная песня *f*, плач *m*
grace E Anmut; Tischgebet; Verzierung
grâce *f* F Anmut
— avec ∼ *prescr* grazioso; leggiadro
Grâces *f pl* F Tischgebet
gracia *f* S Anmut
gracieux F *prescr* grazioso; leggiadro
grácil S *prescr* gracile
gracile I *prescr*
  D gracile, dünn, zart
  E gracile, *"gently"*
  F gracile
  S gracile, grácil, suavemente
  U gracile, gyengéden
  R gracile, изящно
graciosamente S *prescr* leggiadro
gracioso S *prescr* grazioso; leggiadro
gradation E Abstufung; Steigerung
gradevole I *prescr*
  D gradevole, angenehm, gefällig
  E gradevole, *"agreeable"*, *"pleasant"*
  F gradevole, agréable

S gradevole
U gradevole, *"kellemes(en)"*
R gradevole, «приятно», приветливо
gradito I *prescr*
  D gradito, angenehm
  E gradito, *"agreeably"*
  F gradito, agréable
  S gradito
  U gradito, *"kellemesen"*
  R gradito, приятно
grádlégolni *v* U *fam, tasto* geradelegen
grado *f* I Stufe; *ton* Schritt
— gradi *pl* naturali: Stammstufen
— di ∼ (congiunto) *ton* schrittweise
— secondo ∼ Dominantseptakkord ohne Grundton zur Tonikaparallele
— settimo ∼ Dominantseptakkord ohne Grundton
grado *m* S Stufe; *ton* Schritt
— por ∼s conjuntos *ton* schrittweise
— segundo ∼ Dominantseptakkord ohne Grundton zur Tonikaparallele
— séptimo ∼ Dominantseptakkord ohne Grundton
graduación *f* S Abstufung
gradual E Graduale
∼ psalms *pl* Gradualpsalmen
gradual *m* S Graduale
Graduale *n* D
  E gradual
  F graduel *m*
  I graduale *m*
  S gradual *m*
  U graduálé
  R градуал *m*
graduale *m* I Graduale
graduálé U Graduale
gradually muted E *fiati* allmählich → Dämpfer aufsetzen
Gradualpsalmen *m pl* D
  E gradual psalms *pl*
  F psaumes *m pl* graduels
  I salmi *m pl* al graduale
  S salmos *m pl* graduales
  U graduálzsoltár
  R градуальные псалмы *m pl*
graduálzsoltár U Gradualpsalmen
graduare *v* I abstufen
graduate *v* E abstufen
graduation *f* F Abstufung
graduazione *f* I Abstufung
graduel *m* F Graduale
graffa *f* I accolade
gráfica *f* S Notenbild
gráfico *m* S; ∼ de reverberación resonancia: Nachhallkurve
grafismo *m* S Notenbild
grain *m* F *ottoni* Kesselbohrung
gralla *f* S
  D *(Schalmei-Instrument)*
  E *(instrument of the shawm type)*
  F *(instrument de la famille de chalumeaux)*
  I *(strumento della famiglia di cennamelle)*

U *(schalmei tipusú hangszer)*
R *(инструмент типа свирели)*
grammofono *m* I Grammophon
Grammophon *n* D
    E gramophone, A: phonograph
    F gramophone *m*
    I grammofono *m*
    S gramófono *m*
    U gramofon
    R граммофон *m*
gramofon U Grammophon
gramófono *m* S Grammophon; Schallplatten-
    spieler
gramophone E Grammophon; Schallplatten-
    spieler
~ record: Schallplatte
gramophone *m* F Grammophon
grand E *pfte* Flügel
~ mixture *org* Großmixtur
~ opera: grand → opéra
~ piano *pfte* Flügel
~ piano action: Flügelmechanik
~ piano case: Flügelgehäuse
~ piano with aliquot strings: Aliquotflügel
~ top: *pfte* Flügeldeckel; Klavierdeckel
grandeur *f* d'un intervalle F Intervallgröße
grandezza *f* dell'intervallo I Intervallgröße
grand-opéra *m* I grand → opéra
granire *v* I; ~ le note
    D *(die einzelnen Töne deutlich voneinander*
    absetzen)
    E to articulate
    F détacher
    S articular, destacar
    U artikulálni
    R *(отчётливо отделять звуки один от*
    другого)
grappe *f* de notes F note cluster
gratter *v* F *lt* durchstreichen
gratteur *m* métallique F Metallraspel
grave F grave; tief
— mi *m* ~ tief E
grave I tief
~, gravemente *prescr*
    D grave, gravemente, schwer, ernst
    E grave, gravemente, "*solemn(ly)*",
    "*slow(ly)*"
    F grave, gravemente, grave, avec gravité
    S grave, gravemente
    U grave, gravemente, súlyos(an), lassan
    R grave, gravemente, тяжело, серьёзно
— mi *m* ~ tief E
grave S tief; *prescr* grave
— mi *m* ~ tief E
gravemente I S *prescr* = grave
graver *v* F stechen
graveur *m* F Stecher
~ de musique: Notenstecher
gravité *f* F; avec ~ *prescr* grave
gravure *f* F Stich; *arm* Kanzelle; *org* Einschnitt;
    Kanzelle; Registerkanzelle
~ musicale: Notenstich
~ sans jeu *org* blinde → Kanzelle

grazia *f* I Anmut
graziös D *prescr* grazioso
grazioso I *prescr*
    D grazioso, anmutig, graziös
    E grazioso, "*graceful*"
    F grazioso, gracieux, avec grâce
    S grazioso, gracioso
    U grazioso, "*bájos(an)*", "*kecses(en)*"
    R grazioso, грациозно
great E; ~ cornett: Baßzink
~ coupler *org* Kollektivkoppel
~ mean *lt* Großsangsaite
~ mixture *org* Mixtur major
~ octave: große → Oktave
~ organ *org* Hauptwerk
~ semitone: großer → Halbton
~ service
    D *(Vertonung des liturgischen Amtes in der*
    anglikanischen Kirche in kunstvollem
    Satz)
    F *(service liturgique anglican non récité,*
    mais répété et orné)
    I *(modo artistico di musicare l'ufficio*
    liturgico della chiesa anglicana)
    S *(servicio litúrgico anglicano no recitado*
    sino amplificado y adornado)
    U *(az anglikán egyház liturgikus szertartá-*
    sainak gazdagabb megzenésítése)
    R *(переложение на музыку англиканского*
    литургического текста в художест-
    венно разработанном изложении)
greater whole tone E großer → Ganzton
green-room E *teat* Künstlerzimmer
Gregorian chant E Gregorianischer → Choral
gregoriánkorálisszerűen U choraliter
greifen *v* D *corda*
    E to stop, to play
    F jouer
    I suonare
    S pisar
    U fogni
    R взять, брать
~ *tasto*
    E to strike, to play
    F toucher, jouer
    I toccare, prendere
    S pisar bajar *v* la tecla
    U átérni
    R взять, брать
— eine Dezime ~ *tasto*
    E to span stretch a tenth
    F atteindre *v* une dixième
    I abbracciare prendere *v* una decima
    S abarcar *v* una décima
    U decimát (át)fogni *v*
    R взять/брать *v* дециму
grelots *m pl* F Schelle; Schellengeläute
grid E Kulissenrahmen; *org* Gitterwerk; *teat*
    Schnürboden
grieta *f* del alma S *canna* Kernspalte
Griff *m* D *legni* ⟨*Klappe*⟩
    E touch-piece, plate, spatula
    F clef *f*

I tasto *m*
S llave *f*
U fogás
R чашечка *f* клапана
Griffbrett *n* D *corda*
  E fingerboard, fretboard
  F touche *f*
  I tastiera *f*
  S batidor *m*
  U fogólap
  R гриф *m*
— **am ~** *prescr, corda*
  E on at the fingerboard
  F sur la touche
  I sulla/alla tastiera
  S sul tasto, sobre el batidor
  U a fogólapnál/fogólapon
  R y грифа
— **auf dem ~** *prescr, archi* flautato
Griffbrettsattel *m* D *vl* = Obersattel
Griff-C *n* D ⟨*auf dem Instrument*⟩
  E written C
  F position *f* du do
  I posizione *f* del do ⟨*riferito allo strumento*⟩
  S posición *f* del do
  U c-fogás
  R положение *n* звука «до» ⟨*на транспонирующем инструменте*⟩
Griffloch *n*, **Tonloch** *n* D *legni*
  E finger-hole, tone hole
  F trou *m*
  I foro *m*, buco *m*
  S agujero *m*, orificio *m*
  U hanglyuk
  R (звуковое) отверстие *n*
Grifflochhorn *n* D *legni*
  E horn with finger-holes
  F cornette *f*, cor *m* ancien percé de trous
  I corno *m* con fori
  S corneta *f* antigua horadada
  U fogáslyukas kürt
  R рог *m* с отверстиями
Griffnotation *f*, **Griffschrift** *f* D
  E finger/touch notation
  F tablature *f* ⟨*notation indiquant directement la position des doigts sur les touches*⟩
  I tablatura *f* ⟨*notazione che indica direttamente la posizione delle dita sulla tastiera*⟩
  S digitación *f*, dedeo *m*, tablatura *f*
  U fogásírás, tabulatúra
  R *(система записи инструментальной музыки, фиксирующая не высоту звука, а способ исполнения на инструменте)*
Grifftabelle *f* D *legni*
  E fingering chart
  F table *f* des positions, doigtés *m pl*
  I tavola *f* delle posizioni
  S cuadro *m* de posiciones, digitados *m pl*
  U fogástáblázat
  R таблица *f* аппликатуры
griglia *f* I *fis* Diskantjalousie; *org* jalousie; *pfte* Vollpanzerplatte
gril *m* F Kulissenrahmen; *teat* Schnürboden

grille *f* F *org* Gitterwerk
G-ring E *legni* G-Brille
grognement *m* F *gram, magn* Laufgeräusch
groove E *gram* Rille; *org* Kanzelle; *vl* Hohlkehle
~ block *org* Bank
~ width *gram* Rillenbreite
grosor *m* S *camp* Wandungsstärke; *canna* Wandstärke
groß D ⟨*Intervall*⟩
  E major
  F majeur
  I maggiore
  S mayor
  U nagy
  R большой
großartig D *prescr* maestoso
Großbrummer *m* D *lt*
  E bass
  F basse *f*
  I basso *m*
  S bajo *m*
  U *(legmélyebb, hatodik lanthúr)*
  R *(шестая струна лютни)*
Großmixtur *f* D *org*
  E grand mixture, furniture, plein-jeu
  F plein-jeu *m*, fourniture *f*, Grossmixtur *f*
  I grande mistura *f*, ripieno *m* grave
  S lleno *m*, plein-jeu *m*
  U nagymixtúra
  R большая микстура *f*
Großrhythmus *m* D
  E macro-rhythm
  F grand rythme *m*
  I macroritmo *m*
  S macrorritmo *m*
  U makroritmus
  R ритм *m* высшего порядка
Großsangsaite *f* D *lt*
  E great mean
  F grosse corde *f* du milieu, "mezzanella" *f*
  I mezzanella *f*
  S mezzanella *f*
  U *(a lant harmadik húrja)*
  R *(третья струна лютни)*
ground E; **~ (bass)**
  D *(Basso ostinato und Ostinato-Variationen)*
  F *(basse obstinée et variations sur basse ostinée)*
  I *(basso ostinato e variazioni sul basso ostinato)*
  S *(basso ostinato y variaciones sobre un basso ostinato)*
  U "ground"
  R граунд *m*, остинатный бас *m*
~ zither: Erdzither
ground-bow E Erdbogen
group E; **~ canon:** Gruppenkanon
~ lesson: Gruppenunterricht
~ of themes: Themengruppe
~ teaching: Gruppenunterricht
groupe *m* F; **~ de notes/sons:** note cluster
~ de thèmes: Themengruppe

~ des instruments à percussion: Schlaginstrumentengruppe
~ des cordes: Saitensatz
"Groupe m des cinq" F «Могучая кучка»
grouped together E mit einem → Querbalken verbunden
groupement m F; ~ des parties/voix: Stimmgruppierung
grouping E gram Füllschrift
~ of voices/parts: Stimmgruppierung
grow v E; ~ louder: anschwellen
growl E jazz
  D *(Instrumentaleffekte durch Veränderung der Klangfarbe und Intonation)*
  F growl m
  I *(effetti prodotti dalla variazione di timbro e d'intonazione)*
  S rezongar m, gruñir m
  U *(hangszeres effektusok a hangszín, ill. az intonáció változtatásával)*
  R *(инструментальные эффекты на основе изменения естественного тембра)*
gruccia f I *canna ancia* Stimmkrücke
~ per accordare org Intonierhaken
Grundakkord m D accord parfait de trois sons
Grundbaß m D basse fondamentale
~ fis
  E bass note
  F basse f
  I basso m
  S bajo m
  U alapbasszus
  R бас m
Grundbohrung f D *ottoni* = Kesselbohrung
Grunddreiklang m D accord parfait de trois sons
Grundgestalt f D *dod*
  E original form, original note/tone row, basic series/set
  F forme f directe/originelle de la série
  I serie f originale
  S serie f básica original
  U alapforma
  R основная/первоначальная форма f ряда
Grundstellung f, **Grundlage** f D *acc*
  E fundamental root position
  F position f fondamentale, accord m à l'état fondamental
  I posizione f fondamentale, stato m fondamentale dell'accordo
  S posición f fundamental
  U alaphelyzet
  R основной вид m
Grundstimme f D *org*
  E foundation stop, 8-ft register
  F fonds m pl
  I registro m di fondo
  S fondos m pl
  U alaphangsor
  R *(один из основных лабиальных регистров)*
Grundton m D ⟨*Tonart*⟩
  E key note

  F son m fondamental, fondamentale f
  I suono m fondamentale, fondamentale f, tonica f
  S tono m fundamental
  U alaphang
  R основной тон m
~ ⟨*Obertonreihe*⟩
  E fundamental (note/tone)
  F note f fondamentale
  I suono m fondamentale
  S nota f fundamental, fundamental f
  U alaphang
  R основной тон m
~ acc = Akkordgrundton
Grundtonart f D
  E main/principal key
  F tonalité f principale
  I tono m principale, tonalità f fondamentale
  S tonalidad f/tono m principal
  U alaphangnem
  R основная тональность f
grundtönig D ⟨*wenig Obertöne enthaltend*⟩
  E fundamental
  F fondamental
  I puro
  S fundamental
  U felhangszegény
  R содержащий мало частичных тонов
gruñir m S *jazz* growl
grupeto m S orn Doppelschlag; Rolle
  final del trino: Nachschlag
  invertido orn Doppelschlag von unten
"Grupo m de los cinco" S «Могучая кучка»
grupo m temático S Themengruppe
Gruppenkanon m D
  E group canon
  F canon m d'harmonie
  I canone m a gruppi
  S canon m de armonía
  U csoportkánon
  R канон m с несколькими пропостами
Gruppentritt m D org = Kollektivtritt
Gruppenunterricht m D
  E group teaching/lesson
  F enseignement m collectif, cours m
  I lezione f collettiva
  S curso m colectivo, enseñanza/clase f colectiva
  U csoportos oktatás
  R групповое занятие n
gruppetto m F orn Doppelschlag; Rolle
~ commençant par la note inférieure orn Doppelschlag von unten
~ final: Nachschlag
gruppetto m I orn Doppelschlag; Rolle
~ di due note perc drag
~ rovesciato orn Doppelschlag von unten
gruppo m I; ~ degli strumenti a percussione: Schlaginstrumentengruppe
~ di suoni/note: note cluster
~ tematico: Themengruppe
~ vocale/strumentale: ensemble

"Gruppo *m* **dei cinque"** I «Могучая кучка»
G-Schlüssel *m* D
     E   G-clef
     F   clef *f* de sol
     I   chiave *f* di sol
     S   clave *f* de sol
     U   G-kulcs
     R   ключ *m* соль
guachara U Kürbisraspel
guard E; ~ plate: Plektrum; Spielplatte
guardamanga *f* S Schoner
guarnición *f* S *corda* Garnitur; *pfte* Führungs-
     stiftgarnierung
~ de fieltro del descanso del martillo *pfte*
     Hammerklotzpolster
~ de la tecla *pfte* Tastenbäckchengarnierung
~ del perno de la repetición *pfte* Scherenleder
~ externa del martillo *pfte* Hammerober-
     filz
~ interior/interna del martillo *pfte* Hammer-
     unterfilz
guarnizione *f* I *corda* Garnitur
~ del telaio/foro del tasto *pfte* Tasten-
     bäckchengarnierung
~ dell'asta della ripetizione *pfte* Scherenleder
~ della punta ovale guida tasto *pfte* Führungs-
     stiftgarnierung
Guckloch *n* D ⟨*im Theatervorhang*⟩
     E   peep hole
     F   judas *m*
     I   spia *f*
     S   mirilla *f*
     U   kukucskálónyilás
     R   глазок *m*
gudgeon E *camp* Zapfen
gudočnik R →гудочник
Gudok *m* D гудок
gudok E U гудок
gudok *m* F I гудок
gudók *m* S гудок
gudokjátékos U гудочник
gudok-player E гудочник
Gudokspieler *m* D гудочник
guest E *teat* Gast
~ artist *eat* Gast
~ conductor: Gastdirigent
— as a ~ (artist) *teat* als → Gast
— make *v* a ~ appearance: gastieren
guest *v* E gastieren
guía *f* S; ~s *pl* Stichnoten
~ de conciertos: Konzertführer
~ de las cuerdas *pfte* Choreisen
~ de macillo *cemb* Springerrechen
~ del apagador *tasto* Führungsleiste
~ del martinete *cemb* Springerrechen
~ frontal de la tecla *pfte* Tastenführungsstift
guida *f* I Kustos
~ ai concerti: Konzertführer
~ all'opera: Opernführer
~ del nastro *magn* Tonbandführung
~ del salterello: Springerrechen
~ dello smorzatore/smorzo *tasto* Führungs-
     leiste

guidamani *m* I Handleiter
guidare *v* I führen
guida-tasto *m* I *pfte* Tastenbäckchen
guide E; ~ tone Führungston
guide *m* F; ~ de concert: Konzertführer
~ de l'étouffoir *tasto* Führungsleiste
~ de la touche *pfte* Tastenführungsstift
~ des cordes *pfte* Choreisen
~ des sautereaux *cemb* Springerrechen
guidon *m* F Kustos
Guidonian hand E Guidonische → Hand
guimbard E Maultrommel
guimbarda *f* S Maultrommel
guimbarde *f* F Maultrommel
guinterne *f* F ⟨16—17. *sec*⟩
     D   Quinterne *f*
     E   quinterne
     I   *(chitarra francese)*
     S   guiterna *f*, quinterna *f*
     U   quinterna
     R   *(гитара с четырьмя или пятью двой-*
     *   ными струнами)*
guión *m* S scenario
~ ⟨17—18. *sec*⟩ = partitura
~ de un film: Drehbuch
guipé F *corda* umsponnen
guiper *v* F *corda* umspinnen
Guiro *m* D güiro
guiro E güiro
guiro *m* I güiro; Kürbisraspel; Kürbisrassel
güiro *m* S
     D   Guiro *m*
     E   gourd, guiro, scraper
     F   güiro *m*
     I   guiro *m*
     U   guiró
     R   гуиро *m*
guiró U güiro; Bambusraspel; Kürbisraspel
guitar E guitarra
~ maker: guitarrero
guitare *f* F guitarra
~ à clavier: guitarra de teclado
~ avec échancrure: guitarra con escotaduras
~ de jazz: guitarra de jazz
~ électrique: guitarra eléctrica
~ hawaïenne: guitarra hawaiana
— grande ~ soprano: guitarro
— petite ~ guitarrico
— petite ~ soprano: guitarrillo
guitare-cithare *f* F cítara guitarra
guitare-violoncelle *f* F arpeggione
guitarist E guitarrista
guitariste *m*+*f* F guitarrista
guitar-mandolin(e) E guitarra-mandolina
guitar-player E guitarrista
guitarra *f* S
     D   Gitarre *f*
     E   guitar
     F   guitare *f*
     I   chitarra *f*
     U   gitár
     R   гитара *f*
~ cítara = cítara guitarra

~ con escotaduras
  D Gitarre f mit eingebuchtetem Korpus
  E cut-away guitar
  F guitare f avec échancrure
  I chitarra f incavata
  U *(horpadt testü gitár)*
  R гитара f с изогнутым корпусом
~ d'amour = arpeggione
~ de jazz
  D Schlaggitarre f
  E jazz/plectrum guitar
  F guitare f de jazz
  I chitarra f battente/jazz
  U dzsesszgitár, fémhúros gitár
  R джаз-гитара f
~ de teclado
  D Tastengitarre f
  E keyed guitar
  F guitare f à clavier
  I chitarra f a pianoforte
  U billentyüs gitár
  R гитара f с клавиатурой
~ eléctrica
  D elektrische Gitarre f
  E electric guitar
  F guitare f électrique
  I chitarra f elettrica
  U elektromos gitár
  R электрогитара f
~ hawaiana
  D Hawaii-Gitarre f
  E Hawaiian guitar
  F guitare f hawaïenne
  I chitarra f hawayana
  U hawaii gitár
  R гавайская гитара f
  toscana: chitarra battente
guitarra-mandolina f S
  D Mandolinengitarre f
  E guitar-mandolin(e), mandolin-guitar
  F mandoline-guitare f, mandoline f milanaise
  I chitarra-mandolino f
  U mandolingitár
  R гитара-мандолина f
guitarrero m S
  D Gitarrenbauer m
  E guitar maker
  F facteur m de guitare
  I costruttore m di chitarre
  U gitárkészítő
  R мастер m по изготовлению гитар
guitarrico m S
  D kleine Gitarre f
  E small guitar
  F petite guitare f
  I piccola chitarra f
  U kis gitár
  R маленькая гитара f
guitarrillo m S
  D kleine Diskantgitarre f
  E small discant guitar
  F petite guitare f soprano
  I piccola chitarra f soprano
  U kis szoprángitár
  R маленькая сопрановая гитара f
guitarrista m+f S
  D Gitarrist m, Gitarristin f
  E guitarist, guitar-player
  F guitariste m+f
  I chitarrista m+f
  U gitárjátékos, gitáros
  R гитарист m, гитаристка f
guitarro m S
  D große Diskantgitarre f
  E big discant guitar
  F grande guitare f soprano
  I gran chitarra f soprano
  U nagy szoprángitár
  R большая сопрановая гитара f
guitarrón m S chitarrone
guitar-zither E citara guitarra
guiterna f S guinterne
gúla alakú U *canna* pyramidenförmig
— fordított ~ *canna* umgekehrt → pyramidenförmig
gumiütő U *perc* Gummischlegel
gumiverő U *perc* Gummischlegel
Gummischlegel m D *perc*
  E rubber stick
  F baguette f (avec extrémité) en caoutchouc
  I bacchetta f con l'estremità di gomma
  S baqueta f de goma/caucho
  U gumifejü verő/ütő, gumiütö, gumiverő
  R резиновая палочка f
gusan R → гусан
gusla f S гусли
guslar E гусляр
Gusli f D гусли
gusli E гусли
gusli m F I гусли
gusli-player E гусляр
Gusli-Spieler m D гусляр
gusljar R → гусляр
Gußeisenrahmen m D *pfte* = Vollpanzerrahmen
Gußhaut f D *camp*
  E *(natural oxydized skin of the bell after casting)*
  F croûte f
  I *(superficie della campana ossidata dopo la fusione)*
  S cardenillo m *⟨verdin de la campana luego de fundida⟩*
  U öntési kéreg
  R плёнка f на отливке
Gußplatte f D *pfte* = Vollpanzerplatte
gut D bene
gut string E Darmsaite
guttural, kehlig D
  E guttural, throaty
  F guttural
  I gutturale
  S gutural
  U gutturális, torok-
  R горловой, гортанный
gutturale I guttural

gutturális U guttural
gutural S guttural
guzli U гусли
guzlijátékos U гусляр
gyakorlás U Übung
gyakorlat U étude; Übung; Übungsstück
— előadási ~ Aufführungspraxis
— hallásfejlesztő ~ Gehörübung
— hangszeres ~ Handstück
gyakorlózongora U Übungsklavier
gyakorolni *v* U üben
gyanta U Kolophonium
gyapotütő U *perc* Baumwollschlegel
-gyártó U -bauer
gyászdal U Klagelied; Threnodie
gyászdalszerű U threnodisch
gyászének U Nänie
gyászinduló U Trauermarsch
gyászmise U Requiem
gyászzene U Exequien; Trauermusik

gyengébben U più → debolmente
gyengéden U *prescr* gracile
gyerekkar Kinderchor
gyerekköcsögduda U Waldteufel
gyermekdal U Kinderlied
gyermekhang U → hang
gyermekkar U Kinderchor
gyermekkórus U Kinderchor
gyorsan U *prescr* presto; veloce; vivace
— kétszer olyan ~ doppio → movimento
gyorsítva U *prescr* affrettando
gyűjtemény U Sammlung
— kéziratos ~ Sammelhandschrift
gyülekezet U Gemeinde
gyűrű U *arco* Augenring; Froschring; *legni* Brille
— automatikus ~ *trb* beweglicher → Ring
— hüvelykujjtartó ~ *ottoni* Daumenring
gyűrűfedél U *canna* Ringdeckung
gyűrűsporc U Ringknorpel

H

h *n* D *ton*
  E B (natural)
  F si *m*
  I si *m*
  S si *m*
  U h
  R си *n*
Haarseite *f* D ⟨*Pergament, Schlagfell*⟩
  E hair side
  F côté *m* poil
  I parte *f* ruvida
  S vello *m* del cuero
  U szőroldal
  R волосяная сторона *f*
Habanera *f* D *bl* habanera
habanera *f* S *bl*
  D Habanera *f*
  E habanera
  F habanera *f*
  I abanera *f*
  U habanéra
  R хабанера *f*
habanéra U *bl* habanera
habitude *f* F; comme d'~ come al solito
habitué *m* **des concerts** F Konzertbesucher
hacer *m* **puntas** S Spitzentanz
Hackbrett *n* D
  E dulcimer, pantal(e)on
  F Hackbrett *m*
  I salterio *m* tedesco, pantaleon *m*
  S dulcema *f*
  U *(a cimbalom német változatának neve)*
  R цимбалы *pl*
Hackwalzer *m* D
  E chopsticks *pl*
  F valse *f* côtelettes
  I *(aria infantile in tempo di valzer eseguita al pianoforte con i diti indici)*
  S *(vals infantil que se toca solamente con los dedos índices)*
  U *(gyermekek által zongorán előadott táncdarab)*
  R *(простенькая мелодия с примитивным вальсовым аккомпанементом)*
haiduks' dance E hajdútánc

hair E; ~ cell *or* Hörzelle
  ~s *pl* of the bow: Bogenhaare
  ~ side: Haarseite
hajdútánc U
  D Heidukentanz *m*
  E haiduks' dance
  F danse *f* de haïdouks
  I danza *f* degli haiduchi
  S danza *f* de jeduques
  R танец *m* гайдуков
hajlat U; alsó ~ *vl* Unterbügel
  — felső ~ *vl* Oberbügel
  — középső ~ *vl* Mittelbügel
hajlított U *canna* gekröpft
Haken *m* D *arpa*
  E hook, crotchet
  F crochet *m*
  I uncino *m*
  S horquillas *f pl*
  U kampó
  R крюк *m*, крючок *m*
Hakenharfe *f* D
  E hooked harp
  F harpe *f* chromatique à crochets
  I arpa *f* a nottolini
  S arpa *f* cromática con horquillas
  U kampós hárfa
  R крючковая арфа *f*
haladni *v* U fortschreiten
hálaének U Päan
haláltánc U Totentanz
Halbchor *m* D
  E semi-chorus, A: half chorus
  F demi chœur *m*
  I semicoro *m*
  S semicoro *m*, hemicoro *m*
  U félkórus
  R полухор *m*, полухорие *n*
Halbdämpfer *m* D
  E half-mute
  F demi sourdine *f*
  I mezza sordina *f*
  S media sordina *f*
  U féltompító
  R сурдина *f*, действующая наполовину

Halbdeckung *f* D *fl. d.*
E half-holing
F demi-obturation *f*
I mezzo buco *m*
S semiobturación *f*
U félfedés
R полуприкрытие *n*
halbgedeckt D *canna*
E half-stopped
F demi-bouché
I semitappato
S semitapado, semiobturado
U félfedett
R прикрытый
Halbinstrument *n* D
E half-tube instrument
F *(instrument de cuivre qui ne fait pas entendre le premier harmonique)*
I *(strumento di ottone che produce la serie degli armonici a partire dal suono 2)*
S *(instrumento de viento que no produce el primer armónico)*
U *(olyan rézfúvós hangszer, melyen az első felharmonikus nem szólaltatható meg)*
R *(духовой инструмент, не производящий 1-го обертона)*
Halbkadenz *f* D
E half close, imperfect cadence, A: half cadence
F demi-cadence *f*
I cadenza *f* sospesa, semi-cadenza *f*
S semicadencia *f*
U félzárlat
R половинная каденция *f*
Halbmond *m* D *obs* = Schellenbaum
halborchestral D
E half-orchestral, semi-orchestral
F semi-orchestral
I semiorchestrale
S semiorquestal
U félig zenekari
R вокально-оркестровый
Halbrundmandoline *f* D mandolino sassone
Halbsatz *m* D
E half-phrase
F demi-période *f*
I semifrase *f*
S semifrase *f*
U félperiódus
R предложение *n* ⟨часть периода⟩
Halbschluß *m* D
E imperfect cadence, half close, A: half cadence
F demi-cadence *f*, cadence *f* suspendue
I cadenza *f* imperfetta
S semicadencia *f*, cadencia *f* suspendida
U félzárlat
R половинный каданс *m*, половинная каденция *f*
Halbspur *f* D *magn* = Doppelspur
Halbton *m* D
E semitone, half tone
F demi-ton *m*

I semitono *m*
S semitono *m*, medio tono *m*
U félhang
R полутон *m*
~ *obs* = Halbtontaste
— **doppelte Halbtöne** *pl org*
E split keys *pl*
F touches *f pl* divisées
I tasti *m pl* doppi/spezzati
S teclas *f pl* divididas
U osztott félhangbillentyűk *pl*
R двойные полутоновые клавиши *f pl*
— **großer** ~
E great semitone
F grand demi-ton *m*
I semitono *m* maggiore
S semitono *m* mayor/grande
U nagy félhang(köz)
R большой полутон *m*
— **kleiner** ~
E small semitone
F petit demi-ton *m*
I semitono *m* minore
S semitono *m* menor/pequeño
U kis félhang(köz)
R малый полутон *m*
Halbton- D
E semitonal, hemitonic
F semi-tonal
I semitonale
S semitonal, semitónico
U félhang-
R полутоновый
Halbtonschritt *m* D
E semitone/half/half-tone step
F intervalle *m* de demi-ton
I intervallo *m* di semitono
S intervalo *m* de un semitono
U félhangtávolság, félhanglépés, kis lépés
R ход *m* на полутон, полутоновый ход *m*
Halbtontaste *f* D tasto del diesis
Halbtontriller *m* D trillo di semitono
half E; ~ cadence: Halbkadenz; Halbschluß
~ chorus: Halbchor
~ close: Halbkadenz; Halbschluß
~ note: halbe → Note
~ shake *orn* Praller
~ step: Halbtonschritt
~ stop *org* registre incomplet
~ title: Vortitel
~ tone: Halbton
half-holing E *fl. d.* Halbdeckung
half-mute E Halbdämpfer
half-note rest E halbe → Pause
half-orchestral E halborchestral
half-phrase E Halbsatz
half-shake E mezzo → trillo
half-shift E *corda* mezza → manica
half-stopped E *canna* halbgedeckt
half-tone step E Halbtonschritt
half-track E *magn* Doppelspur
half-tube instrument E Halbinstrument

halkabban U più → debolmente
halkan U prescr piano
— nagyon ~ prescr pianissimo
hallani v U hören
hallás U Gehör; Hörempfindung; Hören
~ után: nach dem → Gehör
— abszolút ~ absolutes → Gehör
— jó ~a van v gutes → Gehör haben
— relatív ~ relatives → Gehör
hallásgyakorlat U Gehörübung
halláshiba U Gehörfehler
hallásképzés U Gehörbildung
hallásküszöb U Hörschwelle
hallásterület U Hörfeld
hallásveszteség U Hörverlust
hallásvizsgálat U Gehörprüfung
Halleffekt m D
  E echo effect
  F effet m d'écho
  I rimbombo m
  S efecto m de eco
  U visszhanghatás
  R эффект m реверберации
hallgatni v U zuhören
hallgató U Hörer; Zuhörer
~ ⟨19. sec⟩
  D (Bezeichnung für nicht zum Tanzen bestimmte Stücke der ungarischen Volksmusik)
  E ("music for listening"; term used to
  describe pieces of Hungarian folk music
  not intended for dancing)
  F (terme désignant les pièces non dansées de
  la musique populaire hongroise)
  I (denominazione della musica popolare
  ungherese non per ballo)
  S (designación de los trozos no danzados
  de la música popular húngara)
  R (обозначение пьес венгерской народной
  музыки, не предназначенных для танца)
hallható U hörbar
— nem ~ unhörbar
hallócső U Hörrohr
hallócsontocskák pl U or Gehörknöchelchen
hallóideg U Hörnerv
hallójárat U or Gehörgang
hallóképesség U Hörvermögen
hallókészülék U Hörgerät
hallóközpont U Hörzentrum
hallótávolság U Hörweite
~on belül: in → Hörweite
~on kívül: außer → Hörweite
Hallraum m, Nachhallkeller m D
  E reverberation room
  F chambre f réverbérante
  I camera f riverberante/di riverberazione
  S cámara f de resonancia/reverberación
  U zengő kamra, visszhangkamra
  R реверберационная камера f
Hals m D corda
  E neck
  F manche m
  I manico m

S cuello m, mango m, mástil m
U nyak
R шейка f
~ camp
  E waist
  F gorge f
  I profilo m superiore
  S caja f, vaso m, panza f
  U (harangtest felső része)
  R верхний край m колокола
~ = Notenhals
— gesperrter ~ corda
  E spliced/laminated neck
  F manche m contreplaqué
  I ganascia f rinforzata, manico m rinfor-
  zato
  S cuello/mango m contraplacado
  U ragasztott/enyvezett nyak
  R склеенная шейка f
Halt m D obs = Fermate
Haltebogen m, Bindebogen m D
  E tie
  F liaison f, signe m de tenue
  I legatura f di valore
  S ligadura f
  U kötőív
  R лига f, лигатура f
hamarosan U quanto prima; tosto
Hammer m D pfte
  E hammer
  F marteau m
  I martello m, martelletto m
  S martillo m, macillo m
  U kalapács
  R молоточек m
~ richten v
  E to align the hammers
  F aligner v les marteaux
  I registrare v i martelletti
  S alinear/igualar v los martillos
  U kalapácsot beállítani v
  R ставить/поправлять v молоточек
hammer E pfte Hammer
~ butt pfte Hammernuß
~ crown pfte Hammerscheitel
~ head/mo(u)lding pfte Hammerkern
~ outer felt pfte Hammeroberfilz
~ rail pfte Hammerleiste
~ rail beam pfte Mechanikbalken
~ rail hook pfte Hammerleistenhaken
~ rest felt pfte Hammerklotzpolster
~ shank pfte Hammerstiel
~ underfelt pfte Hammerunterfilz
~ wood pfte Hammerkern
— align v the ~s: Hammer richten
hammer v E hämmern; corda anschlagen
Hammerachse f D pfte
  E hammer-shank centre/center pin
  F centre/axe m du marteau
  I perno m del martello
  S perno m del martillo
  U kalapácstengely
  R ось f гаммерштиля, путник m

Hammerkapsel *f* D *pfte*
- E hammer-shank flange/beam
- F fourche *f* du marteau, olive *f*
- I forcola *f* del martello
- S horquilla *f* del martillo
- U kalapácsstengelytok
- R капсюль *m* молотка

Hammerkapselschraube *f* D *pfte*
- E hammer-shank flange-screw
- F vis *f* de la fourche du marteau
- I vite *f* della forcola del martello
- S tornillo *m* de la horquilla del martillo
- U kalapácsstengelytok-rögzítő csavar
- R упорный винт *m* капсюля

Hammerkern *m* D *pfte*
- E hammer head/wood/mo(u)lding
- F tête *f* du marteau
- I anima *f* della testa del martello
- S cabeza *f* del martillo
- U kalapácsfejmag
- R молоточный керн *m*

Hammerklavier *n* D *obs* = Pianoforte

Hammerklotz *m* D *pfte*
- E support block
- F barre *f* de repos du marteau
- I blocchetto *m* appoggia-martelli
- S descanso *m* del martillo
- U felfogóléc
- R лейстик *m*

Hammerklotzpolster *m* D *pfte*
- E hammer rest felt
- F garniture *f* de la barre de repos du marteau
- I feltro *m* del blocchetto appoggia-martelli
- S guarnición *f* de fieltro del descanso del martillo
- U felfogólécnemez
- R подушка *f* лейстика

Hammerleiste *f* D *pfte*
- E hammer rail
- F barre *f* de repos des marteaux
- I sbarra *f* posteriore ferma martello, barra *f* di riposo dei martelli
- S barra *f* de descanso del martillo
- U kalapácsléc
- R рулейстик *m*

Hammerleistenhaken *m* D *pfte*
- E hammer rail hook
- F crochet *m* de la barre de repos du marteau
- I ferro *m* solleva-sbarra martelli
- S gancho *m* de la barra de descanso del martillo
- U (kalapácsléc)horog
- R крючок *m* на рулейстике

hämmern *v* D
- E to hammer, to pound
- F marteler
- I martellare
- S martillar, tocar *v* martillando
- U kalapálni, dörömbölni
- R стучать

hämmernd D *prescr* martellato

Hammernuß *f* D *pfte*
- E hammer butt

- F noix *f* du marteau
- I noce *f* del martello
- S nuez *f*
- U dió
- R шультер *m*

Hammeroberfilz *m* D *pfte*
- E hammer outer felt
- F garniture *f* externe du marteau
- I feltro *m* superiore del martelletto
- S guarnición *f* externa del martillo
- U kalapácsfej-felsőnemez, kalapácsfejfilc
- R гаммерфильц *m*, верхний/наружный молоточковый фильц *m*, наружный слой *m* фильца

Hammerrolle *f* D *pfte*
- E roller, knuckle
- F rouleau *m* du marteau, bourrelet *m*, nez *m*
- I cilindro/rulletto *m* del martello, nocetta *f*
- S rodillo *m* del martillo/macillo
- U bőrhenger
- R шультерный барабан *m*

Hammerscheitel *m* D *pfte*
- E hammer crown
- F couronne *f* du marteau
- I testa/punta *f* del martello
- S parte *f* superior/corona *f* del martillo
- U kalapácskorona
- R головка *f* молоточка

hammer-shank E; ~ beam *pfte* Hammerkapsel
- ~ centre/center pin *pfte* Hammerachse
- ~ flange *pfte* Hammerkapsel
- ~ flange-screw *pfte* Hammerkapselschraube

Hammerstiel *m* D *pfte*
- E hammer shank
- F manche *m* du marteau
- I stiletto/manico *m* del martello
- S mango *m* del martillo
- U kalapácsnyél
- R гаммерштиль *m*

Hammerunterfilz *m* D *pfte*
- E hammer underfelt
- F garniture *f* interne du marteau
- I sottofeltro *m* del martello
- S guarnición *f* interior/interna del martillo
- U kalapácsfej-alsónemez, kalapácsfejfilc
- R нижний молоточковый фильц *m*, внутренний слой *m* фильца

Hammond organ E
- D Hammondorgel *f*
- F orgue *m* Hammond
- I organo *m* Hammond
- S órgano *m* Hammond
- U Hammond-orgona
- R хаммонд *m*

Hammondorgel *f* D Hammond organ
Hammond-orgona U Hammond organ
hampe *f* F Notenhals
Hand *f* D
- E hand
- F main *f*
- I mano *f*

S mano *f*
U kéz
R рука *f*, кисть *f*
~ **in Schalltrichter** *prescr, cor*
  E hand in bell, hand-stopped, stopped with the hand
  F main *f* dans le pavillon
  I mano *f* nel padiglione
  S mano *f* en el pabellón
  U kéz a tölcsérben
  R введение *n* кисти в раструб, ввести *v* кисть в раструб (валторны)
— **Guidonische** ~
  E Guidonian hand
  F main *f* guidonienne
  I mano *f* armonica/guidoniana
  S mano *f* guidoniana
  U Guido-féle kéz
  R гвидонова рука *f*
— **harmonische** ~ *obs* = Guidonische ~
— **mit der** ~ *prescr, cor*
  E with the hand
  F avec la main
  I con la mano
  S con la mano
  U kézzel
  R кисть *f* в раструб
hand E Hand
~ **castanets** *pl* castagnette spagnole → castagnetta
~ **in bell** *prescr, cor* Hand in Schalltrichter
~ **support** *fiati* Handstütze
— **for two** ~**s**: zweihändig
— **with the** ~ *prescr, cor* mit der → Hand
Handäoline *f* D *obs* = Ziehharmonika
handbell E Handglocke
~**s** *pl* Altarschellen
Handflöte *f* D *obs* = Blockflöte
Handglocke *f* D
  E handbell
  F clochette *f*, sonnette *f*
  I campanella *f*
  S campana *f* de mano, campanilla *f*
  U kézicsengő
  R колокольчик *m*
Handhalter *m* D *fag*
  E hand-rest, support crutch
  F anneau/crochet *m* pour tenir l'instrument
  I appoggia-mano *m*
  S gancho *m* para sostener el instrumento
  U kéztartó, kéztámasz
  R опора *f* для руки
Handharmonika *f* D
  E accordion
  F accordéon *m*
  I fisarmonica *f*
  S concertina *f*, acordeón *m*
  U harmonika
  R ручная гармоника *f*, гармонь *f*
hand-horn E; ~ **with slide crooks**: Inventionshorn
Handkreuzung *f* D *tasto*
  E crossing of hands

F croisement *m* des mains
I incrociamento *m* delle mani
S cruce *m* de manos
U kézkeresztezés
R перекладывание *n* рук
handle castanets *pl* E castagnette con manico → castagnetta
Handleiter *m* D ⟨19. sec⟩
  E ch(e)iroplast
  F chiroplaste *m*
  I guidamani *m*
  S quiroplasto *m*
  U kéztartó
  R хироласт *m*
handling of text E Textbehandlung
Handlung *f* D *teat*
  E action, plot
  F action *f*, trame *f*
  I trama *f*, intreccio *m*
  S acción *f*, trama *f*
  U cselekmény
  R действие *n*
Handorgel *f* D = Akkordeon
Handpauke *f* D *obs* = Schellentrommel
hand-rest E *fag* Handhalter
Handschrift *f* D
  E manuscript
  F manuscrit *m*
  I manoscritto *m*
  S manuscrito *m*
  U kézirat
  R рукопись *f*
handschriftlich D
  E manuscript, handwritten
  F manuscrit
  I manoscritto
  S manuscrito
  U kéziratos
  R рукописный
handstop E *cemb* Handzug; *org, cemb* tirant de registre manuel
hand-stopped E *prescr, cor* Hand in Schalltrichter
Handstück *n* D ⟨18. sec⟩
  E instructive instrumental piece, étude
  F étude *f*, leçon *f*
  I pezzo *m* strumentale didattico
  S estudio *m*, pieza *f* instrumental didáctica
  U etűd, hangszeres gyakorlat/darab
  R пьеса *f* типа этюда
Handstütze *f* D *fiati*
  E hand support
  F support *m* de la main
  I supporto *m* della mano
  S soporte *m* de la mano
  U kéztámasz
  R опора *f* для рук
handwritten E handschriftlich
Handzeichen *n* D
  E ch(e)ironomic sign
  F signes *m pl* chironomiques
  I segni *m pl* chironomici
  S signos *m pl* quironimicos

U kézjel
R хейрономия *f*
Handzeichennotation *f* D
E ch(e)ironomic sign notation
F notation *f* chironomique
I notazione *f* chironomica
S notación *f* quironímica
U kézjelnotáció
R хейрономическая нотация *f*
Handzug *m* D *cemb*
E handstop
F registre *m* manuel
I registro *m* manuale
S registro *m* manual
U kéziregiszter, kézihúzó
R ручной регистровый переключатель *m*
hang U Klang; Laut; Schall; Ton; *canto*
Stimme
~ elvesztése: Aphonie
~ot elérni *v* Ton erreichen
~ot elhagyni *v* Ton verlassen
~ot kelteni *v* Ton erzeugen
~ot képezni *v* Laut erzeugen
~ot megadni *v* Ton angeben
~ ot tartani *v* Stimme halten
— akkordidegen ~ akkordfremder → Ton
— átkötött ~ liegenbleibende → Note
— beragadt ~ *org* Heuler
— búgó ~ok *pl camp* Summtöne
— burdonáló ~ Bordun
— egynemű ~ok *pl* gleiche → Stimmen
— előkészítő ~ Vorbereitungsnote
— fekvő ~ liegenbleibende → Note; liegenbleibender → Ton
— fojtott ~ *cor* Stopftöne
— fundamentális ~ Baßton
— gyermek- és női ~ok *pl* voces blancas → voz
— harmincketted ~ Zweiunddreißigstelnote
— harmóniaidegen ~ok *pl* harmoniefremde → Töne
— hatvannegyed ~ Vierundsechzigstelnote
— hosszan kitartott ~ Pfundnote
— kevert ~ Tongemisch
— kilós ~ *fa m* Pfundnote
— kitartott ~ Dauerton; *canto* nota sostenuta
— kombinációs ~ Kombinationston
— közös ~ gemeinsamer → Ton
— különbségi ~ Differenzton
— különnemű ~ok *pl* gemischte → Stimmen
— leragadt ~ *org* Heuler
— likveszkáló ~ok *pl greg* liqueszierende → Töne
— meghatározott ~ *camp* Dezime
— összegezési ~ Summationston
— palatális ~ Gaumenlaut
— recitáló ~ Rezitationston
— repetáló ~ok *pl org* repetierende → Stimmen
— röviditett ~ *orn* verkürzter → Ton
— százhuszonnyolcad ~ Hundertachtundzwanzigstelnote
— szinkopált ~ok *pl* rückende → Noten

— sziszegő ~ Zischlaut
— szolmizációs ~ Tonbezeichnung
— szummációs ~ Summationston
— Tartini-féle ~ok *pl* Tartinische → Töne
— tartott ~ liegenbleibender → Ton
— természetes ~ok *pl* Naturtöne
— tiszta ~ reiner → Ton
— tizenhatod ~ Sechzehntelnote
— torz ~ok *pl* Klirrtöne
— vegyes ~ok *pl* gemischte → Stimmen
— zümmögő ~ok *pl* Summstimmen
hang- U stimmlich; *canto* Stimm-
hangadás U Tongebung
hanganyag U *canto* Material
hangárnyék U Schallschatten
hangátalakítás U Klangumwandlung
hangcsillapító U schalldämpfend
Hängeeisen *n* D *camp*
E pendant
F bélière *f*, anneau *m* de fixation du battant
I ansola *f*, sostegno *m* del battente
S ansa *f*, sostén *m* del badajo
U függesztővas
R петля *f* для подвески языка
hangeffektus U Klangeffekt
hangelemzés U Klanganalyse
hangelnyelő U schalldämpfend; schalltot; schalltötend
hangenergia U Schallenergie
hangenergia-sűrűség U Schalldichte
hangerő U Schallintensität; Schallstärke; Tonstärke
hangerősítés U Schallverstärkung
hangerősség U Lautstärke; Schallintensität
hangerőszabályozó U *rad, gram, magn* Lautstärkeregler
hangérzékelés U Hörempfindung
hangérzet U Tonempfindung
hangfaj(ta) U Stimmgattung; Tongesc'
hangfekvés U Stimmlage
hangfeljegyzés U Schallaufzeichnung
hangfelvétel U Bandaufnahme; Schallaufzeichnung
hangfestés U Lautmalerei; Tonmalerei
hangfigura U Klangfigur
hangfiziológia U Tonphysiologie
hangfogó U sordina; *fiati* Dämpfer
~t feltenni *v archi* dämpfen
~(ka)t (fokozatosan) fel *fiati* Dämpfer (allmählich) aufsetzen
~(ka)t le *fiati* Dämpfer ab
~(ka)t levenni *v fiati* Dämpfer absetzen
~val *fiati, archi, perc* mit → Dämpfer
— belső ~ *tumb* Innendämpfer
— fiber ~ *fiati* Fiberdämpfer
— karton ~ *fiati* Kartondämpfer
— kettős ~ *fiati* Doppeldämpfer
— nehézfém ~ *vl* Tonwolf
— puhakarton ~ *fiati* weicher → Kartondämpfer
hangfogókanál U *pfte* Dämpferlöffel
hangforrás U Schallquelle
hangforrás- U schallerzeugend

hangfrekvencia U Tonfrequenz
hangfürt U note cluster
hanghullám U Schallwelle
hangindítás U *canto* Einsatz; *str* Ansprache
— biztos ～ *str* sichere → Ansprache
— gyors ～ *str* schnelle → Ansprache
— kemény ～ *canto* harter → Einsatz
— könnyű ～ *str* leichte → Ansprache
— lágy ～ *canto* weicher → Einsatz
— lassú ～ *str* langsame → Ansprache
— lehelt ～ *canto* gehauchter → Einsatz
hangintenzitás U Schallintensität
hangjegy U Note
— egész ～ ganze → Note
— előkészítő ～ Vorbereitungsnote
— fél ～ halbe → Note
— harminckelted ～ Zweiunddreißigstelnote
— hatvannegyed ～ Vierundsechzigstelnote
— kvadratikus ～ Quadratnote
— negyed ～ Viertelnote
— nyolcad ～ Achtelnote
— százhuszonnyolcad ～ Hundertachtundzwanzigstelnote
— szinkopált ～ek *pl* rückende → Noten
— tizenhatod ～ Sechzehntelnote
hangjegyérték U Notenwert
hangjegyírás U Notation
— daseia ～ Dasian-Notation
— gótikus ～ gotische → Notenschrift
— korális ～ Choralnotation
— menzurális ～ Mensuralnotation
— modális ～ Modalnotation
— románkori ～ römische → Notenschrift
hangjegymetszés U Notenstich
hangjegymetsző U Notenstecher
hangjegynevek *pl* U Notennamen
hangjegynyomtatás U Notendruck
hangjegypapír U Notenpapier
hangkeltés U Tonerzeugung
hangkeltő U schallerzeugend
hangkép U Klangbild
hangképzés U Lauterzeugung; Stimmbildung;
  Tonerzeugung
hangkeverék U Klanggemisch; Klangverschmelzung; Tongemisch
hangkisugárzás U Schallabstrahlung
hangköz U Intervall
～ nagysága: Intervallgröße
— bővített ～ übermäßiges → Intervall
— ellenőrző ～ Kontrollintervall
— holt ～ totes → Intervall
— kiegészítő/komplementer ～ Komplementärintervall
— kis ～ kleines → Intervall
— nagy ～ großes → Intervall
— összetett ～ zusammengesetztes → Intervall
— szűkített ～ vermindertes → Intervall
— tiszta ～ reines → Intervall
hangközérték U Intervallwert
hangközgyakorlatok *pl* U Treffübungen
hangközhű U intervallgetreu
hangközi U intervallisch

hangközírás U Intervallschrift
hangköznotáció U Intervallschrift
hangkulissza U Geräuschkulisse
hanglejtés U Tonfall
hanglemez U Schallplatte
— mikrobarázdás ～ Langspielplatte
hanglemezjátszó U Schallplattenspieler
hanglyuk U *legni* Fingerloch; Griffloch; Klappenloch
hanglyukfedő U *legni* Fingerlochdeckel
hangmagasság U Tonhöhe
— abszolút ～ absolute → Tonhöhe
— írott ～ notierte → Klanghöhe
— (meg)határozatlan ～ unbestimmte → Tonhöhe
— (meg)határozott ～ bestimmte → Tonhöhe;
  camp Dezime
hangmagasság-érzékelés U Tonhöhenwahrnehmung
hangmegadás U Tongebung
hangmegjelölés U Tonbezeichnung
hangmérnök U *rad* Tonmeister
hangmester U *rad* Tonmeister
hangnem U Tonart
～et megerősíteni *v* Tonart bestätigen
～hez nem tartozó: leiter... ...
～hez tartozó: leitereigen
～től idegen: leiterfremd
— bés ～ B-Tonart
— dúr ～ Dur; Durtonart
— egyházi ～ Kirchenton
— eredeti ～ Anfangstonart
— keresztes ～ Kreuztonart
— kezdő/kiinduló ～ Anfangstonart
— modális ～ Kirchenton
— moll ～ Moll; Molltonart
— párhuzamos ～ Paralleltonart
— rokon ～ Nebentonart; verwandte → Tonart
— szomszédos ～ benachbarte → Tonart
— uralkodó ～ vorherrschende → Tonalität;
  herrschende → Tonart
hangnemelőjegyzés U Tonartvorzeichnung
hangnemjelleg U Tonartcharakter
hangnemkeverés U Polytonalität
hangnemmegjelölés U Tonartbezeichnung
hangnemrokonság Tonartenverwandtschaft
hangnemváltás U Tonartwechsel
hangnevek *pl* U Notennamen
hangnyílás U Schallöffnung
hangnyomás U Schalldichte; Schallstrahlungsdruck; Schallwechseldruck
hangolás U Stimmung
～t tartani *v* Stimmung halten
— egyenletesen temperált ～ gleichschwebende
  → Stimmung
— nem egyenletesen temperált ～ ungleich-
  schwebende → Stimmung
— párizsi ～ Pariser → Stimmung
— tiszta ～ reine → Stimmung
— végső ～ *pfte* Fertigstimmen
hangolhatatlan U unstimmbar
hangolható U stimmbar
— elöl ～ vorderstimmig

— hátul ~ hinterstimmig
— oldalt ~ seitenstimmig
hangolhatóság U Stimmbarkeit
hangolni *v* U stimmen; *tamb, timp* spannen
hangoló U Stimmer; *teat* Orchesterzimmer
hangolóbevágás U *canna* Stimmausschnitt; Stimmlappen
hangolóbillentyűzet U *org* Stimmklaviatur
hangolóbógni U *fam, ottoni* Stimmbogen
hangolócúg U *fam, ottoni* Stimmbogen
hangolócső U *fag* Stimmzug; *ottoni* Stimmbogen; *trbne* Stimmzug
hangolócsőtoldat U *ottoni* Stimmbogen
hangolócsúszka U *canna d. l.* Stimmschieber
hangolódrót U *canna ancia* Stimmkrücke
hangolódugó U *fl* Stimmkork
hangolóék U *pfte* Stimmkeil
hangolófedő U *canna* Stimmplatte
hangológyűrű U *canna* Stimmring
hangolóhuzal U *ottoni* Stimmbogen
hangolóív U *cor* Einsteckbogen; Vertiefungsbogen
hangolójárda U Stimmgang
hangolókampó U *canna ancia* Stimmkrücke
hangolóklaviatúra U *org* Stimmklaviatur
hangolókulcs U *corda* Wirbel; *pfte* Stimmeisen *timp* Schraubenschlüssel
— biztonsági ~ *corda* Patentwirbel
— oldalállású ~ *corda* Seitenwirbel
hangolókürt U *org* Stimmhorn
hangolólap U *arpa* Stimmdeckel; *canna* Stimmplatte
— hajlítható ~ *canna d. l.* biegbares → Stimmblech
hangolólemez U = hangolólap
hangolórés U *canna* Stimmschlitz
hangolósapka U *canna* beweglicher → Hut
hangolószeg U *pfte* Stimmnagel
hangolószerkezet U *canna* Stimmvorrichtung
hangolószög U *corda* Wirbel
hangolószöglap U *pfte* Wirbelfeld
hangolószöglyukak *pl* U *pfte* Wirbellöcher
hangolótető U *canna* Stimmplatte
hangolótőke U *pfte* Wirbelstock
hangolótolóka U *canna d. l.* Stimmschieber
— forgó ~ *canna d. l.* drehbarer → Stimmschieber
hangolt U abgestimmt
hangosan U *prescr* forte
— nagyon/igen ~ *prescr* fortissimo
hangosanbeszélő U Lautsprecher
hangosfilm U Tonfilm
hangosság U Reizstärke
hangösszeolvadás U Tonverschmelzung
hangpszichika U Tonpsychologie
hangpszichológia U Tonpsychologie
hangrendszer U Tonsystem
hangrés U Schalloch; Stimmritze
hangrezegtetés U Bebung
hangrögzítés U Schallspeicherung
hangrögzítő U; mágneses ~ (készülék): Tonbandgerät
hangsíp U Stimmpfeife

hangsor U Tonleiter; Tonreihe
~hoz nem tartozó: leiterfremd
~hoz tartozó: leitereigen
~tól idegen: leiterfremd
— magyar ~ = magyar → skála
— ötfokú ~ Fünftonleiter
— természetes ~ Normaltonleiter
hangstruktúra U Klangstruktur
hangsugárzó U Schallabstrahler
hangsúly U Akzent; Betonung
hangsúlyeltol(ód)ás U Akzentverschiebung
hangsúlyjel U Akzentzeichen
hangsúlyos U betont
hangsúlyozás U Betonung
hangsúlyozatlan U unbetont
hangsúlyozni *v* U betonen
hangsúlyozva U *prescr* sforzando
hangsúlytalan U unbetont
hangszalag U *magn* Tonband
~ra felvenni *v* auf → Tonband nehmen
— duplasávos ~ Doppelspurband
— egysávos ~ Einspurband; Vollspurtonband
— hosszan játszó ~ Langspieltonband
— kétsávos ~ Doppelspurband
— négysávos ~ Vierspurband
hangszalagcséve U Tonbandspule
hangszalagfelvétel U Bandaufnahme
hangszalagok *pl* U Stimmbänder
hangszalagorsó U Tonbandspule
hangszálak *pl* U Stimmbänder
hangszálcsomó U Sängerknötchen
hangszedő U Tonabnehmer; *gram* Schalldose
~ két zafírtűvel *gram* Tonabnehmer mit zwei Saphiren
hangszedőfej U *gram* Tonkopf
hangszedőkar U *gram* Tonarm
hangszekrény U *arpa* Schallkasten
hangszépség U Klangschönheit
hangszer U Instrument; Musikinstrument
~ek *pl* egyszerű nádnyelvvel: Instrumente mit einfachem Rohrblatt
~ek *pl* kettős nádnyelvvel: Instrumente mit doppeltem Rohrblatt
— aerophon ~ Ärophon
— billentyűs ~ Tasteninstrument
— billentyűs húros ~ clavier
— egy megadott hangot adó ~ Eintoninstrument
— elektroakusztikus ~ek *pl* elektro-akustische → Instrumente
— elektrofon ~ Elektrophon
— fafúvós ~ Holzblasinstrument
— frikciós ~ek *pl* Friktionsinstrumente
— fúvós ~ Blasinstrument
— húros ~ Chordophon; Saiteninstrument
— idiofon ~ = idiofon
— kvarttranszponáló ~ek *pl* Quartinstrumente
— kvintelő/kvinttranszponáló ~ek *pl* Quintinstrumente
— melodikus ~ Melodie-Instrument
— membranofon ~ Membranophon
— nádnyelves ~ Rohrblattinstrument

21

— népi ~ek *pl* Volksinstrumente
— oktávoló ~ek *pl* Oktavinstrumente
— pengetős ~ek *pl* Zupfinstrumente
— rézfúvós ~ Blechblasinstrument
— szélsapkás ~ Windkapselinstrument
— természetes felhangokat megszólaltató ~ek *pl* Naturtoninstrumente
— transzponáló ~ek *pl* transponierende → Instrumente
— vonós ~ek *pl* Streichinstrumente
— zenekari ~ek *pl* Orchesterinstrumente
"hangszerek királya" U Königin der Instrumente
hangszerelés U arrangement; Instrumentierung
hangszereléstan U Instrumentationslehre
hangszerelni *v* U arranger; besetzen; instrumentieren
hangszerelő U Arrangeur
hangszerépítés U Musikinstrumentenbau
hangszerépítő U Musikinstrumentenmacher
hangszerépítő-iskola U Musikinstrumentenbauschule
hangszeres U instrumental
hangszergyűjtemény U Musikinstrumentensammlung
hangszeripar U Musikinstrumentenindustrie
hangszerismerettan U Musikinstrumentenkunde
hangszerkereskedelem U Musikinstrumentenhandel
hangszerkereskedő U Musikinstrumentenhändler
hangszerkészítő U Musikinstrumentenmacher
hangszerszólam U Instrumentalstimme
hangszigetelés U Schallisolierung
hangszigetelni *v* U schalldicht machen
hangszigetelt U schalldicht
hangszín U Klangfarbe; Tonfarbe
hangszíndallam U Klangfarbenmelodie
hangszínérzék U Klangsinn
hangszínkép U Schallspektrum
hangszínszabályozó U *rad, magn* Klangregler
hangszínváltó U; kétkórusos ~ *fis* Tremolostimmung
hangszóró U Lautsprecher; Megaphon
— kettős ~ Doppellautsprecher
— mélysugárzó ~ Tieftonlautsprecher
hangszóródoboz U *rad* Lautsprecherbox
hangszótag U; szolmizációs ~ Tonbezeichnung
hangtalan U tonlos
hangtan U Akustik
hangtartás U *pfte* Stimmhaltung
hangterjedelem U Raum; Tonbereich; *canto* Stimmumfang
hangtisztaság U Klangreinheit
hangtőke U *pfte* Wirbelstock
hangtölcsér U Schalltrichter; *canna ancia* Aufsatz; *fiati* Schallbecher; *ottoni* Schallstück
~t fel *prescr, fiati* Stürze hoch
hangtölcsérformák *pl* U Schallbecherformen
hangtompító U Dämpfer
(-)hangú U -tönig
— színtelen ~ *cl* hohlkling end
hangulat U Stimmung

hangváltozás U Stimmbruch
hangverseny U concerto
~t adni *v* konzertieren
— egyházi ~ concerto sacro
— énekkari ~ Chorkonzert
— házi ~ Hauskonzert
— jótékony célú ~ Wohltätigkeitskonzert
— templomi ~ concerto da chiesa
— zenekari ~ concerto sinfonico
hangverseny-cintányér U Konzertbecken
hangversenydarab U Konzertstück
hangversenydob U tambour de musique
hangversenyénekes(nő) U cantante da concerto; *canto* concertista
hangversenyetűd U Konzertetüde
hangversenyezni *v* U konzertieren
hangversenyidény U Konzertsaison
hangversenyiroda U Konzertagentur
hangversenykalauz U Konzertführer
hangversenykörút U tournée de concert
— hangversenykörutat tenni *v* faire une → tournée
hangversenyközvetítő U Konzertagentur; Konzertvermittler
hangversenylátogató U Konzertbesucher
hangversenymester U Konzertmeister
hangversenynyitány U ouverture de concert
hangverseny-réztányér U Konzertbecken
hangversenyszezon U Konzertsaison
hangversenyterem U Konzertsaal
hangversenyváltozat U Konzertfassung
hangversenyzongora U pianoforte da concerto; *pfte* Flügel
hangvétel U Intonation
hangvevő U Schallempfänger
hangvezetőképesség U Schall-Leitfähigkeit
hangvilla U Stimmgabel
hangvisszaadás U Schallwiedergabe; Wiedergabe
— térhatású ~ Stereophonie
hangvisszaverődés U Schallreflexion
hangvolumen U Klangfülle
hangzani *v* U klingen; *org* tönen
— egy hang hangzik: ein Ton klingt → klingen
hangzás U Klang; Schall
— jó ~ Wohlklang
— rossz ~ Diskordanz
— zenekari ~ Orchesterklang
hangzásideál U Klangideal
hangzásjelleg U Klangcharakter
hangzásképviselet U Klangvertretung
hangzáskombináció U Klangverbindung
hangzású U; jó ~ wohlklingend
— telt ~ klangvoll
hangzat U accord
— átértelmezett ~ accord pivot
— helyettesítő ~ accord substitué
— tört ~ accord arpégé
hangzatos U klanglich
hangzatosság U Klanglichkeit
hangzó U schallerzeugend
haragosan U con → collera
harang U Glocke; Röhrenspiel

~ ot megütni *v* Glocke schlagen
harangavatás U Glockenweihe
harangfém U Glockengut
harangforma U Glockenform
harangház U Glockenstube
harangiga U *camp* Joch
harangjáték U Glockenspiel; Stabspiel; Turmglockenspiel; *mil* Lyra; *org* Glöckchen;
Glockenspiel; Glöckleinton
— billentyüs ~ Klaviaturglockenspiel
harangjátékos U Glockenspieler
harangjátékszerű(en) U glockenspielartig
harangkötél U Glockenseil
harangláb U Glockenstuhl
harangminta U Glockenmodell
harangnyelv U Glockenhammer; Klöppel
harangocska U Glöckchen
harangöntés U Glockenguß
harangöntő U Glockengießer
harangöntöde U Glockengießerei
harangozni *v* U läuten
harangregiszter U *org* Glockenzug
harangszék U Glockenstuhl
harangszentelés U Glockenweihe
harangszoba U Glockenstube
harangtorony U Glockenturm
harangütés U Glockenschlag
harangütő U Glockenhammer
harangváll U Glockenbalken
harangzúgás U Geläute
harántfuvola U Querflöte; *org* flûte traversière
harántsíp U Querpfeife
hard E schallhart
hexachord: Hexachordum durum
leather stick *perc* Hartlederschlegel
reed: hartes → Rohrblatt
rubber stick *perc* Hartgummischlegel
Hardanger fiddle E Hardangerfidel
Hardangerfidel *f* D
E Hardanger fiddle, A: Harding fiddle
F Hardingfele *m*, violon *m* de Hardanger
I *(violino popolare norvegese)*
S *(violin popular noruego)*
U *(hegedüszerü norvég népi hangszer)*
R хардингфеле *f*, хардангерфеле *f*
hardi F *prescr* animoso; ardito
Hardingfele *m* F Hardangerfidel
Harding fiddle E Hardangerfidel
hardly E appena
hardness of action E *pfte* Spielschwere
hárfa U Harfe
— háromszög alakú ~ Dreiecksharfe
— kampós ~ Hakenharfe
— kettős ~ Doppelharfe
— kromatikus ~ chromatische → Harfe
— D-dúrba váltani *v prescr, arpa* wechseln in
D-Dur → Harfe
— fisz-mollban előkésziteni *v prescr, arpa* in
fis-Moll vorbereiten → Harfe
hárfacitera U Harfenzither
hárfalant U Harfenlaute
hárfaművész U Harfenist
hárfaművésznő U Harfenistin

hárfapedál U *pfte* Harfenzug
hárfaregiszter U *pfte* Harfenzug
hárfás U Harfenist
hárfatheorba U Harfentheorbe
Harfe *f* D
E harp
F harpe *f*
I arpa *f*
S arpa *f*
U hárfa
R арфа *f*
— **chromatische** ~
E chromatic harp
F harpe *f* chromatique
I arpa *f* cromatica
S arpa *f* cromática
U kromatikus hárfa
R арфа *f* с педальным механизмом двой-
ного действия
— **in fis-Moll vorbereiten** *v prescr, arpa*
E to put into F sharp minor, to prepare
F sharp minor
F préparer *v* le fa dièse mineur
I preparare *v* fa diesis minore
S preparar *v* el fa sostenido menor
U fisz-mollban előkésziteni *v*
R подготовить *v* перестройку в фа-диез
минор
— **wechseln** *v* **in D-Dur** *prescr, arpa*
E to change to D major
F (changer *v*) en ré majeur
I cambiare *v* in re maggiore
S pasar *v* a re mayor
U D-dúrba váltani *v*
R перестроить *v* в ре мажор
Harfenett *n* D = Spitzharfe
Harfengitarre *f* D arpa-guitarra
Harfenist *m*, **Harfenistin** *f* D
E harpist
F harpiste *m+f*
I arpista *m+f*
S arpista *m+f*
U hárfás, hárfaművész(nő)
R арфист *m*, арфистка *f*
Harfenlaute *f* D
E harp-lute, dital harp
F harpe-luth *f*
I arpa *f* liuto
S arpa-laúd *f*
U hárfalant
R арфообразная лютня *f*
Harfentheorbe *f* D
E harp-theorbo
F harpe-théorbe *f*
I arpa *f* tiorba
S arpa-tiorba *f*
U hárfatheorbe
R арфообразная теорба *f*
Harfenzither *f* D
E harp-zither
F harpe-cithare *f*
I cetra *f* a sette piroli
S arpa-citara *f*, citara-arpa *f*

21*

U hárfacitera
R арфообразная цитра *f*, цитра-арфа *f*
Harfenzug *m* D *pfte*
    E harp stop
    F registre *m* de harpe, céleste *f*
    I pedale *m* d'arpa
    S registro *m* de arpa
    U hárfaregiszter, hárfapedál
    R *(особое регистровое устройство на старинных клавишных инструментах)*
harmadhang U Drittelton
hármas(hangzat) U Dreiklang
  ~ nagy terccel és szűkített kvinttel/quinttel: accord majeur avec quinte diminuée
  ~ terc nélkül: accord incomplet
  — bővített ~ accord augmenté
  — dúr ~ accord parfait majeur
  — moll ~ accord parfait mineur
  — szűkített ~ accord diminué
  — üres ~ accord incomplet
hármashangzat- U Dreiklangs-
harmónia U Harmonie
Harmonia aetheria *f* D *org*
    E harmonia aetheria
    F harmonia *f* aetheria
    I armonia *f* eterea
    S armonía *f* etérea
    U "harmonia aetheria"
    R гармония этериа *f*
harmóniakötés U Akkordverbindung
harmóniamenet U Akkordfolge
harmonic E harmonisch; Oberton;
  ~(s *pl*) *archi* Flageolett-Töne
  ~ analyser/analyzer: Frequenzanalysator; Schallanalysator
  ~ analysis: Akkordbestimmung; Harmonielehre
  ~ beard with ears *canna* Streichbart mit Seitenbart
  ~ beard without ears *canna* Streichbart ohne Seitenbart
  ~ bridge *canna* Rollbart
  ~ colo(u)r: Klangfarbe
  ~ content: Obertongehalt; Teiltonaufbau
  ~ curve *arpa* Mechanikbogen
  ~ fluctuation: harmonisches → Gefälle
  ~ flute *org* Harmonieflöte
  ~ minor: harmonisches → Moll
  ~ progression: Akkordfortschreitung
  ~ row/series: Obertonreihe
  ~ sign *archi* Flageolettzeichen
  ~ tension: Klanganspannung
harmonica E Mundharmonika
harmonica *m* F; ~ à bouche: Mundharmonika
  ~ de verres: Glasharfe; Glasharmonika; Glasschalenspiel
harmonically related E klangverwandt
Harmonichord *n* D = Bogenklavier
Harmonie *f* D
    E harmony
    F harmonie *f*
    I armonia *f*
    S armonía *f*

U harmónia, összhang
R гармония *f*, аккорд *m*
  ~ *obs* = Lage
harmonie *f* F Harmonie; Harmonielehre; Harmoniemusik; Harmonik; Militärkapelle; Zusammenklang
  ~ des sphères: Sphärenmusik
  ~ par quartes: Quartenharmonik
Harmoniebaß *m* D
    E bass (tuba)
    F basse *f* d'harmonie
    I strumento *m* più basso di una banda
    S bajo *m* de tuba, bastuba *f*
    U *(a fúvószenekar mindenkori basszushangszere)*
    R басовая туба *f*
Harmonieflöte *f* D *org*
    E harmonic flute, flûte harmonique
    F flûte *f* harmonique
    I flauto *m* armonico
    S flauta *f* armónica
    U "Harmonieflöte"
    R гармоническая флейта *f*
Harmonielehre *f* D
    E theory of harmony, harmonic analysis, harmony
    F harmonie *f*, traité *m* d'harmonie
    I dottrina *f* dell'armonia
    S armonía *f*, tratado *m* de armonía
    U összhangzattan
    R учение *n* о гармонии
Harmoniemusik *f*, **Blasmusik** *f* D
    E music for wind instruments, wind music
    F musique *f* pour instruments à vent/pour harmonie
    I musica *f* per strumenti a fiato
    S música *f* para banda
    U fúvószene
    R духовая музыка *f*
Harmoniestück *n* D
    E composition for brass band, A: band piece
    F composition *f* pour harmonie
    I composizione *f* per strumenti a fiato
    S trozo *m*/pieza/composición *f* para banda
    U fúvószenekarra irt darab
    R пьеса *f* для духового оркестра
harmonieux F harmonisch; klangvoll
Harmonik *f* D
    E harmony
    F harmonie *f*
    I armonia *f*
    S armonia *f*
    U összhangzás
    R гармония *f*
harmonika U Akkordeon; Handharmonika; Konzertina; *pop* Quetsche
  — gombos ~ Knopfgriff-Akkordeon
harmonikus U harmonisch
  — nem ~ unharmonisch
harmonious E klangvoll
harmonique F harmonisch
harmonique *m* F Oberton; Teilton

$\sim$s *pl* auditifs: Ohr-Obertöne
$\sim$s *pl* impairs: ungerade → Obertöne
$\sim$ inférieur: Unterton
$\sim$s *pl* pairs: gerade → Obertöne
harmonisation *f* F Harmonisierung
harmonisch D
    E harmonic
    F harmonique, harmonieux
    I armonico
    S armonioso, armónico
    U harmonikus
    R гармонический
harmoniser *v* F harmonisieren; *org* intonieren
harmonisieren *v* D
    E to harmonize
    F harmoniser
    I armonizzare
    S armonizar
    U harmonizálni
    R гармонизовать
Harmonisierung *f* D
    E harmonization
    F harmonisation *f*
    I armonizzazione *f*
    S armonización *f*
    U harmonizálás
    R гармонизация *f*
harmoniste *m* F *org* Intonateur
Harmonium *n* D
    E harmonium, American/reed organ
    F harmonium *m*
    I armonio *m*
    S armonio *m*
    U harmónium
    R фисгармония *f*
harmonium E Harmonium
$\sim$ with pressure bellows: Druckwindharmonium
harmonium *m* F Harmonium
$\sim$ à air aspirant: Saugwindharmonium
$\sim$ à air refoulé: Druckwindharmonium
$\sim$ à pompe aspirante: Saugwindharmonium
$\sim$ à vent aspiré: Saugwindharmonium
$\sim$ à vent comprimé: Druckwindharmonium
harmónium U Harmonium; Physharmonika
— nyomólégrendszerű $\sim$ Druckwindharmonium
— szívólégrendszerű $\sim$ Saugwindharmonium
Harmoniumbaß *m* D
    E acoustic bass
    F basse *f* acoustique
    I basso *m* acustico
    S bajo *m* acústico
    U akusztikus basszus
    R *(воображаемая линия основных тонов гармонической последовательности)*
Harmoniumklavier *n* D
    E harmonium-piano, Aeolian pianoforte
    F piano-mélodieux *m*
    I anemocorde *m*, piano-melodium *m*
    S anemocorde *m*, anemocordio *m*
    U zongoraharmónium
    R *(разновидность фисгармонии)*

harmonium-piano E Harmoniumklavier
harmonizálás U Harmonisierung
harmonizálni *v* U harmonisieren
harmonization E Harmonisierung
harmonize *v* E harmonisieren
harmony E Harmonie; Harmonik; Harmonielehre; Satz; Zusammenklang
$\sim$ built up in thirds: Terzaufbau
harness bells *pl* E Schellengeläute
háromértékű U dreizeitig
háromhúros U *corda* dreichörig
háromrészes U dreiteilig
háromsoros U dreizeilig
háromszög U Triangel
háromszólamú U dreistimmig
háromszólamúság U Dreistimmigkeit
háromtételes U dreisätzig
háromütemű U dreitaktig
háromvonalas U dreigestrichen
háromvonásos U dreigestrichen
harp E Harfe
$\sim$ guitar: arpa-guitarra
$\sim$ stop *pfte* Harfenzug
— change *v* to D major *prescr, arpa* wechseln in D-Dur → Harfe
— prepare *v* F sharp minor *prescr, arpa* in fis-Moll vorbereiten → Harfe
— put *v* into F sharp minor *prescr, arpa* in fis-Moll vorbereiten → Harfe
Harpaphon *n* D *obs* = Vibraphon
harpe *f* F Harfe
$\sim$ à archet: Bogenharfe
$\sim$ à cadre: Rahmenharfe
$\sim$ à cadre triangulaire: Dreieckharfe
$\sim$ à clavecin: Klavierharfe
$\sim$ à double mouvement: Doppelpedalharfe
$\sim$ à pédales simples: Pedalharfe
$\sim$ angulaire: Winkelharfe
$\sim$ chromatique: chromatische → Harfe
$\sim$ chromatique à crochets: Hakenharfe
$\sim$ double: Doppelharfe
$\sim$ éolienne: Äolsharfe
— changer *v* en ré majeur *prescr, arpa* wechseln in D-Dur → Harfe
— préparer *v* le fa dièse mineur *prescr, arpa* in fis-Moll vorbereiten → Harfe
harpe-cithare *f* F Harfenzither
harpeggieren *v* D *obs* = arpeggieren
Harpeggio *n* D *obs* = arpeggio
harpe-guitare *f* F arpa-guitarra
harpe-luth *f* F Harfenlaute
harpe-théorbe *f* F Harfentheorbe
harpist E Harfenist
harpiste *m+f* F Harfenist
harp-lute E Harfenlaute
harpsichord E arpicordo; clavicembalo
$\sim$ action *pfte* Cembalomechanik
$\sim$ stop/register *pfte* Cembaloregister
harpsichordist E clavicembalista
harp-theorbo E Harfentheorbe
harp-zither E Harfenzither
harshness E Härte
harsogni *v* U *ottoni* schmettern

harsona U Posaune; *org* trombone
— harsonát fújni *v* Posaune blasen
— kontrabasszus ∼ Kontrabaßposaune
harsonajátékos U Posaunist
harsonakórus U Posaunenchor
harsonás U musicien de → fanfare; Posaunist
Härte *f* D 〈*Klang*〉
   E harshness, acerbity
   F dureté *f*
   I asprezza *f*, durezza *f*
   S dureza *f*, rudeza *f*
   U keménység
   R твёрдость *f*, жёсткость *f*
Hartgummischlegel *m* D *perc*
   E hard rubber stick
   F baguette *f* de caoutchouc dur
   I bacchetta *f* con l'estremità di gomma dura
   S baqueta *f* de goma dura
   U keménygumi ütő/verő
   R колотушка *f* из жёсткой резины
Hartlederschlegel *m* D *perc*
   E hard leather stick
   F baguette *f* de cuir dur
   I bacchetta *f* con l'estremità ricoperta di pelle dura
   S baqueta *f* de cuero duro
   U keménybőr ütő/verő
   R колотушка *f*, обтянутая твёрдой кожей
has U *archi* Brust; *vl* Decke
hasas U *corda* bauchig
haslégzés U Bauchatmung
hastig D *prescr* affrettato
hat E; ∼ mute *ottoni* Hutdämpfer
hát U *corda* Boden
— egész ∼ *corda* ganzer → Boden
— osztott ∼ *corda* geteilter → Boden
határ U; hallhatósági ∼ Hörgrenze
határozottan U *prescr* deciso; energico
hatás U; befejezés érzetét keltő ∼ Schlußwirkung
hâte *f* F; avec ∼ *prescr* affrettato
hatod U Sexte
hatos U Sextett
hátpozitív U Rückpositiv
hatszólamúság U Sechsstimmigkeit
háttér U *teat* Bühnenhintergrund
— a ∼ben *teat* im → Hintergrund
háttérfüggöny U *teat* Bühnenleinwand
háttérzene U Hintergrundmusik
Haube *f*, **Krone** *f* D *camp*
   E canon
   F couronne *f*, cerveau *m*, anses *f pl*, colombettes *f pl*
   I coppo *m*, sommo *m*
   S corona *f*
   U korona, fül, függesztőtárcsa
   R ухо *n*, матка *f*
hauchig D *canto*, *fiati*
   E breathy
   F murmuré, "mormorato"
   I soffiato

   S murmurado, susurrado
   U leheletszerű, levegős
   R «подобно шёпоту»
haunch support E *fag* Hüftstütze
Hauptakzent *m* D
   E principal/main accent
   F accent *m* principal
   I accento *m* principale
   S acento *m* principal
   U főhangsúly
   R главный акцент *m*
Hauptbalg *m* D *org*
   E main bellows *pl*
   F soufflet *m* principal
   I mantice *m* principale
   S fuelle *m* principal
   U főfújtató
   R главный мех *m*
Hauptbaß *m* D *obs* = Generalbaß
Hauptdarsteller *m*, **Hauptdarstellerin** *f* D
   E principal actor *m*/actress *f*, principal singer
   F principal interprète *m*, vedette *f*
   I primo attore *m*, prima attrice *f*
   S principal intérprete *m*, actor *m*/actriz *f* principal, vedette *f*
   R актёр *m*, исполняющий/актриса *f*, исполняющая главную роль
Hauptdreiklang *m* D
   E primary triad
   F accord *m* parfait sur les notes tonales
   I triade *f* principale
   S acorde *m* principal
   U főhármashangzat
   R главное трезвучие *n*
Hauptkanal *m* D *org* = Hauptwindkanal
Hauptnote *f* D
   E essential/principal note
   F note *f* principale
   I nota *f* principale/reale
   S nota *f* principal
   U főhang
   R основной тон *m*
Hauptorgel *f* D *org* = Hauptwerk
Hauptprobe *f* D *teat*
   E dress rehearsal
   F répétition *f* générale
   I prova *f* generale
   S ensayo *m* general
   U főpróba
   R генеральная репетиция *f*
Hauptrolle *f* D *teat* rôle principal
— die ∼ spielen *v teat* interpréter le → rôle principal
— in der ∼ ... *teat* dans le → rôle principal ...
— männliche ∼ *teat* premier → rôle masculin
— weibliche ∼ *teat* premier → rôle féminin
Hauptsatz *m* D
   E *(part of the exposition containing the first subject)*
   F *(fragment de la sonate contenant le premier thème)*

I *(parte dell'esposizione della sonata nella quale appare il primo tema)*
S *(fragmento de la sonata que contiene el primer tema)*
U *(a szonátaforma része, mely a fótémát tartalmazza)*
R главная партия *f*

Hauptstimme *f* D
E principal part/voice
F partie/voix *f* principale
I voce *f* principale
S voz/parte *f* principal
U főszólam, vezető szólam
R главный голос *m*
~ *org* = Grundstimme; Prinzipal
— mit der ~ *prescr* colla → parte
Hauptstück *n* D *obs, trbne* = Korpus
Hauptthema *n* D
E main theme/subject
F thème *m* principal
I tema *m* principale
S tema *m* principal
U fótéma
R главная тема *f*
Hauptton *m* D *camp*
E strike note
F octave *f* supérieure
I tonalità *f* al bordo
S nota *f* principal
U alaphang
R главный звук *m*
~ *obs* = Grundton
Haupttonart *f* D
E main/principal key
F tonalité *f* principale
I tono *m*/tonalità *f* principale
S tonalidad *f*/tono *m* principal
U főhangnem
R главная тональность *f*
Hauptwerk *n*, **Hauptorgel** *f* D *org*
E full/great organ
F grand orgue *m*
I grand' organo *m*
S primer manual *m*, gran órgano *m*
U fómű
R гауптверк *m*
Haupt(wind)kanal *m* D *org*
E primary wind trunk, chief wind receiver, main channel, main wind trunk
F grand porte-vent *m*
I condotto/canale *m* principale
S canal/conducto *m* principal (de aire)
U fő szélcsatorna, főcsatorna
R главный (воздушный) канал *m*
Hauskapelle *f* D ⟨*Hotel, Bar*⟩
E resident band/orchestra
F orchestre *m* résident
I complesso *m* musicale del locale
S orquesta *f* local
U saját zenekar
R эстрадный ансамбль *m*

Hauskonzert *n* D
E house/private concert, private performance
F concert *m* privé
I concerto *m* domestico/privato
S concierto *m* privado
U házi hangverseny
R домашний концерт *m*
Hausmusik *f* D
E domestic music, music performed in the home
F musique *f* domestique/exécutée à la maison
I musica *f* familiare/domestica
S música *f* doméstica/en casa
U házi zenélés/muzsika/zene
R домашнее музицирование *n*
hausse *f* F arco Frosch; *ton* Erhöhung
— à la ~ *prescr, vl* am → Frosch
hausser *v* F erhöhen
haut F hoch
— en ~ aufwärts
Hautbois *f* D; ~ 4' *arm* hautbois 4'
hautbois *m* F Oboe
~ baryton: Bariton-Oboe; Bassettoboe
~ **4' *arm***
  D Hautbois *f* 4'
  E oboe-treble
  I oboe *m* 4'
  S óboe *m* 4'
  U oboa 4'
  R гобой *m* 4'
~ **d'amour**
  D Liebesoboe *f*
  E oboe d'amore
  I oboe *m* d'amore
  S óboe *m* de amor
  U oboe d'amore
  R гобой *m* д'амур
hautboïste *m* F Oboist
hauteur *f* F Höhe
~ absolue: absolute → Tonhöhe
~ de son [in]déterminée: [un]bestimmte → Tonhöhe
~ du son: Tonhöhe
~ réelle: notierte → Klanghöhe
haut-parleur *m* F Lautsprecher
~ des graves: Tieftonlautsprecher
~ en coffret *rad* Lautsprecherbox
— double ~ Doppellautsprecher
have *v* **(the melody)** E tragen
Hawaiian guitar E guitarra hawaiana
Hawaii-Gitarre *f* D guitarra hawaiana
ház U *org* Gehäuse
hazafias U vaterländisch
hazy R → хазы
H-Dur *n* D
  E B major
  F si *m* majeur
  I si *m* maggiore
  S si *m* mayor
  U H-dúr
  R си *n* мажор

H-dúr U H-Dur
head E *perc* Fell; *tasto* Vorderteil des Tastenbelages; *vl* Kopf
~ cavity: Kopfhöhle
~ joint with beak/fipple *fl. d.* Kopfstück mit
  Schnabel
~ plug *arco* Oberkeil
~ register *canto* Kopfregister
~ tone/note *canto* Kopfton
headed pipe E *canna* gekröpfte → Pfeife
head-motif E Kopfmotiv
head-motive E Kopfmotiv
headpiece E *canna* Pfeifenaufsatz
headstock E *camp* Joch
head-voice E *canto* Kopfstimme
hear *v* E hören
hearing E Gehör; Hören
~ aid: Hörgerät
~ defect: Gehörfehler
~ faculty: Hörvermögen
~ loss: Hörverlust
— out of ~ range: außer → Hörweite
— within ~ range: in → Hörweite
heart E; by ~ auswendig
heavy E; ~ mallet: Holzhammer
~ metal mute *vl* Tonwolf
~ stick *perc* schwerer → Schlegel
~ wind stop *org* Hochdruckluftregister
Hebeglied *n* D *pfte*
  E w(h)ippen, lever, A: support
  F (grand) levier *m*, levier *m* inférieur,
    balancier *m*
  I cavalletto *m*, leva *f* inferiore, bilanciere *m*
  S palanca *f*, balancín *m*
  U emelőkar, alsószár
  R нижний рычаг *m*, нижняя часть *f*
    фигуры
Hebegliedachse *f* D *pfte*
  E support flange centre/center pin
  F centre/axe *m* du grand levier
  I perno *m* della forcola del cavalletto
  S centro/perno *m* de la palanca/del ba-
    lancín
  U emelőkar/alsószár tengelye
  R ось *f*/штифт *m* капсюля нижней части
    фигуры
Hebegliedfeder *f* D *pfte*
  E support/w(h)ippen spring
  F ressort *m* du grand levier
  I molla *f* del cavalletto/bilanciere, molla
    f di richiamo
  S resorte *m* de la palanca/del balancín
  U emelőkarrugó, alsószárrugó
  R пружина *f* капсюля нижней части
    фигуры
Hebegliedkapsel *f* D *pfte*
  E lever/support/w(h)ippen flange
  F fourche *f* du grand levier
  I forcola *f* del cavalletto, forca *f* della leva
    di sotto
  S horquilla *f* de la palanca/del balancín
  U emelőkarvilla, alsószárvilla
  R капсюль *m* нижней части фигуры

Hebegliedkapselschraube *f* D *pfte*
  E support flange-screw
  F vis *f* de réglage de la fourche du grand
    levier
  I vite *f* della forcola del cavalletto, vite
    f per le forche della leva di sotto
  S tornillo *m* regulador/de la horquilla del
    balancín/de regulación de la horquilla
    de la palanca
  U emelőkartartó/alsószártartó csavar
  R винт *m* капсюля
Hebegliedsattelfilz *m* D *pfte*
  E support cushion
  F feutre *m* du grand levier
  I cuscinetto/feltro *m* del cavalletto
  S fieltro *m* del balancín
  U (emelőkar-)nyeregfilc, nyeregnemez
  R фильц *m* нижней части фигуры, поду-
    шечка *f*
Hebel *m* D *org* = Balgklavis
Heber *m* D *legni* ⟨*Klappe*⟩
  E lever
  F clé *f*, clef *f*
  I leva *f*
  S llave *f*
  U szár
  R рычажок *m* клапана
hebra *f* S Garn
Hebung *f* D = Arsis
hecha *f* S; ~ con la lengua *fiati* Flatterzunge
heckelclarina E U Heckelklarina
heckelclarina *f* F I S Heckelklarina
Heckelklarina *f* D
  E heckelclarina
  F heckelclarina *f*
  I heckelclarina *f*
  S heckelclarina *f*
  U heckelklarina
  R «геккель-кларина» *f*
Heckelphon *n* D
  E heckelphone
  F heckelphone *m*
  I Heckelphon *m*
  S heckelphon *m*
  U heckelphon
  R геккельфон *m*
heckelphon *m* S Bassettoboe; Heckelphon
heckelphon U Heckelphon
heckelphone E Heckelphon
heckelphone *m* F Heckelphon
heel E *arco* Zwickel
~ peg *archi* Zäpfchen
~ plate *arco* Zwickelblech
heftig D *prescr* brusco; impetuoso
hegedős U Spielmann
hegedű U violino
— háromnegyedes ~ Dreiviertelgeige
— obligát ~(vel): con violino → obbligato
— zenekari ~ Orchestervioline
hegedűépítés U Geigenbau
hegedűiskola U Violinschule
hegedűjátékos U violinista
hegedűkészítés U Geigenbau

hegedűkészítő U Geigenbauer
hegedűkulcs U Violinschlüssel
hegedűlakk U Geigenlack
hegedülni *v* U Geige spielen
hegedűprincipál U *org* Geigenprinzipal
hegedűs U violinista
hegedűszerű U violinistico
hegedűszólam U Geigenstimme
hegedűverseny U concerto per violino
Heidukentanz *m* D hajdútánc
height E; ~ (of pitch): Höhe
heighted E diastematisch
Heirmologion *n* D ирмолог
Heirmos *m* D ирмос
heirmosz U ирмос
Heldentenor *m* D
    E heroic tenor
    F ténor *m* dramatique
    I tenore *m* drammatico/eroico/di forza
    S tenor *m* dramático
    U hőstenor
    R драматический тенор *m*
helicon E Helikon
hélicon *m* F Helikon
helicón *m* S Helikon
Helikon *n* D
    E helicon
    F hélicon *m*
    I elicon *m*
    S helicón *m*
    U helikon
    R геликон *m*
helikon U Helikon
Hellflöte *f* D *org*
    E clear flute
    F flûte *f* claire/ouverte, Hellflöte *f*
    I flauto *m* chiaro
    S flauta *f* clara
    U "Hellflöte"
    R хельфлёте *f*
hely U; a maga ~én: loco
— megszólaltatási ~ *corda* Erregungsstelle
helyettesíteni *v* U *teat* ersetzen
hemicoro *m* S Halbchor
hemidemisemiquaver E Vierundsechzigstelnote
~ rest: Vierundsechzigstelpause
hemiola E U Hemiole
Hemiole *f* D
    E hemiola, hemiole
    F hemiolios *m*, hemiolia *f*
    I emiolia *f*
    S sesquiáltera *f*
    U hemiola
    R гемиола *f*
hemiole E Hemiole
hemiolia *f* F Hemiole
hemiolios *m* F Hemiole
hemitonic E hemitonisch; Halbton-
hemitónico S hemitonisch
hemitonikus U hemitonisch
hémitonique F hemitonisch
hemitonisch D
    E hemitonic, semitonal

    F hémitonique
    I semitonale
    S semitonal, hemitónico
    U hemitonikus, felhangos
    R гемитонный
hendidura *f* **de afinación** S *canna* Stimmlappen
henger U Rolle; Walze
— (perforált) ~ Notenblatt
hengercsavar U *pfte* Auslöserpuppenschraube
hengerdob U Röhrentrommel
hengerfog U Zahn
Henkelsaite *f* D *archi*
    E tailpiece string/gut/loop
    F corde *f* d'attache
    I corda *f* reggicordiera
    S sujetador *m* del cordal
    U húrerő, húrtartó húr
    R струна *f* для подгрифника
heptacorde *m* F Heptatonik
heptacordio *m* S Heptatonik
heptaton U heptatonisch
heptatonal S heptatonisch
heptatonic E heptatonisch
~ system: Heptatonik
heptatónico S heptatonisch
Heptatonik *f* D
    E heptatonic system
    F heptacorde *m*
    I sistema *m* eptatonale/eptatonico
    S (h)eptacordio *m*
    U heptaton/hétfokú rendszer, heptatonika
    R гептатоника *f*
heptatonika U Heptatonik
heptatonique F heptatonisch
heptatonisch, siebentönig D
    E heptatonic
    F heptatonique
    I eptatonico, eptatonale
    S (h)eptatonal, (h)eptatónico
    U heptaton, hétfokú
    R семиступенный
herabstimmen *v* D
    E to tune down
    F baisser *v* l'accord
    I abbassare *v* l'intonazione/l'accordatura
    S bajar/calar *v* la afinación
    U lehangolni
    R понижать ⟨строй⟩
heraufstimmen *v* D
    E to tune up
    F monter *v* l'accord
    I alzare *v* l'intonazione/l'accordatura
    S subir *v* la afinación
    U felhangolni
    R повышать ⟨строй⟩
herauskommen *v* D ⟨*Bücher, Schallplatten*⟩
    E to be published/released/issued
    F être publié/édité, paraître, sortir
    I essere edito, apparire
    S aparecer, salir
    U megjelenni
    R выходить

~ ⟨aus dem Takt, aus dem Spiel⟩
  E to be lost, to lose one's place
  F se perdre
  I andare *v* fuori tempo
  S perderse
  U kiesni
  R сбиваться
Herdengeläut *n* D = Kuhglocke
herdsman's song E Hirtenlied
hermenéutica *f* S Hermeneutik
hermeneutics E Hermeneutik
Hermeneutik *f* D
  E hermeneutics
  F herméneutique *f*
  I ermeneutica *f*
  S hermenéutica *f*
  U hermeneutika
  R герменевтика *f*
hermeneutika U Hermeneutik
herméneutique *f* F Hermeneutik
heroic tenor E Heldentenor
Heroldstrommel *f* D = Landsknechtstrommel
Herstrich *m* D *vc*
  E down-bow
  F tiré *m*
  I arco *m* in giù
  S arcada *f* hacia abajo, tiré *m*, arco *m*
    abajo
  U vonóhúzás lefelé
  R движение *n* смычка вниз
herunterziehen *v* D *fiati*
  E to slide downwards
  F tirer *v* vers le bas
  I tirare *v* in giù
  S tirar *v* hacia abajo
  U lehúzni
  R применить *v* глиссандо вниз
hervorheben *v* D
  E to bring out ⟨a voice or part⟩
  F faire *v* ressortir, mettre *v* en relief,
    souligner
  I marcare, mettere *v* in rilievo
  S poner *v* en/de relieve, hacer *v* resaltar,
    subrayar
  U kiemelni, kihozni
  R выделять
herzlich D affettuoso
heses *n* D *ton*
  E B double-flat
  F si *m* double-bémol
  I si *m* doppio bemolle
  S si *m* doble bemol
  U bebé
  R си-дубль-бемоль *m*
hésitant F allentato
hesitate *v* E zögern
hesitation E Verzögerung
hésitation *f* F Verzögerung
hésiter *v* F zögern
heted U Septime
hetedhangzat U accord de septième
heterofon U heterophon
heterofónia *f* S Heterophonie

heterofónia U Heterophonie
heterófono S heterophon
heterophon D
  E heterophonic
  F hétérophone
  I eterofonico
  S heterófono
  U heterofon
  R гетерофонный
hétérophone F heterophon
heterophonic E heterophon
~ reed: weiches → Rohrblatt
Heterophonie *f* D
  E heterophony
  F hétérophonie *f*
  I eterofonia *f*
  S heterofonia *f*
  U heterofónia
  R гетерофония *f*
hétérophonie *f* F Heterophonie
heterophony E Heterophonie
hetes U Septett
hétfokú U heptatonisch
heulen *v* D *org*
  E to cipher
  F corner
  I strasuonare
  S ulular
  U leragadni, beragadni
  R гудеть
Heuler *m* D *org*
  E cipher
  F cornement *m*
  I strasuono *m*
  S ululato *m*, cornement *m*
  U leragadt/beragadt hang
  R «гудящая труба» *f*
heures *f* *pl* F; ~ canoniques/de l'office:
  Stundenoffizien
hevesen U *prescr* feroce; focoso; impetuoso
hévvel U con → calore; con →fuoco
Hexachord *n* D
  E hexachord
  F hexacorde *m*
  I esacordo *m*
  S hexacordo *m*
  U hexachord
  R гексахорд *m*
hexachord E U Hexachord
Hexachordum *n* D; ~ **durum**
  E hard hexachord
  F hexacorde *m* majeur
  I esacordo *m* duro
  S hexacordo *m* mayor
  U hexachordum durum
  R твёрдый/мажорный гексахорд *m*
~ **molle**
  E soft hexachord
  F hexacorde *m* mineur
  I esacordo *m* molle
  S hexacordo *m* menor
  U hexachordum molle
  R мягкий/минорный гексахорд *m*

~ **naturale**
 E natural hexachord
 F hexacorde *m* naturel
 I esacordo *m* naturale
 S hexacordo *m* natural
 U hexachordum naturale
 R натуральный гексахорд *m*
hexachordum U; ~ durum: Hexachordum durum
~ molle: Hexachordum molle
~ naturale: Hexachordum naturale
hexacorde *m* F Hexachord
~ majeur: Hexachordum durum
~ mineur: Hexachordum molle
~ naturel: Hexachordum naturale
hexacordo *m* S Hexachord
~ mayor: Hexachordum durum
~ menor: Hexachordum molle
~ natural: Hexachordum naturale
Hexentanz *m* D
 E witches' dance
 F danse *f* des sorcières
 I danza *f* delle streghe
 S danza *f* de las brujas
 U boszorkánytánc
 R пляска *f* ведьм
hiányos U *acc* unvollständig
híd U *teat* Arbeitsgalerie; Beleuchtungsbrücke
Hifthorn *n* D = Jagdhorn
high E hoch
~ dramatic soprano: hochdramatischer → Sopran
~ E: hoch E
~ point: Höhepunkt
~ register: hohe → Stimmlage
highest part E Oberstimme
hi-hat U Charlestonmaschine
hi-hat pedal E Charlestonmaschine
hi-hat pedal *m* F Charlestonmaschine
hilar *v* S *canto* scemar di → voce
Hilfsgriff *m* D *legni*
 E auxiliary fingering
 F doigté *m* auxiliaire
 I posizione *f* ausiliaria
 S digitación *f* auxiliar
 U segédfogás
 R вспомогательная аппликатура *f*
Hilfslinie *f* D
 E le(d)ger line
 F ligne *f* supplémentaire
 I taglio *m*/linea *f* supplementare/addizionale
 S linea *f* adicional/suplementaria
 U pótvonal, segédvonal
 R добавочная линейка *f*
hill-and-dale recording E *gram* Tiefenschrift
hilo *m* S Garn
himnario *m* S Hymnar
himnikus U hymnisch
himnista *m* S Hymnenkomponist; Hymnensänger
himno *m* S Hymne; Lobgesang
~ nacional: Nationalhymne

— perteneciente a los ~s: hymnisch
— relativo a los ~s: hymnisch
himnodia *f* S Hymnodie
himnódia U Hymnodie
himnódico S hymnisch
himnología *f* S Hymnologie
himnológia U Hymnologie
himnológiai U hymnologisch
himnológico S hymnologisch
himnólogo *m* S Hymnologe
himnológus U Hymnologe
himnusz U Hymne; Lobgesang
— nemzeti ~ Nationalhymne
himnuszénekes U Hymnensänger
himnuszéneklés U Hymnengesang
himnuszgyűjtemény U Hymnar
himnuszköltészet U Hymnodie
himnuszszerző U Hymnenkomponist
hinaufziehen *v* D *fiati*
 E to slide upwards
 F tirer *v* vers le haut
 I tirare *v* in su
 S tirar *v* hacia arriba
 U felhúzni
 R применить *v* глиссандо вверх
Hingebung *f* D; mit ~ *prescr* abbandonatamente
hingebungsvoll D *prescr* abbandonatamente
hinged E; ~ bellows *pl org* Diagonalbalg
~ cap *canna* Klappdeckel
~ cap with pierced holes *canna* Klappdeckel mit Seitenlöchern
Hinstrich *m* D *vc*
 E up-bow
 F poussé *m*
 I arco *m* in su
 S arco *m* (hacia) arriba
 U vonóhúzás/vonás felfelé
 R движение *n* смычка вверх
Hinterdeckel *m* D *pfte*
 E rear cover, back-top
 F couvercle *m*
 I coperchio *m* posteriore
 S tapa *f*, cubierta *f*
 U nagy/hátsó tető
 R задняя крышка *f*
hintereinander D
 E in succession, successively
 F l'un après l'autre, successivement
 I in successione, successivamente
 S sucesivo, sucesivamente
 U egymás után
 R последовательно, друг за другом
Hintergrund *m* D *teat* = Bühnenhintergrund
— im ~ *teat*
 E upstage, in the background
 F au fond de la scène
 I in fondo alla scena
 S en el foro
 U a háttérben
 R в глубине сцены
Hintergrundmusik *f* D
 E background music

F musique *f* d'ambiance
I musica *f* di sottofondo
S música *f* de fondo
U háttérzene
R музыка *f*, сопровождающая сцениче-
ское действие

Hintersatz *m*, **Nachsatz** *m* D *org*
E rear set
F principal *m* placé en montre
I gran mistura *f*
S ripieno *m* maggiore
U "Hintersatz"
R хинтерзатц *m*

hinterstimmig D
E rear-tuned
F à chevilles postérieures
I a caviglie posteriori
S de clavijero posterior
U hátul hangolható
R *(о клавишных инструментах, у кото-
рых вирбельбанк находится с задней
стороны)*

Hinterteil *m* **des Tastenbelages** D *tasto*
E ivory tail
F queue *f* de la touche
I coda *f* del tasto
S parte *f* posterior del marfil de las teclas,
cola *f*
U elefántcsont borítás hátsó része
R задняя косточка *f*

hipertono *m* S Oberton
hipo- S U hypo-
hipodór U hypodorisch
hipodórico S hypodorisch
hipofríg U hypophrygisch
hipofrigio S hypophrygisch
hipojón U hypo-ionisch
hipojónico S hypo-ionisch
hipolíd U hypolydisch
hipolidio S hypolydisch
hipomixolíd U hypomixolydisch
hipomixolidio S hypomixolydisch
hire material E Leihmaterial
hirmologion E U ирмолог
hirmologion *m* F S ирмолог
hirmos E ирмос
hirmos *m* F S ирмос
hirmosz U ирмос
Hirtenlied *n* D
E herdsman's/shepherd's song
F pastorale *f*
I canto *m* del pastore, pastorale *f*
S canto *m* pastoral, canción *f* pastoral,
pastoral *f*
U pásztordal
R пастушья песня *f*

Hirtenpfeife *f* D
E shepherd's pipe
F chalumeau *m*
I flauto *m* pastorale
S caramillo *m*, flauta *f* pastoral
U pásztorsíp
R свирель *f*

his *n* D *ton*
E B sharp
F si *m* dièse
I si *m* diesis
S si *m* sostenido
U hisz
R си-диез *m*

hisis *n* D *ton*
E B double-sharp
F si *m* double dièse
I si *m* doppio diesis
S si *m* doble sostenido
U hiszisz
R си-дубль-диез *m*

hiss E *gram, magn* Laufgeräusch
hiss *v* E; ~ off: auszischen
hissing E *prescr* zischend
histoire *f* **de la musique** F Musikgeschichte
historia *f* **de la música** S Musikgeschichte
historiador *m* **de la música** S Musikhistoriker
historical E; ~ edition: historische → Ausgabe
~ editions *pl* musikalische → Denkmäler
históriás ének U → ének
historien *m* **de la musique** F Musikhistoriker
history of music E Musikgeschichte
histrionic E schauspielerisch; theatralisch
hisz U *ton* his
Hiszekegy U Credo
hiszisz U *ton* hisis
hit E Schlager
~ song: Schlager
hit *v* E *ton* treffen
hitch E; ~ hook *tamb* Anhängehaken
~ pin *tasto* Anhängestift
hitching length E *corda, pfte* Anhängelänge
hívójel U chiamata
h-Moll *n* D
E B minor
F si *m* mineur
I si *m* minore
S si *m* menor
U h-moll
R си *n* минор

h-moll U h-Moll
hoch D
E high
F haut, aigu
I alto, acuto
S alto, agudo
U magas
R высокий, верхний
~ E
E high/top E
F contre mi *m*
I mi *m* acuto
S contra mi *m*
U magas e
R высокое/верхнее ми *n*

Hochalterierung *f* D
E raising
F altération *f* ascendente
I alterazione *f* ascendente
S alteración *f* ascendente

U felfelé módosítás
R (альтерационное) повышение *n*
Hochdruckluftregister *n* D *org*
E heavy wind stop
F registre *m* à haute pression
I registri *m pl* ad alta pressione
S registros *m pl* de alta presión
U nagynyomású regiszter
R регистр *m* высокого воздушного давления
hochet *m* F Rassel
hochetus *m* I Hoketus
hochstimmig D = vielstimmig
Hochzeitsmarsch *m* D
E wedding/bridal march
F marche *f* nuptiale
I marcia *f* nuziale
S marcha *f* nupcial
U nászinduló
R свадебный марш *m*
hocket E Hoketus
hocquet(us) *m* S Hoketus
Hof *m* D
E court
F cour *f*
I corte *f*
S corte *f*
U udvar
R двор *m*
höfisch D
E courtly
F de cour
I cortigianesco, cortese
S cortesano, propio de la corte
U udvari
R придворный
Hofkapelle *f* D
E court orchestra
F orchestre *m*/chapelle *f* de cour
I cappella/orchestra *f* di corte
S orquesta *f* de la corte, capilla *f* de corte
U udvari zenekar
R придворная капелла *f*
Hofkapellmeister *m* D
E court music director
F maître *m* de chapelle de cour, directeur *m* de la musique de la cour
I maestro *m* di cappella di corte, direttore *m* della musica di corte
S director/maestro *m* de la capilla de la corte
U udvari karmester
R придворный капельмейстер *m*
Hofkomponist *m* D
E court composer
F compositeur *m* de cour
I compositore *m* di corte
S compositor *m* de la corte
U udvari zeneszerző
R придворный композитор *m*
Hoflied *n* D
E court song
F air *m* de cour

I canzone *f* di corte
S air *m* de cour, aire *m* de corte
U udvari dal
R придворная песнь *f*
Hofmusik *f* D
E music at court, court music
F musique *f* de cour
I musica *f* di corte
S música *f* cortesana/de la corte
U udvari zene
R придворная музыка *f*
Hoforganist *m* D
E court organist
F organiste *m* de cour
I organista *m* di corte
S organista *m* de la corte
U udvari orgonista
R придворный органист *m*
Hoftanz *m* D
E court dance
F danse *f* de cour
I danza *f* di corte
S danza *f* cortesana
U udvari tánc
R придворный танец *m*
hogy volt! U bis!
Höhe *f* D
E height (of pitch); upper notes *pl*, treble
F hauteur *f*, dessus *m*
I altezza *f*
S altura *f*
U magasság
R высота *f*
Höhepunkt *m* D
E climax, apex, culminating/high point
F point *m* culminant
I apice *m*, punto *m* culminante
S punto *m* culminante, clímax *m*
U csúcspont, tetőpont
R кульминация *f*, апогей *m*
Hohlflöte *f* D *org*
E hohlflute, clarabella, claribel flute
F clarabella *f*, flûte *f* creuse
I flauto *m* aperto
S Hohlflöte, flauta *f* hueca
U vájt fuvola, "Hohlflöte"
R хольфлёте *f*
hohlflute E Holunderflöte; *org* Hohlflöte
Hohlkehle *f* D *pfte*
E hollow
F "gorge" *f* ⟨cavité recevant le couvercle du clavier⟩
I gola *f*
S (concavidad superior del cubreteclado o de la tapa del teclado)
U holkerléc
R карниз *m*
~ *vl*
E groove, scoop
F gorge *f*, rigole *f*
I scanalatura *f*
S surco *m*

U homorulat, *fam* holker
R выемка *f* свода
Hohlkern *m* D *archi* = Rand
hohlklingend D *cl* ⟨*tonlos*⟩
  E hollow-sounding, without tone/colo(u)r
  F à son creux
  I a suono vuoto/sordo
  S hueco, de sonido hueco
  U színtelen hangú
  R глухо звучащий
Höhlung *f* D *cl*
  E throat
  F gorge *f* ⟨*déclivité formant l'ouverture du bec*⟩
  I gola *f*, cameratura *f*
  S garganta *f* ⟨*cavidad que forma la abertura del pico*⟩
  U fúvórés, fúvónyilás
  R отверстие *n* в клюве
hoja *f* S; ∼ de álbum: Albumblatt
— volver *v* las ∼s: umblättern
Hoketus *m* D
  E hocket
  F hoquet *m*
  I ochetto *m*, ochetus *m*, hochetus *m*
  S hoquetus *m*, hocquetus *m*, hocquet *m*
  U hoketus
  R гокет *m*
hoketus U Hoketus
hold E fermata
hold back *v* E ritardare
holker(léc) U *fam, pfte, vl* Hohlkehle
hollow E *pfte* Hohlkehle
∼ idiophone: Idiophon mit hohlem Schwingungskörper
hollow-sounding E *cl* hohlklingend
Holunderflöte *f* D
  E hohlflute
  F flûte *f* creuse
  I flauto *m* cavo/tedesco
  S flauta *f* hueca
  U bodzafurulya, bodzasíp
  R (*разновидность флейты*)
hólyagduda U Platerspiel
Holz *n* D; **das** ∼
  E the woodwind
  F le bois *m*
  I il legno *m*
  S la madera *f*
  U fafúvók *pl, fam* fa
  R дерево *n*, деревянные духовые *m pl*
Holzbläser *m* D
  E woodwind player
  F joueur *m* d'instrument à vent en bois
  I suonatore *m* di strumento a fiato di legno
  S tañedor/tocador/ejecutante/instrumentista *m* de instrumento de madera
  U fafúvós
  R исполнитель *m* на деревянном духовом инструменте
Holzblasinstrument *n* D
  E woodwind instrument
  F instrument *m* à vent en bois

  I strumento *m* a fiato di legno
  S instrumento *m* de madera
  U fafúvós hangszer
  R деревянный духовой инструмент *m*
Holzblock *m*, **Holzblocktrommel** *f* D
  E Chinese wood-block, clog/tap box
  F bloc *m* de bois, caisse *f* chinoise
  I cassettina *f*, blocchetto *m*
  S caja *f* china
  U fadob, blokk
  R деревянная коробочка *f*
Holzhammer *m* D
  E wooden hammer, heavy mallet
  F maillet *m* en bois
  I mazzuolo *m* di legno
  S martillo/mazo *m* de madera
  U fakalapács
  R деревянный молоточек *m*
Holzröhrentrommel *f* D
  E tubular wood-block, Korean temple-block
  F tambour *m* de tronc
  I cassettina *f*, blocchetto *m*
  S tambor *m* de tronco
  U hengeres fadob
  R цилиндрический деревянный барабан *m*
Holzschlegel *m* D *perc*
  E wooden (drum)stick
  F baguette *f* en/de bois
  I bacchetta *f* di legno
  S palillo *m*/baqueta *f* de madera
  U fa dobverő, faverő
  R деревянная колотушка *f*
Holzstäbe *m pl* D claves
homenaje *m* S Festschrift
homloklapocska U *tasto* Stirnplatte
hommage *m* F Festschrift
homofon U homophon
homofonía *f* S Homophonie
homofónia U Homophonie
homófono S homophon
homophon D
  E homophonic
  F homophone
  I omofonico
  S homófono
  U homofon
  R гомофонный, гомофонический
homophone F homophon
homophonic E homophon
Homophonie *f* D
  E homophony
  F homophonie *f*
  I omofonia *f*
  S homofonía *f*
  U homofónia
  R гомофония *f*
homophonie *f* F Homophonie
homophony E Homophonie
homorhythmic E homorhythmisch
homorhythmisch D
  E homorhythmic
  F homorythmique

I omoritmico
S homorrítmico
U homoritmikus
R гоморитмический
homoritmikus U homorhythmisch
homorrítmico S homorhythmisch
homorulat U *vl* Hohlkehle
homorythmique F homorhythmisch
hongroise F; à la ∼ all' → ungherese
honoraires *m pl* F Gage; Honorar
honorální *v* U honorieren
Honorar *n* D
    E fee, honorarium
    F honoraires *m pl*
    I onorario *m*
    S honorarios *m pl*
    U honorárium
    R гонорар *m*, жалование *n*
honorarios *m pl* S Gage; Honorar
honorarium E Honorar
honorárium U Honorar
honorieren *v* D
    E to pay a fee
    F rémunérer, payer *v* des honoraires
    I pagare *v* un onorario
    S pagar, remunerar
    U honoráriumot/fellépti dijat fizetni *v*, honorální
    R платить *v* жалование
hood *v* E *canna* kröpfen
hooded E *canna* gekröpft
hook E *arpa* Haken
hooked harp E Hakenharfe
hop *v* E hopsen
hopak *m* F *bl* гопак
hopák *m* S *bl* гопак
hopper E *pfte* Auslöser; Prellzunge; Stoßzunge
hopsen *v* D
    E to hop
    F sauter
    I saltellare, saltare, danzare
    S saltar, brincar
    U szökdécselni
    R прыгать, скакать
Hopser *m* D *bl*
    E *(German dance)*
    F sauteuse *f*
    I *(danza tedesca)*
    S *(danza alemana)*
    U *(német tánc)*
    R *(немецкий танец)*
Hopswalzer *m* D *bl*
    E *(German dance)*
    F *(danse allemande)*
    I *(danza tedesca)*
    S *(danza alemana)*
    U *(német tánc)*
    R *(вид немецкого вальса)*
hoquet *m* F Hoketus
hoquetus *m* S Hoketus
horae canonicae U Stundenoffizien
horas *f pl* **canónicas** S Stundenoffizien

hörbar D
    E audible
    F audible
    I udibile, percepibile
    S audible
    U hallható
    R слышимый
Hörbereich *m* D
    E range of audibility
    F aire *f* d'audibilité
    I campo *m* di udibilità
    S ámbito *m* de audibilidad, campo *m* de percepción auditiva
    U hallhatósági tartomány
    R предел *m* слышимости
hordó U *canna ancia* Kopf; *cl* Birne; *fl. d.* Wulst
Hörempfindung *f* D
    E aural perception
    F réception *f* du son, perception *f* auditive
    I percezione *f* uditiva
    S audibilidad *f*, percepción *f* auditiva
    U hallás, hangérzékelés
    R слуховое восприятие *n*
hören *v* D
    E to hear
    F entendre, écouter
    I udire, ascoltare
    S oír, escuchar
    U hallani
    R слушать
Hören *n* D
    E hearing
    F audition *f*
    I ascolto *m*
    S audición *f*
    U hallás
    R слух *m*, слушание *n*
Hörer *m*, **Hörerin** *f* D
    E listener
    F auditeur *m*, auditrice *f*
    I ascoltatore *m*, ascoltatrice *f*
    S escucha *m+f*, oyente *m+f*
    U hallgató
    R слушатель *m*, слушательница *f*
Hörfeld *n* D
    E auditory sensation area
    F aire *f* d'audibilité normale, champs *m* auditif normal
    I zona *f* di udibilità normale
    S área *f* de audibilidad
    U hallásterület
    R сфера *f* слышимости
Hörfunk *m* D
    E sound radio
    F radio *f*
    I radio *f*
    S radio *f*
    U rádió
    R радио *n*
Hörgerät *n* D
    E hearing aid
    F appareil *m* acoustique/de prothèse auditive

I apparecchio *m* acustico
S aparato *m* acústico
U hallókészülék, fülhallgató
R слуховой аппарат *m*
Hörgrenze *f* D
E limit of hearing/audibility
F limite *f* auditive
I limite *f* di udibilità
S límite *m* auditivo
U hallhatósági határ
R предел *m* слышимости
horizon E *teat* Horizont
horizon *m* F *teat* Horizont
Horizont *m* D *teat*
E horizon
F horizon *m*
I ciclorama *m*
S ciclorama *m*, horizonte *m*
U horizont, körfüggöny
R горизонт *m*, фон *m*
horizont U *teat* Horizont; Kuppelhorizont; Rundhorizont
Horizontalbalg *m* D *org* = Parallelbalg
horizonte *m* S *teat* Horizont
horizontfüggöny U *teat* Kuppelhorizont; Rundhorizont
Horn *n* D
E horn
F cor *m*
I corno *m*
S corno *m*, trompa *f*
U kürt
R горн *m*, рог *m*, рожок *m*
~ *org*
E horn
F cor *m*
I corno *m*
S Horn *m*, corno *m* di caccia, cor *m*
U kürt
R горн *m*
— **lieblich** ~ *org*
E corno dolce
F corno *m* dolce
I corno *m* dolce
S corno *m* dolce, trompa *f* dulce
U lágykürt
R либлихгорн *m*
— **russisches** ~
E Russian horn
F cor *m* russe
I corno *m* russo
S cuerno *m* ruso de caza
U orosz kürt
R русский рожок *m*
horn E Horn; Schalltrichter; Waldhorn; *org* Horn; *pop* saxophone
~ fifths *pl* Hornquinten
~ player: Hornist
~ signal: Hornsignal
~ trio: Horntrio
~ with finger-holes *legni* Grifflochhorn
horn *m* S *org* Waldhorn
hornada *f* S; la nueva ~ Nachwuchs

Hörnerv *m*, **Gehörnerv** *m* D
E aural/auditory/acoustic nerve
F nerf *m* auditif
I nervo *m* acustico
S nervio *m* auditivo
U hallóideg
R слуховой нерв *m*
Hornist *m* D ⟨*Orchester*⟩
E horn player
F corniste *m*
I cornista *m*
S cornista *m*, trompa *m*, corno *m*
U kürtös, kürtjátékos
R валторнист *m*
~ *mil*
E bugler
F corniste *m*
I cornista *m*
S trompeta *m*
U (szárny)kürtös
R корнетист *m*
Hornmusik *f* D *obs* = Blasmusik
— russische ~ русская роговая → музыка
Hornquinten *f pl* D
E horn fifths *pl*
F quintes *f pl* de cor
I quinte *f pl* dei corni
S (*sucesión de sexta, quinta y tercera, o viceversa*)
U kürtkvintek *pl*
R (*скрытые квинты, возникающие в золотом ходе валторн*)
Hornsignal *n* D
E bugle call, horn signal
F signal *m* du cor
I segnale *m* del corno
S toque *m*
U kürtjel
R трубный сигнал *m*
Horntrio *n* D
E horn trio
F trio *m* avec cor
I trio *m* con corno
S trío *m* con corno
U kürttrió
R валторновое трио *n*
horog U *pfte* Hammerleistenhaken
horquilla *f* S *arpa* Gabel
~s *pl arpa* Haken; Kämme
~ de la nuez *pfte* Nußkapsel
~ de la palanca *pfte* Hebegliedkapsel
~ de la palanca del apagador *pfte* Stecherkapsel
~ de soporte de la biela de repetición *pfte* Scherenkapsel
~ del apagador *pfte* Dämpferkapsel
~ del balancín *pfte* Hebegliedkapsel
~ del escape *pfte* Stoßzungenkapsel
~ del martillo *pfte* Hammerkapsel
Hörquinten *f pl* D
E sound/audible fifths *pl*
F quintes *f pl* auditives
I quinte *f pl* apparenti all'orecchio

S quintas *f pl* aparentes
U akusztikus kvintek/quintek *pl*
R прослушивающиеся квинты *f pl*
Hörrohr *n* D
E ear trumpet
F cornet *m* acoustique
I cornetto *m* acustico
S trompetilla *f* acústica
U hallócső
R слуховая трубка *f*
Hörsamkeit *f* D = Raumakustik
Hörschärfe *f* D
E acuity/sharpness of hearing
F acuité *f* auditive
I acuità *f* uditiva
S agudeza *f* auditiva
U hallás érzékenysége/élessége
R острота *f* слуха
Hörschwelle *f* D
E threshold of hearing/audibility
F seuil/niveau *m* de sensation auditive
I livello *m* di sensazione auditiva, soglia *f* dell'udito
S umbral/límite *m* de audibilidad
U hallásk800szöb
R порог *m* слышимости
horse-hooves *pl* E Pferdegetrappel
horse-hooves *m pl* F Kokosschalen; Pferdegetrappel
horse opera E *fam*
D *(scherzhafte Bezeichnung für die Musik zu amerikanischen Wildwestfilmen)*
F *(dénomination ironique de la musique dans les films de Western américains)*
I *(denominazione scherzosa di musiche destinate a film western americani)*
S *(nombre familiar de la música de los westerns)*
U *(vadnyugati filmek zenéjének tréfás neve)*
R *(шуточное название музыки к американским вестернам)*
Hörverlust *m* D
E loss of hearing, hearing loss
F taux *m* de surdité tonale
I sordità *f*
S sordera *f*
U hallásveszteség
R потеря *f* слуха
Hörvermögen *n* D
E hearing faculty
F pourcentage *m* d'audition, faculté *f* auditive
I facoltà *f* uditiva, udito *m*
S facultad *f* auditiva, audición *f*
U hallóképesség
R слух *m*
Hörweite *f* D
E earshot, range of hearing
F distance *f* maximum d'audibilité
I sensibilità *f* uditiva in ampiezza
S radio *m* auditivo, campo *m* de audibilidad
U hallótávolság
R предел *m* слышимости

— außer ∼
E out of earshot, out of hearing range
F en dehors de la distance maximum d'audibilité
I al di fuori della sensibilità uditiva
S fuera del radio auditivo, fuera del alcance del oído
U hallótávolságon kívül
R вне пределов слышимого
— in ∼
E within earshot, within hearing range
F à distance maximum d'audibilité
I nei limiti della sensibilità uditiva
S dentro del radio auditivo, al alcance del oído
U hallótávolságon belül
R в пределах слышимого
Hörzelle *f* D *or* ⟨*Cortisches Organ*⟩
E hair cell
F cellule *f* auditive
I cellula *f* auditiva
S célula *f* auditiva
U Corti-féle szerv
R кортиев орган *m*
Hörzentrum *n* D ⟨*im Gehirn*⟩
E auditory centre
F centre *m* auditif
I centro *m* uditivo
S centro *m* auditivo
U hallóközpont
R слуховой центр *m*
Hose *f* D *canna ancia* = Kopf
Hosenrolle *f* D *teat*
E breeches part
F travesti *m*
I travesti *m* ⟨*parte maschile interpretata da una donna*⟩
S travesti *m* ⟨*actriz que representa un papel masculino*⟩
U nadrágszerep
R травести *n*
hossz U; befont ∼ *pfte* Spinnlänge
— fonás ∼a *pfte* Spinnlänge
— hangzó ∼ *canna* klingende → Länge
— rezgő ∼ *corda* schwingende → Länge
hosszrezgés U Längsschwingung
hosszúság U Länge
— hangzó ∼ *canna* klingende → Länge
— rezgő ∼ *corda* schwingende → Länge
hőstenor U Heldentenor
hour-glass-shaped drum E Sanduhrtrommel
hours *pl* **of the Office** E Stundenoffizien
house concert E Hauskonzert
housse *f* F *str* Überzug
hozzáértő U Kenner
hű U; a műhöz ∼ werkgetreu
hueco S tonlos; *cl* hohlklingend
huesecillos *m pl* **del oído** S *or* Gehörknöchelchen
hueso hioides S Zungenbein
Hufnagelschrift *f* D
E *(German plainsong notation)*
F *(notation allemande du plain chant)*
I *(notazione gregoriana di tipo tedesco)*

22

S *(notación gregoriana alemana)*
U *(német gregorián kottairás)*
R *(ноты готической хоральной нота-*
ции)
Hüftstütze *f* D *fag*
E haunch support
F support *m* de la culasse
I supporto *m* della culatta
S soporte *m* de la culata
U csipötámasz
R подставка *f*
huitième *m* **de soupir** F Zweiunddreißigstel-
pause
huit-pieds *m* F *org* Achtfuß; Chormaß
hullám U Welle
hullámhas U Schwingungsbauch
hullámhegy U Wellenberg
hullámhossz U Wellenlänge
hullámléc U *org* Welle
hullámvölgy U Wellental
Hülse *f*, **Schaft** *m*, **Stift** *m* D *ancia*
E tube, staple
F corps *m*
I corpo *m*, tubetto *m*
S cuerpo *m*
U hüvely, szár
R штифт *m*, ствол *m*
hum E; ~ note *camp* Unteroktav
~ notes tones *pl camp* Summtöne
hum *v* E brummen
hum *m* F *camp* Unteroktav
humming E; ~ top: Brummkreisel
~ voices *pl* Summstimmen
humoresca *f* S Humoreske
Humoreske *f* D
E humoresque
F humoresque *f*
I umoresca *f*
S humoresca *f*
U humoreszk
R юмореска *f*
humoresque E Humoreske
humoresque *f* F Humoreske
humoreszk U Humoreske
Hundertachtundzwanzigstelnote *f* D
E semihemidemisemiquaver, A: one-hun-
dred-and-twenty-eighth note
F quintuple croche *f*
I quintupla *f*, centoventottesimo *m*
S cuartifusa *f*, garrapatea *f*
U százhuszonnyolcad hang(jegy)/kotta
R стодвадцатьвосьмая нота *f*
Hundertachtundzwanzigstelpause *f* D
E semihemidemisemiquaver rest, A: one-
-hundred-and-twenty-eighth-note rest
F trente-deuxième *f* de soupir
I pausa *f* di quintupla
S silencio/pausa *f* de cuartifusa/garrapatea
U százhuszonnyolcad szünet(jel)
R стодвадцатьвосьмая пауза *f*
hune *f* F Glockenbalken
hunting E; ~ horn: Jagdhorn; Waldhorn
~ music: Jagdmusik

hunting-call E chiamata
Hupfauf *m* D *bl*
E *(German dance)*
F *(danse allemande)*
I *(danza tedesca)*
S *(danza alemana)*
U *(német ugróstánc)*
R *(немецкий танец с прыжками)*
hüppögető U Löwengebrüll
húr U Saite
— basszus ~ok *pl lt* Baßchor
— együttrezgő ~ Resonanzsaite
— golyóban végződő ~ *corda* Saite mit Kugel
— hurokban végződő ~ *corda* Saite mit
Schlinge
— húrtartó ~ *archi* Henkelsaite
— nem fonott ~ok *pl pfte* Blankbezug
— üres ~ leere → Saite; *prescr* vuota
húrcsoportos U *corda* -chörig
— három ~ *corda* dreichörig
hurdy-gurdy E Drehleier
húrerő U *archi* Henkelsaite
húrgarnitúra U Saitenbezug; *corda* Garnitur
húrhossz U; zengő ~ *tasto* schwingende →
Saitenlänge
húrhurok U *corda* Öse; Schlinge
húrkészlet U Saitenbezug; *corda* Chor; Garnitur
húrmérő U Saitenmesser
hurok U *corda* Schlinge
(-)húros U *corda* -chörig
— kettőzött ~ *corda* mehrchörig
húrozás U; egyenes ~ *pfte* geradsaitige →
Besaitung
— rezonáns ~ *pfte* Aliquotbesaitung
húrozású U; egyenes ~ *pfte* geradsaitig
— kettős ~ *corda* zweichörig
húrozatú U; kettős ~ *corda* doppelchörig
— külön ~ bundfrei
húrozni *v* U besaiten
húrozott U; duplán ~ *corda* zweichörig
húrsík U *arpa* Saitenebene
húrszakasz U; nem rezgő ~ *pfte* Saitenanhang
húrtartó U *arpa* Saitenträger; *corda* Saitenhalter
— finombeállítóval egybeépített ~ *vl* Feinstimm-Saitenhalter
húrú U; kettőzött ~ *corda* mehrchörig
Husch-Dämpfer *m* D *trb*
E hush mute
F sourdine *f* à calotte
I sordina *f* hush-hush/a cappello, muta *f*
S sordina *f* de casquete
U hus-hus demfer
R грибок *m* ⟨сурдина⟩
hűség U; műhöz való ~ Werktreue
hush mute E *trb* Husch-Dämpfer
husky E *canto* verschleiert
húsoldal U Fleischseite
Hut *m* D *canna*
E cap, stopper
F calotte *f*
I coperchio *m*

S casquete *m*, sombrero *m*
U sapka
R колпачок *m*
— **beweglicher** ~ *canna*
E movable outside stopper
F calotte *f* mobile
I coperchio *m* mobile
S sombrero *m* movible/móvil, calota *f* movible/móvil
U hangolósapka
R подвижной колпачок *m*
Hutdämpfer *m* D *ottoni*
E hat mute
F sourdine *f* à calotte
I sordina *f* a cappello
S sordina *f* de casquete
U kalap(szordinó)
R *(разновидность сурдины для трубы)*
hüvely U *ancia* Hülse; *trbne* Scheide
hüvelykbillentyű U *legni* Daumenklappe
hüvelykfekvés U *vc* Daumen-Aufsatz
hüvelyklyuk U *legni* Daumenloch
hüvelyk(ujj)támasz U *fl* Daumenhalter
huzalbemenet U *org* Zugrute
húzás U Streichung; Strich; Zug
huzat U *str* Überzug
húzni *v* U streichen; ziehen
húzóharmonika U Ziehharmonika
húzóléc U *org* Abstrakte
húzórúd U *org* Abstraktendraht
hydraulic organ E Wasserorgel
hydraulis E Wasserorgel
hymn E Hymne; Choral; Kirchengesang; Kirchenlied
~ book: Gesangbuch; Hymnar
~ composer: Hymnenkomponist
~ (of praise): Lobgesang
~ singer: Hymnensänger
~ singing: Hymnengesang
hymnaire *m* F Hymnar
hymnal E Gesangbuch; Hymnar
Hymnar *n* D
E hymnal, hymn book
F hymnaire *m*
I innario *m*
S himnario *m*
U énekeskönyv, himnuszgyűjtemény
R сборник *m* христианских гимнов
Hymne *f*, **Hymnus** *m* D
E hymn
F hymne *m+f*
I inno *m*
S himno *m*
U himnusz
R гимн *m*
hymne *m* F Hymne
~ national: Nationalhymne
hymne *f* F Hymne; Lobgesang
Hymnengesang *m* D
E hymn singing
F chant *m* des hymnes
I canto *m* innodico
S canto *m* de los himnos

U himnuszéneklés
R гимническое песнопение *n*
Hymnenkomponist *m* D
E hymn composer
F compositeur *m* d'hymnes
I compositore *m* d'inni
S himnista *m*, compositor *m* de himnos
U himnuszszerző
R сочинитель *m* гимнов
Hymnensänger *m* D
E hymn singer
F hymnode *m*
I cantante *m* d'inni
S himnista *m*, cantor *m* de himnos
U himnuszénekes
R исполнитель *m* гимнов
hymnique F hymnisch
hymnisch D
E hymnodic, hymn-like
F hymnique
I di inno *m*, innodico
S himnódico, relativo/perteneciente a los himnos
U himnikus
R гимнический
hymn-like E hymnisch
hymnode *m* F Hymnensänger
hymnodic E hymnisch
Hymnodie *f* D
E hymnody
F hymnodie *f*
I innodia *f*
S himnodia *f*
U himnódia, himnuszköltészet
R искусство *n* гимнов
hymnodie *f* F Hymnodie
hymnody E Hymnodie
Hymnologe *m* D
E hymnologist
F hymnologue *m*
I studioso *m* di innologia
S himnólogo *m*
U himnológus
R учёный *m*, изучающий (духовные) гимны
hymnological E hymnologisch
Hymnologie *f* D
E hymnology
F hymnologie *f*
I innologia *f*
S himnología *f*
U himnológia
R изучение *n* (духовных) гимнов
hymnologie *f* F Hymnologie
hymnologique F hymnologisch
hymnologisch D
E hymnological
F hymnologique
I innologico
S himnológico
U himnológiai
R по отношению к гимнотворчеству/ гимнам

hymnologist E Hymnologe
hymnologue *m* F Hymnologe
hymnology E Hymnologie
Hymnus *m* D = Hymne
hyoid bone E Zungenbein
hypo- D
    E hypo-
    F hypo-
    I ipo-
    S hipo-
    U hipo-
    R гипо-
hypodorian E hypodorisch
hypodorien F hypodorisch
hypodorisch D
    E hypodorian
    F hypodorien
    I ipodorico
    S hipodórico
    U hipodór
    R гиподорийский
hypoionian E hypo-ionisch
hypo-ionien F hypo-ionisch
hypo-ionisch D
    E hypoionian
    F hypo-ionien
    I ipoionico
    S hipojónico
    U hipojón
    R гипоионнийский

hypolydian E hypolydisch
hypolydien F hypolydisch
hypolydisch D
    E hypolydian
    F hypolydien
    I ipolidio
    S hipolidio
    U hipolíd
    R гиполидийский
hypomixolydian E hypomixolydisch
hypomixolydien F hypomixolydisch
hypomixolydisch D
    E hypomixolydian
    F hypomixolydien
    I ipomisolidio
    S hipomixolidio
    U hipomixolíd
    R гипомиксолидийский
hypophrygian E hypophrygisch
hypophrygien F hypophrygisch
hypophrygisch D
    E hypophrygian
    F hypophrygien
    I ipofrigio
    S hipofrigio
    U hipofríg
    R гипофригийский

I

iamb(us) E Jambus
idea *f* I; ~ seconda(ria): Nebensatz
idée *f* **secondaire** F Nebensatz
identification E; ~ of a note/tone by letter or
   syllable: Tonbezeichnung
idény U; színházi ~ *teat* Spielzeit
idézet U Zitat
idézni *v* U zitieren
idilio *m* S Idyll
idill U Idyll
idillio *m* I Idyll
idiofon U Idiophon
— billentyűs ~ Idiophon mit Klaviatur
— dobbantással megszólaltatott ~ Stampfidiophon
— dörzsöléssel megszólaltatott ~ Schrapidiophon
— fúvós ~ Blasidiophon
— közvetlenül megütött ~ unmittelbar geschlagenes → Idiophon
— közvetve megütött ~ mittelbar geschlagenes → Idiophon
— membrános ~ Idiophon mit Membran
— összeütéssel megszólaltatott ~ Gegenschlagidiophon
— pengetős ~ Zupfidiophon
— rázással megszólaltatott ~ Schüttelidiophon
— tömör rezgőtestű ~ Idiophon mit festem
   Schwingungskörper
— üreges rezgőtestű ~ Idiophon mit hohlem
   Schwingungskörper
— ütéssel megszólaltatott ~ Schlagidiophon
— vonós ~ Streichidiophon
idiofono *m* I Idiophon
~ a fiato: Blasidiophon
~ a membrana: Idiophon mit Membran
~ a percussione: Gegenschlagidiophon; Schlagidiophon
~ a pizzico: Zupfidiophon
~ a raschiamento: Schrapidiophon
~ a scuotimento: Schüttelidiophon
~ a sfregamento: Streichidiophon
~ a tastiera: Idiophon mit Klaviatur
~ a urto: Gegenschlagidiophon

~ battuto: Stampfidiophon
~ cavo: Idiophon mit hohlem Schwingungskörper
~ solido/pieno: Idiophon mit festem Schwingungskörper
~ usato con un mezzo percussivo: mittelbar
   geschlagenes → Idiophon
~ usato senza un mezzo percussivo: unmittelbar geschlagenes → Idiophon
idiófono *m* S Idiophon
~ batido: Stampfidiophon
~ con resonador hueco: Idiophon mit hohlem
   Schwingungskörper
~ con resonador pleno: Idiophon mit festem
   Schwingungskörper
~ de caña sacudido: Schüttelrohr
~ de entrechoque/concusión: Gegenschlagidiophon
~ de percusión: Schlagidiophon
~ de viento: Blasidiophon
~ frotado: Streichidiophon
~s *pl* frotados: Friktionsinstrumente
~ percutido: Schlagidiophon
~ provisto de membrana: Idiophon mit
   Membran
~ provisto de teclado: Idiophon mit Klaviatur
~ punteado: Zupfidiophon
~ raspado: Schrapidiophon
~ sacudido: Schüttelidiophon
~ usado con percutor: mittelbar geschlagenes
   → Idiophon
~ usado sin percutor: unmittelbar geschlagenes → Idiophon
idioma *m* I Wendung
idiome *m* F Wendung
Idiophon *n*, **Selbstklinger** *m* D
   E idiophone, autophone, idiophonic/auto-
      phonic instrument
   F idiophone *m*
   I idiofono *m*, strumento *m* idiofono
   S idiófono *m*, autófono *m*
   U idiofon (hangszer)
   R идиофон *m*, самозвучащий музыкальный
      инструмент *m*

~ mit festem Schwingungskörper
E solid idiophone
F idiophone *m* à résonateur plein
I idiofono *m* solido/pieno
S idiófono *m* con resonador pleno
U tömör rezgőtestű idiofon (hangszer)
R плотный идиофон *m*
~ mit hohlem Schwingungskörper
E hollow idiophone
F idiophone *m* à résonateur creux
I idiofono *m* cavo
S idiófono *m* con resonador hueco
U üreges rezgőtestű idiofon (hangszer)
R полый идиофон *m*
~ mit Klaviatur
E idiophone with keyboard
F idiophone *m* à clavier
I idiofono *m* a tastiera
S idiófono *m* provisto de teclado
U billentyűs idiofon (hangszer)
R идиофон *m* с клавиатурой
~ mit Membran
E idiophone with membrane, membrano-
phone
F idiophone *m* à membrane
I idiofono *m* a membrana
S idiófono *m* provisto de membrana
U membrános idiofon (hangszer)
R идиофон *m* с мембраной
— mittelbar geschlagenes ~
E indirectly struck idiophone
F idiophone *m* utilisé avec agent percu-
tant
I idiofono *m* usato con un mezzo percus-
sivo
S idiófono *m* usado con percutor
U közvetve megütött idiofon (hangszer)
R идиофон *m*, ударяемый при помощи
инструмента
— unmittelbar geschlagenes ~
E directly struck idiophone
F idiophone *m* utilisé sans agent percutant
I idiofono *m* usato senza un mezzo percussivo
S idiófono *m* usado sin percutor
U közvetlenül megütött idiofon (hangszer)
R идиофон *m*, ударяемый непосредственно (рукой)
idiophone E Idiophon
~ with keyboard: Idiophon mit Klaviatur
~ with membrane: Idiophon mit Membran
idiophone *m* F Idiophon
~ à clavier: Idiophon mit Klaviatur
~ à membrane: Idiophon mit Membran
~ à percussion: Schlagidiophon
~ à résonateur creux: Idiophon mit hohlem
Schwingungskörper
~ à résonateur plein: Idiophon mit festem
Schwingungskörper
~ à vent: Blasidiophon
~ avec sable: Sandrassel
~ battu: Schlagrassel; Stampfidiophon
~ en vannerie: Korbrassel

~ entrechoqué: Gegenschlagidiophon
~ frotté: Streichidiophon
~ glissant: Gitterrassel
~ pincé: Zupfidiophon
~ râpé: Schrapidiophon
~ secoué: Schüttelidiophon
~ utilisé avec agent percutant: mittelbar geschlagenes → Idiophon
~ utilisé sans agent percutant: unmittelbar
geschlagenes → Idiophon
idiophonic E; ~ instrument: Idiophon
~ reed: hartes → Rohrblatt
idő U; egy ~ben *prescr* insieme
— felvételi ~ *gram, magn* Aufnahmezeit
— játszási ~ *gram, magn* Laufzeit
— lecsengési ~ Ausschwingzeit; Nachhallzeit
— utánzengési ~ Nachhallzeit
— védelmi ~ Schutzfrist
időegység U Zeiteinheit
időértékviszony U Mensur
időtartam U Tondauer
Idyll *n* D
E idyll
F idylle *f*
I idillio *m*
S idilio *m*
U idill
R идиллия *f*
idyll E Idyll
idylle *f* F Idyll
iga U *camp* Joch
— egyenes ~ *camp* gerades → Joch
— hajlított/tört ~ *camp* gekröpftes/gestelztes
→ Joch
iglesia *f* S Kirche
igrec R → игрец
igrišče R → игрище
igual S gleichmäßig
igualación *f* S Klaviaturregulierung
igualar *v* S pfte intonieren
~ las teclas *pfte* Druck machen; *tasto* geradelegen
íjhárfa U Bogenharfe
illetve U ossia
illuminazione *f* I *teat* Beleuchtung
~ scenica *teat* Bühnenbeleuchtung
illusoire F Schein-
illustration *f* du texte F Wortausdeutung
illustrazione *f* del testo I Wortausdeutung
iluminación *f* S *teat* Beleuchtung; Bühnenbeleuchtung
ilusorio S Schein-
ilustración *f* del texto S Wortausdeutung
ima U; asztali ~ Tischgebet
image *f* F; ~ musicale: Tonmalerei
~ sonore: Klangbild
imagen *f* S; ~ musical: Tonmalerei
~ sonora: Klangbild; Tonmalerei
imaórák *pl* U Stundengottesdienst; Stundenoffizien
imboccatura *f* I Spielseite; *fiati* embouchure;
fl Mundloch

$\sim$ curva: geschweifte → Spielseite
imbornitore *m* I *org* Intonierspachtel
Imbroglio *n* D imbroglio
imbroglio *m* I
   D Imbroglio *n*
   E imbroglio
   F imbroglio *m*
   S imbroglio *m*, embrollo *m*
   U imbroglio
   R *(ритмические усложнения типа поли-*
    ритмии, гемиолы и т. п.)
imbrunitore *m* I *org* Streicheisen
imitáció U Imitation
$\sim$ a felső kvinten: Imitation in der Oberquinte
$\sim$ az alsó kvinten: Imitation in der Unterquinte
$\sim$ ellenmozgásban: Imitation in Gegenbewegung
— kezdő/bevezető rész $\sim$ja: Anfangsimitation
— látszólagos $\sim$ Scheinimitation
— szabad $\sim$ freie → Imitation
— szabályos $\sim$ strenge → Imitation
— szó szerinti $\sim$ wörtliche → Imitation
imitación *f* S Imitation
$\sim$ a la quinta inferior: Imitation in der Unterquinte
$\sim$ a la quinta superior: Imitation in der Oberquinte
$\sim$ anticipada: Vorimitation
$\sim$ continua: Durchimitation
$\sim$ del texto: Wortausdeutung
$\sim$ estrecha: enge → Imitation
$\sim$ estricta: strenge → Imitation
$\sim$ exacta: wörtliche → Imitation
$\sim$ inicial: Anfangsimitation
$\sim$ libre: freie → Imitation
$\sim$ literal: wörtliche → Imitation
$\sim$ por movimiento contrario: Imitation in
   Gegenbewegung
$\sim$ que procede de dos en dos voces: paarweise
   → Imitation
$\sim$ rigurosa: strenge → Imitation; wörtliche →
   Imitation
— en $\sim$ imitierend
— falsa $\sim$ Scheinimitation
— empezar/comenzar/principiar *v* por $\sim$ imitierend beginnen
imitálás U; $\sim$ végig: Durchimitation
imitálni *v* U imitieren
imitáló U imitierend
imitálva U imitierend
$\sim$ kezdeni *v* imitierend beginnen
imitar *v* S imitieren
$\sim$ ininterrumpidamente: durchimitieren
imitare *v* I imitieren
$\sim$ ininterrottamente: durchimitieren
imitate *v* E imitieren
$\sim$ continuously: durchimitieren
imitatif F imitierend
Imitation *f*, **Nachahmung** *f* D
   E imitation
   F imitation *f*

   I imitazione *f*
   S imitación *f*
   U imitáció, utánzás
   R имитация *f*
$\sim$ **in der Oberquinte**
   E imitation at the fifth above
   F imitation *f* à la quinte (supérieure)
   I imitazione *f* alla quinta superiore
   S imitación *f* a la quinta superior
   U imitáció a felső kvinten
   R имитация *f* в верхнюю квинту
$\sim$ **in der Unterquinte**
   E imitation at the fifth below
   F imitation *f* à la quinte inférieure
   I imitazione *f* alla quinta inferiore
   S imitación *f* a la quinta inferior
   U imitáció az alsó kvinten
   R имитация *f* в нижнюю квинту
$\sim$ **in Gegenbewegung**
   E imitation in contrary motion
   F imitation *f* par mouvement contraire
   I imitazione *f* a moto contrario
   S imitación *f* por movimiento contrario
   U imitáció ellenmozgásban
   R имитация *f* в обращении/противодви-
    жении
— **enge** $\sim$
   E close imitation
   F imitation *f* serrée
   I imitazione *f* stretta
   S imitación *f* estrecha
   U torlasztás
   R стреттная имитация *f*
— **freie** $\sim$
   E free imitation
   F imitation *f* libre
   I imitazione *f* libera
   S imitación *f* libre
   U szabad imitáció
   R свободная имитация *f*
— **paarweise** $\sim$
   E imitation in pairs, paired imitation
   F imitation *f* procédant de deux en deux
    voix
   I imitazione *f* a coppie
   S imitación *f* que procede de dos en dos
    voces
   U szólampár-imitáció
   R парная имитация *f*
— **strenge** $\sim$
   E strict imitation
   F imitation *f* stricte
   I imitazione *f* rigorosa
   S imitación *f* rigurosa/estricta
   U szabályos imitáció
   R строгая имитация *f*
— **wörtliche** $\sim$
   E literal imitation
   F imitation *f* rigoureuse/exacte
   I imitazione *f* rigorosa
   S imitación *f* literal/rigurosa/exacta
   U szó szerinti imitáció
   R точная имитация *f*

imitation E Imitation
~ at the fifth above: Imitation in der Oberquinte
~ at the fifth below: Imitation in der Unterquinte
~ channel/groove *org* blinde → Kanzelle
~ in contrary motion: Imitation in Gegenbewegung
~ in pairs: paarweise → Imitation
~ pipe *org* blinde → Pfeife
— begin *v* in ~ imitierend beginnen
imitation *f* F Imitation
~ à la quinte inférieure: Imitation in der Unterquinte
~ à la quinte (supérieure): Imitation in der Oberquinte
~ anticipée: Vorimitation
~ continue: Durchimitation
~ exacte: wörtliche → Imitation
~ initiale: Anfangsimitation
~ irrégulière: Scheinimitation
~ libre: freie → Imitation
~ par mouvement contraire: Imitation in Gegenbewegung
~ procédant de deux en deux voix: paarweise → Imitation
~ rigoureuse: wörtliche → Imitation
~ serrée: enge → Imitation
~ stricte: strenge → Imitation
— en ~ imitierend
— entrer/commencer *v* en ~ imitierend beginnen
Imitationsabschnitt *m* D
E point/section of imitation
F passage *m* en imitation
I frammento *m* d'imitazione
S pasaje *m* en imitación
U imitációs szakasz
R имитируемый отрывок *m*
Imitationsmotiv *n* D
E point of imitation
F motif *m* en imitation
I motivo *m* d'imitazione
S motivo *m* imitado
U imitációs motívum
R имитируемый мотив *m*
imitative E imitierend
~ stops *pl org* Imitatoren
imitativo I S imitierend
Imitatoren *m pl* D *org*
E imitative stops *pl*
F jeux *m pl* imitatifs
I effetti *m pl* imitativi
S juegos *m pl* que imitan sonidos naturales
U hangszerutánzó regiszterek *pl*
R *(группа регистров, имитирующих звучание тех или иных инструментов оркестра)*
imitazione *f* I Imitation
~ a coppie: paarweise → Imitation
~ a moto contrario: Imitation in Gegenbewegung
~ alla quinta inferiore: Imitation in der Unterquinte

~ alla quinta superiore: Imitation in der Oberquinte
~ continua/ininterrotta: Durchimitation
~ iniziale: Anfangsimitation
~ irregolare: Scheinimitation
~ libera: freie → Imitation
~ rigorosa: strenge → Imitation; wörtliche → Imitation
~ stretta: enge → Imitation
— iniziare *v* in ~ imitierend beginnen
imiter *v* F imitieren
~ de façon continue: durchimitieren
imitieren *v* D
E to imitate
F imiter
I imitare
S imitar
U imitálni, utánozni
R имитировать
imitierend D
E imitative
F en imitation, imitatif
I imitativo
S imitativo, en imitación
U imitáló, imitálva
R имитирующий, имитируя, имитационный
~ **beginnen** *v*
E to begin in imitation
F entrer/commencer *v* en imitation
I iniziare *v* in imitazione
S empezar/comenzar/principiar *v* por imitación
U imitálva kezdeni *v*
R начинать *v* с имитации
immagine *f* **sonora** I Klangbild
immediately E subito
immer D sempre
impacientemente S ungeduldig
impaginare *v* I paginieren
imparare *m* I; ~ a memoria: Auswendiglernen
imparfait F imperfekt
— rendre *v* ~ imperfizieren
impatiemment F ungeduldig
impatiently E ungeduldig
impazientemente I ungeduldig
impenetrabile al suono I schalldämpfend
imperfección *f* S Imperfizieren
imperfect E imperfekt
~ cadence: Halbkadenz; Halbschluß
imperfect *v* E imperfizieren
imperfecting E Imperfizieren
imperfection *f* F Imperfizieren
~ auditive: Gehörfehler
imperfecto S imperfekt
— convertir *v* en ~ imperfizieren
— tornar *v* ~ imperfizieren
imperfekt D
E imperfect
F imparfait
I imperfetto
S imperfecto

U imperfekt
R «несовершенный»
imperfetto I imperfekt
— rendere *v* ~ imperfizieren
imperfezione *f* **uditiva** I Gehörfehler
imperficiálás U Imperfizieren
imperficiálni *v* U imperfizieren
imperfizieren *v* D
  E to imperfect
  F rendre *v* imparfait
  I rendere *v* imperfetto
  S tornar *v* imperfecto, convertir *v* en imperfecto
  U imperficiálni
  R *(в мензуральной системе изменять достоинство ноты с трёхдольного на двухдольное)*
Imperfizieren *n* D
  E imperfecting
  F imperfection *f*
  I *(passare dal valore ritmico perfetto a quello imperfetto)*
  S imperfección *f*
  U imperficiálás
  R *(изменение достоинства ноты с трёхдольного на двухдольное в мензуральной системе)*
imperial E; ~ bass: Kaiserbaß
~ euphonium: Kaiserbaryton
~ tenor: Kaisertenor
impétueux F *prescr* impetuoso
impetuoso I *prescr*
  D impetuoso, stürmisch, heftig
  E impetuoso, *"impetuous"*
  F impetuoso, impétueux
  S impetuoso
  U impetuoso, szenvedélyesen, hevesen
  R impetuoso, порывисто, бурно
impianto *m* **del mantice** I *org* Balgstuhl
impostazione *f* **della mano sopra l'arco** I *archi* Obergriff
imprenta *f* **musical** S Notendruck
impresario *m* F Konzertvermittler
impresión *f* S Druck
~ en tiro y sobretiro: Doppeldruckverfahren
~ musical: Notendruck
~ primitiva: Frühdruck
impresionismo *m* S Impressionismus
impresionista S impressionistisch
impresionista *m* S Impressionist
impression *f* F Druck
~ musicale: Notendruck
— première ~ Erstdruck
impressionism E Impressionismus
impressionismo *m* I Impressionismus
Impressionismus *m* D
  E impressionism
  F impressionnisme *m*
  I impressionismo *m*
  S impresionismo *m*
  U impresszionizmus
  R импрессионизм *m*

Impressionist *m* D
  E impressionist
  F impressionniste *m*
  I impressionista *m*
  S impresionista *m*
  U impresszionista
  R импрессионист *m*
impressionist E Impressionist
impressionista *m* I Impressionist
impressionistic E impressionistisch
impressionistico I impressionistisch
impressionistisch D
  E impressionistic
  F impressionniste
  I impressionistico
  S impresionista
  U impresszionista, impresszionisztikus
  R импрессионистический
impressionnisme *m* F Impressionismus
impressionniste F impressionistisch
impressionniste *m* F Impressionist
impresszárió U Konzertvermittler
impresszionista U Impressionist; impresszionistisch
impresszionisztikus U impressionistisch
impresszionizmus U Impressionismus
imprimer *v* F drucken
imprimir *v* S drucken
impromptu *m* F
  D Impromptu *n*
  E impromptu
  I improvviso *m*
  S impromptu *m*
  U impromptu
  R экспромт *m*
impropères *m pl* F Improperien
improperia *pl* E Improperien
improperia *m pl* I S Improperien
improperiák *pl* U Improperien
Improperien *f pl* D
  E improperia *pl*, the "Reproaches" *pl*
  F impropères *m pl*
  I improperia *m pl*
  S improperia *m pl*, improperios *m pl*
  U improperiák *pl*
  R импроперии *f pl*
improperios *m pl* S Improperien
improvisación *f* S improvvisazione
improvisado S improvvisato
improvisando S improvvisativo; alla → mente
improvisant F; en ~ improvvisativo
improvisar *v* S improvvisare
Improvisation *f* D improvvisazione
improvisation E improvvisazione
improvisation *f* F improvvisazione
improvise *v* E improvvisare
improvisé F alla → mente
improvised E improvvisato; alla → mente
improviser *v* F improvvisare
improvisieren *v* D improvvisare
improvisierend D improvvisativo
improvisiert D alla → mente
improvising E improvvisativo; alla → mente

improvizálás U improvvisazione
improvizálni v U improvvisare
improvizálva U improvvisativo
improvvisare v I
    D extemporieren, improvisieren, fantasieren
    E to improvise
    F improviser
    S improvisar
    U rögtönözni, improvizálni
    R импровизировать
improvvisativo I
    D improvisierend
    E improvised, improvising
    F en improvisant
    S improvisado, improvisando
    U rögtönözve, improvizálva
    R импровизируя
improvvisazione f I
    D Improvisation f
    E improvisation
    F improvisation f
    S improvisación f
    U rögtönzés, improvizálás
    R импровизация f
improvviso m I impromptu
impugnatura f I; ∼ alta tamb upper stick
∼ bassa tamb lower stick
Impuls m D ⟨elektronische Musik⟩
    E pulse
    F impulsion f, oscillation f
    I impulso m
    S oscilación f
    U impulzus
    R импульс m
Impulsbreite f D ⟨elektronische Musik⟩
    E pulse width
    F amplitude f
    I ampiezza f dell'impulso
    S amplitud f
    U impulzusszélesség
    R ширина f импульсов
Impulsgenerator m D ⟨elektronische Musik⟩
    E pulse generator
    F générateur m de sons sinusoïdaux
    I generatore m di impulsi
    S generador m de sonidos sinusoidales
    U impulzusgenerátor
    R генератор m импульсов
impulsion f F Impuls
impulso m I Impuls
impulso m S fam Schmiß
impulzus U Impuls
impulzusgenerátor U Impulsgenerator
impulzusszélesség U Impulsbreite
inaccordable F unstimmbar
inacentuado S unbetont
inafinable S unstimmbar
inarmonico I unharmonisch
inarmónico S unharmonisch
inaudible E F S unhörbar
inbrünstig D prescr fervido
incanalare v I org ausführen

incantable S unsanglich
incastellatura f delle campane I Glockenstuhl
incastro m di frasi I Phrasenverschränkung
incavato I eingebuchtet
incertain F umdeutbar
incertezza f I Umdeutbarkeit
inchantable F unsanglich
incidental music E Schauspielmusik; teat Bühnenmusik
Incidenzmusik f D obs = Schauspielmusik; teat Bühnenmusik
incidere v I stechen
Incipit n D
    E incipit
    F incipit m
    I incipit m
    S incipit m
    U (be)kezdés, kezdet, incipit
    R инципит m
incipit E U Incipit
incipit m F I S Incipit
incise E greg Incisum
incise f F Einschnitt; greg Incisum
incisión f S org Einschnitt
incisione f I Stich; gram, magn Aufnahme
∼ musicale: Notenstich
∼ su nastro: Bandaufnahme
inciso m I greg Incisum
inciso m S Einschnitt; greg Incisum
incisore m di musica I Stecher; Notenstecher
Incisum n D greg
    E incise
    F incise f
    I inciso m
    S inciso m, incisum m
    U incisum
    R (наименьшая строительная ячейка в мелодическом построении григорианского хорала)
incisum m S greg Incisum
incisum U greg Incisum
incomplet F acc unvollständig
incomplete E acc unvollständig
∼ ninth chord: accord de neuvième incomplet
∼ stop org registre incomplet
incompleto I S acc unvollständig
incontro m I; produrre v un ∼ dissonante: reiben
incrociamento m I; ∼ delle mani tasto Handkreuzung
∼ delle parti: Stimmkreuzung
incrociare v I kreuzen
∼ (le mani suonando il pianoforte) pfte übergreifen
incudine f I or Amboß
incunable E Inkunabel
incunable m F S Inkunabel
incunabolo m I Inkunabel; Frühdruck
incunabulum E Inkunabel
indebolimento m I; progressivo ∼ delle vibrazioni: Ausschwingungsvorgang
indefinite pitch E unbestimmte → Tonhöhe
indépendant F bundfrei

indeterminancy E Aleatorik
indeterminate E *prescr* aperiodico
Indian E; ~ **bells** *pl* Elefantenglocken
~ **drum**: indianische → Trommel
indicación *f* S Bezeichnung
~ de compás: Taktvorzeichen
— indicaciones *pl* de ejecución: Spielanweisung
~ de la función armónica: Funktionsbezeichnung
~ de movimiento: Tempobezeichnung; Tempozeichen
— indicaciones *pl* de respiración: Atemzeichen
~ de tiempo: Tempobezeichnung; Tempozeichen
~ del movimiento por medio del metrónomo: Metronomisierung
— indicaciones *pl* escénicas *teat* Bühnenanweisung
~ metronómica: Metronomangabe
— consignar *v* las indicaciones metronómicas: metronomisieren
indicador *m* S; ~ de la longitud de duración de una cinta: Tonbandlängenzählwerk
~ del nivel *magn* Aussteuerungsanzeige
indicateur *m* F; ~ de la durée d'une bande: Tonbandlängenzählwerk
~ de niveau *magn* Aussteuerungsanzeige
indicatif *m* **musical** F Kennmelodie
indication E Bezeichnung
~ of harmonic function: Funktionsbezeichnung
indication *f* F Bezeichnung
~ de la fonction harmonique: Funktionsbezeichnung
~ de la mesure: Taktvorzeichen
~ de mouvement: Tempobezeichnung; Tempozeichen
~s *pl* de respiration: Atemzeichen
~ de tempo: Tempobezeichnung
~ du mouvement métronomique: Metronomisierung
~ métronomique: Metronomangabe
~s *pl* pour l'exécution: Spielanweisung
~s *pl* scéniques *teat* Bühnenanweisung
— donner *v* une ~ métronomique: metronomisieren
indicatore *m* I; ~ della lunghezza del nastro: Tonbandlängenzählwerk
~ del livello di registrazione *magn* Aussteuerungsanzeige
indicazione *f* I; ~ dei gradi: Stufenbezeichnung
~ del registro vocale: Stimmlagenbezeichnung
~ della funzione armonica: Funktionsbezeichnung
~ della tonalità: Tonartbezeichnung
~ di misura: Taktvorzeichen
~ di registro: Lagenbezeichnung
~ di tempo: Tempobezeichnung
~ metronomica: Metronomisierung; Metronomangabe
~ per l'esecuzione: Spielanweisung

indirectly struck idiophone E mittelbar geschlagenes → Idiophon
indisponiert D *canto*
E indisposed
F indisposé
I indisposto
S indispuesto
U indiszponált
R в плохой форме
Indisponiertheit *f*, **Indisposition** *f* D *canto*
E indisposition
F indisposition *f*
I indisposizione *f*
S indisposición *f*
U indiszponáltság
R плохая форма *f*
indisposé F *canto* indisponiert
indisposed E *canto* indisponiert
indisposición *f* S *canto* Indisponiertheit
Indisposition *f canto* D = Indisponiertheit
indisposition E *canto* Indisponiertheit
indisposition *f* F *canto* Indisponiertheit
indisposizione *f* I *canto* Indisponiertheit
indisposto I *canto* indisponiert
indispuesto S *canto* indisponiert
indiszponált U *canto* indisponiert
indiszponáltság U *canto* Indisponiertheit
indítani *v* U *ton* einführen
indítás U = hangindítás
individual E; ~ **instruction**: Einzelunterricht
~ **lesson**: Einzelunterricht
~ **part** *canto* Einzelstimme
~ **teaching**: Einzelunterricht
induló U Marsch; Marschmusik; Militärmarsch
— **győzelmi** ~ Triumphmarsch
indulócintányér U Marschbecken
indulódob U Marschtrommel
induléréztányér U Marschbecken
indulószerűen U alla → marcia
indulózene U Marschmusik
industria *f* **di strumenti musicali** I Musikinstrumentenindustrie
infant E; ~ **prodigy**: Wunderkind
infantillo *m* S Chorknabe
infiorare *v* I kolorieren; verzieren
inflected speech E Sprechgesang
inflection E Modulation; Stimmfall
~ (of the voice): Tonfall
inflessione *f* I Modulation; Stimmfall
~ della voce: Sprachmelodie; Tonfall
inflexió U Stimmfall
inflexion E Modulation
inflexion *f* F Modulation; Stimmfall
~ de la voix: Sprachmelodie; Tonfall
inflexión *f* S Sprachmelodie; Stimmfall
~ de la voz: Modulation; Tonfall
informe *m* **crítico** S kritischer → Bericht
infuriato I = furioso
ingannevole I Schein-
inganno I; d'~ Schein-
ingeniero *m* **de sonido** S *rad* Tonmeister
ingénieur *m* **du son** F *rad* Tonmeister
inglesa *f* S *bl* anglaise

inglese f I bl anglaise
ingresso m **al palcoscenico** I teat Bühneneingang
inhalación f S Einatmung
inhalar v S einatmen; Luft holen
inhalation E Einatmung
inhale v E einatmen; Luft holen
Inhalt m D
    E contents pl
    F contenu m
    I contenuto m
    S contenido m
    U tartalom
    R содержание n
inharmonic E unharmonisch
inharmonicité f F Obertonverstimmung
inharmonicity E Obertonverstimmung
inharmonique F unharmonisch
Inharmonizität f D = Obertonverstimmung
inicial S Anfangs-
inicial f S Initiale
iniciálé U Initiale
iniciar v S einsetzen
inicio m S Kopfmotiv
initial E Initiale; Anfangs-
  ~ imitation: Anfangsimitation
  ~ key: Anfangstonart
  ~ note/tone: Ausgangston
  ~ row/series dod Ausgangsreihe
initial F Anfangs-
Initiale f D
    E initial
    F initiale f
    I iniziale f
    S inicial f
    U iniciálé
    R инициал m, начальная буква f
initiale f F Initiale
iniziale I Anfangs-
iniziale f I Initiale
iniziare v I einsetzen
inizio m **del bordo** I camp Schlag
inkább U più
Inkunabel f D
    E incunabulum, incunable
    F incunable m
    I incunabolo m
    S incunable m
    U ősnyomtatvány, inkunábulum
    R инкунабула f, первопечатное издание n
inkunábulum U Inkunabel
inmediato S subito
innalzamento m I; ~ del suono prodotto dal diesis ton Erhöhung
innario m I Hymnar
Innendämpfer m D tamb
    E internal damper
    F sourdine f intérieure
    I sordina f interna
    S sordina f interior
    U belső hangfogó/tompító
    R глушитель m
Innensteg m D lt
    E bar

    F barre f
    I barra f
    S barra f
    U keresztgerenda
    R внутренняя подставка f
Innenstimme f D = Mittelstimme
inner E; ~ ear: inneres → Ohr
  ~ part/voice: Mittelstimme
innestare v I canna aufstellen
innig D
    E "with deep, genuine feeling"
    F "intime"
    I "con intimo sentimento"
    S "íntimo"
    U bensőséges(en)
    R искренний, задушевный
inno m I Hymne; Lobgesang
  ~ nazionale: Nationalhymne
  — di ~ hymnisch
innodia f I Hymnodie
innodico I hymnisch
innologia f I Hymnologie
innologico I hymnologisch
in nomine E ⟨16—17. sec⟩
    D (Bezeichnung für Instrumentalkompositionen mit einem bestimmten Choralfragment als cantus firmus)
    F (forme instrumentale dont le cantus firmus est un fragment de plain-chant)
    I (forma di composizione strumentale con un frammento di corale come canto fermo)
    S (composición instrumental basada sobre un fragmento de canto gregoriano)
    U (olyan hangszeres kompozíció, melyben egy koráltöredék képezi a cantus firmust)
    R (обозначение инструментальных композиций с отрывком хорала в качестве кантуса фирмуса)
input selector E magn Eingangswähler
inquiet F prescr affannato; irrequieto
inquiétant F unheimlich
inquietante I unheimlich
insegnamento m I Unterricht
  ~ del canto: Gesangsunterricht
  ~ di pianoforte: Klavierunterricht
insegnante m+f I Pädagoge
  ~ di canto: Gesangslehrer
  ~ di musica: Schulmusiker; Musiklehrer
  ~ di pianoforte: Klavierlehrer
  ~ privato di musica: Privatmusiklehrer
insérer v F einschieben
inserire v I einschieben
insert v E einschieben
insertar v S einschieben
insertion E Einschiebung
insertion f F Einschiebung
inserzione f I Einschiebung
insieme I prescr
    D insieme, zusammen
    E insieme, in unison, together
    F insieme, simultané, en même temps, ensemble, unis

S insieme, al mismo tiempo, juntamente
U insieme, együtt, egyszerre, egy időben
R insieme, вместе
insistance *f* F; avec ~ insistentemente
insistencia *f* S; ~ sobre una cuerda de recitación: Eintönigkeit
insistentemente I
   D inständig
   E *"urgently"*
   F avec insistance
   S insistentemente
   U *"esdeklően"*
   R настойчиво
insonore F tonlos
insonorisé F schalldicht; schalltot
insonoriser *v* F schalldicht machen
insonorización *f* S Schallisolierung
insonorizado S schalldicht
insonorizar *v* S schalldicht machen
insonoro I tonlos
insonoro S schalldämpfend; schalltot; tonlos
inspección *f* S Revision
inspeccionar *v* S revidieren
inspiráció U Einfall
inspiración *f* S Einatmung; Einfall
~ oral: Mundatmung
inspirar *v* S einatmen
inspirare *v* I einatmen; Luft holen
Inspiration *f* D = Einfall
inspiration E Einfall
inspiration *f* F Einatmung; Einfall
~ par la bouche: Mundatmung
inspirazione *f* I Einatmung; Einfall
~ per via orale: Mundatmung
inspirer *v* F einatmen
Inspizient *m* D *teat*
   E stage director/manager
   F régisseur *m* général/de la scène
   I direttore *m* di scena
   S director *m* de escena
   U ügyelő
   R директор *m* сцены, помощник *m* режиссёра
installare *v* I *canna* aufstellen
inständig D insistentemente
instrucción *f* S Unterricht
instruction E Unterricht
~ book: Lehrbuch
~ work: Lehrwerk
instruction *f* F Unterricht
instructive instrumental piece E Handstück
Instrument *n* D
   E instrument
   F instrument *m*
   I strumento *m*
   S instrumento *m*
   U hangszer
   R инструмент *m*
~e *pl* **mit doppeltem Rohrblatt**
   E double-reed instruments *pl*
   F instruments *m pl* à anche double
   I strumenti *m pl* ad ancia doppia
   S instrumentos *m pl* de lengüeta doble

U hangszerek *pl* kettős nádnyelvvel
R инструменты *m pl* с двойной тростью
~e *pl* **mit einfachem Rohrblatt**
   E single-reed instruments *pl*
   F instruments *m pl* à anche simple
   I strumenti *m pl* ad ancia semplice
   S instrumentos *m pl* de lengüeta simple
   U hangszerek *pl* egyszerű nádnyelvvel
   R инструменты *m pl* с одинарной тростью
— blasendes ~ *obs* = Blasinstrument
— **elektro-akustische ~e** *pl*
   E electro-acoustical instruments *pl*
   F instruments *m pl* électro-acoustiques
   I strumenti *m pl* elettro-acustici
   S instrumentos *m pl* electro-acústicos
   U elektroakusztikus hangszerek *pl*
   R электронные музыкальные инструменты *m pl*
— krustisches ~ *obs* = Schlaginstrument
— **transponierende ~e** *pl*
   E transposing instruments *pl*
   F instruments *m pl* transpositeurs
   I strumenti *m pl* traspositori
   S instrumentos *m pl* transpositores
   U transzponáló hangszerek *pl*
   R транспонирующие инструменты *m pl*
instrument E Instrument
~ maker: Musikinstrumentenmacher
~ with a single tone: Eintoninstrument
instrument *m* F Instrument
~ à anche: Rohrblattinstrument
~ à anche avec capsule: Windkapselinstrument
~s *pl* à anche double: Instrumente mit doppeltem Rohrblatt
~s *pl* à anche simple: Instrumente mit einfachem Rohrblatt
~s *pl* à archets: Streichinstrumente
~ à clavier: Tasteninstrument
~ à cordes: Saiteninstrument; Streichinstrument
~s *pl* à cordes pincées: Zupfinstrumente
~s à cylindre *obs* = instruments à pistons
~s *pl* à friction: Friktionsinstrumente
~ à hauteur fixe: Eintoninstrument
~ à percussion: Schlaginstrument
~s *pl* à percussion à clavier: Schlaginstrumente mit Klaviatur
~s *pl* à percussion à corps creux: Schlaginstrumente mit hohlem Schwingungskörper
~s *pl* à percussion à corps solide: Schlaginstrumente mit festem Schwingungskörper
~s *pl* à percussion à sons déterminés: abgestimmte → Schlaginstrumente
~s *pl* à percussion à sons indéterminés: nicht abgestimmte → Schlaginstrumente
~s *pl* à percussion avec membrane: Schlaginstrumente mit Membran
~s *pl* à pistons: Ventilinstrumente
~s *pl* à sons non soutenus: Kurztoninstrumente
~ à un seul son: Eintoninstrument

~ à vent: Blasinstrument
~ à vent de cuivre: Blechblasinstrument
~ à vent en bois: Holzblasinstrument
~ accompagnateur: Begleitinstrument
~s *pl* de folklore: Volksinstrumente
~s *pl* de l'orchestre: Orchesterinstrumente
~ de musique: Musikinstrument
~ de reproduction sonore: Schallwiedergabe-
    gerät
~ de tessiture grave: Baßinstrument
~s *pl* électro-acoustiques: elektro-akustische
    → Instrumente
~ jouant la partie de basse continue: General-
    baßinstrument
~ mélodique: Melodie-Instrument
~ monodique: Eintoninstrument
~s *pl* naturels: Naturtoninstrumente
~s *pl* polyphoniques: Akkordinstrumente
~s *pl* populaires: Volksinstrumente
~s *pl* simples: Naturinstrumente
~ soliste/solo: Soloinstrument
~s *pl* transpositeurs: transponierende → In-
    strumente
— comme un ~ à cordes *ton* streicherartig
instrumentación *f* S Besetzung; Instrumentie-
    rung
~ variable/facultativa: variable → Besetzung
instrumental D
    E instrumental
    F instrumental
    I strumentale
    S instrumental
    U hangszeres, instrumentális
    R инструментальный
instrumental E instrumental
~ accompaniment: Instrumentalbegleitung
~ music: Instrumentalmusik
~ part: Instrumentalstimme
~ recitative: recitativo accompagnato
~ soloist: solista instrumentale
~ writing: Instrumentalsatz
Instrumentalbegleitung *f* D
    E instrumental accompaniment
    F accompagnement *m* instrumental
    I accompagnamento *m* strumentale
    S acompañamiento *m* instrumental
    U hangszeres kíséret
    R инструментальное сопровождение *n*
instrumentális U instrumental
Instrumentalist *m*, **Instrumentalistin** *f* D
    E instrumentalist
    F instrumentiste *m+f*
    I strumentista *m+f*
    S instrumentista *m+f*
    U hangszeres zenész, instrumentalista
    R инструменталист *m*, инструменталист-
        ка *f*, оркестрант *m*, оркестрантка *f*
instrumentalist E Instrumentalist
instrumentalista U Instrumentalist
Instrumentalmusik *f* D
    E instrumental music
    F musique *f* instrumentale
    I musica *f* strumentale

S música *f* instrumental
U hangszeres zene
R инструментальная музыка *f*
Instrumentalsatz *m* D
    E instrumental writing
    F écriture *f* instrumentale
    I composizione *f* strumentale
    S escritura *f* instrumental
    U hangszeres letét
    R инструментальное изложение/письмо *n*,
        инструментальный стиль *m*
Instrumentalsolist *m* D solista instrumentale
Instrumentalsolistin *f* D solista instrumentale
Instrumentalstimme *f* D
    E instrumental part
    F partie *f* instrumentale
    I parte *f* strumentale
    S parte *f* instrumental
    U hangszerszólam
    R инструментальная партия *f*
Instrumentalvirtuose *m* D
    E virtuoso (player)
    F virtuose *m+f*
    I virtuoso *m* (strumentista)
    S virtuoso *m+f* (instrumental)
    U virtuóz
    R виртуоз-инструменталист *m*
instrumentar *v* S besetzen; instrumentieren
instrumentation E Besetzung; Instrumentie-
    rung
instrumentation *f* F Besetzung; Instrumentie-
    rung
~ variable: variable → Besetzung
Instrumentationslehre *f* D
    E study of instrumentation/orchestration
    F étude *f* de l'instrumentation/l'orchestra-
        tion
    I metodo *m* di strumentazione
    S estudio *m* de la instrumentación/or-
        questación
    U hangszereléstan
    R инструментовка *f*
Instrumentenbau *m* D = Musikinstrumenten-
    bau
Instrumentenhandel *m* D = Musikinstrumen-
    tenhandel
Instrumentenhändler *m* D = Musikinstrumen-
    tenhändler
Instrumentenkunde *f* D = Musikinstrumenten-
    kunde
instrumenter *v* F besetzen; instrumentieren
instrumentieren, orchestrieren *v* D
    E to orchestrate, to score, to arrange for
        instruments
    F instrumenter, orchestrer
    I strumentare, orchestrare
    S instrumentar, orquestar
    U hangszerelni, zenekarra feldolgozni *v*
    R инструментовать, оркестровать
Instrumentierung *f*, **Orchestration** *f* D
    E instrumentation, orchestration
    F instrumentation *f*, orchestration *f*
    I strumentazione *f*, orchestrazione *f*

S instrumentación *f*, orquestación *f*
U hangszerelés
R оркестровка *f*, инструментовка *f*
instrumentista *m+f* S Instrumentalist; Spieler
~ de arco: Streicher
~ de instrumento de madera: Holzbläser
instrumentiste *m+f* F Instrumentalist; Spieler
~ qui joue du théorbe: Theorbenspieler
~ qui joue du vibraphone: Vibraphonspieler
instrumento *m* S Instrument
~s *pl* a pistón: Ventilinstrumente
~ acompañante: Begleitinstrument
~s *pl* de arco: Streichinstrumente
~ de cobre: Blechblasinstrument
~s *pl* de cuerda: Streichinstrumente
~ de cuerda(s): Chordophon; Saiteninstrument
~ de cuerdas con teclado: clavier
~s *pl* de la orquesta: Orchesterinstrumente
~ de lengüeta: Rohrblattinstrument
~s *pl* de lengüeta doble: Instrumente mit doppeltem Rohrblatt
~ de lengüeta en cañón: Windkapselinstrument
~s *pl* de lengüeta simple: Instrumente mit einfachem Rohrblatt
~ de madera: Holzblasinstrument
~ de metal: Blechblasinstrument
~ de percusión: Schlaginstrument
~s *pl* de percusión con cuerpo hueco: Schlaginstrumente mit hohlem Schwingungskörper
~s *pl* de percusión con cuerpo sólido: Schlaginstrumente mit festem Schwingungskörper
~s *pl* de percusión con membrana: Schlaginstrumente mit Membran
~s *pl* de percusión con teclado: Schlaginstrumente mit Klaviatur
~s *pl* de percusión de sonido determinado: abgestimmte → Schlaginstrumente
~s *pl* de percusión de sonido no determinado: nicht abgestimmte → Schlaginstrumente
~ de reproducción de sonido: Schallwiedergabegerät
~ de tecla: Tasteninstrument
~ de un solo sonido: Eintoninstrument
~ de viento: Blasinstrument
~ eléctrico: Elektrophon
~s *pl* electro-acústicos: elektro-akustische → Instrumente
~ encargado del bajo continuo: Generalbaßinstrument
~s *pl* folklóricos: Volksinstrumente
~ grave: Baßinstrument
~ melódico: Melodie-Instrument
~ monotónico/monotonal: Eintoninstrument
~ musical: Musikinstrument
~s *pl* naturales: Naturtoninstrumente
~s *pl* polifónicos: Akkordinstrumente
~s *pl* populares: Volksinstrumente
~s *pl* punteados: Zupfinstrumente
~ solista: Soloinstrument
~s *pl* transpositores: transponierende → Instrumente

insù I; all'~ aufwärtsgehend
insufficiently resonant E unterakustisch
insufflazione *f* I *org* Schöpfwerk
insulating E schalldämpfend
insulators *pl* E *pfte* Isolierschalen
inszenieren *v* D
  E to stage, to produce
  F mettre *v* en scène, monter
  I mettere *v* in scena
  S poner *v* en escena, montar
  U színre alkalmazni *v*
  R инсценировать
Inszenierung *f* D
  E production, staging, mise-en-scène setting
  F mise *f* en scène, présentation *f*
  I messa *f* in scena
  S puesta *f* en escena, presentación *f*
  U színre alkalmazás, rendezés
  R инсценировка *f*
intabulate *v* E absetzen
intabulation E Intabulierung
intabulieren *v* D = absetzen
Intabulierung *f* D
  E intabulation
  F tablature *f*
  I intavolatura *f*
  S tablatura *f*
  U intavolálás
  R табулатурная запись *f*
intaccatura *f* I *archi* F-Lochquerkerbe; *vl* Querstrich
intake valve E *org* Saugventil
intavolálás U Intabulierung
intavolálni *v* U absetzen
intavolare *v* I absetzen
intavolatura *f* I Intabulierung; Tabulatur
~ d'organo: Orgeltabulatur
~ di liuto: Lautentabulatur
intavolieren *v* D *obs* = intabulieren
intelaiatura *f* I; ~ (del pianoforte): K ...st
~ della tastiera *pfte* Klaviaturrahmen
intendáns U *teat* Intendant
Intendant *m* D *teat*
  E artistic director
  F directeur *m* artistique
  I sovrintendente *m*
  S director *m* artístico
  U intendáns
  R главный директор *m* театра
intenditore *m* I Kenner
intensidad *f* S Klangfülle; Schallstärke; Tonstärke
~ acústica: Schallintensität
~ de sonido: Reizstärke
~ del sonido: Schallintensität
intensificar *v* S steigern
intensificare *v* I steigern
intensification E Steigerung
intensification *f* F Steigerung
intensificazione *f* I Steigerung
intensifier *v* F steigern
intensify *v* E steigern

intensità *f* I; ~ del suono: Reizstärke; Tonstärke
~ sonora: Schallintensität; Tonstärke
intensité *f* F; ~ acoustique: Schallintensität
~ d'un son: Klangfülle
~ du son: Reizstärke; Schallstärke; Tonstärke
~ sonore: Schallintensität
intensity E Schallstärke
intercambio *m* S; ~ de voces/partes: Stimmtausch
interchange of parts E Stimmtausch
interdiction *f* F; ~ de successions parallèles:
Parallelenverbot
interior *m* S *teat* Zimmerdekoration
interligne *m* F Zwischenraum
interludio *m* I act tune
Interludium *n* D = Zwischenspiel
intermède *m* F act tune; intermezzo; Zwischenaktsmusik
intermediate cadence E offene → Kadenz
intermedio *m* S intermezzo; act tune; Zwischenaktsmusik
Intermezzo *n* D intermezzo
intermezzo *m* F S intermezzo; Zwischenaktsmusik
intermezzo *m* I
    D Intermezzo *n*, Zwischenspiel *n*, Zwischen-
    aktsmusik *f*
    E intermezzo
    F intermezzo *m*, intermède *m*
    S intermezzo *m*, intermedio *m*
    U közjáték, közzene, intermezzo
    R интермеццо *n*
~ ⟨interludio⟩ Zwischenaktsmusik
intermission E *teat* Pause
~ signal *teat* Pausenzeichen
internal damper E *tamb* Innendämpfer
intero *m* I ganze → Note
interpolación *f* S Einschiebung
interpolar *v* S einschieben
interpolare *v* I einschieben
interpolate *v* E einschieben
interpolation E Einschiebung
interpolation *f* F Einschiebung
interpolazione *f* I Einschiebung
interpoler *v* F einschieben
Interpret *m*, Interpretin *f* D
    E interpreter, performer
    F interprète *m+f*
    I interprete *m+f*
    S intérprete *m+f*
    U előadóművész(nő), interpretátor
    R исполнитель *m*, исполнительница *f*
interpret *v* E interpretieren
interpretáció U Interpretation
interpretación *f* S Auffassung; Gestaltung;
    Interpretation; Vortrag
~ del texto: Textausdeutung
interpretální *v* U interpretieren
interpretar *v* S interpretieren; *acc* umdeuten
interpretare *v* I interpretieren
Interpretation *f*, Darbietung *f* D
    E interpretation reading

F interprétation *f*
I interpretazione *f*
S interpretación *f*
U előadás, tolmácsolás, interpretáció
R интерпретация *f*, исполнение *n*
interpretation E Auffassung; Gestaltung; Interpretation; Vortrag
— of the text: Textausdeutung
— give *v* a new ~ *acc* umdeuten
interprétation *f* F Auffassung; Gestaltung;
    Interpretation; Vortrag
~ du texte: Textausdeutung
~ harmonique: Klangvertretung
~ libre: mit freiem → Vortrag
interpretátor U Interpret
interpretazione *f* I Auffassung; Gestaltung;
    Interpretation; Vortrag
~ del testo: Textausdeutung
interprete *m+f* F Darsteller; Interpret
— principal ~ Hauptdarsteller
interprete *m+f* I Interpret
intérprete *m+f* S Darsteller; Interpret
— principal ~ Hauptdarsteller
interpreter E Interpret
interpréter *v* F interpretieren
interpretieren *v* D
    E to interpret, to perform
    F interpréter
    I interpretare
    S interpretar
    U előadni, tolmácsolni, interpretálni
    R исполнять, толковать, интерпретиро-
    вать
Interpretin *f* D → Interpret
interrumpir *v* S abbrechen
interrupción *f* S; sin ~ *prescr* senza → interruzione
interrupted cadence E Trugschluß
interruption *f* F; sans ~ *prescr* attacca; senza
→ interruzione
interruzione *f* I; senza ~ *prescr*
    D senza interruzione, ohne Unterbrechung
    E senza interruzione, "*without interruption*"
    F senza interruzione, sans interruption
    S senza interruzione, sin interrupción
    U senza interruzione, megszakítás nélkül,
    folyamatosan
    R senza interruzione, без перерыва
intersecazione *f* di frasi I Phrasenverschränkung
interval E Intervall; *teat* Pause
~ exercises *pl* Treffübungen
~ music: Zwischenaktsmusik
~ root: Intervallgrundton
~ signal *teat* Pausenzeichen
~ value: Intervallwert
— strict as to ~ intervallgetreu
interválico S intervallisch
Intervall *n* D
    E interval
    F intervalle *m*
    I intervallo *m*
    S intervalo *m*

U hangköz, intervallum
R интервал *m*
— **großes ~**
  E major interval
  F intervalle *m* majeur
  I intervallo *m* maggiore
  S intervalo *m* mayor
  U nagy hangköz
  R большой интервал *m*
— **kleines ~**
  E minor interval
  F intervalle *m* mineur
  I intervallo *m* minore
  S intervalo *m* menor
  U kis hangköz
  R малый интервал *m*
— **reines ~**
  E perfect interval
  F intervalle *m* juste
  I intervallo *m* giusto
  S intervalo *m* justo
  U tiszta hangköz
  R чистый интервал *m*
— **totes ~**
  E "dead" interval
  F "intervalle *m* mort"
  I intervallo *m* neutro/"morto"
  S "intervalo *m* muerto"
  U holt hangköz
  R «мёртвый интервал» *m*
— **übermäßiges ~**
  E augmented interval
  F intervalle *m* augmenté
  I intervallo *m* eccedente
  S intervalo *m* aumentado
  U bővített hangköz
  R увеличенный интервал *m*
— **vermindertes ~**
  E diminished interval
  F intervalle *m* diminué
  I intervallo *m* diminuito
  S intervalo *m* disminuído/diminuto
  U szűkített hangköz
  R уменьшённый интервал *m*
— **zusammengesetztes ~**
  E compound interval
  F intervalle *m* composé
  I intervallo *m* composto
  S intervalo *m* compuesto
  U összetett hangköz
  R составной интервал *m*
Intervall- D = intervallisch
intervallare I intervallisch
intervalle *m* F Intervall
  ~ augmenté: übermäßiges → Intervall
  ~ complémentaire: Komplementärintervall
  ~ composé: zusammengesetztes → Intervall
  ~ de contrôle: Kontrollintervall
  ~ de demi-ton: Halbtonschritt
  ~ diminué: vermindertes → Intervall
  ~ juste: reines → Intervall
  ~ majeur: großes → Intervall
  ~ mineur: kleines → Intervall

~ mort: totes → Intervall
— d'~ intervallisch
— relatif à l'~ intervallisch
intervallgetreu D
  E strict as to interval
  F juste, fidèle
  I esattamente come l'intervallo
  S justo/fiel (en relación con los intervalos)
  U hangközhű
  R с точным сохранением интервалов
Intervallgröße *f* D
  E size of interval
  F grandeur *f* d'un intervalle
  I grandezza *f* dell'intervallo
  S valor *m*/extensión *f* del intervalo
  U hangköz nagysága
  R величина *f* интервала ⟨*количественная*⟩
Intervallgrundton *m* D ⟨*Hindemith*⟩
  E interval root
  F note *f* "fondamentale" d'un intervalle
  I fondamentale *f* di un intervallo
  S nota *f* fundamental de un intervalo
  U hangköz alaphangja
  R основание *n* интервала
intervallic E diastematisch; intervallisch
  ~ notation: Intervallschrift
intervallisch D
  E intervallic
  F d'intervalle, relatif à l'intervalle
  I d'intervallo, intervallare
  S interválico, relativo al intervalo/a los intervalos
  U hangközi
  R интервальный
intervallo *m* I Intervall; *teat* Pause
  ~ complementare: Komplementärintervall
  ~ composto: zusammengesetztes → Intervall
  ~ di controllo: Kontrollintervall
  ~ di semitono: Halbtonschritt
  ~ diminuito: vermindertes → Intervall
  ~ eccedente: übermäßiges → Intervall
  ~ giusto: reines → Intervall
  ~ maggiore: großes → Intervall
  ~ minore: kleines → Intervall
  ~ morto/neutro: totes → Intervall
  — d'~ intervallisch
  - - esattamente come l'~ intervallgetreu
Intervallschrift *f* D
  E intervallic notation
  F notation *f* d'intervalle
  I notazione *f* intervallare
  S notación *f* de los intervalos
  U hangközírás, hangköznotáció
  R запись *f* нот в интервалах
intervallum U Intervall
Intervallwert *m* D
  E interval value
  F valeur *f* d'un intervalle
  I valore *m* dell'intervallo
  S valor *m* del intervalo
  U hangközérték
  R величина *f* интервала ⟨*качественная*⟩
intervalo *m* S Intervall; *teat* Pause

aumentado: übermäßiges → Intervall
complementario: Komplementärintervall
~ compuesto: zusammengesetztes → Intervall
~ de prueba: Kontrollintervall
~ de tono entero: Ganztonschritt
de un semitono: Halbtonschritt
~ disminuido diminuto: vermindertes → Intervall
~ justo: reines → Intervall
~ mayor: großes → Intervall
menor: kleines → Intervall
~ muerto: totes → Intervall
relativo al ~/a los ~ s: intervallisch
intonáció U Intonation
intonalni v U greg, org, pfte intonieren
intonáló U org Intonateur
intonálófogó U org Intonierzange
intonálókampó U org Intonierhaken
intonálókés U org Intoniermesser
intonálótű U pfte Intoniernadel
intonálóvas U org Intonierlanze; Intonierspachtel
intonare v I anstimmen; greg, pfte intonieren; org intonieren; tönen
Intonateur m D org
    E voicer
    F harmoniste m
    I intonatore m, armonizzatore m
    S entonador m
    U intonáló
    R интонировщик m
Intonation f D
    E intonation
    F intonation f
    I intonazione f
    S entonación f
    U intonáció, hangvétel
    R интонация f
intonation E Intonation; Tongebung
intonation f F Intonation; Tongebung
~ juste: reine → Stimmung
— donner v l'~ greg intonieren
intonatore m I org Intonateur
intonazione f I Intonation; Tongebung
~ giusta: reine → Stimmung
— mantenere v l'~ Stimme halten
intone v E greg intonieren
intonieren v D greg
    E to intone
    F donner v l'intonation, entonner
    I intonare
    S entonar, dar v el tono
    U intonálni
    R интонировать
~ org
    E to voice
    F harmoniser
    I intonare
    S armonizar
    U intonálni
    R интонировать
~ pfte
    E to tone

F égaliser
I intonare
S afinar, poner v a/al tono, igualar
U intonálni
R интонировать, настраивать
Intonierhaken m D org
    E voicing hook
    F crochet m
    I gancio m, gruccia f per accordare
    S gancho m de afinación
    U intonálókampó
    R крюк m для интонирования
Intonierlade f D org
    E voicing machine
    F table f d'harmoniste, mannequin m
    I somiere m d'intonazione
    S mesa f/teclado m de ensayo (de los tubos), maniquí m
    U intonáló szélláda
    R специальная виндлада f для интонировки отдельных регистров
Intonierlanze f D org
    E languid tool
    F outil m en forme de lance
    I lancetta f per accordare
    S (herramienta para la afinación, en forma de lanza)
    U intonálóvas
    R интонировочная лопатка f
Intoniermesser n D org
    E slotting/cutting-up knife
    F couteau m
    I coltello m per accordare
    S navaja f
    U intonálókés
    R нож m для интонировки
Intoniernadel f D pfte
    E toning needle
    F aiguille f pour piquer le feutre
    I ago m per accordare
    S (aguja/punzón para pinchar el fieltro de los martillos)
    U intonálótű
    R интонировочная иголка f
Intonierrolle f D canna
    E roller in front of mouth, (roller) beard
    F oreille f en rouleau
    I riccio m di intonazione, baffo m con freno
    S oreja f
    U (ajak)rolni
    R интонировочный ролик m
Intonierspachtel m D org
    E lip raiser
    F spatule f
    I imbornitore m
    S espátula f
    U intonálóvas
    R шпатель m для интонировки
Intonierzange f D org
    E voicing/toning pliers pl
    F pince f, tenailles f pl
    I tenaglia/pinza f per accordare

S pinza *f*, tenaza *f*
U intonálófogó
R щипцы *m pl* для интонировки
Intrada *f* D intrada
intrada *f* I
   D Intrada *f*, Intrade *f*
   E intrada
   F intrada *f*, entrée *f*
   S entrada *f*
   U intráda, bevezető (darab)
   R интрада *f*
intráda U intrada
Intrade *f* D intrada
intreccio *m* I *teat* Handlung
   secondario *teat* Nebenhandlung
intriga *f* **secundaria** S *teat* Nebenhandlung
introducción *f* S Einleitung; Introduktion
introduce *v* E einleiten; *ton* einführen
introducir *v* S einleiten; *ton* einführen
introduction E Einleitung; Introduktion
introduction *f* F Einleitung; Introduktion
introduire *v* F einleiten; einschieben; *ton* einführen
introdukció U Introduktion
Introduktion *f* D
   E introduction
   F introduction *f*
   I introduzione *f*
   S introducción *f*
   U bevezetés, introdukció
   R интродукция *f*
introdurre *v* I einleiten; *ton* einführen
introduzione *f* I Einleitung; Introduktion; ouverture
   d'opera: ouverture d'opéra
introit E Introitus
introït *m* F Introitus
introito *m* I S Introitus
Introitus *m* D
   E introit
   F introït *m*
   I introito *m*
   S introito *m*
   U introitus
   R интроитус *m*
introitus U Introitus
intuitively musical E musikantisch
inudibile I unhörbar
invenció U Invention
invención *f* S Invention
Invention *f* D
   E invention
   F invention *f*
   I invenzione *f*
   S invención *f*
   U invenció
   R инвенция *f*
invention E Invention
invention *f* F Invention
Inventionshorn *n* D
   E hand-horn with slide crooks
   F Inventionshorn *m*
   I corno *m* con ritorti

S Inventionshorn *m*
U invenciós kürt
R инвенционная валторна *f*
Inventionstrompete *f* D
   E trumpet with slide crooks
   F Inventionstrompete *f*
   I tromba *f* naturale
   S Inventionstrompete *f*
   U invenciós trombita
   R инвенционная труба *f*
invenzione *f* I Invention
   melodica: Melodiebildung
inversion E Umkehrung
inversion *f* F Umkehrung
inversión *f* S Umkehrung
   primera ~ del acorde de séptima: accord de quinte et sixte
   segunda ~ del acorde de séptima: accord de sixte sensible
   tercera ~ del acorde de séptima: accord de seconde
invert *v* E umkehren
inverted E; ~ cadence: Zwischenkadenz
   conical *canna* kegelförmig nach unten zugespitzt
   mordent: mezzo → trillo; *orn* Praller; Schneller
   pyramidal *canna* umgekehrt → pyramidenförmig
inverted-end mitre/miter E *canna* Rundkropf
invertibile I umkehrbar
invertibilità *f* I Umkehrbarkeit
invertibility E Umkehrbarkeit
invertible E umkehrbar
   ~ canon: Spiegelkanon
invertir *v* F umkehren
invertir *v* S umkehren
invertire *v* I umkehren
invertirse *v* S; que puede ~ umkehrbar
investigación *f* **musical** S Musikforschung
invisible E; ~ treble shutter mute *fis* unsichtbare → Diskantjalousie
invitación *f* S Freikarte
invitado *m* S *teat* als → Gast
   ~ especial *teat* Gast
   — en condición de ~ *teat* als → Gast
   — ser *v* ~ gastieren
invitation *f* F Freikarte
invitatoire *m* F Invitatorium
invitatorio *m* I S Invitatorium
Invitatorium *n* D
   E invitatorium, invitatory
   F invitatoire *m*
   I invitatorium *m*, invitatorio *m*
   S invitatorio *m*
   U invitatórium
   R *(вступительное песнопение утренней католической службы)*
invitatorium E Invitatorium
invitatorium *m* I Invitatorium
invitatórium U Invitatorium
invitatory E Invitatorium
invité *m* F *teat* Gast

-- comme ∼ *teat* als → Gast
— être *v* ∼ gastieren
inward-hinged fold E *org* einwärtsgehende →
    Falte
ínyvitoria U Gaumensegel
Inzidenzmusik *f* D *obs* == Schauspielmusik;
    teat Bühnenmusik
Ionian E ionisch
ionico I ionisch
ionien F ionisch
ionisch D
    E Ionian
    F ionien
    I ionico
    S jónico
    U jón
    R ионийский
ipo- I hypo-
ipodorico I hypodorisch
ipofrigio I hypophrygisch
ipoionico I hypo-ionisch
ipolidio I hypolydisch
ipomisolidio I hypomixolydisch
irányváltoztató U *org* Zugärmchen
írás U; Berliner-féle ∼ *gram* Berliner-Schrift
— mélységi ∼ *gram* Tiefenschrift
— menzurális ∼ Mensuralnotation
— oldalirányú ∼ *gram* Seitenschrift
írásmód U Satz
— kvadratikus ∼ Quadratnotation
irmo *m* I ирмос
irmolog(ij) R →ирмолог
irmologo *m* I ирмолог
irmos R→ирмос
író U; zenei ∼ Musikschriftsteller
iroda U; hangversenyközvetítő ∼ Konzert-
    agentur
iron stick E *perc* Metallschlegel
irradiación *f* **sonora** S Schallabstrahlung
irradiatore *m* **acustico** I Schallabstrahler
irrequieto I *prescr*
    D irrequieto, unruhig
    E irrequieto, "*nervously*"
    F irrequieto, inquiet, agité
    S irrequieto, nerviosamente
    U irrequieto, "*nyugtalanul*"
    R irrequieto, беспокойно
ismertetni *v* U rezensieren
ismét U ancora; *prescr* ancora una → volta
ismételni *v* U wiederholen; *pfte* repetieren
ismétlés U Wiederholung; *pfte* Repetition
ismétlőjel U Wiederholungszeichen
ismétlőmechanika U *pfte* Repetitionsmechanik
ismétlőrugó U *pfte* Scherenfeder
ismétlőrugó-tengely U *pfte* Scherenfederachse
ismétlőszerkezet U *pfte* Repetitionsmechanik
isolamento *m* **del suono** I Schallisolierung
isolante I schalldicht
isolare *v* **acusticamente** I schalldicht machen
isolateurs *m pl* F *pfte* Isolierschalen
isolation *f* F; ∼ phonique: Schallisolierung
— d'∼ acoustique: schalldämpfend
isolatori *m pl* I *pfte* Isolierschalen

Isolierschalen *f pl* D *pfte*
    E insulators *pl*, A: caster cups *pl*
    F isolateurs *m pl*
    I isolatori *m pl*
    S aisladores *m pl*
    U izolátor
    R изоляционные подставки *f pl* под
    ролики
isomelic E isomelisch
isomelico I isomelisch
isomélico S isomelisch
isomélique F isomelisch
isomelisch D
    E isomelic
    F isomélique
    I isomelico
    S isomélico
    U izomelikus
    R изомелодический
isometria *f* I Isometrik
isometría *f* S Isometrik
isometric E isometrisch
∼ rhythm: Isometrik
isometrico I isometrisch
isométrico S isometrisch
isométrie *f* F Isometrik
Isometrik *f* D
    E isometric rhythm
    F isométrie *f*
    I isometria *f*
    S isometría *f*
    U izometria
    R изометрия *f*
isométrique F isometrisch
isometrisch D
    E isometric
    F isométrique
    I isometrico
    S isometrico
    U izometrikus
    R изометрический
isorhythm E Isorhythmie
isorhythmic E isorhythmisch
Isorhythmie *f* D
    E isorhythm
    F isorythmie *f*
    I isoritmia *f*
    S isorritmia *f*
    U izoritmia
    R изоритмия *f*
isorhythmisch D
    E isorhythmic
    F isorythmique
    I isoritmico
    S isorrítmico
    U izoritmikus
    R изоритмический
isoritmia *f* I Isorhythmie
isoritmico I isorhythmisch
isorritmia *f* S Isorhythmie
isorrítmico S isorhythmisch
isorythmie *f* F Isorhythmie
isorythmique F isorhythmisch

ispessire *v* I anschwellen
issue E Auflage
issued E; to be ~ herauskommen
istampita *f* I estampie
istentisztelet U Gottesdienst
istesso I; l'~ → tempo
istituzione *f* I
— fare *v* un'esecuzione presso un'altra ~ gastieren
istrionico I schauspielerisch
istruttore *m* **dei solisti** I Solorepetitor
istruzione *f* I Unterricht
Italian E; ~ curtain *teat* Raffvorhang
~ **sixth chord** ⟨*on flat submediant*⟩
    D *(Dominantseptakkord ohne Grundton zur Dominante, mit tiefalterierter Quint als Baβton)*
    F *(accord de septième sans fondamentale sur la sus-tonique, avec quinte altérée — baissée — à la basse, et tierce majeure)*
    I sesta *f* eccedente/italiana

S *(acorde de sixta aumentada)*
U bővített szextakkord
R *(вводный секстаккорд к доминанте с пониженной терцией, увеличенный секстаккорд)*
itinerant E; ~ ballad singer: Bänkelsänger
~ musician: fahrender → Musikant
ív U Bindung; Lage; Legatobogen
ívjelzés U Lagenbezeichnung
ivory E; ~ head *tasto* Elfenbeinbelag; Vorderteil des Tastenbelages
~ tail *tasto* Elfenbeinbelag; Hinterteil des Tastenbelages
izgatottan U *prescr* agitato; concitato
izolátor U *pfte* Isolierschalen
izomelikus U isomelisch
izometria U Isometrik
izometrikus U isometrisch
izoritmia U Isorhythmie
izoritmikus U isorhythmisch

J

jácara *f* S
    D *(Bezeichnung für einen spanischen Tanz und für eine spanische Romanze)*
    E *(denomination for a Spanish dance and for a Spanish romance)*
    F *(désignation pour une danse espagnole et pour une romance espagnole)*
    I *(denominazione per una danza spagnuola e per una romanza spagnuola)*
    U *(spanyol tánc és románc neve)*
    R *(обозначение испанского танца и испанского романса)*

jack E Plektrum; *cemb* Springer; *pfte* Stoßzunge
~ cushion felt *pfte* Stoßzungenprallpolster
~ flange *pfte* Stoßzungenkapsel
~ guide *cemb* Springerrechen
~ knuckle *pfte* Stoßzunge
~ regulating button *pfte* Stoßzungenpuppe
~ regulating screw *pfte* Stoßzungenschraube
~ spring/spiral *pfte* Stoßzungenspiralfeder
~ spiral spring *pfte* Stoßzungenspiralfeder

Jagdhorn *n*, **Hifthorn** *n* D
    E hunting horn, bugle
    F cor *m* de chasse
    I corno *m* da caccia
    S cuerno *m*/trompa *f* de caza
    U vadászkürt
    R охотничий рог *m*

Jagdmusik *f* D
    E hunting music
    F musique *f* de chasse
    I musica *f* di caccia
    S música *f* de caza
    U vadászzene
    R охотничья музыка *f*

jaleo *m* S *bl*
    D *(andalusisches Tanzlied)*
    E *(Andalusian dance song)*
    F *(danse chantée d'Andalousie)*
    I *(danza cantata dell'Andalusia)*
    U *(andaluz táncdal)*
    R *(андалусская танцевальная песнь)*

Jalousie *f* D *org* jalousie
jalousie *f* F *fis* Diskantjalousie

~ *org*
    D Jalousie *f*
    E shutter
    I griglia *f*
    S celosía *f*
    U redőny
    R жалюзи *pl*
~ invisible *fis* unsichtbare → Diskantjalousie

Jalousieschweller *m* D *org* = Schwellkasten
Jambus *m* D
    E iamb(us)
    F jambus *m*
    I giambo *m*
    S yambo *m*
    U jambus
    R ямб *m*

jambus *m* F Jambus
jambus U Jambus
janicsárzene U Janitscharenmusik
Janissary music E Janitscharenmusik
Janitscharenmusik *f*, **Türkische Musik** *f*
    E Janissary/A: Janizary/Turkish music
    F musique *f* turque/de janissaires
    I musica *f* (alla) turca
    S música *f* de jenízaros, música *f* turca
    U janicsárzene, török zene
    R янычарская/турецкая музыка *f*

Janizary music E Janitscharenmusik
járás U *tasto* Anschlag
játék U *org* Chor; *tasto* Leergang
~ kívülről/emlékezetből: Auswendigspielen
— álarcos ~ Maskenspiel
— felezett ~ *org* halbierte → Stimmen
— félig kiépített ~ *org* registre incomplet
— nyolclábas ~ *org* Achtfuß
— prima vista ~ Blattspiel
— vonós ~ok *pl org* streichende → Stimmen
játékasztal U *org* Spieltisch
— beépített ~ *org* angebauter → Spieltisch
— szabadon álló ~ *org* freistehender → Spieltisch
játékmód U *tasto* Spielart
játékos U Spieler
játékosan U *prescr* giocoso
játékrelé U *org* relais pneumatique

játékrend U Spielplan
játszani v U spielen
— hamisan ~ unrein → spielen
— tisztán ~ rein → spielen
— (túl) magasan ~ zu hoch → spielen
— (túl) mélyen ~ zu tief → spielen
— vonóval ~ streichen
játszható U spielbar
játszóasztal U org = játékasztal
játszószelep U org Spielventil
játszótraktúra U org Spieleinrichtung
— automatikus ~ org automatische → Spieleinrichtung
— elektropneumatikus ~ org elektropneumatische → Spieleinrichtung
— mechanikus ~ org mechanische → Spieleinrichtung
— pneumatikus ~ org pneumatische → Spieleinrichtung
javított U vl gefüttert
Jazz m D jazz
jazz E
D Jazzmusik f, Jazz m
F musique f de jazz, jazz m
I musica f jazz
S jazz m, música f de jazz
U dzsessz
R джаз m, джазовая музыка f
~ band
D Jazzkapelle f
F orchestre m de jazz
I orchestra f/complesso m jazz
S jazzband f, orquesta f de jazz, jazz f
U dzsesszzenekar, dzsesszegyüttes
R джазовый ансамбль m, джаз-банд m
~ composer
D Jazzkomponist m
F compositeur m de musique de jazz
I compositore m di musica jazz
S compositor m de jazz
U dzsesszkomponista
R композитор m, пишущий джазовую
музыку
~ guitar: guitarra de jazz
~ musician
D Jazzmusiker m
F musicien m de jazz
I musicista m jazz
S músico m de jazz
U dzsesszzenész
R ансамблист m/оркестрант m джаза
~ rhythm
D Jazzrhythmus m
F rythme m de jazz
I ritmo m di jazz
S ritmo m de jazz
U dzsesszritmus
R джазовый ритм m
~ trombone
D Jazzposaune f
F trombone m de jazz
I trombone m da jazz
S trombón m de jazz

U dzsessztrombón, dzsesszpozaun
R джазовый тромбон m
~ trumpet
D Jazztrompete f
F trompette f de jazz
I tromba f da jazz
S trompeta f de jazz
U dzsessztrombita
R джазовая труба f
jazz v E
D Jazzmusik machen v, jazzen
F faire v de la musique de jazz
I fare v musica jazz
S hacer v jazz
U dzsesszt játszani v
R играть v в джазе
jazz m F jazz
— faire v de la musique de ~ jazz
jazz m S jazz
— hacer v ~ jazz
jazz f S jazz band
jazzband f S jazz band
Jazzbesen m D
E wire/rhythm brush(es pl)
F brosse f/balai m de jazz
I spazzolino m metallico
S escobilla f
U seprű
R метёлка f
jazzen v D jazz
Jazzkapelle f D jazz band
Jazzkomponist m D jazz composer
Jazzmusik f D jazz
— machen v jazz
Jazzmusiker m D jazz musician
Jazzposaune f D jazz trombone
Jazzrhythmus m D jazz rhythm
Jazztrompete f D jazz trumpet
jegypénztár U; (színházi) ~ Theaterkasse
jegyzet U; kritikai ~ek pl kritischer → Apparat; kritischer → Bericht
jel U Zeichen; mil Signal
— a ~ig: fino al → segno
— dinamikai ~ dynamisches → Zeichen
— ekfonetikus ~ Lektionszeichen
— előadási ~ Vortragszeichen
— frazirozási ~ Phrasierungszeichen
— lélegzetvétel ~e: Atemzeichen
— notációs ~ek pl Notationszeichen
jelenés U Auftritt
jelenet U teat Szene
jelfogó U org relais
jellegzetesség U Merkmal
jellemdarab U Charakterstück
jelmez U costume
jelölés U Bezeichnung; Signatur
jelzés U Bezeichnung; Signatur; mil Signal
— frazirozási ~ Phrasierungszeichen
jelzőkürt U Signalhorn; mil Signaltrompete
jelzősíp U Signalpfeife
jelzőtrombita U mil Signaltrompete
jerigonza f S bl
D (volkstümlicher Reigentanz)

E *(popular round dance)*
F *(ronde populaire)*
I *(girotondo popolare)*
U *(népi körtánc)*
R *(народный хороводный танец)*
jester's flute E Narrenflöte
jeu *m* F Saitenchor
~x *pl* à reprises *org* repetierende → Stimmen
~x *pl* aliquotes *org* Aliquotstimmen
~x *pl* composés *org* Mixtur
~x *pl* d'anches *org* Zungenstimmen
~ d'orgue: Orgelregister; Orgelspiel
~ de cloches *org* Glöckchen; Glockenzug
~ de cordes: Saitenbezug
~ de cymbales *org* Zimbelstern
~ de flûte *org* Flötenstimme
~x *pl* de flûtes *org* Flötenwerk
~ de gambe *org* Geigenregister
~x *pl* de gambe *org* streichende → Stimmen
~ de gongs: chromatisch gestimmtes → Gongspiel
~x *pl* de mutations simples *org* Aliquotstimmen
~ de pistons *ottoni* Maschine
~ de rossignol *org* Nachtigallenzug
~ de timbres: Glockenspiel; Röhrenspiel
~ de tuyaux à bouche *org* Labialregister
~x *pl* de tuyaux à bouche *canna* Labialwerk
~x *pl* imitatifs *org* Imitatoren
~ incomplet *org* = registre incomplet
~x *pl* incomplets *org* halbierte → Stimmen
~x *pl* parlants/réels *org* klingende → Stimmen
— à deux ~x d'anches *fis* zweichörig
— à trois ~x d'anches *fis* dreichörig
— **grand ~ arm**
D grand jeu *n*
E full organ
I gran giuoco *m*
S grand jeu *m*, gran juego *m*
U tutti, teljes mű
R тутти *n*
jeu-parti *m* F ⟨12—13. sec⟩
D *(Form des Streitliedes zwischen zwei Sängern auf dieselbe Melodie)*
E *(dialogue or song-contest between two singers on the same melody)*
I *(forma di canzone cantata e mimata da due cantori)*
S jeu-parti *m*
U *(a versenydal egy formája)*
R *(жанр французской песни типа состязания двух певцов)*
Jew's harp/trump E Maultrommel
jig, gigue E
D Gigue *f*
F gigue *f*
I giga *f*
S giga *f*, jiga *f*
U dzsigg, gigue
R жига *f*
jiga *f* S jig
jingle E; ~ (bell): Schelle
jingle *v* E *fam, pfte* klimpern

Jingling Johnny E Schellenbaum
jobban U più
Joch *n* D camp
E headstock
F mouton *m*, joug *m*
I ceppo *m*, giogo *m*
S yugo *m* de la campana
U (harang)iga
R хомут *m*
— **gekröpftes/gestelztes ~ camp**
E curved headstock
F joug *m* coudé/rétro
I ceppo/giogo *m* ad arco
S yugo *m* recurvado
U hajlított/tört iga
R изогнутый хомут *m*
— **gerades ~ camp**
E straight headstock
F joug *m* droit/lancé
I ceppo/giogo *m* diritto
S yugo *m* recto/derecho
U egyenes iga
R прямой хомут *m*
Jochbogen *m* = Querjoch
jocoso S *prescr* gioioso
jodeln *v* D
E to yodel
F yodler ⟨*chanter à la manière des Tyroliens*⟩
I *(cantare alla maniera dei montanari tirolesi)*
S jodeln ⟨*cantar al estilo tirolés*⟩
U jódlizni
R исполнять *v* йодль
Jodler *m* D
E yodler
F *(chanteur qui yodle)*
I jodler *m*
S *(cantor que practica el jodel)*
U jódlizó
R йодлер *m*
jodler *m* I Jodler
jódlizni *v* U jodeln
jódlizó U Jodler
jog U; előadási ~ Aufführungsrecht
— szerzői ~ copyright
— szinpadi előadási ~ok *pl teat* Bühnenrechte
jogdíj U Tantiemen
jogvédelem U; szerzői ~ copyright protection
jóhangzás- U Wohlklangs-
jointed wind trunk E *org* gebrochener → Kanal
jókedvűen U *prescr* gioioso
jól U bene
jón U ionisch
jónico S ionisch
jornada *f* S Aufzug
Jota *f* D *bl* jota
jota *f* S *bl*
D Jota *f*
E jota
F jota *f*
I jota *f*
U jota
R хота

jouable F spielbar
jouer *v* F spielen; *corda, tasto* greifen
~ à: vorspielen
~ à côté: danebengreifen
~ avec l'archet: streichen
~ faux: danebengreifen; unrein → spielen
~ juste: rein → spielen
~ normalement *prescr, perc* gewöhnlich → schlagen
~ trop bas: zu tief → spielen
~ trop haut: zu hoch → spielen
joueur *m* F; ~ d'instrument à vent en bois: Holzbläser
~ d'orgue de Barbarie: Drehorgelspieler
~ d'un instrument à archet: Streicher
~ d'un instrument à vent: Bläser
~ de chalumeau: Schalmeispieler
~ de clavicorde: Clavierist
~ de cor des Alpes: Alphorner
~ de cornemuse: Dudelsackpfeifer
~ de cornet: Zinkenbläser
~ de gudok гудочник
~ de gusli гусляр
~ de théorbe: Theorbenspieler
~ de tuba: Tubaspieler
~ de vibraphone: Vibraphonspieler
joug *m* F *camp* Joch
~ coudé/rétro *camp* gekröpftes → Joch
~ droit/lancé *camp* gerades → Joch
joyeux F festivo; *prescr* giocoso; gioioso; lieto
jubé *m* F Lettner
Jubilus *m* D
   E jubilus
   F jubilus *m*
   I jubilus *m*
   S jubilus *m*

U jubilus
R юбиляции *f pl*
jubilus E U Jubilus
jubilus *m* F I S Jubilus
judas *m* F Guckloch
Judenharfe *f* D *obs* = Maultrommel
juego *m* S *tasto* Leergang
~ de campanas: Geläute; *org* Glockenzug; Glöckchen
~ de cuerdas: Saitenbezug
~ de gongs: chromatisch gestimmtes → Gongspiel
~ de ocho campanas: Geläute von acht Glocken
~ de pistones *ottoni* Maschine
~ de timbres: Glockenspiel; Röhrenspiel
~s *pl* parlantes *org* klingende → Stimmen
~s *pl* que imitan sonidos naturales *org* Imitatoren
~s *pl* reales *org* klingende → Stimmen
— de ... ~(s *pl*) de lengüetas *fis* -chörig
— de dos ~s de lengüetas *fis* zweichörig
— de tres ~s de lengüetas *fis* dreichörig
— gran ~ *arm* grand jeu
— medio ~ *org* registre incomplet; halbierte → Stimmen
juguetando S *prescr* lusingando
jukebox E Musikautomat
jukebox *m* F I Musikautomat
jump *v* E springen
jumping dance E Springtanz
juntamente S *prescr* insieme
just E; ~ intonation: reine → Stimmung
juste F intervallgetreu; rein
justo S rein; *prescr* giusto
~ (en relación con los intervalos): intervallgetreu
juvenile choir/chorus E Kinderchor

K

kadencia U Kadenz
— autentikus ∼ authentische → Kadenz
— egész ∼ geschlossene → Kadenz
— egyirányú/egyoldalú ∼ einseitige → Kadenz
— késleltetett ∼ aufgehaltene → Kadenz
— kettős vezérhangos ∼ Doppelleittonkadenz
— közbülső ∼ Zwischenkadenz
— nyilt ∼ offene → Kadenz
— plagális ∼ plagale → Kadenz
— teljes ∼ vollständige → Kadenz
— tökéletes ∼ geschlossene → Kadenz
kadencia- U Kadenz-
kadenciázni v U kadenzieren
kadenciázó U kadenzierend
Kadenz f D ⟨Konzertkadenz⟩
  E cadenza
  F cadence f
  I cadenza f
  S cadencia f
  U kadencia
  R концертная каденция f
∼ ⟨Schlußkadenz⟩
  E cadence
  F cadence f
  I cadenza f
  S cadencia f
  U zárlat, kadencia
  R каденция f, каданс m
— **aufgehaltene** ∼
  E delayed cadence
  F cadence f suspendue/interrompue
  I cadenza f sospesa
  S cadencia f suspendida/rota/interrumpida
  U késleltetett zárlat/kadencia
  R (каденция, прерываемая на кадансовом
    квартсекстаккорде перед концертным
    соло)
— **authentische** ∼
  E perfect cadence, full close, A: authentic
    cadence
  F cadence f authentique/parfaite
  I cadenza f perfetta/autentica
  S cadencia f perfecta
  U autentikus zárlat/kadencia
  R автентическая каденция f

— **einseitige** ∼
  E (shortened form of cadence)
  F cadence f partielle
  I (cadenza implicante solo la sottodominante
    o la dominante)
  S cadencia f parcial
  U egyirányú/egyoldalú zárlat/kadencia
  R неполная каденция f, простой ка-
    данс m
— **geschlossene** ∼
  E final cadence
  F cadence f finale/fermée
  I cadenza f finale
  S cadencia f final
  U tökéletes/egész zárlat/kadencia
  R устойчивая каденция f
— **offene** ∼
  E intermediate/open cadence
  F cadence f ouverte
  I cadenza f sospesa
  S cadencia f suspendida
  U nyilt zárlat/kadencia
  R неустойчивая каденция f
— **plagale** ∼, **Kirchenschluß** m
  E plagal/church cadence, A: "Amen"
    cadence
  F cadence f plagale
  I cadenza f plagale
  S cadencia f plagal
  U plagális zárlat/kadencia
  R плагальная каденция f
— **vollständige/rückläufige** ∼
  E mixed/complete cadence
  F cadence f mixte/complète/parfaite
  I cadenza f mista
  S cadencia f mixta/perfecta
  U teljes zárlat/kadencia
  R полная каденция f, сложный каданс m
Kadenz- D
  E cadential
  F cadentiel
  I cadenzale
  S cadencial
  U zárlat-, kadencia-, zárlati
  R кадансовый, каденционный

Kadenzformel *f* D
  E cadential formula
  F formule *f* cadentielle
  I formula *f* cadenzale
  S fórmula *f* cadencial
  U zárlati formula
  R каденционная формула
kadenzieren *v* D
  E to cadence
  F faire *v* une cadence
  I cadenzare
  S ejecutar *v* una/hacer *v* la cadencia
  U kadenciázni
  R кадансировать
kadenzierend D
  E cadential, cadencing
  F cadentiel
  I cadenzale, cadenzante
  S cadencial
  U kadenciázó
  R кадансирующий, кадансовый
Kadenzwendung *f* D
  E cadential idiom
  F formule *f* cadentielle
  I formula *f* cadenzale
  S giro *m* fórmula *f* cadencial
  U zárlati formula
  R кадансовый оборот *m*
kagylókürt U Muschelhorn
Kaiserbaryton *m* D
  E imperial euphonium
  F baryton/euphonium *m* impérial
  I eufonio *m* imperiale
  S euphonium/baritono *m* imperial
  U királybariton
  R *(баритон с очень широкой мензурой)*
Kaiserbaß *m*, **Kaisertuba** *f* D
  E imperial bass
  F basse *f* impériale
  I basso *m* imperiale
  S bajo *m* imperial
  U királytuba
  R *(контрабасовая туба с очень широкой мензурой)*
Kaisertenor *m* D
  E imperial tenor
  F ténor *m* impérial
  I tenore *m* imperiale
  S tenor *m* imperial
  U királytenor
  R *(теноровый бюгельгорн с очень широкой мензурой)*
Kaisertuba *f* D = Kaiserbaß
kakasülő U *teat* Olymp
kakofónia U Kakophonie
kakofonikus U kakophonisch
Kakophonie *f* D
  E cacophony
  F cacophonie *f*
  I cacofonia *f*
  S cacofonía *f*
  U kakofónia
  R какофония

kakophonisch D
  E cacophonic
  F cacophonique
  I cacofonico
  S cacofónico
  U kakofonikus
  R какофонический
kakukksíp U Kuckuckspfeife
kalap U *ottoni* Hutdämpfer
kalapács U *pfte* Hammer
  ~ot beállítani *v* Hammer richten
kalapácsfej-alsónemez U *pfte* Hammerunterfilz
kalapácsfej-felsőnemez U *pfte* Hammeroberfilz
kalapácsfejfilc U *pfte* Hammeroberfilz; Hammerunterfilz
kalapácsfejmag U *pfte* Hammerkern
kalapácskorona U *pfte* Hammerscheitel
kalapácsléc U *pfte* Hammerleiste
kalapácsléchorog U *pfte* Hammerleistenhaken
kalapácsnyél U *pfte* Hammerstiel
kalapácstengely U *pfte* Hammerachse
kalapácstengelytok U *pfte* Hammerkapsel
kalapálni *v* U hämmern
kalapszordínó U *ottoni* Hutdämpfer
kaliki perehožie R → калики перехожие
kalimpálás U Geklimper
kalimpálni *v* U *fam, pfte* klimpern
Kalkant *m* D
  E blower, bellows-treader
  F souffleur *m*
  I calcante *m*
  S manchador *m*
  U kalkantista, orgonafújtató *(személy)*
  R калькант *m*
kalkantista U Kalkant
kamancha E кеманча
kamaraénekes U Kammersänger
kamaraénekesnő U Kammersängerin
kamarahang U Kammerton; Stimmton
  — párizsi ~ Pariser → Kammerton
kamarahang-megállapítás U Stimmtonnormung
kamarakantáta U cantata da camera
kamaraopera U opera da camera
kamaraszonáta U sonata da camera
kamarazene U Kammermusik
kamarazene-hangverseny U concerto da camera
kamarazenekar U Kammerorchester
kamarinskaia *f* S *bl* камаринская
Kamarinskaja *f* D *bl* камаринская
kamàrinskaja *f* I *bl* камаринская
kamarinskaya E *bl* камаринская
kamarinskaya *f* S *bl* камаринская
kamarinszkaja U *bl* камаринская
Kamm *m* D *arco*
  E ridge
  F partie *f* frontale de la pointe
  I sagoma *f* della testa
  S extremidad *f* frontal de la punta
  U él
  R головка *f*
— Kämme *pl arpa*
  E combs *pl*
  F fourchette *f*

I uncini *m pl*
S horquillas *f pl*
U villa
R диски *m pl* со штифтами
Kammerkantate *f* D cantata da camera
Kammerkonzert *n* D concerto da camera
Kammermusik *f* D
  E chamber music
  F musique *f* de chambre
  I musica *f* da camera
  S música *f* de cámara
  U kamarazene
  R камерная музыка *f*
Kammermusiker *m* D
  E *"chamber musician"* ⟨*title*⟩
  F *"musicien de chambre"* ⟨*titre*⟩
  I *"musico/musicista da camera"* ⟨*titolo*⟩
  S *"músico de cámara"* ⟨*título*⟩
  U *"kamarazenész"* ⟨*cím*⟩
  R камерный музыкант *m* ⟨*звание*⟩
Kammeroper *f* D opera da camera
Kammerorchester *n* D
  E chamber orchestra
  F orchestre *m* de chambre
  I orchestra *f* da camera
  S orquesta *f* de cámara
  U kamarazenekar
  R камерный оркестр *m*
Kammerregister *n*, **Kammerstimme** *f* D *org*
  E *(organ stop at chamber pitch)*
  F *(registre accordé au ton de chambre)*
  I *(registro in accordatura da camera)*
  S *(registro al diapasón de cámara)*
  U *(kamara a-ra hangolt orgonahang/regiszter)*
  R *(регистр, настроенный в оркестровом тоне)*
Kammersänger *m*, **Kammersängerin** *f* D
  E *"chamber singer"* ⟨*title*⟩
  F *"chanteur* m/*chanteuse* f *de chambre"* ⟨*titre*⟩
  I *"cantante* m+f *da camera"* ⟨*titolo*⟩
  S *"cantor* m/*cantatriz* f *de cámara"* ⟨*título*⟩
  U kamaraénekes(nő) ⟨*cím*⟩
  R «камерный певец» *m*, «камерная певица» *f* ⟨*звание*⟩
Kammersonate *f* D sonata da camera
Kammerstimme *f* D *org* = Kammerregister
Kammerton *m* D
  E chamber/concert pitch
  F diapason *m* de chambre
  I diapason *m* da camera
  S Kammerton *m*, diapasón *m* de cámara
  U kammerton, kamarahang
  R камертон *m*
— **Pariser** ~
  E New Philharmonic pitch, Paris pitch
  F diapason *m* parisien
  I diapason *m* da camera/moderno/parigino
  S diapasón *m* de París
  U párizsi a/kamarahang
  R парижский камертон *m*
kammerton U Kammerton

kampó U *arpa* Haken
kamra U; zengő ~ Hallraum
Kanal *m* D ⟨*Lautsprecher*⟩
  E channel
  F chaîne *f*
  I canale *m*
  S canal *m*
  U csatorna
  R канал *m*
~ *org* = Windkanal
— **gebrochener/gekröpfter** ~ *org*
  E jointed wind trunk
  F canal *m* coudé/articulé
  I condotto *m* d'aria ripiegato
  S canal *m* acodado/articulado/empalmado
  U megtört szélcsatorna
  R коленчатый канал *m*
kanál U *canna ancia* Kehle; *pfte* Dämpferlöffel
— angol ~ *canna ancia* englische → Kehle
— francia ~ *canna ancia* französische → Kehle
— német ~ *canna ancia* deutsche → Kehle
Kanalreiter *m* D *org* = Ausgleichsbalg
kanásztülök U
  D *(trompetenartiges ungarisches Volksinstrument aus Kuhhorn)*
  E *(Hungarian folk-instrument of the trumpet family, made of a cow's horn)*
  F *(instrument populaire hongrois taillé dans une corne de vache et se rapprochant de la trompette)*
  I *(strumento popolare ungherese simile alla tromba e tratto da un corno bovino)*
  S *(especie de trompeta popular húngara construída con un cuerno de vaca)*
  R *(народный венгерский духовой инструмент из коровьего рога)*
kancella U *arm, org* Kanzelle
— üres ~ *org* blinde → Kanzelle
kancellafal U *org* Kanzellenschied
kancellasor U *org* Gitterwerk
kancellaspund U *org* Kanzellenspund
kancelni U *fam, org* Kanzelle
kancelnispund U *fam, org* Kanzellenspund
kancionále U Kantionale
kánkán U *bl* cancan
kannaporc U Gießbeckenknorpel
Kanon *m* D
  E canon
  F canon *m*
  I canone *m*
  S canon *m*
  U kánon
  R канон *m*
~ ⟨*Messe*⟩
  E canon
  F canon *m*
  I canone *m*
  S canon *m*
  U kánon
  R канон *m*
~ **im Einklang**
  E canon at the unison

F canon *m* à l'unisson
I canone *m* all'unisono
S canon *m* al unísono
U prímkánon
R канон *m* в унисон
~ **in der Oberquint(e)**
E canon at the upper fifth
F canon *m* à la quinte (supérieure)
I canone *m* alla quinta superiore
S canon *m* a la quinta (superior)
U kánon a felső kvinten
R канон *m* в верхнюю квинту
~ **in der Unterquint(e)**
E canon at the lower fifth
F canon *m* à la quinte inférieure
I canone *m* alla quinta inferiore
S canon *m* a la quinta inferior
U kánon az alsó kvinten
R канон *m* в нижнюю квинту
~ **in einem Takt Abstand**
E canon at the distance of one bar/measure
F canon *m* à distance d'une mesure
I canone *m* a distanza di una battuta
S canon *m* a la distancia de un compás
U egy ütem után belépő kánon
R канон *m* с расстоянием вступления в один такт
— **freier** ~
E free canon
F canon *m* libre
I canone *m* libero
S canon *m* libre
U szabad kánon
R свободно написанный канон *m*
— **strenger** ~
E strict canon
F canon *m* strict
I canone *m* stretto/rigoroso
S canon *m* riguroso
U szigorú/kötött kánon
R строго выдержанный канон *m*
— **unendlicher** ~
E endless/perpetual canon
F canon *m* perpétuel
I canone *m* infinito/perpetuo
S canon *m* infinito/perpetuo
U végtelen kánon, canon perpetuus
R бесконечный канон *m*
kánon U Kanon
~ a felső kvinten: Kanon in der Oberquinte
~ az alsó kvinten: Kanon in der Unterquinte
— augmentációs ~ Vergrößerungskanon
— diminúciós ~ Verkleinerungskanon
— egy ütem után belépő ~ Kanon in einem Takt Abstand
— kettős ~ Doppelkanon
— kötött/szigorú ~ strenger → Kanon
— proporciós ~ Proportionskanon
— szabad ~ freier → Kanon
— végtelen ~ unendlicher → Kanon
kánon- U kanonisch
kanonisch D
E canonic

F en canon, canonique
I canonico, a canone
S canónico
U kánonszerű, kánon-
R канонический
~ **behandeln** *v*
E to treat canonically/in canon
F traiter/conduire *v* en canon
I trattare *v* canonicamente/in forma canonica/a canone
S tratar *v* en canon
U kánonszerűen feldolgozni *v*
R провести/разработать *v* канонически
~ **führen** *v*
E to lead in canon
F traiter *v* en canon
I trattare *v* a canone
S tratar *v* en canon
U kánonszerűen vezetni *v*
R провести *v* канонически, написать *v* по типу канона
kánonszerű U kanonisch
kánonszerűen U; ~ feldolgozni *v* kanonisch behandeln
~ vezetni *v* kanonisch führen
kant R → кант
— vivatnyj ~ виват
kantáta U cantata
— egyházi ~ cantata da chiesa; cantata sacra
— világi ~ cantata profana
Kantate *f* D cantata
— geistliche ~ cantata sacra
— weltliche ~ cantata profana
Kantele *f* D
E *(Finnish folk instrument of the zither family)*
F "kantele" *m*
I *(salterio finlandese)*
S kantele *m*
U kantele
R кантеле *n*
kantele *m* F S Kantele
kantele U Kantele
kantiléna U cantilena
Kantilene *f* D cantilena
Kantillation *f* D
E cantillation
F cantilation *f*
I cantillazione *f*
S cantilación *f*
U *(pszalmodizáló énekbeszéd a zsinagógában)*
R кантилляция *f*
Kantionale *n* D
E cantional(e), chorale book
F *(recueil de chants d'église harmonisés à quatre voix)*
I *(libro corale evangelico armonizzato a quattro voci)*
S cantoral *m* (armonizado a cuatro voces)
U kancionále
R канционал *m*

Kantionalsatz *n* D
  E cantional setting, simple chorale harmonisation
  F *(choral ou chant religieux harmonisé à quatre voix, d'écriture homophone)*
  I *(corale o canto religioso armonizzato a quattro voci di scrittura omoritmica)*
  S *(coral o canto religioso de escritura homófona a cuatro voces)*
  U *(evangélikus korál négyszólamú letétben)*
  R *(четырёхголосный аккордовый склад с единым ритмом во всех голосах и с мелодией в верхнем голосе, принят в лютеранских песнопениях)*

Kantor *m* D
  E director of a church choir
  F chef *m* de chœur d'église
  I direttore *m* del coro da chiesa
  S director *m* de coro de iglesia
  U kántor, kórusvezető
  R кантор *m*

kántor U Kantor

Kantorei *f* D
  E *(choir employed by church or royal court)*
  F maîtrise *f*
  I *(gruppo di cantori di chiesa o di corte)*
  S cantoría *f*, capilla *f*
  U udvari énekkar, templomkórus
  R *(группа певцов, состоявшая на службе в церкви или при дворе)*

~ ⟨*Singschule*⟩ maîtrise

Kanzelle *f* D *arm*
  E channel
  F gravure *f*
  I canale *m*
  S ranura *f*
  U kancella
  R канцелле *f*, канал *m*

~, **Windladenraum** *m org*
  E groove, channel
  F gravure *f*
  I canale *m*
  S ranura *f*
  U kancella, *fam* kancelni
  R канцелле *f*

— **blinde** ~ *org*
  E blind/imitation groove/channel
  F gravure *f* sans jeu
  I canale *m* cieco
  S canal *m* ciego
  U üres rekesz/kancella
  R нерабочая канцелле *f*

Kanzellenschied *m* D *org*
  E bar
  F barrage *m*
  I separatore *m*
  S barra *f* de separación de los canales/ de las ranuras
  U kancellafal, rekeszfal
  R перегородка *f* канцелли

Kanzellenspund *m* D *org*
  E channel stopper, table
  F table *f*

  I sponda *f* del canale
  S tapa *f* de las ranuras
  U kancellaspund, *fam* kancelnispund
  R стенка/перегородка *f* канцелли

Kanzone *f* D canzone
Kanzonette *f* D canzonetta
kápa U *arco* Frosch
— (a) kápánál *prescr*, *vl* am → Frosch
kaparni *v* U schrapen
Kapelle *f* D ⟨*als Raum*⟩
  E chapel
  F chapelle *f*
  I cappella *f*
  S capilla *f*
  U kápolna
  R часовня *f*

~ ⟨*als Orchester bzw. Sängergruppe*⟩
  E choir, orchestra, musical ensemble
  F chapelle *f*
  I cappella *f*
  S capilla *f*
  U (kisebb) zenekar, énekkar, együttes
  R капелла *f*, хор *m*, оркестр *m*

~ *obs* bande
Kapellist *m* D *obs* = Orchestermusiker
Kapellmeister *m* D
  E master of the chapel, choirmaster
  F maître *m* de chapelle
  I maestro *m* di cappella
  S maestro/director *m* de capilla
  U karvezető, karnagy
  R капельмейстер *m*, хормейстер *m*, хоровой дирижёр *m*

~ ⟨*Dirigent; Titel*⟩
  E conductor, musical director
  F chef *m* d'orchestre
  I direttore *m* d'orchestra
  S director *m* de orquesta
  U karmester
  R главный дирижёр *m*, дирижёр *m* оркестра

Kapellmeistermusik *f* D
  E *(scholarly music, but lacking in imagination and originality)*
  F *(musique composée avec honnêteté mais sans originalité)*
  I *(musica composta correttamente ma priva di originalità)*
  S *(término aplicado a composiciones de correcta factura pero desprovistas de originalidad)*
  U "Kapellmeistermusik"
  R капельмейстерская музыка *f*

Kapodaster *m* D *corda* capotasto
kapodaszter U *corda* capotasto
kápolna U Kapelle
kar U; ~ban: chorweise
— kettős ~ Doppelchor
— kettős ~ra írt: doppelchörig
— női ~ Frauenchor
— több ~ra írt: mehrchörig
— vegyes ~ gemischter → Chor
kar- U Chor-; chorisch

karakterdarab U Charakterstück
karcolni r U schrapen
kardal U Chorlied
kardtánc U Schwerttanz
karének U Chorgesang
karénekes U Chorsänger
karéneklés U Chorgesang
— váltakozó ~ Wechselgesang
karfantázia U Chorfantasie
karfúga U Chorfuge
karhang U Chorton
karika U arco Froschring; camp Öhr
karikázás U bl
   D *(ungarischer Mädchenreigen)*
   E *(girl's round dance in Hungary)*
   F *(ronde hongroise de jeunes filles)*
   I *(girotondo di fanciulle in Ungheria)*
   S *(ronda húngara de muchachas)*
   R *(венгерский девичий хоровод)*
karima U camp Schlag
karióka U bl Carioca
kariskola U Chorschule
— (egyházi) ~ Sängerschule
karkantáta U Chorkantate
karmester U Dirigent; Kapellmeister
— udvari ~ Hofkapellmeister
karmestertechnika U dir Schlagtechnik
karmestertechnikai U schlagtechnisch
karmű U Chor; Chorwerk
karnagy U Kapellmeister
Karnevalslied n D
   E carnival song
   F chanson f de carnaval
   I canto m carnevalesco/carnascialesco
   S canto m carnavalesco, canción f de carnaval
   U farsangi dal
   R карнавальная песня f
kárnis U pfte Tastenklappe
karorgona U Chororgel; org Unterwerk
karpartitúra U Chorpartitur
karrecitáció U Chorrezitation
karrecitativo U Chorrezitativ
kartáncos(nő) U bl figurante
Kartondämpfer m D fiati
   E cardboard mute
   F sourdine f en carton
   I sordina f di cartone
   S sordina f de cartón
   U karton hangfogó, kartondemfer
   R сурдина f из картона
— weicher ~ fiati
   E soft cardboard mute
   F sourdine f en carton mou
   I sordina f di cartone morbido
   S sordina f de cartón blando
   U puhakarton hangfogó/demfer
   R сурдина f из мягкого картона
kartondemfer U fiati Kartondämpfer
karvezetés U Chordirigieren
karvezető U Chordirigent; Chorleiter; Chorregent; Kapellmeister
karzat U Empore; teat Galerie

Kasatschok m D bl казачок
Kasimir m D pfte
   E bushing cloth
   F casimir m
   I feltro m
   S casimir m
   U kásmír
   R казимир m
kásmír U pfte Kasimir
Kassation f D
   E cassation
   F cassation f
   I cassazione f
   S casación f
   U kasszáció, cassazione
   R кассация f
kasszáció U Kassation
Kastagnette f D castagnetta
Kästchen n, Keilbett n D arco
   E mortise
   F attache f de la mèche, mortaise f
   I sede f del crine
   S entalladura f ⟨pieza del talón que sujeta las cerdas⟩
   U lyuk
   R выемка f в головке, колодочка f
Kasten m D étui
~ pfte = Gehäuse
Kastenbalg m D org
   E box-bellows pl
   F soufflet m à cylindre
   I mantice m a cassa
   S fuelle m de cilindro
   U szekrényfúvó
   R коробчатые мехи m pl
Kastenbart m D canna
   E ear and beard, box-type beard
   F oreille f et frein
   I baffo m a scatola
   S freno m, oreja f
   U szekrényszakáll, körszakáll
   R бородка f в виде коробка
Kastenventil n D org
   E box pallet
   F soupape f
   I valvola f
   S sopapa f
   U szekrényszelep
   R прямоугольный клапан
Kastrat m D
   E castrato
   F castrat m
   I castrato m
   S castrado m
   U kasztrált
   R кастрат m
kasztanyetta U castagnetta
— nyeles ~ castagnette con manico → castagnetta
— (tánchoz használt) ~ castagnette spagnole → castagnetta
kasztrált U Kastrat
katalektikus U katalektisch

katalektisch D
   E catalectic
   F catalectique
   I catalettico
   S cataléctico
   U katalektikus
   R каталектический
Katalog *m* D; **thematischer ~, thematisches Verzeichnis** *n*
   E thematic catalogue/A: catalog
   F catalogue *m* thématique
   I catalogo *m* tematico
   S catálogo *m* temático
   U tematikus katalógus
   R тематический указатель *m*
katalógus U; tematikus ~ thematischer → Katalog
katonabanda U Militärkapelle
katonadal U Soldatenlied
katonadob U tamburo basso
katonadobos U *mil* tambour
katonainduló U Militärmarsch
katonanóta U Soldatenlied
katonazene U Militärmusik
katonazenekar U Militärkapelle; *mil* Musikzug
katonazenész U Militärmusiker
~ek *pl mil* Spielleute
Katzenmusik *f* D
   E caterwauling, charivari, mock serenade, A: shivaree
   F charivari *m*
   I musica *f* chiassosa ⟨*concerto volutamente rumoroso e stonato*⟩
   S cencerrada *f*
   U macskazene
   R шаривари *n*, кошачий концерт *m*, кошачья серенада *f*
kaum D appena
káva U *corda, tamb* Zarge; *ottoni* Kranz
Kaval *f* D
   E *(Balkan end-blown flute)*
   F "kaval" *m*
   I *(flauto diritto di legno dei Balcani)*
   S *(flauta recta de madera de los Balcanes)*
   U *(balkáni egyenes fuvola)*
   R каваль *f*
kavatína U cavatina
Kavatine *f* D cavatina
kazačok R → казачок
kazacsok U *bl* казачок
kazoo E Mirliton
keck D *prescr* ardito
kecsesség U Anmut
kecsketrilla U Bockstriller
kedvesen U *prescr* piacevole
keeping strict time E taktfest
Kegeldeckung *f* D *canna*
   E bell
   F résonateur *m* avec cône renversé soudé
   I sommità *f* a cono
   S calota *f* cónica regulable, sombrero *m* cónico regulable
   U kúpos/tölcséres fedél

   R конусообразное покрытие *n*
kegelförmig, konisch D *canna*
   E conical
   F (de forme) conique
   I conico
   S cónico
   U kúp alakú, kónikus, kúpos
   R конической формы
~ nach unten zugespitzt *canna*
   E inverted conical
   F de forme conique renversée
   I a cono rovesciato
   S cónico invertido
   U alul keskenyedő kúp formájú
   R конической формы с остриём, направленным вниз
Kegellade *f* D *org*
   E cone-valve chest
   F sommier *m* à pistons
   I somiere *m* a valvole coniche
   S somier *m* a pistones
   U kúpláda
   R кегельладе *f*
kehely U *ottoni* Kessel
Kehle *f* D
   E throat
   F gorge *f*
   I gola *f*
   S garganta *f*
   U torok, gége
   R гортань *f*, горло *n*
~, Pfanne *f*, **Rinne** *f*, **Schnabel** *m canna ancia*
   E shallot, eschallot
   F rigole *f*, canal *m*
   I gola *f*, becco *m*, canale *m*
   S garganta *f*, canal *m*
   U kanál
   R колодка *f*
— deutsche ~ *canna ancia*
   E closed shallot
   F rigole *f* allemande/fermée
   I gola *f* tedesca/chiusa/a lacrima
   S garganta *f* cerrada/a la alemana
   U német kanál
   R немецкая колодка *f*
— englische ~ *canna ancia*
   E English shallot
   F rigole *f* anglaise
   I gola *f* inglese
   S garganta *f* inglesa
   U angol' kanál
   R английская колодка *f*
— französische ~ *canna ancia*
   E open/French shallot
   F rigole *f* française/ouverte
   I gola *f* francese/aperta
   S garganta *f* abierta/a la francesa
   U francia kanál
   R французская колодка *f*
kehlig D = guttural
Kehlkopf *m* D
   E throat, larynx
   F larynx *m*

I laringe *f*
S laringe *f*
U gégefő
R гортань *f*
Kehlkopf- D
E laryngeal
F du larynx
I laríngeo
S laríngeo
U gégefő-
R гортанный
Kehlkopfdeckel *m* D
E epiglottis
F épiglotte *f*
I epiglottide *f*
S epiglotis *f*
U gégefedő
R надгортанный хрящ *m*
Kehraus *m* D *bl*
E *(final dance of a ball; hence designation for a light, trivial finale)*
F *(final d'un bal, dernière danse d'un bal; désigne aussi une partie finale légère ou insignifiante)*
I *(finale di un ballo; indica anche un ultimo tempo leggero e insignificante)*
S *(pieza final de un baile; designa también un final ligero o fácil)*
U *(bál utolsó tánca; könnyű, jelentéktelen finálé)*
R кераус *m* ⟨последний танец, конец бала; отсюда: шумный и весёлый финал⟩
Kehrreim *m* D refrain
Keil *m* D *canna ancia*
E wedge
F coin *m*
I cuneo *m*
S cuña *f*
U ék
R клинышек *m*
∼ *arco* = Oberkeil, Unterkeil
Keilbalg *m* D *org*
E diagonal/wedge-shaped bellows *pl*
F soufflet *m* à éclisses
I mantice *m* a cuneo
S "fuelle *m* en cuña"
U ékfúvó
R клинообразный мех *m*
Keilbett *n* D *arco* = Kästchen
kellékek *pl* U *teat* Requisiten
kellékes U *teat* Requisitenmeister
kelléktár U *teat* Requisitenkammer
kellemesen U aggradevole
kemanča R →кеманча
kemange *f* I кеманча
Kemantsche *f* D кеманча
kemény U schallhart
keménység U Härte
kengyel U *or* Steigbügel
Kenner *m* D
E connoisseur
F connaisseur *m*
I intenditore *m*, conoscitore *m*

S conocedor *m*, perito *m*, entendido *m*
U hozzáértő, műértő
R знаток *m*
Kennmelodie *f* D
E signature tune, theme song
F indicatif *m* musical
I sigla *f* melodica
S característica *f*
U szignál, szünetjel
R позывные *m pl*
kényelmesen U *prescr* agiato
kép U; színpadi ∼ *teat* Bühnenbild
képesség U; hangmegkülönböztetési ∼ Tonunterscheidungsvermögen
képviselet U; hangzási ∼ Klangvertretung
képzés U Unterricht
Kerbflöte *f* D
E notched flute
F flûte *f* taillée
I flauto *m* a tacca
S flauta *f* con escotadura
U perembevágásos fuvola
R *(разновидность поперечной флейты)*
kéreg U; öntési ∼ *camp* Gußhaut
kerek U *ton* rund
kerék U Rolle
kereplő U Ratsche
kereszt U Erhöhungszeichen; Kreuz
— kettős ∼ Doppelkreuz
keresztállás U Querstand
keresztállású U querständig
keresztezni *v* U kreuzen
— (kezeket) ∼ *pfte* übergreifen
keresztgerenda U *lt* Innensteg
kereszthúros U *pfte* kreuzsaitig
kereszthúrozás U *pfte* Kreuzbesaitung
kereszthúrozat U *pfte* Kreuzbesaitung
keresztpánt U; húrtartó ∼ *lt* Querriegel
keresztrúd U Querjoch
keresztütés U *perc* Kreuzschlag
keret U *org* Rahmen
— alsó ∼ *pn* Unterrahmen
— felső ∼ *pn* Oberrahmen; *timp* Oberreifen
— öntöttvas ∼ *pfte* Vollpanzerplatte
keretdob U Rahmentrommel
kerethárfa U Rahmenharfe
keretléc U *pfte* Stuhlrahmenleiste
keringő U Walzer
keringőütem U Walzertakt
Kern *m* D *canna d. l.*
E block
F biseau *m*
I anima *f*
S alma *f*, bisel *m*
U mag
R керн *m*
∼ *canna d. m.*
E languid
F biseau *m*
I anima *f*
S alma *f*, bisel *m*
U maglap
R керн *m*

24

Kerndraht *m* D *corda*
  E core wire
  F noyau *m* métallique
  I anima *f* metallica
  S cuerda *f* con núcleo metálico, núcleo *m* metálico de la cuerda
  U magdrót
  R проволока *f* для струн
Kernlücke *f* D *canna anima* = Kernspalte
Kernsetzer *m* D *org*
  E languid depresser
  F coin *m*
  I fissa-anima *m*, fissa-lingua *m*
  S *(útil para colocar el alma)*
  U magbeállító síp
  R инструмент *m* для регулирования положения керна
Kernspalt *m*, **Windkanal** *m* D *fl. d.*
  E windway, air-passage
  F canal *m* pour l'air, conduit *m* d'air
  I camera *f* d'aria
  S aeroducto *m*, canal *m*
  U magrés
  R щель *f*
Kernspalte *f*, **Stimmritze** *f* D *canna*
  E flue, windway
  F lumière *f*
  I fessura *f*, luce *f*
  S grieta/luz *f* del alma
  U (síp)magrés
  R керншпальте *f*
Kernstecher *m* D *org*
  E nicker
  F fer *m* ⟨*outil pour faire des eniailles*⟩
  I *(coltello per incidere i denti all'anima)*
  S *(útil para hacer muescas)*
  U magrés(be)vágó vas
  R инструмент *m* для нанесения насечек на керн
Kernstich *m* D *org*
  E nick, notch
  F dent *f*
  I dente *m* ⟨*sull'anima della canna*⟩
  S muesca *f*, diente *m*
  U magbevágás
  R насечка *f* на керне
~e machen *v org*
  E to nick, to notch
  F faire *v* des entailles/dents
  I incidere *v* denti ⟨*sull'anima della canna*⟩
  S hacer *v* muescas, descantillar, dentar
  U magot bevágni *v*
  R наносить г насечки на керн
Kernweise *f* D = Cantus firmus
késleltetés U Verzögerung; Vorhalt
  ~ek *pl* Aufhaltungen
  — előkészítetlen/beugró ~ freier → Vorhalt
késleltetőhang U Vorhaltston
Kessel *m* D *ottoni*
  E cup
  F bassin *m*
  I tazza *f*

  S copa *f*, taza *f*
  U üst, kehely, tölcsér
  R коническая чашка *f*
~ timp
  E shell
  F fût *m*
  I caldaia *f*
  S recipiente *m*, caldero *m*, vaso *m*
  U üst
  R котёл *m*
~ ⟨*Krummhorn*⟩ *obs* = Windkapsel
Kesselbohrung *f*, **Grundbohrung** *f*, **Loch** *n* D *ottoni*
  E throat, bore
  F grain *m*, perce *f* du bassin
  I foro *m*
  S orificio *m*, perforación *f*, taladro *m*
  U furat
  R отверстие *n*
Kesselmundstück *n* D *ottoni*
  E cupped mouthpiece
  F embouchure *f* en forme de coupe
  I bocchino *m* a forma di tazza
  S boquilla *f* en forma de copa/taza
  U tölcséres fúvóka
  R чашевидный мундштук *m*
készíteni *v* U *str* bauen
-készítő U -bauer
készlet U *corda* Garnitur
készség U; technikai ~ Fertigkeit
készülék U; hangfelvevő ~ Schallaufnahmegerät
  — hangvisszaadó ~ Schallwiedergabegerät
kétkezes U zweihändig
kétkórusos U doppelchörig
kétmanuálos U zweimanualig
kétrészes U zweiteilig
kétszer U a due volte → volta
kétszólamú U zweistimmig
kétszólamúság U Zweistimmigkeit
  — kiemelt ~ übergeordnete → Zweistimmigkeit
kétszöveges U zweitextig
kétszövegű U zweitextig
kéttémájú U zweithemig
kéttémás U zweithemig
Ketten *f pl* D
  E chains *pl*
  F chaîne *f*
  I catene *f pl*
  S cadena *f*
  U lánc
  R цепи *f pl*
Kettentriller *m* D
  E chain of trills
  F chaîne/série *f* de trilles
  I catena *f* di trilli
  S serie *f* de trinos
  U trillalánc, lánctrilla
  R цепь *f* трелей
kéttételes U zweisätzig
kettledrum E Pauke
  — A to low E *prescr* A nach E tief → Pauke

— C sharp to high F sharp *prescr* Cis nach Fis hoch → Pauke

— change/lower *v* C sharp to C natural *prescr* Cis nach C zurückstimmen → Pauke

— raise *v* C to C sharp *prescr* C nach Cis umstimmen → Pauke

kettledrummer E Pauker

kettős U Doppel-; doppelt; duetto; duo

kettősfogás U *archi* Doppelgriff

kettőspedál U *arpa* Doppelpedal

kettősverseny U doppio → concerto

kétütemű U zweitaktig

ketyegés U Schlag

keverni *v* U *str* mischen

kevésbé U meno

kevéssé U; egy ∼ un → poco

key E Tonart; tasto; *legni* Klappe; *ottoni* Fingertaste

∼ block *pfte* Klaviaturbacken

∼ bugle: chromatisches → Klappenhorn

∼ bushing *pfte* Führungsstiftgarnierung

∼ button *pfte* Tastenbäckchen

∼ button bushing *pfte* Tastenbäckchengarnierung

∼ cap *legni* Klappenlöffel

∼ cushion *legni* Klappenpolster

∼ front *tasto* Stirnplatte

∼ hole *legni* Klappenloch

∼ lever *legni* Klappenstiel

∼ note: Grundton

∼ on rod *legni* Drehklappe

∼ pad *legni* Klappenpolster

∼ regulation: Klaviaturregulierung

∼ relationship: Tonartenverwandtschaft

∼ signature: Tonartvorzeichnung

∼ work *legni* Klappenmechanik

— establish *v* a ∼ Tonart bestätigen

— foreign to the ∼ leiterfremd

— proper to the ∼ leitereigen

key-arrangement E *legni* Klappenanordnung

keyboard E Klaviatur

∼ instrument: Tasteninstrument

∼ music: Tastenmusik

∼ percussion instruments *pl* Schlaginstrumente mit Klaviatur

∼ player: Clavierist

key-bottom E *pfte* Stuhlrahmenleiste

key-bugle E Klappenhorn

keyed E; ∼ bugle: Klappenhorn

∼ glockenspiel: Klaviaturglockenspiel

∼ guitar: guitarra de teclado

∼ psaltery: Tastenpsalterium

∼ trumpet: Klappentrompete

∼ viol: Klaviergambe

∼ xylophone: Klaviaturxylophon

keyframe E *pfte* Klaviaturrahmen

∼ balance rail *pfte* Waagebalken

∼ cloth *pfte* Rahmenpolster

key-stop E; ∼ rail *pfte* Klaviaturpralleiste

∼ rail prop *pfte* Stellschraube für Klaviaturpralleiste

∼ rail prop nut *pfte* Stellschraubenmutter für Klaviaturpralleiste

key-touch E Tastengefühl

kéz U Hand

∼ a tölcsérben *prescr, cor* Hand in Schalltrichter

∼ után játszani *v fam, dir* nach dem → Stock spielen

∼-zel *prescr, cor* mit der → Hand

— Guido-féle ∼ Guidonische → Hand

kezdeni *v* U anstimmen

kezdés U Incipit

kezdet U Incipit

— a ∼től: da capo

kezdő(-) U Anfangs-

kezdőhang U Ausgangston

kezelni *v* U behandeln

kézicsengő U Handglocke

kézihúzó U *cemb* Handzug

kézirat U Handschrift

kéziratos U handschriftlich

kéziregiszter U *cemb* Handzug

kézjel U Handzeichen; Sigel

kézjelnotáció U Handzeichennotation

kézkeresztezés U *tasto* Handkreuzung

kéztámasz U *fag* Handhalter; *fiati* Handstütze

kéztartó U Handleiter; *fag* Handhalter

kézügyesség U Fingerfertigkeit

kiadás U Auflage; Ausgabe; Veröffentlichung

— első ∼ Erstausgabe; Erstdruck

— eredeti ∼ Originalausgabe

— gyakorlati ∼ praktische → Ausgabe

— kritikai ∼ kritische → Ausgabe

— történeti ∼ historische → Ausgabe

— történeti ∼ok *pl* musikalische → Denkmäler

— transzponált ∼ transponierte → Ausgabe

— tudományos ∼ wissenschaftliche → Ausgabe

— végleges ∼ endgültige → Ausgabe

kiadó U Verleger

kiadvány U; gyűjteményes ∼ Sammeldruck

— régi ∼ Frühdruck

kicsengeni *v* U *corda* ausschwingen

∼ hagyni *prescr, perc* verklingen lassen

kicsinyíteni *v* U verkleinern

kidíszíteni *v* U umspielen

kidíszítés U Umspielung

kidolgozás U Durchführung; *bc* Aussetzung

kidolgozni *v* U durchführen; *bc* aussetzen

kiegyenlítődés U *ac* Ausgleichsvorgänge

kiegyenlítőfúvó U *org* Ausgleichsbalg

kiegyenlítőszelep U *org, ottoni* Ausgleichsventil

Kiel *m* D *cemb*

E plectrum, quill

F bec *m* (de plume), plectre *m*

I plettro *m*

S plectro *m*, púa *f*

U ék, pengető

R «пёрышко» *n*

kiemelés hangmagassággal U Tonhöhenakzent

kiemelni *v* U hervorheben

kieresztőnyílás U *org* Auslaßöffnung

kieresztőpneumatika U *org* Ausstrompneumatik

kieresztőszelep U *org* Auslaßventil; Entladungsventil
kiesni *v* U herauskommen
kievskij raspev R киевский → распев
kifejezés U Ausdruck
kifejezésteljesen U *prescr* espressivo
kifejezni *v* U ausdrücken
kifejezően U *prescr* espressivo
kifütyülni *v* U auszischen
kihozni *v* U hervorheben
kihúzás U Zug
kiindulóhang U Ausgangston
kiírni *v* U *orn* ausschreiben
kikapcsoló U *org* Absteller
kilégzés U Ausatmung
kilélegezni *v* U ausatmen
Kinderchor *m* D
  E children's/juvenile choir/chorus
  F chœur *m* d'enfants
  I coro *m* di fanciulli
  S coro *m* infantil/de niños, escolanía *f*
  U gyerekkar, gyermekkórus
  R детский хор *m*
Kinderlied *n* D
  E children's song ⟨*nursery rhyme with a traditional tune*⟩
  F chanson *f* enfantine
  I canzone *f* infantile
  S canción *f* infantil
  U gyermekdal
  R детская песня *f*
Kinder- und Frauenstimme *f* D voces blancas → voz
kinetic E motorisch
"King of instruments" E Königin der Instrumente
Kinnhalter *m*, **Kinnteller** *m* D *vl*
  E chin-rest
  F mentonnière *f*
  I mentoniera *f*
  S mentonera *f*, barbada *f*
  U álltartó
  R подбородник *m*
Kinnregister *n* D *fis* registre adhérant au menton
Kinnteller *m* D *vl* = Kinnhalter
Kino-Orgel *f*, **Wurlitzer Orgel** *f* D
  E cinema organ, A: theater organ
  F orgue *m* de cinéma
  I organo *m* da cinematografo/teatro
  S órgano *m* de cine
  U moziorgona
  R «кино-орган» *m*
kinovarnye pomety R киноварные → пометы
kintorna U Drehorgel
kintornás U Drehorgelspieler
kintornázni *v* U *fam* orgeln
kioldó U *pfte* Auslöser
kiolvasás U Abtastung
kiolvasni *v* U abtasten
kiosque *m* à musique F Musikpavillon
kioszk U Musikpavillon
kiosztani *v* U; szerepeket ~ *teat* besetzen

Kipptaste *f* D *org*
  E tilting tablet
  F dominó *m*
  I tasto *m* a bilico
  S dominó *m*
  U regiszterkapcsoló
  R клавиша *f* регистра
királybariton U Kaiserbariton
királytenor U Kaisertenor
királytuba U Kaiserbaß
Kirche *f* D
  E church
  F église *f*
  I chiesa *f*
  S iglesia *f*
  U templom
  R церковь *f*
Kirchenchor *m* D
  E church choir
  F chœur *m* d'église
  I coro *m* di chiesa
  S coro *m* de (la) iglesia
  U templomi kórus/énekkar
  R церковный хор *m*
Kirchengesang *m* D
  E hymn, chant
  F chant *m* d'église/sacré/ecclésiastique
  I canto *m* sacro
  S canto *m* de iglesia, canto *m* religioso/eclesiástico
  U szentének, egyházi ének
  R церковное песнопение *n*
— **ambrosianischer** ~
  E Ambrosian chant
  F chant *m* ambrosien
  I canto *m* ambrosiano
  S canto *m* ambrosiano
  U ambrozián ének
  R амвросианское пение *n*
— demestischer ~ демественное → пение
— **gallikanischer** ~
  E Gallican chant
  F chant *m* gallican
  I canto *m* gallicano
  S canto *m* galicano
  U gallikán ének
  R галликанское пение *n*
— **mozarabischer** ~
  E Mozarabic chant
  F chant *m* mozarabe
  I canto *m* mozarabico
  S canto *m* mozárabe
  U mozarab ének
  R мозарабское (церковное) пение *n*
Kirchenjahr *n* D
  E church/ecclesiastical year
  F année *f* liturgique/ecclésiastique
  I anno *m* liturgico
  S año *m* litúrgico
  U egyházi év
  R церковный год *m*
Kirchenkantate *f* D cantata da chiesa
Kirchenkonzert *n* D concerto da chiesa

Kirchenlied *n* D
  E hymn, chant, chorale
  F cantique *m*, choral *m*
  I lied/canto *m* sacro
  S cántico *m*
  U templomi ének
  R церковная песня *f*
Kirchenmusik *f* D
  E church music
  F musique *f* d'église/sacrée
  I musica *f* sacra/da chiesa
  S música *f* sacra/de iglesia
  U templomi/egyházi zene
  R церковная музыка *f*
Kirchenschluß *m* D = plagale → Kadenz
Kirchensonate *f* D sonata da chiesa
Kirchenton *m*, **Kirchentonart** *f* D
  E church/ecclesiastical mode
  F mode *m* ecclésiastique
  I modo *m* ecclesiastico
  S modo *m* eclesiástico
  U egyházi/modális hangnem
  R церковный лад *m*
kirezegni *v* U *corda* ausschwingen
kirezgés U Ausschwingungsvorgang
kis U klein
kisdob U kleine → Trommel
kisebbítés U Verkleinerung
kíséret U Begleitung
  — hangszeres ~ Instrumentalbegleitung
kísérni *v* U begleiten
  — kórussal ~ corear
kísérő U Begleiter
kísérőfigura U Begleitungsfigur
kísérőhangszer U Begleitinstrument
kísérőhúrok *pl* U Begleitsaiten
kísérőszólam U Füllstimme
kísérőzene U Begleitmusik; *teat* Bühnenmusik
kísért U; kórussal ~ coreado
kisfuvola U Pikkoloflöte
kiskották *pl* U Stichnoten
kislemez U *gram* single disc
kisoktáv U kleine → Oktave
kispartitúra U partitura da studio
kisregál U *org* Bibelregal
kissé U; egy ~ un → poco
kiszenekar U kleines → Orchester
kit E pochette
kitámasztó(rúd) U *pfte* Deckelstütze
kitartani *v* U *ton* aushalten; liegenbleiben; tragen
  — hosszan ~ *canto* scemar di → voce
kitercelni U austerzen
kitérés U Ausweichung
kiterjedés U Umfang
Kithara *f* D
  E kithara, cithara
  F cithare *f*
  I citara *f*
  S cítara *f*
  U kithara
  R китара *f*, кифара *f*
kithara E Kithara

~ player: Kitharist
kithara U Kithara
Kitharist *m* D ⟨*Antike*⟩
  E kithara/lyre player
  F cithariste *m*, citharède *m*
  I suonatore *m* di citara
  S citarista *m*, citaredo *m*
  U kitharodon
  R певец-китаред *m*
kitharodon U Kitharist
kiütni *v* U *dir* ausschlagen
kiütő U *costr*, *pfte* Anschläger
kivájt U eingebuchtet
kiválasztani *v* U auswählen
kiváltó U *org* Auslöser
kiváltórúd U *pfte* Abhebestange
kivezérlés U *magn* Tonsteuerung
kivezérlésmérő U *magn* Aussteuerungsanzeige
kivezérlésszabályozó U Aussteuerungsregler
kívülről U auswendig
Klage *f*, **Lamentation** *f* D
  E lament(ation)
  F lamentation *f*
  I lamento *m*, lamentazione *f*
  S lamento *m*, lamentación *f*
  U panasz, lamentáció
  R плач *m*, причитание *n*
Klagelied *n*, **Lamentation** *f* D
  E lament(ation), elegy, dirge
  F chant *m* funèbre/de lamentation
  I canto *m* funebre
  S endecha *f*, nenia *f*, canto *m* funeral/fúnebre/funerario, lamento *m*, lamentaciones *f pl*
  U gyászdal, sirató(ének)
  R плач *m*, причитание *n*, песня-жалоба *f*
klagend D *prescr* flebile; gemendo; lamentabile
kläglich D *prescr* flebile; luttuoso
Klammer *f* D accolade
klammer U accolade
Klang *m* D ⟨*periodischer Schall*⟩
  E sound, note
  F son *m*
  I suono *m*
  S son *m*, sonido *m*, tono *m*
  U hang
  R звук *m*, (чистый/синусоидальный) тон *m*
~ ⟨*Ton mit Obertönen*⟩
  E sonority, timbre
  F timbre *m*
  I suono *m*
  S sonido *m*, timbre *m*
  U hang(zás)
  R звук *m*, звучание *n*
Klanganalyse *f* D
  E analysis of sound
  F analyse *f* du son
  I analisi *f* del suono
  S análisis *f* del sonido
  U hangelemzés
  R анализ *m* звука
Klanganspannung *f* D
  E harmonic tension

F tension *f* harmonique
I tensione *f* sonora
S tensión *f*
U harmóniai feszültség
R аккордовое тяготение *n*
Klangbild *n* D
 E sound picture
 F image *f* sonore
 I immagine *f* sonora
 S imagen *f* sonora
 U hangkép
 R звуковой образ *m*
Klangboden *m* D *pfte* = Resonanzboden
Klang-C *n* D ⟨*bei transponierenden Instrumen-*
ten⟩
 E sounding C
 F do *m* réel
 I do *m* reale
 S do *m* real
 U hangzó c
 R звук *m* «до»
Klangcharakter *m* D
 E tonal characteristic
 F caractéristique *f* sonore
 I caratteristica *f* sonora
 S característica *f* sonora
 U hangzásjelleg
 R характер *m* звука/звучания
Klangeffekt *m*, **Klangwirkung** *f* D
 E sound/tonal effect
 F effet *m* sonore
 I effetto *m* sonoro
 S efecto *m* sonoro
 U hangeffektus
 R звуковой эффект *m*
Klangfarbe *f* D
 E tone/harmonic colo(u)r, timbre
 F timbre *m*, couleur *f* harmonique/so-
  nore
 I timbro *m*, colore *m* del suono
 S timbre *m*, color *m* armónico
 U hangszín
 R окраска *f* звука, тембр *m*, колорит *m*
Klangfarbenmelodie *f* D ⟨*Schönberg*⟩
 E *(melody of instrumental colour)*
 F "Klangfarbenmelodie", mélodie *f* de
  timbres
 I "Klangfarbenmelodie" *f*, melodia *f* tim-
  brica
 S "Klangfarbenmelodie" *f*, cambio *m* de
  color de la melodía
 U "Klangfarbenmelodie", hangszíndallam
 R тембровая мелодия *f*, мелодия *f* тембров
Klangfigur *f* D
 E nodal figure
 F figure *f* nodale
 I figure *f pl* sonore/di Chladni
 S figuras *f pl* sonoras/nodales/de Chladni
 U hangfigura, Chladni-féle ábra
 R хладниевы фигуры *f pl*
Klangfülle *f* D
 E volume of sound
 F puissance *f*, intensité *f* d'un son, volume *m*

I volume *m* del suono
S intensidad *f*, potencia *f*, volumen *m*
U hangvolumen
R полнота *f* звучания/звучности
Klanggemisch *n* D ⟨*elektronische Musik*⟩
 E sound mixture
 F mixage *m*
 I mistura *f*, risultato *m* di un missaggio
 S mixtura *f* de sonidos
 U hangkeverék
 R звуковая смесь *f*
Klanggeschlecht *n* D = Tongeschlecht
Klanghöhe *f* D; **notierte** ~
 E notated/actual pitch
 F hauteur *f* réelle
 I altezza *f* reale
 S altura *f* real
 U írott hangmagasság
 R фиксированная/записанная высота *f*
  звука
Klanghölzer *n pl* D claves
Klangideal *n* D
 E *(characteristic sonority of a period)*, A:
  sound ideal
 F sonorité *f* idéale
 I suono *m* ideale
 S sonido *m* ideal
 U hangzásideál
 R *(максимальная стилизация звучания*
  музыкальных инструментов определён-
  ной эпохи)
Klangkörper *m* D = Orchester
klanglich D
 E sonorous
 F sonore
 I sonoro
 S sonoro
 U hangzatos, zengzetes
 R звуковой
Klanglichkeit *f* D
 E sonority
 F sonorité *f*
 I sonorità *f*
 S sonoridad *f*
 U hangzatosság, zengzetesség
 R звучность *f*
Klanglinien *f pl* D
 E nodal lines *pl*
 F lignes *f pl* nodales
 I linee *f pl* nodali
 S líneas *f pl* nodales
 U Chladni-féle csomóvonalak
 R хладниевы линии *f pl*
Klangnotation *f* D
 E (actual) pitch notation, concert notation
 F notation *f* des sons réels
 I notazione *f* a suoni reali
 S notación/escritura *f* en sonidos reales
 U hangzó hangmagasság lejegyzése
 R нотация *f* реального звучания
Klangregler *m* D *rad, magn*
 E tone control
 F régleur *m* de tonalité

I correttore *m* di tonalità, regolatore *m* del
   suono
S control *m* del sonido/de la tonalidad
U hangszínszabályozó
R регулятор *m* тембра
Klangreinheit *f* D
E tonal purity, purity of sound
F pureté *f* du son
I purezza *f* del suono
S pureza *f* de sonido
U hangtisztaság, hangzás tisztasága
R чистота *f* звучания
Klangschönheit *f* D
E tonal beauty, beauty of sound
F beauté *f* sonore/du son
I bellezza *f* del suono
S belleza *f* de sonido
U hangszépség, hangzás szépsége
R красота *f* звучания
Klangsinn *m* D
E *(sense of tone colour and tonal resource,*
   taste in the gradation of tone colour)
F sensibilité *f*/sens *m* des nuances
I senso *m* timbrico/coloristico
S *(sensibilidad, sentido de los matices y*
   graduaciones del sonido)
U hangszínérzék
R музыкальность *f,* чувство *n* тембра
Klangstäbe *m pl* D claves
Klangsteg *m* D *pfte*
E bridge
F chevalet *m*
I ponticello *m*
S puente *m*
U stég
R штег *m*
Klangstruktur *f* D
E tonal structure, structure of sound
F structure *f* sonore
I struttura *f* del suono
S estructura *f* sonora
U hangstruktúra
R состав *m* звука
Klangstufe *f* D = Stufe
Klangumwandlung *f* D ⟨*elektronische Musik*⟩
E sound modulation/shaping
F transformation *f* du son
I trasformazione *f* del suono
S transformación *f* del sonido
U hangátalakítás
R трансформация *f* звука
Klangverbindung *f* D
E sound combination
F combinaison *f* sonore
I combinazione *f* sonora, collegamento *m*
   di suoni
S combinación *f* sonora
U hangzáskombináció
R аккордовое соединение *n*
Klangverschmelzung *f* D
E tonal blend, degree of consonance
F mélange *m* des sons
I fusione *f* sonora

S fusión *f* de los sonidos
U hangkeverék
R слияние *n* звуков
Klangvertretung *f* D
E *(replacement/displacement of notes/chords)*
F interprétation *f* harmonique
I relatività *f* tonale
S substitución *f* armónica
U hangzási képviselet, hangzásképviselet
R замещение *n* аккорда
klangverwandt D
E harmonically related
F en rapport harmonique
I vicino, somigliante
S relacionado armónicamente
U harmóniailag rokon
R родственный по звучанию
klangvoll D
E harmonious, sonorous
F sonore, harmonieux
I armonioso
S armónico, sonoro
U telt hangzású
R звучный
Klangwirkung *f* D = Klangeffekt
Klangzügel *m* D *org*
E frein harmonique
F frein *m* harmonique
I freno *m* armonico
S freno *m* armónico
U "frein harmonique"
R подвижная бородка *f* у ротика трубы
klapni U *fiati* Druckplättchen
Klappdeckel *m*, **Plattendeckung** *f* D *canna*
E hinged cap
F plaque *f* métallique articulée
I coperchio *m* mobile
S sombrero *m* articulado
U lapos fedél
R откидная крышечка *f*
~ **mit Seitenlöchern** *canna*
E hinged cap with pierced holes
F plaque *f* métallique articulée avec trous
   latéraux
I coperchio *m* mobile con fori laterali
S sombrero *m* articulado con perforación
   lateral
U lapos fedél oldalnyílásokkal/lyukakkal
R откидная крышечка *f* с боковыми от-
   верстиями
Klappe *f* D *legni*
E key
F clef *f*
I chiave *f*
S llave *f*
U billentyű
R клапан *m*
~ *pfte* = Tastenklappe
— **geschlossene** ~ *legni*
E closed key
F clef *f* fermée
I chiave *f* chiusa
S llave *f* cerrada

U zárt billentyű
R закрытый клапан *m*
— **offene** ~ *legni*
E open key
F clef *f* ouverte
I chiave *f* aperta
S llave *f* abierta
U nyitott billentyű
R открытый клапан *m*
Klappenanordnung *f* D *legni*
E key-arrangement
F disposition *f* des clefs
I disposizione *f* delle chiavi
S disposición *f* de las llaves
U billentyűelrendezés
R расположение *n* клапанов
Klappenhorn *n* D
E key-bugle, keyed bugle
F bugle *m* à clefs
I cornetta *f* a chiavi
S bugle *m* de llaves
U billentyűs kürt
R валторна *f* с клапанным механизмом
— **chromatisches** ~
E chromatic horn, key bugle
F bugle *m* à clefs chromatiques, cor *m* chromatique
I corno *m* cromatico
S bugle *m* cromático
U kromatikus kürt
R хроматическая валторна *f*
Klappenkasten *m* D *org* = Windkasten
Klappenlade *f* D *org* = Windkasten
Klappenloch *n* D *legni*
E key hole
F trou *m* de clef
I foro *m* della chiave
S orificio *m* provisto de llave
U hanglyuk
R отверстие *n*
Klappenlöffel *m* D *legni*
E key cap
F plateau *m*/plaque *f* de clef
I piattello *m* della chiave
S pala *f*
U (billentyű)párnatartó
R кнопка *f* клапана
Klappenmechanik *f* D *legni*
E key work
F mécanisme *m* des clefs
I meccanismo *m* delle chiavi
S mecanismo *m* de llaves
U billentyűmechanika
R клапанное устройство *n*, механизм *m*
Klappenpolster *n*, **Klappenunterlage** *f* D *legni*
E key cushion/pad
F tampon *m* de clef
I tampone *m*, cuscinetto *m*
S cojín *m* de la llave
U (billentyű)párna
R подушка *f* клапана
Klappenstengel *m* D *legni*
E shank, pipe

F rouleau *m*
I coda *f* della chiave
S rulo *m*
U billentyűtengely
R кнопка *f*
Klappenstiel *m* D *legni*
E key lever
F levier *m*/languette *f* de clef
I leva *f* della chiave, tasto *m*
S palanca *f* de la llave
U billentyűszár
R стержень *m* клапана, рычажок *m*
Klappentrompete *f* D
E keyed trumpet
F trompette *f* à clefs
I tromba *f* a chiavi
S trompeta *f* de llaves
U billentyűs trombita
R труба *f* с клапанами
Klappenunterlage *f* D *legni* = Klappenpolster
Klapper *f* D = Rassel
~, **Klappholz** *n*
E *(concussion idiophone with handle)*
F *(idiophone entrechoqué à manche)*
I *(idiofono a urto con manico)*
S *(idiófono de entrechoque con manija)*
U *(nyeles idiofon)*
R *(идиофоны, ударяемые друг о друга, с рукояткой)*
Klappholz *m* D = Klapper
klarinét U clarinette; *arm* clarinette 16'; *org* clarinette
— **kombinált (hangolású)** ~ *org* Kombinationsklarinette
— **kontrabasszus** ~ clarinette contrebasse
— **válts A** ~ra *prescr* prendre la → clarinette en la
klarinétállvány U Klarinettenkegel
klarinétcsőr U Klarinettenschnabel
klarinétos U clarinettiste
Klarinette *f* D clarinette
~ **in A nehmen** *v prescr* prendre la → clarinette en la
Klarinettenbaß *m* D *obs* = Baßklarinette
Klarinettenkegel *m* D
E clarinet-peg, clarinet-stand
F support *m* de la clarinette
I cono *m* del clarinetto
S soporte *m*
U klarinétállvány
R подставка *f* для кларнета
Klarinettenschnabel *m* D
E clarinet mouthpiece
F bec *m* de la clarinette
I bocchino *m* del clarinetto
S embocadura *f*/pico *m* del clarinete
U klarinétcsőr
R мундштук *m* кларнета
Klarinettist *m* D clarinettiste
Klarinettistin *f* D clarinettiste
Klassenunterricht *m* D
E class teaching/lesson
F enseignement *m* collectif, cours *m*

I lezione *f* collettiva
S curso *m*, enseñanza/clase *f* colectiva
U osztálytanítás
R классное занятие *n*

Klassik *f* D
E classicism
F classicisme *m*
I classicismo *m*
S clasicismo *m*
U klasszicizmus
R классицизм *m*

— **Wiener** ~
E Viennese classicism
F classicisme *m* viennois
I classicismo *m* viennese
S clasicismo *m* vienés
U bécsi klasszicizmus
R венская классическая школа *f*

Klassiker *m* D
E classic(al composer), classicist
F classique *m*
I classico *m*
S clásico *m*
U klasszikus
R классик *m*

— **Wiener** ~ *pl*
E Viennese classicists *pl*
F classiques *m pl* viennois
I classici *m pl* viennesi
S clásicos *m pl* vieneses
U bécsi klasszikusok *pl*
R венские классики *m pl*

klassisch D
E classical
F classique
I classico
S clásico
U klasszikus
R классический

klasszicizmus U Klassik
— bécsi ~ Wiener → Klassik

klasszikus U Klassiker; klassisch
— bécsi ~ok *pl* Wiener → Klassiker

klatschen *v* D = Beifall klatschen

Klausel *f* D
E clausula, cadence
F clausule *f*
I clausola *f*
S cláusula *f*
U klauzula
R клаузула *f*

klauzula U Klausel
— helyettesítő ~ Ersatzklausel

Klaviatur *f*, **Tastatur** *f* D
E keyboard
F clavier *m*
I tastiera *f*
S teclado *m*
U billentyűzet, klaviatúra
R клавиатура *f*

klaviatúra U Klaviatur
— alsó ~ *org* Unterklavier
— felső ~ *org* Oberklavier

— középső ~ *org* Mittelklavier

Klaviaturbacken *m* D *pfte*
E key block
F bloc *m* de clavier
I tappo *m* fissa-tastiera
S bloc *m* de teclado ⟨*piezas de madera que limitan los dos extremos del teclado*⟩
U lezena
R боковая стенка *f* клавиатуры

Klaviaturglockenspiel *n* D
E keyed glockenspiel
F carillon *m* à clavier
I carillon *m*/campanelli *m pl* a tastiera
S carillón *m* de teclado
U billentyűs harangjáték
R колокольное фортепьяно *n*, карийон *m*, глокеншпиль *m*

Klaviaturpralleiste *f* D *pfte*
E key-stop rail
F barre *f* d'arrêt des touches
I lista/riga *f* ferma-tastiera
S *(barra de madera frontal que marca el fin de las teclas)*
U ütközőléc ⟨*a billentyűzethez*⟩
R клавиатурный лейстик *m*

Klaviaturrahmen *m* D *pfte*
E keyframe
F cadre *m* du clavier
I telaio *m*/intelaiatura *f* della tastiera
S bastidor *m* de las teclas
U billentyűzetkeret, billentyűzetráma
R клавиатурная рама *f*

Klaviaturregulierung *f* D
E key regulation
F réglage *f* des touches
I regolazione *f* della tastiera
S igualación *f*, ajuste *m* del teclado
U billentyűzetszabályozás
R регулирование *n* клавиатуры

Klaviaturxylophon *n* D
E keyed xylophone
F xylophone *m* à clavier
I xilofono *m* a tastiera
S xilofón *m* de teclado
U billentyűs/klaviatúrás xilofon
R ксилофон *m* с клавиатурой

Klavichord *n* D = Clavichord

Klavier *n* D piano; pianoforte
~ **spielen** *v*
E to play (the) piano
F jouer *v* du piano
I suonare *v* il pianoforte
S tocar *v* el piano
U zongorázni
R играть *v* на рояле

— **mechanisches** ~
E player piano, pianola
F piano *m* mécanique
I pianola *f*
S piano *m* automático/mecánico, pianola
U mechanikus zongora, gépzongora
R механическое фортепьяно *n*

— präpariertes ~ prepared piano

— stummes ~
  E practice keyboard, A: practice piano
  F piano *m* muet
  I tastiera *f* muta
  S piano *m* de teclado mudo
  U néma zongora
  R немая клавиатура *f*

Klavierabend *m* D
  E piano recital
  F récital *m* de piano
  I concerto *m* pianistico
  S concierto *m* de piano, recital *m*
  U zongoraest, zongorahangverseny
  R вечер *m* фортепьянной музыки

Klavierauszug *m* D
  E piano reduction/arrangement/score, vocal
    score
  F réduction *f*/arrangement *m*/adaptation
    f pour piano
  I riduzione/trascrizione *f* per pianoforte
  S transcripción/reducción *f*/extracto/arreglo
    m para piano
  U zongorakivonat, zongoraátirat
  R переложение *n* для фортепьяно, кла-
    вираусцуг *m*

~ mit Gesangsstimmen
  E vocal score, A: piano-vocal score
  F partition *f* chant et piano
  I riduzione *f* per pianoforte e canto
  S reducción *f* para canto y piano
  U énekes zongorakivonat
  R клавир *m*

Klavierbau *m* D
  E piano manufacture
  F facture *f* du piano
  I costruzione *f* di pianoforti
  S fabricación *f* de pianos
  U zongoraépítés
  R изготовление *n* фортепьяно

Klavierbauer *m* D
  E piano(forte) maker, A: piano maker/
    builder
  F facteur *m* de piano
  I costruttore *m* di pianoforti
  S fabricante *m* de pianos
  U zongoraépítő, zongorakészítő
  R фортепьянный мастер *m*

Klavierbaumeister *m* D
  E master piano(forte) maker, A: master
    piano maker/builder
  F maître-facteur *m* de piano
  I costruttore *m* di pianoforti
  S fabricante *m* de pianos
  U zongoraépítő/zongorakészítő mester
  R фортепьянный мастер *m*

Klavierdeckel *m*, **Deckel** *m* D
  E lid, (grand) top
  F couvercle *m*
  I coperchio *m*
  S tapa *f* del piano
  U zongoratető
  R крышка *f* пианино

Klavierduo *n* D duo pianistico

Klavierdraht *m* D
  E piano wire
  F corde *f* métallique de piano
  I filo *m* armonico
  S cuerda *f* metálica
  U zongoradrót
  R проволока *f* для фортепьяно

Klavierfabrikant *m* D
  E piano manufacturer
  F fabricant *m* de piano
  I fabbricante *m* di pianoforti
  S fabricante *m* de pianos
  U zongoragyáros
  R владелец *m* фортепьянной фабрики

Klaviergambe *f* D ⟨17. *sec*⟩
  E arched viall, keyed viol
  F clavecin *m* à archet
  I clavicembalo *m* ad arco
  S clavecín *m* de arco
  U *(vonószongorafajta)*
  R смычковый клавир *m*

Klaviergehäuse *n* D
  E upright piano case
  F caisse *f* du piano droit
  I cassa *f* del pianoforte
  S caja *f* del piano vertical
  U pianínószekrény
  R корпус *m* пианино

Klavierharfe *f* D
  E clavi-harp
  F harpe *f* à clavecin
  I arpa *f* a clavicembalo
  S arpa-clavecín *m*
  U zongorahárfa
  R арфа *f* с клавиатурой

Klavierhocker *m* D = Klavierstuhl

klavieristisch D pianistico

Klavierkonzert *n* D concerto per pianoforte

Klavierlehrer *m*, **Klavierlehrerin** *f*, **Klavierpäd-
agoge** *m* D
  E piano teacher
  F professeur *m* de piano
  I insegnante *m* + *f* di pianoforte
  S profesor *m*/profesora *f* de piano, maestro
    m/maestra *f* de piano
  U zongoratanár(nő)
  R учитель/преподаватель *m* фортепьяно;
    учительница/преподавательница *f*
    фортепьяно

Klaviermechanik *f* D
  E upright piano action
  F mécanique *f* du piano droit
  I meccanica *f* del pianoforte verticale
  S mecanismo *m* del piano vertical
  U pianínómechanika
  R фортепьянная механика *f*

Klaviermusik *f* D
  E piano music
  F musique *f* pour piano
  I musica *f* per pianoforte
  S música *f* para piano
  U zongoramuzsika
  R фортепьянная музыка *f*

Klavierpädagoge *m* D = Klavierlehrer
Klavierpanzerplatte *f* D *pfte* = Vollpanzer-
   platte
Klavierpart *m* D
   E piano part
   F partie *f* de piano
   I parte *f* del pianoforte
   S parte *f* de piano
   U zongoraszólam
   R партия *f* фортепьяно
Klavierpartitur *f* D
   E piano score/conductor
   F piano conducteur *m*
   I spartito *m*
   S parte *f* de piano conductor
   U *(zongorakivonatos partitúra betanításhoz)*
   R *(вокальная партитура с фортепьян-
      ным переложением)*
Klavierprobe *f* D *teat*
   E rehearsal with piano
   F répétition *f* avec piano
   I prova *f* al pianoforte
   S ensayo *m* al/con piano
   U zongorás próba
   R репетиция *f* в сопровождении форте-
      пьяно
Klavierquartett *n* D quartetto con pianoforte
Klavierquintett *n* D quintetto con pianoforte
Klavierrast *f* D
   E piano back assembly
   F support *m*, base *f*
   I telaio *m*/intelaiatura *f* (del pianoforte)
   S soporte *m*, base *f*
   U zongoraváz
   R деревянная рама *f* фортепьяно
Klavierreparateur *m* D
   E piano repairer
   F réparateur *m* de piano
   I *(persona addetta alla riparazione dei
      pianoforti)*
   S reparador *m* de pianos
   U zongorajavító
   R фортепьянный мастер *m* ⟨*производя-
      щий ремонт инструмента*⟩
Klaviersatz *m* D
   E piano writing
   F écriture *f* pianistique
   I scrittura *f* pianistica
   S escritura *f* pianística
   U zongoraletét
   R фортепьянная фактура *f*, фортепьянное
      изложение *n*
Klavierschule *f* D
   E piano method
   F méthode/école *f* de piano
   I scuola *f* di pianoforte
   S escuela *f*/método *m* de piano
   U zongoraiskola
   R фортепьянная школа *f*
Klaviersonate *f* D sonata per pianoforte
Klavierspieler *m* D = Pianist
Klavierstimmer *m* D
   E piano tuner

   F accordeur *m* de piano
   I accordatore *m*
   S afinador *m*
   U zongorahangoló
   R настройщик *m*
Klavierstück *n* D
   E piano composition
   F morceau *m* de piano
   I brano/pezzo *m* pianistico
   S pieza *f* para piano
   U zongoradarab
   R фортепьянная пьеса *f*
Klavierstuhl *m*, **Klavierhocker** *m* D
   E piano stool
   F chaise *f*/tabouret *m* de piano, banquette *f*
   I sgabello *m*, panca *f*
   S taburete *m*, banqueta *f*
   U zongoraszék
   R стул *m* для фортепьяно
Klavierstunde *f* D
   E piano lesson
   F leçon *f* de piano
   I lezione *f* di pianoforte
   S lección *f* de piano
   U zongoraóra
   R урок *m* фортепьяно
Klaviertrio *n* D trio con pianoforte
Klavierunterricht *m* D
   E piano teaching
   F enseignement *m* du piano
   I insegnamento *m* di pianoforte
   S enseñanza *f* del piano
   U zongoratanítás, zongoraoktatás
   R обучение *n* фортепьяно
Klaviervirtuose *m* D virtuoso del pianofor-
   te
Klavizimbel *n* D ⟨18. *sec*⟩ = Cembalo
Klebeband *n* D *magn*
   E splicing tape
   F ruban *m* de collage
   I nastro *m* di giuntaggio
   S cinta *f* de empalmar
   U ragasztószalag
   R клейкая лента *f*
kleben *v* D *magn*
   E to splice
   F coller
   I congiungere, unire
   S empalmar, enganchar, pegar
   U ragasztani
   R склеивать
Klebepresse *f* D; **automatische** ~ *magn*
   E automatic tape splice
   F presse *f* à coller automatique
   I giuntatrice *f* automatica
   S empalmadora *f* automática
   U automata ragasztóprés
   R автоматический пресс *m* для склеи-
      вания
Klebeschiene *f* D *magn*
   E splicing block
   F dispositif *m* pour coller
   I dispositivo *m* di giuntaggio

S dispositivo *m* para empalmar
U ragasztósín, ragasztósablon
R планка *f* для склеивания
klein D ⟨*Intervall*⟩
E minor
F mineur
I minore
S menor
U kis
R малый
Kleinbrummer *m* D *lt*
E countertenor
F contraténor *m*
I tenore *m*
S contratenor *m*
U (*a lant negyedik húrja*)
R (*четвёртая струна лютни*)
Kleinklavier *n* D pianino
Kleinrhythmus *m* D
E micro-rhythm
F micro-rythme *m*
I microritmo *m*
S microrritmo *m*
U mikroritmus
R микроритм *m*
Kleinschlagzeug *n* D *perc*
E percussion effects *pl*
F accessoires *m pl* de batterie
I piccola batteria *f*
S accesorios *m pl* de batería
U kis ütőhangszerek *pl*
R мелкие инструменты *m pl* ударной группы
Klemmreifen *m* D *perc* = Spannreifen
klimpern *v* D *fam*, *pfte*
E to strum, to jingle, to tinkle
F tapoter, pianoter
I strimpellare
S aporrear
U kalimpálni
R бренчать
klingen *v* D
E to sound
F sonner, résonner, vibrer
I suonare, risonare, vibrare
S sonar, resonar, vibrar
U hangzani
R звучать
~ **lassen, ausklingen/verklingen lassen, nicht abdämpfen** *prescr*, *perc*
E let ring/sound/vibrate, do not damp
F laisser vibrer/résonner
I lasciar vibrare
S dejar vibrar, "laissez vibrer"
U csengeni/zúgni hagyni
R оставлять звучать, не глушить
— **klingt wie notiert**
E sounds as written, actual pitch
F son *m* réel
I suoni *m pl* reali
S sonidos *m pl* reales
U "suoni reali" ⟨*hangzik mint irva*⟩
R звучит, как записано

— **ein Instrument klingt**
E an instrument sounds
F un instrument sonne
I si sente suonare uno strumento
S suena un instrumento
U egy hangszer szól
R инструмент звучит
— **ein Ton klingt**
E a note/tone is sounded
F un son vibre
I si sente una nota, si avverte un suono
S suena una nota
U egy hang hangzik/szól
R тон звучит
Klingstein *m* D
E sonorous stone
F phonolithe *m*
I pietra *f* sonora
S piedra *f* sonora, litófono *m*
U kőjáték
R (*идиофон из каменных пластин*)
Klirrfaktor *m* D
E non-linear distortion coefficient
F coefficient *m* de distorsion non linéaire
I coefficiente *m* di distorsione non lineare
S coeficiente *m* de distorsión no linear
U torzítási tényező
R коэффициент *m* нелинейных искажений, клирфактор *m*
klirrfrei D
E free from distortion, distortion-free
F sans distorsion
I non distorto, senza distorsioni
S libre de parásitos/distorsión
U torzításmentes
R свободный от искажения
Klirrtöne *m pl* D
E distorted notes *pl*
F sons *m pl* avec distorsion
I suoni *m pl* distorti
S sonidos *m pl* con distorsión
U torz hangok *pl*
R нелинейные искажения *n pl*
Klöppel *m* D *camp*
E clapper
F battant *m*
I battaglio *m*, battente *m*
S badajo *m*, mazo *m*, batiente *m*
U ütőszár, harangnyelv
R язык *m*, ударник *m*
Klöppelballen *m* D *camp*
E clapper ball
F boule *f* de frappe
I boccia *f*, sfera *f*, pera *f* (del battaglio)
S bola *f*, extremidad *f* batiente del mazo
U ütőgomb, monya
R ударная часть *f* языка
Klöppelflucht *f*, **Klöppelschwanz** *m*, **Flucht** *f* D *camp*
E clapper-flight
F extrémité *f*/embarc *m* du battant
I estremità *f* del battaglio

S extremo *m* del badajo
U ütőfüggelék
R нижняя часть *f* языка
Knabenchor *m* D
  E boys' choir/chorus
  F chœur *m* d'enfants/de garçons
  I coro *m* di fanciulli
  S coro *m* infantil/de niños, escolanía *f*
  U fiúkar, fiúkórus
  R хор *m* мальчиков
Knarre *f* D = Ratsche
knee E *canna* Kropf; *org* Kröpfung
~ lever *arm* Kniedrücker
Kneifinstrumente *n pl* D *obs* = Zupfinstru-
mente
Knickhalslaute *f*, **Knickkragenlaute** *f* D
  E lute with turned-back peg-box
  F luth *m* avec chevillier en équerre, luth
    avec chevillier renversé
  I liuto *m* con paletta ortogonale al manico
  S laúd *m* con clavijero posterior
  U megtört nyakú lant
  R лютня *f* с изогнутой шейкой
Knie *n* D *ottoni* = Stimmbogen
Kniedrücker *m* D *arm*
  E knee lever
  F genouillère *f*
  I ginocchiera *f*
  S palanca *f* expresiva accionada por la
    rodilla
  U térdregiszter
  R рычаг *m* управляемый коленом
Kniegeige *f* D *obs* = Viola da gamba
knife-edge E *fl. d.* Schneidekante
knob E *org* Manubrium
Knochenflöte *f* D
  E bone flute/pipe
  F flûte *f* en os
  I flauto *m* d'osso
  S flauta *f* de hueso
  U csontfuvola
  R костяная флейта *f*
Knochenpfeife *f* D
  E bone whistle
  F sifflet *m* en os
  I piffero *m* d'osso
  S silbato *m* de hueso
  U csontsíp
  R костяная свирель *f*
Knopf *m* D *corda*
  E endpin, tailpin
  F bouton *m*
  I bottone *m*
  S botón *m*
  U gomb
  R пуговица *f*, пуговка *f*, петля *f*
~ *fis*
  E press stud
  F bouton *m*
  I bottone *m*
  S botón *m*
  U (nyomó)gomb
  R кнопка *f*

Knopfgriff-Akkordeon *n* D
  E button (key) accordion
  F accordéon *m* à boutons
  I fisarmonica *f* a bottoni
  S acordeón *m* con botones
  U gombos harmonika
  R кнопочный аккордеон *m*, баян *m*
Knopfregal *n* D *org* = Apfelregal
knot E Stern
knuckle E *pfte* Hammerrolle
Knüppelmusik *f* D *obs* = Musikzug
koboz U
  D Kobsa *f*
  E kobsa
  F cobza *f*
  I kobza *f*
  S cobza *f*
  R кобза *f*
Kobsa *f* D koboz; кобза
kobsa E koboz; кобза
Kobys *m* D кобыз
kobys E кобыз
kobys *m* I кобыз
kobyz R → кобыз
kobza *f* I koboz; кобза
kobza U кобза
kobzar' R → кобзарь
Köchel F; ~ N°: Köchelnummer
Köchel S; ~ n°: Köchelnummer
Köchel-jegyzék U Köchel-Verzeichnis
Köchel-jegyzékszám U Köchelnummer
Köchelnummer *f* D
  E Koechel number
  F numéro *m* du catalogue Köchel, Köchel
    N°
  I numero *m* del catalogo Köchel
  S número *m* del catálogo de Köchel,
    Köchel n°
  U Köchel-(jegyzék)szám
  R номер *m* указателя по Кёхелю
Köchel-szám U Köchelnummer
Köchel-Verzeichnis *n* D
  E Koechel catalog(ue), Koechel
  F catalogue *m* Köchel
  I catalogo *m* Köchel
  S catálogo *m* de Köchel
  U Köchel-jegyzék
  R указатель *m* Кёхеля
köcsögdob U Vasentrommel
köcsögduda U Reibtrommel
Koda *f* D coda
kóda U coda
Kodex *m* D
  E codex
  F codex *m*
  I codice *m*
  S códice *m*
  U kódex
  R кодекс *m*
kódex U Kodex
kodifikálás U Kodifizierung
kodifikálni *v* U kodifizieren
Kodifikation *f* D = Kodifizierung

kodifizieren v D
  E to codify
  F codifier
  I codificare
  S codificar
  U kodifikálni
  R кодифицировать
Kodifizierung f, **Kodifikation** f D
  E codification
  F codification f
  I codificazione f
  S codificación f
  U kodifikálás
  R кодификация f
ködkürt U Nebelhorn
Koechel E Köchel-Verzeichnis
  ~ catalog(ue): Köchel-Verzeichnis
  ~ number: Köchelnummer
koefficiens U; hang(el)nyelési ~ Schallabsorptionsfaktor
kőjáték U Klingstein; Lithophon
Kokosschalen f pl D
  E coconut shells pl
  F horse-hooves m pl
  I noci m pl di cocco
  S cáscaras f pl de coco
  U kókuszcsörgő
  R (шумовой инструмент из скорлупы кокосового ореха)
kókuszcsörgő U Kokosschalen
kölcsönanyag U Leihmaterial
kölcsönözni v U leihen
kolinda U
  D Colinde f pl ⟨ungarische Bezeichnung für rumänische Weihnachtslieder⟩
  E (Hungarian designation for Rumanian Christmas carols)
  F (terme hongrois désignant les noëls roumains)
  I (denominazione ungherese per i canti natalizi rumeni)
  S (nombre húngaro de las canciones de Navidad rumanas)
  R колинда f ⟨венгерское обозначение румынских колядок⟩
koljadka R → колядка
kollektívkapcsoló U org Kollektivtritt
Kollektivkoppel f D org
  E great coupler
  F accouplement m général
  I accoppiamento m collettivo/generale, tiratutti m
  S acoplamiento m general/colectivo, acoplador m general/colectivo
  U kollektívkopula, nagykopula
  R коллективкоппель f, групповая комбинация f
kollektívkopula U org Kollektivkoppel
Kollektivtritt m, **Gruppentritt** m D org
  E combination pedal
  F ·pédale f de combinaison, combinaison f appelée par le pied

  I pedale m di combinazione
  S pedal m de combinación
  U kollektívkapcsoló, "Kollektivtritt"
  R рычаг m включения групповой комбинации
kolomejka U bl
  D (karpatho-ukrainischer Volkstanz)
  E (Carpatho-Ukrainian folk-dance)
  F (danse populaire karpathe-ukrainienne)
  I (danza popolare carpato-ucraina)
  S (danza popular cárpato-ucraniana)
  R коломыйка f
kolomp U Kuhglocke
Kolophonium n D
  E rosin, resin
  F colophane f
  I colofonia f
  S resina f, colofonia f
  U gyanta
  R канифоль f
kolorálás U colorazione
koloralni v U colorire; kolorieren
Koloratur f D coloratura
koloratúra U coloratura
koloratúrária U aria di coloratura
Koloraturarie f D aria di coloratura
koloratúr-énekesnő U cantante di coloratura
Koloratursängerin f D cantante di coloratura
Koloratursopran m D
  E coloratura soprano
  F soprano m coloratura/léger
  I soprano m di coloratura, soprano m leggero
  S soprano f coloratura/ligera, tiple f ligera
  U koloratúrszoprán
  R колоратурное сопрано n
— **dramatischer ~**
  E dramatic coloratura soprano
  F soprano m coloratura dramatique
  I soprano m drammatico di coloratura
  S soprano f dramática de coloratura
  U drámai koloratúrszoprán
  R драматическое колоратурное сопрано n
— **lyrischer ~**
  E lyric(al) coloratura soprano
  F soprano m coloratura lyrique
  I soprano m lirico di coloratura
  S soprano f lírica de coloratura
  U lírai koloratúrszoprán
  R лирическое колоратурное сопрано n
Koloratursoubrette f D
  E coloratura-soubrette
  F soprano m léger, soubrette f coloratura
  I soprano m leggero
  S tiple f ligera cómica
  U koloratúrszubrett
  R субретка — колоратурное сопрано f
koloratúrszoprán U cantante di coloratura; Koloratursopran
— **drámai ~** dramatischer → Koloratursopran
— **lírai ~** lyrischer → Koloratursopran
koloratúrszubrett U Koloratursoubrette

kolorieren *v* D colorire
~ ⟨*verzieren*⟩
E to colo(u)r, to embellish
F orner
I ornare, abbellire, infiorare
S adornar, florear, hacer *v* floreos
U díszíteni, kolorálni
R орнаментировать, фигурировать
~ *canto* gorgheggiare
Kolorierung *f* D colorazione
költemény U; szimfonikus ~ poema sinfonico
kombináció U Kombination
— soros ~ *org* Setzerkombination
— szabad ~ *org* freie → Kombination
Kombination *f* D
E combination
F combinaison *f*
I combinazione *f*
S combinación *f*
U kombináció
R комбинация *f*
— **freie** ~ *org*
E free combination
F combinaison *f* libre
I combinazione *f* libera
S combinación *f* libre
U szabad kombináció
R свободная комбинация *f*
Kombinationsgriff *m* D *legni*
E combination/cross fingering
F "doigtés *m pl* fourchus"
I diteggiatura *f* incrociata/combinata
S digitación *f* cruzada/en horquilla
U villafogás
R комбинационная аппликатура *f*
Kombinationsklarinette *f* D *org*
E combination clarinet
F clarinette *f* multiphonique, clarinette *f* acoustique composée
I clarinetto *m* **combinato**/a doppia tonalità
S clarinete *m* transpositor
U kombinált (hangolású) klarinét
R *(транспонирующий кларнет)*
Kombinationston *m* D
E combination tone
F son *m* combiné
I suono *m* di combinazione
S sonido *m* de combinación
U kombinációs hang
R комбинационный тон *m*
Kombinationstritt *m* D *org*
E combination pedal
F pédale *f* de combinaison
I pedale *m* di combinazione
S pedal *m* de combinación
U kombinációs pedál
R рычаг *m* включения комбинации
Kombinations-Trommelstock *m* D *perc* combination drumstick
komédia U Komödie
Komma *n* D
E comma
F comma *m*

I comma *m*
S coma *f*
U komma
R комма *f*
— **didymisches** ~
E Didymic comma, comma of Didymus
F comma *m* didymique
I comma *m* di Didimo
S coma *f* didímica
U didümoszi komma
R дидимова комма *f*
— **ditonisches** ~
E ditonic comma
F comma *m* ditonique
I comma *m* ditonico
S coma *f* ditónica
U ditonikus komma
R дитоническая комма *f*
— **pythagoreisches** ~
E Pythagorean comma, comma of Pythagoras
F comma *m* pythagoricien
I comma *m* pitagorico
S coma *f* pitagórica
U püthagoraszi komma
R пифагорова комма *f*
— **syntonisches** ~
E syntonic comma
F comma *m* syntonique
I comma *m* sintonico
S coma *f* sintónica
U szintonikus komma
R синтоническая комма *f*
komma U Komma
— didümoszi ~ didymisches → Komma
— ditonikus ~ ditonisches → Komma
— püthagoraszi ~ pythagoreisches → Komma
— szintonikus ~ **syntonisches** → Komma
Kommunion *f* D
E communion
F communion *f*
I comunione *f*
S comunión *f*
U áldozás
R причастие *n*
Komödie *f* D
E comedy
F comédie *f*
I commedia *f*
S comedia *f*
U vígjáték, komédia
R комедия *f*
komolyan U *prescr* serioso
komor U düster
Komparse *m*, **Komparsin** *f* D
E supernumerary, A: bit player
F figurant *m*, figurante *f*
I comparsa *m*+*f*, figurante *m*+*f*
S comparsa *m*+*f*
U statiszta, mellékszereplő
R статист *m*, статистка *f*
Kompensationsventil *n* D *ottoni*
E compensating piston

F valve *f* de compensation
I pistone *m* di compensazione
S válvula *f* de compensación
U korrigálóventil
R вентиль *m* переключения
Kompilator *m* D
E compiler
F compilateur *m*
I compilatore *m*
S compilador *m*
U kompilátor
R компилятор *m*
kompilátor U Kompilator
Komplementärintervall *n* D
E complementary interval
F intervalle *m* complémentaire
I intervallo *m* complementare
S intervalo *m* complementario
U kiegészítő/komplementer hangköz
R интервал *m* обращения
Komplementärrhythmus *m* D
E complementary rhythm
F rythme *m* complémentaire
I ritmo *m* complementare
S ritmo *m* complementario
U kiegészítő/komplementer ritmus
R комплементарный ритм *m*
Komplet *f* D = Completorium
komponálni *v* U komponieren
komponieren *v* D
E to compose
F composer
I comporre
S componer
U zenét szerezni *v*, komponálni
R сочинять
Komponist *m* D, **Komponistin** *f*
E composer
F compositeur *m*
I compositore *m*, compositrice *f*
S compositor *m*, compositora *f*
U zeneszerző, komponista
R композитор *m*
komponista U Komponist
Komponistin *f* D → Komponist
Komposition *f* D
E composition
F composition *f*
I composizione *f*
S composición *f*
U zenemű, kompozíció
R композиция *f*
Kompositionslehre *f*, **Satzlehre** *f* D
E theory/teaching of composition
F étude *f* de la composition
I composizione *f*, teoria *f* della composizione
S arte/estudio *m* de la composición
U zeneszerzéstan
R учение *n* о композиции
Kompositionstechnik *f* D
E technique of composition
F technique *f* de la composition

I tecnica *f* compositiva
S técnica *f* de la composición
U kompozíciós technika
R композиторская/композиционная техника *f*
kompositorisch D
E compositional
F relatif à la composition
I compositivo
S propio de/relativo a la composición
U kompozíciós
R композиторский
kompozíció U Komposition
— énekhangra írott ~ Vokalsatz
— (zenei) ~ Tonsatz
kompozíciós U kompositorisch
koncert U concerto
koncertáló U concertante
koncertária U aria concertante
koncertcitera U cetra da concerto
koncertetűd U Konzertetüde
koncertfuvola U *org* flauto da concerto
koncertina U Konzertina
koncertmester U Konzertmeister
koncertnyitány U ouverture de concert
koncertszólista U *str* concertista
koncertterem U Konzertsaal
koncertváltozat U Konzertfassung
koncertzongora U pianoforte da concerto
— kis ~ pianoforte a coda intera
kondak R → кондак
kondakarnaja notacija R кондакарная → нотация
Kondukt *m* D *org*
E conveyance, tube, air-duct
F transmission *f*, tube *m*
I condotto *m*
S caño *m*, conducción *f*, conducto *m*
U légvezeték, szélvezcték, "Kondukt"
R кондукт *m*
konga U Conga-Trommel
"König *m* **der Instrumente"** D *obs* = "Königin der Instrumente"
"Königin *f* D **der Instrumente"**
E "King of instruments"
F "roi *m* des instruments"
I "re *m* degli strumenti"
S "rey *m* de los instrumentos"
U "a hangszerek királya"
R «король *m* инструментов»
kónikus U *canna* kegelförmig
konisch D = kegelförmig
konkordancia U Konkordanz
Konkordanz *f* D
E concordance
F concordance *f*, consonance *f*
I consonanza *f*
S concordancia *f*, consonancia *f*
U konkordancia
R конкорданс *m*
könnyedén U *prescr* agevole; facile; leggiero
könnyedség U Geläufigkeit

könnyezve U *prescr* piangendo
könnyűzene U Unterhaltungsmusik
Konservatorium *n* D
  E conservatory, conservatoire
  F conservatoire *m*
  I conservatorio *m*
  S conservatorio *m*
  U konzervatórium
  R консерватория *f*
Konservatoriumsbohrung *f* D *legni*
  E conservatoire bore
  F système *m* du Conservatoire
  I sistema *m* del Conservatorio
  S sistema *m* del Conservatorio
  U Conservatoire-rendszer
  R *(название канала французской разновидности гобоя: узкий цилиндрический канал)*
Konservatoriumsgrifflage *f* D
  E conservatoire (key) system
  F système *m* du Conservatoire
  I diteggiatura *f* del Conservatorio
  S sistema *m* del Conservatorio
  U Conservatoire-rendszer
  R *(порядок расположения клапанов во французской разновидности гобоя)*
Konsole *f* D *pn*
  E pillar-support, A: truss
  F console *f*
  I gamba *f*, mensola *f*
  S consola *f*
  U konzol
  R консольбачка *f*, колонка *f*
konsonant, konsonierend D
  E consonant, forming a consonance
  F consonant, en consonance
  I consonante
  S consonante, que consuena
  U konszonáns, összhangban levő, összehangzó
  R консонирующий, консонантный
Konsonanz *f* D
  E consonance
  F consonance *f*
  I consonanza *f*
  S consonancia *f*
  U összhangzás, konszonancia
  R консонанс *m*
konsonieren *v* D
  E to form a consonance, to be in consonance
  F être *v* en consonance, produire *v* des consonances
  I produrre *v* consonanza, essere *v* in consonanza
  S consonar
  U konszonálni, összhangban lenni *v*
  R консонировать
konsonierend D = konsonant
konszonálni *v* U konsonieren
konszonancia U Konsonanz
konszonáns U konsonant
Kontakion *n* D кондак

kontakion E U кондак
kontakion *m* F I S кондак
kontaktmikrofon U Körperschallmikrophon
Kontertanz *m* D
  E country dance, contredanse
  F contredanse *f*
  I contraddanza *f*
  S contradanza *f*
  U kontratánc
  R контрданс *m*
kontinuó (basszus) U basso continuo
Kontrabaß *m* D contrabbasso
  ~ *org*
  E contrabass
  F contrebasse *f*, sous-basse *f*
  I contrabbasso *m*
  S contrabajo *m*
  U kontrabasszus
  R контрабас *m*
Kontrabassist *m* D contrabbassista
Kontrabaßklarinette *f* D clarinette contrebasse
Kontrabaßposaune *f* D
  E double-bass/contrabass trombone
  F trombone *m* contrebasse
  I trombone *m* contrabbasso
  S trombón *m* contrabajo
  U kontrabasszus harsona/pozaun
  R контрабасовый тромбон *m*
Kontrabaßtuba *f* D
  E double-bass saxhorn
  F contrebasse *f* à pistons, saxhorn *m* contrebasse
  I tuba *f* contrabbasso
  S tuba *f* contrabajo
  U kontrabasszus tuba
  R туба-контрабас *f*
Kontrabaßventilposaune *f* D
  E double-bass valve trombone
  F trombone *m* à pistons contrebasse
  I trombone *m* contrabbasso a pistoni
  S trombón *m* de pistones contrabajo
  U kontrabasszus ventilharsona
  R вентильный контрабасовый тромбон *m*
kontrabasszus U contrabbasso; *org* Kontrabaß
Kontrafagott *n* D contrafagotto
kontrafagott U contrafagotto
Kontrafaktur *f* D
  E contrafactum
  F contrafacture *f*, contrafactum *m*
  I contrafactum *m*
  S contrafactum *m*
  U kontrafaktúra
  R пародия *f*
kontrafaktúra U Kontrafaktur
kontraoktáv U Kontra-Oktave
Kontra-Oktave *f* D
  E contraoctave
  F première octave *f*
  I *(l'ottava che si trova tre ottave sotto l'ottava centrale)*
  S primera octava *f*
  U kontraoktáv
  R контроктава *f*

Kontrapunkt *m* D
  E counterpoint
  F contrepoint *m*
  I contrappunto *m*
  S contrapunto *m*
  U ellenpont, kontrapunkt
  R контрапункт *m*
  ~ *fuga* = Gegensatz
  — blühender ~
  E florid counterpoint
  F contrepoint *m* fleuri
  I contrappunto *m* fiorito
  S contrapunto *m* florido
  U contrapunctus floridus, virágos ellen-
    pont
  R цветистый контрапункт *m*
- **einfacher [doppelter, dreifacher] ~**
  E simple [double, triple] counterpoint
  F contrepoint *m* simple [double, triple]
  I contrappunto *m* semplice [doppio, triplo]
  S contrapunto *m* simple [doble, triple]
  U egyszerű [kettős, hármas] ellenpont
  R простой [двойной, тройной] контра-
    пункт *m*
kontrapunkt U Kontrapunkt
Kontrapunktgattungen *f pl* D
  E species *pl* of counterpoint
  F espèces *f pl* de contrepoint
  I specie *f pl* di contrappunto
  S especies *f pl* de contrapunto
  U ellenpontfajták *pl*
  R разряды *m pl* контрапункта
kontrapunktieren *v* D
  E to write/perform in counterpoint
  F traiter *v* en contrepoint, contrepointer
  I contrappuntare
  S contrapuntar
  U ellenpontosan szerkeszteni *v*, ellenpon-
    tozni
  R контрапунктировать, контрапункти-
    чески соединять *v*
kontrapunktikus U kontrapunktisch
kontrapunktisch D
  E contrapuntal
  F contrapuntique
  I contrappuntistico
  S contrapuntístico
  U kontrapunktikus, ellenpontos
  R контрапунктический
Kontrasubjekt *n* D *fuga* = Gegensatz
kontraszubjektum U *fuga* Gegensatz
  — állandó ~ *fuga* beibehaltener → Gegensatz
kontratánc U Kontertanz
kontratenor U Contratenor
Kontraviolon *n* D *obs* = Kontrabaß
kontrollhangköz U Kontrollintervall
Kontrollintervall *n* D ⟨*beim Stimmen*⟩
  E test interval
  F intervalle *m* de contrôle
  I intervallo *m* di controllo
  S intervalo *m* de prueba
  U ellenőrző hangköz, kontrollhangköz
  R контрольный интервал *m*

Konversationszimmer *n* D *teat* = Künstler-
    zimmer
könyvtár U; zenei ~ Musikbibliothek
Konzert *n* D concerto
  — geistliches ~ concerto sacro
Konzertagentur *f*, **Konzertdirektion** *f*, **Konzert-**
    vermittlung *f* D
  E concert (promotion) agency
  F agence *f* de concert(s)
  I agenzia *f* concertistica/di concerti
  S agencia *f* de concierto(s)
  U hangversenyiroda, hangversenyközve-
    títő (iroda)
  R концертное агентство *n*, концертная
    организация *f*
konzertant D concertante
Konzertarie *f* D aria concertante
Konzertbecken *n* D
  E concert cymbals *pl*
  F cymbales *m pl* de concert
  I piatti/cimbali *m pl* da concerto
  S platillos/címbalos *m pl* de concier-
    to
  U hangverseny-cintányér, hangverseny-
    -réztányér
  R тарелки *f pl* для концертного исполне-
    ния
Konzertbesucher *m* D
  E concertgoer
  F personne *f* qui va au concert, habitué *m*
    des concerts
  I frequentatore *m* di concerti
  S concurrente/aficionado *m* a los concier-
    tos
  U hangversenylátogató
  R слушатель/посетитель *m* концертов
Konzertdirektion *f* = Konzertagentur
Konzertetüde *f* D
  E concert study/étude
  F étude *f* de concert
  I studio *m* da concerto
  S estudio *m* de concierto
  U hangversenyetűd, koncertetűd
  R концертный этюд *m*
Konzertfassung *f* D
  E concert version
  F version *f* de concert
  I versione *f* concertistica
  S versión *f* de concierto
  U hangversenyváltozat, koncertváltozat
  R концертная редакция *f*
Konzertflöte *f* D *org* flauto da concerto
Konzertflügel *m* D pianoforte da concerto
  — kleiner ~ pianoforte a coda intera
Konzertführer *m* D
  E concert guide
  F guide *m* de concert
  I guida *f* ai concerti
  S guía *f* de conciertos
  U hangversenykalauz
  R путеводитель *m* по концертам
konzertieren *v* D
  E to give a concert/recital

F donner *v* des concerts/récitals
I dare *v* un concerto
S dar *v* conciertos/recitales
U hangversenyezni, hangversenyt adni *v*
R давать *v* концерты, концертировать
konzertierend D concertante
Konzertina *f* D
  E concertina
  F concertina *f*
  I concertina *f*
  S concertina *f*
  U koncertina, harmonika
  R концертина *f*
Konzertmeister *m* D
  E leader, principal, A: concertmaster
  F chef *m* de pupitre, premier violon *m*
  I primo violino *m*
  S violín *m* concertino, concertino *m*
  U hangversenymester, koncertmester
  R концертмейстер *m*
Konzertouvertüre *f* D ouverture de concert
Konzertpianist *m* D concertista di pianoforte
Konzertpianistin *f* D concertista di pianoforte
Konzertpiano *n* D pianoforte da concerto
Konzertreise *f* D tournée de concert
Konzertsaal *m* D
  E concert hall
  F salle *f* de concert
  I sala *f* da concerto
  S sala *f* de conciertos
  U hangversenyterem, koncertterem
  R концертный зал *m*
Konzertsaison *f* D
  E concert season
  F saison *f* de concerts
  I stagione *f* concertistica
  S temporada *f* de conciertos
  U hangversenyszezon, hangversenyidény
  R концертный сезон *m*
Konzertsänger *m* D cantante da concerto; *canto* concertista
Konzertsängerin *f* D cantante da concerto; *canto* concertista
Konzertsinfonie *f* D concerto-sinfonia
Konzertsolist *m* D *str* concertista
Konzertsolistin *f* D *str* concertista
Konzertstück *n* D
  E concert piece
  F pièce *f*/morceau *m* de concert
  I brano/pezzo *m* da concerto
  S pieza *f*/trozo *m* de concierto
  U hangversenydarab
  R концертштюк *m*
Konzerttrommel *f* D tambour de musique
Konzertvermittler *m* D
  E concert (promotion) agent, concert promoter
  F agent *m* de concerts, impresario *m*
  I mediatore/agente *m* di concerti
  S agente *m*, empresario *m*, manager *m*
  U hangversenyközvetítő, impresszárió
  R импресарио *m*, администратор *m* концертной организации

Konzertvermittlung *f* = Konzertagentur
Konzertzither *f* D cetra da concerto
konzervatórium U Konservatorium; Musikhochschule; Musikschule
konzol U *pn* Konsole
Kopf *m* D = Notenkopf
  ~ *vl*
  E head
  F tête *f*
  I testa *f*
  S cabeza *f*, punta *f*
  U fej
  R головка *f*
  ~, **Nuß** *f*, **Birne** *f canna ancia*
  E block
  F noyau *m*
  I noce *f*
  S cabeza *f*, nuez *f*
  U mag, fej, hordó, körte
  R головка *f* трубы
Kopfhöhle *f* D
  E head cavity
  F sinus *m*
  I cavità *f* della testa, seni *m pl*
  S senos *m pl*
  U fejüregek *pl*
  R черепная полость *f*
Kopfmotiv *n* D
  E head-motif, head-motive
  F tête *f* du motif
  I motivo *m* iniziale
  S inicio *m*
  U fejmotívum
  R главный/начальный мотив *m*
Kopfregister *n* D *canto*
  E head register
  F registre *m* de tête
  I registro *m* di testa
  S registro *m* de cabeza
  U fejhang(regiszter)
  R головной регистр *m*
Kopfstimme *f* D *canto*
  E head-voice
  F voix *f* de tête
  I voce *f* di testa
  S voz *f* de cabeza
  U fejhang
  R фальцет *m*, головной регистр *m*
Kopfstück *n* **mit Schnabel** D *fl. d.*
  E head joint with beak/fipple
  F corps *m* supérieur/tête *f* avec bec, embouchure *f*
  I bocchino *m*, testata *f* con becco
  S bocal *m* con el pico, embocadura *f*
  U fej(rész) a csőrrel, *fam* mundstück
  R головка *f* с наконечником
Kopfton *m* D *canto*
  E head tone/note
  F son *m* donné/note *f* en voix de tête
  I suono *m* di testa
  S sonido *m*/voz *f* de cabeza
  U fejhang
  R фальцет *m*

25*

Kopist *m* D
  E copyist
  F copiste *m*
  I copista *m*
  S copista *m*
  U (kotta)másoló
  R переписчик *m*
köpködni *v* U *canna* spucken
Koppel *f* D *org*
  E coupler
  F accouplement *m*
  I accoppiamento *m*, uniorgano *m*
  S acoplador *m*
  U kopula
  R копула *f*
koppeln *v* D *org*
  E to couple
  F accoupler
  I accoppiare
  S acoplar
  U kopulázni
  R копулировать, соединять
Koppelpedal *n* D *org* = Pedalkoppel
kopula U *org* Koppel
kopulapedál U *org* Pedalkoppel
kopulázni *v* U *org* koppeln
kopulázott U *org* gekoppelt
kor U; generálbasszus ∼a: Generalbaßzeitalter
kör U Kreis
korál U Choral
  — gregorián ∼ Gregorianischer → Choral
korálbasszus U *org* Choralbaß
koráldialektus U Choraldialekt
korálelőjáték U Choralvorspiel
korálfantázia U Choralfantasie
korálfeldolgozás U Choralbearbeitung
korálfúga U Choralfuge
korálhangjegy U Choralnote
korális U; gregorián ∼ Gregorianischer →
  Choral
korálkantáta U cantata su corale
korálkotta U Choralnote
korálmise U Choralmesse
korálpartita U Choralpartita
korálpassió U Choralpassion
korálritmus U Choralrhythmus
korálstílusban U choraliter
korálvariáció U Choralvariation
Korbrassel *f* D
  E basket rattle
  F sonnaille *f* de vannerie, idiophone *m* en
    vannerie *f*
  I cornetta *f*
  S sonaja *f* de cesto
  U kosárcsörgő
  R погремушка *f* с плетёной коробкой
kördal U Rundgesang
Korean temple-block E Holzröhrentrommel
koreográfia U Choreographie
koreográfus U Choreograph
körfüggöny U *teat* Horizont; Rundhorizont
kórista U *bl* figurant

kóristalány U *bl* figurante
körkánon U Zirkelkanon
körmagyar U *bl* ⟨19. *sec*⟩
  D *(aus der Quadrille entwickelter ungari-*
    scher Gesellschaftstanz)
  E *(Hungarian dance, development of the*
    quadrille)
  F *(danse de société hongroise, issue du*
    quadrille)
  I *(danza ungherese sviluppatasi dalla qua-*
    driglia)
  S *(danza húngara de sociedad derivada de*
    la cuadrilla)
  R *(салонный венгерский танец, по про-*
    исхождению связанный с кадрилью)
Kornett *n* D cornet
kornett U cornet; Zink
  — csendes ∼ stiller → Zink
  — egyenes ∼ gerader → Zink
  — görbe ∼ krummer → Zink
Kornettino *n* D cornettino
Kornettist *m* D cornettiste
kornettista U cornettiste; Zinkenbläser
körömpengetés U *arpa* Nagelanschlag
korona U fermata; *camp* Haube
Körper *m* D *canna* = Pfeifenkörper
∼ *str* = Korpus
Körperschall *m* D
  E structure-borne sound
  F son *m* obtenu par l'intermédiaire d'un
    corps
  I suono *m* trasmesso in solidi
  S sonido *m* transmitido por un cuerpo
    sólido
  U testhang
  R звук *m*, распространяющийся в твёр-
    дых телах
Körperschallmikrophon *n* D
  E surface/contact microphone
  F *(microphone qui enregistre les sons obtenus*
    par l'intermédiaire d'un corps)
  I microfono *m* a contatto
  S *(micrófono que registra los sonidos trans-*
    mitidos por un cuerpo)
  U testhangmikrofon, kontaktmikrofon
  R *(звукосниматель пьезоэлектрический*
    или электромагнитный)
Korpus *n+m*, **Körper** *m*, **Resonanzkörper** *m*
  D *str*
  E body, resonator, resonant body
  F corps *m*, caisse *f* de résonance
  I corpo *m*, cassa *f* armonica
  S cuerpo *m*/caja *f* (de resonancia)
  U rezonáló test, korpusz
  R корпус/кузов *m* инструмента, резона-
    тор *m*
∼ *trbne*
  E belljoint
  F corps *m*
  I corpo *m* della campana
  S cuerpo *m*
  U korpusz
  R корпус *m*

Korpusbreite f D; **mittlere** ~, **Schweifung** f vl
  E waist
  F largeur f du corps au plus étroit/du milieu des C
  I larghezza f centrale del corpo
  S cintura f
  U középső szélesség
  R средняя ширина f корпуса
korpusz U canna Pfeifenkörper; canna ancia Aufsatz; fiati Schallbecher; ottoni Schallstück; str, trbne Korpus
-- tömör fából készült ~ Vollholzkorpus
korrepetálás U Korrepetition
korrepetálni v U korrepetieren
korrepetieren v D
  E to coach
  F entraîner, répéter
  I apprendere v sotto la guida di un maestro, provare
  S concertar
  U korrepetálni, betanítani
  R разучивать v с певцами
Korrepetition f D
  E coaching
  F répétition f
  I ripetizione f, studio m, prova f
  S ensayo m
  U korrepetálás, betanítás
  R занятие n концертмейстера с певцами
Korrepetitor m D
  E coach, répétiteur
  F répétiteur m
  I ripetitore m, sostituto m, maestro m sostituto
  S maestro m concertador
  U korrepetitor
  R коррепетитор m, концертмейстер m концертмейстер-репетитор m
korrepetitor U Korrepetitor; Solorepetitor
korrigálóventil U ottoni Kompensationsventil
körszakáll U canna Kastenbart
körtánc U Rundtanz; Reigen
körte U canna ancia Kopf
~ alakú: birnenförmig
Kortholt n D
  E curtal, curtail
  F courtaud m
  I kortholt m
  S kortholt m, bajón m
  U kortholt
  R (старинный деревянный инструмент, предшественник фагота)
kortholt m I S Kortholt
kortholt U Kortholt
körülírás U Umspielung
körülírni v U umspielen
kórus U Chor; Saitenchor; jazz chorus
~ban: chorweise
~ban énekelni v im → Chor singen
— székesegyház/dóm ~a: Domchor
— szólóénekesekből álló ~ Favoritchor
— templomi ~ Kirchenchor
kórus- U Chor-

kórusfantázia U Chorfantasie
kórusfúga U Chorfuge
kóruskantáta U Chorkantate
kóruskísérettel U coreado
kóruskönyv U Chorbuch
kóruskönyvbeosztás U Chorbuchanordnung
kóruslap U Chorblatt
kórusmű U Chor; Chorwerk
kóruspartitúra U Chorpartitur
kórusrecitáció U Chorrezitation
kórusrecitativo U Chorrezitativ
kórusszerűen U chorweise
kórusszimfónia U Chorsymphonie
kórusvezető U Chordirigent; Chorleiter; Chorregent, Kantor
kóruszene U Chormusik
korvas U pfte Choreisen
kosárcsörgő U Korbrassel
kosend D prescr carezzando
Kostüm n D costume
Kostümprobe f D teat
  E costume rehearsal
  F répétition f en costumes
  I prova f in costume
  S prueba f de vestuario/trajes
  U jelmezes/kosztümös próba
  R репетиция f в костюмах
kosztüm U costume
kötél U tamb Leine
— dobbőrt feszítő ~ Trommelleine
kötéltárcsa U camp Seilscheibe
kötélzet U=kötél
kötés U Bindung; ancia Garnkugel
kötetlen U frei
Kotillon m D bl cotillon
kötni v U binden; ton verschleifen
kötőív U Bindung; Haltebogen; Legatobogen; Ligaturklammer
kötött U gebunden; streng
kötötten U prescr legato
kotta U = hangjegy
~ ⟨lejegyzett zenemű⟩ Noten
— kották pl Musikalien
— kottából játszani v nach → Noten spielen
kottaállvány U Notenpult
kottafej U Notenkopf
kottaírás U Notation
— gótikus ~ gotische → Notenschrift
— kettős ~ Doppelnotation
— románkori ~ römische → Notenschrift
kottakép U Notenbild
kottamásoló U Kopist
kottametsző U Stecher
kottanyomtatás U Notendruck
kottapapír U Notenpapier
kottapult U Chorpult
kottatartó U Chorpult; Pult; ottoni Notenhalter; pfte Notenpult
— színpadi ~ teat Bühnenpult
kottatípus U Type
— szétszedhető ~ bewegliche → Type
kottavonalzó U Rastral
kötve U prescr legato

követelmény U; technikai ~ek *pl* technische →
  Anforderungen
közép U Kuppel
  ~ er *prescr, perc* in der → Mitte
  — a bőr közepén *prescr, perc* in der → Mitte
  des Felles
középfekvés U mittlere → Stimmlage
középfül U Mittelohr
középhajlat U *vl* Mittelbügel
középrész U *fag* Mittelrohr
középszólam U Mittelstimme
közjáték U couplet; intermezzo; Zwischenaktsmusik; *fuga* Zwischenspiel
közönség U Publikum
központ U; tonális ~ tonales → Zentrum
közvetíteni *v* U *rad* übertragen
közvetítés U *rad* Sendung; Übertragung
közvetlenül U ungebunden
közzene U act tune; intermezzo
kräftig D *prescr* energico; forte
krähen *v* D *fag, cl*
  E to crow, to buzz, to burr
  F faire *v* des couacs
  I frullare
  S fallar, hacer *v* un gallo
  U kukorékolni, *fam* kréolni
  R издавать *v* каркающий звук
krakoviák U *bl* Krakowiak
Krakowiak *m* D *bl*
  E krakowiak, cracovienne
  F cracoviak *m*, cracovienne *f*
  I Krakowiak, cracoviana *f*
  S cracoviana *f*
  U krakoviák
  R краковяк *m*
krakowiak E *bl* Krakowiak
Kranz *m* D *ottoni*
  E bell edge reinforcement
  F couronne *f*
  I rinforzo *m* della campana, bordo *m*
  S corona/arandela *f*/aro *m* de la campana
  U káva
  R край *m* раструба, «корона» *f*
kratzen *v* D *fam vl* = fiedeln
Krebs *m* D
  E crab, retrograde motion
  F écrevisse *f*
  I gambero *m*, retrogradazione *f*
  S retrogresión *f*, retrogradación *f*
  U rák
  R ракоходное движение *n*, ракоходная
  имитация *f*
Krebsfuge *f* D
  E crab fugue, fugue in retrograde motion
  F fugue *f* à l'écrevisse
  I fuga *f* cancrizzante/retrograda
  S fuga *f* cancrizante/retrógrada
  U rákfúga
  R фуга *f* в ракоходном движении
krebsgängig D
  E retrograde, crab-wise
  F rétrograde
  I retrogrado

  S retrógrado
  U rákmenetes
  R ракоходный
Krebskanon *m* D
  E crab canon, canon cancrizans, retrograde
  canon
  F canon *m* rétrograde/à l'écrevisse
  I canone *m* retrogrado
  S canon *m* retrógrado/cancrizante, canon
  m recte et retro/rectus et inversus
  U rákkánon
  R ракоходный канон *m*
Kreis *m* D
  E cycle, circle
  F cycle *m*
  I ciclo *m*
  S ciclo *m*
  U kör
  R круг *m*, цикл *m*
Kreisschnitt *m* D *canna*
  E *(hole pierced on top of pipe)*
  F entaille *f*
  I accordatura *f* in tondo/a squarcio
  S perforación *f*/corte *m* de afinación
  U kerek felvágás
  R *(маленькое круглое отверстие в верхней*
  части трубы для интонировки)
kréolni *v* U *fam* krähen
Kreuz *n* D
  E sharp
  F dièse *m*
  I diesis *m*
  S sostenido *m*
  U kereszt
  R диез *m*
Kreuzbesaitung *f* D *pfte*
  E cross-stringing, overstringing
  F croisement *m* des cordes, montage *m*
  en cordes croisées
  I corde *f pl* incrociate
  S sobreencordado *m*, entrecruzado *m* de
  cuerdas, encordado *m* cruzado
  U kereszthúrozás, kereszthúrozat
  R перекрёстные струны *f pl*
kreuzen *v* D
  E to cross
  F croiser
  I incrociare
  S cruzar
  U keresztezni
  R перекрещивать
kreuzsaitig D *pfte*
  E cross-strung, overstrung
  F à/en cordes croisées
  I a corde incrociate
  S de cuerdas cruzadas, con escala sobre-
  encordada, de encordado cruzado
  U kereszthúros
  R с перекрёстными струнами
Kreuzschlag *m* D *perc*
  E cross-beat
  F coup/battement *m* croisé
  I battere *m* a braccia incrociate

S golpe *m* cruzado
U keresztütés
R перекрёстный удар *m*
Kreuztonart *f* D
  E sharp key
  F tonalité *f* avec dièses à la clef
  I tonalità *f* con diesis in chiave
  S tono *m* con sostenidos
  U keresztes hangnem
  R диезная тональность *f*
Kriegslied *n* D
  E war song
  F chant *m* de guerre
  I canto *m* di guerra, canzone *f* guerresca
  S canto *m* bélico/**guerrero**, canción *f* de guerra
  U harci dal
  R военная песня *f*
Kritik *f* D critique
kritika U critique
Kritiker *m* D critique
Kritikerin *f* D critique
kritikus U critique
kriuki E крюки
Krjuki *m pl* D крюки
kromatika U Chromatik
kromatikus U chromatisch
Krone *f* D *camp* = Haube
Kropf *m* D *canna*
  E knee
  F gosier *m*, coude *m*
  I pipa *f*, gomito *m*
  S codo *m*
  U (síp)törés
  R изгиб *m*
— **einfacher** ~ *canna*
  E single hood/mitre, A: single miter
  F coude *m* simple
  I pipa *f*/gomito *m* semplice
  S codo *m* simple
  U egyszerű törés
  R простой/одноколенчатый изгиб *m*
kröpfen *v* D *canna*
  E to mitre, A: to miter, to hood
  F couder, recourber
  I "pipare" *v* le canne dell'organo
  S doblar *v* en codo
  U (meg)törni
  R изгибать
Kropfformen *f pl* D *canna*
  E forms *pl* of hoods and mitres/A: miters
  F formes *f pl* de coudes
  I forme *f pl* a pipe/di canne pipate
  S formas *f pl* de tubos acodados/de codos
  U (síp)törésformák *pl*
  R изогнутые формы *f pl*
Kröpfung *f* D *canna*
  E mitre, A: miter
  F coude *m*
  I pipa *f*, gomito *m*
  S codo *m*
  U törés
  R изгиб *m*

~ *org* ⟨*im Windkanal*⟩
  E knee, bend
  F coude *m*
  I gomito *m*, pipa *f*
  S codo *m*
  U (szélcsatorna)törés
  R изгиб *m*
krotál U Cymbeln antik
Krummbogen *m* D *ottoni* = Stimmbogen
Krummbügel *m* D *ottoni* = Stimmbogen
Krummhorn *n* D
  E crumhorn
  F cromorne *m*
  I cromorno *m*
  S orlo *m*, cromorno *m*
  U görbekürt, krummhorn
  R крумгорн *m*
~ *org*
  E cromorne
  F cromorne *m*
  I cromorno *m*
  S cromorno *m*
  U "krummhorn"
  R круммгорн *m*
kryuki E крюки
Kuchka E «Могучая кучка»
kučka R; mogučaja ~ «Могучая кучка»
kučkisty R → кучкисты
Kuckuckspfeife *f* D
  E cuckoo
  F coucou *m*
  I cuculo *m*
  S cuco *m*, cucú *m*, cuclillo *m*
  U kakukksíp
  R кукушка *f*
Kugel *f*, **Säulchen** *n* D *legni* ⟨*Klappe*⟩
  E pillar
  F tampon *m*
  I colonnetta *f*
  S llave *f*
  U billentyűtartó oszlop
  R шарик *m*, столбик *m*
kugelförmig D *canna ancia*
  E spherical
  F de forme sphérique
  I sferico
  S esférico
  U gömb alakú
  R грушевидный
Kugeltritt *m* D *org*
  E pedal piston
  F piston *m* (actionné par le pied)
  I pedaletto *m*
  S pistón *m*
  U piszton
  R «пистон» *m*
Kugelventil *n* D *org*
  E ball-shaped valve
  F soupape *f* circulaire/sphérique
  I valvola *f* sferica
  S fuelle *m* esférico
  U golyósszelep
  R клапан *m* сферической формы

kugikly R → кугиклы
Kuhglocke *f*, Herdengeläut *n* D
 E cow bell
 F cloche *f* de vache
 I campanaccio *m*
 S cencerro *m*
 U kolomp
 R бубенчик *m*, колокольчик *m*
kühn D *prescr* ardito; audace
Kuhreigen *m*, Kuhreihen *m* D
 E ranz des vaches
 F ranz *m* des vaches
 I aria *f* pastorale ⟨*dei pastori svizzeri*⟩
 S ranz *m* des vaches
 U *(régi svájci pásztordallam)*
 R *(альпийский песенно-хороводный жанр)*
kukorékolni *v* U *fag, cl* krähen
kukucskálónyílás U Guckloch
kulcs U Schlüssel
 — előreálló ∼ *corda* vorderständiger → Wirbel
 — hátraálló ∼ *corda* rückständiger → Wirbel
 — lanthangoló ∼ Lautenwirbel
kulcsház U *vl* Wirbelkasten
kulcsösszeállítás U Schlüsselwahl
kulcsszekrény U *vl* Wirbelkasten
Kulisse *f* D
 E wing, flat
 F coulisses *f pl*
 I quinta *f*
 S bastidor *m*
 U kulissza, díszlet
 R кулиса *f*
Kulissenrahmen *m* D
 E grid
 F gril *m*
 I armatura *f*
 S marco *m* de bastidor
 U kulisszakeret
 R рамки *f pl* кулисы
Kulissenschieber *m* D
 E scene shifter, stagehand
 F machiniste *m*
 I macchinista *m* teatrale
 S tramoyista *m*
 U díszletező(munkás), díszlettologató
 R рабочий *m* сцены
kulissza U Kulisse; *teat* Schiebewand
kulisszakeret U Kulissenrahmen
különlenyomat U Einzelausgabe
Kunst *f* D
 E art
 F art *m*
 I arte *f*
 S arte *m+f*
 U művészet
 R искусство *n*
"Künste" *f pl* D
 E devices *pl*
 F artifices *m pl*
 I artifizi *m pl*
 S artificios *m pl*
 U műfogások *pl*
 R изощрённость *f*, мудрствование *n*

— kontrapunktische ∼
 E contrapuntal devices *pl*
 F artifices *m pl* contrapuntiques
 I artifizi *m pl* contrappuntistici
 S artificios *m pl* contrapuntísticos
 U ellenpontozási műfogások *pl*
 R изощрённость *f* в контрапунктической технике
Kunstfertigkeit *f* D virtuosità
Kunstgriff *m*, Kunstmittel *n* D
 E artistic device
 F artifice *m*, effet *m* de style
 I artificio *m*, procedimento *m* tecnico
 S artificio *m*
 U művészi fogás/eszköz
 R художественный приём *m*, художественное средство *n*
Künstler *m*, Künstlerin *f* D
 E artist
 F artiste *m+f*
 I artista *m+f*
 S artista *m+f*
 U művész, művésznő
 R артист *m*, артистка *f*; художник *m*
künstlerisch D
 E artistic
 F artistique
 I artistico
 S artístico
 U művészi
 R художественный, артистический
Künstlerzimmer *n*, Konversationszimmer *n* D *teat*
 E green-room
 F foyer *m* des artistes
 I camerino *m*
 S sala *f* de artistas, camarín *m*, camerino *m*
 U társalgó, művészszoba
 R артистическая *f*
künstlich D
 E artificial
 F artificiel, artificieux
 I artificiale, artificiosc
 S artificial, artificioso
 U mesterséges
 R искусственный
Kunstlied *n* D
 E art song
 F chanson *f* savante
 I lied *m* d'arte
 S composición *f* vocal artística, canción *f* culta
 U műdal
 R профессиональная песня *f* ⟨*сочинённая композитором*⟩, романс *m*
— volkstümliches ∼ népies → műdal
Kunstmittel *n* D = Kunstgriff
Kunstmusik *f* D
 E art music
 F musique *f* savante
 I musica *f* d'arte
 S música *f* culta

U múzene
R профессиональная музыка *f*
Kunstreise *f* D *obs* = Konzertreise
Kunsttanz *m* D
   E art dance
   F danse *f* artistique
   I danza *f* d'arte
   S danza *f* artística
   U művészi tánc
   R художественный танец *m*
Kunstwerk *n* D
   E work of art
   F œuvre *f* d'art, chef-d'œuvre *m*
   I capolavoro *m*, opera *f* d'arte
   S obra *f* maestra/de arte
   U műalkotás, mestermű
   R художественное произведение *n*
kúp U; ∼ alakú *canna* kegelförmig
— alul keskenyedő ∼ formájú *canna* kegel-
   förmig nach unten zugespitzt
kúpláda U *org* Kegellade
kupola U Kuppel
kúpos U *canna* kegelförmig
Kuppel *f* D ⟨*Becken*⟩
   E dome, centre, A: center
   F bosse *f*, partie *f* renflée des cymbales
   I cupola *f*
   S cuenco *m*, concavidad *f* de los platillos/
   cimbalos
   U kupola, közép
   R выпуклость *f* в середине тарелки
— auf die ∼ *prescr* = Becken auf die Kuppel
Kuppelhorizont *m* D *teat*
   E dome horizon, centre/center horizon,
   cyclorama dome
   F coupole *f* d'horizon
   I "cielo" *m*
   S cúpula *f*, cielo *m*
   U horizont(függöny)
   R куполообразный горизонт *m*
Kürbisraspel *f* D
   E gourd scraper/guiro
   F calebasse *f* râpée, râpeur *m* en calebasse
   I guiro *m*, cabasa *f*
   S calabaza *f* raspada, raspador *m* de cala-
   baza
   U guiró, guachara
   R гуиро *n*
Kürbisrassel *f* D
   E gourd rattle, beaded gourd, maraca,
   cabaza
   F maraca *m*
   I cabasa *f*, guiro *m*
   S maraca *m*
   U cabaza
   R погремушка *f* из тыквы
Kurorchester *n* D
   E spa orchestra
   F orchestre *m* de ville d'eau
   I orchestra *f* di luoghi di cura
   S orquesta *f* de balneario
   U fürdőhelyi zenekar, kúrorkeszter
   R курортный оркестр *m*

kúrorkeszter U Kurorchester
Kurrende *f*, **Currende** *f* D ⟨16 —17. *sec*⟩
   E *(school choir which earned money by*
   singing)
   F *(chœur scolaire parcourant les rues en*
   chantant pour obtenir de l'argent)
   I *(cori scolastici che prestavano la loro*
   opera a pagamento)
   S tuna *f* estudiantil ⟨*coros estudiantiles que*
   actuaban mediante estipendio⟩
   U *(iskolai énekkar, amely pénzért énekelt*
   nyilvános helyen)
   R *(хоры учащихся, певшие в общественных*
   местах за вознаграждение)
kürt U Horn; *org* French horn
— billentyűs ∼ Klappenhorn
— fogáslyukas ∼ *legni* Grifflochhorn
— havasi ∼ Alpenhorn
— invenciós ∼ Inventionshorn
— kettős ∼ Doppelhorn
— kromatikus ∼ chromatisches → Klappenhorn
— orosz ∼ russisches → Horn
— természetes ∼ Naturhorn; Naturwaldhorn;
   Waldhorn
kürtjátékos U Hornist
kürtjel U Hornsignal; *mil* Signal
kürtkvintek *pl* U Hornquinten
kürtő U *canna ancia* Aufsatz
kürtös U Hornist
— havasi ∼ Alphorner
kürttrió U Horntrio
kürtzene U; orosz ∼ русская роговая →
   музыка
kurzatmig D *camp*
   E dull (in tone)
   F sourd, étouffé
   I sordo
   S sordo
   U tompa
   R обрывистый
Kurzfassung *f* D = gekürzte → Fassung
Kurzhalslaute *f* D
   E short-necked lute
   F luth *m* court
   I liuto *m* con manico corto
   S laúd *m* (de cuello) corto
   U rövid nyakú lant
   R лютня *f* с короткой шейкой
Kurzklavier *n* D
   E mini-piano, short piano
   F mini-piano *m*
   I pianino *m* (piccolo)
   S minipiano *m*
   U rövid zongora
   R кабинетный рояль *m*
Kurztoninstrumente *n pl* D
   E non-sustaining instruments *pl*
   F instruments *m pl* à sons non soutenus
   I strumenti *m pl* a suono breve
   S *(instrumentos cuyo sonido no puede*
   mantenerse indefinidamente)
   U *(nem továbbzengő hangszerek)*

R инструменты *m pl* с малой продолжительностью звучания
Kustos *m*, **Custos** *m* D
  E direct, custos
  F guidon *m*, custos *m*
  I guida *f*
  S custos *m*
  U custos
  R кустода *f*
küszöbérték U; hangmagasság-megkülönböztetési ~ Tonhöhenunterschiedsschwelle
kuvikly R → кугиклы
kvart U Quarte
— bővített ~ übermäßige → Quarte
— szűkített ~ verminderte → Quarte
— tiszta ~ reine → Quarte
kvartakkord U accord par quartes
kvartett U quartetto
kvartfagott U tarot
kvartharmónia U Quartenharmonik
kvarthegedű U Quartgeige
kvartkör U Quartenzirkel
kvartola U Quartole
kvartszextakkord U accord de sixte et quarte; accord de sixte et quarte de passage
— zárlati/kadenciális ~ accord de sixte et quarte cadentiel
kvartugrás U Quartsprung
kvartventil U *ottoni* Quartventil

kvint U Quinte
— akusztikus ~ek *pl* Hörquinten
— alsó ~ Unterquinte
— bővített ~ übermäßige → Quinte
— egyegész-egyharmadlábas ~ *org* Quinteineindrittelfuß
— felső ~ Oberquinte
— kétegész-kétharmadlábas ~ *org* Quintzweizweidrittelfuß
— párhuzamos ~ek *pl* parallele → Quinten
— szűkített ~ verminderte → Quinte
— tiszta ~ reine → Quinte
— üres ~ leere → Quinte
kvintakkord U accord par quintes
kvintáttétel U *org* Quintentransmission
kvintelni *v* U quintieren
kvintett U quintetto
kvintfagott U fagottino
kvintfúga U Quintfuge
kvinthegedű U quinte
kvinthelyzet U *acc* Quintlage
kvintkopula U *org* Quintentransmission
kvintkör U Quintenzirkel
kvintola U Quintole
kvintpárhuzam U Quintparallele
kvintrokonság U Quintverwandtschaft
kvintszext U; Rameau-féle ~ sixte ajoutée
kvintszextakkord U accord de quinte et sixte
kvinttiszta U quintenrein

L

la *m* F *ton* a
~ bémol *ton* as
~ dièse *ton* ais
~ double bémol *ton* ases
~ double dièse *ton* aisis
~ majeur: A-Dur
~ mineur: a-Moll
la *m* I *ton* a
~ bemolle *ton* as
~ diesis *ton* ais
~ doppio bemolle *ton* ases
~ doppio diesis *ton* aisis
~ maggiore: A-Dur
~ minore: a-Moll
la *m* S *ton* a
~ bemol *ton* as
~ doble bemol *ton* ases
~ doble sostenido *ton* aisis
~ mayor: A-Dur
~ menor: a-Moll
~ sostenido *ton* ais
láb U *archi, cemb* Steg; *arpa, canna ancia, org,
pn* Fuß; *fag* Stiefel; *fl. d.* Fußstück; *pfte*
Bein; Steg; *vc* Stachel
— a ~ közelében *archi* am → Steg
— a ~ mögött *archi* hinter dem → Steg
— egy egész egy heted ~ *org* Eineinsiebtelfuß
— tizenhat ~ *org* Unterchormaß
labbro *m* I *canna* Labium
~ a mitria *canna* Spitzlabium
~ arrotondato *canna* Rundlabium
~ inferiore *canna d. m.* Unterlabium
~ superiore *canna* Oberlabium
lábcsin U *fam* Charlestonmaschine
lábemeltyű U *org* Fußdrücker
laberinto *m* S *or* Labyrinth
lábgép U *tamb* Fußmaschine; Fußschlegel
labial E; ~ pipe *canna* Lippenpfeife
labiálmű U *canna* Labialwerk
Labialpfeife *f* D = Lippenpfeife
Labialregister *n* D *org*
  E flue stop
  F jeu *m* de tuyaux à bouche
  I registro *m* labiale
  S registro *m* labiado/labial/de boca

  U ajakregiszter, ajakjáték
  R лабиальный регистр *m*
Labialwerk *n* D *canna*
  E flue pipes *pl*
  F jeux *m pl* de tuyaux à bouche
  I canne *f pl* labiali/ad anima
  S conjunto *m* de los (tubos) labiados
  U ajakjáték, labiálmű
  R лабиальные регистры *m pl*
Labien *n pl* D → Labium
labio *m* S *camp* Schlag; *canna* Labium; *canna,
fl. d.* Schneide
~ en punta *canna* Spitzlabium
~ inferior *canna d. m.* Unterlabium
~ redondeado *canna* Rundlabium
~s *pl* salientes *canna d. m.* aufgeworfene
Labien → Labium
~ superior *canna* Oberlabium
labirinto *m* I *or* Labyrinth
labirintus U *or* Labyrinth
labirintusfolyadék U *or* Labyrinthwasser
Labium *n* D *canna*
  E labium
  F lèvre *f*
  I labbro *m*
  S labio *m*
  U ajak
  R лабиум *m*, губа *f*
— aufgeworfene/erhabene Labien *pl canna d. m.*
  E raised lips *pl*
  F écusson *f*
  I mitra *f*, mitria *f*, scudo *m*
  S labios *m pl* salientes
  U felhajtott/felhúzott lábium
  R изогнутые губы *f pl*
labium E *canna* Labium
lábium U *fl. d.* Aufschnitt
— alsó ~ *canna d. m.* Unterlabium
— felhajtott/felhúzott ~ *canna d. m.* aufge-
worfene Labien → Labium
— felső ~ *canna* Oberlabium
— gömbölyű ~ *canna* Rundlabium
— hegyes ~ *canna* Spitzlabium
láblyuk U *canna* Fußloch
lábrész U *fl. d.* Fußstück

lábszámozás U *org* Fußtonzahl
Labyrinth *n* D *or*
 E labyrinth
 F labyrinthe *m*
 I labirinto *m*
 S laberinto *m*
 U labirintus
 R лабиринт *m*
labyrinth E *or* Labyrinth
labyrinthe *m* F *or* Labyrinth
Labyrinthwasser *n* D *or*
 E endolymph ⟨*fluid of the inner ear*⟩
 F endolymphe *f*, périlymphe *f* ⟨*liquide du labyrinthe*⟩
 I linfa *f* labirintica, endolinfa *f*
 S endolinfa *f*, perilinfa *f*
 U labirintusfolyadék
 R жидкость *f* лабиринта
laced drum E Leinentrommel
lâché F tiefgespannt
lâcher *v* F *tasto* loslassen
ladies choir E Frauenchor
laendler *m* F *bl* Ländler
lag behind *v* E nachhinken
Lage *f* D *acc*
 E position, spacing (of a chord)
 F position *f*
 I posizione *f*
 S posición *f*, disposición *f*
 U fekvés
 R расположение *n*
~ ⟨*Buch, Handschrift*⟩
 E gathering
 F pli *m*, cahier *m*
 I registro *m*
 S pliego *m*, cuaderno *m*, cuadernillo *m*
 U ív
 R сфальцованный печатный лист *m*
~, **Position** *f corda, trbne*
 E position
 F position *f*
 I posizione *f*
 S posición *f*
 U fekvés
 R позиция *f*
— **enge** ~ *acc*
 E close position
 F position *f* serrée
 I posizione *f* stretta
 S posición/disposición *f* estrecha
 U szűk fekvés
 R тесное расположение *n*
— **erste [zweite, dritte, vierte]** ~ *corda, trbne*
 E first [second, third, fourth] position
 F première [deuxième, troisième, quatrième] position *f*
 I prima [seconda, terza, quarta] posizione *f*
 S primera [segunda, tercera, cuarta] posición *f*
 U első [második, harmadik, negyedik] fekvés
 R первая [вторая, третья, четвёртая] позиция *f*

— **gemischte** ~ *acc*
 E mixed position
 F position *f* mixte
 I posizione *f* mista
 S posición *f* mixta
 U vegyes/kevert fekvés
 R смешанное расположение *n*
— halbe ~ *corda* mezza → manica
— **weite** ~ *acc*
 E open/extended position
 F position *f* large
 I posizione *f* lata
 S posición/disposición *f* abierta
 U tág fekvés
 R широкое расположение *n*
Lagenbezeichnung *f* D ⟨*Buch, Handschrift*⟩
 E quire signature
 F signature *f*
 I indicazione *f* di registro
 S signatura *f*
 U ívjelzés
 R порядковый номер *m* сфальцованного печатного листа
Lagenwechsel *m* D *corda, trbne*
 E change of position, shift
 F changement *m* de position
 I cambiamento *m* di posizione
 S cambio *m* de posición
 U fekvésváltás
 R смена *f* позиции
lágy U schallweich; *ton* weich
lágyan U *prescr* dolce
lágykürt U *org* lieblich → Horn
lai E Leich
lai *m* F I Leich
lama *f* **d'aria** I *org* Luftband
lame *f* F *fis* Stimme
~ de l'étouffoir *pfte* Dämpferarm
~ métallique flexible (pour l'accord) *canna d. l.* biegbares → Stimmblech
~ vibrante *arm* Zunge
lament E complainte; Klage; Klagelied
lamentabile I *prescr*
 D lamentabile, klagend
 E lamentabile, "*lamenting*"
 F lamentabile, plaintif
 S lamentabile, lamentoso
 U lamentabile, panaszos(an)
 R lamentabile, жалуясь
lamentáció U Klage
lamentación *f* S Klage
— lamentaciones *pl* Klagelied
Lamentation *f* D = Klage, Klagelied
lamentation E Klage; Klagelied
lamentation *f* F Klage
lamentazione *f* I Klage
lamentevole I = lamentabile
lamento *m* I Klage
~ funebre: Nänie
lamento *m* S Klage; Klagelied
lamentoso I = lamentabile
lamina *f* I; ~ dei registri *fis* Registerschieber in den Resonanzböden

~ metallica interna *fis* unsichtbare → Diskantjalousie
~ perforata *fis* Diskantjalousie
lámina *f* S; ~ de afinación flexible *canna d. l.*
biegbares → Stimmblech
laminador *m* S *org* Streicheisen
laminated E *corda* gesperrt
~ neck *corda* gesperrter → Hals
lámpaláz U Lampenfieber
Lampenfieber *n* D
  E stage fright
  F trac *m*
  I panico *m* dinanzi al pubblico
  S miedo *m* de salir a escena, trac *m*
  U lámpaláz
  R боязнь *f* эстрады/сцены
lánc U Ketten
lanceros *pl m* S lancers
lancers *pl* E *bl* ⟨19. *sec*⟩
  D Quadrille *f* à la cour
  F lanciers *m pl* ⟨*quadrille*⟩
  I *"lancieri" m pl* ⟨*tipo di quadriglia*⟩
  S lanceros *m pl*
  U francia négyes ⟨*angliai változata*⟩
  R *(придворная кадриль)*
lancetta *f* **per accordare** I *org* Intonierlanze
lanciers *m pl* F lancers
lánctrilla U Kettentriller
Landini sixth E Landinoklausel
Landinoklausel *f* D
  E Landini sixth
  F cadence *f* de Landino
  I cadenza *f* di Landino/landiniana
  S cadencia *f* de Landino
  U landinói zárlat
  R *(вид клаузулы с ходом VI ступени в I)*
Ländler *m* D *bl*
  E ländler
  F ländler *m*, laendler *m*
  I "Ländler" *m*
  S Ländler *m*
  U ländler
  R лендлер *m*
— **Tiroler** ~ *bl*
  E tyrolienne
  F tyrolienne *f*
  I *("Ländler" alla tirolese)*
  S tirolesa *f*
  U tiroli ländler
  R тирольен *m*
ländler E *bl* Ländler
ländler *m* F *bl* Ländler
ländler U *bl* Ländler
— tiroli ~ *bl* Tiroler → Ländler
Landsknechtstrommel *f*, **Heroldstrommel** *f* D
  E long drum
  F caisse *f* roulante/sourde
  I cassa *f* rullante
  S redoblante *m*
  U pergődob, zsoldosdob
  R цилиндрический барабан *m*
langage *m* F; ~ musical/sonore: Tonspra-
che

Länge *f* D
  E length
  F longueur *f*
  I lunghezza *f*
  S largo *m*
  U hosszúság
  R длительность *f*
— **klingende** ~ *canna*
  E speaking length
  F longueur *f* vibrante de la colonne d'air,
    longueur *f* parlante
  I lunghezza *f* della parte vibrante
  S longitud *f* parlante/vibrante
  U hangzó hossz(úság)
  R звучащая/вибрирующая часть *f* воз-
    душного столба
— **schwingende** ~ *corda*
  E vibrating length
  F longueur *f* vibrante
  I lunghezza *f* della parte vibrante
  S longitud *f* de vibración, largo *m* vibrante
  U rezgő hossz(úság)
  R вибрирующая часть *f*
Langhalslaute *f* D
  E long-necked lute
  F luth *m* long/à long manche
  I liuto *m* con manico lungo
  S laúd *m* (de cuello) largo
  U hosszú nyakú lant
  R лютня *f* с длинной шейкой
lángorgona U Flammenorgel
langsam D *prescr* adagio; lento
— **sehr** ~ *prescr* adagissimo; lentissimo
langsamer D allentato
~ **werdend** *prescr* allentando; rallentando;
ritardando
Längsflöte *f* D
  E end-blown flute
  F flûte *f* droite
  I flauto *m* verticale/diritto
  S flauta *f* recta
  U egyenes fuvola
  R продольная флейта *f*
Langspielband *n* D = Langspieltonband
Langspielplatte *f* D
  E long-playing record, L.P., LP
  F disque *m* microsillon/de longue durée,
    long play *m*
  I disco *m* microsolco
  S microsurco *m*, disco *m* de larga duración,
    long-playing *m*
  U mikrobarázdás (hang)lemez, mikrolemez
  R долгоиграющая пластинка *f*
Langspiel(ton)band *n* D
  E long-playing/A: extended play tape
  F bande *f* de longue durée
  I nastro *m* a lunga durata
  S banda/cinta *f* de larga duración
  U hosszan játszó (hang)szalag
  R долгоиграющая магнитофонная лента *f*
Längsschwingung *f*, **Longitudinalschwingung** *f*
D
  E longitudinal vibration

F vibration *f* longitudinale
I vibrazione *f* longitudinale
S vibración *f* longitudinal
U hosszanti/longitudinális rezgés
R продольное колебание *n*
language of music E Tonsprache
languette *f* F *canna ancia, cemb* Zunge; *pfte* Prellzunge
~ de clef *legni* Klappenstiel
~ levant l'étouffoir *pfte* Tonhaltungsbäckchen
languid E *canna d. m.* Kern
~ depresser *org* Kernsetzer
~ tool *org* Intonierlanze
languido I
　D languido, schmachtend
　E languido, "*languidly*"
　F languido, languissant
　S languido, lánguido
　U languido, epekedve
　R languido, томно, как бы изнемогая
lánguido S languido
languissant F languido
lanière *f* F *pfte* Bändchen
~ métallique *pfte* Bändchendraht
lant U Laute
— hosszú nyakú ~ Langhalslaute
— kettős nyakú ~ Doppelhalslaute
— megtört nyakú ~ Knickhalslaute
— rövid nyakú ~ Kurzhalslaute
— többszörösen húrozott ~ Chorlaute
— vonós ~ Bogenlaute
lanthúr U Lautensaite
lantjátékos U Lautenspieler
lantos U Lautenspieler; Spielmann
lanttabulatúra U Lautentabulatur
lap U; ~ról énekelni *v* vom → Blatt singen
~ról játszani *v* vom → Blatt spielen
~ról olvasás/játék: Blattspiel
lapos U *str* flach
laposcitera U Brettzither
laposfedél U; gyűrűs ~ *canna* Ringdeckung mit Klappdeckel
lapozni *v* U umblättern
lapping E *ancia* Garnbewicklung; *arco* Bewicklung
lapszámozni *v* U paginieren
largamente I *prescr* = largo
largando I = allargando
large E maxima
large F; très ~ *prescr* larghissimo
largeur *f* F; ~ du corps au plus étroit *vl* mittlere → Korpusbreite
~ du milieu des C *vl* mittlere → Korpusbreite
~ d'un sillon *gram* Rillenbreite
larghetto I *prescr*
　D larghetto, ein wenig breit
　E larghetto, "*somewhat broad(ly)*"
　F larghetto ⟨*un peu moins large que largo*⟩
　S larghetto
　U larghetto, "*kissé szélesen*"
　R larghetto, ларгетто

larghezza *f* I; ~ centrale del corpo *vl* mittlere → Korpusbreite
~ del solco *gram* Rillenbreite
larghissimo I *prescr*
　D larghissimo, sehr breit
　E larghissimo, "*very broad(ly)*"
　F larghissimo, très large
　S larghissimo
　U larghissimo, "*igen/nagyon szélesen*"
　R larghissimo, очень широко
Largo *n* D largo
largo E largo
largo *m* F largo
largo, largamente I *prescr*
　D largo, largamente, breit
　E largo, largamente, "*broad(ly)*"
　F largo, largamente, "*ample*", avec ampleur
　S largo, largamente
　U largo, largamente, szélesen, szélesedően
　R largo, largamente, ларго, широко, протяжно
largo *m* I
　D Largo *n*
　E largo
　F largo *m*
　S largo *m*
　U largo
　R ларго *n*
largo *m* S largo; Länge
~ de la porción entorchada *pfte* Spinnlänge
~ del entorchado *pfte* Spinnlänge
~ vibrante *corda* schwingende → Länge
~ vibrante de la cuerda *tasto* schwingende → Saitenlänge
laringe *f* I S Kehlkopf
laringeo I Kehlkopf-
laríngeo S Kehlkopf-
lärmend D *prescr* strepitoso
laryngeal E Kehlkopf-
larynx E Kehlkopf
larynx *m* F Kehlkopf
— du ~ Kehlkopf-
lasciare *v* I *ton* verlassen
lassacskán U *prescr* adagietto; andantino
lassan U *prescr* adagio; grave; lento
— nagyon/igen ~ *prescr* adagissimo; lentissimo
lassítani *v* U zögern; *prescr* rallentare
lassítva U *prescr* allentando; rallentando
lassú U; ~ (*magyar*)
　D (*der langsame Teil des Verbunkos*)
　E (*slow section of the verbunkos*)
　F (*partie lente du verbunkos*)
　I (*parte lenta del verbunkos*)
　S (*parte lenta del verbunkos*)
　R лашан *m*
lassulni *v* U nachlassen
last E; ~ movement: Schlußsatz
~ post *mil* Zapfenstreich
lastrina *f* I; ~ di madreperla *arco* Schub
lateral E; ~ cut *gram* Berliner-Schrift; Seitenschrift
~ peg *corda* Seitenwirbel

látigo *m* S Peitsche; Pritsche
látszatpolifónia U Scheinpolyphonie
látszólagos U Schein-
laúd *m* S Laute
~ con clavijero posterior: Knickhalslaute
~ con cuerdas dobles/múltiples: Chorlaute
~ con órdenes dobles: Chorlaute
~ de arco: Bogenlaute
~ (de cuello) corto: Kurzhalslaute
~ (de cuello) largo: Langhalslaute
~ de doble mango/cuello: Doppelhalslaute
Lauden *f pl* D laudi
Laudes *f pl* F laudi
laudes *f pl* S laudi
laudes *pl* U laudi
laudi *f pl* I
  D Lauden *f pl*
  E lauds *pl*
  F Laudes *f pl*
  S laudes *f pl*
  U laudes *pl*
  R лауды *f pl*
laudista *m + f* S Lautenspieler
lauds *pl* E laudi
Lauf *m* D
  E run, (rapid scale) passage
  F passage *m* rapide de notes
  I veloce passaggio *m* di note
  S pasaje *m*, escala *f* rápida
  U futam, lauf
  R пассаж *m*, рулада *f*
lauf U Lauf
Laufbaß *m* D walking bass
Laufgeräusch *n* D *gram, magn*
  E rumble, hiss, A: noise
  F bruit *m*, grognement *m*, vibration *f* à basse fréquence
  I ronzio *m*, vibrazione *f* a bassa frequenza
  S ruido *m*, ronquido *m*, vibración *f* superpuesta de baja frecuencia
  U alapzaj
  R посторонние шумы *m pl*
Laufwerk *n* D = Flötenuhr
Laufzeit *f* D *gram, magn*
  E playing time, duration
  F durée *f*
  I durata *f*
  S duración *f*
  U játszási idő
  R продолжительность *f* игры
launenhaft D *prescr* capriccioso
laut D *prescr* forte
— sehr ~ *prescr* fortissimo
— ziemlich ~ *prescr* mezzoforte
Laut *m* D
  E sound
  F son *m*
  I voce *f*
  S sonido *m*
  U hang
  R звук *m*
~ **erzeugen** *v*
  E to phonate

  F émettre *v* un son
  I emettere *v* un suono vocalico
  S articular *v* un sonido vocálico, emitir *v* sonido
  U hangot képezni *v*
  R извлекать *v* звук
Laute *f* D
  E lute
  F luth *m*
  I liuto *m*
  S laúd *m*
  U lant
  R лютня *f*
läuten *v* D; **Glocke** ~
  E to chime, to ring, to peal, to toll
  F carillonner, sonner
  I suonare (campane), scampanare
  S tocar *v* las campanas, repicar
  U harangozni
  R звонить
Lautenclavizimbel *n* D
  E lute-harpsichord
  F luth-clavecin *m*
  I clavicembalo *m* liuto
  S laúd clavicémbalo *m*
  U bélhúros clavicembalo
  R *(клавесин с жильными струнами)*
Lautenist *m* D = Lautenspieler
Lautenistin *f* D = Lautenspielerin
Lautensaite *f* D
  E lute string
  F corde *f* de luth
  I corda *f* del liuto
  S cuerda *f* de laúd
  U lanthúr
  R струна *f* лютни
Lautenspieler *m*, **Lautenspielerin** *f*; **Lautenist** *m*, **Lautenistin** *f* D
  E lutenist, lutanist
  F luthiste *m + f*
  I liutista *m + f*
  S laudista *m + f*, lautista *m + f*
  U lantos, lantjátékos
  R лютнист *m*, лютнистка *f*
Lautentabulatur *f* D
  E lute tablature
  F tablature *f* de luth
  I intavolatura *f* di liuto
  S tablatura *f* de laúd
  U lanttabulatúra
  R лютневая табулатура *f*
Lautenwirbel *m* D
  E lute-pin
  F cheville *f* de luth
  I bischero/pirolo *m* del liuto
  S clavija *f* de laúd
  U lanthangoló kulcs
  R лютневые колки *m pl*
lauter werdend D *prescr* aumentando; crescendo
Lauterzeugung *f* D
  E phonation
  F émission *f* d'un son

I fonazione *f*
S articulación *f*, emisión *f* de un sonido
U hangképzés
R звукоизвлечение *n*
lautista *m* + *f* S Lautenspieler
Lautmalerei *f* D
  E onomatopoeia
  F onomatopée *f*
  I onomatopea *f*
  S onomatopeya *f*
  U hangfestés
  R звукоподражание *n*, звукопись *f*
Lautsprecher *m* D
  E loudspeaker, speaker
  F haut-parleur *m*
  I altoparlante *m*
  S altavoz *m*, altoparlante *m*
  U hangszóró, hangosanbeszélő
  R громкоговоритель *m*, репродуктор *m*
Lautsprecherbox *f* D *rad*
  E (loud)speaker cabinet
  F haut-parleur *m* en coffret
  I scatola *f* dell'altoparlante
  S altavoz/altoparlante *m* de caja
  U hangszáródoboz
  R корпус *m* громкоговорителя
Lautstärke *f* D = Tonstärke *f*
Lautstärkeregler *m* D *rad, gram, magn*
  E volume control
  F réglage *m* de la puissance du son
  I regolatore *m* del volume
  S regulador/control *m* de volumen
  U hangerőszabályozó
  R регулятор *m* силы звука
lavoro *m* I; ~ didattico: Lehrwerk
~ tematico: thematische → Arbeit, Motivverarbeitung
lay E Leich; *ancia* Bahn
~ clerk/vicar: Chorvikar
lay *m* S Leich
laye *f* F *org* Windkasten
laza U tiefgespannt
lazítani *v* U entspannen; *timp* lockern
lazítás U Entspannung
lazo *m* S *corda* Öse; Schlinge; *pfte* Ring
lead E *teat* rôle principal
~ weight *tasto* Blei
— in the ~ ... *teat* dans le → rôle principal
— play *v* the ~ *teat* interpréter le → rôle
  principal
lead *v* E *tasto* ausbleien
leader E Konzertmeister; Primgeiger
~ tape *magn* Vorspannband
leading E; ~ man *teat* primo → uomo
~ motif/motive: Leitmotiv
~ note: Dominantseptakkord ohne Grundton; Leitton
~ rôle *teat* rôle principal
~ seventh chord: accord de septième sensible
~ tone: Dominantseptakkord ohne Grundton; Leitton
leállás U Stillstand
leap E Sprung

~ of a fourth: Quartsprung
— downward ~ Abwärtssprung
leap *v* E springen
leaping dance E Springtanz
learning by heart E Auswendiglernen
leather E; ~ brace *tamb* Trommelschleife
~ stick *perc* Lederschlegel
leave *v* E *ton* verlassen
lebegés U Schwingung; *org* Schwebung; *tasto,*
  org, archi Wolf
lebegésmentes U schwebungsfrei
lebegni *v* U schwingen; *canto* wackeln
lebendig D *prescr* vivo
lebhaft D *prescr* allegro; brioso; vivace
— ein wenig ~ *prescr* allegretto
léc U *vl* Bereifung
— kiváltást szabályozó ~ *pfte* Auslöserpuppenleiste
— rugóvezető ~ *org* Leitleiste der Feder
— tompítóvezető ~ *tasto* Führungsleiste
lección *f* S leçon; Lektion; Unterricht
~ de baile/danza: Tanzstunde
~ de canto: Gesangsstunde
~ de piano: Klavierstunde
— lecciones *pl* particulares: Einzelunterricht
lecke U Lektion
Leçon *f* D leçon
leçon *f* F Handstück; Unterricht
~ ⟨17. sec⟩
  D Leçon *f*
  E lesson
  I lezione *f*
  S lección *f*
  U hangszeres etűd
  R инструментальный этюд *m*
~ de chant: Gesangsstunde
~ de danse: Tanzstunde
~ de piano: Klavierstunde
~s *pl* particulières: Einzelunterricht
~s *pl* privées: Privatunterricht
lecsengeni *v* U *ac* abklingen
lecsiszolás U *pfte* Abplatten
lectern E Chorpult; Lesepult
lecteur *m* F; ~ de microfilm: Mikrofilmlesegerät
~ de son *magn* Tonkopf
lection mark E Lektionszeichen
lectura *f* S Lektion
~ a primera vista: Blattspiel
lecture *f* F Lektion
~ à vue: Blattspiel
Lederschlegel *m* D *perc*
  E leather stick
  F baguette *f* de cuir
  I bacchetta *f* di cuoio
  S baqueta *f* de cuero
  U bőrfejű ütő/verő
  R колотушка *f* с кожаной головкой
ledger line E Hilfslinie
leer *v* S; ~ a primera vista: vom → Blatt
  singen
Leergang *m* D *tasto*
  E play

F course *f*
I corsa *f* a vuoto del tasto
S juego *m*
U játék
R холостой ход *m*, люфт *m*
lefelé U abwärts
leg E *pfte* Bein
lega *f* I; ~ di bronzo e piombo: Glockengut
~ per le canne dell'organo *canna* Orgelmetall
legare *v* I binden; verbinden; *ton* verschleifen
legato I gebunden
~ *prescr*
  D legato, gebunden
  E legato, *"smooth(ly)"*, *"bound"*
  F legato, lié
  S legato, ligado
  U legato, kötve, kötötten
  R legato, легато, связно, слитно
Legatobogen *m*, **Bindebogen** *m* D
  E slur
  F liaison *f*
  I legatura *f* di portamento
  S ligadura *f*
  U ligatúra, (kötő)ív
  R лига *f*, лигатура *f*
legatura *f* I Bindung; Ligatur; Ligaturklammer; Verbindung; *ancia* Garnkugel; *arco* Bewicklung; *cl* Blattschraube; Ligaturklammer; *legni* Bindeklappe
~ di fraseggio: Phrasierungsbogen
~ di portamento: Legatobogen
~ di valore: Haltebogen
~ prima [seconda, terza] *ancia* erste [zweite, dritte] → Zwinge
légcső U Luftröhre
leger E; ~ line: Hilfslinie
léger F frei; *prescr* agevole; leggiero
légèreté *f* F; avec ~ *prescr* leggiero
legge *f* I; ~ sui diritti d'autore: copyright protection
leggerezza *f* I; con ~ = leggiero
leggermente I *prescr* = leggiero
leggero I *prescr* = leggiero
leggiadramente I *prescr* = leggiadro
leggiadria *f* I; con ~ = leggiadro
leggiadro, leggiadramente I *prescr*
  D leggiadro, leggiadramente, anmutig, fein
  E leggiadro, leggiadramente, *"graceful(ly)"*
  F leggiadro, leggiadramente, gracieux, avec grâce
  S leggiadro, leggiadramente, gracioso, graciosamente
  U leggiadro, leggiadramente, *"kecses(en)"*, *"könnyed(en)"*, *"bájos(an)"*
  R leggiadro, leggiadramente, легко, грациозно
legg(i)ero, leggermente I *prescr*
  D legg(i)ero, leggermente, leicht
  E legg(i)ero, leggermente, *"light(ly)"*
  F legg(i)ero, leggermente, léger, avec légèreté
  S legg(i)ero, leggermente, ligeramente, con ligereza

  U legg(i)ero, leggermente, könnyedén
  R legg(i)ero, leggermente, легко
leggio *m* I Chorpult; Lesepult; Notenpult; Pult; *ottoni* Notenhalter
~ da marcia *ottoni* Notenhalter
— primo [secondo] ~ Erstes [Zweites] → Pult
légkompresszió U Luftverdichtung
legnetto *m* I; legnetti *pl* da percuotere: claves
legno *m* I; ~ frullante: Schwirrholz
— **col ~ (dell'arco)** *prescr, vl*
  D col legno (dell'arco), mit der Bogenstange
  E col legno (dell'arco), *"with the wood of the bow"*
  F col legno (dell'arco), avec le bois de l'archet
  S col legno (dell'arco), *"con la madera del arco"*
  U col legno (dell'arco) *"a vonó fájával"*
  R col legno (dell'arco), тростью смычка
— il ~ das → Holz
légnyomás U Luftdruck
légoszlop U Luftsäule
légrezgés U Luftschall
légritkítás U Luftverdünnung
légritkulás U Luftverdünnung
légsűrítés U Luftverdichtung
légszalag U *org* Luftband
légszekrényzár U *fis* Balgverschluß
légút U *fl. d.* Luftkanal
légvezeték U *org* Kondukt
legyezőkánon U Fächerkanon
légylábírás U Fliegenfußnotation
légylábneuma U Metzer → Neume
légylábneuma-kottaírás U Fliegenfußnotation
légzés U Atem; Atmung
— hasi ~ Zwerchfellatmung
— mellkasi ~ Brustatmung
légzéstechnika U Atembehandlung
lehallgatófülke U *rad* Abhörkammer
lehangolás U ravalement
lehangolni *v* U herabstimmen; *corda* abbassare
lehangolt U verstimmt
leheletszerű U *canto, fiati* hauchig
Lehrbuch *n* D
  E text/instruction book, method, tutor
  F méthode *f*, livre *m* didactique
  I metodo *m*, libro *m* didattico
  S método *m*, libro *m* de texto
  U tankönyv
  R учебник *m*
Lehrmittel *n pl* D
  E teaching aids *pl*
  F matériel *m* pédagogique
  I sussidi *m pl* didattici
  S material *m* pedagógico/didáctico
  U tanszer, (oktatási) segédeszköz(ök *pl*)
  R учебное пособие *n*
Lehrwerk *n* D
  E didactic/instructional work
  F œuvre *f* didactique/pédagogique
  I opera *f* didattica, lavoro *m* didattico
  S obra *f* didáctica

U tandarab, pedagógiai mű
R пьеса *f* педагогического репертуара
lehúzni *v* U *fiati* herunterziehen
Leich *m* D
  E lai, lay
  F lai *m*
  I lai *m*
  S lay *m*
  U leich ⟨*középkori dalforma*⟩
  R *(песенный жанр трубадуров)*
leich U Leich
leicht D *prescr* agevole; facile; leggiero
leidenschaftlich D *prescr* appassionato
Leier *f* D
  E lyre
  F lyre *f*
  I lira *f*
  S lira *f*
  U líra, lyra
  R лира *f*
  ~ ⟨*Radleier*⟩ = Drehleier
Leierkasten *m* D = Drehorgel *f*
leihen *v* D
  E to loan, to rent
  F louer
  I prestare
  S prestar, alquilar
  U kölcsönözni, bérelni
  R брать *v* взаймы; дать *v* взаймы
Leihmaterial *n* D
  E loan/hire material
  F matériel *m* de location
  I materiale *m* da noleggio
  S material *m* de alquiler
  U bérelhető/bérelt anyag, kölcsönanyag
  R прокатный материал *m*
Leine *f* D *tamb*
  E cord, rope
  F corde *f*
  I corda *f*, tirante *m*
  S tensor *m*
  U zsinór, kötél(zet)
  R шнур *m*, верёвка *f*
Leinentrommel *f* D
  E laced/side/snare drum
  F tambour *m* (à cordes), caisse *f* claire
  I tamburo *m* con/a corde
  S tambor *m* afinable/con tensores
  U kötéllel hangolt dob
  R французский барабан *m*
leintés U *dir* Abschlag; Abschluß
leírni *v* U abschreiben
leise D *prescr* piano
— sehr ~ *prescr* pianissimo
— ziemlich ~ *prescr* mezzopiano
Leise *f* D
  E *(German medieval congregational hymn)*
  F *(hymne allemand médiéval religieux)*
  I *(inno tedesco medievale di congregazione)*
  S *(cántico alemán medieval religioso)*
  U *(középkori német gyülekezeti himnusz)*
  R *(жанр средневековой духовной немецкой песни)*

Leise-Pedal *n* D *pfte* = Moderatorpedal
leiser werdend D *prescr* decrescendo; diminuendo
leisztni U *pfte* Schloßleiste
Leitakkord *m* D *obs* = Dominantakkord
Leiter *m* D; **künstlerischer** ~
  E artistic director/adviser
  F directeur *m* artistique
  I direttore *m* artistico
  S director *m* artístico
  U művészeti vezető
  R художественный руководитель *m*
leitereigen D
  E proper to the scale/key
  F appartenant à la gamme/clef
  I proprio/appartenente alla scala
  S relativo a/propio de la escala, propio del tono, perteneciente al tono
  U hangsorhoz/hangnemhez tartozó
  R диатонический ⟨*входящий в тональность*⟩
leiterfremd D
  E foreign to the scale/key
  F hors du ton, n'appartenant pas/étranger à la gamme/clef
  I non appartenente/estraneo alla scala
  S ajeno/extraño a la escala, fuera del tono, extraño al tono
  U hangsorhoz/hangnemhez nem tartozó, hangsortól/hangnemtől idegen
  R хроматический ⟨*не входящий в тональность*⟩
Leitleiste *f* **der Feder** D *org*
  E spring guide
  F porte-ressort *m*, rainure-guide *m* du ressort de soupape
  I lista *f* guida della molla
  S corchete *m* de la válvula
  U rugóvezető (léc)
  R направляющая планка *f* пружин игровых клапанов
Leitmelodie *f* D ⟨*Kanon*⟩ = Proposta
leitmotif E Leitmotiv
Leitmotiv *n* D
  E leitmotif, leading motif/motive
  F leitmotiv *m*, motif *f* conducteur
  I motivo *m* conduttore
  S leitmotiv *m*, motivo *m* conductor
  U vezérmotívum, leitmotív
  R лейтмотив *m*
leitmotiv *m* F S Erinnerungsmotiv; Leitmotiv
leitmotív U Leitmotiv
Leitton *n* D
  E leading note/tone
  F note *f* sensible, sensible *f*
  I sensibile *f*
  S nota *f* sensible, sensible *f*
  U vezetőhang, vezérhang
  R вводный тон *m*
Leitung *f* D; **unter (der)** ~ **von...**
  E under the direction of...
  F sous la direction de...
  I sotto la direzione di...

S bajo la dirección de ...
U vezényel ..., ... vezényletével
R под управлением ...
lejano S entfernt
lejegyezni *v* U notieren
lejegyzés U; hangzó hangmagasság ~e: Klang-
notation
lekció U Lektion
lekciótónus U *greg* Lektionston
lekottázni *v* U notieren
Lektion *f*, **Lesung** *f* D
 E lesson
 F lecture *f*
 I lezione *f*
 S lección *f*, lectura *f*
 U lekció
 R лекция *f*, чтение *n*
Lektionston *m* D *greg*
 E lesson tone
 F ton *m* de lecture
 I tono *m* di lezione
 S tono *m* de lectura
 U lekciótónus
 R *(чтение литургического текста по
 типу псалмодирования)*
Lektionszeichen *n* D
 E ecphonetic sign, lection mark
 F signe *m* ecphonétique
 I segno *m* ecfonetico
 S signo *m* ekfonético
 U ekfonetikus jel
 R *(система знаков в псалмодировании при
 повышении и понижении голоса)*
lektórium U Lettner
lélegezni *v* U atmen
lélegzet(vétel) U Atem; Atmung
lélek U *archi* Stimmstock
lélekállító U *archi* Stimmrichter
lélekharang U Totenglocke
lemaradni *v* U nachhinken; schleppen
lemásolni *v* U abschreiben
lemez U; mikrobarázdás ~ *gram* Langspielplatte
— (perforált) ~ Notenblatt
— 17 centis/45 fordulatos ~ *gram* single disc
lemezjátszó U Schallplattenspieler
lemezkatalógus U Discographie
lemezszám U Plattennummer; Verlagsnummer
lemeztányér U *gram* Plattenteller
lemezváltó U; automata ~ automatischer →
Schallplattenwechsler
lemezzörej U *gram* Abspielgeräusch
lendület U *fam* Schmiß
lendületesen U *fam* schmissig
lengésidő U Schwingungsdauer
length E Länge
lengua *f* S Glockenhammer
lenguaje *m* **sonoro/musical** S Tonsprache
lengüeta *f* S Rohrblatt; *arm, canna ancia*
Zunge; *fis* Stimme; *pfte* Prellzunge
~ batiente: aufschlagendes → Rohrblatt;
arm Gegenschlagzunge; *canna ancia* aufschlagende → Zunge

~ blanda: weiches → Rohrblatt
~ doble: doppeltes → Rohrblatt
~ dura: hartes → Rohrblatt
~ libre: durchschwingendes → Rohrblatt;
arm Durchschlagzunge
— de ~ simple *fis* einchörig
lengüetería *f* S *org* Schnarrwerk; Zungenstimmen
lent F *prescr* adagio; lento
— très ~ *prescr* lentissimo
lentamente I *prescr* = lento
lentement F; plus ~ *prescr* allentando
lenteur *f* F; avec ~ *prescr* lento
lentísimo S *prescr* lentissimo
lentissimo I *prescr*
 D lentissimo, sehr langsam
 E lentissimo, *"very slow(ly)"*
 F lentissimo, très lent
 S lentissimo, lentísimo
 U lentissimo, igen/nagyon lassan
 R lentissimo, очень медленно
lento, lentamente I *prescr*
 D lento, lentamente, langsam
 E lento, lentamente, *"slow(ly)"*
 F lento, lentamente, lent, avec lenteur
 S lento, lentamente
 U lento, lentamente, lassan
 R lento, lentamente, ленто, медленно
lenyomat U; új ~ Neudruck
lenyomni *v* U *corda, tasto* niederdrücken;
tasto anschlagen
leólmozni *v* U *tasto* ausbleien
lépés U *ton* Schritt
~ben *prescr* andante
— kis ~ Halbtonschritt
— rögzített ~ek *pl bl* festgelegte → Tanzschritte
lépésenként U *ton* schrittweise
lepisszegni *v* U auszischen
leragadni *v* U *org* heulen
Lesepult *n* D ⟨Kirche⟩
 E lectern
 F lutrin *m*
 I leggio *m*
 S atril *m*, facistol *m*
 U pulpitus
 R пюпитр *m*
less E meno
lesser tone E kleiner → Ganzton
lesson E leçon; Lektion; Unterricht
~ tone *greg* Lektionston
Lesung *f* D *greg* = Lektion
leszállítani *v* U erniedrigen
leszállítás U *ton* Erniedrigung
leszállítójel U Erniedrigungszeichen
letanía *f* S Litanei
letapogatás U Abtastung
letapogatni *v* U abtasten
letét U Satz
— hang hang ellenében (irott) ~ Note-gegen-
Note-Satz
— hangszeres ~ Instrumentalsatz
— két- [három-, négy-, sok]szólamú ~ zwei-
[drei-, vier-, mehr]stimmiger → Satz

leticia *f* S; con ~ *prescr* lieto
let-off E; ~ dowel *pfte* Auslöserpuppe
~ rail *pfte* Auslöserpuppenleiste
letörölni *v* U *magn* löschen
letras *f pl* **romanas** S Romanos-Buchstaben
letrero *m* S; ~s *pl* con el nombre de los registros *org* Registerplättchen
letter E; ~ name of note: Tonbuchstabe
~ notation: Buchstabennotation
lettera *f* I; lettere *pl* romaniane/di Romanus: Romanos-Buchstaben
letter-and-neume notation E Doppelnotation
letteratura *f* **musicale** I Musikliteratur
Lettner *m* D
    E rood screen
    F jubé *m*
    I tribuna *f*
    S atril *m* de coro, facistol *m*
    U lektórium, szentélyrekesztő (fal)
    R перегородка *f*, отделяющая алтарь от церкви
lettore *m* **di microfilm** I Mikrofilmlesegerät
lettre *f* F; ~s *pl* romaines: Romanos-Buchstaben
~ sifflante: Zischlaut
lettura *f* I Auffassung
leütés U *dir* Abschlag
leva *f* I *legni* Heber; *org* Balgklavis
~ del mantice *org* Balgschwanz
~ della chiave *legni* Klappenstiel
~ di Barker *org* Barker-Hebel
~ di ripetizione *pfte* Schere
~ inferiore *pfte* Hebeglied
~ pneumatica *org* Barker-Hebel
~ registro *org* tirant de registre; große → Wippe
levantar *m* S *dir* Aufschlag; Auftakt
levare *m* I *dir* Aufschlag
~ generale: Generalauftakt
levé *m* F *dir* Aufschlag; Auftakt
levegő U Luft
~t venni *v* Luft holen
levegős U *canto, fiati* hauchig
level E; ~ meter *magn* Aussteuerungsanzeige
level *v* E; ~ the keys *tasto* geradelegen
lever E *legni* Heber; *org* Balgklavis; große → Wippe; tirant de registre; *pfte* Hebeglied
~ felt *pfte* Stoßzungenprallpolster
~ flange *pfte* Dämpferkapsel; Hebegliedkapsel
~ spring *pfte* Scherenfeder
~ spring centrepin *pfte* Scherenfederachse
lever *m* F; ~ de rideau: Vorspiel
lever *v* F *tasto* loslassen
levezetés U Ableitung
levezetett U abgeleitet
levezetni *v* U ableiten
levier *m* F *org* große → Wippe; *pfte* Hebeglied
~ de Barker *org* Barker-Hebel
~ de clef *legni* Klappenstiel
~ de la répétition *pfte* Schere
~ de soufflet *org* Balgklavis
~ de vibrato: Vibratorhebel

~ du soufflet *org* Balgschwanz
~ inférieur *pfte* Hebeglied
~ pneumatique *org* Barker-Hebel
— grand ~ *pfte* Hebeglied
— petit ~ *pfte* Schere
lèvre *f* F *canna* Labium; *canna, fl. d.* Schneide
~ arrondie *canna* Rundlabium
~ en pointe *canna* Spitzlabium
~ inférieure *canna d. m.* Unterlabium
~ supérieure *canna* Oberlabium
lezena U *pfte* Klaviaturbacken; *pn* Arm
lezginka U *bl* лезгинка
lezione *f* I Lektion; leçon
~ collettiva: Klassenunterricht; Gruppenunterricht
~ di ballo: Tanzstunde
~ di canto: Gesangsstunde
~ di pianoforte: Klavierstunde
— lezioni *pl* private: Einzelunterricht; Privatunterricht
liaison *f* F Bindung; Haltebogen; Legatobogen; Ligatur; Verbindung
liberamente I *prescr* = libero
libero I frei; bundfrei
~, liberamente *prescr*
    D libero, liberamente, frei, nach Belieben
    E libero, liberamente, "*free*", "*at pleasure*"
    F libero, liberamente, libre, librement
    S libero, liberamente, libre, libremente
    U libero, liberamente, szabad(on), tetszés szerint
    R libero, liberamente, свободно, по желанию
libertad *m* S *canto* licenza
libitum D; ad ~
    E ad libitum, "*at will*", "*as desired*"
    F ad libitum
    I ad libitum, a piacere
    S ad libitum
    U ad libitum, tetszés szerint
    R ad libitum, по желанию
libitum F S; ad ~ *prescr* aperiodico; ad → libitum
libre F frei; ungebunden; *prescr* libero; sciolto
libre S frei; ungebunden; *prescr* libero
librement F senza → misura; *prescr* libero
libremente S mit freiem → Vortrag: *prescr* libero
librero *m* S; ~ musical de viejo: Musikantiquariat
libretista *m+f* S librettista; Textverfasser
libreto *m*, S libretto
Librettist *m* D librettista
librettist E librettista
librettista *m* I
    D Librettist *m*, Textdichter *m*, Textverfasser *m*
    E librettist
    F librettiste *m*
    S librettista *m*
    U librettista, szövegkönyvíró
    R либреттист *m*
librettista U librettista, Textverfasser

librettiste *m* F librettista; Texter
Libretto *n* D libretto
libretto *m* I
  D Operntext *m*, Libretto *n*, Textbuch *n*
  E libretto, text
  F livret *m*
  S libreto *m*
  U librettó, szövegkönyv
  R либретто *n*
librettó U libretto
libro *m* I; ∼ corale: Chorbuch
∼ di canto: Gesangbuch
∼ didattico: Lehrbuch
libro *m* S; ∼ de cantos: Gesangbuch; Lieder-
  buch
∼ de coro: Chorbuch
∼ de texto: Lehrbuch
licence *f* F *canto* licenza
licencia *f* S *canto* licenza
licenciado *m* **en música** S bachelor of music
licencié *m* **en musique** F bachelor of music
Licenza *f* D *canto* licenza
licenza *f* I *canto*
  D Licenza *f*
  E freedom
  F licence *f*
  S libertad *m*, licencia *f*
  U szabadság
  R вольность *f*
liceo *m* **musicale** I Musikschule
Lichtton *m* D
  E optical/photographic sound
  F son *m* optique
  I suono *m* ottico
  S sonido *m* óptico/fotográfico
  U fényhang
  R оптическая звукозапись *f*
licuescente S liqueszierend
lid E Flügeldeckel; Klavierdeckel
∼ **stay** *pfte* Deckelstütze
líd U lydisch
lidio I S lydisch
lié F gebunden; *prescr* legato
liebenswürdig D *prescr* affabile
Liebesfagott *n* D fagotto d'amore
Liebesflöte *f* D
  E *(flute in A)*
  F *(flûte en la)*
  I *(flauto in la)*
  S *(flauta en la)*
  U *(A fuvola)*
  R *(«флейта д'амур», флейта в тоне ля)*
Liebesfuß *m* D ⟨Schalltrichter⟩
  E *(pear-shaped bell of the cor anglais and
  the oboe d'amore)*
  F *(pavillon piriforme du cor anglais ou
  hautbois d'amour)*
  I *(padiglione piriforme nel corno inglese,
  nell'oboe d'amore)*
  S *(campana piriforme del corno inglés y del
  óboe de amor)*
  U *(az angolkürt és az oboa d'amore alsó,
  körteszerüen kiöblösödő része)*

  R *(несколько закруглённый раструб у
  английского рожка и гобоя д'амур)*
Liebesgeige *f* D viola d'amore
Liebesklarinette *f* D clarinette d'amour
Liebesoboe *f* D hautbois d'amour
liebevoll D *prescr* amoroso
Liebhaber *m* D dilettante
liebkosend D *prescr* accarezzevole
lieblich D *prescr* amabile; *prescr* soave
Lied *n* D
  E song, tune, air, lied
  F Lied *m*, mélodie *f*, chanson *f*
  I canzone *f*, lied *m*, aria *f*
  S canción *f*, lied *m*, melodía *f*
  U dal
  R песня *f*, романс *m*, Lied
∼ **ohne Worte**
  E song without words
  F chanson *f*/chant *m* sans parole
  I canzone *f* senza parole
  S canción *f* sin palabras
  U dal szöveg nélkül
  R песня *f* без слов
— **volkstümliches** ∼
  E popular song, A: folk-like song
  F chant *m* composé dans le style d'une
  chanson populaire
  I lied *m* composto nello stile di un canto
  popolare
  S canción *m* en el estilo popular
  U népies dal
  R песня *f* народного характера
lied E Lied
∼ **form:** Liedform
lied *m* I Lied
∼ composto nello stile di un canto popolare:
  volkstümliches → Lied
∼ corale: Chorlied
∼ d'arte: Kunstlied
∼ sacro: Kirchenlied
— come un ∼ liedhaft
lied *m* S Lied
Liedchen *n* D
  E tune, air, ditty
  F air *m*, canzonette *f*, cantilène *f*
  I canzonetta *f*, aria *f*
  S cancioncilla *f*, aire *m*, tonada *f*, cantile-
  na *f*
  U dalocska
  R песенка *f*
lieder E; ∼ **recital:** Liederabend
Liederabend *m* D
  E song/"lieder" recital
  F récital *m* de chant
  I concerto *m* di "lieder"/canzoni
  S recital *m* de canto
  U dalest
  R вечер *m* песни
Liederbuch *n* D
  E song book
  F recueil *m* de mélodies, chansonnier *m*
  I canzoniere *m*
  S cancionero *m*, libro *m* de cantos

U énekeskönyv, daloskönyv
R сборник *m* песен, песенник *m*
Liederhandschrift *f* D chansonnier
Liederkreis *m*, **Liederzyklus** *m* D
  E song cycle
  F cycle *m* de mélodies
  I ciclo *m* di liriche/"lieder"
  S ciclo *m* de canciones/melodías
  U dalciklus
  R песенный/вокальный цикл *m*
Liederspiel *n* D
  E *(German medieval sacred or profane play, with songs inserted)*
  F *(composition dramatique médiévale allemande, religieuse ou profane, avec des chansons)*
  I *(composizione drammatica medioevale tedesca recitata e cantata, religiosa o profana)*
  S *(composición dramática medieval alemana, de tema religioso o profano, con canciones)*
  U *(német középkori daljáték)*
  R *(средневековое музыкальное представление с диалогами, песнями и т. д.)*
  ~ *obs* = Singspiel
Liedertafel *f* D
  E *(name commonly given to a German male choir)*
  F *(désigne souvent en Allemagne une société chorale d'hommes)*
  I *(nome spesso attribuito in Germania ad un coro maschile)*
  S *(designa frecuentemente en alemán un coro masculino)*
  U *(német férfikarok gyakori elnevezése)*
  R лидертафель *m*
Liederzyklus *m* D = Liederkreis
Liedform *f*, **A-B-A-Form** *f* D
  E song form, "lied" form
  F forme *f* "Lied"
  I forma *f* canzone
  S forma *f* "Lied"
  U dalforma
  R песенная форма *f*
liedhaft D
  E song-like
  F à la manière d'une chanson
  I come un "lied", cantabile
  S a la manera de una canción
  U dalszerű(en)
  R песенный
Liedmotette *f* D
  E song motet
  F *(motet écrit sur le thème d'une chanson)*
  I motetto-lied *m*
  S *(motete compuesto sobre una canción)*
  U dalmotetta
  R *(мотет на песенной основе)*
liegenbleiben *v* D *ton*
  E to remain stationary
  F rester
  I rimanere *v* fermo
  S mantener

U (ki)tartani
R выдерживать
lier *v* F binden; verbinden
lieto, lietamente I *prescr*
  D lieto, lietamente, fröhlich
  E lieto, lietamente, *"joyous(ly)"*
  F lieto, lietamente, joyeux, gai, gaiement
  S lieto, lietamente, alegre, alegremente, con leticia
  U lieto, lietamente, *"vidám(an)"*
  R lieto, lietamente, весело, радостно
lieve, lievemente I = leggiero
Life-Sendung *f* D live broadcast
ligado S gebunden; *prescr* legato
ligadura *f* S Bindung; Haltebogen; Legatobogen; Ligatur; Ligaturklammer; Verbindung; *ancia* Garnbewicklung; Garnkugel; *cl* Blattschraube; Ligaturklammer; *legni* Bindeklappe
  ~ de expresión: Phrasierungsbogen
  — primera [segunda, tercera] ~ *ancia* erste [zweite, dritte] → Zwinge
ligar *v* S binden; verbinden; *ton* verschleifen
Ligatur *f* D
  E ligature
  F ligature *f*, liaison *f*
  I legatura *f*
  S ligadura *f*
  U ligatúra
  R лигатура *f*
ligatúra U Bindung; Legatobogen; Ligatur
ligature E Ligatur; *cl* Blattschraube
  ~ bracket: Ligaturklammer
ligature *f* F Ligatur; Ligaturklammer; *ancia* Garnbewicklung; Garnkugel; *cl* Blattschraube; Ligaturklammer; *corda* Bund; *legni* Bindeklappe
  — première [deuxième, troisième] ~ *ancia* erste [zweite, dritte] → Zwinge
Ligaturklammer *f* D
  E ligature bracket
  F ligature *f*
  I legatura *f*
  S ligadura *f*
  U kötőív
  R знак *m* лигатуры
  ~ *cl*
  E ligature bracket
  F ligature *f*
  I legatura *f*, fascietta *f*
  S ligadura *f*
  U (nád)szorító
  R металлический зажим *m*, машинка *f*
ligeramente S *prescr* leggiero
ligereza *f* S; con ~ *prescr* leggiero
light E; ~ contralto *teat* Spielalt
  ~ music: Unterhaltungsmusik; musiquette
  ~ opera: operetta
  ~ stick *perc* leichter → Schlegel
lighting E *teat* Beleuchtung
ligne *f* F Linie; Zeile
  ~ mélodique: melodische → Linie
  ~s *pl* nodales: Klanglinien

~ supplémentaire: Hilfslinie
— sans ~ linienlos
lija *f* S Sandblock
likveszkáló U liqueszierend
limit E; ~ of hearing/audibility: Hörgrenze
~ of pitch discrimination: Tonhöhenunterschiedsschwelle
limite *f* F; ~ auditive: Hörgrenze
limite *m* I; ~ di percezione della differenza di
altezza fra i suoni: Tonhöhenunterschiedsschwelle
~ di udibilità: Hörgrenze
limite *m* S; ~ auditivo: Hörgrenze
~ de audibilidad: Hörschwelle
Limma *n* D
    E limma
    F limma *f*
    I limma *m*
    S limma *f*
    U limma
    R лимма *f*
limma E U Limma
limma *f* F S Limma
limma *m* I Limma
limonádé U Schnulze
line E Linie; Zeile
linea *f* I Linie; Zeile
~ addizionale: Hilfslinie
~ melodica: melodische → Linie
— linee *pl* nodali: Klanglinien
~ supplementare: Hilfslinie
línea *f* S Linie; Zeile
~ adicional: Hilfslinie
~ melódica: melodische → Linie
~s *pl* nodales: Klanglinien
~ suplementaria: Hilfslinie
linéaire F linear
linear D
    E linear
    F linéaire
    I lineare
    S linear
    U lineáris
    R линеарный
linear E linear
~ construction: Linienführung
lineare I linear
lineáris U linear
lined E *vl* gefüttert
linen cover E *canna* Gießleinwand
linfa *f* **labirintica** I *or* Labyrinthwasser
lingua *f* I *canna ancia* Zunge
linguaggio *m* **musicale** I Tonsprache
lingual bone E Zungenbein
Lingualpfeife *f* D = Zungenpfeife
linguetta *f* I *canna ancia* Zunge; *pfte* Prellzunge
~ per il pedale tonale *pfte* Tonhaltungsbäckchen
Linie *f* D
    E line
    F ligne *f*
    I linea *f*
    S línea *f*

    U vonal
    R линейка *f*, линия *f*
— **melodische** ~
    E melodic line
    F ligne *f* mélodique
    I linea *f* melodica
    S línea *f* melódica
    U dallamvonal
    R мелодическая линия *f*
Linienführung *f* D
    E linear construction
    F construction *f* linéaire/horizontale
    I condotta *f* delle parti/linee
    S construcción *f* lineal/horizontal
    U vonalvezetés
    R ведение *n* мелодической линии
linienlos D ⟨*Notation*⟩
    E staffless, non-diastematic
    F sans ligne, sans portée
    I senza rigo, adiastematico, in campo aperto
    S sin pauta
    U vonalrendszer nélküli
    R без линеек
Liniensystem *n*, **System** *n* D
    E staff, stave
    F portée *f*
    I pentagramma *m*, rigo *m* musicale
    S pentagrama *m*, pauta *f*
    U vonalrendszer, szisztéma
    R нотный стан *m*, нотоносец *m*
lining E *vl* Bereifung
linking of chords E Akkordverbindung
"lion's roar" E Löwengebrüll; Reibtrommel
lip E *camp* Schärfe; *canna, fl. d.* Schneide; *fiati*
embouchure
~ piece *fl* Mundlochplatte
~ raiser *org* Intonierspachtel
~ tension: Lippenspannung
Lippenpfeife *f*, **Labialpfeife** *f* D *canna*
    E flue-pipe, flue/labial pipe
    F tuyau *m* à bouche
    I canna *f* labiale/ad anima
    S tubo *m* labial/labiado/flautado/de boca
    U ajaksíp
    R лабиальная труба *f*
Lippenscheibe *f* D *legni* pirouette
Lippenspannung *f* D
    E lip tension
    F tension *f* des lèvres
    I tensione *f* delle labbra
    S tensión *f* de los labios
    U ajakfeszültség
    R амбушюр *m*, напряжение *n* губ
lip-tone E *canna, fl. d.* Schneidenton
liquescent E liqueszierend
~ notes/tones *pl greg* liqueszierende → Töne
liquescent F liqueszierend
liquescente I liqueszierend
liqueszierend D
    E liquescent
    F liquescent
    I liquescente
    S licuescente

U likveszkáló
R *вуалирующий* ⟨о типе исполнения древне-церковного пения⟩
lira *f* I Leier; Lyra
lira *f* S Leier; Lyra
~ de rueda: Drehleier
líra U Leier
— (pedáltartó) ~ *pfte* Lyra
lira-carillón *f* S *mil* Lyra
lira-chitarra *f* I lira-guitarra
líragitár U lira-guitarra
lira-guitarra *f* S
   D Lyragitarre *f*
   E lyre-guitar
   F lyre-guitare *f*
   I lira-chitarra *f*
   U líragitár
   R лирообразная гитара *f*
lírazongora U Lyraflügel
lire *v* F abtasten
lirico spinto E Zwischenfach
lirnik R → лирник
lisonjeando S *prescr* lusingando
lista *f* I; ~ esterna del porta-tastiera *pfte* Stuhlrahmenleiste
~ ferma-tastiera *pfte* Klaviaturpralleiste
~ guida della molla *org* Leitleiste der Feder
~ porta-smorzo *pfte* Dämpferarm
~ sopra la tastiera *org* Zierleiste über der Klaviatur
listarella *f* I *lt* Span
listello *m* I *org* Zierleiste über der Klaviatur
listen *v* E zuhören
listener E Hörer; Zuhörer
Litanei *f* D
   E litany
   F litanie *f*
   I litania *f*
   S letanía *f*
   U litánia
   R литания *f*
litania *f* I Litanei
litánia U Litanei
litanie *f* F Litanei
litany E Litanei
literal imitation E wörtliche → Imitation
literatura *f* **musical** S Musikliteratur
Lithophon *n* D
   E lithophone, stone discs *pl*/chime, A: stone idiophone
   F lithophone *m*
   I litofono *m*
   S litófono *m*
   U kőjáték, litofon
   R литофон *m*
lithophone E Lithophon
lithophone *m* F Lithophon
litofon U Lithophon
litofono *m* I Lithophon
litófono *m* S Klingstein; Lithophon
littérature *f* **musicale** F Musikliteratur
little E; a ~ un → poco
liturgia *f* I Liturgie

liturgia *f* S Liturgie; Liturgik
liturgia U Liturgie; Liturgik
liturgical E liturgisch
~ drama: liturgisches → Drama
liturgico I liturgisch
litúrgico S liturgisch
liturgics E Liturgik
Liturgie *f* D
   E liturgy
   F liturgie *f*
   I liturgia *f*
   S liturgia *f*
   U liturgia, szertartás
   R литургия *f*
liturgie *f* F Liturgie; Liturgik
Liturgik *f* D
   E liturgics, the study of liturgy
   F étude *f* de la liturgie, liturgie *f*
   I studio *m* della liturgia
   S liturgia *f*
   U szertartástan, liturgia
   R теория *f* и история *f* литургии
liturgikus U liturgisch
liturgique F liturgisch
liturgisch D
   E liturgical
   F liturgique
   I liturgico
   S litúrgico
   U liturgikus
   R литургический
liturgy E Liturgie
liutaio *m* I Geigenbauer
liuteria *f* I Geigenbau
liutista *m + f* I Lautenspieler
liuto *m* I Laute
~ a coro: Chorlaute
~ a doppio manico: Doppelhalslaute
~ ad arco: Bogenlaute
~ con corde doppie: Chorlaute
~ con manico corto: Kurzhalslaute
~ con manico lungo: Langhalslaute
~ con paletta ortogonale al manico: Knickhalslaute
live E; ~ broadcast/transmission, telecast
   D Life-Sendung *f*, Direktsendung *f*
   F transmission *f* directe
   I trasmissione *f* diretta
   S transmisión *f* directa
   U egyenesadás, élőadás
   R прямая передача *f*
~ recording: Mitschnitt
— make *v* a ~ recording *gram*, *magn* mitschneiden
livellare *v* **i tasti** I *tasto* geradelegen
livellatore *m* **di frequenza** I *gram* Rumpelfilter
livello *m* I; ~ del suono: Rauschpegel
~ di sensazione auditiva: Hörschwelle
living-room grand E pianoforte a coda intera; pianoforte a tre quarti di coda
livre *f* F; ~ de cantiques: Gesangbuch
~ de chœur: Chorbuch
~ didactique: Lehrbuch

— jouer *v* à ~ ouvert: nach → Noten spielen
livret *m* F libretto
llamada *f* S chiamata; *mil* Signal
llave *f* S accolade; Schlüssel; *fl* Stimmkork; *legni* Griff; Heber; Klappe; Kugel
~ abierta *legni* offene → Klappe
~ anular *legni* Brillenklappe
~ cerrada *legni* geschlossene → Klappe
~ de afinador *pfte* Stimmeisen; *timp* Stimmvorrichtung
~ de Denner *cl* Duodezklappe
~ de desagüe *ottoni* Wasserklappe
~ de doble octava *cl* duodezimierende → Doppelklappe
~ de octava *legni* Oktavklappe
~ del pulgar *legni* Daumenklappe
~ del trino *legni* chiave del trillo
~ giratoria *legni* Drehklappe
— doble ~ *legni* Doppelgriffklappe
lleno S *ton* rund
lleno *m* S *arm*, *org* tutti; *org* Blockwerk; grand → chœur; Großmixtur; Mixtur major
llevar *v* S führen; tragen
lloroso S *prescr* flebile
load *v* E *tasto* ausbleien
loan *v* E leihen
loan material E Leihmaterial
lobby E *teat* foyer
lobe E Ohrläppchen
lobe *m* F Ohrläppchen
Lobgesang *m* D
  E hymn (of praise)
  F chanson *f* laudative, hymne *f*
  I inno *m*
  S canto *m* de alabanza, himno *m*
  U himnusz, dicsőítő ének
  R хвалебная песня *f*, хвалебный гимн *m*
lobo *m* I Ohrälppchen
lobo *m* S *archi*, *org*, *tasto* Wolf
lóbulo *m* S Ohrläppchen
localidad *f* S Eintrittskarte
Loch *n* D *ottoni* = Kesselbohrung
lock-board E *pfte* Schloßleiste
lockern *v* D *arco*
  E to slacken, to loosen
  F détendre
  I allentare
  S aflojar, relajar, distender
  U meglazítani, megereszteni
  R ослаблять ⟨*волос*⟩
~ *timp*
  E to slacken
  F détendre
  I allentare
  S aflojar, distender
  U lazítani, megereszteni
  R ослаблять
loco I
  D loco
  E loco
  F loco, à sa place
  S loco, "en su lugar"

  U loco, a maga helyén
  R loco, играть *v* как написано
Loge *f* D *teat* loge
loge *f* F *teat*
  D Loge *f*
  E box
  I palco *m*
  S palco *m*
  U páholy
  R ложа *f*
~ d'avant-scène *teat* Proszeniumsloge
loggione *m* I *teat* Olymp
lointain F entfernt
lointain *m* F *teat* Bühnenhintergrund
lökőmechanika U *pfte* Stoßmechanik
lökőnyelv U *pfte* Prellzunge; Stoßzunge
lökőnyelvhüvely U *pfte* Stoßzungenkapsel
lökőnyelvrugó U *pfte* Stoßzungenfeder; Stoßzungenspiralfeder
lökőnyelvszabályozó U *pfte* Stoßzungenpuppe
lökőnyelvütköző U *pfte* Stoßzungenprallhaken
lökőnyelv-ütközőpárna U *pfte* Stoßzungenprallpolster
lökőrúd U *pfte* Stoßzunge
lökőrúdhüvely U *pfte* Stoßzungenkapsel
lökőrúdrugó U *pfte* Stoßzungenspiralfeder
Lombardic rhythm E lombardischer → Rhythmus
long E Longa
~ appoggiatura *orn* appoggiatura lunga
~ drum: Landsknechtstrommel
~ joint *fag* Mittelrohr
long F; ~ play: Langspielplatte
Longa *f* D
  E long
  F longa *f*
  I longa *f*
  S longa *f*
  U longa
  R лонга *f*
longa *f* F I S Longa
longa U Longa
longitud *f* S; ~ de onda: Wellenlänge
~ de vibración *corda* schwingende → Länge
~ parlante/vibrante *canna* klingende → Länge
longitudinal E; ~ vibration: Längsschwingung
Longitudinalschwingung *f* D = Längsschwingung
long-necked lute E Langhalslaute
long-playing E; ~ record: Langspielplatte
~ tape: Langspieltonband
long-playing *m* S Langspielplatte
long-sustained note E Pfundnote
longueur *f* F Elongation; Länge
~ d'onde: Wellenlänge
~ filée de la corde *pfte* Spinnlänge
~ parlante *canna* klingende → Länge
~ vibrante *corda* schwingende → Länge
~ vibrante de la colonne d'air *canna* klingende → Länge
~ vibrante de la corde *tasto* schwingende → Saitenlänge
lontano I entfernt

loop E *corda* Öse; Schlinge; *trb* Ventilbogen
loosely braced E tiefgespannt
loosen *v* E *arco* lockern
loosened E tiefgespannt
lopni *v* U *fam* abschreiben
Lord's Prayer E; the ~ Vaterunser
löschen *v* D *magn*
    E to erase
    F effacer, annuler
    I cancellare, annullare
    S borrar, anular
    U (le)törölni
    R стирать
Löschkopf *m* D *magn*
    E eraser head
    F tête *f* d'effacement
    I testina *f* di cancellazione
    S botón *m* para borrar/de anulación/de supresión, cabeza *f* borradora
    U törlőfej
    R стирающая головка *f*
lose *v* E; ~ one's place: herauskommen
loslassen *v* D *tasto*
    E to release
    F lâcher, lever
    I abbandonare
    S soltar, dejar, abandonar
    U elengedni
    R отпустить
loss E; ~ of hearing: Hörverlust
~ of voice: Aphonie
lost E; to be ~ herauskommen
Lotosflöte *f* D = Stempelflöte
loud E; ~ hailer: Megaphon
~ pedal *pfte* Fortepedal; Tonhaltepedal
loudness E Schallstärke; Tonstärke
loudspeaker E Lautsprecher
~ cabinet *rad* Lautsprecherbox
louer *v* F leihen
loup *m* F *tasto, org, archi* Wolf
lourd F *prescr* pesante
Loure *f* D *bl* loure
loure *f* F
    D *(mittelalterlicher Dudelsack)*
    E *(bagpipe of the middle ages)*
    I *(zampogna medioevale)*
    S *(cornamusa antigua)*
    U *(középkori duda)*
    R лура *f*
~ *bl*
    D Loure *f*
    E loure
    I *(danza francese)*
    S loure *f*
    U loure
    R лура *f*
low E tief
~ E: tief E
~ Mass: stille → Messe
~ register: Tiefe; tiefe → Stimmlage
Löwengebrüll *n* D
    E string drum, "lion's roar"
    F rugissement *m* de lion

    I ruggito *m* del leone
    S rugido *m* del león
    U oroszlánbőgés, hüppögető
    R «львиный рёв» *m*
lower E; ~ block *vl* Unterklotz
~ bout *vl* Unterbügel
~ case (letter): Minuskel
~ fifth: Unterquinte
~ joint *cl* Unterstück; *fl. d.* Fußstück
~ lip *canna d. m.* Unterlabium
~ manual *org* Unterklavier
~ part: Unterstimme
~ part of waist *camp* Untersatz
~ **stick** *tamb*
    D *(der in der rechten Hand gehaltene Trommelstock)*
    F *(baguette tenue par la main droite)*
    I impugnatura *f* bassa
    S *(macillo manejado con la derecha)*
    U *(a jobb kézben tartott dobverő)*
    R *(барабанная палочка, которую держат в правой руке)*
lower *v* E erniedrigen
~ C sharp to C natural *prescr, timp* Cis nach C zurückstimmen → Pauke
~ the bell *prescr, fiati* natürlich
lowering E; ~ (of a note) *ton* Erniedrigung
lower-third cadence E Unterterzklausel
lowest part E Unterstimme
ložki R → ложки
LP, L.P. E = long-playing record
luce *f* I *canna* Kernspalte
-- luci *pl* della ribalta: Rampenlicht
luctuoso S *prescr* luttuoso
luette *f* F Zäpfchen
Luft *f* D
    E air
    F air *m*
    I aria *f*
    S aire *m*
    U levegő
    R воздух *m*
~ **holen** *v*
    E to inhale, to breathe in
    F respirer, aspirer
    I inspirare, prender *v* fiato
    S inhalar, tomar *v* aliento
    U levegőt venni *v*
    R брать *v* дыхани
Luftband *n* D *org*
    E wind sheet
    F lumière *f*
    I lama *f* d'aria
    S luz *f*, cortina *f* del aire
    U légszalag
    R воздушная струя *f*
Luftdruck *m* D
    E air pressure
    F pression *f* d'air
    I pressione *f* dell'aria
    S presión *f* de aire
    U légnyomás
    R давление *n* воздуха

Luftkanal *m* D *fl. d.*
E windway
F canal *m*
I canale *m*
S aeroducto *m*, canal *m*
U légút
R трубка *f*
Luftklinger *m* D *obs* = Ärophon
Luftpause *f* D *canto*
E breathing pause, pause for breath
F respiration *f*
I respiro *m*
S (pausa *f* de) respiración *f*, respiro *m*
U lélegzetvételi szünet, *fam* luftpauza
R люфтпауза *f*
luftpauza U *fam, canto* Luftpause
Luftröhre *f* D
E windpipe, trachea
F trachée-artère *f*
I trachea *f*
S tráquea *f*
U légcső
R трахея *f*
Luftsäule *f* D
E air column
F colonne *f* d'air
I colonna *f* d'aria
S columna *f* de aire
U légoszlop
R воздушный столб *m*
Luftschall *m* D
E air-borne sound
F vibration *f* transmise par l'air
I suono *m* trasmesso in aria
S vibración *f* sonora transmitida por el aire
U légrezgés
R звук *m*, распространяющийся по воздуху
Luftschallmikrophon *n* D
E microphone for air-borne sound
F *(microphone enregistrant les sons transmis par l'air)*
I *(microfono che registra i suoni trasmessi attraverso l'aria)*
S *(micrófono que enregistra los sonidos transmitidos por el aire)*
U légvezetéses mikrofon
R *(микрофон для звука, распространяющегося по воздуху)*
Luftverdichtung *f*, **Verdichtung** *f* D
E air compression/condensation
F condensation/compression *f* de l'air
I condensazione *f* dell'aria
S compresión/condensación *f* del aire
U légsűrítés, légkompresszió
R сгущение *n* воздуха
Luftverdünnung *f*, **Verdünnung** *f* D
E air rarefaction/rarefication
F raréfaction *f* de l'air
I rarefazione *f* dell'aria
S rarefacción *f* del aire
U légritkulás, légritkítás
R разряжение *n* воздуха

lug E *org* Balgschwanz
lugar *m* **de ataque** S *corda* Anschlagspunkt
lugubre I *prescr*
D lugubre, traurig, düster
E lugubre, *"mournful(ly)"*
F lugubre
S lugubre, lúgubre
U lugubre, *"gyászosan"*, *"komoran"*
R lugubre, мрачно, траурно
lúgubre S *prescr* lugubre
lüktetés U Schwebung
lüktetésmentes U schwebungsfrei
lullaby E Wiegenlied
lumière *f* F *ancia* Mundspalt; *canna* Kernspalte; *fl. d.* Aufschnitt; *org* Luftband
luminotécnica *f* S *teat* Bühnenbeleuchtung
lunetta *f* I *archi* Zäpfchen
lunghezza *f* I Länge
~ d'onda: Wellenlänge
~ della copertura nelle corde basse *pfte* Spinnlänge
~ della parte vibrante *canna* klingende → Länge; *corda* schwingende → Länge
lupo *m* I *tasto, org, archi* Wolf
lur E Lure
lur *m* F I S Lure
lúr U Lure
Lure *f* D
D lur
E lur *m*
F lur *m*
S lur *m*
U lur
R лур *m*, люр *m*
lusingando I *prescr*
D lusingando, schmeichelnd
E lusingando, *"caressing"*, *"flattering"*
F lusingando, avec flatterie, en caressant
S lusingando, lisonjeando, acariciando, jugueteando
U lusingando, *"behízelgően"*, *"enyelgőn"*
R lusingando, ласково, вкрадчиво
lustig D *prescr* gioioso
lustre E Glanz
lustre *m* F Glanz
lustro *m* I Glanz
lutanist E Lautenspieler
lute E Laute
~ string: Lautensaite
~ tablature: Lautentabulatur
~ with several courses (of strings): Chorlaute
~ with turned-back peg-box: Knickhalslaute
lute-harpsichord E Lautenclavizimbel
lutenist E Lautenspieler
lute-pin E Lautenwirbel
luth *m* F Laute
~ à archet: Bogenlaute
~ à cordes multiples: Chorlaute
~ à deux manches: Doppelhalslaute
~ à long manche: Langhalslaute
~ avec chevillier en équerre: Knickhalslaute
~ avec chevillier renversé: Knickhalslaute
~ avec chœur de cordes: Chorlaute

∼ court: Kurzhalslaute
∼ long: Langhalslaute
luth-clavecin *m* F Lautenclavizimbel
lutherie *f* F Geigenbau
luthier *m* F Geigenbauer
luthier *m* S Geigenbauer; Musikinstrumentenmacher
luthiste *m + f* F Lautenspieler
lutrin *m* F Chorpult; Lesepult
luttuoso, luttuosamente I *prescr*
    D luttuoso, luttuosamente, kläglich, traurig
    E luttuoso, luttuosamente, *"mournful(ly)"*
    F luttuoso, luttuosamente, triste, plaintif
    S luttuoso, luttuosamente, luctuoso
    U luttuoso, luttuosamente, *"gyászos(an)"*,
       "szomorú(an)"
    R luttuoso, luttuosamente, горестно, скорб-
       но
luz *f* S *ancia* Mundspalt; *fl. d.* Aufschnitt; *org*
    Luftband
∼ del alma *canna* Kernspalte
Lydian E lydisch
lydien F lydisch
lydisch D
    E Lydian
    F lydien
    I lidio
    S lidio
    U líd
    R лидийский
Lyra *f* D
    E lyre
    F lyre *f*
    I lira *f*
    S lira *f*
    U lyra
    R лира *f*
∼, Stahlspiel *n mil*
    E lyra, glockenspiel
    F lyre *f*, Glockenspiel *m*, sistre *m*
    I sistro *m* (a piramide), lira *f*

S sistro *m*, lira-carillón *f*
U harangjáték, lyra
R лира *f*
∼ *pfte*
    E lyre assembly
    F lyre *f*
    I porta-pedali *m*, lira *f*, cetra *f*, pedaliera *f*
    S lira *f*
    U (pedáltartó) líra
    R лира *f* с педалями
lyra E *mil* Lyra
lyra U Leier; Lyra
Lyraflügel *m* D
    E piano lyre
    F piano-lyre *m*
    I apollonium *m*
    S piano-lira *m*
    U lírazongora
    R лирообразный рояль *m*
Lyragitarre *f* D lira-guitarra
lyre E Leier; Lyra
∼ assembly *pfte* Lyra
∼ player: Kitharist
lyre *f* F Leier; Lyra
lyre-guitar E lira-guitarra
lyre-guitare *f* F lira-guitarra
lyric E; ∼ coloratura soprano: lyrischer →
    Koloratursopran
∼ soprano: lyrischer → Sopran
lyrical E; ∼ coloratura soprano: lyrischer →
    Koloratursopran
lyricist E Texter; Textdichter
lyrics *pl* E *pop* Text
∼ by ...: Text von ...
∼ writer: Texter; Textdichter
lyrique F Opern-
lyuk U *arco* Kästchen; *legni* Fingerloch
— takart/fedett ∼ak *pl legni* verdeckte Finger-
    löcher → Fingerloch
lyukfedő U *legni* Fingerlochdeckel

M

macchina *f* I Ventilmaschine; *ottoni* Maschine
~ per il tuono *teat* Donnermaschine
macchinista *m* I *teat* Maschinenmeister
~ teatrale: Kulissenschieber
Machicotage *f* D machicotage
machicotage *m* F
    D Machicotage *f*
    E *(French style of ornamentation in plain-song)*
    I macicotatium *m*
    S *(estilo francés en la ornamentación del canto lleno)*
    U *(francia díszítéstechnika a gregorián ének-lésben)*
    R *(практика орнаментирования григорианского хорала в соборе Парижской богоматери)*
machine E; ~ drum: Maschinenpauke
machine *f* F; ~ à vent *teat* Windmaschine
~ Barker *org* Barker-Hebel
~ pour le tonnerre *teat* Donnermaschine
machiniste *m* F Kulissenschieber; *teat* Maschinenmeister
mâchoire *f* F Schlagrassel
"Mächtiges Häuflein" *n* D «Могучая кучка»
macicotatium *m* I machicotage
macillo *m* S *cemb* Springer; *pfte* Hammer
— con los dos ~s *prescr, perc* mit zwei → Schlegeln
macro-rhythm E Großrhythmus
macroritmo *m* I Großrhythmus
macrorritmo *m* S Großrhythmus
macskazene U Katzenmusik
madárorgona U Vogelorgel
madársíp U Vogelpfeife
madera *f* S; la ~ das → Holz
Madrigal *n* D madrigale
madrigal E madrigale
~ comedy: madrigale drammatico
madrigal *m* F madrigale
~ pour soliste: Solomadrigal
madrigal *m* S madrigale
~ a una voz: Solomadrigal
madrigál U madrigale
madrigál- U madrigalesco

madrigale *m* I
    D Madrigal *n*
    E madrigal
    F madrigal *m*
    S madrigal *m*
    U madrigál
    R мадригал *m*
~ drammatico
    D Madrigalkomödie *f*
    E madrigal comedy
    F comédie *f* madrigalesque
    S comedia *f* madrigalesca
    U madrigálkomédia
    R мадригальная комедия *f*
~ per voce sola: Solomadrigal
madrigalesco I
    D madrigalistisch
    E madrigalistic
    F madrigalesque
    S madrigalesco, madrigalístico
    U madrigálszerű, madrigaleszk, madrigál-
    R мадригальный, в стиле мадригала
madrigalesque F madrigalesco
madrigaleszk U madrigalesco
madrigalism E madrigalismo
madrigalisme *m* F madrigalismo
madrigalismo *m* I
    D Madrigalismus *m*
    E madrigalism
    F madrigalisme *m*
    S madrigalismo *m*
    U madrigalizmus
    R «мадригализмы» *m pl*
Madrigalismus *m* D madrigalismo
Madrigalist *m* D madrigalista
madrigalist E madrigalista
madrigalista *m* I
    D Madrigalist *m*
    E madrigalist
    F madrigaliste *m*
    S madrigalista *m*
    U madrigalista, madrigálszerző
    R мадригалист *m*
madrigaliste *m* F madrigalista
madrigalistic E madrigalesco

madrigalistisch D madrigalesco
madrigalístico S madrigalesco
madrigalizmus U madrigalismo
madrigálkomédia U madrigale drammatico
Madrigalkomödie f D madrigale drammatico
madrigálszerű U madrigalesco
madrigálszerző U madrigalista
maestoso I *prescr*
   D maestoso, majestätisch, großartig
   E maestoso, *"majestic"*, *"stately"*
   F maestoso, majestueux
   S maestoso, *"majestuoso"*
   U maestoso, méltóságteljesen
   R maestoso, величественно, величаво, торжественно
maestra f di ballo I maîtresse de ballet
maestra f S; ∼ de baile: maîtresse de ballet
   ∼ de música: Musikerzieherin; Musiklehrerin
   ∼ de piano: Klavierlehrerin
   ∼ particular: Privatmusiklehrerin
maestria f I Meisterschaft
maestría f S Meisterschaft
maestro m I *cemb*
   D *(Bezeichnung für ein Cembaloregister)*
   E *(name of a cembalo register)*
   F *(nom d'un registre de clavicembalo)*
   S *(designación de un registro de clavicémbalo)*
   U *(egyik csembalóregiszter neve)*
   R *(обозначение одного из регистров клавесина)*
   ∼ del coro: Chorregent
   ∼ di ballo: Tanzlehrer; maître de ballet
   ∼ di banda *mil* Musikmeister
   ∼ di canto: Gesangslehrer
   ∼ di cappella: Kapellmeister
   ∼ di cappella di corte: Hofkapellmeister
   ∼ di musica: Musikerzieher
   ∼ organaro: Orgelbaumeister
   ∼ sostituto: Korrepetitor
maestro m S; ∼ concertador; concertatore; Korrepetitor
   ∼ de aderezos *teat* Requisitenmeister
   ∼ de baile: maître de ballet; Tanzlehrer
   ∼ de canto: Gesangslehrer
   ∼ de capilla: Kapellmeister
   ∼ de coro: Chordirigent; Chorleiter
   ∼ de danza: Tanzlehrer
   ∼ de la capilla de la corte: Hofkapellmeister
   ∼ de música: Musikerzieher; Musiklehrer
   ∼ de piano: Klavierlehrer
   ∼ del coro: Chorregent
   ∼ organero: Orgelbaumeister
   ∼ particular: Privatmusiklehrer
   ∼ preparador de solistas: Solorepetitor
   ∼ violero: -baumeister
mag U *canna ancia* Kopf; *canna d. l.* Kern
∼ot bevágni *v org* Kernstiche machen
magadiser *v* F magadisieren
magadisieren *v* D
   E to magadize
   F magadiser

   I suonare/raddoppiare *v* all'ottava
   S magadizar
   U magadizálni
   R удваивать *v* в октаву
magadizálni U magadisieren
magadizar *v* S magadisieren
magadize *v* E magadisieren
magánhangzó U Vokal
magánhangzóképzés U Vokalbildung
magánhangzóképző U vokalbildend
magántanítás U Privatunterricht
magánzenetanár U Privatmusiklehrer
magas U hoch
∼ e: hoch E
magasin m F; ∼ de musique: Musikalienhandlung
   ∼ des accessoires *teat* Requisitenkammer
magasság U Höhe
Magazinbalg m D *org*
   E reservoir (bellows *pl*)
   F réservoir *m*
   I mantice-serbatoio *m*
   S réservoir *m*, depósito *m*
   U (magazin)fúvó
   R магазинный мех *m*
magazinfúvó U *org* Magazinbalg
magbevágás U *org* Kernstich
magdrót U *corda* Kerndraht
maggiolata f I Mailied
maggiore I groß
maggiore m I Dur
   — in ∼ in → Dur
maglap U *canna d. m.* Kern
mágnesfej U *magn* Magnetkopf
magnetic E; ∼ head *magn* Magnetkopf
   ∼ tape: Tonband
Magnetkopf m D *magn*
   E magnetic head
   F tête f magnétique
   I testina f magnetica
   S cabeza f magnética
   U mágnesfej
   R магнитная головка f
magnetofón m S Tonbandgerät
magnetofon U Tonbandgerät
magnetofonfej U *magn* Tonkopf
magnetofonfelvétel U Bandaufnahme
magnetofonszalag U Tonband
magnetofonszalag-számláló U Tonbandlängenzählwerk
magnétophone m F Tonbandgerät
Magnettonband n D = Tonband
Magnettonbandgerät n D = Tonbandgerät
Magnificat n D
   E Magnificat
   F Magnificat *m*
   I magnificat *m*
   S magnificat *m*
   U magnificat
   R магнификат *m*
magnificat m I Magnificat
magnificat m S Magnificat
magnificat U Magnificat

magnifico I
  D magnifico, prächtig
  E magnifico, *"magnificent"*
  F magnifico, magnifique
  S magnifico, *"magnifico"*
  U magnifico, *"nagyszerű"*
  R magnifico, «великолепно», «блестяще», «роскошно»
magnifique F magnifico
magnószalag U Tonband
magrés U *canna* Kernspalte; *fl. d.* Kernspalt
magyar U; lassú ~ → lassú
magyarosan U all' → ungherese
Mailied *n* D
  E May carol/song
  F chanson *f* de mai
  I maggiolata *f*
  S maya *f*, canción *f* de mayo
  U májusi dal
  R майская песня *f*
maillet *m* F; ~ en bois: Holzhammer
mailloche *f* F *perc* Schlegel
  ~ à double tête *perc* zweiköpfiger → Schlegel
  — double ~ *perc* zweiköpfiger → Schlegel
main E; ~ accent: Hauptakzent
  ~ bellows *pl org* Hauptbalg
  ~ channel *org* Hauptwindkanal
  ~ key: Grundtonart; Haupttonart
  ~ subject/theme: Hauptthema
  ~ wind trunk *org* Hauptwindkanal
main *f* F Hand
  ~ dans le pavillon *prescr, cor* Hand in Schalltrichter
  ~ guidonienne: Guidonische → Hand
  — à deux ~s: zweihändig
  — à quatre ~s: vierhändig
  — avec la ~ *prescr, cor* mit der → Hand
maison *f* F; ~ d'édition musicale: Musikverlag
maitines *m pl* S Matutin
maître *m* F; ~ **de ballet**
  D Ballettmeister *m*
  E ballet master
  I maestro *m* di ballo
  S maestro *m* de baile
  U balettmester
  R балетмейстер *m*
  ~ de chapelle: Kapellmeister
  ~ de chapelle de cour: Hofkapellmeister
  ~ de musique: Musikerzieher; Musiklehrer
  ~ facteur: -baumeister
  ~ facteur d'orgue: Orgelbaumeister
  ~ facteur de piano: Klavierbaumeister
maître-facteur *m* F = maître facteur
maîtresse *f* F; ~ **de ballet**
  D Ballettmeisterin *f*
  E ballet mistress
  I maestra *f* di ballo
  S maestra *f* de baile
  U balettmesternő
  R балетмейстер *m* ⟨*женщина*⟩
Maîtrise *f* D maîtrise
maîtrise *f* F Chorschule; Kantorei; Meisterschaft; Sängerschule

  ~ ⟨*psallette*⟩
  D Singschule *f*, Kantorei *f*, Maîtrise *f*
  E church choir, choir school
  I *(scuola di canto annessa ad una chiesa)*
  S escolanía *f*, cantoría *f*
  U egyházi énekiskola
  R метриза *f*
maiuscolo *m* I Majuskel
maiuscula U Majuskel
majestätisch D *prescr* maestoso
majestueux F *prescr* maestoso
majeur F groß
majeur *m* F Dur
  — en ~ in → Dur
major E groß; Dur
  ~ chord: accord parfait majeur
  ~ interval: großes → Intervall
  ~ key: Durtonart
  ~ mediant chord: Dominante der Tonikaparallele
  ~ mode: Dur
  ~ second: große → Sekunde
  ~ seventh: große → Septime
  ~ sixth: große → Sexte
  ~ third: große → Terz; Ditonus
  ~ tone: großer → Ganzton
  ~ triad: accord parfait majeur
  ~ triad on flattened leading note: Molldominantparallele
  ~ triad with diminished fifth: accord majeur avec quinte diminuée
  ~ trill: trillo di tono
  — in (the) ~ (mode/key): in → Dur
Majorbaß *m* D *org*
  E sub-bass
  F soubasse *f*
  I registro *m* basso di un organo
  S bajo *m* mayor
  U subbass
  R майорбас *m*, суббас *m*
majuscule E Majuskel
majuscule *f* F Majuskel
Majuskel *f* D
  E majuscule, capital/upper case (letter)
  F majuscule *f*
  I maiuscolo *m*, carattere *m* maiuscolo
  S mayúscula *f*
  U maiuscula
  R прописная буква *f*
make *v* E *str* bauen
maker E -bauer
  ~ of musical instruments: Musikinstrumentenmacher
making E -bau
makk U *archi* Zäpfchen
makom R → маком
makroritmus U Großrhythmus
Malagueña *f* D *bl* malagueña
malagueña *f* S *bl*
  D Malagueña *f*
  E malagueña
  F malagueña *f*
  I malagueña *f*

U malagueña
R малагуэнья *f*, малагенья *f*
male E; ~ alto: falsettista
~ choir/chorus: Männerchor
~ lead *teat* primo → uomo; premier → rôle masculin
~ soprano: sopranista
~ voice choir/chorus: Männerchor
malend D
  E pictorial
  F pictural
  I pittoresco
  S pictórico
  U festői
  R картинный
malignamente I schalkhaft
malinconico I *prescr*
  D malinconico, schwermütig
  E malinconico, *"in a melancholy fashion"*
  F malinconico, mélancolique
  S malinconico, *"melancólico"*
  U malinconico, *"komoran"*, *"mélabúsan"*
  R malinconico, меланхолично, грустно
mallet E *perc* Schlegel
Mambo *m* D *bl* mambo
mambo *m* S *bl*
  D Mambo *m*
  E mambo
  F mambo *m*
  I mambo *m*
  U mambo
  R мамбо *n*
manager *m* S Konzertvermittler
mancando I *prescr*
  D mancando, verlöschend
  E mancando, *"fading"*, *"dying away"*
  F mancando, en diminuant le son, en se perdant
  S mancando, *"muriendo"*
  U mancando, *"elhalkulva"*, *"elenyészve"*
  R mancando, убывая, затухая
manchador *m* S Kalkant
manchas *f pl* S *org* Gebläse
manche *m* F *corda* Hals
~ contreplaqué *corda* gesperrter → Hals
~ du marteau *pfte* Hammerstiel
— double ~ *corda* Doppelhals
mandola E U Mandora
mandola *f* I Mandora
mandole *f* F Mandora
mandolin E mandolino
mandolin U mandolino
— félgömbölyű testű ~ mandolino sassone
— lapos hátú ~ Flachmandoline
mandolina *f* S mandolino
~ abombada: mandolino sassone
~ de fondo plano/chato: Flachmandoline
~ milanesa: mandolino sassone
Mandolinbanjo *n* D
  E mandolin-banjo, banjo-mandolin(e)
  F banjo-mandoline *m*
  I banjo *m* mandolino
  S banjo-mandolina *m*

U mandolinbendzsó
R банджо-мандолина *n*
mandolin-banjo E Mandolinbanjo
mandolinbendzsó U Mandolinbanjo
Mandoline *f* D mandolino
mandoline E mandolino
mandoline *f* F mandolino
~ à dos/fond bombé: mandolino sassone
~ à dos/fond plat: Flachmandoline
~ milanaise: guitarra-mandolina; mandolino sassone
mandoline-guitare *f* F guitarra-mandolina
Mandolinengitarre *f* D guitarra-mandolina
mandolingitár U guitarra-mandolina
mandolin-guitar E guitarra-mandolina
mandolino *m* I
  D Mandoline *f*
  E mandolin(e)
  F mandoline *f*
  S mandolina *f*
  U mandolin
  R мандолина *f*
~ a fondo piatto: Flachmandoline
~ con conchiglia a tre strisce = ~ sassone
~ piatto: Flachmandoline
~ sassone, ~ con conchiglia a tre strisce
  D Halbrundmandoline *f*
  E round-back mandolin(e)
  F mandoline *f* à dos/fond bombé, mandoline *f* milanaise
  S mandolina *f* milanesa/abombada
  U félgömbölyű testű mandolin
  R полуовальная мандолина *f*
Mandora *f* D
  E mandora, mandola
  F mandore *f*, mandole *f*
  I mandola *f*
  S mandora *f*
  U mandora, mandola
  R мандора *f*, мандола *f*
mandora E U Mandora
mandora *f* S Mandora
mandore *f* F Mandora
manejar *v* S behandeln
manera *f* S manière
— a ~ de carillón *etc* → carillón *etc*
manetta *f* I *org* Manubrium
manga *f* S; media ~ *corda* mezza → manica
mango *m* S *corda* Hals
~ contraplacado *corda* gesperrter → Hals
~ del martillo *pfte* Hammerstiel
— doble ~ *corda* Doppelhals
manica *f* I; **mezza ~** *corda*
  D halbe Lage/Position *f*
  E half-shift
  F mezza manica *f*, deuxième position *f*
  S media manga *f*, segunda posición
  U félfekvés
  R полупозиция *f*
manico *m* I *corda* Hals
~ del martello *pfte* Hammerstiel
~ rinforzato *corda* gesperrter → Hals
— doppio ~ *corda* Doppelhals

Manier *f* D manière
~en *pl*, **Spielmanieren** *f pl orn* ⟨18. *sec*⟩
  E ornaments *pl*
  F ornements *m pl*
  I abbellimenti *m pl*
  S adornos *m pl*
  U ékesítések *pl*
  R мелизмы *m pl*
maniera *f* I manière
manière *f* F
  D Manier *f*
  E manner
  I maniera *f*
  S manera *f*
  U modor, stílus, manír
  R манера *f*
— à la ~ chorale: choraliter
— à la ~ d'une chanson *etc* → chanson *etc*
maniéré F
  D maniert
  E mannered
  I manieristico
  S amanerado
  U modoros, mesterkélt
  R манерный, вычурный
maniert D maniéré
maniérisme *m* F
  D Manierismus *m*
  E mannerism, mannered style
  I manierismo *m*
  S manierismo *m*
  U manierizmus
  R маньеризм *m*
manierismo *m* I S maniérisme
Manierismus *m* D maniérisme
Manierist *m* D maniériste
manierista *m* I S maniériste
manierista U maniériste
maniériste *m* F
  D Manierist *m*
  E mannerist
  I manierista *m*
  S manierista *m*
  U manierista
  R маньерист *m*
manieristico I maniéré
manierizmus U maniérisme
maniglia *f* I *camp* Öhr
manija *f* S; ~ de afinación/para afinar *timp* Schraubenschlüssel
maniquí *m* S *org* Intonierlade
manír U manière
manivela *f* S *ottoni* Fingertaste
mannequin *m* F *org* Intonierlade
manner E manière
Männerchor *m* D
  E men's choir/chorus, male (voice) choir/chorus
  F chœur *m* d'homme
  I coro *m* maschile
  S coro *m* masculino/de hombres
  U férfikar
  R мужской хор *m*

mannered E maniéré
~ style: maniérisme
Männergesang(s)verein *m* D
  E men's choral society
  F société *f* chorale d'hommes
  I associazione/società *f* corale maschile
  S sociedad *f* coral masculina, orfeón *m*
  U dalegylet, dalárda
  R мужское хоровое общество *n*
mannerism E maniérisme
mannerist E maniériste
Mannheim rocket E Mannheimer → Rakete
mano *f* I Hand
~ armonica/guidoniana:Guidonische → Hand
~ nel padiglione *prescr, cor* Hand in Schalltrichter
— a due mani: zweihändig
— a quattro mani: vierhändig
— con la ~ *prescr, cor* mit der → Hand
— quarta ~ *org* Baßkoppel
— terza ~ *org* Melodiekoppel; Diskantkoppel
mano *f* S Hand
~ en el pabellón *prescr, cor* Hand in Schalltrichter
~ guidoniana: Guidonische → Hand
— a/para cuatro ~s: vierhändig
— a/para dos ~s: zweihändig
— con la ~ *prescr, cor* mit der → Hand
ma non tanto I → tanto
manoscritto I handschriftlich
manoscritto *m* I Handschrift
mantener *v* S *ton* aushalten; liegenbleiben
mantenere *v* I *ton* aushalten
mantenimiento *m* de la afinación S *pfte* Stimmhaltung
mantice *m* I *org* Balg
— mantici *pl org* Gebläse
~ a cassa *org* Kastenbalg
~ a cuneo *org* Keilbalg
~ a lanterna *org* Parallelbalg
~ alimentatore *org* Arbeitsbalg
~ antiscosse *org* Stoßbalg
~ azionato a motore *org* Zugbalg
~ diagonale *org* Diagonalbalg
— mantici *pl* doppi *org* Doppelbälge
~ pneumatico *org* Pneumatikbalg
~ principale *org* Hauptbalg
~ regolatore *org* Regulierbalg
~ stabilizzatore *org* Ausgleichsbalg
mantice-serbatoio *m* I *org* Magazinbalg
manticetto *m* I *org* Pulpete
~ per il contatto *org* relais
Manual *n* D
  E manual
  F manuel *m*
  I manuale *m*
  S manual *m*
  U manuál
  R мануал *m*
manual E Manual
~ coupler *org* Manualkoppel
~ key: Manualtaste
manual *m* S Manual

~ central *org* Mittelklavier
~ del medio *org* Mittelklavier
~ superior *org* Oberklavier
— de doble ~ zweimanualig
— de dos manuales: zweimanualig
— de un ~ einmanualig
— primer ~ *org* Hauptwerk
manuál U Manual
— két ~ra írott: zweimanualig
manuálbillentyű U Manualtaste
manuale *m* I Manual
~ superiore *org* Oberklavier
— a due manuali: zweimanualig
— a un ~ einmanualig
manuálisan U; csak ~ *org* manualiter
manualiter D *org*
  E *(playing on manuals only)*
  F *(pour les mains seulement)*
  I manualiter
  S *(para el manual)*
  U manualiter, csak manuálisan
  R мануальный
Manualkoppel *f* D *org*
  E manual coupler
  F accouplement *m* manuel
  I accoppiamento *m* dei manuali
  S acoplamiento *m* manual
  U manuálkopula
  R мануальная копула *f*
manuálkopula U *org* Manualkoppel
Manualtaste *f* D
  E manual key
  F touche *f* de clavier manuel
  I tasto *m* del manuale
  S tecla *f* de manual
  U manuálbillentyű
  R клавиша *f* мануала
manubrio *m* S Drehorgel
Manubrium *n* D *org*
  E knob
  F registre *m*
  I manetta *f*
  S registro *m*
  U regiszterhúzó
  R регистровая рукоятка/клавиша *f*
manuel *m* F Manual
manufacturer E -bauer
manuscript E Handschrift; handschriftlich
~ collection: Sammelhandschrift
~ paper: Notenpapier
manuscrit F handschriftlich
manuscrit *m* F Handschrift
manuscrito S handschriftlich
manuscrito *m* S Handschrift
many-part E; of ~s: mehrstimmig
— of ~ harmony: mehrstimmig
many-stringed E vielsaitig
many-voiced E vielstimmig
máquina *f* S; ~ de truenos *teat* Donnermaschine
~ de viento *teat* Windmaschine
Maraca *f* D maraca
maraca E Kürbisrassel; maraca
maraca *m* F Kürbisrassel; maraca

maraca *m* S
  D Maraca *f*
  E maraca
  F maraca *m*
  I maraca *f*
  U maracas *pl*
  R маракас *m*
~ ⟨*sonajero*⟩ Rassel
~ ⟨*jazz*⟩ Kürbisrassel
maracas *pl* U maraca
marca *f* I; ~ della carta: Wasserzeichen
~ di fabbrica *vl* Brandstempel
marca *f* S Bezeichnung
~ de agua: Wasserzeichen
~ de fábrica *vl* Brandstempel
marcado S betont; *prescr* marcato
marcar *v* S betonen
marcare *v* I hervorheben
marcato I *prescr*
  D marcato, markiert
  E marcato, *"marked"*
  F marcato, marqué
  S marcato, marcado
  U marcato, *"nyomatékkal"*, *"hangsúlyoz-va"*
  R marcato, выделяя, подчёркивая
march E Marsch
marcha *f* S Marsch; Marschmusik
~ fúnebre: Trauermarsch
~ hacia: Wendung nach
~ militar: Militärmarsch
~ nupcial: Hochzeitsmarsch
~ paralela: Parallelführung
~ triunfal: Triumphmarsch
marchand *m* F; ~ d'instruments de musique: Musikinstrumentenhändler
marche *f* F Marsch; Marschmusik
~ d'harmonie: Fortschreitung
~ funèbre: Trauermarsch
~ militaire: Militärmarsch
~ nuptiale: Hochzeitsmarsch
~ triomphale: Triumphmarsch
marching E; ~ cymbals *pl* Marschbecken
~ drum: Marschtrommel
~ tune: Marschmusik
marcia *f* I Marsch; Marschmusik
~ funebre: Trauermarsch
~ militare: Militärmarsch
~ nuziale: Hochzeitsmarsch
~ trionfale: Triumphmarsch
— alla ~
  D alla marcia, wie ein Marsch
  E alla marcia, *"like a march"*
  F alla marcia, *"dans le caractère d'une marche"*
  S alla marcia, *"marcial"*
  U alla marcia, indulószerűen
  R alla marcia, в характере марша
marco *m* S; ~ de bastidor: Kulissenrahmen
~ de campana: Glockenstuhl
~ de fundición *pfte* Vollpanzerplatte
~ de hierro fundido *pfte* Vollpanzerplatte
~ de las palancas acodadas *org* Winkelscheide

~ de los tiradores *org* Wippenscheide
~ del fuelle *org* Rahmen
~ externo del teclado *pfte* Stuhlrahmenleiste
~ metálico *pfte* Vollpanzerplatte
marfil *m* S *tasto* Vorderteil des Tastenbelages
marimba *f* S
    D Marimbaphon *n*
    E marimba(phone), resonaphone
    F marimba *m*
    I marimba *f*
    U marimba
    R маримба *f*
Marimbaphon *n* D marimba
marimbaphone E marimba
marine trumpet E Trumscheit
mark E Bezeichnung; Zeichen
markiert D *prescr* marcato
marque *f* F; ~ de fabrique *vl* Brandstempel
marqué F *prescr* marcato
marquer *v* F betonen
Marsch *m* D
    E march
    F marche *f*
    I marcia *f*
    S marcha *f*
    U induló
    R марш *m*
— wie ein ~ alla → marcia
Marschbecken *n* D
    E marching cymbals *pl*
    F cymbales *f pl* militaires
    I piatti *m pl* a coppia
    S platillos *m pl* para desfiles
    U indulóréztányér, indulócintányér
    R *(тарелки, применяемые в военном оркестре в походе)*
Marschmusik *f* D
    E marching tune, music for a march
    F marche *f*, musique *f* pour défilés
    I marcia *f*
    S marcha *f*
    U induló(zene)
    R маршевая музыка *f*
Marschtrommel *f* D
    E marching drum
    F tambour *m* volant, caisse *f* claire
    I tamburo *m* volante/da parata
    S tambor *m* para desfiles
    U indulódob
    R походный барабан *m*
marteau *m* F Glockenhammer; *pfte* Hammer
~ du cymbalum: cimbalomütő
— aligner *v* les ~x: Hammer richten
martelé F *prescr* martellato
marteler *v* F hämmern
martellare *v* I hämmern
martellato I *prescr*
    D martellato, hämmernd
    E martellato, *"hammering"*, *"hammered"*
    F martellato, martelé
    S martellato, *"martilleado"*, *"martillado"*
    U martellato, *"kalapácsolva"*
    R martellato, мартеллато

martelletto *m* I *pfte* Hammer
— registrare *v* i martelletti: Hammer richten
martello *m* I Glockenhammer; *pfte* Hammer
martillar *v* S hämmern
martillo *m* S Glockenhammer; *pfte* Hammer
~ de madera: Holzhammer
— alinear/igualar *v* los ~s: Hammer richten
martinete *m* S *cemb* Springer
~ del cimbalón: cimbalomütő
más S più
mascarada *f* S Maskenspiel
mascarade *f* F mojiganga
mascella *f* d'asino I Schlagrassel
mascherata *f* I mojiganga
Maschine *f* D *ottoni*
    E mechanism
    F mécanisme *m*, pistons *m pl*, jeu *m* de pistons
    I macchina *f*
    S mecanismo *m*, juego *m* de pistones
    U mechanizmus, szerkezet
    R вентильный механизм *m*
~ *pfte* = Mechanik
Maschinenbalg *m* D *org* = Magazinbalg
Maschinenmeister *m* D *teat*
    E stage machinist, technician
    F machiniste *m*
    I macchinista *m*
    S tramoyista *m*
    U gépmester
    R машинист *m*
Maschinenpauke *f* D
    E machine/pedal drum
    F timbale *m* mécanique
    I timpano *m* a macchina/pedale
    S timbal *m* mecánico
    U pedálüstdob, "Maschinenpauke"
    R литавра *f* с механизмом автоматической перестройки
maschio *m* I *ottoni* Zapfen
masculine cadence E männliche → Endung
Maskenspiel *n* D
    E masque
    F masque *m*
    I rappresentazione *f* con maschera
    S mascarada *f*
    U álarcos játék, maszkajáték
    R маскарадное представление *n* с музыкой
másod U = szekund
másoló U Kopist
masque E Maskenspiel
masque *m* F Maskenspiel
masquerade E mojiganga
Mass E Messe
~ for the Dead: Requiem
~ sections/parts *pl* Messeteile
— say/celebrate *v* ~ Messe lesen
mäßig D *prescr* moderato
master E *gram* matrice
~ builder: -baumeister
~ class: Meisterklasse
~ coupler *fis* Generalregister

~ of the chapel: Kapellmeister
~ of the King's [Queen's] music
    D *(Titel des englischen Hofkomponisten seit 1660)*
    F *(titre du compositeur de cour anglais depuis 1660)*
    I *(denominazione dei compositori di corte inglesi, dal 1660)*
    S *(título de los compositores ingleses de la corte desde 1660)*
    U *(az angol udvari zeneszerzők cime 1660 óta)*
    R *(звание английских придворных композиторов с 1660 г.)*
~ organ builder: Orgelbaumeister
~ piano builder: Klavierbaumeister
~ piano(forte) maker: Klavierbaumeister
masterly E virtuoso
mastery E Meisterschaft
mástil *m* S *corda* Hals
~ doble *corda* Doppelhals
mastro *m* I *fis* Generalregister
maszkajáték U Maskenspiel
mat F matt
matasuegras *m* S Narrenflöte
mate S matt
materia *f* S *canto* Material
Material *n* D *canto*
    E resources *pl*
    F ressources *f pl*, capacités *f pl* vocales
    I materiale *m*, capacità *f*
    S materia *f*, capacidad *f* vocal, posibilidades *f pl*
    U hanganyag
    R материал *m*
— thematisches ~
    E thematic material
    F matériel *m* thématique
    I materiale *m* tematico
    S material *m* temático
    U tematikus anyag
    R тематический материал *m*
material *m* S; ~ de alquiler: Leihmaterial
~ pedagógico/didáctico: Lehrmittel
~ temático: thematisches → Material
materiale *m* I *canto* Material
~ da noleggio: Leihmaterial
~ tematico: thematisches → Material
matériel *m* F; ~ de location: Leihmaterial
~ pédagogique: Lehrmittel
~ thématique: thematisches → Material
matines *f pl* F Matutin
matins *pl* E Matutin
matiz *m* S Abstufung
matizar *v* S abstufen
matraca *f* S Ratsche
matrica U *gram* matrice
matrice *f* F *gram*
    D Matrize *f*
    E matrix, master
    I matrice *f*
    S matriz *f*

    U matrica
    R матрица *f*
~ ⟨*outil*⟩
    D Matrizenstempel *m*
    E stamper, A: matrix press
    I matrice *f*
    S cuño *m* de la matriz
    U (prés)matrica
    R матрица *f* для изготовления пластинок
matrice *f* I Glockenmodell; matrice
matrix E *gram* matrice
~ press *gram* matrice
matriz *f* S *gram* matrice
Matrize *f* D *gram* matrice
Matrizenstempel *m* D *gram* matrice
matt D ⟨*Klang*⟩
    E dry
    F mat, sec
    I sordo, debole
    S débil, mate
    U tompa, matt
    R блёклый ⟨*о звуке*⟩
mattutino *m* I Matutin
Matutin *f* D
    E matins *pl*
    F matines *f pl*
    I mattutino *m*
    S maitines *m pl*
    U matutinum, hajnali dicséret
    R *(утреннее богослужение католической церкви)*
matutinum U Matutin
Maulharfe *f* D *obs* = Maultrommel
Maultrommel *f*, **Trümpe** *f* D
    E Jew's harp/trump, guimbard(e)
    F guimbarde *f*, trompe *f* laquais
    I scacciapensieri *m*
    S birimbao *m*, guimbarda *f*
    U doromb
    R варган *m*
Maultrommelklavier *n* D = Äolodikon; Melodikon
Maxima *f* D
    E large, maxima
    F maxima *f*
    I maxima *f*
    S máxima *f*
    U maxima
    R максима *f*
maxima E U Maxima
maxima *f* F I Maxima
máxima *f* S Maxima
May E; ~ carol/song: Mailied
maya *f* S Mailied
mayor S groß
mayor *m* S Dur
— en ~ in → Dur
mayúscula *f* S Majuskel
maza *f* **de tambor** S *mil* canne de tambour-major
mazo *m* S *camp* Klöppel
~ de madera: Holzhammer
mazza *f* I *perc* Schlegel

$\sim$ del tamburo maggiore *mil* canne de tambour-major
$\sim$ doppia: Doppelschlegel
mazzuolo *m* I *perc* Schlegel
$\sim$ a doppia testa *perc* zweiköpfiger $\rightarrow$ Schlegel
$\sim$ di legno: Holzhammer
$\sim$ doppio: Doppelschlegel; *perc* doppelter $\rightarrow$ Schlegel
means *pl* **of expression** E Ausdrucksmittel
mean-tone temperament E mitteltönige $\rightarrow$ Temperatur
measure A = bar
mécanicien *m* F *costr, pfte* Aufschläger
mécanique *f* F *fiati, pfte* Mechanik
$\sim$ à bayonette *pn* Oberdämpfermechanik
$\sim$ à double échappement *pfte* Stoßmechanik
$\sim$ à pistons *ottoni* Spiralfedermechanik
$\sim$ à répétition *pfte* Stoßmechanik
$\sim$ à valve rotatoire *ottoni* Schnurenmechanik
$\sim$ allemande *pfte* deutsche $\rightarrow$ Mechanik
$\sim$ anglaise *pfte* englische $\rightarrow$ Mechanik
$\sim$ au-dessous des cordes *pfte* aufwärtsschlagende $\rightarrow$ Mechanik
$\sim$ au-dessus des cordes *pfte* abwärtsschlagende $\rightarrow$ Mechanik
$\sim$ de clavecin *pfte* Cembalomechanik
$\sim$ de laiton *corda* Messingmechanik
$\sim$ du clavicorde: Clavichordmechanik
$\sim$ du piano à queue: Flügelmechanik
$\sim$ du piano droit: Klaviermechanik
$\sim$ viennoise *pfte* Wiener $\rightarrow$ Mechanik
mécanisme *m* F *ottoni* Maschine
$\sim$ à double mouvement *arpa* Doppelpedalmechanik
$\sim$ de la boîte expressive *org* Schwellkastenbetätigung
$\sim$ de la pédale *pfte* Pedalhebelwerk
$\sim$ de système à fourchette *arpa* Drehscheibenmechanismus
$\sim$ des clefs *legni* Klappenmechanik
$\sim$ du double échappement *pfte* Repetitionsmechanik
$\sim$ du piston: Ventilmaschine
mecanismo *m* S *fiati, pfte* Mechanik; *ottoni* Maschine
$\sim$ alemán *pfte* deutsche $\rightarrow$ Mechanik
$\sim$ con apagadores inferiores *pn* Oberdämpfermechanik
$\sim$ de bayoneta *pn* Oberdämpfermechanik
$\sim$ de doble escape *pfte* Repetitionsmechanik; Stoßmechanik
$\sim$ de la caja expresiva *org* Schwellkastenbetätigung
$\sim$ de llaves *legni* Klappenmechanik
$\sim$ de los fuelles *org* Anblasemechanismus; Schöpfwerk
$\sim$ de metal *corda* Messingmechanik
$\sim$ de pistón *ottoni* Spiralfedermechanik
$\sim$ de repetición de la tecla *pfte* Stoßmechanik
$\sim$ de válvulas rotatorias *ottoni* Schnurenmechanik
$\sim$ del clavicémbalo/clavecín *pfte* Cembalomechanik

$\sim$ del clavicordio: Clavichordmechanik
$\sim$ del pedal *pfte* Pedalhebelwerk
$\sim$ del piano de cola: Flügelmechanik
$\sim$ del piano vertical: Klaviermechanik
$\sim$ del pistón: Ventilmaschine
$\sim$ inglés *pfte* englische $\rightarrow$ Mechanik
$\sim$ vienés *pfte* Wiener $\rightarrow$ Mechanik
— doble $\sim$ del pedal *arpa* Doppelpedalmechanik
meccanica *f* I *fiati, pfte* Mechanik
$\sim$ a baionetta *pn* Oberdämpfermechanik
$\sim$ a doppia azione *pfte* Stoßmechanik
$\sim$ a doppio scappamento *pfte* Repetitionsmechanik
$\sim$ a pistoni *ottoni* Spiralfedermechanik
$\sim$ a valvole rotanti *ottoni* Schnurenmechanik
$\sim$ al di sopra delle corde *pfte* abwärtsschlagende $\rightarrow$ Mechanik
$\sim$ al di sotto delle corde *pfte* aufwärtsschlagende $\rightarrow$ Mechanik
$\sim$ bassa *pn* Untertastenmechanik
$\sim$ del clavicembalo *pfte* Cembalomechanik
$\sim$ del clavicordo: Clavichordmechanik
$\sim$ del pianoforte a coda: Flügelmechanik
$\sim$ del pianoforte verticale: Klaviermechanik
$\sim$ in ottone *corda* Messingmechanik
$\sim$ inglese *pfte* englische $\rightarrow$ Mechanik
$\sim$ viennese *pfte* Wiener $\rightarrow$ Mechanik; deutsche $\rightarrow$ Mechanik
meccanismo *m* I; $\sim$ del pedale *pfte* Pedalhebelwerk
$\sim$ delle chiavi *legni* Klappenmechanik
$\sim$ delle rotelle *arpa* Drehscheibenmechanismus
mechanical noise E Nebengeräusch
Mechanik *f* D *fiati*
  E action
  F mécanique *f*
  I meccanica *f*
  S mecanismo *m*
  U mechanika, szerkezet
  R механизм *m*
$\sim$, Getriebe *n pfte*
  E action, mechanism
  F mécanique *f*
  I meccanica *f*
  S mecanismo *m*, acción *f*
  U mechanika, szerkezet
  R механика *f*
— **abwärtsschlagende $\sim$** *pfte*
  E overstrung action, A: down-striking action
  F mécanique *f* au-dessus des cordes
  I meccanica *f* al di sopra delle corde
  S acción *f* sobre las cuerdas
  U felülről ütő mechanika
  R механика *f*, действующая сверху
— **aufwärtsschlagende $\sim$** *pfte*
  E understrung action, A: up-striking action
  F mécanique *f* au-dessous des cordes
  I meccanica *f* al di sotto delle corde
  S acción *f* bajo las cuerdas

U alulról ütő mechanika
R механика *f*, действующая снизу
— **deutsche** ~ *pfte*
 E German action
 F mécanique *f* allemande
 I meccanica *f* viennese
 S mecanismo *m* alemán
 U német mechanika
 R немецкая механика *f*
— **englische** ~ *pfte*
 E English action
 F mécanique *f* anglaise
 I meccanica *f* inglese
 S mecanismo *m* inglés
 U angol mechanika
 R английская механика *f*
— oberschlägige ~ *pfte* = abwärtsschlagende ~
— unterschlägige ~ *pfte* = aufwärtsschlagende ~
— **Wiener** ~, **Prellmechanik** *f pfte*
 E Viennese action
 F mécanique *f* viennoise
 I meccanica *f* viennese
 S mecanismo *m* vienés
 U bécsi mechanika
 R венская механика *f*
mechanika U *fiati, pfte* Mechanik
— alulról ütő ~ *pfte* aufwärtsschlagende →
 Mechanik
— angol ~ *pfte* englische → Mechanik
— bécsi ~ *pfte* Wiener → Mechanik
— felülről ütő ~ *pfte* abwärtsschlagende →
 Mechanik
— kettős kiváltású ~ *pfte* Stoßmechanik
— német ~ *pfte* deutsche → Mechanik
— sárgaréz ~ *corda* Messingmechanik
mechanikaállvány U *pfte* Mechanikträger
Mechanikachsen *f pl* D *pfte*
 E centrepins *pl*, A: centerpins *pl*
 F axes *m pl*
 I asse *m* della meccanica
 S pernos *m pl*
 U mechanikatengelydrót
 R штифтовка *f*
mechanikacsövek *pl* U *pfte* Mechaniktuben
mechanikagerenda U *pfte* Mechanikbalken
Mechanikanhänger *m*, **Mechanikbacken** *m* D
 pfte
 E action hanger/standard
 F montant *m* métallique
 I fianchetto *m*, spalletta *f*, sostegno *m*
 della meccanica
 S sostén *m* del mecanismo
 U mechanikatartó, *fam* stucni
 R стойка *f*
mechanikaszabályozás U *pfte* Mechanikregu-
 lierung
mechanikatartó U *pfte* Mechanikanhänger;
 Mechanikträger
mechanikatengelydrót U *pfte* Mechanikachsen
Mechanikbacken *m* D *pfte* = Mechanikanhänger
Mechanikbalken *m* D *pfte*
 E action/beam rail, hammer rail beam

F barre *f* centrale de la mécanique
I barra *f* centrale della meccanica
S barra *f* central transmisora del meca-
 nismo
U mechanikagerenda
R гаммербанк *m*
Mechanikbogen *m* D *arpa*
 E neck, harmonic curve
 F console *f*
 I curva *f* della meccanica
 S consola *f*, cuello *m* con clavijas
 U nyak
 R (*верхняя сторона рамы арфы, несущая
 на себе колки для натяжения струн и
 диски механизма педалей*)
Mechanikbolzenmutter *f* D *pfte*
 E action standard bolt, A: action bolt nut
 F tête *f* de la vis de fixation de la méca-
 nique, tête *f* de la broche
 I dado *m* per fianchetto meccanico
 S cabeza *f* del tornillo de fijación del
 mecanismo
 U szerkezeterősítő csavaranya, *fam* stucni-
 csavaranya
 R шаховка *f*
Mechanikbolzenschraube *f* D *pfte*
 E action bolt
 F vis *f* de fixation de la mécanique, broche *f*
 I vite *f* per fissaggio meccanica
 S tornillo *m* de fijación del mecanis-
 mo
 U szerkezeterősítő csavar, *fam* stucni-
 csavar
 R болт *m* механики
Mechanikregulierung *f* D *pfte*
 E action regulation
 F réglage *m* de la mécanique
 I regolazione *f* della meccanica
 S regulador *m* del mecanismo
 U mechanikaszabályozás
 R регулирование *n* механики
Mechanikträger *m* D *pfte*
 E action hanger
 F montant *m* métallique
 I telaio *m* della meccanica
 S sostén *m* del mecanismo
 U mechanikaállvány, mechanikatartó
 R кронштейн *m* механики
Mechaniktuben *f pl* D *pfte*
 E action frame tubes *pl*
 F tubes *m pl* du cadre de la mécanique
 I tubi *m pl* del telaio della meccanica
 S tubos *m pl* del bastidor del mecanismo
 U mechanikacsövek *pl*
 R барабанчики *m pl*
mechanism E *ottoni* Maschine; *pfte* Mechanik
mechanizmus U *ottoni* Maschine
— villamozgató ~ *arpa* Drehscheibenmecha-
 nismus
MECHANLIZENZ F ⟨*Société Suisse pour les
 Droits de Reproduction Mécanique*⟩
 D (*schweizerische Verwertungsgesellschaft
 für Autorenrechte*)

E *(Swiss Performing Right Society)*
I *(Società svizzera degli Autori ed Editori)*
S *(Sociedad suiza de Autores, Compositores y Editores)*
U *(svájci szerzői jogvédő egyesület)*
R *(швейцарское общество прав на музыкальное исполнение)*
meciendo S cullando
mediáció U *greg* Mediatio
mediación *f* S *greg* Mediatio
medial cadence E Zwischenkadenz; *greg* Mediatio
mediáns U Mediante
— alsó ∼ Untermediante
mediant E Dominantparallele; Mediante; Tonikaparallele
Mediante *f* D
    E mediant
    F médiante *f*
    I mediante *f*
    S mediante *f*
    U mediáns
    R медианта *f*
médiante *f* F Dominantparallele; Mediante; Tonikaparallele
mediante *f* I S Dominantparallele; Mediante; Tonikaparallele
Mediatio *f* D *greg*
    E mediation, medial cadence
    F médiation *f*, mediatio *f*
    I mediatio *f*
    S mediación *f*, mediatio *f*
    U mediáció
    R *(серединная цезура типа каданса в мелодических образованиях псалмодии)*
mediatio *f* F I S *greg* Mediatio
mediation E *greg* Mediatio
médiation *f* F *greg* Mediatio
médiator *m* F Plektrum
mediatore *m* **di concerti** I Konzertvermittler
medida *f* S; de ∼ estrecha *org, fiati* engmensuriert
medidor *m* S *org* Windmesser
medio *m* S; ∼ expresivo/de expresión: Ausdrucksmittel
∼ modulante: Modulationsmittel
medio cantado S *prescr, canto* mezzo cantato
medium E; ∼ grand: pianoforte a mezza coda
∼ register: mittlere → Stimmlage
medley E pot-pourri
medrosamente S *prescr* pauroso
megafon U Megaphon
megafono *m* I Megaphon
megáfono *m* S Megaphon
megállapítani *v* U bestätigen
megállás nélkül U *prescr* attacca
Megaphon *n* D
    E megaphone, loud hailer
    F mégaphone *m*, porte-voix *m*
    I megafono *m*
    S megáfono *m*, portavoz *m*
    U hangszóró, megafon
    R мегафон *m*, рупор *m*

megaphone E Megaphon
mégaphone *m* F Megaphon
megdicsőült U verklärt
megereszteni *v* U *arco, timp* lockern
megfelelés U; enharmonikus ∼ enharmonische → Entsprechung
megfeszíteni *v* U anziehen; aufziehen
megfordítani *v* U umkehren
megfordítás U Umkehrung
megfordítható U umkehrbar
megfordíthatóság U Umkehrbarkeit
megformálás U Gestaltung
megfújni *v* U; erősen ∼ *ottoni* stark → anblasen
megfújva U; durván ∼ *cl* grob → geblasen
meghallgatás U Vorsingen; Vorspiel
meghallgatni *v* U zuhören
meghúzni *v* U aufziehen; *corda* anstreichen; *tamb* schränken
megjelenés ideje U Erscheinungsdatum
megjelenni *v* U herauskommen
megkettőzés U Verdopplung
megkettőzni *v* U verdoppeln
megközelíteni *v* U *ton* erreichen
meglapszámozni *v* U foliieren
meglassulva U *prescr* allargando
meglazítani *v* U *arco* lockern
megnyugtatva U *prescr* calmando
megpendíteni *v* U *corda* anreißen
megrövidítés U Verkleinerung
megszakítani *v* U abbrechen
megszakítás nélkül U *prescr* senza → interruzione
megszólalni *v* U erklingen; *str* ansprechen
— egy hang megszólal: ein Ton erklingt → erklingen
— egy hangszer megszólal: ein Instrument erklingt → erklingen
megszólaltatás U *str* Ansprache
megszólaltatni *v* U zu → Gehör bringen; *corda* anstreichen; *ton* anspielen
megszűnés U Stillstand
megszüntetni *v* U; azonnal/gyorsan ∼ *perc* gleich/schnell → abdämpfen
megszurkálni *v* U *pfte* stechen
megtámasztani *v* U *canto* stützen
megtanulás kívülről U Auswendiglernen
megtörni *v* U *canna* kröpfen
megütés U *fiati* Anstoß
megütni *v* U *corda, tasto* anschlagen
megzenésíteni *v* U vertonen
megzenésítés U Vertonung
mehr D più
mehrchörig D
    E multichoral, A: polychoral
    F à plusieurs chœurs
    I policorale
    S a varios coros, policoral
    U több karra írt
    R многохорный
∼ *corda*
    E with multiple courses
    F à plusieurs cordes

I　a più corde
S　de cuerdas múltiples
U　kettőzött húros/húrú
R　с несколькими хорами струн
Mehrchörigkeit *f* D
　E　polychoral music
　F　pluralité *f* des chœurs
　I　policoralità *f*, polifonia *f* policorale
　S　policoralidad *f*
　U　több kórusos zene
　R　многохорность *f*
mehrdeutig D *acc*
　E　ambiguous
　F　ambigu, équivoque
　I　ambiguo
　S　equívoco, ambiguo
　U　több értelmű
　R　многозначный
Mehrdeutigkeit *f* D *acc*
　E　ambiguity
　F　ambiguïté *f*
　I　ambiguità *f*
　S　ambigüedad *f*
　U　többértelműség
　R　многозначность *f*
Mehrdruckventilator *m* D *org*
　E　multiple fan
　F　*(ventilateur qui fournit une pression d'air*
　　supérieure à celle des tuyaux)
　I　ventilatore *m* a più pressioni
　S　ventilador *m* multiple/de alta presión
　U　túlnyomásos ventillátor
　R　вентилятор *m* большой мощности
mehrkanalig D ⟨*Lautsprecher*⟩
　E　multi-channel
　F　à plusieurs chaînes
　I　a più canali
　S　de varios canales
　U　több csatornás
　R　многоканальный
mehrsätzig D
　E　*(consisting of several movements)*
　F　à plusieurs mouvements
　I　in più parti
　S　en varios movimientos
　U　több tételes
　R　многочастный
mehrstimmig D
　E　of many parts, of many-part harmony
　F　à plusieurs voix/parties
　I　a molte voci/parti
　S　a muchas voces/partes
　U　több szólamú
　R　многоголосный
∼　⟨*Komposition*⟩ = polyphon
Mehrstimmigkeit *f* D = Polyphonie
mehrstrophig D
　E　*(consisting of several strophes)*
　F　à plusieurs strophes
　I　a più strofe
　S　de varias estrofas, poliestrófico
　U　több strófás
　R　многострофный

mehrtextig D
　E　polytextual
　F　à plusieurs textes
　I　politestuale
　S　de/con varios textos, que comporta
　　varios textos
　U　több szövegű
　R　с несколькими текстами
Mehrtextigkeit *f* D
　E　polytextuality
　F　pluralité *f* des textes
　I　politestualità *f*
　S　pluralidad *f* de textos
　U　többszövegűség
　R　сочетание *n* нескольких текстов в одно-
　　временности
Meisterklasse *f* D
　E　master class
　F　"Meisterklasse", classe *f* supérieure
　I　classe *f* di perfezionamento
　S　clase *f*/curso *m* superior
　U　művészképző, mesteriskola
　R　аспирантура *f* ⟨*в консерваториях и*
　　других высших учебных заведениях⟩,
　　устар. школа *f* высшего мастерства
Meisterschaft *f* D
　E　mastery
　F　maîtrise *f*, virtuosité *f*
　I　maestria *f*, virtuosità *f*
　S　maestría *f*, dominio *m*, virtuosidad *f*,
　　virtuosismo *m*
　U　mesteri tökély, virtuozitás
　R　мастерство *n*
mélancolique F *prescr* malinconico
mélange *m* F; ∼s *pl* Festschrift
∼　de sons: Klangverschmelzung; Tonver-
　schmelzung
∼　de timbres: Mixturklänge
mélanger *v* F *str* mischen
melanges *m pl* S Festschrift
melisch D = melodisch
Melisma *n* D
　E　melisma
　F　mélisme *m*
　I　melisma *m*
　S　melisma *m*
　U　melizma
　R　распетый слог *m*
melisma E Melisma
melisma *m* I S Melisma
melismatic E melismatisch
∼　declámation *greg* melismatische → Dekla-
　mation
melismatico I melismatisch
melismático S melismatisch
mélismatique F melismatisch
melismatisch D
　E　melismatic
　F　mélismatique
　I　melismatico
　S　melismático
　U　melizmatikus
　R　мелизматический

mélisme *m* F Melisma
melizma U Melisma
melizmatikus U melismatisch
melléfogni *v* U danebengreifen
mellékcselekmény U *teat* Nebenhandlung
mellékdomináns U Zwischendominante
mellékhang U Nebennote
mellékhangsúly U Nebenakzent
mellékhármashangzat U Nebendreiklang
mellékhetedhangzat U Nebenseptakkord
mellékszeptimakkord U Nebenseptakkord
mellékszerep U *teat* rôle secondaire
mellékszereplő U Komparse
~k *pl teat* comprimari
mellékszólam U Nebenstimme
melléktéma U Nebensatz; Nebenthema; Seiten-
    thema
melléktémacsoport U Seitensatz
mellékzörej U Nebengeräusch
melléütni *v* U danebengreifen
mellhang U *canto* Bruststimme
mellmű U *org* Brustwerk
mellow E *ton* weich
mellregiszter U *canto* Brustregister
melodeón *m* S Melodium-Orgel
melodia *f* I Melodie; Melodik; Weise
~ popolare: Volksweise
~ timbrica: Klangfarbenmelodie
melodía *f* S Lied; Melodie; Weise
~ popular/tradicional: Volksweise
— de ~ no estrófica: durchkomponiert
melódia U Melodie
melodiárium U ⟨18. *sec.*⟩
    D *(Melodiebücher, in denen Studenten unga-*
        rische geistliche und weltliche Lieder
        zusammentrugen)
    E *(student's collection of Hungarian sacred*
        and secular songs)
    F *(recueil de chants contenant un choix de*
        chants hongrois religieux et profanes
        effectué par des étudiants)
    I *(libri nei quali gli studenti raccoglievano*
        canti ungheresi sacri e profani)
    S *(libros de cantos en los que los estudiantes*
        compilaron cantos religios y profanos
        húngaros)
    R *(сборники венгерских духовных и*
        светских песен, составлявшиеся студен-
        тами)
melodic E melodisch
~ analysis: Melodielehre
~ idiom: melodische → Wendung
~ instrument: Melodie-Instrument
~ line: melodische → Linie
~ minor: melodisches → Moll
~ peaks *pl* Melodiespitzen
~ progression: melodische → Fortschreitung
~ segmentation: melodische → Zergliederung
~ structure: Melodiebildung
~ turn: melodische → Wendung
melodica E Melodika
mélodica *f* F Melodika
melodica *f* I Melodika

melódica *f* S Melodielehre; Melodik
melodico I melodisch
melódico S melodisch
melodicon E Melodikon
mélodicon *m* F Melodikon
melodicon *m* I Melodikon
melodicón *m* S Melodikon
Melodie *f* D
    E melody, tune
    F mélodie *f*
    I melodia *f*
    S melodía *f*
    U melódia, dallam
    R мелодия *f*
mélodie *f* F Lied; Melodie; Melodik; Weise
~ de timbres: Klangfarbenmelodie
~ populaire: Volksweise
Melodieausgabe *f* D
    E melody edition
    F édition/partition *f* pour chant seul
    I versione *f* per canto solo
    S edición *f* para canto solo
    U dallamkiadás
    R издание *n* для голоса без сопровожде-
        ния
Melodiebildung *f* D
    E formation of melodies, A: melodic
        structure
    F formation/construction *f* de mélodies
    I costruzione *f* di melodie, invenzione *f*
        melodica
    S construcción/formación *f* de melodías
    U dallamképzés
    R строение *n* мелодии
Melodie-Instrument *n* D
    E melodic instrument
    F instrument *m* mélodique
    I strumento *m* melodico
    S instrumento *m* melódico
    U melodikus hangszer, dallamhangszer
    R инструмент *m*, исполняющий мелодию
Melodiekoppel *f* D *org*
    E octave coupler
    F octaves *f pl* aiguës
    I terza mano *f*, superottava *f*
    S octava *f* aguda
    U oktávkopula
    R мелодикопель *f*
Melodielehre *f* D
    E theory of melody, melodic analysis
    F étude *f* de la mélodie, analyse *f* mélo-
        dique
    I teoria *f*/studio *m* della melodia
    S estudio/análisis *m* de la melodía, meló-
        dica *f*
    U dallamtan
    R учение *n* о мелодии
Melodiesaite *f* D
    E treble/melody/fretted string
    F corde *f* mélodique/de la mélodie
    I corda *f* melodica/della melodia
    S cuerda *f* melódica
    U dallamhúr

R *(самая высокая струна, на которой исполняется мелодия)*

Melodiespitzen *f pl* D
E melodic peaks *pl*
F cimes *f pl* mélodiques
I *"cime melodiche"*
S clímax *m pl* melódicos
U dallamcsúcsok *pl*
R верхние точки *f pl* мелодии

Melodiestimme *f* D
E voice/melody part, A: melody line
F partie *f* mélodique
I parte *f* melodica
S parte *f* melódica, voz *f* que lleva la melodía
U dallamot vivő szólam
R партия *f*, исполняющая мелодию

mélodieux F melodiös

Melodik *f* D
E melody
F mélodie *f*, mélopée *f*
I melodia *f*
S melódica *f*, melopeya *f*
U melodika
R мелодика *f*

Melodika *f* D
E melodica
F mélodica *f*
I melodica *f*
S melodika *f*
U melodika
R мелодика *f* ⟨вид гармоники⟩

melodika *f* S Melodika

melodika U Melodik; Melodika

Melodikon *n* D
E melodicon
F mélodicon *m*
I melodicon *m*
S melodicón *m*
U melodikon
R мелодикон *m*

melodikon U Melodikon

melodikus U melodisch

melodiös D
E melodious
F mélodieux
I melodioso
S melodioso
U dallamos
R мелодичный, певучий, напевный

melodioso I melodiös

melodioso S melodiös; *prescr* cantabile

melodious E melodiös

mélodique F melodisch

melodisch D
E melodic
F mélodique
I melodico
S melódico
U dallamos, melodikus, dallam-
R мелодичный, напевный, мелодический

mélodium *m* F Äolsklavier; Melodium-Orgel

melodium *m* S Melodium-Orgel

melodium U Melodium-Orgel

Melodium-Orgel *f* D
E American/cabinet organ
F mélodium *m*
I organo *m* americano
S órgano *m* americano/de gabinete, melodeón *m*, melodium *m*
U melodium, Alexander-orgona
R мелодиум *m*

Melodram(a) *n* D
E melodrama
F mélodrame *m*
I melodramma *m*, melologo *m*
S melodrama *m*, melólogo *m*
U melodráma
R мелодрама *f*

melodrama E Melodrama

melodrama *m* S Melodrama

melodráma U Melodrama

melodrámaszerű U melodramatisch

melodramatic E melodramatisch

melodramático S melodramatisch

mélodramatique F melodramatisch

melodramatisch D
E melodramatic
F mélodramatique
I melodrammatico
S melodramático
U melodrámaszerű
R мелодраматический

mélodrame *m* F Melodrama

melodramma *m* I Melodrama

melodrammatico I melodramatisch

melody E Melodie; Melodik; Weise
~ edition: Melodieausgabe
~ line: Melodiestimme
~ part: Melodiestimme
~ string: Melodiesaite
— have *v* the ~ tragen

melográf U Melograph

melografo *m* I Melograph

melógrafo *m* S Melograph

Melograph *m* D
E melograph
F mélographe *m*
I melografo *m*, musicografo *m*
S melógrafo *m*
U melográf
R мелограф *m*

melograph E Melograph

mélographe *m* F Melograph

melologo *m* I Melodrama

melólogo *m* S Melodrama

meloman D
E melomaniac, music-mad
F mélomane
I melomane
S melómano, melomaníaco
U zenerajongó
R меломанский

melómana *f* S Musikliebhaberin

Melomane *m* D
E melomaniac

F mélomane *m*
I melomane *m*
S melómano *m*
U zenerajongó
R меломан *m*
mélomane F meloman
mélomane *m* F Melomane; Musikliebhaber
melomane I meloman
melomane *m* I Melomane
melomania E Melomanie
melomania *f* I Melomanie
melomanía *f* S Melomanie
melománia U Melomanie
melomaniac E meloman; Melomane
melomaníaco S meloman
Melomanie *f* D
   E melomania, passion for music
   F mélomanie *f*
   I melomania *f*
   S melomanía *f*
   U zenerajongás, melománia
   R меломания *f*
mélomanie *f* F Melomanie
melómano S meloman
melómano *m* S Melomane; Musikliebhaber
melopea *f* I S Melopöie
mélopée *f* F Melodik; Melopöie
melopeya *f* S Melodik
melopoeia E Melopöie
melopöia U Melopöie
Melopöie *f* D
   E melopoeia
   F mélopée *f*
   I melopea *f*
   S melopea *f*
   U melopöia, melosz
   R мелопея *f*
melosz U Melopöie
méltósággal U con → dignità
méltóságteljesen U *prescr* maestoso
mély U; ∼ (hangzású): tief
∼ e: tief E
mélyen U; túl ∼ zu → tief
mélyfödött U *org* Subbaß
mélyhegedű U viola
mélység U Tiefe
mélysugárzó U Tieftonlautsprecher
member E *greg* Membrum
∼ of a choir: Chorsänger
membrana *f* I *perc* Fell
∼ basilare *or* Basilarorgan
membrana *f* S *perc* Fell
∼ basilar *or* Basilarorgan
membrane E; ∼ percussion instruments *pl*
   Schlaginstrumente mit Membran
membrane *f* F; ∼ basilaire *or* Basilarorgan
Membranenlade *f* D *org*
   E pneumatic soundboard
   F sommier *m* pneumatique/à membranes
   I somiere *m* a membrana
   S somier *m* neumático/de membrana
   U membránláda
   R мембраненладе *f*

membránláda U *org* Membranenlade
membranofon U Membranophon
membranofono *m* I Membranophon
membranófono *m* S Membranophon
Membranophon *n* D
   E membranophone, membranophonic instrument
   F membranophone *m*
   I membranofono *m*, strumento *m* membranofono
   S membranófono *m*
   U membranofon (hangszer)
   R мембранофон *m*
membranophone E Membranophon; Idiophon mit Membran
membranophone *m* F Membranophon
membranophonic instrument E Membranophon
membre *m* F *greg* Membrum
∼s *pl* de la fanfare *mil* Spielleute
membro *m* I *greg* Membrum
Membrum *n* D *greg*
   E member
   F membre *m*, membrum *m*
   I membro *m*
   S miembro *m*, membrum *m*
   U membrum
   R *(построение григорианского хорала, объединяющее более мелкие разделы)*
membrum *m* F S *greg* Membrum
membrum U *greg* Membrum
mémoire *f* F; ∼ des sons: Tongedächtnis
∼ musicale: Tongedächtnis
— de ∼ auswendig
memoria *f* I; ∼ per i suoni: Tongedächtnis
— a ∼ auswendig
memoria *f* S; ∼ musical: Tongedächtnis
— de ∼ auswendig
memória U; zenei ∼ Tongedächtnis
mémorisation *f* F Auswendiglernen; Auswendigspielen
memorización *f* S Auswendiglernen; Auswendigspielen
memorizálás U Auswendiglernen
memorizing E Auswendiglernen
memory E; from ∼ auswendig
ménestrandise *f* F
   D *(Bruderschaft der französischen Ménestrels)*
   E *(guild of French professional musicians)*
   I *(associazione di ménestrels francesi)*
   S *(cofradía de ministriles franceses)*
   U *(francia középkori muzsikusok céhe)*
   R *(братство французских менестрелей)*
ménestrel *m* F fahrender → Musikant; Spielmann
menestrello *m* I fahrender → Musikant; Spielmann
menet U Fortschreitung; passage
— fokonkénti ∼ Stufengang
meno I
   D weniger
   E less

F moins
S menos
U kevésbé
R meno, менее
menor S klein
menor *m* S Moll
~ armónico: harmonisches → Moll
~ melódico: melodisches → Moll
— en ~ in → Moll
menos S meno
men's choir E Männerchor
men's choral society E Männergesang(s)verein
men's chorus E Männerchor
mensola *f* I *arpa* Saitenträger; Stimmdeckel;
  pn Konsole
Mensur *f* D ⟨*Notation*⟩
  E mensuration
  F mesure *f*
  I misura *f*
  S mensura *f*
  U menzúra, időértékviszony
  R мензура *f*
~ *corda, pfte*
  E scale, scaling
  F taille *f*, mesure *f*
  I misura *f*
  S mensura *f*
  U menzúra
  R мензура *f*
~ *org, fiati*
  E bore, scaling
  F diapason *m*
  I misura *f*
  S mensura *f*
  U menzúra, méret
  R мензура *f*
— **enge** ~ *org, fiati*
  E narrow scaling
  F diapason *m* étroit, perce *f* étroite
  I misura *f* stretta
  S mensura *f* estrecha
  U szűk menzúra/méret
  R узкая мензура *f*
— **weite** ~ *org, fiati*
  E wide scaling/bore
  F diapason *m*/perce *f* large
  I misura *f* larga
  S mensura *f* amplia
  U bő menzúra/méret
  R широкая мензура *f*
mensura *f* S Mensur; *pfte* Mensuration
~ amplia *org, fiati* weite → Mensur
~ estrecha *org, fiati* enge → Mensur
~ normal *org* Normalmensur
— de ~ amplia *org, fiati* weitmensuriert
mensural E; ~ notation: Mensuralnotation
~ notational sign: Mensurzeichen
mensuralistas *m pl* S *greg* Mensuralisten
Mensuralisten *m pl* D *greg*
  E mensuralists *pl*
  F mensuralistes *m pl*
  I mensuralisti *m pl*
  S mensuralistas *m pl*

U menzuralisták *pl*
R (*сторонники направления, согласно ко-*
  торому григорианский хорал испол-
  няется ритмически разнообразно)
mensuralistes *m pl* F *greg* Mensuralisten
mensuralisti *m pl* I *greg* Mensuralisten
mensuralists *pl* E *greg* Mensuralisten
Mensuralnotation *f* D
  E mensural notation
  F notation *f* mensuraliste/proportionnelle
  I notazione *f* mensurale
  S notación *f* mensural/proporcional
  U menzurális (hangjegy)írás
  R мензуральная нотация *f*
Mensuration *f* D *pfte*
  E scale (designing), scaling
  F taille *f*, mesure *f*
  I misura *f*
  S mensura *f*
  U méretezés, menzurálás
  R мензурация *f*, расчёт *m* мензуры
mensuration E Mensur
~ canon: Proportionskanon
Mensurzeichen *n* D
  E mensural notational sign
  F signe *m* de mesure
  I segno *m* indicante la mensurazione
  S signo *m* de compás
  U menzúrajel
  R знак *m* мензуральной системы
mente *f* I; **alla** ~
  D alla mente, aus dem Stegreif, impro-
    visiert
  E alla mente, improvised, improvising
  F alla mente, improvisé
  S alla mente, improvisando
  U alla mente, rögtönözve
  R alla mente, импровизированно
mentonera *f* S *vl* Kinnhalter
mentoniera *f* I *vl* Kinnhalter
mentonnière *f* F *vl* Kinnhalter
menuet *m* F
  D Menuett *n*
  E minuet
  I minuetto *m*
  S minué *m*
  U menüett
  R менуэт *m*
Menuett *n* D menuet
menüett U menuet
menzúra U Mensur
— bő ~ *org, fiati* weite → Mensur
— szűk ~ *org, fiati* enge → Mensur
menzúrajel U Mensurzeichen
menzúrájú U; bő ~ *org, fiati* weitmensuriert
— szűk ~ *org, fiati* engmensuriert
— tág ~ *org, fiati* weitmensuriert
menzurálás U *pfte* Mensuration
menzuralisták *pl* U *greg* Mensuralisten
merészen U *prescr* animoso
méret U *org, fiati* Mensur
— bő ~ *org, fiati* weite → Mensur
— szűk ~ *org, fiati* enge → Mensur

méretezés U *pfte* Mensuration
méretű U = menzúrájú
merevítő U *ottoni* Quersteg; Stütze; *pfte* Spreize
Merkmal *n* D
  E characteristic, feature
  F caractéristique *f*
  I caratteristica *f*, tratto ' *m* caratteristico
  S característica *f*
  U jellegzetesség
  R признак *m*
mérlegléc U *pfte* Waagebalken
mérlegnyelv U *pfte* Schere
mérlegnyelvbőr U *pfte* Scherenleder
mérlegnyelvkampó U *pfte* Repetierschenkelsperrhaken
mérlegnyelvszabályozó U *pfte* Repetierschenkelpuppe
mérlegnyelvtartó U *pfte* Scherenkapsel
mérlegnyelvtengely U *pfte* Scherenkapselachse
mérlegszög U *pfte* Waagebalkenstift
mérsékelni *v* D; (tempót) ~ *prescr* rallentare
mérsékelten U *prescr* moderato
mesa *f* S; ~ de ensayo (de los tubos) *org* Intonierlade
Messa *f* D; ~ di voce *canto* messa di voce
messa *f* I; **~ di voce** *canto*
  D Messa *f* di voce
  E messa di voce
  F pose *f* de la voix
  S messa *f* di voce
  U messa di voce
  R *(нарастание и ослабление выдержан-
  ного звука в пении)*
~ in scena: Szenenbild; Inszenierung
— nuova ~ in scena: Neuinszenierung
messa *f* I ⟨*liturgica*⟩ Messe
~ bassa: stille → Messe
~ cantata: Singmesse
~ d'organo: Orgelmesse
~ funebre: Requiem
~ pastorale: Pastoralmesse
~ su tenor: Tenormesse
~ votiva: Votivmesse
— dire/celebrare *v* la ~ Messe lesen
messa-discanto *f* I Diskantmesse
messale *m* I Missale
messa-parodia *f* I Parodiemesse
Messe *f* D
  E Mass
  F messe *f*
  I messa *f*
  S misa *f*
  U mise
  R месса *f*
~ **lesen** *v*
  E to say/celebrate Mass
  F dire/célébrer *v* la messe
  I dire/celebrare *v* la messa
  S decir *v* misa, celebrar, oficiar
  U misézni, misét mondani *v*
  R (от)служить *v* мессу
— **stille** ~
  E low Mass

F messe *f* basse
I messa *f* bassa
S misa *f* baja/rezada
U csendes mise
R простая месса *f*
messe *f* F Messe
~ basse: stille → Messe
~ chantée: Singmesse
~ de Noël: Pastoralmesse
~ des morts: Requiem
~ en déchant: Diskantmesse
~ funèbre: Requiem
~ parodie: Parodiemesse
~ pour orgue: Orgelmesse
~ sur ténor: Tenormesse
~ votive: Votivmesse
— dire/célébrer *v* la ~ Messe lesen
Messeteile *m pl* D
  E Mass sections/parts *pl*
  F parties *f pl* de la messe
  I parti *f pl* della messa
  S partes *f pl* de la misa
  U miserészek *pl*
  R разделы *m pl* мессы
Messine E; ~ neume: Metzer → Neume
~ notation: Fliegenfußnotation
Messinginstrument *n* D *obs* = Blechblasinstru-
  ment
Messingmechanik *f* D *corda*
  E brass machine
  F mécanique *f* de laiton
  I meccanica *f* in ottone
  S mecanismo *m* de metal
  U rézmechanika, sárgaréz mechanika
  R медная механика *f*
Messingregal *n* D *org*
  E brass regal
  F régale *f* de laiton
  I regale *m* d'ottone
  S realejo *m* de cobre
  U "Messingregal"
  R мессингрегаль *m*
mester U; -építő/-készítő ~ -baumeister
— orgonaépítő/orgonakészítő ~ Orgelbau-
  meister
— zongoraépítő/zongorakészítő ~ Klavierbau-
  meister
mesteriskola U Meisterklasse
mesterjegy U *vl* Brandstempel
mesterkélt U maniéré
mestermű U Kunstwerk
mesterséges U künstlich
mesto I *prescr*
  D mesto, traurig, niedergeschlagen
  E mesto, "sad", "mournful"
  F mesto, triste
  S mesto, "triste", "con tristeza"
  U mesto, "búsan", "szomorúan"
  R mesto, печально, скорбно
mesure *f* F Mensur; Takt; tempo; *pfte* Mensur;
  Mensuration
~ à cinq temps: Fünfertakt
~ à cinq-huit: Fünfachteltakt

~ à cinq-quatre: Fünfvierteltakt
~ à deux temps: Zweiertakt
~ à deux-deux: Zweihalbetakt
~ à deux-quatre: Zweivierteltakt
~ a douze-huit: Zwölfachteltakt
~ à neuf-huit: Neunachteltakt
~ a neuf-quatre: Neunvierteltakt
~ a quatre temps: Vierertakt
~ à quatre-deux: Vierhalbetakt
~ à quatre-huit: Vierachteltakt
~ a quatre-quatre: Viervierteltakt
~ à six-huit: Sechsachteltakt
~ à six-quatre: Sechsvierteltakt
~ a trois temps: Dreiertakt
~ à trois-deux: Dreihalbetakt
~ à trois-huit: Dreiachteltakt
~ à trois-quatre: Dreivierteltakt
~ à trois-un: Dreiganzetakt
~ binaire: gerader → Takt
~ composée: zusammengesetzter → Takt
~s pl composées: zusammengesetzte → Taktarten
~ simple: einfacher → Takt
~ ternaire: dreizeitiger → Takt; ungerader →
   Takt
— battre v la ~ Takt angeben; Takt schlagen;
   taktieren
— en ~ prescr a → tempo
— en ~ de: im → Takt zu
— garder v la ~ Takt halten
— qui observe bien la ~ taktfest
metà f I halbe → Note
metafono m degli acuti I fis Diskantjalousie
metaforaária U aria metaforica
metal E; ~ block: Metallblock
~ castanets pl castagnette di metallo →
   castagnetta
~ mute fiati Metalldämpfer
~ rasper/scraper: Metallraspel
~ stick perc Metallschlegel
~ string: Metallsaite
métal m F; ~ des tuyaux canna Orgelmetall
metal m S; ~es pl das → Blech
~ de campana: Glockengut
~ para tubos canna Orgelmetall
Metallblock m, Metallkasten m D
   E metal block
   F bloc m métallique
   I campanaccio m
   S barra f metálica
   U fémtömb, hangolt fémlapok pl
   R металлический брусок m
Metalldämpfer m D fiati
   E metal mute
   F sourdine f en métal
   I sordina f di metallo
   S sordina f de metal
   U fémtompító, fam fémdemfer
   R металлическая сурдина f
metallizzare v i suoni I ottoni schmettern
Metallkastagnetten f pl D castagnette di metallo
   → castagnetta
Metallkasten m D = Metallblock

metallo m I; ~ per campane: Glockengut
~ per le canne dell'organo canna Orgelme-
   tall
Metallraspel f D
   E metal rasper/scraper
   F gratteur/râpeur m métallique, râpeur m
      en métal
   I bacchetta f metallica
   S raspador m metálico/de metal
   U fémcsörgő
   R металлическая тёрка f
Metallsaite f D
   E metal string
   F corde f métallique
   I corda f di metallo
   S cuerda f metálica/de metal
   U fémhúr
   R металлическая струна f
Metallschlegel m, Eisenschlegel m D perc
   E metal/iron stick
   F baguette f métallique/en fer
   I bacchetta f di metallo/ferro
   S baqueta f de metal
   U fémütő, fémverő
   R металлическая палочка f
Metallstabharmonika f D = Stabspiel
metaphor aria E aria metaforica
meter A = metre
method E Lehrbuch
méthode f F Lehrbuch
~ de piano: Klavierschule
metodo m I Lehrbuch
~ di strumentazione: Instrumentationslehre
método m S Lehrbuch
~ de piano: Klavierschule
~ de violín: Violinschule
metre E Metrum; Takt; Taktart; tempo
mètre m F Metrum
metric(al) E metrisch
metrico I metrisch
métrico S metrisch
metrikus U metrisch
métrique F metrisch
metrisch D
   E metric(al)
   F métrique
   I metrico
   S métrico
   U metrikus
   R метрический
metro m I S Metrum
Metrometer m D obs = Metronom
Metronom n D
   E metronome
   F métronome m
   I metronomo m
   S metrónomo m
   U metronom
   R метроном m
metronom U Metronom
Metronomangabe f D
   E metronome mark(ing)
   F indication f métronomique

I indicazione *f* metronomica
S indicación *f* metronómica
U metronomjelzés
R обозначение *n* темпа по метроному
metronome E Metronom
~ mark(ing): Metronomangabe
— give *v* a ~ mark: metronomisieren
métronome *m* F Metronom
metronomhasználat U Metronomisierung
metronomic E metronomisch
metronomico I metronomisch
metronómico S metronomisch
metronomikus U metronomisch
métronomique F metronomisch
metronomisch D
E metronomic
F métronomique
I metronomico
S metronómico
U metronomikus
R по метроному, метрономический
metronomisieren *v* D
E to give a metronome mark
F donner *v* une indication métronomique
I indicare *v* il valore metronomico
S consignar *v* las indicaciones metronómicas, metronomizar
U metronomjelzést megadni *v*
R устанавливать *v* темп по метроному
Metronomisierung *f* D
E timing by the metronome
F indication *f* du mouvement métronomique
I indicazione *f* metronomica
S indicación *f* del movimiento por medio del metrónomo
U metronomhasználat
R установление *n* темпа по метроному
metronomizar *v* S metronomisieren
metronomjelzés U Metronomangabe
~t megadni *v* metronomisieren
metronomo *m* I Metronom
metrónomo *m* S Metronom
Metrum *n* D
E metre, A: meter
F mètre *m*
I metro *m*
S metro *m*
U metrum
R метр *m*
metrum U Metrum
metszeni *v* U stechen
metszet U Stich; Zäsur
metsző U Stecher
mettere *m* I; ~ a punto l'intonazione *pfte* Fertigstimmen
~ in musica: vertonen
metteur *m* F; ~ en scène d'opéra: Opernregisseur
mettre *v* F; ~ un texte en musique: vertonen
mezclar *v* S *str* mischen
mezzaluna *f* I Schellenbaum
mezzanella *f* F I S *lt* Großsangsaite

mezzanine E *teat* erster → Rang
mezzo *m* I; ~ espressivo/d'espressione: Ausdrucksmittel
~ modulativo: Modulationsmittel
mezzo cantato I *prescr, canto*
D mezzo cantato, im Sprechgesang ⟨*halb gesprochen halb gesungen*⟩
E mezzo cantato, ⟨*half spoken half sung*⟩
F mezzo cantato
S mezzo cantato, medio cantato
U mezzo cantato, énekbeszédben
R mezzo cantato, говорком
mezzoforte I *prescr*
D mezzoforte, ziemlich laut
E mezzoforte, "*fairly loud*"
F mezzoforte, assez fort
S mezzoforte, "*medianamente fuerte*"
U mezzoforte, "*félhangos(an)*", "*közepes erővel*"
R mezzoforte, умеренно громко
mezzopiano I *prescr*
D mezzopiano, ziemlich leise
E mezzopiano, "*fairly soft*"
F mezzopiano, assez doux
S mezzopiano, "*medianamente piano/suave*"
U mezzopiano, "*félhalkan*"
R mezzopiano, умеренно тихо
Mezzosopran *m* D mezzosoprano
mezzo-soprano E mezzosoprano
~ clef: Mezzosopranschlüssel
mezzo-soprano *m* F mezzosoprano; *teat* seriöser → Alt; Spielalt
mezzosoprano *m* I
D Mezzosopran *m*
E mezzo-soprano
F mezzo-soprano *m*
S mezzo-soprano *m* + *f*
U mezzoszoprán
R меццосопрано *n*
mezzo-soprano *m* + *f* S mezzosoprano; *teat* seriöser → Alt; Spielalt
Mezzosopranschlüssel *m* D
E mezzo-soprano clef
F clef *f* d'ut seconde ligne
I chiave *f* di mezzosoprano
S clave *f* de mezzo (soprano)/de do en segunda línea
U mezzoszopránkulcs
R меццо-сопрановый ключ *m*
mezzoszoprán U mezzosoprano; *teat* seriöser → Alt; Spielalt
mezzoszopránkulcs U Mezzosopranschlüssel
mi *m* F *ton* e
~ bémol *ton* es
~ dièse *ton* eis
~ double bémol *ton* eses
~ double dièse *ton* eisis
~ majeur: E-Dur
~ mineur: e-Moll
mi *m* I *ton* e
~ bemolle *ton* es
~ diesis *ton* eis
~ doppio bemolle *ton* eses

~ doppio diesis *ton* eisis
~ maggiore: E-Dur
~ minore: e-Moll
mi *m* S *ton* e
~ bemol *ton* es
~ doble bemol *ton* eses
~ doble sostenido *ton* eisis
~ mayor: E-Dur
~ menor: e-Moll
~ sostenido *ton* eis
miatyánk U Vaterunser
microfilm E Mikrofilm
~ reader: Mikrofilmlesegerät
microfilm *v* E Mikrofilmaufnahmen machen
microfilm *m* F Mikrofilm
— faire *v* un ~ Mikrofilmaufnahmen machen
microfilm *m* I Mikrofilm
microfilm *m* S Mikrofilm
— sacar *v* un ~ Mikrofilmaufnahmen machen
microfilmar *v* S Mikrofilmaufnahmen machen
microfilmare *v* I Mikrofilmaufnahmen machen
microfilmer *v* F Mikrofilmaufnahmen machen
microfono *m* I Mikrophon
~ a contatto: Körperschallmikrophon
micrófono *m* S Mikrophon
microgroove E *gram* Mikrorille
microphone E Mikrophon
~ amplifier: Mikrophonverstärker
~ for air-borne sound: Luftschallmikrophon
microphone *m* F Mikrophon
micro-rhythm E Kleinrhythmus
microritmo *m* I Kleinrhythmus
microrritmo *m* S Kleinrhythmus
micro-rythme *m* F Kleinrhythmus
microsillon *m* F *gram* Mikrorille
microsolco *m* I *gram* Mikrorille
~ a 45 giri *gram* single disc
microsurco *m* S Langspielplatte; *gram* Mikrorille
microtonalidad *f* S Vierteltonmusik
microtonalismo *m* S Vierteltonmusik
middle E; ~ bout *vl* Mittelbügel
~ C: eingestrichenes c
~ ear: Mittelohr
~ frame *org* Rahmen
~ joint *fag* Mittelrohr; *fl. d.* Mittelstück
~ manual *org* Mittelklavier
~ part: Mittelstimme
~ register: mittlere → Stimmlage
~ voice: Mittelstimme
— in the ~ *prescr, perc* in der → Mitte
miedo *m* S; ~ de salir a escena: Lampenfieber
mielőbb U quanto prima
miembro *m* S *greg* Membrum
"Mighty Handful" E «Могучая кучка»
mignonzongora U pianoforte a un quarto di coda
migrant E; ~ cantus firmus: durch die Stimmen wandernder → Cantus firmus

migrare *v* I wandern
migrate *v* E wandern
mikrobarázda U *gram* Mikrorille
Mikrofilm *m* D
  E microfilm
  F microfilm *m*
  I microfilm *m*
  S microfilm *m*
  U mikrofilm
  R микрофильм *m*
mikrofilm U Mikrofilm
Mikrofilmaufnahmen *f pl* D; ~ machen *v*
  E to microfilm
  F faire *v* un microfilm, microfilmer
  I microfilmare
  S microfilmar, sacar *v* un microfilm
  U mikrofilmfelvételeket *pl* készíteni *v*
  R делать *v* микрофильмы
mikrofilmfelvétel U; ~eket *pl* készíteni *v* Mikrofilmaufnahmen machen
Mikrofilmlesegerät *n* D
  E microfilm reader
  F lecteur *m* de microfilm
  I lettore *m* di microfilm
  S aparato *m* para leer microfilms
  U mikrofilmolvasó (készülék)
  R аппарат *m* для чтения микрофильмов
mikrofilmolvasó (készülék) U Mikrofilmlesegerät
mikrofon U Mikrophon
— légvezetéses ~ Luftschallmikrophon
mikrofonerősítő U Mikrophonverstärker
mikrolemez U Langspielplatte
Mikrophon *n* D
  E microphone
  F microphone *m*
  I microfono *m*
  S micrófono *m*
  U mikrofon
  R микрофон *m*
Mikrophonverstärker *m* D
  E microphone amplifier
  F amplificateur *m* du microphone
  I amplificatore *m* del microfono
  S amplificador *m* microfónico
  U mikrofonerősítő
  R микрофонный усилитель *m*
Mikrorille *f* D *gram*
  E microgroove
  F microsillon *m*
  I microsolco *m*
  S microsurco *m*
  U mikrobarázda
  R тонкая бороздка *f*
mikroritmus U Kleinrhythmus
milagro *m* S miracle
Militärkapelle *f*, **Musikkorps** *n* D
  E military band
  F harmonie *f*
  I banda *f* militare
  S banda *f* militar
  U katonazenekar, katonabanda
  R военный оркестр *m*

Militärmarsch *m*, **Armeemarsch** *m* D
  E army/military march
  F marche *f* militaire
  I marcia *f* militare
  S marcha *f* militar
  U (katona)induló
  R военный/строевой марш *m*
Militärmusik *f* D
  E military band music
  F musique *f* militaire
  I musica *f* militare
  S música *f* militar
  U katonazene
  R военная музыка *f*
Militärmusiker *m* D
  E (military) band(s)man
  F musicien *m* de la fanfare
  I bandista *m*, sonatore *m* di banda
  S músico *m* militar
  U katonazenész
  R музыкант *m* военного оркестра
Militärtrompete *f* D *org*
  E trompette military
  F trompette *f* militaire
  I tromba *f* militare
  S trompeta *f* militar
  U "feldtrompete"
  R милитертромпете *m*, «военные трубы» *f*
    pl
military E; ~ band: Militärkapelle
~ band music: Militärmusik
~ bands(s)man: Militärmusiker
~ band(s)men *pl mil* Spielleute
~ drummer: tambour
~ march: Militärmarsch
~ trumpet: Signaltrompete
minacciosamente I
  D minacciosamente, bedrohlich
  E minacciosamente, *"threateningly"*
  F minacciosamente, *"d'une manière mena-*
    çante"
  S minacciosamente, *"amenazador"*
  U minacciosamente, *"fenyegetően"*
  R minacciosamente, грозно, угрожающе
mind U *prescr*, *corda* uniti
mindig U *sempre*
mindjárt U *subito*
mineur F klein
mineur *m* F Moll
~ harmonique: harmonisches → Moll
~ mélodique: melodisches → Moll
— en ~ in → Moll
miniature E; ~ grand: pi͏ ͏ ͏rte a mezza
  coda; pianoforte a tre quarti di coda
~ piano: pianino
~ score: Taschenpartitur
minim E Minima; halbe → Note
~ rest: halbe → Pause
Minima *f* D
  E minim
  F minime *f*
  I minima *f*
  S mínima *f*

  U minima
  R минима *f*
minima *f* I Minima; halbe → Note
mínima *f* S Minima; halbe → Note
minima U Minima
minime *f* F Minima
mini-piano E pianino; Kurzklavier
mini-piano *m* F Kurzklavier
minipiano *m* S Kurzklavier
ministril *m* S fahrender → Musikant; Spielmann
Minnesang *m* D
  E Minnesang, "Minne-song"
  F "Minnesang" *m*
  I "Minnesang" *m*
  S "Minnesang" *m*
  U "Minnesang"
  R миннезанг *m*
Minnesänger *m* D
  E minnesinger
  F "Minnesänger" *m*
  I "Minnesänger" *m*
  S "Minnesänger" *m*
  U "Minnesänger"
  R миннезингер *m*
minnesinger E Minnesänger
Minne-song E Minnesang
minor E klein; Moll
~ chord: accord parfait mineur
~ dominant: Molldominante
~ interval: kleines → Intervall
~ key: Molltonart
~ mode: Moll
~ second: kleine → Sekunde
~ seventh: kleine → Septime
~ sixth: kleine → Sexte
~ third: kleine → Terz
~ tone: kleiner → Ganzton
~ triad: accord parfait mineur
~ trill: trillo di semitono
— in (the) ~ (mode): in → Moll
minore I klein
minore *m* I Moll
~ armonico: harmonisches → Moll
~ melodico: melodisches → Moll
— in ~ ͏ → Moll
ministre' ͏ fahrender → Musikant; Spielmann
minta U modello
minué *m* S menuet
minuet E menuet
minuetto *m* I menuet
minuscolo *m* I Minuskel
minúscula *f* S Minuskel
minuscula U Minuskel
minuscule E Minuskel
minuscule *f* F Minuskel
Minuskel *f* D
  E minuscule, small (letter), lower case
    (letter)
  F minuscule *f*
  I minuscolo *m*, carattere *m* minuscolo
  S minúscula *f*
  U minuscula
  R строчная буква *f*, минускул *m*

miracle *m* F ⟨12—14. *sec*⟩
  D Mirakelspiel *n*
  E miracle/mystery play
  I miracolo *m*
  S milagro *m*
  U mirákulum
  R *(жанр духовных представлений)*
miracle play E miracle
miracolo *m* I miracle
Mirakelspiel *n* D miracle
mirákulum U miracle
mirilla *f* S Guckloch
Mirliton *n*, **Flatsche** *f*, **Zwiebelflöte** *f* D
  E kazoo, eunuch flute
  F mirliton *m*
  I mirliton *m*
  S mirlitón *m*, flautilla *f*
  U mirliton
  R мирлитон *m*
mirliton *m* F I Mirliton
mirlitón *m* S Mirliton
mirliton U Mirliton
mirror E; ∼ canon: Spiegelkanon
∼ fugue: Spiegelfuge
misa *f* S Messe
∼ baja: stille → Messe
∼ cantada: Singmesse
∼ con órgano: Orgelmesse
∼ de difuntos: Requiem
∼ en discanto: Diskantmesse
∼ para órgano: Orgelmesse
∼ parodia: Parodiemesse
∼ pastoral: Pastoralmesse
∼ rezada: stille → Messe
∼ sobre tenor: Tenormesse
∼ votiva: Votivmesse
— decir *v* ∼ Messe lesen
misal *m* S Missale
misattributed works *pl* E falsch zugeschriebene → Werke
miscelánea *f* S Festschrift
miscellanea *f* I Sammelwerk
miscellany E Sammelwerk
mischen *v* D str ⟨*Klangfarben*⟩
  E to blend
  F mélanger, fondre
  I fondere, amalgamare
  S fundir, mezclar
  U keverni, vegyíteni
  R смешивать
mise *f* F; ∼ au point *pfte* Fertigstimmen
∼ en place des paroles: Textunterlegung
∼ en scène: Inszenierung
— faire *v* une nouvelle ∼ en scène: neuinszenieren
— nouvelle ∼ en scène: Neuinszenierung
mise U Messe
— misét mondani *v* Messe lesen
— csendes ∼ stille → Messe
— énekes ∼ Singmesse
— fogadalmi ∼ Votivmesse
— karácsonyi ∼ Pastoralmesse
misecsengő U Altarschellen

mise-en-scène E Inszenierung
miserészek *pl* U Messeteile
— állandó ∼ Ordinarium Missae
— változó ∼ Proprium Missae
misézni *v* U Messe lesen
misolidio I mixolydisch
missal E Missale
Missale *n* D
  E missal
  F Missel *m*
  I messale *m*
  S misal *m*
  U missale
  R миссал *m*
missale U Missale
Missel *m* F Missale
misterio *m* de la Pasión S Passionsspiel
misterioso I
  D misterioso, geheimnisvoll
  E misterioso, *"mysteriously"*
  F misterioso, mystérieusement
  S misterioso
  U misterioso, *"titokzatosan"*
  R misterioso, таинственно
mistero *m* I liturgisches → Drama
mistune *v* E verstimmen
mistuned E verstimmt
mistuning E Verstimmung
mistura *f* I Klanggemisch; Tongemisch; *org* Mixtur
∼ d'eco *org* Echomixtur
∼ di clarini *org* Zungenmixtur
∼ major *org* Mixtur major
— gran ∼ *org* Hintersatz
— grande ∼ *org* Großmixtur
misura *f* I Takt; Mensur; *pfte* Mensuration
∼ a cinque tempi: Fünfertakt
— misure *pl* a due tempi: Zweiertakt
— misure *pl* a quattro tempi: Vierertakt
— misure *pl* a tre tempi: Dreiertakt
∼ cinque ottavi: Fünfachteltakt
∼ cinque quarti: Fünfvierteltakt
— misure *pl* composte: zusammengesetzte → Taktarten
∼ di tre mezzi: Dreihalbetakt
∼ dispari: ungerader → Takt
∼ dodici ottavi: Zwölfachteltakt
∼ (in) due metà: Zweihalbetakt
∼ (in) due quarti: Zweivierteltakt
∼ (in) quattro metà: Vierhalbetakt
∼ (in) quattro ottavi: Vierachteltakt
∼ (in) quattro quarti: Viervierteltakt
∼ (in) tre quarti: Dreivierteltakt
∼ larga *org*, *fiati* weite → Mensur
∼ normale *org* Normalmensur
∼ ordinaria: Viervierteltakt
∼ pari: gerader → Takt
∼ quattro quarti: Vierertakt
∼ sei ottavi: Sechsachteltakt
∼ sei quarti: Sechsvierteltakt
∼ stretta *org*, *fiati* enge → Mensur
∼ ternaria: dreizeitiger → Takt
— misure *pl* ternarie: Dreiertakt

∼ tre ottavi: Dreiachteltakt
— battere *v* la ∼ taktieren
— di ∼ larga *org, fiati* weitmensuriert
— di ∼ stretta *org, fiati* engmensuriert
— **senza** ∼
  D senza misura, in freiem Zeitmaß
  E senza misura, *"in free time"*
  F senza misura, librement
  S senza misura, *"sin medida"*, *"libremente"*
  U senza misura, *"szabadon"*, *"ütemmérték nélkül"*
  R senza misura, в свободном темпе
misuracorde *m* I Saitenmesser
mit D con
miter A = mitre
mitered A = mitred
mitklingend D
  E sympathetic
  F sympathique
  I risuonante per simpatia, simpatico
  S simpático
  U együttrezgő
  R резонирующий, звучащий одновременно
mitra *f* I *canna d. m.* aufgeworfene Labien → Labium
mitre E *canna* Kröpfung
mitre *v* E *canna* kröpfen
mitred E *canna* gekröpft
∼ pipe *canna* gekröpfte → Pfeife
mitria *f* I *canna d. m.* aufgeworfene Labien → Labium
mitschneiden *v* D *gram, magn*
  E to make a live recording, to record live
  F enregistrer *v* en direct
  I registrare *v* durante l'esecuzione pubblica
  S grabar *v* durante una ejecución musical pública
  U élő felvételt készíteni *v*
  R записывать *v* по трансляции
Mitschnitt *m* D
  E live recording
  F enregistrement *m* original
  I registrazione *f* dal vero
  S grabación *f* directa
  U élő/nyilvános felvétel
  R запись *f* по трансляции
mitschwingen *v* D
  E to vibrate in sympathy
  F vibrer *v* par sympathie
  I vibrare *v* per simpatia
  S vibrar *v* simpáticamente/por simpatía
  U együttrezegni
  R резонировать
Mitschwingen *n* D
  E sympathetic vibration
  F vibrations *f pl* sympathiques
  I vibrazione/oscillazione *f* simpatica
  S vibración *f* simpática
  U együttrezgés
  R резонирование *n*, резонансные колебания *n pl*

mitsingen *v* D
  E to sing with
  F chanter *v* avec
  I cantare *v* insieme
  S cantar *v* con, acompañar
  U együtt énekelni *v*
  R подпевать, участвовать *v* в хоре
mittanzen *v* D
  E to dance with
  F danser *v* avec
  I ballare *v* insieme
  S bailar *v* con, acompañar
  U együtt táncolni *v*
  R участвовать *v* в танцах
Mitte *f* D; **in der** ∼ **(des Felles)** *prescr, perc*
  E in the middle, on the centre/center, in the centre/center of the drum head
  F au centre (de la peau)
  I al centro (della pelle)
  S en el centro (del parche)
  U középen, a bőr közepén
  R в центре (кожи), в средней части кожи
Mittelbrummer *m* D *lt*
  E tenor
  F ténor *m*
  I bordone *m*
  S tenor *m*
  U *(az ötödik lanthúr)*
  R *(пятая струна лютни)*
Mittelbügel *m* D *vl*
  E middle bout
  F courbe *f* du C/de l'échancrure
  I volta *f* centrale, sagoma *f* della "C"
  S curva *f* central, escotadura *f*, C *f*
  U középhajlat, középső hajlat
  R средняя окружность *f*, эсы *m pl*
Mittelklavier *n* D *org*
  E middle manual
  F clavier *m* intermédiaire/central
  I tastiera *f* centrale/di mezzo
  S manual *m* del medio, manual/teclado *m* central
  U középső klaviatúra
  R *(один из средних мануалов органа)*
Mittelohr *n* D
  E middle ear
  F oreille *f* moyenne
  I orecchio *m* medio
  S oído *m* medio
  U középfül
  R среднее ухо *n*
Mittelpedal *n* D *pfte*
  E centre/center pedal
  F pédale *f* centrale
  I pedale *m* centrale
  S pedal *m* central/del medio
  U középső pedál
  R средняя педаль *f*
Mittelrohr *n*, **Baßröhre** *f* D *fag*
  E middle/bass/long joint
  F corps *m* du milieu, grand corps *m*, grande branche *f*
  I grande corpo *m*, pezzo *m* lungo

S cuerpo *m* central, gran cuerpo *m*
U középrész, középső rész
R большое колено *n*
Mittelstimme *f*, **Innenstimme** *f* D
E middle/inner part/voice
F voix *f* intermédiaire, partie *f* intérieure
I parte/voce *f* intermedia
S voz/parte *f* interior/intermedia
U középszólam, belső szólam
R средний голос *m*
Mittelstück *n* D *fl. d.*
E middle joint
F second corps *m*, corps *m* du milieu
I pezzo *m* di mezzo
S cuerpo *m* central
U középső rész, szár(rész)
R корпус *m*, средняя часть *f*
Mittelton *m* D *obs* = Mediante
mi-voix *f* F; à ~ *canto* sotto → voce; *prescr*, *canto* mezza → voce
— chanter *v* à ~ mit halber → Stimme singen
mixage *m* F Klanggemisch; Tongemisch
mixed E; ~ cadence: vollständige → Kadenz
~ choir/chorus: gemischter → Chor
~ position *acc* gemischte → Lage
~ voices *pl* gemischte → Stimmen
mixolíd U mixolydisch
mixolidio S mixolydisch
Mixolydian E mixolydisch
mixolydien F mixolydisch
mixolydisch D
E Mixolydian
F mixolydien
I misolidio
S mixolidio
U mixolíd
R миксолидийский
Mixtur *f* D *org*
E mixture, mutation stops *pl*
F mixtures *f pl*, jeux *m pl* composés, mutations *f pl*
I mistura *f*, registri *m pl* di mutazione
S mixtura *f*, mutaciones *f pl*
U mixtúra
R микстура *f*
~ **major** *org*
E great mixture
F *(quand il y a plusieurs mixtures, désigne la mixture la plus grosse)*
I mistura *f* major, gran ripieno *m*
S lleno *m*
U nagymixtúra
R микстура майор *f*
mixtura *f* S *org* Mixtur
~s *pl* de eco *org* Echomixtur
~ de lengüetas *org* Zungenmixtur
~ de sonidos: Klanggemisch
~ de tonos: Tongemisch
mixtúra U *org* Mixtur
mixtúrahangzások *pl* U Mixturklänge
mixture E *org* Mixtur
mixture *f* F; ~s *pl org* Mixtur
~ d'anches *org* Zungenmixtur

~ d'écho *org* Echomixtur
Mixturklänge *m pl* D
E parallel chords *pl*
F mélange *m* de timbres
I amalgami *m pl* timbrici
S amalgama *f* de timbres
U mixtúrahangzások *pl*
R «микстурные аккорды» *m pl*, параллельные аккорды *m pl*
mock serenade E Katzenmusik
mód U; feldolgozási ~ Durchführungstechnik
— kidolgozási ~ Durchführungstechnik
— a szokásos ~on *prescr* natürlich
modal D
E modal
F modal
I modale
S modal
U modális
R модальный, ладовый
modal E modal
~ notation: Modalnotation
~ rhythm: Modalrhythmus
modale I modal
modalidad *f* S Modalität
modális U modal
modalità *f* I Modalität
modalitás U Modalität
Modalität *f* D
E modality
F modalité *f*
I modalità *f*
S modalidad *f*
U modalitás
R модальность *f*
modalité *f* F Modalität
modality E Modalität
Modalnotation *f* D
E modal notation
F notation *f* modale
I notazione *f* modale
S notación *f* modal
U modális hangjegyírás
R модальная нотация *f*
Modalrhythmus *m* D
E modal rhythm
F rythme *m* modal, mode *m* rythmique
I ritmo *m* modale
S modo *m* rítmico
U modális ritmus
R модальный ритм *m*
mode E Modus; Tongeschlecht
~ of vibration: Schwingungsform
mode *m* F Modus; Tongeschlecht
~ de vibration: Schwingungsform
~ ecclésiastique: Kirchenton
~ gitan: Zigeunertonleiter
~ majeur: Dur
~ mineur: Moll
~ rythmique: Modalrhythmus
— dans le ~ majeur: in → Dur
— dans le ~ mineur: in → Moll
model E modello

modèle *m* F Glockenmodell; modello
Modell *n* D modello
modell U modello
modello *m* I
    D Modell *n*, Vorlage *f*
    E pattern, model, source
    F modèle *m*
    S modelo *m*, módulo *m*
    U modell, minta
    R музыкальная модель *f*
~ delle campane: Glockenform
modelo *m* S modello
moderadamente S *prescr* moderato
moderado S *prescr* moderato
moderatamente I *prescr* = moderato
modération *f* F; avec ~ *prescr* moderato
moderato, moderatamente I *prescr*
    D moderato, moderatamente, mäßig, ge-
    mäßigt
    E moderato, moderatamente, *"moderate-*
    (ly)"
    F moderato, moderatamente, modéré, avec
    modération
    S moderato, moderatamente, moderado,
    moderadamente
    U moderato, moderatamente, mérsékelten
    R moderato, moderatamente, умеренно
Moderatorpedal *n*, **Leise-Pedal** *n*, **Pian(issim)o-**
zug *m*, **Tuchzug** *m* D *pfte*
    E céleste
    F céleste *f*, sourdine *f*
    I smorzatore *m*
    S sordina *f*, pedal *m* celeste
    U tompítópedál
    R модераторная педаль *f*
modéré F *prescr* moderato
modiglione *m* I *arpa* Saitenträger; Stimmdeckel
modismo *m* S Wendung
modo *m* I Modus; Tongeschlecht
~ di eseguire una composizione: Vortrag
~ ecclesiastico: Kirchenton
~ maggiore: Dur
~ minore: Moll
~ minore naturale: natürliches → Moll
— in ~ maggiore: in → Dur
— in ~ minore: in → Moll
modo *m* S Modus; Tongeschlecht
~ de vibración: Schwingungsform
~ eclesiástico: Kirchenton
~ gitano: Zigeunertonleiter
~ mayor: Dur
~ mayor-menor: Molldur
~ menor: Moll
~ menor antiguo: natürliches → Moll
~ rítmico: Modalrhythmus
— en ~ mayor: in → Dur
— en ~ menor: in → Moll
modor U manière
modoros U maniéré
módosítás U; felfelé ~ Hochalterierung
módosítójel U Versetzungszeichen
moduláció U Modulation
—- diatonikus ~ diatonische → Modulation

— enharmonikus ~ enharmonische → Modulation
— kromatikus ~ chromatische → Modulation
moduláción *f* S Modulation
~ cromática: chromatische → Modulation
~ de la voz: Tonfall
~ diatónica: diatonische → Modulation
~ enarmónica: enharmonische → Modulation
~ hacia: Wendung nach
~ pasajera/transitoria: Ausweichung
— de ~ Modulations-
modulációs U Modulations-
modulador *m* S Modulator
~ de anillo: Ringmodulator
modulálni *v* U modulieren
moduláló U modulierend; Modulations-
modulálva U modulierend
modulant F Modulations-; modulierend
modulante I modulierend
modulante S modulierend; Modulations-
modular *v* S modulieren
modulare *v* I modulieren
— che modula: Modulations-
modulate *v* E modulieren
modulateur *m* F Modulator
~ à anneau: Ringmodulator
modulating E modulierend
Modulation *f* D
    E modulation
    F modulation *f*
    I modulazione *f*
    S modulación *f*
    U moduláció
    R модуляция *f*
~ ⟨*Stimme*⟩
    E inflexion, A: inflection
    F modulation *f*, inflexion *f*
    I inflessione *f*
    S modulación *f*, inflexión *f* de la voz
    U moduláció, árnyalás
    R модуляционная способность *f*, гибкость
    f голоса
— **chromatische** ~
    E chromatic modulation
    F modulation *f* chromatique
    I modulazione *f* cromatica
    S modulación *f* cromática
    U kromatikus moduláció
    R хроматическая модуляция *f*
— **diatonische** ~
    E diatonic modulation
    F modulation *f* diatonique
    I modulazione *f* diatonica
    S modulación *f* diatónica
    U diatonikus moduláció
    R диатоническая модуляция *f*
— **enharmonische** ~
    E enharmonic modulation
    F modulation *f* enharmonique
    I modulazione *f* enarmonica
    S modulación *f* enarmónica
    U enharmonikus moduláció
    R энгармоническая модуляция *f*

modulation E Modulation
~ back: Rückmodulation
~ to: Wendung nach
modulation *f* F Modulation
~ chromatique: chromatische → Modulation
~ de la voix: Tonfall
~ diatonique: diatonische → Modulation
~ en: Wendung nach
~ enharmonique: enharmonische → Modulation
~ passagère: Ausweichung
— de ~ Modulations-
Modulations- D
  E modulatory
  F modulant, de modulation
  I modulatore, che modula
  S modulante, de modulación
  U modulációs, moduláló
  R модуляционный
Modulationsmittel *n* D
  E modulatory means/device
  F moyen/agent *m* de modulation
  I mezzo *m* modulativo
  S agente *m* de modulación, medio *m* modulante
  U modulációs eszköz
  R модуляционное средство *n*
Modulator *m* D ⟨*elektrisch*⟩
  E modulator
  F modulateur *m*
  I modulatore *m*
  S modulador *m*
  U modulátor
  R модулятор *m*
modulator E Modulator
modulátor U Modulator
modulatore I Modulations-
modulatore *m* I Modulator
~ ad anello: Ringmodulator
modulatory E Modulations-
~ device/means: Modulationsmittel
modulazione *f* I Modulation
~ cromatica: chromatische → Modulation
~ di ritorno alla tonalità di base: Rückmodulation
~ diatonica: diatonische → Modulation
~ enarmonica: enharmonische → Modulation
~ passeggera/transitoria: Ausweichung
moduler *v* F modulieren
modulieren *v* D
  E to modulate
  F moduler
  I modulare
  S modular
  U modulálni
  R модулировать
modulierend D
  E modulating
  F modulant
  I modulante
  S modulante
  U moduláló, modulálva
  R модулируя

módulo *m* S modello
Modus *m* D ⟨*Tongeschlecht*⟩
  E mode, modus
  F mode *m*
  I modo *m*
  S modo *m*
  U modus(z)
  R лад *m*, наклонение *n*, модус *m*, строй *m*
~ ⟨*Mensur*⟩
  E modus, mode
  F mode *m*, modus *m*
  I modo *m*
  S modo *m*
  U modus(z)
  R модус *m* ⟨*ритмический*⟩
modus E Modus
modus *m* F Modus
modus(z) U Modus
Mohrenpauke *f* D *obs* = Schellentrommel
Mohrentrommel *f* D *obs* = Schellentrommel
moins F meno
mojiganga *f* S
  D Mummenschanz *m*
  E masquerade
  F mascarade *f*
  I mascherata *f*
  U (*álarcos népünnep*)
  R маскарад *m*
mold A = mould
molde *m* S Glockenform; Glockenmodell; *camp* Drehbrett
molding E = moulding
molinete *m* S *org* Damm
Moll *n*, **Mollgeschlecht** *n* D
  E minor (mode)
  F mineur *m*, mode *m* mineur
  I minore *m*, modo *m* minore
  S menor *m*, modo *m* menor
  U moll (hangnem)
  R минор *m*, минорное наклонение *n*, минорный лад *m*
— harmonisches ~
  E harmonic minor
  F mineur *m* harmonique
  I minore *m* armonico
  S menor *m* armónico
  U harmonikus/összhangzatos moll
  R гармонический минор *m*
— in ~
  E in (the) minor (mode)
  F en mineur, dans le mode mineur
  I in minore, in modo minore
  S en menor, en modo menor
  U mollban
  R в миноре, минорный
— melodisches ~
  E melodic minor
  F mineur *m* mélodique
  I minore *m* melodico
  S menor *m* melódico
  U melodikus/dallamos moll
  R мелодический минор *m*

— **natürliches/reines** ~
   E *(minor scale without raised sixth and seventh degree)*
   F *(gamme mineure sans sensible)*
   I scala *f*/modo *m* minore naturale
   S modo *m* menor antiguo
   U természetes moll, eol
   R натуральный минор *m*
moll U Moll
~ban: in → Moll
— dallamos ~ melodisches → Moll
— harmonikus ~ harmonisches → Moll
— melodikus ~ melodisches → Moll
— összhangzatos ~ harmonisches → Moll
— természetes ~ natürliches → Moll
molla *f* I; ~ a spirale della sbarra dello smorzo *pfte* Dämpferladenfeder
~ a spirale dello spingitore *pfte* Stoßzungenspiralfeder
~ del cavalletto/bilanciere *pfte* Hebegliedfeder
~ del ventilabro *org* Spielfeder; Spielventilfeder
~ della noce *pfte* Nußfeder
~ dello smorzo *pfte* Dämpferfeder
~ dello spingitore *pfte* Stoßzungenfeder
~ di richiamo *pfte* Hebegliedfeder
~ per la ripetizione *pfte* Scherenfeder
Mollakkord *m* D accord parfait mineur
molldomináns U Molldominante
molldomináns-paralel U Molldominantparallele
Molldominante *f* D
   E minor dominant
   F accord *m* mineur sur la dominante
   I triade *f* minore di dominante
   S acorde *m* menor sobre la dominante
   U molldomináns
   R минорная доминанта *f*
Molldominantparallele *f* D
   E major triad on flattened leading note
   F accord *m* parfait sur le septième degré
   I triade *f* maggiore sulla sensibile abbassata
   S acorde *m* perfecto mayor sobre la sensible bajada
   U molldomináns-paralel
   R параллель *f* минорной доминанты
Molldreiklang *m* D accord parfait mineur
Molldur *n* D
   E *(term denoting use of flattened submediant in major)*
   F *(terme indiquant l'abaissement du sixième degré dans le mode majeur)*
   I *(termine indicante l'uso della sopraddominante abbassata nel modo maggiore)*
   S modo *m* mayor-menor
   U *(dúr leszállított VI. fokkal)*
   R гармонический мажор *m*, мажоро-минор *m*
mollettone *m* I; ~ per dosso tastiera *pfte* Rahmenpolster
~ per pedale *pfte* Pedalfilz
Mollgeschlecht *n* D = Moll
Molltonart *f* D
   E minor key

F tonalité *f* mineure
I tono *m*/tonalità *f* minore
S tono *m* menor
U moll hangnem
R минорный лад *m*
molto I
   D sehr
   E very, much
   F très
   S mucho
   U nagyon
   R очень
moment E; in a ~ tosto
monaural E F einkanalig
monaurális U einkanalig
mondat U Satz
monesis *f* I
   D *(Erhöhung um einen Viertelton)*
   E *(raising of a quarter-tone)*
   F *(hausse d'un quart de ton)*
   S *(elevación de un cuarto de tono)*
   U negyedhangos emelés
   R *(повышение на четверть тона)*
monitor(ing) E; ~ booth/room *rad* Abhörkammer
mono- U einkanalig
monoaurale I einkanalig
Monochord *n* D
   E monochord
   F monocorde *m*
   I monocordo *m*
   S monocordio *m*
   U monochord
   R монохорд *m*
monochord E U Monochord
monocorde *m* F Monochord
monocordio *m* S Monochord
monocordo *m* I Monochord
monodia *f* I Einstimmigkeit; Monodie
monodía *f* S Einstimmigkeit; Monodie
monódia U Monodie; einstimmige → Musik
monodic E monodisch
monodico I einstimmig; monodisch
monódico S einstimmig; monodisch
Monodie *f* D
   E monody
   F monodie *f*
   I monodia *f*
   S monodia *f*, monodía *f*
   U monódia
   R монодия *f*
monodie *f* F Einstimmigkeit; Monodie
monodikus U monodisch
monodique F einstimmig; monodisch
monodisch D
   E monodic
   F monodique
   I monodico
   S monódico
   U monodikus
   R монодический
Monodram *n* D
   E monodrama

F monodrame *m*
I monodramma *m*
S monodrama *m*
U monodráma
R монодрама *f*
monodrama E Monodram
monodrama *m* S Monodram
monodráma U Monodram
monodrame *m* F Monodram
monodramma *m* I Monodram
monody E Monodie
monofonia *f* I Einstimmigkeit
monofonía *f* S Einstimmigkeit
monomelody E Einstimmigkeit
monophonic E einstimmig
~ music: einstimmige → Musik
monophony E Einstimmigkeit
monotematico I monothematisch
monotemático S monothematisch
monotematika U Einthemigkeit; Monothematik
monotematikus U monothematisch
monotematismo *m* I Einthemigkeit
monotematismo *m* S Einthemigkeit; Monothematik
monothematic E monothematisch
~ technique: Monothematik
monothematicism E Einthemigkeit
Monothematik *f* D
     E monothematic technique
     F monothématisme *m*
     I tecnica *f* monotematica, procedimento *m* monotematico
     S monotematismo *m*
     U monotematikus szerkesztés(mód), monotematika
     R монотематизм *m*
monothématique F monothematisch
monothematisch, einthemig D
     E monothematic
     F monothématique, à un thème
     I monotematico, a un solo soggetto
     S monotemático, de un solo tema
     U monotematikus, egytémájú
     R монотематический
monothématisme *m* F Einthemigkeit; Monothematik
monoton U eintönig
monotonal F S eintönig
monotonalidad *f* S Eintönigkeit
monotone E Eintönigkeit
— in a ~ eintönig
monotone F eintönig
monotonia *f* I Eintönigkeit
monotonía *f* S Eintönigkeit
monotonic E eintönig
monotónico S eintönig
monotonie *f* F Eintönigkeit
monotonique F eintönig
monótono S eintönig
monotonous E eintönig
monotony E Eintönigkeit
montage *m* F; ~ en cordes croisées *pfte* Kreuzbesaitung

montant *m* **métallique** F *pfte* Mechanikanhänger; Mechanikträger
montar *v* S inszenieren
montare *v* I aufziehen
monter *v* F ansteigen; inszenieren; zu hoch → spielen
~ du do dièse au fa dièse *prescr, timp* Cis nach Fis hoch → Pauke
~ l'accord: heraufstimmen
monteur *m* F *costr, pfte* Anschläger
monumenta *pl* E musikalische → Denkmäler
monumenti *m pl* **musicali** I musikalische → Denkmäler
monumentos *m pl* S musikalische → Denkmäler
monuments *m pl* **musicaux** F musikalische → Denkmäler
monya U *camp* Klöppelballen
mood E Stimmung
~ music: Stimmungsmusik
mop E *legni* Wischer
moralità *f* I Moralität
moralitás U Moralität
Moralität *f* D ⟨17. *sec*⟩
     E morality
     F moralité *f*
     I moralità *f*
     S auto *m* sacramental
     U moralitás
     R (*пьеса морализирующего характера*)
moralité *f* F Moralität
morality E Moralität
morbido I *ton* weich
morceau *m* F; ~ d'ensemble → ensemble
~ de concert: Konzertstück
~ de piano: Klavierstück
mordant *m* F *orn* Mordent; Praller
Mordent *m* D *orn*
     E mordent
     F mordant *m*
     I mordente *m*
     S mordente *m*
     U mordent
     R нижний/перечёркнутый мордент *m*
mordent E *orn* flatté; Mordent
mordent U *orn* Mordent
mordente *m* I *orn* Mordent
~ superiore *orn* Praller; Schneller
mordente *m* S *orn* Mordent; Praller
~s *pl org* Geigenregister; streichende → Stimmen
~ invertido *orn* Schneller
~ superior: mezzo → trillo
more E più
morendo I *prescr*
     D morendo, ersterbend
     E morendo, "*dying away*"
     F morendo, en mourant
     S morendo, "*muriendo*", "*desvaneciéndose*"
     U morendo, "*elhaló(an)*"
     R morendo, замирая
Moresca *f* D moresca
moresca, morisca *f* I
     D Moresca *f*, Moreske *f*, Moreskentanz *m*

E morisca, Morris dance
F moresque *f*
S moresca *f*, morisca *f*
U moresca
R мореска *f*
Moreske *f* D moresca
Moreskentanz *m* D moresca
moresque *f* F moresca
morir *v* S *corda* ausschwingen
morisca E moresca
morisca *f* I = moresca
morisca *f* S moresca
Moritat *f* D
  E *(popular street-ballad, sung to the accom-*
    paniment of a barrel organ)
  F *(ballade populaire chantée dans les rues,*
    accompagnée par un orgue de Barbarie)
  I *(forma di canto popolare a soggetto vio-*
    lento, spesso illustrata da figure)
  S *(balada popular cantada en las calles,*
    acompañada por un organillo)
  U *(népi ballada, amelyet vándorénekes éne-*
    kelt az utcákon si pládakisérettel)
  R *(песни немецких бродячих музыкан-*
    тов, повествующие о страшных исто-
    риях и т. п.)
mormolni *v* U rauschen
mormorando I
  D mormorando, gehaucht, murmelnd
  E mormorando, *"whispered"*
  F mormorando, murmuré
  S mormorando, murmurando
  U mormorando, susogva
  R mormorando, шепотком
mormorare *v* I rauschen
mormorato F *canto, fiati* hauchig
morphologie *f* **musicale** F musikalische →
  Formenlehre
Morris dance E moresca
mort F echofrei
mortaise *f* F *arco* Kästchen; *pfte* Führungs-
  stiftgarnierung; Tastenbäckchengarnierung
mortise E *arco* Kästchen
mosso I
  D mosso, bewegt, flott
  E mosso, *"moved"*, *"animated"*
  F mosso, animé, agité
  S mosso, *"movido"*, *"rápido"*
  U mosso, *"élénken"*, *"mozgalmasan"*
  R mosso, оживлённо, быстро
motet E Motette
  — in ~ style: motettisch
motet *m* F Motette; Motetus
  ~ de circonstance: Staatsmotette
motete *m* S Motette; Motetus
  ~ de circunstancias: Staatsmotette
motet-like E motettisch
motetta U Motette
  — alkalmi ~ Staatsmotette
motettaszerű U motettisch
Motette *f* D
  E motet
  F motet *m*

I motetto *m*
S motete *m*
U motetta
R мотет *m*
motettisch, motettenartig D
  E motet-like, in motet style
  F en style *m* motet
  I nello stile *m* del motetto
  S en estilo *m* de motete
  U motettaszerű
  R по типу мотета, типа мотета
motetto *m* I Motette
motetto-lied *m* I Liedmotette
Motetus *m* D
  E motetus
  F motet *m*
  I motetus *m*, mottetto *m*
  S motete *m*
  U motetus
  R мотет *m*
motetus E U Motetus
motetus *m* I Motetus
moteur F motorisch
moteur *m* **d'alimentation** F *org* Windmotor
motif E Motiv
motif *m* F Motiv
  ~ conducteur: Erinnerungsmotiv; Leitmotiv
  ~ en imitation: Imitationsmotiv
  — qui a rapport au ~ motivisch
  — relatif au ~ motivisch
motion E Bewegung
Motiv *n* D
  E motif, motive
  F motif *m*
  I motivo *m*
  S motivo *m*
  U motívum
  R мотив *m*
motival E motivisch
motive E Motiv
motivic E motivisch
motivico I motivisch
motívico S motivisch
motivikus U motivisch
motivisch D
  E motivic, motival
  F qui a rapport au motif, relatif au motif
  I motivico
  S relativo al motivo, relacionado con el
    motivo, motívico
  U motivikus
  R мотивный
motivo *m* I Motiv
  ~ conduttore: Leitmotiv
  ~ d'imitazione: Imitationsmotiv
  ~ iniziale: Kopfmotiv
motivo *m* S Motiv
  ~ conductor: Erinnerungsmotiv; Leitmotiv
  ~ imitado: Imitationsmotiv
  — relacionado con el ~ motivisch
  — relativo al ~ motivisch
motívum U Figur; Motiv
  — emlékeztető ~ Erinnerungsmotiv

— imitációs ∼ Imitationsmotiv
Motivverarbeitung *f* D
   E elaboration of a motif/motive
   F emploi *m* thématique
   I elaborazione *f* motivica, lavoro *m* tematico
   S trabajo *m* temático
   U motivikus feldolgozás/munka
   R разработка *f* мотива
moto *m* I Bewegung
∼ contrario: Gegenbewegung
∼ obliquo: Seitenbewegung
∼ parallelo: Parallelbewegung
∼ retto: gerade → Bewegung; Parallelbewegung
∼ simile: gerade → Bewegung
— con ∼ = mosso
motor E motorisch
∼ bellows *pl org* Pneumatikbalg; Zugbalg
motor S motorisch
motor *m* **de alimentación** S *org* Windmotor
motore I motorisch
motore *m* **d'alimentazione** I *org* Windmotor
motorikus U motorisch
motorisch D
   E kinetic, motor
   F moteur
   I cinetico, motore
   S cinético, motor
   U motorikus
   R моторный
mottetto *m* I Motetus
mou F schallweich
mouche *f* F *pfte* Druckfilzscheibe
mould E Glockenform
moulding board E *camp* Drehbrett
moule *m* F Glockenform; *camp* Drehbrett
mount *v* E aufziehen
mourant F; en ∼ *prescr* morendo; perdendosi
mourir *v* F *corda* ausschwingen
mouth E Mund; *canna anima, fl. d.* Aufschnitt
∼ and nose *canto* Ansatzrohr
∼ bow: Mundbogen
∼ closed *prescr* bocca chiusa
∼ hole *fl* Mundloch
∼ organ: Mundharmonika
mouthpiece E Spielseite; *fiati* Mundstück; Schnabel
∼ (of the crumhorn): Mundstück
mouthpipe E *trb* Mundrohr
mouton *m* F *camp* Joch
mouvement *m* F Bewegung; Satz
∼ contraire: Gegenbewegung
∼ d'extension: Zug
∼ de danse: Tanzsatz
∼ de Sainte Cécile: Caecilianismus
∼ de valse: Walzertakt
∼ direct: gerade → Bewegung
∼ extrême: Ecksatz
∼ final: Schlußsatz
∼ fluide: fließende → Bewegung
∼ oblique: Seitenbewegung

∼ parallèle: gerade → Bewegung; Parallelbewegung; Parallelführung
∼ parallèle d'octaves: Oktavparallele
∼ parallèle de quintes: Quintparallele
∼ rythmique: rhythmische → Bewegung
∼ semblable: gerade → Bewegung
— à deux ∼s: zweisätzig
— à plusieurs ∼s: mehrsätzig
— à quatre ∼s: viersätzig
— à trois ∼s: dreisätzig
— à un ∼ einsätzig
— dernier ∼ Schlußsatz
— donner *v* le ∼ Takt angeben
— double ∼ *arpa* Doppelpedalmechanik
— en doublant le ∼ doppio → movimento
— garder *v* le ∼ Takt halten
— le même ∼ l'istesso ∼ tempo
— même ∼ qu'au début *prescr* tempo primo
movable E; ∼ **doh**
   D Tonikado *n*
   F tonikado *m*
   I (sistema *m* del) "do mobile"
   S tonika-do *m*
   U relatív szolmizáció
   R метода *f* тоники до
∼ outside stopper *canna* beweglicher → Hut
∼ slot cover *canna d. l.* drehbarer → Stimmschieber
∼ type: bewegliche → Type
movement E Bewegung; Satz
∼ notation *bl* Bewegungsschrift
— in one ∼ einsätzig
— in four ∼s: viersätzig
— in three ∼s: dreisätzig
— in two ∼s: zweisätzig
— outer ∼ Ecksatz
movenza *f* I; ∼ verso: Wendung nach
movimento *m* I Bewegung; Satz
∼ ceciliano: Caecilianismus
∼ d'apertura: Zug
∼ esterno: Ecksatz
∼ parallelo: Parallelführung
∼ ritmico: rhythmische → Bewegung
∼ scorrevole: fließende → Bewegung
— **doppio** ∼
   D doppio movimento, doppelt so schnell
   E doppio movimento, "*double the speed*"
   F doppio movimento, en doublant le mouvement
   S doppio movimento, "*doble movimiento*" "*el doble más/de rápido*"
   U doppio movimento, kétszer olyan gyorsan
   R doppio movimento, в два раза быстрей
— doppio ∼ *arpa* Doppelpedalmechanik; doppelte → Pedalrückung
movimiento *m* S Bewegung; Satz; tempo
∼ ceciliano: Caecilianismus
∼ conclusivo *dir* Abschluß
∼ contrario: Gegenbewegung
∼ de baile: Tanzsatz
∼ de cortar *dir* Abschlag
∼ de danza: Tanzsatz

~ de terminar *dir* Abschlag
~ directo: gerade → Bewegung
~ externo: Ecksatz
~ final: Schlußsatz
~ fluido: fließende → Bewegung
~ oblicuo: Seitenbewegung
~ paralelo: gerade → Bewegung; Parallelbewegung; Parallelführung
~ paralelo de octavas: Oktavparallele
~ paralelo de quintas: Quintparallele
~ rítmico: rhythmische → Bewegung
— dar *v* el ~ Takt angeben
— en cuatro ~s: viersätzig
— en dos ~s: zweisätzig
— en tres ~s: dreisätzig
— en uno ~ einsätzig
— en varios ~s: mehrsätzig
— mantener *v* el mismo ~ Takt halten
— último ~ Schlußsatz
moyen *m* F; ~ d'expression: Ausdrucksmittel
~ de modulation: Modulationsmittel
~ expressif: Ausdrucksmittel
mozarab U mozárabe
mozarabe F mozárabe
mozárabe, mozárábico S
   D mozarabisch
   E Mozarabic
   F mozarabe
   I mozarabico
   U mozarab
   R *(испанская форма церковного пения)*
Mozarabic E mozárabe
~ chant: mozarabischer → Kirchengesang
mozarabico I mozárabe
mozarábico S = mozárabe
mozarabisch D mozárabe
mozgalmasan U *prescr* agitato
mozgás U Bewegung
— egyenes ~ gerade → Bewegung
— folyamatos ~ fließende → Bewegung
— oldalirányú ~ Seitenbewegung
— párhuzamos ~ gerade → Bewegung; Parallelbewegung
— ritmikus ~ rhythmische → Bewegung
mozgódíszlet U *teat* Versatzstücke
moziorgona U Kino-Orgel
mű U Werk
— alkalmi ~ Gelegenheitsstück
— alsó ~ *org* Unterwerk
— apokrif ~vek *pi* apokryphe → Werke
— énekhangra írt ~ Gesangsstück
— gyűjteményes ~ Sammelwerk
— kétes (eredetű) ~vek *pl* unterschobene → Werke
— két(ség)es ~vek *pl* zweifelhafte → Werke
— pedagógiai ~ Lehrwerk
— pedagógiai ~vek *pl* Unterrichtsmusik
— teljes ~ *arm* grand → jeu; *org* Blockwerk; grand → chœur
— valakinek tulajdonított ~vek *pl* zugeschriebene → Werke
műalkotás U Kunstwerk
much E molto

— but not too ~ ma non → tanto
— too ~ troppo
mucho S molto
muda *f* S Stimmbruch
— estar *v* en la ~ im → Stimmbruch sein
műdal U Kunstlied
— népies ~
   D volkstümliches Kunstlied *n*
   E *(composition in folk-song style)*
   F *(chanson artistique populaire)*
   I *(forma vocale dotta basata sul canto popolare)*
   S *(canción artística de tipo popular)*
   R *(профессиональная песня народного характера)*
mudar *v* S mutieren
~ la voz: im → Stimmbruch sein
mudo S tonlos
mue *f* F Stimmbruch
muelle *m* S; ~ de afinación *canna ancia* Stimmkrücke
~ de la repetición *pfte* Scherenfeder
~ (en espiral) del escape *pfte* Stoßzungenspiralfeder
muer *v* F im → Stimmbruch sein
műértő U Kenner
muesca *f* S *org* Kernstich
~ de afinación *canna* Stimmlappen
~s *pl* del puente *archi* Stegkerben
~ para afinar *canna* Stimmschlitz
— hacer *v* ~s *org* Kernstiche machen
muet F tonlos
műfaj U Gattung
muffle E *perc* Dämpfer
muffle *v* E *perc* dämpfen
~ at once *perc* gleich/schnell → abdämpfen
muffled E bedeckt; *canto* gedeckt
műfogások *pl* U Künste
— ellenpontozási ~ kontrapunktische → Künste
mugam R → мугам
műkedvelő U dilettante; dilettantesco
működés U; kettős ~ *org* Doppelwirkung
multi-channel E mehrkanalig
multichoral E mehrchörig
multiple E; ~ fan *org* Mehrdruckventilator
~ recording ⟨*electronic music*⟩
   D Multiplex-Aufnahme *f*
   F prise *f* de son multiplex
   I sovraincisione *f* ⟨*registrazione su due canali, in tempi successivi, da parte dello stesso interprete, di due parti diverse*⟩
   S toma *f* de sonido múltiple
   U multiplex felvétel
   R мультиплексная техника *f* записи
Multiplex-Aufnahme *f* D multiple recording
Multiplexorgel *f* D
   E extension/unit organ
   F orgue *m* multiplex
   I organo *m* multiplo
   S órgano *m* múltiple
   U multiplex orgona
   R орган-мультиплекс *m*

Multiplexwindlade *f* D
　E unit chest
　F sommier *m* multiplex
　I somiere *m* multiplex
　S somier *m* multiplex
　U multiplex szélláda
　R виндлада *f* в органе-мультиплекс
multi-stringed E vielsaitig
multivoiced E vielstimmig
Mummenschanz *m* D mojiganga
Mund *m* D
　E mouth
　F bouche *f*
　I bocca *f*
　S boca *f*
　U száj
　R рот *m*
— mit geschlossenem ~ *prescr* bocca chiusa
Mundäoline *f* D *obs* = Mundharmonika
Mundatmung *f* D
　E oral breathing
　F inspiration/respiration *f* par la bouche
　I inspirazione *f* per via orale
　S inspiración *f* oral
　U szájlégzés
　R дыхание *n* ртом
Mundbogen *m* D
　E mouth bow
　F arc *m* musical/à bouche
　I arco *m* a bocca
　S arco *m* de boca
　U "zenélő íj"
　R *(губной инструмент в форме охотничьего лука)*
Mundharmonika *f* D
　E mouth organ, harmonica
　F harmonica *m* à bouche
　I armonica *f* a bocca
　S armónica *f* (de boca)
　U szájharmonika
　R губная гармоника *f*
Mundloch *n* D *fl*
　E mouth/blow hole, embouchure
　F embouchure *f*
　I imboccatura *f*
　S embocadura *f*
　U szájnyílás
　R губное отверстие *n*
Mundlochplatte *f* D *fl*
　E lip piece
　F embouchure *f* en disque
　I boccola *f*
　S embocadura *f* de disco
　U szájrész
　R накладка *f*, возвышающая края губного отверстия
Mundorgel *f* D
　E oriental mouth-organ
　F orgue *m* à bouche
　I organo *m* a bocca
　S órgano *m* de boca
　U szájorgona
　R шэн *m*, шенг *m*, губной орган *m*

Mundrohr *n* D *trb*
　E mouthpipe
　F bocal *m* ⟨*partie du tube portant l'embouchure*⟩
　I pezzo *m* d'imboccatura
　S bocal *m* ⟨*parte del tubo que lleva la embocadura*⟩
　U fúvócső
　R патрубок *m*
Mundschneide *f* D *canna anima* = Kernspalte
Mundspalt *m* D *ancia*
　E aperture
　F ouverture *f*, lumière *f*
　I apertura *f*
　S luz *f*
　U befújónyílás, befúvórés
　R щель *f*, пасть *f*
Mundstück *n* D *fiati*
　E mouthpiece
　F embouchure *f*
　I bocchino *m*
　S boquilla *f*, embocadura *f*, pico *m*
　U fúvóka
　R мундштук *m*
~ ⟨*Krummhorn*⟩
　E mouthpiece (of the crumhorn)
　F capsule *f*, bocal *m*
　I bocchino *m* (del cromorno)
　S cañón *m* (del cromorno)
　U fúvóka
　R мундштук *m*
~ *fl. d.* = Kopfstück mit Schnabel
mundstück U *fam, fl. d.* Kopfstück mit Schnabel
Mündung *f* D *camp* = Schärfe
muñeira *f* S *bl*
　D *(andalusischer Tanz)*
　E *(Andalusian dance)*
　F *(danse andalouse)*
　I *(danza andalusa)*
　U *(andalúz tánc)*
　R *(андалусский танец)*
munka U; áttört ~ durchbrochene → Arbeit
— motivikus ~ Motivverarbeitung
— tematikus ~ thematische → Arbeit
munkadal U Arbeitslied
munter D *prescr* allegro
Murky *m* D murky bass
Murky-Baß *m* D murky bass
murky bass E
　D Murky-Baß *m*, Murky *m*, Trommelbaß *m*
　F basse *f* Murky
　I basso *m* di Murky
　S bajo *m* de Murky
　U Murky-basszus
　R басы *m pl* мурки
Murky-basszus U murky bass
murmelnd D mormorando; *prescr* sussurrando
murmurado S *canto, fiati* hauchig
murmurando S mormorando; *prescr, arpa* bisbigliando
murmurant F; en ~ *prescr* sussurrando
murmurar *v* S rauschen

murmuré F mormorando; *canto, fiati* hauchig
murmurer *v* F rauschen
Muschelhorn *n* D
 E conch trumpet
 F conque-trompette *f*
 I tromba *f* a conchiglia
 S caracola *f*, concha *f* marina
 U kagylókürt
 R рог *m* из раковины
musetta *f* I *org* musette
Musette *f* D *org* musette
musette *f* F *org*
 D Musette *f*
 E musette
 I musetta *f*, musette *f*, piva *f*
 S musette *f*
 U "musette"
 R мюзет *m*
musette-basszus U *org* basse de musette
Musettenbaß *m* D dudabasszus; *org* basse de musette
music E Musik; Musikalien; Noten; Tonkunst
 ~ at court: Hofmusik
 ~ box: Spieldose; Spieluhr
 ~ college: Musikschule
 ~ critic: Musikkritiker
 ~ criticism: Musikkritik
 ~ critique: Musikkritik
 ~ dealer: Musikalienhandlung
 ~ desk: Notenpult
 ~ dictation: Musikdiktat
 ~ drama: Musikdrama
 ~ education: Musikerziehung
 ~ educator: Musikerzieher; Schulmusiker
 ~ engraver: Notenstecher
 ~ engraving: Notenstich
 ~ festival: Musikfestspiel
 ~ for a march: Marschmusik
 ~ for a transformation scene: Verwandlungs-musik
 ~ for brass (band): Blechmusik
 ~ **for tape, tape ~**
  D Bandmusik *f*
  F musique *f* pour bande (magnétique)
  I musica *f* per nastro
  S música *f* para cinta/banda magnetofónica
  U szalagzene
  R *(музыка на магнитофонной записи)*
 ~ for teaching purposes: Unterrichtsmusik
 ~ for the funeral service: Exequien
 ~ for wind instruments: Harmoniemusik
 ~ historian: Musikhistoriker
 ~ history: Musikgeschichte
 ~ journal: Musikzeitschrift
 ~ library: Musikbibliothek
 ~ literature: Musikliteratur
 ~ lover: Musikliebhaber
 ~ lyre *ottoni* Notenhalter
 ~ magazine: Musikzeitschrift
 ~ of the future: Zukunftsmusik
 ~ of the spheres: Sphärenmusik
 ~ on stage *teat* Bühnenmusik
 ~ paper: Notenpapier

 ~ performed in the home: Hausmusik
 ~ printing: Notendruck
 ~ publisher: Musikverleger
 ~ publishing firm: Musikverlag
 ~ pupil: Musikschüler
 ~ roll: Notenblatt
 ~ school: Musikschule
 ~ shop: Musikalienhandlung
 ~ stand: Notenpult
 ~ student: Musikstudent
 ~ teacher: Musiklehrer; Musikerzieher
 ~ teaching: Musiklehre
 ~ theory: Musiktheorie
 ~ therapy: Musiktherapie
 ~ typography: Notendruck
 — make/play *v* ~ musizieren; *fam* musiquer
 — play *v* from ~ nach → Noten spielen
 — theory of ~ Musiktheorie
musica *f* I Musik; Noten; Tonkunst
 — musiche *pl* Musikalien
 ~ a programma: Programm-Musik
 ~ a quarti di tono: Vierteltonmusik
 ~ aleatoria: aleatorische → Musik
 ~ all'aperto: Freiluftmusik
 ~ alla turca: Janitscharenmusik
 ~ assoluta: absolute → Musik
 ~ chiassosa: Katzenmusik
 ~ corale: Chormusik
 ~ d'accompagnamento: Begleitmusik
 ~ d'ambiente: Stimmungsmusik
 ~ d'arte: Kunstmusik
 ~ d'atmosfera: Stimmungsmusik
 ~ d'orchestra: Orchestermusik
 ~ da ballo: Tanzmusik
 ~ da camera: Kammermusik
 ~ da chiesa: Kirchenmusik
 ~ da salotto: Salonmusik
 ~ dell'avvenire: Zukunftsmusik
 ~ della passione: Passionsmusik
 ~ delle sfere: Sphärenmusik
 ~ di caccia: Jagdmusik
 ~ di consumo: Gebrauchsmusik
 ~ di corte: Hofmusik
 ~ di scena: Schauspielmusik; *teat* Bühnen-musik
 ~ di sottofondo: Hintergrundmusik
 ~ dodecafonica: Zwölftonmusik
 ~ domestica: Hausmusik
 ~ educativa: Unterrichtsmusik
 ~ elettronica: elektronische → Musik
 ~ familiare: Hausmusik
 ~ figurata: Figuralmusik
 ~ funebre: Trauermusik
 ~ jazz: jazz
 ~ leggera: Unterhaltungsmusik; musiquette
 ~ militare: Militärmusik
 ~ monodica: einstimmige → Musik
 ~ per corno russo: русская роговая → музыка
 ~ per coro: Chormusik
 ~ per film: Filmmusik
 ~ per la scuola: Schulmusik
 ~ per nastro: music for tape
 ~ per organo: Orgelmusik

~ per pianoforte: Klaviermusik
~ per strumenti a fiato: Harmoniemusik
~ per strumenti a tastiera: Tastenmusik
~ per strumenti di ottone: Blechmusik
~ pop: pop music
~ popolare: Volksmusik
~ profana: weltliche → Musik
~ puntillistica: punktuelle → Musik
~ religiosa: geistliche → Musik
~ sacra: Kirchenmusik; geistliche → Musik
~ scolastica: Schulmusik
~ seria: ernste → Musik
~ sinfonica: Orchestermusik
~ stocastica: aleatorische → Musik
~ strumentale: Instrumentalmusik
~ sulla scena *teat* Bühnenmusik
~ turca: Janitscharenmusik
~ tzigana: Zigeunermusik
~ unita a proiezioni di colori: Farbenmusik
~ visiva: Augenmusik
~ vocale: Vokalmusik
— fare *v* ~ musizieren; *fam* musiquer
— fare *v* ~ jazz: jazz
música *f* S Musik; Musikerin; Noten; Tonkunst
~s *pl* Musikalien
~ al aire libre: Freiluftmusik
~ aleatoria: Aleatorik; aleatorische → Musik
~ ambiental: Stimmungsmusik
~ bailable: Tanzmusik
~ coloreada: Farbenmusik
~ coral: Chormusik
~ cortesana: Hofmusik
~ culta: Kunstmusik
~ de acompañamiento: Begleitmusik
~ de ambiente: Stimmungsmusik
~ de cámara: Kammermusik
~ de caza: Jagdmusik
~ de consumo: Gebrauchsmusik
~ de danza: Tanzmusik
~ de escena: Schauspielmusik; *teat* Bühnenmusik
~ de film: Filmmusik
~ de fondo: Geräuschkulisse; Hintergrundmusik; Stimmungsmusik
~ de iglesia: Kirchenmusik
~ de jazz: jazz
~ de jenízaros: Janitscharenmusik
~ de la caballería: musique de l' → Ecurie
~ de la corte: Hofmusik
~ de las esferas: Sphärenmusik
~ de mesa: Tafelmusik
~ de órgano: Orgelmusik
~ de pasión: Passionsmusik
~ de película: Filmmusik
~ de programa: Programm-Musik
~ de salón: Salonmusik
~ de tecla: Tastenmusik
~ del porvenir: Zukunftsmusik
~ descriptiva: Programm-Musik
~ didáctica: Unterrichtsmusik
~ dodecafónica/docetonal: Zwölftonmusik
~ doméstica: Hausmusik
~ educativa: Unterrichtsmusik

~ electrónica: elektronische → Musik
~ en casa: Hausmusik
~ en cuartos de tono: Vierteltonmusik
~ en escena *teat* Bühnenmusik
~ escolar/escolástica: Schulmusik
~ figurada: Figuralmusik
~ folklórica: Volksmusik
~ funeral/fúnebre: Trauermusik
~ incidental: Schauspielmusik
~ instrumental: Instrumentalmusik
~ ligera: Unterhaltungsmusik
~ microtonal: Vierteltonmusik
~ militar: Militärmusik
~ monódica: einstimmige → Musik
~ ocular: Augenmusik
~ orquestal: Orchestermusik
~ para banda: Harmoniemusik
~ para banda magnetofónica/para cinta: music for tape
~ para cobres: Blechmusik
~ para coro: Chormusik
~ para cuerno ruso: русская роговая → музыка
~ para el cambio de escena: Verwandlungsmusik
~ para instrumentos de cobre/metal: Blechmusik
~ para instrumentos de tecla: Tastenmusik
~ para la vista: Augenmusik
~ para metales: Blechmusik
~ para órgano: Orgelmusik
~ para orquesta: Orchestermusik
~ para piano: Klaviermusik
~ para tecla: Tastenmusik
~ pop: pop music
~ popular: Volksmusik
~ profana: weltliche → Musik
~ programática: Programm-Musik
~ pura: absolute → Musik
~ religiosa/sagrada/sacra: geistliche → Musik
~ sacra: Kirchenmusik
~ seria: ernste → Musik
~ sinfónica: Orchestermusik
~ turca: Janitscharenmusik
~ tzigana: Zigeunermusik
~ vocal: Vokalmusik
— hacer *v* ~ musizieren
— tocar *v* con ~ nach → Noten spielen
musical E musikalisch
~ bow: Musikbogen
~ box: Spieldose; Spieluhr
~ chairs *pl* Stuhlpolonaise
~ clock: Flötenuhr; Spieluhr
~ competition: Musikwettbewerb
~ director: Kapellmeister
~ education: Musikerziehung
~ ensemble: Kapelle
~ ethnology: Musikethnologie
~ glasses *pl* Glasharmonika; **Glasschalenspiel**
~ imagery: Tonmalerei
~ instrument: Musikinstrument
~ instrument building: **Musikinstrumentenbau**

~ instrument dealer: Musikinstrumentenhändler
~ instrument industry: Musikinstrumentenindustrie
~ instrument making: Musikinstrumentenbau
~ instrument trade: Musikinstrumentenhandel
~ journal: Musikzeitschrift
~ life: Musikleben
~ literature: Musikliteratur
~ magazine: Musikzeitschrift
~ memory: Tongedächtnis
~ printing: Notendruck
~ research: Musikforschung
~ saw: singende → Säge
~ scholar: Musikwissenschaftler
~ society: Musikgesellschaft
~ talent: musikalische → Begabung
~ typography: Notendruck
musical F S musikalisch; musikantisch
musicale I musikalisch; musikantisch
musicalidad f S Musikalität; Musikverständnis; musikalische → Begabung
musicalità f I Musikalität; Musikverständnis
musicalité f F Musikalität; Musikverständnis
musicality E Musikalität
musicante m I Musikant
musicar v S vertonen; *fam* musiquer
musicare v I vertonen
music-hall E Varieté
music-hall m F S Varieté
musiche f pl I → musica
musichetta f I musiquette
musician E Musikant; Musiker
musician-like E musikantisch
musicianly E musikantisch
musicianship E Musikalität
musicien m F Musikant; Musiker
~ ambulant: fahrender → Musikant; Straßenmusikant
~ d'orchestre: Orchestermusiker
~ de fanfare → fanfare
~ de jazz: jazz musician
~ de la fanfare: Militärmusiker
~ de rue: Straßenmusikant
~ professionnel: Berufsmusiker
musicienne f F Musikerin
musicista m+f I Musiker
~ ambulante: Straßenmusikant
~ di professione: Berufsmusiker
~ jazz: jazz musician
music-mad E meloman
músico m S Musikant; Musiker
~ ambulante: fahrender → Musikant; Straßenmusikant
~ de fanfarria: musicien de → fanfare
~ de jazz: jazz musician
~ de orquesta: Orchestermusiker
~ de profesión: Berufsmusiker
~ militar: Militärmusiker
~s pl militares *mil* Spielleute
musico-dramatic E musikdramatisch
músico-dramático S musikdramatisch
musico-dramatique F musikdramatisch

musicografo m I Melograph
musicógrafo m S Musikschriftsteller
musicographe m F Musikschriftsteller
musicologia f I Musikwissenschaft
~ comparata: vergleichende → Musikwissenschaft
musicología f S Musikwissenschaft
~ comparada: vergleichende → Musikwissenschaft
musicologie f F Musikwissenschaft
~ comparée: vergleichende → Musikwissenschaft
musicologist E Musikwissenschaftler
musicologo m I Musikwissenschaftler
musicólogo m S Musikwissenschaftler
musicologue m F Musikwissenschaftler
musicology E Musikwissenschaft
musicoterapia f I S Musiktherapie
musicothérapie f F Musiktherapie
music-room E; ~ grand: pianoforte a coda
   intera
Musik f D
   E music
   F musique f
   I musica f
   S música f
   U zene, muzsika
   R музыка f
— **absolute ~**
   E absolute music
   F musique f pure
   I musica f assoluta
   S música f pura
   U abszolút zene
   R абсолютная музыка f
— **aleatorische ~**
   E chance/aleatory music
   F musique f aléatoire
   I musica f aleatoria/stocastica
   S música f aleatoria
   U aleatorikus zene
   R алеаторическая музыка f
— **einstimmige ~**
   E monophonic music
   F musique f monodique/à une seule partie
   I musica f monodica
   S música f monódica
   U egyszólamú zene, monódia
   R одноголосная музыка f
— **elektronische ~**
   E electronic music
   F musique f électronique
   I musica f elettronica
   S música f electrónica
   U elektronikus zene
   R электронная музыка f
— **ernste ~**
   E serious/classical music
   F musique f sérieuse/classique
   I musica f seria
   S música f seria
   U komoly/klasszikus zene
   R серьёзная музыка f

— **geistliche** ~
E sacred/religious music
F musique *f* sacrée/religieuse
I musica *f* sacra/religiosa
S música *f* religiosa/sagrada/sacra
U egyházi zene
R духовная музыка *f*
— leichte ~ = Unterhaltungsmusik
— **punktuelle** ~
E pointillist music
F pointillisme *m* musical
I musica *f* puntillistica
S puntillismo *m* musical
U punktuális zene
R пуантилизм *m*, пуантилистическая музыка *f*
— Türkische ~ = Janitscharenmusik
— **weltliche** ~
E secular music
F musique *f* profane
I musica *f* profana
S música *f* profana
U világi zene
R светская музыка *f*

Musikalien *f pl* D
E (written or published) music
F musique *f*
I musiche *f pl*
S músicas *f pl*
U zeneművek, kották
R ноты *f pl*

Musikaliendruck *m* D = Notendruck

Musikalienhandlung *f* D
E music dealer/shop
F magasin *m* de musique
I negozio *m* di musica
S almacén *m*/casa *f* de música
U zeneműkereskedés
R нотный магазин *m*

musikalisch D
E musical
F musical
I musicale
S musical
U zenei, zenekedvelő, muzikális
R музыкальный

Musikalität *f* D
E musicality, musicianship
F musicalité *f*
I musicalità *f*
S musicalidad *f*
U muzikalitás
R музыкальность *f*

Musikant *m* D
E musician
F musicien *m*
I musicante *m*
S músico *m*, ejecutante *m*
U zenész, muzsikus
R музыкант *m*
— **fahrender** ~
E itinerant musician, (wandering) minstrel, strolling player

F ménestrel *m*, musicien *m* ambulant
I suonatore *m* ambulante, menestrello *m*
S músico *m* ambulante, ministril *m*
U vándorzenész
R бродячий/странствующий музыкант *m*

Musikantiquariat *n* D
E antiquarian music dealer
F bouquiniste *m* de musique
I antiquariato *m* di musica
S vendedor *m* de música de segunda mano, librero *m* musical de viejo
U zenei antikvárium
R музыкальный антиквариат *m*, музыкально-букинистический магазин *m*

musikantisch D
E musicianly, intuitively musical, musician-like
F musical
I musicale ⟨che ha il piacere di far musica⟩
S musical
U zenekedvelő, muzikális
R «музыкантский», музыкальный ⟨любящий музыку⟩

Musikästhetik *f* D
E aesthetics/A: esthetics of music
F esthétique *f* musicale
I estetica *f* musicale
S estética *f* musical/de la música
U zeneesztétika
R музыкальная эстетика *f*

Musikautomat *m* D
E jukebox
F jukebox *m*
I jukebox *m*
S tocadiscos *m*, tragaperras *m*
U zeneautomata
R музыкальный автомат *m*

Musikbibliothek *f* D
E music library
F bibliothèque *f* musicale
I biblioteca *f* musicale
S biblioteca *f* musical
U zenei könyvtár
R музыкальная библиотека *f*

Musikbogen *m* D
E musical bow
F arc *m* sonore
I arco *m* musicale/sonoro
S arco *m* musical
U (íj alakú primitív pengetős hangszer)
R (примитивный шипковый инструмент в форме лука)

Musikdiktat *n* D
E music dictation
F dictée *f* musicale
I dettato *m* musicale
S dictado *m* musical
U zenediktálás
R музыкальный диктант *m*

Musikdirektor *m* D
E "musical director" ⟨title⟩
F "directeur de musique" ⟨titre⟩
I "direttore di musica" ⟨titolo⟩

S *"director de música"* ⟨*título*⟩
U zeneigazgató
R «музыкдиректор» *m* ⟨*звание*⟩
Musikdrama *n* D
E music drama
F drame *m* musical/lyrique
I dramma *m* musicale
S drama *m* musical
U zenedráma
R музыкальная драма *f*
musikdramatisch D
E musico-dramatic
F musico-dramatique
I drammatico-musicale
S músico-dramático
U zenedrámai
R музыкально-драматический
Musikdruck *m* D = Notendruck
Musiker *m*, **Musikerin** *f* D
E musician
F musicien *m*, musicienne *f*
I musicista *m*+*f*, suonatore *m*, suona-
trice *f*
S músico *m*, música *f*
U zenész, muzsikus
R музыкант *m*, музыкантша *f*
— **ausübender** ~
E performing musician, performer
F exécutant *m*
I esecutore *m*, suonatore *m*
S ejecutante *m*
U előadóművész
R исполнитель *m*
Musikerzieher *m*, **Musikerzieherin** *f* D
E music teacher/educator
F professeur/maître *m* de musique
I professore/maestro *m* di musica
S profesor/maestro *m* de música, profesora/
maestra *f* de música
U zenetanár(nő), zenepedagógus
R преподаватель/учитель *m* музыки, пре-
подавательница/учительница *f* музы-
ки
Musikerziehung *f* D
E music(al) education
F éducation *f* musicale
I educazione *f* musicale
S educación *f* musical
U zenei nevelés, zeneoktatás
R музыкальное воспитание *n*
Musikethnologie *f* D
E musical ethnology, ethnomusicology
F ethno-musicologie *f*
I etnologia *f* musicale
S etnomusicología *f*
U zeneetnológia
R музыкальная этнология *f*, этномузыко-
логия *f*, этномузыкознание *n*
Musikfest(spiel) *n* D
E music festival
F festival *m* de musique
I festival *m* musicale
S festival *m* musical/de música

U zenei fesztivál
R музыкальный фестиваль *m*
Musikforschung *f* D
E musical research
F recherche *f* musicale
I ricerca *f* musicologica
S investigación *f* musical
U zenekutatás
R музыковедение *n*, музыкально-иссле-
довательская работа *f*
Musikgelehrter *m* D = Musikwissenschaftler
Musikgeschichte *f* D
E music history, history of music
F histoire *f* de la musique
I storia *f* della musica
S historia *f* de la música
U zenetörténet
R история *f* музыки
Musikgesellschaft *f* D
E musical society
F société *f* musicale
I società *f* musicale
S sociedad/entidad *f* musical, sociedad *f*
de música
U zenei társaság
R музыкальное общество *n*
Musikhistoriker *m* D
E music historian
F historien *m* de la musique
I storico *m* della musica
S historiador *m* de la música
U zenetörténész
R историк *m* музыки
Musikhochschule *f* D
E college/academy of music, conservatory,
conservatoire
F école *f* supérieure de musique, conserva-
toire *m*
I accademia *f* musicale, conservatorio *m*
S escuela *f* superior de música, conserva-
torio *m*
U zeneakadémia, zeneművészeti főiskola,
konzervatórium
R высшее музыкальное учебное заведе-
ние *n*
Musikinstrument *n* D
E musical instrument
F instrument *m* de musique
I strumento *m* musicale
S instrumento *m* musical
U hangszer
R музыкальный инструмент *m*
Musikinstrumentenbau *m*, **Instrumentenbau**
m D
E musical instrument building/making
F facture *f* instrumentale
I costruzione *f* di strumenti musicali
S fabricación *f* de instrumentos musicales
U hangszerépítés, hangszerkészítés
R изготовление *n* музыкальных инстру-
ментов
Musikinstrumentenbauer *m* D = Musikinstru-
mentenmacher

29

Musikinstrumentenbauschule *f* D
  E training school for the manufacture of musical instruments
  F école *f* de facture instrumentale
  I scuola *f* di liuteria, apprendistato *m* per costruttori di strumenti musicali
  S escuela-taller *f* para construir instrumentos
  U hangszerépítő-iskola
  R мастерская *f* музыкальных инструментов

Musikinstrumentenhandel *m*, **Instrumentenhandel** *m* D
  E musical instrument trade
  F commerce *m* d'instruments de musique
  I commercio *m* di strumenti musicali
  S comercio *m* de instrumentos musicales
  U hangszerkereskedelem
  R торговля *f* музыкальными инструментами

Musikinstrumentenhändler *m*, **Instrumentenhändler** *m* D
  E musical instrument dealer
  F marchand *m* d'instruments de musique
  I negoziante *m* in strumenti musicali
  S vendedor *m* de instrumentos musicales, comerciante *m* en instrumentos musicales
  U hangszerkereskedő
  R продавец *m* музыкальных инструментов

Musikinstrumentenindustrie *f* D
  E musical instrument industry
  F fabrication *f* industrielle d'instruments de musique
  I industria *f* di strumenti musicali
  S fabricación *f* industrial de instrumentos musicales
  U hangszeripar
  R производство *n* музыкальных инструментов

Musikinstrumentenkunde *f*, **Instrumentenkunde** *f* D
  E study of musical instruments, organology
  F organologie *f*
  I organologia *f*
  S organología *f*, organografía *f*
  U hangszerismerettan, organológia
  R инструментоведение *n*

Musikinstrumentenmacher *m*, **Instrumentenbauer** *m*, **Musikinstrumentenbauer** *m* D
  E maker of musical instruments, instrument maker
  F facteur *m* d'instruments de musique
  I costruttore *m* di strumenti musicali
  S violero *m*, organero *m*, luthier *m*
  U hangszerkészítő, hangszerépítő
  R мастер *m* по изготовлению музыкальных инструментов

Musikinstrumentensammlung *f* D
  E collection of musical instruments
  F collection *f* d'instruments de musique
  I raccolta *f* di strumenti musicali
  S colección *f* de instrumentos musicales

  U hangszergyűjtemény
  R коллекция *f* музыкальных инструментов

Musikkorps *n* D *mil* = Militärkapelle
Musikkritik *f* D
  E music criticism/critique
  F critique *f* musicale
  I critica *f* musicale
  S crítica *f* musical
  U zenekritika
  R музыкальная критика *f*

Musikkritiker *m* D
  E music critic
  F critique *m* musical
  I critico *m* musicale
  S crítico *m* musical
  U zenekritikus
  R музыкальный критик *m*

Musikleben *n* D
  E musical life
  F vie *f* musicale
  I vita *f* musicale
  S vida *f* musical
  U zenei élet
  R музыкальная жизнь *f*

Musiklehre *f* D
  E music teaching
  F enseignement *m* de la musique
  I dottrina *f* musicale
  S enseñanza *f* musical
  U zeneelmélet
  R музыкознание *n*

Musiklehrer *m*, **Musiklehrerin** *f* D
  E music teacher
  F professeur/maître *m* de musique
  I insegnante *m+f* di musica
  S profesor/maestro *m* de música, profesora/maestra *f* de música
  U zenetanár(nő)
  R учитель/преподаватель *m* музыки, учительница/преподавательница *f* музыки

Musikliebhaber *m*, **Musikliebhaberin** *f* D
  E music lover
  F amateur *m* de musique, mélomane *m*
  I amante *m+f* della musica
  S melómano *m*, melómana *f*, amateur *m* de música, amante *m + f* de la música, aficionado *m*/aficionada *f* a la música
  U zenekedvelő, zenebarát
  R любитель *m*/любительница *f* музыки

Musikliteratur *f*, **Musikschrifttum** *n* D
  E music(al) literature
  F littérature *f* musicale
  I letteratura *f* musicale
  S literatura *f* musical
  U zeneirodalom
  R музыкальная литература *f*

Musikmeister *m* D *mil*
  E bandmaster
  F chef *m* de fanfare
  I maestro *m* di banda
  S director *m* de banda

U zenemester
R капельмейстер *m* военного оркестра, военный дирижёр *m*
Musikologe *m* D = Musikwissenschaftler
Musikologie *f* D = Musikwissenschaft
Musikpavillon *m* D
 E bandstand
 F kiosque *m* à musique
 I palco *m*
 S quiosco *m* de música
 U kioszk, zenepavilon
 R павильон *m* для оркестра
Musikpsychologie *f* D
 E psychology of music
 F psychologie *f* musicale
 I psicologia *f* della musica
 S psicología *f* musical
 U zenepszichológia
 R музыкальная психология *f*
Musikschriftsteller *m* D
 E writer on music
 F musicographe *m*, écrivain *m* musical
 I scrittore *m* di musica
 S musicógrafo *m*
 U zenei író, muzikográfus
 R музыкальный писатель *m*
Musikschrifttum *n* D = Musikliteratur
Musikschule *f* D
 E music school/college, conservatory
 F école *f* de musique, conservatoire *m*
 I conservatorio *m*, liceo *m* musicale, scuola *f* di musica
 S escuela *f* de música, conservatorio *m*, academia *f*
 U zeneiskola, konzervatórium
 R музыкальная школа *f*
Musikschüler *m*, **Musikschülerin** *f* D
 E music pupil
 F élève *m*+*f* en musique
 I allievo *m*/allieva *f* di musica
 S alumno *m*/alumna *f* de música
 U zenetanuló
 R учащийся *m*/учащаяся *f* музыкальной школы
Musiksoziologie *f* D
 E sociology of music
 F sociologie *f* musicale
 I sociologia *f* della musica
 S sociología *f* musical/de la música
 U zeneszociológia
 R музыкальная социология *f*
Musikstudent *m*, **Musikstudentin** *f* D
 E music student
 F étudiant *m*/étudiante *f* en musique
 I studente *m*/studentessa *f* di musica
 S estudiante *m*+*f* de música
 U zenetanuló, zenésznövendék
 R студент *m*/студентка *f* музыкального учебного заведения
Musiktheater *n* D = Oper
Musiktheorie *f* D
 E theory of music, music theory
 F théorie *f* musicale

I teoria *f* musicale
S teoría *f* musical
U zeneelmélet
R теория *f* музыки
Musiktherapie D
 E music therapy
 F musicothérapie *f*
 I musicoterapia *f*
 S musicoterapia *f*
 U zeneterápia
 R музыкальная терапия *f*
Musikverlag *m* D
 E music publishing firm
 F maison *f* d'édition musicale
 I casa *f* editrice di musica
 S editorial *f* de música, editora *f* musical, casa *f* editora de música
 U zeneműkiadó (vállalat)
 R музыкальное издательство *n*
Musikverleger *m* D
 E music publisher
 F éditeur *m* de musique
 I editore *m* di musica
 S editor *m* de música
 U zeneműkiadó
 R музыкальный издатель *m*
Musikverständnis *n* D
 E understanding/appreciation of music
 F compréhension *f* musicale, musicalité *f*
 I comprensione *f* della musica, musicalità *f*
 S musicalidad *f*, comprensión *f* musical
 U muzikalitás, zenei érzék
 R понимание *n* музыки
Musikwettbewerb *m* D
 E musical competition
 F concours *m* de musique, compétition *f* musicale
 I concorso *m* musicale
 S concurso *m*/competición *f* musical, concurso-oposición *m*
 U zenei verseny
 R музыкальный конкурс *m*
Musikwiedergabe *f* D
 E reproduction of music
 F reproduction *f* musicale
 I riproduzione *f* musicale
 S reproducción *f* de la música
 U zenereprodukció
 R воспроизведение *n* музыки
Musikwissenschaft *f*, **Musikologie** *f* D
 E musicology
 F musicologie *f*
 I musicologia *f*
 S musicología *f*
 U zenetudomány
 R музыковедение *n*, музыкознание *n*
— **vergleichende** ~
 E comparative musicology
 F musicologie *f* comparée
 I musicologia *f* comparata
 S musicología *f* comparada
 U összehasonlító zenetudomány
 R сравнительное музыкознание *n*

Musikwissenschaftler *m*, **Musikgelehrter** *m*, **Musikologe** *m* D
E musicologist, music scholar
F musicologue *m*, érudit *m* en musique
I musicologo *m*, studioso *m* di musica
S musicólogo *m*
U muzikológus, zenetudós
R музыковед *m*

Musikzeitschrift *f* D
E music(al) journal/magazine
F revue *f* musicale, périodique *m* musical
I rivista *f* musicale
S periódico *m*/revista *f* musical
U zenei folyóirat
R музыкальный журнал *m*

Musikzug *m* D *mil*
E band
F fanfare *f*, musique *f*
I banda *f*
S banda *f*, charanga *f*, fanfarra *f*
U katonazenekar, rezesbanda
R военный оркестр *m*

musique *f* F Musik; Musikalien; Noten; Tonkunst; *mit* Musikzug
~ à couleur sonore: Farbenmusik
~ à programme: Programm-Musik
~ à une seule partie: einstimmige → Musik
~ aléatoire: Aleatorik; aleatorische → Musik
~ chorale: Chormusik
~ classique: ernste → Musik
~ d'accompagnement: Begleitmusik
~ d'ambiance: Hintergrundmusik; Stimmungsmusik
~ d'école: Schulmusik
~ d'église: Kirchenmusik
~ d'orchestre: Orchestermusik
~ d'orgue: Orgelmusik
~ de chambre: Kammermusik
~ de chasse: Jagdmusik
~ de cour: Hofmusik
~ de danse: Tanzmusik
~ de film: Filmmusik
~ de janissaires: Janitscharenmusik
~ de jazz: jazz
~ de l'avenir: Zukunftsmusik
~ de l'Écurie → Écurie
~ de plein air: Freiluftmusik
~ de salon: Salonmusik
~ de scène: Schauspielmusik; *teat* Bühnenmusik
~ de table: Tafelmusik
~ des sphères: Sphärenmusik
~ dodécaphonique: Zwölftonmusik
~ domestique: Hausmusik
~ éducative: Unterrichtsmusik
~ électronique: elektronische → Musik
~ en quarts de ton: Vierteltonmusik
~ exécutée à la maison: Hausmusik
~ figurée: Figuralmusik
~ folklorique: Volksmusik
~ funèbre: Trauermusik
~ instrumentale: Instrumentalmusik
~ légère: Unterhaltungsmusik

~ microtonale: Vierteltonmusik
~ militaire: Militärmusik
~ monodique: einstimmige → Musik
~ oculaire: Augenmusik
~ orchestrale: Orchestermusik
~ pentatonique: Pentatonik
~ pop: pop music
~ populaire: Volksmusik
~ pour bande (magnétique): music for tape
~ pour cor russe русская роговая → музыка
~ pour cuivres: Blechmusik
~ pour défilés: Marschmusik
~ pour harmonie: Harmoniemusik
~ pour instruments à clavier: Tastenmusik
~ pour instruments à vent: Harmoniemusik
~ pour le changement de scène: Verwandlungsmusik
~ pour piano: Klaviermusik
~ profane: weltliche → Musik
~ pure: absolute → Musik
~ religieuse: geistliche → Musik
~ sacrée: Kirchenmusik; geistliche → Musik
~ savante: Kunstmusik
~ scolaire: Schulmusik
~ sérieuse: ernste → Musik
~ stochastique: Aleatorik
~ sur scène *teat* Bühnenmusik
~ turque: Janitscharenmusik
~ tzigane: Zigeunermusik
~ vocale: Vokalmusik
— faire *v* de la ~ musizieren

musiquer *v* F *fam*
D musizieren
E to make music
I fare *v* musica
S musicar
U zenélgetni
R музицировать

musiquette *f* F
D *(leichte, unterhaltende Musik)*
E light music
I musichetta *f*, musica *f* leggera
S musiquilla *f*, musiquita *f*
U könnyű muzsika
R лёгкая/развлекательная музыка *f*

musiquilla *f* S musiquette
musiquita *f* S musiquette
musizieren *v* D
E to make/play music
F faire *v* de la musique
I fare *v* musica
S hacer *v* música
U zenélni, muzsikálni
R заниматься *v* музыкой, музицировать
~ *fam* musiquer

műsor U Programm; répertoire; Spielplan
műsor- U Programm-
műsorösszeállítás U Programmgestaltung
muta *f* I *corda* Chor; *trb* Husch-Dämpfer
mutáció U Mutation
mutación *f* S Mutation
— mutaciones *pl org* Mixtur
mutálás U Stimmbruch

mutálni *v* U im → Stimmbruch sein
mutamento *m* **di interpretazione** I *acc* Umdeutung
mutare *v* I mutieren; im → Stimmbruch sein
mutate *v* E mutieren; im → Stimmbruch sein
Mutation *f* D = Stimmbruch
~ ⟨*Hexachord*⟩
  E mutation
  F mutation *f*
  I mutazione *f*
  S mutación *f*
  U mutáció, átmenet
  R мутация *f*
mutation E Mutation; Stimmbruch
~ stops *pl org* Aliquotstimmen; Mixtur
mutation *f* F Mutation
~s *pl org* Mixtur
mutazione *f* I Mutation; Stimmbruch
mute E *arm* Registerklappe; *fiati* Dämpfer; *pfte* Stimmkeil; *vl* sordina
~ cornett: stiller → Zink
~(s) off/out *fiati* Dämpfer ab
— no ~ *fiati* keinen → Dämpfer
— put *v* on ~ (gradually) *fiati* (allmählich) → Dämpfer aufsetzen
— remove *v* ~(s) *fiati* Dämpfer absetzen
— take *v* off ~(s) *fiati* Dämpfer absetzen
— with ~s *fiati, archi, perc* gedämpft
— without ~ *fiati* keinen → Dämpfer
mute *v* E mettere la → sordina; *archi, fiati* dämpfen
muted E *archi, fiati, perc* mit → Dämpfer; gedämpft; *fiati* Dämpfer aufsetzen
— as if ~ *fiati* wie → gedämpft

mutieren *v* D =: im → Stimmbruch sein
~ ⟨*Hexachord*⟩
  E to mutate
  F changer
  I mutare
  S mudar, cambiar
  U átváltani, átmenni
  R переходить из одного гексахорда в другой
művész U Künstler; Spieler
művészet U Kunst
művészi U künstlerisch
művészképző U Meisterklasse
művésznő U Künstlerin
művészszoba U *teat* Künstlerzimmer
műzene U Kunstmusik
muzikális U musikalisch; musikantisch
— nem ~ unmusikalisch
muzikalitás U Musikalität; Musikverständnis
muzikográfus U Musikschriftsteller
muzikológus U Musikwissenschaftler
muzsika U Musik
— billentyűs ~ Tastenmusik
— házi ~ Hausmusik
— könnyű ~ musiquette
— zenekari ~ Orchestermusik
muzsikálni *v* U musizieren
muzsikus U Musikant; Musiker; Orchestermusiker
— városi ~ok *pl* Stadtpfeiferei
mystère *m* **de la Passion** F Passionsspiel
mystérieusement F misterioso
mystery play E miracle
mystic chord E accord mystique

N

nacaire *m* F nácara
~s *pl* нагара
nácara *f*, **nácaras** *f pl* S
 D *(kleine sarazenische Handpauke)*
 E nakers *pl*
 F nacaire *m*
 I naccherone *m*
 U *(kis kézidob)*
 R нагара *f*
~ ⟨*del Asia central*⟩ нагара
naccherone *m* I nácara
— naccheroni *pl* нагара
Nachahmung *f* D = Imitation
Nachdruck *m* D enfasi
 ~ ⟨*Neudruck*⟩
 E reprint
 F reproduction *f*
 I ristampa *f*
 S reimpresión *f*
 U utánnyomás
 R перепечатка *f*, переиздание *n*
nachdrücklich D *prescr* enfatico
nachgebend D *prescr* cedendo
Nachhall *m*, **Widerhall** *m* D
 E reverberation
 F réverbération *f*, résonance *f*
 I riverberazione *f*
 S reverberación *f*, resonancia *f*
 U utózengés, visszhang
 R отзвук *m*, реверберация *f*
nachhallen *v* D
 E to reverberate
 F réverbérer, réfléchir
 I riverberare
 S reverberar, resonar
 U utánhangzani, visszhangzani, utánzen-
  geni
 R отдаваться *v* (эхом), реверберировать
Nachhallkeller *m* D = Hallraum
Nachhallkurve *f* D
 E reverberation graph/curve
 F courbe *f* de résonance/réverbération
 I curva *f* di riverberazione
 S gráfico *m*/curva *f* de reverberación/reso-
  nancia

 U utánzengési görbe
 R кривая *f* реверберации
Nachhallzeit *f* D
 E time/period of reverberation
 F période *f*/temps *m* de réverbération
 I periodo *f* di riverberazione
 S período *m* de reverberación, duración *f*
  de la resonancia
 U utánzengési/lecsengési idő
 R время *n* реверберации, стандартная
  реверберация *f*
nachhinken *v* D
 E to lag behind
 F retarder, décaler
 I restare *v* indietro
 S retrasarse, quedar *v* atrás
 U lemaradni, *fam* sleppelni
 R отставать
nachklassisch D
 E post-classical
 F post-classique
 I postclassico
 S postclásico
 U posztklasszikus
 R послеклассический
nachklingen *v* D
 E to echo, to resound
 F résonner, produire *v* un écho
 I risonare
 S resonar, producir *v* eco
 U utáncsengeni
 R отдаваться *v* эхом
Nachklingen *n* D
 E echo(ing), resonance
 F résonance *f*, écho *m*
 I risonare *m*, risonanza *f*
 S resonancia *f*, eco *m*
 U utáncsengés, visszhang
 R отзвук *m*
nachlassen *v* D
 E to slacken
 F ralentir, détendre, relâcher, diminuer
 I rallentare
 S "ritardare", "rallentare", disminuir,
  retrasar

U lassulni, csökkenni
R ослабевать, утихать
~ *prescr* railentare
nachlassend D *prescr* allentando; diminuendo; rallentando
Nachsatz *m* D *org* = Hintersatz; Nasat
Nachschlag *m* D ⟨*Triller*⟩
  E termination
  F double cadence *f*, gruppetto *m* final, terminaison *f*
  I chiusa *f* del trillo
  S notas *f pl* finales, grupeto *m* final del trino
  U utóka, *fam* Nachschlag
  R нахшлаг *m*
Nachspiel *n* D
  E postlude, epilogue
  F postlude *m*, épilogue *m*
  I postludio *m*, epilogo *m*
  S postludio *m*
  U utójáték
  R постлюдия *f*, заключение *n*
Nachtanz *m*, **Proporz** *m* D
  E after-dance
  F *(désigne la danse rapide, de rythme ternaire, qui succède à une danse plus lente)*
  I proporzione *f*, proportio *f*, tripla *f*
  S *(segunda danza de un grupo de dos)*
  U proporció
  R *(быстрый танец, следующий за медленным — первейшая форма сюиты)*
Nachthorn *n* D *org*
  E "nachthorn", cor de nuit
  F cor *m* de nuit
  I corno *m* di notte
  S corno *m* de noche
  U éjkürt, Nachthorn
  R нахтгорн *m*
nachthorn E *org* Nachthorn
Nachtigallenzug *m*, **Vogelgesang** *m*, **Vogelgezwitscher** *n* D *org*
  E bird stop
  F jeu *m* de rossignol
  I usignolo *m*, uccelli *m pl*
  S ruiseñor *m*, pájaros *m pl*, reclamo *m*
  U Nachtigallenzug, csalogány(regiszter)
  R регистр *m* «Соловей»
Nachtstück *n* D = Nocturne
Nachwuchs *m* D
  E the younger generation
  F la nouvelle génération *f*
  I la nuova generazione *f* (di musicisti)
  S la nueva generación/hornada/ola *f*
  U az utánpótlás
  R подрастающее поколение *n*
nacido del texto S wortgezeugt
Nadel *f* D *gram*
  E needle, stylus
  F aiguille *f*, pointe *f*
  I puntina *f*
  S aguja *f*, púa *f*
  U tű
  R игла *f*

Nadelhalter *m* D
  E needle/stylus holder
  F porte-aiguille *m*
  I portapuntine *m*
  S portaagujas *m*
  U tűtartó
  R иглодержатель *m*
nádnyelv U Rohrblatt
— átcsapó ~ durchschwingendes → Rohrblatt
— dupla/kettős ~ doppeltes → Rohrblatt
— kemény ~ hartes → Rohrblatt
— puha ~ weiches → Rohrblatt
— szabadon lengő ~ durchschwingendes → Rohrblatt
nadrágszerep U *teat* Hosenrolle
nádszorító U *cl* Ligaturklammer; Blattschraube
nádütő U = nádverő
nádverő U *perc* Rohrschlegel
~ rost fejjel *perc* Rohrstäbchen mit Kopf aus Kapok
Nagara *f* D нагара
Nagelanschlag *m* D *arpa*
  E *(plectral effect with fingernail)*
  F pizzicato *m* avec l'ongle
  I pizzicare *m* con l'unghia
  S pizzicato/punteado *m* con la uña
  U körömpengetés
  R игра *f* ногтями
Nagelgeige *f*, **Drahtgeige** *f*, **Nagelharmonika** *f* D
  E nail violin
  F violon *m* de fer
  I violino *m* armonico
  S violín *m* de clavos
  U szöghegedű
  R гвоздевая скрипка *f*
nag's swell head E *org* Dachschweller
nagy U groß
nagybőgő U contrabbasso
— pengetett ~ Schlagbaß
nagybőgős U contrabbassista
nagydob U Baßtrommel; große → Trommel
nagyfuvola U große → Flöte
— nagyfuvolát előkészíteni *prescr* große → Flöte vorbereiten
nagykopula U *org* Kollektivkoppel
nagymixtúra U *org* Großmixtur; Mixtur major
nagyobbítás U Vergrößerung
nagyoktáv U große → Oktave
nagyon U assai; molto; troppo
nagyopera U grand → opéra
nagypartitúra U Dirigierpartitur
nagyzenekar U großes → Orchester
nail E Zahn
~ violin: Nagelgeige
nakers *pl* E nácara; нагара
nakra R → накра
name E; ~ board *org* registration
~s *pl* of notes: Notennamen
~ part *teat* rôle-titre
nana *f* S Wiegenlied
Nänie *f* D
  E nenia

F nénie *f*
I nenia *f*, lamento *m* funebre
S nenia *f*
U nénia, sirató, gyászének
R нения *f*
nariz *f* S Nase
narrator E testo
Narrenflöte *f* D
  E jester's flute
  F Narrenflöte *f*
  I *(flauto diritto nel cui corpo sferico viene inserita della fuliggine che finisce poi sul viso dell'ignaro suonatore)*
  S matasuegras *m*
  U "Narrenflöte"
  R продольная флейта *f* шутов
narrow E; ~ bore/scale *org, fiati* engmensuriert
~ scaling *org, fiati* enge → Mensur
nasal D
  E nasal
  F nasal
  I nasale
  S nasal
  U nazális, orrhangú
  R носовой, назальный, гнусавный
nasal E nasal
~ flute: Nasenflöte
nasale I nasal
nasard E *org* Nasat
nasardo *m* S *org* Nasat
Nasat *m* D *org*
  E nasard, nazard
  F nazard *m*
  I nazardo *m*
  S nasardo *m*
  U Nasat, nazard
  R насат *m*
Nase *f* D
  E nose
  F nez *m*
  I naso *m*
  S nariz *f*
  U orr
  R нос *m*
~, **Bodenzapfen** *m vl*
  E shoulder, neck bracket
  F talon *m* du manche
  I tallone *m* del manico
  S talón *m* del mango
  U "stekli"
  R нижняя часть *f* шейки, пятка *f* рукоятки
Nasenatmung *f* D
  E nose breathing
  F respiration *f* nasale
  I respirazione *f* nasale
  S respiración *f* nasal
  U orrlégzés
  R дыхание *n* носом
Nasenflöte *f* D
  E nasal flute
  F flûte *f* nasale

I flauto *m* nasale
S flauta *f* nasal
U orrfuvola
R носовая флейта *f*
nasetto *m* I *pfte* Gegenfanger
naso *m* I Nase
nastrino *m* I *pfte* Bändchen
nastro *m* I Tonband
~ a doppia traccia/pista *magn* Doppelspurband
~ a lunga durata *magn* Langspieltonband
~ a quattro tracce *magn* Vierspurband
~ a una pista *magn* Vollspurtonband
~ di giuntaggio *magn* Klebeband
~ normale: Normaltonband
— registrare *v* su ~ auf → Tonband nehmen
nászdal U Brautlied
nászinduló U Hochzeitsmarsch
national E; ~ anthem: Nationalhymne
~ song: Volkslied
Nationalhymne *f* D
  E national anthem
  F hymne *m* national
  I inno *m* nazionale
  S himno *m* nacional
  U nemzeti himnusz
  R национальный гимн *m*
natural E Auflösungszeichen; *prescr* natürlich
~ French horn: Naturwaldhorn
~ harmonics *pl* Naturklang; *archi* natürliche → Flageolett-Töne
~ harmonic series: Naturtonreihe
~ hexachord: Hexachordum naturale
~ horn: Naturhorn; Waldhorn
~ instruments *pl* Naturtoninstrumente
~ notes *pl* Naturtöne; Stammstufen
~ sign: Auflösungszeichen
~ tones *pl* Naturtöne
~ trumpet: Naturtrompete
natural S *prescr* natürlich
naturale I *prescr* natürlich
naturel F *prescr* natürlich
naturel *m* F Auflösungszeichen
Naturfell *n* D *perc*
  E skin head
  F peau *f* naturelle
  I pelle *f*
  S piel *f* natural
  U természetes bőr
  R невыделанная кожа *f*
Naturguß *m* D
  E spotted metal
  F étoffe *f*
  I *(lega per le canne con 50% di stagno)*
  S *(aleación para tubos con 50% de estaño)*
  U nyersöntvény
  R естественная плавка *f*
Naturhorn *n* D
  E natural horn
  F cor *m* simple/naturel
  I corno *m* naturale
  S trompa *f* natural
  U természetes kürt
  R натуральная валторна *f*

Naturklang *m* D
E natural harmonics *pl*
F série *f* naturelle (des harmoniques)
I suono *m* naturale
S serie *f* natural (de armónicos)
U természetes felhangsor
R натуральный аккорд/звукоряд *m*
Naturlederschlegel *m* D *perc*
E rawhide stick
F baguette *f* en cuir naturel/non tanné
I bacchetta *f* di pelle greggia
S baqueta *f* de cuero crudo
U nyersbőrrel bevont ütő/verő
R колотушка *f* из невыделанной кожи
natürlich, normal D *prescr*
E normal, in usual manner, natural, ordinary
F normal, naturel, usuel, ordinaire
I naturale, normale, usuale
S ordinario, usual, natural, normal
U a szokásos módon
R обычным способом
~ *prescr, fiati*
E bell down, normal position, in usual manner, lower the bell
F position *f* naturelle/normale
I posizione *f* normale/naturale
S normalmente, como de costumbre
U a szokásos módon
R обычным способом
Naturtöne *m pl* D
E natural/open/primary notes/tones *pl*
F sons *m pl* ouverts/naturels
I suoni *m pl* naturali
S notas *f pl*/sonidos *m pl* naturales
U természetes hangok *pl*
R звуки *m pl* натурального звукоряда
Naturtoninstrumente *n pl* D
E natural instruments *pl*
F instruments *m pl* simples/naturels
I strumenti *m pl* a suoni naturali
S instrumentos *m pl* naturales
U természetes felhangokat megszólaltató hangszerek
R натуральные инструменты *m pl*
Naturtonreihe *f* D
E natural harmonic series
F série *f* d'harmoniques naturels
I serie *f* degli armonici naturali
S serie *f* de armónicos naturales
U természetes felhangsor
R натуральный звукоряд *m*
natúrtrombita U Naturtrompete
Naturtrompete *f* D
E natural trumpet
F trompette *f* simple/naturelle
I tromba *f* naturale
S trompeta *f* natural
U természetes trombita, natúrtrombita
R безвентильная/натуральная труба *f*
Naturwaldhorn *n* D
E natural French horn
F cor *m* de chasse simple

I corno *m* naturale
S trompa *f* natural
U természetes kürt
R натуральная валторна *f*
navaja *f* S *org* Intoniermesser
nazális U nasal
nazard E U *org* Nasat
nazard *m* F *org* Nasat
nazardo *m* I *org* Nasat; Sifflöte
Neapolitan sixth chord E accord de sixte napolitaine
Nebelhorn *n* D
E fog horn
F sirène/trompe *f* de brume
I corno *m* da nebbia
S sirena *f*
U ködkürt
R сирена *f*
Nebenakzent *m* D
E subsidiary/subordinate accent
F accent *m* secondaire
I accento *m* secondario
S acento *m* secundario
U mellékhangsúly
R акцент *m* на относительно сильной доле такта
Nebendreiklang *m* D
E secondary triad
F accord *m* de trois sons sur les degrés secondaires
I triade *f* sui gradi secondari della scala
S acorde *m* perfecto sobre cualquiera de los grados secundarios
U mellékhármashangzat
R побочное трезвучие *n*
Nebengeräusch *n* D
E (mechanical) noise
F bruits *m pl* mécaniques
I rumore *m* accessorio/meccanico
S ruido *m* (mecánico)
U mellékzörej
R побочный шум *m*
Nebenhandlung *f* D *teat*
E subplot, underplot, secondary/subsidiary plot
F épisode *m*, action *f* secondaire
I intreccio *m* secondario, azione *f* secondaria
S acción/intriga *f* secundaria
U mellékcselekmény
R побочное действие *n*
Nebennote *f* D
E non-essential/auxiliary note
F note *f* secondaire
I nota *f* ausiliare
S nota *f* secundaria/no esencial
U mellékhang
R вспомогательная нота *f*
Nebenrolle *f* D *teat* rôle secondaire
Nebensatz *m* D
E second theme/subject
F second thème *m*, idée *f* secondaire
I idea *f* secondaria, seconda idea *f*, secondo tema *m*

S segundo tema *m*, tema *m* secundario
U melléktéma
R побочная партия *f*

Nebensept(imen)akkord *m* D
E secondary seventh chord
F *(accords de septième d'espèces diverses)*
I accordo *m* secondario di settima
S acorde *m* de séptima por analogía
U mellékszeptimakkord, mellékhetedhang-zat
R побочный септаккорд *m*

Nebenstimme *f* D
E subordinate/secondary part
F voix *f* secondaire
I voce *f* secondaria
S voz *f* secundaria
U mellékszólam
R подчинённый голос *m*

Nebenthema *n* D
E subsidiary/secondary theme/subject
F deuxième/second thème *m*, thème *m* secondaire
I tema *m* accessorio, secondo tema *m*
S tema *m* secundario, segundo tema *m*
U melléktéma
R побочная/вторая тема *f*

Nebenton *m* D *camp*
E side tone
F ton *m* concomittant
I tono *m* secondario
S sonido *m* secundario
U felhang
R призвук *m*
~ ⟨*Hindemith*⟩
E neighbo(u)ring note/tone
F *"note f auxiliaire"*
I nota *f* ausiliare
S "nota *f*/tono *m* auxiliar", "nota *f* ve-cina", "tono *m* vecino"
U segédhang
R свободно взятый неаккордовый звук *m*
~ *obs* = Oberton

Nebentonart *f* D
E related key
F *(tonalité autre que la tonalité principale d'un morceau)*
I tono *m* affine ⟨*tono diverso da quello principale della composizione*⟩
S *(las tonalidades de un trozo musical con exclusión del tono principal)*
U rokon hangnem
R побочная тональность *f*

neck E *arpa* Mechanikbogen; Saitenträger; *corda* Hals
~ block *lt* Stimmklotz; *vl* Oberklotz
~ bracket *vl* Nase

neckplate E *archi* Zäpfchen

needle E *gram* Nadel
~ holder: Nadelhalter
~ pressure *gram* Auflagedruck

negoziante *m* I; ~ in strumenti musicali: Musikinstrumentenhändler

negozio *m* I; ~ di musica: Musikalienhandlung

negra *f* S Viertelnote
negyedhang U Viertelnote; Viertelton
negyedkotta U Viertelnote
negyedszünet U Viertelpause
négyélű U *canna* vierkantig
négyes U quartetto
— francia ~ quadrille; lancers
négyesfúga U Quadrupelfuge
négyeshangzat U Vierklang
négyesverseny U concerto con quattro strumenti solisti
négykezes U vierhändig
négyrészes U vierteilig
négyszögjel U Rechteckschwingung
négyszögrezgés U Rechteckschwingung
négyszólamú U vierstimmig
négyszólamúság U Vierstimmigkeit
négytételes U viersätzig
nehmen ... D *prescr*
E take ...
F prendre ...
I prendere ...
S tomar ..., coger ...
U ... váltani
R взять ...
— **nimmt große Flöte** *prescr*
E change to flute
F prend la flûte
I prendi il flauto
S coge la flauta
U (nagy)fuvolára vált
R заменить большой флейтой
neighbo(u)ring E benachbart
~ key: benachbarte → Tonart
~ note: Nebenton; Wechselton
~ tone: Wechselton
nélkül U senza
néma U tonlos
némajáték U Pantomime
nemezalátét U *pfte* Filzscheibe
nemezütő U *perc* Filzschlegel
nemezverő U *perc* Filzschlegel
nenia E Nänie
nenia *f* I Nänie
nenia *f* S Klagelied; Grabgesang; Nänie
nénia U Nänie
nénie *f* F Nänie
nép- U Volks-
népballada U
D Volksballade *f*
E folk ballad
F ballade *f* populaire
I ballata *f* popolare
S balada *f* popular
R народная баллада *f*
népdal U Volkslied; Volksweise
népének U; (egyházi) ~ geistliches → Volks-lied
népénekes U Volkssänger
népi U Volks-
népszínmű U
D *(ungarisches Volksstück mit komponier-ten Musikeinlagen)*

E *(play about Hungarian village life with musical interludes)*
F *(morceau populaire hongrois avec insertion de musique écrite)*
I *(brano popolare ungherese con inserzione di musica scritta)*
S *(pieza popular húngara que contiene una parte musical)*
R *(венгерское народное представление с музыкальными вставками)*

népzene U Volksmusik
nerf *m* **auditif** F Hörnerv
nervio *m* **auditivo** S Hörnerv
nerviosamente S *prescr* irrequieto
nervo *m* **acustico** I Hörnerv
Neudruck *m* D
E reprint, reissue
F réimpression *f*, nouveau tirage *m*, réédition *f*
I nuova edizione *f*
S nueva edición *f*, reedición *f*, reimpresión *f*
U utánnyomás, új lenyomat
R новое издание *n*
Neufassung *f* D
E new version
F nouvelle version *f*
I nuova versione *f*
S nueva versión *f*
U új változat
R новая редакция *f*
neuinszenieren *v* D
E to put on/stage a new production
F faire *v* une nouvelle mise en scène
I fare *v* un nuovo allestimento
S hacer *v* una nueva presentación/una nueva puesta en escena
U felújítani, új rendezésben színre vinni *v*
R инсценировать *v* по новому
Neuinszenierung *f* D
E new production/setting/mise-en-scène
F nouvelle adaptation *f* scénique/mise *f* en scène/présentation *f*
I nuovo allestimento *m* scenico, nuova messa *f* in scena
S nueva presentación/puesta *f* en escena
U felújítás
R новая инсценировка *f*
neum E Neume
neuma *m* I Neume
~ accento: Akzentneume
~ composto: zusammengesetzte → Neume
~ metense/messino: Metzer → Neume
~ punto: Punktneume
— scrivere *v* in neumi: neumieren
neuma *m* S Neume
~s *pl* compuestos: zusammengesetzte → Neume
~ de Metz: Metzer → Neume
~ (simple): Punktneume
— escribir/notar *v* ~s: neumieren
neuma U Neume
— neumával ellátni *v* neumieren
— metzi ~ Metzer → Neume

— összetett ~ zusammengesetzte → Neume
neumaírás U Neumennotation
neumajelölés U; ~t használni *v* neumieren
neumálni U neumieren
neumatic E neumatisch
~ notation: Neumennotation
neumatico I neumatisch
neumático S neumatisch
neumatikus U neumatisch
neumatique F neumatisch
neumatisch D
E neumatic
F neumatique
I neumatico
S neumático
U neumatikus
R невменный
Neume *f* D
E neum(e)
F neume *m*
I neuma *m*
S neuma *m*
U neuma
R невма *f*
— **Metzer** ~, **Fliegenfußneume** *f*
E Messine/fly-foot neume
F neume *m* de Metz
I neuma *m* metense/messino
S neuma *m* de Metz
U metzi neuma, légylábneuma
R мецские невмы *f pl*
— **zusammengesetzte** ~
E compound neume
F neume *m* composé, combinaison *f* de neumes
I neuma *m* composto
S neumas *m pl* compuestos
U összetett neuma
R сложные/комбинированные невмы *f pl*
neume E Neume
— write *v* in ~s: neumieren
neume *m* F Neume
~ composé: zusammengesetzte → Neume
~ de Metz: Metzer → Neume
— écrire *v* en ~s: neumieren
Neumennotation *f*, **Neumenschrift** *f* D
E neumatic notation
F notation *f* neumatique
I notazione *f* neumatica
S notación *f* neumática
U neumaírás
R невменное письмо *n*, невменная нотация *f*
neumieren *v* D
E to write in neumes
F écrire *v* en neumes
I scrivere *v* in neumi
S escribir/notar *v* neumas
U neumálni, neumával ellátni *v*, neumajelölést használni *v*
R записать *v* в невмах
Neunachteltakt *m* D
E nine-eight time/A: meter

F mesure *f* à neuf-huit
I tempo *m*/battuta *f* nove ottavi
S compás *m* de nueve por ocho
U kilencnyolcados ütem
R размер *m* на девять восьмых
Neunvierteltakt *m* D
  E nine-four time/A: meter
  F mesure *f* à neuf-quatre
  I tempo *m*/battuta *f* nove quarti
  S compás *m* de nueve por cuatro
  U kilencnegyedes ütem
  R размер *m* на девять четвертей
Neutöner *m pl* D
  E *(term applied to "modern composers" since Wagner)*
  F *(terme appliqué pour désigner les compositeurs modernes depuis Wagner)*
  I *(definizione per "compositori moderni", dopo Wagner)*
  S *(epíteto aplicado, desde Wagner, a los compositores de avanzada)*
  U *(modern komponisták, Wagnertől kezdve)*
  R *(обозначение новейших композиторов начиная с Вагнера)*
neuvième *f* F None
nevelés U; zenei ~ Musikerziehung
nevelési U pädagogisch
neveléstan U Pädagogik
nevelő U Pädagoge
new E; ~ interpretation *acc* Umdeutung
~ mise-en-scène: Neuinszenierung
~ production: Neuinszenierung
~ setting: Neuinszenierung
~ version: Neufassung
New E; ~ Philharmonic pitch: Pariser → Kammerton
nez *m* F Nase; *pfte* Hammerrolle
nicchia *f* I *org* niche
niche *f* F *org*
  D Nische *f*
  E recess bay
  I nicchia *f*
  S nicho *m*
  U fülke
  R ниша *f*
nicho *m* S *org* niche
nichttonal D
  E non-tonal
  F atonal
  I non tonale
  S no tonal, atonal
  U nem tonális
  R нетональный, атональный
nick E *org* Kernstich
nick *v* E *org* Kernstiche machen
nicker E *org* Kernstecher
niederdrücken *v* D corda, tasto
  E to depress
  F baisser, abaisser
  I abbassare
  S pisar, apretar, bajar, presionar
  U lenyomni
  R нажать

niedergeschlagen D *prescr* afflitto; mesto
Nietenbecken *n* D
  E rivet/sizzle cymbals *pl*
  F cymbales *f pl* sur tiges
  I piatti *m pl* chiodati
  S címbalos *m pl* sobre palillos
  U szegecselt/nittelt cintányér
  R тарелки *f pl* с заклёпками
nimmt D → nehmen
nine-eight time E Neunachteltakt
nine-four time E Neunvierteltakt
nineteenth E *org* Quinteineindrittelfuß
ninna-nanna *f* I Wiegenlied
niño *m* S; ~ de coro: Chorknabe
~ prodigio: Wunderkind
ninth E None
~ chord: accord de neuvième
Nische *f* D *org* niche
niveau *m* F; ~ de sensation auditive: Hörschwelle
~ du son: Rauschpegel
nivel *m* S; ~ del ruido: Rauschpegel
nivelar *v* **las teclas** S *tasto* geradelegen
noce *f* I canna ancia Kopf
~ del martello *pfte* Hammernuß
— noci *pl* di cocco: Kokosschalen
nocetta *f* I *archi* Zäpfchen; *pfte* Hammerrolle
noch D ancora
nochmals D *prescr* ancora una → volta
Nocturn *f* D ⟨Offizium⟩
  E Nocturns *pl*
  F nocturne *m*
  I notturno *m*
  S nocturno *m*
  U nocturnus
  R *(ночная молитва в католической церкви)*
Nocturne *n* D nocturne
nocturne *m* F
  D Nocturne *n*, Notturno *n*
  E nocturne
  I notturno *m*
  S nocturno *m*
  U nocturne, éji zene
  R ноктюрн *m*
~ ⟨office⟩ Nocturn
nocturno *m* S Nocturn; nocturne
Nocturns *pl* E Nocturn
nocturnus U Nocturn
nodal E; ~ figure: Klangfigur
~ lines *pl* Klanglinien
nodo *m* I S Schwingungsknoten
nodule E Sängerknötchen
nodule *m* F Sängerknötchen
nodulo *m* I Sängerknötchen
nódulo *m* S Sängerknötchen
nœud *m* **de vibration** F Schwingungsknoten
noircir *v* F 'colorire; schwärzen
noire *f* F Viertelnote
noise E Geräusch; Nebengeräusch; *gram, magn* Laufgeräusch
~ level: Rauschpegel
noix *f* **du marteau** F *pfte* Hammernuß

nom *m* F; ~s *pl* des notes: Notennamen
nombre *m* **de vibrations** F Schwingungszahl
nombres *m pl* S; ~ de las notas: Notennamen
~ de los grados: Stufenbezeichnung
nominal tone E *camp* Dezime
nona *f* I S None
nóna U None
Nonakkord *m* D = Nonenakkord
nónakkord U accord de neuvième
~ kis nónával: accord de neuvième mineure
~ nagy nónával: accord de neuvième majeure
— hiányos ~ accord de neuvième incomplet
non-chord E; ~ note/tone: akkordfremder → Ton
non-diastematic E linienlos; undiastematisch
None *f* D ⟨*Intervall*⟩
  E ninth
  F neuvième *f*
  I nona *f*
  S novena *f*
  U nóna
  R нона *f*
~ ⟨*Offizium*⟩
  E None
  F none *f*
  I nona *f*
  S nona *f*
  U nóna
  R «девятый час» *m*
none *f* F None
Nonenakkord *m* D accord de neuvième
~ mit großer None: accord de neuvième majeure
~ mit kleiner None: accord de neuvième mineure
— unvollständiger ~ accord de neuvième incomplet
non-essential note E Nebennote
nonet E nonetto
nonet *m* F nonetto
noneto *m* S nonetto
Nonett *n* D nonetto
nonett U nonetto
nonetto *m* I
  D Nonett *n*
  E nonet
  F nonet *m*
  S nonetto *m*, noneto *m*
  U nonett
  R нонет *m*
non-harmonic E; ~ notes/tones *pl* harmoniefremde → Töne
non-linear E; ~ distortion coefficient: Klirrfaktor
non-return valve E *org* Rückschlagventil
non-slip E; ~ (tuning) peg *corda* Patentwirbel
non-sustaining instruments *pl* E Kurztoninstrumente
non-tonal E nichttonal
non-vocal E unsanglich
normal D *prescr* = natürlich
normal E *prescr* natürlich
~ bore *org* Normalmensur

~ position *prescr*, *fiati* natürlich
~ scale: Normaltonleiter
~ scaling *org* Normalmensur
~ tape: Normaltonband
normal F *prescr* natürlich
normale I *prescr* natürlich
normálhang U Normalton
normálhangszalag U Normaltonband
normalizzazione *f* I; ~ del diapason: Stimmtonnormung
Normalmensur *f* D *org*
  E normal bore/scaling
  F diapason *m* normal
  I misura *f* normale
  S mensura *f*/diapasón *m* normal
  U normálmenzúra, normálméret
  R нормальная/средняя мензура *f*
normalmente S *prescr*, *fiati* natürlich
normálmenzúra U *org* Normalmensur
normálméret U *org* Normalmensur
Normalton *m* D
  E standard pitch
  F diapason *m* standard/normal
  I diapason *m*
  S diapasón *m* normal
  U normálhang
  R тон *m* настройки, строй *m*
Normaltonband *n* D
  E standard/normal tape
  F bande *f* standard/normale
  I nastro *m* normale
  S cinta/banda *f* de paso universal, cinta *f* normal
  U normálhangszalag
  R магнитофонная лента *f* нормального размера
Normaltonleiter *f* D
  E normal scale
  F gamme *f* naturelle
  I scala *f* naturale
  S escala *f* natural
  U természetes hangsor
  R основной звукоряд *m* ⟨*до мажор*⟩
nose E Nase
~ breathing: Nasenatmung
Nota *f* D; ~ cambiata: nota cambiata
~ sostenuta *canto* nota sostenuta
nota *f* I Note; Ton
~ ausiliare: Nebennote; Nebenton
~ **cambiata**
  D Nota *f* cambiata, Wechselton *m*, Wechselnote *f*
  E cambiata, changing note '
  F cambiata *f*
  S nota *f* cambiada
  U váltóhang, cambiata
  R камбиата *f*, вспомогательная нота *f*
~ comune: gemeinsamer → Ton
— note *pl* critiche: kritischer → Bericht
— note *pl* dell'accordo: Akkordtöne
~ di passaggio: Durchgangston
~ di passaggio accentata: betonter → Durchgangston

~ di passaggio non accentata: unbetonter →
Durchgangston
~ di preparazione: Vorhaltston; Vorbereitungsnote
~ di recitazione *greg* Tenor
~ di volta: Drehnote
~ estranea all'accordo: akkordfremder → Ton
~ finale: Finalis
~ fissa: liegenbleibende → Note
~ fondamentale: Akkordgrundton; Baßton
— note *pl* liquescenti *greg* liqueszierende → Töne
~ lunga: Pfundnote
~ originale: Ausgangston
~ principale: Hauptnote
~ quadrata: Choralnote; Quadratnote
~ reale: Hauptnote
— note *pl* sincopate: rückende → Noten
~ **sostenuta** *canto*
    D Nota *f* sostenuta
    E sustained note
    F note *f* tenue, nota *f* sostenuta
    S nota *f* sostenida
    U kitartott hang
    R выдержанная нота *f*
~ tenuta: Pfundnote
— abbandonare *v* una ~ Ton verlassen
— di una sola ~ eintönig
— raggiungere *v* una ~ Ton erreichen
nota *f* S Note; Ton
~ ajena al acorde: akkordfremder → Ton
~s *pl* ajenas a la armonía: harmoniefremde →
Töne
~ auxiliar: Nebenton
~ cambiada: nota cambiata; Wechselton
~ común: gemeinsamer → Ton
~s *pl* constitutivas del acorde: Akkordtöne
~ crítica: kritischer → Bericht
~s *f pl* críticas: kritischer → Apparat
~ cuadrada: Choralnote; Quadratnote
~ de paso: Durchgangston
~ de paso acentuada: betonter → Durchgangston
~ de paso inacentuada/no acentuada: unbetonter → Durchgangston
~ extraña al acorde: akkordfremder → Ton
~s extrañas a la armonía: harmoniefremde →
Töne
~ final: Finalis
~s *pl* finales: Nachschlag
~ fundamental: Akkordgrundton; Baßton;
Grundton
~ fundamental de un intervalo: Intervallgrundton
~ inicial: Ausgangston
~s *pl* licuescentes *greg* liqueszierende → Töne
~s *pl* naturales: Naturtöne; Stammstufen
~ no esencial: Nebennote
~ pedal: Orgelpunkt
~ preparada: Vorhaltston
~ preparatoria: Vorbereitungsnote
~ principal: Hauptnote; *camp* Hauptton
~ secundaria: Nebennote
~ sensible: Leitton

~s *pl* sincopadas: rückende → Noten
~ sostenida: liegenbleibende → Note; liegenbleibender → Ton; Pfundnote; *canto* nota
sostenuta
~ vecina: Nebenton
— dejar/abandonar *v* una ~ Ton verlassen
— hacer *v* ~s falsas: danebengreifen
notacija R; kondakarnaja ~ кондакарная →
нотация
notáció U Notation
— Odo-féle ~ Odonische → Notation
notación *f* S Notation
~ alfabética: Buchstabennotation
~ coreográfica *bl* Bewegungsschrift
~ cuadrada: Quadratnotation
~ daciana: Dasian-Notation
~ de Boecio: Boethianische → Buchstabennotation
~ de los intervalos: Intervallschrift
~ de Metz: Fliegenfußnotation
~ diagramática: Diagramm-Notation
~ diastemática: Diastematik
~ doble: Doppelnotation
~ en cifra: Ziffernschrift
~ en sonidos reales: Klangnotation
~ gótica: gotische → Notenschrift
~ gregoriana: Choralnotation
~ mensural: Mensuralnotation
~ modal: Modalnotation
~ neumática: Neumennotation
~ odoniana: Odonische → Notation
~ proporcional: Mensuralnotation
~ quironímica: Handzeichennotation
~ románica: römische → Notenschrift
~ silábica: Tonsilbenschrift
notar *v* S notieren
notate *v* E notieren
Notation *f*, **Notenschrift** *f*, **Tonschrift** *f* D
    E notation
    F notation *f*
    I notazione *f*
    S notación *f*
    U hangjegyírás, kottaírás, notáció
    R нотация *f*, нотное письмо *n*
— **Odonische** ~
    E Odonian/odoistic/Oddonic notation,
    odoistic letters
    F notation *f* odonienne
    I notazione *f* odoniana
    S notación *f* odoniana
    U Odo-féle notáció
    R нотация *f* Одона из Клюни
notation E Notation
notation *f* F Notation
~ alphabétique: Buchstabennotation
~ carrée: Quadratnotation
~ chiffrée: Ziffernschrift
~ chironomique: Handzeichennotation
~ chorégraphique *bl* Bewegungsschrift
~ d'intervalle: Intervallschrift
~ dasienne: Dasian-Notation
~ de Boèce: Boethianische → Buchstabennotation

~ de Metz/Lorraine: Fliegenfußnotation
~ des sons réels: Klangnotation
~ diagrammatique: Diagramm-Notation
~ du plain-chant: Choralnotation
~ gothique: gotische → Notenschrift
~ grégorienne: Choralnotation
~ mensuraliste: Mensuralnotation
~ modale: Modalnotation
~ neumatique: Neumennotation
~ odonienne: Odonische → Notation
~ proportionnelle: Mensuralnotation
~ romaine: römische → Notenschrift
~ syllabique: Tonsilbenschrift
-- double ~ Doppelnotation
notational E; ~ puzzle: Notationsrätsel
~ sign: Notationszeichen
Notationsrätsel *n* D
     E notational puzzle, enigmatic notation
     F rébus *m* musical, énigme *f* musicale
     I notazione *f* enigmatica
     S enigma *m*
     U hangjegyírási/notációs rejtvény
     R *(канон, записанный сокращённо таким образом, что способ его исполнения нужно расшифровать)*
Notationszeichen *n* D
     E notational sign
     F signes *m pl* de notation
     I segni *m pl* di notazione
     S signos *m pl* de notación
     U notációs jelek *pl*
     R знаки *m pl* нотного письма
notazione *f* I Notation
~ a suoni reali: Klangnotation
~ alfabetica: Buchstabennotation
~ alfabetica e neumatica: Doppelnotation
~ boeziana: Boethianische → Buchstaben-notation
~ chironomica: Handzeichennotation
~ cifrata: Ziffernschrift
~ coreografica *bl* Bewegungsschrift
~ dasiana: Dasian-Notation
~ enigmatica: Notationsrätsel
~ gotica: gotische → Notenschrift
~ intervallare: Intervallschrift
~ mensurale: Mensuralnotation
~ metense/messina/di Metz: Fliegenfußnota-tion
~ modale: Modalnotation
~ neumatica: Neumennotation
~ odoniana: Odonische → Notation
~ per diagrammi: Diagramm-Notation
~ quadrata: Choralnotation; Quadratnota-tion
~ romana: römische → Notenschrift
~ sillabica: Tonsilbenschrift
notch E *arpa* Rast; *org* Kernstich
notch *v* E; *org* Kernstiche machen
notched flute E Kerbflöte
Note *f* D
     E note
     F note *f*
     I nota *f*

     S nota *f*
     U hangjegy, kotta
     R нота *f*
~n *pl*
     E music
     F musique *f*
     I musica *f*
     S música *f*
     U kotta
     R ноты *f pl*
~n *pl* stechen *v* = stechen
— ganze ~
     E semibreve, A: whole note
     F ronde *f*, semi-brève *f*
     I semibreve *f*, intero *m*
     S semibreve *f*, redonda *f*
     U egészhang, egész hangjegy, egészkotta
     R целая нота *f*
— halbe ~
     E minim, A: half note
     F blanche *f*
     I minima *f*, metà *f*
     S blanca *f*, minima *f*
     U félhang, fél hangjegy, félkotta
     R половинная нота *f*, половинка *f*
— liegenbleibende ~
     E stationary note, tone
     F. note *f* tenue
     I suono *m* fisso, nota *f* fissa
     S nota *f* sostenida
     U fekvő/átkötött hang
     R выдержанная нота *f*
— nach ~n/aus den ~n spielen *v*
     E to play from music
     F jouer *v* à livre ouvert
     I suonare *v* leggendo lo spartito
     S tocar *v* con música
     U kottából játszani *v*
     R играть *v* по нотам
— rückende ~n *pl* ⟨18. sec⟩
     E syncopated notes *pl*
     F notes *f pl* syncopées
     I note *f pl* sincopate
     S notas *f pl* sincopadas
     U szinkopált hangok *pl*
     R синкопированные ноты *f pl*
note E Klang; Note; Ton; *pn* tasto
~ against note style: Note-gegen-Note-Satz
~ cluster, tone cluster
     D Tonballung *f*, Tontraube *f*
     F groupe *m* de notes/sons; grappe *f* de notes, cluster *m*
     I gruppo *m* di suoni/note
     S racimo *m* de notas
     U hangfürt
     R кластер *m*
~ head: Notenkopf
~ not belonging to the chord: akkordfremder → Ton
~s *pl* of the chord: Akkordtöne
~ picture: Notenbild
~ row: Tonreihe
~ shape: Notenform

~ stem: Notenhals
~ value: Notenwert
— approach *v* a ~ Ton erreichen
— leave *v* a ~ Ton verlassen
— miss *v* a ~ danebengreifen
— quit *v* a ~ Ton verlassen
note *f* F Note; Ton
~ cambiata: Wechselton
~ carrée: Quadratnote
~ carrée de plain-chant: Choralnote
~ commune: gemeinsamer → Ton
~s *pl* constitutives de l'accord: Akkordtöne
~s *pl* critiques: kritischer → Bericht
~ de passage: Durchgangston
~ de passage accentuée: betonter → Durchgangston
~ de passage non accentuée: unbetonter →
Durchgangston
~ de préparation: Vorbereitungsnote
~ de récitation: Rezitationston
~ en voix de tête *canto* Kopfton
~ étrangère à l'accord: akkordfremder → Ton
~s *pl* étrangères à l'harmonie: harmoniefremde → Töne
~ finale: Finalis
~ fondamentale: Baßton; Grundton
~ fondamentale d'un intervalle: Intervallgrundton
~s *pl* liquescentes *greg* liqueszierende → Töne
~ préparée: Vorhaltston
~ principale: Hauptnote
~ secondaire: Nebennote
~ sensible: Leitton
~s *pl* syncopées: rückende → Noten
~ tenue: liegenbleibende → Note; Pfundnote;
liegenbleibender → Ton; *canto* nota sostenuta
— abandonner *v* une ~ Ton verlassen
— approcher *v* d'une ~ Ton erreichen
— petites ~s *pl* précédant l'entrée d'un
instrument: Stichnoten
— quitter *v* une ~ Ton verlassen
Note-gegen-Note-Satz *m* D
  E note against note style
  F style *m* note contre note
  I stile *m* nota contro nota
  S estilo *m* nota contra nota
  U hang hang ellenében (irott) letét/satz
  R изложение *n* «нота против ноты»
Notenbalken *m*, **Querbalken** *m*, **Balkenverbin-
dung** *f* D
  E cross-bar, beam
  F barre *f* transversale
  I tratto *m* d'unione, stanghetta *f*
  S travesaño *m*, barra *f*
  U gerenda
  R поперечное ребро *n*, вязка *f*
Notenbild *n* D
  E note picture ⟨*pattern made by a group
or page of notes*⟩
  F (*graphique d'une page musicale*)
  I (*aspetto grafico della pagina musicale*)
  S gráfica *f*, grafismo *m* ⟨*aspecto gráfico
de una página musical*⟩

  U kottakép
  R нотное изображение *n*
Notenblatt *n* D ⟨*für mechanische Musikinstru-
mente*⟩
  E music roll
  F rouleau *m*
  I rotolo *m* perforato, striscia *f* perforata
  S rollo *m*
  U (perforált) henger/lemez
  R нотные ролики *m pl*
Notendruck *m*, **Musik(alien)druck** *m* D
  E music(al) printing/typography
  F impression/typographie *f* musicale
  I stampa *f* musicale
  S imprenta/tipografía/impresión *f* musical
  U hangjegynyomtatás, kottanyomtatás
  R нотопечатание *n*
Notenfahne *f*, **Fahne** *f*, **Notenfähnchen** *n*,
Fähnchen *n* D
  E tail, flag
  F crochet *f* de la note
  I codetta *f*
  S rabillo *m*, gancho *m*
  U zászló
  R хвостик *m*, флажок *m*
Notenform *f* D
  E note shape
  F figure *f* des notes, forme *f* de note
  I forma *f* delle note
  S forma *f* de las notas
  U kotta formája/alakja
  R форма *f* ноты
Notenhals *m*, **Hals** *m*, **Notenstiel** *m*, **Stiel** *m* D
  E (note) stem, tail
  F queue *f* de la note, hampe *f*
  I gambo *m* della nota
  S plica *f*
  U szár
  R штиль *m*, палочка *f*, шейка *f*
Notenhalter *m* D *ottoni*
  E card holder, music lyre
  F pupitre *m* portatif
  I portamusica *f*, leggio *m* (da marcia)
  S atril *m* portátil
  U kottatartó
  R держатель *m* нот
Notenkopf *m*, **Kopf** *m* D
  E note head
  F tête *f* de la note
  I testina *f*, capocchia *f*
  S cabeza *f*/punto *m* de las notas
  U (kotta)fej
  R нотная головка *f*
Notennamen *m pl* D
  E names *pl* of notes
  F noms *m pl* des notes
  I denominazioni *f pl* delle note
  S nombres *m pl* de las notas
  U hang(jegy)nevek *pl*
  R названия *n pl* нот
Notenpapier *n* D
  E music/manuscript paper
  F papier *m* à musique

I   carta *f* da musica
S   papel *m* pautado/de música
U   kottapapír, hangjegypapír
R   нотная бумага *f*
Notenpult *n*, **Notenständer** *m* D
E   music desk/stand
F   pupitre *m*
I   leggio *m*
S   atril *m*, pupitre *m*
U   kottaállvány
R   пюпитр *m* (для нот)
~ *pfte*
E   desk
F   pupitre *m*
I   leggio *m*
S   pupitre *m*, atril *m*
U   kottatartó
R   пюпитр *m* для нот
Notenschlüssel *m* D = Schlüssel
Notenschrift *f* D = Notation
— **gotische** ~
E   Gothic(-style) notation
F   notation *f* gothique
I   notazione *f* gotica
S   notación *f* gótica
U   gótikus hangjegyírás/kottairás
R   *(средневековое нотное письмо с за-
острёнными нотными знаками, готи-
ческое хоральное письмо)*
— **römische** ~
E   Roman(-style) notation
F   notation *f* romaine
I   notazione *f* romana
S   notación *f* románica
U   románkori hangjegyírás/kottairás
R   *(средневековое нотное письмо с квад-
ратными нотными знаками, римское
хоральное письмо)*
Notenschwanz *m* D=Notenhals
Notenständer *m* D = Notenpult
Notenstecher *m* D
E   music engraver
F   graveur *m* de musique
I   incisore *m* di musica
S   grabador *m* de música
U   hangjegymetsző
R   гравировщик *m* нот, нотогравёр *m*
Notenstich *m* D
E   music engraving
F   gravure *f* musicale
I   incisione *f* musicale
S   grabado *m* de música
U   hangjegymetszés
R   гравировка *f* нот
Notenstiel *m* D = Notenhals
Notenwert *m*, **Wert** *m* D
E   note value
F   valeur *f* de la note
I   valore *m* della nota
S   valor *m* de la nota
U   hangjegyérték
R   длительность *f* ноты
noter *v* F   notieren

notieren *v* D
E   to notate
F   noter
I   scrivere *v* note/musica
S   (a)notar, escribir *v* música
U   lejegyezni, lekottázni
R   записывать *v* нотами
notine *f pl* I Stichnoten
Notre Père *m* F Vaterunser
Notturno *n* D nocturne
notturno *m* I Abendlied; Nocturn; nocturne
nouveau F; à ~ ancora; *prescr* ancora una →
volta
növelés U Steigerung
növelni *v* U steigern
novena *f* S None
növendékhangverseny U concerto di studenti
noyau *m* F *canna ancia* Kopf
~ métallique *corda* Kerndraht
nuance *f* F Abstufung
nuancer *v* F abstufen
núcleo *m* S; ~ metálico de la cuerda *corda*
Kerndraht
nuevo S; de ~ ancora
nuez *f* S *canna ancia* Kopf; *pfte* Hammernuß
Nullknopf *m* D *org* = Absteller
number notation E Ziffernschrift
numerar *v* S zählen
~ las páginas: paginieren
numerare *v* I *bc* beziffern
~ i fogli di un libro: foliieren
~ le pagine: paginieren
numerazione *f* I; ~ del basso continuo: Generalbaßbezifferung
numéro *m* F; ~ d'éditeur: Verlagsnummer
~ d'opus: Opuszahl
~ de la mesure: Taktzahl
~ de planche: Plattennummer
~ du catalogue Köchel: Köchelnummer
numero *m* I; ~ d'opera: Opuszahl
~ del catalogo Köchel: Köchelnummer
~ delle vibrazioni: Schwingungszahl
~ di battute: Taktzahl
~ di edizione: Verlagsnummer
~ di tavola: Plattennummer
número *m* S; ~ de edición: Verlagsnummer
~ de la lámina/plancha: Plattennummer
~ de opus: Opuszahl
~ de vibraciones: Schwingungszahl
~ del catálogo de Köchel: Köchelnummer
~ del compás: Taktzahl
numéroter *v* **les pages** F paginieren
Nummernoper *f* D opera a numeri
nuovo I; di ~ = ancora una → volta
nur D soltanto
Nuß *f* D *canna ancia* = Kopf
Nußfeder *f* D *pfte*
E   butt spring
F   ressort *m* de la noix du marteau
I   molla *f* della noce
S   resorte *m* de la nuez
U   diórugó
R   шультерная пружинка *f*

Nußkapsel *f* D *pfte*
  E butt flange
  F fourche *f* de la noix du marteau
  I forcola *f* della noce
  S horquilla *f* de la nuez
  U diókapszli
  R шультерный капсюль *m*
nut E *cemb, pfte* Steg
nyak U *arpa* Mechanikbogen; *corda* Hals
  — enyvezett ∼ *corda* gesperrter → Hals
  — kettős ∼ *corda* Doppelhals
  — ragasztott ∼ *corda* gesperrter → Hals
nyelv U *ancia, cl* Bahn; *arm, canna ancia, cemb, fl, ottoni* Zunge;*fis* Stimme
  — átcsapó ∼ *arm* Durchschlagzunge; Gegenschlagzunge
  — dupla ∼ *legni* Doppelzunge
  — hármas ∼ *fl* Tripelzunge
  — kettős ∼ *legni* Doppelzunge
  — pergő ∼ *fiati* Flatterzunge
  — rácsapó ∼ aufschlagendes → Rohrblatt; *canna ancia* aufschlagende → Zunge
  — szabad ∼ *arm* Durchschlagzunge
  — zenei ∼ Tonsprache
nyelvcsap U Zäpfchen
nyelvcsont U Zungenbein
nyelvjáték U *org* Zungenstimmen
nyelvmegütés U *fl, ottoni* Zungenstöße

nyelvmixtúra U *org* Zungenmixtur
nyelvsíp U *canna* Zungenpfeife
nyenyere U Drehleier
nyereg U; alsó ∼ *vl* Sattel
  — felső ∼ *lt* Stimmklotz; *vl* Obersattel
nyeregfilc U *pfte* Hebegliedsattelfilz
nyeregnemez U *pfte* Hebegliedsattelfilz
nyersöntvény U Naturguß
nyitány U ouverture
nyolcad U Oktave
nyolcadhang U Achtelnote
nyolcadkotta U Achtelnote
nyolcadszünet U Achtelpause
nyolcas U Oktett
nyolcláb U *org* Chormaß
nyomás U Druck
nyomaték U; ∼kal *prescr* enfatico; sforzando
  — érzelmi ∼ enfasi
nyomni *v* U drucken
nyomógomb U *fis* Knopf; *fis, org* Druckknopf; *ottoni* Fingerknopf
nyomtatás U Druck
  — kettős nyomású ∼ Doppeldruckverfahren
nyomtatni *v* U drucken
nyugodtan U acquietandosi; *prescr* tranquillo
nyúlvány U; prolongációs ∼ *pfte* Tonhaltungsbäckchen

O

obbligato I
D obbligato, obligat
E obbligato
F obbligato, obligé
S obbligato, obligado
U obligát, el nem hagyható
R obbligato, облигато
— **con violino ~**
D mit obligater Violine
E with violin obbligato
F avec violon obligé
S con violín obligado
U obligát hegedü(vel)
R с облигатной скрипкой
obednja R → обедня
oben D; wie ~ *prescr* come sopra
Oberbügel *m* D *vl*
E upper bout
F courbe *f* supérieure
I volta/sagoma *f* superiore
S curva *f* superior
U felső hajlat
R верхняя окружность *f*
Oberdämpfermechanik *f* D *pn*
E over-damper action, A: birdcage action
F mécanique *f* à bayonette
I meccanica *f* a baionetta
S mecanismo *m* con apagadores inferiores/ de bayoneta
U felső hangtompító szerkezet
R система *f* демпферов, действующая сверху
Oberdominante *f* D
E dominant
F sus-dominante *f*
I sopraddominante *f*
S superdominante *f*
U felső domináns
R доминанта *f*
Obergriff *m* D *archi*
E overhand grip
F archet *m* paume en bas
I impostazione *f* della mano sopra l'arco
S arco *m* tomado con la palma hacia abajo, ⟨*en el contrabajo*⟩ "arco Rossini"

U felső vonófogás
R *(способ держать смычок у колодочки сверху)*
Oberkeil *m*, **Keil** *m* D *arco*
E (head) plug
F pièce *f* recouvrant le coin
I tappo *m*
S tapa *f* del cuño
U (felső) ék
R кнопка *f* для головки
Oberklavier *n* D *org*
E upper manual
F clavier *m* supérieur
I manuale *m* superiore
S manual *m* superior
U felső klaviatúra
R верхний мануал *m*
Oberklotz *m* D *vl*
E top/neck block
F tasseau *m* supérieur
I zocchetto/tassello *m* superiore
S zoquete *m* superior
U felső tőke
R верхний клёц *m*, верхняя стойка *f*
Oberlabium *n* D *canna*
E upper/top lip
F lèvre *f* supérieure
I labbro *m* superiore
S labio *m* superior
U felső ajak/lábium
R верхняя губа *f*
Oberoktavkoppel *f* D *org*
E super-octave coupler
F octaves *f pl* aiguës
I superottava *f*
S octava *f* aguda
U felső oktávkopula
R обероктавкоппель *f*
Oberplatte *f* D *org* ⟨*Balg*⟩
E top-board
F table *f* supérieure
I tavola *f* superiore
S tapa *f* superior del fuelle
U felsőlap
R верхняя стенка *f* меха

Oberquinte *f* D
  E upper fifth, fifth above
  F quinte *f* supérieure
  I quinta *f* sopra/superiore
  S quinta *f* (superior/ascendente)
  U felső kvint/quint
  R верхняя квинта *f*
Oberrahmen *m* D *pn*
  E top-door
  F panneau *m* supérieur (du cadre)
  I facciata *f* superiore
  S tapa *f* superior (al teclado)
  U felső keret/filung
  R верхняя рамка/филёнка *f*
Oberreifen *m* D *timp*
  E counter-hoop
  F cercle *m* supérieur de la timbale
  I cerchio *m*
  S aro *m* del timbal
  U felső keret
  R верхний обруч *m*
Obersattel *m*, **Griffbrettsattel** *m*, **Chorholz** *n* D *vl*
  E top nut
  F sillet *m* de la touche
  I capotasto *m*
  S ceja *f*, cejuela *f*, cejilla *f*
  U felső nyereg, *fam* felső peindli
  R верхний порожек *m*
Obersatz *m* D *camp*
  E upper part of waist
  F partie *f* supérieure
  I parte *f* superiore, gola *f*
  S parte *f* superior (de la campana)
  U *(harangtest felső része)*
  R верхняя часть *f*
Oberstimme *f* D
  E upper/highest/top part
  F voix/partie *f* supérieure, partie *f* de dessus
  I parte/voce *f* superiore
  S voz/parte *f* superior
  U felső szólam
  R верхний голос *m*
Oberstück *n* D *cl*
  E upper/top joint
  F corps *m* supérieur/de la main gauche
  I pezzo *m* superiore
  S pieza *f*/cuerpo *m*/parte *f* superior
  U felső rész
  R верхнее колено *n*, верхняя часть *f* основной трубки
~ *fag* = Flügel
Obertaste *f* D tasto del diesis
Oberton *m* D
  E overtone, harmonic
  F son *m* harmonique, harmonique *m*
  I suono *m* armonico, armonico *m*
  S sonido *m* armónico/alicuota, armónico *m*, alicuota *m*, hipertono *m*
  U felhang, részhang
  R обертон *m*
— **gerade Obertöne** *pl*
  E even harmonics *pl*

  F harmoniques *m pl* pairs
  I suoni *m pl* armonici pari
  S armónicos *m pl* pares
  U páros felhangok *pl*
  R чётные обертоны *m pl*
— **phonischer ~**
  E phonic overtone
  F *(premier harmonique commun aux deux sons composant un intervalle)*
  I *(primo armonico comune di un bicordo)*
  S *(primer hipertono común de los dos sonidos de un intervalo)*
  U fonikus felhang
  R фонический обертон *m*
— **ungerade Obertöne** *pl*
  E odd harmonics *pl*
  F harmoniques *m pl* impairs
  I suoni *m pl* armonici dispari
  S armónicos *m pl* impares
  U páratlan felhangok *pl*
  R нечётные обертоны *m pl*
obertonarm D
  E deficient in harmonics
  F pauvre en harmoniques
  I povero di armonici, quasi puro
  S pobre de armónicos
  U felhangokban szegény, felhangszegény
  R с малым количеством обертонов, бедный обертонами
Obertonbildung *f* D
  E overtone formation
  F formation *f* des harmoniques
  I formazione *f* dei suoni armonici
  S formación *f* de los armónicos
  U felhangképzés
  R образование *n* обертонов
Obertongehalt *m* D
  E harmonic content
  F contenu *m* harmonique
  I presenza *f*/contenuto *m* di armonici
  S contenido *m* armónico, riqueza *f* de armónicos
  U felhangtartalom
  R количество *n* обертонов
obertonhaltig, obertonreich D
  E rich in overtones
  F riche en harmoniques
  I ricco di suoni armonici
  S rico en armónicos
  U felhanggazdag, felhangokban gazdag
  R богатый обертонами
Obertonreihe *f* D
  E harmonic series/row, overtone series/row
  F série *f* d'harmoniques
  I serie *f* dei suoni armonici
  S serie *f* de los armónicos
  U felhangsor
  R обертонный звукоряд *m*
Obertonverstimmung *f*, **Inharmonizität** *f*, **Partialtonverstimmung** *f* D
  E inharmonicity, overtones/partials *pl* out of tune

F inharmonicité *f*, sons *m pl* partiels inharmoniques
I scordatura *f* parziale/dei suoni armonici
S parciales *m pl* inarmónicos
U felhangelhangolás
R несовпадение *n* обертонов
obertura *f* S ouverture; Vorspiel
~ de concierto: ouverture de concert
~ de ópera: ouverture d'opéra
Oberwerk *n* D *org*
E "oberwerk", swell (organ)
F Oberwerk *m* ⟨*en Allemagne, désigne le troisième clavier lorsqu'il est dans la partie supérieure du buffet*⟩, récit *m*, clavier *m* des bombardes
I organo *m* recitativo/positivo, corale *m* espressivo
S recitativo *m*, positivo *m*
U felsőmű
R оберверк *m*
oberwerk E *org* Oberwerk
obihod R → обиход
obligado S obbligato
obligat D obbligato
obligát U obbligato
obligé F obbligato
oblique motion E Seitenbewegung
oboa U Oboe
~ 4' *arm* hautbois 4'
oboás U Oboist
Oboe *f* D
E oboe
F hautbois *m*
I oboe *m*
S óboe *m*, oboe *m*
U oboa
R гобой *m*
oboe E Oboe
~ d'amore: hautbois d'amour
oboe *m* I Oboe
~ baritono: Bariton-Oboe
~ d'amore: hautbois d'amour
~ 4' *arm* hautbois 4'
óboe *m* S Oboe; Oboist
~ baritono: Bariton-Oboe; Bassettoboe
~ de amor: hautbois d'amour
~ 4' *arm* hautbois 4'
Oboer *m* D = Oboist
oboe-treble E *arm* hautbois 4'
Oboist *m*, **Oboer** *m* D
E oboist
F hautboïste *m*
I oboista *m*
S óboe *m*, oboista *m*
U oboista, oboás
R гобоист *m*
oboist E Oboist
oboista *m* I Oboist
oboísta *m* S Oboist
oboista U Oboist
obra *f* S Werk
~s *pl* apócrifas: apokryphe → Werke
~s *pl* atribuidas: zugeschriebene → Werke

~ coral: Chorwerk
~ de arte: Kunstwerk
~ de arte total: Gesamtkunstwerk
~ de circunstancias: Gelegenheitsstück
~s *pl* de dudosa autenticidad: unterschobene → Werke
~ de ocasión: Gelegenheitsstück
~ didáctica: Lehrwerk
~s *pl* espurias: apokryphe → Werke
~s *pl* falsamente atribuidas: falsch zugeschriebene → Werke
~ maestra: Kunstwerk
~ teatral: Theaterstück
obsèques *f pl* F Exequien
ocarina *m* F ocarina
ocarina *f* I
D Okarina *f*
E ocarina, *pop* sweet potato
F ocarina *m*
S ocarina *f*
U okarina
R окарина *f*
occasional E; ~ piece/work: Gelegenheitsstück
occhiali U Brillenbaß
occhiello *m* I Vortitel
occhio *m* I *arco* Auge
ochetto *m* I Hoketus
ochetus *m* I Hoketus
octava *f* S Oktave; *fis* Oktavstimmung
~ aguda *org* Diskantkoppel; Melodiekoppel; Oberoktavkoppel
~ aumentada: übermäßige → Oktave
~ básica de la afinación: grundlegende → Oktave
~ central: eingestrichene → Oktave
~s *pl* consecutivas: Oktavparallele
~ corta *tasto* kurze → Oktave
~ disminuida/diminuta: verminderte → Oktave
~ grave *org* Baßkoppel; Unteroktavkoppel
~ incompleta *tasto* gebrochene → Oktave
~ justa: reine → Oktave
~ quebrada *tasto* gebrochene → Oktave
~ 4' *org* Oktav 4'
— cuarta ~ zweigestrichene → Oktave
— dar *v* la ~ *org* überschlagen
— dentro de la ~ im → Oktavraum
— doblar *v* a la ~ oktavieren
— doble ~ *fis* Doppeloktavstimmung
— en ~s: coll' → ottava
— primera ~ Kontra-Oktave
— quinta ~ dreigestrichene → Oktave
— segunda ~ große → Oktave
— sexta ~ viergestrichene → Oktave
— tercera ~ kleine → Oktave
octavar *v* S überblasen; *fiati* oktavieren; *org* überschlagen
octavar *m* S Überblasen
octave E Oktave; *org* Oktav 4'
~ coupler *org* Diskantkoppel; Melodiekoppel
~ fifteenth *org* Oktävlein 1'
~ species *pl* Oktavgattungen

$\sim$ spinet: spinettino
$\sim$ transposition: Oktavversetzung
$\sim$ tuning *fis* Oktavstimmung
octave *f* F Oktave; *fis* Oktavstimmung
$\sim$s *pl* aiguës *org* Diskantkoppel; Melodiekoppel; Oberoktavkoppel
$\sim$ augmentée: übermäßige $\rightarrow$ Oktave
$\sim$ brisée *tasto* gebrochene $\rightarrow$ Oktave
$\sim$ centrale: eingestrichene $\rightarrow$ Oktave
$\sim$ courte *tasto* kurze $\rightarrow$ Oktave
$\sim$ diminuée: verminderte $\rightarrow$ Oktave
$\sim$s *pl* graves *org* Unteroktavkoppel
$\sim$ inférieure *camp* Unteroktav
$\sim$ juste: reine $\rightarrow$ Oktave
$\sim$ supérieure *camp* Hauptton
— à l'$\sim$ supérieure: all' $\rightarrow$ ottava
— avec l'$\sim$ coll' $\rightarrow$ ottava
— cinquième $\sim$ dreigestrichene $\rightarrow$ Oktave
— deuxième $\sim$ große $\rightarrow$ Oktave
— double $\sim$ *fis* Doppeloktavstimmung
— première $\sim$ Kontra-Oktave
— quatrième $\sim$ zweigestrichene $\rightarrow$ Oktave
— sixième $\sim$ viergestrichene $\rightarrow$ Oktave
— troisième $\sim$ kleine $\rightarrow$ Oktave
octavier *v* F oktavieren; überblasen; *org* überschlagen
octavin *m* F *org* Sifflöte
octet E Oktett
octeto *m* S Oktett
octillo *m* S Oktole
octoechos E осмогласие
octoéchos *m* F осмогласие
octoechos *m* I осмогласие
octoecos *m* S осмогласие
octolet *m* F Oktole
octuor *m* F Oktett
octuplet E Oktole
oda *f* S Ode
óda U Ode
odahallgatni *v* U zuhören
odd harmonics *pl* E ungerade $\rightarrow$ Obertöne
Oddonic notation E Odonische $\rightarrow$ Notation
Ode *f* D
  E ode
  F ode *f*
  I ode *f*
  S oda *f*
  U óda
  R ода *f*
ode E Ode
ode *f* F I Ode
oder D ossia
odoistic E; $\sim$ letters *pl*/notation: Odonische $\rightarrow$
Notation
Odonian notation E Odonische $\rightarrow$ Notation
œil *m* F *arco* Auge
œuvre *f* F Werk
$\sim$ chorale: Chorwerk
$\sim$ d'art: Kunstwerk
$\sim$s *pl* d'authenticité douteuse: unterschobene
$\rightarrow$ Werke
$\sim$ de circonstance: Gelegenheitsstück

$\sim$ de synthèse: Gesamtkunstwerk
$\sim$ didactique/pédagogique: Lehrwerk
ofertorio *m* S Offertorium
off beat E schlechter $\rightarrow$ Taktteil
off-beat E Auftakt
Offenbaß *m* D *org*
  E open bass
  F basse *f* ouverte, "offenbass" *m*
  I basso *m* aperto/d'ottava
  S contras *m*
  U nyitott basszus
  R offенбас *m*
Offenflöte *f* D *org*
  E clarabella, clarabel flute
  F flûte *f* ouverte, clarabella *f*
  I flauto *m* aperto
  S clarabella *f*
  U nyitott fuvola
  R offенфлёте *f*
offertoire *m* F Offertorium
offertorio *m* I Offertorium
Offertorium *n* D
  E offertorium, offertory
  F offertoire *m*
  I offertorio *m*
  S ofertorio *m*
  U offertórium
  R офферторий *m*
offertorium E Offertorium
offertórium U Offertorium
offertory E Offertorium
Office E Offizium
$\sim$ of the Dead: Totenoffizium
office *m* F Offizium
$\sim$ des heures: Stundengottesdienst
$\sim$ des morts: Totenoffizium
officium U Offizium
— rimes $\sim$ Reimoffizium
Offizium *n* D
  E Office
  F office *m*
  I ufficio *m*
  S oficio *m*
  U officium
  R оффициум *m* ⟨католическое богослу-
жение⟩
off-note block E *org* Bank
off-print E Einzelausgabe
off-set chest E *org* Teilwindlade
offstage E *teat* hinter der $\rightarrow$ Bühne
oficiar *v* S Messe lesen
oficio *m* S Gottesdienst; Offizium
$\sim$ de difuntos: Totenoffizium
$\sim$ de las horas: Stundengottesdienst
ofikleid U Ophikleide
ohne D senza
Ohr *n* D
  E ear
  F oreille *f*
  I orecchio *m*
  S oído *m*, oreja *f*
  U fül
  R ухо *n*

~ der Schnecke *vl*
  E scroll eye
  F bouton *m* de la volute
  I orecchio *m* del riccio
  S centro *m* de la voluta
  U szem
  R пуговка *f* улитки
— äußeres ~
  E outer ear
  F oreille *f* externe
  I orecchio *m* esterno
  S oído *m* externo
  U külső fül
  R наружное ухо *n*
— inneres ~
  E inner ear
  F oreille *f* interne
  I orecchio *m* interno
  S oído *m* interno
  U belső fül
  R внутреннее ухо *n*
Öhr *n* D *camp*
  E clapper joint
  F anneau *m*
  I treccia *f*, maniglia *f*
  S aro *m* del badajo
  U fül, karika
  R петля *f* для подвески языка
Ohrläppchen *n* D
  E (ear) lobe, ear flap
  F lobe *m*
  I lobo *m*
  S lóbulo *m*
  U fülcimpa
  R ушная мочка *f*
Ohrmuschel *f* D
  E auricle, pinna
  F auricule *f*, pavillon *m*
  I orecchio *m* esterno, padiglione *m* auricolare
  S pabellón *m* de la oreja
  U fülkagyló
  R ушная раковина *f*
Ohr-Obertöne *m pl* D
  E aural harmonics *pl*
  F harmoniques *m pl* auditifs
  I armonici *m pl* soggettivi
  S armónicos *m pl* auriculares/auditivos
  U szubjektív felhangok *pl*
  R субъективные обертоны *m pl*
oído *m* S Gehör; Ohr; Schalloch; *archi* F-Loch
~ absoluto: absolutes → Gehör
~ externo: äußeres → Ohr
~ interno: inneres → Ohr
~ medio: Mittelohr
~ relativo: relatives → Gehör
— de ~ nach dem → Gehör
— tener *v* (buen) ~ gutes → Gehör haben
— transmitir/llevar *v* a ~s *fam* zu → Gehör bringen
oír *v* S hören
— hacer *v* ~ zu → Gehör bringen
ojo *m* S *arco* Auge

Okarina *f* D ocarina
okarína U ocarina
oktatás U Unterricht
— csoportos ~ Gruppenunterricht
— egyéni ~ Einzelunterricht
Oktav *f* D = Oktave
~ 4' *org*
  E octave, principal
  F prestant *m* ⟨*principal de 4'*⟩
  I ottava *f* 4'
  S octava *f* 4', prestant 4'
  U Oktav 4'
  R октаве *f* 4'
oktáv U Oktave
— bővített ~ übermäßige → Oktave
— egy ~ on belül: im → Oktavraum
— egyvonalas ~ eingestrichene → Oktave
— háromvonalas ~ dreigestrichene → Oktave
— kétvonalas ~ zweigestrichene → Oktave
— négyvonalas ~ viergestrichene → Oktave
— rövid ~ *tasto* kurze → Oktave
— szűkített ~ verminderte → Oktave
— tiszta ~ reine → Oktave
— tört ~ *tasto* gebrochene → Oktave
oktávbillentyű U *cl* Duodezklappe; *legni* Oktavklappe
— kettős ~ *cl* duodezimierende → Doppelklappe
Oktav(e) *f* D
  E octave
  F octave *f*
  I ottava *f*
  S octava *f*
  U oktáv, nyolcad
  R октава *f*
— dreigestrichene ~
  E three-line/thrice-accented octave
  F cinquième octave *f* ⟨$c^3 — h^3$⟩
  I (*l'ottava che si trova due ottave sopra l'ottava centrale*)
  S quinta octava *f* ⟨$c^3 — h^3$⟩
  U háromvonalas oktáv
  R третья октава *f*
— eine ~ höher: all' → ottava
— eingestrichene ~
  E one-line/once-accented octave
  F octave *f* centrale ⟨$c^1 — h^1$⟩
  I ottava *f* centrale
  S octava *f* central ⟨$c^1 — h^1$⟩
  U egyvonalas oktáv
  R первая октава *f*
— gebrochene ~
  E broken octave
  F octave *f* brisée
  I ottava *f* spezzata
  S octava *f* incompleta/quebrada
  U tört oktáv
  R неполная октава *f*
— große ~
  E great octave
  F deuxième octave *f* ⟨$C—H$⟩
  I (*l'ottava che si trova due ottave sotto l'ottava centrale*)

S segunda octava *f* ⟨C—H⟩
U nagyoktáv
R большая октава

— grundlegende ~ ⟨*Klavierstimmen*⟩
E temperament octave
F partition *f*
I ottava *f* base dell'accordatura
S octava *f* básica de la afinación, fórmula *f* del afinador
U alapoktáv
R темперационная октава *f*

— kleine ~
E small octave
F troisième octave *f* ⟨c—h⟩
I (*l'ottava che precede al grave l'ottava centrale*)
S tercera octava *f* ⟨c—h⟩
U kisoktáv
R малая октава

— kurze ~ *tasto*
E short octave
F octave *f* courte
I ottava *f* corta
S octava *f* corta
U rövid oktáv
R неполная/короткая октава *f*

— mit der ~ coll' → ottava
— parallele ~ n *pl* = Oktavparallele

— reine ~
E perfect octave
F octave *f* juste
I ottava *f* giusta
S octava *f* justa
U tiszta oktáv
R чистая октава *f*

— übermäßige ~
E augmented octave
F octave *f* augmentée
I ottava *f* eccedente/aumentata
S octava *f* aumentada
U bővített oktáv
R увеличенная октава *f*

— verminderte ~
E diminished octave
F octave *f* diminuée
I ottava *f* diminuita
S octava *f* disminuída/diminuta
U szűkített oktáv
R уменьшённая октава *f*

— viergestrichene ~
E four-line octave, four-times accented octave
F sixième octave *f* ⟨c⁴ — h⁴⟩
I (*l'ottava che si trova tre ottave sopra l'ottava centrale*)
S sexta octava *f* ⟨c¹—h⁴⟩
U négyvonalas oktáv
R четвёртая октава *f*

— zweigestrichene ~
E two-line/twice-accented octave
F quatrième octave· *f* ⟨c²—h²⟩
I (*l'ottava che segue l'ottava centrale*)
S cuarta octava *f* ⟨c²—h²⟩

U kétvonalas oktáv
R вторая октава *f*

oktávfajok *pl* U Oktavgattungen
oktávfekvés U *acc* Oktavlage
Oktavfilter *n* D
E treble filter
F filtre *m* des aigus
I filtro *m* d'ottava
S filtro *m* de agudos
U oktávszűrő
R октавный фильтр *m*

Oktavgattungen *f pl* D
E octave species *pl*
F espèces *f pl* d'octaves
I specie *f pl* di ottave
S especies *f pl* de octavas
U oktávfajok *pl*
R (*греческие лады как отрезки двухоктавной ладовой системы в древнегреческой теории*)

oktávhelyzet U *acc* Oktavlage
Oktavhorn *n* D = Oktavwaldhorn
oktavieren *v* D
E (*to transpose/double a part an octave above or below, to overblow at the octave*)
F octavier ⟨*transposer/doubler une partie à l'octave inférieure ou supérieure*⟩
I (*trasportare/raddoppiare una parte all'ottava sopra o sotto*)
S doblar *v* a la octava, *fiati* octavar
U oktávolni ⟨*szólamot egy oktávval feljebb vagy lejjebb helyezni/kettőzni*⟩
R переносить *v* на октаву ⟨*вверх или вниз*⟩, удвоить *v* звук ⟨*сверху или снизу*⟩

Oktavinstrumente *n pl* D
E (*instruments sounding an octave lower or higher than normal*)
F (*instruments accordés une octave plus basse ou haute que la normale*)
I (*strumenti che suonano un'ottava sopra o sotto la nota scritta*)
S (*instrumentos afinados a la octava inferior o superior del instrumento tipo*)
U oktávoló hangszerek
R (*инструменты, звучащие на октаву выше или ниже обычных*)

Oktavklappe *f* D *legni*
E speaker key
F clef *f* d'octave
I portavoce *m*
S llave *f* de octava
U oktávbillentyű
R октавный клапан *m*

oktávkopula U *org* Melodiekoppel
— felső ~ *org* Oberoktavkoppel
oktávkopulázás U *fis* Oktavstimmung
— kettős ~ *fis* Doppeloktavstimmung
Oktavlage *f* D *acc*
E (*first inversion of a triad, with the octave at the top*)
F (*premier renversement d'un accord parfait, avec octave supérieure*)
I posizione *f* d'ottava

S *(primera inversión de un acorde perfecto, con la octava en la voz superior)*
U oktávfekvés, oktávhelyzet
R мелодическое положение *n* примы или основного тона
Oktävlein *n* 1' D *org*
  E octave fifteenth, twenty-second
  F piccolo *m*, principal *m* 1'
  I ottavina *f*, vigesimaseconda *f* 1'
  S principal *m* de 1'
  U szuperoktáv, Oktävlein 1'
  R октавлайн *f* 1'
oktávlyuk U *legni* Überblasloch
oktávolni *v* U oktavieren
Oktavparallele *f* D
  E consecutive/parallel octaves *pl*
  F mouvement *m* parallèle d'octaves
  I ottave *f pl* parallele
  S movimiento *m* paralelo de octavas, octavas *f pl* paralelas/consecutivas
  U oktávpárhuzam
  R параллельные октавы *f pl*
oktávpárhuzam U Oktavparallele
Oktavraum *m* D; im ~
  E within the range/compass of an octave
  F dans l'ambitus d'une octave
  I nell'ambito di un'ottava
  S dentro de la octava
  U egy oktávon belül
  R в диапазоне октавы
Oktavspinett *n* D spinettino
Oktavstimmung *f* D *fis*
  E octave tuning
  F octave *f*
  I accordatura *f* in ottava
  S octava *f*
  U oktávkopulázás
  R однооктавная настройка *f*
oktávszűrő U Oktavfilter
oktávtranszpozíció U Oktavversetzung
Oktavversetzung *f* D
  E octave transposition
  F transposition *f* à l'octave
  I trasposizione *f* all'ottava
  S transposición *f* a la octava
  U oktávtranszpozíció
  R перенесение *n* на октаву
Oktav(wald)horn *n* D
  E tenor horn
  F cor *m* alto
  I cor *m* alto
  S corno *m* alto
  U altkürt, cor alto
  R *(валторна меньшего чем обычно размера со строем на октаву выше)*
Oktett *n* D
  E octet
  F octuor *m*
  I ottetto *m*
  S octeto *m*
  U oktett, nyolcas
  R октет *m*
oktett U Oktett

Oktoechos *m* D осмогласие
oktoékhosz U осмогласие
oktoíh R → октоих
oktoin U осмогласие
oktola U Oktole
Oktole *f* D
  E octuplet
  F octolet *m*
  I ottavina *f*
  S octillo *m*
  U oktola
  R октоль *f*
ola *f* S; la nueva ~ Nachwuchs
oldal U *pfte* Zarge
oldalírás U *gram* Seitenschrift
oldallap U *corda* Zarge; *pn* Seite
oldalmozgás U Seitenbewegung
oldalszakáll U *canna* Seitenbart; Streichbart; *canna anima* Querbart
  ~ oldalszakáll nélkül *canna* Streichbart ohne Seitenbart
  ~ oldalszakállal *canna* Streichbart mit Seitenbart
  ~ rollnival *canna* Seitenbart mit Rollbart
oldalszámozni *v* U paginieren
oldalszínpad U Seitenbühne
olive *f* F *pfte* Hammerkapsel
olló U *org* Scheren
ólmozni *v* U *tasto* ausbleien
ólom U *tasto* Blei
ólombetét U *tasto* Blei
oltárcsengő U Altarschellen
Olymp *m* D *teat*
  E the gods *pl*, gallery
  F paradis *m*, poulailler *m*
  I loggione *m*
  S paraíso *m*, gallinero *m*
  U kakasülő
  R галерея *f*, галёрка *f*, олимп *m*, раёк *m*
omaggio *m* I Festschrift
ombra *f* acustica I Schallschatten
ombre *f* acoustique F Schallschatten
omissione *f* I Sprung
omofonia *f* I Homophonie
omofonico I homophon
omoritmico I homorhythmisch
once-accented E eingestrichen
  ~ C: eingestrichenes c
  ~ octave: eingestrichene → Oktave
onciale *f* F I Unziale
onda *f* I Welle
  ~ quadra: Rechteckschwingung
  ~ sinusoidale: Sinuswelle
  ~ sonora: Schallwelle
onda *f* S Welle
  ~ en forma de sinusoide: Sinuswelle
  ~ sinusoidal: Sinuswelle
  ~ sonora: Schallwelle
onde *f* F Welle
  ~ sinusoïdale: Sinuswelle
  ~ sonore: Schallwelle
ondeggiando I
  D ondeggiando, wogend

E ondeggiando, *"undulating"*, *"wavering"*
F ondeggiando, ondoyant
S ondeggiando, *"ondulando"*
U ondeggiando, *"ringva"*
R ondeggiando, колыхаясь, как на волнах
ondoyant F ondeggiando
ondulación *f* **cuadrada** S Rechteckschwingung
ondular *v* S *canto* wackeln
one-beat pattern E *dir* ganztaktige → Schlagfigur
one-channel E einkanalig
one-head drum E Einfelltrommel
one-hundred-and-twenty-eighth note E Hundertachtundzwanzigstelnote
one-hundred-and-twenty-eighth-note rest E Hundertachtundzwanzigstelpause
one-line E eingestrichen
~ C: eingestrichenes c
~ octave: eingestrichene → Oktave
one-manual E einmanualig
one-movement E einsätzig
one-part E einstimmig
one-piece back E *corda* ganzer → Boden
one-track E *magn* Einspur
~ tape *magn* Einspurband
onomatopea *f* I Onomatopoeia; Lautmalerei
onomatopée *f* F Onomatopoeia; Lautmalerei
onomatopeya *f* S Onomatopoeia; Lautmalerei
Onomatopoeia *f* D
  E onomatopoeia
  F onomatopée *f*
  I onomatopea *f*
  S onomatopeya *f*
  U onomatopoeia
  R ономатопея *f*, звукоподражание *n*
onomatopoeia E Onomatopoeia; Lautmalerei
onomatopoeia U Onomatopoeia
onerario *m* I Honorar; Gage
önteni U *canna* gießen
— harangot ~ Glocken gießen
öntőpad U *canna* Gießbank
öntővászon U *canna* Gießleinwand
onzième *f* F Undezime
open E; ~ bass *org* Offenbass
~ cadence: offene → Kadenz
~ challot *canna ancia* französische → Kehle
~ diapason *org* 8' → Prinzipal
~ fifth: leere → Quinte
~ key *legni* offene → Klappe
~ notes/tones *pl* Naturtöne
~ pipe *canna* offene → Pfeife
~ position *acc* weite → Lage
~ roll *perc* offener → Wirbel
~ string: leere → Saite; *prescr, str* vuota
~ triad: accord incomplet
open-air music E Freiluftmusik
opening E; ~ key: Anfangstonart
~ theme: Ausgangsthema
Oper *f* D opera
— durchkomponierte ~
  E through-composed opera
  F opéra *m* "avec mélodie infinie"
  I *(opera senza schemi formali all'interno degli atti)*

S opera *f* de con/en melodia infinita
U átkomponált opera
R опера *f* сквозного действия
— große ~ grand → opéra
— komische ~ opera comica
opera E opera
~ chorus: Opernchor
~ company: Operntruppe
~ composer: operista
~ conductor: direttore d'opera lirica
~ director: direttore d'opera
~ guide: Opernführer
~ house: Opernhaus
~ orchestra: Opernorchester
~ overture: ouverture d'opéra
~ pitch: Opernton
~ producer: Opernregisseur
~ singer: cantante d'opera
~ stage: scena di opera
~ written in separate numbers: opera a numeri
opéra *m* F opera; Opernhaus
~ avec mélodie infinie: durchkomponierte → Oper
~ avec numéros séparés: opera a numeri
~ de chambre: opera da camera
~ de demi-caractère: opera di mezzo carattere
~ pour télévision: Fernsehoper
~ radiophonique: Funkoper
~ télévisé: Fernsehoper
— **grand** ~
  D große Oper *f*
  E grand opera
  I grand-opéra *m*
  S (gran) ópera *f*, ópera *f* dramática
  U nagyopera
  R большая опера *f*
— d'~ Opern-
opera *f* I
  D Oper *f*
  E opera
  F opéra *m*
  S ópera *f*
  U opera
  R опера *f*
~ ⟨*composizione*⟩ Werk
~ a ballo: opéra-ballet
~ **a numeri**
  D Nummernoper *f*
  E opera written in separate numbers
  F opéra *m* avec numéros séparés
  S ópera *f* compuesta de números sueltos
  U zártszámos opera
  R опера *f* с отдельными номерами
— opere *pl* attribuite: zugeschriebene → Werke
~ **comica/buffa**
  D komische Oper *f*
  E comic opera
  F opéra-comique *m*, opéra-bouffe *m*
  S ópera *f* cómica/bufa
  U vígopera
  R комическая опера *f*, опера-буфф *f*
~ corale: Chorwerk
~ d'arte: Kunstwerk

~ d'arte totale: Gesamtkunstwerk
~ d'occasione: Gelegenheitsstück
~ da camera
   D Kammeroper *f*
   E chamber opera
   F opéra *m* de chambre
   S ópera *f* de cámara
   U kamaraopera
   R камерная опера *f*
— opere *pl* di incerta attribuzione: zweifel-
   hafte → Werke
~ di mezzo carattere
   D *(Mittelform zwischen ernster und heiterer*
   Oper)
   E serio-comic opera
   F opéra *m* de demi-caractère
   S ópera *f* trágico-cómica
   U *(átmeneti forma a komoly és a vidám*
   opera között)
   R *(промежуточная форма между серьёз-*
   ной и комической операми)
~ didattica: Lehrwerk
— opere *pl* dubbie: zweifelhafte → Werke
— opere *pl* falsamente attribuite (sapendo di
   commettere un falso): unterschobene →
   Werke
~ radiofonica: Funkoper
~ televisiva: Fernsehoper
— di ~ Opern-
ópera *f* S opera; grand → opéra; Opernhaus
~ cómica/bufa: opera comica
~ compuesta de números sueltos: opera a
   numeri
~ con/de melodía infinita: durchkomponierte
   → Oper
~ de cámara: opera da camera
~ de televisión: Fernsehoper
~ dramática: grand → opéra
~ en melodia infinita: durchkomponierte →
   Oper
~ en televisión: Fernsehoper
~ para la televisión: Fernsehoper
~ radiofónica: Funkoper
~ televisada: Fernsehoper
~ trágico-cómica: opera di mezzo carattere
— de ~ Opern-
— gran ~ grand → opéra
opera U opera
— átkomponált ~ durchkomponierte → Oper
— televíziós ~ Fernsehoper
— zártszámos ~ opera a numeri
opera- U Opern-
operaária U aria d'opera
opera-ballet E opéra-ballet
opéra-ballet *m* F
   D Ballett-Oper *f*
   E opera-ballet
   I opera *f* a ballo
   S ópera-ballet *f*
   U balettopera
   R опера-балет *f*
ópera-ballet *f* S opéra-ballet
opéra-bouffe *m* F opera comica

opéra-comique *m* F opera comica
operaénekes(nő) U cantante d'opera
operahang U Opernton
operaház U Opernhaus
operaigazgató U direttore d'opera
operakalauz U Opernführer
operakarmester U direttore d'opera lirica
operakórus U Opernchor
operanyitány U ouverture d'opéra
operarendező U Opernregisseur
operaszerző U operista
operaszínpad U scena di opera
operatársulat U Operntruppe
operatenor(ista) U Operntenor
operatic E Opern-
~ aria: aria d'opera
~ stage: scena di opera
~ tenor: Operntenor
opereta *f* S operetta
— de ~ Operetten-
operett U operetta
operett- U Operetten-
operetta E operetta; Operetten-
operetta *f* I
   D Operette *f*
   E operetta, light opera
   F opérette *f*
   S opereta *f*
   U operett
   R оперетта *f*
~ ⟨*breve spettacolo musicale*⟩ bluette
— di ~ Operetten-
Operette *f* D operetta
opérette *f* F operetta
— d'~ Operetten-
Operetten- D
   E operetta
   F d'opérette
   I di operetta
   S de opereta
   U operett-
   R опереточный
operista *m* I
   D Opernkomponist *m*
   E opera composer
   F compositeur *m* d'opéra
   S operista *m*, compositor *m* de óperas
   U operaszerző
   R оперный композитор *m*
operístico S Opern-
Opern- D
   E operatic
   F d'opéra, lyrique
   I di opera
   S operístico, de ópera
   U opera-
   R оперный
Opernarie *f* D aria d'opera
Opernbühne *f* D scena di opera
Opernchor *m* D
   E opera chorus
   F chœur *m* d'opéra
   I coro *m* d'opera

S coro *m* de ópera
U operakórus
R оперный хор *m*
Operndirektor *m* D direttore d'opera
Operndirigent *m* D direttore d'opera lirica
Opernführer *m* D
   E opera guide
   F argument *m*
   I guida *f* all'opera
   S argumento *m*
   U operakalauz
   R путеводитель *m* по операм
Opernhaus *n* D
   E opera house
   F opéra *m*
   I teatro *m* d'opera
   S ópera *f*
   U operaház
   R оперный театр *m*
Opernkomponist *m* D operista
Opernorchester *n* D
   E opera orchestra
   F orchestre *m* d'opéra
   I orchestra *f* d'opera
   S orquesta *f* de ópera
   U operaházi zenekar
   R оперный оркестр *m*
Opernouvertüre *f* D ouverture d'opéra
Opernregisseur *m* D
   E opera producer
   F metteur *m* en scène d'opéra
   I regista *m* d'opera
   S regidor *m* de ópera
   U operarendező
   R оперный режиссёр *m*
Opernsänger *m*, **Opernsängerin** *f* D cantante
d'opera
Operntenor *m* D
   E operatic tenor
   F ténor *m* d'opéra
   I tenore *m* d'opera
   S tenor *m* de ópera
   U operatenor(ista)
   R оперный тенор *m*
Operntext *m* D libretto
Opernton *m* D
   E opera pitch
   F ton *m* d'opéra
   I tono *m* d'opera
   S tono *m* de ópera
   U operahang
   R тон *m* настройки оперного оркестра
Operntruppe *f* D
   E opera company, troupe
   F troupe *f* d'opéra
   I cast *m* operistico
   S compañia *f* de ópera
   U operatársulat
   R оперная труппа *f*
ophicleide E Ophikleide
ophicléide *m* F Ophikleide
ophicleide *m* S Ophikleide
ophikleid U Ophikleide

Ophikleide *f* D
   E ophicleide
   F ophicléide *m*
   I oficleide *m*
   S ophicleide *m*, figle *m*
   U ophikleid, ofikleid
   R офиклейд *m*, офиклеид *m*
optical sound E Lichtton
optional rhythm E *prescr* aperiodico
opus E Opuszahl
~ number: Opuszahl
Opuszahl *f* D
   E opus (number)
   F numéro *m* d'opus
   I numero *m* d'opera
   S número *m* de opus
   U opuszszám
   R номер *m* опуса/сочинения
opuszszám U Opuszahl
or E ossia
ora *f* I; **ore** *pl* canoniche/dell'Ufficio: Stunden-
offizien
— prima ~ canonica: Prim
— sesta ~ canonica: Sext
— terza ~ canonica: Terz
oral breathing E Mundatmung
oratoire F oratorisch
oratorical E oratorisch
oratorikus U oratorisch
oratorio E Oratorium
oratorio *m* F I Oratorium
oratorio I oratorisch
oratorio *m* S Oratorium
— de ~ oratorisch
oratorisch D
   E oratorical
   F oratoire
   I oratorio
   S de oratorio
   U oratorikus
   R ораториальный
Oratorium *n* D
   E oratorio
   F oratorio *m*
   I oratorio *m*
   S oratorio *m*
   U oratórium
   R оратория *f*
oratórium U Oratorium
Orchester *n* D
   E orchestra
   F orchestre *m*
   I orchestra *f*
   S orquesta *f*
   U zenekar
   R оркестр *m*
~ *obs* bande
— **ein ... köpfiges ~**
   E a ... piece orchestra
   F un orchestre *m* de ... exécutants
   I orchestra *f* di ... membri
   S orquesta *f* de ... miembros/músicos/
   ejecutantes

U ... tagú zenekar
R оркестр в составе ... человек
— **großes** ~
  E full orchestra
  F grand orchestre *m*, orchestre *m* complet
  I grande orchestra *f*
  S gran orquesta *f*
  U nagyzenekar
  R большой (симфонический) оркестр *m*
— **kleines** ~
  E small orchestra
  F petit orchestre *m*
  I orchestra *f* ridotta
  S pequeña orquesta *f*
  U kiszenekar
  R малый (симфонический) оркестр *m*
— **verstärktes** ~
  E augmented orchestra
  F orchestre *m* renforcé
  I orchestra *f* rinforzata
  S orquesta *f* reforzada
  U megerősített zenekar
  R оркестр *m* увеличенного состава
Orchester- D
  E orchestral
  F orchestral, d'orchestre
  I di orchestra
  S orquestal, para orquesta, propio de la orquesta
  U zenekari
  R оркестровый
Orchesteranordnung *f* D
  E arrangement of an orchestra
  F disposition *f* de l'orchestre
  I disposizione *f* dell'orchestra
  S disposición/plantilla *f* de la orquesta
  U zenekari elrendezés/felállítás/diszpozíció
  R расположение *n* оркестра
Orchestercello *n* D violoncello d'orchestra
Orchesterflügel *m* D; großer ~ pianoforte a coda intera
Orchesterinstrumente *n pl* D
  E orchestral instruments *pl*
  F instruments *m pl* de l'orchestre
  I strumenti *m pl* d'orchestra
  S instrumentos *m pl* de la orquesta
  U zenekari hangszerek *pl*
  R оркестровые инструменты *m pl*
Orchesterkanzone *f* D canzone per orchestra
Orchesterklang *m* D
  E orchestral sound
  F sonorité *f* orchestrale
  I suono *m* orchestrale
  S sonoridad *f* orquestal
  U zenekari hangzás
  R оркестровая звучность *f*
Orchesterkonzert *n* D concerto sinfonico
Orchesterkonzertflügel *m* D pianoforte a coda intera
Orchestermusik *f* D
  E orchestra(l) music
  F musique *f* d'orchestre/orchestrale
  I musica *f* d'orchestra/sinfonica

S música *f* orquestal/para orquesta/sinfónica
U zenekari muzsika
R оркестровая музыка *f*
Orchestermusiker *m* D
  E orchestra(l) player
  F musicien *m* d'orchestre
  I professore *m* d'orchestra
  S músico *m* de orquesta
  U zenekari tag, muzsikus
  R оркестрант *m*
Orchesterpartitur *f* D
  E orchestral score
  F partition *f* d'orchestre
  I partitura *f* d'orchestra
  S partitura *f* de orquesta
  U zenekari partitúra
  R оркестровая партитура *f*
Orchesterraum *m* D *teat*
  E orchestra box/pit
  F fosse *f* d'orchestre
  I golfo *m* mistico, fossa *f* dell'orchestra
  S foso *m* de la orquesta
  U zenekari árok, orkeszter
  R оркестровая яма *f*
Orchestersuite *f* D suite d'orchestre
Orchestertrio *n* D trio per orchestra
Orchestervioline *f* D violino d'orchestra
Orchesterzimmer *n*, **Stimmzimmer** *n* D *teat*
  E band room
  F foyer *m* de l'orchestre
  I spogliatoio *m* dei musicisti, sala *f* dei professori d'orchestra
  S sala *f* de descanso/de la orquesta
  U hangoló, zenekari szoba
  R помещение *n* для артистов оркестра
orchestica *f* I Tanzkunst
orchestra E Kapelle; Orchester
  ~ box *teat* Orchesterraum
  ~ music: Orchestermusik
  ~ of wind instruments: Blasorchester
  ~ pit *teat* Orchesterraum
  ~ player: Orchestermusiker
  — a ... piece ~ ein ... köpfiges →
    Orchester
orchestra *f* I Orchester
  ~ d'archi: Streichorchester
  ~ d'opera: Opernorchester
  ~ da ballo: Tanzkapelle; Tanzorchester
  ~ da camera: Kammerorchester
  ~ della radio: Rundfunkorchester
  ~ di corte: Hofkapelle
  ~ di luoghi di cura: Kurorchester
  ~ di ... membri: ein ... köpfiges →
    Orchester
  ~ di sala: Salonorchester
  ~ di strumenti a fiato: Blasorchester
  ~ jazz: jazz band
  ~ ridotta: kleines → Orchester
  ~ rinforzata: verstärktes → Orchester
  ~ sinfonica: Symphonieorchester
  ~ zigana: cigánybanda
  — di ~ Orchester-

— grande ⌐ großes → Orchester
orchestral D
    E orchestral
    F orchestral
    I orchestrale
    S orquestal
    U zenekari
    R оркестровый
orchestral E orchestral; Orchester-
⌐ canzona: canzone per orchestra
⌐ cello: violoncello d'orchestra
⌐ concert grand: pianoforte a coda intera
⌐ flute *org* flauto da concerto
⌐ instruments *pl* Orchesterinstrumente
⌐ music: Orchestermusik
⌐ player: Orchestermusiker
⌐ score: Orchesterpartitur
⌐ side-drum: tambour de musique
⌐ sound: Orchesterklang
⌐ suite: suite d'orchestre
⌐ trio: trio per orchestra
⌐ violin: violino d'orchestra
orchestral F Orchester-; orchestral
orchestrale I orchestral
orchestrare *v* I instrumentieren
orchestrate *v* E instrumentieren
Orchestration *f* D = Instrumentierung
orchestration E Instrumentierung
orchestration *f* F Instrumentierung
orchestrazione *f* I Instrumentierung
orchestre *m* F Orchester
⌐ à cordes: Streichorchester
⌐ complet: großes → Orchester
⌐ d'instruments à vent: Blasorchester
⌐ d'opéra: Opernorchester
⌐ de bal: Tanzorchester
⌐ de chambre: Kammerorchester
⌐ de cour: Hofkapelle
⌐ de danse: Tanzkapelle; Tanzorchester
⌐ de jazz: jazz band
⌐ de radio: Rundfunkorchester
⌐ de salon: Salonorchester
⌐ de ville d'eau: Kurorchester
⌐ renforcé: verstärktes → Orchester
⌐ résident: Hauskapelle
⌐ symphonique: Symphonieorchester
⌐ tzigane: cigánybanda
— d'⌐ Orchester-
— grand ⌐ großes → Orchester
— petit ⌐ kleines → Orchester
— un ⌐ de ... exécutants: ein ... köpfiges → Orchester
orchestrer *v* F instrumentieren
orchestrieren *v* D = instrumentieren
Orchestrion *n* D
    E orchestrion
    F orchestrion *m*
    I orchestrion *m*
    S orquestión *m*
    U orchestrion
    R оркестрион *m*
orchestrion E U Orchestrion
orchestrion *m* F I Orchestrion

orden *m* S Saitenbezug; *corda* Chor
— de doble ⌐ *corda* doppelchörig; zweichörig
— de ... órdenes *corda* -chörig
— de triple ⌐ *corda* dreichörig
— doble/triple ⌐ Saitenchor
ordinaire F *prescr* natürlich
ordinaire *m* F; ⌐ de la messe: Ordinarium Missae
ordinario *m* I; ⌐ della messa: Ordinarium Missae
ordinario S *prescr* natürlich
ordinario *m* S; ⌐ de la misa: Ordinarium Missae
Ordinarium *n* **Missae** D
    E Ordinary of the Mass
    F ordinaire *m* de la messe
    I ordinario *m* della messa
    S ordinario *m* de la misa
    U ordinarium missae, állandó miserészek *pl*
    R ординарий *m* (мессы)
ordinary E *prescr* natürlich
⌐ stick *perc* gewöhnlicher → Schlegel
Ordinary of the Mass E Ordinarium Missae
ordine *m* I; ⌐ (degli strumenti) nella partitura: Partituranordnung
ordre *m* F Saitenchor; *corda* Chor
⌐ ⟨*suite*⟩
    D *(F. Couperins Bezeichnung für eine Reihe von Stücken in gleicher Tonart, = Suite)*
    E suite
    I *(denominazione data da F. Couperin ad una serie di brani della stessa tonalità)*
    S suite *f*
    U szvit, ordre
    R *(обозначение Куперена для сюиты)*
⌐ de la partition: Partituranordnung
orecchia *f* I *canna* Bart
orecchietta *f* I *canna* Seitenbart
orecchio *m* I Ohr; Zurechthören
⌐ assoluto: absolutes → Gehör
⌐ del riccio *vl* Ohr der Schnecke
⌐ esterno: äußeres → Ohr; Ohrmuschel
⌐ interno: inneres → Ohr
⌐ medio: Mittelohr
⌐ relativo: relatives → Gehör
— a ⌐ nach dem → Gehör
— avere *v* buon ⌐ gutes → Gehör haben
oreille *f* F Gehör; Ohr; *canna* Bart; Seitenbart
⌐ absolue: absolutes → Gehör
⌐ antérieure *canna* Vorderbart
⌐ avec frein harmonique *canna* Seitenbart mit Rollbart
⌐ avec rouleau *canna* Seitenbart mit Rollbart
⌐ en rouleau *canna* Intonierrolle; Rollbart
⌐ et frein *canna* Kastenbart
⌐ externe: äußeres → Ohr
⌐ interne: inneres → Ohr
⌐ latérale *canna* Seitenbart
⌐ moyenne: Mittelohr
⌐ relative: relatives → Gehör
— avoir *v* une bonne ⌐ gutes → Gehör haben

— d'~ nach dem → Gehör
oreja *f* S Gehör; Ohr; *canna* Bart; Intonierrolle; Kastenbart
~ con freno armónico *canna* Seitenbart mit
  Rollbart
~ delantera *canna* Vorderbart
~ lateral *canna* Seitenbart
orfeón *m* S Gesang(s)verein; Männergesang(s)-
  verein
orfeoreón *m* S Orpheoreon
Organ *n* D; **Cortisches** ~ *or*
  E organ of Corti, Corti's organ
  F organe *m* de Corti
  I organo *m* di Corti
  S órgano *m* de Corti
  U Corti-féle szerv
  R кортиев орган *m*
organ E Orgel
~ bench: Orgelbank
~ builder: Orgelbauer
~ building: Orgelbau
~ chorale: Orgelchoral
~ composition: Orgelwerk
~ concert: concerto d'organo
~ concerto: concerto d'organo
~ front: Orgelprospekt
~ grinder: Drehorgelspieler
~ hurdy-gurdy: Orgelleier
~ Mass: Orgelmesse
~ music: Orgelmusik
~ of Corti *or* Cortisches → Organ
~ pipe: Orgelpfeife
~ pitch: Chorton; Orgelton
~ playing: Orgelspiel
~ recital: concerto d'organo
~ setting: Orgelsatz
~ stop: Orgelregister
~ tablature: Orgeltabulatur
~ trio: trio per organo
~ writing: Orgelsatz
— play *v* the ~ orgeln
organaio *m* I Orgelbauer
organal D
  E organal
  F organal
  I organale
  S organal
  U orgánumszerű
  R по типу/наподобие органума
organale I organal
organaro *m* I Orgelbauer
organe *m* **de Corti** F *or* Cortisches → Organ
organería *f* S Orgelbau
organero *m* S Musikinstrumentenmacher;
  Orgelbauer
organette *f* F organetto
Organetto *n* D organetto
organetto *m* I Drehorgel; Orgelleier; *pop* Quetsche
~ ⟨*portativo*⟩
  D Organetto *n*
  E organetto, portative organ
  F organette *f*

S organillo *m*, órgano *m* portátil
U portativ ⟨*kis, hordozható orgona*⟩
R органетта *f*
~ automatico: Flötenuhr
— suonare *v* l'~ *fam* orgeln
organico *m* **strumentale** I Besetzung
organier *m* F Orgelbauer
organillero *m* S Drehorgelspieler
organillo *m* S Drehorgel; organetto; Orgelleier;
  Stiftwalze
— hacer *v* sonar el ~ *fam* orgeln
Organist *m*, **Organistin** *f* D
  E organist
  F organiste *m+f*
  I organista *m+f*
  S organista *m+f*
  U orgonista
  R органист *m*, органистка *f*
organist E Organist
organista *m+f* I Organist
~ di corte: Hoforganist
organista *m+f* S Organist
~ de la corte: Hoforganist
organiste *m+f* F Organist
~ de cour: Hoforganist
Organistin *f* D → Organist
organistique F orgelartig
organistrum *m* S Drehleier
organ-like E orgelartig
organ-loft E Empore
organo *m* I Orgel
~ a bocca: Mundorgel
~ a regale *org* Regal
~ americano: Melodium-Orgel
~ con somiere a tiro: Schleifladenorgel
~ corale/del coro: Chororgel
~ da cinematografo/teatro: Kino-Orgel
~ di Barberia: Drehorgel; Orgelleier
~ di Corti *or* Cortisches → Organ
~ eco *org* Fernwerk
~ Hammond: Hammond organ
~ idraulico: Wasserorgel
~ multiplo: Multiplexorgel
~ portativo: Portativ
~ positivo: Positiv; *org* Unterklavier; Oberwerk; Unterwerk
~ recitativo *org* Oberwerk
— grand'~ *org* Hauptwerk
— nella maniera dell'~ orgelartig
— secondo ~ Rückpositiv
— suonare *v* l'~ orgeln
— suonare *v* l'~ di Barberia *fam* orgeln
órgano *m* S Orgel
~ americano: Melodium-Orgel
~ de boca: Mundorgel
~ de cine: Kino-Orgel
~ de colores: Farbenklavier
~ de correderas: Schleifladenorgel
~ de Corti *or* Cortisches → Organ
~ de gabinete: Melodium-Orgel
~ de regalía *org* Bibelregal
~ del coro: Chororgel
~ Hammond: Hammond organ

~ hidráulico: Wasserorgel
~ múltiple: Multiplexorgel
~ portátil: organetto; Portativ
~ portativo: Portativ
— gran ~ *org* Hauptwerk
— semejante al ~ orgelartig
— tocar *v* el ~ orgeln
organografía *f* S Musikinstrumentenkunde
organologia *f* I Musikinstrumentenkunde
organología *f* S Musikinstrumentenkunde
organológia U Musikinstrumentenkunde
organologie *f* F Musikinstrumentenkunde
organology E Musikinstrumentenkunde
Organum *n* D
  E organum
  F organum *m*
  I organum *m*
  S organum *m*
  U orgánum
  R органум *m*
organum E Organum
organum *m* F I S Organum
orgánum U Organum
orgánumszerű U organal
Orgel *f* D
  E organ
  F orgue *m*
  I organo *m*
  S órgano *m*
  U orgona
  R орган *m*
— amerikanische ~ *obs* = Harmonium
— Wurlitzer ~ = Kino-Orgel
orgelartig D
  E organ-like
  F organistique
  I nella maniera dell'organo
  S semejante al órgano
  U orgonaszerű
  R по типу органа
Orgelbank *f* D
  E organ bench
  F banc *m* d'orgue
  I panca *f* per l'organista
  S banqueta *f* del órgano
  U orgonapad
  R органная скамья *f*
Orgelbau *m* D
  E organ building
  F construction *f* d'orgue
  I costruzione *f* di un organo
  S fabricación *f* de órganos, organería *f*
  U orgonaépítés
  R органостроение *n*
Orgelbauer *m* D
  E organ builder
  F facteur *m* d'orgue, organier *m*
  I organaro *m*, organaio *m*
  S organero *m*
  U orgonaépítő, orgonakészítő
  R органный мастер *m*
Orgelbaumeister *m* D
  E master organ builder

F maître facteur *m* d'orgue
I maestro *m* organaro
S maestro organero *m*
U orgonaépítő/orgonakészítő mester
R органный мастер *m*
Orgelchoral *m* D
  E organ chorale
  F choral *m* pour orgue
  I corale *m* per organo
  S coral *m* para órgano
  U orgonakorál
  R органный хорал *m*
Orgelkonzert *n* D concerto d'organo
Orgelleier *f* D
  E organ hurdy-gurdy
  F vielle *m* organisée, orgue *m* de Barbarie
  I organetto *m*, organo *m* di Barberia
  S organillo *m*
  U orgonaverkli
  R шарманка *f*
Orgelmesse *f* D
  E organ Mass
  F messe *f* pour orgue
  I messa *f* d'organo
  S misa *f* con/para órgano
  U orgonamise
  R месса *f* для органа (соло), органная месса *f*
Orgelmetall *n* D canna
  E pipe metal
  F métal *m* des tuyaux
  I metallo *m*/lega *f* per le canne dell'organo
  S metal *m*/aleación *f* para tubos
  U orgonafém
  R металл *m* для органных труб
Orgelmusik *f* D
  E organ music
  F musique *f* d'orgue
  I musica *f* per organo
  S música *f* de/para órgano
  U orgonamuzsika
  R органная музыка *f*
orgeln *v* D
  E to play the organ
  F jouer *v* de l'orgue
  I suonare *v* l'organo
  S tocar *v* el órgano
  U orgonálni, orgonán játszani *v*
  R играть *v* на органе
~ *fam*
  E to grind a barrel-organ
  F jouer *v* de l'orgue de Barbarie
  I suonare *v* l'organetto/l'organo di Barberia
  S hacer *v* sonar el organillo
  U kintornázni
  R играть *v* на шарманке
Orgelpfeife *f* D
  E organ pipe
  F tuyau *m* d'orgue
  I canna *f* d'organo
  S tubo/caño *m* de órgano
  U orgonasíp
  R органная труба *f*

Orgelprospekt *m*, **Prospekt** *m* D
  E organ front
  F façade *f* de l'orgue
  I prospetto *m*, facciata *f*
  S fachada *f* del órgano
  U (orgona)prospekt(us), orgonahomlok-
    zat
  R проспект/фасад *m* органа
Orgelpunkt *m* D
  E pedal (point)
  F pédale *f*
  I pedale *m*
  S calderón *m*, nota *f* pedal
  U orgonapont
  R органный пункт *m*
Orgelregister *n* D
  E organ stop, register
  F jeu *m* d'orgue, registre *m*
  I registro *m* d'organo
  S registro *m* de órgano
  U orgonaregiszter
  R органный регистр *m*
Orgelsatz *m* D
  E organ setting/writing
  F composition *f* pour orgue
  I composizione/disposizione/scrittura *f*
    organistica
  S composición *f* para órgano
  U orgonaszólam, orgonaletét
  R органное изложение *n*, органная пар-
    тия *f*
Orgelspiel *n* D
  E organ playing
  F jeu *m* d'orgue
  I suonare *m* l'organo
  S ejecución *f* al órgano
  U orgonajáték
  R игра *f* на органе
Orgeltabulatur *f* D
  E organ tablature
  F tablature *f* d'orgue
  I intavolatura *f* d'organo
  S tablatura *f* de órgano
  U orgonatabulatúra
  R органная табулатура *f*
Orgelton *m* D
  E choir/organ pitch
  F diapason *m* du chœur
  I diapason *m* d'organo
  S diapasón *m* del órgano
  U orgonahang
  R тон *m* настройки органа
Orgeltrio *n* D trio per organo
Orgelwerk *n* D
  E organ composition
  F composition *f* pour orgue
  I composizione *f* per organo
  S composición *f* para órgano
  U orgonamű
  R органное произведение/сочинение *n*
orgona U Orgel
  — orgonán játszani *v* orgeln
  — amerikai ~ Saugwindharmonium

  — csúszkaládás ~ Schleifladenorgel
  — multiplex ~ Multiplexorgel
orgonaépítés U Orgelbau
orgonaépítő U Orgelbauer
orgonafém U *canna* Orgelmetall
orgonafújtató U Kalkant
orgonahang U Orgelton
orgonahangverseny U concerto d'organo
orgonajáték U Orgelspiel
orgonakarzat U Empore
orgonakészítő U Orgelbauer
orgonakorál U Orgelchoral
orgonaletét U Orgelsatz
orgonálni *v* U orgeln
orgonamise U Orgelmesse
orgonamű U Orgelwerk
orgonamuzsika U Orgelmusik
orgonapad U Orgelbank
orgonapont U Orgelpunkt
orgonaprospekt(us) U Orgelprospekt
orgonaregiszter U Orgelregister
orgonasíp U Orgelpfeife
orgonaszerű U orgelartig
orgonaszólam U Orgelsatz
orgonatabulatúra U Orgeltabulatur
orgonatrió U trio per organo
orgonaverkli U Orgelleier
orgonaverseny U concerto d'organo
orgonista U Organist
  — udvari ~ Hoforganist
orgue *m* F Orgel
  ~ à bouche: Mundorgel
  ~ à cylindre: Röhrenspiel
  ~ avec sommier à registres traînants: Schleif-
    ladenorgel
  ~ de Barbarie: Drehorgel; Orgelleier
  ~ de chœur: Chororgel
  ~ de cinéma: Kino-Orgel
  ~ de couleur: Farbenklavier
  ~ Hammond: Hammond organ
  ~ hydraulique: Wasserorgel
  ~ multiplex: Multiplexorgel
  ~ portatif: Portativ
  ~ positif *org* Unterwerk
  — grand ~ *org* Hauptwerk
  — jouer *v* de l'~ orgeln
  — jouer *v* de l'~ de Barbarie: *fam* orgeln
orgullosamente S *prescr* fiero
orgulloso S *prescr* fiero
oriental mouth-organ E Mundorgel
orifice E *canna ancia* Aufschnitt
orifice *m* F *canna ancia* Aufschnitt
orificio *m* S *canna ancia* Aufschnitt; *legni*
  Fingerloch; Griffloch; *ottoni* Kesselbohrung
  ~ de escape *org* Auslaßöffnung
  ~ de octavar *legni* Überblasloch
  ~ del pulgar *legni* Daumenloch
  ~s *pl* obturados/tapados *legni* verdeckte Fin-
    gerlöcher → Fingerloch
  ~ provisto de llave *legni* Klappenloch
orifizio *m* I *canna ancia* Aufschnitt
origin E Quelle
original E; ~ edition: Originalausgabe

31

~ form *dod* Grundgestalt
~ note: Ausgangston
~ note row *dod* Grundgestalt
~ performance: Uraufführung
~ tone: Ausgangston
~ tone row *dod* Grundgestalt
~ version: Urtext
Originalausgabe *f* D
    E original edition
    F édition *f* originale
    I edizione *f* originale
    S edición *f* original
    U eredeti kiadás
    R оригинальное издание *n*
orkeszter U *teat* Orchesterraum
orlo *m* I *archi, ottoni, perc* Rand; *camp* Schärfe
~ alla francese *ottoni* französischer → Rand
~ ricurvo verso l'alto *ottoni* französischer → Rand
~ rinforzato con filo di ferro *ottoni* Mainzer → Rand
orlo *m* S Krummhorn
ornamens U Verzierung
Ornament *n* D = Verzierung
ornament E Verzierung
~s *pl orn* Manieren
~ sign: Verzierungszeichen
ornament *v* E umspielen; verzieren
ornamentación *f* S Verzierungskunst
ornamental plate E; ~ above keyboard *org* Zierleiste über der Klaviatur
ornamentar *v* S verzieren
ornamentation E Verzierungskunst
ornamentazione *f* I Verzierungskunst
ornamented E verziert
ornamentika U Verzierungskunst
ornamento *m* I Verzierung
ornamento *m* S Verzierung
~s *pl* vocales *orn* Singmanieren
ornar *v* S umspielen; verzieren; *canto* gorgheggiare
ornare *v* I kolorieren; verzieren
ornate E verziert
ornato I verziert
orné F verziert
ornement *m* F Verzierung
~s *pl orn* Manieren
~s *pl* vocaux *orn* Singmanieren
ornementation *f* F Verzierungskunst
orner *v* F figurieren; kolorieren; umspielen; verzieren; *canto* gorgheggiare
oroszlánbőgés U Löwengebrüll
orpharion E Orpheoreon
orpharion *m* F Orpheoreon
Orpheoreon *n* D
    E orpharion, orpheoreon
    F orpharion *m*, orphéor(é)on *m*
    I orpheoreon *m*
    S orfeoreón *m*
    U orpheoreon
    R орферион *m*, орфарион *m*
orpheoreon E U Orpheoreon
orphéoréon *m* F Orpheoreon

orpheoreon *m* I Orpheoreon
orphéoron *m* F Orpheoreon
orquesta *f* S Orchester; *obs* bande
~ de baile: Tanzkapelle; Tanzorchester
~ de balneario: Kurorchester
~ de cámara: Kammerorchester
~ de cuerdas: Streichorchester
~ de ... ejecutantes: ein ... köpfiges → Orchester
~ de jazz: jazz band
~ de la corte: Hofkapelle
~ de (la) radio: Rundfunkorchester
~ de ... miembros/músicos: ein ... köpfiges → Orchester
~ de ópera: Opernorchester
~ de salón: Salonorchester
~ de vientos: Blasorchester
~ local: Hauskapelle
~ reforzada: verstärktes → Orchester
~ sinfónica: Symphonieorchester
~ tzigana: cigánybanda
— gran ~ großes → Orchester
— para ~ Orchester-
— pequeña ~ kleines → Orchester
— propio de la ~ Orchester-
orquestación *f* S Instrumentierung
~ variable/facultativa: variable → Besetzung
orquestal S orchestral; Orchester-
orquestar *v* S besetzen; instrumentieren
orquéstica *f* S Tanzkunst
orquestión *m* S Orchestrion
orr U Nase
orrfuvola U Nasenflöte
orrhangú U nasal
orrlégzés U Nasenatmung
orsófuvola U *org* Spindelflöte
os *m* F; ~ hyoïde: Zungenbein
osadía *f* S; con ~ *prescr* ardito
ősbemutató U Uraufführung
oscilación *f* S Impuls
oscilar *v* S *canto* wackeln
oscillation *f* F Impuls
oscillazione *f* **simpatica** I Mitschwingen
oscuro I düster; umdeutbar
Öse *f* D *corda*
    E eye, loop
    F boucle *f*, bouclette *f*
    I cappio *m*
    S lazo *m*
    U húrhurok
    R петля *f*
o sea S ossia
Ösenschraube *f* D *pfte*
    E regulating/set screw
    F bouton *m* de réglage
    I vite *f* del bottoncino di scappamento
    S tornillo *m* de regulación
    U állítócsavar
    R ауслезерный винт *m*
osmoglasie R осмогласие
ősnyomtatvány U Frühdruck; Inkunabel
ospite *m* I *teat* Gast
— come ~ *teat* als → Gast

osselets *m pl* **de l'ouïe** F *or* Gehörknöchelchen
ossia I
   D oder
   E or
   F ou
   S o sea
   U ossia, vagy, illetve
   R ossia, либо, или
ossicini *m pl* **(dell'orecchio)** I *or* Gehörknöchelchen
ossicles *pl* E *or* Gehörknöchelchen
osso *m* **ioide** Zungenbein
összeállítani *v* U besetzen
összeállítás U Besetzung
— változtatható ⌐ variable → Besetzung
összefüggés U; szó/szöveg és hang ⌐ e: Wort-
   -Ton-Beziehung
— tonális ⌐ tonale → Zugehörigkeit
összehangolt U abgestimmt
összehangzás U Zusammenklang
összehangzó U konsonant
összekapcsolás U Verbindung
összekapcsolni *v* U verbinden
összekötni *v* U binden; verbinden
összekötőklapni U *legni* Bindeklappe
összeköttetés U Verbindung
összetett U zusammengesetzt
összhang U Harmonie
⌐ban lenni *v* konsonieren
⌐ban levő: konsonant
összhangzás U Harmonik; Konsonanz
összhangzattan U Harmonielehre
összöveg U Urtext
összövegkiadás U Urtextausgabe
Osterlied *n* D
   E Easter carol
   F chant *m* pascal de Pâques
   I canto *m* pasquale
   S canto *m* pascual, canción *f* de Pascua
   U húsvéti ének
   R пасхальная песня *f*
ostinato U basso ostinato
ostor U Peitsche; Pritsche
oszlop U *arpa* Vorderstange
— billentyűtartó ⌐ *legni* Kugel
oszlopcsavar U *pfte* Pilote; Pilotenschraube
osztálytanítás U Klassenunterricht
osztani *v* U *dir* unterteilen
osztinátó U basso ostinato
osztva U divisi
ötlet U Einfall
ötöd U Quinte
"Ötök" U «Могучая кучка»
ötös U quintetto
ötöshangzat U Fünfklang
otra vez S ancora
ötszólamúság U Fünfstimmigkeit
ottava *f* I Oktave
⌐ aumentata: übermäßige → Oktave
⌐ base dell'accordatura: grundlegende →
   Oktave
⌐ corta *tasto* kurze → Oktave
⌐ diminuita: verminderte → Oktave

⌐ eccedente: übermäßige → Oktave
⌐ giusta: reine → Oktave
— ottave *pl* parallele: Oktavparallele
⌐ spezzata *tasto* gebrochene → Oktave
⌐ 4' *org* Oktav 4'
— **all'**⌐
   D all'ottava, eine Oktave höher
   E all'ottava, *"an octave higher"*
   F all'ottava, à l'octave supérieure
   S all ottava, *"a la octava superior"*
   U all'ottava, *"oktávval feljebb"*
   R all'ottava, на октаву выше
— **coll'**⌐
   D coll'ottava, mit der Oktave
   E coll'ottava, *"with the octave"*, *"in octaves"*
   F coll'ottava, avec l'octave
   S coll'ottava, en octavas
   U coll'ottava, *"az oktávval együtt"*
   R coll'ottava, в октаву
ottavina *f* I Oktole; *org* Oktävlein 1'
⌐ *cemb* = spinettino
ottavino *m* F *org* Sifflöte
ottavino *m* I Pikkoloflöte; *org* Feldflöte; Sifflöte
ottavizzare *v* I überblasen; *org* überschlagen
ottavizzare *m* I Überblasen
ottavo *m* I Achtelnote
ottetto *m* I Oktett
ottoni *m pl* I das → Blech
ou F ossia
ouïe *f* F Schalloch; *archi* F-loch
Our Father E Vaterunser
outer E; ⌐ ear: äußeres → Ohr
⌐ part: Außenstimme
outil *m* F; ⌐ en forme de lance *org* Intonierlanze
out-of-tuneness E Verstimmung
outward-hinged fold E *org* auswärtsgehende →
   Falte
Ouvertüre *f* D ouverture
ouverture *f* F
   D Ouvertüre *f*
   E overture
   I introduzione *f*, ouverture *f*
   S obertura *f*
   U nyitány
   R увертюра *f*
⌐ ⟨*lever de rideau*⟩ Vorspiel; *ancia* Mund-
   spalt; *camp* Schärfe; *fl. d.* Aufschnitt
⌐ **d'opéra**
   D Opernouvertüre *f*
   E opera overture
   I ouverture/sinfonia/introduzione *f* d'opera
   S obertura *f* de ópera
   U operanyitány
   R оперная увертюра *f*
⌐ **de concert**
   D Konzertouvertüre *f*
   E concert overture
   I ouverture *f* da concerto
   S obertura *f* de concierto
   U hangversenynyitány, koncertnyitány
   R концертная увертюра *f*

∼ du pied du tuyau *canna* Fußloch
ouverture *f* I ouverture; Vorspiel
∼ d'opera: ouverture d'opéra
∼ da concerto: ouverture de concert
ouvrage *m* **collectif** F Sammelwerk
overblow *v* E überblasen
∼ at the twelfth: quintieren
overblowing E Überblasen
∼ hole *legni* Überblasloch
over-damper action E *pn* Oberdämpfermechanik
overhand grip E *archi* Obergriff
overlap *v* E überschneiden

overlapping of phrases E Phrasenverschränkung
over-resonant E überakustisch
overspun E *corda* besponnen; umsponnen
overstringing E *pfte* Kreuzbesaitung
overstrung E *pfte* kreuzsaitig
∼ action *pfte* abwärtsschlagende → Mechanik
overtone E Oberton
∼ formation: Obertonbildung
∼s *pl* out of tune: Obertonverstimmung
∼ row/series: Obertonreihe
overture E ouverture; Vorspiel
oyente *m+f* S Hörer; Zuhörer

P

Päan *m* D
E paean
F péan *m*
I peana *m*
S peán *m*
U diadalének, hálaének
R пэан *m*, пеан *m*

Paartanz *m* D
E pair dance
F danse *f* par couples
I danza *f* a coppie
S danza *f* de pareja
U páros tánc
R парный танец *m*

pabellón *m* S *canna* Pfeifenaufsatz; *canna ancia* Aufsatz; *fiati* Schallbecher; *legni* Becher; *ottoni* Schallstück
~ al aire *prescr, fiati* Stürze hoch
~ cónico *canna* konischer → Pfeifenaufsatz
~ de la oreja: Ohrmuschel

pacato I *prescr*
D pacato, ruhig, friedlich
E pacato, *"placid"*, *"tranquil"*
F pacato, paisible, calme, tranquille
S pacato, aplacado, plácido
U pacato, *"nyugodtan"*, *"békésen"*
R pacato, спокойно, умиротворённо

pace E tempo
pad U *org* Bank
Pädagoge *m* D
E educator, education(al)ist, teacher
F pédagogue *m*
I pedagogo *m*, insegnante *m* + *f*
S pedagogo *m*
U pedagógus, nevelő, tanár
R педагог *m*

Pädagogik *f* D
E pedagogy
F pédagogie *f*
I pedagogia *f*
S pedagogia *f*
U pedagógia, neveléstan
R педагогика *f*

pädagogisch D
E pedagogic, educational

F pédagogique
I pedagogico
S pedagógico
U pedagógiai, nevelési
R педагогический

padded stick E *perc* wattierter → Schlegel
padiglione *m* I *canna ancia* Aufsatz; *fiati* Schallbecher; *legni* Becher; *ottoni* Schallstück
~ auricolare: Ohrmuschel
— padiglioni *pl* in alto *prescr, fiati* Stürze hoch

Padoana *f* D *bl* padoana
padoana *f* I *bl*
D Padoana *f*
E padovana, paduana, pavane
F pavane *f*, padoana *f*, padouane *f*
S paduana *f*, padoana *f*, pavana *f*
U pavane, padovana
R падуана *f*, павана *f*

padouane *f* F *bl* padoana
padovana E U *bl* padoana
Padre *m* I; il ~ nostro: Vaterunser
Padre Nuestro *m* S Vaterunser
paduana E *bl* padoana
paduana *f* S *bl* padoana
paean E Päan
pagar *v* S honorieren
pagare *v* I; ~ un onorario: honorieren
page E; turn *v* the ~s: umblättern
page *f* F; ~ de titre: Titelblatt
— tourner *v* les ~s: umblättern
pagina *f* I; voltare *v* le pagine: umblättern
página *f* S; dar *v* vuelta a las ~s: umblättern
paginar *v* S paginieren
paginate *v* E paginieren
paginer *v* F paginieren
paginieren *v* D
E to paginate
F paginer, numéroter *v* les pages
I impaginare, numerare *v* le pagine
S paginar, numerar *v* las páginas
U oldalszámozni, lapszámozni
R нумеровать *v* страницы
páholy U *teat* loge
pair dance E Paartanz

paired imitation E paarweise → Imitation
paisible F *prescr* pacato; placido
pájaros *m pl* S *org* Nachtigallenzug
pajkosan U schalkhaft
pala *f* S *legni* Klappenlöffel
~ de las llaves *legni* Fingerlochdeckel
paladar *m* S Gaumen
palaeographic E paläographisch
palaeography E Paläographie
palais *m* F Gaumen
palanca *f* S *org* Balgklavis; große → Wippe; *pfte* Hebeglied
~ acodada *org* Winkel
~ de Barker *org* Barker-Hebel
~ de la llave *legni* Klappenstiel
~ de la repetición *pfte* Schere
~s *pl* de los registros *org* Registerknöpfe
~s *pl* de repetición *org* Scheren
~ del fuelle *org* Balgschwanz
~ del registro *org* tirant de registre
~ del vibrato: Vibratorhebel
~ expresiva accionada por la rodilla *arm* Kniedrücker
~ inferior del apagador *pfte* Dämpferlade
~s *pl* laterales *org* Scheren
Paläographie *f* D
    E palaeography
    F paléographie *f*
    I paleografia *f*
    S paleografía *f*
    U paleográfia
    R музыкальная палеография *f*
paläographisch D
    E palaeographic
    F paléographique
    I paleografico
    S paleográfico
    U paleográfiai
    R палеографический
palatal E gaumig
~ tone: Gaumenlaut
palatal F S gaumig
palatale I gaumig
palatális U gaumig
palate E Gaumen
palato *m* I Gaumen
~ molle: Gaumensegel
pálca U *arco* Stange
— (karmesteri) ~ Taktstock
— (triangulumverő) ~ Stäbchen
palco *m* I Musikpavillon; *teat* loge
~ per l'orchestra *teat* Bühnenpult
palco *m* S *teat* loge
~ proscénico *teat* Proszeniumsloge
palcoscenico *m* I *teat* Bühne
~ girevole: Drehbühne
paleografia *f* I Paläographie
paleografía *f* S Paläographie
paleográfia U Paläographie
paleográfiai U paläographisch
paleografico I paläographisch
paleográfico S paläographisch
paléographie *f* F Paläographie

paléographique F paläographisch
Palestrinastil *m*, **Palestrinasatz** *m* D
    E Palestrina style
    F style *m* palestrinien
    I stile *m* palestriniano
    S estilo *m* palestriniano
    U Palestrina-stílus
    R стиль *m* Палестрины
Palestrina-stílus U Palestrinastil
Palestrina style E Palestrinastil
paletta *f* I *ancia* Bahn; *corda* Wirbelplatte
~ della effe *archi* F-Lochklappe
— palette *pl* della vite *tamb* Schraubenflügel
palettina *f* I; ~ ferma asta della ripetizione *pfte* Repetierschenkelsperrhaken
~ ferma-spingitore/freno-spingitore *pfte* Stoßzungenprallhaken
paletto *m* I; ~ per l'anta di chiusura del somiere *org* Riegel
palillo *m* S Stäbchen; *perc* Schlegel
~ de combinación *perc* combination drumstick
~s *pl* de concusión/entrechoque: claves
~ de madera *perc* Holzschlegel
— con los dos ~s *prescr*, *perc* mit zwei → Schlegeln
Palimpsest *m* D
    E palimpsest
    F palimpseste *m*
    I palinsesto *m*
    S palimpsesto *m*
    U palimpszeszt(us)
    R палимпсест *m*
palimpsest E Palimpsest
palimpseste *m* F Palimpsest
palimpsesto *m* S Palimpsest
palimpszeszt(us) U Palimpsest
palinsesto *m* I Palimpsest
pallet E *org* Ventil; Spielventil
~ guide *org* Spielventilfeder
palotás U *bl* ⟨19. sec⟩
    D *(ungarischer Gesellschaftstanz)*
    E *(Hungarian ball-room dance)*
    F *(danse de société hongroise)*
    I *(ballo ungherese)*
    S *(danza húngara de sociedad)*
    R палоташ *m*
panasz U Klage
panaszos U *prescr* lamentabile
panaszosan U *prescr* dolente; flebile; gemendo; lamentabile; piangendo
panca *f* I Klavierstuhl; *org* Bank
~ per l'organista: Orgelbank
páncélkeret U *pfte* Vollpanzerplatte
pancone *m* I *pfte* Stimmstock; Wirbelstock
pandean pipe E Panflöte
pandereta E; ~ brasilena: pandereta brasileña
pandereta *f* F; ~ brésilienne: pandereta brasileña
pandereta *f* I; ~ brasiliana: pandereta brasileña
pandereta *f* S *org* Pfeifenbank; *perc* Schellentrommel

~ **brasileña**
D Stabpandereta *f*
E pandereta brasilena
F pandereta *f* brésilienne
I pandereta *f* brasiliana, tamburello *m* brasiliano
U brazil dob
R бразильская пандейра *f*
pandero *m* S *perc* Schellentrommel
Pandora *f* D
E pandora, pandore
F pandora *f*, pandura *f*
I pandora *f*, cister *m*
S pandora *f*
U pandora
R пандора *f*
pandora E U Pandora
pandora *f* F I S Pandora
pandore E Pandora
pandura *f* F Pandora
Panflöte *f* D
E panpipe, pandean pipe, Pan flute
F flûte *f* de Pan, syrinx *m*
I flauto *m* di Pan, siringa *f*
S flauta *f* de Pan, siringa *f*
U pánsip
R флейта *f* Пана
~ *org*
E Pan flute
F flûte *f* de Pan
I siringa *f*, flauto *m* di Pan
S flauta *f* de Pan/pánica, zampoña *f*, caramillo *m*
U pánsip
R «флейта *f* Пана», сиринкс *m*
Pan flute E Panflöte
panico *m* I; ~ dinanzi al pubblico: Lampenfieber
panneau *m* F; ~ inférieur *pn* Unterrahmen
~ supérieur (du cadre) *pn* Oberrahmen
panorama *m* I *teat* Rundhorizont
panpipe E Panflöte
panse *f* F *camp* Wolm
pánsíp U Panflöte
pantaleon E Hackbrett
pantaleon *m* I Hackbrett
pantalla *f* S Schallisolierung
~ acústica: Dämpfer
~ para orquesta al aire libre: Schallmuschel
pantalon E Hackbrett
pantomim U Pantomime
pantomim- U pantomimisch
pantomima *f* I S Pantomime
Pantomime *f* D
E pantomime, dumb show
F pantomime *f*
I pantomima *f*
S pantomima *f*
U pantomim, némajáték
R пантомима *f*
pantomime E Pantomime
pantomime *f* F Pantomime
pantomimic E pantomimisch

pantomimico I pantomimisch
pantomímico S pantomimisch
pantomimikus U pantomimisch
pantomimique F pantomimisch
pantomimisch D
E pantomimic
F pantomimique
I pantomimico
S pantomímico
U pantomimikus, pantomim-
R пантомимный, пантомимический
pantonal D
E pantonal
F pantonal
I pantonale
S pantonal
U pantonális
R пантональный
pantonale I pantonal
pantonalidad *f* S Pantonalität
pantonális U pantonal
pantonalità *f* I Pantonalität
pantonalitás U Pantonalität
Pantonalität *f* D
E pantonality
F pantonalité *f*
I pantonalità *f*
S pantonalidad *f*
U pantonalitás
R пантональность *f*
pantonalité *f* F Pantonalität
pantonality E Pantonalität
panza *f* S *camp* Flanke; Hals; Wolm; *corda* Wölbung
Panzerplatte *f* D *pn* = Vollpanzerplatte
panzudo S *corda* bauchig
papel *m* S *teat* rôle
~ de lija: Sandblock
~ de música: Notenpapier
~ hablado: Sprechrolle
~ pautado: Notenpapier
~ principal *teat* rôle principal
~ protagonista *teat* rôle principal; rôle-titre
~ secundario *teat* rôle secondaire
~es secundarios *teat* comprimari
~ titular *teat* rôle-titre
— en el ~ protagonista/principal ... *teat* dans le → rôle principal
— interpretar *v* el ~ principal *teat* interpréter le → rôle principal
— principal ~ femenino *teat* premier → rôle féminin
— principal ~ masculino *teat* premier → rôle masculin
— representar *v* el ~ principal *teat* interpréter le → rôle principal
paper roll E Rolle
papier *m* F; ~ à musique: Notenpapier
~ de verre: Sandblock
parable aria E aria metaforica
paracolpi *m* I Schlagbrett
parade drum E Paradetrommel

Paradetrommel *f* D
  E parade/field drum
  F tambour *m* militaire de parade
  I tamburo *m* militare
  S tambor *m* militar de desfile
  U parádés dob
  R парадный барабан *m*
Paradiddle *m* D *perc* paradiddle
paradiddle E *perc*
  D Paradiddle *m*
  F paradiddle *m*
  I paradiddle *m*
  S paradiddle *m*
  U paradiddle
  R парадидл *m*
paradiddle *m* F *perc* paradiddle
  ~ double *perc* double paradiddle
  ~ simple *perc* single paradiddle
  ~ triple *perc* triple paradiddle
paradiddle *m* I *perc* paradiddle
  ~ doppio *perc* double paradiddle
  ~ semplice *perc* single paradiddle
  ~ triplo *perc* triple paradiddle
paradiddle *m* S *perc* paradiddle
  ~ doble *perc* double paradiddle
  ~ simple *perc* single paradiddle
  ~ triple *perc* triple paradiddle
paradiddle U *perc* paradiddle
  — egyszeres ~ *perc* single paradiddle
  — háromszoros ~ *perc* triple paradiddle
  — kétszeres ~ *perc* double paradiddle
paradis *m* F *teat* Olymp
parafonia *f* I Paraphonie
parafonía *f* S Paraphonie
parafónia U Paraphonie
parafonico I paraphon
parafónico S paraphon
parafonikus U paraphon
parafrasare *v* I umspielen
parafrasear *v* S umspielen
parafrasi *f* I Paraphrase; Umspielung
paráfrasis *f* S Paraphrase; Umspielung
parafrázis U Paraphrase
paragolpe *m* S Schlagbrett
paraíso *m* S *teat* Galerie; Olymp
paraître *v* F herauskommen
paralela *f* S Parallele
paralelo S parallel
parallel D
  E consecutive, parallel
  F parallèle
  I parallelo, consecutivo
  S paralelo, consecutivo
  U párhuzamos
  R параллельный
parallel E parallel
  ~ chords *pl* Mixturklänge
  ~ fifths: parallele → Quinten; Quintparallele
  ~ motion: Parallelbewegung
  ~ movement: Parallelführung
  ~ octaves *pl* Oktavparallele
  ~ stringing *pfte* geradsaitige → Besaitung
  ~ strung *pfte* geradsaitig

parallela *f* I Parallele
Parallelbalg *m* D *org*
  E square-drop bellows *pl*, French feeder
  F soufflet *m* à tables parallèles
  I mantice *m* a lanterna
  S fuelle *m* de linterna
  U párhuzamosan kapcsolt fúvók *pl*
  R параллельные мехи *m pl*
Parallelbewegung *f* D
  E parallel similar motion
  F mouvement *m* parallèle
  I moto *m* retto parallelo
  S movimiento *m* paralelo
  U párhuzamos mozgás
  R параллельное движение *n*
Parallele *f* D
  E consecutives *pl*
  F successions *f pl* parallèles
  I parallela *f*
  S paralela *f*, consecutiva *f*
  U párhuzam
  R параллелизм *m*, параллель *f*
  ~ *org* = Schleife
parallèle F parallel
Parallelenverbot *n* D
  E prohibition of consecutives
  F interdiction *f* de successions parallèles
  I proibizione *f* delle successioni parallele
  S prohibición *f* de sucesiones paralelas
  U párhuzamtilalom
  R запрещение *n* параллелизмов
Parallelführung *f* D ⟨*der Stimmen*⟩
  E parallel movement
  F mouvement *m* parallèle
  I movimento *m* parallelo
  S movimiento *m* paralelo, marcha *f* paralela
  U párhuzamos (szólam)vezetés
  R параллельное ведение *n*
parallelo I parallel
Paralleltonart *f* D
  E related key
  F tonalite *f* relative, ton *m* relatif
  I tono *m* relativo/somigliante
  S tono *m* relativo, tonalidad *f* relativa
  U párhuzamos hangnem
  R параллельная тональность *f*
paramaniche *m* I Schoner
paramartello *m* I *pfte* Fanger
Parameter *m* D
  E parameter
  F paramètre *m*
  I parametro *m*
  S parámetro *m*
  U paraméter
  R параметр *m*
parameter E Parameter
paraméter U Parameter
paramètre *m* F Parameter
parametro *m* I Parameter
parámetro *m* S Parameter
paránytrilla U mezzo → trillo; *orn* Praller; Schneller
parányzó U = paránytrilla

parapenne *m* I Schlagbrett
paraphon D
  E paraphonic
  F paraphonique
  I parafonico
  S parafónico
  U parafonikus
  R по типу ленточного двухголосия органума
paraphonia E Paraphonie
paraphonic E paraphon
Paraphonie *f* D
  E paraphonia
  F paraphonie *f*
  I parafonia *f*
  S parafonia *f*
  U parafónia
  R парафония *f*, ленточное двухголосие *n* органума, ленточное движение *n*
paraphonie *f* F Paraphonie
paraphonique F paraphon
Paraphrase *f* D
  E paraphrase
  F paraphrase *f*
  I parafrasi *f*
  S paráfrasis *f*
  U parafrázis
  R парафраза *f*, парафраз *m*
paraphrase E Paraphrase; Umspielung
paraphrase *v* E umspielen
paraphrase *f* F Paraphrase; Umspielung
paraphraser *v* F umspielen
parásito *m* S; libre de ~s: klirrfrei
parasztbanda U
  D *(ungarische Bauernkapelle)*
  E *(Hungarian peasant band)*
  F *(orchestre paysan hongrois)*
  I *(orchestra di contadini ungheresi)*
  S *(orquesta aldeana húngara)*
  R *(венгерский сельский инструментальный ансамбль)*
parasztfuvola U *org* Bauernflöte
paraszttánc U Bauerntanz
parche *m* S *perc* Fell
~ de batido/ejecución *perc* Schlagfell
~ de plástico *perc* Plastikfell
~ de resonancia *tamb* Saitenfell
parchemin *m* F Pergament
parchment E Pergament
parcial *m* S Teilton
~es *pl* inarmónicos: Obertonverstimmung
parentesco *m* S Verwandtschaft
parete *f* esterna I *pfte* Zarge
parfait F rein
párhuzam U Parallele
párhuzamos U parallel
párhuzamtilalom U Parallelenverbot
Paris pitch E Pariser → Kammerton
Parkett *n* D *teat*
  E stalls *pl*, A: parquet
  F parterre *m*, fauteuils *m pl* d'orchestre
  I platea *f*
  S platea *f*, patio *m* de butacas

U földszint
R партер *m*
parlandóária U aria parlante
Parlando-Arie *f* D aria parlante
parler *v* F *str* ansprechen
párna U *cemb* Polster; *legni* Klappenpolster; *vl* Schulterstütze
~ a tompító kiemelésére *pfte* Tastenpolster
— tompítóalsótag párnája *pfte* Tangentenpolster
parodia *f* I S Parodie
paródia U Parodie
paródiamise U Parodiemesse
paródiatechnika U Parodietechnik
Parodie *f* D
  E parody
  F parodie *f*
  I parodia *f*
  S parodia *f*
  U paródia
  R пародия *f*
parodie *f* F Parodie
Parodiemesse *f* D
  E parody mass
  F messe *f* parodie
  I messa-parodia *f*
  S misa *f* parodia
  U paródiamise
  R пародийная месса *f*
Parodietechnik *f* D
  E parody technique
  F technique *f* de la parodie
  I tecnica *f* della parodia
  S técnica *f* de la parodia
  U paródiatechnika
  R приём *m* музыкального пародирования
parody E Parodie
~ mass: Parodiemesse
~ technique: Parodietechnik
paroisse *f* F Gemeinde
paróka U parrucca
parole *f pl* I; ~ di ...: Text von ...
paroles *f pl* F Text
~ de ...: Text von ...
parolier *m* F Textdichter; Texter
paroliere *m* I Texter
parquet E *teat* Parkett
parrilla *f* S *teat* Schnürboden
parrucca *f* I
  D Perücke *f*
  E wig, peruke
  F perruque *f*
  S peluca *f*
  U paróka
  R парик *m*
Part *m* D = Stimme
~ *teat* rôle
part E Stimme; Teil; *teat* rôle
~ of the bar/beat/measure: Taktteil
— for one ~ einstimmig
— for three ~s: dreistimmig
— in four ~s: vierteilig
— in three ~ s: dreiteilig

— in two ~s: zweiteilig
— of ~ Stimm-
part-book E Stimmbuch
parte *f* I Satz; Stimme; Teil; *teat* rôle
~ corale: Chorblatt
~ del pianoforte: Klavierpart
~ del violino: Geigenstimme
~ della battuta: Taktteil
— parti *pl* della messa: Messeteile
~ di ripieno: Füllstimme
~ di sostegno: Stützstimme
~ di strumento ad arco: Streicherstimme
~ di sviluppo: Durchführungsteil
~ estrema: Außenstimme
~ inferiore: Untersimme; *camp* Untersatz
~ intermedia: Mittelstimme
~ interna ⟨*della pelle*⟩: Fleischseite
~ laterale della cassetta *vl* Wirbelkastenbacken
~ melodica: Melodiestimme
~ muta della corda *pfte* Saitenanhang
~ parlata: Sprechrolle
~ principale *teat* rôle principal
~ ruvida: Haarseite
~ solista *canto* Einzelstimme
~ staccata: Einzelstimme; Stimmbuch
~ strumentale: Instrumentalstimme
~ superiore: Oberstimme; *camp* Obersatz
~ vibrante della corda *corda, pfte* Anhängelänge; *tasto* schwingende → Saitenlänge
— a due [tre, quattro, molte] parti: zwei [drei-,
   vier-, mehr]stimmig
— colla ~ *prescr*
   D colla parte, mit der Hauptstimme
   E colla parte, *"following the main part"*
   F colla parte, avec la partie principale
   S colla parte, con la voz/parte, siguiendo
      la parte principal
   U colla parte, a főszólamot kísérve
   R colla parte, «*с главной партией*»
— di ~ Stimm-
— di quattro parti: vierteilig
— di tre parti: dreiteilig
— in più parti: mehrsätzig
— interpretare *v* la ~ principale *teat* interpréter le → rôle principal/premier
parte *f* S Einzelstimme; particella; Satz; Stimme; Teil; *teat* rôle
~s *pl* contiguas: benachbarte → Stimmen
~ coral: Chorblatt
~ de acompañamiento: Stützstimme
~s *pl* de la misa: Messeteile
~ de las cuerdas: Streicherstimme
~ de piano: Klavierpart
~ de piano conductor: Klavierpartitur
~ de violin: Geigenstimme
~ delantera *archi* Brust
~ extrema: Außenstimme
~ frontal de la tecla *tasto* Stirnplatte
~ hablada: Sprechrolle
~ inferior: Unterstimme; *fl. d.* Fußstück
~ inferior de la caja del fuelle *org* Unterplatte
~ inferior (de la campana) *camp* Untersatz

~ interior del tubo *canna ancia* Fuß
~ instrumental: Instrumentalstimme
~ interior/intermedia: Mittelstimme
~ melódica: Melodiestimme
~ para instrumentos de cuerda: Streicherstimme
~ posterior *corda* Boden
~ posterior del marfil de las teclas *tasto*
   Hinterteil des Tastenbelages
~ principal: Hauptstimme; *teat* rôle principal
~ solista *canto* Einzelstimme
~ superior: Oberstimme; *cl* Oberstück; *fag*
   Flügel
~ superior (de la campana) *camp* Obersatz
~ superior del martillo *pfte* Hammerscheitel
— a dos [tres, cuatro, muchas] ~s: zwei [drei-,
   vier-, mehr]stimmig
— con la ~ *prescr* colla → parte
— de ~ Stimm-
— en cuatro ~s: vierteilig
— en dos ~s: zweiteilig
— en tres ~s: dreiteilig
— siguiendo la ~ principal *prescr* colla → parte
parterre *m* F *teat* Parkett
partesnoe penie R партесное → пение
partial E; ~ (tone): Teilton
~ covering *canna* Segmentdeckung
~s *pl* out of tune: Obertonverstimmung
Partialton *m* D = Teilton
Partialtonverstimmung *f* D = Obertonverstimmung
Particell *n* D particella
Particella *f* D particella
particella *f* I
   D Particella *f*, Particell *n*
   E compressed/short score
   F particella *f*, partie *f*
   S particella *f*, parte *f*, partichela *f*
   U particella, partitúravázlat
   R дирекцион *m*
particella *f* S Einzelstimme; particella
partichela *f* S Einzelstimme; particella
~ de canto: Stimmbuch
partidarios *m pl* S; ~ de los "bouffons":
   Buffonisten
partie *f* F particella; Satz; Stimmbuch; Stimme;
   Teil
~ chorale: Chorblatt
~ de dessus: Oberstimme
~s *f pl* de la messe: Messeteile
~ de piano: Klavierpart
~s *pl* de remplissage: Füllstimme
~ de soutien: Stützstimme
~ de violon: Geigenstimme
~ des cordes: Streicherstimme
~ du développement: Durchführungsteil
~ extrême: Außenstimme
~ frontale de la pointe *arco* Kamm
~ inférieure: Unterstimme; *camp* Untersatz
~ inférieure de l'onde: Wellental
~ instrumentale: Instrumentalstimme
~ intérieure: Mittelstimme
~ intérieure (de la peau): Fleischseite

∼ latérale du chevillier *vl* Wirbelkastenbacken
∼ mélodique: Melodiestimme
∼ non vibrante de la corde *pfte* Saitenanhang
∼ parlée: Sprechrolle
∼ principale: Hauptstimme
∼ renflée des cymbales: Kuppel
∼ séparée: Einzelstimme
∼ soliste *canto* Einzelstimme
∼ supérieure: Oberstimme; *camp* Obersatz
∼ supérieure de l'onde: Wellenberg
∼s *pl* voisines: benachbarte → Stimmen
∼ vibrante de la corde *corda*, *pfte* Anhängelänge
— à deux ∼s: zweiteilig
— à deux [trois, quatre, plusieurs] ∼s:zwei-[drei,- vier-, mehr]stimmig
— à une ∼ einstimmig
— avec la ∼ principale *prescr* colla → parte
— de ∼ Stimm-
— en deux [trois, quatre] ∼s: zwei[drei-, vier]teilig
partisans *m pl* **des Bouffons** F Buffonisten
Partita *f* D partita
partita *f* F partita
∼ sur choral: Choralpartita
partita *f* I
  D Partita *f*
  E partita
  F partita *f*
  S partita *f*
  U partita
  R партита *f*
∼ su corale: Choralpartita
partita *f* S partita
∼ sobre coral: Choralpartita
partition *f* F partitura; spartito; grundlegende → Oktave
∼ avec notation en sons réels: Einheitsschlüsselpartitur
∼ chant et piano: Klavierauszug mit Gesangsstimmen
∼ chorale: Chorpartitur
∼ d'étude: partitura da studio
∼ d'orchestre: Orchesterpartitur
∼ de chant seul: Chorpartitur
∼ de direction: Dirigierpartitur
∼ de poche: Taschenpartitur
∼ de travail: partitura da studio
∼ pour chant seul: Melodieausgabe
∼ vocale: Chorpartitur; Gesangspartitur
— en forme de ∼ in forma di → partitura
— grande ∼ Dirigierpartitur
— mettre *v* en ∼ scrivere in → partitura
Partitur *f* D partitura
— in ∼ schreiben *v* scrivere in → partitura
partitura *f* I
  D Partitur *f*
  E score
  F partition *f*
  S partitura *f*
  U partitúra, vezérkönyv
  R партитура *f*

∼ con notazione in suoni reali: Einheitsschlüsselpartitur
∼ corale: Chorpartitur
∼ d'orchestra: Orchesterpartitur
∼ **da studio**
  D Studienpartitur *f*
  E study score
  F partition *f* de travail/d'étude
  S partitura *f* de estudio
  U kispartitúra, zsebpartitúra
  R карманная/рабочая партитура *f*
∼ per il direttore: Dirigierpartitur
∼ tascabile: Taschenpartitur
∼ vocale: Gesangspartitur; Chorpartitur
— **in forma di ∼**
  D partiturmäßig
  E in open score
  F en forme de partition
  S en partitura
  U partitúraszerű(en)
  R в виде партитуры
— **scrivere *v* in ∼, spartire**
  D in Partitur schreiben *v*
  E to score, to write in (open) score
  F mettre *v* en partition
  S poner *v* en partitura
  U partitúrába írni *v*, spartírozni
  R составлять *v* партитуру ⟨*из отдельных голосов*⟩
partitura *f* S partitura; spartito
∼ coral: Chorpartitur
∼ de bolsillo: Taschenpartitur
∼ de canto: Gesangspartitur
∼ de director: Dirigierpartitur
∼ de estudio: partitura da studio
∼ de orquesta: Orchesterpartitur
∼ directorial: Dirigierpartitur
∼ en do: Einheitsschlüsselpartitur
∼ escrita en sonidos reales: Einheitsschlüsselpartitur
∼ vocal: Gesangspartitur
— en ∼ in forma di → partitura
— poner *v* en ∼ scrivere in → partitura
partitúra U partitura; spartito
— partitúrába írni *v* scrivere in → partitura
— egységes (előjegyzésű) ∼ Einheitsschlüsselpartitur
— zenekari ∼ Orchesterpartitur
partitúraelrendezés U Partituranordnung
partitúrajáték U Partiturspiel
Partituranordnung *f* D
  E score arrangement, full-score order
  F disposition *f* des instruments sur la partition, ordre *m* de la partition
  I ordine *m* (degli strumenti) nella partitura
  S disposición *f* de los instrumentos en la partitura
  U partitúraelrendezés
  R расположение *n* партий в партитуре
partitúraszerű(en) U in forma di → partitura
partitúravázlat U particella
partiturina *f* I Taschenpartitur
partiturmäßig D in forma di → partitura

Partiturspiel *n* D
  E realization of open score, playing from score
  F réalisation *f* d'une partition (au piano)
  I realizzazione *f* di una partitura
  S realización *f* de una partitura (al piano)
  U partitúrajáték
  R чтение *n* партитур
part-writing E Stimmführung
pas *m* F; ～ de danse: Tanzschritt
  ～ *pl* de danse fixes/prescrits *bl* festgelegte → Tanzschritte
  ～ de vis du pontet *tamb* Schraubenflügel
pasacalle *m* S passacaglia
pasadera *f* S *ottoni* Quersteg
pasaje *m* S Durchgang; Lauf; passage; Übergang; Überleitung
  ～ de un registro a otro: Übergang
  ～ del pulgar *tasto* Daumenuntersatz
  ～ en imitación: Imitationsabschnitt
  ～ para el afinador: Stimmgang
pasar *v* S überspielen; *pfte* übersetzen
  ～ a re mayor *prescr, arpa* wechseln in D-Dur → Harfe
  ～ de do a do sostenido *prescr, timp* C nach Cis umstimmen → Pauke
  ～ del la al mi inferior *prescr, timp* A nach E tief → Pauke
  ～ por debajo (el pulgar): untersetzen
  ～ un dedo sobre otro *pfte* übersetzen
  ～ una audición: vorspielen
pasarela *f* S *teat* Beleuchtungsbrücke; Versenkungstisch
  ～ de servicio *teat* Arbeitsgalerie
pase *m* **de favor** S Freikarte
pasión *f* S Passion; Passionsspiel
  ～ en música: Passionsmusik
paso *m* S; ～ de danza/baile: Tanzschritt
  ～s *pl* de danza establecidos *bl* festgelegte → Tanzschritte
  ～ de un registro a otro: Übergang
Pasodoble *m* D pasodoble
pasodoble *m* S
  D Pasodoble *m*
  E pasodoble
  F pasodoble *m*
  I pasodoble *m*
  U pasodoble
  R пасо добле *n*, pasodoble
paspié *m* S *bl* passe-pied
paspy E *obs, bl* = passepied
pass *v* E untersetzen
  ～ (one finger over another) *pfte* übersetzen
Passacaglia *f* D passacaglia
passacaglia *f* I
  D Passacaglia *f*
  E passacaglia
  F passacaille *f*
  S pasacalle *m*, passacaglia *f*
  U passacaglia
  R пассакалья *f*, пассакалия *f*
passacaille *f* F passacaglia
Passage *f* D passage

passage E passage; Lauf
  ～ work: passage
passage *m* F
  D Passage *f*
  E passage
  I passaggio *m*
  S pasaje *m*
  U passzázs, menet, futam
  R пассаж *m*
  ～ ⟨*formule ornementale*⟩
  D Passagenwerk *n*
  E passage work
  I passo *m* d'agilità
  S pasaje *m*
  U futamos/virtuóz részlet
  R игра *f* пассажей, пассажи *m pl*
  ～ ⟨*transition*⟩ Durchgang; ⟨*pont*⟩ Übergang; Überleitung
  ～ d'un registre à l'autre: Übergang
  ～ du pouce *tasto* Daumenuntersatz
  ～ en imitation: Imitationsabschnitt
  ～ pour l'accordeur: Stimmgang
  ～ rapide de notes: Lauf
Passagenwerk *n* D passage
passaggio *m* I Durchgang; passage; Übergang; Überleitung
  ～ da un registro all'altro: Übergang
  ～ del pollice *tasto* Daumenuntersatz
  ～ per l'accordatore: Stimmgang
  — veloce ～ di note: Lauf
passare *v* I; ～ (le dita suonando il pianoforte) *pfte* übersetzen
  ～ sotto (il pollice): untersetzen
passeggiata *f* I *bl* amener
Passepied *m* D *bl* passe-pied
passepied E U *bl* passe-pied
passe-pied *m* F *bl*
  D Passepied *m*
  E passepied
  I passepied *m*
  S paspié *m*
  U passepied
  R паспье *n*
passepied *m* I *bl* passe-pied
passer *v* F *pfte* übersetzen
  ～ de do en do dièse *prescr, timp* C nach Cis umstimmen → Pauke
  ～ du la au mi grave *prescr, timp* A nach E tief → Pauke
  ～ en dessous (le pouce): untersetzen
passerella *f* **di servizio** I *teat* Arbeitsgalerie
passerelle *f* F *teat* Versenkungstisch
  ～ de service *teat* Arbeitsgalerie
passing E; ～ appoggiatura *orn* appoggiatura di passaggio
  ～ chord: accord de passage
  ～ note/tone: Durchgangston
  ～ six-four chord: accord de sixte et quarte de passage
passing-tone E Durchgangston
passió U Passion; Passionsmusik
passióhang U Passionston
passiójáték U Passionsspiel

Passion *f* D
  E Passion
  F Passion *f*
  I passione *f*
  S pasión *f*
  U passió
  R пассион *m*, страсти *f pl*
passion E; ~ for music: Melomanie
Passion E Passion
~ music: Passionsmusik
~ play: Passionsspiel
~ tone: Passionston
passion *f* F Affekt; Passionsmusik
Passion *f* F Passion
~ en musique: Passionsmusik
passione *f* I Passion; Passionsspiel
— con ~ = appassionato
passionné F *prescr* appassionato
Passionsmusik *f* D
  E Passion music
  F passion *f*, Passion *f* en musique
  I musica *f* della passione
  S pasión *f* en música, música *f* de pa-
    sión
  U passió(zene)
  R страсти *f pl*
Passionsspiel *n* D
  E Passion play
  F mystère *m* de la Passion
  I passione *f*
  S pasión *f*, misterio *m* de la Pasión
  U passiójáték
  R пассион *m*, страсти *f pl*
Passionston *m* D
  E Passion tone
  F ton *m* de la Passion
  I tono *m* della Passione
  S tono *m* de la Pasión
  U passióhang
  R *(стиль чтения страстей в католиче-*
    ской литургии)
passiózene U Passionsmusik
passo *m* I; ~ d'agilità: passage
~ di danza: Tanzschritt
— passi *pl* di danza fissi *bl* festgelegte →
    Tanzschritte
passzázs U passage
pasteboard rattle E Waldteufel
Pasticcio *n* D pasticcio
pasticcio *m* I
  D Pasticcio *n*, Flickoper *f*
  E pasticcio, pastiche
  F pastiche *m*
  S pasticcio *m*, chapuceria *f*
  U pasticcio, egyveleg
  R пастиччо *n*
pastiche E pasticcio
pastiche *m* F pasticcio
pastoral E pastorale
~ mass: Pastoralmesse
pastoral *f* S Hirtenlied; pastorale
Pastorale *f* D pastorale
pastorale *f* F pastorale; Hirtenlied

pastorale *m* I
  D Pastorale *f*
  E pastoral(e)
  F pastorale *f*
  S pastoral *f*
  U pasztorál, pásztorjáték
  R пастораль *f*
~ ⟨*canzone*⟩ Hirtenlied
Pastoralmesse *f* D
  E pastoral mass
  F messe *f* de Noël
  I messa *f* pastorale
  S misa *f* pastoral
  U pásztormise, karácsonyi mise
  R рождественская месса *f*
pastoso I *prescr*
  D pastoso, weich, teigig
  E pastoso, *"mellow"*, *"pompous"*
  F pastoso, plein
  S pastoso
  U pastoso, *"lágyan"*, *"puhán"*
  R pastoso, «мягко», «вязко»
pasztorál U pastorale
pásztordal U bergerette; Hirtenlied
pásztorjáték U pastorale
pásztormise U Pastoralmesse
pásztorsíp U Hirtenpfeife
pata *f* S *fl. d.* Fußstück; *pfte* Bein
~s *pl pn* Fuß
patched E *vl* gefüttert
Patentwirbel *m* D *corda*
  E non-slip (tuning) peg
  F cheville *f* de sécurité
  I bischero/pirolo *m* di sicurezza
  S clavija *f* de seguridad
  U biztonsági hangolókulcs
  R патентованный/механический колок *m*
paternoster *m* I Vaterunser
patetico I
  D patetico, pathetisch
  E patetico, *"pathetic"*
  F patetico, pathétique
  S patetico, patético
  U patetico, patetikusan
  R patetico, патетично, волнующе
patético S patetico
patetikusan U patetico
pathétique F patetico
pathetisch D patetico
patio *m* **de butacas** S *teat* Parkett
patriotic E vaterländisch
patriótico S vaterländisch
patriotique F vaterländisch
patriottico I vaterländisch
patron U *arpa*, *lt* Patrone
Patrone *f* D *arpa*, *lt*
  E *(device for fastening strings at bridge*
    or sound-board)
  F bouton *m*
  I *(congegno, caviglia o bottone che serve*
    per fissare le corde al cavalletto o alla
    tavola armonica)
  S botón *m*

U patron, tartógomb
R патрон *m*
pattanó U *orn* Schneller
patte *f* F *fl. d.* Fußstück
patter E; ∼ song: aria parlante
pattern E modello
Pauke *f* D
   E kettledrum, timpano, timpani *pl*
   F timbale *f*
   I timpano *m*
   S timbal *m*, atabal *m*
   U üstdob, timpani
   R литавра *f*
— **A nach E tief** *prescr, timp*
   E A to low E
   F passer *v* du la au mi grave
   I cambiare *v* il la in mi grave
   S pasar *v* del la al mi inferior
   U a-ról mély e-re
   R ля в ми вниз
— **C nach Cis umstimmen** *v prescr, timp*
   E raise C to C sharp
   F passer *v* de do en do dièse
   I cambiare *v* il do in do diesis
   S pasar *v* de do a do sostenido
   U c-t ciszre felhangolni *v*, c-ről ciszre át-
     menni *v*
   R перестроить *v* с до на до-диез
— **Cis nach C zurückstimmen** *v prescr, timp*
   E change/lower C sharp to C natural
   F descendre *v* du do dièse au do naturel
   I cambiare *v* il do diesis in do naturale
   S bajar *v* de do sostenido a do natural
   U ciszt c-re visszahangolni *v*
   R перестроить *v* с до-диеза на до
— **Cis nach Fis hoch** *prescr, timp*
   E C sharp to high F sharp
   F monter *v* du do dièse au fa dièse
   I cambiare *v* il do diesis in fa diesis acuto
   S subir *v* de do sostenido a fa sostenido
   U ciszről magas fiszre
   R до-диез в фа-диез вверх
pauken *v* D
   E to drum
   F battre *v* la timbale, jouer *v* de la timbale
   I suonare *v* i timpani
   S batir/tocar *v* el timbal
   U üstdobon játszani/dobolni
   R бить *v* в литавры, барабанить
Paukenfell *n* D = Fell
Paukenhöhle *f* D *or*
   E tympanum
   F tympan *m*
   I timpano *m*
   S timpano *m*
   U dobüreg
   R барабанная полость *f*
Paukenschlegel *m* D
   E timpani stick
   F baguette *f* de timbales
   I bacchette *f pl* per timpani
   S baqueta *f* de timbal
   U üstdobütő, üstdobverő

   R палочка/колотушка *f* для литавр,
     литавровая палочка *f*
Paukenwirbel *m* D
   E drum-roll
   F roulement *m* des timbales
   I rullo *m* del timpano
   S redoble *m* de timbal
   U üstdobpergés
   R тремоло *n* на литаврах
Pauker *m* D
   E timpanist, kettledrummer
   F timbalier *m*
   I timpanista *m*
   S timbalero *m*, atabalero *m*
   U üstdobos, timpanista
   R литаврист *m*
pauroso I *prescr*
   D pauroso, angstvoll
   E pauroso, *"timidly"*
   F pauroso, craintif, timide
   S pauroso, medrosamente
   U pauroso, *"félénken"*
   R pauroso, боязливо
pausa *f* I Pause
∼ di biscroma: Zweiunddreißigstelpause
∼ di breve: Doppeltaktpause
∼ di croma: Achtelpause
∼ di minima: halbe → Pause
∼ di quintupla: Hundertachtundzwanzigstelpause
∼ di semibiscroma: Vierundsechzigstelpause
∼ di semibreve: ganze → Pause
∼ di semicroma: Sechzehntelpause
∼ di semiminima: Viertelpause
∼ di una battuta: Taktpause
∼ generale: Generalpause
— fare *v* ∼ pausieren
pausa *f* S Pause; Stillstand
∼ de blanca: halbe → Pause
∼ de breve: Doppeltaktpause
∼ de corchea: Achtelpause
∼ de cuartifusa/garrapatea: Hundertachtundzwanzigstelpause
∼ de fusa: Zweiunddreißigstelpause
∼ de negra: Viertelpause
∼ de redonda: ganze → Pause
∼ de respiración *canto* Luftpause
∼ de semibreve: ganze → Pause
∼ de semicorchea: Sechzehntelpause
∼ de semifusa: Vierundsechzigstelpause
∼ de semínima: Viertelpause
∼ general: Generalpause
— hacer *v* ∼s: pausieren
pausar *v* S pausieren
Pause *f* D
   E rest
   F silence *m*, pause *f*
   I pausa *f*
   S pausa *f*, silencio *m*
   U szünet(jel)
   R пауза *f*
∼ *teat*
   E interval, intermission

F entracte *m*
I intervallo *m*
S intervalo *m*, entreacto *m*
U szünet
R антракт *m*
— **ganze** ~
  E semibreve rest, A: whole-note rest
  F pause *f*
  I pausa *f* di semibreve
  S pausa *f*, silencio *m* de semibreve/redonda
  U egészszünet, egész szünetjel
  R целая пауза *f*
— **halbe** ~
  E minim rest, A: half-note rest
  F demi-pause *f*
  I pausa *f* di minima
  S pausa *f*/silencio *m* de blanca
  U félszünet, fél szünetjel
  R половинная пауза *f*
pause E fermata
~ for breath: Atempause; *canto* Luftpause
pause *v* E pausieren
pause *f* F fermata; Pause; ganze → Pause
~ de brève: Doppeltaktpause
~ générale: Generalpause
— faire *v* une ~ pausieren
Pausenwert *m*, **Wert** *m* D
  E rest value
  F valeur *f* du silence/de la pause
  I valore *m* della pausa
  S valor *m* de la pausa
  U szünetjelérték
  R длительность *f* паузы
Pausenzeichen *n* D *rad*
  E radio interval signal, station signature
  F signal *m* de la station radiophonique
  I segnale *m* radio
  S característica/señal *f* de la estación emisora, sintonía *f*
  U szünetjel, szignál
  R сигнал *m* паузы, позывные *n pl*
~ *teat*
  E interval signal, A: intermission signal
  F signal *m* d'entracte, sonnerie *f*
  I segnale *m* dell'intervallo
  S timbre *m*, señal *f* del entreacto
  U szünetjel
  R сигнал *m* антракта
pausieren *v* D
  E to pause
  F faire *v* une pause, observer *v* les silences
  I fare *v* pausa
  S pausar, hacer *v* pausas
  U szünetelni, szünetet tartani *v*
  R соблюдать *v* паузу, молчать
pauta *f* S Liniensystem
— sin ~ linienlos
pauvre en harmoniques F obertonarm
pavana *f* S *bl* padoana
pavane E U *bl* padoana
pavane *f* F *bl* padoana
pavillon *m* F Ohrmuschel; Schalltrichter; *canna* Pfeifenaufsatz; *canna ancia* Aufsatz; *fiati*

Schallbecher; *legni* Becher; *ottoni* Schallstück
~ chinois: Schellenbaum
~ conique *canna* konischer → Pfeifenaufsatz
~ en l'air *prescr, fiati* Stürze hoch
pay *v* **a fee** E honorieren
payer *v* F; ~ des honoraires: honorieren
peak E *arco* Spitze
peaked harp E Spitzharfe
peal E; ~ of bells: Geläute
~ of eight bells: Geläute von acht Glocken
peal *v* E läuten
péan *m* F Päan
peán *m* S Päan
peana *m* I Päan
pear-shaped E birnenförmig
peasant dance E Bauerntanz
peau *f* F *perc* Fell
~ de batterie *perc* Schlagfell
~ de timbre *tamb* Saitenfell
~ en plastique *perc* Plastikfell
~ naturelle *perc* Naturfell
~ supérieure *perc* Schlagfell
pectoral *m* F S *org* Brustwerk
pedagogia *f* I Pädagogik
pedagogía *f* S Pädagogik
pedagógia U Pädagogik
pedagógiai U pädagogisch
pedagogic E pädagogisch
pedagogico I pädagogisch
pedagógico S pädagogisch
pédagogie *f* F Pädagogik
pédagogique F pädagogisch
pedagogo *m* I S Pädagoge
pédagogue *m* F Pädagoge
pedagógus U Pädagoge
pedagogy E Pädagogik
Pedal *n* D *pfte*
  E pedal
  F pédale *f*
  I pedale *m*
  S pedal *m*
  U pedál, *fam* tritt
  R педаль *f*
~ **spielen** *v* org
  E to play the pedals
  F se servir *v* du pédalier, jouer *v* du/sur le pédalier
  I usare *v* il pedale
  S tocar *v* el pedalero
  U pedálon játszani *v*
  R играть *v* на педальной клавиатуре
pedal E Orgelpunkt; *pfte* Pedal; *tasto* pedaliera
~s *pl ottoni* Pedaltöne
~ coupler: Pedalkoppel
~ drum: Pedalpauke; Maschinenpauke
~ felt *pfte* Pedalfilz
~ glissando *prescr, timp* glissando col pedale
~ key *tasto* pedaliera
~ keyboard: Pedalklaviatur
~ notes *pl ottoni* Pedaltöne
~ organ *org* Pedalwerk
~ piano: Pedalflügel; Pedalklavier

~ piston *org* Kugeltritt
~ point: Orgelpunkt
~ rod *pfte* Pedalstange
~ rod screw-eye *pfte* Pedalstangenmutter
~ tones *pl ottoni* Pedaltöne
~ wind-chest *org* Pedallade
— play *v* the ~s *org* Pedal spielen
pedal *m* S *arm* Tretschemel; *org* Pedalwerk;
pfte Lyra; Pedal
~ celeste *pfte* Moderatorpedal; Verschiebung
~ central *pfte* Mittelpedal
~ de combinación *org* Kollektivtritt; Kombinationstritt
~ de doble acción *arpa* Doppelpedal; doppelte
→ Pedalrückung
~ de prolongación *arm, org, pfte* prolongement;
pfte Tonhaltepedal
~ de resonancia *pfte* Fortepedal
~ del bombo *tamb* Fußmaschine
~ del bombo de jazz: Charlestonmaschine
~ del crescendo *org* Schwelltritt
~ del medio *pfte* Mittelpedal
~ fuerte *pfte* Fortepedal; Tonhaltepedal
~ que desplaza el teclado *pfte* Verschiebung
~ sostenedor *arm, org, pfte* prolongement
~ de una cuerda *pfte* Verschiebung
— con ~ suave *prescr, pfte* ad una → corda
pedál U *arm* Tretschemel; *pfte* Pedal
~on játszani *v org* Pedal spielen
— bal ~ *pfte* Verschiebung
— bal ~lal *prescr, pfte* (ad) una → corda
— hanghosszabbító ~ *pfte* Tonhaltepedal
— kettős működésű ~ *arpa* doppelte → Pedalrückung
— kombinációs ~ *org* Kombinationstritt
— középső ~ *pfte* Mittelpedal
pedálbillentyű U *tasto* pedaliera
pedálbillentyűzet U Pedalklaviatur
pedal-bushing E *pfte* Pedalfilz
pédale *f* F Orgelpunkt; *arm* Tretschemel; *pfte*
Pedal
~ à double mouvement *arpa* Doppelpedal
~ centrale *pfte* Mittelpedal
~ de combinaison *org* Kollektivtritt; Kombinationstritt
~ de double mouvement *arpa* doppelte →
Pedalrückung
~ de la boîte expressive du récit *org* Schwelltritt
~ de la grosse caisse *tamb* Fußmaschine
~ de prolongation *pfte* Tonhaltepedal
~ de résonance *pfte* Fortepedal
~ forte *pfte* Fortepedal; Tonhaltepedal
— avec ~ sourdine *prescr, pfte* (ad) una →
corda
pedale *m* I Orgelpunkt; *arm* Tretschemel;
org Pedalwerk; *pfte* Pedal
~ centrale *pfte* Mittelpedal
~ d'arpa *pfte* Harfenzug
~ del forte *pfte* Fortepedal
~ del piano *pfte* Verschiebung
~ dell'arpa a doppio movimento *arpa* Doppelpedal

~ della gran cassa *tamb* Fußmaschine
~ di combinazione *org* Kollektivtritt; Kombinationstritt
~ di risonanza *pfte* Fortepedal
~ di spostamento *pfte* Verschiebung
~ solleva-smorzatori *pfte* Tonhaltepedal
~ tonale *pfte* Tonhaltepedal
— usare *v* il ~ *org* Pedal spielen
pedálemelő (szerkezet) U *pfte* Pedalhebelwerk
pedalero *m* S Pedalklaviatur
— tocar *v* el ~ *org* Pedal spielen
pedaletto *m* I *org* Kugeltritt
~ d'accoppiamento Pedalkoppel
pedálfilc U *pfte* Pedalfilz
Pedalfilz *m* D *pfte*
  E pedal felt, pedal-bushing
  F feutre *m* de la pédale
  I mollettone *m* per pedale, feltro *m* ferma
  pedale
  S fieltro *m* del pedal
  U pedálnemez, pedálfilc
  R фильц *m*, применяемый для педали
Pedalflügel *m* D
  E pedal piano
  F piano *m* avec pédalier
  I pianoforte *m* con pedaliera
  S piano *m* con pedalero
  U pedálzongora
  R рояль *m* с педальной клавиатурой
Pedalführung *f* D *pfte*
  E pedalling, A: pedaling
  F usage *m* de la pédale
  I uso *m* del pedale
  S uso *m* del pedal
  U pedálozás
  R педализация *f*
pedálhangok *pl* U *ottoni* Pedaltöne
pedálhárfa U; (egyrekeszes) ~ Pedalharfe
— kétrekeszes ~ Doppelpedalharfe
Pedalharfe *f* D; (einfache) ~
  E single action harp
  F harpe *f* à pédales simples
  I arpa *f* a pedali
  S arpa *f* de pedal simple
  U (egyrekeszes) pedálhárfa
  R арфа *f* с одинарным педальным механизмом
Pedalhebelwerk *n* D *pfte*
  E trapwork assembly
  F mécanisme *m* de la pédale
  I meccanismo *m* del pedale
  S mecanismo *m* del pedal
  U pedálemelő (szerkezet)
  R педальная механика *f*
pédalier *m* F Pedalklaviatur
— jouer *v* du ~ *org* Pedal spielen
— jouer *v* sur le ~ *org* Pedal spielen
— se servir *v* du ~ *org* Pedal spielen
pedaliera *f* I Pedalklaviatur; *pfte* Lyra
~ *tasto*
  D Pedaltaste *f*
  E pedal (key)

F touche *f* de pédalier
S tecla *f* del pedalero
U pedálbillentyű
R клавиша *f* педальной клавиатуры, педальная клавиша *f*
pedaling E *pfte* Pedalführung
Pedalklaviatur *f* D
E pedal keyboard
F pédalier *m*, clavier *m* de pédalier
I pedaliera *f*
S pedalero *m*
U pedálklaviatúra, pedálbillentyűzet
R ножная/педальная клавиатура *f* педальер *m*
pedálklaviatúra U Pedalklaviatur
Pedalklavier *f* D
E pedal piano
F *(pianino avec pédalier)*
I pianino *m* a pedaliera
S piano *m*/clave *f* con pedalero
U pedálzongora
R педальный клавир *m*
Pedalkoppel *f*, **Koppelpedal** *n* D *org*
E pedal coupler
F tirasse *f*
I accoppiamento *m* della pedaliera, pedaletto *m* d'accoppiamento, unione *f* tasto-pedale/al pedale
S enganche *m* al pedalero
U pedálkopula, kopulapedál
R педальная копула *f*
pedálkopula U Pedalkoppel
pedálláda U *org* Baßlade
Pedallade *f* D *org*
E pedal wind-chest
F sommier *m* de pédale
I somiere *m* del pedale
S secreto *m* del pedal, somier *m* del pedalero
U pedálszélláda
R педальладе *f*
pedalling E *pfte* Pedalführung
pedálmechanika U; kétrekeszes ~ *arpa* Doppelpedalmechanik
pedálmű U *org* Pedalwerk
pedálnemez U *pfte* Pedalfilz
pedálozás U *pfte* Pedalführung
Pedalpauke *f* D
E pedal drum
F timbale *f* chromatique/mécanique
I timpano *m* a pedale
S timbal *m* mecánico/cromático
U pedálos üstdob/timpani
R педальная/механическая литавра *f*
Pedalrückung *f* D; doppelte ~ *arpa*
E double-action pedal
F pédale *f* de double mouvement
I doppio movimento *m*
S pedal *f* de doble acción
U kettős működésű pedál
R педальный механизм *m* двойного действия
pedálrúd U *pfte* Pedalstange
pedálrúdanya U *pfte* Pedalstangenmutter

pedálrúdcsavar U *pfte* Pedalstangenmutter
Pedalstange *f*, **Stößer** *m* D *pfte*
E pedal rod, trap lever dowel
F tige *f* de la pédale
I bacchetta/stanga *f* del pedale
S varilla *f*/rodillo *m* del pedal
U pedálrúd
R прут *m* от педали
Pedalstangenmutter *f* D *pfte*
E pedal rod screw-eye
F vis *f* de réglage de la tige de la pédale
I vite *f* regolatrice della bacchetta
S tornillo *m* regulador del rodillo del pedal/ de la varilla del pedal
U pedálrúdcsavar, pedálrúdanya
R гайка *f*, регулирующая ход педали
pedálszélláda U *org* Pedallade
pedálszerkezet U; kétrekeszes ~ *arpa* Doppelpedalmechanik
Pedaltaste *f* D *tasto* pedaliera
Pedaltöne *m pl* D *ottoni*
E pedal notes/tones *pl*, pedals *pl*, fundamentals *pl*
F fondamentales *f pl*
I suoni-pedale *m pl*
S sonido *m* fundamental
U pedálhangok *pl*
R педаль *f* как выдержанный звук
pedálüstdob U Maschinenpauke
pedálvinkli U *org* Winkel
Pedalwerk *n* D *org*
E pedal organ
F ensemble *m* des jeux de pédale
I pedale *m*, corpo *m* dell'organo corrispondente al pedale
S pedal *m*
U pedálmű
R регистры *m pl* педальной клавиатуры
pedálzongora U Pedalflügel
pedestal E *arpa* Fuß
pedestal *m* S *arpa* Fuß
peep hole E Guckloch
peg E; ~ box *vl* Wirbelkasten
~ box cheek *vl* Wirbelkastenbacken
~ disk *corda* Wirbelplatte
pegar *v* S *magn* kleben
peindli U; alsó ~ *fam*, *vl* Sattel
— felső ~ *fam*, *vl* Obersattel
peine F; à ~ appena
peintre *m* de décors F *teat* Bühnenmaler
peinture *f* sonore F Tonmalerei
Peitsche *f* D
E whip, slapstick
F fouet *m*
I frusta *f*
S zurriaga *f*, látigo *m*, tralla *f*
U ostor
R кнут-хлопушка *m*
pelle *f* I *perc* Fell; Naturfell
~ del paramartello *pfte* Fangerleder
~ del suono *perc* Schlagfell
~ di plastica *perc* Plastikfell
~ di risonanza *tamb* Saitenfell

32

$\sim$ inferiore *tamb* Saitenfell
$\sim$ superiore *perc* Schlagfell
peluca *f* S parrucca
pendant E *camp* Hängeeisen
pendíteni U *corda* anreißen
pendule *f* F; $\sim$ à carillon: Flötenuhr; Spieluhr
$\sim$ à jeu de flûtes: Flötenuhr
$\sim$ à musique: Spieluhr
pénétrant F durchdringend
penetrante I S durchdringend
penetrating E durchdringend
pengetni *v* U zupfen
pengető U Plektrum; *cemb* Kiel
pengetőhangszerek *pl* U Zupfinstrumente
pengetve U *prescr, corda* pizzicato
penie R; demestvennoe $\sim$ демественное $\rightarrow$ пение
— partesnoe $\sim$ партесное $\rightarrow$ пение
— stročnoe $\sim$ строчное $\rightarrow$ пение
penitential psalm E Bußpsalm
pentafonía *f* S Pentatonik
$\sim$ anhemitónica: anhemitonische $\rightarrow$ Pentatonik
$\sim$ con semitonos: hemitonische $\rightarrow$ Pentatonik
$\sim$ hemitónica/hemitonal: hemitonische $\rightarrow$ Pentatonik
pentafonica *f* I Pentatonik
pentafonico I pentatonisch
pentagrama *m* S Liniensystem
pentagramma *m* I Liniensystem
pentaton U pentatonisch
pentatónia U Pentatonik
— félhang nélküli/anhemiton(ikus) $\sim$ anhemitonische $\rightarrow$ Pentatonik
— félhangos/hemiton(ikus) $\sim$ hemitonische $\rightarrow$ Pentatonik
— kétrendszerű $\sim$
D *("doppelte Pentatonik"; durch die intervallgetreue Quintwiederholung pentatonischer Melodien in der ungarischen Volksmusik stehen zwei pentatonische Strukturen mit um eine Quinte verschiedenen Ausgangstönen unmittelbar nebeneinander)*
E *("double pentatonic"; in Hungarian folk-music the juxtaposition of two pentatonic structures with key-notes a fifth apart)*
F *("double pentatonique"; dans la musique populaire hongroise, désigne la juxtaposition de deux structures pentatoniques)*
I *("doppia pentatonia"; risultante dalla regolare ripetizione per quinte di melodie pentatoniche nella musica popolare ungherese)*
S *("doble pentafonía"; que resulta en la música húngara folklórica de la juxtaposición de dos estructuras pentatónicas cuyas tónicas están a distancia de quinta)*
R *(«двойная пентатоника»; сопоставление в венгерской народной музыке двух пентатонных звукорядов одинакового интервального строения на расстоянии квинты)*

pentatonic E pentatonisch
$\sim$ scale: Fünftonleiter; Pentatonik
pentatonica *f* I Pentatonik
pentatonico I pentatonisch
pentatónico S pentatonisch
Pentatonik *f* D
E pentatonic scale
F musique/gamme *f* pentatonique
I pentatonica *f*, pentatonica *f*, scala *f* pentafonica/pentatonica
S pentafonía *f*
U pentatónia
R пентатоника *f*
— anhemitonische $\sim$
E tonal/A: anhemitonic pentatonic scale
F gamme *f* pentatonique sans demi-tons
I scala *f* pentafonica priva di semitoni
S pentafonía *f* anhemitónica
U félhang nélküli/anhemiton(ikus) pentatónia
R ангемитонная пентатоника *f*
— hemitonische $\sim$
E semitonal pentatonic scale
F gamme *f* pentatonique avec demi-tons
I scala *f* pentafonica con semitoni
S pentafonía *f* hemitónica/hemitonal/con semitonos
U félhangos/hemiton(ikus) pentatónia
R гемитонная пентатоника *f*
pentatonikus U pentatonisch
pentatonique F pentatonisch
pentatonisch D
E pentatonic
F pentatonique
I pentatonico, pentafonico
S pentatónico
U pentaton(ikus)
R пентатонный
pera *f* **(del battaglio)** I *camp* Klöppelballen
perce *f* F Bohrung
$\sim$ conique: konische $\rightarrow$ Bohrung
$\sim$ cylindrique: zylindrische $\rightarrow$ Bohrung
$\sim$ du bassin *ottoni* Kesselbohrung
$\sim$ étroite *org, fiati* enge $\rightarrow$ Mensur
— à $\sim$ large *org, fiati* weitmensuriert
— de $\sim$ étroite *org, fiati* engmensuriert
percentaje *m* S Tantiemen
percepción *f* S; $\sim$ auditiva: Hörempfindung
$\sim$ de la altura: Tonhöhenwahrnehmung
percepibile I hörbar
perception *f* F; $\sim$ auditive: Hörempfindung
$\sim$ des aigus: Tonhöhenwahrnehmung
percezione *f* I; $\sim$ delle altezze: Tonhöhenwahrnehmung
$\sim$ uditiva: Hörempfindung
percossa *f* **del battaglio** I Glockenschlag
percuotere *v* I *corda, tasto* anschlagen
$\sim$ normalmente *prescr, perc* gewöhnlich $\rightarrow$ schlagen
percusión *f* S Schlaginstrumentengruppe; Schlagzeug
percusionista *m* S Schlagzeugspieler
percussion E Schlagzeug; *arm* Perkussion

~ effects *pl perc* Kleinschlagzeug
~ instrument: Schlaginstrument
~ instruments *pl* with hollow vibrating body: Schlaginstrumente mit hohlem Schwingungskörper
~ instruments *pl* with solid vibrating body: Schlaginstrumente mit festem Schwingungskörper
~ outfit: Schlagzeug-Garnitur
~ player: Schlagzeugspieler
~ section: Schlaginstrumentengruppe
percussion *f* F *arm* Perkussion
percussion U *arm* Perkussion
percussione *f* I Schlagzeug; *arm* Perkussion
percussionist E Schlagzeugspieler
percussioniste *m* F Schlagzeugspieler
percuteur *m* à pédale F *tamb* Fußschlegel
percutor *m* a pedal S *tamb* Fußschlegel
perdant F; en se ~ *prescr* mancando
perdendosi, sperdendosi I *prescr*
    D perdendosi, verlöschend, verhallend
    E perdendosi, "*dying away*"
    F perdendosi, en mourant
    S perdendosi, perdiéndose
    U perdendosi, "*elveszöen*", "*elhalóan*"
    R perdendosi, замирая
perderse *v* S herauskommen
pérdida *f* de la voz S Aphonie
perdiéndose S *prescr* perdendosi
perdre *v* F; se ~ herauskommen
perem U *ottoni* Rand
perepljas R *bl* → перепляс
perfección *f* S Perfizierung
perfect E rein
~ cadence: authentische → Kadenz; Ganzschluß
~ fifth: reine → Quinte
~ fourth: reine → Quarte
~ interval: reines → Intervall
~ octave: reine → Oktave
~ pitch: absolutes → Gehör
~ unison: reine → Prim
— in ~ fifths: quintenrein
perfection E Perfizierung
perfection *f* F Perfizierung
perfecto S rein
perfekció U Perfizierung
perfezione *f* I Perfizierung
Perfizierung *f* D
    E perfection
    F perfection *f*
    I perfezione *f*
    S perfección *f*
    U perfekció
    R *(изменение двухчастной мензуральной единицы на трёхчастную)*
perforación *f* S Bohrung; *ottoni* Kesselbohrung
~ cilíndrica: zylindrische → Bohrung
~ cónica: konische → Bohrung
~ de afinación *canna* Kreisschnitt
perform *v* E aufführen; ausführen; interpretieren; zu → Gehör bringen
performance E Aufführung; Ausführung

performer E Ausführender; ausübender → Musiker; Interpret; Spieler
~ musician: ausübender → Musiker
~ practice: Aufführungspraxis
~ right: Aufführungsrecht
Performing Right E → BRITICO; P.R.S.
pergamena *f* I Pergament
Pergament *n* D
    E parchment
    F parchemin *m*
    I pergamena *f*
    S pergamino *m*
    U pergament
    R пергамент *m*
pergament U Pergament
pergamino *m* S Pergament
pergés U *perc* Wirbel
— nyilt ~ *perc* offener → Wirbel
— sürü ~ *perc* dichter → Wirbel
pergetni *v* U *perc* Wirbel schlagen
pergődob U Landsknechtstrommel; Wirbeltrommel
pergőhúr U *tamb* Schnarrsaite
~ral *prescr, tamb* mit → Schnarrsaiten
~ nélkül *prescr, tamb* ohne → Schnarrsaiten
perilinfa *f* S *or* Labyrinthwasser
périlymphe *f* F *or* Labyrinthwasser
Perinet-Ventil *n* D
    E piston valve
    F piston *m* Perinet
    I pistone *m*
    S pistón *m* Perinet
    U Perinet-féle szelep
    R пистон *m*
period E Periode; Satz
~ of four bars/measures: viertaktige → Periode
~ of reverberation: Nachhallzeit
~ of vibration: Schwingungsdauer
Periode *f* D ⟨*Form*⟩
    E period
    F période *f*
    I periodo *m*
    S periodo *m*
    U periódus
    R период *m*, построение *n*
~ *ac*
    E cycle
    F période *f*
    I periodo *m*
    S periodo *m*
    U rezgés, periódus
    R период *m*
~n *pl* **pro Sekunde**
    E cycles *pl* per second
    F périodes *f pl* par seconde
    I periodi *m pl* al secondo
    S periodos *m pl* por segundo
    U rezgés másodpercenként, periódus
    R количество *n* колебаний в секунду, частота *f*
— achttaktige ~
    E eight-bar phrase, sentence
    F période *f* de huit mesures

32*

I periodo *m* di otto battute
S período *m* de ocho compases
U nyolcütemű periódus
R восьмитактный период *m*
— **viertaktige ~**
E period of four bars/measures, four-bar
period
F période *f* de quatre mesures
I periodo *m* di quattro battute
S período *m* de cuatro compases, cuadratura *f*
U négyütemes periódus
R четырёхтактное построение *n*
période *f* F Periode; Satz; Stilperiode
~ créatrice: Schaffensperiode
~ de copyright: Schutzfrist
~ de huit mesures: achttaktige → Periode
~ de la basse continue: Generalbaßzeitalter
~ de quatre mesures: viertaktige → Periode
~ de réverbération: Nachhallzeit
~ de vibration: Schwingungsdauer
~s *pl* par seconde: Perioden pro Sekunde
~ pré-classique: Vorklassik
Periodenbau *m* D
E phrase-construction, phrase-building
F formation *f* des périodes
I struttura *f* del periodo/a periodi
S formación *f* del período
U periódusépítkezés, periódusszerkezet
R синтаксическое строение *n*, структура *f*
— **symmetrischer ~**
E symmetrical phrase-construction/phrase-
-building
F formation *f* des périodes symétriques
I struttura *f* del periodo simmetrica
S formación *f* de períodos simétricos
U szimmetrikus periódusszerkezet
R квадратная структура *f*
— **unsymmetrischer ~**
E asymmetrical phrase-construction/phrase-
-building
F formation *f* des périodes asymétriques
I struttura *f* del periodo asimmetrica
S formación *f* de períodos asimétricos
U aszimmetrikus periódusszerkezet
R неквадратная структура *f*
periodic E periodisch
periodico I periodisch
periódico S periodisch
periódico *m* S; ~ musical: Musikzeitschrift
periodikus U periodisch
périodique F periodisch
périodique *m* F; ~ musical: Musikzeitschrift
periodisch D
E periodic
F périodique
I periodico
S periódico
U periodikus
R периодический
periodo *m* I Periode; Satz
— périodi *pl* al secondo: Perioden pro Sekunde
~ creativo: Schaffensperiode

~ di otto battute: achttaktige → Periode
~ di proprietà riservata: Schutzfrist
~ di quattro battute: viertaktige → Periode
~ di riverberazione: Nachhallzeit
~ di vibrazione: Schwingungsdauer
~ stilistico: Stilperiode
período *m* S Periode; Satz; Stilperiode
~ de creación: Schaffensperiode
~ de cuatro compases: viertaktige → Periode
~ de la vibración: Schwingungsdauer
~ de ocho compases: achttaktige → Periode
~ de propiedad intelectual: Schutzfrist
~ de reverberación: Nachhallzeit
~ del bajo continuo: Generalbaßzeitalter
~s *pl* por segundo: Perioden pro Sekunde
~ preclásico: Vorklassik
periódus U Periode; Satz
— négyütemes ~ viertaktige → Periode
— nyolcütemű ~ achttaktige → Periode
periódusépítkezés U Periodenbau
periódusszerkezet U Periodenbau
— aszimmetrikus ~ unsymmetrischer →
Periodenbau
— szimmetrikus ~ symmetrischer → Periodenbau
perito *m* S Kenner
Perkussion *f* D *arm*
E percussion
F percussion *f*
I percussione *f*
S registros *m pl* de percusión
U percussion
R *(устройство фисгармонии, да-
ющее возможность исполнения стаккато)*
Perkussionsinstrument *n* D = Schlaginstrument
permutación *f* **de voces** S Stimmtausch
permutation fugue E Permutationsfuge
Permutationsfuge *f* D
E permutation fugue
F fugue *f* avec permutation des voix
I *(fuga nella quale le varie voci entrano in
successione regolare)*
S fuga *f* con permutación de las voces
U permutációs fúga
R *(фуга с удержживанием всех проти-
восложений)*
perno *m* I *camp* Zapfen
~ dei tasti *pfte* Waagebalkenstift
~ del martello *pfte* Hammerachse
~ dell'asta di ripetizione *pfte* Scherenkapselachse
~ della forcola del cavalletto *pfte* Hebegliedachse
~ della molla di ripetizione *pfte* Scherenfederachse
~ dello smorzo *pfte* Dämpferachse
perno *m* S *tasto* Anhängestift
~s *pl pfte* Mechanikachsen
~ de la palanca *pfte* Hebegliedachse
~ del balancín *pfte* Hebegliedachse
~ del martillo *pfte* Hammerachse

perpetual canon E unendlicher → Kanon
perruque *f* F parrucca
persiana *f* I *fis* Diskantjalousie
persiana *f* S; ∼ de agudos interne *fis* unsichtbare → Diskantjalousie
persistenza *f* I; ∼ su un solo suono: Eintönigkeit
perte *f* **de la voix** F Aphonie
Perücke *f* D parrucca
peruke E parrucca
pervading imitation E Durchimitation
pesant F *prescr* pesante
pesante I *prescr*
   D pesante, schwer, schleppend, wuchtig
   E pesante, "*heavy*"
   F pesante, pesant, lourd
   S pesante
   U pesante, súlyos(an)
   R pesante, тяжело
peso *m* I *org, canna ancia* Gewicht
   ∼ del tocco *pfte* Spielschwere
peso *m* S *canna ancia, org* Gewicht
   ∼ (de la mano) al tocar *pfte* Spielschwere
Petruška R → Петрушка
pettine *m* I *cemb* Springerkasten
petto *m* I *archi* Brust
peu F; ∼ à ∼ *prescr* poco a poco
   — sous ∼ fra → poco
   — un ∼ un → poco
pevčij d'jak R → дьяк
pezzo *m* I Stück
   ∼ caratteristico: Charakterstück
   ∼ d'imboccatura *trb* Mundrohr
   ∼ d'insieme: morceau d' → ensemble
   ∼ d'occasione: Gelegenheitsstück
   ∼ da concerto: Konzertstück
   ∼ di carattere: Charakterstück
   ∼ di mezzo *fl. d.* Mittelstück
   ∼ inferiore *cl* Unterstück; *fl. d.* Fußstück
   ∼ lungo *fag* Mittelrohr
   — pezzi *pl* mobili di scenario *teat* Versatz-
      stücke
   ∼ per studio: Übungsstück
   ∼ pianistico: Klavierstück
   ∼ strumentale didattico: Handstück
   ∼ superiore *cl* Oberstück
   ∼ teatrale: Theaterstück
   ∼ vocale: Gesangsstück
Pfanne *f* D *canna ancia* = Kehle
Pfeife *f* D
   E whistle, pipe, fife
   F sifflet *m*
   I fischietto *m*
   S silbato *m*
   U síp, fütyülő
   R дудка *f*
∼ *org*
   E pipe
   F tuyau *m*
   I canna *f*
   S tubo *m*, caño *m* de órgano
   U síp
   R труба *f*

— **aufgeriebene** ∼ *canna*
   E pipe with coned-out/expanded top, coned-
      -out pipe
   F tuyau *m* coupé en ton évasé ⟨*dont
      l'extrémité est évasée pour l'accord*⟩
   I canna *f* svasata
   S ⟨*tubo de extremidad cónica agrandada
      para la afinación*⟩
   U feltágított/kitágított síp
   R развальцованная труба *f*
— **blinde/stumme/ausfüllende** ∼ *org*
   E imitation/dummy pipe
   F tuyau *m* pastiche
   I canna *f* di facciata
   S tubo *m* postizo/de fachada
   U díszsíp
   R незвучащая/декоративная труба *f*
— **(ein)gekulpte** ∼ *canna*
   E pipe with a tapped-in foot hole
   F *(tuyau dont l'embouchure est rétrécie)*
   I *(canna con foro del piede ristretto)*
   S *(tubo cuya embocadura ha sido estrechada
      para mejorar la afinación)*
   U síp beszűkített síplábbal
   R труба *f* с загнутым внутрь верхним
      краем
— **eingeriebene/eingezogene** ∼ *canna*
   E coned-in pipe
   F tuyau *m* coupé en ton rétréci ⟨*dont
      l'extrémité est rétrécie pour l'accord*⟩
   I canna *f* chiusa (all'accordatura)
   S tubo *m* estrechado ⟨*para mejorar la afi-
      nación*⟩
   U beszűkített/behúzott síp
   R завальцованная труба *f*
— **falsche** ∼ *org* = blinde ∼
— **gedeckte** ∼ *canna*
   E stopped pipe
   F tuyau *m* bouché
   I canna *f* tappata
   S tubo *m* tapado/tapadillo
   U fedett síp
   R труба *f* с закрытым верхним концом
— **gekröpfte** ∼ *canna*
   E headed/mitred pipe
   F tuyau *m* coudé
   I canna *f* pipata
   S tubo *m* acodado
   U tört síp
   R изогнутая труба *f*
— **gekulpte** ∼ *canna* = eingekulpte ∼
— **offene** ∼ *canna*
   E open pipe
   F tuyau *m* ouvert
   I canna *f* aperta
   S tubo *m* abierto
   U nyitott síp
   R труба *f* с открытым верхним концом
— **schwindsüchtige** ∼ *canna*
   E underblown pipe
   F tuyau *m* à basse pression
   I canna *f* a bassa pressione
   S tubo *m* de presión baja

U *(kis levegőnyomással működő síp)*
R *(труба, звук которой порождается воздействием воздушной струи с низким давлением)*
— stumme ~ *org* = blinde ~
pfeifen *v* D
　E to whistle
　F siffler
　I fischiare
　S silbar
　U sípolni, fütyülni
　R свистеть
Pfeifenaufsatz *m* D *canna*
　E headpiece
　F pavillon *m*
　I coperchio *m*
　S pabellón *m*, campana *f*
　U tölcsér, rátét
　R раструб *m*
— **konischer** ~ *canna*
　E canister
　F pavillon *m* conique
　I coperchio *m* conico
　S pabellón *m* cónico, campana *f* cónica
　U tölcsér alakú tölcsér/rátét
　R конический раструб *m*
Pfeifenbank *f*, **Pfeifenbrett** *n*, **Rasterbrett** *n* D *org*
　E pipe rack, rackboard
　F tamis *m*, faux-sommier *m*
　I crivello *m* portacanne
　S pandereta *f*
　U raszterdeszka
　R столик *m*
Pfeifenflügel *m* D *canna* = Seitenbart
Pfeifenformen *f pl* D *canna*
　E pipe forms *pl*
　F formes *f pl* des tuyaux
　I forme *f pl* delle canne
　S formas *f pl* de los tubos
　U sípformák *pl*
　R формы *f pl* труб
Pfeifenfuß *m*, **Fuß** *m*, **Windrohr** *n*, **Tille** *f* D *canna ancia*
　E foot of the pipe
　F pied *m* du tuyau
　I piede *m* della canna
　S pie *m* del tubo
　U sípláb
　R ножка *f* трубы
Pfeifenkörper *m*, **Körper** *m* D *canna*
　E body, resonator
　F corps *m* du tuyau, résonateur *m*
　I corpo *m* della canna
　S cuerpo *m* (del tubo)
　U síptest, korpusz
　R корпус *m* трубы, резонатор *m*
Pfeifenmund *m* D *canna* = Aufschnitt
Pfeifenstock *m* D *org*
　E upper board, wind-board
　F chape *f*
　I coperta *f*, falso somiere *m*
　S tapa *f* de las correderas

U síptőke
R пфейфеншток *m*
Pfeifenstuhlträger *m* D *canna*
　E rack-pin
　F supports *m pl* qui maintiennent les tuyaux
　I reggicanne *m*
　S soportes *m pl* de los tubos
　U sípállványtartó
　R опорная конструкция *f* для стойки труб
Pfeifenwerk *n* D *canna*
　E pipework
　F tuyauterie *f*
　I canne *f pl* dell'organo
　S cañutería *f*, tubería *f*, conjunto *m* de los tubos/caños
　U sípmű
　R совокупность/система *f* труб (органа)
Pfeifer *m* D
　E piper, fifer
　F fifre *m*
　I pifferaio *m*
　S pífano *m*
　U sípos
　R трубач *m*, дудошник *m*, свистун *m*
~ *⟨russische Volksmusik⟩* дудошник
Pferdegetrappel *n* D
　E horse-hooves *pl*, coco-nut shells *pl*
　F horse-hooves *m pl*
　I cavallo *m*
　S quijada *f*
　U *(lábdobogást utánzó kókuszhéj csörgő)*
　R *(инструмент, имитирующий цоканье копыт)*
Pfundnote *f* D
　E long-sustained note
　F note *f* tenue
　I nota *f* tenuta/lunga
　S nota *f* sostenida
　U hosszan kitartott hang, *fam* kilós hang
　R *(старинное название долгих нот мелодии кантуса-фирмуса)*
pharynx E Rachenhöhle
pharynx *m* F Rachenhöhle
Phase *f* D
　E phase
　F phase *f*
　I fase *f*
　S fase *f*
　U fázis
　R фаза *f*
phase E Phase
~ difference: Phasenunterschied
~ displacement/shifting: Phasenverschiebung
phase *f* F Phase
Phasenunterschied *m* D
　E phase difference
　F décalage *m*/différence *f* de phase
　I differenza *f* di fase
　S diferencia *f* de fase
　U fáziskülönbség
　R фазовый сдвиг *m*

Phasenverschiebung *f* D
  E phase shifting/displacement
  F déphasage *m*
  I cambiamento *m* di fase
  S cambio *m* de fase
  U fáziseltolódás
  R смещение *n* фаз
phénomènes *m pl* **transitoires** F Ausgleichsvor-
  gänge
philharmonic E philharmonisch
philharmonique F philharmonisch
philharmonisch D
  E philharmonic
  F philharmonique
  I filarmonico
  S filarmónico
  U filharmóniai, filharmonikus
  R филармонический
Phon *n* D
  E phon
  F phone *m*
  I phon *m*
  S phon *m*
  U fon
  R фон *m*
phon E Phon
phon *m* I S Phon
phonate *v* E Laut erzeugen
phonation E Lauterzeugung
phone *m* F Phon
phonic overtone E phonischer → Oberton
Phonik *f* D *obs* = Akustik
phonograph E Grammophon; Schallplattenspieler
∼ record: Schallplatte
phonolithe *m* F Klingstein
phonometer E Geräuschmesser
phonomètre *m* F Geräuschmesser
photographic sound E Lichtton
Phrase *f* D
  E phrase
  F phrase *f*
  I frase *f*
  S frase *f*
  U frázis
  R фраза *f*
phrase E Phrase
∼ ending: Endung
∼ mark: Phrasierungsbogen; Phrasierungszeichen
∼ overlap: Phrasenverschränkung
phrase *v* E phrasieren
phrase *f* F Phrase; Satz
phrasé *m* F Phrasierung
phrase-building E Periodenbau
phrase-construction E Periodenbau
Phrasenverschränkung *f*, **Phrasenüberschnei-**
  dung *f* D
  E overlapping of phrases, phrase over-
    lap
  F chevauchement *m* des phrases
  I incastro *m*/intersecazione *f* di frasi
  S encabalgamiento *m* de las frases

  U frázisösszekapcsol(ód)ás
  R наложение *n*
phraser *v* F phrasieren
phrasieren *v* D
  E to phrase
  F phraser
  I fraseggiare
  S frasear
  U frazírozni
  R фразировать
Phrasierung *f* D
  E phrasing
  F phrasé *m*, articulation *f*
  I articolazione *f*, fraseggio *m*
  S fraseo *m*, articulación *f*
  U frazírozás
  R фразировка *f*
Phrasierungsbogen *m* D
  E phrase mark, phrasing slur
  F signe *m* de liaison du phrasé
  I legatura *f* di fraseggio
  S ligadura *f* de expresión
  U frázisív
  R фразировочная лига *f*, лига *f* фразировки
Phrasierungszeichen *n* D
  E phrasing phrase mark
  F signes *m pl* de phrasé
  I segno *m* di fraseggio
  S signos *m pl* de fraseo
  U frázisjel, frazírozási jel(zés)
  R знаки *m pl* фразировки
phrasing E Phrasierung
∼ mark: Phrasierungszeichen
∼ slur: Phrasierungsbogen
Phrygian E phrygisch
∼ cadence: phrygischer → Schluß
phrygien F phrygisch
phrygisch D
  E Phrygian
  F phrygien
  I frigio
  S frigio
  U frig
  R фригийский
physharmonica E U Physharmonika
physharmonica *m* F Physharmonika
Physharmonika *f* D
  E physharmonica
  F physharmonica *m*
  I aeolina *f*, fisarmonica *f*
  S fisarmónica *f*
  U physharmonica, harmónium
  R фисгармония *f*
physiologie *f* **du son** F Tonphysiologie
physiology of sound E Tonphysiologie
piacere I; a ∼ ad → libitum
piacevole, piacevolmente I *prescr*
  D piacevole, piacevolmente, gefällig
  E piacevole, piacevolmente, *"pleasing(ly)"*
  F piacevole, piacevolmente, agréable, plai-
    sant, charmant
  S piacevole, piacevolmente, *"placible"*,
    "agradable"

U piacevole, piacevolmente, tetszetősen, kedvesen
R piacevole, piacevolmente, «приятно», «привлекательно»

piangendo I *prescr*
D piangendo, weinend
E piangendo, *"weeping"*
F piangendo, pleurant
S piangendo, *"llorando"*
U piangendo, panaszosan, könnyezve
R piangendo, «плача»

Pianino n D pianino

pianino m I
D Pianino n, Kleinklavier n
E miniature piano, mini-piano, spinet (piano)
F pianino m
S pianino m
U pianínó
R пианино n
~ a pedaliera: Pedalklavier
~ piccolo: Kurzklavier

pianínó U pianino
pianínómechanika U Klaviermechanik
pianínószekrény U Klaviergehäuse
pianísimo S *prescr* pianissimo
pianissimo I *prescr*
D pianissimo, sehr leise
E pianissimo, *"very soft"*
F pianissimo, très doux
S pianissimo, pianísimo
U pianissimo, nagyon halkan
R pianissimo, пианиссимо, очень тихо
~ all'estremo: unhörbar
Pianissimozug m D *pfte* = Moderatorpedal
Pianist m D pianista
pianist E pianista
pianista m + f I
D Pianist m, Pianistin f
E pianist
F pianiste m + f
S pianista m + f
U zongorista, zongoraművész(nő)
R пианист m, пианистка f
pianista m + f S pianista
~ virtuoso/virtuosa: virtuoso del pianoforte
pianiste m + f F pianista
~ concertiste: concertista di pianoforte
~ virtuose: virtuoso del pianoforte
pianistic E pianistico
pianistico I
D pianistisch, klavieristisch
E pianistic
F pianistique
S pianistico
U zongora-, zongoraszerű
R пианистический
pianístico S pianistico
Pianistin f D pianista
pianistique F pianistico
pianistisch D pianistico
Piano n D piano
piano E piano

~ accordion/accordeon: Piano-Akkordeon
~ arrangement: Klavierauszug
~ back assembly: Klavierrast
~ builder: Klavierbauer
~ composition: Klavierstück
~ concerto: concerto per pianoforte
~ conductor: Klavierpartitur
~ duet: duo pianistico
~ frame *pfte* Vollpanzerplatte
~ lesson: Klavierstunde
~ lyre: Lyraflügel
~ maker: Klavierbauer
~ manufacture: Klavierbau
~ manufacturer: Klavierfabrikant
~ method: Klavierschule
~ music: Klaviermusik
~ part: Klavierpart
~ quartet: quartetto con pianoforte
~ quintet: quintetto con pianoforte
~ recital: Klavierabend
~ reduction: Klavierauszug
~ repairer: Klavierreparateur
~ score: Klavierauszug; Klavierpartitur
~ sonata: sonata per pianoforte
~ stool: Klavierstuhl
~ teacher: Klavierlehrer
~ teaching: Klavierunterricht
~ trio: trio con pianoforte
~ tuner: Klavierstimmer
~ wire: Klavierdraht
~ writing: Klaviersatz
— . . . at the ~ am → Flügel
— play v (the) ~ Klavier spielen
piano m F piano
~ à archet: Bogenklavier
~ à cordes harmoniques: Aliquotflügel
~ à double clavier: Doppelflügel
~ à queue: pianoforte da concerto; *pfte* Flügel
~ à queue écourtée: pianoforte a un quarto di coda
~ à queue système aliquot: Aliquotflügel
~ avec cordes sympathiques: Aliquotflügel
~ avec pédalier: Pedalflügel
~ carré: Tafelklavier
~ conducteur: Klavierpartitur
~ d'étude: Übungsklavier
~ de concert: pianoforte da concerto
~ demi-queue: pianoforte a mezza coda
~ éolien: Äolsklavier
~ mécanique: Drehklavier; mechanisches → Klavier; Pianola
~ mélodieux: Äolsklavier
~ mignon: pianoforte a un quarto di coda
~ muet: stummes → Klavier
~ préparé: prepared piano
~ pyramide: Pyramidenflügel
~ quart de queue: pianoforte a un quarto di coda
~ quart de queue réduit: pianoforte a un quarto di coda
~ transpositeur: Transponierflügel
— au ~ . . . am → Flügel
— grand ~ de concert: pianoforte a coda intera; pianoforte a tre quarti di coda

— jouer *v* du ~ Klavier spielen
piano I *prescr*
    D piano, leise
    E piano, *"soft"*
    F piano, doux
    S piano, *"suave"*, *"bajo"*, *"quedo"*
    U piano, halkan
    R piano, пиано, тихо
piano *m* I
    D Piano *n*, Klavier *n*
    E piano, upright (piano)
    F piano *m*
    S piano *m*
    U zongora
    R фортепьяно *n*
~ *cl* Bahn
~ delle corde *arpa* Saitenebene
piano *m* S piano
~ automático: mechanisches → Klavier
~ con pedalero: Pedalflügel; Pedalklavier
~ cuadrado: Tafelklavier
~ de cola *pfte* Flügel; pianoforte da concerto
~ de cola con dos teclados opuestos: Doppel-flügel
~ de cola con encordado simpatico: Aliquot-flügel
~ de concierto: pianoforte da concerto
~ de cuarto de cola: pianoforte a un quarto di coda
~ de estudio: Übungsklavier
~ de gran cola: pianoforte a coda intera
~ de media cola: pianoforte a mezza coda
~ de mesa: Tafelklavier
~ de teclado mudo: stummes → Klavier
~ de tres cuartos de cola: pianoforte a tre quarti di coda
~ eólico/eolio: Äolsklavier
~ jirafa: Giraffenklavier
~ mecánico: mechanisches → Klavier; Dreh-klavier
~ pirámide: Pyramidenflügel
~ preparado: prepared piano
~ transpositor: Transponierflügel
— al ~ ... am → Flügel
— tocar *v* el ~ Klavier spielen
piano-acordeón *m* S Piano-Akkordeon
Piano-Akkordeon *n* D
    E piano accordion/accordeon
    F accordéon *m* à clavier
    I piano-melodium *m*
    S piano-acordeón *m*
    U zongoraharmonika
    R (клавишный) аккордеон *m*
Pianoforte *n* D pianoforte
pianoforte E pianoforte
~ maker: Klavierbauer
~ quartet: quartetto con pianoforte
~ trio: trio con pianoforte
pianoforte *m* I
    D Pianoforte *n*, Klavier *n*
    E pianoforte
    F pianoforte *m*
    S pianoforte *m*

    U zongora
    R форт‿пьяно *n*
~ a cilindro: Drehklavier
~ a coda *pfte* Flügel
~ **a coda intera** ⟨190 −274 *cm*⟩
    D ⟨227 *cm*:⟩ Salonkonzertflügel *m*, kleiner Konzertflügel *m*, ⟨274 *cm*:⟩ Orchester-konzertflügel *m*, großer Orchesterflügel *m*
    E ⟨188 *cm*:⟩ boudoir grand, ⟨211 *cm*:⟩ drawing-room grand, ⟨227−274 *cm*:⟩ orchestral concert grand, A: ⟨180−211 *cm*:⟩ living-room grand, ⟨211 *cm*:⟩ music-room grand, ⟨227−274 *cm*:⟩ concert grand
    F grand piano *m* de concert
    S (piano *m* de) gran cola *f*
    U kis koncertzongora, szalonkoncertzongora
    R концертный рояль *m*
~ **a mezza coda** ⟨165−175 *cm*⟩
    D Stutzflügel *m*
    E baby grand, ⟨170 *cm*:⟩ miniature grand, A: medium grand
    F piano *m* demi-queue
    S piano *m* de media cola
    U rövid zongora
    R кабинетный рояль *m*
~ a tavolo: Tafelklavier
~ **a tre quarti di coda** ⟨190 *cm*⟩
    D Salonflügel *m* ⟨188−211 *cm*⟩
    E ⟨180 *cm*:⟩ miniature grand, ⟨188−211 *cm*:⟩ boudoir grand, A: ⟨180−188 *cm*:⟩ living-room grand
    F grand piano *m* de concert
    S piano *m* de tres cuartos de cola
    U szalonzongora
    R салонный рояль *m*
~ **a un quarto di coda** ⟨135−155 *cm*⟩
    D Stutzflügel *m*
    E baby grand
    F piano *m* quart de queue réduit, piano *m* mignon/à queue écourtée, crapaud *m*, ⟨155−165 *cm*:⟩ piano *m* quart de queue
    S colín *m*, ⟨155−165 *cm*:⟩ piano *m* de cuarto de cola
    U mignonzongora
    R (рояль *m*) миньон *m*
~ ad armonici: Aliquotflügel
~ con due tastiere che si fronteggiano: Dop-pelflügel
~ con pedaliera: Pedalflügel
~ **da concerto**
    D Konzertflügel *m*, Konzertpiano *n*
    E concert grand (piano), upright grand (piano)
    F piano *m* de concert/à queue
    S piano *m* de concierto/cola, gran cola *m*
    U hangversenyzongora, koncertzongora
    R концертный рояль *m*
~ eolio: Äolsklavier
~ per studio: Übungsklavier
~ piramidale: Pyramidenflügel

~ preparato: prepared piano
~ traspositore: Transponierflügel
— al ~ ... am → Flügel
— suonare *v* il ~ Klavier spielen
piano-giraffe *m* F Giraffenklavier
Pianola *n* D
  E pianola, player piano
  F piano *m* mécanique
  I pianola *f*
  S pianola *f*
  U pianóla, gépzongora
  R пианола *f*
pianola E Pianola; mechanisches → Klavier
pianola *f* I S Pianola; mechanisches → Klavier
pianóla U Pianola
piano-lira *m* S Lyraflügel
piano-lyre *m* F Lyraflügel
piano-mélodieux *m* F Harmoniumklavier
piano-melodium *m* I Harmoniumklavier; Piano-
-Akkordeon
pianopedál U *pfte* Verschiebung
pianoter *v* F *fam, pfte* klimpern
piano-violin E Bogenklavier
piano-violín *m* S Bogenklavier
piano-violon *m* F Bogenklavier
piano-vocal score E Klavierauszug mit Gesangsstimmen
Pianozug *m* D *pfte* = Moderatorpedal
piastra *f* I; ~ delle punte per le corde acute
pfte Diskantanhängestock
~ delle punte per le corde gravi *pfte* Baßanhängestock
~ porta-caviglie *pfte* Wirbelfeld (der Platte)
piattello *m* **della chiave** I *legni* Klappenlöffel
piattista *m* I Beckenschläger
piatto I *str* flach
piatto *m* I Becken
— piatti *pl* a coppia: Marschbecken
~ al bordo/all'orlo *prescr* Becken auf den
Rand
— piatti *pl* chiodati: Nietenbecken
~ cinese: chinesisches → Becken
— piatti *pl* da concerto: Konzertbecken
— del mantice *org* Balgplatte
~ in aria *prescr* Becken in der Luft
~ percosso normalmente *prescr* Becken gewöhnlich
~ portadischi *gram* Plattenteller
~ sospeso: Becken freihängend
~ sostenuto dalla sua correggia: Becken am
Riemen hängend
~ strofinato leggermente *prescr* Becken leicht
berühren
~ sul bordo/sull'orlo *prescr* Becken auf den
Rand
~ turco: türkisches → Becken
pibroch E
  D *(alte Form der schottischen Dudelsack-*
   musik)
  F *(forme ancienne de musique écossaise*
   vour musette)
  I *(antica forma musicale scozzese destinata*
   alla cornamusa)

  S *(antigua composición para gaita esco-*
   cesa)
  U *(a skót dudamuzsika régi formája)*
  R *(старинная форма шотландской волы-*
   ночной музыки)
picardía *f* S; con ~ schalkhaft
Picardy third E tierce picarde
picarescamente S schalkhaft
picchettato I *prescr, corda*
  D *(Art staccato)*
  E *(form of staccato)*
  F picchettato
  S punteado
  U *(egy vonóra játszott sorozatos staccato)*
  R *(род стаккато)*
picco *m* **dell'onda** I Wellenberg
Piccolo *n* D = Pikkoloflöte
~ *org* piccolo
piccolo E Pikkoloflöte; *org* piccolo
~ cornet: cornettino piccolo
~ flute: Pikkoloflöte
~ player: Pikkolospieler
piccolo *m* F cornettino piccolo; *org* piccolo;
Oktävlein 1'
piccolo *m* I *fis* Diskantregister; Diskantkombinationsregister
~ *org*
  D Piccolo *n*
  E piccolo
  F piccolo *m*
  S flautín 1' *m*, piccolo 1' *m*
  U piccolo
  R пикколо *n*
piccolo *m* S cornettino piccolo; Pikkolospieler
~ 1' *org* piccolo
piccolo U Pikkoloflöte; *org* piccolo
piccolofuvola U Pikkoloflöte
piccolojátékos U Pikkolospieler
piccolokornett U cornettino piccolo
piccolós U Pikkolospieler
pick up *v* E aufnehmen
pick-up E Tonabnehmer; *gram* Tonkopf
~ arm *gram* Tonarm
~ cartridge *gram* Tonkopf
pick-up *m* F Schallplattenspieler; Tonabnehmer
~ avec deux saphirs *gram* Tonabnehmer mit
zwei Saphiren
pick-up *m* I; ~ con due zaffiri *gram* Tonabnehmer mit zwei Saphiren
pickup *m* S Schallplattenspieler; Tonabnehmer
~ de dos zafiros *gram* Tonabnehmer mit zwei
Saphiren
pick-up U Tonabnehmer
pico *m* S *fiati* Mundstück; Schnabel
~ de flauta recta/dulce: Blockflötenschnabel
~ del clarinete: Klarinettenschnabel
pictorial E malend
pictórico S malend
pictural F malend
pie *m* S Ständer; *canna ancia, org* Fuß
~s *pl* del gong: Tom-Tom-Standfüße
~ del tubo *canna ancia* Pfeifenfuß
— ocho ~s *pl org* Achtfuß; Chormaß

— 16 ~s *pl org* Unterchormaß
piece E Stück
pièce *f* F Stück
~ d'ensemble → ensemble
~ de caractère: Charakterstück
~ de circonstance: Gelegenheitsstück
~ de concert: Konzertstück
~ de renforcement *vl* Brustfutter
~ de théâtre: Schauspiel; Theaterstück
~ gravée *org* Bank
~ recouvrant le coin *arco* Oberkeil
~ vocale: Gesangsstück
— petite ~ *fag* Flügel
pied *m* F Ständer; *canna ancia, org, pn* Fuß;
    pfte Bein; *vc* Stachel
~ du tuyau *canna ancia* Pfeifenfuß
~s *pl* pour Tom-Tom: Tom-Tom-Standfüße
— seize ~s *pl org* Unterchormaß
— un ~ 1/7 *org* Eineinsiebtelfuß
piede *m* I *canna ancia, org, pn* Fuß; *pfte*
    Bein
~ della canna *canna ancia* Pfeifenfuß
— otto piedi *pl org* Achtfuß; Chormaß
— 1 1/7 di ~ *org* Eineinsiebtelfuß
— 16 piedi *pl org* Unterchormaß
piedino *m* I *pn* Fuß
piedra *f* **sonora** S Klingstein
piega *f* I *org* Falte
~ con l'angolo verso l'esterno *org* auswärts-
    gehende → Falte
~ con l'angolo verso l'interno *org* einwärts-
    gehende → Falte
piel *f* S *perc* Fell; Schlagfell
~ natural *perc* Naturfell
pieno I *ton* rund
pierced E; ~ tuning cap *canna* Ringdeckung
pietra *f* **sonora** I Klingstein
pieusement F *prescr* devoto
pieza *f* S Schauspiel; Stück
~ característica: Charakterstück
~ de canto: Gesangsstück
~ de carácter: Charakterstück
~ de circunstancias: Gelegenheitsstück
~ de concierto: Konzertstück
~ de ocasión: Gelegenheitsstück
~ de refuerzo *vl* Brustfutter
~ donde cae el martillo *pfte* Fänger
~ instrumental didáctica: Handstück
~ para banda: Harmoniestück
~ para piano: Klavierstück
~ superior *cl* Oberstück; *fag* Flügel
~ teatral: Theaterstück
~ vocal: Gesangsstück
pífano *m* S Pfeifer; Querpfeife; Trommelflöte;
    arm fifre 4'
Piffaro *m* D *org* piffaro
piffaro *m* I *org*
    D Piffaro *m*
    E piffaro
    F piffaro *m*, bifra *f*, bifara *f*, bifarra *f*
    S flautín *m*
    U piffaro, piffero
    R пиффаро *n*

pifferaio *m* I Pfeifer
piffero *m* I Querpfeife; flageolet; дудошник;
    org Schwegel
~ d'osso: Knochenpfeife
piffero U *org* piffaro
pig E *org* Windmesser
Pikkolo *n* D cornettino piccolo
Pikkoloflöte *f*, **Piccolo** *n*, **kleine Flöte** *f* D
    E piccolo (flute)
    F flûte *f* piccolo, petite flûte *f*
    I ottavino *m*, flauto *m* piccolo
    S flautín *m*
    U kisfuvola, piccolo(fuvola), pikoló
    R пикколо *n*, малая флейта *f*, флейта *f*
       пикколо
Pikkolospieler *m* D
    E piccolo player
    F *(instrumentiste qui joue du piccolo)*
    I suonatore *m* di ottavino
    S piccolo *m* ⟨*instrumentista que toca el*
       flautín⟩, flautín *m*
    U piccolojátékos, piccolós
    R исполнитель *m* на флейте-пикколо
pikoló U Pikkoloflöte
pillar E *legni* Kugel; *org* Säule
pillar-support E *pn* Konsole
pilota *m* I *pfte* Pilote
pilóta U *pfte* Pilote; Pilotenschraube
Pilote *f* D *pfte*
    E capstan screw
    F pilote *m*
    I pilota *m*
    S pilote *m*
    U oszlopcsavar, pilóta
    R пилот *m*
pilote *m* F S *org* Säule; *pfte* Pilote
Pilotenschraube *f* D *pfte*
    E capstan screw
    F vis *f* du pilote
    I vite *f* del pilota
    S tornillo *m* del pilote
    U oszlopcsavar, pilóta
    R пилот *m*
pin E Zahn
pince *f* F *org* Intonierzange
pincé *m* F *orn* Schneller
pincer *v* F zupfen; *corda* anreißen
pinchar *v* S; ~ el fieltro *pfte* stechen
pink noise E rosa → Rauschen
pinna E Ohrmuschel
pinning-table E *pfte* Anhängestock
pintor *m* **de decorados** S *teat* Bühnenmaler
pinza *f* I *camp* Schlag
~ per accordare *org* Intonierzange
pinza *f* S *org* Intonierzange
piombino *m* I; ~ per tastiera *tasto* Blei
piombo *m* I *tasto* Blei
pipa *f* I *canna* Kropf; *canna, org* Kröpfung
~ con angolo *canna* Doppelkropf
~ semplice *canna* einfacher → Kropf
pipare *v* I; ~ le canne dell'organo *canna* kröp-
    fen
pipata I *canna* gekröpft

pipe E Pfeife; *legni* Klappenstengel; Walze
~ forms *pl canna* Pfeifenformen
~ metal *canna* Orgelmetall
~ rack *org* Pfeifenbank
~ with a tapped-in foot hole *canna* eingekulpte → Pfeife
~ with coned-out/expanded top *canna* aufgeriebene → Pfeife
pipeau *m* F Schalmei
piper E Pfeifer; дудошник
pipe-rack support E *org* Säule
pipework E *canna* Pfeifenwerk
piquer *v* F; ~ le feutre du marteau *pfte* stechen
piramidal S *canna* pyramidenförmig
~ invertido *canna* umgekehrt → pyramidenförmig
piramide *f* I; a ~ *canna* pyramidenförmig
— a ~ rovesciata *canna* umgekehrt → pyramidenförmig
piramis alakú U *canna* pyramidenförmig
piramiszongora U Pyramidenflügel
piriforme F I S birnenförmig
pirofono *m* I Flammenorgel
pirófono *m* S Flammenorgel
pirolo *m* I *corda* Wirbel
~ anteriore *corda* vorderständiger → Wirbel
~ del liuto: Lautenwirbel
~ di sicurezza *corda* Patentwirbel
~ laterale *corda* Seitenwirbel
~ posteriore *corda* rückständiger → Wirbel
Pirouette *f* D *legni* pirouette
pirouette *f* F *legni*
D Lippenscheibe *f*, Pirouette *f*
E pirouette
I *(negli strumenti a fiato: coronamento a
trottola o a imbuto attraverso cui passava
il piede della canna)*
S tudel *m*
U piruett
R *(приспособление у старинных духовых
тростевых инструментов, служащее
опорой для губ)*
piruett U *legni* pirouette
pisar *v* S *corda* greifen; *corda, tasto* niederdrücken
~ la tecla *tasto* greifen
piščal' R → пищаль
pista *f* I; doppia ~ *magn* Doppelspur
— a una ~ *magn* Einspur-
pista *f* S *magn* Spur
— de una ~ *magn* Einspur-
— doble ~ *magn* Doppelspur
piste *f* F *magn* Spur
— à une ~ *magn* Einspur-
— double ~ *magn* Doppelspur
Piston *m* D cornet à piston
piston E Wechsel; *ottoni* Pumpventil
~ flute: Stempelflöte
~ valve: Perinet-Ventil
piston *m* F Wechsel; *org* Fußdrücker; *ottoni*
Pumpventil; Ventil

~s *pl ottoni* Maschine
~ (actionné par le pied) *org* Kugeltritt
~ de compensation *ottoni* Ausgleichsventil;
Ersatzventil
~ du pouce *ottoni* Quartventil
~ Perinet: Perinet-Ventil
~ transversal à ressort *ottoni* Verkürzungsventil
— troisième ~ à coulisse mobile *trb* verstellbarer dritter → Ventilzug
pistón *m* S Wechsel; *org* Fußdrücker; Kugeltritt; *ottoni* Fingerknopf; Pumpventil; Ventil
— pistones *pl* Ventilinstrumente; *fiati* Druckplättchen
~ cilindrico *ottoni* Drehventil
~ de compensación *ottoni* Ersatzventil
~ del pulgar *ottoni* Quartventil
~ giratorio *ottoni* Drehventil
~ Perinet: Perinet-Ventil
— primer [segundo, tercer] ~ *trb* erster
[zweiter, dritter] → Ventilbogen
— tercer ~ *trb* verstellbarer dritter → Ventilzug
pistoncino *m* I *fis, org* Druckknopf
pistone *m* I Perinet-Ventil; Wechsel; *org* Fußdrücker; *ottoni* Ventil; Pumpventil
~ ascendente *ottoni* Verkürzungsventil
~ del pollice *ottoni* Quartventil
~ di compensazione *ottoni* Ausgleichsventil;
Ersatzventil; Kompensationsventil
~ indipendente *ottoni* Verkürzungsventil
— quarto ~ *ottoni* Quartventil
piszton U cornet à piston; *org* Kugeltritt
pisztonszelep U Pumpventil
pisztonventil U Wechsel
pitch E Tonhöhe
~ accent: Tonhöhenakzent
~ discrimination: Tonhöhenunterscheidungsvermögen
~ notation: Klangnotation
~ of a room: Raumklang
~ perception: Tonhöhenwahrnehmung
~ pipe: Stimmpfeife
~ recognition: Tonhöhenwahrnehmung
— actual ~ klingt wie notiert → klingen
— give *v* the ~ Ton angeben
pitched E abgestimmt
pitch-level E Tonhöhe
pito *m* S Signalpfeife
pittoresco I malend
pittura *f* musicale I Tonmalerei
più I
D mehr
E more
F plus
S más
U inkább, jobban
R более
piva *f* I Dudelsack; *org* musette
~ *bl*
D *(italienischer Tanz)*
E piva

F piva *f*
S piva *f*
U *(olasz tánc)*
R «пива» *f* ⟨*итальянский танец*⟩
pivot E; ∼ chord: accord pivot
pivotal E umdeutbar
pivote *m* S *tasto* Anhängestift
pizzicare *v* I zupfen
pizzicare *m* I; ∼ con l'unghia *arpa* Nagelan-
　schlag
pizzicato *m* F; ∼ avec l'ongle *arpa* Nagelan-
　schlag
pizzicato I *prescr, corda*
　D pizzicato, gezupft
　E pizzicato, plucked
　F pizzicato
　S pizzicato
　U pizzicato, pengetve
　R пиццикато
pizzicato *m* S; ∼ con la uña *arpa* Nagelanschlag
placa *f* S; ∼s *pl* con el nombre de los registros
　org Registerplättchen
∼ de hueso/metal *arco* Platte
∼ de nácar *arco* Schub
∼ de protección: Spielplatte
∼ posterior del talón *arco* Zwickelblech
placca *f* I; ∼ di osso/metallo *arco* Platte
∼ incastrata nel tallone *arco* Zwickelblech
placchetta *f* I; ∼ d'avorio del tasto *tasto* Vor-
　derteil des Tastenbelages
place *f* F; à sa ∼ loco
placer *v* F *canna* aufstellen
placidamente I *prescr* = placido
plácidamente S *prescr* placido
placide F *prescr* placido
placido, placidamente I *prescr*
　D placido, placidamente, friedlich
　E placido, placidamente, "*placid(ly)*"
　F placido, placidamente, placide, paisible
　S placido, placidamente, plácido, plácida-
　　mente
　U placido, placidamente, "*nyugodt(an)*",
　　"*békés(en)*"
　R placido, placidamente, безмятежно
plácido S *prescr* pacato; placido
placing E; ∼ of text: Textverteilung
∼ of words: Textunterlegung
placito *m* I; a bene ∼ = ad → libitum
plagal D
　E plagal
　F plagal
　I plagale
　S plagal
　U plagális
　R плагальный
plagal E plagal
∼ cadence: plagale → Kadenz
plagale I plagal
plagális U plagal
plagiaire *m* F Plagiator
plagiar *v* S abschreiben
plagiare *v* I abschreiben
plagiario *m* I S Plagiator

plagiarism E Plagiat
plagiarist E Plagiator
plagiarize *v* E abschreiben
Plagiat *n* D
　E plagiarism
　F plagiat *m*
　I plagio *m*
　S plagio *m*
　U plágium
　R плагиат *m*
plagiat *m* F Plagiat
Plagiator *m* D
　E plagiarist
　F plagiaire *m*
　I plagiario *m*
　S plagiario *m*
　U plagizátor
　R плагиатор *m*
plagier *v* F abschreiben
plagio *m* I S Plagiat
plágium U Plagiat
plagizálni *v* U abschreiben
plagizátor U Plagiator
plain E; ∼ wire strings *pl pfte* Blankbezug
plainchant E Gregorianischer → Choral
plain-chant *m* F Gregorianischer → Choral
plainsong E Gregorianischer → Choral
∼ mass: Choralmesse
∼ notation: Choralnotation
∼ note: Choralnote
∼ passion: Choralpassion
∼ rhythm: Choralrhythmus
— in ∼ choraliter
plaintif F *prescr* flebile; gemendo; lamentabile;
　luttuoso
plaisant F *prescr* piacevole
plan *m* F; ∼ des cordes *arpa* Saitenebene
— premier ∼ de la scène *teat* Vorderbühne
plancha *f* **de fricción** S Reibbrett
planche *f* F; ∼ d'abrégé *org* Wellenbrett
∼ de friction: Reibbrett
plancher *m* **de scène** F *teat* Bühnenboden
planchette *f* F; ∼ coulissante pour l'accord
　canna d.l. Stimmschieber
∼ ronflante: Schwirrholz
plane E; ∼ of the strings *arpa* Saitenebene
plank E *pfte* Wirbelfeld (der Platte)
plano *m* S; ∼ de las cuerdas *arpa* Saitenebene
— en primer ∼ *teat* vorn auf der → Bühne
— primer ∼ *teat* Vorderbühne
plant *v* E *canna* aufstellen
plantar *v* S *canna* aufstellen
plantilla *f* S; ∼ de la orquesta: Orchesteran-
　ordnung
∼ instrumental: Besetzung
plaque *f* F; ∼ d'ivoire *tasto* Elfenbeinbelag
∼ d'os *arco* Platte
∼ de clef *legni* Klappenlöffel
∼ de métal *arco* Platte
∼ de nacre *arco* Schub
∼ de protection: Schlagbrett; Spielplatte
∼ du soufflet *org* Balgplatte
∼ métallique articulée *canna* Klappdeckel

~ métallique articulée avec trous latéraux *canna* Klappdeckel mit Seitenlöchern
~ métallique pour l'accord *canna* Stimmplatte
~ postérieure du talon *arco* Zwickelblech
plastic head E *perc* Plastikfell
Plastikfell *n* D *perc*
  E plastic head
  F peau *f* en plastique
  I pelle *f* di plastica
  S cabeza *f*/ parche *m* de plástico
  U műanyag (dob)bőr
  R перепонка *f* из синтетического материала
plat F *str* flach
plataforma *f* **giratoria** S Drehbühne
plate E *arco* Platte; *legni* Deckel; Griff
~ number: Plattennummer
platea *f* I S *teat* Parkett
plateau *m* F *gram* Plattenteller; *legni* Deckel; Fingerlochdeckel
~ de clef *legni* Klappenlöffel
Platerspiel *n* D
  E bladder pipe
  F vèze *m*
  I *(varietà di cornamusa medievale con canna arcuata e priva di bordone)*
  S *(tipo especial de cornamusa)*
  U hólyagduda
  R *(средневековая разновидность волынки)*
platillos *m pl* S Becken
~ al aire *prescr* Becken in der Luft
~ al medio *prescr* Becken auf die Kuppel
~ chinescos: chinesisches → Becken
~ colgados de la correa: Becken am Riemen hängend
~ de concierto: Konzertbecken
~ en medio/en la bóveda *prescr* Becken auf die Kuppel
~ en el borde *prescr* Becken auf den Rand
~ frotados ligeramente *prescr* Becken leicht berühren
~ normales *prescr* Becken gewöhnlich
~ para desfiles: Marschbecken
~ sobre el borde *prescr* Becken auf den Rand
~ suspendidos: Becken freihängend
~ turcos: türkisches → Becken
platni U *camp* Glockenplatte
plato *m* S *gram* Plattenteller
Platte *f* D *arco*
  E plate, tip
  F plaque *f* d'os/de métal
  I placca *f* di osso/metallo
  S placa *f* de hueso/metal
  U csont
  R косточка *f*
~ *gram* = Schallplatte
Plattendeckung *f* D *canna* = Klappdeckel
Plattennummer *f* D ⟨*Druck*⟩
  E plate number
  F numéro *m* de planche, cotage *m*
  I numero *m* di tavola
  S número *m* de la lámina/plancha

  U lemezszám
  R номер *m* гартовой доски
Plattenstrebe *f* D *pn*
  E bracing/cross bar
  F traverse *f*
  I sbarra *f* del telaio
  S travesaño *m*
  U támasz, spreicni
  R распорки *f pl* панцырной рамы
Plattenteller *m* D *gram*
  E turntable
  F plateau *m*
  I piatto *m* portadischi
  S plato *m*
  U (lemez)tányér
  R диск *m* проигрывателя
play E Schauspiel; Theaterstück; *tasto* Leergang
play *v* E blasen; spielen; zu → Gehör bringen; *corda, tasto* greifen
~ back: wiedergeben
~ flat: zu tief → spielen
~ in *str* einspielen
~ in tune: rein → spielen
~ out of tune: unrein → spielen
~ sharp: zu hoch → spielen
~ staccato: abstoßen
~ to: vorspielen
~ with brassy tone *ottoni* schmettern
playable E spielbar
playback E Wiedergabe
playbill E Spielplan
player E Spieler
~ action *org* automatische → Spieleinrichtung
~ piano: mechanisches → Klavier; Pianola
~ roll: Rolle; Walze
playing E; ~ at sight: Blattspiel
~ by heart: Auswendigspielen
~ from memory: Auswendigspielen
~ from score: Partiturspiel
~ time *gram, magn* Laufzeit
plectre *m* F Plektrum; Zitherring; *cemb* Kiel
plectro *m* S Plektrum; Zitherring; *cemb* Kiel
plectrum E Plektrum; Zitherring; *cemb* Kiel
~ guard: Schlagbrett
~ guitar: guitarra de jazz
plein F *prescr* pastoso; *ton* rund
plein-jeu E *org, arm* tutti; *org* Großmixtur
plein-jeu *m* F *org* Blockwerk; Großmixtur
plektron U Plektrum
Plektrum *n*, **Spielblatt** *n*, **Spielblättchen** *n* D
  E plectrum, jack, guard plate
  F plectre *m*, médiator *m*
  I plettro *m*
  S plectro *m*
  U plektrum, plektron, pengető
  R плектр *m*, медиатор *m*
plektrum U Plektrum
plenum *m* F *org, arm* tutti
Pleßhorn *n* D
  E "plesshorn" ⟨*hunting horn*⟩
  F "Plesshorn" *m* ⟨*cor de chasse*⟩
  I *(corno di caccia)*
  S *(cuerno de caza)*

U plesszkürt ⟨vadászkürttipus⟩
R (охотничий рог с широкой мензурой
по типу почтового рожка)
plesshorn E Pleßhorn
∼ player *mil* Pleßhornist
Plesshorn *m* F Pleßhorn
Pleßhornist *m* D *mil*
  E plesshorn player
  F sonneur *m* de Plesshorn
  I *(suonatore del "Plesshorn")*
  S *(tañedor de "Plesshorn")*
  U plesszkürtjátékos
  R (исполнитель на инструменте
  «Pleßhorn»)
plesszkürt U Pleßhorn
plesszkürtjátékos U *mil* Pleßhornist
plettro *m* I Plektrum; *cemb* Kiel
∼ ad anello: Zitherring
pleurant F *prescr* piangendo
— en ∼ singhiozzando
pli *m* F Lage; *org* Falte
∼ rentrant *org* einwärtsgehende → Falte
∼ sortant *org* auswärtsgehende → Falte
plica *f* S Notenhals
pliego *m* S Lage
pliegue *m* S *org* Falte
∼ hacia adentro *org* einwärtsgehende → Falte
∼ hacia afuera *org* auswärtsgehende → Falte
plinth E *pn* Sockelleiste
pljaska R *bl* → пляска
Plockflöte *f* D *obs* = Blockflöte
plomb *m* F *tasto* Blei
plomo *m* S *tasto* Blei
plot E *teat* Handlung
plötzlich D subito
pluck *v* E zupfen; *corda* anreißen
plucked E *prescr*, *corda* pizzicato
∼ idiophone: Zupfidiophon
∼ instruments *pl* Zupfinstrumente
∼ zither: Schlagzither
plug E *arco* Oberkeil; Schlußkeil; Unterkeil
pluralidad *f* **de textos** S Mehrtextigkeit
pluralité *f* F; ∼ **des chœurs**: Mehrchörigkeit
∼ des textes: Mehrtextigkeit
plus F più
Plüschschlegel *m* D *perc*
  E plush stick
  F baguette *f* en peluche
  I bacchetta *f* di velluto
  S baqueta *f* de felpa
  U plüssfejű ütő/verő, plüssütő, plüssverő
  R колотушка *f* с плюшевой головкой
plush stick E *perc* Plüschschlegel
plüssütő U *perc* Plüschschlegel
plüssverő U Plüschschlegel
pneumatic E; ∼ **action** *org* pneumatische →
Spieleinrichtung
∼ soundboard *org* Membranenlade
pneumatica *f* I; ∼ **a scarico** *org* Ausstrompneumatik
∼ di carico *org* Einstrompneumatik
Pneumatik *f* D *org* = pneumatische → Spieleinrichtung

pneumatika U pneumatische → Spieleinrichtung
Pneumatikbalg *m* D *org*
  E motor bellows *pl*
  F soufflet *m* pneumatique
  I mantice *m* pneumatico
  S fuelle *m*
  U pneumatika fúvója
  R мехи *m pl* пневматической системы
pneumatique *f* F; ∼ **à air aspirant** *org* Ein-
strompneumatik
po' I = poco
pobočnye glasy R побочные → гласы
pobre S; ∼ **de armónicos**: obertonarm
Poche *f* D *obs* = Pochette
Pochette *f* D pochette
pochette *f* F
  D Pochette *f*, Taschengeige *f*, Tanzmeister-
geige *f*, Sackgeige *f*
  E pocket fiddle, kit, pochette
  I sordone *m*, sordune *m*, sordino *m*,
pochette *f*, violino *m* piccolo
  S violin *m* pequeño
  U pochette, táncmesterhegedű
  R пошетта *f*
pocket E; ∼ **fiddle**: pochette
∼ score: Taschenpartitur
poco I; ∼ **a** ∼ *prescr*
  D poco a poco, allmählich
  E poco a poco, *"little by little"*, *"gradually"*
  F poco a poco, peu à peu
  S poco a poco
  U poco a poco, *"fokozatosan"*, *"lassan-
ként"*
  R poco a poco, постепенно
— **fra** ∼
  D fra poco, bald, schnell
  E fra poco, *"soon"*, *"in a moment"*
  F fra poco, aussitôt, sous peu
  S fra poco, dentro de poco
  U fra poco, *"rövidesen"*, *"hama·*
  R fra poco, скоро, немедленно
— **un** ∼
  D un poco, ein wenig
  E un poco, a little
  F un poco, un peu
  S un poco
  U un poco, egy kevéssé/kissé
  R un poco, немного
poco S; ∼ **a** ∼ poco a poco
— **dentro de** ∼ **fra** → poco
— **un** ∼ **un** → poco
podgolosočnaja polifonija R подголосочная →
полифония
podgolosok R → подголосок
podio *m* I S Podium
Podium *n* D
  E rostrum, podium, stand
  F podium *m*
  I podio *m*
  S podio *m*, tarima *f*
  U pódium, emelvény, dobogó
  R эстрада *f*
podium E Podium

podium *m* F Podium
pódium U Podium
podoben R → подобен
podvodka R → подводка
poema *m* I; ~ **sinfonico**
    D Tondichtung *f*, symphonische Dichtung *f*
    E symphonic poem, tone poem
    F poème *m* symphonique
    S poema *m* sinfónico
    U szimfonikus költemény
    R симфоническая поэма *f*
poema *m* S; ~ sinfónico: poema sinfonico
poème *m* F; ~ symphonique: poema sinfonico
poet E Textdichter
poeta *m* I Textdichter; Textverfasser
poeta *m* S Textdichter
poète *m* F Textdichter
poetisa *f* S Textdichter
pohár U; zenélő poharak *pl* Glasschalenspiel
poids *m* F *canna ancia, org* Gewicht
~ de la main *pfte* Spielschwere
point E Punctus; *arco* Spitze
~ of attack *corda* Anschlagspunkt; Erregungs-
    stelle
~ of imitation: Imitationsmotiv; Imitations-
    abschnitt
— at the ~ of the bow *prescr, vl* (an der) →
    Spitze
— on the ~ *bl* auf der → Spitze
point *m* F Punkt; Punktneume; Punctus
~ culminant: Höhepunkt
~ d'attaque *corda* Anschlagspunkt; Erre-
    gungsstelle
~ d'orgue: fermata
~ de frappe *camp* Schlag
— double ~ Doppelpunkt
pointe E *bl* Spitze
pointe *f* F *arco, bl* Spitze; *gram* Nadel
~ aux âmes *archi* Stimmrichter
~ d'accroche *tasto* Anhängestift
~ d'âme *archi* Stimmrichter
~ de balancier *pfte* Waagebalkenstift
~ de réglage du jeu latéral de la touche *pfte*
    Tastenführungsstift
~ du jeu de la touche *pfte* Tastenführungsstift
— à la ~ de l'archet *prescr, vl* (an der) →
    Spitze
— sur la ~ *bl* auf der → Spitze
pointé F punktiert
— doublement ~ doppelt → punktiert
pointed E; ~ harp: Spitzharfe
~ lip *canna* Spitzlabium
pointe-dance E Spitzentanz
pointer *v* F punktieren
pointillisme *m* **musical** F punktuelle → Musik
pointillist music E punktuelle → Musik
pointing E
    D *(beim Anglican chant eine Methode, die
    Silbenverteilung anzudeuten und festzu-
    legen)*
    F *(dans le chant anglican, méthode consis-
    tant à indiquer les syllabes qui doivent
    être récitées ou chantées)*

    I *(nel canto anglicano designa i segni che
    stabiliscono il modo di dividere le sillabe
    e di adattarle al canto)*
    S *(sistema de signos en uso en el canto
    anglicano para indicar qué sílabas deben
    recitarse y cuáles deben entonarse)*
    U *(az "Anglican chant"-ban a szótagelosz-
    tás megjelölésére és szabályzására használt
    módszer)*
    R *(в англиканском гении способ обозна-
    чений, определяющих соотношение сло-
    гов текста и мелодии)*
polacca *f* I *bl* polonaise
— **alla** ~
    D alla polacca, wie eine Polonaise
    E alla polacca, *"like a polonaise"*
    F alla polacca, à la polonaise
    S alla polacca, *"a la polaca"*
    U alla polacca, polonézszerűen
    R alla polacca, в характере полонеза
polca *f* I *bl* Polka
polca *f* S *bl* Polka
~ de la silla: Stuhlpolonaise
policoral S mehrchörig
policorale I mehrchörig
policoralidad *f* S Mehrchörigkeit
policoralità *f* I Mehrchörigkeit
policórdico S vielsaitig
poliestrófico S mehrstrophig
polifon U polyphon
polifonia *f* I Polyphonie
~ apparente: Scheinpolyphonie
~ policorale: Mehrchörigkeit
polifonía *f* S Polyphonie
polifónia U Polyphonie
polifonico I polyphon
polifónico S polyphon
polifonija R; podgolosočnaja ~ подголосочная
    → полифония
polimetria *f* I Polymetrik
polimetría *f* S Polymetrik
polimetrico I polymetrisch
polimétrico S polymetrisch
polimetrika U Polymetrik
polimetrikus U polymetrisch
poliritmico I polyrhythmisch
poliritmikus U polyrhythmisch
polirrítmico S polyrhythmisch
polissoir *m* F *org* Rundstahl
politematico I vielthemig
politemático S vielthemig
politestuale I mehrtextig
politestualità *f* I Mehrtextigkeit
politextual E mehrtextig
politonal S polytonal
politonale I polytonal
politonalidad *f* S Polytonalität
politonális U polytonal
politonalità *f* I Polytonalität
politonalitás U Polytonalität
Polka *f* D *bl*
    E polka
    F polka *f*

I polca *f*
S polca *f*
U polka
R полька *f*
polka E U *bl* Polka
polka *f* F *bl* Polka
Polonaise *f* D *bl* polonaise
— wie eine ∼ alla → polacca
polonaise *f* F *bl*
  D Polonaise *f*
  E polonaise
  I polacca *f*
  S polonesa *f*
  U polonéz
  R полонез *m*
— à la ∼ alla → polacca
polonesa *f* S *bl* polonaise
polonéz U *bl* polonaise
polonézszerüen U alla → polacca
Polster *n* D *cemb*
  E cushion
  F coussinet *m*, garniture *f*
  I cuscinetto *m*, feltro *m*
  S almohadilla *f*
  U párna, tompítófilc
  R польстер *m*
polverino *m* I Sandrassel
polychoral E mehrchörig
∼ music: Mehrchörigkeit
polymetric E polymetrisch
polymétrie *f* F Polymetrik
Polymetrik *f* D
  E polymetry
  F polymétrie *f*
  I polimetria *f*
  S polimetria *f*
  U polimetrika
  R полиметрия *f*
polymétrique F polymetrisch
polymetrisch D
  E polymetric
  F polymétrique
  I polimetrico
  S polimétrico
  U polimetrikus
  R полиметрический
polymetry E Polymetrik
polyphon D
  E polyphonic
  F polyphonique
  I polifonico, a più voci
  S polifónico, a varias voces
  U polifon, több szólamú
  R полифонический, полифоничный
polyphonic E polyphon
∼ texture: polyphones → Gewebe
Polyphonie *f* D
  E polyphony
  F polyphonie *f*
  I polifonia *f*
  S polifonía *f*
  U polifónia, többszólamúság
  R полифония *f*

polyphonie *f* F Polyphonie
polyphonique F polyphon
polyphony E Polyphonie
polyrhythmic E polyrhythmisch
polyrhythmisch D
  E polyrhythmic
  F polyrythmique
  I poliritmico
  S polirrítmico
  U poliritmikus
  R полиритмический
polyrythmique F polyrhythmisch
polytextuality E Mehrtextigkeit
polythematic E vielthemig
polythématique F vielthemig
polytonal D
  E polytonal
  F polytonal
  I politonale
  S politonal
  U politonális
  R политональный
Polytonalität *f* D
  E polytonality
  F polytonalité *f*
  I politonalità *f*
  S politonalidad *f*
  U politonalitás, hangnemkeverés
  R политональность *f*
polytonalité *f* F Polytonalität
polytonality E Polytonalität
pomelli *m pl* **dei registri** I *org* Registerknöpfe
pomety R; kinovarnye ∼ киноварные → пометы
Pommer *m* D ⟨16. *sec*⟩ = Bomhart
pommer U Bomhart
pommettes *f pl* F *org* Registerknöpfe
pompa *f* I *trb* Ventilbogen
∼ a tiro *trbne* Zug
∼ d'accordo *ottoni* Stimmbogen
∼ dei mantici *org* Schöpfbalg
∼ generale *cor* Vertiefungsbogen; Einsteckbogen; *fag, trbne* Stimmzug; *ottoni* Stimmbogen
∼ mobile a coulisse *trbne* Zug
— prima [seconda, terza] ∼ addizionale *trb* erster [zweiter, dritter] → Ventilbogen
pompe *f* F Schöpfbalg; *org* Arbeitsbalg; Schöpfbalg
∼ générale *cor* Einsteckbogen
pompetta *f* I *fag* automatische → Entwässerung
pompeux F *prescr* pomposo
pompös D *prescr* pomposo
pomposo I *prescr*
  D pomposo, pompös
  E pomposo, "*pompous*"
  F pomposo, pompeux
  S pomposo
  U pomposo, "*pompázatosan*", "*ünnepélyesen*"
  R pomposo, «помпезно»
poner *v* S *canna* aufstellen
∼ en música: vertonen

~ los cueros: beledern
pont *m* F Rückführung; Überleitung
 ~ d'éclairage *teat* Beleuchtungsbrücke
pont U Punctus; Punkt
 — dupla ~ Doppelpunkt
ponte *m* I Überleitung; *teat* Versenkungstisch
 ~ delle luci *teat* Beleuchtungsbrücke
pontet *m* F *tamb* Saitenschraube
ponticello *m* I *pfte* Klangsteg
 — dietro al ~ *archi* hinter dem → Steg
 — sul ~ *archi* am → Steg
pontneuma U Punktneume
pontosan U *prescr* giusto
pontozni *v* U punktieren
pontozott U punktiert
 — kétszer ~ doppelt → punktiert
pop E; ~ **music**
 D Popmusik *f*
 F musique *f* pop
 I musica *f* pop
 S música *f* pop
 U popzene
 R поп-музыка *f*
 ~ singer: Schlagersänger
 ~ song: Schlager
 ~ songwriter: Schlagerkomponist
popevka R → попевка
Popmusik *f* D pop music
popolare I Volks-
populaire F Volks-
popular E Volks-
 ~ instruments *pl* Volksinstrumente
 ~ music: Volksmusik; Unterhaltungsmusik
 ~ song: volkstümliches → Lied
popular S Volks-
popurrí *m* S pot-pourri
popzene U pop music
porcentaje *m* S Tantiemen
porción *f* S; ~ no vibrante de la cuerda *pfte* Saitenanhang
 ~ vibrante de la cuerda *corda, pfte* Anhängelänge
portaagujas *m* S Nadelhalter
portada *f* S Titelblatt
portadilla *f* S Vortitel
Portamento *n* D portamento
portamento *m* I
 D Portamento *n*
 E portamento, "*scooping*"
 F portamento *m*
 S portamento *m*, arrastre *m*
 U portamento
 R портаменто *n*
~, portato *prescr*
 D portamento, portato, gebunden
 E portamento, portato, "*slurring*", "*carrying over*"
 F portamento, portato, porté
 S portamento, portato
 U portamento, portato, csúszás
 R portamento, portato, портаменто, портато, связно
portamusica *f* I *ottoni* Notenhalter

porta-pedali *m* I *pfte* Lyra
portapuntine *m* I Nadelhalter
portare *v* I tragen
porta-tamburo *m* I Trommelständer
Portativ *n* D
 E portative (organ)
 F orgue *m* portatif
 I portativo *m*, organo *m* portativo
 S órgano *m* portátil/portativo
 U portatív
 R портатив *m*, переносный орган *m*
portatív U organetto; Portativ
portative E; ~ organ: organetto; Portativ
portativo *m* I Portativ
portato I *prescr* = portamento
portavoce *m* I *cl* Duodezklappe; *legni* Oktavklappe
 ~ automatico *cl* duodezimierende → Doppelklappe
 — doppio ~ *cl* duodezimierende → Doppelklappe
portavoz *m* S Megaphon; *cl* Duodezklappe; *org* klingende → Stimmen
porté F *prescr* portamento
porte-aiguille *m* F Nadelhalter
portée *f* F Liniensystem
 ~ du son: Tonbereich
 — sans ~ linienlos
porter *v* F tragen
porte-ressort *m* F *org* Leitleiste der Feder
porte-vent *m* F *org* Windkanal
 — grand ~ *org* Hauptwindkanal
porte-voix *m* F Megaphon
portunal E; ~ flute *org* Portunalflöte
portunal *m* F S *org* Portunalflöte
Portunalflöte *f* D *org*
 E portunal flute
 F portunal *m*
 I *(flauto di misura larga quasi sempre aperto)*
 S portunal *m*, portunalflöte *f*
 U "Portunalflöte"
 R портунальфлёте *f*
portunalflöte *f* S *org* Portunalflöte
Posaune *f* D
 E trombone
 F trombone *m*
 I trombone *m*
 S trombón *m*
 U harsona, trombon, pozaun, puzón
 R тромбон *m*
 ~ *org* buccina; trombone
~ blasen
 E to blow the trombone
 F jouer *v* du trombone
 I suonare *v* il trombone
 S tocar *v* el trombón
 U harsonát/pozaunt fújni *v*
 R играть *v* на тромбоне
Posaunenchor *m* D
 E trombone chorus
 F chœur *m* de trombones
 I coro *m* di tromboni

S coro *m* de trombones
U harsonakórus, puzónkórus
R ансамбль *m* тромбонов
Posaunist *m* D
E trombonist
F trombone *m*
I suonatore *m* di trombone
S trombón *m*, trombonista *m*
U harsonás, harsonajátékos
R тромбонист *m*
pose *f* **de la voix** F *canto* messa di voce
posibilidad *f* S; ~ es *pl canto* Material
~ de afinar: Stimmbarkeit
posible S; lo antes ~ quanto prima
posición *f* S *acc, corda, trbne* Lage
~ abierta *acc* weite → Lage
~ del do: Griff-C
~ del pulgar *vc* Daumen-Aufsatz
~ estrecha *acc* enge → Lage
~ fundamental *acc* Grundstellung
~ mixta *acc* gemischte → Lage
— primera [segunda, tercera, cuarta] ~
corda, trbne erste [zweite, dritte, vierte]
→ Lage
— segunda ~ *corda* mezza → manica
positif *m* F Chororgel; Positiv; *org* Chor
~ de des: Rückpositiv
Position *f* D *vl* = Lage
— halbe ~ *corda* mezza → manica
position E *acc, corda, trbne* Lage
— first [second, third, fourth] ~ *corda, trbne*
erste [zweite, dritte, vierte] → Lage
position *f* F *acc, corda, trbne* Lage
~ du do: Griff-C
~ du pouce *vc* Daumen-Aufsatz
~ fondamentale *acc* Grundstellung
~ large *acc* weite → Lage
~ mixte *acc* gemischte → Lage
~ naturelle/normale *prescr, fiati* natürlich
~ serrée *acc* enge → Lage
— deuxième ~ *corda* mezza → manica
— première [deuxième, troisième, quatrième]
~ *corda, trbne* erste [zweite, dritte, vierte]
→ Lage
Positiv *n* D
E positive/choir organ
F positif *m*
I positivo *m*, organo *m* positivo
S positivo *m*
U pozitív(orgona)
R позитив *m*
positive organ E Positiv
positivo *m* I Positiv
~ tergale: Rückpositiv
positivo *m* S Positiv; Chororgel; *org* Chor;
Oberwerk; Unterklavier
~ de cadereta: Rückpositiv
posizione *f* I *acc, corda, trbne* Lage
~ ausiliaria *legni* Hilfsgriff
~ d'ottava *acc* Oktavlage
~ del do: Griff-C
~ di quinta *acc* Quintlage
~ di terza: Terzlage

~ fondamentale *acc* Grundstellung
~ lata *acc* weite → Lage
~ mista *acc* gemischte → Lage
~ normale/naturale *prescr, fiati* natürlich
~ stretta *acc* enge → Lage
— in ~ lata: weitgriffig
— prima [seconda, terza, quarta] ~ *corda,
trbne* erste [zweite, dritte, vierte] → Lage
possibilità *f* **di reinterpretazione** I Umdeutbarkeit
possibilité *f* **d'accord** F Stimmbarkeit
postakürt U Posthorn
postclásico S nachklassisch
post-classical E nachklassisch
postclassico I nachklassisch
post-classique F nachklassisch
poster *v* F *org* verführen
Posthorn *n* D
E posthorn, coach horn
F cor *m* de postillon
I cornetta *f* da postiglione
S corneta *f* de postillón
U postakürt
R почтовый рожок *m*
posthorn E Posthorn
postlude E Nachspiel; Postludium
postlude *m* F Nachspiel; Postludium
postludio *m* I S Nachspiel; Postludium
Postludium *n* D
E postlude
F postlude *m*
I postludio *m*
S postludio *m*
U utójáték, postludium
R постлюдия *f*
postludium U Postludium
posztklasszikus U nachklassisch
potencia *f* S Klangfülle; Schallstärke
~ del sonido: Tonstärke
Potpourri *n* D pot-pourri
potpourri E U pot-pourri
pot-pourri *m* F
D Potpourri *n*
E potpourri, medley, selection
I pot-pourri *m*
S popurrí *m*, potpourri *m*
U egyveleg, potpourri
R попурри *n*
potpourri *m* S pot-pourri
Potpourri-Instrumente *n pl* D *obs* = Effektinstrumente
pótvonal U Hilfslinie
poulailler *m* F *teat* Olymp
pound *v* E hämmern
pourcentage *m* F; ~ d'audition: Hörvermögen
poussé *m* F *archi* Aufstrich: Gegenstrich; *vc*
Hinstrich
poussé U *archi* Gegenstrich
povero I; ~ di armonici: obertonarm
power E; ~ to distinguish differences of pitch:
Tonunterscheidungsvermögen
pozaun U Posaune; *org* trombone

~t fújni *v* Posaune blasen
— kontrabasszus ~ Kontrabaßposaune
pozitív U Positiv; *org* Unterwerk
pozitívorgona U Positiv
prächtig D magnifico
práctica *f* S; ~ de la ejecución: Aufführungspraxis
practical edition E praktische → Ausgabe
practicar *v* S *str* üben
practice E Übung
~ clavier: Übungsklavier
~ keyboard: stummes → Klavier
~ piano: Übungsklavier; stummes → Klavier
practice *v* A=practise
practise *v* E *str* üben
~ (singing): sich → einsingen
~ solfeggio: solfeggiare
Praeludium *n* D
  E prelude
  F prélude *m*
  I preludio *m*
  S preludio *m*
  U prelúdium, előjáték
  R прелюдия *f*, прелюд *m*
Praestant *m* D *org*
  E front set, praestant
  F prestant *m*
  I principale *m* di 4'
  S prestant *m*, principal *m*
  U praestant
  R престант *m*
praestant E U *org* Praestant
Praller *m* D *orn*
  E (prepared/half) shake, inverted mordent
  F mordant *m*
  I mordente *m* superiore
  S mordente *m*
  U paránytrilla, parányzó, praller
  R верхний/неперечёркнутый мордент *m*
praller U mezzo → trillo; *orn* Praller
Pralltriller *m* D mezzo → trillo
Präsenz *f* D ⟨*Durchsichtigkeit der Mittellagen*⟩
  E presence
  F présence *f*
  I presenza *f*, controllo *m* automatico di
frequenza
  S presencia *f*
  U prezenc
  R эффект *m* присутствия
prassi *f* d'esecuzione I Aufführungspraxis
pratique *f* de l'exécution F Aufführungspraxis
pratiquer *v* F *str* üben
precentor E
  D (*Kirchenmusikdirektor in der anglikani-
schen Kirche*)
  F (*maître de chapelle dans l'Eglise angli-
cane*)
  I (*maestro di cappella nella Chiesa angli-
cana*)
  S (*maestro de capilla en la Iglesia anglicana*)
  U (*egyházzene-igazgató az anglikán egyház-
ban*)

R (*обозначение должности музыкального руководителя в англиканской
церкви*)
precipitado S *prescr* precipitato
précipitant F; en ~ *prescr* stringendo
precipitato I *prescr*
  D precipitato, überstürzt
  E precipitato, "*precipitate*", "*impetuous*"
  F precipitato, précipité
  S precipitato, precipitado
  U precipitato, "*siettetve*", "*hirtelen meg-
gyorsitva*"
  R precipitato, стремительно
précipité F *prescr* affrettato; precipitato
précis F *prescr* giusto
précision *f* F; avec ~ *prescr* giusto
preclasicismo *m* S Vorklassik
preclásico S vorklassisch
preclásico *m* S Vorklassiker
pre-classical E vorklassisch
~ composer: Vorklassiker
~ period: Vorklassik
pré-classicisme *m* F Vorklassik
preclassicismo *m* I Vorklassik
preclassico I vorklassisch
pré-classique F vorklassisch
preklasszicizmus U Vorklassik
preklasszikus U Vorklassiker; vorklassisch
Prellmechanik *f* D *pfte* = Wiener → Mechanik
Prellzunge *f* D *pfte*
  E escapement tongue, hopper
  F languette *f* (de la mécanique viennoise)
  I linguetta *f* (della meccanica viennese)
  S lengüeta *f* (del mecanismo vienés)
  U lökőnyelv
  R ауслёзер *m* венской механики
prelude E Praeludium; Vorspiel
prélude *m* F Praeludium; Vorspiel
~ de choral: Choralvorspiel
prélude-choral *m* F Choralvorspiel
preludio *m* I Praeludium; Vorspiel
~ a corale: Choralvorspiel
preludio *m* S Praeludium; Vorspiel
~ sobre coral: Choralvorspiel
prelúdium U Praeludium
premier U première
Premiere *f* D première
première *f* F
  D Premiere *f*, Erstaufführung *f*
  E first performance/night, première
  I prima rappresentazione/esecuzione *f*
  S primera representación/creación/audición
f, primer estreno *m*
  U premier, bemutató (előadás)
  R премьера *f*
prendere I *prescr* nehmen; *tasto* greifen
~ una decima *tasto* eine Dezime → greifen
— prendi il flauto *prescr* nimmt große Flöte
→ nehmen
prendre F *prescr* nehmen
— prend la flûte *prescr* nimmt große Flöte
→ nehmen

preparación *f* S Vorbereitung; Vorbereitungsnote
— sin ~ unvorbereitet
preparado S vorbereitet
— no ~ unvorbereitet
preparar *v* S vorbereiten
~ el fa sostenido menor *prescr* in fis-Moll vorbereiten → Harfe
preparare *v* I vorbereiten
~ fa diesis minore *prescr* in fis-Moll vorbereiten → Harfe
prepararse *v* S sich → einsingen
preparation E Vorbereitung
préparation *f* F Vorbereitung
preparato I vorbereitet
— non ~ unvorbereitet
preparatory E; ~ note/tone: Vorbereitungsnote
preparazione *f* I Vorbereitung
prepare *v* E vorbereiten
~ F sharp minor *prescr*, *arpa* in fis-Moll
vorbereiten → Harfe
préparé F vorbereitet
— non ~ unvorbereitet
prepared E vorbereitet
~ half-shake: mezzo → trillo
~ piano
D "prepared piano" *n*, präpariertes Klavier *n*
F piano *m* préparé
I pianoforte *m* preparato
S piano *m* preparado
U preparált zongora
R подготовленное фортепьяно *n*
~ shake *orn* Praller
~ trill: trillo preparato
préparer *v* F vorbereiten
~ le fa dièse mineur *prescr*, *arpa* in fis-Moll
vorbereiten → Harfe
preparing E; ~ note/tone: Vorbereitungsnote
prescribed E; ~ dance steps *pl bl* festgelegte
→ Tanzschritte
presence E Präsenz
présence *f* F Präsenz
presencia *f* S Präsenz
present *v* E aufführen
presentación *f* S début; Inszenierung
— hacer *v* una nueva ~ neuinszenieren
— nueva ~ Neuinszenierung
presentadora *f* S diseuse
presentarse *v* S auftreten; débuter
presentarsi *v* I auftreten
presentation E Aufführung
présentation *f* F Inszenierung
— nouvelle ~ Neuinszenierung
presentatrice *f* I diseuse
présenter *v* F aufführen
— se ~ auftreten
presenza *f* I Präsenz
~ di armonici: Obertongehalt
preset combination E *org* Setzerkombination
presión *f* S *fis* Druck
~ acústica: Schalldichte; Schallstrahlungsdruck; Schallwechseldruck

~ de aire: Luftdruck; *org* Winddruck
~ de la púa *gram* Auflagedruck
~ de radiación sonora: Schallstrahlungsdruck
~ del puente *pfte* Stegdruck
presionar *v* S *corda, tasto* niederdrücken
présmatrica U *gram* matrice
press E; ~ stud *fis* Knopf; *fis, org* Druckknopf
pressant F; en ~ *prescr* stringendo
presse *f* F; ~ à coller automatique *magn* automatische → Klebepresse
pression *f* F *fis* Druck
~ acoustique: Schalldichte; Schallstrahlungsdruck; Schallwechseldruck
~ d'air: Luftdruck
~ de radiation sonore: Schallstrahlungsdruck
~ du chevalet *pfte* Stegdruck
~ du style *gram* Auflagedruck
~ du vent *org* Winddruck
pressione *f* I *fis* Druck
~ del ponticello *pfte* Stegdruck
~ del suono: Schalldichte
~ del vento *org* Winddruck
~ dell'aria: Luftdruck; *org* Winddruck
~ della puntina *gram* Auflagedruck
~ della radiazione acustica: Schallstrahlungsdruck
~ sonora: Schallwechseldruck
pressure E *fis* Druck
pressure-pneumatic action E *org* Einstrompneumatik
préstamo *m* S Entlehnung
— hacer *v* un ~ entlehnen
prestant *m* F *org* Oktav 4'; Praestant
prestant *m* S *org* Praestant
~ 4' *org* Oktav 4'
prestar *v* S entlehnen; leihen
prestare *v* I leihen
prestito *m* I Entlehnung
— prendere *v* a ~ entlehnen
presto I *prescr*
D presto, schnell
E presto, *"quick(ly)"*
F presto, vite, rapide
S presto
U presto, gyorsan
R presto, престо, очень быстро
presuroso S *prescr* affrettato
pretended E; ~ polyphony: Scheinpolyphonie
prevailing E; ~ key: herrschende → Tonart
~ tonality: herrschende → Tonart; vorherrschende Tonalität
~ upbeat: Generalauftakt
prezenc U Präsenz
prick-song E ⟨16. *sec*⟩
D (*Bezeichnung für schriftlich fixierte, mehr-
stimmige Musik, im Gegensatz zu improvi-
sierter Musik und einstimmiger Kirchenmusik*)
F (*désigne toute chanson polyphonique notée,
en opposition avec la musique improvisée
ou la musique ecclésiastique à une seule
voix*)
I (*denominazione della musica a più voci*

fissata sulla carta, in opposizione alla musica improvvisata e alla musica sacra monodica)

S *(denominación que designa la música polifónica impresa o manuscrita, en oposición a lo tradicional o improvisado a una voz)*

U *(írásban rögzített, több szólamú zene, szemben a rögtönzött zenével vagy egy-szólamú egyházi zenével)*

R *(обозначение записанной многоголосной музыки в отличие от импровизируемой музыки и церковного одноголосия)*

Prim *f*, **Prime** *f* D ⟨*Intervall*⟩
  E unison, A: prime
  F unisson *m*
  I unisono *m*
  S unísono *m*
  U prim, unisono
  R прима *f*, унисон *m*

~ ⟨*Offizium*⟩
  E Prime
  F Prime *f*
  I prima *f* ora canonica
  S prima *f*
  U prima
  R «первый час»

— reine ~
  E (perfect) unison, A: prime
  F unisson *m* (parfait)
  I unisono *m*
  S unísono *m* (justo)
  U tiszta prím
  R чистая прима *f*

— übermäßige ~
  E augmented unison
  F demi-ton *m* chromatique ascendant
  I unisono *m* eccedente/aumentato
  S semitono *m* cromático
  U emelkedő bővített prím
  R увеличенная прима *f*

— verminderte ~
  E diminished unison
  F demi-ton *m* chromatique descendant
  I unisono *m* diminuito
  S semitono *m* cromático descendente
  U ereszkedő bővített prím
  R уменьшённая прима *f*

prím U Prim
— emelkedő bővített ~ übermäßige → Prim
— ereszkedő bővített ~ verminderte → Prim
— tiszta ~ reine → Prim
prima *f* I; in ~ *teat* vorn auf der → Bühne
prima *f* S Prim; *lt* Sangsaite; *vl* E-Saite
prima U Prim
primabalerina U prima → ballerina
Primarius *m* D = Primgeiger
primárius U Primgeiger
primary E; ~ action *org* relais pneumatique
~ motor *org* relais
~ notes/tones *pl* Naturtöne
~ triad: Hauptdreiklang

~ wind trunk *org* Hauptwindkanal
Prime *f* D = Prim
prime E ⟨*interval*⟩ Prim; reine → Prim
Prime E ⟨*Office*⟩ Prim
Prime *f* F Prim
Primgeige *f* D
  E first violin
  F premier violon *m*
  I primo violino *m*
  S primer violin *m*
  U első hegedű, prímhegedű
  R первая скрипка *f*
Primgeiger *m*, **Primarius** *m* D
  E leader, first violin
  F premier violon *m*
  I primo violino *m*
  S primer violin *m*
  U első hegedűs, prímhegedűs, primárius
  R первая скрипка *f*
prímhegedű U Primgeige
prímhegedűs U Primgeiger
prímkánon U Kanon im Einklang
principal E Konzertmeister; *org* Oktav 4'
~ accent: Hauptakzent
~ actor: Hauptdarsteller
~ actress: Hauptdarstellerin
~ dancer: prima → ballerina
~ key: Grundtonart; Haupttonart
~ male dancer: primo → ballerino
~ note: Hauptnote
~ part: Hauptstimme; *teat* rôle principal
~ rôle *teat* rôle principal
~ singer: Hauptdarsteller
~ treble *arm* fifre 4'; flageolet 4'
~ voice: Hauptstimme
~ 8' *org* Äqual
— play *v* the ~ part/rôle *teat* interpréter le → rôle principal
principal *m* F *org* Prinzipal
~ conique *org* Trichterprinzipal
~ de violon *org* Geigenprinzipal
~ placé en montre *org* Hintersatz
~ 1' *org* Oktävlein 1'
~ 8' *org* 8' → Prinzipal
principal *m* S *org* Praestant; Prinzipal
~ amabile *org* Schwegel
~ bajo *org* Prinzipalbaß
~ de 1' *org* Oktävlein
~ de 8' *org* 8' → Prinzipal
~ tapado *org* gedeckt → Prinzipal
principál U *org* Prinzipal
— fedett ~ *org* gedeckt → Prinzipal
— 8' ~ *org* Äqual; 8' → Prinzipal
principálbasszus U *org* Chorbaß; *org* Prinzipal-baß
principale *m* I *org* Prinzipal
~ amabile *org* Schwegel
~ basso *org* Chorbaß; Prinzipalbaß
~ conico *org* Trichterprinzipal
~ di 4' *org* Praestant
~ 8' *org* 8' → Prinzipal
principalino *m* da 2' I *org* doublette
print E Druck

print v E drucken
printed collection E Sammeldruck
Prinzipal m D org
    E diapason
    F principal m
    I principale m
    S principal m
    U principál
    R принципал m
— **gedeckt** ~ org
    E stopped diapason
    F bourdon m 8'
    I bordone m 8'
    S principal m tapado, bordón m 8'
    U fedett principál
    R закрытый принципал m
— **8'** ~ org
    E open diapason
    F principal m 8'
    I principale m 8'
    S principal m de 8'
    U 8' principál
    R принципал m 8' ⟨открытый⟩
Prinzipalbaß m D org
    E double diapason open
    F basse f de principal
    I principale m basso
    S principal m bajo
    U principálbasszus
    R принципалбас m
prisa f S; con ~ prescr affrettato
prise f F; ~ de son multiplex: multiple recording
prismatic E canna prismatisch
prismatico I canna prismatisch
prismático S canna prismatisch
prismatique F canna prismatisch
prismatisch D canna
    E prismatic
    F prismatique
    I prismatico
    S prismático
    U prizmatikus
    R призматической формы
Pritsche f D
    E slapstick
    F fouet m
    I frusta f di carta
    S zurriaga f, látigo m, fusta f
    U ostor, csattogtató
    R колотушка f
private E; ~ concert: Hauskonzert
~ instruction/lesson: Privatunterricht
~ music teacher: Privatmusiklehrer
~ performance: Hauskonzert
~ teaching: Privatunterricht
Privatmusiklehrer m, **Privatmusiklehrerin** f D
    E private music teacher
    F professeur m de musique particulier/privé
    I insegnante privato m/privata f di musica
    S maestro/profesor m particular, maestra/profesora f particular

U magánzenetanár
R частный учитель m музыки, частная учительница f музыки
Privatunterricht m D
    E private instruction/teaching/lesson
    F leçons f pl privées
    I lezioni f pl private
    S enseñanza f privada
    U magántanítás
    R частные уроки m pl
prizmatikus U canna prismatisch
próba U Probe
— próbát énekelni v vorsingen
— diszletes ~ teat Dekorationsprobe
— jelmezes/kosztümös ~ teat Kostümprobe
— színpadi ~ teat Bühnenprobe
— zongorás ~ teat Klavierprobe
próbaéneklés U Vorsingen
próbajáték U Vorspiel
próbálni v U proben
próbaszínpad U Probebühne
Probe f D
    E rehearsal
    F répétition f
    I prova f
    S ensayo m
    U próba
    R репетиция f
Probebühne f D
    E rehearsal stage
    F salle f de répétition
    I sala f/teatro m di prova
    S sala f de ensayos
    U próbaszínpad
    R репетиционный зал m
proben v D
    E to rehearse
    F répéter
    I provare
    S ensayar
    U próbálni
    R репетировать
procéder v F; ~ par progressions: fortschreiten
procedere v I; ~ in progressione: fortschreiten
procedimento m I; ~ monotematico: Monothematik
~ tecnico: Kunstgriff
processus m F; ~ de stabilisation du son: Einschwingungsvorgang
producción f S; ~ del sonido: Tonerzeugung
~ de sonidos transitorios: Einschwingungsvorgang
produce v E aufführen; inszenieren; diriger la → régie
producer E régisseur
production E Aufführung; Inszenierung; régie; Schaffen
~ rights pl teat Bühnenrechte
production f F Aufführung; Schaffen
~ de sons transitoires: Einschwingungsvorgang
~ sonore: Tonerzeugung
produire v F aufführen

produrre *v* I; ∼ suoni metallici *ottoni* schmettern
∼ un suono metallico *ottoni* stark → anblasen
produzione *f* I Schaffen
∼ del suono: Tonerzeugung
profán U weltlich
profane F weltlich
profano I S weltlich
profesional *m* + *f* S Berufsmusiker
profesor *m* S; ∼ de baile/danza: Tanzlehrer
∼ de canto: Gesangslehrer
∼ de música: Musiklehrer; Musikerzieher
∼ de música de una escuela: Schulmusiker
∼ de piano: Klavierlehrer
∼ particular: Privatmusiklehrer
profesora *f* S; ∼ de música: Musiklehrerin; Musikerzieherin
∼ de piano: Klavierlehrerin
∼ particular: Privatmusiklehrerin
professeur *m* F; ∼ de chant: Gesangslehrer
∼ de danse: Tanzlehrer
∼ de musique: Musikerzieher; Musiklehrer
∼ de musique dans une école: Schulmusiker
∼ de musique privé/particulier: Privatmusiklehrer
∼ de piano: Klavierlehrer
professional musician E Berufsmusiker
professore *m* I; ∼ d'orchestra: Orchestermusiker
∼ di musica: Musikerzieher
profilato *m* contropunte *legni* Drehklappe
profilo *m* superiore I *camp* Hals
profond F tief
profondità *f* I; ∼ del bancone *pfte* Dammtiefe
∼ del tasto *tasto* Spieltiefe
profundidad *f* S Tiefe
∼ de la caja *pfte* Dammtiefe
profundo S tief
profundo *m* S Tiefe
progettare *v* I entwerfen
progetto *m* I Entwurf
program E = programme
program U Programm
program- U Programm-
programa *m* S Programm
— de ∼ Programm-
programación *f* S Programmgestaltung
programático S programmatisch; Programm-
programatikus U programmatisch
Programm *n* D
    E programme, A: program
    F programme *m*
    I programma *m*
    S programa *m*
    U műsor, program
    R программа *f*
Programm- D
    E programmatic
    F de programme, programmé
    I programmatico
    S de programa, programático
    U műsor-, program-
    R программный

programma *m* I Programm; Spielplan
programmatic E programmatisch; Programm-
programmatico I programmatisch; Programm-
programmation *f* F Programmgestaltung
programmatique F programmatisch
programmatisch D
    E programmatic
    F programmatique
    I programmatico
    S programático
    U programatikus, programszerű
    R программный
programme E Programm
∼ music: Programm-Musik
programme *m* F Programm
— de ∼ Programm-
programmé F Programm-
programme-building E Programmgestaltung
Programmgestaltung *f* D
    E programming, programme-building
    F programmation *f*, établissement *m* d'un programme
    I compilazione *f* del programma/dei programmi
    S programación *f*
    U műsorösszeállítás
    R составление *n* программы
programming E Programmgestaltung
Programm-Musik *f* D
    E programme music, A: program music
    F musique *f* à programme
    I musica *f* a programma
    S música *f* programática/descriptiva/de programa
    U programzene
    R программная музыка *f*
programszerű U programmatisch
programzene U Programm-Musik
progresar *v* S fortschreiten
progresión *f* S Folge; Fortschreitung
∼ armónica: Akkordfortschreitung
∼ melódica: melodische → Fortschreitung
∼ por grados conjuntos: Sekundgang
progress *v* E fortschreiten
progression E Folge; Fortschreitung
∼ by degrees: Stufengang
progression *f* F Folge; Fortschreitung
∼ harmonique: Akkordfortschreitung
∼ mélodique: melodische → Fortschreitung
∼ par degrés conjoints: Sekundgang
progressione *f* I Fortschreitung
∼ accordale/armonica: Akkordfortschreitung
∼ melodica: melodische → Fortschreitung
∼ per gradi vicini: Sekundgang
Progressionsschweller *m* D *org*
    E general crescendo
    F "crescendo" *m*
    I *(pedale a bilancia che inserisce o toglie gradualmente i registri)*
    S "crescendo" *m*
    U (regiszter)crescendo
    R вальце *n*, вальц *m*

prohibición *f* S; ~ de sucesiones paralelas: Parallelenverbot
prohibition E; ~ of consecutives: Parallelenverbot
proibizione *f* I; ~ delle successioni parallele: Parallelenverbot
projecteur *m* F Scheinwerfer
projecting bar E *canna* Vorderbart
projet *m* F Entwurf
proláció U Prolation
prolación *f* S Prolation
Prolation *f* D
    E prolation
    F prolation *f*
    I prolazione *f*
    S prolación *f*
    U proláció
    R *(в мензуральной системе соотношение семибревис и минимы)*
prolation E Prolation
prolation *f* F Prolation
prolazione *f* I Prolation
Prolog *m* D
    E prologue
    F prologue *m*
    I prologo *m*
    S prólogo *m*
    U prológ(us)
    R пролог *m*
prológ U Prolog
prologo *m* I Prolog
prólogo *m* S Prolog; Vorspiel
prologue E Prolog
prologue *m* F Prolog; Vorspiel
prológus U Prolog
prolongáció U *org, arm, pfte* prolongement
prolongáció-emelőkar U *pfte* Tonhaltungsstange
prolongáció-tartókar U *pfte* Tonhaltungsstange
Prolongement *n* D *org, arm, pfte* prolongement
prolongement *m* F *org, arm, pfte*
    D Prolongement *n*, Tastenfessel *f*
    E prolongement, sustaining pedal
    I prolungamento *m*
    S pedal *m* sostenedor/de prolongación
    U prolongáció
    R пролонжеман *m*, тастенфессель *m*
prolonger *v* F *ton* aushalten
prolungamento *m* I *org, arm, pfte* prolongement
promenade E; ~ concert: Promenadenkonzert
promenade *f* I *bl* Schreittanz
Promenadenkonzert *n* D
    E promenade concert
    F concert-promenade *m*
    I concerto *m* all'aperto in luoghi di villeggiatura
    S concierto *m* al aire libre
    U térzene
    R концерт *m* на открытом воздухе
prompt E; ~ speech *str* schnelle → Ansprache
prompt *v* E souffler
prompt F *prescr* pronto
prompt-box E trou du souffleur

promptement F *prescr* pronto
prompter E souffleur
~'s box: trou du souffleur
promptress E souffleuse
pronto, prontamente I *prescr*
    D pronto, prontamente, schnell
    E pronto, prontamente, "*quick(ly)*", "*prompt(ly)*"
    F pronto, prontamente, vite, prompt(ement)
    S pronto, prontamente
    U pronto, prontamente, "*gyorsan*", "*szaporan*"
    R pronto, prontamente, быстро
pronto S tosto; *prescr* pronto
prop E; ~s *pl fam, teat* Requisiten
~ man *teat* Requisitenmeister
Proper E; ~ of the Mass: Proprium Missae
proper E; ~ tone: Eigenton
property E; properties *pl teat* Requisiten
~ man *teat* Requisitenmeister
~ room *teat* Requisitenkammer
propio *m* **de la Misa** S Proprium Missae
proporció U Nachtanz; Proportio
proporción *f* S Proportio
Proportio *f* D
    E proportion
    F proportion *f*
    I proporzione *f*
    S proporción *f*
    U proportio, proporció
    R пропорция *f*
proportio *f* I Nachtanz
proportio U Proportio
proportion E Proportio
proportion *f* F Proportio
Proportionskanon *m* D
    E mensuration canon
    F canon *m* de proportion/mensuration
    I canone *m* proporzionale
    S canon *m* proporcional
    U proporciós kánon
    R *(форма канона в мензуральном многоголосии с пропостой в различных размерах и ритмических комбинациях)*
Proporz *m* D *bl* = Nachtanz
proporzione *f* I Nachtanz; Proportio
proposición *f* S Vordersatz
proposition *f* F Proposta; Vordersatz
Proposta *f*, **Leitmelodie** *f* D ⟨*Kanon*⟩
    E antecedent, dux
    F antécédent *m*, proposition *f*
    I proposta *f*, antecedente *m*
    S propuesta *f*, antecedente *m*
    U proposta
    R пропоста *f*
proposta *f* I Proposta
proposta U Proposta
propre *m* **de la messe** F Proprium Missae
proprio *m* **della messa** I Proprium Missae
Proprium *n* **Missae** D
    E Proper of the Mass
    F propre *m* de la messe

I proprio *m* della messa
S propio *m* de la Misa
U proprium missae, változó miserészek *pl*
R *(части мессы, меняющиеся в зависимости от праздников)*
propstick E *pfte* Deckelstütze
propuesta *f* S Proposta
proscenio *m* I *teat* Proszenium; Vorbühne
proscenio *m* S *teat* Vorbühne
proscenium E *teat* Proszenium
~ box *teat* Proszeniumsloge
~ stage *teat* Vorbühne
proscenium *m* F *teat* Proszenium
— petit ~ *teat* Vorbühne
proscenium-opening E *teat* Bühnenöffnung
prosodia *f* I S Prosodie
prosodic E prosodisch
prosodico I prosodisch
prosódico S prosodisch
Prosodie *f* D
E prosody
F prosodie *f*
I prosodia *f*
S prosodia *f*
U prozódia
R просодия *f*
prosodie *f* F Prosodie
prosodique F prosodisch
prosodisch D
E prosodic
F prosodique
I prosodico
S prosódico
U prozódiai
R просодический
prosody E Prosodie
Prospekt *m* D *teat*
E backcloth, backdrop
F toile *f* de fond
I fondole *m*
S telón *m* (de fondo)
U hátsó függődíszlet
R фон *m* сцены
~ *org* = Orgelprospekt
prospekt U Orgelprospekt
Prospektfeld *n* D *org*
E flat
F faces *f pl* plates
I prospetto *m* in superficie piana
S fachada *f*
U prospektfelület, homlokzati felület
R фасад *m* органа
prospektfelület U *org* Prospektfeld
Prospektlade *f* D *org*
E front wind-chest
F sommier *m* en façade
I somiere *m* della facciata
S somier *m* de la fachada
U prospektszélláda
R виндлада *f* для проспектных труб
Prospektpfeife *f* D *org*
E display/front pipe
F tuyau *m* de montre/façade

I canna *f* di prospetto/facciata
S tubo *m* de fachada
U prospektsíp, homlokzati síp
R проспектная труба *f*
prospektsíp U *org* Prospektpfeife
prospektszélláda U *org* Prospektlade
prospektus U Orgelprospekt
prospetto *m* I Orgelprospekt
~ in superficie piana *org* Prospektfeld
proszcénium U *teat* Proszenium; Vorbühne
proszcéniumpáholy U *teat* Proszeniumsloge
Proszenium *n* D *teat*
E proscenium
F proscenium *m*
I proscenio *m*
S arco *m* del proscenio
U proszcénium
R просцениум *m*, авансцена *f*
Proszeniumsloge *f* D *teat*
E stage/proscenium box
F loge *f* d'avant-scène
I palco *m* di proscenio
S palco *m* proscénico
U proszcéniumpáholy
R аванложа *f*
protección *f* S; ~ de la propiedad artística/intelectual: copyright protection
~ de los derechos de autor: copyright protection
protection *f* F; ~ des droits d'auteur: copyright protection
protezione *f* I; ~ dei diritti d'autore: copyright protection
proud E *prescr* fiero
proudly E *prescr* fiero
prova *f* I Korrepetition; Probe
~ al pianoforte *teat* Klavierprobe
~ degli archi: Streicherprobe
~ dell'orecchio: Gehörprüfung
~ della sezione di strumenti a fiato *fiati* Satzprobe
~ delle arcate: Strichprobe
~ delle scene *teat* Dekorationsprobe
~ di scena *teat* Bühnenprobe
~ generale: Generalprobe; *teat* Hauptprobe
~ in costume *teat* Kostümprobe
provare *v* I korrepetieren; proben
proyecto *m* S Entwurf
prozódia U Prosodie
prozódiai U prosodisch
P.R.S. E ⟨*Performing Right Society*⟩
D (*englische Verwertungsgesellschaft für Autorenrechte*)
F (*Société anglaise des auteurs, compositeurs et éditeurs*)
I (*Società inglese degli Autori ed Editori*)
S (*Sociedad inglesa de Autores, Compositores y Editores*)
U (*brit szerzői jogvédő egyesület*)
R (*британское общество по охране авторских прав*)
prueba *f* S *teat* Bühnenprobe
~ de vestuario/trajes *teat* Kostümprobe

psallette *f* F = maitrise
Psalm *m* D
    E psalm
    F psaume *m*
    I salmo *m*
    S (p)salmo *m*
    U zsoltár
    R псалм *m*, псалом *m*
psalm E Psalm
~ tone: Psalmton
~ tune: псальма
psal'ma R → псальма
Psalmenlied *n* D псальма
psalmo *m* S Psalm
Psalmodie *f* D
    E psalmody
    F psalmodie *f*
    I salmodia *f*
    S salmodia *f*
    U zsoltáréneklés, zsoltározás, pszalmodizálás
    R псалмодия *f*
— **antiphonale** ~
    E antiphonal psalmody
    F psalmodie *f* antiphonale
    I salmodia *f* antifonica
    S salmodia *f* antifonal
    U antifonális zsoltáréneklés
    R антифонная псалмодия *f*
— **responsoriale** ~
    E responsorial psalmody
    F psalmodie *f* responsoriale
    I salmodia *f* responsoriale
    S salmodia *f* responsorial
    U responzórikus zsoltáréneklés
    R респонсориальная псалмодия *f*
psalmodie *f* F Psalmodie
~ antiphonale: antiphonale → Psalmodie
~ responsoriale: responsoriale → Psalmodie
psalmody E Psalmodie
Psalmton *m* D
    E psalm tone
    F ton *m* psalmodique/du psaume
    I tono *m* salmodico/dei salmi, repercussa *f*
    S tono *m* de recitación/de la salmodia/salmódico
    U zsoltártónus, zsoltárdallam
    R *(лады-модели средневековой римской псалмодии)*
Psalter *m* D
    E psalter
    F psautier *m*
    I salterio *m*
    S (p)salterio *m*
    U zsoltároskönyv
    R псалтырь *f*, псалтирь *f*
psalter E Psalter
psalterio *m* S Psalter
psaltérion *m* F Psalterium
Psalterium *n* D
    E psaltery
    F psaltérion *m*
    I salterio *m*

S salterio *m*
U psalterium
R псалтериум *m*
psalterium *m* F; ~ à touches: Tastenpsalterium
psalterium U Psalterium
— fogólapos ~ Tastenpsalterium
psaltery E Psalterium
psaume *m* F Psalm; псальма
~ de pénitence: Bußpsalm
~s *pl* graduels: Gradualpsalmen
psautier *m* F Gesangbuch; Psalter
pseudo-imitation E Scheinimitation
pseudopolifonía *f* S Scheinpolyphonie
psicologia *f* I; ~ della musica: Musikpsychologie
~ del suono: Tonpsychologie
psicología *f* S; ~ auditiva: Tonpsychologie
~ de la música/audición: Tonpsychologie
~ musical: Musikpsychologie; Tonpsychologie
psychologie *f* F; ~ des sons: Tonpsychologie
~ musicale: Musikpsychologie
psychology E; ~ of music: Musikpsychologie; Tonpsychologie
~ of sound: Tonpsychologie
pszalmodizálás U Psalmodie
púa *f* S *cemb* Kiel; Zunge; *gram* Nadel
pubblicazione *f* I Veröffentlichung; Druck
pubblico *m* I Publikum
public E Publikum
public *m* F Publikum
publicación *f* S Veröffentlichung
publication E Veröffentlichung
publication *f* F Veröffentlichung
público *m* S Publikum
publier *v* F; être publié: herauskommen
publikálás U Veröffentlichung
Publikum *n* D
    E public, audience
    F public *m*
    I pubblico *m*
    S público *m*
    U közönség, publikum
    R публика *f*
publikum U Publikum
published E; ~ music: Musikalien
— to be ~ herauskommen
publisher E Verleger
~'s number: Verlagsnummer
puente *m* S Rückführung; Überleitung; *archi*, *cemb* Steg; *pfte* Klangsteg; Steg
— cerca del ~ *archi* am → Steg
— detrás del ~ *archi* hinter dem → Steg
— sobre el ~ *archi* am → Steg
puesta *f* S; ~ en escena: Inszenierung
~ en música: Vertonung
— dirigir/ejecutar *v* la ~ en escena: diriger la → régie
— hacer *v* una nueva ~ en escena: neuinszenieren
— nueva ~ en escena: Neuinszenierung
puissance *f* F Klangfülle; Schallstärke; Tonstärke
pulidor *m* S *org* Rundstahl

pull-down E *org* Zugrute
pulmón *m* S; cantar *v* a pleno ∼ mit voller →
   Stimme singen
pulpéta U *org* Pulpete
Pulpete *f* D *org*
   E bush, collar
   F boursette *f*
   I borsetta *f*, manticetto *m*
   S boursette *f*, saquitos *m pl*
   U pulpéta
   R пульпет *m*
pulpitus U Lesepult; Pult
pulsación *f* S Anschlag; *org* tocco; *tasto* Spielart
pulsar *v* S *corda, tasto* anschlagen
pulse E Impuls
∼ generator: Impulsgenerator
∼ width: Impulsbreite
Pult *n* D
   E desk, stand
   F pupitre *m*
   I leggio *m*
   S atril *m*
   U állvány, (zenekari) pult, pulpitus, kotta-
      tartó
   R пульт *m*, пюпитр *m*
— **Erstes [Zweites]** ∼
   E first [second] desk
   F premier [deuxième] pupitre *m*
   I primo [secondo] leggio *m*
   S primer [segundo] atril *m*
   U első [második] pult
   R первый [второй] пульт *m*
pult U Pult
— első [második] ∼ Erstes [Zweites] → Pult
pump E; ∼ valve *ottoni* Pumpventil
Pumpe *f* D; Berliner ∼ = Pumpventil
Pumpventil *n*, **Berliner Pumpe** *f*, **Wiener Ventil**
   n, **Stechbüchsenventil** *n*, **Druckventil** *n* D
   ottoni
   E pump valve, piston
   F piston *m*
   I pistone *m*
   S pistón *m*, válvula *f* de pistón
   U pisztonszelep
   R пистон *m*, помповый вентиль *m*
punctum *m* F S Punktneume
Punctus *m* D
   E punctus, point *m*
   F punctus *m*, point *m*
   I punto *m*
   S punctus *m*, punto *m*
   U punctus, pont
   R точка *f*
punctus E U Punctus
punctus *m* F S Punctus
pungere *v* I; ∼ la testa del martello *pfte* ste-
   chen
pungitura *f* I; ∼ per l'intonazione *pfte* Stich
Punkt *m* D
   E dot
   F point *m*
   I punto *m*
   S puntillo *m*

   U pont
   R точка *f*
punktieren *v* D ⟨*Wert um Hülfte verlängern*⟩
   E to dot
   F pointer
   I mettere *v* il punto di prolungamento
   S poner *v* el puntillo
   U pontozni
   R добавлять *v* точку к ноте
∼ *canto*
   E *(to transpose notes to a more comfortable*
      pitch)
   F *(transposer une ou plusieurs notes aiguës*
      à l'octave inférieure)
   I *(cantare una o più note acute all'ottava*
      inferiore)
   S *(transponer las notas agudas a la octava*
      inferior)
   U punktirozni ⟨*kényes hangokat megfelelőbb*
      fekvésben lévő hangokkal helyettesíteni⟩
   R *(заменять высокие ноты вокальной*
      партии более низкими или низкие —
      более высокими)
punktiert D
   E dotted
   F pointé
   I puntato
   S con puntillo
   U pontozott
   R пунктированный, пунктирный
— **doppelt** ∼
   E double-dotted
   F doublement pointé
   I con punto doppio
   S con doble puntillo
   U kétszer pontozott
   R дважды пунктирный
punktírozni *v* U punktieren
Punktneume *f* D
   E Aquitanian neume
   F point *m*, punctum *m*
   I neuma *m* punto
   S punto *m*, punctum *m*, neuma *m* (simple)
   U pontneuma
   R *(невменные знаки в виде точек)*
punta *f* I; *arco, bl* Spitze; *vl* Ecke
∼ del martello *pfte* Hammerscheitel
∼ di aggancio delle corde *tasto* Anhängestift
∼ di guida del tasto *pfte* Tastenführungsstift
∼ per tastiera a bilancino *pfte* Waagebalkenstift
— alla ∼ *prescr, vl* (an der) → Spitze
— sulla ∼ *bl* auf der → Spitze
punta *f* S *arco, bl* Spitze; *vl* Kopf
∼ de la baqueta *perc* butt
∼ del balancin *pfte* Waagebalkenstift
∼ del palillo *perc* butt
— con la ∼ *prescr, vl* (an der) → Spitze
— sobre la ∼ *bl* auf der → Spitze
puntal *m* S *vc* Stachel
puntale *m* I *vc* Stachel
puntato I punktiert
punteado S *prescr, corda* picchettato

punteado *m* S; ∼ con la uña *arpa* Nagelanschlag
puntear *v* S zupfen
puntero *m* S *pfte* Deckelstütze
puntillismo *m* **musical** S punktuelle → Musik
puntillo *m* S Punkt
— con ∼ punktiert
— con doble ∼ doppelt → punktiert
— doble ∼ Doppelpunkt
— dos ∼s *pl* Doppelpunkt
— poner *v* el ∼ punktieren
puntina *f* I *gram* Nadel
∼ di registrazione *gram* Schneidestichel
punto *m* I Punctus; Punkt
∼ culminante: Höhepunkt; Schwerpunkt
∼ d'attacco *corda* Anschlagspunkt; Erregungsstelle
∼ di massimo spessore *camp* Schlag
∼ doppio: Doppelpunkt
— con ∼ doppio: doppelt → punktiert
— mettere *v* il ∼ di prolungamento: punktieren
punto *m* S Punctus; Punktneume
∼ culminante: Höhepunkt
∼ de ataque *corda* Anschlagspunkt; Erregungsstelle
∼ de las notas: Notenkopf
punzante S durchdringend
pupitre *m* F Notenpult; Pult; *teat* Bühnenpult
∼ portatif *ottoni* Notenhalter
premier [deuxième] ∼ Erstes [Zweites]
Pult
pupitre *m* S Notenpult; *teat* Bühnenpult
puppe U *fam, pfte* Dämpferpuppe
pure E; ∼ tone: Ton; reiner → Ton
pureté *f* du son F Klangreinheit
pureza *f* de sonido S Klangreinheit
purezza *f* del suono I Klangreinheit
purfling E *vl* Einlage
purity of sound E Klangreinheit
puro I grundtönig

— quasi ∼ obertonarm
push *v* E; ∼ (the sound): forcer
push-button E *fis, org* Druckknopf
put *v* E; ∼ into F sharp minor *prescr. arpa* in
fis-Moll vorbereiten → Harfe
∼ on a new production: neuinszenieren
∼ under: untersetzen
putting E; ∼ (the thumb) under *tasto* Daumen-
untersatz
puzón U Posaune
puzónkórus U Posaunenchor
pyramidal E *canna* pyramidenförmig
Pyramidenflügel *m* D
E pyramid piano
F piano *m* pyramide
I pianoforte *m* piramidale
S piano *m* pirámide
U piramiszongora
R пирамидальное фортепьяно *n*
pyramidenförmig D *canna*
E pyramidal
F de forme pyramidale
I a piramide
S piramidal
U piramis/gúla alakú
R пирамидальной формы
— umgekehrt ∼ *canna*
E inverted pyramidal
F de forme pyramidale inversée
I a piramide rovesciata
S piramidal invertido
U forditott gúla alakú
R формы перевёрнутой пирамиды
pyramid piano E Pyramidenflügel
pyrofon U Flammenorgel
pyrophone E Flammenorgel
pyrophone *m* F S Flammenorgel
Pythagorean comma E pythagoreisches →
Komma